Europäisches Patentamt
European Patent Office
Office européen des brevets

欧洲专利局
审查指南

（2022年3月版）

国家知识产权局专利局审查业务管理部　组织翻译

Guidelines for Examination
in the European Patent Office
March 2022

知识产权出版社
全国百佳图书出版单位
—北京—

图书在版编目（CIP）数据

欧洲专利局审查指南：2022 年 3 月版/国家知识产权局专利局审查业务管理部组织翻译．—北京：知识产权出版社，2024.7

ISBN 978－7－5130－8606－6

Ⅰ.①欧…　Ⅱ.①国…　Ⅲ.①专利—审查—欧洲—指南　Ⅳ.①D950.344－62

中国国家版本馆 CIP 数据核字（2023）第 000405 号

责任编辑：程足芬　　**责任校对**：潘凤越
封面设计：杨杨工作室·张冀　　**责任印制**：刘译文

欧洲专利局审查指南（2022 年 3 月版）

国家知识产权局专利局审查业务管理部　组织翻译

出版发行：知识产权出版社有限责任公司　　**网　　址**：http://www.ipph.cn
社　　址：北京市海淀区气象路 50 号院　　**邮　　编**：100081
责编电话：010－82000860 转 8390　　**责编邮箱**：chengzufen@qq.com
发行电话：010－82000860 转 8101/8102　　**发行传真**：010－82000893/82005070/82000270
印　　刷：三河市国英印务有限公司　　**经　　销**：新华书店、各大网上书店及相关专业书店
开　　本：787mm×1092mm　1/16　　**印　　张**：67.75
版　　次：2024 年 7 月第 1 版　　**印　　次**：2024 年 7 月第 1 次印刷
字　　数：1484 千字　　**定　　价**：496.00 元

ISBN 978－7－5130－8606－6

编委会

主　任	魏保志		
副主任	徐　健	汪　涛	吴红秀
编　委	周胡斌	陈　曦	赵　清
	赵　爽	刘伟林	詹靖康
	慈丽雁	王　红	冯　霄

翻译、审校人员

（排名按照姓氏拼音字母顺序）

翻译人员	安　蕾	毕雯倩	陈丽静	陈雯菁
	范文扬	高天柱	高　欣	李林霞
	刘亚杰	欧阳雪宇	任国丽	孙　烨
	温国永	吴　斐	肖西祥	鄢来艳
	颜　涛	周亚娜	朱　茜	
校对人员	欧阳雪宇	孙　烨	吴　斐	颜　涛
统　　稿	颜　涛			

翻译说明

新兴技术的快速发展对专利审查标准不断提出新的要求，完善的审查标准能够有效发挥专利制度激发创新活力、及时保护科技创新成果的作用，世界各主要专利审查机构都高度重视专利审查标准的发展完善。

欧洲专利局于2022年3月公布的《欧洲专利局审查指南》中，修改了计算机实施相关发明、单一性、部分优先权、权利要求书与说明书一致性等重要条款，并新增案例阐释相关法律条款适用情况。为及时了解国外专利审查标准调整动向，参考借鉴外局制度经验，国家知识产权局专利局审查业务管理部组织专利审查业务专家团队，对《欧洲专利局审查指南》进行了全文翻译，这也是国内首部《欧洲专利局审查指南》的完整译著。

应当说明的是，本书仅作为理解《欧洲专利局审查指南》的参考资料，最终解释以原文为准。

各部分翻译具体分工如下：

总则：孙烨；

A部分：安蕾（第Ⅰ～Ⅸ章）、温国永（第Ⅹ、Ⅺ章）；

B部分：陈丽静（第Ⅰ～Ⅳ章）、孙烨（第Ⅴ、Ⅵ章）、刘亚杰（第Ⅶ～Ⅸ章）、高欣（第Ⅹ、Ⅺ章）；

C部分：陈雯菁（第Ⅰ～Ⅸ章）；

D部分：周亚娜（第Ⅰ～Ⅴ章）、朱茜（第Ⅵ～Ⅹ章）；

E部分：毕雯倩（第Ⅰ～Ⅳ章）、高天柱（第Ⅴ～Ⅷ、ⅩⅢ、ⅩⅣ章）、任国丽（第Ⅸ～Ⅻ章）；

F部分：陈丽静（第Ⅰ～Ⅲ章）、刘亚杰（第Ⅳ章）、高欣（第Ⅴ、Ⅵ章）；

G部分：范文扬（第Ⅰ、Ⅱ章）、肖西祥（第Ⅲ～Ⅴ章）、鄢来艳（第Ⅵ、Ⅶ章）；

H部分：李林霞（第Ⅰ～Ⅳ章）、欧阳雪宇（第Ⅴ、Ⅵ章）；

计算机实施发明的索引：肖西祥；

审查指南按字母顺序排列的关键词索引：欧阳雪宇、孙烨、吴斐、颜涛；

欧阳雪宇、孙烨、吴斐、颜涛承担本书的校对工作，颜涛负责本书的统稿工作。

本书翻译出版已得到欧洲专利局授权。

总　目　录

总　则 …… 1

1. 初步说明 …… 5

2. 注　释 …… 5

3. 一般性说明 …… 8

4. 在 EPO 工作 …… 9

5. EPO 处理申请和专利概要 …… 9

6. EPC 缔约国 …… 10

7. 在非 EPC 缔约国的延伸和生效 …… 11

A 部分　形式审查指南 …… 13

第Ⅰ章　引　言 …… 27

第Ⅱ章　申请的提交和对提交申请的审查 …… 28

第Ⅲ章　对形式要求的审查 …… 43

第Ⅳ章　特别规定 …… 83

第Ⅴ章　涉及形式缺陷的通知书；申请的修改；错误的更正 …… 108

第Ⅵ章　申请的公布；请求审查和传送案卷至审查小组 …… 111

第Ⅶ章　语　言 …… 118

第Ⅷ章　共同规定 …… 123

第Ⅸ章　附　图 …… 131

第Ⅹ章　费　用 …… 141

第Ⅺ章　档案查阅；档案中包含的通信信息；查阅《欧洲专利登记簿》；核证副本的发出 …… 165

B 部分　检索指南 …… 171

第Ⅰ章　引　言 …… 181

第Ⅱ章　概　述 …… 184

第Ⅲ章　检索的特点 …… 189

第Ⅳ章　检索程序和策略 …… 200

第Ⅴ章　欧洲专利申请的预分类、IPC 和 CPC 分类 …… 208

第Ⅵ章　检索阶段的现有技术 …… 212

第Ⅶ章　发明的单一性 …… 221

第Ⅷ章　检索中排除的主题 …… 226
第Ⅸ章　检索对比文件 …… 239
第Ⅹ章　检索报告 …… 242
第Ⅺ章　检索意见 …… 257

C 部分　实质审查程序指南 …… 269
第Ⅰ章　引　言 …… 277
第Ⅱ章　审查小组开始实质审查前需满足的形式要求 …… 279
第Ⅲ章　审查的第一阶段 …… 285
第Ⅳ章　对答复意见的审查和进一步审查阶段 …… 301
第Ⅴ章　审查的最后阶段 …… 307
附　录　指示各部门修改或更正的标准标记 …… 326
第Ⅵ章　审查的期限和加快 …… 327
第Ⅶ章　审查中的其他程序 …… 329
第Ⅷ章　审查小组的工作 …… 336
第Ⅸ章　特殊申请 …… 340

D 部分　异议和限制/撤销程序指南 …… 345
第Ⅰ章　一般性说明 …… 353
第Ⅱ章　异议小组 …… 356
第Ⅲ章　异　议 …… 359
第Ⅳ章　实质审查前的程序 …… 363
第Ⅴ章　对异议的实质审查 …… 375
第Ⅵ章　异议审查的程序 …… 380
第Ⅶ章　异议程序的具体规定与特点 …… 387
第Ⅷ章　异议小组的决定 …… 396
第Ⅸ章　费　用 …… 399
第Ⅹ章　限制和撤销程序 …… 402

E 部分　一般程序事项指南 …… 411
第Ⅰ章　引　言 …… 423
第Ⅱ章　通知书和通知 …… 424
第Ⅲ章　口头审理程序 …… 427
第Ⅳ章　取证和证据保全 …… 454
第Ⅴ章　口头审理中程序语言的例外 …… 470

第Ⅵ章　EPO自行启动的审查；未在规定的期限内提交的事实、证据或理由；第三方意见 …… 473
第Ⅶ章　程序的中断、中止和合并 …… 481
第Ⅷ章　期限、权利丧失、进一步审理、加快审理以及重新确立权利 …… 485
第Ⅸ章　根据《专利合作条约》（PCT）提出的申请 …… 506
第Ⅹ章　决　定 …… 536
第Ⅺ章　审查或异议小组的公正性 …… 546
第Ⅻ章　上　诉 …… 547
第XⅢ章　国家法院请求就欧洲专利提供技术意见 …… 554
第XⅣ章　名称、转让、许可和其他权利变更的登记 …… 558

F部分　欧洲专利申请 …… 561
第Ⅰ章　引　言 …… 571
第Ⅱ章　欧洲专利申请的内容（不含权利要求） …… 572
附录1　审核摘要的清单（参见F部分第Ⅱ章2.5） …… 585
附录2　国际惯例认可且符合细则第49（10）条规定的单位（参见F部分第Ⅱ章4.13） …… 586
第Ⅲ章　公　开 …… 592
第Ⅳ章　权利要求书（公约第84条和形式要求） …… 603
附　录　关于必要特征的示例 …… 645
第Ⅴ章　发明的单一性 …… 647
第Ⅵ章　优先权 …… 665

G部分　可专利性 …… 677
第Ⅰ章　可专利性概述 …… 685
第Ⅱ章　发　明 …… 686
第Ⅲ章　工业实用性 …… 735
第Ⅳ章　现有技术 …… 737
第Ⅴ章　不丧失新颖性的公开 …… 756
第Ⅵ章　新颖性 …… 757
第Ⅶ章　创造性 …… 771
附　录　与创造性要求有关的示例——指标 …… 796

H部分　修改和更正 …… 801
第Ⅰ章　修改的权利 …… 809
第Ⅱ章　修改的可接受性——通用规则 …… 810

第Ⅲ章　修改的可接受性——其他程序事项 …… 826
第Ⅳ章　可允许的修改——公约第123（2）和（3）条 …… 843
第Ⅴ章　可允许的修改——示例 …… 854
第Ⅵ章　错误的更正 …… 866

计算机实施发明的索引 …… 874
审查指南按字母顺序排列的关键词索引 …… 877

总　则

目　录

1. 初步说明

根据《欧洲专利公约》(EPC) 第10 (2) (a) 条，欧洲专利局 (EPO) 局长于1978年6月1日通过了《欧洲专利局审查指南》。

鉴于欧洲专利法和实践的发展，这些指南定期更新。通常，为了使指南文本与专利法和EPO实践保持一致，这种更新会对个别页面上特定的句子或段落进行修改。由于这些法律和实践不断发展，因此任何更新都不能宣称是完美的。读者指出任何错误以及改进建议都将受到高度赞赏，请将指正或建议通过邮件发送至：patentlaw@ epo. org。

EPO指南的装订版由EPO以可检索的HTML格式公布在EPO网站 (epo. org) 上。

EPO指南的HTML版和PDF版都包含：

(a) 非穷举的按照字母顺序排列的关键词索引；

(b) 计算机实施发明 (CII) 的索引，包含直接指向指南中相关章节的超链接集合；

(c) 已修订部分的完整列表，以及相应的超链接。

在HTML格式的出版物中，可以通过勾选右上角的“显示修改”框来查看修改内容，修改处以绿色背景显示插入文本，以红色删除线显示删除文本。对于未进行任何更改的部分，复选框为灰色。

2. 注 释

2.1 概 述

指南的主体包括以下8个部分：

A部分：形式审查指南

B部分：检索指南

C部分：实质审查程序指南

D部分：异议和限制/撤销程序指南

E部分：一般程序事项指南

F部分：欧洲专利申请

G部分：可专利性

H部分：修改和更正

A部分主要涉及授权程序的形式审查程序。B部分涉及检索事项。C部分和D部分分别涉及实质审查和异议程序中应遵循的程序。

E部分涉及与EPO受理程序中若干或所有阶段相关的一般程序事项，包括欧洲PCT申请。F部分涉及除可专利性以外申请必须满足的要求，特别是发明的单一性 (公约第82条)、充分公开 (公约第83条)、清楚 (公约第84条) 和优先权 (公约第87条至第89条)。G部分涉及公约第52条至第57条规定的可专利性的要求，特别是可专利性的排除（公约第52（2）条和公约第53条）、新颖性（公约第54条）、创造性（公约第56条）和工业实用性（公约第57条）。H部分涉及与修改和更正相关的要求，特别涉及可否受理（细则第80条和细则第137条）和是否遵循公约第123（2）条和第123（3）条、细则第139条和细则第140条要求的问题。

以下与本次更新以及其他最近更新有关的通知已在EPO官方公报（OJ）上公布：

2022年3月更新：

2021年3月更新：《OJ EPO 2021，A6》

2019年11月更新：《OJ EPO 2019，A80》

2018年11月更新：《OJ EPO 2018，A73》

2017年11月更新：《OJ EPO 2017，A75》

2016年11月更新：《OJ EPO 2016，A76》

2015年11月更新：《OJ EPO 2015，A74》

2014年11月更新：《OJ EPO 2014，A88》

2013年9月更新：《OJ EPO 2013，447》

2012年6月更新：《OJ EPO 2012，420》

2010年4月更新：《OJ EPO 2010，230》

2009年4月更新：《OJ EPO 2009，336》

2007年12月更新：《OJ EPO 2007，589》

2005年6月更新：《OJ EPO 2005，440》

2003年12月更新：《OJ EPO 2003，582》

2001年10月更新：《OJ EPO 2001，464》

2001年2月更新：《OJ EPO 2001，115》

2000年6月更新：《OJ EPO 2000，228》

指南中的每一部分都分为几章，每章再分为几节，每节可能进一步分为几小节。对其他各节的参照包括该部分的相关字母，紧接着是章编号（罗马数字），然后是节或小节编号（因此，例如要提及C部分第5章第4.6小节，将采用“C－V，4.6”❶的格式）。

对于未进一步标识的条款在页边注标明《欧洲专利公约》（EPC）的法条或细则作为文中所述内容的法律基础。相信这种标引避免了对EPC本身的大量引述。

指南中对人员的任何提及都应当被理解为不分性别。

2.2 缩略语

在指南中使用以下缩略语：

EPC　　欧洲专利公约

❶ 这是原文的表述。译文实际为“C部分第Ⅴ章4.6”。——译者注

EPO	欧洲专利局
OJ EPO	欧洲专利局公报
Art.	法条
RFees	与费用相关的细则
WIPO	世界知识产权组织
PCT	专利合作条约
ISA	国际检索单位
WO - ISA	国际检索单位书面意见
IPEA	国际初审单位
IPRP	国际可专利性初步报告
IPER	国际初审报告
EESR	扩展欧洲检索报告
ESOP	欧洲检索意见（细则第62条）
ADA	存款账户协议
AAD	自动扣款程序协议
BNS	过期案卷转换数字系统
rec.	引用
Prot. Art. 69	EPC第69条解释的协定
Prot. Centr.	《欧洲专利系统集中化协定》及该协定的引入
EU	欧盟
EVL	电子虚拟图书馆

指南所提及的《欧洲专利公约》（EPC）是指经2000年11月29日修订EPC的法案和行政委员会在2001年6月28日通过《欧洲专利公约》新文本的决定（OJ EPO特刊第4/2001号，第56页及以下各页；第1/2003号，第3页及以下各页；第1/2007号，第1至第88页），行政委员会在2006年12月7日决定通过的实施细则（OJ EPO特刊第1/2007号，第89页及以下各页），以及随后经行政委员会2008年3月6日（OJ EPO 2008，124）、2008年10月21日（OJ EPO 2008，513）、2009年3月25日（OJ EPO 2009，296和OJ EPO 2009，299）、2009年10月27日（OJ EPO 2009，582）、2009年10月28日（OJ EPO 2009，585）、2010年10月26日（OJ EPO 2010，568，634和637）、2012年6月27日（OJ EPO 2012，442）、2013年10月16日（OJ EPO 2013，501和503）、2013年12月13日（OJ EPO 2014，A3和A4）、2014年10月15日（OJ EPO 2015，A17）、2015年10月14日（OJ EPO 2015，A82和A83）、2016年6月30日（OJ EPO 2016，A100）、2016年12月14日（OJ EPO 2016，A102）、2017年6月28日（OJ EPO 2017，A55）、2017年6月29日（OJ EPO 2017，A56）、2017年12月13日（OJ EPO 2018，A2）、2018年6月28日（OJ EPO 2018，A57）、2019年3月28日（OJ EPO 2019，A31）、2019年12月

12 日（OJ EPO 2020，A5）、2020 年 3 月 27 日（OJ EPO 2020，A36）、2020 年 12 月 15 日（OJ EPO 2020，A132 和 OJ EPO 2021，A3）的决定修订的《欧洲专利公约》。

必要时请参考 1973 年 10 月 5 日的《欧洲专利公约》，该公约经 1991 年 12 月 17 日修订的 EPC 第 63 条的法案，以及 1978 年 12 月 21 日、1994 年 12 月 13 日、1995 年 10 月 20 日、1996 年 12 月 5 日、1998 年 12 月 10 日和 2005 年 10 月 27 日行政委员会的决定修订。

对 EPC 2000 公约法条和细则及其段落的引用如下："公约第 123 条，第 2 段" 写作 "公约第 123（2）条"，"细则第 29 条，第 7 段" 写作 "细则第 29（7）条"。对 EPC 1973 公约、PCT 条款以及与费用相关的法条和细则均以类似的方式引用，例如分别为 "EPC 1973 公约第 54（4）条"、"PCT 条约第 33（1）条" 以及 "RFees 细则第 10（1）条"。只有在认为适当的情况下，即为了避免混淆，才会在提及 EPC 的法条和细则时加上扩展名 "EPC 2000"。

扩大上诉委员会的决定和意见将仅用大写字母和编号来表示，例如 "G 2/88"。技术上诉委员会和法律上诉委员会的决定将以相同的方式表示，例如 "T 152/82"、"J 4/91" 和 "T 169/88"。需要注意的是，扩大上诉委员会的所有决定和意见以及 EPO 上诉委员会的所有决定都在 EPO 网站（epo. org）上公布。

存款账户协议及其附件，包括自动扣款程序协议和解释性说明，都会不时地作为 EPO 公报的补充进行公布，公布内容可以在 EPO 网站（epo. org）上查阅。

3. 一般性说明

本指南根据 EPC 及其实施细则（参见第 5 节）为 EPO 诉讼程序的实践提供了指导。

国际阶段 PCT 申请的检索和审查实践及程序不是本指南的主题，而是《PCT 国际检索和初步审查指南》的主题，该指南可在 WIPO 网站（wipo. int）上查阅。在认为适当的情况下，后一指南中给出的选项以及 EPO 在作为受理局、国际检索单位、补充国际检索单位或国际初审单位时处理这些选项的方式，都是在 EPO 公报和 EPO 网站上公布的单独通知的主题。另请参阅《EPO 作为 PCT 机构的检索和审查指南》，该指南可以在 EPO 网站上查阅。值得注意的是，对于根据 PCT 提交的由 EPO 审查的国际申请，适用 PCT 及其实施细则的规定，并由 EPC 补充。如果发生冲突则以 PCT 的规定为准（公约第 150（2）条）。

本指南主要针对 EPO 的审查员和形式审查员，但也旨在为诉讼当事人和专利从业者提供服务，作为说明 EPO 诉讼中法律和实践的基础。作为一般性规则，诉讼当事人指的是申请人、专利权人或异议人，如果当事人有代理人，则指其代理人（参见 A 部分第Ⅷ章 1）。

本指南不能详细覆盖所有可能发生的情况和例外情况，但必须被视为一般性说明，其可能需要根据具体情况进行调整。

将指南适用于个别欧洲专利申请或专利是形式审查员和审查员的责任。作为一般性规则，当事人可以期望 EPO 按照指南行事，直到指南或相关法律规定被修订为止。有关这类修订的通知在 EPO 公报和 EPO 网站上公布。

还应当注意，本指南不构成法律规定。对于 EPO 实践的最终权威，必须首先参考 EPC 本身及其实施细则、EPC 公约第 69 条解释的协定、集中化协定、承认协定、特权和豁免协定以及《与费用相关的细则》，其次参考上诉委员会和扩大上诉委员会对 EPC 作出的解释。

当提及扩大上诉委员会作出的决定和意见时，为了告知读者，采用的做法是考虑所提及的决定和意见。这同样适用于法律上诉委员会或技术上诉委员会的决定。

如果法律上诉委员会或技术上诉委员会的决定有分歧，EPO 审查员和形式审查员通常将遵循本指南中描述的常见做法，该做法一直适用直至另行通知。此外，本指南仅反映上诉委员会由于其一般程序意义而纳入 EPO 一般惯例的决定，不考虑在个别案件中作出的任何偏离决定，这是因为公约第 111（2）条规定的约束力仅适用于该特定案件。

在检索方面，EPO 还对某些特定国家的国家专利申请进行检索。B 部分中的说明主要适用于这类检索。

本指南不涉及与单一专利保护有关的程序（参见实施细则（EU）No. 1257/2021 和 No. 1260/2012，《OJ EPO 2013，111》和《OJ EPO 2013，132》）。

4. 在 EPO 工作

EPO 的成立代表着专利史向前迈出了一大步。EPO 的声誉取决于所有员工，不分国籍，和谐地合作，并尽其所能。但是，最重要的是在检索、审查和异议方面，EPO 将受到专利界的评判。

EPO 的员工与讲不同语言、具有不同专利背景并接受过不同培训的同事们一起工作。有些员工可能曾在其国家局工作过。因此，值得一提的是，EPO 的所有员工都是在 EPC 规定的共同制度下工作。本指南将会支持他们适用相同的标准。

本指南的目的之一是明确职责范围如何在不同部门（例如受理部门、审查小组和异议小组）之间分配，以便协调工作流程，避免重复工作。

不应当忘记的是，EPO 的声誉不仅取决于工作的质量，还取决于其交付工作产品的及时性。EPC 对当事人规定了各种时限，而只有审查员和其他员工也在合理的时间范围内工作时，欧洲专利系统才会被视为成功。

最后，几乎毋庸说明，所有欧洲申请和专利，无论其来源国和撰写的语言是什么，都会受到平等的对待。只有在没有国家偏见的迹象时，国际专利制度才是可信的。

5. EPO 处理申请和专利概要

欧洲申请和欧洲专利的处理有许多不同的步骤，可以总结如下：

(i) 向 EPO 或国家主管当局提交申请；

(ii) 受理部门审查申请，决定是否可以为申请提供申请日；

(iii) 受理部门进行申请的形式审查；

(iv) 如果受理部门已确定申请符合形式要求，由检索小组起草扩展欧洲检索报告（EESR），其副本将被转发给申请人；

(v) 申请和检索报告由 EPO 单独或一起发布；

(vi) 当收到来自申请人的审查请求，或者，如果在检索报告传送给申请人之前申请人已经提交了审查请求，则在申请人确认其希望进一步处理欧洲专利申请时，该申请在审查小组授予欧洲专利之前将接受实质审查和所有必要的形式检查；

(vii) 如果申请满足 EPC 的要求，则由指定国授予欧洲专利；

(viii) 欧洲专利的说明书将由 EPO 公布；

(ix) 自授权的欧洲专利公布之日起的 9 个月内，任何人都可以对其提出异议，经过异议审查之后，异议小组决定是否驳回异议、以修改形式维持专利或撤销专利；

(x) 专利所有人可以要求限制或撤销授权的欧洲专利，审查小组将就这一请求作出决定；

(xi) 如果欧洲专利进行了修改，EPO 将公布相应修订的欧洲专利新说明书。

欧洲专利申请可以通过 PCT 途径（欧洲 PCT 申请—进入欧洲阶段）提交。更多详细信息参见 E 部分第Ⅸ章及其各小节内容。

受理部门、审查小组、异议小组或法律部门作出的对一方当事人产生不利影响的任何决定，该当事人均可上诉，然后由 EPO 上诉委员会进行审查。除了与中间修改有关的重要方面外，本指南不涉及上诉程序。

6. EPC 缔约国

下列国家是 EPC 的缔约国*（括号内为批准生效日期）：

阿尔巴尼亚（2010 年 5 月 1 日）

奥地利（1979 年 5 月 1 日）

比利时（1977 年 10 月 7 日）

保加利亚（2002 年 7 月 1 日）

克罗地亚（2008 年 1 月 1 日）

塞浦路斯（1998 年 4 月 1 日）

捷克（2002 年 7 月 1 日）

丹麦❶（1990 年 1 月 1 日）

爱沙尼亚（2002 年 7 月 1 日）

---

* EPO 的最新缔约国名单在每年的 EPO 公报第 4 期公布。

❶ EPC 不适用于格陵兰岛和法罗群岛。

芬兰（1996 年 3 月 1 日）
法国❶（1977 年 10 月 7 日）
德国（1977 年 10 月 7 日）
希腊（1986 年 10 月 1 日）
匈牙利（2003 年 1 月 1 日）
冰岛（2004 年 11 月 1 日）
爱尔兰（1992 年 8 月 1 日）
意大利（1978 年 12 月 1 日）
拉脱维亚（2005 年 7 月 1 日）
列支敦士登（1980 年 4 月 1 日）
立陶宛（2004 年 12 月 1 日）
卢森堡（1977 年 10 月 7 日）
马耳他（2007 年 3 月 1 日）
摩纳哥（1991 年 12 月 1 日）
荷兰❷（1977 年 10 月 7 日）
北马其顿（2009 年 1 月 1 日）
挪威（2008 年 1 月 1 日）
波兰（2004 年 3 月 1 日）
葡萄牙（1992 年 1 月 1 日）
罗马尼亚（2003 年 3 月 1 日）
塞尔维亚（2010 年 10 月 1 日）
圣马力诺（2009 年 7 月 1 日）
斯洛伐克（2002 年 7 月 1 日）
斯洛文尼亚（2002 年 12 月 1 日）
西班牙（1986 年 10 月 1 日）
瑞典（1978 年 5 月 1 日）
瑞士（1977 年 10 月 7 日）
土耳其（2000 年 11 月 1 日）
英国❸（1977 年 10 月 7 日）
（总计：38 个）

---

❶ EPC 适用于法国的领土，包括其海外领土。

❷ EPC 也适用于圣马丁岛、库拉索岛、博内尔岛、圣尤斯特歇斯岛和萨巴岛，但不适用于阿鲁巴岛。

❸ EPC 也适用于马恩岛。有关在皇家属地、英国海外领土和英联邦国家注册欧洲专利的更多信息，请参考《OJ EPO 2018，A97》。

7. 在非 EPC 缔约国的延伸和生效

目前，可将欧洲专利延伸到非 EPC 缔约国的两个延伸国和四个生效国。更多详细信息请参考 A 部分第Ⅲ章 12 及其小节。

A 部分

形式审查指南

目　录

第Ⅰ章　引　言 …… 27
1.　概　述 …… 27
2.　形式审查责任 …… 27
3.　A 部分的目的 …… 27
4.　其他与形式审查有关的部分 …… 27

第Ⅱ章　申请的提交和对提交申请的审查 …… 28
1.　何地及如何提交申请 …… 28
1.1　通过直接提交或邮寄提交申请 …… 28
1.2　通过电子通信方式提交申请 …… 28
1.2.1　通过传真方式提交申请 …… 28
1.2.2　以电子形式提交申请 …… 29
1.3　通过其他方式提交申请 …… 29
1.4　后续提交文件 …… 30
1.5　在 EPO 持有的存款账户的借记单 …… 30
1.6　申请的转交 …… 30
1.7　申请编号系统 …… 31
1.7.1　在 2002 年 1 月 1 日之前提交的申请 …… 31
1.7.2　在 2002 年 1 月 1 日或之后提交的申请 …… 31
2.　有权提交申请的人 …… 31
3.　提交的程序 …… 32
3.1　收据；确认 …… 32
3.2　向国家主管机构提交 …… 32
4.　对提交申请的审查 …… 33
4.1　给予申请日的最低要求 …… 33
4.1.1　申请欧洲专利的说明 …… 33
4.1.2　有关申请人的信息 …… 34
4.1.3　说明书 …… 34
4.1.3.1　引用在先申请 …… 34
4.1.4　缺　陷 …… 36

4.1.5 申请日 …… 37
5. 在后提交缺失的说明书附图或说明书缺失部分 …… 38
5.1 应要求在后提交缺失的说明书附图或说明书缺失部分 …… 38
5.2 未经要求在后提交缺失的说明书附图或说明书缺失部分 …… 38
5.3 申请日变更 …… 38
5.4 基于优先权申请的缺失部分，申请日不变 …… 38
5.4.1 要求优先权时迟交的缺失部分的提交 …… 39
5.4.2 缺失部分完全包含在优先权申请中 …… 40
5.4.3 优先权申请的副本 …… 41
5.4.4 优先权申请的翻译 …… 41
5.5 撤回在后提交的缺失的附图或说明书缺失部分 …… 41

第Ⅲ章 对形式要求的审查 …… 43
1. 通 则 …… 43
1.1 形式要求 …… 43
1.2 进一步审查 …… 43
2. 代 理 …… 44
2.1 要 求 …… 44
2.2 不符合规定 …… 44
3. 实体要求 …… 44
3.1 一般性说明 …… 44
3.2 申请文件、替换文件、翻译文件 …… 44
3.2.1 对于通过引用在先申请提交的申请的实体要求 …… 46
3.2.2 对于在后提交的申请文件的实体要求 …… 46
3.3 其他文件 …… 46
4. 授权请求 …… 46
4.1 一般性说明 …… 46
4.2 对授权请求表格的审查 …… 47
4.2.1 申请人的信息 …… 47
4.2.2 签 名 …… 47
4.2.3 细则第41（2）条规定的进一步要求 …… 48
5. 指定发明人 …… 48
5.1 一般性说明 …… 48
5.2 放弃被称为发明人的权利 …… 48
5.3 在一份单独文件中指定 …… 48
5.4 缺 陷 …… 49

5.5　错误的指定 …… 49
6.　要求优先权（另见F部分第Ⅵ章） …… 50
6.1　一般性说明 …… 50
6.2　能够产生优先权的申请 …… 51
6.3　多项优先权 …… 52
6.4　对优先权文件的审查 …… 52
6.5　优先权声明 …… 52
6.5.1　要求新的优先权 …… 52
6.5.2　补正现有的优先权要求 …… 53
6.5.3　优先权要求的缺陷和优先权的丧失 …… 53
6.6　优先权期限 …… 54
6.7　在先申请（优先权文件）的副本 …… 54
6.8　在先申请的译文 …… 56
6.8.1　通知在审查前提交译文 …… 57
6.8.2　通知在审查或异议期间提交译文 …… 57
6.8.3　权利丧失和法律救济 …… 58
6.8.4　已经提交在先申请的译文 …… 59
6.8.5　自愿提交在先申请的译文 …… 59
6.8.6　替换译文的声明 …… 59
6.9　不能享有优先权 …… 60
6.10　丧失优先权 …… 60
6.11　通　知 …… 60
6.12　一项或多项优先权检索结果的副本 …… 61
7.　发明名称 …… 62
7.1　要　求 …… 62
7.2　责　任 …… 63
8.　禁止事项 …… 63
8.1　道德或“公共秩序” …… 63
8.2　贬低性陈述 …… 64
9.　权利要求费 …… 64
10.　摘　要 …… 65
10.1　一般性说明 …… 65
10.2　摘要的内容 …… 66
10.3　摘要附图 …… 66
11.　缔约国的指定 …… 66
11.1　一般性说明 …… 66

11.2 2009年4月1日或之后提交的欧洲专利申请 …… 66
11.2.1 指定费；期限 …… 66
11.2.2 指定费的缴纳 …… 67
11.2.3 未缴纳指定费的后果 …… 67
11.2.4 撤回指定 …… 67
11.2.5 进入欧洲阶段的欧洲－PCT申请 …… 68
11.3 2009年4月1日之前提交的欧洲专利申请 …… 68
11.3.1 指定费；期限 …… 68
11.3.2 未缴纳指定费的后果 …… 69
11.3.3 缴纳金额不足 …… 69
11.3.4 申请被视为撤回 …… 69
11.3.5 请求授权表格 …… 70
11.3.6 缔约国的指明 …… 70
11.3.7 应付金额 …… 70
11.3.8 撤回指定 …… 71
11.3.9 2009年4月1日之前进入欧洲阶段的欧洲－PCT申请 …… 71
12. 欧洲专利申请和专利到/在非EPC缔约国的延伸和生效 …… 72
12.1 一般性说明 …… 72
12.2 缴纳延伸费和生效费的期限 …… 73
12.3 延伸或生效请求的撤回 …… 74
12.4 视为请求延伸或生效 …… 74
12.5 国家登记册 …… 74
13. 申请费和检索费 …… 74
13.1 缴纳费用 …… 74
13.2 附加费（如果申请文件超过35页） …… 75
13.3 分案申请的附加费 …… 78
14. 申请的译文 …… 78
15. 权利要求的在后提交 …… 79
16. 补正缺陷 …… 80
16.1 形式审查员的工作程序 …… 80
16.2 克服缺陷的期限 …… 81

第Ⅳ章 特别规定 …… 83
1. 欧洲分案申请（另见C部分第Ⅸ章1） …… 83
1.1 一般性说明 …… 83
1.1.1 在先申请的未决 …… 83

1.1.2 系列分案申请 …… 85
1.1.3 有权提交分案申请的人 …… 85
1.2 分案申请的申请日；要求优先权 …… 86
1.2.1 申请日 …… 86
1.2.2 分案申请的优先权要求 …… 86
1.3 提交分案申请 …… 87
1.3.1 在何地及如何提交分案申请 …… 87
1.3.2 授权请求书 …… 88
1.3.3 语言要求 …… 88
1.3.4 缔约国的指定 …… 88
1.3.5 延伸国和生效国 …… 89
1.4 费　用 …… 89
1.4.1 申请费、检索费和指定费 …… 89
1.4.1.1 二代或后续代分案申请的附加费 …… 89
1.4.2 权利要求费 …… 90
1.4.3 维持费 …… 90
1.5 发明人的指定 …… 91
1.6 委托书 …… 92
1.7 其他形式审查 …… 92
1.8 分案申请的检索、公开和审查请求 …… 92
2. 公约第61条申请以及根据细则第14条的程序中止 …… 92
2.1 通　则 …… 92
2.2 授权程序的中止 …… 93
2.2.1 负责部门 …… 93
2.2.2 程序中止的日期 …… 94
2.2.3 中止的法律性质和效力 …… 94
2.2.4 期限的中断 …… 94
2.2.5 授权程序的恢复 …… 95
2.2.5.1 在授权程序的最终决定后恢复 …… 95
2.2.5.2 不考虑授权程序的阶段的恢复 …… 96
2.3 对选择撤回欧洲专利申请的限制 …… 96
2.4 第三方对申请的起诉 …… 96
2.5 提交新申请 …… 96
2.6 在先申请的驳回 …… 97
2.7 根据最终决定部分转让权利 …… 97
3. 在展览会上展出 …… 97

3.1 参展证书；发明的鉴定书 …… 97
3.2 证书或鉴定书的缺陷 …… 98
4. 涉及生物材料的申请 …… 98
4.1 生物材料；保藏 …… 98
4.1.1 生物材料的新保藏 …… 99
4.1.2 申请是通过引用在先申请的方式提交的 …… 100
4.2 缺失的信息；通知书 …… 100
4.3 仅向专家提供保藏的生物材料 …… 101
4.4 请求提供生物材料样品 …… 102
5. 涉及核苷酸和氨基酸序列的申请 …… 102
5.1 根据细则第56条提交的序列信息 …… 104
5.2 通过引用在先申请提交的申请的序列表 …… 105
5.3 分案申请的序列表 …… 106
6. 转换为国家申请 …… 106

第Ⅴ章 涉及形式缺陷的通知书；申请的修改；错误的更正 …… 108
1. 涉及形式缺陷的通知书 …… 108
2. 申请的修改 …… 108
2.1 修改的提交 …… 108
2.2 对形式缺陷修改的审查 …… 109
3. 更正向EPO提交的文件中的错误 …… 109

第Ⅵ章 申请的公布；请求审查和传送案卷至审查小组 …… 111
1. 申请的公布 …… 111
1.1 公布日 …… 111
1.2 不公布；阻止公布 …… 111
1.3 公布的内容 …… 112
1.4 仅以电子形式公布 …… 113
1.5 单独公布欧洲检索报告 …… 113
2. 请求审查和传送案卷至审查小组 …… 114
2.1 通知书 …… 114
2.2 提交审查请求书的期限 …… 114
2.3 法律救济 …… 115
2.4 传送案卷至审查小组 …… 115
2.5 审查费的退还 …… 116

2.6　审查费的减免 …… 117
3.　**对检索意见的答复** …… 117

第Ⅶ章　语　言 …… 118
1.　**申请时可接受的语言** …… 118
1.1　通　则 …… 118
1.2　通过引用提交 …… 118
1.3　欧洲分案申请、公约第61条申请 …… 118
1.4　通知提交译文 …… 118
2.　**程序语言** …… 119
3.　**书面程序中对程序语言的克减** …… 119
3.1　当事人的书面意见 …… 119
3.2　可接受的非EPO语言 …… 119
3.3　优先权文件 …… 120
3.4　作为证据提交的文件 …… 120
3.5　第三方意见 …… 120
4.　**口头审理程序中对程序语言的克减** …… 120
5.　**以错误语言提交的文件** …… 121
6.　**公布语言** …… 121
7.　**译文的更正和认证** …… 121
8.　**申请或者专利的作准文本** …… 122

第Ⅷ章　共同规定 …… 123
1.　**代　理** …… 123
1.1　一般性原则 …… 123
1.2　由职业代理人代理；职业代理人名单 …… 123
1.3　由雇员代理 …… 124
1.4　共同代表 …… 124
1.5　由法律从业者代理 …… 124
1.6　签署的授权书 …… 125
1.7　总授权书 …… 126
1.8　通知提交授权书以及不满足要求情况下的法律后果 …… 126
2.　**文件的形式** …… 127
2.1　构成欧洲专利申请的文件 …… 127
2.2　替换文件和译文 …… 127

2.3 其他文件 …… 127
2.4 副本的数量 …… 127
2.5 后续文件的提交 …… 128
3. 文件的签名 …… 129
3.1 提交欧洲专利申请后提交的文件 …… 129
3.2 构成欧洲专利申请一部分的文件 …… 129
3.3 签名形式 …… 130
3.4 共同申请人 …… 130

第Ⅸ章 附 图 …… 131
1. 视为附图的图形表现形式 …… 131
1.1 技术性附图 …… 131
1.2 照 片 …… 131
2. 附图的展示 …… 131
2.1 附图的分组 …… 131
2.2 附图的可复制性 …… 132
2.3 摘要附图 …… 132
3. 关于所用纸张的要求 …… 132
4. 附图页的展示 …… 132
4.1 纸张的可用表面积 …… 132
4.2 附图页的编号 …… 133
5. 附图的总体布局 …… 133
5.1 页面设置 …… 133
5.2 附图编号 …… 133
5.3 总体图 …… 134
6. 禁止事项 …… 134
7. 附图的绘制 …… 134
7.1 线条和笔画的绘制 …… 134
7.2 阴 影 …… 135
7.3 截面图 …… 135
7.3.1 剖面图 …… 135
7.3.2 剖面线 …… 135
7.4 附图的比例 …… 136
7.5 数字、字母和附图标记 …… 136
7.5.1 标引线 …… 136
7.5.2 箭 头 …… 136

7.5.3　附图中数字和字母的高度 …… 136
7.5.4　在说明书、权利要求书和附图之间使用一致的附图标记 …… 137
7.5.5　附图之间使用一致的附图标记 …… 137
7.6　比例的变化 …… 138
8.　附图上的文字内容 …… 138
9.　常规符号 …… 138
10.　附图的修改 …… 138
11.　不视为附图的图形表现形式 …… 139
11.1　化学和数学公式 …… 139
11.2　表　格 …… 139
11.2.1　说明书中的表格 …… 139
11.2.2　权利要求中的表格 …… 140

第X章　费　用 …… 141
1.　通　则 …… 141
2.　缴费方式 …… 141
3.　货　币 …… 141
4.　缴费日期 …… 142
4.1　向欧洲专利组织持有的银行账户缴费或转账 …… 142
4.2　EPO 的存款账户 …… 142
4.2.1　一般性说明 …… 142
4.2.2　补充存款账户的款项 …… 142
4.2.3　借记存款账户 …… 142
4.2.4　收到借记单的日期；资金不足 …… 144
4.3　自动扣款程序 …… 145
4.4　信用卡缴费 …… 145
5.　费用到期日 …… 145
5.1　通　则 …… 145
5.1.1　到期日 …… 145
5.1.2　费用金额 …… 146
5.2　特定费用的到期日 …… 146
5.2.1　申请费和检索费 …… 146
5.2.2　审查费和指定费 …… 147
5.2.3　授权费和公布费 …… 147
5.2.4　维持费 …… 147
5.2.5　权利要求费 …… 151

5.2.6 限制/撤销、异议、上诉、复审请求费 …… 151
5.2.7 程序性请求和其他请求的应付费用 …… 151
6. 按时缴费 …… 151
6.1 基本原则 …… 151
6.2 RFees 细则第7（3）条和第7（4）条的适用 …… 151
6.2.1 要 求 …… 151
6.2.2 存款账户的逾期充值 …… 152
6.2.3 借记单 …… 152
6.2.4 按正常费率缴费 …… 152
6.2.5 应付费用金额 …… 152
6.2.6 权利丧失的通知 …… 152
7. 缴费目的 …… 153
7.1 通 则 …… 153
7.1.1 有效缴费的条件 …… 153
7.1.2 缴费目的 …… 153
7.2 表明所缴费项是指定费 …… 154
7.3 表明所缴费项是权利要求费 …… 154
7.3.1 提交欧洲专利申请时应缴纳的权利要求费 …… 154
7.3.2 欧洲专利授权前应缴纳的权利要求费 …… 155
8. 未延期缴纳费用、无法律援助、无自由裁量权 …… 155
9. 费用减免 …… 155
9.1 通 则 …… 155
9.2 涉及语言的费用减免 …… 155
9.2.1 条 件 …… 155
9.2.2 申请费的减免 …… 157
9.2.3 审查费的减免 …… 158
9.3 特殊减免 …… 158
9.3.1 补充欧洲检索检索费的减免 …… 158
9.3.2 由 EPO 做出国际初审报告情况下的审查费的减免 …… 159
10. 退 款 …… 159
10.1 一般性说明 …… 159
10.1.1 缺乏法律依据的缴费 …… 159
10.1.2 逾期缴费 …… 160
10.1.3 微小金额 …… 160
10.2 特殊退款 …… 160
10.2.1 检索费的退还 …… 160

10.2.2 进一步检索费用的退还 …… 161
10.2.3 审查费的退还 …… 161
10.2.4 根据细则第 37（2）条退款 …… 161
10.2.5 授权费和公布费的退还 …… 161
10.3 退款方式 …… 162
10.3.1 退款到存款账户 …… 162
10.3.2 退款到银行账户 …… 162
10.4 重新分配代替退款 …… 163
11. 根据细则第 71a（5）条费用的计入 …… 163
11.1 授权费和公布费的计入 …… 163
11.2 权利要求费的计入 …… 164
11.3 授权费和公布费、权利要求费的分别计入 …… 164
11.4 进一步审理费和费用的计入 …… 164

第Ⅺ章 档案查阅；档案中包含的通信信息；查阅《欧洲专利登记簿》；核证副本的发出 …… 165
1. 通　则 …… 165
2. 档案查阅 …… 165
2.1 可供档案查阅的文件 …… 165
2.2 进行档案查阅 …… 166
2.3 档案查阅的限制 …… 166
2.4 请求的机密性 …… 167
2.5 申请公布之前档案的查阅 …… 167
2.6 在申请公布之前著录项目的公开 …… 168
3. 档案中包含的通信信息 …… 168
4. 查阅《欧洲专利登记簿》 …… 168
5. 核证副本的签发 …… 169
5.1 档案中的文件或其他文件的核证副本 …… 169
5.2 EPO 签发的优先权文件 …… 169

第Ⅰ章 引 言

1. 概 述

本指南 A 部分涉及以下事项：

(i) 与欧洲专利申请形式审查相关的要求和程序（参见 A 部分第Ⅱ至第Ⅵ章）；

(ii) 在申请程序或授权后阶段可能出现的一般性手续事项（参见 A 部分第Ⅶ和第Ⅷ章）；

(iii) 欧洲专利申请说明书附图和图形表达的呈现和执行（参见 A 部分第Ⅸ章）；

(iv) 费用问题（参见 A 部分第Ⅹ章）；

(v) 档案查阅，档案中包含的通信信息，《欧洲专利登记簿》和颁发核证副本的咨询（参见 A 部分第Ⅺ章）。

2. 形式审查责任

细则 10
细则 11(3)

A 部分所涉及的事项由欧洲专利局（EPO）的形式审查员办理，无论他们在海牙、慕尼黑还是柏林。这些事项主要交办给具体负责的受理部门，以确保欧洲专利申请符合《欧洲专利公约》(EPC) 的形式要求。一旦申请被移交到审查小组，则由审查小组负责该申请的形式审查，这里提及审查小组，是为了说明它包括被委托这项工作的形式审查员（参见 2013 年 12 月 12 日的 EPO 局长决定《OJ EPO 2014，A6》，2015 年 11 月 23 日的 EPO 局长决定《OJ EPO 2015，A104》，以及 2020 年 6 月 14 日的 EPO 局长决定《OJ EPO 2020，A80》)。

3. A 部分的目的

形式审查员应当注意，指南 A 部分旨在向他们提供知识和背景，这些知识和背景将有助于他们以统一和迅速的方式履行职责。但是，指南 A 部分并没有授权形式审查员忽略 EPC 的规定，在这方面，尤其应当注意指南总则部分的第 3 节。

4. 其他与形式审查有关的部分

形式审查员应当不只关注指南的 A 部分。预计他们会不得不经常参考其他的部分，特别是 E 部分。

第Ⅱ章　申请的提交和对提交申请的审查

1. 何地及如何提交申请

细则 1
细则 2(1)

欧洲专利申请必须以书面形式提交。它们可以通过直接提交、邮寄（参见本章 1.1）或通过电子通信方式（参见本章 1.2）提交。

1.1 通过直接提交或邮寄提交申请

公约 75(1)
细则 35(1)

欧洲专利申请可以向位于慕尼黑、海牙或柏林的 EPO 受理部门直接提交或通过邮寄提交。EPO 在维也纳或布鲁塞尔的分局都不是受理处。

EPO 受理处的办公时间已在 2018 年 2 月 14 日的 EPO 公告《OJ EPO 2018，A18》中公布。EPO 的官方刊物亦会定期公布其中至少一个不开放接收文件的日期（另见 E 部分第Ⅷ章 1.4）。EPO 的受理处可以在其所在的缔约国的公共假日期间保持开放。由于在这些日期不递送邮件（另见 E 部分第Ⅷ章 1.4），申请可以通过直接递送或使用其他允许的提交方式提交（参见本章 1.2 和 1.3）。

柏林和慕尼黑的 EPO 受理处（仅 PschorrHöfe 大楼，参见 2017 年 1 月 3 日 EPO 局长决定《OJ EPO 2017，A11》）配备了自动邮箱，可随时使用。慕尼黑伊萨尔大楼和海牙的受理处目前没有自动邮箱设施。在办公时间以外，文件可以交给收发室。

如果缔约国的国家法律允许，欧洲专利申请也可以在该缔约国的中央工业产权局提交或在其他主管部门提交（分案申请和根据公约第 61（1）（b）条的申请除外，分别参见 A 部分第Ⅳ章 1.3.1 和 2.5）。

1.2 通过电子通信方式提交申请

1.2.1 通过传真方式提交申请

申请也可以通过传真提交给 EPO 的受理处或那些允许这样做的缔约国的国家主管机构，即（目前的）奥地利（AT）、保加利亚（BG）、捷克（CZ）、丹麦（DK）、芬兰（FI）、法国（FR）、德国（DE）、希腊（GR）、冰岛（IS）、爱尔兰（IE）、列支敦士登（LI）、卢森堡（LU）、摩纳哥（MC）、挪威

(NO)、波兰（PL)、葡萄牙（PT)、圣马力诺（SM)、斯洛伐克（SK)、斯洛文尼亚（SI)、西班牙（ES)、瑞典（SE)、瑞士（CH）和英国（GB)。关于更多的细节，参见最新版本的手册《与 EPC 相关的国家法律》。

如果通过传真传送的文件难以辨认或不完整，则该文件应被视为未收到，因为其难以辨认或试图传送失败，必须尽快通知发送方（参见 2019 年 2 月 20 日 EPO 局长决定《OJ EPO 2019，A18》)。

如果欧洲专利申请是通过传真提交的，只有在文件质量低劣的情况下才需要书面确认。在这种情况下，EPO 会要求申请人在两个月内提供有关文件（参见细则第 2（1）条)。如果申请人未能在适当的时间内遵守这一要求，该欧洲专利申请将被驳回。为防止文件重复，要求申请人在纸质版的申请文件上注明申请号或传真日期以及提交文件的机构名称，并明确这些文件是“对以传真方式提交的申请的确认”。

1.2.2 以电子形式提交申请

欧洲专利申请和国际申请（PCT）也可以采用以下电子形式向 EPO 提交（参见 2021 年 5 月 14 日 EPO 局长决定《OJ EPO 2021，A42》)：

(i）在线申请软件(OLF)。通过使用 EPO 提供的在线申请软件打包和提交文件（参见 2020 年 9 月 21 日 EPO 局长决定《OJ EPO 2020，A105》)，除非 EPO 允许使用其他软件。使用 OLF 提交可以在网上进行，也可以在 EPO 接受的电子数据载体上进行。目前，准许的数据载体是符合 ISO 9660 标准的 CD－R 光碟、DVD－R 或 DVD＋R 光碟（参见 2021 年 5 月 14 日 EPO 局长决定《OJ EPO 2021，A42》)。

(ii）在线申请2.0。

(iii）EPO Web 表格申请服务。

在 EPC 的程序中，其他文件也可以通过电子方式提交（参见 2021 年 5 月 14 日 EPO 局长决定《OJ EPO 2021，A42》)。

欧洲专利申请也可以通过电子形式向允许这样做的缔约国的国家主管机构提交。

1.3 通过其他方式提交申请

目前不允许通过电子邮件等其他方式提交欧洲专利申请

（参见 2000 年 9 月 12 日的通知《OJ EPO 2000，458》）。

1.4 后续提交文件

有关后续提交文件，参见 A 部分第Ⅷ章 2.5。

1.5 在 EPO 持有的存款账户的借记单

ADA 第 5.1.2 点
ADA 第 5.6.1 点

对于欧洲专利申请，到期费用的借记单必须以可接受的电子格式提交（参见 A 部分第Ⅹ章 4.2.3），而不管申请本身是如何提交的。如果以纸件形式向国家主管机构提交申请（公约第 75（1）（b）条），则如果在提交之日将拟缴纳费用的强制性表格 1020 表的纸质借记单包含在该申请中，则可被例外接受（参见《OJ EPO 2019》增刊第 4 号—存款账户协议（ADA））。直接提交给 EPO 的纸质表格 1020 表不被接受。有关取消支票付款，参见 A 部分第Ⅹ章 2。

1.6 申请的转交

公约 77(1)
细则 37(1)

缔约国的中央工业产权局有义务在符合有关发明保密的国家法律的最短时间内，将向该局或该国其他主管部门提交的申请（参见本章 3.2）转交给 EPO（关于借记单附件，参见本章 1.5）。

公约 77(3)
细则 37(2)
公约 135(1)(a)

根据规定，主题明显不需要保密的申请，在提交申请后的 6 周期限内将转交给 EPO。对于需要进一步审查其保密责任的申请，该期限被延长至 4 个月，如果所述申请要求了优先权，该期限被延长至优先权日后的第 14 个月。但是，应当注意的是，在规定的时间限制（6 周或 4 个月）外在慕尼黑、海牙或柏林收到的申请，必须在申请日或酌情在优先权日之后的第 14 个月之前予以处理。EPO 在上述最后期限以外收到的申请将被视为撤回，不能根据细则第 37（2）条所规定的期限恢复权利并进一步审理，因为权利的丧失并非由于申请人未能遵守期限而造成的（参见 J /80），而是由于根据公约第 135（1）（a）条提出的转换请求（参见 A 部分第Ⅳ章 6）。

细则 134(2)

如果细则第 37（2）条所述的期限在细则第 134（2）条含义内的邮件交付或传送出现中断或后续错位的日期届满，则该期限将延长至中断或错位期限结束后的第一天。

1.7 申请编号系统

1.7.1 在2002年1月1日之前提交的申请

在2002年1月1日前提交的申请，采用以下申请编号系统：

申请号由9位数字组成。申请号的前两位数字（由左至右）表示申请年份。最后（第九）一位是校验位。申请号的第三位或第三及第四位数字指明申请地点。

其余数字用于按申请所在地的先后顺序为申请编号。

根据《专利合作公约》（PCT）提交的国际申请和指定“EP”的国际申请(欧洲－PCT申请)，第三位数字是“7”、“8”或“9”。

1.7.2 在2002年1月1日或之后提交的申请

在2002年1月1日或之后提交的申请，采用以下申请编号系统：

申请号由9位数字组成。申请号的前两位数字（由左至右）表示申请年份。最后一个数字是校验数字。中间的6位数字用于在一定的6位数字范围内，从最小的数字开始，按照到达申请地点的顺序连续编号。具体范围体现归档的位置。在适用的情况下，范围被细分为两个，以区分纸质文件和线上提交文件。

对于指定“EP”的国际申请（欧洲－PCT申请），上述6位数字在申请号内的专用范围使用“7”、“8”或“9”作为第三位数字，不反映申请的地点和方式。

《OJ EPO 2001，465》公布了2002年引入的编号范围，并在适当的情况下公布了相应的备案地点。

2. 有权提交申请的人

公约58　一项欧洲专利申请可以由任何自然人或法人，或根据有关法律规定相当于法人的任何人提交。

公约60(3)　就EPO的程序而言，申请人应被视为有权行使该欧洲专利的权利。

公约59
公约118　申请可以以一个人的名义提出，也可以由几个人共同提出。该申请也可以由两个或两个以上指定不同缔约国的申请人提出。有可能出现第一申请人指定一组缔约国，第二申请人指定另一组缔约国，而两个申请人共同指定第三组缔约国的情况。如果一项专利在不同缔约国的申请人不相同，在EPO的程序中他们将被视为共同申请人（关于何时以及在什么情况下需要在形式审查中考虑本段所涉及的事项，参见A部分第Ⅲ章4.2.1和11.1）。

公约61(1)　如果裁定申请人以外的任何人有权被授予欧洲专利，此人可以选择取代申请人把该申请当作自己的申请来起诉（参见A部分第Ⅳ章2）。

3. 提交的程序

3.1 收据；确认

细则35(2)　申请提交的机构——EPO（慕尼黑、海牙或柏林）或国家主管机构——必须在申请文件上标注接收日期，并向申请人出具收据。收据必须立即发出，并至少包括申请号、文件的性质和编号以及收据日期。收据还应包括申请人或代理人的档案参考编号或任何其他有助于辨识申请人身份的资料。在线提交的欧洲专利申请的接收将在提交期间以电子方式确认。如明显未能成功传送确认书，在随确认书提交的必要指示信息允许的情况下，申请提交的机构将立即以其他方式传送确认书（参见2021年5月14日的EPO局长决定《OJ EPO 2021，A42》第13条）。EPO原则上不再通过传真发出收据回执（参见2019年2月20日的EPO局长决定《OJ EPO 2019，A18》和2019年2月20日的EPO公告《OJ EPO 2019，A15》）。如在特殊情况下仍有人提出要求，例如不能使用EPO的电子提交申请工具，则将免费提供该服务。

3.2 向国家主管机构提交

细则35(3)　如果申请是向国家主管机构提交的，该主管机构必须立即通知EPO其已收到组成申请的文件，并表明收到文件的性质和日期、申请号和要求的任何优先权日。在已经表明的情况下，建议国家主管机构也应注明申请人或代理人的参考编号。在实践中，上述信息是通过提交申请本身提供给EPO的，除非国家局的国家安全检查推迟了申请的提交，在这种情况下，该国家局会向EPO发送单独的通知。

细则35(4)　当EPO收到由缔约国中央工业产权局转交的申请时，EPO

将通知申请人并注明EPO收到的日期。申请人一旦收到该通知书，必须将所有与申请有关的后续文件直接发送给EPO。

公约77(3)
细则37(2)
细则112(1)
如果在申请日后或申请要求了优先权的在优先权日之后的第14个月结束之前，EPO没有收到来自缔约国中央工业产权局的申请，该申请因此被视为撤回（参见本章1.6），则必须相应地通知申请人；所有费用必须退还，包括任何在到期日前已缴纳的费用。

4. 对提交申请的审查

4.1 给予申请日的最低要求

公约90(1)
细则10(1)
EPO对申请进行审查，以确定申请是否符合给予申请日的最低要求（因为这是在审查小组承担责任之前进行的，这项检查由受理部门进行）。如提交的文件包括以下内容，则符合要求：

细则40(1)(a)　（a）申请欧洲专利的表示；
细则40(1)(b)　（b）申请人的识别信息或能与申请人联系的信息；
细则40(1)(c)　（c）一份说明书或引用某一在先申请。

申请人不需要提供任何权利要求以获得一个申请日。如果申请没有提交权利要求，但满足获得申请日的所有要求，则申请人随后将被要求根据细则第57（c）和第58条（参见A部分第Ⅲ章15）提供至少一项权利要求。

如果说明书引用的是在先申请（参见本章4.1.3.1），则该引用必须包含以下信息，以使该申请获得细则第40（2）条规定的申请日：

（i）在先申请的申请日；
（ii）在先申请的档案编号；
（iii）提交在先申请的机构；
（iv）表明该引用代替了说明书和任何说明书附图。

细则1
要被认定为申请日，申请文件无须在格式或表达方面符合任何特别规定。然而，重要的是文件必须足够易读，以使信息能够被识别。

4.1.1 申请欧洲专利的说明

使用规定的授权请求表格或由专利局提供的电子申请软件（参见本章1.2.2），最好能提供本章4.1（a）中所述的“申请欧洲专利的表示”（另见A部分第Ⅲ章4）。

4.1.2 有关申请人的信息

为了确定申请日期，必须提供以下信息：

（i）指明申请人；

（ii）可联系到的申请人。

如有多个申请人，为确定申请日，只需提供其中一个人的上述信息即可。任何可联系到申请人的信息均会被视为符合第（ii）项的规定，例如：

（a）申请人的代理人的姓名及地址；

（b）传真号码；

（c）邮政信箱号码；

（d）电话号码。

如果所提供的信息足以确定申请日，但不足以让EPO确定申请人是否根据公约第133（2）条要求有代理人，则将遵循A部分第Ⅲ章16中概述的程序。

在决定有关申请人的上述信息是否满足上述要求时，EPO将考虑申请文件中包含的所有数据（参见J 25/86）。对于申请人的状态或申请权利，或者在共同申请人的情形中对于个别申请人指定的缔约国有疑问的，在此阶段不应提出异议。

4.1.3 说明书

说明书的内容不需要仔细检查，只要确定一个（或多个）文件似乎包含说明书就足够了。如果申请人没有提交说明书，而是提交了对在先申请的引用，参见本章4.1.3.1。

4.1.3.1 引用在先申请

申请人可以根据细则第40（1）（c）条提交对在先申请的引用，而不用提交申请文件。该引用所依据的在先申请不需要被请求为优先权。

细则40(2)

有关申请日的详细情况

根据细则第40（2）条的规定，申请人必须在提交日期中注明下列详细情况，以具备获得申请日的资格：

（i）在先申请的申请日；

（ii）在先申请的档案编号；

（iii）提交在先申请的机构；

(iv) 表明该引用代替了说明书和任何说明书附图。

上述申请也可以是实用新型的申请。

细则 40(3) 在先申请副本

细则 53(2) 申请人必须在申请日后两个月内，提供一份由提交该申请的主管机构核证的在先申请副本（细则第 40（3）条）。然而，根据细则第 40（3）条最后一句话，如果在先申请已经在局长规定的条件下提供给 EPO，则免除这一要求。根据 2009 年 9 月 14 日的 EPO 公告《OJ EPO 2009，486》，如果在先申请是欧洲直接申请，或根据 PCT 向 EPO 作为受理局提交的国际申请，则不需要提交核证的副本。在所有其他情况下，申请人必须在细则第 40（3）条所规定的期限内提交引用的在先申请的核证副本。

如果在先申请是所请求的优先权申请，则只需提交一份核证的副本即可满足与申请日有关的要求（细则第 40（3）条）和与优先权要求有关的要求（细则第 53（1）条，参见 A 部分第Ⅲ章 6.7）。

关于按引用方式提交的分案申请，参见 A 部分第Ⅳ章 1.3.1。

细则 40(3) 对在先申请的翻译

如果在先申请使用的不是 EPO 的官方语言，申请人必须在自申请日起两个月内将其翻译成官方语言中的一种语言（细则第 40（3）条）。如果在先申请的翻译文件已提供给 EPO，则该文件的副本将免费包含在文件中，申请人无须再提交（细则第 40（3）条）。

注意，如果在先申请使用的是根据公约第 14（4）条规定的一种语言（EPC 缔约国的官方语言），则该申请可以获得降低申请费的资格，前提是申请人有权根据细则第 6（3）条和细则第 6（4）至（7）条获得该减免资格（参见 A 部分第Ⅹ章 9.2.1 和 9.2.2）。即使说明书是根据细则第 40（1）（c）条引用在先申请提交，如果在先申请是用公约第 14（4）条规定的语言提交，但权利要求是根据细则第 57（c）条和细则第 58 条在申请日之后并使用 EPO 的官方语言提交的，则减费也适用。这是因为确定申请日的基本要素（提供说明书，参见细则第 40（1）（c）条）是以有权享有减费的语言提供的（参见 G 6/91，比照适用）。

权利要求

申请人还可以选择声明他们希望用在先申请的权利要求取代所提交申请中的权利要求。所述声明必须在申请日作出，最好是在授权请求书（EPO 1001 表）的相应方框内划线。如果作出了这一声明，则在先申请的权利要求将构成检索的基础，并将满足细则第 57（c）条的要求，因此 EPO 不会依据细则第 58 条而通知申请人后续提交权利要求。

如果申请人不引用在先申请的权利要求，而只引用该申请的说明书及任何说明书附图，他们可在提交所述引用的同时（即申请日）提交一套权利要求。如果他们不这样做，EPO 将要求他们提交权利要求（参见 A 部分第Ⅲ章 15）。

4.1.4 缺 陷

公约90(1)和(2)
细则 55
细则 112（1）

对于下列缺陷：

- 细则第 40（1）（a）条——未表明申请欧洲专利
- 细则第 40（1）（c）条——无说明书也未提及在先申请

如果 EPO（受理部门）发现申请中有以上任何一项缺陷，将妨碍该申请认定申请日，受理部门将根据细则第 55 条要求申请人在两个月内补正该缺陷，该两个月期限不得延长。如果在此期限结束时，适用细则第 40（1）（a）条或细则第 40（1）（c）条的要求未能满足，该申请将不作为欧洲专利申请处理。EPO 会根据细则第 112（1）条通知申请人。作为答复，申请人可以请求一份根据细则第 112（2）条作出的决定（参见 E 部分第Ⅷ章 1.9.3），或根据公约第 122 条和细则第 136 条提出重新确立权利的请求（参见 E 部分第Ⅷ章 3）。

如果申请人没有及时提交任何补救办法，所付的费用将被退还。如果申请人希望申请欧洲专利，所有与该声称的欧洲专利申请有关的文件都必须重新提交。对于任何此类新提交的欧洲专利申请，EPO 将以满足细则第 40 条所有要求时的日期作为申请日。

根据细则第 40（1）（b）条的缺陷

如果有关申请人的信息缺失，或 EPO 无法联系到他们（细则第 40（1）（b）条），则无法发送有关缺陷的通知书。除非申请人在原始申请日起两个月内主动纠正这一缺陷，否则欧洲专利申请将不存在。在这种情况下，申请日是满足细则第 40 条的所有要求时的日期。

通过引用在先申请的方式提交

如该申请是引用在先申请而提出，而 EPO（受理部门）发现缺少下列任何信息：

（i）在先申请的申请日；

（ii）在先申请的档案编号；

（iii）提交在先申请的机构；

（iv）表明该引用代替了说明书和说明书附图。

那么，EPO 将按上述方式继续，并要求申请人在两个月期限内补正缺陷（细则第 55 条）。如果申请人没有在规定期限内补正缺陷，该申请将不被视为欧洲申请。

如果申请人在提交申请后的两个月内没有提供在先申请的核证副本（细则第 40（3）条），并且 EPO 无法获取核证副本（参见本章 4.1.3.1），那么将根据细则第 55 条向申请人发送通知书，要求其在不可延长的两个月期限内提交核证的副本。如果申请人没有及时提供核证的副本，该申请将不被视为欧洲申请。如果申请文件需要翻译，但在上述期限内没有提供译文，则按 A 部分第Ⅲ章 14 所述程序办理。申请日不受缺少译文的影响。

4.1.5 申请日

申请被认定的申请日即为该申请符合细则第 40 条规定时的日期，该日期为：

（i）EPO 或国家主管机构受理的日期；或

（ii）申请人在不迟于细则第 55 条所述的两个月内补正了所有缺陷的日期。

在后一种情形下，申请人会被告知该被认定的申请日。

情形（ii）有一个例外。如果申请是通过引用在先申请提交的，而申请人未能按照细则第 40（3）条的规定在提交日起两个月内提交在先申请的核证副本，则会根据细则第 55 条向申请人发出通知书，要求其在收到该通知书两个月内提交。如果申请人在这两个月期限内提交核证副本，且获得申请日的所有其他要求均已满足，则该申请保留其原始申请日。

如果申请人在申请日之后插入了部分说明书或说明书附图，申请日也可能变更（参见本章 5）。

5. 在后提交缺失的说明书附图或说明书缺失部分

5.1 应要求在后提交缺失的说明书附图或说明书缺失部分

公约90(1)
细则56(1)
细则56(4)(a)

申请在提交时要接受审查，以确定它有资格享有申请日。如果在审查过程中，EPO注意到部分说明书或说明书附图似乎缺失，应当要求申请人在收到通知两个月内提交缺失的部分。如申请人未及时回复该要求，则所有对缺失部分的引用均被视为删除。须注意的是，申请人不得援引细则第56（1）条规定的通知书遗漏的情况。

5.2 未经要求在后提交缺失的说明书附图或说明书缺失部分

细则56(2)
细则56(4)(a)

申请人也可在提交申请之日起的两个月内，主动（不经EPO要求）提交说明书缺失部分或缺失的说明书附图。如申请人未在期限内提交缺失的部分，所有引用缺失部分的内容将被视为已删除。但是，如果申请人应EPO要求提交缺失的部分，则细则第56（1）条所规定的期限优先（参见本章5.1）。

如果申请人在原始提交日后两个月内，注意到他们在原始申请中未包括说明书附图和/或说明书部分，建议根据细则第56（2）条尽快主动提交这些文件，因为如果EPO不要求他们提交缺失的部分，那么他们在原始提交日两个月后提交的可能性就会终止。

5.3 申请日变更

细则56(2)

如果申请人按照本章5.1或5.2中阐明的程序提交说明书或说明书附图的缺失部分，则申请日将变更为EPO收到该缺失部分的日期。申请人会被告知新的申请日。本章5.4中阐明的除外。

“说明书附图”是指一个单独编号的说明书附图。根据细则第56条，仅接受完整的说明书附图，即使原始说明书附图只有部分缺失。

5.4 基于优先权申请的缺失部分，申请日不变

细则56(3)

如果在提交日之后，申请人按照本章5.1或5.2中阐明的程序提交说明书或说明书附图缺失的部分，则申请日不变，前提是满足以下条件：

(i) 缺失部分在适用期限内提交;

(ii) 该申请要求了优先权(参见本章5.4.1);

(iii) 申请人在适用的期限内要求在后提交的部分以请求的优先权为依据,以避免申请日发生变更(参见本章5.4.1);

(iv) 该在后提交的说明书或说明书附图部分,已全部包含在优先权申请内(参见本章5.4.2);

细则56(3)(a)　(v) 申请人在适用期限*内提交了优先权申请的副本,除非该副本已根据细则第53(2)条向EPO提供(参见本章5.4.3);

细则56(3)(b)　(vi) 如优先权申请不是以EPO的官方语言中的一种提出,申请人须在适用期限*内将其翻译成官方语言中的一种提交,除非根据细则第53(3)条EPO已有该翻译(参见本章5.4.4);

细则56(3)(c)　(vii) 申请人在适用的期限*内表明,在后提交的说明书或说明书附图缺失部分已经完全包含在优先权申请中以及(如果适用的话)其翻译中(参见本章5.4.2)。

如果不符合条件(i),则该在后提交的部分视为未提交,且在该申请中所有引用该部分的内容均根据细则第56(4)(a)条视为删除(参见本章5.1及5.2)。在此种情况下,尽管申请日没有改变,但在后提交的部分也没有引入该申请中。

细则56(2)　如根据细则第56(3)条提出的请求不符合上述(ii)~(iv)项中的一项或多项规定,则根据细则第56(2)条,申请日将变更为EPO收到在后提交缺失部分的日期。EPO将根据细则第56(2)条向申请人发出通知书。

细则56(5)　如根据细则第56(3)条提出的请求不符合上述(v)~(vii)项中的一项或多项规定,则根据细则第56(5)条,申请日将变更为EPO收到在后提交缺失部分的日期。EPO将根据细则第56(5)条向申请人发出通知书。

5.4.1 要求优先权时迟交的缺失部分的提交

根据细则第56(3)条的规定,EPO会检查优先权要求是否符合要求(参见A部分第Ⅲ章6)。

如果申请人根据细则第56(3)条提出请求(参见本章5.4),其相关的优先权要求必须在不迟于提交该请求之前就存

* 有关适用的期限,参见本章5.1或5.2。

在。为此，申请人可以同时提交一份申请，包含在一份提交文件中：

（i）根据细则第52（2）条插入提交申请时未出现的新优先权要求；

（ii）根据细则第56（3）条将在后提交的说明书或说明书附图缺失部分以该优先权要求为依据。

前提条件是：上述同时提出的请求既遵守细则第52（2）条中规定的插入新优先权要求的期限（参见A部分第Ⅲ章6.5.1），同时也满足细则第56（3）条规定的提出请求的适用期限（根据适用参见本章5.1或5.2）。如果满足这些条件，则符合细则第56（3）条关于要求优先权的规定（参见本章5.4（ii））。

或者，申请人可以先提交（i）（同样，前提是它是在细则第52（2）条规定的期限内提交的），然后再提交（ii）（同样，前提是它符合适用的期限）。但是，不可能在提交请求（i）之前提交请求（ii），因为在这种情况下，请求（ii）是在没有要求优先权的时候提出的，这不符合细则第56（3）条的规定。

5.4.2 缺失部分完全包含在优先权申请中

如果不需要对优先权申请进行翻译，并且欧洲专利申请和优先权申请使用相同的官方语言，则只有当申请人根据细则第56（3）（c）条确认的该优先权申请的那部分包含相同的说明书附图和相同的注释，或者对于在后提交的说明书部分，该优先权申请的那部分包含相同的文本，才符合优先权申请中“完全包含”在后提交部分的要求。

如果优先权申请需要翻译，那么只有当申请人根据细则第56（3）（c）条确认的该翻译部分包含相同的说明书附图和相同的注释，或者对于在后提交的说明书部分，该翻译部分包含相同的文本，才符合优先权申请中“完全包含”在后提交部分的要求。

除了要求缺失的附图或说明书中缺失的部分与优先权申请的相应附图或说明书部分一致，它们还必须以不会导致出现额外技术内容的方式插入说明书中。视觉质量较低的说明书附图不被视为细则第56条意义上的“缺失”，因此，不能根据本条进行补正（参见J 12/14）。审查小组负责最终评定是否符合

“完全包含”的规定（参见C部分第Ⅲ章1）。

5.4.3 优先权申请的副本

根据细则第56（3）条规定的优先权申请的副本不需要核证。但是，如果申请人确实在根据细则第56（3）条提出的请求中提供了核证副本，则在根据细则第53（1）条提出的优先权要求中不需要再次提供核证副本。

如果按照局长规定的条件，EPO已获得了根据细则第53（2）条规定的优先权文件副本，则申请人不需要提交该副本。另见A部分第Ⅲ章6.7。

5.4.4 优先权申请的翻译

如果根据细则第53（2）条EPO已获得优先权申请的译文，申请人无须提交该译文。

在优先权申请使用EPO的某一种官方语言，而欧洲申请使用EPO的另一种官方语言的情况下，不要求申请人根据细则第56（3）（b）条提交优先权申请的译文。然而，由于优先权申请和欧洲申请的语言不同，新引入的说明书附图（如果它们包含注释）或说明书部分不满足在优先权申请中“完全包含”的要求（细则第56（3）条）。

申请人可在适用期限内（根据适用参见本章5.1或5.2）提供如下内容之一，以克服上述缺陷：

（i）将申请人确定的优先权申请中的那部分内容的官方语言翻译成欧洲申请的官方语言，该部分内容完全包含缺失说明书部分或说明书附图（细则第56（3）（c）条）；

（ii）一份声明，指明在后提交的说明书或说明书附图缺失部分正是申请人根据细则第56（3）（c）条所确定的优先权申请中的那部分内容的准确翻译。

不需要翻译整个优先权申请，因为这个翻译是为了满足细则第56（3）条规定的“完全包含”要求，而不是满足细则第56（3）（b）条规定的翻译要求。

5.5 撤回在后提交的缺失的附图或说明书缺失部分

细则56(2)和(4)

如果申请人提交了缺失的说明书部分或说明书附图，并且没有请求这些在后提交的部分以其要求的优先权为基础，EPO的通知书将告知他们新的申请日（参见本章5.3）。在该通知书发出后的1个月内，申请人可以撤回申请中在后提交的部分，如果他们这样做，则该重新确定的申请日被视为未提出，所有引用说明书或附图缺失部分的内容将被视为删除。EPO会将此通知申请人。

细则56(2)、(4)和(5)

如果申请人提交了缺失的说明书部分或说明书附图，并要求这些在后提交的部分以要求的优先权为基础，但在适用的期限内没有满足细则第56（3）条的要求，则申请日变更为EPO收到该申请在后提交部分的日期（细则第56（2）或（5）条）。EPO的通知书会告知申请人新的申请日。在收到通知书后的1个月内，他们可以撤回申请中在后提交的部分（细则第56（6）条）；如果他们这样做，则该重新确定的申请日被视为未作出，所有引用说明书或附图缺失部分的内容将被视为删除（细则第56（4）条）。EPO会将此通知申请人。

如果对一个缺失的附图的引用，例如“见图4”，被视为删除，那么在该引用的上下文中的引用标记也会被视为删除，然而，在该引用中，任何不借助该引用时仍然具有技术意义的技术信息可以被保留。例如，“见图4，一个精馏塔（1），配有一个冷凝器（2）”变为“一个精馏塔配有一个冷凝器”。在这种情况下，申请的公布（参见A部分第Ⅵ章1.3）将包括原始提交的申请文件，而不会删除实体引用。

如果在后提交的申请的缺失部分不符合细则第49条的实体要求，则在1个月的撤回期限已过且申请人未撤回时，EPO将不要求申请人根据细则第58条改正这一缺陷，直到1个月的撤回期限届满而申请人没有撤回为止（参见A部分第Ⅲ章3.2.2）。

第Ⅲ章　对形式要求的审查

1. 通　则

1.1 形式要求

公约90(3)
细则57

一件申请应当符合的形式要求由受理部门负责审查。这些要求涉及以下方面：

(i) 代理；
(ii) 签名；
(iii) 申请的实体要求；
(iv) 摘要；
(v) 请求授权；
(vi) 要求优先权；
(vii) 发明人的指定；
(viii) 必要的翻译；
(iv) 至少有一项权利要求；
(x) 申请费和检索费。

1.2 进一步审查

除上述要求外，受理部门还必须：

细则41(2)(b)
(i) 对说明书和权利要求书进行初步审查，以确保出现在申请公开文本中的发明名称整体上符合细则第41（2）（b）条的规定；

细则45(1)和(2)
(ii) 审查是否已缴纳应付的权利要求费（另见本章9）；

公约55(1)(b)
细则25
(iii) 审查如果按照公约第55（1）（b）条规定发明已被展览，是否已经根据细则第25条提交了展览证书（另见A部分第Ⅳ章3）；

细则31
(iv) 在涉及生物材料的欧洲专利申请中，审查根据细则第31（1）（c）和（d）条提供的信息是否完整（另见A部分第Ⅳ章4）；

细则30
(v) 审查对于含有核苷酸和/或氨基酸序列的申请，是否已提交了规定的序列表（另见A部分第Ⅳ章5和2011年4月28日的EPO局长决定《OJ EPO 2011，372》，以及2013年10月18日的EPO公告《OJ EPO 2013，542》）。

上述各段的要求以及不符合要求时应遵循的程序将在本章

后续章节中予以考虑。

2. 代　理

2.1 要　求

形式审查员必须确保符合 A 部分第Ⅷ章 1 中关于代理的要求。需要考虑的要点如下：

公约 133(2)　(i) 在缔约国既无居所也无主要营业所的申请人必须委托一名职业代理人或委托一名符合公约第 134 (8) 条要求的执业律师作为代理人；

公约 133(3)　(ii) 居所或主要营业所在缔约国的申请人由雇员作为代理人，则该雇员被授权；

细则 152　(iii) 该委托书（如有需要）（参见 A 部分第Ⅷ章 1.5 及 2007 年 7 月 12 日的 EPO 局长决定《OJ EPO 2007，L.1》特刊第 3 号）有效、已正式签署（参见 A 部分第Ⅷ章 3.2 和 3.4）并及时提交。

2.2 不符合规定

不符合有关代理规定的影响，以及形式审查员在处理任何缺陷时应采取的行动，载于本章 16。

3. 实体要求

3.1 一般性说明

公约 90(3)　每一份须经形式审查的申请均会被审查是否符合下列形式要求。

不符合要求的情况将在本章 16 中予以考虑。

3.2 申请文件、替换文件、翻译文件

为达到根据细则第 68 (1) 条规定的合理统一公布申请的目的，受理部门负责确保申请文件，即请求书、说明书、权利要求书、说明书附图和摘要，符合细则第 49 (2) 至 (9) 和 (12) 条的要求，并且说明书附图符合细则第 46 条的要求。这同样适用于作为说明书附录的任何补充文件。在评估申请文件的质量以及其是否适合以电子方式直接复制时，受理部门的目标必须是确定在申请日收到的文件中所有原始记载内容的可辨

识性。此外，受理部门不应提醒申请人注意与申请内容有关的任何缺陷，即根据细则第 46（2）（i）或（j）条或细则第 49（9）条第 4 句规定的缺陷（另见本章 16.1）。

对于涉及可能需要一定技术知识的规定，例如细则第 46（2）（f）和（h）条的规定，受理部门如有疑问，应征询和接受检索小组的意见。当检索小组提请受理部门注意其所忽视的某一缺陷时，受理部门也应考虑采取行动。应当注意的是，根据细则第 46（3）条的规定，流程表和图表应被视为说明书附图。

如果不满足细则第 46 条和第 49 条规定的形式要求，申请人将被要求在不可延长的两个月期限内弥补这一缺陷（细则第 58 条和细则第 50（1）条）。如果这一缺陷没有在期限内克服，该申请将被驳回（公约第 90（5）条）。

细则 10
公约 94(1)
细则 46

一旦审查小组开始负责审查该申请，其也对形式问题负责。审查小组应特别注意细则第 46 条和细则第 49 条中更技术性的要求，尤其是上述细则第 46（2）（i）和（j）条以及细则第 49（9）条第 4 句的要求，以及细则第 49（10）和（11）条的要求。

细则 1
细则 49(2)
细则 50(1)和(2)
细则 86

替换文件，包括对已授权专利的修改（细则第 86 条），以及根据公约第 14（2）或（4）条规定提交文件的官方语言翻译，需满足与申请文件相同的要求。因此，其必须通过打字或打印的方式。包含手写修改的申请文件或专利说明书存在形式缺陷，需要补正（参见《OJ EPO 2013，603》；然而，另见 E 部分第Ⅲ章 8.7 和《OJ EPO 2016，A22》以及 H 部分第Ⅲ章 2.2）。

在审查程序中，补正形式缺陷的通知由形式审查员代表审查小组发出（参见 2013 年 12 月 12 日的 EPO 局长决定《OJ EPO 2014，A6》）。

在存在细则第 30 条规定的缺陷的情况下，受理部门必须要求申请人在不可延长的两个月期限内补正。如果这一缺陷没有在期限内补正，受理部门将根据细则第 30（3）条驳回该申请（参见 2011 年 4 月 28 日的 EPO 局长决定《OJ EPO 2011，372》和 2013 年 10 月 18 日的 EPO 公告《OJ EPO 2013，542》；另见 A 部分第Ⅳ章 5）。

对说明书附图的特殊要求参见 A 部分第Ⅸ章。

3.2.1 对于通过引用在先申请提交的申请的实体要求

如果申请是根据细则第40（1）（c）条提交的（参见A部分第Ⅱ章4.1.3.1），并且不需要翻译，则根据细则第40（3）条的规定，在先申请的核证副本必须满足实体要求。如在先申请并非以EPO的官方语言提交，在原始文件内容的真实性不受质疑，且原始文件的质量足以进行良好的复制（细则第49（12）条）的前提下，那么仅有根据细则第40（3）条规定的翻译必须符合实体要求。

3.2.2 对于在后提交的申请文件的实体要求

如果权利要求书是在申请日之后提交的（参见本章15）或在申请日后插入了说明书或附图的缺失部分（参见A部分第Ⅱ章5），所有这些在后提交的申请文件也必须满足实体要求。因此，EPO将进行两项单独的检查，首先检查原始申请文件的实体要求，其次检查任何在后提交的权利要求书、说明书或附图的缺失部分。只有在申请人提交了完整的申请文件后，EPO才会通知其申请中存在的任何缺陷。

如果在后提交的说明书或附图的缺失部分导致申请日变更，申请人可以在被通知申请日变更后1个月内撤回在后提交的说明书或附图的缺失部分（细则第56（6）条）。因此，如果在后提交的说明书或附图的缺失部分（i）包含实体要求方面的缺陷，以及（ii）导致申请日变更，那么EPO将等待1个月的时间。如果申请人没有在期限内撤回在后提交的申请文件，EPO将在期满后根据细则第58条的规定针对这些缺陷发出通知书。

3.3 其他文件

细则50(2)

除申请文件以外的所有文件，均应打字或打印，每页纸左侧页边距约2.5厘米。

4. 授权请求

4.1 一般性说明

细则41(1)

授权请求必须在正确的EPO表格（EPO 1001表）中提出，即使该请求（参考A部分第Ⅱ章4.1（a）中所述的“申请专利的表示”）一开始不需要采用特殊的表格。该表格可通过EPO的互联网网页（epo. org）获得，网络表格申请服务除外。该表格还包括在EPO提供的电子申请软件中（参见A部分第Ⅱ章1.2.2）。

每当新版授权请求表格发布时，EPO的官方期刊都会提请公众注意这一事件。建议申请人始终使用最新版本。

4.2 对授权请求表格的审查

由受理部门审查授权请求，以确保其中包含细则第41（2）条所列的信息。请求表格提供上述信息的填入。授权请求书（细则第41（2）（a）条）是该表格不可分割的部分。必须允许申请人在本章16所列的范围内补正该请求书中的缺陷。

4.2.1 申请人的信息

该请求书必须按照细则第41（2）（c）条规定的方式包括申请人的姓名、地址和国籍，以及其居所或主要营业所所在的国家。如果申请是由多于一个申请人提交的，每个申请人都必须满足要求。在申请程序的这一阶段，形式审查员将考虑被指定为申请人的人申请专利的权利资格（参见A部分第Ⅱ章2）。

对于居所或主要营业所在EPC缔约国的申请人（无论是自然人还是法人），如果没有职业代理人，可以使用其居所以外的通信地址。该通信地址必须是申请人自己的地址，并且在某一EPC缔约国。若该地址要在EPO的程序中使用，申请人必须明确告知EPO，该地址将用作通信地址，最好是将该地址填入EPO 1001表的“通信地址”栏内（参见2014年9月4日的EPO公告《OJ EPO 2014，A99》）。邮件不能寄给其他人（自然人或法人），如需寄给其他人，则需要符合公约第133条和第134条规定的有效代理。

4.2.2 签　名

细则41(2)(h)

请求书必须由申请人或其委托代理人签署。如有多于一个的申请人，每个申请人或其委托代理人都必须签署请求书。关于请求书签名的更多详情，请参见A部分第Ⅷ章3.2至3.4。

4.2.3 细则第41（2）条规定的进一步要求

细则第41（2）（b）、（e）、（f）和（g）条的规定分别涉及发明名称、分案申请、根据公约第61条的申请以及优先权要求，其在本章后续小节和A部分第Ⅳ章中的相应标题下考虑。

5. 指定发明人

5.1 一般性说明

公约81
细则19
公约41(2)(j)

每份申请都必须指定发明人。发明人的指定包含在EPO提供的电子申请软件中（参见A部分第Ⅱ章1.3）。对于以纸件形式提交的申请，如果申请人不是发明人或者非唯一发明人，发明人的指定应当以单独文件提交；除此以外，必须在授权请求表格（EPO 1001表）第22栏相应方框内划上叉号，该指定才能生效。

如果发明人的指定是以单独文件的形式生效，则最好使用可从EPO网站获得的三种语言表格（EPO 1002表）。

5.2 放弃被称为发明人的权利

细则20(1)
细则143(1)(g)
细则144(c)
公约129(a)

申请人指定的发明人可以向EPO提交一份书面声明，放弃其在公布的欧洲专利申请和欧洲专利说明书中被称为发明人的权利，在这种情况下，其姓名在公布的欧洲专利申请、欧洲专利说明书、《欧洲专利登记簿》（细则第143（1）（g）条）以及后续的《欧洲专利公报》中不会被提及，前提是EPO必须及时收到该放弃声明。此外，根据细则第144（c）条的规定，发明人的指定以及放弃将被排除在根据公约第128（4）条的文档查阅之外。

5.3 在一份单独文件中指定

细则19(1)

在一份单独文件中指定发明人的，该文件必须包括发明人的姓氏、名字以及发明人的国家和居住地。居住地是发明人永久居住的城市或直辖市，即不是省或行政区，最好包括邮政编码（参见2021年2月22日的EPO公告《OJ EPO 2021，A12》）。该国家和居住地也可以是申请人（例如公司）的国家和居住地。此外，发明人的指定必须包括公约第81条所述的声明，写明专利权来源以及申请人或者其委托代理人的签字。

在转让的情况下，写明“通过日期为……的协议”就足够了。在发明为职务发明的情况下，需写明该发明人是申请人的雇员。在继承发明的情况下，需写明申请人是发明人的继承人。

发明人的指定必须由申请人或其委托代理人签字。关于签字，适用A部分第Ⅷ章3.2至3.4中的规定。

细则19(2)　EPO不核实指定发明人时给出信息的准确性。

如果发明人的指定是在后提交的，则适用A部分第Ⅷ章3.1中的规定。

5.4 缺　陷

公约90(3)至(5)
公约93（1）
细则60（1）
公约121

如果指定发明人的文件未提交，或者提交的文件存在缺陷（如缺失发明人的名字、国家、居住地或签名），则其不能被视为有效提交，EPO会通知申请人如果该缺陷没有在细则第60（1）条规定的期限内克服，该欧洲专利申请将被驳回。该期限是自申请日起16个月内，要求优先权的，则为自优先权日起16个月内。如果信息是在EPO完成公布的技术准备工作之前传送的，则视为满足此期限（参见A部分第Ⅵ章1.2）。如果申请人要求提前公布，并且相应公布的技术准备工作在16个月期限届满之前就已完成，申请人仍然可以在该期限内提出指定（参见J 1/10）。

如果未在规定期限内克服缺陷，EPO将驳回申请并通知申请人（对于分案申请，参见A部分第Ⅳ章1.5）。根据公约第121条和细则第135条的规定，可能会有进一步审理（参见E部分第Ⅷ章2）。

5.5 错误的指定

细则21(1)　错误的指定可以请求补正，但需要同时收到补正请求书和被错误指定人的同意书，如果所述请求书不是由该当事人提交的，还需要收到申请人或专利权人的同意书。如果要另外指定一名发明人，则不需要先前指定发明人的同意（参见J 8/82）。本章5.3的规定比照适用于补正后的指定。在EPO的程序终止后，也可以请求补正。

细则21(2)　如果错误的指定已经补正，并且该错误的指定已经载入《欧洲专利登记簿》或在《欧洲专利公报》上公布，其补正或取消也应在其中公布。补正发明人的指定属于法律部门的责任

（参见2013年11月21日的EPO局长决定《OJ EPO 2013，600》和《OJ EPO 2013，601》）。

6. 要求优先权（另见F部分第Ⅵ章）

6.1 一般性说明

在下列情况下，欧洲专利申请人有权并可以要求较早的首次申请的优先权：

公约87(1)、(2)和(5)

（i）在先申请是在一个根据EPC的规定能产生优先权的国家或WTO成员提出或向其提交的（另见本章6.2）；

（ii）欧洲专利的申请人是在先申请的申请人，或者是申请人的权利继承人；

（iii）欧洲申请是在在先申请提交之日起12个月内提出的（参见本章6.6）；

（iv）欧洲申请是与在先申请中公开的发明相同的发明（另见本章6.4和F部分第Ⅵ章1），在先申请必须是“首次申请”（参见F部分第Ⅵ章1.4和1.4.1）。

关于上述第（i）项，在先申请可以是专利申请、实用新型注册申请或实用证书申请。

但是，基于在先申请为工业设计要求的优先权不被认可（参见J 15/80）。

公约87(3)

只要在先申请的内容足以确定申请日，即可用来确定优先权日，而不论所述申请的结果如何（例如，后来撤回或被驳回）。

关于上述第（ii）项，转让包括优先权（或优先权本身）的申请，必须在在后欧洲申请的申请日之前转让，并且必须是在相关国家规定下的有效转让。如果在先申请由共同申请人提交，则所有这些申请人必须是在后欧洲专利申请的申请人成员，或者已经将其在优先权申请中的权利转让给在后欧洲专利申请的申请人（参见T 844/18）。转让证明可以后续提交。

然而，如果在后欧洲专利申请由共同申请人提交，只要其中一个申请人是在先申请的申请人或权利继承人即可。不需要向其他申请人特别转让优先权，因为在后欧洲申请是由共同申请人提出的。这同样适用于在先申请本身是由共同申请人提交的情况，只要所有这些申请人或其权利继承人都是在后欧洲专利申请的共同申请人。

关于上述第（iii）项，优先权期限从首次申请之日的次日起算（《巴黎公约》第4C（2）条和细则第131（2）条）。因此，如果优先权要求涉及同一天提交的欧洲申请，则该优先权要求将不予考虑（另见本章6.6）。

6.2 能够产生优先权的申请

本章6.1（i）中所述的能够产生优先权的申请是指在以下工业产权局提出的申请：

公约87(1)　（a）属于《巴黎公约》缔约国或代表该缔约国；

公约87(1)　（b）属于世界贸易组织（WTO）的任何成员或其代表；或

公约87(5)　（c）虽然不受《巴黎公约》或WTO协定的约束，但属于下列情况：

（i）该局承认在EPO提出的首次申请可在与《巴黎公约》规定的条件和效果相同的情况下产生优先权，以及

（ii）EPO局长签发写明此项内容的通知。

到目前为止，尚未发出过第（c）（ii）项中所提到的通知，因此该规则尚未适用。此外，世界贸易组织的成员不一定是国家本身，也可以是具有特殊地位的政府间机构或地区，例如单独关税区❶。

鉴于公约第87（1）条表述中涉及的“在或向”《巴黎公约》任何缔约国或世界贸易组织的成员提交的申请，优先权要求可以基于：一份在先首次提出的国家申请、一份在先欧洲申请、一份根据另一个地区的专利公约提交的在先申请，或者一份PCT国际申请。其包括美国“临时专利申请”（参见1996年1月26日的EPO局长公告《OJ EPO 1996，81》）。《巴黎公约》缔约国名单在WIPO网站上公布，并定期在EPO官方期刊上公布。同样，WTO的网站公布WTO成员名单，且该名单也会定期更新。

G 2/02和G 3/02号决定原先排除了在虽然是WTO成员但不是《巴黎公约》签署国的工业产权局提交的申请中要求优先权的可能性（EPC 1973公约第87（1）条）。根据修订后的公约第87（1）条，这种排除不再适用。

---

❶ 原文涉及意识形态风险，不宜出现在出版的中文译文中，翻译时予以删除。——译者注

6.3 多项优先权

公约88(2)　申请人可以基于在相同或不同国家和/或WTO成员中的在先申请要求一项以上的优先权。对于要求多个优先权的，要求优先权的期限以最早的优先权日为时间判断基准，因此，要求优先权的欧洲申请的申请日必须在最早的优先权日起12个月内（参见本章6.6）；如果在先申请在本章6.2中提及的任何工业产权局提交，则适用此规定。

6.4 对优先权文件的审查

受理部门不需要审查优先权文件的内容。然而，如果从文件的标题可以明显看出，该文件所涉及的主题与在后申请的主题明显不同，则应告知申请人其所提交的文件似乎并非相关文件。

6.5 优先权声明

公约88(1)　申请人要求优先权的，必须提交一份优先权声明书，注明：

细则52(1)　(i) 在先申请的申请日；

细则41(2)(g)　(ii) 在先申请提交的国家或WTO成员；

公约90(4)　(iii) 在先申请的申请号。

要求优先权声明最好在提交欧洲专利申请时提出（细则第52（2）条）。在这种情况下，应在授权请求表格中提交要求优先权声明，申请人在要求优先权声明中应当至少写明在先申请的申请日和其提交的国家（细则第41（2）（g）条）。然而，如果申请人在提交授权请求表格后增加或补正优先权要求（参见本章6.5.1和6.5.2），则EPO不会要求申请人提交补正后的授权请求表格。

提交优先权文件核证副本的期限与提出优先权要求的期限相同（参见本章6.5.1及6.7）。因此，如果（a）申请人按时提供核证副本，且（b）在核证副本上已注明申请日和申请号，则符合细则第52（1）条的规定。

6.5.1 要求新的优先权

细则52(2)　要求优先权声明最好在申请时提出，也可自最早优先权日起16个月内提出。也就是说，本章6.5中提及的第（i）~（iii）项内容可以自最早优先权日起16个月内提供。对于优先权要求在申请日之后提出，并导致最早优先权日发生变化的，则该16个月的期限按照公约第88（2）条的规定，从新的最早优先权日起算。

申请人不能以引入根据细则第52（2）条规定的新优先权为由，要求进一步审理，因为细则第135（2）条不允许。

6.5.2 补正现有的优先权要求

细则52(3)

申请人可于最早的优先权日起16个月内补正优先权声明。补正导致要求的最早优先权日发生变化的，该期限为以下日期的较早到期日：

（i）自原始要求的最早优先权日起16个月；

（ii）自补正的最早优先权日起16个月。

但是，该期限不得在申请日起4个月之前过期。因此，如果原始要求的优先权日是错误的，并且比申请日早12个月以上，申请人始终会有至少4个月的时间来补正该日期，即与假定他们要求正确的优先权日（例如弄错申请号）并要求完整的12个月优先权的情况下期限相同。

对于申请人后续提交补正请求的，如果是因为在申请的公开文本的扉页上出现了明显的错误，则在该特殊情况下，可能被允许（参见A部分第Ⅴ章3和其中的其他来源）。

6.5.3 优先权要求的缺陷和优先权的丧失

关于优先权要求，存在4个潜在缺陷，即：

公约90(4)和(5)

（i）未写明在先申请日或未写明正确日期；

（ii）未写明其提交申请的国家或WTO成员，或未写明正确的国家或WTO成员；

（iii）未提供申请号；

（iv）未写明正确的申请号。

缺陷（i）和缺陷（ii）只能按照本章6.5.2规定的程序和期限补正。如果未能及时补正这两种缺陷中的任何一种，就会丧失公约第90（5）条规定的优先权。进一步审理不适用于细则第52（3）条规定的期限，因为它已被细则第135（2）条排除在外。

公约90(4)和(5)
细则59

然而，如果申请人未能按照细则第52（1）条的规定，在细则第52（2）条设定的16个月期限届满前，写明在先申请的申请号（缺陷（iii）），则根据细则第59条的规定，EPO将要求申请人在两个月期限内提供在先申请的申请号。这一期限可以根据细则第132（2）条延长（对于欧洲-PCT申请参见E部分第Ⅸ章2.3.5），但细则第135（2）条排除了再进一步审理的可能性。未能及时答复该通知书将导致申请人丧失根据公约第90（5）条规定的优先权。

如果申请人未能写明优先权申请的正确申请号（缺陷（iv）），则可根据细则第139条的规定提出补正请求（参见A部分第Ⅴ章3）。

6.6 优先权期限

公约122
细则133
细则134
细则136

如果要求优先权的日期比欧洲专利申请的申请日早12个月以上，受理部门可能通知申请人，该申请将不享有优先权，除非申请人：

（i）在细则第52（3）条规定的期限内，在申请日之前的12个月内写明补正后的优先权日（参见本章6.5.2）；或

（ii）在优先权期限届满后两个月内，请求重新确立有关优先权期限的权利，且该请求后续获得批准（参见下文段落），这仅适用于申请人也在同样的两个月内提交该欧洲申请的情形。

如果要求的优先权日与欧洲专利申请的申请日相同（参见本章6.1），EPO将通知申请人，该申请不能要求该项优先权，除非申请人能补正优先权日（参见本章6.5.2）。

细则第133条和第134条适用于公约第87（1）条规定的优先权期限。如果在先申请日在欧洲专利申请的申请日之后或与其申请日相同，则本章6.5.2中规定的程序也适用（参见A部分第Ⅴ章3中关于笔误或类似错误的补正生效可能性）。

根据公约第122条和细则第136（1）条，可以重新确立关于优先权期限的权利（公约第87（1）条规定的12个月）。重新确立权利的请求必须在优先权期限届满后的两个月内提出（细则第136（1）条），而省略的程序，即确定欧洲申请的申请日，也必须在此期间完成（细则第136（2）条）。关于要求重新确立优先权的更多细节参见E部分第Ⅷ章3。

6.7 在先申请（优先权文件）的副本

细则53(1)
公约88(2)
公约90(4)

要求优先权的在先申请（优先权文件）的副本必须在优先权日后的第16个月内提交。优先权文件可以是纸件形式，也可使用在线申请软件（OLF）或在线申请2.0以电子形式提交，后者须为可接受的文件格式，并已由发证机关进行数字签

章，且 EPO 也接受该签章。这种电子优先权文件目前已由美国、巴西、葡萄牙、意大利、奥地利、法国和波兰的专利局签发，预计后续还会有更多的专利局签发。以电子形式提交优先权文件不得采用 Web 表格申请（参见 2021 年 5 月 14 日的 EPO 局长决定《OJ EPO 2021，A42》）。优先权文件不得通过传真提交（参见 2019 年 2 月 20 日的 EPO 局长决定《OJ EPO 2019，A18》）。如果要求多项优先权，则上述时间期限从最早优先权日起算。

该副本必须由收到在先申请的主管机构核证为在先申请的精确副本，并须由该主管机构核证其申请日。该日期证明可以采用该主管机构签发的单独证书的形式，说明提交在先申请的日期（细则第 53（1）条第 2 句），也可以是优先权文件本身的组成部分。副本的真实性证明也可以是单独的文件，或者是优先权文件的组成部分。

此外，申请人还可以将在先申请（优先权文件）的副本以纸张以外的实体介质（例如刻录光盘）提交，条件是：

（a）载有优先权文件的物理介质是由收到在先申请的机构准备的，如此以保证其内容随后不能被不可察觉地改变；

（b）物理介质的内容经该主管机构核证为在先申请或其中所载部分的精确副本；并且

（c）在先申请的申请日也由该主管机构核证。

证书可以纸件形式单独提交。提交的介质必须是可读的，没有计算机病毒和其他形式的恶意逻辑程序。

细则 53(2)　应申请人的要求，EPO 将在欧洲专利申请文件中免费提供其优先权要求的在先申请副本，该副本通过 WIPO 数字访问服务（DAS）提取。DAS 支持在参与的专利局之间自动交换优先权文件。申请人可以要求首次申请局（OFF）将在先专利申请的核证副本提供给 DAS 系统，然后要求二次申请局（OSF）通过 DAS 提取所述副本，提取方法是指明与在先申请相对应的 DAS 访问代码（参见 2021 年 11 月 13 日的 EPO 局长决定《OJ EPO 2021，A83》，以及 2019 年 2 月 22 日的 EPO 公告《OJ EPO 2019，A27》）。

对于不能通过 DAS 提取优先权文件或申请人没有要求通过 DAS 提取优先权文件的，如果在先申请是：

（i）欧洲专利申请；

（ii）根据 PCT 以 EPO 为受理局提交的国际申请；

(iii) 中国发明或者实用新型专利申请；

(iv) 韩国发明或者实用新型专利申请；

(v) 美国临时或非临时专利申请。

EPO将在欧洲专利申请文件中免费提供在先申请的副本，无须申请人提出请求。对于中国、韩国和美国的申请（上文第(iii)至(v)项），这只适用于2022年1月1日前提交的欧洲专利申请，以及在此之前进入欧洲阶段的欧洲-PCT申请，所需的优先权文件可以在2023年6月30日之前包含在申请文件中（参见2021年11月13日的EPO公告《OJ EPO 2021，A84》）。如果在先申请的语言不是EPO的官方语言之一，仍可能需要根据细则第53(3)条提交翻译件或声明（参见本章6.8）。

如果申请人在根据细则第56条的请求中要求在后提交的说明书或附图部分基于所要求的优先权，已经提供了优先权文件的副本，则申请人无须再次提交（参见A部分第Ⅱ章5.4(v)）。然而，如已提供的副本没有就其内容及/或申请日期进行核证，申请人需在上述期限内提供所缺的证明。

公约90(4)和(5)
细则59

如申请人未能在上述期限内（细则第53(1)条）提供优先权文件的核证副本，根据细则第59条的规定EPO将要求其在两个月内提供。根据细则第132(2)条的规定，这一期限可以延长（参见E部分第Ⅸ章2.3.5中“关于欧洲-PCT申请”），但细则第135(2)条排除了进一步审理的可能性。如果申请人未能在此期间提供，将丧失该优先权（公约第90(5)条）。

如果在先申请的副本不能包含在申请文件中，根据细则第53(2)条规定，该文件不被视为正式提交。EPO将及时通知申请人，并根据细则第53(1)条给予申请人提交核证副本的机会（参见2021年11月13日的EPO局长决定《OJ EPO 2021，A83》，以及2021年11月13日的EPO公告《OJ EPO 2021，A84》）。

6.8 在先申请的译文

公约88(1)
细则53(3)

如果要求作为优先权的在先申请使用的不是EPO的官方语言，并且要求优先权的有效性与有关发明的可专利性评估有关，EPO应当要求欧洲专利的申请人或专利权人在指定的期限内提交EPO官方语言的译文。

这一期限的时长根据发出通知书的程序阶段而不同（参见后续小节）。

6.8.1 通知在审查前提交译文

如果受理部门注意到需提供在先申请的译文，根据细则第53（3）条，提供译文的通知可与下列第（i）项或第（ii）项同时发出：

（i）根据细则第69（1）条和细则第70a（1）条的通知书（申请人在检索报告传送前未提交审查请求——参见A部分第Ⅵ章2.1）。

在此情况下，提供译文的期限与提交审查请求的期限相同，即根据细则第70（1）条的规定，从欧洲检索报告公布之日起6个月。

（ii）根据细则第70（2）条的通知书（申请人在传送（补充）欧洲检索报告之前提交了审查请求——参见A部分第Ⅵ章2.3）。

在此情况下，提供译文的期限与根据细则第70（2）条提交对审查请求的确认期限相同：

（a）对于未通过PCT提交的申请，期限为欧洲检索报告公布之日起6个月（参见A部分第Ⅵ章2.3）。

（b）对于需要准备补充欧洲检索报告的欧洲－PCT申请（参见B部分第Ⅱ章4.3.2），期限为根据细则第70（2）条通知书发文之日起6个月（参见E部分第Ⅸ章2.5.3）。

在实践中，根据细则第53（3）条的要求将给申请人发送单独的通知书，在某些情况下，可能不会与上文第（i）或（ii）项中所述的适用通知书的日期完全相同。但是，这不会影响提供译文的期限届满日，因为在计算期限时使用的相关事件（提及欧洲检索报告公布或根据细则第70（2）条的通知书发文）与根据细则第53（3）条的通知发文无关。如果根据细则第53（3）条发出的通知书在所产生的期限届满前不到两个月，则适用例外的情况；在此情况下，提交译文的期限被视为延长至该通知书发出后两个月，但不影响根据细则第132（2）条的规定延长期限的可能性（参见E部分第Ⅷ章1.6）。

6.8.2 通知在审查或异议期间提交译文

细则132(2)

细则第132（2）条规定，在审查或异议程序中提交译文的期限为4个月。

如果未提前发送（参见本章6.8.1），根据细则第53（3）条的要求可以在审查程序中单独发送，或根据公约第94（3）条作为通知书的附件发送。对于根据公约第94（3）条作为通知书的附件发送的，对通知书作出答复的期限与提交译文的期限相同（即4个月），即使通知书中提出的问题较轻微（参见E部分第Ⅷ章1.2）。

对于欧洲－PCT申请，如果EPO作为国际检索单位或补充国际检索单位（SISA，PCT细则第45条之二），审查小组只能在细则第161（1）条所规定的期限届满后，才可以根据细则第53（3）条发出通知（参见E部分第Ⅸ章3.2）。

由于之前可能没有要求欧洲专利的专利权人提交译文（在审查程序中或本章6.8.1中指出的更早阶段），如果在异议程序中，要求优先权的有效性在评价可专利性时变得相关，EPO可以在异议程序中作出上述要求。

在审查及异议程序中，如果已要求申请人或专利权人提供译文，则在其提供译文前或其（在审查程序中）根据细则第53（3）条的规定作进一步审理的期限届满前（以较早者为准），不会发出口头程序传唤书。

在实践中，处理所述专利申请或专利的检索、审查或异议小组将通知形式审查员其需要在先申请的译文，形式审查员随后发送上述通知书。

6.8.3 权利丧失和法律救济

如果欧洲专利的申请人或专利权人没有及时提交译文，优先权将丧失，EPO会相应地通知申请人或专利权人（参见本章6.11）。其效果是，中间文件将根据适用的公约第54（2）条或第54（3）条成为现有技术，因此与专利性的评价相关。EPO不会进一步要求申请人或专利权人提交译文。然而，在审查程序中，如果未能及时提交译文，则可得到进一步审理（参见E部分第Ⅷ章2）。在适当情况下，申请人亦可请求一份根据细则第112（2）条作出的决定（参见E部分第Ⅷ章1.9.3）。

对于要求申请人提交多个在先申请的译文但其没有及时提供的，根据细则第135（1）条和《与费用相关的细则》（RFees）第2（1）条第12项，每个优先权均需要缴纳进一步审理的费用。对于仅根据细则第53（3）条的规定要求翻译的，也适用。

对于专利权人在异议程序中未能及时提交译文的，其可以根据公约第122条和细则第136条的规定，请求重新确立权利（参见E部分第Ⅷ章3）。在异议程序中，专利权人无法获得进一步的审理。但是，如适用，可请求根据细则第112（2）条作出决定（参见E部分第Ⅷ章1.9.3）。

6.8.4 已经提交在先申请的译文

对于根据细则第56条的规定，申请人请求将在后提交的说明书或附图部分基于所要求的优先权的（参见A部分第Ⅱ章5.4（vi）），如果申请人已经在其中提供了在先申请的译文，则其不需要再次提交。

6.8.5 自愿提交在先申请的译文

欧洲专利的申请人或专利权人可以在EPO的审查或异议程序期间任何时间主动提交在先申请的译文。

6.8.6 替换译文的声明

或者，也可以在相同的时间限制内提交一份关于欧洲专利申请是在先申请完整译文的声明（参见F部分第Ⅵ章3.4和D部分第Ⅶ章2）。声明可以通过勾选请求授权表格（EPO 1001表）中适当的方框进行。该声明仅在欧洲申请的文本是要求优先权的在先申请文本的准确翻译时有效，这意味着，与在先申请的文本相比，没有添加或省略任何东西。如果欧洲申请在其申请日未包含权利要求（参见A部分第Ⅱ章4.1），申请人可以后续提交（参见本章15）。在这种情况下，为使该声明有效，欧洲申请的说明书必须是要求优先权的说明书的准确翻译，无论后者在其申请日是否包含权利要求。但是，如果欧洲申请在其申请日包含权利要求，而在先申请在其申请日不包含权利要求或包含较少的权利要求，该声明是无效的。此外，如果欧洲申请所包含的文本比提交时的在先申请所包含的文本多或少，这样的声明不能被接受。因上述任一原因声明不能被接受的，为符合提交译文的要求，必须在规定的期限内提交完整的译文。申请的各种要素（即权利要求书与说明书）仅仅排列方式不同并不影响这种声明的有效性（例如，该申请中的权利要求书放在末尾，而在先申请中的权利要求书在开头），不同类型的参考符号（例如，阿拉伯数字而不是罗马数字）也不会影响声明的有效性。然而，如果申请的各个部分作出了更改（例如权利要求的次序不同、增加了参考符号），或申请的部分（例如组分列表、小节标题和附图中的文字）与在先申请不同，声明不能被接受。

如果一项欧洲专利申请要求多项优先权，只有在特殊情况下，该申请才是某一在先申请的全文翻译。在这种情况下，可以仅针对该完全相同的在先申请提交声明，而其他在先申请的完整翻译必须应要求提交。

6.9 不能享有优先权

在以下情况下，欧洲专利申请不能享有优先权：

公约 87(1)　（i）该申请未在本章 6.1（iii）所述的 12 个月内提出，且申请人同时不满足以下两项要求：

（a）及时修正了优先权日（参见本章 6.5.2），使欧洲申请的申请日不再超过公约第 87（1）条规定的 12 个月优先权期限，或者优先权日不再与申请日相同（参见本章 6.6）

（b）成功请求重新确立优先权要求的权利（参见本章 6.6）

公约 87(1)　（ii）在先申请并未请求可产生优先权的工业产权（参见本章 6.1）；或

公约 87(1)和(4)　（iii）在先申请受其提交的国家、WTO 成员或工业产权局所限，不能产生优先权（参见本章 6.1（i）和 6.2）。

6.10 丧失优先权

公约 90(4)和(5)　在下列情况下，欧洲专利申请的优先权丧失：

细则 53（3）　（i）优先权声明未及时提交（参见本章 6.5.1）；

（ii）未及时补正优先权声明（参见本章 6.5.2 和 6.5.3）；

（iii）在先申请的核证副本没有如期提交（参见本章 6.7）；或

（iv）没有根据细则第 53（3）条通知书的要求如期提交在先申请的译文或本章 6.8.6 中提及的声明（参见本章 6.8.3）。

6.11 通　知

细则 112(1)　对于不能享有优先权或者丧失优先权的，EPO 将通知申请人。

根据优先权计算期限时将考虑到这种新情况。这也适用于放弃优先权的情况。优先权的终止对已经过期的期限没有影响（另见F部分第Ⅵ章3.4和E部分第Ⅷ章1.5）。如果检索尚未进行，受理部门会通知检索小组该申请已失去或无权享有优先权日。

6.12 一项或多项优先权检索结果的副本

细则141(1) 对于进入欧洲阶段的欧洲-PCT申请，如果申请人要求公约第87条意义上的优先权，其必须在提交欧洲专利申请的同时或者在其能够获得检索结果后，提交一份由受理在先申请的主管机构检索的结果副本。本要求也适用于随后撤销或失效的优先权要求，以及在申请日之后引入或补正的优先权要求（参见本章6.5.1和6.5.2）。只要申请在EPO未结案，细则第141（1）条所规定的义务就存在。本要求适用于2011年1月1日或之后提交的所有欧洲申请和欧洲-PCT申请（参见《OJ EPO 2009，585》）。就分案申请而言，相关日期为EPO收到分案申请的日期（参见A部分第Ⅳ章1.2.1），而非母案申请日。对于申请人未在审查小组负责审查前将副本送交EPO的，程序如C部分第Ⅱ章5和C部分第Ⅲ章6所述。

如果要求多项优先权，对于所有被要求优先权的在先申请必须提供上述检索结果的副本。如果检索结果不是以EPO的官方语言起草的，也无须翻译。所提交的检索结果副本必须是在先申请的受理局签发的正式文件副本。仅有申请人制作的现有技术列表不满足要求。不需要提供所引用文件的副本（参见2010年7月28日的EPO公告《OJ EPO 2010，410》）。

细则141(2) 细则第141（1）条中提到的副本，如果EPO可获得，并且在局长确定的条件下包含在欧洲专利申请文件中，则视为是正式提交的。根据2010年10月5日的EPO局长决定《OJ EPO 2010，600》，该例外情况涉及以下类型的检索报告，该检索报告是由EPO就要求优先权的申请起草的：

（i）欧洲检索报告（公约第92条）；

（ii）国际检索报告（PCT条约第15（1）条）；

（iii）国际式检索报告（PCT条约第15（5）条）；

（iv）代表国家局就国家申请起草的检索报告。

截至2021年10月，EPO为以下国家的国家局进行检索：阿尔巴尼亚、比利时、克罗地亚、塞浦路斯、法国、希腊、意大利、拉脱维亚、立陶宛、卢森堡、马耳他、摩纳哥、荷兰、圣马力诺、英国。

此外，根据与下述国家专利局的协议，对于要求作为优先权的首次申请在以下国家之一提交的，EPO在欧洲专利申请文件中提供细则第141（1）条中提到的检索结果副本，从而免除申请人提交该副本的义务：

– 奥地利（参见2012年9月19日的EPO局长决定《OJ EPO 2012，540》）

– 中国（参见2021年4月8日的EPO局长决定《OJ EPO 2021，A38》）

– 丹麦（参见2014年12月10日的EPO局长决定《OJ EPO 2015，A2》）

– 日本（参见2010年12月9日的EPO局长决定《OJ EPO 2011，62》）

– 韩国（参见2013年2月27日的EPO局长决定《OJ EPO 2013，216》）

– 西班牙（参见2016年2月10日的EPO局长决定《OJ EPO 2016，A18》）

– 瑞典（参见2021年5月14日的EPO局长决定《OJ EPO 2021，A39》）

– 瑞士（参见2019年6月4日的EPO局长决定《OJ EPO 2019，A55》）

– 英国（参见2010年12月9日的EPO局长决定《OJ EPO 2011，62》）

– 美国（参见2010年12月9日的EPO局长决定《OJ EPO 2011，62》）

此外，对于分案申请，如申请人已就母案申请提供所要求优先权的检索结果，其无须就分案申请再次提供检索结果（参见2010年7月28日的EPO公告《OJ EPO 2010，410》）。

7. 发明名称

7.1 要 求

细则41(2)(b)

授权请求书必须写明发明名称。细则第41（2）（b）条的要求是，标题必须清楚而简明地描述发明的技术名称，并且必须排除所有花哨的名称。在这方面，应考虑以下几点：

(i) 不得使用与识别发明无关的个人姓名、花哨名称、“专利”字样或者类似的非技术词语;

(ii) 缩写“等”由于含糊其辞不应使用,而应当用其拟涵盖的内容代替;

(iii) 标题仅使用“方法”“装置”“化合物”等词语或者类似含糊不清的词语,不符合标题必须写明该发明的技术名称的要求;

(iv) 不得使用商号和商标,然而,只有当使用的名称根据一般常识属于商号或商标时,受理部门才需要进行干预。

7.2 责　任

细则 41(2)(b)

确保发明名称符合细则规定的最终责任在于审查小组。然而,检索小组仍会采取行动并修改标题,以尽可能避免申请的公开文本中存在明显不符合适用 EPC 规定的标题(另见 F 部分第Ⅱ章 3)。在这种情况下,如果有必要,EPO 将自行更改标题(参见《OJ EPO 1991, 224》)。

在传送欧洲检索报告时,会告知申请人其提出的标题是否已得到检索小组批准。

经检索小组批准的标题用语(以 EPO 的 3 种官方语言),将在通报申请即将公布的通知书中告知。

该发明名称将以大写字母公布并载入《欧洲专利登记簿》(细则第 143 (1) (c) 条)。

8. 禁止事项

8.1 道德或“公共秩序”

公约 53(a)
细则 48(1)(a)和(2)

申请中不得包含违反“公共秩序”或道德的表述或其他内容。所述内容在申请公布时可能被删除,公布的申请中会注明删除的文字或附图的位置和数量(如果删除附图,应考虑本章 3.2 的实体要求)。受理部门可以审查说明书、权利要求书及附图,以确定其中是否包含违反规定的内容。为了不过度拖延形式审查,如果进行审查,需要粗略审查以确保申请中不含下列禁止内容:构成煽动暴乱或违反“公共秩序”行为的言论,种族、宗教或类似的歧视性宣传,犯罪行为和严重淫秽内容。对于检索小组提请受理部门注意其忽略了此类内容的,受理部门也可以采取行动,防止这类内容被公开。申请人将被告知上述内容已删除。实践中，通常是检索小组提请受理部门注意申请中存在这类内容。

8.2 贬低性陈述

细则48(1)(b)和(3)

根据细则第48（1）（b）条，申请不得包含贬低除申请人以外的任何特定人的产品或方法的表述，或贬低任何此类人的申请或专利的优点或有效性。然而，仅仅与现有技术进行比较本身并不视为贬低。经本章8.1所述的粗略审查发现的或被检索小组提请注意的、明显属于该类别的表述，可由受理部门在公布申请时删去。在有疑问的情况下，应当保留该内容由审查小组审议。公布的申请必须注明删除的文字位置和字数。如果申请人提出要求，EPO必须提供一份被删除的段落副本。申请人将再次被告知上述内容已删除（另见F部分第Ⅱ章7在审查小组之前的程序中对禁止内容的处理）。

9. 权利要求费

细则45(1)至(3)
细则112（1）
细则37（2）
RFees 2（1），15项

一件欧洲申请在提交权利要求书时包含超过15项权利要求的（参见下面的段落），对超过该数字的每项权利要求都要缴纳权利要求费。对于在2009年4月1日或之后提交的申请和进入地区阶段的国际申请，超过50项的每一项权利要求都要缴纳更高的费用。权利要求的顺序是其提交时的顺序。如果一件申请包含一组以上的权利要求，细则第45条只适用于包含最多数量权利要求的一组权利要求。如果由于未缴纳权利要求费而删除权利要求，导致原始发生费用的那组权利要求中剩余的权利要求项数减少，结果另一组权利要求成为项数最多的，则后一组权利要求项数必须减少到与原始发生费用的那组权利要求中剩余的权利要求项数相同（参见J 8/84）。权利要求费必须在权利要求书提交后的1个月内缴纳。

权利要求书可在下列阶段提交：

（a）在欧洲申请日（参见A部分第Ⅱ章4.1.5）；

（b）在欧洲申请日之后，及时答复EPO根据细则第58条指明申请缺少权利要求书的通知书时（参见本章15）；

（c）在欧洲申请日之后，申请人在EPO根据细则第58条发出通知书之前主动提交（参见本章15）。

因此，权利要求费必须在上述任何一个收到日期的1个月内缴纳。

如果权利要求费未及时缴纳，仍可在一个不可延长的宽限期内有效缴纳，该宽限期为收到EPO根据细则第45（2）条发出的、指明未遵守期限的通知书的1个月内。申请人不能无视此通知书。如在宽限期内未缴纳权利要求费，相关权利要求会被视为放弃，并会就此通知申请人。申请人不能放弃EPO根据细则第112（1）条发出的、告知其根据细则第45（3）条规定视为放弃权利要求的通知书。如果已缴纳的权利要求费不足以涵盖所有权利要求产生的费用（即从第16项权利要求起），并且在支付费用时没有说明已缴费用涵盖了哪些权利要求，那么将要求申请人说明已缴纳的权利要求费涵盖了哪些产生费用的权利要求。受理部门将通知检索小组哪些权利要求被视为放弃。仅在细则第37（2）条所述的情况下（参见A部分第Ⅱ章3.2最后一段），才会退还任何已正式支付的权利要求费。

对于下列情况，权利要求费在申请日后1个月内到期（因为在先申请的权利要求书在欧洲申请日有效地存在）。

（i）该申请是通过引用在先申请的方式提交的（参见A部分第Ⅱ章4.1.3.1）；并且

（ii）申请人在提交时表明，用该在先申请的权利要求书替代提交的申请的权利要求书。

然而，除非申请人在申请日后两个月内提交了在先申请的副本（细则第40（3）条），EPO不会根据细则第45（2）条向申请人发出通知书，要求其缴纳任何应付的权利要求费，因为只有此时，EPO才会知晓有多少项权利要求，从而知道应付多少权利要求费（如果有的话）。

根据细则第45（3）条被视为已放弃的某项权利要求的特征，如果其没有在说明书或附图中记载，则不能随后重新引入申请中，特别是权利要求书中（参见J 15/88）。然而，申请人有可能通过提交分案申请来请求保护任何在母案申请的专利授予程序中由于未缴纳权利要求费而被视为放弃的权利要求（的特征）。

关于进入欧洲阶段的欧洲－PCT申请，参见E部分第Ⅸ章2.1.3和2.3.8。

10. 摘　要

公约78(1)(e)
公约90(3)

10.1 一般性说明

每一项专利申请都必须包含一份摘要。不符合这一要求细则 57(d) 的情况的处理将在本章 16 中述及。

10.2 摘要的内容

细则 66 摘要的最终内容由欧洲专利局负责（参见 F 部分第Ⅱ章 2）。实践中，这一责任在于检索小组，因为摘要的最终内容必须确定并与检索报告一起传送给申请人。对于检索小组确认提交的摘要与要求保护的发明无关的，会通知申请人所提交的文件不构成摘要，并要求其补正该缺陷（参见本章 16）。

10.3 摘要附图

细则 47(4) 如果申请包含附图，申请人应注明其建议作为摘要附图的一个附图（在特别情况下，多个附图）。对于不满足此要求的，由检索小组决定公布哪个或哪些附图。进一步的程序参见 F 部分第Ⅱ章 2.4。

11. 缔约国的指定

11.1 一般性说明

公约 79(1) 申请日时的所有 EPC 缔约国都应被视为在欧洲专利的授权请求中被指定（有关 EPC 缔约国的列表，见指南总则部分第 6 节）。任何进入所述授权请求的其他国家必须不予考虑（参见本章 11.2.2、11.3.5 和 11.3.6，授权请求表格中缔约国的指定）。如 A 部分第Ⅱ章 2 所示，对于以共同申请人的名义提出的申请，每个申请人可以指定不同的缔约国；如果对各个申请人指定的国家有任何不明确之处，应在审查形式要求的程序中质疑。

11.2 2009 年 4 月 1 日或之后提交的欧洲专利申请

11.2.1 指定费；期限

公约 79(2) 指定缔约国应当缴纳指定费。

细则 39
公约 149(1)
RFees 2(1),3 项
对于在 2009 年 4 月 1 日或之后提交的申请，指定费为涵盖所有 EPC 缔约国的统一指定费。因此，对于这些申请，对各个指定国收取指定费的体系（参见本章 11.3）不再适用。关于欧洲分案的申请，另见 A 部分第Ⅳ章 1.3.4 和 1.4.1。

细则 39 对于欧洲专利申请，指定费必须在《欧洲专利公报》提及欧洲检索报告的公布之日起 6 个月内缴纳。

细则 17(3)
细则 36(4)
对于根据公约第 61（1）（b）条提出的分案申请和新申请，指定费必须在《欧洲专利公报》提及就欧洲分案申请或新欧洲专利申请起草的欧洲检索报告公布之日起 6 个月内缴纳（参见 A 部分第Ⅳ章 1.4.1）。

对于在 2009 年 4 月 1 日或之后进入欧洲阶段的欧洲 - PCT 申请，参见本章 11.2.5。

11.2.2 指定费的缴纳

细则 39(1)
欧洲专利申请提交时，对 EPC 所有缔约国的自动指定通过该申请的提交而生效，而指定费可在之后缴纳（参见本章 11.2.1）。

RFees 2(1),3 项
指定费的缴纳涵盖所有缔约国，但已明确撤回指定的国家除外。

RFees 6(1)
这种缴费只需要注明“指定费”，即可确定付款目的。

11.2.3 未缴纳指定费的后果

细则 39(2)
在细则第 39（1）条规定的期限届满前仍未缴纳指定费的，该申请视为撤回。

在这种情况下，EPO 根据细则第 112（1）条向申请人发送告知权利丧失的通知书。在答复该通知书时，申请人可根据公约第 121 条和细则第 135 条要求进一步审理（参见 E 部分第Ⅷ章 2）。

权利的丧失是在细则第 39（1）条规定的正常期限届满时，而不是在进一步审理的期限届满时发生的（参见 G 4/98，比照适用）。

对于在 2009 年 4 月 1 日或之后进入欧洲阶段的欧洲 - PCT 申请，参见本章 11.2.5。

11.2.4 撤回指定

公约 79(3)
细则 39(2)和(3)
根据本节最后一句的规定，在授予专利之前，申请人可以随时撤回对一个或多个缔约国的指定。撤回对所有缔约国的指定将导致该申请被视为撤回，并将相应地通知申请人。

在这两种情况下，有效缴纳的指定费均不予退还（参见 A 部分第Ⅹ章 10.1.1）。

细则 15
自第三方向 EPO 证明其已就相关权利提起诉讼之日起至

EPO 恢复授权程序之日止，不得撤销对缔约国的指定。

申请人可以在提交欧洲申请时撤回指定，例如，根据公约第 139（3）条为了避免优先权申请与在先国家权利重叠。及时缴纳指定费不会导致已被撤销的指定重新生效。

关于欧洲分案申请，参见 A 部分第Ⅳ章 1.3.4。

11.2.5 进入欧洲阶段的欧洲 - PCT 申请

细则 159(1)(d)

对于进入欧洲阶段的欧洲 - PCT 申请，如果细则第 39（1）条中规定的期限已在前到期，则指定费必须在自申请日或优先日起 31 个月内缴纳。

细则 160
公约 153(2)

根据细则第 160（1）条的规定，如果进入欧洲阶段的欧洲 - PCT 申请没有在细则第 159（1）（d）条规定的基本期限内缴纳指定费，则该欧洲专利申请（参见公约第 153（2）条）被视为撤回。如果 EPO 发现欧洲专利申请发生了这种被视为撤回的情况，其将根据细则第 112（1）条通知申请人该权利丧失。申请人可以根据公约第 121 条和细则第 135 条的规定要求进一步审理。

关于进入欧洲阶段的欧洲 - PCT 申请的指定费，参见 E 部分第Ⅸ章 2.1.4 和 2.3.11。

11.3 2009 年 4 月 1 日之前提交的欧洲专利申请

本节引用生效至 2009 年 3 月 31 日的相关规定，这些规定仍然适用于在 2009 年 4 月 1 日之前提交的欧洲专利申请和进入欧洲阶段的欧洲 - PCT 申请。

11.3.1 指定费；期限

公约 79(2)
细则 39，生效至 2009 年 3 月 31 日

指定一个缔约国须缴纳指定费。指定瑞士和列支敦士登需缴纳一项共同的指定费。当缴纳的费用达到一项指定费的 7 倍时，即视为已缴纳所有缔约国的指定费。

公约 149(1)
RFees 2(2)，3 项和 3a 项

对于欧洲专利申请，指定费必须在《欧洲专利公报》提及欧洲检索报告的公布之日起 6 个月内缴纳。

细则 17(3)，生效至 2009 年 3 月 31 日
细则 36(4)，生效至 2009 年 3 月 31 日

对于 2009 年 4 月 1 日前根据公约第 61（1）（b）条提出的分案申请和新申请，指定费必须在《欧洲专利公报》提及就欧洲分案申请或新欧洲专利申请起草的欧洲检索报告公布之日起 6 个月内缴纳（参见 A 部分第Ⅳ章 1.4.1）。

对于在 2009 年 4 月 1 日前进入欧洲阶段的欧洲 - PCT 申请，参见本章 11.3.9。

11.3.2 未缴纳指定费的后果

细则 39(2),生效至 2009 年 3 月 31 日

如果未按时缴纳对某一指定国的指定费，则对该指定国的指定应被视为撤回（另见本章 11.3.4）。

如果未及时缴纳特定缔约国的指定费，EPO 会根据细则第 112（1）条向申请人发出通知书，告知其根据细则第 39（2）条视为撤回有关指定。答复该通知时，申请人可以根据公约第 121 条和细则第 135 条，要求就该部分权利的丧失进行进一步审理（参见 E 部分第Ⅷ章 2）。如果申请人在请求授权表格中的相应方框中划勾，放弃了接收有关国家的通知书的权利，则不发送该通知书。申请人在此方框内划勾，即放弃了对有关指定进行进一步审理的权利。

对于在 2009 年 4 月 1 日前进入欧洲阶段的欧洲 - PCT 申请，参见本章 11.3.9。

11.3.3 缴纳金额不足

RFees 6(2)，第 1 句

在请求进一步审理期间，如果缴纳指定费时没有缴纳足够的额外费用来支付进一步审理费，应当首先确定为此目的缴纳的总金额中包括进一步审理费用在内的指定费有多少。然后，必须根据 RFees 细则第 6（2）条第 1 句的规定，要求申请人告知 EPO，指定费和进一步审理费用于哪些缔约国（参见 J 23/82，比照适用）。后续处理程序参见本章 11.3.7。

11.3.4 申请被视为撤回

细则 39(3),生效至 2009 年 3 月 31 日

对于在细则第 39（1）条所指明的期限届满时仍未有效缴纳指定费用的，该申请被视为撤回。

如果没有按时缴纳指定费，根据生效至 2009 年 3 月 31 日的细则第 39（3）条的规定，该申请被视为撤回，EPO 将根据细则第 112（1）条向申请人发送一份通知书，告知其权利丧失。申请人可以根据公约第 121 条和细则第 135 条的规定，就该权利的全部丧失要求进一步审理（参见 E 部分第Ⅷ章 2）。

对于申请因未缴纳指定费而被视为撤回的，权利的丧失将在细则第 39（1）条规定的正常期限届满时发生。类似的，指定缔约国视为撤销在细则第 39（1）条规定的正常期限届满时生效，而不是在进一步审理的期限届满时生效（参见 G 4/98，比照适用）。申请人会被告知权利的丧失，并可以根据本章

11.3.2 中阐明的程序请求进一步审理来补救。

11.3.5 请求授权表格

公约 79（1）和（2）

欧洲专利申请提交时，对 EPC 所有缔约国的自动指定通过该申请的提交而生效，而在 2009 年 4 月 1 日前提交的申请应缴纳的指定费可以稍后缴纳。

在缴纳指定费（细则第 39（1）条、细则第 17（3）条和细则第 36（4）条）的期限届满之前，申请人有时间来决定实际想让其专利覆盖哪些缔约国。申请人通过缴纳指定这些缔约国的指定费来完成，这可能包括使得进一步审理请求生效所需的其他费用。

11.3.6 缔约国的指明

RFees2(2),3 项
RFees 6(1)

对于 2009 年 4 月 1 日前提交的欧洲专利申请，当缴纳了一项指定费 7 倍的费用时，即视为已缴纳所有缔约国的指定费。这种缴费只需注明“指定费”，即可确定付款目的。

另一方面，如果申请人在提交申请时打算缴纳少于 7 项的指定费，则应由该当事人在请求授权表格（EPO 1001 表，2009 年 4 月之前的版本）的适当部分指明相关的缔约国。这有助于确保所缴纳的指定费正确入账。如果指定费没有在基本期限内缴纳，将根据细则第 112（1）条发出通知书。

在答复根据细则第 112（1）条发出的通知书时，申请人可以就遗漏的指定请求进一步审理。但是，对于申请人通过在请求授权表格上的适当方框中划勾放弃这些权利或相关指定已被撤回的，不会根据细则第 112（1）条发出通知书，也不会要求进一步审理。

参加自动扣款程序的申请人，另见 A 部分第Ⅹ章 7.2。

11.3.7 应付金额

RFees 6（2），第 1 句
RFees 8（2），第 2 句，生效至 2009 年 3 月 31 日
细则 39（2），生效至 2009 年 3 月 31 日

如果相关期限内的应付金额，即根据细则第 39（1）条或细则第 135（1）条所缴纳的指定费的总额不能涵盖请求授权表格（EPO 1001 表）中指明的所有缔约国，并且付款人未能指明这些费用想要涵盖哪些缔约国，则要求付款人在 EPO 规定的期限内（参见本章 11.3.3）指明其指定哪些缔约国。如果付款人未按要求及时指明，则适用 RFees 细则第 8（2）条：视为申请人仅缴纳了按照其指定顺序、所付金额可涵盖数量的

细则112(1)

缔约国的指定费（参见J 23/82，比照适用）。未涵盖在缴纳金额内的缔约国的指定视为撤回，并通知申请人该权利丧失（参见本章11.3.4第3段关于权利丧失发生的时间）。

11.3.8 撤回指定

公约79(3)
细则39(3)和(4),生效至2009年3月31日
细则15

在不违反本段最后一句的情况下，申请人可以在授予专利之前的任何时间撤销对缔约国的指定。撤销指定时，已缴纳生效的指定费不予退还。撤回对所有缔约国的指定将导致该申请被视为撤回，EPO会相应地通知申请人。自第三方向EPO证明其已就权利问题提起诉讼之日起至EPO恢复授权程序之日止，不得撤销对缔约国的指定。

申请人可以在提交欧洲申请时撤回指定，例如，根据公约第139（3）条避免在先国家权利与优先权申请重叠。对已撤销的指定如期缴纳指定费，不会导致该指定重新生效。此外，对于已撤销的任何指定，即使未缴纳指定费，EPO也不会发出根据细则第112（1）条规定的通知书。

11.3.9 2009年4月1日之前进入欧洲阶段的欧洲－PCT申请

细则159(1)(d)

对于进入欧洲阶段的欧洲－PCT申请，如果细则第39（1）条中规定的期限已在前届满，则必须在申请日或优先权日起31个月内缴纳针对每个指定缔约国的指定费，最高额为指定一个缔约国费用的7倍以指定所有缔约国。本章11.3.3、11.3.6、11.3.7和11.3.8中为2009年4月1日前提交的欧洲专利申请规定的原则，适用于根据公约第153（2）条的欧洲－PCT申请，其中在进入欧洲阶段的请求书（EPO 1200表）中指定各个缔约国。

细则160，生效至2009年3月31日
公约153(2)

根据细则第160（2）条，未按期缴纳指定费的缔约国的指定被视为撤回。

根据细则第160（1）条，对于进入欧洲阶段的欧洲－PCT申请，如果没有在细则第159（1）（d）条规定的基本期限内缴纳任何指定费用，该欧洲专利申请（参见公约第153（2）条）将被视为撤回。如果EPO发现这种欧洲专利申请被视为撤回或缔约国的指定被视为撤回的情况，其会根据细则第112（1）条通知申请人这种权利的丧失。在答复该通知书时，申请人可根据公约第121条和细则第135条的规定，要求进一步审理。

关于进入欧洲阶段的欧洲－PCT申请的指定费用，另见E部分第Ⅸ章2.1.3和2.3.11。

12. 欧洲专利申请和专利到/在非EPC缔约国的延伸和生效

12.1 一般性说明

应申请人的请求并在其缴纳规定的费用后，欧洲专利申请（直接申请或欧洲－PCT申请）和专利可以延伸到与EPO的延伸协议生效的欧洲国家（延伸国）。这同样适用于在生效协议已经生效的欧洲或非欧洲国家（生效国）的生效请求。

目前可以提出此类请求的国家如下。

（i）下列欧洲国家可以要求延伸：

波斯尼亚和黑塞哥维那（BA）	自2004年12月1日起
黑山共和国（ME）	自2010年3月1日起

EPO与斯洛文尼亚共和国（生效日期：1994年3月1日）、罗马尼亚共和国（生效日期：1996年10月15日）、立陶宛共和国（生效日期：1994年7月5日）、拉脱维亚共和国（生效日期：1995年5月1日）、克罗地亚共和国（生效日期：2004年4月1日）、北马其顿共和国（前南斯拉夫马其顿共和国）（生效日期：1997年11月1日）、阿尔巴尼亚（生效日期：1996年2月1日）和塞尔维亚共和国（生效日期：2004年11月1日）的延伸协议在这些国家加入EPC生效时终止，分别是：2002年12月1日、2003年3月1日、2004年12月1日、2005年7月1日、2008年1月1日、2009年1月1日、2010年5月1日及2010年10月1日。然而，延伸制度继续适用于所有在这些日期之前提交的欧洲和国际申请，以及所有与这些申请相关的授权欧洲专利。

（ii）以下国家可以请求生效（参见《OJ EPO 2015，A20》《OJ EPO 2015，A85》《OJ EPO 2017，A85》和《OJ EPO 2018，A16》）：

摩洛哥（MA）	自2015年3月1日起
摩尔多瓦共和国（MD）	自2015年11月1日起
突尼斯（TN）	自2017年12月1日起
柬埔寨（KH）	自2018年3月1日起

延伸和生效协议是欧洲专利组织与相关国家之间缔结的双边国际公约。在有关国家的领土内，已提交延伸和生效请求的

欧洲专利申请的效力，或已在延伸国和生效国生效的欧洲专利的效力，是基于国家法律的。EPC、EPC 实施细则和 RFees 细则的规定不适用于延伸和生效制度，除非且仅在适用的国家法律引用这些规定的情况下。因此，EPC 中关于申请人法律救济和上诉的规定不适用于 EPO 在延伸或生效程序下采取的任何行动（参见例如 J 14/00、J 4/05 和 J 22/10），例如，延伸费和生效费没有在规定的适用期限内缴纳（参见本章 12.2）。相似的，不同的权利要求书、说明书或附图在延伸国或生效国是不能接受的（参见 H 部分第Ⅲ章 4.4），因为 EPC 实施细则第 138 条不适用于延伸和生效制度。

对上述国家的延伸或生效请求视为与协议生效后提出的任何欧洲专利申请同时作出，对于前者，要在相应的延伸协议终止前提交。上述规定也适用于欧洲 - PCT 申请，前提是该国际申请已经指定 EPO 以获得欧洲专利，并且该国际申请也已经指定该延伸国或生效国以获得国家专利。如果在规定的期限内未缴纳延伸费或生效费，该请求被视为撤回（参见本章 12.2）。通过缴纳延伸费或生效费，申请人决定将该申请延伸到延伸国或在生效国使其生效。在请求授权表格（EPO 1001 表）或拟在 EPO 进入欧洲阶段的 EPO 1200 表的适当部分，要求申请人说明是否打算缴纳延伸费或生效费，只是为了提供信息和协助记录费用的缴纳。

就分案申请提出延伸或生效请求的（参见 A 部分第Ⅳ章 1），只有在提交分案申请时相关请求在母案申请中仍有效，该延伸或生效请求才会被视为已作出。

12.2 缴纳延伸费和生效费的期限

根据延伸国和生效国适用的国家规定，延伸费或生效费必须在以下期限内缴纳：

（i）对于欧洲专利申请，自《欧洲专利公报》公布欧洲检索报告之日起 6 个月内；

（ii）对于欧洲 - PCT 申请，在办理国际申请进入欧洲阶段所需手续期间，或自国际检索报告公布之日起 6 个月内，以后到期者为准。

如申请人未能在相应的基本期限内（参见上文第（i）及（ii）项）缴纳延伸费或生效费，申请人仍可在以下期限内缴纳延伸费或生效费以及 50% 的附加费：

（a）在基本缴纳期限届满后两个月的宽限期内；或

（b）如果未缴纳指定费，在关于指定费的权利丧失通知书后的两个月内，连同提交对指定费进一步审理的有效请求一起（参见2009年11月2日的EPO公告《OJ EPO 2009，603》和2015年2月5日的EPO公告《OJ EPO 2015，A19》）。

如果申请人在基本期限和宽限期限内未缴纳延伸费或生效费，延伸或生效请求将被视为撤回。EPO不会发送权利丧失的通知书。

然而，EPO会发送一份未按照细则第39（2）条或第159（1）（d）条缴纳指定费导致相关权利丧失的通知书，以使申请人注意其未缴纳延伸费或生效费，在适当的情况下，触发上述（b）项所述的时间期限。

就延伸费或生效费的缴纳而言，不可能根据公约第122条和细则第136条提出重新确立权利的请求。

12.3 延伸或生效请求的撤回

延伸或生效请求可随时撤回。如果欧洲专利申请或欧洲-PCT申请最终被驳回、撤回或视为撤回，则延伸或生效请求也被视为撤回。申请人不会收到单独的通知书。有效缴纳的延伸费或生效费不予退还。

12.4 视为请求延伸或生效

延伸或生效请求被视为针对所有延伸国或生效国提出（关于欧洲-PCT申请，参见本章12.1第6段），这一点在申请的公开文本、《欧洲专利登记簿》和《欧洲专利公报》中均会注明。申请人已为其缴纳了延伸费或生效费的那些国家随后会在《欧洲专利登记簿》、《欧洲专利公报》和公布的专利说明书中注明。

12.5 国家登记册

延伸国和生效国在其国家登记册上公布欧洲专利申请和专利延伸到其领土的相关数据。

13. 申请费和检索费

13.1 缴纳费用

公约78(2) 申请人须缴纳申请费，除下文所述的例外情况（参见下文第（iii）项的说明）外，还需缴纳检索费。申请费和检索费必须在下列期限内缴纳：

细则 38　（i）对于第（ii）类和第（iii）类申请都不适用的，在提交欧洲申请后 1 个月内；

细则 36(3)
细则 17(2)　（ii）对于欧洲分案申请或根据公约第 61（1）（b）条提交的欧洲申请，在提交分案申请或根据公约第 61（1）（b）条的申请后 1 个月内；

细则 159(1)　（iii）对于欧洲 - PCT 申请，自申请日起 31 个月内，或在适用的情况下，自最早优先权日起*。

公约 90(3)
细则 57(e)
公约 78(2)
细则 36(3)
细则 17(2)　至于第（i）及第（ii）类的申请，EPO 会核实这些费用是否已缴纳。如果任何一项费用没有如期缴纳，该申请将被视为撤回。EPO 会根据细则第 112（1）条通知申请人权利丧失；申请人可以根据公约第 121 条和细则第 135 条要求进一步审理。

根据行政委员会 2017 年 12 月 13 日的决定（参见《OJ EPO 2018，A4》）修订的 RFees 细则第 2（1）条，申请费的金额取决于欧洲专利申请或其翻译（如适用）的提交方式和格式。但是，如果某一费用标准涉及某种电子通信工具或特定的电子文件格式，则该费用标准仅适用于 RFees 细则第 2（1）条中所述的该工具或该格式。该费用标准适用的日期由局长规定（参见 2018 年 12 月 12 日的行政委员会决定中采纳的 RFees 细则第 2（4）条、《OJ EPO 2019，A3》和 2019 年 1 月 24 日的 EPO 公告《OJ EPO 2019，A6》）。目前，就欧洲专利申请而言，涉及通过字符编码格式（DOCX）提交的申请费用标准和授权费用标准并不适用。有关适用的费用标准和金额的最新资料，可参阅 EPO 网站（另参见 A 部分第Ⅹ章 1）。

关于欧洲 - PCT 申请（类型（iii）），参见 E 部分第Ⅸ章 2.1.4。

细则 6(3) 至(7)　涉及语言的申请费的减免，参见 A 部分第Ⅹ章 9.2.1 和 9.2.2。

13.2 附加费（如果申请文件超过 35 页）

细则 38(2) 和(3)
RFees 2（1），1a 项　本节只涉及在 2009 年 4 月 1 日或之后提交的申请和进入欧洲阶段的国际申请（另见 2009 年 1 月 26 日的 EPO 公告《OJ EPO 2009，118》及其增刊《OJ EPO 2009，338》）。

* 注意，如果 EPO 不做出补充欧洲检索报告（参见 B 部分第Ⅱ章 4.3），则该欧洲 - PCT 申请不需要缴纳检索费（细则第 159（1）（e）条）。

细则 46、细则 49

2009 年 4 月 1 日或之后提交且超过 35 页的欧洲专利申请，需要缴纳附加费作为申请费的一部分。费用金额根据超过 35 页的页数来计算。如果符合细则第 6（4）、（6）和（7）条的要求，则适用细则第 6（3）条规定的语言减免（参见 A 部分第Ⅹ章 9.2.1 和 9.2.2）。附加费应在申请的申请日或欧洲分案申请提交或根据公约第 61（1）（b）条的欧洲申请提交之日起 1 个月内缴纳。如果申请提交时未包含权利要求书或者申请是采用引用在先申请的方式提交的，则附加费须在提交第一组权利要求或在提交细则第 40（3）条所述的申请核证副本后 1 个月内缴纳，以后到期者为准。附加费是根据说明书、权利要求书、附图的页数和 1 页摘要，以申请时的语言计算的。对于欧洲专利申请文件中存在形式缺陷需要补正的，以符合实体要求（参见 A 部分第Ⅲ章 3 和 A 部分第Ⅸ章）的页数为计算依据。特别是与最小页边距（细则第 46（1）条、细则第 49（5）条）、构成申请的每一份文件的新页开始（细则第 49（4）条）、行距和字符大小（细则第 49（8）条）以及绘图比例（细则第 46（2）（c）条）有关的缺陷可能会对页数产生影响。在这种情况下，对于增加页数的附加费可在 EPO 根据细则第 58 条发出提醒申请人注意这一要求的通知书之日起两个月内缴纳。

如果说明书中包含的序列表符合 WIPO 的相应标准，则请求授权表格（EPO 1001 表）页数和细则第 30（1）条意义上构成序列表的那部分页数不计算在内。如果申请是通过引用在先申请的方式提交的，则以核证副本的页数作为计算的基础，证明页和著录项目页除外。如果申请提交时未包含权利要求书，则提交的第一组权利要求的页数将考虑到附加费内。

对于在 2009 年 4 月 1 日或之后进入欧洲阶段的国际（欧洲 - PCT）申请，附加费应在细则第 159（1）条规定的 31 个月内作为申请费的一部分缴纳。该附加费是基于国际申请的公开文本（即使是以非 EPO 官方语言公开），根据 PCT 条约第 19 条修改的权利要求书［替换原始提交的权利要求书，除非有相反的说明（参见《OJ EPO 2017，A74》）］和 1 页摘要来计算的。如果著录项目超过 1 页，则超过 1 页的页数不计算在内。如果 EPO 可在上述 31 个月内缴纳附加费的日期前获得，则欧洲阶段处理所依据的（细则第 159（1）（b）条）最新一套修改文本（PCT 条约第 34 条，进入欧洲阶段时提交的修改）

的页数也将被考虑在内。

除非申请人最迟在缴纳日期前，清楚列明用修改页替换申请公开文本的相关页（另见 E 部分第Ⅸ章 2.1.1），否则任何修改页都会加在页数费用计算中。这些信息最好在进入欧洲阶段表格的相关部分，特别是在相关表格（参见 EPO 1200 表的备注）中提供。如果申请人明确声明，进入欧洲阶段时提交的申请文件仅仅是格式变化（以减少需缴纳附加费的页数）而非实质性修改，EPO 不会考虑这些重新改变格式的申请文件，也不接受其作为计算附加费的依据（参见 2009 年 1 月 26 日的 EPO 公告《OJ EPO 2009，118》及其增刊《OJ EPO 2009，338》）。

任何替换页必须用 EPO 的官方语言提交。

如果国际申请没有以 EPO 的官方语言公开，任何修改的说明书或附图的附加费将基于进入欧洲阶段时提交的国际申请的译文（参见 E 部分第Ⅸ章 2.1.3）计算。在计算附加费时不考虑 EPO 1200 表。

在适用上述一般性原则时，对于同时包含错误提交的申请文件和通过援引加入的正确申请文件的国际申请（PCT 细则第 20.6 条与第 20.5 之二（d）条）（参见 C 部分第Ⅲ章 1.3），国际公布中包含的所有申请文件都必须缴纳附加费。根据 C 部分第Ⅲ章 1.3 中概述的简化程序，如果在进入欧洲阶段的 31 个月期限内并在缴纳附加费之前，申请人声明他们想要放弃根据 PCT 细则第 20.5 之二（d）条通过援引加入的正确申请文件，那么对于附加费的计算而言，这种放弃相当于对国际申请公开文本的修改。相应地，在国际申请公开文本中标识为“援引加入（细则第 20.6 条）”的页面将从国际申请公开文本中删除。如果在进入欧洲阶段的 31 个月期限内，申请人声明他们想要放弃错误提交的申请文件，从而放弃原始申请日，同样的原则也适用。在这种情况下，在计算附加费时，将从国际申请公开文本中删除错误提交的页面。

对于国际申请中同时包含错误提交的申请文件和根据 PCT 细则第 20.5 之二（d）条通过援引加入的正确申请文件的，如果申请人在进入欧洲阶段时使用了简化程序（参见 C 部分第Ⅲ章 1.3），则对于附加费的计算而言，在进入欧洲阶段的 31 个月期限内并在缴纳附加费之前放弃正确的申请文件或错误提交的申请文件相当于对国际申请公开文本的修改。因此，根据一般性原则，附加费基于那些为进一步程序而保留的申请文件的译文（无论是通过援引加入的正确申请文件还是错误提交的申请文件）来计算（参见 2020 年 6 月 14 日的 EPO 公告《OJ EPO 2020，A81》）。

示例：

国际申请书，英文公布，共 100 页：

摘要 1 页

说明书 50 页

权利要求书 20 页

说明书附图 20 页

权利要求书，根据 PCT 条约第 19 条提交，9 页

在进入欧洲阶段的 31 个月期限内，提交了 10 页修改的权利要求书，申请人在 EPO 1200 表中指出，用该修改后的权利要求书替换之前的权利要求书。

→计算所依据的页数：100 - 20（原始权利要求书）- 9（PCT 条约第 19 条）+ 10（进入欧洲阶段）- 35（免费）

→需要付费的页数：46

在缴纳附加费之日后提交，特别是在细则第 161（1）条或细则第 161（2）条所述的期间（参见 E 部分第Ⅸ章 3）内提交的修改页不予考虑。因此，如果在这一阶段提交的修改减少了已经付费的页数，将不予退款。

公约 78(2)

逾期未缴纳附加费的，申请被视为撤回。EPO 会根据细则第 112（1）条通知申请人权利丧失；申请人可根据公约第 121 条和细则第 135 条要求进一步审理。进一步审理的费用金额根据有关期限届满之时未缴纳附加费（按上文计算）的申请文件的页数来计算。对于基本申请费已如期缴纳的，有关附加费的进一步审理费用金额不考虑根据 RFees 细则第 2（1）条第 1 项规定的基本申请费。

13. 3 分案申请的附加费

细则 38(4)
RFees 2(1),1b 项

关于在 2014 年 4 月 1 日或之后提交的二代分案申请或后续代分案申请应支付的附加费，参见 A 部分第Ⅳ章 1. 4. 1. 1 和 2014 年 1 月 8 日的 EPO 公告《OJ EPO 2014，A22》。

14. 申请的译文

公约 14(2)

有 3 种情况需要提供欧洲申请的译文：

细则 6(1)

(i) 欧洲申请是根据公约第 14（2）条以非 EPO 官方语言

提交的；

（ii）欧洲申请是通过引用在先申请的方式提交，而该在先申请是以非EPO官方语言提交的（细则第40（3）条）；

（iii）欧洲分案申请以与其所依据的在先（母案）申请相同的语言提交，而该语言不是EPO的官方语言（细则第36（2）条——参见A部分第Ⅳ章1.3.3）。

在所有情况下，必须向EPO提交申请的译文：在情况（i）和（ii）中，必须自申请之日起2个月内根据细则第6（1）条（适用于类型（i））或细则第40（3）条（适用于类型（ii））完成；在情况（iii）中，必须自根据细则第36（2）条提交分案申请之日起2个月内完成。

公约90(3)
细则57(a)

EPO会审查是否遵守上述规定。如果未提交译文，EPO会根据细则第58条要求申请人在2个月内按照本章16阐明的程序补正这一缺陷。

细则58

如果没有根据细则第58条的要求按期提交译文，根据公约第14（2）条的规定，该申请将被视为撤回。EPO会根据细则第112（1）条通知申请人该权利丧失。上述根据细则第40（3）条、细则第6（1）条和细则第36（2）条提供译文的期限均被细则第135（2）条排除在进一步审理之外，根据细则第58条规定的提交译文纠正缺陷的期限也是如此。因此，在这种情况下不可能进行进一步审理。然而，如果没有遵守细则第58条关于期限的规定，申请人可以根据公约第122条和细则第136条的规定请求重新设定。

关于进入欧洲阶段的国际申请的译文，参见E部分第Ⅸ章2.1.2。

15. 权利要求的在后提交

公约80
细则40(1)

对于仅获得申请日的目的而言，欧洲申请无须包含任何权利要求。尽管如此，根据公约第78（1）（c）条的规定，至少存在一项权利要求是成为一件欧洲申请的一个要求，但可以在申请日后按照以下程序提供一组权利要求。

公约90(3)和(5)
细则57（c）
细则58

EPO会审查申请中是否至少有一项权利要求。如果不满足要求，EPO将根据细则第58条发出通知书，要求申请人在2个月内提交一项或多项权利要求。如果申请人未在此期限内提交，EPO将根据公约第90（5）条驳回该申请，并根据细则第111条将该驳回决定通知申请人。根据细则第135（2）条，未能遵守细则第58条关于期限的规定，排除进一步审理。但是，申请人可以根据公约第122条和细则第136条的规定请求重新设定，也可以上诉。

对于原始申请文件中不包括至少一项权利要求的，申请人还可以在申请日之后；但在EPO根据细则第58条要求其提交权利要求书之前，主动提交权利要求书。在这种情况下，EPO不会根据细则第58条发出通知书。

如果申请人在答复根据细则第58条发出的通知书时，应要求提供了一组权利要求，其提交的权利要求必须在申请日提交的申请文件（说明书和任何附图）中有依据（公约第123（2）条）。这一要求将在检索阶段首先进行审查（参见B部分第Ⅺ章2.2）。

如果申请是根据细则第40（3）条规定通过引用在先申请而提交的，并且申请人在申请日注明以在先申请的权利要求书代替该申请中的权利要求书（参见A部分第Ⅱ章4.1.3.1），那么，只要在先申请在其申请日也包含权利要求，该申请在欧洲申请日就有权利要求书，EPO不会根据细则第58条发出通知书。

上述程序也适用于分案申请（公约第76（1）条）和根据公约第61（1）（b）条提交的申请。

16. 补正缺陷

16.1 形式审查员的工作程序

公约90(3)

如果在审查是否符合本章前几节规定的要求期间，发现存在可以补正的缺陷，形式审查员必须给予申请人在指定期限内补正每一缺陷的机会。以下是这一程序阶段最常见的潜在缺陷和补正这些缺陷的规定：

A部分第Ⅲ章2　代理　细则第58条

A部分第Ⅲ章3　实体要求　细则第58条

A部分第Ⅲ章4　授权请求　细则第58条

A部分第Ⅲ章5　指定发明人　细则第60条

A部分第Ⅲ章6　要求优先权　细则第52（3）条、细则第59条

A部分第Ⅲ章9　权利要求费的缴纳　细则第45条

A部分第Ⅲ章10　摘要　细则第58条

A 部分第Ⅲ章 13　申请费、包括任何附加费、检索费　细则第 112（1）条、细则第 135 条

A 部分第Ⅲ章 14　申请的译文　细则第 58 条

A 部分第Ⅲ章 15　权利要求的在后提交　细则第 58 条

形式审查员应在适当的通知书中指出其通过对申请的初步审查发现的全部形式缺陷，但如本章 3.2 中所述，受理部门不应提醒申请人注意细则第 46（2）（i）和（j）条的缺陷，或质疑在权利要求中是否包含表格（细则第 49（9）条第 4 句）。某些事项可能无法在此阶段得到最终处理，例如提交优先权文件的期限尚未到期，提交可能需要进一步的通知书。如果申请人被要求指定一名代理人，但其没有这样做，形式审查员应在第一次通知书中只处理这一缺陷。

任何要求补正其他缺陷的通知书在指定代理人之前不会发出，其将在指定后发给该代理人。

16.2 克服缺陷的期限

细则 58

克服下列缺陷的期限是根据细则第 58 条指出该缺陷的通知书之日起 2 个月：

（i）对于申请人在缔约国既没有居所也没有主要营业所的，未委托代理人——参见本章 2（关于未按需提交委托书，参见 A 部分第Ⅷ章 1.5 和 2007 年 7 月 12 日的 EPO 局长决定《OJ EPO 2007，L.1》特刊第 3 号）；

（ii）申请文件不符合实体要求（参见本章 3）；

（iii）授权请求不满足规定（优先权标准除外）（参见本章 4）；

（iv）未提交摘要（参见本章 10）；

（v）未按要求提交申请的译文（参见本章 14）；

（vi）没有权利要求（参见本章 15）。

公约 90(5)
公约 14(2)

细则第 58 条规定的期限不可延长。如果上述第（i）~（iv）或（vi）项的缺陷没有按期补正，则根据公约第 90（5）条驳回该申请。如果第（v）项的缺陷没有按期补正，根据公约第 14（2）条该申请将被视为撤回。根据细则第 135（2）条，上述所有因未遵守细则第 58 条规定的期限而造成的权利丧失均排除进一步审理。

补正下列缺陷的依据是细则第 58 条以外的其他规定：

（vii）未缴纳权利要求费（细则第 45 条——参见本章 9）；

（viii）缺少优先权文件或在先申请的申请号（细则第59条——参见本章6）；以及

（ix）未缴纳申请费，包括任何附加费及检索费（参见本章13）。

细则45

根据细则第45（2）条，补正第（vii）项中关于缴纳权利要求费缺陷的期限为指出未缴费通知书之日起1个月。未能按期补正这一缺陷将导致相关权利要求根据细则第45（3）条被视为放弃。进一步审理适用于这种权利的丧失。

公约90(5)
细则59

第（viii）项中的缺陷应在根据细则第59条发出通知书之日起2个月内予以补正。根据细则第132（2）条，这一期限可以延长（对于欧洲－PCT申请参见E部分第Ⅸ章2.3.5），但细则第135（2）条排除了进一步审理。如果不能按期补正这一缺陷，会导致优先权的丧失。

公约78(2)

未根据公约第78（2）条的规定按时缴纳申请费、附加费或检索费的，申请将被视为撤回。这种权利的丧失在适用期限届满后直接发生（参见本章13）。第（ix）项中的缺陷可通过要求进一步审理予以补正。

在适当的情况下，任何权利的丧失都会通知检索小组。

第Ⅳ章 特别规定

1. 欧洲分案申请（另见C部分第Ⅸ章1）

1.1 一般性说明

公约76
细则36(1)
分案申请可基于任何未决的在先欧洲专利申请提交。与母案申请同一天提交的分案申请不被视为有效提交。术语“在先申请”可理解为比分案申请至少提前一天提交的申请，其是指分案申请所依据的直接申请（母案申请）。如果在先申请是欧洲-PCT申请，分案申请只能在在先申请有效进入欧洲阶段时提交(参见E部分第Ⅸ章2.4.1)。

按规定，分案申请被认定具有与母案申请相同的申请日，分案申请中包含的主题享有母案申请的优先权（参见本章1.2.1)。

一件欧洲专利申请可以产生一件以上的分案申请。分案申请本身可能会产生一件或多件分案申请。

如果分案申请因不符合某个提交条件而被视为无效提交(另见本章1.1.1和1.1.3)，将在根据细则第112（1）条的通知书中正式告知申请人，该申请不作为欧洲分案申请处理，并给予申请人就审查结果请求EPO根据细则第112（2）条作出决定的机会（参见E部分第Ⅷ章1.9.3)。如果权利的丧失成为最终决定，所缴纳的费用将被退还。

1.1.1 在先申请的未决

提交分案申请时，母案申请必须处于未决状态。关于此方面，参见G 1/09和J 18/09号决定中关于什么构成未决申请的意见。对于分案申请是基于一件本身为分案申请的申请提交的情况，只要在提交第二件分案申请之日时，后者仍然处于未决状态就足够了。

在《欧洲专利公报》公布授予专利权（参见《OJ EPO 2002，112》）的日期之前（但不含当日)，申请是未决的。细则第134条在这种情况下不适用。当母案申请最终被驳回、撤回或视为撤回时，不能有效地提交分案申请（另见下文各段)。

如果一件申请因未遵守某一期限而被视为撤回（例如，未支付申请费（公约第78（2）条)、维持费（公约第86（1）

条）、授权公告费或权利要求费，或未如期提交权利要求译文（细则第 71（7）条）），当该未遵守的期限届满时，该申请不再处于未决状态。

对于到期日前未支付维持费（细则第 51（1）条）的情况，在 6 个月的维持费和附加费支付期限最后一天（细则第 51（2）条第 1 句）之前，申请还是未决的，即使最终没有缴费，仍可在此期间提交分案申请。申请被视为撤回在 6 个月期限届满时生效（细则第 51（2）条第 2 句）。

一旦申请被视为撤回，只有在申请人随后补救了 EPO 根据细则第 112（1）条通知的权利丧失后，才能有效提交分案申请。在这种情况下，该申请视为一直处于未决状态。

公约 112a(5)

根据未遵守的期限，对权利丧失的补救既可以通过允许的进一步审理请求（参见 E 部分第Ⅷ章 2）来实现，也可以在适用的情况下通过重新确立权利的请求（参见 E 部分第Ⅷ章 3）来实现。此外，如果申请人认为权利丧失通知书中的结论不正确，还可以申请根据细则第 112（2）条作出裁决（参见 E 部分第Ⅷ章 1. 9. 3）。如果 EPO 的主管机构同意这种观点，或者如果该机构作出一个不利的决定，但随后在上诉中被推翻，那么不会发生权利的丧失，申请将一直处于未决状态（参见 J 4/11 理由 22）。如果上诉的决定因复审请求被批准而撤销，并且根据公约第 112（5）条的上诉程序被重新启动，结果导致根据细则第 112（2）条作出的决定被推翻，则同样适用。

如果申请已被驳回，且尚未提出上诉，则该申请在提交上诉通知书（公约第 108 条）的期限届满之前在细则第 36（1）条的意义上仍处于未决状态，而分案申请可在此期限届满前有效提交（参见 G1/09）。如果申请人有效地提交了上诉通知书，但没有提交陈述上诉理由的书面声明，则被驳回的申请在根据公约第 108 条（参见 J 23/13）提交上诉理由的期限届满之前处于未决状态。如果上诉理由按期提交，驳回决定在上诉程序结束前不会生效。由于有关提出分案申请的规定也适用于上诉程序（细则第 100（1）条），因此，分案申请可在这类上诉程序正在进行的过程中提交。如果根据公约第 112 a（5）条重新启动上诉程序，则该申请将一直处于未决状态。

如果申请人撤回母案申请，则在 EPO 收到撤回声明之日前

（含当日）可提交分案申请。

在根据细则第 14（1）条中止程序期间（参见 A 本章 2.2），不能提交分案申请。关于细则第 36（1）条规定的就未决申请提交分案申请的权利，细则第 14（1）条构成了特别法（参见 J 20/05 和 G 1/09 理由 3.2.5）。

对于在母案申请不是处于未决状态时提出的所声称的分案申请，EPO 将根据细则第 112（1）条发出通知书（参见本章 1.1）。在先申请的未决状态并非一旦不遵守就会导致权利的丧失的程序上的最后期限或时间限制。相反，它是提交分案申请（参见 G 1/09 理由 3.2.3）的一个实质性条件。因此，重新确立权利和进一步审理的规定不适用于分案申请的提交（参见 J 10/01 理由 15）。

1.1.2 系列分案申请

分案申请也可以作为一个或多个进一步分案申请的、公约第 76（1）条意义上的在先申请。每一个从其前代申请中分离出来的系列分案申请的特点是：该系列的每个分案申请都要求以根申请（root application）的申请日作为申请日，在该根申请中首次公开了系列分案申请的主题（参见 G 1/05、G 1/06）。该系列的每个分案申请都要求将根申请的日期作为申请日。

在系列分案申请中，第一代分案申请是基于某件本身不是分案申请的申请（即根申请）的分案申请。第二代分案申请是基于第一代分案申请的分案申请；以此类推。

1.1.3 有权提交分案申请的人

只有在先申请的申请人或有多个申请人的在先申请的所有申请人可以提交分案申请。这意味着，对于转让申请的情形，如果转让已正式登记因而在分案申请提交之日对 EPO 有效（细则第 22 条），分案申请只能由新申请人或以新申请人的名义提交。未以母案申请人的名义提交的所谓分案申请不会作为欧洲分案申请处理。EPO 将根据细则第 112（1）条发出通知书告知申请人（参见本章 1.1）。

1.2 分案申请的申请日；要求优先权

1.2.1 申请日

公约 76(1)，第 2 句

在欧洲分案申请中，可以提交不超出其母案申请记载内容的主题。

在满足这一要求的前提下，分案申请被视为在母案申请日提交，并享有母案申请的优先权日（参见本章 1.2.2）。

公约 63(1)
公约 80
细则 40(1)

以规定形式提出的分案申请，即符合公约第 80 条和细则第 40（1）条要求的分案申请（参见 A 部分第Ⅱ章 4.1 及随后的内容），被认定为具有与母案申请相同的申请日，对于系列分案申请其申请日为根申请的申请日。对于其是否限于母案申请中所包含的主题的问题，要到审查程序才能决定（参见 C 部分第Ⅸ章 1.4 及随后的内容）。欧洲分案申请授予的专利期限为自申请之日起 20 年，即自根申请的申请日起 20 年。

由于细则第 40（1）条不要求欧洲申请在其申请之日包含任何权利要求，这同样也适用于欧洲分案申请。申请人在提出分案申请后，可以按照 A 部分第Ⅲ章 15 详述的程序提交权利要求书。这可以在母案申请不再处于未决状态时进行，只要在母案申请仍然处于未决状态时满足细则第 40（1）条关于分案申请的要求即可。如果母案申请的权利要求书包含在分案申请的说明书中，那么应当明确将其列为说明书的一部分（参见 F 部分第Ⅳ章 4.4）。

1.2.2 分案申请的优先权要求

公约 76(1)
细则 53(2)和(3)

只要在提交分案申请之日，母案申请的优先权要求尚未丧失或撤回，则在母案申请中要求的优先权也适用于分案申请；无须再次正式声明。分案申请的优先权要求可以撤回（参见 F 部分第Ⅵ章 3.5、E 部分第Ⅷ章 8.2 和 8.3）。但是，这种撤回不会影响母案申请的优先权要求。同样，在提出分案申请后撤回母案申请的优先权要求，对分案申请的优先权要求不产生影响。

如果申请人愿意，其可以在分案申请中要求较少的优先权（对于母案申请要求一项以上优先权的——公约第 88（2）条）。为此，申请人必须就分案申请提交一份清楚、明确的撤回优先权要求的声明（参见 2004 年 11 月 12 日的 EPO 公告

《OJ EPO 2004，591》）。对于未提交该撤回声明的，在提交分案申请时母案申请中所有未失效的优先权对分案申请也仍然有效。此外，对于未提交该撤回声明的，即使申请人在提交分案申请时提供了不正确或不完整的优先权要求，所有这些优先权要求对分案仍然有效。

如果在先申请的核证副本和译文（如适用）（参见A部分第Ⅶ章3.3）在提交分案申请之前与母案申请已经一道提交，则不需要就分案申请再次提交优先权文件和译文。EPO会复制这些文件，并将其放入分案申请的档案内（参见2007年7月12日的EPO局长决定《OJ EPO 2007，B.2》特刊第3号）。

如果在提交分案申请时，申请人尚未就母案申请提交优先权文件，则必须就分案申请提交优先权文件，如果要保留母案申请剩余主题的优先权要求，则必须就母案申请也提交优先权文件。申请人也可在分案申请程序的提交优先权文件期限内通知EPO，其已同时就母案申请提交了这些文件。如果分案申请的主题只涉及母案申请中要求的某些优先权，则只需要就这些优先权提交分案申请的优先权文件即可。

细则52(2)　这也适用于写明在先申请号。有关写明申请号和提交优先权文件的期限参见A部分第Ⅲ章6.5、6.5.3和6.7及随后的内容。

1.3 提交分案申请

1.3.1 在何地及如何提交分案申请

细则36(2)
细则35(1)　分案申请必须通过直接提交、邮寄或传真提交给在慕尼黑、海牙或柏林的欧洲专利局（EPO）。也可使用在线申请软件、EPO案件管理系统或EPO Web表格申请服务来提交分案申请（参见A部分第Ⅱ章1.2.2）。

向国家机构提交的欧洲分案申请在法律上没有效力；但是，作为一项服务，该机构可以将欧洲分案申请传送给EPO。如果国家主管机构选择传送该申请，则在所述文件送达EPO之前，不视为已收到。

分案申请可以通过引用在先申请的方式提交。相关程序在细则第40（1）（c）、（2）和（3）条中规定（参见A部分第Ⅱ章4.1.3.1）。如果分案申请是通过引用有效进入欧洲阶段的国际申请的方式提交的（参见本章1.1），并且未将EPO作为受理局提交，则必须提交一份原始提交给PCT受理局的国际申请的核证副本（参见《OJ EPO 2009，486》）。

1.3.2 授权请求书

细则41(2)(e)

分案申请的专利授权请求书必须包含其请求分案申请的声明并注明母案申请号。其还应当写明提交的是第几代分案申请（细则第38（4）条、RFees细则第2（1）条第1b项）。如果请求书有缺陷，例如尽管所附的一些文件包含了表明分案效果的迹象但请求书中没有写明该申请构成分案申请，或如果申请号缺失，可按A部分第Ⅲ章16所示的方式补正该缺陷。

1.3.3 语言要求

细则36(2)

如A部分第Ⅶ章1.3中所示，分案申请必须以母案申请的程序语言提交。或者，如果在先（母案）申请是用EPO官方语言以外的语言提交，分案申请可以用该语言提交。在这种情况下，应自分案申请的提交之日起两个月内，将其翻译成在先申请的程序语言译文提交（参见A部分第Ⅲ章14）。

1.3.4 缔约国的指定

公约76(2)
细则36(4)

在提交欧洲分案申请时，在先申请中指定的所有缔约国均被视为在分案申请中指定（另见G 4/98）。如果在提交分案申请时母案申请没有撤回指定，那么在母案申请日时所有遵守EPC的缔约国在分案申请中自动指定。相反地，在提交分案申请时母案申请中已撤回指定的缔约国不能在分案申请中指定。

如果母案申请日在2009年4月1日之前，并且在提交分案申请时母案申请的指定费缴纳期限还未届满，并且提交母案申请时的指定没有撤回，那么在母案申请日时所有遵守EPC的缔约国在分案申请中自动指定。反之，在提交分案申请时母案申请中已撤回指定或被视为撤回指定的缔约国，不能在分案申请中指定。

在2009年4月1日或之后提交的分案申请应缴纳的统一指定费不涵盖在提交分案申请时其指定已撤回或视为撤回的缔约国。

1.3.5 延伸国和生效国

在提交欧洲分案申请时在先申请中指定的所有延伸国和生效国均被视为在分案申请中指定。关于指定这些国家的更多细节，参见 A 部分第Ⅲ章 12.1。

1.4 费　用

1.4.1 申请费、检索费和指定费

细则 36(3)和(4)
公约 79（2）

分案申请的申请费和检索费必须自提交所述欧洲专利申请之日起 1 个月内缴纳（基本期限）。

有关超过 35 页的附加费，参见 A 部分第Ⅲ章 13.2。二代或后续代分案申请应缴纳的附加费参见本章 1.4.1.1。指定费必须自《欧洲专利公报》提及公布关于分案申请的欧洲检索报告之日起 6 个月内支付。

即使根据细则第 64（1）条对申请中缺乏单一性的部分已就母案申请的检索报告缴纳过附加检索费，所述缺乏单一性的部分现已成为分案申请的主题，仍然必须缴纳分案申请检索费（有关退还检索费，参见本章 1.8）。

细则 36(3)和(4)

对于在规定的期限内未缴纳申请费、检索费或指定费的，该申请被视为撤回。EPO 会根据细则第 112（1）条发送通知书告知申请人这些权利丧失。申请人可根据公约第 121 条和细则第 135 条请求进一步审理。

对于在 2009 年 4 月 1 日前提交的分案申请，有关单个指定被视为撤回，或该申请被视为撤回以及适用的补救措施参见 A 部分第Ⅲ章 11.3.2 和 11.3.4。

1.4.1.1 二代或后续代分案申请的附加费

细则 38
RFees 2（1），1b 项

对于在 2014 年 4 月 1 日或之后提交的二代或后续代分案申请，需要支付附加费作为申请费的一部分（参见 2014 年 1 月 8 日的 EPO 公告《OJ EPO 2014，A22》）。费用的金额取决于分案申请属于第几代分案（参见本章 1.1.2）。一代分案申请不需要缴纳附加费。从二代到五代分案申请，附加费的金额逐步增加。对于五代及其后续代分案申请，附加费成为固定费用（RFees 细则第 2（1）条第 1b 项）。

示例：

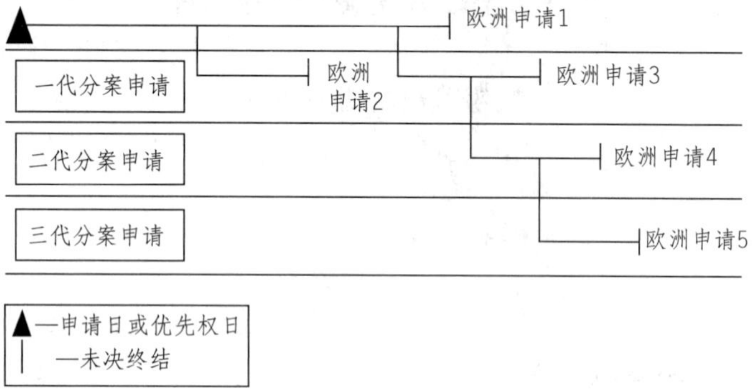

在本例中，欧洲申请 2 和欧洲申请 3 不需要缴纳附加费，因为它们是一代分案申请。二代分案申请的附加费适用于欧洲申请 4，三代分案申请的附加费适用于欧洲申请 5。

附加费是二代及后续代分案申请的申请费的一部分。因此，它必须在与申请费相同的期限内支付，并且未按期支付的情况下适用相同的规定（参见本章 1.4.1）。同样地，涉及语言的申请费减免，也适用于这项附加费，前提是符合细则第 6（4）至（7）条中的规定（参见 A 部分第Ⅹ章 9.2.1 及 9.2.2）。

1.4.2 权利要求费

细则 45(1)

如果在提交第一组权利要求时，分案申请包含超过 15 项权利要求，则对超过该数量的每项权利要求都应当缴纳权利要求费（参见 A 部分第Ⅲ章 9）。即使母案申请已就与现分案申请中相同主题的权利要求支付了权利要求费（参见 A 部分第Ⅲ章 9），分案申请也应支付权利要求费用。

1.4.3 维持费

公约 86(1)
公约 76(1)
细则 51(3)
RFees 2(1),5 项

分案申请与其他欧洲专利申请一样，需要向 EPO 缴纳维持费。这些费用应自在先（母案）申请的申请日起算，在第三年和随后的每一年支付，如果是系列分案申请，则从根申请的申请日起算。根据公约第 76（1）条和细则第 51（3）条，母案申请日也是分案申请（公约第 86（1）条）的维持费缴纳期限的起算日。如果在提交分案申请时母案申请的维持费已经到期，那么也必须为分案申请缴纳维持费，并且该维持费在提交该分案时到期（另见本章 1.1.1）。这些费用的缴纳期限是自提交分案申请之日起 4 个月内。如未按期缴纳，仍可自提交分案申请之日起 6 个月内进行有效缴费，但须同时缴纳维持费的 50% 作为逾期缴纳的附加费。

细则 51(3)
RFees 2(1),5 项

如在上述 4 个月期限内，有进一步的维持费到期或第一次维持费到期，则可在该期间内缴纳维持费而无须缴纳附加费。自到期日起 6 个月内仍可有效缴费，但须同时缴纳维持费的 50% 作为逾期缴纳的附加费。在计算延长期限时，应适用法律上诉委员会制定的原则（参见 J 4/91）。

根据细则第 135（2）条的规定，排除对未按期缴纳维持费的进一步审理。然而，重新确立权利是可能的。对于在提交分案申请时或在细则第 51（3）条第 2 句规定的 4 个月内，针对维持费到期而请求重新确立权利的申请，细则第 136（1）条规定的 1 年期限只在细则第 51（2）条规定的 6 个月期满后才开始起算。

示例：

2008 年 3 月 25 日：母案申请日；

2011 年 1 月 11 日：提交分案申请和第三年维持费到期日；

2011 年 3 月 31 日：第四年维持费到期日；

2011 年 5 月 11 日：细则第 51（3）条规定的 4 个月期限届满；

2011 年 7 月 11 日：细则第 51（2）条规定的关于第三年维持费的 6 个月期限届满；

2011 年 9 月 30 日：细则第 51（2）条规定的关于第四年维持费的 6 个月期限届满；

2012 年 7 月 11 日：细则第 136（1）条规定的关于第三年维持费的 1 年期限届满；

2012 年 10 月 1 日：细则第 136（1）条规定的关于第四年维持费（根据细则第 134（1）条的规定延长）的 1 年期限届满。

其他示例参见 A 部分第Ⅹ章 5.2.4。

1.5 发明人的指定

细则 60(2)

A 部分第Ⅲ章 5.4 的规定适用于发明人的指定，但对于未提供发明人的指定或发明人的指定有缺陷的（即不符合细则第 19 条），将要求申请人在 EPO 指定的两个月内提供或补正（参见 E 部分第Ⅷ章 1.6）。分案申请需要单独的指定，独立于作为其基础的母案申请。

1.6 委托书

A 部分第Ⅷ章 1.5 和 1.6 的规定适用于与分案申请有关的委托书。如果根据这些规定代理人必须提交一份委托书，那么他们只有在委托书中明确授权其提交分案申请的情况下，才可以根据就母案申请提交的个人委托书行事。

1.7 其他形式审查

除了本章 1.1 至 1.6 所述事项外，对分案申请的形式审查与其他申请一样。细则第 30 条的规定适用于 1993 年 1 月 1 日以后提交的涉及核苷酸或氨基酸序列的分案申请（参见本章 5）。

1.8 分案申请的检索、公开和审查请求

分案申请的检索、公开和审查方式与其他欧洲专利申请相同。

如果符合《与费用相关的细则》（RFees）第 9（2）条的条件，则退还检索费（参见 2017 年 11 月 17 日的 EPO 局长决定《OJ EPO 2017，A94》，其对在 2017 年 12 月 1 日或之后完成检索的分案申请有效）。

分案申请按照公约第 93（1）条的规定公布。用于计算 18 个月公布期限的申请或优先权日是指其申请日或要求的最早优先权日（参见本章 1.2.1）。由于这一期限在提交分案申请时通常已经过期，一旦满足了与分案申请有关的所有形式要求，就完成了公布的技术准备工作。申请人会被告知预期的公布日期（另见本章 1.1）。

提交审查请求的期限以《欧洲专利公报》提及公布分案申请的检索报告之日起算。

2. 公约第 61 条申请以及根据细则第 14 条的程序中止

2.1 通　则

公约 61(1)
细则 16

由法院或主管机构（下称"法院"）的决定可以判定，除了注册的申请人，公约第 61（1）条中提到的人有权获得欧洲专利的授权。在所述决定成为最终决定后的 3 个月内，如果欧

洲专利尚未授予，就欧洲专利申请中指定的那些缔约国而言，该决定已被作出或承认，或必须依据《欧洲专利公约》所附的承认议定书予以承认，则该第三方可以：

公约61(1)(a)　（i）将该申请作为自己的申请代替申请人进行起诉（参见本章2.4和2.7）；

公约61(1)(b)　（ii）就同一发明提交新的欧洲专利申请（参见本章2.5和2.7）；或

公约61(1)(c)　（iii）请求驳回该申请（参见本章2.6和2.7）。

如果申请因被撤回、驳回或视为撤回而不再处于未决状态，所述第三方仍然可以根据公约第61（1）（b）条就同一发明提出新的欧洲专利申请（参见G 3/92）。

2.2 授权程序的中止

细则14(1)　如果第三方向EPO提供证据，证明其已经对申请人提起诉讼，以寻求其有权获得欧洲专利授权的判决，EPO将中止该授权程序，除非所述第三方以书面形式向EPO表示同意继续进行该程序。此同意意见是不可撤销的。

授权程序不得在欧洲专利申请公布之前中止。对于欧洲－PCT申请，只有在进入欧洲阶段的期限届满后，程序才可中止。

此外，细则第14（1）条仅涉及直接（即一般地和自动地）导致公约第61（1）条所述决定的国家诉讼程序，而不涉及在非缔约国法院提起的诉讼（参见J 6/03，r. 21）。关于EPC缔约国授予欧洲专利的管辖权和承认决定由承认议定书规定，根据公约第164（1）条，该议定书是EPC不可分割的一部分。在所有指定的缔约国自动承认的前提下，仲裁裁决可根据例如1958年6月10日的《关于承认和执行外国仲裁裁决的纽约公约》予以承认。

中止和恢复程序的日期将载入《欧洲专利登记簿》（细则第143（1）（s）条）。其还将被发送给各方当事人。

关于异议程序的中止，参见D部分第Ⅶ章4.1。

2.2.1 负责部门

公约20　对于申请人无权参与的程序的唯一责任归属于EPO的法律部门（参见2013年11月21日的EPO局长决定《OJ EPO 2013，600》）。

2.2.2 程序中止的日期

细则第 14（1）条规定的程序中止自 EPO 收到满意的证据之日起立即生效，该证据应当证明第三方已经对申请人提出国家诉讼，寻求公约第 61（1）条（J 9/12）意义上的决定。

有效启动法院诉讼的条件由国家法律规定（J 7/00）。

2.2.3 中止的法律性质和效力

程序的中止是一种独特的初步程序措施，作为一种预防措施，旨在保护第三方对争议专利的可能权利，并且立即生效（J 28/94、J 15/06）。特别是，所述授权中止程序是在未听取申请人意见的情况下，由 EPO 发送通知书要求中止的。但是，申请人可以就所述通知书请求 EPO 作出一个可诉的决定。

程序的中止意味着中止时存在的法律现状保持不变，即在程序中止期间，EPO 和当事人都不能有效地行使任何法律行为（参见 J 38/92）。特别地，不允许申请人撤回欧洲专利申请，或撤回对任何缔约国的指定（细则第 15 条）。同样地，在程序中止期间不能提交分案申请（参见 J 20/05 和 J 9/12）。

自动借记单在细则第 14 条规定的程序中止生效之日即失效（参见《OJ EPO 2017》增刊第 5 号—存款账户协议（ADA）附录 A.1—自动扣款程序协议（AAD）第 13.1（e）点）。因此，在程序恢复后，如果申请人希望继续使用自动扣款程序，则需要新的自动扣款指令。

2.2.4 期限的中断

细则 14(4)

除缴纳维持费的期限外，在程序中止之日有效的期限因该中止而中断。尚未过去的期限自恢复程序之日继续计算。但是，在恢复程序之后所剩余的期限不得少于两个月。就维持费而言，其在程序中止期间继续到期。此外，根据细则第 14（4）条的规定，细则第 51（2）条中规定的缴纳维持费及附加费的期限并不中断。

示例：

《欧洲专利公报》提及 2017 年 3 月 15 日发布欧洲检索报告。程序于 2017 年 5 月 5 日星期五中止，并于 2017 年 8 月 18 日星期五恢复。在恢复程序时，由提及公布检索报告以缴纳审查费（细则第 70（1）条）之日起算的 6 个月期限并非全部重新开始，而是只包括尚未过去的月数和天数。这个时间不得少于两个月（细则第14（4）条）。

根据细则第131（2）条的规定，上述6个月期限从检索报告公布后的第2天开始，即2017年3月16日，终止于2017年9月15日。在2017年5月5日程序中止时上述原本在运行的期限终止于2017年5月4日。

2017年3月15日至2017年5月4日已过去的期限是1个月19天。恢复后的剩余期限超过两个月。

剩余未过去期限的计算：

在中止日，即2017年5月5日，运行期限的第1个月已经过去，第2个月的19天也已经过去。因此，在该日还剩余4个月零11天（2017年5月5日至2017年5月15日（含）以及2017年5月15日至2017年9月15日（含））。为了计算缴纳审查费的截止日期，必须将未过去的期限加在恢复日期上。

恢复日期为2017年8月18日。所有期限从当日（含）起重新开始运行（细则第131（2）条不适用）：

在先加上剩余天数，然后再增加剩余月份后，需要根据细则第134（1）条的规定，检查最后一天是否落入EPO接收邮件的日子：自2017年8月18日（含）起计11天，结果为2017年8月28日。再加上4个月，即2017年12月28日为缴纳费用的期限截止日。由于EPO在2017年12月25日（星期一）至2018年1月1日（星期一）关闭，那么根据细则第134（1）条的规定，该期限延长至2018年1月2日。

2.2.5 授权程序的恢复

细则14(3)

恢复程序的日期，以及恢复程序的法律依据，应通知第三方和申请人。

2.2.5.1 在授权程序的最终决定后恢复

细则14(2)

如果有证据表明已经作出了公约第61（1）条意义上的最终决定，则将恢复授权程序，除非已经根据公约第61（1）（b）条向所有指定的缔约国提交了新的欧洲专利申请。如果该决定对第三方有利，在该决定成为最终决定后3个月内不得恢复程序，除非第三方要求恢复程序。

2.2.5.2 不考虑授权程序的阶段的恢复

细则 14(3)

法律部门也可命令恢复授权程序，无论申请人的程序处于何种阶段。在这种情况下，法律部门有权决定程序是否继续进行。在行使这一自由裁量权时应适当考虑各方的利益。尤其要考虑的有：一审法院的诉讼结果、中止程序在 EPO 持续的时间以及明显滥用程序的情况，例如以拖延战术的方式。

2.3 对选择撤回欧洲专利申请的限制

细则 15

自第三方向 EPO 证明其已经启动了有关权利的程序（参见本章 2.2）之日起，到 EPO 恢复授权程序之日为止（参见本章 2.2.5），欧洲专利申请和对任何缔约国的指定都不得撤回。

2.4 第三方对申请的起诉

公约 61(1)(a)

如果任何第三方希望利用公约第 61（1）（a）条为其提供的可能性（参见本章 2.1（i）），他们必须在适当的时候以书面形式向 EPO 声明其意图。随后，该第三方取代了以前的申请人。授权程序从其被中止之日或第三方提交声明之日起继续进行（参见本章 2.2）。

2.5 提交新申请

公约 61(1)(b)
公约 76(1)

根据公约第 61（1）（b）条的规定，新的欧洲专利申请必须在 EPO 位于海牙、慕尼黑或柏林的受理处以纸质或电子形式提交。根据公约第 61（1）（b）条的规定，不能向缔约国主管机构提交申请。

新的申请在许多其他方面被视为欧洲分案申请，并适用相应的规定。特别是，适用下列有关分案申请的规定。

比照适用：

公约 61(2)

（i）按照在先申请的申请日并享有优先权日——参见本章 1.2；

（ii）授权请求中的信息——参见本章 1.3.2；

细则 17(2)和(3)
细则 45（1）

（iii）提交申请费、检索费、指定费和权利要求费——参见本章 1.4.1 和 1.4.2；

（iv）发明人的指定——参见本章 1.5；

（v）语言要求——参见本章 1.3.3。

细则 51(6)　然而，维持费的安排是不同的。在提交新申请的年份及之前的年份，毋须缴纳维持费。

其他方面的形式审查与其他申请一样。

如果认定第三方仅有权在在先申请中指定的某些缔约国获得欧洲专利授权，并且所述第三方向这些缔约国提交了新申请，那么对于其余的国家，在先申请仍以在先申请人的名义存在。

细则 17(1)　在已作出决定或者承认该决定的指定缔约国提交新申请之日，在先申请即被视为撤回。

2.6 在先申请的驳回

公约 61(1)(c)　如果第三方根据公约第 61（1）（c）条请求驳回在先申请，EPO 必须同意这一请求。可针对该决定提出上诉（公约第 106（1）条）。

2.7 根据最终决定部分转让权利

细则 18(1)　如果最终决定裁定第三方仅有权就欧洲专利申请中公开的部分事项授予欧洲专利，则公约第 61 条以及细则第 16 和第 17 条适用于该部分。

3. 在展览会上展出

3.1 参展证书；发明的鉴定书

公约 55(1)(b)和(2)
细则 25　如果申请人在提交申请时声明作为申请主题的发明已经在属于国际展览公约范围内的官方或官方承认的国际展览上展出，该申请人必须在提交欧洲专利申请后 4 个月内提交参展证书。被认可的展览将在官方刊物上公布。

证书必须：

（a）在展览期间由在该展览中负责保护工业产权的主管机构发出；

（b）声明该发明曾在展览中展出；

（c）注明展览的开幕日期和首次公开的日期（如与展览的开幕日期不同）；

（d）附有由上述机构正式认证的该发明的鉴定书。

3.2 证书或鉴定书的缺陷

受理部门会确认收到所述证书和发明的鉴定书。受理部门会提醒申请人注意证书或鉴定书的任何明显缺陷，以便其有可能在4个月的期限内补正。如果未在规定的期限内提供证书或鉴定书，则根据细则第112（1）条通知申请人。申请人可以根据公约第121条和细则第135条请求对这一权利的丧失进行进一步审理。

4. 涉及生物材料的申请

4.1 生物材料；保藏

细则26(3)

根据细则第26（3）条的规定，“生物材料”是指含有能够自我复制或在生物系统中复制的遗传信息的任何材料。

细则31(1)(c)和(d)
细则31(2)

对于涉及生物材料的申请，申请人声明已根据细则第31（1）（a）条的规定，在细则第31条和细则第34条认可的保藏单位保藏了该生物材料的，如果提交的申请文件中未包含此类信息，申请人必须提交保藏单位的名称和培养物的登记号；生物材料由申请人以外的人保藏的，还必须在下列最早届满的期限内提供保藏人的姓名和地址：

细则31(2)(a)

（i）自欧洲专利申请的申请日或优先权日起16个月内，如果在欧洲专利申请公布的技术准备工作完成之前提交了信息，则视为满足该期限；

细则31(2)(b)

（ii）如果根据公约第93（1）（b）条提出了提前公布申请的请求，则截至该请求提交之日；或

细则31(2)(c)

（iii）如果被通知书告知，存在依据公约第128（2）条查阅档案的权利，则在收到该通知书后1个月内。

公约83

上述根据细则第31（2）条规定的期限，被细则第135（2）条排除在进一步审理之外。此外，也不适用公约第122条，因为未披露相关信息不能根据公约第122条的规定通过重新确立权利的方式进行补救（参见2010年7月7日的EPO公告《OJ EPO 2010，498》）。

细则31(1)(d)

此外，当保藏人和申请人不相同时，同样的期限也适用于提交一份符合EPO要求的文件，即保藏人已授权申请人在申请中提及保藏的生物材料，并已根据细则第33（1）和（2）条或细则第32（1）条无条件地、不可撤回地同意向公众提供保

藏的材料。保藏人对申请人提及所述保藏材料的授权，以及向公众提供所述材料的同意声明，必须自有关申请提交之日起就存在。有关本声明的建议措辞，参见上述EPO公告第3.5段。对于欧洲－PCT申请，上述文件必须在完成国际公布的技术准备工作之前提供给国际局（参见2010年7月7日的EPO公告《OJ EPO 2010，498》第Ⅱ.7至Ⅱ.8点）。

然而需要注意，如果保藏人是多个申请人之一，则不需要提交细则第31（1）（d）条中提及的文件（参见前述公告）。

细则33(6)　保藏单位必须在EPO官方期刊公布的、根据细则第31条和细则第34条所认可的保藏单位名单之中。该名单包括保藏单位，特别是符合《布达佩斯条约》规定的国际保藏单位。最新名单定期在EPO官方期刊上公布。

强烈建议申请人向EPO提交保藏单位出具的保藏收据，因为该文件特别指明了保藏人，并显示了细则第31（1）（a）和（c）条所要求的信息。该信息使EPO能够核证任何出具样本的请求（参见本章4.2和4.4），并且审查小组能够确定该申请是否满足公约第83条的要求（另见F部分第Ⅲ章6.2和6.3）。根据EPC细则第31条，申请中公开的每个生物材料样本必须提交一份保藏收据，并按照《布达佩斯条约》保藏。只要在EPO的程序处于未决状态，就可以提交保藏收据。

4.1.1 生物材料的新保藏

细则34　如果根据细则第31条保藏的生物材料不能再从认可的保藏单位获得，则在下列情况下，应当视为未发生保藏有效性中断：

（i）按照《布达佩斯条约》重新保藏这些材料；

（ii）自重新保藏之日起4个月内将保藏单位出具的新保藏收据副本送交EPO，注明欧洲专利申请号或专利号。

保藏无效可能会因为如下原因发生：

（a）该材料已降解以致不再具有活性；或

（b）根据《布达佩斯条约》或根据与EPO的双边协定，原始保藏单位不再具有保藏这类材料的资格。

在上述（a）或（b）的情况下，必须在保藏单位通知保藏人该生物材料保藏无效之日起3个月内重新进行保藏（《布达佩斯条约》第4（1）（d）条）。以下情况除外：

－保藏无效是由于上述原因（b）；并且

–在国际局公布保藏单位不再具有相关生物材料保藏资格之日起6个月内，保藏人未收到该保藏单位的上述通知。

在这种特殊情况下，必须在国际局公布上述文件之日起3个月内重新保藏（《布达佩斯条约》第4（1）（e）条）。

然而，如果原始保藏不是根据《布达佩斯条约》，而是在EPO根据双边协定所认可的保藏单位进行的，则上述6个月的期限从EPO公布相关保藏单位根据所述双边协定不再具有接收有关生物材料保藏资格之日起计算。

4.1.2 申请是通过引用在先申请的方式提交的

如果申请是根据A部分第Ⅱ章4.1.3.1中描述的程序，通过引用在先申请的方式提交的，并且在先申请在其申请日已经满足细则第31（1）（b）和（c）条的要求，那么该欧洲申请也满足这些要求。

如果在先申请中生物材料的保藏信息不符合细则第31（1）（c）条的要求，在申请人提交在先申请的核证副本和所需的译文（最迟自申请日起2个月内——细则第40（3）条）前，EPO不会了解这一点。即使申请人自申请日起2个月内提交了核证副本和所需的译文，但如果不符合细则第31（1）（c）条的要求，则根据细则第31（2）条补正这一缺陷的期限不受影响（参见本章4.2）。

4.2 缺失的信息；通知书

公约97(2)
细则31
公约83

当受理部门注意到细则第31（1）（c）条所需的信息（指明保藏单位和培养物保藏的登记号）或细则第31（1）（d）条所述的信息和文件（授权提及保藏的和同意提供给公众）未包含在申请中或尚未连同申请一起提交时，应将这一事实通知申请人，因为该信息只能在细则第31（2）条规定的期限内有效提交。在缺失根据细则第31（1）（c）条的信息的情况下，必须在专利申请中以能够毫无疑义地追溯到后续提交的登记号的方式识别所述保藏信息。这通常可以通过写明保藏人所提供的《布达佩斯条约》细则第6.1（a）（iv）条所指的标识号来完成（参见G 2/93）。如果在申请日申请中缺失保藏单位和/或登记号，但申请人在适用的期限内提供了相关信息（细则第31（2）条），则缺失的关于保藏单位和/或登记号的信息将公布在欧洲专利申请的公开文本首页（参见A部分第Ⅵ章1.3）。

如果提及了由被认可保藏单位保藏，但未提交该保藏单位出具的收据，也会通知申请人（如有可能，建议申请人在提交申请时提供所述收据——参见 2010 年 7 月 7 日的 EPO 公告《OJ EPO 2010，498》）。除其他事项外，提交收据是识别保藏人的一项基本要求，在 EPO 批准第三方请求发放所述保藏材料的样本之前，必须确定保藏人的姓名（另见本章 4.1）。任何进一步的行动，即确定现有信息是否符合充分公开的要求，由审查小组负责。关于审查小组对生物材料相关申请的处理，另见 F 部分第Ⅲ章 6，特别是 F 部分第Ⅲ章 6.3（ii），如果审查小组认为由于缺乏涉及构成发明主题的生物材料的信息，导致发明没有充分公开，其可以驳回该欧洲专利申请（参见 F 部分第Ⅲ章 3）。细则第 31（2）条规定的提供细则第 31（1）（c）和（d）条所要求的信息的期限，被排除在根据细则第 135（2）条的进一步审理之外。

4.3 仅向专家提供保藏的生物材料

细则 32(1)

根据细则第 32（1）（a）和（b）条，在申请公布的技术准备视为完成之日前，申请人可以通知 EPO，在提及欧洲专利授权公告之前，或者在适用的情况下，如果申请被驳回、撤回或视为撤回，则自申请提交之日起的 20 年内，细则第 33 条所指的可获得性仅通过向请求人提名的独立专家发放样本的方式实现。

上述通知必须以书面声明的形式送交 EPO。该声明可以不包含在欧洲专利申请的说明书和权利要求书中，但也可以包含在请求授权表（EPO 1001 表）中。

如果声明是可接受的，在欧洲专利申请公布时，会在首页提及（另见 A 部分第Ⅵ章 1.3）。

对于在国际阶段以 EPO 官方语言公布的欧洲 - PCT 申请，申请人必须在完成国际公布的技术准备工作之前向国际局请求专家解决方案，最好使用 PCT/RO/134 表（参见 2010 年 7 月 7 日的 EPO 公告《OJ EPO 2010，498》）。对于在国际阶段不是以 EPO 官方语言公布的欧洲 - PCT 申请，申请人可以在完成细则第 159（1）（a）条所要求的国际申请译文公布的技术准备工作之前，根据细则第 32（1）条请求专家解决方案（参见上述 EPO 公告）。

细则 32(2)

如果申请人根据细则第 32（1）条正式通知 EPO，则生物材料只会发放给由请求人提名的独立专家。专家应遵守的要求和义务由 EPO 局长规定，在 EPO 提供的专用表格上签署相关声明即视为已履行上述要求和义务（参见 2017 年 7 月 10 日的 EPO 局长决定《OJ EPO 2017，A60》和 2017 年 7 月 10 日的 EPO 公告《OJ EPO 2017，A61》）。专家提名必须附有一份声明，其中专家承诺遵守相关要求和义务，并且他们知晓任何情况下都不能引起对其独立性的合理怀疑或不能以任何其他方式与其专家职能相冲突。

4.4 请求提供生物材料样品

细则 33

自涉及生物材料的欧洲专利申请公布之日起，根据细则第 31 条保藏的生物材料可向任何有权查阅申请档案的人提供（参见 A 部分第Ⅺ章 1）。这种可获得性通过向提出请求的人发放样本来实现；或者在申请人提出请求的情况下，通过向请求人提名的专家发放样本来实现（参见本章 4.3）。EPO 在其网站上提供了用于获取根据《布达佩斯条约》保藏的生物材料样本的表格，根据细则第 33（4）条的规定，EPO 需要核证这些样本。

EPO 对上述请求的核证书会告知保藏单位，根据其对申请/专利的状况及其在 EPO 内有关数据记录的核实，保藏单位可以向请求人或有关专家（根据实际需要）发出生物材料样本。EPO 对专家的恰当性和独立性不予验证和评估（参见《OJ EPO 2017，A60》）。

核证后，EPO 将向保藏单位发送上述请求，并向欧洲专利申请人或专利权人以及被核证方发送副本。由被核证方直接向认可的保藏单位缴纳所需费用。

5. 涉及核苷酸和氨基酸序列的申请

细则 57(j)
细则 30(1)
细则 30(2)
公约 123(2)

如果在欧洲专利申请中公开了细则第 30（1）条所指的核苷酸和氨基酸序列，则应以符合适用的 WIPO 标准的序列表来表示。每个在申请文件（包括附图）中公开的超过标准中定义的最小长度核苷酸或氨基酸序列都需要列在序列表中，即使该序列只是公开的另一个序列的片段。序列表与申请一起提交的，应放在申请的最后。序列表必须以电子形式提交。如果欧洲专利申请是在线提交的，则需要附上所需格式的电子序列表。序列表不能以纸件或 PDF 格式提交。然而，如果提交的序列表是纸质或 PDF 格式的，其必须与电子格式的相同。在这种情况下，即使在后续程序中不考虑所述纸质或 PDF 格式的序列表，申请人或其指定代理人也必须提交一致性声明。参见 2011 年 4 月 28 日的 EPO 局长决定《OJ EPO 2011，372》，以及 2013 年 10 月 18 日的 EPO 公告《OJ EPO 2013，542》。

需注意 WIPO 关于序列表的新标准 ST. 26，该标准将适用于 2022 年 7 月 1 日及以后提交的申请。关于该新标准规定的涉及实操变化的详细信息会预先在 EPO 的官方期刊上公布。

对于在申请日以后提交或者更正序列表的，申请人应当提交一份声明，说明所提交或者更正的序列表不包括超出所提交的申请内容的事项。在申请日之后提交的序列表不是说明书的一部分，因此，不与欧洲专利申请一起公布。

对于涉及属于现有技术的序列的申请，参见 F 部分第Ⅱ章 6. 1。

为方便公布及文档查阅，对于在申请日以 TXT 格式提交的符合标准的序列表，EPO 会将其进行转换。如果由于序列表数量过多，不能将其以转换形式包含在电子文档中，电子文档将提示这一技术限制，并提示可选择通过书面请求获得电子形式序列表副本（参见 2013 年 10 月 18 日的 EPO 公告《OJ EPO 2013，542》，以及 2011 年 4 月 28 日的 EPO 局长决定《OJ EPO 2011，372》）。

公约 90(3)
细则 30(3)

受理部门会通知申请人在序列表或所需声明中存在的缺陷，并发出通知书，要求申请人在不可延长的两个月期限内补正这些缺陷，并缴纳补正滞纳金。补正滞纳金是对以下工作的补偿：根据细则第 30（3）条发出通知书的行政工作，并将申请延迟向检索小组传送，直到获得符合标准的序列表。因此，如果符合标准的序列表在申请日之后，但在受理部门根据细则第 30（3）条发出通知书之前提交，则无须缴纳补正滞纳金。如果在收到受理部门的通知书（包括缴纳补正滞纳金）后，没有按时遵守细则第 30 条的要求以及 2011 年 4 月 28 日的 EPO 局长决定的要求，将根据细则第 30（3）条驳回该申请。这也适用于序列表随后按规定的电子格式提交但仍然包含与标准有关的缺陷的情形。这些缺陷不会促使 EPO 根据细则第 30（3）条再次发出通知书，同时引发新的两个月期限，除非上一次通知书未引起申请人对这些剩余缺陷的注意（参见 J 7/11）。

公约121
细则135
申请人可以请求对申请进行进一步审理（参见E部分第Ⅷ章2）。

5.1 根据细则第56条提交的序列信息

提交序列表作为说明书中的缺失部分通常仅限于非常罕见的情况。细则第56条的原则是，必须从原提交的申请文件中能明显看出说明书的部分缺失（参见A部分第Ⅱ章5.1）。很少有情况能满足缺失的说明书部分是序列表的条件。例如，细则第56条适用于说明书引用了序列标识号（SEQ ID Nos.），但该序列未在说明书中进一步公开。尽管在这种情况下，所述公开是缺失序列表的形式，受理部门也不会认为所述缺失符合细则第56条，并且根据细则第56（1）条，申请人不能援引根据细则第56（1）或（2）条关于不发出通知书的规定。然而，申请人可以根据细则第56（2）条在申请日起2个月内，主动提交说明书中涉及序列表的缺失部分（参见A部分第Ⅱ章5.2）。

根据细则第57（j）条的规定，对于在后提交的序列信息，将审查其是否符合细则第30（1）条以及EPO局长令的要求。

如果在后提交的序列信息或序列表不符合细则第30（1）条以及EPO局长令的要求，则发送根据细则第30（3）条的通知书给申请人（参见本章5）。

另一方面，如果在后提交的序列信息包含符合细则第30（1）条要求的标准序列表，则不会发送根据细则第30（3）条的通知书。在这种情况下，细则第30（3）条规定的补正滞纳金就不存在了。

无论在后提交的说明书部分是否导致了申请日的变更（参见A部分第Ⅱ章5.3），或者如果在后提交的缺失部分能够以要求的优先权为基础，从而允许保留原始申请日（参见A部分第Ⅱ章5.4），上述规定均适用。但是，如果在后提交的说明书部分导致申请日的变更，根据细则第30（3）条可能需要发出的任何通知书只能在撤回在后提交部分的1个月期限届满而申请人未撤回该部分的情况下发出（参见A部分第Ⅱ章5.5）。

如果申请人根据细则第56条将序列表作为在后提交的说明书部分插入说明书中，则这样添加的序列表，无论是否符合标准，均视为是申请日（不管其是否已经变更）提交的说明书部分，因此，该序列表与欧洲专利申请一起公布。

但是，将序列表作为在后提交的缺失部分的罕见可能性应当与提交的申请文件中包含以下内容的情况明确区分：

－说明书正文中包含完整的序列信息，但没有符合标准的序列表；

－其中未包含申请文件中公开的全部序列的序列表；

－不符合 WIPO 适用标准的序列表。

在以上情况下，适用细则第 30 条，EPO 将根据细则第 30（3）条要求申请人提交符合标准的序列表。

5.2 通过引用在先申请提交的申请的序列表

如果申请是通过引用在先申请提交的（参见 A 部分第Ⅱ章 4.1.3.1），并且在先申请在其申请日时包含序列表，那么这些序列表构成原始申请的一部分。以下情况除外，如果序列仅出现在权利要求书中，而未出现在该在先申请的说明书或附图中，并且申请人在引用时没有包括在先申请的权利要求书，那么这些序列就不包括在原始欧洲申请中，必须单独提交一份序列表。如果在这种情况下所述序列表是在欧洲申请的申请日提交的，其将与欧洲专利申请一起公布。

在申请日之后在在先申请中提交的符合 WIPO 适用标准的序列表不属于说明书的一部分（细则第 30（2）条），因此根据细则第 40（1）（c）条的规定，该序列表也不包含在对在先申请说明书和附图的引用中。因此，申请人必须为欧洲专利申请单独提交符合标准的序列表。

如果 EPO 无法获得在先提交的申请，则在申请人提交核证副本和所需的任何译文（必须在申请日后 2 个月内完成）之前，EPO 将无法根据细则第 57（j）条对序列表是否符合细则第 30（1）条进行审查（细则第 40（3）条）。如果在收到核证副本和译文后（如适用），受理部门审查发现其中包含的序列表不符合细则第 30（1）条和 EPO 局长令的要求，EPO 将根据细则第 30（3）条发送通知书，要求申请人补正缺陷并缴纳补正滞纳金（参见 A 部分第Ⅳ章 5）。

如果在先申请是欧洲申请或以 EPO 作为受理局提交的国际申请，并且其中所包含的序列表在其申请日满足细则第 30 条或 PCT 细则第 5.2 条的要求，则引用该申请提交的欧洲申请的申请日自动满足细则第 30（1）条的所有要求。

如果在先申请是向任何其他局提交的，申请人必须确保符合细则第30（1）条和EPO局长令的所有要求。尤其是，申请人必须考虑，在在先提交申请的申请日提交的任何符合电子标准的序列表，在大多数情况不会成为受理局根据细则第40（3）条发出的核证副本的一部分。这意味着，如果引用的在先申请不是欧洲专利申请，也不是以EPO为受理局提交的国际申请，即使其包含符合WIPO适用标准的书面序列表，申请人仍然必须向EPO提供一份符合标准的序列表，并在适用的情况下提供一份电子表格中的信息与书面序列表相同的声明，以满足细则第30（1）条和EPO局长令的要求。上述规定同样适用于在先申请是欧洲申请或以EPO为受理局提交的国际申请，但该国际申请在申请日有一个或多个要素不满足细则第30（1）条或PCT细则第5.2条的要求以及适用的WIPO标准。如果不是这种情况，将遵循本章5的程序（发出根据细则第30（3）条的通知书）。

5.3 分案申请的序列表

作为一份独立的欧洲专利申请，分案申请也必须满足细则第30条以及EPO局长2011年4月28日关于提交序列表的决定《OJ EPO 2011，372》（参见G 1/05，理由3.1）的要求。在不违背公约第76（1）条第2句要求的情况下，如果序列表构成分案申请说明书的一部分，其必须与构成分案申请的其他文件一起提交，除非分案申请引用的先前申请包含一份序列表，并作为该在先申请的一部分（细则第40（1）（c）条）。

然而，如果申请人已经根据细则第30条就在先申请（母案申请）提交了符合标准的序列表，且该序列表仅用于分案申请的检索（即不作为说明书的一部分），则无须提交该序列表。在提交分案申请（EPO 1001表，第38.3栏）或答复细则第30（3）条的补正通知书时，应申请人的要求，EPO会在分案申请的档案中添加一份与在先申请一起提交的符合标准的序列表副本，其仅供检索（即不作为申请的一部分）（参见《OJ EPO 2013，542》，另见本章5）。

6. 转换为国家申请

公约135

在公约第135（1）条规定的情况下，缔约国的中央工业产权局必须应欧洲专利申请人或专利权人的请求，适用授予国家专利程序或该缔约国立法规定的其他保护权利的程序。如果在细则第 155（1）条规定的 3 个月内未提出转换请求，则公约第 66 条所述的效力将丧失（即欧洲申请将不再等同于在指定缔约国提交的普通国家申请）。

公约 135(2)
细则 155(2)和(3)

转换请求应当向 EPO 提出，但依照公约第 77（3）条视为撤回的申请除外；在这种情况下，应向其提交申请的中央工业产权局提出转换请求。该局应在符合国家安全规定的情况下，将该请求连同与欧洲专利申请有关的文件副本直接转送给其中指定的缔约国的中央工业产权局。如果其提交申请的中央工业产权局在自申请日起（如果要求了优先权，则自优先权日起）20 个月届满前未传送该请求，则适用公约第 135（4）条（即公约第 66 条的效力丧失）。

公约 135(3)
细则 155(2)

如果向 EPO 提交了转换请求，必须指明希望在哪些缔约国适用国家程序，并附转换费。如果没有缴纳所述费用，则会通知申请人或专利权人，在缴纳所述费用前，该请求视为未提出。EPO 会向其中指明的缔约国的中央工业产权局传送该请求，同时附上与该欧洲申请或专利有关的文件副本。

第Ⅴ章　涉及形式缺陷的通知书；申请的修改；错误的更正

1. 涉及形式缺陷的通知书

经过形式审查后，如果发现申请存在形式缺陷，受理部门（或在适当情况下的审查小组）会向申请人发出一份或多份通知书，指出该申请中所有不符合EPC具体要求的缺陷，对于可以补正的缺陷，会要求申请人在指定的期限内补正（参见A部分第Ⅲ章16）。对于通知书中没有详细说明所有缺陷的特殊情况，参见A部分第Ⅲ章16.1。EPO会通知申请人因所述缺陷或未能在期限内采取适当行动而导致的后果，例如申请视为撤回、优先权丧失。

通常情况下，根据所述的缺陷可以：

（i）由EPO根据细则第132条指定克服所述异议的期限，例如根据细则第59条要求提供优先权文件或优先权的申请号；或

（ii）适用固定期限，例如，根据细则第58条补正缺陷的期限为2个月。

更多细节参见E部分第Ⅷ章1。如果某个缺陷未在期限内补正，则将产生预期的法律后果。

2. 申请的修改

2.1 修改的提交

细则58
细则137(1)和(2)
公约123(1)和(2)
细则68(4)

在收到欧洲检索报告之前，申请人只有在受理部门要求的前提下才可以修改申请以补正特定的缺陷，包括在原始申请文件中没有权利要求的情形，申请人必须根据细则第58条（参见A部分第Ⅲ章15）的规定，通过提交一组权利要求来答复通知书，以补正所述缺陷。在收到欧洲检索报告后和审查小组第一次通知书之前，也就是在申请可能仍在受理部门的期间，申请人可以主动修改说明书、权利要求书和附图（细则第137（2）条）。此外，如根据细则第62（1）条，检索报告附有检索意见，申请人必须以提交意见陈述和/或修改的方式答复检索意见（有关该要求的详细信息和例外情况，参见B部分第Ⅺ章8）。但是，对欧洲专利申请的修改不得超出原始申请的内

容（关于根据细则第137（2）条在答复欧洲检索报告时修改权利要求的公布，另见A部分第Ⅵ章1.3）。

2.2 对形式缺陷修改的审查

细则58
细则137(1)

受理部门负责审查在收到检索报告前提交的修改文件，以满足形式要求。所述修改应当克服受理部门通知的缺陷。对于说明书、权利要求书和附图的修改应以克服所记载的缺陷为度，因为这一要求，受理部门必须将所有修改后的说明书、权利要求书和附图与原始提交的申请文件进行比较。例如，如果新提交的说明书是为了替换之前因不符合实体要求而遭到拒绝的说明书，则受理部门必须比较这两份说明书，其中用语完全一致才能克服缺陷。然而，对下列缺陷的修改，并不要求与原始提交的申请文件用语完全一致：

（i）对于申请时没有权利要求的（参见A部分第Ⅲ章15），根据细则第58条的规定提交了至少一项权利要求（这些权利要求仍然必须满足公约第123（2）条的要求，但此项由检索小组和审查小组审查）；

（ii）根据细则第56条的规定，提交说明书的缺失部分或缺失的附图（参见A部分第Ⅱ章5）。

超出缺陷补正范围且在收到检索报告之前提交的修改可在后续程序中予以考虑，前提是申请人在收到检索报告后声明其希望保留这些修改。

在收到检索报告之后、申请传送到审查小组之前提交的修改的形式问题由受理部门负责审查。

修改生效的程序参见H部分第Ⅲ章2。

3. 更正向EPO提交的文件中的错误

细则139

向EPO提交的任何文件中的语言错误、打印错误和漏洞，均可请求更正。只要其在EPO的程序仍在进行中，就可随时提出这种更正请求（参见J 42/92）。然而，如果要更正的错误涉及第三方可能将其理解为其字面意思而造成他们的权利因更正而受到损害，那么必须尽快提交更正请求，至少应当使其能够被包含在欧洲专利申请的公开文本中。对于优先权请求的更正，为了保护第三方的利益，适用特别规定，即允许申请人更正优先权请求，并为此设定了期限（参见细则第52（3）条和A部分第Ⅲ章6.5.2）。这将确保在申请公布时，可以获得更正后的优先权信息。在某些有限的情况下，如果从已公布的申请表面上看明显出现了错误，申请人只能在所述日期，特别是申请公布之后，才可以更正优先权请求。

参见J 2/92、J 3/91、J 6/91、J 11/92和J 7/94。前述每一项决定都载明了EPC 1973公约规定的如下情况，即对优先权数据的更正太晚、无法随申请一起公布所述更正。这些相同的情况比照适用EPC 2000公约的规定，在细则第52（3）条规定的期限届满后，接受更正优先权的请求。关于在先申请日的更正，另见A部分第Ⅲ章6.6。

细则139,第2句

如果错误出现在说明书、权利要求书或附图中，更正必须是显而易见的，即可以直接看出，除了作为更正的内容，没有其他可能的解释。这种更正仅限于本领域技术人员利用公知常识，客观且相对于申请日，从原始提交的整个申请文件中直接地、毫无疑义地确定的范围（参见G 3/89和G 11/91；另见H部分第Ⅵ章2.2.1）。在评判是否允许修改时，需要考虑的文件是原始提交的申请文件，包括后期根据细则第56条提交的说明书缺失部分或缺失的附图，无论其是否导致申请日的变更（参见A部分第Ⅱ章5及随后的内容）。但是，在申请日后根据细则第58条（参见A部分第Ⅲ章15）的要求提交的权利要求书不能用于评判所述更正请求能否被允许。

特别是不允许将完整的申请文件（即说明书、权利要求书和附图）替换为申请人原打算在提交授权请求时一并提交的其他文件（参见G 2/95）。

由审查小组对更正请求作出决定。如果在公布的技术准备工作结束之前，更正请求尚未完成，将在首页公布该请求的参考信息。

以电子方式提交的欧洲专利申请，其技术文件（说明书、权利要求书、摘要和附图）可以以其原始格式附上，只要该格式列于2021年5月14日的EPO局长决定《OJ EPO 2021，A42》中即可。根据该决定，只要申请人在提交申请时告知EPO，其能从何处合理地获得相应软件，这些技术文件也可以以不同于所列的格式附加。如果在申请日，构成欧洲专利申请的文件既可以使用在线申请软件提供的格式，也可以使用符合上述决定要求的另一种可接受的格式，那么后一种格式的文件也可以用于判断对说明书、权利要求书或附图的更正请求是否被允许。

第Ⅵ章　申请的公布；请求审查和传送案卷至审查小组

1. 申请的公布

1.1 公布日

公约 93(1)

自申请日起（对于要求优先权的，自最早优先权日起）18 个月期限届满后，申请将立即公布。然而，在已有效缴纳申请费和检索费且申请文件不存在形式缺陷（参见 A 部分第Ⅲ章 1.1 及 16）的前提下，应申请人请求，申请可在上述日期之前公布。对于申请在 18 个月期限届满前符合授权条件的，参见 C 部分第Ⅳ章 7.1 和 C 部分第Ⅵ章 3。

如果申请人放弃了优先权日，并且 EPO 在公布的技术准备工作结束前收到放弃的通知，那么该申请的公布将被推迟。这些准备工作在自优先权日（如果要求了优先权）或者自申请日（如果放弃了优先权或未要求优先权）起 18 个月届满前 5 个星期的最后一天视为结束（参见 2007 年 7 月 12 日的 EPO 局长决定《OJ EPO 2007，D.1》特刊第 3 号）。EPO 将告知申请人公布的技术准备工作已结束，以及告知公开号和拟定的公布日。对于 EPO 在上述时间之后收到放弃优先权通知的，尽管《欧洲专利公报》中会出现放弃优先权的告示（参见 F 部分第Ⅵ章 3.5），但申请的公布（如果收到通知时还未公布）仍会按照优先权日进行。当根据公约第 90（5）条的规定丧失优先权时，遵循同样的程序（参见 A 部分第Ⅲ章 6.10）。

1.2 不公布；阻止公布

细则 67(2)

如果申请在公布的技术准备工作结束之前被驳回、视为撤回或撤回，则其不予公布（参见本章 1.1）。这些准备工作在自申请日或优先权日起 18 个月期限届满前 5 个星期的最后一天视为结束（参见 2007 年 7 月 12 日的 EPO 局长决定《OJ EPO 2007，D.1》特刊第 3 号）。然而，如果在公布的技术准备工作结束时，已收到申请人根据细则第 112（2）条提出作出决定的请求，但 EPO 尚未作出最终决定（参见《OJ EPO 1990，455》），或者如果有根据公约第 122 条和细则第 136（1）条提出重新确立权利且处于未决状态的请求，则该申请仍然予以公布。

技术准备工作结束后申请人撤回申请以避免公布的，EPO 不能保证该申请不公布。然而，如果公布程序所处的阶段允许且不需要过度工作，EPO 将视个案情况尽量（根据 J 5/81 中的原则）阻止公布（参见 2006 年 4 月 25 日的 EPO 公告《OJ EPO 2006，406》）。

细则 15

可以通过签署声明的方式撤回申请，所述声明应该是无条件的和明确的（参见 J 11/80）。可从 epo. org 免费下载的 EPO 1018 表能够确保声明符合明确性和撤回条件的要求。因此，强烈建议申请人使用此表格撤回欧洲专利申请（另见 2019 年 8 月 12 日的 EPO 公告《OJ EPO 2019，A79》）。申请人受有效的撤回声明的约束（参见 C 部分第Ⅴ章 11），但可以限制申请的内容不向公众公开。这考虑到了程序上的特殊性，即在公布日前 5 个星期之后声明撤回的申请人无法知道是否仍然可以阻止公布。然而，自第三方证明其已启动有关权利的程序之日起至 EPO 恢复授权程序之日为止，不得撤回申请或撤回指定缔约国（参见 E 部分第Ⅷ章 8）。

1.3 公布的内容

细则 68(1)、(3)和(4)
细则 20
细则 32(1)

公开文本必须包含说明书、权利要求书和提交的任何附图，包括申请日提交的序列表，并包括后期根据细则第 56 条提交的说明书缺失部分，或缺失的附图（参见 A 部分第Ⅱ章 5），前提是延后提交的文件随后未被撤回（参见 A 部分第Ⅱ章 5.5），在可能的情况下，应当写明指定的发明人。如果权利要求书是在申请日之后按照 A 部分第Ⅲ章 15 中阐述的程序提出的，则会在申请公布时注明（细则第 68（4）条）。

公开文本也会注明在申请日当天 EPC 的所有缔约国作为指定缔约国，申请人在公布的技术准备工作结束之前撤回指定的个别国家除外。2009 年 4 月 1 日前提交的欧洲申请被公布时，可能还不知晓其实际寻求保护的国家，因为根据细则第 39（1）条缴纳指定费的期限尚在运行。通过实际缴纳指定费而明确指定的缔约国后期在《欧洲专利登记簿》和《欧洲专利公报》中公布（参见 EPO 信息《OJ EPO 1997，479》）。有关欧洲分案申请的规定，参见 A 部分第Ⅳ章 1. 3. 4。

细则 68(2)和(4)
细则 66

公开文本还包含申请人根据细则第 137（2）条提交的任何新的或修改后的权利要求，连同欧洲检索报告以及检索小组确定的摘要（如果后者在公布的技术准备工作结束前已经存在），否则将公布申请人提交的摘要。检索意见不与欧洲检索报告一起公布（细则第 62（2）条）。但是，它对查阅文档是开放的（参见 A 部分第Ⅺ章 2.1）。如果 EPO 收到了申请人根据细则第 32（1）条（专家解决方案）的意见陈述，公开文本也必须提及这一点（参见 2010 年 7 月 7 日的 EPO 公告《OJ EPO 2010，498》）。进一步的数据可由 EPO 局长酌情列入。

除必须翻译的文件外，原始申请文件如果符合 A 部分第Ⅷ章 2 所述的实体要求，则将其用于公布；否则，将使用经修改或替换后符合上述要求的文件。如果申请文件的质量很差，导致任何改进都会超出原始申请记载的主题，则按原始申请文件公布。在公布前可删除文件中的禁止事项，注明删除的位置以及字数或附图的数量（参见 A 部分第Ⅲ章 8.1 和 8.2）。纳入电子文档的文件视为原始申请文件（细则第 147（3）条）。

细则 139

如果申请人根据细则第 139 条的规定，请求更正提交给 EPO 的文件中的错误，并被允许，则更正必须包含在公开文本中。如果在公布的技术准备工作结束时，对更正请求的决定仍未作出，而要更正的错误涉及第三方信以为真的内容，从而使他们的权利将因更正而受到损害，则必须在公开文本的首页提及这一点（参见 A 部分第Ⅴ章 3 中的判例法），请求更正说明书、权利要求书或附图中的错误也必须如此（参见 A 部分第Ⅴ章 3）。

针对欧洲专利申请公布过程中出现的错误，可随时请求更正（参见 H 部分第Ⅵ章 3）。

在适当的情况下，将会重新公布完整的申请。

1.4 仅以电子形式公布

所有的欧洲专利申请、欧洲检索报告和欧洲专利说明书仅在公布服务器上以电子形式公布（参见 2007 年 7 月 12 日的 EPO 局长决定《OJ EPO 2007，D.3》特刊第 3 号和《OJ EPO 2005，126》），可通过 EPO 网站（epo.org）访问。

1.5 单独公布欧洲检索报告

如果没有与申请一起公布，欧洲检索报告将单独公布（也是电子形式）。

2. 请求审查和传送案卷至审查小组

2.1 通知书

细则 69(1)和(2)　由受理部门通知申请人《欧洲专利公报》提及的欧洲检索报告的公布日期，并提醒申请人注意公约第 94（1）、（2）条和细则第 70（1）条中关于请求审查的规定。在极罕见的情况下，如果通知书错误地指出了比所述提及公布日期更晚的日期，则由该更晚的日期决定提交审查请求的期限（参见本章 2.2 和 C 部分第Ⅱ章 1）和对检索意见作出回应的期限（参见 B 部分第Ⅺ章 8 和本章 3），除非该错误很明显。通知书中还会告知申请人，指定费必须在《欧洲专利公报》提及的检索报告公布之日起 6 个月内缴纳（参见 A 部分第Ⅲ章 11.2 和 11.3）。

细则 70a(1)　如果细则第 70（1）条规定的期限是申请人必须答复检索意见的期限（即细则第 70（2）条不适用的情况），则根据细则第 70a（1）条的通知书与根据细则第 69（1）条的通知书合并发出（参见 C 部分第Ⅱ章 3.3）。

2.2 提交审查请求书的期限

公约 94(1)和(2)
细则 70（1）　申请人可以在《欧洲专利公报》提及欧洲检索报告公布之日起 6 个月内提出审查请求。只有在缴纳审查费之后，该审查请求才视为已提出（参见 C 部分第Ⅱ章 1）。如果申请人未在上述期限内提出审查请求（包括缴纳审查费），则适用本章 2.3 中阐明的程序。

公约 78(1)(a)
细则 41(1)　强制性的授权请求表格（EPO 1001 表）包含书面审查请求。申请人只需在细则第 70（1）条所规定的期限内缴纳审查费，即可确认该书面请求。

RFees 11(a)　申请人也可以自申请日起至收到欧洲检索报告前缴纳审查费。在这种情况下，受理部门根据细则第 70（2）条发出通知书，要求申请人在《欧洲专利公报》中提及检索报告公布之日起 6 个月内表明其是否希望继续其申请（参见 C 部分第Ⅱ章 1.1）。如果在收到欧洲检索报告后，申请人决定不继续申请，并且没有答复根据细则第 70（2）条的通知书，根据细则第 70（3）条该申请将视为撤回，并退还全部审查费（参见本章 2.5）。

AAD 第 6.1(c)点　如果申请人已提交自动借记单，审查费一般会在 6 个月期限届满时扣缴。对于申请人希望将申请更早地传送给审查小组的情况，参见《OJ EPO 2017》增刊第 5 号附录 A. 1 中的自动扣款程序协议（AAD）。

细则 70(1) 审查请求不能撤回。

关于进入欧洲阶段的欧洲 - PCT 申请，参见 E 部分第Ⅸ章 2. 1. 4 和 2. 5. 2。

2. 3 法律救济

公约 94(2)
细则 112(1)

如果在细则第 70（1）条规定的期限届满前，审查请求缴纳检索费未有效提交，所述申请将视为撤回，并就此通知申请人。在答复此涉及权利丧失的通知书时，申请人可根据公约第 121 条和细则第 135 条（参见 E 部分第Ⅷ章 2）请求进一步审理。

细则 70(2)和(3)
细则 112（1）
公约 121

如果申请人在欧洲专利检索报告传送给他们之前有效地提出了审查请求，受理部门会根据细则第 70（2）条发出通知书，要求申请人在《欧洲专利公报》中提及检索报告公布之日起 6 个月内表明其是否希望继续其申请。如果申请人未能及时回复该通知书，则该申请将视为撤回，并相应通知申请人。在这种情况下，申请人也可以根据公约第 121 条和细则第 135 条主动寻求法律救济（进一步审理申请）。关于审查费的退回，参见本章 2. 2 和 A 部分第Ⅹ章 10. 2. 3。C 部分第Ⅵ章 3 阐明了细则第 10（4）条所规定的涉及无条件审查请求的程序，其中申请人放弃了根据细则第 70（2）条进行沟通的权利。

关于进入地区阶段的欧洲 - PCT 申请，参见 E 部分第Ⅸ章 2. 1. 3 和 2. 5. 2。

2. 4 传送案卷至审查小组

公约 16
公约 18(1)
细则 10

如果受理部门发现审查请求已适时提交，或申请人已在适当时间表明希望进一步处理该申请（细则第 70（2）条），受理部门会将该申请传送至审查小组。否则，其会通知申请人已发生的权利丧失（参见细则第 112（1）条）。

传送给审查小组的案卷包括以下文件：

（i）与申请有关的所有文件，包括优先权文件、译文和任何修改；

（ii）与展览会上的展示有关的任何证书（参见 A 部分第Ⅳ章 3），以及当申请涉及生物材料时根据细则第 31 条提供的任何资料（参见 A 部分第Ⅳ章 4）；

（iii）欧洲检索报告、检索意见（如果适用）、检索小组制定的摘要内容，以及内部检索记录（如果有）；

（iv）检索报告中引用文件的复印件，以及公开文本的两份复印件；

（v）申请人对检索意见（参见 B 部分第Ⅺ章 8），或国际检索单位书面意见（WO－ISA）作出的补充国际检索报告，或 EPO 作出的国际初审报告（IPER）的答复（参见 E 部分第Ⅸ章 3.2 和 3.3.4）；以及

（vi）所有相关的信函。

受理部门会密切关注申请中需要审查小组及时关注的任何事项，例如在对申请依序审查之前必须答复的信件。

2.5 审查费的退还

RFees 11

审查费按以下比例退款：

（i）全额退款。如果在实质审查开始之前，欧洲专利申请被撤回、驳回或视为撤回（RFees 细则第 11（a）条）的。

（ii）50% 退款。如果欧洲专利申请在实质审查开始之后撤回，并且：

－在审查小组根据公约第 94（3）条发出的第一次通知书的（延长的）答复期限届满之前，或

－如未发出第一次通知书，在根据细则第 71（3）条（RFees 细则第 11（b）条）通知书的发文日之前。

上述（i）项适用于所有在 2016 年 7 月 1 日当天或之后被撤回、驳回或视为撤回的欧洲专利申请。上述（ii）项适用于 2016 年 11 月 1 日当天或之后开始实质审查的所有欧洲专利申请（参见 2016 年 6 月 29 日行政委员会决定《OJ EPO 2016，A48》）。对于在此日期之前开始实质审查的所有申请，生效至 2016 年 11 月 1 日的 RFees 细则第 11 条继续适用，这意味着如果在此程序阶段申请被撤回、驳回或视为撤回，将不退还费用。

根据公约第 94（3）条“由审查小组正式发出”（另见 C 部分第Ⅲ章 4）的通知书是指所有指出申请不符合 EPC 要求，并提及如果所述缺陷没有得到适当的补救，则申请将根据公约第 94（4）条视为撤回的通知书。这些通知书包括：根据细则第 137（4）条的通知书、附有要求改正缺陷的电话记录或会晤记录、涉及细则第 56（3）条“完整包含”准则的通知书，

或根据细则第115（1）条的口头审理传唤书（附有根据公约第94（3）条和细则第71（1）条的通知书）。相反，由形式审查员基于其职责的一部分仅针对形式缺陷发出的通知书，即使其是根据公约第94（3）条发出的，也不构成根据公约第94（3）条“由审查小组正式发出”的通知书。同样，审查小组本身基于其他法条（例如细则第164（2）（a）条、细则第53（3）条或公约第124条）发出的通知书，对于符合50%退款资格的撤回期限不产生影响（参见2016年6月30日的EPO公告《OJ EPO 2016，A49》）。

如果申请人不确定实质审查是否已经开始，并且只有在确定能获得100%退款的情况下才希望撤回申请，则可以以退款为条件进行撤回（“有条件”撤回）。开始审查的日期（参见C部分第Ⅳ章7.1）通过EPO 2095表在案卷的公开部分显示，因此在专利申请公布后，可以在《欧洲专利登记簿》进行查询。如果案卷中没有EPO 2095表，则实质审查视为在审查小组本身发出第一份通知书之日开始（例如，根据公约第94（3）条、细则第71（3）条或上述任何其他法条发出的通知书）。在公布前，EPO会根据申请人的请求，向其提供有关信息，申请人也可以通过“我的档案”服务，以电子方式查阅有关信息。更多细节参见《OJ EPO 2013，153》。

2.6 审查费的减免

公约14(4)
细则6
RFees 14(1)

如果申请人的居所或主要营业所在官方语言不是英语、法语或德语的缔约国境内，以及居住在国外的该国国民，利用公约第14（4）条所规定的选择权，在某些情况下可以减免审查费（细则第6（3）至（7）条结合RFees细则第14（1）条）（参见A部分第Ⅹ章9.2.1和9.2.3）。

3. 对检索意见的答复

细则70a

申请人应当在细则第70（1）条规定的期限内答复检索意见，或者，如果EPO根据细则第70（2）条发送了通知书（参见C部分第Ⅱ章1.1），则应当在细则第70（2）条规定的期限内回复。如果申请人未能及时答复检索意见，则该申请被视为撤回（细则第70a（3）条）。更多细节参见B部分第Ⅺ章8。

第Ⅶ章　语　言

1. 申请时可接受的语言

1.1 通　则

公约 14(1)和(2)
细则 6（1）

欧洲专利申请可以用任何语言提交。但是，如果以 EPO 官方语言（英语、法语或德语）以外的语言提交，则必须在申请日后 2 个月内提交其中一种官方语言的译文（细则第 6（1）条）。虽然原则上可以用任何语言提交申请，但根据公约第 75（1）（b）条，在中央工业产权局或国家主管机构提交的申请可能会受到适用国家法律的限制。

细则 6(3)至(7)

对于以“可接受的非 EPO 语言”提交的申请（参见本章 3.2），允许对某些类别的申请人减免申请费（参见 A 部分第Ⅹ章 9.2.1 和 9.2.2）。

1.2 通过引用提交

细则 40(3)

对于说明书是通过引用在先申请（参见 A 部分第Ⅱ章 4.1.3.1）提交的，且后者不是 EPO 的官方语言，申请人还必须在申请日起 2 个月内提交其中一种官方语言的译文。

1.3 欧洲分案申请，公约第 61 条申请

细则 36(2)

欧洲分案申请必须以在先（母案）申请程序的语言提交。另外，如果在先（母案）申请使用的不是 EPO 官方语言，则分案申请可以使用在先（母案）申请的语言提交。在这种情况下，必须自分案申请提交日起 2 个月内提交翻译为在先申请程序语言的译文。

公约 61(2)

这同样适用于根据公约第 61（1）（b）条提交的新欧洲专利申请。

1.4 通知提交译文

公约 90(3)
细则 57 和 58

如果未能及时提交译文，EPO 会要求申请人在不可延长的 2 个月期限内改正这一缺陷。如果未能及时应通知提交译文，则该申请根据公约第 14（2）条将被视为撤回，并且在这种情况下，不得进行进一步审理（参见 A 部分第Ⅲ章 14）。

2. 程序语言

公约 14(3)　申请提交时使用的或后续翻译成的 EPO 官方语言（英语、法语或德语）构成“程序语言”。

上述程序语言是 EPO 各部门在该申请的书面程序中使用的唯一语言（参见 G 4/08）。

细则 3(2)　欧洲专利申请是用 EPO 官方语言之一提交的，或者在其被翻译成一种官方语言之后，说明书、权利要求书和附图只能用该官方语言进行修改，该官方语言即程序语言。

在申请日之后提交的任何权利要求都需要以程序语言提交。

示例：如果提交申请时使用日文并且没有权利要求书，此后被翻译成英文，权利要求书应当使用英文提交。对该申请的后续修改也必须以英文提交。

3. 书面程序中对程序语言的克减

3.1 当事人的书面意见

细则 3(1)　除对欧洲专利申请或欧洲专利的修改之外，任何一方当事人都可以在 EPO 的书面程序中使用 EPO 三种官方语言中的任何一种。

3.2 可接受的非 EPO 语言

公约 14(3)和(4)　居所或主要营业所在官方语言为英语、法语或德语以外的其他语言的 EPC 缔约国境内的自然人或法人，以及居住在境外的上述缔约国国民，可以用该缔约国的官方语言（可接受的非 EPO 语言）提交必须在一定期限内提交的文件。例如，意大利或瑞士申请人可以使用意大利语答复审查小组根据公约第 94 (3) 条发出的通知书。

细则 6(2)　以可接受的非 EPO 语言提交的文件翻译成 EPO 官方语言之一的译文必须在不可延长的 1 个月内提交（细则第 6 (2) 条）。但是，如果该文件是异议请求书、上诉请求书或复审请求书（公约第 112a 条），期限将延长至异议或上诉期届满，或复审请求期限届满（如果该期限届满更晚）。译文可以翻译成 EPO 的任何一种官方语言，而不用考虑程序语言。

3.3 优先权文件

细则 53(3)　如果要求优先权的在先申请（优先权文件）的核证副本使用的不是 EPO 的官方语言之一，则只有在 EPO 的通知书要求时，才需要提交翻译成任何一种官方语言的译文。此通知书仅在优先权要求的有效性与评判该发明的可专利性相关的情况下才发出。该译文可以用声明代替，即声明该欧洲专利申请是在先发明的完整译文。

有关优先权文件译文的更多信息，参见 A 部分第Ⅲ章 6.8。

3.4 作为证据提交的文件

细则 3(3)　用作证据的文件可以使用任何语言提交。这适用于 EPO 的所有程序，尤其是出版物（例如，异议人为了表明申请缺乏新颖性或创造性而引用的一份俄罗斯期刊摘录）。不过，处理相关案件的部门可根据文件提交人的选择，要求其将文件或其相关部分翻译成 EPO 的官方语言之一。如该文件是申请人在授权前程序中提交的，除非审查员完全具备相关语言能力，否则，EPO 应当要求申请人提供该文件或其相关部分的译文。在异议程序中，考虑到所有当事人的利益，适用同样的原则。提交译文的期限由 EPO 主管部门根据个案情况确定。这取决于涉及的特定语言以及文件或其相关部分的长度，并考虑细则第 132 条的规定（参见 E 部分第Ⅷ章 1.2）。如果没有及时提交所需的译文，EPO 可以不考虑相关文件。

3.5 第三方意见

细则 114(1)　第三方意见（参见 E 部分第Ⅵ章 3）必须以书面形式提交，并使用 EPO 的官方语言之一。支持性文件（例如引用的现有技术）可以使用任何语言书写。

如果第三方意见和/或现有技术不是 EPO 的官方语言（公约第 14（1）条），EPO 可以要求第三方（如果可以识别）在细则第 132 条规定的期限内提交该意见官方语言之一的译文，并在适当的情况下提交引用的现有技术的官方语言之一的译文。

4. 口头审理程序中对程序语言的克减

细则 4　该项在 E 部分第Ⅴ章中规定。

5. 以错误语言提交的文件

公约14(1)

由于申请最初可以用任何语言提交（参见本章1.1），使用错误的语言提交构成欧洲专利申请的文件只会出现在其修改时。在这种情况下，以及如果其他文件未以规定的语言提交或者未及时提交任何所需的译文，则该文件视为未提交。EPO将相应地通知文件提交人。即使被视为未提交，相关文件仍将成为案卷文档的一部分，并因此根据公约第128（4）条可供公众查阅。

细则3(3)

如果未能及时按要求提交所提交的文件证据的译文，EPO可能不考虑有关文件。

对于在履行一项有期限的程序行为时提交的文件（例如提交发明人的指定、提交要求优先权的在先申请核证副本，或根据细则第53（3）条提交优先权文件的译文）未使用EPO官方语言的，其将包含在案卷文档中，但EPO不考虑其内容。

细则79(1)和114(2)

第三方意见和异议请求书会传送给申请人或专利权人，即使其被视为未提交。

6. 公布语言

公约14(5)和(6)

欧洲专利申请仅以程序语言公布，而欧洲专利则以程序语言公布授权文本，同时以另外两种官方语言公布权利要求书的译文。

7. 译文的更正和认证

公约14(2)

译文错误可以在EPO的程序中（即在授权前程序和异议程序中）随时更正，以使译文与以原始语言提交的申请一致（例如与原始提交的日文申请一致）。这同样适用于进入欧洲阶段时提交的欧洲－PCT申请的译文（参见E部分第Ⅸ章2.1.2）。但是，在异议程序中，如果译文违反公约第123（3）条的规定，即如果其隐含的对权利要求书的修改超出所赋予的保护范围，则不允许对译文进行更正。

细则7
公约70(2)

为了判断欧洲专利申请或欧洲专利的主题是否超出了原始申请的内容（公约第123（2）条），EPO将假定根据公约第14（2）条或细则第40（3）条提交的译文与申请的原始文本（例如日文）一致，除非有相反的证据。然而，原始申请文本仍然是判断公约第123（2）条规定的修改可允许性的基础，或公约第54（3）条规定的公开内容的基础（参见G部分第Ⅳ章5.1）。

细则5　EPO有权要求申请人在指定的期限内提交一份证明，证明其提供的译文与原文相对应（参见E部分第Ⅷ章1.2和1.6）。只有在EPO对译文的准确性有严重怀疑时，才会发出通知书要求申请人提交该证明。除非EPC另有规定，否则未能及时提交所述证明将导致该文件被视为未收到。这部分权利的丧失须根据公约第121条和细则第135条进一步审理。

对于根据细则第71（3）条将权利要求翻译成另外两种官方语言的情况，原则上不需要证明。

8. 申请或者专利的作准文本

公约70(1)
公约14(8)

申请或者专利的文本以程序语言的文本为准。因此，公约第14（6）条所要求的专利授权文本的权利要求译文仅供参考。

第Ⅷ章　共同规定

1. 代　理

1.1 一般性原则

公约 133(1)和(2)
公约 90(3)
细则 152

除下一句另有规定外，不得强迫任何人在 EPO 的程序中由职业代理人代理；这适用于此类程序的所有当事人，例如申请人、专利权人、异议人。在缔约国既没有居所也没有主要营业所的当事人（自然人或法人）必须由职业代理人代理；除提交申请（包括为获得申请日的所有行为）或在适用期限内启动欧洲阶段外（参见 E 部分第Ⅸ章 2.3.1），当事人必须在程序中由职业代理人代理。"由……代理"意味着适当的代理，不仅包括委托职业代理人的通知，而且在适用的情况下，还包括提交委托代理人的授权书（参见本章 1.6）。

居所或主要营业所在缔约国的当事人也可以直接在 EPO 办理事务，即使他们已委托职业代理人（参见本章 1.2）、雇员（参见本章 1.3）或法律从业者（参见本章 1.5）以其名义行事。当收到的当事人的主张与收到的代理人的主张相互矛盾时，双方都将被告知对方的行为。

如果作为程序当事方且在任一缔约国领土内没有居所或主要营业所的异议人在异议程序中未能满足公约第 133（2）条的要求（例如代理人退出异议案件或所委托的代理人从职业代理人名单中删除），则要求其委托新的代理人。不管异议人是否委托新的代理人，EPO 都会将口头审理程序的日期和地点告知异议人，并提醒其注意，如果异议人仅是自己出席，则其无权在异议中采取行动。

1.2 由职业代理人代理；职业代理人名单

公约 134(1)

在 EPO 的程序中，自然人或法人的代理人只能是职业代理人，所述代理人的姓名应当出现在 EPO 为此目的而维护的名单上。另见本章 1.5。法律部门全权负责职业代理人名单的录入和删除（参见 2013 年 11 月 21 日的 EPO 局长决定《OJ EPO 2013，600》）。以协会名义在 EPO 注册的职业代理人团体可以该协会名义被集体委托为一方的代理（参见《OJ EPO 2013，535》）。在这种情况下，协会的每个成员都可以代理当事人的程序行为，同时根据细则第130条的规定，EPO发出的通知书寄送地址是协会而不是某个特定成员的地址。建议当事人明确说明其是希望委托协会还是委托归属于该协会的代理人个人（另见本章1.7）。

1.3 由雇员代理

公约133(3)
公约134(1)
细则152

对于居所或主要营业所在缔约国的当事人，不要求其在EPO的程序中由职业代理人代理。无论该当事人是法人还是自然人，都可以由雇员代理，雇员不一定是职业代理人，但必须获得授权（参见本章1.6和1.7）。

1.4 共同代表

公约133(4)
细则151(1)和(2)

共同申请人、共同专利权人和一个以上共同提出异议或介入请求的人可以由共同代表代理。如果欧洲专利授权请求、异议请求或介入请求未委托共同代表，则相关文件中最先提及的当事人被视为共同代表。因此，共同代表可以是法人。但是，如果其中一方有义务并且已委托职业代理人，则该代理人将被视为代理所有当事方行为的共同代表。在这种情况下，其他当事人不能作为共同代表。但是，如果文件中的第一当事人已经委托职业代理人，该代理人将被视为代理所有当事方行事。如果欧洲专利申请或专利转让给一个以上的人，并且其没有委托共同代表，则适用上述规定。如果这类申请不可能，EPO将要求当事人在EPO指定的2个月期限内委托一名共同代表（参见E部分第Ⅷ章1.6）。如果未遵守这一要求，EPO将指定一名共同代表。

要适用细则第151条，每一方当事人或其正式授权的代理人必须已签署使其参与其中的文件（授权请求、异议请求等）（另见A部分第Ⅲ章4.2.2，A部分第Ⅷ章3.2和3.4）。否则，该当事人不能参与所述程序，也不能因此由共同代表代理。

1.5 由法律从业者代理

公约134(1)和(8)

EPC所规定程序中的代理也可以由法律从业者承担，其代理方式与职业代理人（参见本章1.2）相同，该法律从业者应当在一个缔约国具有代理专利事务的职业资格且营业地点在该缔约国境内。有权在EPO担任代理人的法律从业者不列入职业代理人名单（参见J 18/99）。不过，在由法律部门管理的内部数据库中将对其予以登记（参见《OJ EPO 2013，600》）。

1.6 签署的授权书

细则152

在EPO从事代理的代理人必须在EPO指定的2个月期限内应要求（参见E部分第Ⅷ章1.6）提交经签署的授权书（参见本章3.2）。细则第152（4）条意义上的个案授权书和总授权书具有相同的目的。对于总授权书，标明其登记号等同于提交授权书本身。提交授权书与为具体案件指定代理人是不同的。如果不满足公约第133（2）条的要求，将为涉及委托的通知书和提交授权书（如适用）指定相同的期限。

仅在某些情况下，尤其是在代理人变更时（参见2007年7月12日的EPO局长决定《OJ EPO 2007，L.1》特刊第3号第1（2）条），才会要求声称的职业代理人提交经签名的授权书。如果委托代理人以外的职业代理人（并且不是同一协会或律师事务所的成员）代理一方当事人的程序行为，例如根据细则第71（3）条提交对通知书的答复，并且从答复意见中可以明显看出该职业代理人只是按照该方当事人的要求行事，并无意接管代理，则不需要授权。如果对职业代理人是否有权代理一方当事人有疑问，EPO可能会要求该职业代理人提交授权书（参见上述局长决定的第1（3）条）。

但是，根据公约第134（8）条有权作为职业代理人的法律从业者或者根据公约第133（3）条第1句代理申请人的雇员，但其并非职业代理人的，必须每次提交经签名的授权书（参见上述局长决定的第2条和第3条），才能有效地执行程序行为。在欧洲－PCT程序中，如果以代理身份代表客户的人已经向作为受理局、国际检索单位（ISA）或国际初审单位（IPEA）的EPO提交了明确涵盖EPC所建立的程序的授权书，则无须再提交经签名的授权书。如果申请人已委托代理人代理其多份申请，则无须为每一份申请提交单独的授权书（参见本章2.4），只需清楚地说明相关申请即可；EPO会确保所有相关文档中包含所述授权书的副本。

授权书也可以由申请人提交。这也适用于申请人必须有代理的情况，因为满足被代理的要求本身并不是公约第133（2）条规定的程序性步骤，此处适用强制性代理规则。

根据公约第134（1）条（细则第152（11）条），可以授权代理人协会在 EPO 代理一方当事人。一方当事人委托多个代理人的，可以将其作为一个协会集体授权，而不必单独授权每个代理人，前提是相关协会已在 EPO 登记（参见《OJ EPO 2013，535》）。如果被例外要求提交授权书，则在授权书中引用该协会的登记号即可。

授权书在 EPO 收到其终止的通知前一直有效。在某些条件下，代理人可以使用 "My Files"（我的文件）服务以电子方式转让代理权或终止授权（参见 2012 年 4 月 26 日的 EPO 局长决定《OJ EPO 2012，352》）。授权书不会因授权委托人死亡而终止，除非授权书另有规定（细则第 152（9）条）。

1.7 总授权书

公约 133(2)
细则 152(2)、(4)、(7)、(8)和(9)

一份授权书可以涵盖一项以上的申请或专利。此外，可以提交能够使代理人代理授权委托方的所有专利事务的总授权书。相应的程序适用于授权书的撤回。

但是，提交总授权书不同于为具体案件委托代理人。授予所述总授权书的当事人在 EPO 的任何具体程序中不必然需要委托在总授权书中列出的代理人。总授权书也不允许 EPO 在没有任何额外信息的情况下假定其中所列出的代理人应当被委托为某一具体案件的代理人（参见 J 17/98）。因此，在具体案件中，当事人希望委托总授权书中列出的代理人的，必须通过引用总授权书编号的方式相应地告知 EPO。

1.8 通知提交授权书以及不满足要求情况下的法律后果

细则 152(2)和(6)
细则 132

如果委托根据公约第 134（8）条有权作为职业代理人的法律从业者，或者根据公约第 133（3）条第 1 句由雇员（但其并非职业代理人）代理申请人，是在没有提交授权书的情况下通知 EPO 的，EPO 会要求其在指定的 2 个月期限内提交授权书（参见 E 部分第Ⅷ章 1.6）。对于在缔约国内既没有居所也没有主要营业所的当事人未能满足公约第 133（2）条的要求（参见本章 1.1），涉及该要求的通知书会直接发送给相关方。EPO 会为涉及委托的通知书和提交授权书（如适用）指定相同的期限。该期限可应代理人或当事方的要求，根据细则第 132 条的规定延长（参见 E 部分第Ⅷ章 1.6）。如果未及时提交此类授权书，则在不影响 EPC 中规定的任何其他法律后果的情况下，除了提交欧洲专利申请或在适用的期限内启动欧洲阶段

（参见 E 部分第Ⅸ章 2.3.1），代理人采取的任何程序行为都视为未采取，并相应通知当事人。

2. 文件的形式

2.1 构成欧洲专利申请的文件

细则第 49 条规定了构成欧洲专利申请的文件（即请求书、说明书、权利要求书、附图和摘要）必须满足的实体要求，关于附图的规定见细则第 46 条。特别是在修改申请文件时，修改必须是打印的。根据细则第 49（8）条和第 50（1）条的规定，任何提交的包含对申请文件手写修改的文件——除非涉及附图标记、字符、化学和数学公式——都属于形式缺陷。EPO 的局长可以对文件的提交提出进一步的特殊形式或技术要求，特别是涉及通过电子方式提交的文件（细则第 2（1）条）。《OJ EPO 1993，59》中公布了关于准备 OCR 可读专利申请的说明。对于附图的特殊要求规定于 A 部分第Ⅸ章中。但是，对于提到的其他文件，也应参考后一章，因为其中对细则第 49 条规定的解释具有普适性。本章只需要注意细则第 49（7）条，其规定“说明书和权利要求书的每一页的行数最好以五行为一组进行编号，编号标记在左侧空白处靠右的位置”。

2.2 替换文件和译文

细则 49(1)
细则 50(1)

根据公约第 14（2）条或细则第 40（3）条的规定，提交的替换文件和官方语言译文与构成申请的文件要求相同。

2.3 其他文件

细则 50(2)

除前几段提到的文件外，其他文件应当打字或打印，并在每页左侧留出约 2.5 厘米的页边距。

2.4 副本的数量

与一项以上的申请或专利相关的文件（例如单独的或总授权书），或必须传送给多方当事人的文件，只需提交一份副本即可（另见本章 1.5）。但是，必须为该文件涉及的每个案卷提交一封随附信件（尤其是 EPO 1038 表）。

例如，如果两个不同的申请共享同一个优先权要求，申请人只需要提交一份优先权文件的副本即可，但必须附有两封不同的信件（最好是 EPO 1038 表的两份副本），每封信件对应其中一份申请或另一份申请。每封信件（或 EPO 1038 表）必须经过正式签署，并注明提交的优先权文件所涉及的两个申请号中的一个或另一个（另见本章 3.1）。

2.5 后续文件的提交

细则 2(1)

在提交欧洲专利申请后，可以通过直接递交、邮寄（参见 A 部分第Ⅱ章 1.1）或电子通信（参见 A 部分第Ⅱ章 1.2）的方式提交细则第 50 条中涉及的文件。以电子通信方式提交包括通过传真提交（参见 A 部分第Ⅱ章 1.2.1），以及使用在线申请软件（OLF）、在线申请 2.0 和 EPO Web 表格申请服务（参见 A 部分第Ⅱ章 1.2.2）以电子形式提交。但是，授权书和优先权文件不能通过传真提交或使用 EPO Web 表格申请服务。对于可接受的优先权文件提交方式，参见 A 部分第Ⅲ章 6.7。

不得使用 EPO Web 表格申请服务提交涉及异议、限制和撤销程序以及上诉程序和扩大上诉委员会复审程序的任何文件（参见 2021 年 5 月 14 日的 EPO 局长决定《OJ EPO 2021，A42》）。

如果涉及欧洲专利申请的后续文件是通过传真提交的，则必须在收到通知书之日起 2 个月内，应 EPO 的要求提供以这种方式提交的文件内容的书面确认，并符合 EPC 细则的要求。如果申请人未能及时满足该要求，则视为未收到传真（参见 2019 年 2 月 20 日的 EPO 局长决定《OJ EPO 2019，A18》）。

如果通过传真传送的文件质量较差，则需要书面确认。

公约 14(4)
细则 6(2)

如果当事人在传真中援引了公约第 14（4）条，则后续的副本必须以与传真相同的语言提交，在这种情况下，所述副本视为在提交传真之日收到。细则第 6（2）条规定的根据公约第 14（4）条提交译文的期限自传真提交日的次日起算。

后续的文件不得以磁盘或电子邮件、电报或类似方式提交（另见 2000 年 9 月 12 日关于与 EPO 通过电子邮件进行通信的公告《OJ EPO 2000，458》）。但是，在电话会晤期间，以及通过视频会议面谈和口头审查程序期间，根据细则第 50 条后续提交的文件（包括授权书）必须通过电子邮件提交（更多详细信息参见 2020 年 5 月 13 日的 EPO 局长决定《OJ EPO 2020，A71》；另见 E 部分第Ⅲ章 8.5.2）。

3. 文件的签名

3.1 提交欧洲专利申请后提交的文件

细则 50(3)
公约 133

提交欧洲专利申请后，除附件外所有提交的文件必须由相关负责人签名。公约第 133 条的原则是，只有申请人或授权的代理人可以在欧洲专利授权程序中行事（参见本章 1.6）。因此，提交欧洲专利申请后提交的文件只能由申请人或授权的代理人有效签署。

诸如优先权文件或译文之类的文件必须随附信件，或至少在文件上注明该文件是寄给 EPO 的，并由在 EPO 获得相关授权的人员正式签名。这也适用于发明人的指定，例如，如果该指定是由在 EPC 缔约国之一既没有居所也没有主要营业所的申请人签署的，则适用以上规定。至于授权书，参见 A 部分第Ⅷ章 1.6。具有相关权利的人员确认履行书面程序行为的签名有助于明晰程序的状态。其表明程序行为是否得到有效执行，并防止规避有关代理的规定。EPO 1038 表（后续提交事项随附的信件）也可用作单独的信件。每份文件必须使用单独的表格（参见 1990 年 11 月 8 日的 EPO 公告《OJ EPO 1991，64》）。这同样适用于申请人不使用 EPO 1038 表，而是随相关文件提交随附信件的情况（另见本章 2.4）。在以电子方式提交的情况下，一份申请的多个文件可以附在一份 EPO 1038E 表上。

EPO 1037 表可用于后续同时提交的、涉及多件申请但无须签名的项目。EPO 1037 表只是一个确认件。特别推荐在后续提交已经带有所需签名的文件时使用该文件（例如对通知书的答复）。

细则 50(3)

如果在不属于本章 3.2 含义的文件上省略了签名，EPO 要求相关当事人必须在规定的期限内签名。这也适用于相关文件带有无相关权利人员（例如授权代理人的秘书）签名的情况，就现行期限而言，该缺陷视为等同于遗漏相关权利人的签名。如果及时签署，将保留该文件的原始接收日期；否则视为未收到。同样，以电子方式提交的文件必须由具有相关权利的人签名，尽管这些文件可以使用其他人的智能卡传送。另见本章 3.2。

3.2 构成欧洲专利申请一部分的文件

除了本章 3.1 中提到的文件，构成申请一部分的某些文件必须签名。这些文件包括授权请求书、发明人的指定，以及在适用的情况下的代理授权书。对于以电子方式提交欧洲专利申请的，可以使用签名者手写签名的传真图像、文本字符串签名或增强型电子签名来签署上述文件（参见2021年5月14日的EPO局长决定《OJ EPO 2021，A42》第12条）。

除代理授权书外，其余文件可由授权的代理人代替申请人签署。

3.3 签名形式

无论当事人是自然人还是法人，其姓名的橡皮图章印记都必须附有个人签名。签名不允许采用姓名首字母或其他缩写形式。对于当事人为法人的，文件一般可由声称代表该法人签字的任何人签名。EPO不审查以法人名义签字的人的权利资格，除非有理由认为签字人未经授权，在这种情况下应要求签字人提供授权其签字的证据。

如果文件是通过传真提交的，在传真上复制提交文件人的签名就足以满足要求。其姓名和职位必须能够从签名中清楚地看出（参见2019年2月20日的EPO局长决定《OJ EPO 2019，A18》）。

使用在线申请软件以电子方式提交文件的情况下，签名可以采用传真签名、文本字符串签名或增强型电子签名的形式。对于使用“在线申请2.0”或EPO Web表格申请服务提交文件的，签名可以采用传真签名或文本字符串签名的形式。传真签名是指提交人签名的复制品。文本字符串签名是指由签名人选择用以证明其身份和签名意图的一串字符，其前后各有一个正斜杠（/）。增强型电子签名是指EPO发布或接受的电子签名（参见《OJ EPO 2021，A42》）。

3.4 共同申请人

细则151(1) 如果存在多个申请人（参见本章1.3），则每个申请人或其委托代理人必须签署授权请求书，并在适用的情况下签署共同代理委托书。这也适用于根据细则第151（1）条第1句的规定申请人之一被视为共同代表的情况。然而，共同代表可以根据细则第50（3）条签署发明人的指定以及在申请日后提交的所有文件。代理一个以上申请人的授权书必须由所有申请人签署。

第Ⅸ章　附　图

细则 49
细则 50

本指南的本章涉及申请或专利中包含的附图应满足的要求。但是应该注意的是，对细则第 49 条规定的解释一般适用于构成欧洲专利申请的文件及其替换文件。

1. 视为附图的图形表现形式

1.1 技术性附图

细则 46(3)

所有类型的技术性附图均视为 EPC 意义上的附图。其包括，例如透视图、分解图、剖面图和截面图、不同比例的细节图等。附图还包括“流程图和图表”，其中包含功能图和表达两个或多个量级之间关系的特定现象的图示。

细则 49(9)

说明书、权利要求书或摘要中还可能包含其他图形表现形式，其无须遵守与附图相同的要求。相应的形式有化学式和数学公式以及表格。这些情况将在本章 11 中予以讨论。尽管如此，化学式、数学公式以及表格也可以作为附图提交，此时其需要遵守与说明书附图相同的要求。

1.2 照　片

EPC 对照片没有明确规定；然而，如果无法在附图中显示要显示的内容，则允许使用照片，条件是所述照片可以直接复制并满足附图的相关要求（例如纸张大小、页边距等）。可以提交彩色照片，但将仅以黑白形式扫描、打印并经文件审查后提供。如果需要颜色来辨别提交照片的细节，当照片通过公布和文件审查以黑白形式提供时，这些细节可能会丢失。另见本章 7.1。

照片（或其副本）应像附图一样编号（细则第 46（2）（h）条），并在说明书中简要描述（细则第 42（1）（d）条）。

2. 附图的展示

2.1 附图的分组

细则 49(9)

所有附图必须在附图专用页上分组，在任何情况下说明书、权利要求书或摘要中都不得包含附图，即使其在页面顶部结束或留有足够的空间，即使只有一个附图。

2.2 附图的可复制性

细则 49(2) 根据细则第 49（2）条的规定，附图必须能够允许不限次数地以电子方式复制，以及通过扫描、拍照、静电处理、照片胶印和微缩胶片方式直接复制。

2.3 摘要附图

关于摘要中的附图或特殊附图，如果欧洲专利申请中包含附图，应参考 A 部分第Ⅲ章 10.3 和 F 部分第Ⅱ章 2.3 和 2.4。摘要附图必须是最能代表本发明的附图，并且必须选自申请中所附的附图。因此，不允许为摘要绘制与申请中其他附图不同的特殊附图。

3. 关于所用纸张的要求

细则 49(3) 如果是纸质申请，附图必须使用 A4 纸（29.7 厘米 ×21.0 厘米），所用纸张必须柔韧、坚固、为白色、光滑、亚光且耐用（推荐纸张重量：80～120g/m^2，参见《OJ EPO 1994，74》）。

细则 49(2) 所有纸张必须没有裂缝、折痕和褶皱。只能使用纸张的一面。不允许使用卡片。

细则 49(12) 每页纸必须合理地避免涂抹，并且不能有修改。如果内容的真实性没有问题，并且不危及良好复制的要求，则可以允许不遵守此规则。

所做的任何更正都必须是持久和永久的，以免引起任何怀疑。可以使用用于修正的特殊产品，例如白色遮盖液，但必须是不可抹除的，并且符合细则第 49（12）条的其他要求。

细则 49(4) 纸张必须以易于翻转、分离和再次结合在一起的方式连接。

不允许使用永久性紧固件（例如孔眼装订圈）。只能使用在页面边缘仅会留下轻微痕迹的临时性紧固件（例如订书钉、回形针和夹子等）。

4. 附图页的展示

4.1 纸张的可用表面积

细则 46(1) 在包含附图的纸张上，可用表面积不得超过 26.2 厘米 × 17.0 厘米。所述页面不能包含围绕可用或已用表面的边框。

最小页边距如下：顶部2.5厘米；左侧2.5厘米；右侧1.5厘米；底部1.0厘米。

4.2 附图页的编号

细则49(6)　欧洲专利申请中包含的所有页面必须以连续的阿拉伯数字编号。编号必须位于页面顶部的中心，但不能位于顶部边缘。

细则46(1)　附图页的编号必须在细则第46（1）条中规定的最大可用表面积内。但是，如果附图过于接近可用表面边缘的中间，则可以接受向右侧编号，而不是在中间编号。所述编号应当清楚，例如使用比附图标记更大的数字。

细则49(4)　细则第49（6）条要求所有申请页面连续编号。根据细则第49（4）条，申请由以下所有文件组成：请求书、说明书、权利要求书、附图和摘要。编号最好使用3个单独的系列编号来实现，每个系列都以“1”开头，第一个系列仅适用于请求书并已打印在要使用的表格上，第二个系列从说明书的第一页开始并贯穿权利要求书直到摘要的最后一页，第三个系列仅适用于附图的各页，并从附图的第一页开始。

可以将说明书、权利要求书、摘要和说明书附图纳入以“1”开头的一个编号系列中。该系列编号必须从说明书的第一页开始。

5. 附图的总体布局

同一附图页上的多个附图必须按照一定的排版和编号要求进行布局，分成若干部分的附图必须符合特定的要求。

5.1 页面设置

细则46(2)(h)　附图页上的所有图形都应尽可能竖直排列。如果附图的宽度大于高度，则可以将其设置为顶部和底部位于纸张的两侧，图形的顶部位于纸张的左侧。

在这种情况下，如果要在同一页纸上绘制其他图形，则其应以相同的方式排列，使同一页纸上的所有附图都沿平行轴排列。

如果必须翻页才能阅读附图，则编号应在页面右侧。

5.2 附图编号

细则46(2)(h)　不同的附图必须用阿拉伯数字连续编号，与页面编号无关。

细则46(2)(d)　无论申请的官方语言是什么，该编号都应以缩写“FIG”（图）开头。如果单个附图足以说明本发明，则不应对其进行编号，并且不得出现缩写“FIG”。细则第46（2）（d）条也适用于标示附图的数字和字母，即其必须简单明了，不得与括号、圆圈或引号一起使用。编号也应该比附图标记的数字大。

上述细则第46（2）（h）条规定的例外情况只适用于旨在构成一个完整附图的局部图，无论其出现在一张还是多张纸上。在这种情况下，整个图可以用相同的数字加大写字母来标示（例如FIG 7A、FIG 7B）。

5.3 总体图

细则46(2)(h)　如果在两张或多张纸上绘制的图形旨在形成一个完整的附图，则应将所述多张纸上的图形排列成可以组合成总体图而不会隐藏局部图的任何部分。在单独的纸上绘制的局部图必须始终能够边对边连接，也就是说，任何图形都不能包含另一个图形的部分。

可能出现的情况是，一个总体图的各个部分按照与总体图不同的布局绘制在一张纸上，例如，一个很长的附图在一张纸上被分成几个部分，一个部分在另一个部分之上，而不是彼此相邻。这种做法是允许的。但是，不同图形之间的关系必须清晰明确。

因此，建议包括一个按比例缩小的附图，显示由局部图组成的总体图，并指示所示局部图的位置。

6. 禁止事项

细则48(1)和(2)
细则48（1）（c）

细则第48（1）（a）条（参见A部分第Ⅲ章8.1和F部分第Ⅱ章7.2）中关于删除禁止事项的规定也适用于附图。

在附图中可能出现涉及细则第48（1）（c）条（参见F部分第Ⅱ章7.4）规定的陈述或其他类型的事项，特别是各种广告，例如申请人在附图中包含明显的商业或部门标志，或引用工业设计或模型，无论这些是否已注册。这样做会引入明显不相关或不必要的内容，这是细则第48条明确禁止的。

7. 附图的绘制

细则46(2)(a)
细则49(2)

7.1 线条和笔画的绘制

细则第46（2）（a）条规定了附图中线条和笔画的若干标

准，使得能够通过细则第 49（2）条中描述的各种方式进行令人满意的复制。

附图必须以黑色绘制。可以提交彩色附图，但其将被扫描、打印，并仅能以黑白形式通过文件审查后提供（有关彩色照片，另见本章 1.2）。关于 EPO 在这种情况下公布的优先权文件内容，参见 A 部分第Ⅺ章 5.2。

在所有情况下，线条和笔画的粗细必须考虑附图和复制品的比例、性质、绘制和完美易读性。

细则 46(2)(e)　除了那些没有绘图工具能绘制的，如不规则的图表和结构，所有的线条都必须借助绘图工具绘制。

7.2 阴　影

允许在附图中使用阴影，前提是这有助于理解，并且不会过量以至于妨碍易读性。

7.3 截面图

7.3.1 剖面图

如果所述附图是另一个附图的横截面，则后者应标明位置并可以标明观察方向。

每个剖面图都应该能够被快速识别，特别是在同一个图形上有几个横截面的情况，例如，标注“AB 截面”的字样，或者为了避免使用字母，在图形截面线的两端都标上一个罗马数字。所述数字与标示图形中截面的（阿拉伯）数字相同。例如：“图 22 显示了图 21 沿 Ⅻ—Ⅻ线截取的剖面。”

7.3.2 剖面线

细则 46(2)(b)　横截面必须以与正常视图相同的方式设置和绘制，其横截面部分使用规则间隔的剖面线，剖面线之间的间距根据要设置剖面线的总面积来选择。

剖面线不应妨碍对附图标记和标引线的清晰阅读。因此，如果无法将附图标记放置在剖面线区域之外，则无论在何处插入附图标记，剖面线都可能会断开。某些类型的剖面线可能会被赋予特定的含义。

7.4 附图的比例

细则 46(2)(c) 如果用电子或拍照的方法将附图线性缩小到三分之二进行复制时，不能清楚分辨所有的基本细节，那么该附图必须重新绘制为更大的比例，如有必要，应将附图拆分为多个局部图，以便在图形线性缩小到三分之二时仍然能看清。

如果认为附图比例尺是有用的，那么其在所述附图以缩小格式复制时必须仍然可用。这排除了附图和说明书中的“实际尺寸”或“1/2 比例”等尺寸的说明，而是支持用图形表示比例。

7.5 数字、字母和附图标记

细则 46(2)(d) 附图上给出的数字、字母和附图标记以及任何其他数据，例如附图编号、附图页数、可接受的文字内容、比例尺等，必须简单明了，并且不得与任何括号、引号、圆圈或轮廓线等一起使用。6′和 35″等符号不视为包含引号，因此是允许的。

数字、字母和附图标记最好都按照图表的方向排列，这样可以避免翻页。

7.5.1 标引线

标引线是附图标记和所指细节之间的线。所述标引线可以是直的或弯曲的，并且应该尽可能短。其必须起于紧邻附图标记并至少延伸到所指示的特征。

细则 46(2)(a) 标引线的绘制方式必须与附图中的线相同，即依照细则第 46（2）（a）条的规定。

7.5.2 箭 头

箭头可以在标引线的末尾使用，前提是其含义是明确的。箭头可以表明以下几点：

（i）独立的箭头表示它所指向的整个部分；

（ii）与线接触的箭头表示沿箭头方向看的线所显示的表面。

7.5.3 附图中数字和字母的高度

细则 46(2)(g) 根据细则第 46（2）（g）条，附图上使用的所有数字和字母的最小尺寸为 0.32 厘米，以便将其缩小到三分之二时仍然易于阅读。

字母通常应当使用拉丁字母。然而，希腊字母在习惯使用的地方也是可以接受的，例如表示角度、波长等的字母。

7.5.4 在说明书、权利要求书和附图之间使用一致的附图标记

细则 46(2)(i)　说明书和权利要求书中未提及的附图标记不得出现在附图中，反之亦然。

附图中出现的附图标记必须在说明书和权利要求书中作为一个整体给出。关于权利要求书中附图标记的使用，应参考 F 部分第Ⅳ章 4.19。

细则 49(12)　在未描述特征本身的情况下，附图的特征不应用附图标记来指定。这种情况可能是由于对说明书的修改涉及删除几页或整段内容导致的。一种解决办法是把已在说明书中删除的附图标记从附图中划掉。这种更正必须根据细则第 49（12）条作出。

如果出于某种原因删除了某个附图，则申请人或专利权人应当删除说明书和权利要求书中出现的仅涉及该附图的所有附图标记。

在申请涉及复杂主题以及包含大量附图的情况下，可以在说明书的末尾附上附图标记说明。该附图标记说明可以采取任何适当的形式，包含所有的附图标记以及其所指示的特征。这种方法的优点是使说明书中使用的术语标准化。

7.5.5 附图之间使用一致的附图标记

细则 46(2)(i)　在整个申请中，应使用相同的附图标记表示相同的特征。

如果一个特征在不同的附图中给出了不同的附图标记，则会造成很大的混乱。然而，如果描述了发明的多个变型，每个变型引用一个特定的附图，并且每个变型都包含功能相同或基本相同的特征，如果在说明书中指出了这一点，则该特征可以通过由其所涉及的图形的编号和该特征的编号组成的附图标记来标示，该附图标记对所有变型都是相同的，这样就形成了一个单一的编号。例如，该通用特征“15”在图 1 中用“115”表示，而对应的特征在图 2 中用“215”表示。该方法的优点是可以同时表示单个特征和要考虑的附图。该方法还能使包括多页附图的复杂案件更容易阅读。当引用特定附图来描述各个变型时，可以用与之有关的特定变型的编号作为前缀，而不是以某个附图编号作为前缀的常规附图标记，这应该在说明书中进行解释。

7.6 比例的变化

细则46(2)(f)

同一附图的元素必须彼此成比例，除非比例差异对于附图的清晰度是必不可少的。

为了达到必要的清晰度，作为在一个附图中比例不同的优选替代方案，可以增加一个补充图，对原始附图中的元素以更大比例的图形显示。在这种情况下，建议将第一个图中显示的放大元素用一个精细绘制的圆圈或“点画线”圆圈包围，以精确定位其位置，而不会遮挡图形。

8. 附图上的文字内容

细则46(2)(d)和(g)

首先应注意，细则第46（2）（d）和（g）条也适用于附图上的文字。

有关“AB截面”类型的标记，参见本章7.3.1。

细则46(2)(j)

附图不得包含文字内容，除了在绝对必要时，可有一个或几个词。由于流程图和图表视为附图（参见本章1.1），文本必须保持在绝对最低限度。

如果认为文字是理解附图所必需的，则应使用最少的单词，并应该在其周围留下一个没有任何线条的空间，以便翻译。

关于附图上文字的正当性，参见F部分第Ⅱ章5.1。

9. 常规符号

细则49(10)

已知的装置可以用具有普遍公认的常规含义的符号来说明，只要对于理解发明的主题而言，无须更进一步的细节。可以使用其他标志和符号，条件是：它们不太可能与现有的常规符号混淆；易于识别，即简单；并在说明书的文本中有明确解释。

对于横截面中所见材料的性质，不同类型的剖面线也可能具有不同的常规含义。

10. 附图的修改

附图及其他文件允许修改。这些修改可以应有关当事人的要求或EPO的要求进行。修改可能涉及笔误或更实质性的改动。

通常，对附图的修改与对其他申请文件的修改遵循同样的原则，故在此无须进一步分析。可参考A部分第Ⅲ章16、A部分第Ⅴ章2、B部分第Ⅺ章8、C部分第Ⅲ章2、C部分第Ⅳ章5、H部分，特别是H部分第Ⅱ章2和H部分第Ⅲ章2。

公约123(2)

审查员必须始终牢记，修改是否可接受的通用原则是，其不得超出原始申请内容的范围，即不得产生引入新内容的效果。

如果为了确定特定申请日或保留优先权日而提交的附图与细则中规定的实体要求有很大差异，受理部门将允许修改或替换此类附图，以提供符合细则要求的附图，前提是，明显没有因此在申请中引入任何新内容。鉴于此附带条件，申请人应注意，其提交的任何“非正式”的附图都应清楚地显示阐明发明所需的所有特征。

11. 不视为附图的图形表现形式

11.1 化学和数学公式

细则49(8)

在特殊情况下，化学或数学公式可以手写或在必要时绘制，但建议使用适当的辅助工具，如模板或转印。出于实际原因，公式可以组合在附于说明书中的一张或多张纸上，并与之分页。在这种情况下，建议每一个公式在必要时都能引用这些公式。

细则49(11)

化学或数学公式必须使用通用符号，并且必须以毫无疑义的方式绘制。非打印的数字、字母和符号在各种公式中必须清晰易读且形式相同，无论其出现在哪个文件中。

细则49(8)
细则46(2)(g)

申请或专利文本中出现的化学或数学公式必须有标记，其大写字母至少高0.21厘米。当这些符号出现在附图上时，其必须至少有0.32厘米高。

在说明书、附件或附图页上的公式中使用的所有数学符号都必须在说明书中进行解释，除非可以从上下文中清楚地看出其含义。在任何情况下，所使用的数学符号都可以整理成一个列表。

11.2 表　格

11.2.1 说明书中的表格

细则49(9)

为方便起见，表格也可以组合在一张或多张纸上，附在说明书后面，并与之分页。

如果需要两个或更多的表格，则每个表格都应以罗马数字标记，与说明书或附图的分页、附图的编号无关，或者以大写字母标记，或以标题说明其内容，或以其他方法标记。

表格中的每一行或每一列都必须以一个条目开头，解释其所代表的内容，必要时，还要说明所使用的单位。

细则49(5)和(8) 应该记住，字符必须满足细则第49（8）条的要求，并且细则第49（5）条关于纸张的最大可用表面积也适用于表格。

11.2.2 权利要求中的表格

细则49(9) 如果对于所涉及的主题是必要的，权利要求书中可以包括表格。在这种情况下，这些表格必须包含在有关权利要求的文本中；它们不能作为权利要求的附件，也不得在权利要求中提及说明书中包含的或所附的表格。

细则第43（6）条规定，只有在绝对必要的情况下，权利要求才能引用其他申请文件（参见F部分第Ⅳ章4.17）。仅仅希望不再准备上述文件并不构成绝对必要性。

第X章　费　用

1. 通　则

申请欧洲专利、维持欧洲专利和获得法律救济需要缴纳各种费用。费用也可能需要第三方缴纳，例如，签发文件的核证副本或《欧洲专利登记簿》的认证摘录（参见《OJ EPO 2019，A15》）。费用可以由任何人有效缴纳。费用金额、缴纳方式和缴纳日期在《与费用相关的细则》（RFees）中确定。关于费用缴纳、开支和价格的指南包括以下信息：

- 当前版本的《与费用相关的细则》和缴费时间表；
- 《与费用相关的细则》的重要实施规则；
- 费用和开支的缴纳和退款；
- 有关费用和价格的其他通知；以及
- 国际申请，包括进入欧洲阶段的欧洲－PCT申请。

欧洲和国际申请的主要费用金额，以及《与费用相关的细则》的摘录，定期在官方期刊上公布。与费用和缴纳方式相关的信息，包括EPO的欧元支付银行账户，也可以在EPO网站（epo.org）的以下位置找到：Applying for a patent/Fees（申请专利/费用）。

《欧洲专利公约》（EPC）及其实施细则规定了缴纳费用的期限以及不遵守期限的法律后果。付款期限和不付款的法律后果在指南中涉及程序的各个阶段的章节中进行规定。缴费方式、缴费日期的认定、到期日、缴费目的和费用返还详情均在下文中规定。

2. 缴费方式

RFees 5

费用可以通过以下方式缴纳：

（i）向EPO持有的银行账户缴费或转账；

（ii）在慕尼黑EPO记录中开设的存款账户中扣款（参见本章4.2和4.3）；

（iii）信用卡（参见本章4.4）；

（iv）请求重新分配退款（参见本章10.4）。

RFees 5
ADA 第1点

3. 货　币

支付给EPO的费用应以欧元缴纳。借记单应采用欧元。

4. 缴费日期

4.1 向欧洲专利组织持有的银行账户缴费或转账

RFees 7(1)、(3)和(4)

金额实际记入欧洲专利组织银行账户的日期视为缴费日期。因此，缴费或转账后的第二天可能被视为缴费日期，如果银行内部出现延迟，则更晚的日期可能会被视为缴费日期。但是，如果缴费或转账是在缔约国的缴费期限届满之前进行的，并且已经提供了这方面的证据，则即使迟交，仍可认为已按时缴费（参见本章6）。有关高效处理银行转账付款所需的步骤，参见2021年7月13日的EPO公告《OJ EPO 2021，A61》。

4.2 EPO的存款账户

4.2.1 一般性说明

RFees 7(2)

只要在实施范畴内需要进行更改或澄清，存款账户协议（ADA）及其附件就会定期全部更新或部分更新。ADA的合并版本最后作为《OJ EPO 2019》增刊第4号发布。ADA也可以在EPO网站（epo.org）上的以下位置找到：Applying for a patent/Fees（申请专利/费用）。

就存款账户而言，必须区分：

ADA第3点

（i）补充存款账户的款项；

ADA第1点

（ii）缴纳的与EPC或PCT程序有关的费用。

4.2.2 补充存款账户的款项

ADA第3.2点

补充存款账户的款项将以欧元支付到EPO银行账户。只有在可自由兑换的情况下，才会接受以不同货币支付的款项。但是，在以当前汇率转换后，存款账户将始终以欧元（能保持这些账户的唯一货币）记贷。

ADA第3.4点

存款账户余额的还款只能汇给存款账户持有人。为此，存款账户持有人必须向EPO提交一份已签署的请求，其中包含转账所需的所有银行详细信息。

4.2.3 借记存款账户

ADA第5.1.1点

借记需在账户持有人或授权代表签署的电子借记单的基础上进行。如果通过在线费用支付或在线服务中的集中缴费进行支付，则签名可以采用文本字符串签名、传真签名、增强型电子签名或智能卡认证的形式。借记单可以是针对一项或多项申请的单独费用的借记单，即单个或批量借记单，或针对一份具体专利申请的自动借记单（参见本章4.3）。

ADA第5.1.2点
ADA第5.1.3点

欧洲专利申请的借记单必须通过以下方式之一以电子可加工格式（XML）提交：

－使用EPO 1001E、1200E、2300E或1038E表在EPO在线提交；或

－使用EPO 1001E、1200E或1038E表以在线申请2.0提交；或

－在线服务中的在线缴费；或

－在线服务中的集中缴费。

另见2021年7月13日的EPO局长决定《OJ EPO 2021，A60》，以及2021年7月13日的EPO公告《OJ EPO 2021，A61》。

以任何其他方式提交的借记单，例如纸质、传真、Web表格提交服务或使用不同格式（例如PDF附件）是无效的，因此将不会执行（对于例外情况，参见A部分第Ⅱ章1.5）。

细则134(1)和(5)
ADA第5.5点

如果在缴纳特定费用的最后一天，上述可接受的提交借记单的方式中的任何一个在EPO不可使用，则付款期将延长至对于相关申请的类型所有适用的方式均可再次使用之日之后的第一天。如果电子通信服务普遍不可用或属于细则第134（5）条含义内的其他类似原因，缴费期限也会延长（参见2020年10月22日的EPO公告《OJ EPO 2020，A120》）。

在使用EPO的在线申请服务时，在希望缴纳任何选定费用时，选择“存款账户”作为缴费方式是一项特定要求。

ADA第5.4.1点

借记单可以指定缴费单在提交日期之后的日期执行。在这种情况下，缴费日期视为指定的执行日期。延迟执行日期的缴费单最多可在提交日期后40天执行。

如果发出借记单的人的意图是明确的（参见T 152/82），即使其中提供了不正确的信息，也必须执行扣款。例如，如果打算缴费的费用类型与收到借记单之日的相应应付金额之间存在差异，EPO会自行更正借记单（另见本章7.1.2）。EPO将会以通知书的方式通知该当事人任何此类更正，如果当事人不同意，可在两个月内提出异议。在这种情况下，费用将按照（错误的）借记单中的指示进行扣款，或者，如果适用，任何已进行的更正预约都将被撤销。但是，上述原则不允许通过添

加任何未在其中注明的费用来更正借记单，即使根据程序的状态，该费用应在收到借记单之日到期。

ADA 第 6.1、6.2、6.3 点

借记单可以通过缴费人签署的书面通知全部或部分撤销，最好通过电子邮件或通过 EPO 网站（epo. org）的联系方式发送至 support@ epo. org。为使撤销借记单的通知生效，EPO 必须在不晚于收到借记单之日收到该通知。这也适用于延期缴费的情况，无论指定的执行日期如何。

ADA 第 5.3 点

通过在线缴费和集中缴费中有效的存款账户缴费是有效的，这意味着如果费用属于以下类别之一，则费用的借记单将自动被拒绝：

– 权利丧失或驳回已成为最终决定的专利申请的维持费和权利转让费；

– 授权欧洲专利的维持费；

– 在细则第 51（1）条规定的最早有效缴费日期之前收到的维持费；

– 在 EPO 的程序中只能缴纳一次费用的二次缴费。

参见 2019 年 2 月 19 日的 EPO 局长决定《OJ EPO 2019，A20》和 2021 年 7 月 13 日的 EPO 局长决定《OJ EPO 2021，A60》。

4.2.4 收到借记单的日期；资金不足

ADA 第 5.4.1 点
ADA 第 5.6.2 点

如果在 EPO 收到借记指令之日或执行之日，存款账户中有足够的资金，则该日期视为缴费日期。

这也适用于根据公约第 75（1）（b）条向缔约国的国家主管部门连同申请一起提交借记单的情形（参见 A 部分第Ⅱ章 1.6）。如果直到可以在申请时缴费的费用缴费期限届满后，EPO 才收到借记单，如果有证据或向 EPO 提交的证据表明，借记单是在申请的同时提交给缔约国主管部门的，则视为遵守了该期限，前提是在期限届满时账户中有足够的资金。

ADA 第 5.2.2 点
ADA 第 5.2.3 点

如果在收到借记单之日或指定为执行日期的日期（ADA 第 5.4.1 点），账户中没有足够的资金来完全缴纳申请的所有费用（资金不足），只要资金允许，费用按费用代码的升序排列扣除。一旦由于资金不足而无法完全执行借记单，则在账户得到适当补充之前，不会预约其他借记单。未缴费项视为已在存款账户正式补足之日缴纳。在 EPO 延迟收到补足款的情况下，应适用 10 天的“故障保护”（fail – safe），参见本章 6.2.2。

4.3 自动扣款程序

ADA 第7点
AAD 第1点
AAD 第12.1点

根据自动扣款程序协议（AAD），存款账户也可以根据账户持有人或代表账户持有人签署的自动借记单（自动借记程序）进行扣款。AAD附加解释性说明作为存款账户协议（ADA）的附录A.1和A.2发布在《OJ EPO 2019》增刊第4号中；另见《OJ EPO 2020，A77》和《OJ EPO 2020，A78》。AAD也可以在EPO网站（epo.org）的以下位置找到：Applying for a patent/Fees（申请专利/费用）。

自动借记单必须以电子可加工格式（XML）代表申请人、专利所有人或指定代表使用EPO在线申请软件、在线申请2.0或通过在线服务中的在线缴费提交。自动借记单只能通过在线服务中的在线缴费撤销。其只能针对整个程序被撤销。

自动借记单适用于自动借记程序所涵盖的所有类型的费用，并应就其中指定的程序缴费。随着程序的进行，只要存款账户中有足够的资金，每项此类费用都会自动扣除并视为已按时缴费。自动借记单可能不限于特定类型的费用。

ADA 第5.2.1和5.2.3点

在由同一个存款账户进行多次缴费的情况下，EPO在处理任何其他借记单之前优先处理自动借记单。

在此前提下，除非另有说明，否则借记单按申请号的升序排列（“PCT”排在“EP”之前）。

4.4 信用卡缴费

RFees 5
RFees 7

自2017年12月1日起可使用信用卡进行缴费（参见《OJ EPO 2017，A72》）。信用卡缴费必须使用EPO接受的信用卡（美国运通卡、万事达卡和Visa卡）通过EPO网站（epo.org）提供的在线服务中的集中缴费进行。信用卡缴费视为在交易获批之日完成。EPO承担任何与转账相关的费用。信用卡缴费的要求和安排在2021年9月23日的EPO公告中有详细规定（参见《OJ EPO 2021，A73》）。

5. 费用到期日

5.1 通　则

5.1.1 到期日

RFees 4(1)

在EPC中，术语“到期日”具有特殊含义，即可以有效

细则51(1),第2句

缴纳费用的第一天，而不是缴费期限的最后一天（参见本章6“按时缴费”)。费用的到期日通常由EPC或PCT规定。如果未指定到期日，则费用在收到有关费用的服务请求之日到期。

在到期日之前可能无法有效缴纳费用。该原则的唯一例外是：

（i）可在到期日前有效缴纳维持费（参见本章5.2.4)；并且

（ii）答复根据细则第71（3）条通知书时主动缴纳费用(对于还针对该通知书提交了修改的情况，参见C部分第Ⅴ章4.2)。

在到期日之前缴纳的无效款项可由EPO退还。如果在到期日前不久缴费，EPO可能不会退还所缴费用。但是，在这种情况下，缴费仅在到期日生效。这不适用于根据EPC细则第51（1）条在最早有效缴费日期之前通过存款账户缴纳维持费，参见本章5.2.4。

5.1.2 费用金额

当费用普遍增加时，缴费日期被定为确定费用金额的相关日期（参见1992年6月5日的行政委员会决定《OJ EPO 1992，344》第2条)。将缴费日期设置为相关日期，从而可以无须设定规则来确认实际到期日以确定费用金额。

在到期日前费用不能有效缴纳（本章5.1.1（i）和（ii）中提及的例外情况除外)。

5.2 特定费用的到期日

5.2.1 申请费和检索费

申请费和检索费应在提交欧洲专利申请之日到期。申请费和检索费必须在该日期后1个月内缴纳（细则第38（1）条、细则第17（2）条和细则第36（3）条)，对于欧洲－PCT申请，在申请日后31个月内缴费；或者在适用的情况下，从最早要求的优先权日起算（细则第159（1）（c）和（e）条)。如果在31个月期限届满前缴纳费用，且未明确要求提前处理(参见E部分第Ⅸ章2.8)，则EPO将保留这些费用，并认为申请人确实希望在31个月期限届满时对申请进行欧洲阶段处理。参见A部分第Ⅲ章13.1。关于作为申请费一部分的附加费，参见 A 部分第Ⅲ章 13.2 和 A 部分第Ⅳ章 1.4.1.1。

5.2.2 审查费和指定费

提交审查请求时应缴纳审查费。由于审查请求费包含在授权请求的规定表格（EPO 1001 表）中，如果申请是使用规定的 EPO 1001 表提交的，则可以在提交欧洲专利申请之日立即缴纳审查费。可以在细则第 70 条第（1）款规定的期限届满前缴费，即在《欧洲专利公报》中提及欧洲检索报告公布之日起 6 个月内。

指定费在发布欧洲检索报告时到期。可在上述公布之日起 6 个月内缴费（细则第 39（1）条、第 17（3）条和第 36（4）条）。如果在到期日之前缴费，例如在提交申请时，指定费将由 EPO 保留。这些缴费仅在到期日被视为有效，前提是缴费的金额与到期日的应付金额一致（参见本章 5.1.2）。

对于欧洲－PCT 申请，参见 E 部分第Ⅸ章 2.1.4。

5.2.3 授权费和公布费

授权费和公布费在根据细则第 71（3）条的规定发出通知，要求缴纳该费用时即到期。根据细则第 71（4）条，这同样适用于权利要求费，除非权利要求费已经根据细则第 45（1）和（2）条或细则第 162（1）和（2）条缴纳。

5.2.4 维持费

细则 51(1)

欧洲专利申请下一年维持费的到期日是欧洲专利申请提交日所在月份的最后一天。

根据自 2018 年 4 月 1 日起修订的细则第 51（1）条（参见《OJ EPO 2018，A2》），第三年的维持费最早可在到期前 6 个月缴纳。所有其他维持费在到期前 3 个月可能无法有效缴纳。

示例 A：

2016 年 11 月 15 日	申请日
2018 年 5 月 31 日	根据细则第 51（1）条有效缴纳第三年维持费的最早日期
2018 年 11 月 30 日	根据细则第 51（1）条规定的第三年维持费的到期日
2019 年 8 月 31 日	根据细则第 51（1）条规定的第

	四年维持费有效缴费的最早日期
2019 年 11 月 30 日	根据细则第 51（1）条规定的第四年维持费的到期日

示例 B：

2016 年 7 月 15 日	优先权日
2017 年 7 月 14 日	申请日
2019 年 1 月 31 日	根据细则第 51（1）条有效缴纳第三年维持费的最早日期
2019 年 2 月 15 日	根据细则第 159（1）条规定的所有行为的 31 个月期限届满日
2019 年 7 月 31 日	根据细则第 51（1）条规定的第三年维持费的到期日
2020 年 4 月 30 日	根据细则第 51（1）条有效缴纳第四年维持费的最早日期
2020 年 7 月 31 日	根据细则第 51（1）条规定的第四年维持费的到期日

在允许的预缴费期之前缴纳的维持费是无效的。如果在 EPC 细则第 51（1）条规定的最早有效缴费日期之前通过在线缴费或集中缴费收到续费借记单，验证功能将在源头拒绝该订单（参见本章 4.2.3）。如果通过在线申请软件（OLF）和在线申请 2.0（Online Filing 2.0）提交有效的借记单或使用任何其他缴费方式（即银行转账或信用卡缴费）过早缴费，EPO 将根据本章 10 中规定的程序退还维持费。

细则 51(2)
细则 134

如果在到期日或之前未有效缴纳维持费，则在该日期后 6 个月内仍可有效缴费，但在此期限内需缴纳附加费。附加费可在申请日满 12 个月后的第六个月的最后一天缴纳（参见 J 4/91，理由 2.7）。即使细则第 134（1）、（2）和（5）条中描述的情况适用，这 6 个月的期限从细则第 51（1）条第 1 句中提及的月份的最后一天开始起算。细则第 134 条适用于计算缴纳附加费的 6 个月期限届满日（参见 J 4/91，理由 3.2）。同时，尽管会发出通知要求申请人注意细则第 51（2）条和 RFees 细则第 2（1）条第 5 项，但该通知的遗漏不可被援引（参见 J 12/84 和 J 1/89）。有关欧洲分案申请的维持费，参见 A 部分第Ⅳ章 1.4.3。

对于欧洲 - PCT 申请，如果根据细则第 51（1）条第三年的维持费本应提前到期，则在第 31 个月届满之前，即在根据细则第 159（1）条规定的 31 个月的最后一天到期。这个延期的到期日，也就是另一个期限（31 个月期限）的届满日，构成了计算缴纳维持费及附加费的额外期限的基础（参见 J 1/89，其原则适用）。例如：

2016 年 4 月 20 日（星期三）	优先权日
2016 年 10 月 17 日（星期一）	申请日
2018 年 10 月 31 日（星期三）	细则第 51（1）条规定的第三年维持费的到期日
2018 年 11 月 20 日（星期二）	细则第 159（1）条规定的 31 个月期限届满日 = 第三年维持费的延期到期日
2019 年 5 月 20 日（星期一）	由于细则第 51（2）条规定的 6 个月期限在该日到期，因此是缴纳维持费（加附加费）的最后一日

如果申请人在 31 个月期限届满前请求进入国家阶段（参见 PCT 条约第 23（2）条和第 40（2）条），为了使请求生效，如果所述费用根据细则第 51（1）条提前到期，则必须缴纳第三年的维持费。如果在请求提前处理之日未缴纳维持费，则提前处理请求只能在缴纳维持费之日起生效（并且已满足所述在后日期所需的所有进一步要求）（参见 E 部分第Ⅸ章 2.8）。

公约 86（1）和 141（1）

缴纳维持费的义务在缴纳有关欧洲专利授权公告的（专利）年度到期的维持费时终止。参见公约第 86（2）条，“专利年”自申请日起计算。第一个专利年（公约第 86（1）条、第 141（1）条）自申请日起至次年的同一日止。对于第二年及以后的年度，专利年度从申请日周年日的次日开始，到次年申请日的同一日结束。

缴费到期日和期限示例：

2016 年 12 月 15 日（星期四）	优先权日
2017 年 7 月 2 日（星期日）	申请日
2019 年 1 月 31 日（星期四）	有效缴纳第三年维持费的第一天（修订的细则第 51（1）条；《OJ EPO 2018，A2》）
2019 年 7 月 31 日（星期三）	细则第 51（1）条规定的第三年维持费的到期日

2020年1月31日（星期五）	有效缴纳维持费加附加费的最后一天（细则第51(2)条）；参见J 4/91，理由2.7
2020年4月30日（星期四）	有效缴纳第四年维持费的第一天
2020年7月31日（星期五）	第四年维持费的到期日=向EPO缴纳的最后一笔维持费，以及缴纳该维持费并且无附加费的最后一天
2020年11月4日（星期三）	在《欧洲专利公报》中提及授予欧洲专利

向EPO缴纳的最后一笔维持费示例：

2017年1月21日（星期六）	申请日
2019年1月22日（星期二）	第三个专利年开始
2019年1月31日（星期四）	第三年维持费的到期日（向EPO缴纳）
2019年10月31日（星期四）	有效缴纳第四年维持费的第一天
2020年1月21日（星期二）	在《欧洲专利公报》中提及授予欧洲专利
2020年1月22日（星期三）	第四个专利年开始
2020年1月31日（星期五）	第四年维持费的到期日（不再向EPO缴费；如果已经缴纳，则应退还，参见A部分第X章10.1.1）

这意味着，对于应向EPO缴纳的最后一次维持费，决定因素不是到期日，而是相应专利年的开始。如果欧洲专利的授权在申请日的周年公布，则尚未开始的下一个专利年度的维持费不再向EPO缴纳，而是向国家局缴费。

细则51(4)和(5)

对于根据公约第122条成功请求重新确立权利或根据公约第112a条成功申请审查上诉委员会作出的决定的情况，适用维持费到期日的特殊规定。

5.2.5 权利要求费

权利要求费在提交第一组权利要求时到期，其可能是提交日期，也可能是更晚的日期（参见A部分第Ⅲ章9和15）。

5.2.6 限制/撤销、异议、上诉、复审请求费

所有这些费用均在相关文件（限制请求、撤销请求、异议通知、上诉通知和复审请求）提交之日到期。

5.2.7 程序性请求和其他请求的应付费用

程序性请求所需缴纳的费用应按照实施细则的规定缴纳。这些请求通过缴纳规定的费用生效，因此在提交请求之日到期。例如，进一步审理的费用（公约第121条、细则第135（1）条，另见E部分第Ⅷ章2）和重新确立权利的费用（公约第122条、细则第136（1）条，另见E部分第Ⅷ章3）。同样，为其他请求缴纳的费用，例如转让登记费（细则第22（2）条）和由EPO局长根据RFees细则第3条规定的行政费用，例如，签发优先权文件（细则第54条）或欧洲专利证书（细则第74条）的费用，在提交请求之日到期。

6. 按时缴费

6.1 基本原则

如果缴费日期（参见本章4）在相关期限的最后一天或之前——或根据细则第134条的延期日，则视为已按时缴纳费用。

6.2 RFees细则第7（3）条和第7（4）条的适用

6.2.1 要　求

RFees 7(3)和(4)

如果缴费人向EPO提供证据，表明在缴纳指定费用的期限内，他们在EPC缔约国采取了以下步骤之一，则视为已遵守缴纳费用的期限，即使缴纳的费用是EPO在所述期限届满后收到的：

（i）通过银行机构缴纳费用；

（ii）在期限届满之日账户中有足够金额的情况下，向银行

机构发出转移缴费金额的要求。

EPO 可要求缴费人在其指定的期限内提供证据，证明上述条件之一得到满足的日期，以确保费用的缴费期限得到遵守。

6.2.2 存款账户的逾期充值

ADA 第 4.1 点

即使 EPO 在该期限到期后收到缴纳的费用，考虑遵守缴费期限的条件也比照适用于补充存款账户的缴费。因此，为了遵守缴费期限，如果缴费人提供证据证明本章 6.2.1（i）或（ii）中提及的补充存款账户的步骤是在相关缴费期到期之前采取的，则该账户被视为已及时补充。

6.2.3 借记单

对于向国家主管部门提交的申请附带的借记单，参见 A 部分第Ⅱ章 1.5 和本章 4.2.4。

6.2.4 按正常费率缴费

对于费用可以在正常期限内按正常费率缴纳，也可以在进一步审理期限内缴纳必要的进一步审理费后缴纳的情况，如果在适用 RFees 细则第 7（3）条和第 7（4）条时被视为遵守了正常缴费期限，则无须缴纳上述进一步审理费。

6.2.5 应付费用金额

如本章 5.1.2 中所述，应付的费用金额始终是在缴费之日适用的金额（另见行政委员会关于修改费用的决定中的过渡性规定）。RFees 细则第 7（3）和第 7（4）条在延迟缴费的情况下保护申请人不受缴费期到期的法律后果的影响，但不承担弥补因费用金额增加而导致的任何差额的义务。与此同时，对于向国家主管部门提交的申请随附的借记单（公约第 75（1）（b）条），参见 ADA 第 5.6.3 点（《OJ EPO 2019》增刊第 4 号）。

6.2.6 权利丧失的通知

细则 112

如果收到根据细则第 112（1）条的通知书被告知未遵守缴费期限的申请人声称其已根据 RFees 细则第 7（1）、（3）和（4）条按时缴费，则他们必须根据细则第 112（2）条申请作出决定，并提交必要的证据。

7. 缴费目的

7.1 通　则

7.1.1 有效缴费的条件

有效缴费有两个条件：

(i) 它必须与未决程序有关；

RFees 8 (ii) 必须按时完成，即缴费日期（参见本章4）必须在到期日或之后（参见本章5.1.1）。此外，要被视为已遵守缴费期限，必须已按时缴纳全额费用。

在向EPO持有的银行账户缴费或转账的情况下，向EPO有效缴费的一个基本条件是该金额已转入该账户。就转入的金额而言，缴费有效。如果错误地缴纳了不足的金额，则无法通过将随后缴纳差额视为在原缴费日缴费的方式来纠正错误。这同样适用于通过信用卡缴费的情况。缴费实际上是指将一定金额转账给EPO并交由其支配。因此，它不是向EPO提交的文件或可以根据细则第139条更正的程序声明。但是，在认为合理的情况下，EPO可以在不损害缴费人权利的情况下忽略任何小额缴费（RFees细则第8条）。

在通过存款账户缴费的情况下，除了上述第（i）～（ii）项规定的条件外，基本条件是通过借记单指明要缴纳的费用来明确说明缴费目的，从而授权EPO为此具体目的扣除费用。此外，只有在存款账户中有足够资金时，EPO才能扣除全额费用。关于因借记单中提供的信息不正确而导致的少缴，参见本章4.2.3。另见本章7.1.2关于缴费目的的更正。

7.1.2 缴费目的

RFees 6 必须区分有效缴费的条件（参见本章7.1.1）和缴费目的的说明。缴费目的的说明用于确定费用的预期程序（例如，为了缴费、申请号）和具体的费用类型。如果无法立即确定缴费目的，将要求缴费人在指定期限内以书面形式告知。如果缴费人及时遵守此要求，则所缴费用和原始缴费日期仍然有效。当缴费说明涉及将所缴费用重新分配给另一个申请时，情况也是如此。否则将视为未缴费。上诉委员会认为，如果给出的缴费目的明显不正确，但如果可以从剩余信息中毫无困难地确定预期目的，那么这种缺陷并不影响缴费。EPO因疏忽将费用用于与缴费人明显意图不同的目的的，对该缴费人的预期目的没有影响（参见J 16/84）。同样地，如果发出借记单的人的意图是明确的，即使其中提供了不正确的信息，也必须执行该借记单。执行借记单的说明必须由负责识别明确意图的EPO部门发出（参见T 152/82）。

如果缴费目的变更不是根据RFees细则第6（2）条作出的，则缴费日期为收到更改请求的日期。

7.2 表明所缴费项是指定费

RFees 2(2),第3项

以下仅适用于2009年4月1日之前提交的申请。

RFees 6(1)

在缴纳7倍于一项指定费的金额后，将视为已缴纳所有缔约国指定费。此类缴费只需注明“指定费”即可确定缴费目的。如果缴纳的指定费少于7倍，并且缴费与授权请求表（EPO 1001表）相应部分中的声明一致，则应再次简单地将缴费标记为“指定费”。但是，如果所缴费用与授权请求表中所述的预期缴费不同，则应在缴费中注明当前意图缴费的缔约国。

如果没有此类说明，并且缴费金额不足以涵盖请求表相应部分中提到的所有缔约国，则适用A部分第Ⅲ章11.3.7规定的程序。

在已发出自动扣款令的情况下（参见EPO 1001表相应部分），如果申请人希望缴纳在请求表中写明的国家以外的缔约国的指定费，申请人必须在细则第39（1）条规定的基本期限到期之前通知EPO。如果没有这么做，则会扣除相当于一项指定费的7倍金额或请求表中指明的缔约国指定费的金额。

如果申请在2009年4月1日之前进入国家阶段，则使用EPO 1200表进入欧洲阶段的欧洲－PCT申请，同样适用。

7.3 表明所缴费项是权利要求费

7.3.1 提交欧洲专利申请时应缴纳的权利要求费

细则45(1)

如果申请人为所有产生费用的权利要求缴纳了权利要求费，则“权利要求费”的说明足以确定缴费目的。如果缴纳的金额不足以覆盖所有权利要求费，则适用A部分第Ⅲ章9规定的程序。

7.3.2 欧洲专利授权前应缴纳的权利要求费

细则 71(4)　在根据细则第 71（3）条的通知书中，可能会要求申请人在授予欧洲专利之前缴纳到期的权利要求费。如果申请人未能按时缴纳所有权利要求费，则该申请将被视为撤回（细则第 71（7）条）。

8. 未延期缴纳费用、无法律援助、无自由裁量权

EPC 没有规定延期缴纳费用（参见 J 2/78，理由 3）或提供法律援助。贫困的当事人仍有可能向国家主管部门申请法律援助。但是，在这种情况下，缴费期限不予延长；要求国家法律援助的当事人必须尽早作出相应的安排，以便能够及时缴纳费用。在没有任何法律依据的情况下，EPO 也没有放弃或退还到期费用的自由裁量权（参见 J 20/87）。

9. 费用减免

9.1 通　则

在费用减免的情况下——与费用退款相反——可以缴纳降低费率的费用而不是全额费用。减免费用的事实条件必须在缴费期限届满当日或之前满足。

9.2 涉及语言的费用减免

9.2.1 条　件

公约 14(2)　欧洲申请可以用任何语言提交。如果以 EPO 官方语言以外的语言提交，则必须提供译文。因此，可用于提交欧洲申请的语言分为 3 类：

（a）EPO 官方语言；

（b）非 EPO 官方语言的缔约国官方语言，如荷兰语、意大利语或西班牙语（以下简称“可接受的非 EPO 语言”）；

（c）所有其他语言，如汉语、日语或俄语。

公约 14(4)　此外，必须在期限内提交的文件也可以以“可接受的非 EPO 语言”提交——如果申请人的居所或主要营业所在以该语言为官方语言的缔约国领土内，或如果申请人是该缔约国的国民。参见 A 部分第Ⅶ章 1.1 和 1.2。

细则 6(3)
RFees 14(1)

对于在 2014 年 4 月 1 日或之后提交的欧洲专利申请，以及在该日期或之后进入欧洲阶段的国际申请，为某些类别的申请人提供 30% 的申请费和/或审查费减免（参见 2014 年 1 月 10 日的 EPO 公告《OJ EPO 2014，A23》）。在此方面，有必要以可接受的非 EPO 语言提交构成“已提交”申请的文件和/或审查请求，并且不早于同时提交译文（参见 G 6/91）。

细则 6(4)

有资格获得费用减免的申请人类别是：

- 中小企业（SMEs）；
- 自然人；
- 非营利组织、大学和公共研究机构。

其居所或主要营业所位于 EPC 缔约国，其官方语言不是英语、法语或德语，以及居住在国外的这些国家的国民。

细则 6(5)

SMEs 的定义包含在欧盟官方期刊上公布的 2003 年 5 月 6 日的欧盟委员会建议 2003/361/EC 中。根据该建议，企业被视为从事经济活动的任何实体，无论其法律形式如何。微型、中小型企业包括：雇员少于 250 人、年营业额不超过 5000 万欧元和/或年度资产负债表总额不超过 4300 万欧元的企业，并且不超过 25% 的资本由另一家非中小企业的公司直接或间接持有。

细则第 6（4）条中列出的其他实体的资格受以下定义的约束：

（i）“非营利组织”是指根据相关法律，其法律形式或法规不允许成为其所有者的收入、利润或其他经济收益来源的组织，或者，如果允许营利，则有法律或法定义务为该组织的利益进行再投资。

（ii）根据相关法律，“大学”应理解为“传统的”大学，即高等教育和研究机构。但是，类似的实体，例如中等或高等教育机构，也被视为大学。

（iii）“公共研究机构”是指根据公共法组织的大学或研究机构等实体，无论其资金来源如何，其主要目标是进行基础研究、工业研究或实验开发，并通过教学、出版或技术转让传播成果。所有利润必须再投资于开展这些活动、传播成果或教学。

细则 6(7)

如果有多个申请人，每个申请人必须是细则第 6（4）条所指的实体或自然人，才能申请费用减免；然而，他们中只需有一人能够使用可接受的非 EPO 语言就足够了（公约第 14

（4）条，细则第6（3）条）。

细则6(6)

希望能从RFees细则第14（1）条规定的申请或审查费用减免中受益的申请人，必须明确声明他们是公约细则第6（4）条所涵盖的实体或自然人。

提交声明后根据细则第6（4）条发生的实体状态变化不会对授权时合理的费用减免产生追溯影响。

欧洲专利局会进行核查以确保符合细则第6（3）至（7）条中规定的资格标准。如果在授权程序过程中所述核查对申请人所作声明的真实性产生合理怀疑，EPO可以要求申请人提供适当的证据。

如果发现申请人明显提交了不正确的声明，则由于不合理地减免了费用，因此该费用属于无效缴纳，并且该申请可能根据公约第78（2）和/或94（2）条被视为撤回。如果申请人未提交声明，此条同样适用。在适用的情况下，可以通过根据公约第121条和细则第135条提出进一步审理的请求来补救因不正确或缺失的声明而导致的权利损失——补足不足缴费并缴纳进一步审理费用（参见E部分第Ⅷ章2）——或根据细则第112（2）条的要求作出决定（参见E部分第Ⅷ章1.9.3）。

对于2014年4月1日之前提交的欧洲专利申请、异议、上诉、复审请求、限制或撤销的请求，以及在该日期之前进入欧洲阶段的国际申请，适用当时有效的费用减免规定。

9.2.2 申请费的减免

在提交欧洲申请的情况下，为了确定申请日，要求必须有说明书（细则第40（1）（c）条），但不再需要有权利要求。根据J 4/88，只要说明书和权利要求使用规定的语言即有资格获得费用减免（例如，不对授权请求书作此要求）。

然而，由于申请日不再需要权利要求，因此现在说明书是必备的要素。

因此，如果欧洲专利申请（即至少说明书）以可接受的非EPO语言提交，则申请费会降低。

如果申请是通过引用之前提交的申请（参见A部分第Ⅱ章4.1.3.1）提交的，并且所引用的之前提交的申请是使用可接受的非EPO语言，并且申请人满足本章9.2.1中提到的资格标准，则申请人也有权获得申请费的减免。为达到减免的目的，申请人是否要求之前提交的申请的权利要求取代所提交的申请中的权利要求并不重要（见上文）。

如果母案申请以可接受的非 EPO 语言提交（参见 A 部分第Ⅳ章 1.3.3 和本章 9.2.1），并且分案申请以与在先申请相同的可接受的非 EPO 语言提交，则申请费的减免也适用于分案申请（细则第 36（2）条和细则第 6（3）条），前提是满足减免的其他要求（见上文）并及时提交译文（参见本章 9.2.1）。

如果申请超过 35 页，或者其是二代或后续代分案申请，则应缴纳的附加费构成申请费的一部分，因此减免也适用于它们。

9.2.3 审查费的减免

公约 14(4)
细则 6

如果审查请求以可接受的非 EPO 语言提交，则符合费用减免条件的申请人将被允许减免审查费用。EPO 1001 表（请求授予欧洲专利）和 1200 表（进入欧洲阶段）包含下拉菜单/预打印框，可以选择/输入以可接受的非 EPO 语言提交审查请求和根据细则第 6（6）条下的声明。在这些情况下，不需要提交请求书的译文，因为以 3 种 EPO 官方语言提交的书面审查请求在同一表格中已预先勾选。EPO 网站上列出了以允许的非 EPO 语言提交审查请求的用语。如果在 EPO 1001 表或 EPO 1200 表之后以可接受的非 EPO 语言提交了审查请求，则必须以程序语言重新提交审查请求的译文（参见 G 6/91）。与审查程序相关的后续文件无须以可接受的非 EPO 语言提交。

在 EPO 已经做出国际初审报告，且满足审查费减免的条件，此情况下参见本章 9.3.2。

9.3 特殊减免

9.3.1 补充欧洲检索检索费的减免

公约 153(7)

对于以奥地利、芬兰、西班牙、瑞典或土耳其专利局，以及北欧专利局或维谢格拉德专利局作为国际检索单位的 PCT 申请，或上述其中一个局出具了补充国际检索报告的情况，补充欧洲检索报告的检索费会减免一固定金额（参见行政委员会 2011 年 10 月 27 日的决定《OJ EPO 2011，616》；2012 年 10 月 25 日的决定《OJ EPO 2012，584》；2015 年 12 月 16 日的决定《OJ EPO 2016，A2》；2017 年 6 月 28 日的决定《OJ EPO 2017，A57》；以及 2019 年 12 月 12 日的决定《OJ EPO

2020，A3》）。

需要注意的是，在满足减免要求的情况下，只允许减免一次，即根据细则第159（1）（e）条缴纳的补充检索费。无论权利要求中的第一项发明是否在国际阶段被国际检索单位检索过，该减免均适用。该减免不适用于根据细则第164（1）条缴纳的任何进一步的检索费。

对于选择了上述以外国际检索单位的PCT申请，不适用补充检索费的减免。有关应缴金额的最新总览，参见2020年3月20日的EPO公告《OJ EPO 2020，A30》。

9.3.2 由EPO做出国际初审报告情况下的审查费的减免

RFees 14(2)

如果EPO已就国际申请做出了国际初审报告，则在EPO作为选定局的程序中，审查费可减免75%。

因此，该减免适用于进入欧洲阶段的欧洲－PCT申请。审查费的减免不适用于EPO为其母案申请做出国际初审报告的分案申请。

如果语言（参见本章9.2.3）也满足减免条件，则审查费先减75%，然后再减30%，即总共减82.5%，或应缴金额为全额费用的17.5%。

10. 退 款

10.1 一般性说明

已有效缴纳的费用（参见本章7.1.1）不予退还。例如，如果由于遗漏行为未完成缴纳导致进一步审理的请求被拒绝，则不退还有效缴纳的进一步审理费，这是细则第135（1）条的另一项要求（参见E部分第Ⅷ章2）。作为该一般性原则的例外，如果EPC或RFees细则（参见本章2）中对退款有特殊规定，则将退还有效缴纳的费用。

相比之下，任何未有效缴纳的费用都将被退还。参见本章10.1.1至10.1.3。

10.1.1 缺乏法律依据的缴费

如果缴费与未决的欧洲专利申请（例如，与已视为撤回的专利申请相关）或未决诉讼无关，则该缴费缺乏法律依据。在此类情况下，必须退还已缴纳的金额。

如果在到期日之前或当天缴纳了款项，并且在到期日之前法律依据不复存在（例如，因为专利申请被视为撤回或被撤回），则应退还已缴纳的金额。指定费和维持费分别参见本章5.2.2和5.2.4。在到期日之后和缴费期限届满之前缴纳的费用只有在有特定退款原因的情况下才会退还（参见本章10.2）。

10.1.2 逾期缴费

在适用期限届满后缴纳的费用无效，必须退还，除非已提出有效的进一步审理请求。例如：根据与进一步审理相关的规定（公约第121条和第135条）缴纳的申请费、检索费、指定费或审查费，无须缴纳细则第135（1）条和RFees细则第2（1）条第12项要求的进一步审理费（参见E部分第Ⅷ章2）。

10.1.3 微小金额

RFees 12

缴纳的总金额大于费用的，金额不大且当事人未明确要求退还的，超出部分不予退还。已经决定的是，任何不超过16欧元的金额都构成微小金额（参见2020年2月14日的EPO局长决定《OJ EPO 2020，A17》）。

10.2 特殊退款

10.2.1 检索费的退还

RFees 9
细则10

在RFees细则第9条和2018年12月21日的EPO局长决定（参见《OJ EPO 2019，A4》）中有规定的情况下，欧洲检索费或补充欧洲检索的检索费将予以退还，该决定适用于在2019年4月1日或之后完成欧洲检索或补充欧洲检索的欧洲专利申请。2009年1月9日的EPO公告《OJ EPO 2009，99》中给出了检索费退款标准的详细信息，检索小组将根据该公告确定申请的退款标准。如有异议，申请人可请求作出可上诉的决定（公约第106（2）条），在审查小组尚未负责该申请的情况下，该决定的发布属于受理部门的权限（细则第10条）（参见B部分第Ⅺ章2）。

就RFees细则第9（1）条而言，开始检索的日期通过EPO 1704表在档案的公开部分指明，因此专利公布后，可在《欧洲专利登记簿》中进行文件查阅（另见B部分第Ⅳ章1）。在专利公布之前，EPO 将应要求向申请人提供相关信息，或者可以通过“我的文件”服务以电子方式访问这些信息。

10.2.2 进一步检索费用的退还

细则 64（2）、164（5）

如果申请人在接到检索小组的通知后缴纳了进一步的检索费，但审查小组应申请人的要求认为没有理由收取进一步的检索费，该费用将予以退还。如果申请人依据细则第 164（2）条（参见 C 部分第Ⅲ章 2.3）应审查小组的要求缴纳了检索费，同样的原则也适用。在这种情况下，审查小组将应要求对根据细则第 164（2）条的规定发出的通知书中收取检索费的理由进行审查（参见 C 部分第Ⅲ章 3.3）。

10.2.3 审查费的退还

RFees 11

在 RFees 细则第 11 条所述的情况下，将退还审查费（参见 A 部分第Ⅵ章 2.2 第 3 段和本章 2.5）。

10.2.4 根据细则第 37（2）条退款

细则 37（2）

如果向国家主管机构提交的欧洲专利申请根据公约第 77（3）条被视为撤回，将退还所有费用，特别是申请费、检索费和指定费以及任何已缴纳的权利要求费。

10.2.5 授权费和公布费的退还

细则 71a（6）

如果申请被驳回、在授予欧洲专利的决定通知之前撤回，或者在当时被视为撤回，则应退还授权费和公布费。决定的通知日期参见 E 部分第Ⅱ章 2。需要注意的是，该日期晚于将决定移交给 EPO 内部邮寄的日期（即在这种情况下，决定 G 12/91 不适用）。

可能会出现这样的情况，例如，如果申请人在细则第 71（3）条规定的期限内缴纳了授权费和公布费，但未缴纳到期的权利要求费和/或忽略了提交权利要求的译文，导致根据细则第 71（7）条被视为撤回申请（参见 C 部分第Ⅴ章 3）。

申请被驳回，只有在上诉期限届满且未提出上诉的情况下才能退款（参见 E 部分第Ⅻ章 6）。如果申请视为撤回，则只有在请求进一步审理的期限届满且申请人未提出退款请求后才能退款（参见 E 部分第Ⅷ章 2）。

10.3 退款方式

退款可退还至EPO的存款账户或转账至银行账户（参见2019年2月27日的EPO公告《OJ EPO 2019，A26》）。退款不会退回信用卡账户（参见2021年9月23日的EPO公告《OJ EPO 2021，A73》）。

10.3.1 退款到存款账户

ADA第8点

费用将退还至EPO程序当事人（例如申请人、异议人、指定代理人、上诉人）在其退款说明中指明的任何存款账户。在大多数情况下，该账户是程序当事人本身的存款账户，但也可能是第三方的存款账户。EPO会在单独的通知书中告知程序当事人有关预期退款和金额将存入的存款账户。

退款说明，即向哪个存款账户退款，应以电子可加工格式（XML）通过在线申请软件（OLF）或在线申请2.0（Online Filing 2.0），使用EPO 1001E、1200E或1038E表提交，最好在EPO的程序中尽早提交。可以随时使用EPO 1038E表更新退款说明。

对于以EPO作为受理局或EPO作为PCT国际单位提交的国际申请，在进入欧洲阶段时应使用EPO 1200E表提交新的退款说明。

与代理人变更或权利转让请求一起提交的新退款说明只有在EPO确认变更登记后才适用。如果没有新的退款说明，已退出程序的申请人或代理人记录的存款账户将被依职权删除。这同样适用于前申请人或代理人的退款说明中注明的第三方持有的存款账户。

如果在退款到期时没有记录在案的退款说明或者退款说明不明确，EPO将依职权确定是否可以将退款退回到指定的专业代理人或申请人（异议人/上诉人）持有的存款账户。否则，将通知缴费人在线申请退款。

10.3.2 退款到银行账户

如果无法向存款账户退款，则通知程序当事人通过EPO网站（feepayment.epo.org/refund）使用在非公开通知书中向其传送的退款代码在线申请退款。成功注册并登录后，可以通过输入申请详情、退款代码和银行账户来申请退款。

10.4 重新分配代替退款

如果当事人提出书面请求，所缴费用可能会被重新分配而非退还。收到重新分配指示的日期则被视为新缴费项的缴费日期。

11. 根据细则第 71a（5）条费用的计入

细则 71a(5)

如果根据细则第 71（3）条的规定，申请人已经缴纳了授权费和公布费或权利要求费，如果再次发出此类通知，则应将已缴费金额计入。这可能发生在：

（i）申请人答复根据细则第 71（3）条规定的第一次通知时请求作出修改或更正，或请求撤销审查小组在所述通知书中提出的修改（参见 C 部分第Ⅴ章 4.1），并自愿缴纳授权费、公布和权利要求费（即使 C 部分第Ⅴ章 4.2 中没有要求），然后，审查小组发出根据细则第 71（3）条的通知书（参见 C 部分第Ⅴ章 4.6 和 4.7.2）；或

（ii）在申请人答复根据细则第 71（3）条的第一次通知书（要求缴纳授权费和公布费以及任何到期的权利要求费，参见 C 部分第Ⅴ章 1.1）时确认授权文本后，恢复审查（参见 C 部分第Ⅴ章 6.1）导致随后发出根据细则第 71（3）条的通知书（参见 C 部分第Ⅴ章 6.2）。

11.1 授权费和公布费的计入

答复根据细则第 71（3）条的第一次通知书而缴纳的授权费和公布费金额计入答复根据细则第 71（3）条的第二次通知书而应缴的相同费用金额。如果根据细则第 71（3）条的第一次和第二次通知书之间的费用有所增加，则必须在答复根据细则第 71（3）条的第二次通知书的期限内缴纳差额。

RFees 2(2)，第 7 项

对于 2009 年 4 月 1 日之前提交的欧洲申请或在该日期之前进入欧洲阶段的国际申请，授权费和公布费包含一个固定部分和超过 35 页的申请每页的部分（参见 C 部分第Ⅴ章 1.2 和 A 部分第Ⅲ章 13.2）。如果根据细则第 71（3）条的第一次和第二次通知书之间的总费用发生变化，则必须在答复根据细则第 71（3）条的第二次通知书期间内缴纳任何差额（例如，由于费用增加或页数增加）。任何超出部分将被退还（例如，根据细则第 71（3）条的第二次通知书所依据的申请版本的页数少于根据细则第 71（3）条的第一次通知书所依据的较早版本的页数）。

11.2 权利要求费的计入

答复根据细则第71（3）条的第一次通知书而缴纳的权利要求费金额计入答复根据细则第71（3）条的第二次通知书而到期的权利要求费金额。此方面需要注意的是，与根据细则第45条提交申请或根据细则第162条进入欧洲阶段时缴纳的权利要求费不同，计算依据的不是已缴费的权利要求数量，而是缴费的金额。

如果在根据细则第71（3）条的第一次和第二次通知书之间到期的权利要求费金额增加（例如，因为每项权利要求的费用增加或权利要求数量增加或两者兼而有之），差额必须在细则第71（3）条规定的第二次通知书的答复期限内缴纳。

为了计算根据细则第71（3）条的第二次通知书应缴纳的权利要求费金额，从根据细则第71（3）条的第一次和第二次通知书所依据的权利要求数量中扣除免费权利要求的数量（15项）以及在申请时或进入欧洲阶段时缴纳的权利要求费金额。此后，答复根据细则第71（3）条的第一次通知书而缴纳的权利要求费金额计入（并从中扣除）答复根据细则第71（3）条的第二次通知书而到期的权利要求费金额中（如果在根据细则第71（3）条的第二次通知书后应缴的费用少于根据细则第71（3）条的第一次通知书后自愿缴纳的费用，参见C部分第Ⅴ章4.2）。

11.3 授权费和公布费、权利要求费的分别计入

权利要求费的计入与授权费和公布费分开处理。权利要求费不计入任何增加的授权费和公布费。

11.4 进一步审理费和费用的计入

如果申请人已就根据细则第71（3）条的第一次通知书请求进一步审理（参见E部分第Ⅷ章2），则进一步审理的费用不计入答复根据细则第71（3）条的第二次通知书的应付费用金额的任何增加额中。

此外，答复根据细则第71（3）条的第一次通知书时已缴纳的进一步审理费用也不会计入答复根据细则第71（3）条第二次通知书的任何后续进一步审理请求。

第Ⅺ章 档案查阅；档案中包含的通信信息；查阅《欧洲专利登记簿》；核证副本的发出

1. 通 则

公约 128
细则 143,144
145,146
RFees 3（1）

在欧洲专利申请公布后，任何人都可以查阅并从与申请和由此产生的欧洲专利相关的文件中获取信息。同样，任何人都可以根据细则第33条要求发放生物材料样本（参见A部分第Ⅳ章4.4）。

公约第128条和细则第144和第145条包含有关档案查阅的规定（参见本章2）；细则第146条（参见本章3）中包含有关通知书信息的规定。对于国际申请（PCT），参见E部分第Ⅸ章2.10。

《欧洲专利登记簿》包含细则第143条规定的详细信息，可免费访问。通过查阅《欧洲专利登记簿》可确定程序状态和专利权的法律状态。

它还提供对已公布的欧洲专利申请和专利检查文件的访问（参见本章4）。2007年，EPO停止了对纸质文件的查阅。

应请求，EPO会签发包含在档案中的文件或其他文件的核证副本（参见本章5）。

上述任何服务的应付费用由局长根据RFees细则第3（1）条进行规定，并定期在官方期刊上公布。另见EPO网站（epo.org）上的费用和开支表。

如果有行政费，则在收到请求时到期。《与费用相关的细则》（RFees）（参见A部分第Ⅹ章2和4）中规定了缴费方式和缴费日期。

已按时缴纳的行政费将不予退还（参见A部分第Ⅹ章10.1）。

2. 档案查阅

2.1 可供档案查阅的文件

公约 128
细则 145(2)
细则 147(2)

当事人进行审查、异议和上诉程序时汇编的全部档案均可供查阅，但须遵守下文的限制（参见本章2.3）。它还包括检索和审查开始日期、根据细则第63（1）条或细则第62a（1）条发出的任何通知书以及检索意见（如果适用）的信息。

第三方意见（公约第115条）是档案不可分割的一部分，

因此可以根据公约第 128 条进行查阅。如果第三方要求对他们的意见或其中的一部分进行保密处理，则不能批准该请求，并相应通知第三方（参见 E 部分第Ⅵ章 3）。

不可查阅的档案部分（参见本章 2.3）与开放查阅的部分分开保存。

2.2 进行档案查阅

细则 145(2)
RFees 3(1)

EPO 局长决定所有档案的查阅安排，包括缴纳行政费的情况（参见 2019 年 2 月 20 日的 EPO 局长决定《OJ EPO 2019, A16》）。

通常，可以通过《欧洲专利登记簿》在 EPO 网站上免费在线查阅已公布的专利申请和已授权专利。只有在附有经证实的请求的特殊情况下，才会签发未经认证的纸质文件副本或来自《欧洲专利登记簿》的未经认证的摘录。相应的行政费已被取消（参见 2019 年 2 月 20 日的 EPO 公告《OJ EPO 2019, A15》，以及 2019 年 2 月 20 日的 EPO 局长决定《OJ EPO 2019, A16》）。

关于提供档案中文件的认证副本或欧洲专利登记簿的认证摘录的请求，参见本章 5。

关于包含大量序列表的档案查阅，参见 A 部分第Ⅳ章 5。

2.3 档案查阅的限制

公约 128(4)

档案查阅受细则第 144 条规定的限制。

细则 146
细则 145

档案中排除在查阅之外的部分是：

细则 144
细则 144(a)

(i) 与排除或反对上诉委员会或扩大上诉委员会成员有关的文件。

细则 144
细则 144(b)

(ii) 决定和意见草案，以及用于编制决定和意见的所有其他文件，这些文件未告知当事人。

细则 144(c)

(iii) 发明人的指定，如果该当事人已根据细则第 20 (1) 条放弃被称为发明人的权利。

细则 144(d)

(iv) 任何其他由 EPO 局长排除在查阅之外的文件，理由是这种查阅不会用于向公众通报欧洲专利申请或由此产生的专利。其中包括与档案查阅有关的文件以及“PACE”计划下的加快检索和加快审查请求（参见 2007 年 7 月 12 日的 EPO 局长决定《OJ EPO 2007, J.3》特刊第 3 号）。

PCT条约38(1)
PCT细则94

(v) 根据PCT细则第94.2条和第94.3条，与欧洲-PCT申请的国际初审有关的文件，其中EPO是国际初审单位，但尚未出具国际初审报告（参见《OJ EPO 2003，382》；另见E部分第Ⅸ章2.10）。

除了列出EPO主动排除在档案查阅之外的文件，上述第(iv)项所述的局长决定还规定，其他（部分）文件的查阅被认为有损于自然人或法人的合法个人或经济利益，可根据要求被排除在文件查阅之外。任何此类请求都需要得到充分证实，并指出当事人的个人或经济合法利益受到影响的具体方式及其后果，而不仅仅是就当事人的一般利益发表声明。此外，建议明确标记任何排除在文件查阅之外的请求，以便在对请求作出最终决定之前，立即将其识别出来，并暂时排除在查阅之外。

当提交的文件仅部分被排除在档案查阅之外时，只有有问题的部分或段落被排除在外，而提交的其余部分仍然是公开的。

如果根据细则第144条的规定，决定某些标有“机密”或鉴于其内容性质的文件不排除在档案查阅之外，则将其退还给发件人（参见T 516/89）。

2.4 请求的机密性

EPO与要求查阅的人员之间进行的与档案查阅相关的程序信函包含在档案的非公开部分中。EPO不向申请人提供与档案查阅相关的任何程序信息（参见本章2.3（iv），但另见本章2.5第3段）。

2.5 申请公布之前档案的查阅

公约128(1)

在欧洲专利申请公布之前，这些文件只能由申请人查阅或在其同意的情况下进行查阅。在线服务“我的文件”允许申请人在线查阅与他们仍未公布的申请相关的文件的公共部分（参见2011年12月13日的EPO公告《OJ EPO 2012，22》）。如果第三方在未同时提交申请人的同意意见的情况下要求查阅档案，则在提交申请人的同意意见之前，EPO不会公开档案。

公约128(2)

但是，在欧洲专利申请公布之前，任何人如果能够证明申请人援引了其在申请中的权利，也可以查阅所述档案。如果在缔约国的首次申请下的权利已经被援引，并且随后的欧洲申请同时被提及，则欧洲专利申请下的权利也视为已被援引（参见J 14/91）。如果此类证明未与请求一起提供，EPO将通知请求者在指定期限内提供证明。如果未按时完成，该请求将被驳回。

如果有人根据公约第 128（2）条要求查阅档案，申请人有权获得提出请求的人的身份。根据公约第 128（2）条，代表第三方要求查阅档案的专业代理人必须相应地提供第三方的名称和地址并提交授权书。

只有在听取了申请人的意见后，EPO 才会根据公约第 128（2）条对档案查阅请求作出决定。如果在 EPO 规定的期限内申请人反对并提供理由认为公约第 128（2）条的要求未得到满足，则将作出决定。该决定可上诉。

公约 128(3)　在欧洲分案申请公布之前，只能在公约第 128（1）和（2）条中描述的情况下查阅该分案申请的档案。这也适用于母案申请已公布的情况。但是，如果欧洲分案申请或根据公约第 61（1）（b）条提交的新欧洲专利申请已公布，在先申请的档案可以在该在先申请公布之前不经相关申请人同意而查阅。

2.6 在申请公布之前著录项目的公开

公约 128(5)　根据公约第 128（5）条，EPO 在《欧洲专利公报》中公布与已宣布公布但其申请文件尚未公布的欧洲专利申请有关的著录项目，所述申请文件未公布是由于申请被撤回或公布有误。这些出版物编号的列表可在欧洲出版物服务器上找到，该服务器可通过 EPO 网站（epo.org）访问。

3. 档案中包含的通信信息

细则 146　根据公约第 128（1）至（4）条和细则第 144 条（参见本章 2.3）中规定的限制，EPO 可应请求传送有关已公布的欧洲专利申请或欧洲专利的任何文件的信息。这需要缴纳行政费（参见本章 1 和《OJ EPO 2019，A14》和《OJ EPO 2019，A15》）。

但是，如果 EPO 认为，鉴于要提供的信息量是适当的，它可以提及获取档案查阅本身的选项。

涉及 EPO 与信息请求人之间进行的信息交流的程序中的信函，归档于公众无法访问的档案部分。EPO 不向申请人提供与信息交流有关的程序的任何信息。

4. 查阅《欧洲专利登记簿》

公约 127　《欧洲专利登记簿》可通过 EPO 网站（epo.org）免费访问

细则143
细则 21(2)

(参见本章 2. 2)。《欧洲专利登记簿》中的条目从欧洲专利申请的公布开始，直到异议期届满或异议程序终止。在适用的情况下，还包括在撤销或限制程序（公约第 105b（2）条）和/或在复审申请（公约第 112a 条）中作出的任何决定的日期和主旨（细则第 143（1）（x）和（y）条）。由于可以随时更正对发明人的指定（参见 A 部分第Ⅲ章 5. 5），因此《欧洲专利登记簿》中的相关条目没有时间限制。

除了根据细则第 143（1）条进入《欧洲专利登记簿》的数据外，根据细则第 143（2）条，登记簿还包括未在《欧洲专利公报》中公布的附加申请和程序数据（参见 2014 年 7 月 15 日的 EPO 局长决定《OJ EPO 2014，A86》）。注册数据也可以通过电话从客户服务处（epo. org/service - support/contact - us. html）获取。在特殊情况下，将在收到经证实的请求后提供登记簿的摘录（参见《OJ EPO 2019，A15》）。

5. 核证副本的签发

5. 1 档案中的文件或其他文件的核证副本

EPO 将根据请求签发欧洲专利申请或欧洲专利说明书的核证副本，或欧洲申请和专利文件中的其他文件的核证副本（例如《欧洲专利登记簿》的摘录），前提是满足档案查阅的条件（公约第 128（1）至（4）条）并已缴纳行政费（参见本章 1 和《OJ EPO 2019，A14》）。

细则 74

应请求，向专利权人提供附有说明书的欧洲专利证书的认证副本（参见 C 部分第Ⅴ章 12）。

5. 2 EPO 签发的优先权文件

细则 54

任何优先权文件（即欧洲专利申请的核证副本连同说明其申请日期的证书）将仅在书面请求后签发给（原始）申请人或该当事人的权利继承人。如果缺少此类请求，EPO 将通知申请人提交该请求，并且仅在满足此要求后才提供经核证的副本。对于以非 EPO 官方语言提交的申请（公约第 14（2）条），优先权文件与最初提交的申请相关，而不是 EPO 官方语言之一的译文。

EPO 局长决定所有必要的安排，包括优先权文件的形式和缴纳行政费的情况（参见本章 1）。优先权文件的内容与申请日可获得的和包含在电子文件中的申请文件相对应，以黑白形式复制（参见本章 1.2 和 7.1）。

如果欧洲专利申请要求在先欧洲专利申请或根据 PCT 以 EPO 为受理局提交的国际申请的优先权，则在先申请的核证副本将免费包含在档案中（另见 A 部分第Ⅲ章 6.7）。

B 部分

检索指南

目　录

第Ⅰ章　引　言 …… 181
1.　B部分的目的 …… 181
2.　检索小组 …… 181
2.1　与其他审查员协商 …… 181
2.2　由多个成员组成的检索小组 …… 182
2.2.1　如果要求保护的单一主题涵盖多个技术领域 …… 182
2.2.2　进一步在不同技术领域检索缺乏单一性的申请 …… 182

第Ⅱ章　概　述 …… 184
1.　检索和实质审查 …… 184
1.1　申请人与检索小组之间的沟通 …… 184
2.　检索的目标 …… 184
3.　检索对比文件 …… 184
4.　检索报告 …… 185
4.1　欧洲检索 …… 185
4.2　附加欧洲检索 …… 185
4.3　补充欧洲检索 …… 186
4.3.1　免除补充欧洲检索报告 …… 186
4.3.2　要求做出补充欧洲检索报告 …… 187
4.3.3　补充欧洲检索报告的申请文件 …… 187
4.4　国际（PCT）检索 …… 187
4.5　国际式检索 …… 187
4.6　检索国家申请 …… 188

第Ⅲ章　检索的特点 …… 189
1.　检索小组的意见 …… 189
1.1　与检索报告有关的意见 …… 189
1.2　关于限制检索内容的意见 …… 189
2.　检索范围 …… 189
2.1　检索的完整性 …… 189

2.2 检索的有效性和效率 …… 190
2.3 在相近领域中检索 …… 190
2.4 在互联网上检索 …… 191
3. 检索主题 …… 191
3.1 检索的基础 …… 191
3.2 权利要求的解释 …… 192
3.2.1 明确引用说明书或附图的权利要求 …… 192
3.2.2 使用说明书和/或附图确定技术问题 …… 193
3.2.3 使用说明书和/或附图确定未在权利要求中清楚限定的术语的含义 …… 193
3.2.4 当术语的含义与其通常含义不同的情况下，使用说明书和/或附图来确定清楚术语的含义 …… 194
3.2.5 确定后退位置的存在 …… 194
3.3 修改后的权利要求或遗漏部分（细则第56条） …… 195
3.3.1 一般性考虑因素 …… 195
3.3.2 适用于欧洲-PCT申请的特定规则 …… 195
3.4 放弃权利要求 …… 195
3.5 对权利要求修改的预期 …… 196
3.6 宽泛的权利要求 …… 196
3.7 独立和从属权利要求 …… 197
3.8 从属权利要求的检索 …… 198
3.9 权利要求中的要素组合 …… 198
3.10 不同类别 …… 198
3.11 检索排除的主题 …… 198
3.12 缺乏单一性 …… 199
3.13 技术背景 …… 199

第Ⅳ章 检索程序和策略 …… 200
1. 检索前的程序 …… 200
1.1 申请的分析 …… 200
1.2 形式缺陷 …… 200
1.3 申请人引用或提供的文件 …… 201
2. 检索策略 …… 202
2.1 检索主题的限制 …… 202
2.2 制定检索策略 …… 203
2.3 进行检索；文件类型 …… 203

2.4 检索主题的重构 …… 205
2.5 最接近的现有技术及其对检索的影响 …… 205
2.6 中止检索 …… 206
3. 检索后的程序 …… 206
3.1 检索报告的准备 …… 206
3.2 完成检索后发现的文件 …… 206
3.3 检索报告中的错误 …… 207

第Ⅴ章 欧洲专利申请的预分类、IPC和CPC分类 …… 208
1. 定　义 …… 208
2. 预分类（用于文件转交和分发） …… 208
2.1 不正确的预分类 …… 208
3. 申请的IPC分类 …… 209
3.1 迟公布检索报告的IPC分类 …… 209
3.2 发明范围不清楚时（例如，部分检索）的IPC分类 …… 210
3.3 发明缺乏单一性时的IPC分类 …… 210
3.4 IPC分类的确认 …… 210
4. 申请的CPC分类 …… 210

第Ⅵ章 检索阶段的现有技术 …… 212
1. 概　述 …… 212
2. 口头披露、使用、展览等公开作为现有技术 …… 212
3. 优先权 …… 212
4. 抵触申请 …… 212
4.1 潜在的欧洲抵触申请和国际抵触申请 …… 212
4.1.1 以“E”类文件形式公布的欧洲申请 …… 213
4.1.2 以“E”类文件形式公布的国际申请 …… 213
4.2 国家在先权利 …… 214
5. 检索报告中引用文件的相关日；申请日和优先权日 …… 214
5.1 核实请求的优先权日 …… 214
5.2 中间文件 …… 215
5.3 对优先权请求有效性的质疑；扩展检索 …… 215
5.4 申请日后公布的文件 …… 216
5.5 不丧失新颖性的公开 …… 216
5.6 现有技术存疑 …… 217

6. **现有技术公开的内容** …… 218
6.1 一般性说明 …… 218
6.2 与未提供EPO官方语言之一的文件或以EPO官方语言之一公开的文件相对应的引用文件 …… 218
6.3 摘要与原始文件之间的抵触 …… 218
6.4 现有技术公开不充分 …… 219
6.5 在线数据库中记录的化合物不正确 …… 219
7. **互联网公开——技术期刊** …… 220

第Ⅶ章 发明的单一性 …… 221
1. **一般性说明** …… 221
1.1 部分欧洲检索报告 …… 221
1.2 通知缴纳进一步检索费 …… 221
1.2.1 概　述 …… 222
1.2.2 无单一性的连锁反应 …… 222
1.2.3 申请人未缴纳所有附加检索费 …… 223
1.3 仅与其他发明相关的文件 …… 223
1.4 对单一性要求的评估和可能的复查 …… 223
2. **缺乏单一性时的程序** …… 224
2.1 要求退还进一步检索费 …… 224
2.2 尽管缺乏单一性仍全面检索 …… 224
2.3 补充欧洲检索 …… 224
3. **缺乏单一性与细则第62a条或细则第63条** …… 225

第Ⅷ章 检索中排除的主题 …… 226
1. **一般性说明** …… 226
2. **与可专利性的具体排除和例外有关的考虑** …… 226
2.1 通过外科手术或者疗法治疗人体或动物体的方法以及对人体或动物体施行的诊断方法 …… 226
2.2 依据公约第52（2）和（3）条排除的可专利性的主题 …… 227
2.2.1 计算机实施的商业方法 …… 228
3. **无法进行有意义的检索** …… 228
3.1 通知注明要检索的主题 …… 230
3.2 答复根据细则第63（1）条的通知书 …… 230
3.2.1 未按期答复或未答复 …… 230

3.2.2 按期答复 …… 231
3.3 扩展欧洲检索报告（EESR）的内容 …… 232
3.4 适用细则第63条并且缺乏单一性的申请 …… 232
4. 每一类型有一项以上的独立权利要求（细则第62a条） …… 233
4.1 通知注明要检索的独立权利要求 …… 233
4.2 答复根据细则第62a（1）条的通知书 …… 234
4.2.1 未按期答复 …… 234
4.2.2 按期答复 …… 234
4.3 扩展欧洲检索报告（EESR）的内容 …… 235
4.4 基于细则第62a条未缴纳权利要求费的情形 …… 235
4.5 适用细则第62a条并且缺乏单一性的申请 …… 236
4.6 根据细则第62a条处理从属权利要求 …… 237
5. 根据细则第62a（1）条和细则第63（1）条发出的通知书 …… 237
6. 违反公约第123（2）条或公约第76（1）条的权利要求 …… 238

第Ⅸ章 检索对比文件 …… 239
1. 概　述 …… 239
1.1 检索小组可用文件的组织和组成 …… 239
1.2 系统式访问系统 …… 239
2. 为系统式访问而设置的专利文献 …… 239
2.1 PCT最低限度文献 …… 239
2.2 未公布的专利申请 …… 239
2.3 检索报告 …… 240
2.4 专利同族系统 …… 240
3. 为系统式访问而设置的非专利文献 …… 240
3.1 期刊、记录、报告、书籍等 …… 240
4. 为图书馆型访问而设置的非专利文献 …… 240
4.1 组　成 …… 240
5. 国家专利局获取EPO文件 …… 241

第Ⅹ章 检索报告 …… 242
1. 概　述 …… 242
2. EPO做出的不同类型的检索报告 …… 243
3. 检索报告的形式和语言 …… 243
3.1 形　式 …… 243

3.2 语　言 …… 244
3.3 检索账户 …… 244
3.4 检索策略记录 …… 244
4. **专利申请的标识和检索报告的类型** …… 244
5. **专利申请的分类** …… 244
6. **检索的技术领域** …… 245
7. **标题、摘要以及与摘要一起公布的附图（如补充页A所示）** …… 245
8. **对检索主题的限制** …… 246
9. **检索中注明的文件** …… 247
9.1 检索报告中的文件标识 …… 247
9.1.1 著录项目要素 …… 247
9.1.2 “相应文件” …… 247
9.1.3 引用文件的语言 …… 249
9.1.4 补充欧洲检索报告 …… 250
9.2 文件类型（X、Y、P、A、D等） …… 251
9.2.1 特别相关的文件 …… 251
9.2.2 定义现有技术水平且不影响新颖性或创造性的文件 …… 251
9.2.3 涉及非书面公开的文件 …… 251
9.2.4 中间文件 …… 252
9.2.5 与本发明所依据的理论或原理相关的文件 …… 252
9.2.6 潜在抵触的专利文献 …… 252
9.2.7 申请中引用的文件 …… 253
9.2.8 出于其他原因引用的文件 …… 253
9.3 文件和权利要求之间的关系 …… 253
9.4 现有技术中相关段落的标识 …… 254
10. **认证和日期** …… 254
11. **附于检索报告的副本** …… 254
11.1 一般性说明 …… 254
11.2 引用文件的电子版本 …… 255
11.3 专利同族；“&”符号 …… 255
11.4 综述或书籍 …… 255
11.5 概要、摘录或摘要 …… 255
11.6 引用互联网上可获得的视频和/或音频媒体片段 …… 256
12. **检索报告和检索意见的传送** …… 256

第Ⅺ章 **检索意见** …… 257
1. 检索意见是扩展欧洲检索报告（EESR）的一部分 …… 257
1.1 检索意见 …… 257
1.2 审查小组的立场 …… 257
2. 检索意见的基础 …… 257
2.1 根据EPC细则第56条或PCT细则第20条提交的包含说明书遗漏部分和/或遗漏附图的申请 …… 258
2.2 申请包含规定申请日之后提交的权利要求 …… 259
3. 申请的分析和检索意见的内容 …… 259
3.1 检索小组的文档 …… 260
3.2 理 由 …… 260
3.2.1 合理质疑 …… 260
3.2.2 肯定性陈述 …… 260
3.3 针对检索意见的意见和修改 …… 261
3.4 对通常具有缺陷的申请进行首次分析的程度 …… 261
3.5 对现有技术的贡献 …… 261
3.6 EPC的要求 …… 261
3.7 检索小组的处理方法 …… 262
3.8 提出建议 …… 262
3.9 肯定性意见 …… 262
4. 优先权要求和检索意见 …… 263
4.1 在检索意见中使用“P”和“E”类文件 …… 264
5. 与检索意见相关的单一性 …… 264
6. 检索限制情况下的检索意见 …… 265
7. 未出具检索意见 …… 265
8. 对扩展欧洲检索报告（EESR）的答复 …… 266
9. 公约第124条和使用方案 …… 267

第Ⅰ章　引　言

1. B 部分的目的

B 部分是为欧洲检索（即由 EPO 对欧洲申请进行的检索）而撰写并且适用于欧洲检索。除了这些检索，EPO 的检索小组还被要求进行其他类型的检索（参见 B 部分第Ⅱ章 4.4 至 4.6）。《专利合作条约》（PCT）范围内的检索依据《PCT 检索和审查指南》以及《EPO 作为 PCT 机构的检索和审查指南》B 部分进行处理。

2. 检索小组

公约 17
公约 18

检索小组负责根据公约第 92 条撰写扩展欧洲检索报告，包括根据细则第 62（1）条作出的检索意见，以及撰写在 B 部分第Ⅰ章 1 和 B 部分第Ⅱ章 4 中提到的所有不同类型的检索报告。检索小组还负责根据细则第 62a（1）条发出检索前通知书（另见 B 部第Ⅷ章 4），以便澄清或必要时限制检索的主题。检索小组还有责任根据细则第 63（1）条发出通知书（参见 B 部分第Ⅷ章 3.1）。此外，在缺乏单一性的情况下，检索小组将撰写部分检索报告，就权利要求中首先提到的发明或单一发明组的可专利性给出临时意见（参见 F 部分第Ⅴ章 3.4），指出不具备单一性结论的原因，并且要求根据细则第 64（1）条或细则第 164（1）条支付附加检索费（参见 B 部分第Ⅶ章 1.2 和 B 部分第Ⅺ章 5）。负责检索欧洲申请的检索小组的成员通常也是该申请审查小组的第一名成员。

2.1 与其他审查员协商

受托进行检索的检索小组可以就任何数量的问题向其他审查员征求意见，例如：

（i）在检索小组不熟悉的数据库中进行在线检索；

（ii）理解所要求保护的发明中可能超出检索小组的技术专长领域之外的各个方面；

（iii）构建检索策略（另见本章 2.2）；

（iv）解释现有技术文件的相关性，以确定要求保护的主题的可专利性（参见 B 部分第Ⅹ章 9.2）。

2.2 由多个成员组成的检索小组

如果由于发明的性质需要在广泛分散的专业领域进行检索，例如，在申请的技术领域中的“本领域技术人员”包括多种的情况下，可以成立包括两名或三名成员的特别检索小组（参见G部分第Ⅶ章3）

另一种需要多个成员的检索小组的情况是，发现不同技术领域之间的主题缺乏单一性。

在这种情况下，第一名成员和其他成员在不同技术领域找到的文件应包含在同一个检索报告中。但是，仅需由一名成员准备检索意见，如有必要，该成员会与其他技术领域的专家成员进行协商。

2.2.1 如果要求保护的单一主题涵盖多个技术领域

在特殊情况下，如果申请涵盖两个或两个以上的技术领域，而这些领域相差太大，以至于无法合理预期在其中一个技术领域接受检索培训的成员会在所有这些领域进行检索，则可由若干成员分担准备检索报告的任务。

在特定技术领域进行检索所需的技能包括两个方面，即：

（a）正确理解所要求保护的主题所需的技术知识和培训；

（b）在该领域进行令人满意的检索所需的检索工具方面的专业知识。

如果申请的主题延伸到不同的技术领域，则可以考虑扩大检索小组，增加专门从事这些领域的第二名成员和可能更多的成员。

在上述所有情况下，通常仅由一名成员出具检索报告和检索意见（如适用，参见B部分第Ⅺ章7）。

2.2.2 进一步在不同技术领域检索缺乏单一性的申请

检索小组由一名以上成员组成的另一种情况是，发现不同技术领域之间的主题缺乏单一性。此类情况的处理方式如下：

（a）由第一名成员在一个技术领域对权利要求中首先提到的发明（参见F部分第Ⅴ章3.4）进行检索。准备检索意见（如适用，参见B部分第Ⅺ章7），提供缺乏单一性的原因和对第一项发明的意见。向申请人发送一份部分检索报告，并要求申请人缴纳附加检索费（参见B部分第Ⅶ章1.1）。

（b）申请人为属于另一个技术领域的发明缴纳附加检索费（参见B部分第Ⅶ章1.2.1）。

（c）然后，那些属于其他不同技术领域的发明由具有该领域能力的第二名成员进行检索。

（d）然后，第二名成员将所检索到的其他发明的意见添加到第一名成员已经撰写的关于单一性和第一项发明的意见中。

在非常特殊的情况下，对其他发明的检索需要由一名以上的成员（第二名、第三名和可能更多的成员）进行。这种情况下的程序类似于上述过程。

第Ⅱ章 概 述

1. 检索和实质审查

公约17
公约18
欧洲专利申请从提交申请到授予专利权（或驳回申请）的程序包括两个独立的基本阶段，即检索和实质审查。

1.1 申请人与检索小组之间的沟通

除在B部分第Ⅷ章3.2.2和4.2.2中指出的涉及撰写检索报告时机的有关问题之外，申请人与检索小组的会晤协商只能在申请进入审查阶段之后进行。检索小组不得提前同意会晤（另见B部分第Ⅺ章8）。必须告知申请人，他们提到的任何问题都将在审查中进行处理。关于审查阶段的程序，参见C部分第Ⅶ章2.5。

2. 检索的目标

细则61(1)
检索的目标是发现与确定要求保护的发明是否具备新颖性和创造性有关的现有技术，如果相关的话，相关到何种程度。

因此，检索通常并不致力于发现申请人可能感兴趣的公开内容。但是，在某些情况下，检索报告中可能会引用与评估要求保护的发明的可专利性没有直接关系的文件（参见B部分第Ⅹ章9.2.2和9.2.5）。

审查程序和检索意见的准备取决于对现有技术知识的检索，现有技术是评估发明可专利性的基础。因此，在发明单一性和其他考虑因素等问题必然施加的限制范围内，检索必须尽可能全面且有效（参见B部分第Ⅲ章第2节、B部分第Ⅶ章和B部分第Ⅷ章）。

3. 检索对比文件

检索是在内部或外部的文献库或数据库中进行的，文献库或数据库的内容可以系统地访问，例如通过关键词、分类号或索引代码。这些文献和数据库主要是各国的专利文献，还有来自期刊和其他非专利文献的一些文章作为补充（参见B部分第Ⅸ章）。

4. 检索报告

公约 92
细则 61(1)
公约 92
公约 93(1)

编制一份包含检索结果的检索报告，特别需要通过识别构成相关现有技术的文件来进行（参见 B 部分第Ⅹ章 9）。

检索报告用于向申请人和 EPO 的审查小组提供相关现有技术的信息，并且通过公布的方式向公众提供。

检索报告附有检索意见（参见 B 部分第Ⅺ章，但存在 B 部分第Ⅺ章 7 中提到的例外情况），检索意见与欧洲检索报告共同构成扩展欧洲检索报告（EESR）。

4.1 欧洲检索

公约 17

检索小组的任务主要是对欧洲专利申请进行检索并撰写检索报告。除了这些通常的检索，EPO 检索小组可能还得进行各种其他类型的检索，这些检索将在下文列出。

4.2 附加欧洲检索

在欧洲专利申请的审查阶段，可能需要进行附加检索。例如，进行此类附加检索的原因可能是：

（i）对权利要求进行修改，使其包括原始检索未覆盖的内容（例外情况，对于因缺乏单一性而未被检索的权利要求参见 C 部分第Ⅲ章 3.1.1 和 H 部分第Ⅱ章 7.1；对于修改时从说明书中引入主题，导致权利要求限定的主题无法与原始检索的主题通过一个总的发明构思相关联的，请参见 H 部分第Ⅱ章 6.2）。

细则 63
PCT 条约 17(2)

（ii）在实质审查期间，通过修改或意见陈述克服了导致不完全检索的缺陷，或者依据细则第 63 条发布替代检索报告的声明的缺陷，或者依据 PCT 条约第 17（2）（a）或（b）条发出声明的缺陷（参见 B 部分第Ⅷ章和 C 部分第Ⅳ章 7.2）。

细则 64
细则 62a

（iii）审查小组撤销检索小组关于新颖性或缺乏创造性（参见 B 部分第Ⅲ章 1.1）或有关其他问题的意见（参见 B 部分第Ⅲ章 1.2），特别是发明缺乏单一性（参见 B 部分第Ⅶ章）、检索排除（参见 B 部分第Ⅲ章 3.11 和 B 部分第Ⅷ章）或细则第 62a 条的意见。

（iv）首次检索存在局限或者瑕疵。

审查小组使用这些在附加检索中发现的与申请的审查有关的文件。在审查程序中使用新文件时，必须将副本发送给申请人（公约第113（1）条）。

同样，在审查针对欧洲专利的异议时，可能需要进行附加检索（参见D部分第Ⅵ章5）。

4.3 补充欧洲检索

公约153(2)、(6)和(7)

EPO作为指定局或选定局且已获得国际申请日的国际（PCT）申请被视为欧洲专利申请。如果已经有国际（PCT）检索报告，则其将取代欧洲检索报告。除非行政委员会的决定另有规定，否则检索小组将撰写一份补充欧洲检索报告，或依据细则第63条撰写替代这份报告的声明。

公约153(7)

但是，由行政委员会来决定在什么条件下和在多大程度上免除补充欧洲检索报告（见本章4.3.1）。

（补充）国际检索单位/国际初审单位（欧专局除外）将根据PCT条约第33（1）条就要求保护发明的新颖性、创造性和工业实用性提出意见，还可能就PCT条约第34（3）条规定的发明单一性和PCT条约第17（2）条或第34（4）条规定的排除国际检索/初步审查提供意见。补充欧洲检索报告的检索小组将考虑这些意见，但在进行补充欧洲检索和撰写检索意见时，可以不受约束地偏离任何或所有意见（如果适用，参见B部分第Ⅺ章7）。

检索小组可以使用国际检索报告中引用的文献来支持检索意见中的调查结论（例如缺乏新颖性）（如适用，参见B部分第Ⅺ章7）。

4.3.1 免除补充欧洲检索报告

根据行政委员会作出的决定，对于符合以下条件的国际申请，无须撰写补充欧洲检索报告，可以实行费用减免（参见A部分第Ⅹ章9.3.1）。

（i）EPO是国际检索单位或补充国际检索单位（参见《OJ EPO 2009，594》，《OJ EPO 2010，316》）；

（ii）瑞典知识产权局、奥地利专利局或西班牙专利商标局是国际检索单位，并且国际申请是在2005年7月1日之前提交的（参见《OJ EPO 1979，248》，《OJ EPO 1995，511》，《OJ EPO 2012，212》和《OJ EPO 2012，219》）。

4.3.2 要求做出补充欧洲检索报告

如果没有免除补充欧洲检索报告（参见本章4.3.1），则补充欧洲检索将在EPO所有检索文献中进行。将由检索小组判断是否选择对检索文件进行限制。由于其他国际检索单位的文献和检索实践尚未与EPO完全统一，所以目前无法对其他补充欧洲检索设定精确的限制。

作为一般性规则，EPO尽量避免任何多余工作和重复工作，并尽可能依赖国际检索的效率和质量。如果在进入欧洲阶段时尚未撰写国际检索报告，EPO将等到国际检索报告撰写完毕并可供其查阅后，再进一步处理申请。EPO作为指定局要求国际检索单位或补充国际检索单位连同国际检索报告一起提供其中引用文件的副本（PCT条约第20（3）条，另见PCT细则第44.3（a）条或PCT细则第45之二7（c）条）。当引用的文件未使用EPO官方语言之一，而检索小组需要将其翻译成官方语言之一时，除非能够从例如申请人或国际检索单位这样的任何其他来源获得，都由其自身提供译文（例如，以EPO官方语言撰写的同族专利，或者采用EPO官方语言的文件摘要，参见B部分第Ⅵ章6.2）。

4.3.3 补充欧洲检索报告的申请文件

细则159(1)(b)
细则161

包括补充欧洲检索在内的欧洲授权程序，应以申请人在申请进入欧洲阶段时指定的申请文件为基础（细则第159（1）（b）条）。或者，如果申请人根据细则第161（2）条在发出通知书之日起6个月内对申请进行了修改（参见E部分第Ⅸ章3），则经修改的申请作为补充欧洲检索的基础（另见B部分第Ⅺ章2）。与EPO不出具补充欧洲检索报告的欧洲-PCT申请有关的程序，参见E部分第Ⅸ章3.2、3.3和3.4。

4.4 国际（PCT）检索

关于国际（PCT）检索的检索实践，请参阅《PCT国际检索和初步审查指南》以及最新版本的《欧洲-PCT申请指南》（EPO的PCT程序，为申请人提供的指南）。

4.5 国际式检索

根据《专利合作条约》（PCT），EPO作为国际检索单位可以受委托对国家专利申请进行“国际式检索”（PCT条约第15（5）条）。根据其定义，这些检索类似于国际检索，并且除了发明缺乏单一性的情况都适用相同的考虑因素；在经过国际式检索的国家申请缺乏单一性的情况下，检索报告中不包括关于缺乏单一性的说理。此外，不发出缴纳附加费的通知书，但申请人可以直接向国家局支付这些费用。在制定书面意见的情况下，其根据PCT条约第Ⅰ章下根据EPO的惯例撰写，包括就任何潜在的缺乏单一性的反对意见作出的说理。

4.6 检索国家申请

Prot. Centr. Ⅰ(1)(b)

EPO的检索小组还对某些缔约国的国家申请进行检索。本指南不一定完全适用于这些国家检索，也没有特别指出这些检索与欧洲检索的不同之处。但是，这些国家检索在很大程度上与欧洲检索相同或兼容。

第Ⅲ章 检索的特点

1. 检索小组的意见

1.1 与检索报告有关的意见

细则61(1)

如本章2所述，检索的目标是发现相关的现有技术，以评估申请的新颖性和创造性。关于新颖性和创造性的决定由审查小组负责。但是，在检索意见（如适用，参见B部分第Ⅺ章7）中，检索小组就申请及其所涉及的发明是否符合EPC的要求向申请人提供说理意见，申请人可以在审查程序中对上述意见进行答复（公约第113（1）条和B部分第Ⅺ章8）。关于可专利性的意见也在检索报告中通过分配如B部分第Ⅹ章9.2定义的文献类型而隐含地表达出来，并且在审查阶段由审查小组进行复查（参见B部分第Ⅱ章4.2（iii）和B部分第Ⅺ章1.2），特别是对申请人根据可专利性意见的答复进行审查（参见B部分第Ⅺ章8）。

在检索阶段对可专利性的评估会直接影响检索本身的执行，参见本章3.8（从属权利要求主题的检索）、本章2.3（在相近技术领域检索）和B部分第Ⅳ章2.6（在只剩下微不足道的内容时停止检索）。

1.2 关于限制检索内容的意见

有时，除新颖性或创造性以外的实质审查事项对检索的执行有直接影响，并可能导致对检索的限制；同样，这些意见须经审查小组审查（参见T 178/84和T 631/97，以及B部分第Ⅱ章4.2（iii）和B部分第Ⅺ章1.2），特别是对申请人根据检索意见的答复进行审查（见B部分第Ⅺ章8）。

可在B部分第Ⅶ章（发明的单一性）和B部分第Ⅷ章（检索中排除的主题）中找到示例。

2. 检索范围

2.1 检索的完整性

欧洲检索本质上是一种彻底的、高质量的、全面的检索。然而，必须认识到，在这种检索中，由于任何信息检索系统及其实施都不可避免地存在不完善性，因此不可能始终获得100%的完美结果。检索的进行方式是，将未能发现对任何权利要求或其他高度相关现有技术的完整预期的可能性降至最低。对于相关性较低的现有技术，通常在检索集合的文献中存在相当多的冗余，可以接受较低的查全率（这种情况参见本章2.3）。关于EPO检索主题的限制，参见B部分第Ⅷ章。

PCT条约第15（4）条定义了国际检索的范围，规定国际检索单位必须尽力在其工具允许的范围内尽可能多地发现相关现有技术，并且在任何情况下都必须查阅PCT规定（PCT细则第34条）中规定的文献。根据这一定义（在其工具允许的范围内），国际检索的范围必然等同于欧洲检索。因此，国际检索和欧洲检索必然完全兼容。据此，如果EPO进行国际检索或补充国际检索，则无须撰写补充欧洲检索报告，EPO制作的国际检索报告无条件地取代欧洲检索报告（EPC第153（6）条，参见《OJ EPO 2010，316》和《OJ EPO 2011，616》；另外参见B部分第Ⅱ章4.3）。

2.2 检索的有效性和效率

对相关文件的任何检索的有效性和效率（细则第61（1）条）取决于在待检索文件集合中可用或可适用的命令程度，这一命令允许检索小组确定要查阅的文献部分。在文献集合中创建命令的基本组成部分是词语、分类符号、索引代码或在文献之间借助共同引用文件的书目链接。命令可以具有固定字符，如索引词、分类号或索引代码，或者可以通过恰当使用上述基本组成部分的检索策略根据需要创建，其结果是可能包含上述文献的一部分，该部分包含与本发明相关的内容。出于经济原因，检索小组根据其对相关技术和现有信息检索系统的了解作出判断，忽略文献中不太可能找到与检索相关的文件的部分，例如，有关技术领域开始发展之前的一段时期内的文件。同样，检索小组只需要查阅同族专利中的一份成员专利即可，除非有充分的理由认为，在特定情况下，同族不同成员的内容存在相关的实质性差异（参见B部分第Ⅸ章2.4）。

2.3 在相近领域中检索

检索是在文献或数据库的集合中进行的，这些文献或数据库可能包含与本发明相关的所有技术领域的内容。检索策略确定要查阅的文献部分，涵盖所有直接相关的技术领域，然后可能必须扩展到涵盖相近领域的文献部分，但必须由检索小组在每个个案中判断是否需要这样做，同时考虑最初查阅的文献部分中的检索结果（参见本章3.2）。

在任何特定情况下，哪些技术领域被认为是相似的这个问题必须根据发明的基本技术贡献来考虑，而不仅仅是根据申请中明确指出的特定功能来考虑。

将检索扩展到申请中未提及领域的决定，必须留给检索小组判断，检索小组不会将自己置于发明人的位置，也不会试图想象本发明的各种可能的应用。确定检索在类似领域中扩展时的首要原则是，是否有可能根据在这些领域中检索可能发现的内容形成缺乏创造性的合理反对意见（参见T 176/84、T 195/84和G部分第Ⅶ章3）。

2.4 在互联网上检索

欧洲检索还可以涵盖互联网资源，包括在线技术期刊、在线数据库或其他网站（参见《OJ EPO 2009，456》）。这种互联网检索的范围取决于具体情况，但在一些技术领域，系统性的互联网检索通常是必要的。特别是在与信息或软件技术相关的领域，缺少互联网的检索通常不会得到最相关的现有技术。因此，在检索未公布的申请时，检索小组也可以根据需要使用互联网，但必须非常小心，不要因无意中使用检索词而泄露保密信息。由检索小组选择能够进行此类检索的关键词，同时履行对未公开申请的保密义务。例如，这就需要仅选择几个不公开本发明的关键词，而不是输入大段的权利要求文本作为检索词。

关于互联网引文的日期，参见G部分第Ⅳ章7.5。

3. 检索主题

3.1 检索的基础

公约92
公约69(1)
细则43(6)

检索是在权利要求的基础上进行的，并且适当地考虑了说明书和附图（如果有的话）（公约第92条）。权利要求决定了欧洲专利在授权后被给予的保护范围（公约第69（1）条）。

3.2 权利要求的解释

Prot. Art. 69
公约 92

检索一方面不限于权利要求的字面措辞，但另一方面也不用扩展到包括本领域技术人员从对说明书和附图的考虑中可能得出的所有内容。检索小组在进行检索时可能需要考虑说明书和/或附图的内容，以便：

（i）确定技术问题及其解决方案；

（ii）确定权利要求中未定义的不清楚术语的定义；

（iii）如果术语的定义与其通常含义不同，则确定清楚术语的定义；

（iv）确定是否存在后退位置。

检索的目的是识别与新颖性和/或创造性相关的现有技术（参见 B 部分第Ⅱ章 2）。检索针对的是看起来属于本发明基本特征的内容，并且考虑任何在检索期间出现的由检索到的现有技术而导致的发明包含的（客观）技术问题的变化（参见 B 部分第Ⅳ章 2.3 和 2.4 及 G 部分第Ⅶ章 5.2）。

在出于检索目的解释权利要求时，检索还将考虑现有技术，该现有技术包含与所要求保护的发明的技术特征等同的众所周知的技术特征，这可能会破坏发明的创造性（参见 G 部分第Ⅶ章，附录 1.1（ii））。

3.2.1 明确引用说明书或附图的权利要求

尽管只有在“绝对必要”的情况下才允许在权利要求书中明确提及说明书或附图中阐明的特征（细则第 43（6）条——另见本章 3.5 和 F 部分第Ⅳ章 4.17），但如果这些技术特征由说明书的特定部分明确定义，则仍可检索包含这些引用的权利要求。

但是，如果引用没有明确表明说明书和/或附图的哪个主题应被视为包含在权利要求中，则根据细则第 63（1）条发出通知书。在“总括式权利要求”的特殊情况下（例如，“实质上如本文所述的发明”的权利要求），不根据细则第 63（1）条发出通知书，随后检索报告将被指定为是完整的。这意味着上述类型的主题将只在审查期间进行处理。

无论根据细则第 43（6）条是否允许参考附图和/或说明书，均应遵循上述程序。在任何一种情况下，权利要求将具有相同的范围：如果根据细则第 43（6）条不允许引用，则申请人将被要求将技术特征的定义从说明书和/或附图复制到权利要求中；如果允许引用，则权利要求保持原样。

但是，如果引用看起来不合理，检索小组则在检索意见中根据细则第43（6）条提出反对意见（如果适用——参见B部分第Ⅺ章7）。

3.2.2 使用说明书和/或附图确定技术问题

根据细则第42（1）（c）条，说明书必须（至少隐含地）提及申请试图解决的技术问题（另见F部分第Ⅱ章4.5）。这样，即使在权利要求中可能并非显而易见，也能辨识出发明所要解决的技术问题。

但是，如果要求保护的发明所要解决的客观技术问题根据检索到的现有技术而发生变化（参见G部分第Ⅶ章5.3、H部分第Ⅴ章2.4和T 39/93，《OJ EPO 1997，134》），则必须对其进行重新定义，使其仍然与申请中最初（明示或隐含地）提到的问题相关（参见G部分第Ⅶ章5.2；另见T 184/82，《OJ EPO 1984，261》和T 732/89）。

3.2.3 使用说明书和/或附图确定未在权利要求中清楚限定的术语的含义

权利要求的某些技术特征可能用不清楚的术语来限定，因此不能清楚地确定权利要求的范围。在这种情况下，说明书和/或附图用于解释有关术语的含义（参见F部第Ⅳ章4.2）。

示例：

权利要求1：充气轮胎包括设置在胎面部分的宽槽，其特征在于，该宽槽的槽底部设置有至少一个沿所述宽槽纵向延伸的纵向肋。

说明书：如在发明的上下文中使用的，术语“宽”意味着不小于20mm的宽度。

权利要求1中的术语“宽”是不清楚的，因为它是一个相对术语，在该技术领域没有明确的定义。因此，该权利要求的范围不清楚（参见F部分第Ⅳ章4.6，公约第84条）。但是，说明书给出了该术语的明确定义。在进行检索时，“宽”的定义被认为是“不小于20mm的宽度”（随后，根据公约第84条第2句，在检索意见中对术语“宽”的清楚性提出反对意见）。说明书中“宽”的定义也是一个后退位置（参见本章3.2.5）。

3.2.4 当术语的含义与其通常含义不同的情况下，使用说明书和/或附图来确定清楚术语的含义

在一些申请中，说明书和/或附图赋予技术术语的含义与该术语在申请的技术领域中公认的含义不同。这可能导致术语的含义（以及权利要求的范围）变得更宽（参见示例1）或更窄（参见示例2）。

示例1：

权利要求1：化合物A的卤化盐

通常，术语“卤化盐”是指氟化盐、氯化盐、溴化盐或碘化盐。

说明书：在本发明的上下文中，术语卤化盐是指氟化盐、氯化盐、溴化盐、碘化盐或甲苯磺酸盐。

在该示例中，因为使用了技术术语“卤化盐”，其在申请的技术领域具有清楚并且公认的含义，所以乍看起来权利要求似乎很清楚。然而，说明书中对该术语的定义具有比其公认的含义更宽泛的含义（此处，该术语的含义扩展到包括甲苯磺酸盐）。

示例2：

但是，如示例1，说明书将“卤化盐”定义为氟化盐、氯化盐或溴化盐。

在这个示例中，“卤化盐”的含义比其公认定义中的含义更窄（它不包括碘化盐）。

在上面两种情况下，检索都考虑了在申请的技术领域普遍认可的术语定义以及在申请本身中规定的术语定义。

3.2.5 确定后退位置的存在

权利要求书可能包含未定义的、不清楚的术语，权利要求书中没有给出清楚的优选实施例，但说明书和/或附图中给出了该不清楚术语的清楚的优选实施例（即本章3.2（iv）中所指出的“后退位置”）（参见本章3.2.3）。在这种情况下，检索将基于对该术语最广泛的技术上的合理解释进行。但是，如果有关术语的含义如此不清楚，以至于无法进行有意义的检索，则根据细则第63条限制检索范围是合理的。

3.3 修改后的权利要求或遗漏部分（细则第56条）

3.3.1 一般性考虑因素

细则56
细则137(1)

如果欧洲申请不是来源于在先国际申请，则申请人在收到欧洲检索报告之前不得修改权利要求（细则第137（1）条）。因此，在这种情况下，检索将针对原始提交的欧洲申请中的权利要求，或根据细则第57（c）条或第58条提交的一组权利要求。

如果用于检索的申请文件包含根据细则第56（3）条（参见H部分第Ⅳ章2.3.2）提交的说明书遗漏部分和/或遗漏附图，并且检索小组希望审查小组在后续程序阶段（参见C部分第Ⅲ章1）重新确定申请的日期，则检索小组会扩大检索范围，例如，范围还涵盖与基于申请可能的新申请日评估所要求保护主题的新颖性和创造性相关的现有技术（另见B部分第Ⅺ章2.1）。如果欧洲-PCT申请包含说明书、附图或权利要求的遗漏部分和/或根据PCT细则第20.6条提交的遗漏项目，上述内容同样适用于欧洲-PCT申请。

3.3.2 适用于欧洲-PCT申请的特定规则

细则159(1)(b)
细则161

如果欧洲申请来源于在先国际申请，申请人可能在国际阶段修改了国际申请，所述修改发生在收到国际检索报告（PCT条约第19（1）条）之后或者在国际初步审查期间（PCT条约第34（2）（b）条）。然后，申请人可以根据细则第159（1）（b）条指定他们希望以这些修改的或其他方式修改的申请文件（包括权利要求）进入欧洲阶段。此外，EPO也给予申请人在规定期限内修改申请文件（包括权利要求）的机会（细则第161（2）条，参见E部分第Ⅸ章3）。修改后的申请作为根据公约第153（7）条必须进行的任何补充欧洲检索的基础（参见B部分第Ⅱ章4.3和B部分第Ⅺ章2）。

如果国际申请的权利要求在进入欧洲（地区）阶段时的修改违反公约第123（2）条，则适用B部分第Ⅷ章6中解释的程序。

3.4 放弃权利要求

细则45(3)

对于欧洲申请，因未缴纳费用而视为放弃的权利要求必须细则 162(4)　从检索中排除。在检索报告中需标明出于检索目的而实际考虑的权利要求。这既适用于对直接提交的欧洲申请进行的检索，也适用于对进入欧洲阶段的欧洲 - PCT 申请进行的补充欧洲检索（参见 B 部分第Ⅱ章 4.3）。

3.5 对权利要求修改的预期

原则上，在尽可能合理的情况下，检索应涵盖权利要求所针对的整个主题，或者权利要求在修改后可能被合理预期将针对的整个主题（例外情况，在缺乏单一性的情况下参见 B 部分第Ⅶ章 1.3，适用细则第 137（5）条的范围参见 H 部分第Ⅱ章 6)。

示例：

如果一个与电路有关的申请包含的一项或多项权利要求仅针对功能和操作方式，并且说明书和附图中包括一个具有详细且重要的晶体管电路的示例，则检索应包括该电路。

然而，原始提交的申请仅包含一项宽泛的权利要求，没有从属权利要求，则不需要对该申请的权利要求的措辞涵盖的大量实施例的所有特征都进行检索（参见 T 1679/10)。

3.6 宽泛的权利要求

公约 83
公约 84
对于超出其与申请中充分公开的主题（公约第 83 条）并能够获得说明书支持的程度的过于宽泛的或推测性的权利要求(公约第 84 条)，无须进行特别的检索。

示例 1：

如果在涉及并详细描述自动电话交换机的申请中的权利要求是针对自动通信交换中心的，则不会仅仅因为权利要求的宽泛措辞而将检索扩展到自动电报交换、数据交换中心等，除非有可能通过这种扩展检索获得文件，在该文件基础上能够形成缺乏新颖性或创造性的合理反对意见。

示例 2：

如果一项权利要求涉及制造“阻抗元件”的方法，但说明书和附图仅涉及电阻器元件的制造，并且没有说明如何通过本发明的方法制造其他类型的阻抗元件，则将检索扩展到包括电容器的制造通常是不合理的。

示例 3：

如果主要权利要求涉及基材的化学处理，而从说明书或所有实例中可以看出要解决的问题完全取决于天然皮革的性质，则检索不会扩展到塑料、织物或玻璃领域。

示例4：

如果说明书和附图指向带有安全锁芯的锁具，而权利要求涉及一种装置，允许对第一元件相对于其他两个旋转元件的角度位置进行指引，则检索被限制在锁具的范围内。

在特殊情况下，如果缺乏公开或支持使得不可能对整个权利要求范围进行有意义的检索，则根据细则第63条适用不完全检索程序或替代检索报告的声明可能是适当的（参见B部分第Ⅷ章3）。

3.7 独立和从属权利要求

细则43(4)

在针对独立权利要求查阅的文献部分中进行的检索必然包括所有从属权利要求（例外情况参见B部分第Ⅷ章4）。从属权利要求被解释为受其所引用的权利要求的所有特征的限制。因此，如果独立权利要求的主题具备新颖性，则其从属权利要求的主题也具备新颖性（例外情况请参见F部分第Ⅵ章2.4.3）。当独立权利要求的主题的可专利性没有因检索而受到质疑时，则无须就从属权利要求的主题进行进一步检索或引用文件（例外情况，请参见B部分第Ⅱ章4.2（iii）和B部分第Ⅺ章1.2）。

示例1：

在涉及阴极射线示波管的申请中，独立权利要求书针对沿管前部边缘的用于照亮屏幕的特定装置，从属权利要求针对管前部和管主体之间的特定连接，不论连接装置是否与照明装置相结合，检索小组在为检索照明装置而查阅的文献部分中都要检索连接装置。如果在检索之后，照明装置的可专利性未受到质疑，则检索小组不会将对连接装置的检索范围扩展至文献的其他部分，所述其他部分可能包含与这些连接相关的或为这些连接而专门提供的材料。

示例2：

如果在涉及用于治疗指甲感染的药物组合物的申请中，独立权利要求中与活性成分的特定组合相关的主题的可专利性没有因检索而受到质疑，则无须继续检索涉及在该组合物中使用特定挥发性有机溶剂作为载体的从属权利要求。

3.8 从属权利要求的检索

但是，如果对独立权利要求主题的可专利性提出疑问，则可能需要在文献的其他部分（例如在一个或多个附加的分类单元中）继续进行检索，以便评估从属权利要求的主题本身是否具备新颖性和创造性。对于表面上看起来微不足道或本领域通常已知的特征不进行这种特别检索。但是，如果可以迅速找到手册或其他文件，证明某一特征是众所周知的，则可以引用该手册或其他文件（参见 G 部分第Ⅶ章 6（iii））。当从属权利要求增加了另一个特征时（而不是提供独立权利要求中已经存在的要素的更多细节），应将从属权利要求与独立权利要求中的特征结合起来考虑，并进行相应的处理（参见 F 部分第Ⅳ章 3.4）。

3.9 权利要求中的要素组合

对于以要素组合（例如 A、B 和 C）为特征的权利要求，检索是针对组合进行的。但是，在为此目的检索文献的多个部分时，应在这些部分中同时检索子组合，所述子组合包含单独的要素（例如 A 和 B，A 和 C，B 和 C，以及单独的 A、B 和 C）。只有在需要确定要素的新颖性以便评估组合的创造性时，才在文献的其他部分中检索子组合或组合的单独要素。

3.10 不同类别

当申请包含不同类别的权利要求时，检索中必须包括所有这些权利要求（对于不符合细则第 43（2）条的情况，参见 B 部分第Ⅷ章 4）。但是，如果产品权利要求显然既是新的又是非显而易见的，则检索小组不会特别努力地检索必然导致该产品的制造方法或该产品用途的权利要求（参见 F 部分第Ⅳ章 3.8 和 G 部分第Ⅶ章 13）。当申请仅包含一个类型的权利要求时，可能需要检索其他类型的权利要求。例如，一般而言，即除非申请中含有相反的指示，可以假定在针对化学方法的权利要求中，起始产品构成现有技术的一部分，否则不需要进行检索；只有当中间体构成一项或多项权利要求的主题时才对其进行检索；但最终产物总是需要被检索，除非最终产物明显已知。

3.11 检索排除的主题

检索小组可以将某些主题排除在其检索之外。这些排除可

细则 63
细则 62a
能是由于某些主题不符合 EPC 中有关排除可专利性的规定或不符合有关工业实用性的规定（参见 B 部分第Ⅷ章 1 和 2）。如果申请不符合 EPC 的规定，以至于由于其他原因（参见 B 部分第Ⅷ章 3）而无法对部分或全部权利要求或一个权利要求的部分进行有意义的检索，或者申请不符合细则第 43（2）条的规定（参见 B 部分第Ⅷ章 4），则也可能出现排除检索主题的情况。

3.12 缺乏单一性

细则 64
此外，当申请的权利要求不仅仅涉及一项发明，也不涉及为形成一个总的发明构思而关联的一组发明时，检索通常仅限于权利要求中首次提及的发明或相关的发明组（参见 B 部分第Ⅶ章和 F 部分第Ⅴ章 3.4）。在部分检索报告附带的通知书中将告知申请人因上述原因引起的检索限制（参见 B 部分第Ⅶ章 1.2）。

3.13 技术背景

在某些情况下，可能希望将检索的主题扩展到包括本发明的“技术背景”。这包括：

- 第一项权利要求的前序部分，即“其特征是”或“其特征在于”的表述之前的部分；
- 在申请说明书的介绍中被称为已知的，但未通过具体引证的方式标识的现有技术；
- 本发明的一般技术背景（通常称为“一般现有技术”）。

第Ⅳ章　检索程序和策略

1. 检索前的程序

在编写欧洲检索报告、欧洲检索意见或根据细则第 62a 条和/或第 63（1）条作出澄清请求时，会触发预检索算法，生成要由检索小组检查的文件列表。这将创建一个标记，作为文件中检索小组已开始检索的证据。如果申请被撤回、驳回或被视为撤回，该检索开始的日期可能与检索费退还有关（参见 A 部分第Ⅹ章 10.2.1）。

1.1 申请的分析

在接到要检索的申请时，检索小组首先要仔细考虑该申请，以便根据 B 部分第Ⅲ章 3 中给出的指导来确定要求保护的发明主题。为此，检索小组根据说明书和附图对权利要求进行分辨式分析。检索小组特别要考虑权利要求、说明书和附图的内容，以充分识别发明所依据的问题、通向其解决方案的发明构思、权利要求中发现的对解决方案至关重要的特征以及获得的结果和效果（例外情况参见 B 部分第Ⅲ章 3.5）。此外，如果说明书中指出权利要求中未出现的技术特征对于解决所陈述的问题至关重要，则这些特征应该包括在检索中（参见 F 部分第Ⅳ章 4.3（ii）和 T 32/82）。

1.2 形式缺陷

公约 90(1)
公约 92
公约 78
公约 53(a)
细则 30 至 34,40 至 50,以及 55 至 58
公约 90(3)
细则 57

如果检索小组注意到受理部门忽略的任何形式缺陷，则应通过内部通信提请受理部门（或在审查小组要求进行附加检索时）注意这些缺陷，并采取适当行动。但是，检索小组并不重复受理部门的任务，也不对这些事项进行任何耗时的调查。检索小组可能会注意到的缺陷包括：

（i）申请的实体缺陷（参见 A 部分第Ⅲ章 3.2），包括：

（a）无电子序列表（细则第 30（1）条，参见《OJ EPO 2011，372》《OJ EPO 2013，542》）；

（b）页码的顺序和/或位置不正确，和/或在页码中未使用阿拉伯数字（细则第 49（6）条））；

（c）说明书和/或权利要求书中出现附图（细则第 49（9）条）；

(d) 申请文件存在删除和/或更改，以至于损害内容的真实性和/或难以满足良好复制的要求（细则第 49（12）条）。

公约 53(a)

(ii) 申请中存在的违禁事项：

细则 48(1)(a)和(b)

(a) 与“公共秩序”相悖（参见 A 部分第Ⅲ章 8.1，F 部分第Ⅱ章 7.2 和 G 部分第Ⅱ章 4.1、4.1.1 和 4.1.2）；或

(b) 构成贬低性陈述（参见 A 部分第Ⅲ章 8.2）。但是请注意，F 部分第Ⅱ章 7.3 中提到的公正评论是允许的。

细则 31 至 33

(iii) 未能遵守生物材料保藏的有关规定（参见 A 部分第Ⅳ章 4），特别是关于在保藏机构申请中的正确标识和保藏机构分配给保藏材料的生物材料的保藏号（细则第 31（1）(c) 条，参见 G 2/93 和 A 部分第Ⅳ章 4.2）。

(iv) 未能正确地将申请确定为公约第 76（1）条意义上的分案申请（参见 A 部分第Ⅳ章 1.3.2、细则第 41（2）(e) 条）。

(v) 存在两种不同 EPO 官方语言的文本（公约第 14 条）。

1.3 申请人引用或提供的文件

细则 66
细则 141

根据使用方案（参见细则第 141（1）条和 B 部分第Ⅺ章 9，以及《OJ EPO 2010，410》），对于要求优先权的申请，申请人应提交由首次申请局进行的任何检索结果的副本（有关详细信息，参见 A 部分第Ⅲ章 6.12）。

如果在检索完成之前申请人提供了首次申请局的现有技术信息，则检索小组检查这些引用文件，并评估其与审查和检索策略定义的相关性。

如果所审查的申请中引用的文件被作为发明起点引用以展示现有技术，或为有关问题提供替代解决方案，或者当它们对于正确理解申请内容是必要的时，则对其进行审查。但是，当此类引用显然仅涉及与要求保护的发明不直接相关的细节时，可能会被忽略。

在特殊情况下，申请引用了未公布的或检索小组无法以其他方式获取的文件，并且该文件看起来对于正确理解要求保护的发明来说是至关重要的，如果不了解该文件的内容，就不可能对至少部分发明进行有意义的检索，那么，检索小组可根据细则第 63 条发出包含以下信息的通知书（参见 B 部分第Ⅷ章 3）：

(i) 需要哪个引用文件；

(ii) 为什么需要该文件；

(iii) 未及时提供文件的后果（见下文）。

在答复此通知书时，申请人可以：

（a）提交有关文件的副本；

（b）答复对于要求保护的发明进行有意义的检索，为什么相关文件不是必需的，和/或指出申请的一部分，其主题可以在不知道相关文件内容的情况下进行检索。

如果在细则第 63（1）条规定的期限内未收到文件副本，且申请人无法及时答复细则第 63（1）条的通知书以使检索小组相信该文件对于促进有意义的检索不是必需的，则检索小组会根据细则第 63 条准备不完全检索报告，或在适用的情况下准备一份代替检索报告的声明（参见 B 部分第Ⅷ章 3.2.1）。检索小组将依据以下理由发布不完全检索报告或替代检索报告的声明：

（1）文件不可用所以要求保护的发明在公约第 83 条的含义范围内未被充分公开；和

（2）第（1）条中提到的公开不充分，已达到不可能对至少部分要求保护的发明进行有意义的检索的程度（参见 B 部分第Ⅷ章 3）。

如果在检索小组准备好检索报告和检索意见（如适用，参见 B 部分第Ⅺ章 7）之后，申请人提供了文件，则该文件由于纠正了导致检索不完全的缺陷，检索小组可能会对最初被排除在检索范围之外的主题进行附加检索（参见 C 部分第Ⅳ章 7.2）。

但是，申请人必须意识到，只有在 F 部分第Ⅲ章 8 所示的情况下，才能根据公约第 83 条考虑申请中提到的文件中所包含的信息的充分公开。

2. 检索策略

2.1 检索主题的限制

细则 63
细则 62a

在确定了本章 1.1 中概述的发明主题之后，检索小组可能需要首先准备一份检索声明，尽可能准确地定义其检索的主题。在许多情况下，一项或多项权利要求本身可能用于定义检索的主题，但它们可能必须被概括以覆盖本发明的所有方面和实施例。此时，应牢记与被排除在可专利性之外的主题有关的（参见 B 部第Ⅷ章 1 和 2）以及与发明缺乏单一性有关（参见 B 部分第Ⅶ章 1.1）的考虑因素。检索小组出于以下原因可能不得不限制检索：权利要求被视为放弃（参见 B 部分第Ⅲ章

3.4)，不满足 EPC 的要求以至于不可能进行有意义的检索（参见 B 部分第Ⅷ章 3)，或者申请不符合细则第 43（2）条的规定（参见 B 部分第Ⅷ章 4 中定义的程序)。任何此类对检索进行的限制都必须在检索报告或根据细则第 63 条的替代检索报告的声明中注明。声明必须说明根据细则第 63 条进行任何限制的理由（参见 B 部分第Ⅹ章 8（iii))。就后续程序而言，声明或不完全的检索报告被视为检索报告。

2.2 制定检索策略

接下来，检索小组通过制定检索策略来开始检索过程，生成为检索而要查阅的文献部分，所述检索策略即由一系列表达检索主题的检索语句组成的计划。在检索初始阶段，检索策略包含 B 部分第Ⅲ章 2.2 中提到的基本检索要素的一个或多个组合。检索过程是交互式和迭代的，检索小组根据检索到的信息的有用性来重新表述其初始检索语句（参见 B 部分第Ⅲ章 1.1 和本章 2.4 和 2.6)。使用分类组时，检索小组会选择在所有直接相关的领域和相近领域选择要参考的分类组进行检索。

在适当情况下，检索小组还将参考其他分类（例如 FI 分类）或索引表（例如 F - terms)，也可以咨询类似技术领域或可能与申请内容有关的领域的同事（参见 B 部分第Ⅰ章 2.1)。

当对检索的领域是否适当有疑问时，检索小组可以请求适当的分类专家提供建议。

通常，多种检索策略都是可行的，检索小组根据其对可用检索工具的经验和知识加以判断，以选择最适合手头案件的检索策略。检索小组优先选择生成的文献部分中找到相关文档的可能性最高的检索策略。通常，申请的主要技术领域将被赋予优先级，从与要求保护的发明的具体实施例和优选实施例最相关的基本组成部分（参见 B 部分第Ⅲ章 2.2）开始。在考虑是否将检索扩展到其他不太相关的文献部分时，检索小组通常要考虑已经获得的检索结果。

2.3 进行检索；文件类型

接下来，检索小组进行检索，并将注意力集中在与新颖性和创造性相关的文件上。

检索小组还会记录可能因其他原因而具有重要性的任何文件，例如：

（i）抵触文件（参见 B 部分第Ⅵ章 4），它们是：

（a）根据公约第 54（3）条公布的欧洲申请（参见 G 部分第Ⅳ章 5.1 和 5.1.1）；

（b）根据公约第 54（3）条、第 153（3）条和第 153（5）条公布的国际申请（参见 G 部分第Ⅳ章 5.2）；

（c）根据公约第 139（2）条公布的 EPC 缔约国的国家申请（参见 G 部分第Ⅳ章 6 和 H 部分第Ⅲ章 4.4）；

（d）在申请优先权间隔期间内公布的任何文件，在优先权日期无效的情况下，根据公约第 54（2）条可能相关。

如果申请在被检索申请的优先权间隔期间内公布，这些申请在检索报告中被引用为“P”类文件（参见 B 部分第Ⅹ章 9.2.4）；如果申请在欧洲或国际申请日或者之后公布，则在检索报告中被引用为“E”类文件（参见 B 部分第Ⅹ章 9.2.6）。

（ii）对所要求的任何优先权的有效性提出疑问的文件（参见 B 部分第Ⅵ章 3 和 F 部分第Ⅵ章 1.4.1），在检索报告中被引用为“L”类文件（见 B 部分第Ⅹ章 9.2.8（a））。

（iii）有助于更好或更正确地理解要求保护的发明的文件，在检索报告中被引用为“T”类文件（参见 B 部分第Ⅹ章 9.2.5）。

（iv）说明技术背景的文件，在检索报告中被引用为“A”类文件（参见 B 部分第Ⅹ章 9.2.2）。

（v）与进行检索的申请具有相同的申请日或优先权日的欧洲专利申请，来自同一申请人，涉及同一发明，因此与重复授权专利问题相关（参见 G 部分第Ⅳ章 5.4），在检索报告中被引用为“L”类文件（参见 B 部分第Ⅹ章 9.2.8（c））。

（vi）表明或确定来自互联网文件的公开日期的文件（参见 G 部分第Ⅳ章 7.5），在检索报告中被引用为“L”类文件（参见 B 部分第Ⅹ章 9.2.8（b））。

（vii）从互联网上检索到的没有任何公布日期但检索小组仍然希望引用这些文件以通知申请人或第三方的文件（参见 G 部分第Ⅳ章 7.5.4），也被引用为“L”类文件（参见 B 部分第Ⅹ章 9.2.8）。

但是，除非在特定情况下有特殊原因，否则检索小组不会花费大量时间来检索这些文件或考虑此类事项（参见 B 部分第Ⅵ章 5.3 和 B 部分第Ⅺ章 4）。

2.4 检索主题的重构

检索小组会不断评估其检索结果，并在必要时相应地对检索主题进行重构。例如，检索期间基于获得的中间结果，可能需要改变对要检索的分类单元的选择或改变进行检索的顺序。检索小组还将考虑获得的结果从而进行判断，在系统性检索期间的任何时间决定是否需要以某种不同的方式处理检索文献，例如通过查阅以下文件处理检索文献，或者是否需要转向检索小组内网可用的文献以外的文献（参见B部分第Ⅸ章）：

（i）检索产生的相关文件中的引证文件，例如在专利文件的说明书或检索报告中引用的文件；或

（ii）引用检索产生的相关文件的文件。

在使用安全链接以外的其他方式（如互联网）检索外部文献集，以获得与未公布主题有关的材料时，检索小组在制定检索策略时必须非常小心，以免无意中泄露机密材料，即未公布专利申请的任何部分（参见B部分第Ⅲ章2.4）。

2.5 最接近的现有技术及其对检索的影响

检索小组可能没有发现在最早优先权日之前公开的影响要求保护的发明的新颖性或创造性的任何文件。在这种情况下，检索小组尽可能在检索报告中至少引用在检索过程中发现的现有技术，所述现有技术公开了与要求保护的发明所依据的相同问题的解决方案（其中这一问题可能根据检索到的现有技术而改变（G部分第Ⅶ章5.2），并且其中已知的解决方案在技术上最接近要求保护的解决方案（最接近的现有技术））。这种现有技术将在检索报告中被引用为“A”类文件（参见B部分第Ⅹ章9.2.2）。

如果找不到这样的文件，则检索小组引用的作为最接近现有技术的文件，是解决与要求保护的发明所依据的问题密切相关的问题的文件，其中该解决方案在技术上与正在检索申请的技术方案最相似。

如果检索小组检索到偶然影响了要求保护的发明的新颖性的文件（引用为“X”类文件），但在对申请进行适当修改后不影响其创造性，并且没有检索到任何其他影响创造性的文件，则检索小组也按上述方式进行处理。

如果欧洲申请源自国际申请，并在进入欧洲阶段后接受补

充欧洲检索（公约第 153（7）条——参见 B 部分第Ⅱ章 4.3），除国际检索单位在国际检索报告中已经引用的文件之外，检索小组可能在检索中没有发现任何进一步相关的现有技术文件。在这种情况下，允许在补充欧洲检索报告中没有进一步的相关文件（参见 B 部分第Ⅹ章 9.1.4）。

2.6 中止检索

出于效率的原因，当相对于所需的努力而言发现进一步的相关现有技术的可能性非常低时，检索小组作出判断并中止检索。如果发现的文件清楚地表明要求保护的发明的整个主题及其在说明书中的详细描述，除在所审查的领域中属于微不足道的或公知常识的一些特征，且其应用不会涉及创造性，都缺乏新颖性，也可以中止检索。但是，对抵触申请的检索始终在当前可获取文献中存在的范围内完成（参见 B 部分第Ⅵ章 4）。

3. 检索后的程序

3.1 检索报告的准备

检索完成后，检索小组从检索到的文献中选择要在报告中引用的文献。这些文献总是包括最相关的文献（将在报告中特别说明，参见 B 部分第Ⅹ章 9.2.1）。相关性较低的文件只有在涉及已选择引用的文件中未找到的请求保护的发明的某些方面或细节时才会被引用。在与新颖性或创造性有关的存疑或边缘情况中，检索小组将引用更多文件，以便审查小组有机会更充分地考虑该主题（参见 B 部分第Ⅲ章 1.1）。

检索小组不会引用超过必要限度的文件，因此，当存在多个具有同等相关性的文件时，检索报告通常只会引用其中的一个。在任何情况下，检索报告都附有一份由计算机生成的附页，其中列出了可用的属于同一专利族的专利文件。从这些文件中选择引用时，检索小组会考虑语言的便利性，最好是引用（或至少注明）本申请语言的文件（参见 B 部分第Ⅹ章 9.1.2）。

3.2 完成检索后发现的文件

有时在完成检索报告后，检索小组可能会发现进一步的相关文件（例如，在以后对相关申请的检索中）。审查中可使用此类文件（参见C部分第Ⅳ章7.4）。

3.3 检索报告中的错误

如果在公布检索报告之前发现其中存在实质性错误，将撰写一份新的检索报告取代前一份。如果检索报告已经根据细则第65条发送给申请人但尚未公布，则立即将错误通知申请人。如果在公布检索报告后发现严重错误，则在《欧洲专利公报》上公布更正，并相应地通知申请人和审查小组。如果错误包括传输了不正确的文件作为引用文件，则发送正确的文件。

第Ⅴ章　欧洲专利申请的预分类、IPC 和 CPC 分类

1. 定　义

“预分类”是指分类的第一阶段，用于内部申请（文件）的转交和分发，其中要求保护的发明（或如果有多个，则为首先要求保护的发明）的主题通过适当的分类号被广泛地识别。

“IPC 分类”是指根据 WIPO 公布的国际专利分类（IPC）分配适当的分类号。参见 WIPO 网站了解现行 IPC 版本和“IPC 指南”，其中规定了分类的原则和规则。

“CPC 分类”是指根据 EPO 和 USPTO 公布的联合专利分类（CPC）分配适当的分类号。参见 CPC 网站了解现行 CPC 版本和“CPC 指南”，它是对“IPC 指南”的补充，因为其涵盖了 CPC 与 IPC 相比的显著特征。

2. 预分类（用于文件转交和分发）

为了正确分配申请，需要进行预分类。预分类在对文献（例如，摘要和（一项或多项）独立权利要求）进行快速和粗略审查的基础上进行，在此阶段的分类程度尽可能在实践上宽泛。另一方面，该分类程度足够具体，可以避免最终分配之前需要的任何中间阶段的预分类。

这一阶段的分类使用 IPC 和/或 CPC 分类号进行，并在档案和 EPO 内部电子工具中注明。

大多数情况下，不需要再进一步分类就能够将申请分配到相关的检索小组。但是如果需要，负责该领域的审查员有权以有利的方式安排重新分配。

2.1 不正确的预分类

如果申请到达检索小组时发现预分类错误并且分配不恰当，则接收的检索小组会重新分配，并且注明对档案和 EPO 内部电子工具的适当修改。通常，通过与建议重新分配的检索小组之间共同协商来完成重新分配。然而，分类边界存在分歧或不确定的情况，或者处理案件的检索小组对其正确的预分类不确定的情况也会出现。在这种情况下，收到案件的检索小组不会花时间试图解决问题，而是将案件转交给指定的分类事务专

家团队中的一员。

3. 申请的 IPC 分类

专利申请的 IPC 分类由检索小组进行。

IPC 分类在 IPC 方案允许的范围内，尽可能准确、全面地识别与要求保护的发明（或如果有多个，则为每个要求保护的发明）的技术主题相关的所有特征。

根据“IPC 指南”中定义的 IPC 规则，IPC 分类由“发明信息”分类号和“附加信息”分类号（后者包括 IPC 索引代码的使用）组成。此外，如果有必要为发明本身指定一个以上的分类号，则首先注明检索小组认为最能够充分识别它的分类号，或者当这样做有困难时，首先注明给出最多信息识别发明的分类号。优选地，这一分类是在检索小组研究过申请的内容以便进行检索时给出的。然而，如果在撰写检索报告之前就应当公布申请，检索小组就有必要充分研究申请，以确定该早期阶段的 IPC 分类（参见 B 部分第Ⅹ章 5）。

IPC 分类的确定不考虑任何修改后申请的可能内容，因为该分类涉及已公布申请，即原始提交申请中的公开内容。但是，如果检索小组对于发明或原始提交申请内容的理解由于检索而发生重大改变（例如，由于发现了现有技术或澄清了明显晦涩之处），如果公布准备工作在此阶段还未完成，检索小组可以相应地修改分类。

3.1 迟公布检索报告的 IPC 分类

如果检索报告无法及时获得用于申请公布，而因此被单独公布，并且检索小组发现有必要基于本章 3 最后一段所述的原因修改指定的 IPC 分类，则在检索报告上说明修订后的分类，注明其取代申请上公布的分类（因此仅成为“公布分类”）构成 IPC 分类。除非检索小组非常确定有必要，否则不会对分类进行此类修改。

如果欧洲专利申请在没有欧洲检索报告的情况下进行分类和公布（A2 公布），则欧洲检索报告在申请公布之后单独准备并公布（A3 公布）。在欧洲申请公布（A2 公布）和单独的检索报告公布（A3 公布）之间的时间段内，可能公布新的 IPC 版本。这种情况下，检索小组在检索报告中使用在申请公布时有效的 IPC 版本。

3.2 发明范围不清楚时（例如，部分检索）的IPC分类

当发明的范围不清楚时，分类必须基于可以理解的似乎是发明的内容。如果检索消除了晦涩难懂的内容，则有必要对其进行修改，正如本章3最后一段所述。

3.3 发明缺乏单一性时的IPC分类

在提出发明缺乏单一性的反对意见时，必须对所有的发明进行分类，因为所有发明都将在公布的申请中公开。要求保护的每项发明均应按照本章3至3.2的规定进行分类。

3.4 IPC分类的确认

作为一般性规则，申请离开检索小组后专利局不会进行系统核查以验证检索小组分配的IPC分类的正确性。但是，专利局可以制定必要的抽样检查程序，确保IPC应用的正确性和一致性。当然，在申请离开其单位之前，直属管理者可以根据其成员的经验，安排他们认为有必要的检查。

4. 申请的CPC分类

与IPC相同，检索小组根据CPC的规定对专利申请进行分类。实践中，首先进行CPC分类，然后通过一对一索引从CPC分配中生成相关的IPC分类号（参见CPC网站上公布的CPC至IPC索引表（CICL））。

分配的CPC分类号在分类系统允许的情况下应尽可能准确和全面。CPC包含“发明信息”分类号和“附加信息”分类号。附加信息分类号包括CPC索引代码的使用。当有必要为发明本身指定多个CPC分类号时，则首先指出按照检索小组的意见能最充分识别发明的分类号，或者，如果存在困难，则首先指出提供最多识别发明信息的分类号。

与IPC一样，CPC分类最好在检索小组研究过申请内容以便实施检索时进行。

正如IPC分类，CPC分类的确定不考虑任何修改后申请未来可能的内容，因为分类涉及已公布申请，即原始提交申请的公开内容。

但是，如果检索小组对发明或原始提交的申请内容的理解，由于检索产生了重大的变化，则检索小组将利用适当的分

类工具相应地修改 CPC 分类。与 IPC 分类的修改不同（参见本章 3），即使是在公布准备工作完成之后也可以进行这一修改。

当发明范围不清楚时（例如，需要部分检索）或者发明缺乏单一性的情况下，本章 3.2 和 3.3 中描述的 IPC 分类原则同样适用于 CPC 分类。

第Ⅵ章　检索阶段的现有技术

1. 概　述

G部分第Ⅳ章列出了与现有技术和可专利性，特别是与新颖性和创造性判断相关的一般性考虑因素。

2. 口头披露、使用、展览等公开作为现有技术

根据EPC第54条，如果口头披露、使用、展览等公开的事实可以被证实，则被认为是现有技术。特别是，确认口头公开的书面文件甚至可以在被检索申请的申请日之后公开，因为口头公开的日期根据公约第54（2）条的规定是明确的。

细则61(4)

但是，检索小组在进行欧洲检索时，仅在有书面确认或其他可证明事实的情况下，才会引用口头披露等作为现有技术：以非书面公开的日期作为相关日（参见G部分第Ⅵ章3）；还必须指明最终书面公开的日期。

对口头公开、在先使用公开、销售公开等的引用通常由异议人在异议程序中提出（参见G部分第Ⅳ章7.1至7.4）。

3. 优先权

如果在这一阶段无法核实优先权日期，考虑到其有效性会存在不确定性，对抵触申请的检索将扩展到覆盖要求的最早优先权日到正在考虑的申请的申请日（不是要求的优先权日）之间公开的所有申请（参见B部分第Ⅳ章2.3和B部分第Ⅺ章4）。

4. 抵触申请

4.1 潜在的欧洲抵触申请和国际抵触申请

公约54(3)

通常，如果检索在欧洲或国际申请的申请日（根据公约第80条的申请日而不是要求的优先权日）后不到18个月的时间内完成，在检索时不可能对潜在的欧洲和国际抵触申请进行全面检索。因此，这一检索必须由审查小组在审查阶段完成（参见C部分第Ⅳ章7.1）。如果检索小组发现潜在抵触的已公开文件，则会在检索报告中引用这些文件。

无论其来源国家或地区，申请日或有效优先权日早于被检索申请的申请日（非优先权日），但在被检索申请的申请日当

天或之后公开，并且包含的主题破坏被检索申请的至少一个独立权利要求的新颖性，则专利文件被称为“E”类文件，参见B部分第Ⅹ章9.2.6。

欧洲检索报告中引用的“E”类文件可以是其他相关的具有较早优先权日（公约第54（3）条）的欧洲或国际申请，因为其破坏了正在检索的申请中要求保护的主题的新颖性。

在这方面必须要强调的是，如果“E”类文件在任何部分（即权利要求、说明书或附图）中公开了相关主题，则“E”类文件就是根据公约第54（3）条破坏新颖性的现有技术。

4.1.1 以“E”类文件形式公布的欧洲申请

（a）对于1997年7月1日到2007年12月12日之间提交的欧洲申请，由于欧洲申请的指定费在申请公布之后缴纳（EPC 1973公约第79（2）条），则申请在公布时自动指定所有EPC缔约国（参见《OJ EPO 1997，160》）。但是，根据EPC 1973公约第23a条的规定，如果相关指定费没有按时缴纳，则欧洲申请在公布时的自动指定追溯无效。

这意味着当检索到的欧洲申请是凭借其破坏新颖性的主题和在先的优先权成为潜在相关的“E”类文件时，如果该文件在指定国规则变更之后（1997年7月1日发生）以及EPC 2000公约生效之前提交，那么从公开文件中无法立即识别哪些缔约国已被有效指定。因此，这一文件总是被作为“E”类文件引用（即假设其与被检索申请共享有效指定国）。

（b）对2007年12月13日或之后提交的欧洲专利申请，任何具有更早的申请日并且在被审申请的申请日当天或之后公布的欧洲申请都被认为是根据公约第54（3）条目的的现有技术，不考虑共同指定国。

4.1.2 以“E”类文件形式公布的国际申请

（a）根据EPC 1973公约第158（1）条，在2007年12月13日之前有效进入欧洲阶段并且在欧洲申请检索中被作为“E”类文件检索的抵触PCT申请，仅在以下情况下构成EPC 1973公约第54（3）和（4）条意义上的现有技术：

－在国际申请中指定EPO；

－如有必要，申请人已向EPO提供了国际申请翻译成EPO官方语言的译文；以及

–申请人已缴纳根据EPC 1973公约细则第107（1）（c）条的EPO国家基本费（和申请费一样）和根据EPC 1973公约细则第107（1）（d）条的EPO指定费。

（b）在2007年12月13日或之后进入欧洲阶段并且在欧洲申请检索中被作为“E”类文件检索的抵触PCT申请，只有在满足细则第165条的情况下，才构成公约第54（3）条意义上的现有技术：

–在国际申请中指定EPO；

–如有必要，申请人已向EPO提供国际申请翻译成根据公约第153（4）条和细则第159（1）（a）条规定的EPO官方语言的译文；以及

–申请人已经缴纳根据细则第159（1）（c）条规定的申请费。

如果不可能根据已公布的国际申请验证上述任何一项（特别是因为根据PCT条约第22条和第33条执行上述行为的31个月期限在国际申请检索时尚未到期），该文件可能根据公约第54（3）条变得相关，并因此在检索报告中被作为“E”类文件引用（参见B部分第Ⅹ章9.2.6）。

4.2 国家在先权利

公约139(2)

在欧洲申请中也可能指定一个或多个国家的国家申请，其申请日早于欧洲申请的申请日或优先权日，并在该日期当天或之后作为国家申请或专利公布。虽然此类申请不是欧洲专利授权的障碍，而只是在相关缔约国撤销的理由，但它们可能对于申请人很重要（参见H部分第Ⅲ章4.4）。因此，文档中存在的任何这类文件都要在检索报告中为提供信息而注明并引用（参见B部分第Ⅹ章9.2.6）。

5. 检索报告中引用文件的相关日；申请日和优先权日

5.1 核实请求的优先权日

公约80
细则40
公约90(3)
公约54(2)

如果在检索阶段无法验证优先权要求的有效性（参见B部分第Ⅺ章4），检索的基本相关日必须采用由受理部门给予的欧洲申请的申请日（例外情况，对于抵触申请的检索相关日参见本章3）。

5.2 中间文件

检索小组考虑在最早的优先权日和申请的申请日之间公布的文件，在检索报告中被标识为中间文件（参见B部分第Ⅹ章9.2.4）。当申请有多个优先权日时，为了识别这些文件，将应用最早的优先权日。当决定在检索报告中引用哪些文件时，检索小组会参考这些文件的日期并优先选择在优先权日之前公布的文件。因此，例如有两篇同等相关的文件，一篇在优先权日之前公布，另一篇在优先权日之后但在申请日之前公布，检索小组将会选择引用前一篇文件（参见B部分第Ⅳ章3.1第2段）。

5.3 对优先权请求有效性的质疑；扩展检索

审查小组有责任检查优先权请求是否合理以及在何种程度上合理。但是，如果在检索中有介于中间状态的现有技术（参见本章5.2）或根据公约第54（3）条规定的潜在现有技术，如有可能，检索小组会检查优先权请求的有效性（参见B部分第Ⅺ章4、F部分第Ⅵ章1.2至1.5以及F部分第Ⅵ章2）。此外，如果在检索中发现表明优先权请求可能不合理的文件（例如，同一申请人的在先申请或专利，表明请求优先权的申请可能不是关于本发明的首次申请），则会在检索报告中引用（参见B部分第Ⅹ章9.2.8）。但是，通常不会为此目的进行特别的检索工作，除非有特殊原因，例如当优先权申请是未要求优先权的在先申请的“部分继续申请”时（参见B部分第Ⅳ章2.3和F部分第Ⅵ章2.4.4）。有时，申请人的居住国与优先权申请的国家不同，这一事实也可能表明它不是首次申请，证明有必要进行扩展检索。

当为此目的进行扩展检索时，其将定向到：

（i）早于要求的优先权日提交的公开专利文献。

示例1（假设所有申请的申请人都是相同的）：

日期	申请	主题
1998.03.01	GB1 已提交	A
1998.05.30	GB2 已提交	A
1999.05.30	EP1 已提交（要求GB2的优先权）	A
1999.09.10	GB1 已公布	A

在EP1的检索期间，检索小组检索到已公布申请GB1。因

为GB1早于GB2公开，所以它可以破坏EP1的优先权请求。因此根据B部分第Ⅹ章9.2.8（a），公开的GB1在检索报告中被引用为“L”类文件。或者

（ii）已公开的专利文件要求早于被检索申请的优先权日提交的申请作为优先权。

示例2（假设所有申请的申请人都是相同的）：

日期	申请	主题
1998.03.01	GB1已提交	A
1998.05.30	GB2已提交	A
1999.03.01	US1已提交（要求GB1的优先权）	A
1999.05.30	EP1已提交（要求GB2的优先权）	A
2000.04.15	US1已公布	A

在检索EP1期间发现了公开文件US1。因为GB1早于GB2提交，所以GB1可以破坏EP1的优先权。因此根据B部分第Ⅹ章9.2.8（a），要求GB1优先权的US1在检索报告中被引用为“L”类文件。

5.4 申请日后公布的文件

检索通常不考虑受理部门给予的申请的申请日之后公布的文件。

但是，在特定情况下可能会出现申请日之后公布的文件是相关的；例如口头公开的书面确认（参见本章2），或在后的文件包含可能有利于更好地理解发明的发明所依据的原理或理论，或在后的文件表明本发明所依据的推理或事实不正确（参见B部分第Ⅹ章9.2.5）。检索不是为了这一目的而扩展，但是检索小组在得知这一性质的文件时可以选择在检索报告中引用。

如果优先权请求有效（参见本章5.1），检索也通常不会考虑在最早有效请求的优先权日之后公开的文件，因为后者根据公约第89条被认为是申请的申请日。然而，从本章3、4和5.3中可以明确看出，为了特定的目的进行一些扩展检索是必要的。

5.5 不丧失新颖性的公开

公约第55(1)(a)和(b)

如果发明的公开发生在欧洲专利申请提交前不早于6个月（参见G 3/98和G 2/99），并且如果是由于申请人或其法定前

细则25　任相关的明显滥用，或由于在官方或官方认可的国际展览上展出，则发明的公开不予考虑。然而，检索小组确实在检索报告中引用了它有理由相信属于B部分第Ⅹ章9.2.8中提到的类别之一的任何文件。这种情况下，检索的相关日将是申请的申请日（参见本章5.1和B部分第Ⅺ章4）。由于一般只在传送检索报告和检索意见之后才会提出滥用问题（如果适用，参见B部分第Ⅺ章7），展览公开涉及展出的发明和要求保护的发明之间的认定问题，审查小组对两个事项都要进行调查。

5.6 现有技术存疑

由于关于新颖性的决定不是检索小组而是审查小组的责任（参见B部分第Ⅲ章1.1），所以检索小组不会因为怀疑例如公开的确切日期或公众可用性，也不会因为怀疑此类文件可能涉及的口头披露、展览等的确切内容，而放弃高相关度的文件（例如标准或标准准备文件，参见G部分第Ⅳ章7.6）。检索小组试图消除可能存在的任何疑问，但仍然总是会在检索报告中引用相关文件并继续检索，就像没有找到该文件一样。可以引用为存疑事项提供证据的其他文件（参见B部分第Ⅹ章9.2.8）。检索意见包含解释问题的详细信息。

除非给出合理的反对理由，例如通过检索小组显示提前公布，或在审查程序中由申请人显示延迟公布，否则文件中关于其公布日的任何指示都被认为是正确的。如果指定的公布日期不够精确（例如，因为只给出了年份或月份），不能确定是否公布在检索的相关日之前，则检索小组将努力确定具有足够精度的确切日期来达到目的。在文件上盖章的EPO接收日或在其他文献中给出的该日期，可能对这方面有所帮助，所述提及日期的文献必须在后引用（参见B部分第Ⅹ章9.2.8）。在制定检索意见和实质审查期间，将会调查文件的公众可用性（参见C部分第Ⅳ章1）。如果检索小组做出了努力，但日期仍然不足够精确，无法得知文件是在优先权日或申请日之前还是在之后公布的，则检索小组会将其当作在可能的最早的日期公布来引用。例如，如果只知道公开月份和年份，检索小组会将其引用为在那个月的第一天公布。

6. 现有技术公开的内容

6.1 一般性说明

作为一般性规则，检索小组仅选择引用在检索文档中存在或以其他方式可以访问的文件。这样一来，所引用文件的内容就不存在疑问，因为检索小组通常实质检查了每一篇引用文件。

6.2 与未提供EPO官方语言之一的文件或以EPO官方语言之一公开的文件相对应的引用文件

在某些情况下，可以引用内容未经核实的文件，前提是有理由假设其内容与检索小组检查过的另一篇文件相同；则两篇文件都在检索报告中以B部分第Ⅹ章9.1.2末尾所示的方式提及。例如，检索小组可能没有查阅申请日之前以非EPO语言公布并选择引用的文件，而是已经查阅了以EPO官方语言并可能在申请日之后公布的相应的文件（例如，同一专利族的另一成员或文章的翻译）。此外，如果没有明确的相反指示，可以假设摘要的内容包含在原始文件中。此外，通常假设口头陈述报告的内容与该陈述一致。

在引用不熟悉语言的文件之前，检索小组必须确定文件是相关的（例如，通过机器翻译，通过同事翻译，通过熟悉语言的相应文件或摘要，或通过文件中的附图或化学式，或通过查阅与该文件的技术内容相关的数据库索引（参见B部分第Ⅹ章9.1.3））。

6.3 摘要与原始文件之间的抵触

如果摘要出现问题，无论是因为摘要与其相关的原始文件似乎产生了冲突，或是因为摘要与同一原始文件的其他摘要抵触，检索小组都将按照以下步骤进行：

（i）如果原始文件使用可理解的语言（特别是EPC缔约国的一种语言），并且检索小组直接可用或可以订购，则检索小组引用原始文件；

（ii）如果文件使用难以理解的语言（例如俄语、日语或汉语）和/或难以获得，则检索小组引用摘要。如果有多个摘要可用，检索小组将引用与要求保护的发明最相关的摘要，无论这一摘要与其他摘要或原始文件之间是否存在抵触。

原始文件将在检索报告中显示为引用摘要的“&”文件。如果可用但使用日文等难以理解的语言，原始文件和摘要都将被打印发送给申请人并包含在文件中（参见B部分第Ⅹ章9.1.2）。检索小组可以在检索意见中解释为什么认为存在抵触。

如果摘要与其相关的原始文件之间的抵触达到了摘要不正确的程度，则摘要不构成现有技术的一部分：作为摘要基础的原始文件构成现有技术（参见T 77/87）。但是，出于出具检索报告和意见的目的，摘要被认为是原始文件内容的真实表达，除非两者之间的差异很明显。获得摘要和原始文件后，申请人可以比较两种公开，就摘要的技术有效性得出结论。在审查中保留对上述假设进行反驳的机会（例如，通过提供原始文件的译文）。

6.4 现有技术公开不充分

通常检索小组假设现有技术文件中存在的任何技术主题都已充分公开，因此是现有技术的一部分。即使在有疑问的情况下，文献也会在检索报告中以正常的方式引用，并在检索意见中作为依据提出适当的反对意见。仅在明确公开不充分的情况下（参见G部分第Ⅳ章2）才会放弃这一文件。

6.5 在线数据库中记录的化合物不正确

如果检索小组查询通过提取原始文件信息（例如，专利、期刊文章或书籍）并推导出这些文件中公开的化合物而创建的数据库来检索化合物，并且在阅读原始文件时无法找到该化合物，则这并不自动意味着发生了错误并且该化合物未在文件中公开。例如，已命名但结构未示出的公开化合物仍旧是公开的一部分并将被摘录。此外，数据库提供者在其数据库记录中使用标准命名法，而技术文献的作者通常不使用标准命名法。结果，数据库记录中用于化合物的命名可能与原始文件中使用的不同。

然而，有些特定情况下检索小组确实无法在原始文件中找到化合物，而这一化合物与可专利性的评估相关。这种情况下，检索小组可以写信给数据库提供者，询问为什么该化合物是从该文件中提取出来的，以及它在哪儿公开。如果当撰写检索报告时无法获得数据库提供者的回答，则会假设化合物已在文件中公开，而在检索报告中引用并在检索意见中使用该文件。然而检索小组也会继续检索，就像这一化合物不存在一样。

7. 互联网公开——技术期刊

对于一些技术期刊，出版商的网站会显示以电子方式公布的日期，特别是在该日期与纸质出版物的公布日期不同时（参见《OJ EPO 2009，456》）。如G部分第Ⅳ章7.5.3.1所述，在以电子方式公布的情况下可能发生很多不同的情况。在所有这些情况下，检索小组应打印出期刊网页，其中提到了文章或刊物的（电子和纸质）公开和预公开日期，然后在检索报告中将其引用为“L”类文件。最好在找到证据后立即这么做，不要留待以后再做，因为在检索和实质审查之间经过的时间内，信息可能会从网站上移动或删除。

第Ⅶ章　发明的单一性

1. 一般性说明

发明的单一性要求对于促进直到授权期间程序的效率起到了调节作用（T 110/82 和 F 部分第Ⅴ章 6）。将那些由于其内容混杂而导致处理费用远超出平均费用水平的申请视为具备单一性是不公平的，特别是在检索方面，因为这些费用必须部分由其他申请收取的费用承担。另一个方面要求申请的主题易于理解，混杂的主题可能会影响这一点。

另一方面，如果过于严格地适用发明单一性有关的规定，就无法实现在单一程序中处理相互关联的实质性问题的一般目的。出于这个原因，相互关联的主题不能被不必要地分开（参见 F 部分第Ⅴ章）。

1.1 部分欧洲检索报告

细则 64

如果检索小组认为欧洲申请不符合发明单一性的要求（参见 F 部分第Ⅴ章 1），必须对申请在权利要求中首先提及的与发明（或具备单一性的发明组）有关的部分进行检索，并且根据细则第 64（1）条撰写部分欧洲检索报告（参见 F 部分第Ⅴ章 3.4）。部分欧洲检索报告附加单独发明的说明。

关于发明缺乏单一性情况下的检索意见，参见 B 部分第Ⅺ章 5。

1.2 通知缴纳进一步检索费

细则 64(1)
AAD 第 6.1 点

检索小组将在部分检索报告附带的通知书中通知申请人发明缺乏单一性，并表明，如果检索也要涵盖权利要求中首先提及的发明之外的每个发明，则必须为这些发明缴纳进一步的检索费。向申请人提供关于权利要求中首先提及的发明或单一发明组的可专利性的临时意见（参见 F 部分第Ⅴ章 3.4）以及不具备单一性结论的原因。临时意见将与缴纳进一步检索费的通知书一起发送。临时意见仅供参考。不需要对临时意见中提出的问题进行答复，在发布扩展欧洲检索报告时也不会考虑该答复（参见 2017 年 3 月 3 日的 EPO 公告《OJ EPO 2017，A20》）。

1.2.1 概　述

检索费用必须在两个月内缴纳（细则第64（1）条）。如果申请使用自动扣款程序，申请人若不想检索所有或任何进一步的发明，必须在上述期限内通知EPO。否则所有应缴纳的进一步检索费将会在期限的最后一天自动扣款。

（a）如果申请人未在规定期限内缴纳进一步检索费，则不会进行进一步检索，部分检索报告会成为最终检索报告并附有检索意见。然而，关于发明单一性的问题的最终决定由审查小组或最终由主管的上诉委员会作出（参见本章1.4和C部分第Ⅲ章3.1.1）。

（b）如果申请人在规定期限内缴纳进一步检索费，则针对已缴纳进一步检索费的所有发明或发明组完成检索，然后为已缴纳（附加）检索费的所有发明撰写最终检索报告。检索意见将就该已缴纳附加检索费的发明的申请指出不符合EPC规定的任何问题（例如：发明1已被检索，申请人为发明3缴纳了附加检索费，发明3的主题缺乏新颖性。因此，检索意见涵盖发明1并针对发明3的主题缺乏新颖性提出意见）。

1.2.2 无单一性的连锁反应

如果针对一件欧洲申请在检索阶段提出缺乏单一性，将针对权利要求中首先提及的发明进行检索（参见F部分第Ⅴ章3.4），并且要求申请人缴纳附加检索费。此外，会提醒申请人，即使进一步缺乏“后验”（a posteriori）单一性出现在程序中，也不会再就缴纳附加检索费发出进一步通知。

如果申请人缴纳附加检索费，则针对这些已缴纳检索费的发明进行检索。

如果检索表明这些发明中的一个或多个也缺乏“后验”单一性，则只检索每个发明组的第一个发明，不再发出缴纳附加检索费的进一步要求。

进而准备检索意见，阐述不具备单一性的原因，并就已缴纳检索费的发明的可专利性给出意见（参见B部分第Ⅺ章5）。

未被检索的发明可以根据C部分第Ⅸ章1.2作为分案申请提交。

示例：

提出缺乏单一性的反对意见，确定了4个不同的发明A、

B、C、D。检索第一发明A，并要求申请人为发明B、C和D缴纳进一步检索费。使用上述警告条款。

申请人为发明B和C缴纳了两项进一步检索费。在附加检索过程中，发现B缺乏“后验”单一性并把B分为B1、B2和B3三组发明。

在这种情况下，只检索B1和C。在欧洲检索意见（ESOP）中，必须给出充分理由说明为什么申请的权利要求被分为A、B、C和D，以及为什么B被进一步细分为B1、B2和B3。在ESOP中，必须给出关于A、B1和C的可专利性意见。

在欧洲阶段，申请的审查将基于A、B1或C（参见C部分第Ⅲ章3.1.2）。与发明B2、B3和D相关的权利要求可以根据C部分第Ⅸ章1.2作为分案申请提交。

1.2.3 申请人未缴纳所有附加检索费

申请人需要始终明确已经为哪些发明缴纳了附加检索费。因此，如果申请人缴纳了额外要求的检索费的一部分但不是全部，且未表明针对哪些发明付款的情况下，检索小组将尽力找出哪些发明将被（一项）附加检索/多项附加检索所涵盖。

1.3 仅与其他发明相关的文件

虽然在检索权利要求中首次提及的发明时，可能检索到仅与其他发明相关的文件，但这些文件不一定包含在部分欧洲检索报告中。然而，如果这些文件成为缺乏“后验”单一性的基础，则必须在部分欧洲检索报告中引用这些文件（参见F部分第Ⅴ章5和7）。

1.4 对单一性要求的评估和可能的复查

在检索阶段，处理单一性问题的检索小组采用与实质审查相同的标准（参见F部分第Ⅴ章）。特别地，不能仅仅因为要求保护的发明被分到不同的分类组中，或者仅仅为了将检索限制在文档的某些部分，例如某些分类组（但参见B部分第Ⅴ章3.3），就提出缺乏单一性的意见。

对单一性的评估无法一劳永逸。通常，检索小组甚至会在进行检索前形成第一个观点。上述第一次评估必须基于一般知识和申请中包含的现有技术的陈述，以初步认定的形式进行。在检索期间和检索之后，根据找到的文件重新进行评估。实质审查的开始是重新考虑先前关于单一性结论的进一步程序。甚至在诉讼程序后期，基于新的事实和证据，先前采取的立场也可能被替代。

作为一般性规则，除非存在导致必须改变立场的强有力理由，否则将保持先前关于发明单一性的立场。发明单一性问题的最终决定由审查小组或最终由主管上诉委员会作出。因此，原则上，任何先前关于单一性的结论都可以进行复查。

2. 缺乏单一性时的程序

2.1 要求退还进一步检索费

细则 64(2)
细则 164(5)

在审查阶段，申请人可以对不具备单一性的主张提出异议，并要求退还一项或多项已缴纳的进一步费用。如果审查小组认为这是合理的，将退还有关费用（例外情况参见 B 部分第Ⅺ章 1.2）。

2.2 尽管缺乏单一性仍全面检索

特殊地，在缺乏单一性尤其是“后验”单一性的情况下，特别是当发明在构思上非常接近时，检索小组能够以可忽略的额外工作和成本对所有发明进行全面检索并准备检索意见（如适用，参见 B 部分第Ⅺ章 7）。在这种情况下，对进一步发明的检索与对权利要求中首先提及的发明的检索一起完成。然后将所有结果都包含在单一检索报告中，该检索报告中提出了缺乏单一性的反对意见并确定了不同的发明。检索报告进一步说明，由于所有权利要求都可以在无须付出与进一步检索费所对应的努力来进行检索，所以检索小组没有要求申请人缴纳进一步的检索费。然而，检索意见（如适用，参见 B 部分第Ⅺ章 7）仍然提出发明的单一性问题（参见 B 部分第Ⅺ章 5）。

2.3 补充欧洲检索

公约 153(7)
细则 164(1)

当在国际（PCT）检索之后的补充欧洲检索中出现发明单一性问题时，将针对权利要求中首次提及的发明或发明组（参见 F 部分第Ⅴ章 3.4）撰写一份部分补充欧洲检索报告，作为补充欧洲检索的基础（细则第 164（1）（a）条），独立于国际检索单位关于发明单一性的结论。与这份部分补充欧洲检索报告一起，申请人会收到为权利要求中首次提及的发明之外的每项发明缴纳进一步检索费的通知（细则第 164（1）（b）条），即遵循与细则第 64（1）条规定的欧洲直接申请的不具备单一性要求相同的程序（参见本章 1.2）。补充欧洲检索报告还将提供关于权利要求中首先提及的发明或单一发明组的可专利性的临时意见，以及不具备单一性结论的原因。

3. 缺乏单一性与细则第 62a 条或细则第 63 条

B 部分第Ⅷ章 3.4 和 4.5 中分别涉及缺乏单一性且适用细则第 63 条或缺乏单一性且适用细则第 62a 条的情况的程序。

第Ⅷ章 检索中排除的主题

1. 一般性说明

公约 52(2) 和(3) 公约 53 公约 57 细则 63

关于对欧洲专利申请进行的检索，PCT 细则第 39.1 条中列出的主题可能被认为根据 EPC 不具有工业实用性（公约第 57 条），或者在欧洲专利申请与该主题本身相关的范围内，根据公约第 52（2）和（3）条应该从可专利性中排除，或者根据公约第 53（b）和（c）条成为可专利性的例外。只要权利要求与此类主题有关，就不对其进行检索（有关根据细则第 63 条限制检索的程序，参见本章 3.1 至 3.4）。对于通过外科手术或者疗法治疗人体或动物体的方法，或者对人体或动物体施行的诊断方法中使用的组合物的具体案例，参见本章 2.1。

公约 52

虽然这些事项的决定权在审查小组，但出于撰写检索意见的目的（如适用，参见 B 部分第Ⅺ章 7）以及考虑可能的检索限制并因此考虑是否适用细则第 63（1）条规定的程序时（参见本章 3.1 至 3.4），由检索小组形成对这些事项的意见。因此，检索小组必须考虑除新颖性和创造性之外的可专利性要求，如 G 部分第Ⅱ章和 G 部分第Ⅲ章所述。

细则 63

上述情况也可能仅发生在部分权利要求或一项权利要求的部分内容中。这种情况将在根据细则第 63（1）条的通知书中，以及在任何后续不完全检索报告或根据细则第 63（2）条替代检索报告的声明中说明。

2. 与可专利性的具体排除和例外有关的考虑

2.1 通过外科手术或者疗法治疗人体或动物体的方法以及对人体或动物体施行的诊断方法

即使权利要求被撰写为一种医疗方法（参见 G 部分第Ⅱ章 4.2），并因此不涉及可专利的主题，但如果决定性的技术特征是物质的效果，则可以进行有意义的检索，该物质可以进行检索因此不需要执行细则第 63 条的程序（参见本章 3.1 至 3.4）。例如，此类权利要求可表述如下：

“一种通过向患者施用化学式为 X 的化合物来治疗痴呆的方法”，或

“一种在人体/动物体上实施的疾病Y的诊断方法，包括步骤A、B和C”。

根据公约第53（c）条，这些方法权利要求被排除在可专利性之外。但是，在大多数情况下，申请人可以在审查程序期间将它们重新表述为允许的形式（参见G部分第Ⅱ章4.2）。因此，因为这些权利要求通常以物质X的作用或步骤A、B和C中的一个或多个为特征，未直接在人体或动物体上实施，或者这些权利要求以使用试剂而不是以对人体/动物体的治疗或诊断的行为为特征，这些权利要求会被检索。

但是，如果存在特定的方法特征（例如药物与物理治疗的组合），则可能无法进行有意义的检索。如有疑问，检索小组会根据细则第63（1）条发出通知书（参见本章3.1）。但是，无论是否对此类权利要求进行检索，在检索意见中（如适用，参见B部分第Ⅺ章7）都会提醒申请人注意该主题被排除在可专利性之外的事实（参见B部分第Ⅺ章3）。

2.2 依据公约第52（2）和（3）条排除的可专利性的主题

当被视为公约第52（3）条的情况时，公约第52（2）条中列出的主题或活动被视为非技术性的（参见G部分第Ⅱ章1和2）。如果权利要求同时包含技术特征和非技术特征，检索小组确定哪些特征有助于要求保护的主题的技术性（参见G部分第Ⅶ章5.4）。检索涵盖了发现的有助于技术性的所有特征。

孤立地看时是非技术性的特征，但是如果在该发明的上下文中有助于产生服务于技术目的的技术效果，则可能有助于要求保护发明的技术性。仅实现被排除的主题固有的效果（参见T 1543/06）或因规避技术问题而不是促成技术解决方案而产生的效果（参见T 258/03），不符合技术效果的条件。G部分第Ⅱ章3.1至3.7提供了如何评估公约第52（2）条中列出的每一项对技术性贡献的示例。

根据说明书和附图分析要求保护的特征以确定是否产生技术效果并构成针对技术问题的技术解决方案的一部分（根据B部分第Ⅲ章3.2和B部分第Ⅳ章1.1）。特别地，在其说明书和附图中公开的申请的具体实施例（权利要求可能被合理地预期受限于这些实施例）被考虑在内，因为这些实施例可以赋予要求保护的特征以技术性（参见B部分第Ⅲ章3.5）。

如果检索小组认为某些权利要求的特征对要求保护的发明

的技术性没有贡献，则在检索意见中指出。如果提出了缺乏创造性的意见，并且发现至少某些区别特征不具有 G 部分第Ⅶ章 5.4 所规定的有助于解决技术问题的技术效果，则该结论就得到了证实。

2.2.1 计算机实施的商业方法

对于针对计算机实施的商业方法的权利要求，如果对要求保护的主题的技术性有贡献的特征是如此众所周知，以至于无法合理质疑它们在相关日的存在（参见 T 1411/08，理由 4.1 和 4.2，以及 T 690/06，理由 13），则在检索报告中不需要有关现有技术的书面证据。此类“众所周知”的知识不需要引用书面证据，不应与本领域技术人员的公知常识相混淆，后者通常是可以合理质疑的（参见 G 部分第Ⅶ章 2 和 3.1）。在这种特殊情况下，可以根据细则第 61 条发布没有引用文件的检索报告（参见《OJ EPO 2007，592》）。这种根据细则第 61 条的检索报告应当与根据细则第 63（2）条的不检索声明或部分检索报告区分开。

3. 无法进行有意义的检索

细则 63

除了 B 部分第Ⅷ章 1 中讨论的原因外，根据细则第 63（1）条发出的通知书以及随后根据细则第 63（2）条对检索的限制也可能是由于申请不符合 EPC 的相关要求，以至于对全部权利要求或部分权利要求或一项权利要求的部分内容不可能进行有意义的检索。在这种情况下，检索小组适用根据细则第 63 条的程序（参见本章 3.1 至 3.4 和《OJ EPO 2009，533》）。

细则第 63 条仅与检索的可行性有关，与检索结果在后续审查中的潜在相关性无关。即使检索没有产生任何可用于审查程序的结果，也不能援引细则第 63 条拒绝检索（参见 T 1242/04）。

什么是“有意义的”或什么是“无意义的”是检索小组要确定的事实问题。基于申请人对根据细则第 63（1）条发出的通知书的任何答复，结论可能会发生变化（参见本章 3.2）。检索小组自由裁量权的行使取决于案件的事实。必须仔细考虑检索的限制。在某些情况下，由于未能满足 EPC 规定的要求，例如根本不清楚或没有任何技术性，导致实际上不可能检索。词语“有意义的”必须被合理解释。不应解释为仅仅是因为检索困难或没有为后续审查程序提供重要的结果而引用细则第

63条。

由于没有法律规定申请人必须以检索具有经济性的方式来提出申请，因此“经济原因”不能用作发布不完整检索报告的理由或部分理由（另见T 1020/98）。

若干非限制性示例将说明细则第63条的适用之处：

（i）权利要求缺少支持；未充分公开

例如，权利要求的表述过于宽泛，其范围至少在一定程度上是推测性的，即没有得到申请公开的支持。在这种情况下，权利要求的宽泛性使得不可能对整个权利要求进行有意义的检索，只能在较窄的公开发明基础上进行有意义的检索：在极端情况下，这可能意味着只能针对说明书中公开的（一个或多个）具体实施例进行检索。因此，可以适用细则第63（1）条规定的程序（参见本章3.1至3.4）。在此，适用细则第63条的基本要求是满足公约第83条和第84条规定的充分公开和支持的要求（参见F部分第Ⅲ章1和2，以及F部分第Ⅳ章6）。然而，检索小组需要牢记，公约第83条和第84条关于充分公开和支持的要求应当站位本领域技术人员。

（ii）权利要求不简明

例如，有太多的权利要求，或者一项权利要求中有太多的可能性，以至于确定要求保护的主题变得过于烦琐（但是，对于同一类别中的多项独立权利要求的情况参见本章4），全面检索（或进行任何形式的检索）事实上是不可能的。同样，适用细则第63条并随后发布不完全检索报告（根据本章3.1至3.3中定义的程序）或不进行检索的声明可能是合适的，理由是权利要求不够简明以至于无法进行有意义的检索（参见公约第84条；F部分第Ⅳ章5）。

（iii）权利要求不清楚

例如，申请人对定义发明参数的选择使得不可能与现有技术进行有意义的比较，这可能是因为现有技术没有使用相同的参数，或者根本没有使用任何参数。在这种情况下，申请人选择的参数可能不清楚（参见公约第84条；F部分第Ⅳ章4.11）。因为参数的选择使得要求保护的发明不可能与现有技术进行合理的比较，参数的不清楚可能导致不可能对多项权利要求或一项权利要求或一项权利要求的部分内容进行有意义的检索。如果是这样，则适用细则第63条，并且随后根据细则第63（2）条的规定发布不完全检索报告（或者，在特殊情况下，根本不检索）（根据本章第3.1至3.3节中定义的程序）可能是合适的，检索可能就仅限于可运行的实施例，只要这些实施例或者所需参数获得的方式能被理解（申请人对根据细则第63（1）条的通知书作出的任何回应在确定检索的主题时被考虑的程度在本章3.2中进行说明）。

（iv）权利要求违反公约第76条或公约第123（2）条

以下情况下，细则第63条也可适用于包含附加主题的权利要求（参见本章6）：

－分案申请的权利要求违反公约第76条；

－申请日之后提交权利要求并违反公约第123（2）条的申请；

－提交经修改的权利要求作为补充欧洲检索的基础并违反公约第123（2）条的欧洲－PCT申请。

这些示例是非穷举的（另见本章6）。基本原则是申请人和第三方都需要明确和公开哪些内容已被检索，哪些内容尚未被检索。

对这些细则第63条的案例在后续审查程序中的处理参见H部分第Ⅱ章5和6.1。

3.1 通知注明要检索的主题

细则63(1),(2)

如果EPO认为申请不符合EPC以至于不可能基于所有或部分要求保护的主题对现有技术进行有意义的检索（参见本章1、2和3），将要求申请人在两个月内提交一份声明，指明要检索的主题。通知书还将给出这一结论背后的原因，并可能另外说明检索小组认为可以进行有意义检索的要求保护的主题。

在医疗方法权利要求的特殊情况下，只有当权利要求可以很容易地重新表述为可专利的主题时，才会发布全面检索报告（参见本章2.1）。相反，如果预计发出不完全检索报告（或不检索声明），则必须发送通知书（例如，对于不容易重新表述的权利要求）。

3.2 答复根据细则第63（1）条的通知书

3.2.1 未按期答复或未答复

如果申请人未能按期答复根据细则第63（1）条的通知书，检索小组将决定检索什么。在这种情况下，将相应地撰写部分检索报告，或者在特殊情况下用声明替代检索报告。检索的这种限制会对审查产生影响（参见H部分第Ⅱ章5和6.1）。因为延迟提交的答复可能会有助于审查检索小组为执行不完全检索而给出的意见陈述，所以文件中包含该答复以供审查阶段考虑。

鉴于检索报告应与申请一起公布，在细则第63条规定的两个月期限内不可进一步审理，但可以要求重新确立权利（参见《OJ EPO 2009，533》）。

3.2.2 按期答复

细则63(2)

如果申请人按期答复根据细则第63（1）条的通知书，指明要检索的主题，并且如果检索小组认为可以基于申请人所指明的主题进行有意义的检索，则将对该主题进行检索。

如果申请人答复了根据细则第63（1）条的通知书，但是在申请人的答复中指明的主题仍然不可能完全检索，则检索小组将确定检索的主题，但将在可能的范围内，以与申请人的答复一致的方式进行检索，或者在特殊情况下可以决定根本不可能进行有意义的检索。

在对依据细则第63条通知书的答复中提交了改写的权利要求，包含该权利要求的声明根据细则第137（1）条的规定不被视为修改的权利要求，而仅作为对原始提交的权利要求的解释。这些权利要求将在EPO收到申请人根据细则第70（1）和（2）条的规定期限内提交的声明后被正式引入程序中。该确认声明可以与对扩展欧洲检索报告的答复（细则第70a（1）和（2）条）一起提交，或者在适用的情况下，在符合细则第70（1）和（2）条的要求时提交。检索小组将尽可能根据这些澄清撰写检索报告。检索报告和检索意见都必须清楚指明已检索的内容。

如果申请人按期答复了根据细则第63（1）条的通知书，申请人可以不指明要检索的主题，而是简单地陈述意见，即为什么申请人认为可以对所有要求保护的主题进行有意义的检索。如果申请人的意见陈述使检索小组信服，检索小组将出具一份完整的检索报告，继而不会发生审查中适用检索限制的后果。如果检索小组不信服或仅部分信服，检索小组将发布部分检索报告并确定要检索的主题，或者在特殊情况下，将发布声明替代检索报告。根据细则第63条发出通知书是否合适的最终责任在于审查小组。根据细则第63（1）条发出通知书，在检索阶段发布了声明或部分检索报告后，审查中可能需要进行额外检索（参见C部分第Ⅳ章7.2）。

此外，申请人可以在对根据细则第63条的通知书的答复中提出反对通知书中的结论的意见陈述，作为主要请求，要求对原始提交的权利要求进行全面检索，并在检索小组不信服的情况下，作为附加请求指明要检索的具体主题（另见H部分第Ⅲ章3.2）。

如果申请人在根据细则第63条的通知书已经发出后致电检索小组询问行动方案，则申请人可以进行咨询。咨询仅限于与通知书内容有关的形式问题以及申请人可选项。检索小组撰写咨询记录，记录将被发送给申请人（无时间限制），仅用于参考。通知书的规定期限仍适用于申请人提交书面答复；咨询本身不构成有效答复。

3.3 扩展欧洲检索报告（EESR）的内容

EESR的两个组成部分——检索报告（或替代检索报告的声明）和检索意见，将说明根据细则第63条不可能对部分或全部要求保护的主题进行有意义检索的原因，并且将指出根据本章3.2中给出的程序确定的被检索的主题（如果有的话）。此外，检索意见还将要求申请人将权利要求限制在已检索的主题范围内（以符合细则第63（3）条）。检索报告中引用的和检索意见中提及的文件仅与这一主题有关。如果检索的主题符合EPC的要求（特别是新颖性、创造性和工业实用性，但也满足EPC的其他要求，例如公约第84条规定的清楚），而检索意见仍是否定的，则是由于这些权利要求在其整体范围内不符合EPC的要求。

此外，如果在对根据细则第63（1）条的通知书的答复中，申请人对无法进行有意义检索的结论提出异议（参见本章3.2），但是检索小组不信服申请人的意见陈述，将酌情在检索意见中说明原因。如有必要，检索小组可以在检索意见中直接引用申请人的答复。

3.4 适用细则第63条并且缺乏单一性的申请

如果申请不符合EPC的规定，则不可能基于要求保护的某些主题对现有技术进行有意义的检索（参见本章1、2和3），并且申请还缺乏根据公约第 82 条和细则第 44 条规定的发明单一性。仅提出发明单一性的问题并根据细则第 64（1）条发送通知书可能是合适的（参见 B 部分第Ⅶ章 1.1 和 1.2），例如，通过将权利要求拆分为不同的发明来解决大量权利要求导致的严重缺乏简明性的问题。

但是，可能有必要同时应用细则第 64（1）条（要求为权利要求中首先提及的发明以外的发明缴纳附加检索费）和细则第 63（1）条规定的程序。在这种情况下，EPO 将首先向申请人发送根据细则第 63（1）条的通知书，要求申请人指明要检索的主题。如果在收到申请人的任何澄清之前，发明缺乏单一性已经很明显，则该通知书还将确定权利要求中提及的第一项发明（参见 F 部分第Ⅴ章 3.4）和与该发明相关的权利要求，无论是全部还是部分，并要求申请人澄清关于权利要求中首先提及的发明的检索内容。

细则第 63（1）条规定的期限届满后，检索小组将根据本章 3.2 中规定的程序确定关于第一项发明的检索主题（如果有的话）。然后针对权利要求中首先提及的发明准备部分检索报告（或在特殊情况下，用声明代替）。该检索报告将与根据细则第 64（1）条就其他发明缴纳附加检索费的通知书一起发送给申请人。检索报告还将提供关于权利要求中首先提及的发明或单一发明组的可专利性的临时意见以及不具备单一性结论的原因。在适当的情况下，根据细则第 64（1）条的通知书可能也包括根据细则第 63（1）条的通知书，要求申请人明确关于申请人随后缴纳附加检索费的任何其他发明要检索的主题。

细则 164 对于适用这些特殊条件的欧洲－PCT 补充欧洲检索报告，除发送的是根据细则第 164（1）条的通知书而不是根据细则第 64 条的通知书之外，与上述程序相同。

细则 164 细则第 63 条也适用于根据细则第 164（2）条进行的检索（参见 C 部分第Ⅲ章 2.3）。对于欧洲直接申请案例（EP direct cases），任何与需要缴纳检索费的发明相关的根据细则第 63 条的反对意见都必须包含在通知书中。

4. 每一类型有一项以上的独立权利要求（细则第 62a 条）

4.1 通知注明要检索的独立权利要求

细则 62a(1) 如果 EPO 认为原始提交的权利要求不符合细则第 43（2）

条的规定（参见 F 部分第Ⅳ章 3.2），EPO 可以要求申请人在两个月内指明符合细则第 43（2）条的作为检索基础的权利要求。按照细则第 64 条，检索小组可以自行决定发送此通知书，或针对所有权利要求进行全面检索而仅在书面意见中提出根据细则第 43（2）条的反对意见。

4.2 答复根据细则第 62a（1）条的通知书

4.2.1 未按期答复

如果申请人未能按期提供上述指明，则将基于每个类型的第一项权利要求进行检索。在任何一种情况下，都会相应地撰写一份检索报告。这种检索的限制会对审查产生影响（参见 H 部分第Ⅱ章 5 和 6.1）。至于上述根据细则第 63 条的通知书，迟交的答复包含在文件中供审查阶段考虑。

由于检索报告应在申请公布时提供，因此细则第 62a 条规定了两个月的答复期，并排除了进一步审理的可能性。但是，在符合相关条件的情况下，可以批准重新确立权利的请求。

4.2.2 按期答复

如果申请人答复根据细则第 62a（1）条的通知书，指明希望 EPO 检索的特定类型的独立权利要求，EPO 将基于该权利要求进行检索。

作为对这一通知书的答复，只要同一类型中多于一个的独立权利要求属于细则第 43（2）条规定的例外情况，申请人还可以指明上述多项独立权利要求以供检索（参见 F 部分第Ⅳ章 3.2）。但是，如果申请人这样做了，但 EPO 发现指明的权利要求不属于细则第 43（2）条规定的例外情况，则只检索申请人指明的编号最小的独立权利要求。

示例：

如果申请包含独立产品权利要求 1、10 和 15，则根据细则第 62a（1）条发出通知书，申请人在答复中主张独立产品权利要求 10 和 15 属于细则第 43（2）条规定的例外情况，并指明检索这两项权利要求，但是检索小组不同意，则只检索权利要求 10。

如果申请人试图提交修改，则按照本章 3.2.2 指明的程序进行。

在任何对根据细则第62a（1）条的通知书的按期答复中，申请人可以简单地争辩为什么申请人认为这些权利要求符合细则第43（2）条（即为什么同一类别中的多项独立权利要求属于细则第43（2）条中规定的一项或多项例外情况），而不是指明要检索的一个或多个独立权利要求。如果申请人的意见陈述使检索小组信服，将基于所有权利要求出具检索报告，继而不会发生审查中适用检索限制的后果。如果检索小组未信服，则将基于该类型中的第一项独立权利要求进行检索并出具检索报告。根据细则第62a条发出通知书是否合适的最终责任在于审查小组。

此外，申请人可以在答复根据细则第62a条的通知书时，提交反对通知书中结论的意见陈述，作为主要请求，请求对原始提交的权利要求进行全面检索，并在检索小组不信服的情况下，作为附加请求指明要检索的独立权利要求（另见H部分第Ⅲ章3.2）。

依据上文对根据细则第63条的通知书的解释，申请人可以致电检索小组，询问根据细则第62a条的通知书发出后的行动方案（参见本章3.2.2）。

4.3 扩展欧洲检索报告（EESR）的内容

检索意见将要求申请人将申请限制为已检索的权利要求（细则第62a（2）条）。此外，如果在对根据细则第62a（1）条的通知书的答复中，申请人对根据细则第43（2）条的结论提出反驳（参见本章4.2），但是检索小组不信服申请人的意见陈述，将酌情在检索意见中说明原因。

4.4 基于细则第62a条未缴纳权利要求费的情形

如果根据细则第45（3）条或细则第162（4）条，一项独立权利要求由于未缴纳权利要求费而被视为放弃（参见A部分第Ⅲ章9），因为无法对此类权利要求进行检索（参见B部分第Ⅲ章3.4），则申请人不能在答复根据细则第62a（1）条的通知书时指定对该权利要求进行检索。申请人在答复根据细则第62a（1）条的通知书时对此类权利要求进行的指定将被EPO忽略，然后将适用细则第62a（1）条最后一句，并检索已缴纳权利要求费的相关类型中的第一项独立权利要求。

如果相关类型中的所有独立权利要求均因未缴纳权利要求

费而被视为放弃，则不会就这些权利要求发出根据细则第 62a（1）条的通知书，并且这些权利要求均不会被检索。

4.5 适用细则第 62a 条并且缺乏单一性的申请

如果出现申请不符合细则第 43（2）条（参见 B 部分第Ⅷ章 4.1 和 F 部分第Ⅳ章 3.2）并且申请也缺乏根据公约第 82 条和细则第 44 条的发明单一性的情况，仅提出发明的单一性问题并根据细则第 64（1）条发送通知书可能是合适的（参见 B 部分第Ⅶ章 1.1 和 1.2）。

但是，可能有必要同时应用根据细则第 64（1）条（要求为权利要求中首先提及的发明以外的发明缴纳附加检索费）和细则第 62a（1）条的程序。在这种情况下，EPO 将首先向申请人发送根据细则第 62a（1）条的通知书，要求指明要检索的独立权利要求。

在发送根据细则第 62a（1）条的通知书时申请已经明显缺乏单一性的情况下，EPO 还将识别权利要求中提及的第一项发明（参见 F 部分第Ⅴ章 3.4）以及与这项发明相关的全部或部分权利要求，并要求申请人指明检索哪些与权利要求中首先提及的发明相关的权利要求。根据细则第 62a（1）条的期限届满后，将根据 B 部分第Ⅷ章 4.2 中规定的程序确定关于第一项发明的要检索的权利要求。然后就权利要求中首先提及的发明准备部分检索报告。这将连同关于权利要求中首先提及的发明或单一发明组的可专利性的临时意见、非单一性结论的原因以及根据细则第 64（1）条就其他发明缴纳附加检索费的要求一起发送给申请人。在适当的情况下，根据细则第 64（1）条的通知书可能也包括根据细则第 62a（1）条的通知书，要求申请人明确有关随后缴纳附加检索费的任何附加发明的要检索的权利要求。

相反地，也可能发生根据细则第 62a（1）条就所有权利要求发出通知书后，满足细则第 43（2）条并接受检索（根据本章 4.2 给出的程序确定）的权利要求因为缺乏"后验"单一性而被反对的情况。在这种情况下，将发送根据细则第 64（1）条缴纳附加检索费用的通知书，该通知书仅基于申请人答复根据细则第 62a（1）条的通知书（或未答复）确定的权利要求的主题。

细则 164　对于适用这些特殊情况的欧洲 – PCT 的补充欧洲检索报

告，除了发送根据细则第164（1）条的通知书替代根据细则第64条的通知书外，与上述程序相同。

细则164　细则第62a条也适用于根据细则第164（2）条进行的检索(参见C部分第Ⅲ章2.3)。对于欧洲直接申请案例，任何与需要缴纳检索费的发明相关的根据细则第62a条的反对意见都必须包含在通知书中。

4.6 根据细则第62a条处理从属权利要求

根据细则第62a（1）条，一项独立权利要求被排除在检索之外（参见本章4.2)，直接或通过其他从属权利要求间接从属于该独立权利要求的权利要求同样被排除在检索之外。相反地，如果一项从属权利要求从属于多于一项的在先权利要求，并非所有的在先权利要求都要被检索，则该从属权利要求仅在其所从属的一项或多项已经根据细则第62a（1）条检索的权利要求的范围内检索。

5. 根据细则第62a（1）条和细则第63（1）条发出的通知书

在某些情况下，根据细则第63条（参见本章3.1）和细则第62a（1）条（参见本章4.1）发出通知书可能是合适的。例如，由于申请在同一类别中包含多项独立权利要求，没有权利要求或仅有部分权利要求在考虑其整体范围时能够进行有意义的检索，这种情况下澄清根据细则第62a条要检索的一项或多项权利要求不一定有助于澄清要检索的主题，则发出上述通知书可能是必要的。在这种情况下，将在单独的通知书中发送根据细则第62a（1）条和细则第63（1）条的要求。根据这两条细则，该单独的通知书会产生相同的两个月的答复期限。在这种情况下，希望答复两种通知书的申请人应当同时处理。

答复根据细则第62a（1）条和细则第63（1）条的通知书时，申请人不必指明相互矛盾的独立权利要求（答复根据细则第62a（1）条的通知书）和主题（答复根据细则第63（1）条的通知书)。如果申请人提供了不一致的说明，检索小组可以根据实际情况，（i）选择检索申请人根据细则第62a（1）条指定的权利要求，必要时根据细则第63（2）条比照适用限制关于这些权利要求检索的主题，或者（ii）选择检索申请人根据细则第63（1）条指定的主题，根据细则第62a（1）条最后一句，比照适用符合该主题的特定类别的第一项独立权利要求中的定义。

尽管根据细则第62a（1）条和细则第63（1）条的通知书在同一函件中发送，但是其在法律上仍然是分开的。因此，申请人也可以只答复其中一个，而不答复另一个。如果申请人只答复根据细则第62a（1）条的通知书，则适用上一段的选项（i）。如果申请人只答复根据细则第63（1）条的通知书，则适用上一段的选项（ii）。

6. 违反公约第123（2）条或公约第76（1）条的权利要求

公约123(2)
细则58

如果检索所依据的权利要求在申请日之后或根据细则第58条提交，则其不构成“原始提交”的申请文件的一部分。并且对于欧洲－PCT申请（参见B部分第Ⅲ章3.3.1），修改的权利要求可能会成为补充欧洲检索的基础。在任何一种情况下，开始检索前，检索小组会检查这些权利要求是否引入了超出“原始提交”申请内容的主题（另见A部分第Ⅲ章15）。对于欧洲－PCT申请，是指原始提交的PCT申请。

如果权利要求违反公约第123（2）条的要求，检索小组将面临以下情况之一：

（a）如果对异议有疑问（例如，修改依赖于公知常识，检索小组不确定引入的术语是否可以以此为基础）和/或修改不会显著改变检索的范围和主题：检索小组按照原权利要求进行检索。

（b）如果权利要求中有个别特征明显违反公约第123（2）条：检索小组将忽略这些特征进行检索。

（c）如果权利要求中有大量不允许的修改：检索小组可能需要在开始检索之前发出根据细则第63（1）条的通知书（参见本章3（iv））。根据对通知书的答复，可能会根据细则第63条发布不完全检索报告甚至可能发布替代检索报告的声明。在决定检索中包括什么内容以及从检索中排除什么内容时，检索小组将参照说明书中是如何定义发明的。

当提交分案申请并且修改的权利要求不满足公约第76（1）条的要求时，也可能出现类似问题：此时适用上述步骤（a）至（c）中描述的相同标准。

在任何情况下，检索意见将包括根据公约第123（2）条或公约第76（1）条提出的反对意见，说明限制检索范围的原因。

第Ⅸ章　检索对比文件

1. 概　述

1.1 检索小组可用文件的组织和组成

检索文件的基本部分包括以适合检索的方式可系统访问的专利文献的集合。此外，期刊和其他技术文献出版物由检索小组处理。这些非专利文献可通过内部或外部数据库访问，其中一些文献以适合查阅的方式安排在图书馆内；通过将这些文献或其副本合并到系统文件中，可以选择其中的某些部分并使其可供直接访问，例如特别相关的文章。检索文件的可系统访问部分包括根据细则第 34 条和 PCT 条约第 36.1（ii）条规定的国际检索单位所需的最低限度文献，并在一定程度上超出了这些最低要求。

1.2 系统式访问系统

检索小组的所有成员都可以使用计算机设备搜索检索文件。除其他事项外，这些检索允许使用以国际专利分类（IPC）为基础但包含更精细的内部细分的联合专利分类（CPC），也可以使用其他分类系统和/或词语进行检索。

2. 为系统式访问而设置的专利文献

2.1 PCT 最低限度文献

可系统式访问的检索文件包括属于 PCT 细则第 34.1（b）（i）和（c）条中规定的 PCT 最低限度文献的国家专利文件。还包括已公布的国际（PCT）和地区（例如欧洲）专利申请、专利和发明人的证书（PCT 细则第 34.1（b）（ii）条）。

PCT 最低限度文献内容的完整清单可在 WIPO 网站上获得。

2.2 未公布的专利申请

由于将初次检索时未公布的抵触申请的检索工作委托给审查小组完成，因此检索报告中可以引用的文件不包括未公布的专利申请（参见 B 部分第Ⅵ章 4.1）。

2.3 检索报告

官方的欧洲和国际（PCT）检索报告通常与欧洲和国际申请一起公布，并与这些申请一起加入检索文档中。与国家申请相关的官方检索报告与非官方检索报告也包括在这些文件中以供公众使用。通常无法正常访问或尚未以公开文件形式向公众提供的检索报告，检索小组仍然可以从现有技术文献中单独获得，并且并非对所有申请都必须进行检索。

2.4 专利同族系统

EPO基于存储于EPO数据库中专利文件的申请数据和优先权数据建立专利同族系统。当在屏幕上浏览专利文件时，屏幕上通常只展示专利同族的一篇代表性文献，但是提供其专利同族其他成员的链接。

3. 为系统式访问而设置的非专利文献

3.1 期刊、记录、报告、书籍等

可系统式访问的检索文件包括由WIPO的主管机构制定的属于PCT最低限度文献的期刊列表中的相关文章，和检索小组认为有用的其他期刊的相关文章。原则上，出于检索目的而选择的相关文章的副本将添加到EPO检索数据库中，并带有虚拟国家代码“XP”，扫描后包含在电子“BNS”集合中，并酌情包含在手动检索文件中。

EPO订阅了许多其他期刊，包括摘要期刊。此外，还获得了覆盖EPO三种官方语言和各种技术上重要的地理区域的会议记录、报告、书籍和标准等。只要单个项目构成了现有技术的有用补充，就选择将其包含在现有技术文件中。

4. 为图书馆型访问而设置的非专利文献

4.1 组　成

除了主要用于检索目的的非专利文献（参见本章3），为图书馆型访问而设置的非专利文献还包括主要作为检索小组在通用和背景技术信息以及新技术发展方面的信息来源和教育来源的文献。此外，馆藏还包括许多报告、小册子等。出版公司

基于互联网的文件传输服务以电子虚拟图书馆（EVL）的形式提供给检索小组的成员，此类服务可在成员的台式计算机上使用。

5. 国家专利局获取EPO文件

如本章2.1至2.3所述，EPO为其成员国的国家局提供访问EPO电子检索文件的权限。

对于EPO的其他文件，如果这些文件由商业数据库供应商提供，访问可能会受到限制，这取决于EPO和数据供应商之间的数据传输协议。但是，国家局和数据供应商之间也可能存在单独协议。

第Ⅹ章 检索报告

1. 概 述

检索结果将记录在检索报告中。检索报告的范围可能存在许多不同的限制。这些检索报告有：

（i）因未缴纳权利要求费而被视为放弃权利要求（细则第45（3）条，参见B部分第Ⅲ章3.4）；

（ii）根据细则第63条替代检索报告的声明（参见B部分第Ⅷ章）；

（iii）根据细则第63条和/或细则第62a条的不完全检索报告（参见B部分第Ⅷ章）；

（iv）根据细则第64（1）条，由于发现缺乏单一性而导致的部分欧洲检索报告；和

（v）根据公约第153（7）条的补充欧洲检索报告可能由于（i）或（iii）中所述的原因不完整，或者可以被第（ii）项规定的声明所替代（在补充欧洲检索未缴纳权利要求费的情况下，适用细则第162（4）条）。

（i）~（iii）（（v）只要（i）~（iii）项适用）类型的检索报告传送给申请人，公布并作为审查小组审查的基础。根据细则第64（1）条的部分检索报告（上文第（iv）种情况）将传送给申请人，但不公布；但是，公众可以对其进行查询，因为它是可通过《欧洲专利登记簿》访问的电子文件的一部分（参见A部分第Ⅺ章2）。

细则62(1) 除B部分第Ⅺ章7中提到的例外情况，欧洲检索报告和补充欧洲检索报告均附有检索意见，其中检索小组就申请及其涉及的发明是否看上去符合EPC的要求提出意见（参见B部分第Ⅺ章1.1）。欧洲检索报告或补充欧洲检索报告和检索意见共同构成扩展欧洲检索报告（EESR）。

检索小组负责撰写欧洲检索报告，还负责代表某些缔约国的工业产权局撰写国际检索报告以及检索报告（参见本章2和B部分第Ⅱ章4.4至4.6）。

本章包含使检索小组能够正确准备检索报告所必需的信息。

除表格要求或B部分第Ⅲ章1.1和1.2或本章9.2.8中要求的以外，检索报告不得包含任何内容，特别是不得包含意见

表达、推理、论点或解释。但这不适用于检索意见（参见B部分第Ⅺ章3）。

2. EPO做出的不同类型的检索报告

EPO做出以下类型的检索报告：

(i) 欧洲检索报告（参见B部分第Ⅱ章4.1）；

(ii) 关于PCT申请的补充欧洲检索报告（参见B部分第Ⅱ章4.3）；

(iii) “细则第164（2）条规定的检索结果”（参见C部分第Ⅲ章2.3）；

(iv) PCT国际检索报告（参见B部分第Ⅱ章4.4）；

(v) 国际式检索报告（参见B部分第Ⅱ章4.5）；

(vi) 代表国家局撰写的检索报告（参见B部分第Ⅱ章4.6）；和

(vii) 进一步涉及特殊工作的检索报告。

此外，在审查程序中，必要时撰写含有附加检索结果的记录，该记录不予公布（参见B部分第Ⅱ章4.2）。但是，其中引用的文件可用于审查程序（参见C部分第Ⅳ章7.2）。

本章仅规定了对（i）至（v）类检索报告的要求，尽管EPO撰写的所有检索报告都应尽可能是相似的。

3. 检索报告的形式和语言

3.1 形　式

标准检索报告由检索小组准备，包含用于所有检索的主页以记录检索的重要特征，例如：

(i) 申请号；

(ii) 申请的分类；

(iii) 检索的领域；

(iv) 检索发现的相关文件；和

(v) 进行检索的检索小组成员的姓名。

检索报告还包含补充页A，在某些情况下还有补充页B。

补充页A用于注明对标题、申请人原始提交的摘要以及将与摘要一起公布的附图的批准或修改，以及将标题翻译成其他两种官方语言（参见本章7）。

在限制检索的情况下需要完成补充页B，例如当因未缴纳权利要求费而导致产生费用的权利要求未被检索时（参见B部分第Ⅲ章3.4）、当发明缺乏单一性时（参见B部分第Ⅶ章）、当不可能进行有意义的检索以致根据细则第63条检索报告是不完全的或被声明完全替代时（参见B部分第Ⅷ章3），或当根据细则第62a条限制检索时（参见B部分第Ⅷ章4）。

根据WIPO标准ST.2表示报告中出现的日期。

3.2 语　言

公约14(3)
细则61(5)

检索报告、所附的声明或根据细则第63条的规定替换检索报告的声明均以诉讼程序语言撰写。

3.3 检索账户

出于提高内部检索质量的目的，检索小组会在检索结束时填写完成一个汇总所有必要信息的账目，以便审计员了解已检索内容（参见B部分第Ⅲ章3）、检索位置（参见B部分第Ⅲ章2）和检索方式（参见B部分第Ⅳ章2）。检索账户不公开。

3.4 检索策略记录

EPO制定的所有检索报告将自动补充题为“检索策略信息”的信息表，其中列出了检索用的数据库、使用的分类号和反映检索主题的关键词。

4. 专利申请的标识和检索报告的类型

在主页和补充页上，欧洲专利申请由其申请号标识。

在报告中注明检索报告的类型。

公约153(7)

在申请和检索报告一起公布的情况下，报告的主页标记为A1（WIPO标准ST.16）。如果在检索前已到公布申请的期限，则主页标记为A2（WIPO标准ST.16）。后续的检索报告制定在一个新的主页上，该主页标记为A3（WIPO标准ST.16）。如果检索报告是关于国际申请的补充欧洲检索报告，则该检索报告制定在标有A4（WIPO标准ST.16）的新主页上。

5. 专利申请的分类

根据B部分第Ⅴ章3，报告的主页给出欧洲专利申请的IPC分类号。

如果要在准备检索报告之前公布申请（A2公布，参见本章4)，检索小组在申请公布之前准备补充页A。在这种情况下，补充页A将包含B部分第X章7中指出的所有必要信息以及申请的IPC分类（当申请缺乏单一性时，参见B部分第V章3.3)。

在后续制定检索报告（A3公布，参见本章4）时，在单独公布的检索报告中重复申请的IPC分类。如果检索小组修改了IPC分类（即A2公布的申请中给出的IPC分类与后来发布的A3检索报告中给出的分类不同——参见B部分第V章3)，这个修改后的分类将出现在后来发布的A3检索报告中（参见B部分第V章3.1)。

6. 检索的技术领域

虽然EPC不要求欧洲检索报告标识检索的技术领域，但这些信息以直至小类级别的IPC分类号列表的形式包含在报告中。

如果检索报告完全或部分基于对同源主题有关申请进行的在先检索，由于已经就相关申请进行了查阅，那么在本报告中也应指明所查阅的该在先检索的文献章节。这是通过标注适当的IPC分类号来完成的。

7. 标题、摘要以及与摘要一起公布的附图（如补充页A所示）

补充页A由检索小组在申请公布之前准备，无论其是与检索报告一起公布（A1公布）还是不与检索报告一起公布（A2公布)。补充页A中包含的信息是申请公布所必需的。

在补充页A上，检索小组指出：

细则47(1) 细则66

(i) 批准或修改摘要文本，其内容根据细则第66条送达申请人（参见A部分第Ⅲ章10)。对摘要的审查不超出确保其与有关申请相关的范围，并且与发明名称或申请分类不抵触。由于摘要需要与原始提交的申请相关，检索小组将在检索之前对其进行考虑并确定其最终内容，以避免无意中受到检索结果的影响。

如果检索报告是单独公布的（A3公布)，则通知书中不会提供有关摘要的信息。发送给申请人的信息包括发明名称以及与摘要一起公布的附图（如果有）的图片。

在特殊情况下，检索小组可以在进行检索后更改摘要。但是，如果在申请以A2公布后这样做，则不会重新发布补充页A。

细则41(2)(b) （ii）批准或修改发明名称（参见A部分第Ⅲ章7）。

细则47(4) （iii）批准、修改或取消对摘要附图的选择（参见F部分第Ⅱ章2.3（vi）和2.4）。

公约14(7)(a) （iv）将欧洲申请的名称翻译成其他两种官方语言。

根据公约第14（7）（a）条，《欧洲专利公报》以EPO的所有3种官方语言出版，并包含《欧洲专利登记簿》中的条目，根据细则第143（1）（c）条的规定，该登记簿必须包含发明名称。因此，要求提供EPC所有3种官方语言的发明名称。

上述规定同样适用于随检索报告公布（A1公布）的申请和公布时没有检索报告（A2公布）的申请。对于A2公布，补充页A还包含申请的IPC分类（参见本章5）。对于A1公布，IPC分类仅出现在检索报告中（细则第61（6）条）。

补充页A还标明了与之相关的公布的性质（A1或A2）。

对于国际申请的补充欧洲检索报告，补充页A标记为A4。检索小组不确定与摘要一起公布的标题、摘要或附图，因为这些已经由国际检索单位分别根据PCT细则第37.2条、第38.2（a）条和第8.2条确定。

8. 对检索主题的限制

在下列情况下，检索报告、替换检索报告的声明、不完全或部分检索报告将会注明检索主题是否受到限制，以及哪些权利要求被检索或没有被检索：

细则45(1)和(3)
细则162（1）和(4) （i）15项以上的未缴纳附加费的权利要求（参见B部分第Ⅲ章3.4）。指明未检索的权利要求。这仅适用于欧洲和补充欧洲检索报告。

细则64(1) （ii）发明缺乏单一性（参见B部分第Ⅶ章）。必须通过注明其主题和与之相关的权利要求来提及不同的发明（部分或全部；参见细则第44（2）条）。对于部分检索报告（参见B部分第Ⅶ章1.1），表明已为权利要求中首先提及的发明制定了检索报告。这适用于先验缺乏单一性和后验缺乏单一性。对于将针对所有已缴纳检索费的发明撰写的检索报告，检索报告中注明已检索的不同的发明（以及相应的全部或部分权利要求）。

细则63
公约52(2) （iii）无法进行有意义的检索或只能进行不完全检索的权利要求（参见B部分第Ⅷ章）。声明是以下任一声明：

公约53 （a）所有权利要求均无法进行有意义的检索（该声明取代检索报告）；或

（b）不可能对一项或多项权利要求的部分或全部进行有意义的检索。这种情况下，相关权利要求在部分检索报告所附的声明中提及。

在（a）和（b）两种情况下，都必须注明不进行检索或限制检索的原因（例如：不可专利的主题；权利要求不清楚）。如有必要，在检索意见中提供充分的理由；在这种情况下，EESR的内容参见B部分第Ⅷ章3.3。

细则62a （iv）因不符合细则第43（2）条而未进行检索的权利要求（参见B部分第Ⅷ章4.2）。

9. 检索中注明的文件

9.1 检索报告中的文件标识

9.1.1 著录项目要素

检索报告中引用的所有文献必须通过注明必要的著录项目要素来明确标识。检索报告中的所有引用通常符合WIPO标准ST.14（关于在专利文献中引用的参考文献的建议）、WIPO标准ST.3（双字母代码）和ST.16（识别不同类型专利文献的标准代码）。这并不排除在特殊情况下的偏差，在这种特殊情况下严格遵守上述规定不是清楚和容易地识别文件所必需的，但是需要相当多的额外费用和努力。

9.1.2 “相应文件”

检索小组经常会遇到“相应文件”的存在（参见B部分第Ⅵ章6.2），即具有相同或基本相同技术内容的文件。这些文件通常分为两组，即同族专利文件和摘要：

（i）同族专利文件

这些是来自同一国家或不同国家的专利文件，并且共享至少一个要求的优先权。

如果引用的专利文献属于同族专利，检索小组不需要引用该族中已知或可获得的所有同族成员，因为这些文件已经在检索报告的附件中提到。但是，除了所引用的文件外，它还可能提到一个或多个文件（参见B部分第Ⅳ章3.1）。此类文件由来源局、类型和文件号标识，并以符号“&”开头。出于多种原因，检索小组可能希望在检索报告中提请注意同一专利族中的多个文件，其中包括：

(a) 同族专利中的一份文件在申请的最早优先权日之前公布，但以非EPO语言公布，而同族专利中的另一文件以EPO语言公布（参见公约第14（1）条），但晚于申请的最早优先权日。

示例：

一项欧洲申请要求1999年9月3日的优先权。在对本申请的检索中，找到相关文件WO 99 12395 A。这一文件于1999年3月11日以日文公布——在时间上构成公约第54（2）条规定的现有技术。同时其还存在欧洲同族专利，该同族专利于2000年3月1日根据公约第153（4）条以英文译文公布——由于公布时间太晚，无法构成根据公约第54条（2）条规定的现有技术，但在检索报告中该欧洲同族专利被引用为日文国际公布文件的"&"类文件并发送给申请人（参见本章11.3）。它将在申请的审查中被用于解释日文国际公布文件的内容（参见G部分第Ⅳ章4）。在检索报告中，这些文件的引用如下（关于提及的引用文件所涉及的权利要求，此处为权利要求1－10，参见本章9.3）：

X　　WO 99 12395 A（关顺一；岸口弘（日本）；精工爱普生公司（日本））；1－10
　　1999年3月11日（1999－03－11）
　　＊图1＊
　　& EP 0 982 974（精工爱普生公司）
　　2000年3月1日（2000－03－01）
　　＊图1＊
　　＊权利要求1＊

(b) 同族专利中的不同文件中的每一份文件都包含其他同族成员中没有的相关技术主题。

(c) 如果申请中引用了非EPO语言的同族成员，并且以EPO语言存在另一个同族成员，且这些同族成员都在最早的优先权日之前公布。

示例：

Y　　WO 90 01867 A（WIDEGREN LARS（SE））1－10
　　1990年3月8日（1990－03－08）
　　＊权利要求1＊
D，Y　　& SE 461824 B（WIDEGREN LARS（SE））1－10

1990年4月2日（1990－04－02）

申请人已经在申请中引用了相关的SE文件，而该文件是相关WO文件的同族成员文件，这一事实意味着申请人已经满足了在说明书中提及现有技术的要求（细则第42（1）（b）条）。在检索报告中说明这一点对审查小组很有价值（参见F部分第Ⅱ章4.3）。

（ii）文件摘要（参见B部分第Ⅵ章6.2）

上述摘要由多个数据库供应商（例如化学文摘或德温特）之一提供，并且可能与许多不同类型的公开有关，例如专利文献、期刊文章、博士论文、书籍等。摘要总结了原始文件技术内容的最重要方面。大多数被引用的摘要都是英文的。只要检索报告中引用摘要，检索小组就必须在"&"符号后输入与摘要相关的原始文件。

示例：

X　数据库WPI　1－5
周200961
汤姆森科学，伦敦，英国；
AN 2009－N01904
& WO 2009/104990 A1（VALEX PHARM CO LTD）
2009年8月27日（2009－08－27）
＊摘要＊

出于多种原因，检索小组可能选择引用摘要（在这种情况下，原始文件必须作为"&"文档引用），而不是引用原始文件。这些原因包括：原始文件不容易被检索小组获得（例如，检索博士论文）；或者原始文件为非EPO语言，并且不存在其他相应文件（例如，俄语期刊文章）。原始文件只有在检索小组指定的情况下才会发送给申请人（参见本章12）。

如果检索小组希望参考日本或韩国已公布的专利申请（类型代码为A），则在检索报告中引用该日本或韩国公布的专利申请。如果EPO数据库中有英语摘要（日本专利摘要或韩国专利摘要），则将日语或韩语专利摘要以及英语摘要均发送给申请人。

9.1.3 引用文件的语言

通常，同一专利族的成员以多种不同的语言公布。因此，检索小组可以选择检索报告中引用的文献的语言。如果同族成员之间的相关技术内容没有差异，并且它们都是在申请的最早优先权日之前公布的，那么该族的所有成员都与申请具有同等的相关性。在这种情况下，检索小组根据其公布语言选择要引用的文献，并根据以下内容首先给出最优先的语言：

（1）EPO 官方语言（即英语、法语或德语）（公约第 14（1）条）。

（2）公约第 14（4）条规定的 EPC 缔约国的官方语言（参见 A 部分第Ⅶ章 1.1）。如果有关检索小组的成员不熟悉这种语言，则此类文献通常可由同事阅读（参见 B 部分第Ⅵ章 6.2）。

（3）一种不同于任何 EPC 缔约国语言的语言。

在（2）和（3）的情况下，检索小组可以考虑引用 EPO 官方语言的摘要，而不是原始文件。

如果原始文件是不太“易懂”的语言（例如汉语或俄语），最好引用摘要。在某些情况下，可以将某些专利文件自动翻译成 EPO 官方语言。如果检索小组在检索意见中依赖这一译文，则译文将通过在检索意见中附上一份自动翻译的副本的方式送交申请人（参见本章 12 和 G 部分第Ⅳ章 4）。

或者，如果只需要翻译某一特定段落，检索小组可以将该段的译文复制到检索意见中而不必附上完整译文。但需要注意的是，如果在检索期间能够获得完整译文，则此完整译文通常会发送给申请人。

检索报告中将不引用以“不易懂”语言公布的非官方译文（即没有法律价值的译文）。

9.1.4 补充欧洲检索报告

在根据公约第 153（7）条提交补充欧洲检索报告的情况下，也允许某些情况下补充欧洲检索报告中完全不引用任何文件（参见 B 部分第Ⅳ章 2.5）。在这种情况下，检索报告中将出现“没有进一步相关的文件公开”的表述。但是，在这种情况下，检索意见（如果适用，参见 B 部分第Ⅺ章 7）将就国际检索报告中引用的现有技术对要求保护的发明的可专利性提供意见（B 部分第Ⅺ章 1.1）。

如果检索小组不同意国际检索单位（ISA）关于国际检索报告中引用的文件与要求保护发明的新颖性和/或创造性相关的意见，则有关文件通常不会在补充欧洲检索报告中以新的、更正的文件类型进行重新引用。例外情况是，检索小组希望将仅在补充欧洲检索中找到的第一份文件作为“Y”类文件与国际检索报告中已经引用的第二份文件结合：在这种情况下，检索小组可以将国际检索报告中的上述第二份文件在补充欧洲检索中重新引用为“Y”类文件，并与上述第一份文件结合。如果并非所有权利要求都受到这种重新给予文献类型的影响，则在补充欧洲检索报告中对此进行澄清，以确保与欧洲检索意见（ESOP）保持一致。

9.2 文件类型（X、Y、P、A、D等）

检索报告中引用的所有文献都是通过在引文表的第一列中填写特定字母来识别的。如果需要，可以进行不同类型的组合。使用的字母如下。

9.2.1 特别相关的文件

公约52(1)
公约54
公约56

如果欧洲检索报告中引用的文献特别相关，则用字母“X”或“Y”表示。“X”类文件适用于以下情况：此类文件单独引用时，要求保护的发明不能认为具备新颖性或不能认为具备创造性。

公约52(1)
公约56

“Y”类适用于当一篇文献与同一类型的一篇或多篇其他文件结合时，这种结合对本领域技术人员来说是显而易见的，从而导致要求保护的发明不具备创造性的情况。但是，如果一篇文献（所谓的“主要文献”）明确提及另一篇文献提供了关于特定特征的更详细信息（参见G部分第Ⅳ章8），并且这些文件的结合被认为特别相关，则主要文献由字母“X”表示，而不是“Y”，并且所引用的文件（“次要”文件）酌情表示为“X”或“L”。

9.2.2 定义现有技术水平且不影响新颖性或创造性的文件

如果欧洲检索报告中引用的文献代表了现有技术且不影响要求保护的发明的新颖性或创造性，则用字母“A”表示（例外情况参见B部分第Ⅲ章1.1）。

9.2.3 涉及非书面公开的文件

细则61(4)

如果检索报告中引用的文献涉及非书面公开，则录入字母“O”（参见B部分第Ⅵ章2）。此类公开的例子包括会议记录。

对于在官方承认的展览会上口头公开的情况（公约第 55（1）（b）条），请参见 B 部分第Ⅵ章 5.5。根据本章 9.2.1 或 9.2.2，“O”类文献始终伴随有一个表明文献相关性的符号，例如：“O，X”“O，Y”或“O，A”。

9.2.4 中间文件

细则 61(3)

在被审查申请的申请日与要求的优先权日（或多个优先权中最早的优先权日）之间公布的文献（参见 B 部分第Ⅵ章 5.2 和 B 部分第Ⅺ章 4），用字母“P”表示。字母“P”也适用于在被审查的专利申请的最早优先权日当天公布的文献。根据本章 9.2.1 或 9.2.2，“P”类文献始终伴随有一个表明文献相关性的符号，例如：“P，X”“P，Y”或“P，A”。

9.2.5 与本发明所依据的理论或原理相关的文件

如果检索报告中引用的文献能够有助于更好地理解本发明所依据的原理或理论，或者能够表明本发明所依据的推理或事实不正确，则用字母“T”表示。

在后一种情况下，“T”类文件构成公约第 117（1）（c）条所指的证据，而不是公约第 54（2）条所指的现有技术。因此，不管“T”类文件是在被检索的申请的优先权日或申请日之前还是之后公开的，都无关紧要。

例如，申请人要求保护一组化合物，并且说明书给出了生产该产品的概括限定的方法。检索小组发现一份在优先权日之后公布的文件，该文件清楚表明该概括限定的方法无法生产权利要求所涵盖的所有化合物。检索小组可以使用该文件提出反对意见，认为根据公约第 84 条，权利要求没有得到说明书的支持（见 F 部分第Ⅳ章 6.3），因此可以引用该文件作为“T”类文件。

9.2.6 潜在抵触的专利文献

公约 54(3)
公约 139(2)

任何申请日或优先权日早于被检索申请的申请日（不是优先权日，参见 B 部分第Ⅵ章 3 和 B 部分第Ⅺ章 4）但在申请日当天或之后公开的专利文献，且其内容将构成与新颖性相关的现有技术（参见公约第 54（1）条），均以字母“E”表示。如果该专利文献和检索的申请具有相同的申请日（参见 G 部分第Ⅳ章 5.4），则该专利文献也用字母“E”表示。基于考虑中要求优先权的专利文献除外；这些文献不被引用。

9.2.7 申请中引用的文件

细则42(1)(b)

当检索报告引用的文献已经在被检索的申请的说明书中提及时，这些文献用字母“D”表示（参见B部分第Ⅳ章1.3）。

9.2.8 出于其他原因引用的文件

公约117(1)(c)

在检索报告中引用任何文献（特别是作为证据——参见B部分第Ⅵ章5.6）的原因非前述各段所述原因，这类文献例如：

(a) 可能对优先权产生怀疑的文献（参见B部分第Ⅵ章5.3）；

(b) 用于确定另一引文公开日的文献（参见B部分第Ⅵ章5.6）；

(c) 与重复授权问题有关的文献（参见B部分第Ⅳ章2.3(v) 和G部分第Ⅳ章5.4）。

此类文件用字母“L”表示。应简要给出引用该文献的原因。在检索小组认为要求保护的主题被认为是公知的因而不需要提供书面证据时（参见B部分第Ⅷ章2.2），检索意见中应给出不引用任何现有技术文献的理由。

“L”类文件的引用不必与任何权利要求相关联。但是，如果它们提供的证据仅涉及某些权利要求（例如，检索报告中引用的“L”类文件可能仅使某些权利要求的优先权要求无效），则该类文件的引用将按照本章9.3所示的方式与这些权利要求相关联。

9.3 文件和权利要求之间的关系

细则61(2)

检索报告中引用的每份文献都附有其所涉及权利要求的说明，除非该文献用字母“L”表示（参见本章9.2.8）。同一文件可能针对不同的权利要求用不同的类型来表示，其中每个类型都与特定的权利要求相关联。

示例：

X	WO 90 01867 A（WIDEGREN LARS（SE）） 1990年3月8日（1990-03-08）	1
Y	*第3栏，第27行-第43行；图1 *	2-5
A	*图2 *	6-10

上述示例是指，引用的文献公开的主题破坏了权利要求1

主题的新颖性，并且与检索报告中引用的另一篇文献结合破坏了权利要求 2 至 5 主题的创造性，并且其代表了与权利要求 6 至 10 主题相关的不丧失新颖性的现有技术。段落或附图不一定与同一行上标注的权利要求和类别相关。

此外，一般而言，所有权利要求在检索报告中至少提及一次，涉及至少一篇在最早的优先权日之前公布的文献（除非由于本章 8 中提到的检索主题的限制而将有关权利要求排除在检索之外）（参见 B 部分第Ⅳ章 2.5）。

9.4 现有技术中相关段落的标识

细则 61(2)

对于长文件，检索小组标注引用文献中包含与被检索的发明最接近（或与被检索的发明最相吻合）的技术主题的那些部分（例如特定页面上的一项权利要求、实施例、附图、表格或文本段落）。当依赖该文件以提出对新颖性或创造性的反对意见时，这一点尤其重要。

如果依赖于现有技术文件的译文，检索小组应尽可能注明原始文件中的相关段落。

此外，有意义的做法是，不仅引用文件中描述相同或相近技术主题的部分，而且引用与该主题所解决的问题有关的部分或段落。这种方法有助于评估审查中的申请的创造性，也使申请人更了解在审查中该文件是如何被使用的。

10. 认证和日期

在检索报告上注明报告的撰写日期。该日期是进行检索的检索小组的成员撰写该报告的日期。

成员的名字必须出现在报告里。

11. 附于检索报告的副本

11.1 一般性说明

细则 65

检索报告发送给申请人并传送给审查小组。在这两种情况下，报告都必须附有所有引用文件的副本（另见 B 部分第Ⅳ章 3.3），但检索报告中“&”符号后面的那些文件除外，这些文件未指定用于复制和传达给申请人（参见本章 11.3）。

这些引用文件用于在检索意见（如适用，参见 B 部分第Ⅺ章 7）和审查程序中评估要求保护的发明的可专利性（参见 B

部分第Ⅺ章第3节）。

11.2 引用文件的电子版本

就专利文献而言，即使专利很庞大也应提供完整的副本。

如果部分或全部文件仅通过电子方式公开（参见细则第68（2）条和《OJ EPO 2000，367》），则至少应向申请人提供文件中未以纸质形式提供的部分的电子版本。上述要求必须通过以纸件和电子件的组合或仅以电子件的形式向申请人提供整个文件来完成。

11.3 专利同族；"&"符号

就专利同族而言，通常只提供实际引用的同族成员的副本。其他成员在计算机系统生成的附件中提及，仅供参考（参见本章9.1.2）。但是，在某些情况下，同一专利族中的一个或多个专利文献可能在检索报告中的"&"符号之后提及（参见本章9.1.2（i））。在这些情况下，检索小组可以指定将出现在"&"符号之后的专利文献也复制并转发给申请人（该文献随后也将包含在审查文件中，如果适用，可以在检索意见中引用）。

11.4 综述或书籍

对于综述或书籍，复制有关公开的相关页。相关著录项目信息必须在文件副本中清晰可见。

11.5 概要、摘录或摘要

当引用的文献是另一份文献单独公开的概要、摘录或摘要时，则所述概要、摘录或摘要的副本与报告一起转发给申请人。

但是，如果检索小组认为需要整份文件，则必须引用该文件并在报告后附上一份副本（参见本章9.1.2（ii））。如果通过在线检索获得的参考文献在撰写检索报告时在EPO中既无法获得数据库中的打印版本（例如COMPDX、PAPERCHEM2和NTIS）也无法获得原始文章，则打印输出将被添加到文件中以代替原始文件。如果摘要的打印形式可用，但从数据库打印输出的摘要与其印刷版本之间的相关技术内容没有差异，也可以这样做。

11.6 引用互联网上可获得的视频和/或音频媒体片段

互联网上可获得的视频和/或音频媒体片段转换为非专利文献引用。著录项目数据包括其在互联网原始位置的统一资源定位器（URL）。

12. 检索报告和检索意见的传送

细则65
细则61(1)

EPO将检索报告、检索意见（如适用，参见B部分第XI章7）和所有引用文件的副本转发给申请人（参见本章11.1），包括欧洲检索意见（ESOP）附件的自动翻译（适当时，参见本章9.1.3）以及出现在“&”符号之后并指定复制并发送给申请人的那些文件（参见本章11.3）。

第Ⅺ章 检索意见

1. 检索意见是扩展欧洲检索报告（EESR）的一部分

细则62(1)

扩展欧洲检索报告（EESR）由两个部分组成：

(i) 欧洲检索报告或补充欧洲检索报告（参见B部分第Ⅹ章）；

(ii) 检索意见。

1.1 检索意见

对于截至2005年7月1日前提交的欧洲申请和截至该日期前提交的进入欧洲阶段的国际申请，欧洲检索报告和补充欧洲检索报告将附有关于申请及其相关发明看起来是否符合EPC要求的意见。

上述情况适用于除本章7所述之外的情况。

检索意见的结论必须与检索报告中指定的文献类型一致，还必须与检索报告中指出的任何其他问题也保持一致，例如发明缺乏单一性或检索的限制。

1.2 审查小组的立场

审查小组对申请进行进一步审查时，会同时考虑检索意见中提出的反对意见和申请人对检索意见的答复（参见本章8）。在收到申请人针对检索意见或之后的审查程序中提出的意见陈述、修改和其他意见后，可以改变检索意见中的立场。此外，无论申请人提交的意见如何，如果审查小组在补充检索时发现了公约第54（3）条规定的现有技术，或者进一步的现有技术由申请人或第三方根据公约第115条的规定提请审查小组注意而致使没有完成补充检索，审查小组的结论也可能改变（另参见B部分第Ⅳ章3.2、C部分第Ⅳ章7.2和7.3）。

审查小组也可能出于上述原因以外的其他原因推翻检索意见的结论（参见B部分第Ⅲ章1.1），但这种情况是特殊情况。

2. 检索意见的基础

公约123(1)
细则137(1)

如果申请并非源自国际申请的欧洲申请，申请人在检索报告传达给他们之前不能修改申请。因此，在这种情况下，检索意见将始终与原始提交的申请文件相关。此外，检索小组在撰写检索意见时，也将考虑申请人对根据细则第63（1）条的通知书（参见B部分第Ⅷ章3.4）作出的答复。

细则161(2)
细则159(1)(b)
PCT条约19
PCT条约34(2)(b)

但是，如果所审查的申请源自国际申请，并且根据公约第153（7）条进行补充欧洲检索（参见B部分第Ⅱ章4.3），申请人在国际阶段和进入欧洲阶段时均曾有机会修改其申请。然后，检索意见将基于构成申请人最新提交请求的申请文件（可能涉及撤销在先提交的修改，随后部分或全部恢复到较早的一组申请文件）。补充欧洲检索报告也以这些申请文件为基础（参见B部分第Ⅱ章4.3和B部分第Ⅲ章3.2.2）。

如果检索意见和补充欧洲检索报告以此类修改为基础，但未满足细则第137（4）条（参见H部分第Ⅲ章2.1），则现阶段（检索意见准备前）不能发送根据细则第137（4）条（参见B部分第Ⅷ章6和H部分第Ⅲ章2.1.1）的通知书，因为申请尚未由审查小组负责（参见C部分第Ⅱ章1）。但是，一旦审查小组对申请承担责任，就可以发送这种通知书，条件是有关修改没有被撤回或取代（见H部分第Ⅲ章2.1.1），并且仅在申请属于H部分第Ⅲ章2.1.4中提到的类型之一时。

2.1 根据EPC细则第56条或PCT细则第20条提交的包含说明书遗漏部分和/或遗漏附图的申请

如果受理部门决定不根据细则第56（2）或（5）条重新确定申请的日期，但检索小组认为随后提交的遗漏部分未“完全包含在”优先权文件中，和/或不满足细则第56（3）条的要求，如果根据细则第56（2）或（5）条重新确定申请的日期，则在进行检索时还要考虑可能与评估要求保护的主题的新颖性和创造性有关的现有技术。检索意见必须包括一项提醒，即申请可能不符合细则第56条规定的关于维持所给予的申请日的要求，说明为何会出现这种情况的原因，并表明审查小组将在后续阶段就是否重新确定申请日期作出正式决定。在适当的情况下，检索意见还可以包括关于重新确定日期对优先权请求的影响和/或检索报告中引用的现有技术文件的状态的评论。

欧洲-PCT申请的程序与上文所述类似。如果检索小组在进行补充欧洲检索时发现随后提交的遗漏部分未“完全包含在”优先权文件中，尽管受理局没有根据PCT细则第20.5（d）条重新确定申请的日期，但是检索意见必须包括一条提醒，表明申请可能不符合PCT细则第20.6条的要求（参见

PCT细则第82之三1（c）条），并说明为什么会出现这种情况，并表明审查小组将在后续阶段就是否重新确定申请日期作出正式决定。

但是，如果受理部门或受理局对申请重新确定了日期，但检索小组有理由相信申请符合细则第56（3）条（或PCT细则第20.6条）的要求，则必须在检索意见中注明在后续的阶段中审查小组可能会重新考虑受理部门（或受理局）作出的决定，除非后者受上诉委员会决定的约束。

2.2 申请包含规定申请日之后提交的权利要求

如果申请文件包含一项或多项在规定申请日之后提交的权利要求（细则第40（1）条，57（c）条和58条），则检索小组需要根据在规定申请日提交的申请文件的技术内容审查上述一项或多项权利要求是否符合公约第123（2）条的要求。如果权利要求不符合公约第123（2）条的规定，则根据B部分第Ⅷ章6进行检索。

当检索意见和检索报告基于迟交的权利要求，但未满足细则第137（4）条的要求（参见H部分第Ⅲ章2.1）时，则根据细则第137（4）条（参见H部分第Ⅲ章2.1.1）的通知书不能在此阶段（在准备检索意见之前）发送，因为该申请尚未由审查小组负责（参见C部分第Ⅱ章1）。但是，一旦审查小组对申请承担了责任，就可以发送这种通知书，前提是迟交的权利要求尚未被取代（参见H部分第Ⅲ章2.1.1）并且仅适用于申请属于H部分第Ⅲ章2.1.4中提到的类型之一。

3. 申请的分析和检索意见的内容

如果认为申请和/或其涉及的发明不符合EPC的要求，则在检索意见中提出相应的反对意见。

作为一般性规则，检索意见涵盖对申请的所有反对意见（但参见本章3.4）。这些反对意见可能涉及实质性事项（例如，申请主题的不可专利）或形式事项（例如，不符合细则第41至43、46、48至50条中一项或多项的规定），或两者兼而有之。

公约53(c)

尽管对于与人体或动物体的治疗方法或对人体或动物体实施的诊断方法有关的权利要求，由于在检索时可以预期将其重新表述为允许的形式（参见B部分第Ⅷ章2）而已被检索，检索意见仍将反对这些权利要求，因为它们与被排除在可专利性之外的主题相关。

3.1 检索小组的文档

细则 62

检索小组的第一步是研究申请的说明书、附图（如果有的话）和权利要求书。在进行检索时，检索小组将有权访问构成欧洲申请的文件以及直至检索开始前的完整程序历史记录。但是，在这一阶段可能还无法获得优先权文件以及任何译文（参见本章 4）。

3.2 理　由

3.2.1 合理质疑

对于每一项反对意见，检索意见通过引用具体条款或细则，或通过其他明确说明，表明申请中存在缺陷的部分及其未满足的 EPC 要求；它还对任何并非不言而喻的反对意见给出理由。例如，如果引用了现有技术并且引用文件仅有一部分相关，则应明确所依据的特定段落。如果引用的现有技术是为了证明独立权利要求缺乏新颖性或创造性，并且因此导致从属权利要求之间缺乏单一性（参见 F 部分第Ⅴ章 7），则应告知申请人这种情况（参见 H 部分第Ⅳ章 4.2（i））。通常首先列出实质性事项。检索意见的这种撰写方式是为了便于日后对修改的申请进行审查，特别是为了避免需要大量重读（参见 C 部分第Ⅳ章 2）。

一般而言，所有权利要求均被提及，并且针对某些权利要求引用为“X”或“Y”类的所有文件均应在检索意见中提及相应的反对意见。对于从属权利要求，虽然在检索意见中可能并不总是需要详细说理，但至少需要明确提出反对意见的理由是什么。

3.2.2 肯定性陈述

在适用的情况下，检索小组也会在检索意见中就可专利性给出肯定性陈述。该肯定性陈述只要达到有助于申请人作出决策的详细程度即可。因此，没有必要提供像否定性反对意见一样的详细说理，但只有在理由不言而喻的情况下才可以单纯陈述而不进行任何解释。

3.3 针对检索意见的意见和修改

除某些例外情况外，申请人需要对检索意见作出答复（参见本章8）。

3.4 对通常具有缺陷的申请进行首次分析的程度

如果发现申请通常具有缺陷，检索小组先不进行详细分析，而是向申请人发送检索意见告知申请人其意见，提及主要缺陷，并表示当申请进入审查阶段时将推迟进一步审查，直到通过修改消除这些缺陷。在其他情况下，尽管可能进行有意义的分析，但会产生根本性的反对意见，例如某些权利要求明显缺乏新颖性，必须对权利要求书进行彻底的改写，或者存在不允许的实质性修改（进入欧洲阶段的国际申请——参见本章2），因为引入了原始提交的申请中未记载的新内容（参见公约第123（2）条）或引入了其他缺陷（例如，修改使权利要求不清楚——参见公约第84条）。这种情况下，在进行详细分析之前处理这种反对意见可能更为合适。例如，如果权利要求需要重新撰写，那么对某些从属权利要求或说明书中的某一段是否清楚提出反对意见可能毫无意义，因为他们可能不得不在审查程序中进行修改甚至删除。但是，如果有其他重大反对意见，则应予以处理。一般而言，检索小组力求对检索意见产生最大影响，其广泛目的是在以后的审查程序中尽可能有效地促进决策过程。关于检索意见中对于可专利性的肯定性陈述，参见本章3.2.2。

3.5 对现有技术的贡献

细则42(1)(c)

在分析申请时，检索小组专注于了解权利要求中定义的发明对现有技术的贡献。这一点在原始提交的申请中通常应当足够清楚。如果不清楚，则在检索意见中提出反对意见（参见F部分第Ⅱ章4.5）；但除非确信有必要，检索小组不会提出此类反对意见，因为这样做可能导致申请人引入其他主题，进而违反公约第123（2）条（参见H部分第Ⅳ章2、H部分第Ⅴ章）。

3.6 EPC的要求

虽然检索小组必须牢记EPC的所有要求，但在大多数情况下，最可能需要注意的要求是：充分公开（参见F部分第Ⅲ

章)；说明书的清楚和支持，特别是独立权利要求的支持（参见 F 部分第Ⅳ章 4 和 6)；新颖性（参见 G 部分第Ⅵ章)；以及创造性（参见 G 部分第Ⅶ章)。

3.7 检索小组的处理方法

检索小组不会仅仅由于认为修改会改进说明书或权利要求书的措辞而要求或建议修改。吹毛求疵的做法是不可取的；重要的是说明书和权利要求的含义清楚。但是，对原始提交的权利要求与说明书之间的任何严重不一致之处均应提出反对意见(参见 F 部分第Ⅳ章 4.3)。

3.8 提出建议

必须强调的是，要求申请人以特定方式修改申请以应对反对意见不是检索小组的职责，因为撰写申请是申请人的责任，只要修改消除了缺陷并满足了 EPC 的要求，申请人就可以自由地以他们选择的任何方式进行修改。但是，如果检索小组至少在一般意义上建议一种可以接受的修改方式有时可能是有用的。但如果这样做，必须明确表示该建议只是为了协助申请人，而且在审查程序中会考虑其他方式的修改。虽然检索小组没有义务这样做，但如果有明确的路径，那倒确实向申请人指明了可以克服提出的反对意见的修改方式。

在建议对权利要求提出可接受的修改形式时，检索小组还将要求申请人调整说明书，使其与修改后的权利要求相一致(参见 F 部分第Ⅳ章 4.3)。

确定申请文本，特别是确定要求保护的主题的责任仍由申请人承担（EPC 第 113（2）条)。

3.9 肯定性意见

在进行了本章 3.1 至 3.8 中提到的分析之后，检索小组可能得出申请和它所涉及的发明都符合 EPC 要求的结论。在这种情况下，检索意见包含对申请文件给出一般肯定性意见的声明。但是，如果在检索时无法根据公约第 54（3）条完成对所有潜在抵触申请的检索（参见 B 部分第Ⅵ章 4.1)，则必须在审查程序中进行补充检索（参见 C 部分第Ⅳ章 7.1)，随后将酌情根据公约第 54（3）条提出异议。

如果申请文件需要做出细微修改才能使申请获得批准，检索小组仍然可以发出肯定性检索意见。此后，如果在随后的任何补充检索中都找不到公约第 54（3）条规定的现有技术，则可以在审查程序中发出细则第 71（3）条规定的通知书，其中的细微修改由审查小组根据 C 部分第Ⅴ章 1.1 提出。

在上述情况下，申请人不需要对检索意见作出答复（参见本章 8）。

在检索阶段，不可能正式指定审查小组，因为此时是受理部门对申请负责（参见公约第 16 条）。但是，已经指明了审查小组的预期审查员。此后，检索小组将与审查小组的预期审查员协商以确保他们同意发布肯定的检索意见。

4. 优先权要求和检索意见

当由于以下原因无法在检索阶段核实优先权要求的有效性时，则出于撰写检索意见的目的，优先权要求通常将被假定为有效：

（i）检索在必须提供优先权文件的日期（自最早要求的优先权之日起最多 16 个月——参见细则第 53（1）条）之前进行；

（ii）需要优先权文件的译文，但在撰写检索意见时，检索小组无法获得译文（参见细则第 53（3）条、A 部分第Ⅲ章 6.8 及其小节以及 F 部分第Ⅵ章 3.4）。

在此阶段，如果对申请提出的反对意见仅取决于优先权是否无效，并且无法获得优先权文件（或其译文），则检索小组发出完全肯定性的检索意见，而不提出反对意见。在上文（ii）的情况下，可按照 A 部分第Ⅲ章 6.8.1 的规定发出根据细则第 53（3）条的通知书，优先权的有效性随后在审查程序中进行复查。

但是，如果根据公约第 54（3）条由于中间现有技术或潜在现有技术，而需要对优先权请求的有效性进行评估，并且已经存在破坏优先权请求有效性的证据，则需要在检索意见中提出这一点。例如，在撰写检索意见时可以获得优先权文件，而权利要求的技术特征在优先权文件中不存在，这在需要翻译但检索小组熟悉优先权文件的语言的情况下甚至是可能的（另见 B 部分第Ⅵ章 5.3）。

4.1 在检索意见中使用“P”和“E”类文件

检索意见中提及的与公约第 54（3）条规定的潜在现有技术有关的文件时，可能会出现两种情况，这取决于检索小组是否能够最终确定该现有技术文件具有比本申请更早的相关日。如果能够确定，则检索小组根据公约第 54（3）条提出反对意见。如果不能够确定，则假定任何无法核实的优先权都是有效的。这会导致两种不同的情况：

（i）现有技术文件构成公约第 54（3）条规定的现有技术。因此，检索小组在检索意见中根据公约第 54（3）条提出反对意见，并指出哪些优先权被假定有效。

（ii）现有技术文件不属于公约第 54（3）条规定的现有技术。如果检索小组提出其他反对意见，将参考可能属于公约第 54（3）条规定的文件（及其相关段落），并将解释哪些优先权已被假定为有效。

如果检索报告中还引用了“P”类文件，且这些文件不是潜在的公约第 54（3）条规定的文件（因为它们不是国际申请或欧洲专利申请），则只要申请的优先权无效，这些文件就可能构成公约第 54（2）条规定的现有技术，进而与新颖性和创造性的评判有关。如果可以核实申请的优先权，检索小组就核实优先权，如果优先权无效，则对基于“P”类文件的检索意见提出反对意见。如果无法核实申请的优先权，则假定该优先权有效并且不在检索意见中提出反对意见。

然后需要在审查中复查优先权要求的有效性问题（参见 F 部分第Ⅵ章 2）。

5. 与检索意见相关的单一性

如果检索小组发现要求保护的发明不符合发明单一性的要求（参见公约第 82 条和细则第 44（1）和（2）条），检索小组向申请人发出缴纳附加检索费的通知和与权利要求中首先提及的发明或单一发明组有关的部分检索报告（参见 B 部分第Ⅷ章 1.1、1.2、1.3 和细则第 64（1）条）。关于权利要求中首先提及的发明或单一发明组的可专利性的临时意见以及缺乏单一性结论的原因也一并发送给申请人（参见 B 部分第Ⅶ章 1.2）。

在缴纳附加检索费的期限届满后（参见细则第 64（1）

条)，检索小组向申请人发送一份与权利要求中首先提及的发明或单一发明组以及已缴纳附加检索费的所有其他要求保护的发明或单一发明组有关的检索报告。此时还有一个检索意见，包含：

(i) 缺乏单一性的原因；

(ii) 对权利要求中提到的第一项发明或单一发明组的意见；

(iii) 对已缴纳附加检索费的所有发明或单一发明组的意见。

对于缺乏单一性的欧洲 - PCT 申请的补充欧洲检索报告，遵循相同的程序（细则第 164（1）条——参见 B 部分第Ⅶ章 2.3）。

6. 检索限制情况下的检索意见

检索意见中提出的任何论证和反对意见必须符合检索的限制及其理由。这适用于因不可专利性的原因（例如商业方法——参见公约第 52 第（2）（c）条，参见 B 部分第Ⅷ章 1)、因严重缺陷无法进行有意义的检索（细则第 63 条，参见 B 部分第Ⅷ章 3）或由于不符合细则第 43（2）条而造成的限制（细则第 62a 条，参见 B 部分第Ⅷ章 4)。在这种情况下，检索意见还将包含 B 部分第Ⅷ章 3.3 和 4.3 指出的信息。

如果检索小组由于申请人未缴纳权利要求费（参见细则第 45 条或细则第 162 条）而认为权利要求被放弃进而未被检索，则检索意见将提请申请人注意这一事实。

7. 未出具检索意见

如果申请人在检索报告被传送给他们之前已根据细则第 70（1）条提交了审查请求，并且根据细则第 70（2）条他们已经放弃了收到通知书的权利（参见 C 部分第Ⅱ章 1（ii)），则向申请人发送检索报告意味着申请后续将由审查小组处理（公约第 18（1）条和细则第 10（2）条)。

在这种情况下，如果申请存在缺陷，审查小组将根据公约第 94（3）条发出通知书以代替检索意见。根据公约第 94（4）条，申请人未能对该通知书作出答复将导致申请被视为撤回（参见 C 部分第Ⅲ章 4.2)。

如果已准备好对申请授权，则程序如下：

(i) 如果根据公约第 54 (3) 条对抵触申请的检索已经完成：

审查小组将根据细则第 71 (3) 条发出通知书。

(ii) 如果根据公约第 54 (3) 条对抵触申请的检索未完成：

申请人将被告知该申请授权的条件是在补充检索完成时发现不存在公约第 54 (3) 条规定的现有技术（参见本章 3.9）。这纯粹是提供信息，不需要申请人的回复。

8. 对扩展欧洲检索报告（EESR）的答复

细则 70a(1) 申请人必须在细则第 70 (1) 条规定的提交审查请求的期限内对检索意见作出答复（参见 C 部分第Ⅱ章 1 和 A 部分第Ⅵ章 2.1）。

细则 70a(2) 但是，如果申请人在检索报告和检索意见送达之前提交了审查请求（根据公约第 94 (1) 条，这也要求缴纳审查费），则审查小组会根据细则第 70 (2) 条发出一份通知书，要求申请人在指定的期限内表明他们是否希望进一步处理申请（参见 C 部分第Ⅱ章 1 (1)）。在这种情况下，申请人必须在细则第 70 (2) 条规定的期限内对检索意见作出答复。这通常适用于需要准备补充欧洲检索报告和检索意见的欧洲 - PCT 申请（参见 B 部分第Ⅱ章 4.3、E 部分第Ⅸ章 2.5.3），除非申请人已根据细则第 70 (2) 条放弃通知书（参见 C 部分第Ⅱ章 1），在这种情况下，适用 B 部分第Ⅺ章 7 的程序。

细则 70a(3)
细则 112(1) 申请人未在适用期限内对检索意见作出答复，将导致申请被视为撤回，并会相应地通知申请人。针对权利丧失通知书的回复，申请人可以根据公约第 121 条和细则第 135 条请求进一步审理。

但是，如果欧洲或补充欧洲检索报告是在 2010 年 4 月 1 日之前撰写的，没有附检索意见（参见本章 1.1 关于准备检索意见的申请），或检索意见是肯定性的（参见本章 3.9），则不要求申请人对欧洲或补充欧洲检索报告作出答复。但是，在这种情况下，申请人如果愿意仍可根据细则第 137 (2) 条对检索报告作出答复。在这种情况下，鼓励申请人在申请进入审查阶段之前对检索报告作出答复（参见 C 部分第Ⅱ章 1）。

申请人通过根据细则第 137 (2) 条提交的修改后的申请文件（参见 C 部分第Ⅱ章 3.1）（如果修改后的权利要求是在

公布前提交的，参见A部分第Ⅵ章1.3第3段），和/或通过对检索意见中提出的异议提交（对此类修改进行补充或替代的）意见陈述来答复检索意见。只有在申请进入审查阶段时，审查小组才会审查此类修改和/或意见。

对于程序性请求，例如会晤或口头程序性请求，或仅仅是不赞同，如果是在没有对检索意见中提出的任何反对意见发表评论的情况下作出的，则不构成有效答复。如果此类请求或不赞同是在适用期限届满时对检索意见的唯一回应，则根据细则第70a（3）条，该申请将被视为撤回。这同样适用于在此阶段无法考虑的请求（例如，根据文件状态提出的请求）。

对于检索意见已经准备但检索报告是在2010年4月1日之前撰写的申请，如果申请人未答复检索意见，并且申请进入审查阶段（参见C部分第Ⅱ章1和1.1），审查小组将根据公约第94（3）条发出提及检索意见并设定答复期限的通知书作为第一次通知书（参见C部分第Ⅲ章4）。未能及时答复此通知书将导致申请根据公约第94（4）条被视为撤回。

当申请人答复检索意见提交修改时，如果不满足细则第137（4）条（参见H部分第Ⅲ章2.1），根据细则第137（4）条只有在申请转交审查小组（参见C部分第Ⅱ章1）之后，并且只有在申请属于H部分第Ⅲ章2.1.4提到的类型之一的情况下时，才可以就这些修改发送通知书。

9. 公约第124条和使用方案

公约124
细则141

在撰写检索意见时，检索小组会考虑根据细则第141（1）条由申请人提供或根据细则第142（2）条由首次申请局提供的任何现有技术文件（参见《OJ EPO 2011，62》《OJ EPO 2012，540》《OJ EPO 2013，216》《OJ EPO 2015，A2》《OJ EPO 2016，A18》《OJ EPO 2019，A55》《OJ EPO 2019，A38》和《OJ EPO 2019，A39》），前提条件是上述现有技术文件在准备意见时可用（参见A部分第Ⅲ章6.12和B部分第Ⅳ章1.3）。只有在申请进入审查阶段时，才可以根据细则第141（3）条的要求提供现有技术信息（参见C部分第Ⅲ章5）。

C 部分

实质审查程序指南

目　录

第Ⅰ章　引　言 …… 277
1.　一般性说明 …… 277
2.　审查员的工作 …… 277
3.　概　述 …… 277
4.　审查目的 …… 277

第Ⅱ章　审查小组开始实质审查前需满足的形式要求 …… 279
1.　审查请求 …… 279
1.1　确认进一步审查申请的意向 …… 279
1.2　欧洲－PCT申请 …… 280
1.3　待审查的发明 …… 280
2.　申请的分配 …… 281
3.　在第一次审查意见通知书之前提交的答复 …… 281
3.1　对检索意见的答复 …… 281
3.2　对EPO作出的PCT通知书的答复 …… 282
3.3　根据细则第70a（1）条发出的通知书 …… 283
4.　指定费、延伸费和生效费 …… 283
5.　一项或多项优先权检索结果的副本 …… 283

第Ⅲ章　审查的第一阶段 …… 285
1.　遗漏的部分或项目 …… 285
1.1　欧洲申请 …… 285
1.1.1　根据细则第56条提交遗漏附图或说明书遗漏部分 …… 285
1.1.2　获得申请日之后提交的权利要求 …… 286
1.2　欧洲－PCT申请——根据PCT细则第20.5条和第20.6条提交的遗漏项目和部分 …… 287
1.3　欧洲－PCT申请——根据PCT细则第20.5之二条提交的错误项目 …… 287
2.　申请人主动进行的修改 …… 289
2.1　针对检索意见所做的修改 …… 289

2.2 针对 WO－ISA、IPER 或补充国际检索报告所做的修改 …… 290
2.3 根据细则第 164（2）条的检索 …… 290
3. 发明的单一性 …… 293
3.1 检索与单一性的关系；限制到已检索的发明 …… 293
3.1.1 不缴纳附加检索费 …… 294
3.1.2 已缴纳附加检索费 …… 294
3.1.3 通知缴纳附加检索费并限制检索范围 …… 295
3.2 删除其他发明；提交分案申请 …… 296
3.3 附加检索费的退还 …… 296
3.4 将一项已检索的发明更改为另一项 …… 297
4. 第一次通知书 …… 297
4.1 理　由 …… 298
4.1.1 合理质疑 …… 298
4.1.2 肯定性陈述/建议 …… 298
4.2 通知提交意见和修改 …… 299
5. 作为第一次审查意见通知书的口头审理程序通知 …… 299
6. 要求提供现有技术信息（不限于优先权） …… 300
7. 评估检索报告中引用的现有技术文件和较晚优先权要求 …… 300

第Ⅳ章 对答复意见的审查和进一步审查阶段 …… 301
1. 一般性程序 …… 301
2. 对答复的审查范围 …… 301
3. 审查答复后的进一步通知 …… 302
3.1 如果在审查程序中较早发送优先权申请的翻译请求，则继续发出通知书 …… 303
4. 审查的后期阶段 …… 303
5. 对修改的审查 …… 303
6. 申请人所做修改的可接受性 …… 303
7. 审查中的检索相关问题 …… 303
7.1 检索抵触欧洲申请 …… 303
7.2 审查期间的附加检索 …… 304
7.3 审查阶段的检索 …… 305
7.4 检索报告中未提及的引用文献 …… 305
8. 答复传唤书的新的陈述 …… 306

第Ⅴ章 审查的最后阶段 …… 307
1. 根据细则第71（3）条的通知书 …… 307
1.1 批准的文本 …… 307
1.2 授权费和公布费 …… 308
1.3 权利要求的翻译 …… 309
1.4 根据细则第71（3）条的通知书应缴纳的权利要求费 …… 309
1.5 根据细则第71（3）条的通知书中的其他信息 …… 309
2. 同意建议的文本——授予专利权 …… 310
3. 未按期答复——申请被视为撤回 …… 311
4. 答复根据细则第71（3）条的通知书时请求修改或更正 …… 312
4.1 无须缴纳费用或提交必要的译文 …… 312
4.2 自愿缴纳费用的计入 …… 312
4.3 修改或更正应提出理由 …… 313
4.4 修改的可接受性 …… 313
4.5 说明书的适应性修改 …… 314
4.6 接受和允许的修改/更正——根据细则第71（3）条的第二次通知书已发出 …… 314
4.6.1 根据细则第71（3）条的第二次通知书，撤销审查小组在根据细则第71（3）条的第一次通知书中提出的修改 …… 314
4.6.2 最初在依据细则第71（3）条的第一次通知书中被驳回，基于更高级别的请求依据细则第71（3）条发出第二次通知书 …… 314
4.6.3 审查小组在根据细则第71（3）条的第二次通知书中建议进行修改 …… 315
4.7 不认可和/或不允许的修改，恢复审查 …… 315
4.7.1 恢复后的通知书/口头审理程序 …… 315
4.7.1.1 更高级别的请求不被认可和/或不被允许 …… 316
4.7.2 就文本达成一致——根据细则第71（3）条的第二次通知书 …… 317
4.7.3 未就文本达成一致——驳回 …… 317
4.8 在细则第71（3）条规定的第二阶段应缴纳的费用 …… 317
4.8.1 权利要求费 …… 317
4.8.2 授权费和公布费 …… 318
4.9 答复时明确不同意建议的文本但未指明替代文本 …… 318
4.10 在细则第71（3）条规定的第二阶段提交的修改/更正 …… 319
5. 批准后的进一步修改请求 …… 320
6. 审查小组在文本被批准后恢复审查 …… 320
6.1 审查小组批准后何时恢复审查 …… 320

C部分

6.2 根据细则第71（3）条的进一步通知书 …… 320
6.3 根据细则第71a（5）条的费用的计入 …… 321
7. 授权决定中错误的更正 …… 321
8. 进一步审理 …… 321
9. 授权费和公布费的退还 …… 321
10. 专利说明书的公布 …… 321
11. 在专利说明书公布前撤回 …… 322
12. 证　书 …… 322
13. 欧洲专利公报 …… 322
14. 驳　回 …… 322
15. 根据案卷状态作出决定 …… 323
15.1 根据案卷状态作出决定的请求 …… 324
15.2 通过标准表格作出决定 …… 324
15.3 发出独立的决定 …… 325
15.4 发出进一步通知书（非驳回） …… 325
附　录 指示各部门修改或更正的标准标记 …… 326
1. 插入字母和单词 …… 326

第Ⅵ章 审查的期限和加快 …… 327
1. 答复审查员通知书的期限 …… 327
1.1 一般性考虑因素 …… 327
1.2 特殊情况 …… 327
2. 影响审查程序的速度——欧洲专利申请加快审查计划（PACE） …… 327
3. 加快审查的进一步方法 …… 328

第Ⅶ章 审查中的其他程序 …… 329
1. 一般性说明 …… 329
2. 会　晤 …… 329
2.1 一般情况 …… 329
2.2 参与会晤的人员 …… 330
2.3 会晤的非正式性 …… 331
2.4 会晤笔录 …… 331
2.5 作为第一次审查意见通知书的笔录 …… 332
3. 电子邮件的使用 …… 333
3.1 通过电子邮件进行交流 …… 333

3.2　保密性 …… 334
3.3　包含在任何电子邮件往来的文件中 …… 334
4.　**取　证** …… 334
4.1　一般性说明 …… 334
4.2　提供证据 …… 334
4.3　书面证据 …… 335
5.　**口头审理程序** …… 335
6.　**第三方意见的审查** …… 335

第Ⅷ章　审查小组的工作 …… 336
1.　**一般性说明** …… 336
2.　**建议授权** …… 337
3.　**建议驳回** …… 337
4.　**审查小组其他成员的职责** …… 337
5.　**与申请人进一步沟通** …… 338
6.　**决　定** …… 338
7.　**审查小组的扩大；咨询具有法律背景的审查员** …… 338

第Ⅸ章　特殊申请 …… 340
1.　**分案申请（另见 A 部分第Ⅳ章 1）** …… 340
1.1　一般性说明 …… 340
1.2　主动和被动分案 …… 340
1.3　主题的放弃 …… 340
1.4　分案申请的审查 …… 341
1.5　说明书和附图 …… 342
1.6　权利要求书 …… 342
2.　**依据公约第 61 条的决定产生的申请** …… 342
2.1　一般性说明 …… 342
2.2　原始申请不再处于未决状态 …… 343
2.3　部分权利 …… 343
2.4　仅适于某些指定国的权利 …… 343
3.　**依据 EPC 1973 公约第 167（2）（a）条已经予以保留的申请** …… 343
4.　**国际申请（欧洲 – PCT 申请）** …… 343

第Ⅰ章　引　言

1. 一般性说明

公约 18　在指南的 C 部分，“审查员”是指受委托进行实质审查的审查员，是审查小组的一员，审查小组对最终决定负责。

C 部分第Ⅱ至Ⅸ章列出审查的一般性程序，并在必要时就特定事项提供指导。这些章节未就内部管理事项提供详细说明。

2. 审查员的工作

根据“检索的早期确定性”（ECfS）计划，完成已经开始的审查文件优先于开始新文件的工作，并且一旦发出肯定性检索意见，授权就会加快。

审查员的态度非常重要。审查员应该始终努力做到具有建设性和帮助性。对于审查员来说，忽视申请中的任何主要缺陷都将是严重错误，但他们应该有主次观念，不应执着于不重要的反对意见。审查员应该牢记，撰写欧洲申请的说明书和权利要求书使其符合 EPC 的要求是申请人或其委托的代理人的责任。

审查员应特别注意指南总则部分第 4 段中的说明。该说明不仅与 EPO 的其他部门相关，这也意味着，例如，审查小组的其他成员不应试图重复主审员的工作（参见 C 部分第Ⅷ章 4）。

3. 概　述

指南 C 部分涉及审查程序事项（参见 C 部分第Ⅱ至Ⅸ章）。

实质审查法律事项（即欧洲申请必须满足的要求）将在 F、G 和 H 部分中涉及。

4. 审查目的

公约 94(1)
公约 164(1)
细则 62(1)

准备检索意见（参见 B 部分第Ⅺ章）和随后的审查程序的目的是确保申请及其相关的发明符合 EPC 相关条款及其实施细则中规定的要求。审查小组的首要任务是处理实质性要求；审查员判断申请是否符合这些要求所依据的标准，将在 F、G 和 H 部分在看来必要的范围内详细讨论。至于形式要求（参见 A 部分）先期由受理部门负责。

细则70(2)

审查应根据公约第94（3）和（4）条、公约第97条、细则第71（1）至71（7）条、细则第71a（1）至71a（6）条和细则第72条进行。审查员工作的第一步是研究申请的说明书、附图（如果有）和权利要求书。但是，由于审查员通常在进行检索时已经做了这些工作（参见B部分第Ⅺ章3），因此他们应该关注申请人为答复检索意见而提交的任何修改和/或意见（参见B部分第Ⅺ章8）。如果申请人进行了修改但还未被确认，和/或申请人未指明修改在原始提交的申请中的依据(参见H部分第Ⅲ章2.1)，并且该申请是H部分第Ⅲ章2.1.4中提到的申请之一，审查小组可以根据细则第137（4）条发出通知书，要求申请人提供此信息（参见H部分第Ⅲ章2.1.1)。

第Ⅱ章　审查小组开始实质审查前需满足的形式要求

1. 审查请求

公约94
公约121
细则70
公约122(4)
细则136(3)

为了能够启动对欧洲申请的审查，申请人必须提交审查请求，但是，只有在申请人缴纳审查费之后，才认为其提出了审查请求。审查请求可以在自申请日起至《欧洲专利公报》刊登欧洲检索报告已公布之日起的6个月内提交（参见A部分第Ⅵ章2.1）。如果未在上述期限内提出审查请求，申请被视为撤回。但是，在这种情况下，申请人可以根据公约第121条提出进一步审理的请求。应缴纳的进一步审理费的数额取决于有效的审查请求所需的操作中被省略的数量和类别（参见E部分第Ⅷ章2）。根据细则第70（1）条，审查请求不得撤回。

细则70a(1)和(3)

除某些例外情况，申请人还必须在上述提交审查请求的期限内对检索意见作出答复（参见B部分第Ⅺ章9和本章3.1），除非EPO要求申请人根据细则第70（2）条确认提前提出的审查请求，在这种情况下，申请人必须在细则第70（2）条规定的期限内对检索意见作出答复（参见本章1.1）。

细则10
细则70(2)

在提交审查请求时，审查申请的责任从受理部门转移到审查小组。但存在两个例外：

（i）如果在欧洲检索报告发送给申请人之前，申请人已经提交了审查请求，则仅在EPO根据细则第70（2）条发出通知后，且收到申请人对请求的确认之时起，审查小组才负责审查；

（ii）如果在欧洲检索报告发送给申请人之前，申请人已经提交了审查请求，并且还放弃了接收根据细则第70（2）条发出的确认要求的权利（参见C部分第Ⅵ章3），则审查小组仅从检索报告发送给申请人之时起负责审查。

1.1 确认进一步审查申请的意向

细则70(2)和(3)
公约121
RFees 11
细则70a(2)和(3)

如果在检索报告发送给申请人之前，申请人就已经提交了审查请求，则EPO将要求申请人在6个月内确认希望进一步审查其申请。这6个月的期限是根据《欧洲专利公报》中刊登公布欧洲检索报告而计算得出的。申请人还必须对检索意见作出答复，且答复应当在同一期限内作出（参见B部分第Ⅺ章8和本章3.1）。在这种情况下，即使没有明确表达，申请人对检索意见的答复也应当理解为根据细则第70（2）条所要求的确认。如果申请人未能在回复此要求的期限内确认其进一步审理申请的意愿，则该申请将被视为撤回。但是，在这种情况下，将适用公约第121条规定的补救方式（进一步审理申请）（参见A部分第Ⅵ章2.3和E部分第Ⅷ章2）。关于在申请被撤回、驳回或被视为撤回的情况下退还审查费的适用条件，参见A部分第Ⅵ章2.5。

1.2 欧洲－PCT申请

公约153（4）、(6)和(7)
公约150(2)
细则159(1)(f)

如果申请是通过PCT（欧洲－PCT申请）途径进行的，则细则第70（1）条规定的6个月期限从公布PCT检索报告或根据PCT条约第17（2）（a）条作出的声明之日起算。但是，按照公约第150（2）条的规定，欧洲－PCT申请请求审查的期限在PCT条约第22条和第39条规定的时间之前并未届满（即不在细则第159（1）（f）条规定的期限之前）。该期限不受是否需要根据公约第153（7）条进行补充欧洲检索或EPO是否根据公约第153（4）条再次公布国际申请的影响。

公约121
细则136(3)
细则160(1)

如果对欧洲－PCT申请的审查请求未在期限内提交，则根据细则第160（1）条的规定，该申请被视为撤回。但是，在这种情况下，申请人可以根据公约第121条提出进一步审理的请求（参见E部分第Ⅷ章2）。

如果欧洲－PCT申请需要作出补充欧洲检索报告（参见B部分第Ⅱ章4.3），则一旦该检索报告发送给申请人，就会向申请人发送根据细则第70（2）条的通知书，要求申请人在收到该通知书后6个月内确认审查请求（参见E部分第Ⅸ章2.5.3）。

1.3 待审查的发明

细则36

需要注意的是，如果作出的检索报告和检索意见涵盖了缺乏单一性的几项发明，申请人可以在所审查的申请中自由选择希望被审查的发明（另见C部分第Ⅲ章3.1）。

其他的发明将收到缺乏单一性的反对意见，并可根据细则第36条提交分案申请（参见C部分第Ⅲ章3.2和C部分第Ⅸ章1.3）。

2. 申请的分配

案卷通常将被分配给负责审查该申请技术领域的审查小组，其中特定申请已被进行检索的检索小组或国际检索单位（ISA）分类。根据公约第18（2）条的规定，受托审查申请的主要审查员通常与撰写（补充）欧洲检索报告和检索意见的是同一个人，或者EPO是国际检索单位（ISA）或补充国际检索、国际检索报告和国际检索单位书面意见（WO－ISA）或补充国际检索报告指定的单位。

但是，在某些情况下，将申请分配给由通常不负责指定的IPC部分并且可能未参与检索阶段的审查员组成的审查小组也是适当的。出现这种情况的可能原因有很多，例如：在适当情况下，使原申请和分案申请能够由同一审查小组处理（即使两个申请被分类在不同的技术领域，这有时也可能更高效）；或者，已公布申请的分类与提交给实质审查员的申请的主题不符（例如，因为在收到检索报告和检索意见后对申请进行了修改）。

3. 在第一次审查意见通知书之前提交的答复

3.1 对检索意见的答复

细则137(2)
细则70(2)
细则70a

在收到检索报告和检索意见后，且在审查小组发出第一次通知书之前，申请人必须（除某些例外情况外）通过对说明书、权利要求书或附图进行修改和/或就检索意见中提出的反对意见以提交意见陈述的方式来回应检索意见（详细内容参见B部分第Ⅺ章8，特别是不需要答复的例外情况）。为避免延误，在提交此类修改时，应注意遵守细则第137（4）条的要求（参见《OJ EPO 2009，533》第7点）。该阶段提交的任何修改均由申请人根据细则第137（2）条自愿作出（详情参见C部分第Ⅲ章2.1）。

公约94(3)和(4)
细则62（1）

审查小组在撰写第一次通知书时，将考虑申请人对细则第70a条所要求的检索意见的答复（或自愿提交的对不需要答复的检索意见进行的答复）。根据公约第94（4）条，未能及时回复该通知书将导致申请被视为撤回，尽管这种权利丧失需要进一步审理（参见E部分第Ⅷ章2）。关于什么构成有效答复，参见B部分第Ⅺ章8。

如果申请人接受检索小组关于以可接受的形式修改权利要

求书以克服所提出的反对意见的建议（参见B部分第Ⅺ章3.8），申请人需根据提交的权利要求书适应性调整说明书，并删除或修改任何会对保护范围产生疑问的陈述或表达（参见F部分第Ⅳ章4.3）。

在特殊情况下，审查小组可决定将发出的口头审理程序通知作为审查程序的第一次通知书（参见C部分第Ⅲ章5）。在这种情况下，在撰写传唤书附件时，将考虑申请人对检索意见的答复。

如果欧洲检索报告或补充欧洲检索报告附有检索意见，但是在2010年4月1日之前撰写（因此对检索意见的答复不是强制性的——参见B部分第Ⅺ章8），而申请人没有答复，则根据公约第94（3）条，将发出提及检索意见并设定答复期限的通知书，以此作为第一次通知书。根据公约第94（4）条，未能及时对该通知书作出答复将导致申请被视为撤回。

上述段落中解释的程序也适用于EPO作出补充欧洲检索报告和检索意见的欧洲-PCT申请（参见B部分第Ⅱ章4.3和B部分第Ⅺ章1.1）。

3.2 对EPO作出的PCT通知书的答复

细则161(1)

对于EPO作为国际检索单位（ISA）并根据PCT条约第31条提出要求也作为国际初审单位或作为进行补充国际检索指定单位的欧洲-PCT申请，申请人已经对EPO作出的否定性国际检索单位书面意见（WO-ISA）、国际初审报告（IPER）或补充国际检索报告作出答复（除非根据细则第161条的通知书在2010年4月1日之前发出——参见E部分第Ⅸ章3.3.3）。

该答复可包括对根据细则第161（1）条的通知书的答复中提交的（或可能更早提交——参见E部分第Ⅸ章3.3.1）修改和/或意见陈述。

如果申请人接受检索小组关于以可接受的形式修改权利要求书以克服所提出的反对意见的建议（参见PCT-EPO指南，B部分第Ⅺ章3.3），申请人需根据提交的权利要求书适应性调整说明书，并删除或修改任何会对保护范围产生疑问的陈述或表达（参见F部分第Ⅳ章4.3）。

该阶段提交的任何修改均由申请人根据细则第137（2）条自愿作出（详情参见C部分第Ⅲ章2.2）。审查小组在根据公约第94（3）条撰写第一次通知书时，或在特殊情况下，撰写口头审理程序通知的附件时（参见C部分第Ⅲ章5），将考虑这一答复。更多详情参见E部分第Ⅸ章4.1、4.2和4.3。

3.3 根据细则第70a（1）条发出的通知书

根据细则第70a（1）条，除非申请人已根据细则第70（2）条（参见C部分第Ⅵ章3）放弃通知书，否则申请人应在细则第70（1）条所述期限内，或在适用的情况下，在细则第70（2）条所述期限内（参见B部分第Ⅺ章8），对欧洲检索意见（ESOP）作出答复。

如果审查请求（包括缴纳审查费）是在检索报告发送给申请人后提交的，申请人应当在细则第70（1）条所述期限内对ESOP作出答复。在这种情况下，根据细则第70a（1）条发出的通知与根据细则第69（1）条的通知书结合发出（参见A部分第Ⅵ章2.1）。根据细则第70a（1）条和第69（1）条的该通知书是在《欧洲专利公报》上刊登公布欧洲检索报告后不久（一般来说，这大约是一周后）发出的。

如果审查请求（包括支付审查费）在检索报告传送给申请人之前提交，申请人应当在细则第70（2）条所述期限内对ESOP作出答复。在这种情况下，根据细则第70a（1）条发出的通知与根据细则第70（2）条的通知书结合发出。关于如何计算这些情况下的细则第70（2）条所述的期限，欧洲直接申请参见本章1.1，作出补充欧洲检索报告的欧洲-PCT申请参见本章1.2。

4. 指定费、延伸费和生效费

细则39(1)
公约90(3)

根据细则第39（1）条，指定费可以在与审查费相同的期限内有效缴纳，因此通常与审查费同时缴纳。根据细则第11（3）条，指定费是否已经有效缴纳以及缴纳程度的审查已委托给形式审查员负责；参见2013年12月12日的EPO局长决定《OJ EPO 2014，A6》和《OJ EPO 2015，A104》。这同样适用于对是否已经缴纳延伸费或生效费的审查；参见A部分第Ⅲ章12.2。

5. 一项或多项优先权检索结果的副本

细则70b(1)

如果EPO注意到，在审查小组行使职责时，申请人尚未提交细则第141（1）条所述要求优先权的检索结果副本，并且根据细则第 141（2）条未被视为正式提交（参见 A 部分第Ⅲ章 6.12），则要求申请人在两个月内提交副本或其无法获得细则第 141（1）条所述检索结果的声明。这一要求适用于 2011 年 1 月 1 日起提交的欧洲申请或欧洲 - PCT 申请（参见《OJ EPO 2009，585》）。在有关优先权已被撤销或失效的情况下，也发送此通知书。

细则 70b(2)

未及时答复此要求将导致申请被视为撤回。对于这种权利丧失，可以进行进一步审理（参见 E 部分第Ⅷ章 2）。

申请人提供的检索结果将包含在文件中，并将对案卷查阅开放（参见 A 部分第Ⅺ章）。

第Ⅲ章 审查的第一阶段

1. 遗漏的部分或项目

1.1 欧洲申请

1.1.1 根据细则第56条提交遗漏附图或说明书遗漏部分

细则56

如果申请人在根据细则第56条获得申请日（参见A部分第Ⅱ章5）之后提交了遗漏的附图或部分说明书，并且受理部门已确定遗漏的附图或部分说明书“完全包含”在要求的优先权申请中，则该申请的申请日不应被重新确定为提交遗漏附图或部分说明书的日期。

审查小组可以复查受理部门关于细则第56（3）条适用性的意见，除非上诉委员会已作出决定。

通常，对上述意见的复查在检索阶段已经开始（参见B部分第Ⅲ章3.3.1和B部分第Ⅺ章2.1）。但是，仍然可以在实质审查期间进行首次审查。

关于是否满足细则第56（3）条“完全包含”要求的确定标准，参见A部分第Ⅱ章5.4.2。

如果审查小组得出的结论与受理部门的初始结论相反，即认为遗漏的要素未“完全包含”在优先权文件中，其将根据公约第94（3）条在第一次通知书中基于细则第56条提出反对意见，并就为何不满足“完全包含”的要求给出详细理由。通知书将包含对因不符合细则第56（3）条的要求而重新确定日期可能产生的后果的提醒，并且如果重新确定日期将导致申请日比要求的优先权日期晚12个月以上，则通知书还将提出由此造成的优先权丧失的提醒。

应当注意，如果复查是在检索阶段启动的，并且检索小组在扩展欧洲检索报告（EESR）中根据细则第56条提出了反对意见，则申请人可能已经提交了对检索意见的答复（细则第70a条要求提交或自愿提交以回应不需要答复的检索意见）。审查小组将以与处理第一次通知书的答复相同的方式处理这一答复。

如果申请人答复并撤回遗漏部分，则审查将按原申请日照常继续进行，但申请不包含遗漏部分（另见F部分第Ⅲ章10）。

如果申请人答复并令人信服地论证满足“完全包含”的要求，则审查将照常继续进行，并采用遗漏部分和原始申请日。

如果申请人保留遗漏部分，并且意见陈述不令人信服，审查小组将根据公约第94（3）条发出进一步的通知书，告知申请人即将把申请日期重新确定为EPO收到遗漏部分的日期。该通知书使申请人有进一步的机会在细则第132（2）条规定的两个月期限内撤回后续提交的遗漏部分，以便恢复原始申请日或要求就重新确定日期作出可上诉的决定。通知书会指出“完全包含”要求未得到满足的原因，并处理申请人提出的所有反对性意见陈述。

如果申请人没有及时答复告知其即将重新确定申请日的通知书，则该申请将被视为撤回（公约第94（4）条）。

如果申请人选择撤回后续提交的遗漏部分，则被视为尚未为申请重新确定日期（另见B部分第Ⅺ章2.1）。审查员将按照原始申请日照常继续进行审查程序，且不包含遗漏部分（另见F部分第Ⅲ章10）。

细则111

如果申请人不同意上述意见，可以（在两个月内（细则第132（2）条））要求就该主题作出可上诉的决定。在这种情况下，审查小组将作出附有理由的决定，告知申请人新的申请日、重新确定日期的理由以及（在适当情况下）重新确定日期对要求的优先权的不利影响。该决定将允许申请人根据公约第106（2）条单独提出上诉。

一旦提出上诉的期限届满而申请人没有提出上诉，审查员将基于新的申请日恢复审查。应当注意，EESR可能包含因重新确定日期而可能变得相关的文件。

如果申请人及时提出上诉，则案卷的管辖权将移交给上诉委员会，以便复查取得申请日的该决定。在上诉委员会审理该案期间，审查小组将不再继续进行实质审查。一旦上诉委员会作出决定，案卷将返回至审查小组，审查小组将受上诉委员会决定的约束（公约第111（2）条）。然后，将根据上诉委员会确定的申请日恢复审查。

1.1.2 获得申请日之后提交的权利要求

公约123(2)

如果在提交申请之日没有提交权利要求书，审查小组必须核查后续提交的权利要求书是否符合公约第123（2）条的要求。如果申请人尚未指明后续提交的权利要求在原始提交的申请中的依据（参见H部分第Ⅲ章2.1），并且申请是H部分第Ⅲ章2.1.4中提到的申请之一，则审查小组可以根据细则第137（4）条发出通知书，要求申请人提供该信息（参见H部分第Ⅲ章2.1.1）。

1.2 欧洲-PCT申请——根据PCT细则第20.5条和第20.6条提交的遗漏项目和部分

就PCT申请而言，遗漏的附图和部分说明书以及遗漏的权利要求书可能已经根据PCT细则第20.5条和第20.6条向国际申请的受理局提交了，并且可以根据PCT细则第82之三.1条复查对其的意见。审查小组将采用与评估是否符合EPC细则第56（3）条相同的标准（参见A部分第Ⅱ章5.4.2），在“完全包含”要求的基础上保留申请日的所有情况下复查这一意见。

如果EPO作为国际检索单位（ISA）或已经发布了补充的扩展欧洲检索报告（EESR），则这种复查通常在检索阶段已经启动（参见B部分第Ⅲ章3.3.1和B部分第Ⅺ章2.1）。但是，在实质审查期间仍然可以进行首次复查。该程序与欧洲申请相同（参见C部分第Ⅲ章1.1.1）。

1.3 欧洲-PCT申请——根据PCT细则第20.5之二条提交的错误项目

PCT细则第20.5之二条允许申请人更正国际申请中错误提交的项目（说明书或权利要求书）或者说明书、权利要求书或附图的一部分（包括所有附图）。EPO已告知WIPO，该条款与根据EPC的现行法律框架部分不相符合，因此不能完全适用于EPO作为受理局和指定局/选定局的程序（PCT细则第20.8（a之二）条和第20.8（b之二）条；参见国际局在2020年1月30日PCT公报上公布的官方通知）。

受理局根据PCT细则第20.5之二（b）条或20.5之二（c）条在国际阶段接受的更正——即以收到正确申请文件的日期或较晚的日期作为申请日，或将申请的原始申请日变更为收到正确申请文件的日期——在EPO作为指定局/选定局时的程序中是有效的（参见《OJ EPO 2020，A81》）。

但是，如果受理局认为正确的申请文件应根据PCT细则第20.5之二（d）条以援引方式加入，即不改变申请日，这种加入在EPO作为指定局/选定局的程序中无效。在这种情况下，在进入欧洲阶段时，EPO将以收到正确申请文件的日期作为申请的申请日（PCT细则第20.8（c）条和第20.5之二（b）或（c）条）。此外，EPO将认为原始提交的申请包括正确的申请文件，而不包括错误提交的部分。EPO将在根据PCT细则第20.8（c）条和第82之三.1（c）和（d）条规定的通知书中告知申请人该情况，并将答复期限设置为两个月。

（i）如果在期限内，申请人要求根据PCT细则第82之三.1（d）条放弃正确的申请文件，EPO将发布一项中间决定，将申请日更改为受理局最初确定的日期，并确认EPO作为指定局/选定局的程序将基于在该日期提交的申请文件。

（ii）如果申请人根据PCT细则第20.8（c）条和PCT细则第82之三.1（c）和（d）条在规定的期限内就通知书提交意见陈述，EPO还将根据所提交的意见陈述作出中间决定。

（iii）如果申请人没有提交意见陈述，也没有要求放弃正确的申请文件，则不会发布中间决定。在这种情况下，EPO将坚持其意见。

有意避免这一程序的申请人可以采用简略程序，这一程序即根据PCT细则第20.8（c）条和PCT细则第82之三.1（c）和（d）条发出通知书并将答复期限限定为两个月。根据简略程序，在EPC细则第159（1）条规定的31个月期限内，在有效请求提前处理时，或最迟在根据PCT细则第20.8（c）条和第82之三.1（c）和（d）条发出通知书之前，申请人可以：

（a）要求EPO放弃正确的申请文件。在这种情况下，EPO将不发出该通知书，而是发出中间决定。该决定将确认申请保留原始申请日，并且在EPO作为指定局/选定局的程序中将放弃正确的申请文件。

（b）确认希望继续申请，申请日对应于收到正确申请文件之日，并且具有正确的申请文件。在这种情况下，EPO不发出任何通知和中间决定。EPO将更正申请日，并认为错误提交的申请文件未提交。申请人将相应地被告知。

一旦上述程序已经最终确定，EPO将根据EPC细则第161条和第162条发出通知书，申请人可以在该程序确定的申请日的公开范围内修改申请。

由于上述程序，原始提交的申请文件可能与构成国际阶段检索基础的文件不同。如果EPO作为国际检索单位，审查员应当仔细核查构成欧洲阶段基础的发明是否被国际阶段的检索所涵盖。如果不是这种情况，EPO将根据EPC细则第164（2）条发出通知（参见本章2.3）。

如果构成欧洲阶段处理基础的主题被国际检索报告所涵盖，则审查将照常继续进行，但要考虑到申请日的潜在变化可能会对国际检索报告中引用的中间文件产生影响，并且优先权可能不再有效。

有关更多细节内容和示例，参见《OJ EPO 2020，A81》。

2. 申请人主动进行的修改

任何修改，包括申请人主动做出的所有修改，都必须满足以下条件：

公约123(2)

（i）不得向原始提交的申请内容增加主题（参见H部分第Ⅳ章2.3和H部分第Ⅴ章1至7）；

（ii）修改本身不得导致修改后的申请具有不符合EPC规定之处，例如，修改不得使权利要求不清楚（公约第84条）；和

（iii）修改必须符合细则第137（5）条（参见H部分第Ⅱ章6）。

如果修改不符合这些条件，则应告知申请人，修改后的申请不能被允许。除C部分第Ⅲ章2.1和2.2中提到的根据细则第137（2）条允许的修改外，申请人可以随时纠正明显的错误（参见H部分第Ⅵ章2.2.1）。

如果进行了修改但申请人未指出这些修改和/或其在原始提交的申请中的依据（参见H部分第Ⅲ章2.1），并且该申请是H部分第Ⅲ章2.1.4中提到的申请之一，审查小组可以根据细则第137（4）条发出通知书，要求申请人提供此信息（参见H部分第Ⅲ章2.1.1）。

如果申请人接受检索小组关于以可接受的形式修改权利要求以克服所提出的反对意见的建议（参见B部分第Ⅺ章3.8），申请人应根据提交的权利要求书适应性调整说明书，并删除或修改任何会对保护范围产生疑问的陈述或表达（参见F部分第Ⅳ章4.3）。

2.1 针对检索意见所做的修改

细则137(2)和(3)

C部分第Ⅱ章3.1中提到的修改是由申请人“主动”做出的（申请人必须对EESR中的检索意见作出答复，但并非必须通过提交修改答复；申请人也可以通过提交对检索意见的意见

陈述进行答复——参见B部分第Ⅺ章8）。这意味着申请人不限于为弥补申请缺陷所需的修改。进一步的修改仅可在审查小组同意的情况下做出（参见H部分第Ⅱ章2.3）。

2.2 针对WO－ISA、IPER或补充国际检索报告所做的修改

细则137(2)

对于EPO作为国际检索单位（ISA）或作为补充国际检索指定单位（SISA）的欧洲－PCT申请，申请人针对根据细则第161（1）条（参见E部分第Ⅸ章3.3.4）的通知书提交的任何修改均由申请人主动做出。这意味着提交这些修改是为了克服WO－ISA、IPER或补充国际检索报告中提出的反对意见，或者也可以出于其他原因提出修改，例如，纠正申请人自己已经注意到的在原始文件中的一些不清楚之处。为避免延误，申请人在提交此类修改时应注意遵守细则第137（4）条的要求。此外，申请人还可以提交意见陈述作为修改的替代或补充。

2.3 根据细则第164（2）条的检索

细则164(2)

对于EPO作为ISA或SISA的欧洲－PCT申请，细则第164（2）条规定审查小组在根据细则第161条和第162条发出的通知书规定的6个月期限届满时对申请文件进行评估。对于公约第82条所指的任何要求保护的发明或发明组，如果EPO未以ISA或SISA的身份进行检索，审查小组将发出缴纳检索费的要求。

经修改的申请文件可以包含针对未检索发明的权利要求，但作为审查依据的申请文件不符合发明单一性要求的情况除外。

例如，经修改的申请可能只包含一项发明，该发明可能是EPO在国际阶段作为（S）ISA要求保护但未进行检索的发明。在这种情况下，审查小组未对这组权利要求提出缺乏单一性的反对意见，且通知书中的说理只需要提及WO－ISA中的缺乏单一性反对意见，以及在国际阶段没有为该发明缴纳附加费用的事实。

很可能申请文件中的一项发明甚至没有在作为国际阶段程序基础的申请文件中要求保护，这一发明是从说明书中引入的（参见F部分第Ⅴ章7.1（iv））。在这种情况下，无论权利要求书中是否存在缺乏单一性的缺陷，审查小组均应根据细则第164（2）条为任何未检索的发明发出缴纳检索费的通知书。根据细则第164（2）条发出的通知书应当说明这是在国际阶段未检索的新发明以及未检索的理由。如果此类案件的权利要

求书中还存在其他发明，而这些发明也未被检索（但在PCT阶段被要求检索），则在同一通知书中，还应当要求申请人就这些发明缴纳进一步的检索费。在评估经修改的权利要求中存在的主题是否构成说明书中已引入且之前未请求保护的发明时（将根据细则第164（2）条发出通知书），应考虑为评估是否符合细则第137（5）条而制定的原则（参见H部分第Ⅱ章6.2）。

构成欧洲阶段基础的申请文件还可以涵盖由于根据PCT细则第20.5之二条对错误提交项目的程序而未在（补充）国际检索报告中检索的发明或发明组（参见本章1.3）。同样，在这种情况下，审查小组也将根据EPC细则第164（2）条发出缴纳检索费的通知书。

根据细则第164（2）条的通知书应当在根据公约第94（3）条的任何通知书之前发出。需要指出的是，要适用细则第164（2）条，权利要求必须足够清楚，以便能够确定未检索的发明，触发适用细则第164（2）条规定的程序。如果权利要求不清楚，无法确定未检索的发明，则首次通知书应当根据公约第94（3）条发出，列出根据公约第84条规定的反对意见。如果在程序的后期发现修改后的权利要求确实指向未检索的发明，申请人应当就任何此类主题提交分案申请。如果由于进一步的修改或澄清，能够确定（进一步）未检索的发明，则不适用细则第164（2）条的追索权，因为细则第164（2）条规定的程序适用于申请人提交的作为审查基础的申请文件。

如果在根据细则第164（2）条进行检索之前申请人提交了附加请求，则在检索中仅考虑主要请求（尽管涉及细则第62a条或第63条的例外中，在检索阶段同时考虑主要请求和附加请求的情况，参见B部分第Ⅷ章3.2.2和4.2.2）。

如果申请人及时缴纳了检索费，正如细则第164（2）（b）条规定的，检索结果将作为根据公约第94（3）条和细则第71（1）和（2）条或根据细则第71（3）条的通知书的附件发送给申请人。该附件的标题为“根据细则第164（2）条的检索结果”。

如果申请人根据细则第164（2）条按时缴纳了检索费，同时提交了一组新的权利要求，则在根据细则第161条发出的付款通知期限届满并已缴纳请求费时，审查小组将就提交的权利要求书进行检索并出具书面意见。但是，在适当的情况下，进行检索的审查员可以非正式地考虑修改后的文件。在收到根据公约第94（3）条发出的通知书所附的根据细则第164（2）条的检索结果后，申请人将有机会主动提交修改（参见H部分第Ⅱ章2.3）。

如果申请人未按细则第164（2）条及时缴纳检索费，则审查小组将根据公约第94（3）条和细则第71（1）和（2）条，或根据细则第71（3）条发出通知书，并要求申请人从权利要求中删除任何未被检索的主题，这些主题未被检索或是因为未缴纳细则第164（2）条规定的检索费（参见H部分第Ⅱ章7），或是出于其他原因（参见H部分第Ⅱ章6）。在专利授权之前，这些主题应从说明书和附图中删除，或指明该主题不构成要求保护的发明的一部分（参见F部分第Ⅳ章4.3（iii））。

根据细则第164（2）（b）条发出的通知书涉及根据细则第164（2）条检索的每项发明的所有反对意见。对于涉及EPO在国际阶段已经检索的发明并已修改但仍缺乏单一性的权利要求，只要详细论证为什么仍然存在缺乏单一性的缺陷即可。在适当情况下，发出通知书进一步要求申请人将申请限定至一项已检索的发明（参见细则第164（2）（c）条）。

根据细则第164（2）（b）和（c）条，H部分第Ⅱ章2.3中所列的细则第164（2）条规定的特别程序在根据第164（2）条（b）段发出的通知书中规定的期限届满时终止。这意味着申请人主动做出修改的权利在该通知书中规定的期限届满时结束。

此外，F部分第Ⅴ章7.1（iv）中规定的特别程序免除了细则第137（5）条第1句要求的修改，其在细则第161（1）条规定的期限届满时终止。此类修改将导致审查小组根据细则第164（2）（a）条发出通知书，并允许申请人对细则第137（5）条所述的未检索主题进行检索。但是，在细则第161（1）条规定的期限届满后提交的任何修改均须遵守细则第137（5）条第1句的要求（参见H部分第Ⅱ章6.2）。

一旦EPO根据细则第164（2）条发出通知书，EPO就履行了根据细则第164（2）条承担的义务，而申请人基于本条细则的权利即告用尽。因此，在出现无单一性的连锁反应的情况下，不根据细则第164（2）条发出（进一步）通知。如果在审查程序中增加的权利要求或修改的现有权利要求涉及未检索的发明，则同样适用上述规则。

在国际阶段发生下列事件时，可能会出现例外情况：

（i）EPO在国际阶段作为国际检索单位（ISA）。

（ii）作为ISA的EPO要求申请人根据PCT条约第17（3）（a）条和PCT细则第40条（由于基于PCT细则第13条而缺乏单一性）缴纳一项或多项国际附加检索费。

（iii）申请人至少缴纳了一笔此类附加检索费。

（iv）附加检索导致对后验缺乏单一性（无单一性的连锁反应）的进一步反对意见，导致根据PCT条约第17（3）（a）条和PCT细则第40条的通知书中确定的一项发明进一步分案，同时导致该子发明最初未在上述通知书中指明。

（v）EPO没有检索所有此类子发明。

在上述情况下，EPO将根据细则第164（2）条，要求申请人为权利要求书中任何此类未检索的子发明缴纳检索费，其中基于细则第161（1）条规定的6个月期限届满时，这些子发明将构成审查的基础。

如果根据PCT细则第45之二.9条，EPO是补充国际检索单位（SISA），其可以根据PCT细则第45之二.6（a）条作出国际申请缺乏单一性的结论。但是，在SISA的程序中，申请人不能缴纳额外的国际附加检索费，且补充国际检索报告将仅针对权利要求书中首次提及的发明或具有单一性的发明组（PCT细则第45之二.6（a）条）。如果该申请在权利要求中包含未检索的发明，这些发明将在细则第161（1）条规定的6个月期限届满时构成进行审查的基础，EPO则根据细则第164（2）条发出通知书，允许申请人在缴纳检索费后检索这些发明，并在审查程序中继续其中一项发明。

细则第164（2）（b）条规定了可对申请进行修改作为对根据细则第164（2）条规定的任何检索结果的答复。这意味着申请人可以主动做出修改，以答复根据公约第94（3）条的通知书，该通知书以根据细则第164（2）条的检索结果作为附件（参见H部分第Ⅱ章2.3）。

3. 发明的单一性

3.1 检索与单一性的关系；限制到已检索的发明

公约82

如果适用，对发明缺乏单一性的反对意见应该在检索阶段就已经提出。如果没有提出此类反对意见，但审查小组仍然认为显然不符合公约第82条的要求，则在审查期间将尽早解决缺乏单一性的问题（参见F部分第Ⅴ章7.1和H部分第Ⅱ章7.3）。

当审查小组提出发明不具有单一性的意见或者坚持之前申请人以未令人信服的理由反对的意见时，将通知申请人将申请限制在一项或一组发明。在答复此类要求时，申请人应当明确指出希望进一步审查的已检索的发明。如果申请人的答复不明确，审查小组必须在继续审查之前要求申请人澄清（参见 T 736/14）。

3.1.1 不缴纳附加检索费

细则 64
细则 164（1）和（2）

如果申请人因未根据细则第 64（1）条（参见 B 部分第Ⅶ章 1.2）或细则第 164（1）条（参见 B 部分第Ⅶ章 2.3）的要求缴纳附加检索费，而没有利用机会获得检索报告中包括的其他发明的检索结果，则申请人将被视为已选择申请应基于已检索的发明进行（参见 G 2/92）。如果审查小组已根据细则第 164（2）条发出通知书，细则第 164（2）（c）条要求申请人从权利要求书中删除所有未经检索的发明。

必须考虑到，确定申请是否符合发明单一性要求的最终责任由审查小组承担（参见 T 631/97）。在考虑单一性问题时，审查小组将同时考虑检索意见中给出的理由和申请人对此的答复（详情参见 B 部分第Ⅺ章 8，何时需要对检索意见作出答复）；对于没有作出补充欧洲检索报告的欧洲 – PCT 申请，审查小组将按照细则第 161（1）条的要求，考虑 EPO 作出的国际检索单位书面意见（WO – ISA）、国际初审报告（IPER）或补充国际检索报告中给出的理由以及申请人对此的答复（参见 E 部分第Ⅸ章 3.2）。如果申请人对上文提出的单一性问题未给出任何令人信服的答复，审查小组通常将首先坚持先前采取的立场（参见 B 部分第Ⅺ章 1.2），然后要求申请人删除已检索发明以外的所有发明。如果审查小组确信，例如通过申请人的意见陈述，检索阶段关于单一性的意见是不正确的，则对被判定为与已检索的发明具有单一性的主题进行附加检索（参见 B 部分第Ⅱ章 4.2（iii）和 C 部分第Ⅳ章 7.2），并对符合发明单一性要求的权利要求进行审查。申请人可就任何删减的主题提出分案申请（参见本章 3.2）。

3.1.2 已缴纳附加检索费

如果申请人借此机会检索了其他发明，那么他们可以确定申请将基于其中任何一项发明进行，其他发明将被删除。如果申请人尚未这样做，且审查小组坚持缺乏单一性的反对意见

(参见本章3.1.1)，则应在实质审查开始时要求申请人说明申请的审查应基于哪项发明，并通过删除属于其他发明的部分来相应地限制申请。对于后一项发明，申请人可以提交分案申请(参见本章3.2)。

3.1.3 通知缴纳附加检索费并限制检索范围

在特殊情况下，根据细则第64（1）条、细则第164（1）条或细则第164（2）条发出的缴纳附加检索费的通知书，可与根据细则第62a（1）条和/或细则第63（1）条限制检索范围的通知书相结合。

当申请进入审查阶段，或就细则第164（2）条而言，在申请人答复第一次通知书后，审查员将检查实质审查所依据的权利要求是否符合发明单一性的要求（公约第82条），并且是否仅涵盖已检索的主题。如果权利要求缺乏发明单一性，将通知申请人将权利要求限制到一项已检索的发明，并将所有未检索的主题排除在权利要求范围之外。如果在答复审查员提出的反对意见时，申请人未能作出充分答复（通过修改权利要求或提交令人信服的意见陈述），并且审查员可以维持缺乏单一性的反对意见，则可根据公约第97（2）条和第82条（参见H部分第Ⅱ章7.3和7.4）驳回申请，前提是听证权——包括根据要求进行口头审理程序的权利（公约第116（1）条）——已经得到尊重。

如果在进入审查阶段之前，或在细则第164（2）条的情况下，申请人为了满足公约第82条的要求而对第一次通知书作出答复时，原始权利要求已经修改，但包括根据细则第62a（1）条和/或细则第63（1）条发出通知后被排除在检索范围之外的主题，审查员将：（i）根据细则第62a（2）条和/或细则第63（3）条的规定通知申请人将权利要求限于已检索的主题；或（ii）根据细则第137（5）条对有关权利要求提出反对意见（参见H部分第Ⅱ章6.2）。在细则第164（2）条情况下，如果第一次通知书已经包括相关的反对意见/通知，并且听证权已经得到尊重，则可以驳回该申请。

如果在对根据细则第62a（2）条或细则第63（3）条发出的通知书进行答复时，申请人未能作出充分答复（通过修改权利要求或提交令人信服的意见陈述），则在尊重听证权的情况下，可以根据公约第97（2）条驳回申请（参见F部分第Ⅳ章3.3）。

3.2 删除其他发明；提交分案申请

细则36

对于申请人根据C部分第Ⅲ章3.1.1或3.1.2已经删除的发明，申请人可以提交分案申请。

仅当母案申请仍在审理中时，才能提交分案申请（参见A部分第Ⅳ章1.1.1）。

3.3 附加检索费的退还

细则64(2)
细则164(5)

如果申请人已根据基于细则第64（1）条、细则第164（1）或（2）条发出的通知书缴纳了进一步的检索费并已经要求退还，审查小组应复查缺乏单一性的意见的有效性（另见F部分第Ⅴ章4至7）。

退款请求应及时处理。如果审查员认为不应批准退款请求，则应根据公约第113（1）条的要求尽早作出这方面的中间决定，并且该决定的发布通常应当早于对申请的最终决定。当然，如果审查员发布退款决定的程序阶段与发出细则第71（3）条的通知书或驳回申请的决定的时机重合，则在前一种情况下，中间决定可以与细则第71（3）条的通知书一起发布，而在后一种情况下，退款决定可以包含在驳回申请的决定中。审查员就此原因作出的中间决定将允许申请人根据公约第106（2）条单独提出上诉。

在作出拒绝根据细则第64（2）条退还附加检索费的请求的中间决定之前，审查员应当在根据公约第94（3）条的通知书中将审查小组的初步意见告知申请人。该初步意见应当考虑申请人在对检索意见的答复中提出的意见陈述。此外，应规定期限，使申请人能够对审查小组的初步意见发表意见。同时，可以通知申请人，他们可以要求就退款作出中间决定，这将允许其根据公约第106（2）条单独提出上诉。如果满足这些要求，则申请人根据公约第113（1）条的听证权得到尊重。同样的程序也适用于根据细则第164（1）和（2）条已缴纳的检索费的退还。

细则第164（5）条规定根据细则第164（1）或（2）条缴纳的任何检索费的退还应符合细则第64（2）条的规定（参见A部分第Ⅹ章10.2.2）。如果申请人根据细则第164（2）条的要求缴纳了检索费，同时对要求缴纳检索费的依据提出异议，并根据细则第164（5）条要求退还检索费，则审查小组可以根据公约第94（3）条和细则第71（1）或（2）条在通知书中直接处理该问题，作为根据细则第164（2）条的检索结果的附件。在细则第64（1）和164（1）条情况下，直到审查小组对申请负责时，才可能对申请人的请求立即进行审查。

此外，应当记住，根据细则第64（2）条或第164（5）条的复查限于重新考虑在根据细则第64（1）条、第164（1）或（2）条发出通知时的情形下的原始意见的有效性，仅考虑当时可用的现有技术。有关评估发明单一性的更多详细信息，参见F部分第Ⅴ章。

然而，应PCT条约第17（3）（a）条的要求，向作为ISA的EPO缴纳的国际附加检索费的退还问题在欧洲阶段并不出现，因为这些费用是在国际阶段支付的，而国际阶段在程序的这一阶段已经结束。申请人可以对向作为国际检索单位（ISA）的EPO缴纳国际附加检索费提出疑问，通过在持有异议的情况下根据PCT细则第40.2（c）条的规定缴纳这些费用。但是，这应当在国际阶段完成（另见2015年6月9日的EPO局长决定《OJ EPO 2015，A59》，以及2010年3月24日的EPO公告《OJ EPO 2010，322》）。

3.4 将一项已检索的发明更改为另一项

一旦申请人已经将权利要求限制在一项已检索的发明上，审查小组将拒绝接受涉及变更至其他已检索的发明的修改（有关更多信息，参见H部分第Ⅱ章7.1）。

4. 第一次通知书

细则71(1)和(2)
细则132
公约94(3)

如果即使在申请人提交了对检索意见的答复之后，申请仍然存在缺陷，在后续审查程序中，审查小组将在作出否定决定或口头审理程序通知之前根据公约第94（3）条和细则第71（1）、（2）条发出通知书，并将考虑申请人对此的答复。关于将发出的口头审理程序通知作为审查程序中的第一次通知书的例外情况，参见本章5。

在撰写此类通知书（或口头审理程序通知的特殊情况下）时，审查小组将考虑检索报告中引用的文件（如果有的话）和C部分第Ⅳ章7.1中提到的检索结果中发现的任何其他文件，以及申请人在答复检索意见（参见B部分第Ⅺ章8）或根据细则第161（1）条对通知书作出的答复（参见E部分第Ⅸ章3）

时进行的任何修改或提出的意见。审查员应在该通知书中确定其认为申请不满足的 EPC 的所有要求。通知书将说明所提出的所有反对意见的理由，并要求申请人在规定的时间内提出意见或提交修改。尽管在适当情况下可能会发送说明书和权利要求书的副本（参见 H 部分第Ⅲ章 2），但提交的申请文件不发回给申请人。申请人作出答复后，审查员将重新审查申请。

如果检索意见尚未作出（参见 C 部分第Ⅵ章 3、F 部分第Ⅴ章 7.1（ii）和 B 部分第Ⅺ章 1.1），作为一般性规则（参见 B 部分第Ⅺ章 3）且与检索意见类似，审查员根据公约第 94（3）条发出的第一次通知书将涵盖对申请的所有反对意见（对于未提出所有反对意见的例外情况，参见 B 部分第Ⅺ章 3.4）。在这种情况下，传唤书将不作为审查程序中的第一次审查意见通知书发出。

4.1 理　由

4.1.1 合理质疑

细则 71(2)

与检索意见一样，对于每一项反对意见，通知书均应指明申请中存在缺陷的部分，并通过引用具体公约或细则或者通过其他明确的说明来指明未满足的 EPC 要求；对于不能立即明了的反对意见，还应说明理由（有关更多细节，参见 B 部分第Ⅺ章 3.2）。

举证责任和陈述有关可专利性要求的相关事实的责任最初在审查小组，审查小组应当提供证据和事实以支持其反对意见（参见 T 655/13）。因此，必须以适当方式引用构成新颖性或创造性反对意见基础的现有技术文件，以便能够毫无困难地检查这些结论（参见 E 部分第Ⅹ章 2.6）。

4.1.2 肯定性陈述/建议

在适当情况下，如果某些权利要求符合可专利性的要求，通知书还应包含关于可专利性的肯定性陈述（参见 B 部分第Ⅺ章 3.2.2）。在程序的这一阶段，特别是在尚未对得出肯定性结论的权利要求作出评论的情况下，审查员应作出这种陈述。

关于就如何克服反对意见提出建议，参见 B 部分第Ⅺ章 3.8。在建议以可接受的形式修改权利要求时，审查小组还将通知申请人适应性修改说明书，使其与修改后的权利要求相一致（参见F部分第Ⅳ章4.3）。

4.2 通知提交意见和修改

细则71(1)和(2)
公约94(3)和(4)

通知书应包括通知申请人提交意见陈述、改正所有缺陷，并在必要时提交对说明书、权利要求书和附图的修改，还应说明申请人应当答复的期限。申请人如未能按期作出答复，申请将被视为撤回（参见C部分第Ⅵ章1和E部分第Ⅷ章1）。进一步审理适用于这种权利丧失（参见E部分第Ⅷ章2）。

5. 作为第一次审查意见通知书的口头审理程序通知

在特殊情况下，审查小组可以将发出的口头审理程序通知作为第一次审查意见通知书。只有在以下情况下，审查小组才可决定这样做：

－按照审查小组的观点，即使考虑到申请人对检索意见的答复，其申请也没有授权前景；

－提交的权利要求内容与作为检索依据的权利要求的内容实质上没有区别；

－检索意见中提出的对审查程序结果至关重要的一项或多项反对意见仍然适用。

作为第一次审查意见通知书而发出的传唤书附件应当完整地处理申请人的请求，并且应当与根据EPC第94（3）条的通知书同样详细（特别参见本章4.1）。其不得包括任何新的反对意见或引用新的文件。应当涵盖对申请的所有反对意见，并且应当通过提供基本的法律和事实理由证实。此外，还应当包括审查小组决定直接将传唤口头审理作为第一次审查意见通知书的理由。如果审查小组正在考虑将发出的口头审理程序通知作为第一次审查意见通知书，可通过电话通知申请人（参见C部分第Ⅶ章2.5）。

为了让申请人有充足的时间在口头审理程序前准备所有呈件，传唤书应至少提前6个月发出。

根据适用于口头审理程序通知的原则，在EPC细则第116（1）条规定的截止日期届满之前，申请人可以提交任何答复意见和修改。如果口头审理程序通知作为第一次审查意见通知书发出，则在细则第116（1）条规定的日期之后提出的请求不应被视为迟交（参见H部分第Ⅱ章2.7）。

如果申请人提交的材料确实努力克服了审查小组的反对意

见，口头审理程序可能会被取消或推迟。否则，原则上将在口头审理程序期间就申请的实质内容作出决定，即使申请人不出席审理（参见E部分第Ⅲ章6和8.3.3.3）。

6. 要求提供现有技术信息（不限于优先权）

公约124
细则141(3)

EPO可以要求申请人在两个月内提交关于欧洲专利申请所涉及的发明的国家或地区专利程序中已考虑的现有技术信息。这尤其包括未要求优先权的专利或实用新型申请的检索结果。此外，如果申请人在根据细则第70b（1）条提出请求时无法获得检索结果，也允许EPO要求申请人提交对细则第141（1）条所述优先权的检索结果的副本（参见2010年7月28日的EPO公告《OJ EPO 2010，410》）。若申请人未遵守该要求，将导致申请根据公约第124（2）条被视为撤回。对于这种权利丧失，可以进行进一步审理（参见E部分第Ⅷ章2）。

鉴于此类通知书可能给申请人带来大量工作，细则第141（3）条规定的进一步要求将仅在有令人信服的理由怀疑存在其他相关现有技术的个别情况下发出。

该通知书是独立的通知，且上述期限不可延期。该通知可以单独发送，也可以与根据公约第94（3）条的通知书同时发送。如果同时发送，两份通知书中规定的期限相互独立。申请人提供的任何现有技术信息将包含在文件中，并将开放案卷查阅（参见A部分第Ⅺ章）。

7. 评估检索报告中引用的现有技术文件和较晚优先权要求

如A部分第Ⅲ章6.5.1和6.5.2中所述，申请人有权在最早的优先权日起16个月内更正或提出优先权要求（如果更正，则自欧洲申请日起至少4个月）。如果这种情况发生在检索报告完成之前，审查员可以复查撰写的检索报告，以考虑有效申请日的变化。如果检索报告是根据原始优先权状态发出的（即在撰写检索报告后对优先权要求进行补充或更正），实质审查阶段的主审员应重新评估检索报告中所引用文件的相关性。如果审查员可用的现有技术似乎不可能以足够完整的方式反映现有技术而用于评估可专利性，审查员应进行附加检索（参见C部分第Ⅳ章7.2）。在这种情况下，将不再发出进一步的检索报告：将在根据公约第94（3）条的通知书中告知申请人所有新发现的文件（并将此类文件的副本附于该通知书）。

第Ⅳ章　对答复意见的审查和进一步审查阶段

1. 一般性程序

在申请人对EPO作出的检索意见（参见B部分第Ⅺ章8）、国际检索单位书面意见（WO－ISA）、国际初审报告（IPER）或补充国际检索报告（参见E部分第Ⅸ章3）或第一次通知书作出答复后，审查员应当审查申请，同时考虑申请人提出的意见或修改。

如果申请是H部分第Ⅲ章2.1.4中提到的申请之一，细则第137（4）条要求申请人在答复检索意见、WO－ISA、IPER或补充国际检索报告时确认所做的修改，并注明其在原始提交的申请中的依据。不遵守该要求可能导致审查小组根据细则第137（4）条发出通知书。有关该程序的更多详细信息，参见H部分第Ⅲ章2.1.1和2.1.2。

如果针对涉及专利授权的可选择文本存在一项或多项附加请求，则每项此类请求的文本都有资格成为公约第113（2）条意义上的由申请人提交或同意的文本，因此必须按照申请人指明或同意的顺序进行处理，如果存在可允许的最高级请求，则直至审查到该请求为止（另见H部分第Ⅲ章3和C部分第Ⅴ章1.1）。还应当注意，对于H部分第Ⅲ章2.1.4中提到的申请类型，在附加请求方面也必须遵守细则第137（4）条的规定，附加请求也可能需要根据细则第137（4）条发出通知书。

2. 对答复的审查范围

在第一个审查阶段之后，若以下各项全面且清晰（参见B部分第Ⅺ章3和C部分第Ⅲ章4和4.1），审查员通常不需要完全重读申请，而应专注于修改本身、相关段落以及先前指出的缺陷：

－检索意见；

－WO－ISA（由EPO作出时）；

－根据PCT细则第45之二.7（e）条的补充国际检索报告所附的解释（由EPO作出时，参见2010年3月24日的EPO公告《OJ EPO 2010，316》第6点）；

－IPER（由EPO作出时）；

－第一次通知书（参见B部分第Ⅺ章1.1和8）。

3. 审查答复后的进一步通知

公约 94(3)

审查员在该阶段的首要原则是，应通过尽可能少的通知书次数达成最终决定（授权或驳回），并且应始终牢记该原则以控制程序。EPC 规定了在 C 部分第Ⅲ章 4 中记载的与申请人沟通的过程“根据需要”而重复。

在大多数情况下，申请人将力求处理审查员的所有反对意见。申请人的答复不必充分完整或令人信服，即可成为公约第 94（4）条意义上的答复。为了使申请不被视为撤回，申请人只需对根据公约第 94（3）条发出的通知书中提出的至少一项反对意见发表意见，甚至不完整的意见，或提交修改以进行答复。相反，纯粹的形式请求，例如延长公约第 94（3）条规定的期限或会晤请求，不视为符合公约第 94（4）条规定的答复（另见 B 部分第Ⅺ章 8 和 E 部分第Ⅷ章 2）。但是，根据案卷状况申请人请求作出决定（参见 C 部分第Ⅴ章 15）将视为符合公约第 94（4）条意义上的答复。

如果唯一未决的反对意见是需要修改说明书，参见 C 部分第Ⅵ章 1.1。

公约 113(1)

如果对申请人的答复意见的审查表明，尽管申请人提交了答复，但反对意见仍然存在，而且若在审查程序中已经发出至少一次通知书（参见 C 部分第Ⅲ章 4 和 E 部分第Ⅸ章 4.1），并且申请人已享有听证权（公约第 113（1）条），即决定完全基于申请人有机会陈述意见的理由作出，则审查员将考虑向审查小组的其他成员建议驳回申请（参见 T 201/98）。但是，如果有理由认为，为克服反对意见的额外通知书可能向授权方向发展，审查员将发送进一步的书面通知或通过电话联系申请人。审查员还可以就如何克服所提出的反对意见提出建议（参见 B 部分第Ⅺ章 3.8 和 C 部分第Ⅲ章 4.1.2）。

如果对申请人的答复意见的审查表明，申请人没有在答复时处理所有主要反对意见，则提请申请人注意缺陷可能是适当的，例如通过电话。但是，如果预期申请人不会有积极的反应，审查员则应考虑向审查小组的其他成员建议立即驳回该申请（同样，前提是在审查程序中已经发出至少一次通知书）。

如果申请人与审查员的意见存在实质性分歧，通常最好以书面形式处理这些问题。但是，如果对争议点似乎存在困惑，例如申请人似乎误解了审查员的论点，或者申请人自己的意见陈述不清楚，则可以采用会晤的形式解决问题。如果要解决的问题不是实质性问题，会晤也可以加快程序。会晤不构成口头审理程序（参见E部分第Ⅲ章）。这在C部分第Ⅶ章2中得到了更充分的考虑。

3.1 如果在审查程序中较早发送优先权申请的翻译请求，则继续发出通知书

细则53(3)

如果在审查程序中较早发出（单独发出或与根据第94(3)条的通知同时发出——参见A部分第Ⅲ章6.8.2）根据细则第53(3)条的规定提交优先权申请翻译的通知，则在申请人提交译文或进一步审理期限届满之后，才能发送后续通知书（根据公约第94(3)条或细则第71(3)条，或口头审理程序通知）（另见E部分第Ⅲ章5.1）。这也适用于根据细则第53(3)条的通知与根据公约第94(3)条的在先通知书同时发送，并且申请人已经对该通知书进行了答复（例如，通过提交修改），但尚未提供译文且原始期限或进一步审理期限仍有效的情况。

4. 审查的后期阶段

如果考虑到本章3所述原则，已经发送的通知书越多，则最适当的做法就越有可能是将申请提交给审查小组其他成员作出决定，类似的考虑也适用于审查的后期阶段。如果决定驳回申请，则应特别注意确保该决定不违反公约第113(1)条。

5. 对修改的审查

任何修改必须满足C部分第Ⅲ章2中列出的条件。还必须确定其生效时间。

6. 申请人所做修改的可接受性

细则137(2)和(3)

关于审查程序中申请人所做修改的可接受性的事项，参见H部分第Ⅱ章2。

7. 审查中的检索相关问题

7.1 检索抵触欧洲申请

审查员应检索属于公约第54(3)条所定义范围内的任何

其他抵触欧洲申请，除非检索报告已经涵盖。

这是因为作为一般性规则，在进行主要检索时，对于此类材料的检索文件是不完整的。由于要求的优先权日（如果有的话）可能不会被给予全部或部分申请，但可能被给予抵触申请的适当部分（参见 F 部分第Ⅵ章 2.1），因此应扩大检索范围以涵盖待审申请提交后 18 个月内公布的所有欧洲申请。在优先权要求对待审专利申请的全部内容有效的条件下，补充检索可以例外地在最早优先权日起的 18 个月内进行。如果审查员不能在作出检索意见或在根据公约第 94（3）条发出第一次通知书时完成这种“补充”检索，则应确保在报告申请准备授权之前完成该检索。在极少数情况下，审查员会在完成此检索之前认为该申请将要被授权（例如，由于请求对未要求优先权的申请进行加快审查，“欧洲专利申请加快审查计划”（PACE）参见 2010 年 5 月 4 日的 EPO 公告《OJ EPO 2010，352》），此时专利授权应推迟直至能够完成补充检索（参见 T 1849/12）。

除检索在初次检索时不可获得的公约第 54（3）条文件外，补充检索还特别考虑了其他专利局对与 EPO 审查的申请属于同族专利的申请所引用的潜在相关现有技术，因此需要在审查开始和结束时对所有文件进行检索。

在退还审查费的框架内（参见 A 部分第Ⅵ章 2.5），在审查开始时启动补充检索。这就形成了一个标记，作为文件中的证据，证明审查小组已开始其实质性工作。

7.2 审查期间的附加检索

有时需要在修改的第一阶段或随后的阶段进行附加检索。这可能出于多种原因。

在下列情况下，可能需要进行附加检索：

（i）根据细则第 63（1）条发出通知后，检索阶段已经作出替代细则第 63 条规定的检索报告的部分检索（参见 B 部分第Ⅷ章 3、3.1 和 3.2），并且根据细则第 63 条无法进行有意义的检索的缺陷已通过符合细则第 137（5）条的修改（参见 H 部分第Ⅱ章 6.1）予以克服，或被申请人成功反驳；

（ii）根据细则第 63 条，用不可能进行有意义的检索的声明取代了检索报告，并且申请人成功地反驳了反对意见；

（iii）申请人成功地争辩，根据细则第 62a 条，同一类别的多项独立权利要求导致对检索报告的限制（参见 B 部分第Ⅷ

章4.1和4.2)，根据细则第43（2）条规定的例外情况实际上是允许的（参见F部分第Ⅳ章3.2)；

(iv) 由于发明缺乏单一性的反对意见所以尚未对申请的特定部分进行检索，而申请人提出的意见陈述已经说服审查小组同意发明具有单一性；

(v) 权利要求已经过修改，原始检索不再涵盖其范围；

(vi) 根据细则第61条发出的检索报告因为认为技术特征众所周知而未包含现有技术文件（参见B部分第Ⅷ章2.2.1)，但审查小组不同意这一意见；

(vii) 对于被认为是构成公知常识的特征未引用现有技术文件，而审查小组不同意这一观点，或者申请人对公知常识提出疑问（参见G部分第Ⅶ章2和3.1)；

(viii) 在例外情况下，申请人声称在确认现有技术中犯了错误（参见G部分第Ⅶ章5.1)，或者审查员认为在检索过程中未考虑的技术领域中可能会发现与显而易见性有关的资料；

(ix) 申请人在申请日之后引入了新的享有优先权的权利要求（参见C部分第Ⅲ章6)。

公约153(6)和(7)

如果申请是根据PCT提交的，则检索报告将是根据PCT作出的国际检索报告，并将附有补充欧洲检索报告，除非行政委员会决定不需要补充报告（参见E部分第Ⅸ章3.2)。审查员在决定是否需要任何附加检索时，必须考虑这两份报告。

根据细则第164（2）条进行的检索参见C部分第Ⅲ章2.3。

7.3 审查阶段的检索

虽然原则上所有检索工作（公约第54（3）条的资料除外）都应在检索阶段完成，但在例外的情况下，不禁止审查员寻找其知晓或有理由怀疑存在的相关文件，只要审查员能够在短时间内找到那份文件即可。

7.4 检索报告中未提及的引用文献

审查员引用但在检索报告中未提及的任何文件的副本，例如在根据本章7.1或7.2的检索中找到的文件，应发送给申请人并在电子档案中注明（参见2007年7月12日的EPO局长决定《OJ EPO 2007，J.2》特刊第3号)。

8. 答复传唤书的新的陈述

为答复口头审理程序通知而提交的新请求一般会在口头审理程序中讨论。通常，没有规定在口头审理程序之前进行详细讨论。

但是，第一审查员可以允许进行非正式会晤以讨论新请求（参见 C 部分第Ⅶ章 2），特别是如果会晤有合理的前景可能导向双方同意的可允许的权利要求组。

审查小组应尽量在口头审理程序之前及时审查新提交的请求，以便在必要时可以取消口头审理程序，特别是在新提交的主要请求被视为可授权专利的情况下。

对于新提交的主要请求不被视为可授予专利但其中一项附加请求可专利的情况，参见 E 部分第Ⅹ章 2.9。

第Ⅴ章 审查的最后阶段

1. 根据细则第71（3）条的通知书

1.1 批准的文本

细则71(3)

一旦审查小组决定专利可以授权，就应当通知申请人授权所依据的文本。该文本可以包括审查小组主动作出并能够合理地预期申请人会接受的修改和更正。如果对申请人是否同意审查小组提出的修改有疑问，应通过电话或发出书面的官方通知书联系申请人。申请人对此类修改的认同通常将记录在根据细则第71（3）条的通知书中（参见C部分第Ⅶ章2.4）。

不需要与申请人进行协商的修改示例如下：

（a）使说明书中对发明的描述与权利要求书一致；

（b）删除说明书中含糊不清的一般性描述（参见F部分第Ⅳ章4.4）或明显不相关的事项（参见F部分第Ⅱ章7.4）；

（c）以SI单位插入数值（参见F部分第Ⅱ章4.13）；

（d）在权利要求书中插入附图标记，除非已知申请人对此提出反对或先前对此提出反对意见；

（e）引入背景技术概要，清楚地示出与本发明最接近的现有技术（参见F部分第Ⅱ章4.3）；

（f）尽管修改改变了独立权利要求的含义或范围，但显然必须做出上述修改，因此可以假定申请人不会反对这些修改（例如参见G部分第Ⅵ章7.1.2、7.1.3和7.1.4）；

（g）纠正措辞和其他小错误；

（h）将治疗方法权利要求重新表述为允许的形式（参见G部分第Ⅱ章4.2）；

（i）删除多余的权利要求（例如，总括式权利要求和申请人尽管已将其特征纳入其他权利要求但尚未删除的权利要求）。

未征询申请人意见不得提出的修改示例包括：

（i）如果有不同的修改权利要求的方式，对权利要求的含义或范围进行重大改变的修改，从而导致审查员无法假设申请人会同意哪种可能性。

（ii）删除整个权利要求书，但所谓的“总括式权利要求”（即“基本上如本文所述的设备”的权利要求等）除外。

（iii）合并权利要求以克服新颖性或创造性的反对意见。

关于审查小组做的这些修改和更正，重要的是要记住，上述情况旨在避免申请人更有可能拒绝的更改，从而有助于避免延误审查程序的结束。审查小组使用电子工具表示修改和更正的标准标记列于本章附录中。

通过发送根据细则第71（3）条的通知书将文本传达给申请人，其中还要求申请人在4个月内缴纳授权费和公布费（参见本章1.2），并以EPO除审查程序所用语言以外的两种官方语言提交权利要求书的译文（参见本章1.3），该期限不可延长。如果申请人在此期限内缴纳费用并提交译文（并且对根据细则第71（3）条的通知书中提议授权的文本不提交或不请求更正或修改，参见本章4.1），将视为申请人已同意了拟授权的文本（细则第71（5）条）。

如果在审查程序期间已经提交了主要请求和附加请求（参见C部分第Ⅳ章1和E部分第Ⅹ章2.9）并且其中一项请求是可允许的，则根据（第一项）允许的请求发出根据细则第71（3）条的通知书，并且必须附上简短说明，说明更高级别的请求的主题事项不被允许或这些请求不可接受的根本原因（另见H部分第Ⅲ章3）。这一简短说明应提供关于审查小组提出的反对意见的充分信息，使申请人能够对该反对意见发表意见。

申请人对说明书、权利要求书和摘要的手写修改，除非涉及图形符号和字符以及化学或数学公式，否则在严格遵守细则第50（1）条和第49（8）条的情况下，不再被接受（参见《OJ EPO 2013，603》和A部分第Ⅲ章3.2）。口头审理程序应遵循的程序参见E部分第Ⅲ章8.7。

1.2 授权费和公布费

根据细则第71（3）条的通知书还要求申请人在同一不可延长的4个月期限内缴纳授权费和公布费（fee for grant and publishing）。应当注意，对于2009年4月1日之前提交的欧洲专利申请和在该日期之前进入地区阶段的国际申请，授权费和公布费可能包括取决于页数的项目，但对于在该日期或之后提交的申请或进入地区阶段的申请，该附加项目应作为申请费的一部分缴纳（参见A部分第Ⅲ章13.2）。

1.3 权利要求的翻译

根据细则第71（3）条的通知书，还要求申请人在同一不可延长的4个月期限内，以非审查程序所用语言的两种EPO官方语言提交权利要求书的译文。

如果申请中包含针对特定缔约国的不同组权利要求（参见H部分第Ⅲ章4），则应当提交所有权利要求组的译文。

只需要提交一份译文副本。

审查员不应关心所提交译文的质量。

细则50(1)

译文应符合细则第50（1）条规定的要求。

1.4 根据细则第71（3）条的通知书应缴纳的权利要求费

细则71(4)
细则45(1)
细则162(1)和(2)

如果作为授权依据的欧洲专利申请文本包含15项以上的权利要求，审查小组要求申请人在细则第71（3）条规定的期限内，就超过该数目的每项权利要求缴纳权利要求费，除非申请人根据细则第45（1）条或细则第162（1）或（2）条已经缴费（参见A部分第Ⅲ章9）。如果存在一组以上的权利要求，则根据细则第45（1）条、细则第162（1）和（2）条，或细则第71（4）条，仅对权利要求数量最多的一组收取费用。

如果细则第71（3）条通知书所依据的文本包含的权利要求少于根据细则第45条提交时或根据细则第162条进入欧洲阶段时已缴纳权利要求费的权利要求数，将不会退还权利要求费。

如果根据细则第71（3）条的通知书是基于附加请求的，则由该附加请求中的权利要求数量决定应根据该通知书缴纳的权利要求费。但是，如果申请人随后根据更高级别的请求而请求授权，则无须根据细则第71（3）条通知书缴纳权利要求费（参见本章4.1）。

1.5 根据细则第71（3）条的通知书中的其他信息

根据细则第71（3）条的通知书的附件表明了已得到有效指定的缔约国以及已缴纳相应费用的延伸和生效状态、以EPO三种官方语言撰写的发明名称、国际专利分类、申请的申请日、要求的所有优先权、指定的发明人和申请人的注册名称。

根据细则第71（3）条的通知书还表明，如果在该通知书发布与授权的拟公布日期之间应缴纳维持费，则只有在缴纳维持费和所有附加费后才能使公布生效（参见本章2）。

如果审查小组在先前的否定性通知书后改变了意见，审查小组将告知产生这种变化的原因，除非根据申请人的答复、通知书或会晤笔录这些原因已经清楚。

在授权程序中，申请人可以提交进一步的技术信息，例如：

- 比较实验；
- 更多实施例；
- 关于本发明的效果和/或优点的声明。

但是，超出原始提交的申请内容的技术信息不能通过修改方式加入申请（公约第123（2）条、H部分第Ⅳ章和H部分第Ⅴ章）。此类信息被添加到文件中可供查阅（公约第128（4）条）。此类信息的存在应在专利说明书的首页注明。

在原始提交的申请中未被引用、检索报告中也未提及但在审查程序中已经引用的所有其他文件均应予以注明，即使这些文件未用于有关新颖性或创造性的反对意见。这也适用于被引用以显示例如技术偏见的文件。

2. 同意建议的文本——授予专利权

细则71(5)
公约97(1)

如果申请人根据细则第71（4）条在规定期限内缴纳了授权费和公布费以及所有权利要求费，并提交了权利要求书的译文（并且不提交或请求对根据细则第71（3）条的通知书中提议的授权文本进行更正或修改，参见本章4.1），则视为申请人已同意拟授权的文本。

上述规定也适用于根据细则第71（3）条的通知书基于附加请求的情况，条件是申请人未通过请求基于更高级别请求的授权来答复根据细则第71（3）条的通知书。这意味着，在没有任何相反指示的情况下，上述行为隐含同意根据细则第71（3）条通知书所依据的附加请求的文本，以及放弃所有更高级别的请求。

上述规定也适用于根据细则第71（3）条的通知书包括审查小组关于拟授权的文本的修改或更正的建议的情况（参见本章1.1）。因此，如果申请人在答复中未拒绝这些建议的修改或更正，则上述行为的完成即等同于同意包括审查小组建议的修改或更正的文本。

细则71a(1)

一旦本章1.1至1.4中规定的所有要求都满足，若已经缴纳维持费和已到期的所有附加费用，则发布授予欧洲专利的决定。

细则71a(4) 公约86(1) 如果在发出根据细则第71（3）条的通知书之后，但在公布欧洲专利授权的下一次可能的公告日期之前，维持费到期，在缴纳维持费之前则不发布授权决定且不公告授权。申请人将收到相应的通知。如果未及时缴纳维持费或任何附加费，则申请将被视为撤回（参见A部分第Ⅹ章5.2.4）。

细则71a(3) 在极少数情况下，审查被加快到指定费到期之前就发出根据细则第71（3）条通知书的程度，则在缴纳指定费之前将不发布授予决定，并且不公告专利授权。申请人将收到相应的通知。对于2009年4月1日之前提交的欧洲专利申请或在该日期之前进入地区阶段的国际申请，在已经缴纳指定费和因未缴纳指定费而已经撤销国家指定之前，授权公告将不会进行（另见A部分第Ⅲ章11.1和11.3）。

公约97(3) 授权决定直到《欧洲专利公报》中提及的授权之日才生效。

3. 未按期答复——申请被视为撤回

细则71(7) 如果申请人未能在细则第71（3）条规定的期限内缴纳授权费和公布费或权利要求费或提交译文，则申请将被视为撤回，除非申请人在同一期限内对细则第71（3）条通知书中建议授权的文本提交或要求更正或修改（参见本章4.1）。

公约121 如果申请人超出了细则第71（3）条规定的期限，可根据公约第121条请求进一步审理（参见E部分第Ⅷ章2）。在这种情况下，要完成的未履行行为将是：

（i）细则第71（3）条和细则第71（4）条所指的所有下列行为：

（a）缴纳授权费和公布费；

（b）缴纳所有应付的权利要求费；

（c）提交权利要求译文。

（ii）以下一项或多项行为：

（a）提交对申请文件的修改和/或更正；

（b）反对审查小组在根据细则第71（3）条的通知书中提出的修改；

（c）请求基于比根据细则第71（3）条的通知书所依据的附加请求更高级别的请求而授权。

4. 答复根据细则第71（3）条的通知书时请求修改或更正

细则71(6)

如果申请人在细则第71（3）条规定的期限内，请求对通知书所针对的文本进行合理修改或更正（关于所需的理由，参见本章4.3），如果审查小组同意（即如果认为修改可以接受和允许；参见本章4.6），将根据细则第71（3）条发出新的通知书；否则，将继续审查程序（参见本章4.7）。这也适用于以下情况：

－如果申请人请求撤销审查小组在根据细则第71（3）条的通知书中提出的修改（参见本章4.6.1））；

－如果根据细则第71（3）条的通知书基于附加请求，而申请人通过请求基于更高级别的请求而授权进行答复（参见本章4.6.2和4.7.1.1）。

在本节和本章4.1至4.10，除非另有说明，否则术语“修改”和“更正”仅指对申请文件的修改或更正，而不指其他文件（例如著录项目数据、发明人的指定等）。

4.1 无须缴纳费用或提交必要的译文

在C部分第Ⅴ章4中提到的情况下，申请人在答复根据细则第71（3）条的通知书时将不需要缴纳授权费和公布费或任何权利要求费，也不需要在此期限内提交任何权利要求译文。无论审查小组后来是否认为这些修改或更正可接受和允许，也无论这些修改或更正是否合理，这都适用（参见本章4.3）。

如果申请人要求撤销审查小组在根据细则第71（3）条的通知书中提出的修改（参见本章1.1），这也同样适用。此外，如果根据细则第71（3）条的通知书基于附加请求，并且申请人通过请求基于更高级别的请求而授权进行答复，这一细则也同样适用。

4.2 自愿缴纳费用的计入

尽管申请人在答复中提交修改或更正时，不需要根据细则第71（3）条的通知书缴纳费用（参见本章4.1），但申请人仍然可以自愿缴纳这些费用。如果申请人这样做，所缴纳的费用金额将计入答复随后的细则第71（3）条的通知书所缴纳的同样的费用中（在恢复审查时或之后发布——分别参见本章4.6和4.7.2）。

这种计入将按照A部分第Ⅹ章11中解释的程序处理。这种计入受到以下条件的约束：如果答复根据细则第71（3）条的第二次通知书应缴纳的权利要求费金额低于答复根据细则第71（3）条的第一次通知书自愿缴纳的金额，由于在答复根据细则第71（3）条的第一次通知书时缴纳了更高的权利要求费，所以将退还已缴纳的超额部分。

如果在自愿付款之后，申请被撤回、被视为撤回或被驳回，则根据A部分第Ⅹ章10.2.5中解释的条件，可以退还自愿缴纳的授权费和公布费。此外，由于权利要求费是在未到期时缴纳的，这些费用也将在相同条件下退还。

4.3 修改或更正应提出理由

为答复根据细则第71（3）条的通知书而提交的修改或更正所附的理由应分别指明：

－为什么申请人认为修改后的申请文件符合EPC（特别是可专利性）、公约第123（2）条和公约第84条的要求；

－为什么申请人认为根据细则第139条，错误及其建议的更正是显而易见的。

如果在细则第71（3）条规定的期限内，申请人提交了不合理的修改或更正，则无须缴纳授权费和公布费或权利要求费，也无须提交译文（参见本章4.1）。然而，缺乏任何理由意味着这种修改或更正更有可能导致审查程序的恢复（参见本章4.7）。

4.4 修改的可接受性

细则137(3)

评估这些修改可接受性的标准在H部分第Ⅱ章2.5及其小节中有详细论述。

作为例外，在根据细则第71（3）条的通知书也是审查程序中的第一次通知书的情况下，在H部分第Ⅱ章2.2提及的情况（i）至（iii）中，必须根据细则第137条将答复上述通知书提交的修改纳入程序。但是，如果就此类情形根据细则第71（3）条发送进一步通知书（参见本章4.6和4.7.2），根据细则第137（3）条，为答复上述通知书而提交的任何修改必须得到审查小组的同意（参见H部分第Ⅱ章2.5）。

4.5 说明书的适应性修改

如果申请人在细则第71（3）条规定的期限内提交的修改或更正涉及权利要求书，申请人应考虑是否有必要对说明书进行适应性修改。为了避免在需要适应性修改的情况下出现可能的延误，申请人优选在细则第71（3）条规定的期限内提交已修改权利要求书的同时提供经过适应性修改的说明书。

如果未提交此类进行适应性修改的说明书，审查小组可以自行进行适应性修改，并在根据细则第71（3）条的第二次通知书中建议对说明书进行这些修改（参见本章4.6.3）。或者，可以恢复审查（参见本章4.7）并根据公约第94（3）条发出通知书，要求申请人在根据细则第71（3）条发出第二次通知书之前提供经过适应性修改的说明书（参见本章4.7.2）。

4.6 接受和允许的修改/更正——根据细则第71（3）条的第二次通知书已发出

细则71(6)

如果在细则第71（3）条规定的期限内提交的修改和/或更正根据细则第137（3）条得到承认，并且也遵守EPC，则审查小组将根据细则第71（3）条在此基础上发出第二次通知书。

4.6.1 根据细则第71（3）条的第二次通知书，撤销审查小组在根据细则第71（3）条的第一次通知书中提出的修改

如果申请人要求撤销审查小组在根据细则第71（3）条的第一次通知书中提出的修改，并且审查小组可能是由于申请人在对根据细则第71（3）条的第一次通知书的答复中提供的意见陈述或证据，推翻了其先前的意见，认为其提议的修正没有必要，则根据细则第71（3）条发出第二次通知书（在没有令人信服的意见陈述或证据的情况下，通常会继续审查；参见本章4.7）。

4.6.2 最初在依据细则第71（3）条的第一次通知书中被驳回，基于更高级别的请求依据细则第71（3）条发出第二次通知书

在依据细则第71（3）条的第一次通知书基于附加请求的情况下（参见H部分第Ⅲ章3，特别是H部分第Ⅲ章3.1及其

小节)，根据细则第71（3）条的第一次通知书将附有说明，指明为什么较高级别的请求不被视为可接受或允许（参见本章1.1)。如果申请人对根据细则第71（3）条的第一次通知书作出答复，表明希望基于审查小组以前认为不允许的这些更高级别的请求之一（参见本章1.1）而授权，则此类请求通常会导致恢复审查（参见本章4.7和4.7.1.1)。审查小组可以推翻其意见，例如，由于申请人在答复根据细则第71（3）条的第一次通知书时提交了令人信服的意见陈述或证据。如果申请人在这一点上如愿，审查小组将基于该更高级别的请求根据细则第71（3）条发出第二次通知书。

4.6.3 审查小组在根据细则第71（3）条的第二次通知书中建议进行修改

与根据细则第71（3）条的第一次通知书一样，审查小组可以对申请人的最新请求提出修改建议，根据细则第71（3）条的第二次通知书依据该请求（该请求包括答复根据细则第71（3）条的第一次通知书而提交的修改或更正)。审查小组在根据细则第71（3）条的第二次通知书中可能提出或可能不提出的修改类型与本章1.1中提到的类型相同。但是，在根据细则第71（3）条的第二次通知书中，审查小组不能再次提出先前提出过但随后被申请人拒绝的修改。如果审查小组认为这种修改对于克服反对意见是必要的，则应考虑继续审查（参见本章4.7)。

4.7 不认可和/或不允许的修改，恢复审查

细则71a(2)

在决定授予欧洲专利之前，审查小组可以随时恢复审查程序。这尤其适用于申请人答复根据细则第71（3）条的通知书时提交不被允许或不被认可的修改的情况。

4.7.1 恢复后的通知书/口头审理程序

公约94(3)
细则71(1)和(2)

如果审查程序中尚未论述修改不被允许或不被认可的意见的理由或证据，则在发出口头审理程序通知或驳回决定之前(参见本章4.7.3)，审查小组将根据公约第94（3）条和细则第71（1）和（2）条发出通知书，并对该意见进行解释。

公约116(1)

如果适用下列情形之一，在作出驳回决定前，审查小组将必须约定口头审理程序（参见本章4.7.3)：

（i）已请求口头审理程序，但尚未举行；

（ii）已举行口头审理程序。但：

– 程序的主体已经改变，根据公约第 116（1）条产生了进行随后的口头审理的权利（例如，由于根据细则第 71（3）条的通知书提交的修改）；以及

– 申请人请求随后进行口头审理。

如果修改不被允许或不被认可的意见的理由或证据已在审查程序中论述，但尚未在口头审理程序中处理，则可直接发出口头审理程序通知，但须根据公约第 94（3）条和细则第 71（1）和（2）条已经发出至少一次通知书。

只要 EPO 的程序仍在审理中，即在授权决定移交给内部邮寄之前，就应当允许口头审理程序请求（参见 G 12/91 和 T 556/95，特别是决定 4.4 的理由）。

公约 97(2)

如果满足以下条件，申请可能会被直接驳回：

（a）答复根据细则第 71（3）条的通知书时提交的请求不被允许或不予认可的理由或证据已在审查程序中论述（公约第 113（1）条）；

（b）申请人已收到根据公约第 94（3）条和细则第 71（1）和（2）条的至少一份通知书（参见 C 部分第Ⅲ章 4）；

（c）申请人根据请求进行口头审理的权利得到尊重（公约第 116（1）条）。

4.7.1.1 更高级别的请求不被认可和/或不被允许

如果申请人对根据细则第 71（3）条的通知书作出答复，要求基于更高级别的请求进行授权，而审查小组未被申请人在答复中提出的意见陈述和证据说服，则审查小组按照 C 部分第Ⅴ章 4.7.1 中的程序恢复审查。审查小组也可以根据以下条件在提供充分理由的情况下直接驳回申请：

– 根据细则第 71（3）条的通知书中就更高级别的请求的主题不被允许或这些请求不被认可（参见本章 1.1 和 4.6.2）给出基本理由的简短说明，提供关于审查小组提出的反对意见的充分信息，使申请人能够对此发表意见（这样申请人就不会感到意外，尤其是在修改或更正已经与反对意见一起提交的情况下；参见本章 4.7.1）；以及

– 申请人请求进行口头审理的权利已经得到尊重（公约第 116（1）条）（另见 H 部分第Ⅲ章 3.3.2）。

为了确定根据细则第71（3）条的通知书给出的基于更高级别的请求的反对意见的理由是否允许该小组发出驳回，诸如“附加请求3不清楚，因为缺少必要特征”之类的一般性说明是不够的。相反，需要更详细的陈述，以确保申请人的听证权得到适当尊重。例如，审查小组可以向申请人提供解释，例如：“鉴于D1（参见第5栏，第25～46行；图4），附加请求3不具有创造性，因为本领域技术人员为了避免电缆与地毯之间的摩擦，会使夹子凹槽比电缆直径更深。”

4.7.2 就文本达成一致——根据细则第71（3）条的第二次通知书

细则71(6)

如果在本章4.7.1中所述的恢复审查导致申请人提交了允许和可接受的文本，或者导致申请人说服审查小组，答复根据细则第71（3）条的通知书时提交的文本事实上是可接受和允许的，则基于该达成一致的文本根据细则第71（3）条发出第二次通知书。此类案件的处理方式与本章4.6中所述的方式相同。

4.7.3 未就文本达成一致——驳回

公约97(2)

如果在恢复审查后，无法就文本达成一致，则驳回申请（参见本章14）。关于在作出这项决定之前进行恢复审查程序的详细情况，参见本章4.7.1。

4.8 在细则第71（3）条规定的第二阶段应缴纳的费用

申请人答复根据细则第71（3）条的第一次通知书时提交修改或更正，无须缴纳授权费和公布费或权利要求费（参见本章4.1）。随后，根据细则第71（3）条的第二次通知书可以立即发出（在修正/更正的文本获得允许的情况下——参见本章4.6），也可以在恢复审查并就可允许的文本达成一致之后发出（参见本章4.7.2）。

4.8.1 权利要求费

为了使根据细则第71（3）条的第二次通知书所依据的文本被视为根据细则第71（5）条获得批准，申请人必须在答复该通知书时缴纳应付的所有权利要求费，从而避免申请根据细则第71（7）条被视为撤回（现阶段应付的权利要求费的计算，参见本章 1.4)。

由于通常不会在答复根据细则第 71（3）条的第一次通知书时已经缴纳权利要求费，因此第一次通知书所依据的文本中的权利要求数量，在计算为答复根据细则第 71（3）条的第二次通知书而应缴纳的权利要求费金额时不起任何作用。但是，如果申请人在答复根据细则第 71（3）条的第一次通知书时主动缴纳了权利要求费，则根据细则第 71a（5）条将缴纳的金额记入账目（参见本章 4.2 和 A 部分第Ⅹ章 11.2）。

4.8.2 授权费和公布费

为了使根据第 71（3）条的第二次通知书所依据的文本被视为根据细则第 71（5）条获得批准，申请人必须在答复通知书时缴纳应付的授权费和公布费，从而也避免申请根据细则第 71（7）条被视为撤回。

RFees 2（2），7.2 项

对于 2009 年 4 月 1 日之前提交的欧洲申请，或在该日期之前进入欧洲阶段的国际申请，授权费和公布费包括对超过 35 页的申请的每一页收取的费用（参见本章 1.2 和 A 部分第Ⅲ章 13.2）。如果该申请的页数在根据细则第 71（3）条的第一次和第二次通知书之间发生变化，则以根据细则第 71（3）条的第二次通知书所依据的页数计算该费用金额。如果申请人在答复根据细则第 71（3）条的第一次通知书时主动缴纳了费用，则根据细则第 71a（5）条将缴纳的金额记入账目（参见本章 4.2 和 A 部分第Ⅹ章 11.1）。

4.9 答复时明确不同意建议的文本但未指明替代文本

如果申请人对根据细则第 71（3）条的通知书作出答复时，仅不同意提议授权的文本，而未指明替代文本且未缴纳任何费用或提交权利要求译文，则适用以下规定：

（1）如果提议授权的文本是基于申请人提交的主要请求（审查小组未建议申请人提出任何修改或更正），则该申请将被驳回，前提是在审查程序中发送了至少一次通知书（参见 C 部分第Ⅲ章 4 和 E 部分第Ⅸ章 4.1），并且申请人的口头审理程序权得到尊重（公约第 116（1）条）。该情况下驳回的依据是缺少申请人同意的申请文本（公约第 113（2）条）。

（2）如果审查小组在根据细则第 71（3）条的通知书中建议申请人进行修正或更正，则申请人的不同意应当解释为对建议的反对，并且该程序继续按照本章4.6.1所述进行。

(3) 如果根据细则第71 (3) 条的通知书是基于附加请求发出的，则申请人的不同意被解释为请求以更高级别的请求为基础授权。该过程继续如本章4.6.2和4.7.1.1所述进行。如果不清楚申请人希望继续哪项更高级别的请求，审查小组必须在恢复的审查程序中要求申请人澄清这一点。

如果申请人首先仅提出不赞成文本，然后（仍在细则第71 (3) 条规定的期限内）提出修改或更正的请求，则这应当解释为希望以修改或更正后的申请继续。本章4中的程序适用。

4.10 在细则第71 (3) 条规定的第二阶段提交的修改/更正

在根据细则第71 (3) 条发送第二次通知书（参见本章4.6和4.7.2），且申请人在该根据细则第71 (3) 条的第二次通知书期限内通过执行以下一项或多项答复的情况下，本章4.1至4.9中解释的程序比照适用：

(i) 提交进一步的修改或更正；

(ii) 拒绝审查小组在根据细则第71 (3) 条的第二次通知书中提出的修改；

(iii) 恢复到更高级别的请求（其中根据细则第71 (3) 条的第二次通知书基于附加请求）。

特别是，在这种情况下，申请人既不需要缴纳授权费和公布费或任何权利要求费，也不需要在根据细则第71 (3) 条的该第二期限内提交权利要求书译文。如果审查小组同意一个文本（无论是否恢复审查），则根据细则第71 (3) 条发出第三次通知书。

此外，如果申请人通过拒绝审查小组在根据细则第71 (3) 条的第一次通知书中建议的修改（如果这些修改尚未被取代）来答复根据细则第71 (3) 条的第二次通知书，则本章4.1至4.9中所述的程序同样也比照适用（无须缴纳费用或提交译文等）。

对于申请人答复根据细则第71 (3) 条的第二次或随后的通知书时一再提出的修改请求，审查小组可根据细则第137 (3) 条行使其自由裁量权，而不接受该修改（参见H部分第Ⅱ章2.5.1）。如果审查小组不打算接受该修改，将恢复审查程序，例如传唤申请人进行口头审理。

5. 批准后的进一步修改请求

细则 137(3)　评估这些修改可接受性的标准在 H 部分第Ⅱ章 2.6 中详细论述。本章 6 解释了处理这种迟交的修改的程序。

6. 审查小组在文本被批准后恢复审查

6.1 审查小组批准后何时恢复审查

细则 71a(2)　在申请人答复根据细则第 71（3）条的通知书时表示同意后（参见本章 2），审查小组可以随时恢复审查程序，直至将授权决定移交给 EPO 的内部邮寄服务部门以转交给申请人时为止（参见 G 12/91）。这种情况很少发生，但可能是必要的，例如，如果申请人提交了需要进一步实质审查的进一步现有技术，如果审查小组在第三方根据公约第 115 条进行意见陈述后知晓了非常相关的现有技术，如果申请人提交了修改或更正（已经批准了该文本），或者如果审查小组以其他方式知晓导致请求保护的主题不符合 EPC 规定的情况。

批准后恢复审查，与因在细则第 71（3）条期限内提交的修改而恢复审查的考虑因素相同（参见本章 4.7.1）。但是，在恢复审查程序后发出的下一个通知书必须指明程序已经恢复的事实以及导致恢复审查的实质性理由。特别是，申请人的意见陈述权（公约第 113（1）条）、根据公约第 94（3）条和细则第 71（1）和（2）条在审查程序中获得至少一次通知的权利（参见 C 部分第Ⅲ章 4）和应请求进行口头审理的权利（公约第 116（1）条）必须得到尊重。

细则 137(3)　H 部分第Ⅱ章 2.6 中涉及评估申请人在文本被批准后提交的修改或更正的可接受性时所适用的标准。

6.2 根据细则第 71（3）条的进一步通知书

细则 71(6)　如果恢复审查后得到基于其可以授权专利的文本，则根据细则第 71（3）条发出第二次通知书（旨在解决导致恢复审查的问题的实质性修改是可能的）。

如果权利要求书的译文已经提交（参见本章 1.3），并且在答复前次根据细则第 71（3）条的通知书时已经缴纳了费用（参见本章 1.2 和 1.4），例如，在批准后恢复审查的情况下（参见本章 6 和细则第 71（6）条），申请人必须在进一步的根据细则第71（3）条的通知书中提到的不可延长的4个月期限内（例如，通过批准文本和核实著录项目信息，通过确认授权程序可以基于归档的文件继续进行和/或通过说明将使用哪些已归档的权利要求译文），就准备授权的文本表示同意（细则第71a（1）条）。如果发送了进一步的根据细则第71（3）条的通知书，这也适用。

6.3 根据细则第71a（5）条的费用的计入

细则71a(5) 如果作为对根据细则第71（3）条通知书的答复，申请人已经缴纳了授权费和公布费或权利要求费，则在发出进一步的此类通知时，应将缴纳的金额记入账目。有关此过程的更多详细信息，参见A部分第Ⅹ章11。

7. 授权决定中错误的更正

在某些情况下，授予欧洲专利的决定可能会被更正。更多详细信息，参见H部分第Ⅵ章3。

8. 进一步审理

如果申请人超过了细则第71（3）条规定的期限，可根据公约第121条请求进一步审理（参见E部分第Ⅷ章2）。应遵循的程序在本章3中进行了解释。

9. 授权费和公布费的退还

细则71a(6) 如果申请被驳回，在通知授予欧洲专利的决定之前撤回，或者当时被视为撤回，则将退还授权费和公布费（更多详细信息，参见A部分第Ⅹ章10.2.5）。

10. 专利说明书的公布

授权决定包含授权欧洲专利的公告日期，并在已经完成公布专利说明书的技术准备工作时发送给申请人。

公约98
细则73
公约14(6)
在公报中公布授权后，EPO将尽快发布包含说明书、权利要求书（以3种官方语言）和所有附图的专利说明书。已公布的说明书扉页中显示了在授权时仍指定的缔约国（或在完成公布的技术准备工作后已撤销的指定）。关于公布的形式，参见2007年7月12日的EPO局长决定《OJ EPO 2007，D.3》特刊第3号。

在制作过程中出现的欧洲专利说明书中的错误对授权专利的内容没有影响。因此，只有授权专利决定所依据的文本才是决定性的（参见 H 部分第Ⅵ章 4）。如有必要，一旦发现说明书中的任何错误，EPO 可以安排立即公布更正。这是通过《欧洲专利公报》中的注释和公布更正而实现的，其唯一目的是使说明书与授权决定的内容保持一致（参见细则第 143（2）条和 2009 年 10 月 14 日的 EPO 局长决定《OJ EPO 2009，598》第 1 条第 2 点）。

11. 在专利说明书公布前撤回

细则 73

如果在公布的技术准备工作结束之前撤回申请，则不公布欧洲专利的说明书。如果在技术准备工作结束后撤回申请以避免公布，则无法保证不公布。但是，如果公布程序中达到的阶段允许方便合理地这样做，则 EPO 将试图（根据 J 5/81 的原则）根据个案情况阻止公布。申请可以通过签署声明的方式撤回，声明应无条件且明确（参见 J 11/80）。申请人受有效撤回声明的约束（参见 J 25/03、J 4/97 和 J 10/87）（另见 E 部分第Ⅷ章 8）。

12. 证　书

细则 74

一旦欧洲专利说明书公布，EPO 就会向所有权人颁发证书，证明欧洲专利已授予证书中指定的人。如果有一个以上的所有权人，则每个所有权人都获得一份证书。所有权人可以要求在缴纳管理费后向他们提供附有说明书的证书的认证副本。有关更多详细信息，参见 2013 年 7 月 16 日的 EPO 局长决定《OJ EPO 2013，416》。

13. 欧洲专利公报

公约 129(a)

如果在授权公告公布的 9 个月内，欧洲专利档案中没有记录异议通知，则通知专利所有权人，并在《欧洲专利公报》上公布适当的条目（2009 年 10 月 14 日的 EPO 局长决定《OJ EPO 2009，598》第 1 条第 1 点）。如果随后在期限内提出异议，则再次通知所有权人，并在公告中公布更正。

14. 驳　回

在审查中未发出第一次通知书（参见 C 部分第Ⅲ章 4 和 E 部分第Ⅸ章 4.1）或未进行口头审理（参见 C 部分第Ⅲ章 5）

的情况下，不能作出驳回申请的决定。因此，即使检索意见或国际检索单位书面意见（WO－ISA）中提出的反对意见保持不变，并且没有未决的口头审理程序请求，审查小组也不得在对根据细则第70a（1）条的检索意见作出答复之后或根据细则第161（1）条对WO－ISA作出答复之后直接驳回申请。

公约97(2)
公约113(1)
细则111
公约109
公约111(1)和(2)

如果尽管申请人提交了意见陈述，即修改或反对性意见陈述，但在申请人于审查中根据公约第94（3）条对第一次通知书作出答复后，反对意见仍然存在，则可以发出驳回决定。如果有未决的口头审理程序请求，则必须举行口头审理，并在口头审理程序结束时酌情宣布驳回决定。同样，如果传唤书是作为审查中的第一次通知书发出的，则将在口头审理程序结束时酌情宣布驳回决定。

如果考虑驳回，审查员应将申请提交给审查小组的其他成员，然后审查小组可以决定驳回申请。无论如何，在某个阶段，主审员将与审查小组的其他成员协商以确定是否应驳回申请或应授权专利。如果审查小组意图驳回申请，则需要出具附有书面理由的决定，这通常由主审员准备（参见E部分第Ⅹ章2.3和2.6）。在作出决定时，审查员必须注意遵守公约第113（1）条规定的一般性原则，即决定必须基于申请人已经有机会发表意见的理由或证据（参见E部分第Ⅹ章1.1和1.2）。

此外，申请人必须注意公约第106条至公约第108条的上诉规定。如果进行口头审理（参见E部分第Ⅲ章），可以口头作出决定，但随后必须以书面形式通知，且上诉的期限从发出该通知之日起算。

公约109

如果申请人对决定提出上诉，而审查小组根据申请人的陈述认为上诉可以受理且理由充分，则应在收到理由陈述后3个月内相应地修改其决定。否则，上诉将由上诉委员会审理。如果驳回专利的决定在上诉中被推翻，该申请可以返回审查小组进行进一步审查。在这种情况下，进一步的审查通常将委托给进行最初审查的审查员。只要事实相同，审查小组受上诉委员会判决理由的约束。

15. 根据案卷状态作出决定

在特殊情况中，申请人在答复审查员的通知书时未提出意见或修改，而是要求“根据案卷状态”或“按现有文件”作出决定，这意味着申请人希望结束辩论，并根据申请的当前状态和所有支持性论据作出决定。该决定可以被提出上诉，但只能以申请人有机会陈述意见的理由和证据为依据（公约第113（1）条）。

15.1 根据案卷状态作出决定的请求

申请人可以在审查程序的任何阶段提出根据案卷状态作出决定的请求，但条件是审查中已经发送至少一次通知书（另见本章15.4）。请求应明确无误，优选使用“根据案卷状态”或“按现有文件”的措辞。

如果请求在这一点上不清楚，审查员应询问申请人以解决不明确的问题。

如果在申请人提出根据案卷状态作出决定的请求时，口头审理程序请求正在审理中，审查小组将把根据案卷状态作出决定的请求理解为等同于申请人默示撤回未决的口头审理程序请求。

15.2 通过标准表格作出决定

在这种情况下，审查员可以使用涉及之前通知书的标准表格驳回申请。为了满足此类决定的合理性要求（细则第111（2）条），仅在之前的通知书正确指明了归档的申请文件、驳回当前请求的理由充分完整，并解决申请人提出的所有意见陈述的情况下，这才可行。另一个条件是，自上次通知书后，申请人未提出新的意见陈述或修改。如果申请人在对审查小组最后一次通知书的答复中提交了至少具有潜在反驳作用的新的意见陈述，则即使申请人在同次答复中明确要求根据案卷状态作出决定，这些意见陈述也不能被忽视。在该情况下，审查小组必须通过发出附有常规理由的决定（参见本章15.3）或通过发出进一步的通知书（参见本章15.4）来考虑这些新提出的意见陈述。

会晤笔录不符合公约第94（3）条通知书的标准。因此，通过标准表格根据案卷状态作出的决定不能以此类笔录为依据，除非这些笔录包含驳回申请的所有法律和事实理由的全部说明，并规定了答复期限，例如作为审查中的第一次通知书的会晤笔录（参见C部分第Ⅶ章2.5）。

审查小组在以标准表格作出的决定中也不得提及口头审理程序的笔录。

尽管作为例外可以在标准表格中提及一次以上的通知书，但审查员应谨慎考虑细则第111（2）条的要求。特别是，如果不同的通知书涉及不同的权利要求组，以致不清楚审查小组在其通知书中给出的哪些理由可能对驳回决定至关重要，则应作出附有充分理由的决定来替代标准表格（参见本章15.3）。

15.3 发出独立的决定

如果不符合本章15.2中规定的条件，则为了符合细则第111（2）条的规定，必须发出独立的驳回决定。例如，在之前的通知书中就不同组的权利要求提出的许多反对意见使驳回的理由和原因不明确的情况下，发出独立的驳回决定是必要的。如果申请人自前次通知书以来已提交进一步的意见陈述（包括修改），而这些文件不会导致随后的决定以申请人没有机会提出意见的理由或证据为依据，则如此也适用。在所有情况下，都应谨慎考虑公约第113（1）条的要求（另见E部分第Ⅹ章1）。

15.4 发出进一步通知书（非驳回）

如果之前的通知书理由不充分或不完整，或者申请人自前次通知书以来已经提交了修改和/或意见陈述，则审查员在发出驳回决定之前应谨慎考虑公约第113（1）条和细则第111（2）条的要求（参见E部分第Ⅹ章1）。除非将进行口头审理（见E部分第Ⅲ章2）且在传唤书中说明理由（细则第116（1）条），否则可能需要发出充分说理的进一步通知书。在通知书或传唤书中，应告知申请人，不能执行其根据案卷状态作出决定的请求。

附　录　指示各部门修改或更正的标准标记

1. 插入字母和单词

使用电子工具对文本进行的任何插入都在行内作出。无须在页边空白处单独做出任何标记。

在“Druckexemplar”的“工作副本”生成的PDF中，该工具将在修改右侧插入修订栏，并指示如此修改后的页面。该工具还会添加一对插入符号，用于标记每个行内插入的开始和结束：

标记	解释
▛	表示插入文本的开头
▟	表示插入文本的结尾

“无分隔符”、“换行符”或“段落分隔符”置于上述符号之前和之后，以指示插入的文本应保留在同一行中或新行，或段落应在插入文本之前或之后开始：

标记	解释
	无分隔符：插入的文本保留在同一行上（这是默认设置）
↵	换行符：开始新行（如果需要，必须设置）
¶	段落分隔符：开始新段落（如果需要，必须设置）

如果插入完整的新提交的页面，例如编号为“1a”的页面，则使用格式［插入页面1a］。

第Ⅵ章　审查的期限和加快

1. 答复审查员通知书的期限

1.1 一般性考虑因素

E部分第Ⅲ章列出了与期限有关的一般性考虑因素。根据细则第132条，答复审查员的通知书的期限一般应在2~4个月。允许的期限将由审查员根据与特定申请相关的所有因素来确定。这包括申请人或其代理人通常使用的语言，所提反对意见的数量和性质，申请的长度和技术复杂性，EPO与申请人的远近程度，或者在有代理人的情况下与其代理人的远近程度，以及申请人和代理人之间的距离。

如果唯一明显的反对意见是需要修改说明书，审查员可以根据公约第94（3）条发出通知书要求申请人修改说明书，答复期限为两个月。或者，审查员可以与申请人非正式地会晤，例如通过电话，解释该反对意见，并在涉及该反对意见的会晤笔录中规定1个月的期限（除非在会晤期间已同意更短的期限）。

公约94(1)和(4)
细则132

如果申请人在期限届满之前提出请求，该期限可以延长（参见E部分第Ⅷ章1.6）。未按期对根据公约第94（3）条和细则第71（1）和（2）条的通知书作出答复，将导致申请被视为撤回。这种权利的丧失有待进一步审理（参见E部分第Ⅷ章2）。

1.2 特殊情况

在某些特殊情况下，审查员可以允许长达6个月的答复通知书的期限。例如，如果申请人与代理人相距很远，而且审查程序采用的语言不是申请人习惯的语言，或者，如果申请的主题或提出的反对意见特别复杂，则6个月的期限可能是适当的（有关更多信息，参见E部分第Ⅷ章1.2）。

检索意见不属于根据公约第94（3）条的通知书。

2. 影响审查程序的速度——欧洲专利申请加快审查计划（PACE）

根据欧洲专利申请加快审查计划（PACE）提出的加快审

查请求，申请人可以在审查阶段加快审查程序（参见 2015 年 11 月 30 日的 EPO 公告《OJ EPO 2015，A93》）。有关进一步信息，参见 E 部分第Ⅷ章 4.2。

3. 加快审查的进一步方法

细则 70(2)
RFees 11(b)
细则 62(1)

如果申请人在收到检索报告之前提交审查请求，也可以不必遵守细则第 70（2）条的要求，并提交一份无论检索结果如何均进行审查的无条件请求，通过该请求也可以加快程序（参见 2015 年 11 月 30 日的 EPO 公告《OJ EPO 2015，A93》）。在这种情况下，当检索报告传送给申请人时，即视为已确认其希望对其申请进一步继续审查，因此根据细则第 62（1）条，检索报告不附有检索意见。在这种情况下，如果申请不准备授权，则根据公约第 94（3）条以及细则第 71（1）条和细则第 71（2）条的通知书将发送给申请人。在这种情况下，申请人在答复该通知书（参见 C 部分第Ⅲ章 2）时，可提交根据细则第 137（2）条的主动修改。

如果申请准备授权，随后的程序将取决于届时是否有可能根据公约第 54（3）条对抵触欧洲申请进行检索（参见 C 部分第Ⅳ章 7.1 和 B 部分第Ⅺ章 7）。如果可以进行该检索，并假设没有发现任何抵触申请，则根据细则第 71（3）条的通知书将发送给申请人。如果仍然不能进行该检索，则审查小组的通知书将被推迟到上述检索完成为止。如果随后欧洲专利申请在实质审查开始之前被撤回，审查费将全额退还。如果实质审查已经开始，在 RFees 细则第 11（b）条的情况下，撤回申请仍可能退还 50% 的审查费（有关更多详细信息，参见 A 部分第Ⅵ章 2.5 和《OJ EPO 2016，A49》）。

申请人还可以通过放弃根据细则第 161 条和细则第 162 条的通知书的权利（参见 E 部分第Ⅸ章 3.1），或通过提交 EPO 作为指定局/选定局提前处理国际申请的明确请求（参见 E 部分第Ⅸ章 2.8），从而加速欧洲 – PCT 申请的处理。

第Ⅶ章　审查中的其他程序

1. 一般性说明

在本章中，术语“申请人”是指申请人指定代理人情况下的“代理人”。在这种情况下，本章所述的程序应与代理人一起进行。

2. 会　晤

2.1 一般情况

在某些情况下，与申请人的个人会晤可能有助于推进程序。这种会晤优选通过视频会议进行，从而在必要时能够出示文件、允许其他人参加和核实与会者的身份（参见本章2.2）。但是，如果情况需要，也可以应申请人的要求通过电话进行会晤。

会晤可以在申请人或审查员或形式审查员的发起下进行。但是，是否进行会晤的决定由形式审查员或审查员自行作出。申请人的会晤请求通常应获得批准，除非因待讨论问题的性质需要正式程序，或者审查员认为这种讨论不会达到任何有用的目的。例如，如果在审查中存在实质性的意见分歧，书面程序或口头审理程序通常更合适。

申请人可能希望进行会晤的典型情况是：

（i）询问程序性问题，例如在特定情况下如何继续（但请注意，审查员通常不负责形式问题，例如延长期限和缴纳费用）；关于案卷处理的查询，参见E部分第Ⅷ章7。

（ii）如果通知书或申请人的答复中存在错误，使申请人或审查员难以给出下一个答复/通知书（例如，引用错误的文件，基于错误权利要求组的通知书，引用但未包括新提交的文件）。

审查员可能认为适合与申请人进行会晤的典型情况是：

（iii）如果对某些争议点存在混淆，例如申请人误解了审查员的意见，反之亦然，则书面程序不会导致任何结果。

（iv）如果申请已准备好获得授权，但审查员需要与申请人澄清一些小问题或希望讨论修改的建议以克服提出的反对意见。

（v）如果申请人在细则第71（3）条的通知书后请求的修改或更正已经提交了，但审查员不能同意该请求。

关于在申请进入审查阶段之前为答复扩展欧洲检索报告（EESR）进行的会晤，参见 B 部分第Ⅺ章 8。

仅为安排会晤或口头审理程序的日期而进行的电话交谈本身并不构成本节所指的会晤。因此，如果申请人同意口头审理程序前的通知期少于两个月（参见 E 部分第Ⅲ章 6），除非被要求，否则无须作出会晤笔录（参见本章 2.4）。

2.2 参与会晤的人员

参与会晤的人必须是有资格在 EPO 代表申请人行事的人。如果申请人是在缔约国有居所或营业所的自然人或法人，则仅可与以下各方进行会晤：

（a）申请人（参见 A 部分第Ⅷ章 1.1）；

（b）专业代理人（参见 A 部分第Ⅷ章 1.1）；

（c）申请人的正式授权员工（参见 A 部分第Ⅷ章 1.2），或在公约第 134（8）条定义范围内的法律从业人员（参见 A 部分第Ⅷ章 1.4）。

关于（c），另见 A 部分第Ⅷ章 1.5。

如果申请人是在缔约国内没有居所或营业所的自然人或法人，则只能与以下各方进行会晤：

- 专业代理人（参见 A 部分第Ⅷ章 1.1）；
- 法律从业人员（参见 A 部分第Ⅷ章 1.4 和 1.5）。

有资格在 EPO 从事代理的人，即上述人员之一，可以由其他人陪同，例如发明人、非欧洲代理人或申请人的员工。如果其他人的参与与程序有关，应有资格代理的人的请求，可以允许上述其他人参加会晤。如果会晤以视频会议的形式举行，这些人可以与有资格在 EPO 从事代理的人从不同的地点连线。

如果对参加会晤的任何人员的身份有任何疑问，或者如果参与会晤的人提出要求，审查员或形式审查员将核查有关人员的身份。这可以通过要求他们在视频会议的情况下向摄像机出示官方身份证件或通过电子邮件发送文件副本来完成。出于数据保护原因，通过电子邮件发送的身份文件副本将不包括在文件中（另见 E 部分第Ⅲ章 8.3.1）。

审查小组中，通常只有处理案件的审查员出席会晤。但是，并不反对审查小组的一名或两名其他成员参加会晤。

当发明人或专家参加会晤时，建议至少审查小组的组长也应出席。但是，申请人或代理人无权要求审查小组的其他成员在场。如果要求与所有3名成员进行会晤，通常建议改为约定口头审理程序。

2.3 会晤的非正式性

会晤不是正式程序（审查小组的正式口头审理程序，参见E部分第Ⅲ章），会晤笔录的性质取决于所讨论事项的性质。应始终向申请人明确表示，达成的任何一致意见最终必须经过审查小组其他成员的审查。在会晤期间不能作出决定。

会晤期间作出的口头陈述必须以书面形式确认，才能在程序上有效。事实上，这种陈述通常不具有法律约束力。例如，这种陈述不可能有效地满足期限要求（例外情况参见本章2.4）。就欧洲授权程序而言，除口头审理程序外，只有书面陈述而且自EPO收到书面陈述之日起才生效。然而，实质上处理之前的通知书中提出的反对意见的口头陈述可能导致审查员取消任何正在进行的期限要求（参见本章2.4（iv））。此外，在会晤期间以电子邮件有效提交的文件（参见本章3）确实可以有效满足正在进行的期限要求（参见C部分第Ⅳ章3）。

如果在会晤期间审查员提出了新的实质性反对意见，而当时没有就克服该反对意见的修改达成一致，则必须通过会晤笔录的通知书来确认该反对意见，给申请人新的答复期（参见本章2.4（iii））。

2.4 会晤笔录

会晤笔录应列出参与者，总结主要结论并说明所有口头请求。笔录必须由审查员签名。在会晤期间通过电子邮件提交的文件（参见本章3），例如新的权利要求书或修改后的说明书，必须附在笔录中。

笔录应始终表明下一步行动应该来自申请人还是审查员。在这一点上，发送给申请人的笔录可以如下：

（i）仅供参考而发布，在该情况下，如果仍有时间限制，则应遵守；如果没有时间限制，申请人无须采取行动。

（ii）发布以延长一定期限，在该情况下，申请人必须在该延长的期限内答复。

（iii）发布以规定新的答复期限，在该情况下，申请人必须在新的期限内作出答复。

（iv）发布以取消期限。

（v）发布以表明取消已预定的口头审理程序的决定。例如，在会晤期间可以就一组允许的权利要求达成一致时，可能就是此类情况。口头审理程序的取消在会晤期间口头通知申请人，并在笔录中注明。不就取消口头审理程序发出单独的通知书。

在会晤涉及对晦涩之处进行澄清、对不明确之处进行解释或通过消除一些微小问题来使该申请可被授权的情况下，审查员通常只需在笔录中注明讨论事项和达成的结论或商定的修改就够了，除非设定了答复的期限（见下文）。

关于更重要事项的讨论，例如新颖性、创造性、单一性问题或修改是否引入了新的主题，应当在笔录中更全面地记录所讨论的事项。特别是，笔录将具体说明所讨论的议题，以及商定的所有修改、所有反对意见、所有意见改变的原因和得出的所有结论，除非这些从档案中的其他文件中可以清楚看出。特别是，应明确指出审查员要求的所有修改的理由。

应避免在笔录中使用不确定、模棱两可或普遍适用的陈述。例如，诸如“为考虑检索报告中引用的现有技术而提议对权利要求进行修改”等陈述，对公众、审查小组其他成员或程序后期的主审员没有任何帮助。这同样适用于措辞笼统的结论。

如果笔录作为审查中的第一次通知书发送，参见 C 部分第Ⅶ章 2.5。

笔录被置于档案中，可用于案卷查阅（包括申请人或其代理人在会晤期间提交的所有文件），并发送给申请人或其代理人，即使会晤仅更改/确认/取消计划会晤的时间/日期。

但是，作为例外，与细则第 71（3）条的通知书完成之前商定的修改有关的会晤可以反映在该通知书中，前提是公众对商定的内容没有不确定性。必须尽可能准确地指明修改。

2.5 作为第一次审查意见通知书的笔录

会晤可作为审查的第一步，前提是：

- 发出笔录；
- 笔录以与公约第 94（3）条通知书相同水平的内容和结构呈现所讨论事项；
- 发出的笔录，其答复期限不少于 4 个月，除非与申请人另有约定。

在会晤期间未讨论的事项（例如反对意见或理由）可以包

含在此类笔录中。但是，笔录中必须明确指出，在会晤期间未对其讨论。

如果符合上述标准，作为审查中的第一步而发出的笔录将代替根据公约第94（3）条和细则第71（1）、（2）条发出的第一次通知书（参见C部分第Ⅲ章4）。

此外，如果审查小组正在考虑将发出口头审理程序通知作为审查中的第一步，审查员可以在电话中通知代理人（参见C部分第Ⅲ章5）。传唤书中可以包括有关电话的记录，而不是单独发出笔录。但是，如果审查小组决定在该阶段不发出传唤书，则必须发出笔录。

3. 电子邮件的使用

目前，电子邮件是一种可接受的文件提交手段，仅用于在会晤期间和以视频会议举行的口头审理程序期间提交EPC细则第50条中提到的后续提交的文件（有关详细信息，特别是关于附件的签名和格式，参见2020年5月13日的EPO局长决定《OJ EPO 2020，A71》和E部分第Ⅲ章8.5.2）。

除上述情况外，电子邮件在EPO的审理程序中没有法律效力，因此不能用于有效执行任何程序行为，特别是不能用于满足期限要求（参见《OJ EPO 2000，458》和A部分第Ⅷ章2.5）。例如，如果在口头审理程序前不久，申请人希望提交新的请求和/或修改后的文件，则应通过电子方式提交或传真。经验表明，通过电子方式提交的文件通常当日即在电子文件中可见。

通过电子邮件进行交流可能有用的示例包括：

（i）安排会晤日期。

（ii）如果在会晤期间正在讨论对权利要求的可能修改，申请人可能希望立即沟通这些修改，而不正式提交。

（iii）在口头审理程序前不久：除例如通过传真而正式提交外，发送经修改的权利要求书的电子副本；这将确保审查小组及时获得文件，以便准备口头审理程序。

根据公约第94（3）条，电子邮件不能取代官方通知书。

3.1 通过电子邮件进行交流

除非作为一种有效提交手段（参见本章3和E部分第Ⅲ章8.5.2），审查员和申请人都不应在未取得事先同意的情况下使用电子邮件，例如在会晤期间。如果电子邮件的内容超出了仅是为会晤或口头审理程序安排一个日期，那么审查员和申请人之间必须就这种使用达成一致。此外，仅仅在信件顶端标明电子邮件地址并不意味着审查员可以简单地将这样的电子邮件地址用于与案卷相关的主题。

另一方面，如果审查员收到申请人关于程序请求或未经事先同意解决任何实质性问题的电子邮件，则此类电子邮件不能简单地被忽视，而必须加以处理，确保将内容放在官方案卷中（另见 T 599/06）；建议在答复此类电子邮件时发出明确信息，即电子邮件不是通知书的官方方式，任何请求均应以允许的方式提出（参见 A 部分第Ⅱ章 1.1、1.2 和 1.3）。

3.2 保密性

对于未公开的申请，应仔细考虑保密问题，并且实质性事项不应构成有关此类申请的任何电子邮件通信的一部分。

3.3 包含在任何电子邮件往来的文件中

如果使用电子邮件，则必须确保电子邮件的往来内容准确记录在文件中。为此，应向申请人发送会晤结果，以获取无时间限制的信息。这确保了往来的内容包含在案卷的公共部分中，并且申请人知晓这一点。

在会晤期间或以视频会议举行的口头审理程序期间通过电子邮件提交的呈件（包括所有附件），应附于笔录之后（详见 E 部分第Ⅲ章 8.5.2）。

4. 取　证

4.1 一般性说明

在 E 部分第Ⅳ章中列出了与取证有关的一般性考虑。本节仅涉及在授权前的程序中最有可能出现的证据类型，即书面证据。

4.2 提供证据

作为一般性规则，审查小组不要求提供证据。审查员在授权前程序中的主要职能是向申请人指出申请不符合 EPC 要求的各种情况。如果申请人不接受审查员的意见，则由申请人决定是否希望提供证据来支持其案件，如果是，则由申请人决定该证据应采取何种形式。审查小组应为申请人提供合理的机会，以提供任何可能相关的证据。

但是，如果审查小组确信提供证据无济于事，或者会不适当地拖延审查过程，则不应给予这种机会。

4.3 书面证据

书面证据可包括提供信息，或者出示文件或宣誓声明。举几个例子：

为了反驳审查员关于缺乏创造性的意见，申请人可以提供关于发明技术优势的信息。同样，他们可能会由自己或由独立证人发表宣誓声明，旨在表明本领域的工作者长期以来一直试图解决与本发明有关的问题，但没有成功，或者该发明是相关领域的全新起点。

5. 口头审理程序

如果申请人在审查小组负责申请之前提出了口头审理程序请求，即使是有条件的（参见C部分第Ⅱ章1），该小组也必须尊重该请求，即使该请求在审查中不是重复提出。

关于处理为答复口头审理程序通知而提出的新请求，参见C部分第Ⅳ章8。

通常，审查程序中的口头审理程序通过视频会议进行，除非需要直接取证或有不这样做的其他重大理由，例如，有障碍使申请人或代理人不能参加以视频会议举行的口头审理程序。在这一点上，对视频会议技术的可靠性或视频会议设备不可获得的笼统性反对意见，通常不能作为重大理由。同样，考虑书面证据的必要性也不符合重大理由的条件（参见E部分第Ⅲ章2.2，《OJ EPO 2020，A134》和《OJ EPO 2020，40》）。

与口头审理程序有关的一般性考虑载于E部分第Ⅲ章中。

6. 第三方意见的审查

与第三方意见有关的一般性考虑载于E部分第Ⅵ章3中。

第Ⅷ章 审查小组的工作

1. 一般性说明

公约 18(2)

审查小组通常由 3 名技术审查员组成。但是，在负责申请的审查小组内，作为一般性规则，将委托一名成员（主审员）进行所有工作，直到决定授予专利权或驳回申请为止。这意味着，在此之前向申请人发出所有的通知书，都由该审查员受委托代表审查小组进行，但如果出现特殊的疑问或困难，主审员可以随时与该小组的其他成员进行非正式商议。在 C 部分中提到的“审查员”，通常是指主审员，并且应当理解，该主审员始终代表审查小组工作。该审查员通常是撰写检索报告的审查员。

如上所述，如有必要，审查员可以在审查的任何阶段征求审查小组其他成员的建议。但是，审查将会进展到这样的阶段，即审查员适宜将案件正式提交给审查小组的其他成员。当审查员准备对该案件授权，或者准备驳回该案件（似乎没有什么可能针对审查员的反对意见进行修改，或者申请人尚未克服这些反对意见因而准备驳回）时，将出现这种正式提交的情况。还有其他一些情形适宜参考审查小组的意见，例如，因为已经陷入僵局，可以由审查员建议或应申请人要求进行口头审理。在考虑是否将申请提交给审查小组时，审查员应以 C 部分第Ⅳ章 3 中所述的原则为指导。

主审员还应牢记，当发出通知书时，是代表审查小组发出的，并且申请人有权假定，如果审查员对小组其他成员的意见有疑问，会事先与他们讨论此事。

一旦已经根据细则第 10 条将申请转交给审查小组，则审查小组将承担最终责任，但形式问题通常由形式审查员处理（参见 2013 年 12 月 12 日的 EPO 局长决定《OJ EPO 2014，A6》；《OJ EPO 2015，A104》）。审查员不应花时间检查受理部门或形式审查员所做的工作，但如果审查员认为形式审查报告不正确或不完整，则应将申请提交给形式审查员进行进一步审理。

如果因特定情况（如疾病）的需要，可以将申请重新分配给另一个审查员/审查小组。处长将负责决定是否将案件完全重新分配给新的审查小组，或者是否要替换审查小组的单个成员。

2. 建议授权

如果审查员认为申请符合 EPC 的要求，因此准备授权，则应该出具简短的书面报告（“宣言”）。作为一般性规则，审查员在该报告中将适当地说明，其认为申请中要求的主题相对于现有技术并非显而易见的原因。审查员通常应该对反映最接近的现有技术的文献和使要求保护的发明具有可专利性的特征发表意见，但是可能存在特殊情况而无须这样做，例如，可专利性是基于预料不到的效果。审查员还应该指出，任何看似模糊但重要的问题最终是如何澄清的，并且如果审查员已经解决了任何有利于申请人的临界问题，则应该特别提请申请人注意这些问题。

3. 建议驳回

当向审查小组提交不准备授权的申请时，审查员应与审查小组的其他成员进行协商，提请他们注意有争议的要点，并在必要的范围内总结案由，以使其他成员能够快速掌握基本事实，并建议要采取的行动，例如驳回，或以特定进一步修改为条件授权。由于其他成员需要自己研究案例，因此无须详细阐述。然而，提请其他成员注意任何不寻常的特征或从文件本身不易看出的要点将是有益的。如果审查员建议驳回，并且问题明确无误，其可能已经提供了附有理由的决定草案供审查小组提出（参见 C 部分第Ⅴ章 14）；如果问题不明确，应将附有理由的决定的撰写工作推迟到审查小组讨论该案之后。

4. 审查小组其他成员的职责

公约 18(2)

当申请被提交给审查小组的其他成员时，他们将首先独立考虑案件，并且每位成员将对要采取的行动方案表明其意见。如果完全同意主审员的建议，则无须与审查小组进一步商议。当需要再次发出通知书时，将委托主审员负责。但是，如果不能立即与主审员达成完全一致的意见，或者该小组至少有一名成员希望进一步讨论案件，则将安排小组的进一步商议。在这种讨论中，审查小组应努力达成一致意见，如果这似乎不太可能，就必须通过投票解决意见分歧。当该小组扩大到 4 名成员时（参见本章 7），如有必要，组长具有决定权。

审查小组其他成员应牢记，其职责一般不是对申请进行彻底的再审。如果经过讨论，受委托进行审查的审查员得出的结论基本上被认为是合理的，则其他成员应接受这些结论。

5. 与申请人进一步沟通

如果审查小组认为有可能修改申请使其成为符合 EPC 要求的形式，则应委托主审员通知申请人：审查小组认为除非申请人在规定期限内提交令人满意的修改，否则应以某些理由驳回申请（参见 C 部分第Ⅵ章 1）。如果申请人在期限内作出令人满意的修改，审查员将向审查小组报告，建议申请应当被授权。否则，应该报告建议驳回。

6. 决　定

细则 113

任何决定均由审查小组作为一个整体而不是由个别审查员作出。因此，所有成员都要签署书面决定，无论该决定是否一致通过。在特殊情况下，如果一个或多个小组成员不能签署决定，则其他成员之一，通常是组长，可以代表他们签署决定，但须符合 E 部分第Ⅹ章 2.3 中规定的条件。签章可以代替签名。

7. 审查小组的扩大；咨询具有法律背景的审查员

公约 18(2)

如果审查小组认为决定的性质有此要求，则通过增加一名具有法律背景的审查员来扩大审查小组。扩大或撤销扩大的决定由审查小组酌情作出。

如果出现指南或法律体系尚未解决的疑难性法律问题，则需要具有法律背景的审查员参加，或者至少专利法理事会进行内部咨询，该部门负责为审查和异议小组委派具有法律背景的成员。

审查小组扩大后，在通知书、传唤书附件或决定中将酌情告知申请人扩大的情况。一旦审查小组扩大，通知书或决定必须由审查小组的所有 4 名成员签署。

如果审查小组通过增加一名具有法律背景的审查员而扩大，则该审查小组由 4 名成员组成。在这种情况下，当票数相等时，组长的投票将是决定性的。通常，在必须根据细则第 117 条取证的情况下（包括证人作证——参见 E 部分第Ⅳ章），需要扩大审查小组。在口头审理程序中，也应考虑增加一名具有法律背景的审查员。在涉及技术意见的情况下，这种扩大也是必要的（公约第25条——参见E部分第ⅩⅢ章3.1）。

如果根据公约第18（2）条已经扩大了审查小组，但案件仍由3人构成的小组作出决定，则公开文件应有明确的证据证明，在作出最终决定之前，审查小组以4名成员的组成作出了撤销扩大的决定。

因此，如果审查小组认为不再需要扩大，则将撤销扩大。该决定不可单独上诉。撤销扩大后，通知书、传唤书附件或决定中将通知申请人已撤销扩大。

根据问题的性质，作为扩大审查小组的替代方案，可以对专利法理事会中具有法律背景的审查员进行内部咨询。例如，审查小组可能对申请是否涉及公约第52（2）条所指的发明，或者请求保护的发明是否排除在公约第53条规定的可专利性之外产生疑问。在决定主要涉及法律问题的情况下，例如在根据公约第122条请求重新确立权利之后的程序中，咨询具有法律背景的审查员也可能是适当的。在根据细则第11（3）条移交给形式审查员的职责范围内的案件中，形式审查员也可以咨询专利法理事会（参见2013年12月12日的EPO局长决定《OJ EPO 2014，A6》）。

第Ⅸ章　特殊申请

1. 分案申请（另见 A 部分第Ⅳ章 1）

1.1 一般性说明

公约 76(1)

在提交欧洲申请后或欧洲 - PCT 申请进入欧洲阶段时，可以提交分案申请。分案申请具有与母案申请相同的申请日，并且分案申请中包含的主题享有母案申请的所有优先权。但是，在提交分案申请时，母案申请必须处于未决状态（参见 A 部分第Ⅳ章 1.1.1）。一件欧洲申请可能会产生一件以上的分案申请。分案申请本身可能产生一件或多件分案申请。

分案申请应以与普通申请相同的方式处理，并受与普通申请相同的要求的约束，除非 EPC 有具体规定，特别是公约第 76 条或细则第 36 条的要求有所不同（参见 G 1/05，G 1/06）。

此外，一旦满足了细则第 36 条和公约第 76（1）条规定的要求，分案申请的授权程序就分离并独立于与母案申请有关的程序（参见 G 4/98）。无论是 EPO 自行决定或应请求，关于母案申请（或该申请专利族的任何其他成员）的未决异议或上诉程序，都不能成为中止分案申请审查的理由。中止或中断审查程序的理由载于 E 部分第Ⅶ章 1 至 3 中。

1.2 主动和被动分案

公约 82

申请人可以主动提交分案申请（主动分案）。然而，提交分案申请的最常见原因是为克服公约第 82 条关于发明缺乏单一性的反对意见（被动分案）。如果审查员就缺乏单一性提出反对意见，申请人可以有一段时间（参见 C 部分第Ⅵ章 1）将其申请限制在单一发明上。对母案申请的限制必须是明确且无条件的。因此，要求申请人因缺乏单一性而限制申请的通知书应提及，若申请人未在规定的期限内限制申请，申请可能会被驳回。

1.3 主题的放弃

仅仅删除母案申请中的主题并不影响以后提交分案申请。但是，在删除主题时，申请人应避免任何可能被解释为具有实质性放弃效果的声明，从而妨碍该主题的分案申请的有效提交（另见 H 部分第Ⅲ章 2.5 最后一段）。

1.4 分案申请的审查

公约 76(1)

分案申请的实质审查原则上应与任何其他申请一样进行，但需要考虑以下特殊问题。分案申请的权利要求不必局限于母案申请的权利要求中已经要求保护的主题。此外，不能仅仅因为审查小组当时必须决定的申请的权利要求的范围比与母案申请有关的授权范围更广，而确定为对分案申请制度的滥用（参见 T 422/07）。

但是，根据公约第 76（1）条，主题不得超出原始提交的母案申请的内容。如果提交的分案申请包含除所提交的母案申请中包含的主题之外的附加主题，则可以在以后对其进行修改，以便其主题不再超出在先内容，即使在在先申请不再未决的时候也是如此（参见 G 1/05）。如果申请人不愿意通过删除该附加主题来克服缺陷，则由于不符合公约第 76（1）条，应当根据公约第 97（2）条驳回分案申请。

分案申请不能转换为具有自己的申请日的独立申请。此外，对上述附加主题的进一步分案申请由于不符合公约第 76（1）条，也应根据公约第 97（2）条驳回。

公约 123(2)

在分案申请提交后对其所做的修改必须符合公约第 123（2）条的要求，即主题不得超出分案申请原始提交的内容（参见 G 1/05 和 T 873/94）。如果这些修改尚未被确定和/或其申请人未指明其在原始提交的申请中的依据（参见 H 部分第Ⅲ章 2.1），并且该申请是 H 部分第Ⅲ章 2.1.4 中提到的情形之一，审查小组可以根据细则第 137（4）条发出通知书，要求申请人提供此信息（参见 H 部分第Ⅲ章 2.1.1）。

如果分案申请的主题仅限于母案申请中要求保护的主题的一部分，则该部分主题必须作为单独的部分或整体能从母案申请中直接、毫无疑义地获得，即甚至可以是脱离母案申请发明的上下文使用的主题（参见 T 545/92）。

对于包括基础（原始）申请、之后的分案申请的系列申请，每个分案申请都与其母案分开（参见 A 部分第Ⅳ章 1.1.2），该系列的分案申请符合公约第 76（1）条第 2 句是必要充分条件，即该分案申请中公开的任何内容都可以从原始提交的每份在先申请公开的内容中直接、毫无疑义地得出（参见 G 1/06）。

1.5 说明书和附图

母案申请和/或每个分案申请的说明书和附图原则上应限于与该申请中要求保护的发明相关的内容。但是，只有在绝对必要时才需要对说明书进行修改。因此，不反对在分案申请中重复母案申请中的内容，除非这些内容与分案申请中要求保护的发明明显无关或不一致。至于交叉引用的内容，审查员无须检查说明书，因为根据目前的审查实践，母案申请和分案申请之间总是交叉引用。这些交叉引用将出现在收到分案申请后公开的相应申请和专利的扉页上，除非公开的技术准备工作已经完成。

1.6 权利要求书

母案申请和分案申请不得请求保护相同的主题，即使采用不同的措辞（进一步的信息，参见G部分第Ⅳ章5.4）。两件申请请求保护的主题之间的差异必须能够明显区分。然而，作为一般性规则，一件申请可以通过与另一件申请的主题结合来请求保护自己的主题。换言之，如果母案申请和分案申请分别请求保护单独和不同的部件A和B，两者组合起到一定作用，则两件申请之一还可以包括对A加B提出的权利要求。

2. 依据公约第61条的决定产生的申请

2.1 一般性说明

在某些情况下，在对某一特定申请授予专利权之前，可以根据国家法院的最终决定作出裁决，即申请人以外的人有权获得对其授予的专利权。在这种情况下，该第三方可以：

公约61(1)(a) （i）代替申请人，将申请作为自己的申请进行审查；

公约61(1)(b) （ii）就同一发明提交新的欧洲专利申请；或者

公约61(1)(c) （iii）要求驳回申请。

如果采用这些选项中的第一个，则第三方代替前申请人成为申请人，并且申请的审理从其中止之处继续进行（另见A部分第Ⅳ章2）。

公约61(1)和(2)
细则17(1)
但是，如果第三方根据公约第61（1）（b）条提交了新申请，则公约第76（1）条的规定比照适用于该新申请。这意味着该新申请被视为分案申请，即它享有原始申请的申请日和任何优先权权益（另见A部分第Ⅳ章1.2）。因此，审查员必须确保新申请的主题内容不会超出原始申请提交时的内容。对于涉及的指定国，原始申请自提交新申请之日起视为撤回。

2.2 原始申请不再处于未决状态

如果原始申请已被撤回、驳回或被视为撤回，因此不再未决，则适用公约第61（1）（b）条，从而允许第三方仍就同一发明提交新的欧洲专利申请（参见G 3/92）。

2.3 部分权利

细则18(1)

如果根据最终决定，裁定第三方仅有权就欧洲专利申请中公开的部分主题被授予欧洲专利权，则上述考虑因素仅适用于该部分。在这种情况下，第三方不能选择本章2.1中提到的选项（i），而关于选项本章2.1（ii），新申请必须限于第三方有权享有的原始主题的那部分。类似的，对于有关指定国来说，原始申请必须限于原始申请人仍然有权享有的主题。新申请和修改后的原始申请将保持类似于两件分案申请之间的相互关系，并且它们各自与原始申请的关系类似于分案申请相对于其母案申请的关系。因此在本章1.4、1.5和1.6中提出的指导适用于这种情况。

2.4 仅适于某些指定国的权利

细则18(2)

如果关于应享权利的最后决定只适用于某些指定国，对于这些国家可以包括与其他国家不同的权利要求书、说明书和附图（参见H部分第Ⅲ章4.1最后一段，以及4.3）。

如果适用公约第61（1）条的唯一结果是在原申请人和第三方之间划分授权权利，以便每一方都可以对于不同指定国适用整个主题，每件申请都应以常规方法进行审查，而不考虑另一件申请，但条件是每件申请的主题不得超出原始申请的主题。

3. 依据EPC 1973公约第167（2）（a）条已经予以保留的申请

参见H部分第Ⅲ章4.4。

4. 国际申请（欧洲－PCT申请）

有关此主题的更多详细信息，参见E部分第Ⅸ章。

D 部分

异议和限制/撤销程序指南

目　录

第Ⅰ章　一般性说明 …… 353

1.　异议的含义 …… 353

2.　专利被放弃或失效后的异议 …… 353

3.　异议的地域效力 …… 353

4.　提出异议的资格 …… 353

5.　推定侵权人介入异议 …… 354

6.　异议程序的当事人 …… 354

7.　代　理 …… 355

8.　向公众公开的信息 …… 355

第Ⅱ章　异议小组 …… 356

1.　行政机构 …… 356

2.　组　成 …… 356

2.1　具有技术背景的审查员 …… 356

2.2　具有法律背景的审查员 …… 356

2.3　组　长 …… 356

3.　异议小组的职责分配及成员委任 …… 356

4.　异议小组的任务 …… 356

4.1　异议的审查 …… 356

4.2　异议小组关于裁定费用的决定 …… 357

4.3　辅助程序 …… 357

5.　成员的任务分配 …… 358

6.　成员的职责及权力 …… 358

7.　个人职责的分配 …… 358

第Ⅲ章　异　议 …… 359

1.　提交异议请求书的期限 …… 359

2.　异议费 …… 359

3.　以书面形式提交 …… 359

3.1　异议的格式 …… 359

3.2 通过电子方式提交的异议请求书 …… 359
3.3 通过传真提交的异议请求书 …… 359
3.4 异议请求书的签名 …… 360
4. 语言要求的克减 …… 360
5. 异议的理由 …… 360
6. 异议请求书的内容 …… 361

第Ⅳ章 实质审查前的程序 …… 363
1. 对异议请求书中缺陷的审查以及形式审查员根据审查需要与当事人进行的沟通 …… 363
1.1 将异议请求书送至形式审查员 …… 363
1.2 审查异议请求书中的缺陷 …… 363
1.2.1 如未补正会导致异议请求被视为未提出的缺陷 …… 363
1.2.2 如未补正会导致异议请求因无法受理而被驳回的缺陷 …… 364
1.2.2.1 细则第77（1）条所述的缺陷 …… 364
1.2.2.2 细则第77（2）条所述的缺陷 …… 367
1.3 形式审查员审查缺陷后发出通知书 …… 367
1.3.1 当存在D部分第Ⅳ章1.2.1中所述缺陷，该缺陷如不克服将导致异议请求被视为未提出时发出的通知书 …… 368
1.3.2 当存在D部分第Ⅳ章1.2.2中所述缺陷，该缺陷如不克服将导致异议请求因无法受理而被驳回时发出的通知书 …… 368
1.3.3 形式审查员发出上述通知书的职权范围 …… 368
1.4 当缺陷不能被克服时的后续程序 …… 368
1.4.1 不能被克服而导致异议请求被视为未提出的缺陷 …… 368
1.4.2 根据细则第77（1）和（2）条可能无法被克服而导致异议请求因无法受理而被驳回的缺陷 …… 369
1.5 发给专利权人的通知书及专利权人的意见陈述 …… 370
1.6 后续程序 …… 370
2. 异议小组的工作 …… 370
3. 异议小组以不可受理为由驳回异议请求，专利权人不作为当事人 …… 370
4. 异议请求不受理时异议程序的终止 …… 371
5. 实质审查的准备工作 …… 371
5.1 后期存在的不受理的情况 …… 371
5.2 形式审查员要求专利权人提交意见陈述书并向其他相关当事人发出异议通知书 …… 372

5.3　答复异议通知书时提交修改的文件 …… 372
5.4　将一方当事人的意见陈述转送其他当事人 …… 373
5.5　当专利权人是当事人时，关于异议请求可受理性的决定 …… 373
5.6　介入异议可受理性的审查和介入异议情况下的准备工作 …… 373

第Ⅴ章　对异议的实质审查 …… 375
1.　异议审查的开始 …… 375
2.　审查的范围 …… 375
2.1　异议所针对的专利保护范围 …… 375
2.2　对异议理由的审查 …… 375
3.　根据公约第52至57条的不可专利性 …… 377
4.　发明公开不充分 …… 377
5.　权利要求清楚 …… 378
6.　欧洲专利的主题超出了原始公开的范围 …… 379
6.1　异议理由的依据 …… 379
6.2　允许的修改和不允许的修改之间的区别 …… 379

第Ⅵ章　异议审查的程序 …… 380
1.　一般性说明 …… 380
2.　以专利权人提交或认可的欧洲专利文本为准 …… 381
2.1　审查的基础 …… 381
2.2　专利的撤销 …… 381
3.　通知当事人提交意见陈述 …… 381
3.1　异议小组的通知书 …… 381
3.2　口头审理传唤书 …… 381
4.　异议小组向专利权人发出的通知书 …… 382
4.1　异议小组发出的通知书；理由陈述 …… 382
4.2　通知提交修改文本 …… 382
5.　附加检索 …… 383
6.　口头审理程序中对异议的审查 …… 383
7.　决定的准备 …… 383
7.1　一般性说明 …… 383
7.2　在修改的基础上维持欧洲专利的决定的准备 …… 384
7.2.1　程序要求 …… 384
7.2.2　针对维持专利所依据的文件的决定 …… 385

7.2.3 要求缴纳公布费、提交译文和正式合规的修改文本 …… 385
8. 请求暂停异议程序 …… 386

第Ⅶ章 异议程序的具体规定与特点 …… 387
1. 程序的顺序 …… 387
1.1 基本原则 …… 387
1.2 例外情形 …… 387
2. 对文件的要求 …… 387
3. 欧洲专利的统一性 …… 388
3.1 基本原则 …… 388
3.2 影响欧洲专利统一性的因素 …… 388
4. 专利权人无权利资格时的程序 …… 389
4.1 中止程序 …… 389
4.1.1 程序中止的日期 …… 389
4.1.2 中止程序的法律性质和效力 …… 389
4.2 程序的继续 …… 390
4.2.1 最终决定后程序的继续 …… 390
4.2.2 无论国家程序达到何种阶段的程序的继续 …… 390
4.3 期限的中断 …… 390
4.4 负责部门 …… 391
5. 在细则第84条规定的情形下异议程序的继续 …… 391
5.1 专利被放弃或已失效的情况下异议程序的继续 …… 391
5.2 异议人死亡或无法律行为能力后异议程序的继续 …… 392
5.3 异议请求撤回后异议程序的继续 …… 392
6. 推定侵权人介入异议 …… 392
7. 新专利说明书的公布 …… 394
8. EPC 1973公约第54（4）条和公约第54（5）条的过渡性规定 …… 394

第Ⅷ章 异议小组的决定 …… 396
1. 对可受理的异议请求的最终决定 …… 396
1.1 一般性说明 …… 396
1.2 欧洲专利的撤销 …… 396
1.2.1 基于实质理由的撤销 …… 396
1.2.2 未缴纳规定的公布费、未提交译文、未提交修改文本段落符合形式要求的版本而被撤销 …… 396

1.2.3 未告知委托了新代理人而导致的撤销 …… 396
1.2.4 在期限届满之后仍未满足要求而导致的撤销 …… 397
1.2.5 专利权人不希望专利在原授权文本基础上维持时专利的撤销 …… 397
1.3 异议请求的驳回 …… 397
1.4 在修改的基础上维持欧洲专利 …… 397
1.4.1 作出最终决定 …… 397
1.4.2 决定中对欧洲专利修改形式的说明 …… 398
2. **其他决定** …… 398
2.1 异议或介入请求不予受理的决定 …… 398
2.2 不终止异议程序的决定 …… 398
2.3 应相关人请求对已告知的权利丧失作出的决定 …… 398
2.4 重新确立权利的决定 …… 398
2.5 终止异议程序的决定 …… 398

第Ⅸ章 费　用 …… 399
1. **费用收取** …… 399
1.1 一般性原则 …… 399
1.2 关于费用分摊的决定 …… 399
1.3 需予以考虑的费用 …… 399
1.4 公平原则 …… 400
2. **确定费用的程序** …… 401
2.1 由异议小组确定费用 …… 401
2.2 对异议小组确定的费用提出上诉 …… 401
3. **对所确定费用的执行** …… 401

第Ⅹ章 限制和撤销程序 …… 402
1. **引　言** …… 402
2. **对请求中缺陷的审查** …… 402
2.1 导致请求被视为未提出的缺陷 …… 402
2.2 如不加克服会导致请求因不受理而被驳回的缺陷 …… 402
3. **针对撤销请求的决定** …… 403
4. **实质审查（限制）** …… 404
4.1 负责部门 …… 404
4.2 审查的基础 …… 404
4.3 审查的范围 …… 404

D部分

4.4 进一步审查阶段 …… 405
4.5 审查过程中来自第三方的意见陈述 …… 406
5. 允许请求后限制的正式程序 …… 406
6. 请求的驳回 …… 407
7. 与异议程序的关系 …… 407
7.1 异议程序优先 …… 407
7.2 在限制决定作出之后提出异议 …… 408
8. 决定的法律地位 …… 408
9. 请求的撤回 …… 408
10. 不同的权利要求组 …… 408
10.1 限制导致不同缔约国有不同的权利要求 …… 408
10.2 由于不同缔约国授权的权利要求不同而导致在不同缔约国的限制不同 …… 409
11. 多项请求 …… 409

第Ⅰ章 一般性说明

1. 异议的含义

公众可以基于公约第100条提到的一项或多项理由对已经授权的欧洲专利提出异议。提出异议的理由例如可以是授权时欧洲专利局（EPO）未发现的情况（如在先使用或EPO可获取的资料中未包含或未发现的出版物）。因此，异议是一种任何人（但参见本章4）可以取得的对错误授予的专利提出限制或撤销的手段。

2. 专利被放弃或失效后的异议

细则75

即使欧洲专利在所有指定国均被放弃或已失效，公众仍可对其提出异议。这是由于所获得的权利在专利被放弃或失效前的期间是有效的，并且基于该专利权的主张可以在放弃或失效日之后提出。

3. 异议的地域效力

公约99(2)

异议适用于所有在缔约国具有效力的欧洲专利。因此，原则上异议应当与所有指定国相关。如果仅在某些指定国提出异议，将视为在所有指定国提出。

公约61

公约139(2)，公约140

然而，异议的效力在不同的缔约国可能会不同。这是由于根据细则第18（2）条（参见C部分第Ⅸ章2.4）的规定，在不同的缔约国专利可以包含不同的权利要求，或者根据EPC 1973公约第54（3）和（4）条的规定，权利要求须考虑不同的现有技术（参见D部分第Ⅶ章8）。根据公约第139（2）条和第140条，在先的国家专利也可能进行修改（参见H部分第Ⅱ章3.3和第Ⅲ章4.4）。因此，在不同的缔约国可能会对专利做出不同的修改，并且该专利有可能在一个或多个缔约国被撤销，而在其他缔约国不被撤销。

4. 提出异议的资格

公约99(1)

“任何人”均可以提交异议请求书，而无须说明任何具体利益关系。根据公约第58条，“任何人”应解释为任何自然人（包括私营个体、个体经营者等）、法人或在法律意义上具有法人资格的机构。“任何人”不包括专利权人（参见G 9/93，对G 1/84进行了修订）。

异议请求书也可以由多个如上所述的人共同提交。为了确保专利权人的权利和程序的效率，必须明确在整个程序中哪些人属于共同异议人。如果一个共同异议人（包括共同代表）想要从程序中撤出，该撤回请求必须由共同代表或根据细则第151（1）条确定的新的共同代表通知 EPO，这样撤回请求才发生效力（另见 G 3/99）。

异议权不能转让，但可以被继承，或作为法律意义上的全盘继承的一部分被继承，例如，在法人合并的情况下（参见 G 4/88）。收购其他公司的公司也可以继承被收购的公司提出的异议。然而，对于从事与被提出异议的专利相关的业务，且在异议提出时身为异议人的分支机构的法人，如果其全部的股份均转让给另一个公司，则该法人不能获得异议人的身份（参见 G 2/04）。

EPO 必须在程序的整个阶段依职权审查任何声称将异议人身份转让给新当事人的有效性（参见 T 1178/04）。

5. 推定侵权人介入异议

公约 105(1)和(2)
细则 89

在一定条件下（参见 D 部分第Ⅶ章 6），若任何第三方能够证明其已被立案起诉，起诉其侵犯了被提异议的专利，或证明专利权人已经要求其停止声称的专利侵权，并且该第三方已经向法院提起了未侵权之诉，则该第三方可以在异议期届满以后介入异议程序。如果及时提交的介入请求书符合规定格式，则将该介入请求视为异议请求进行处理（参见 D 部分第Ⅶ章 5.6）。关于应请求异议的加快审理，参见 E 部分第Ⅷ章 5。

6. 异议程序的当事人

公约 99(3)
公约 105(2)
公约 115

专利权人、异议人和符合条件的介入人为异议程序的当事人。然而，对于撤回异议请求书的异议人，或者其异议请求因不受理而被驳回的异议人，仅在撤回异议请求书之日前，或在异议被驳回的决定生效之日前，是异议程序的当事人。对于介入人来说同样如此。就已提交申请的发明的可专利性提出意见的第三方，不是异议程序的当事人（参见 E 部分第Ⅵ章 3）。

公约 118

如果欧洲专利的专利权人在不同指定缔约国不相同，出于异议程序的目的，他们将被视为共同权利人（参见 D 部分第Ⅶ章 3.1，关于欧洲专利的统一性）。

公约 99(4)
公约 61(1)(a)

如果有证据证明在某缔约国，由于一项终局判决，某人已经取代在先的权利人而在该国的专利登记簿上登记，则该人有权在该国通过提出请求取代在先的权利人。尽管有公约第118条的规定，这种情况下在先的权利人与提出请求的人不视为共同权利人，除非双方都提出请求。这一规定的目的在于给新的权利人提供机会，以其认为合适的方式进行对抗异议的自我辩护（参见D部分第Ⅶ章3.2，关于这类案件中异议程序的进行）。

公约20(1)　法律部门负责对《欧洲专利登记簿》上的登记作出决定（参见2013年11月21日的EPO局长决定《OJ EPO 2013，600》）。

需要注意的是，对同一件授权专利提交两份不同的异议请求书的人只能获得一次异议人的身份（T 9/00）。如在异议期内同一异议人的两份异议单独不满足受理条件，但合并的情况下符合公约第99（1）条和细则第76条的规定，则其被视为一份可受理的异议（参见T 774/05；关于联合异议，参见本章4）。

可在一组程序中处理多个异议（参见E部分第Ⅲ章6）。在一个单独的异议程序中有多个异议人和/或专利权人作为当事人的情况下，在作出最后决定如在一次口头审理时处理所有相关的问题（包括例如其中一项异议的可受理性，参见D部分第Ⅳ章5.5）通常是适当的（另见E部分第Ⅲ章6）。法律框架由关于专利被异议程度的陈述的总和以及每个异议人提供的异议请求书中提交和证实的异议理由的总和来限定。如果其中一项异议是可受理的，但后来被撤回，则上述异议中提出的带有偏见的理由一般由异议小组自行审查。如果其中一项异议请求不可受理，但只要已提交至少一项可受理的异议请求，异议小组将自行考虑上述不可受理的异议请求中任何初步相关的文献（参见D部分第Ⅴ章2.2）。

7. 代　理

关于异议人及专利权人代理的要求，参见A部分第Ⅷ章1。提出异议请求时异议人代理方面的缺陷及其补救的规定参见D部分第Ⅳ章1.2.1（ii）和1.2.2.2（iv）。

8. 向公众公开的信息

一旦异议被受理，即在《欧洲专利登记簿》上登记该异议请求的提交日，并在《欧洲专利公报》上公布。异议程序结束的日期和异议程序的结论也同样进行登记和公布（另见A部分第Ⅺ章4）。

第Ⅱ章　异议小组

1. 行政机构

细则11(1) 每个异议小组均归属于EPO理事会，其专门负责异议程序的执行。

2. 组　成

2.1 具有技术背景的审查员

公约19(2) 一个异议小组包括3名具有技术背景的审查员，其中至少两人必须未参与过该异议所涉及专利的授权审批程序。

2.2 具有法律背景的审查员

公约19(2) 如果异议小组出于决定性质的考虑认为有必要，则另外增加一名具有法律背景的审查员组成扩大的异议小组，该审查员必须未参与过该专利的授权程序。

为纳入具有法律背景的审查员以及咨询专利法理事会（该部门负责为审查小组及异议小组提供具有法律背景的审查员）而设立的原则，异议小组比照审查小组适用（参见C部分第Ⅷ章7）。在审查过程中可能出现疑难的法律问题，如异议请求是否因不可受理而应当被驳回。此外，案件中如果遇到以出版物以外的方式进行的公开对于公众来说是否可以获得这种问题，应当向具有法律背景的审查员咨询。

2.3 组　长

组长必须是具有技术背景的审查员，并且未参与过该专利的授权审批程序。

3. 异议小组的职责分配及成员委任

细则11(1) 比照适用C部分第Ⅱ章2的规定。

4. 异议小组的任务

4.1 异议的审查

公约19(1) 异议小组负责审查对欧洲专利提出的异议。

对新提交文件的形式审查是形式审查员的职责（参见本章

7，A部分第Ⅰ章2，A部分第Ⅲ章3.2和C部分第Ⅷ章1)。

4.2 异议小组关于裁定费用的决定

公约104(2)
细则88(3)和(4)

根据请求，异议小组将对形式审查员审查后确定的费用作出决定（参见本章7和D部分第Ⅸ章2.1)。

4.3 辅助程序

公约122(2)
细则136(4)
细则112(2)

异议小组有责任处理异议程序中出现的辅助程序。例如，在异议程序中因未遵守EPO规定的期限而请求重新确立权利的程序，或者请求对形式审查员作出权利已经丧失的决定进行裁定的程序，或者请求排除档案查阅。此外，根据细则第11(2)条，EPO局长可以给异议小组分配额外任务。

细则144

根据细则第144条与2007年7月12日的局长决定《OJ EPO 2007，J.3》特刊第3号所述的排除档案查阅，参考A部分第Ⅺ章2.1。对异议程序具有实质性和/或程序性影响的文件，只有在例外情况下，才能排除档案查阅（参见T 1691/15)。涉及排除档案查阅请求的通知书排除在档案查阅之外，且与处理其他问题的通知书分别发送。根据其内容，从档案查阅中（暂时）排除的文件，以及与该排除档案查阅的请求有关的任何通知书可被转发给另一方或多方当事人（细则第81(2)条)。因为公众应当知晓有损于或支持该被异议专利的理由，所以只有未（暂时）排除在档案查阅之外的文件或其部分可作为证据来证明或反驳异议理由。

如果一方要求欧洲专利局（EPO）出于版权原因将一份原本公开的非专利文献从案卷检查中排除，那么异议小组将理解此请求为不在文件的公开部分向第三方提供该文件。在上述解释中，如果相关文件的版权不属于异议程序的一方当事人，并且相关文件在包括付费的情况下相对容易获取，则通常会批准该请求。例如，一篇科技文献通常很容易获取，其版权属于编者。相比之下，第三方公司的宣传册不易于获取。如果该公司手册的版权归异议程序的一方，则异议小组会拒绝该请求，该文件可通过档案查阅获取。

如果异议小组同意因版权原因不通过档案查阅提供文件的请求，则仍会通过档案查阅提供载有非专利文献的文献著录项目详细信息的页面（通常为封面)，以确保公众能够检索到整个文件。非专利文献不视为排除在细则第144条规定的档案查阅之外，其可在异议程序中作为证据使用。

5. 成员的任务分配

公约19(2)
细则119(1)

异议小组通常委托其中的一名审查员进行异议的审查，直到最后作出审查决定（另见D部分第Ⅳ章2），但不包括进行口头审理。如果需要，可以委托同一审查员对所引用的证据进行审查（参见E部分第Ⅳ章1.3）。该审查员被称为主审员。

6. 成员的职责及权力

主审员将负责异议的审查。如果当事人请求进行口头审理，则通常先行安排，口头审理可能与取证同时进行（参见E部分第Ⅲ章1至4和E部分第Ⅳ章1.6.1）。主审员将准备口头审理传唤书随附的通知书并发送给其他成员。如果主审员认为在发送口头审理传唤书前有必要与当事人沟通，则应当将沟通的通知书先发给异议小组。

如果异议小组内部存在意见分歧，主审员将与其他成员讨论有争议的问题。组长将主持会议，并在讨论后就要作出的决定或对程序的下一步进程进行表决。

公约19(2)

表决结果按照少数服从多数作出决定，出现相同票数时，组长的一票是决定性的。

任何必要的进一步措施通常由主审员负责。如果无需进一步措施，主审员将撰写异议决定，并将该决定传给其他异议小组成员进行审查和签字。如果其他成员有修改意见，并且对该修改存在不同意见，则组长必须安排一次会议。

下文提及异议小组时，其含义应当指其中一个成员已经被任命为主审员，并且在这种情况下，EPC授权其独立审查。

7. 个人职责的分配

细则11(3)

EPO局长可以委托不具有技术或者法律背景的审查员执行属于审查小组或异议小组的、没有技术或法律困难的个别职责。如果这样的职责对公众有影响，则对他们的任命要公布在EPO官方期刊上（参见2013年12月12日的局长决定《OJ EPO 2014，A6》，以及2015年11月23日的局长决定《OJ EPO 2015，A104》）。

负责这些职责的形式审查员还负责费用数额的确定（参见D部分第Ⅸ章2.1）。

第Ⅲ章 异 议

1. 提交异议请求书的期限

公约 99(1)

异议请求书必须自欧洲专利授权公告之日起9个月内在慕尼黑、海牙或柏林向EPO提出。

期限届满的相关规定参见E部分第Ⅷ章1.4。对于异议人而言，如未遵守异议期限，则不可能重新确立权利（参见E部分第Ⅷ章3.1.2）。

2. 异议费

公约 99(1)

EPC《与费用相关的细则》中规定的异议费必须在异议期届满前缴纳。

异议请求由两人或多人共同提出，且满足公约第99条及细则第3和第76条规定的，可以只缴纳一份异议费（参见G 3/99）。

没有按时缴费的法律后果和程序参见D部分第Ⅳ章1.2.1（i）和1.4.1。

3. 以书面形式提交

3.1 异议的格式

细则 86
细则 50(2)
细则 49(3)
细则 76(1)

异议请求书必须以书面形式提交，并且应该打字或打印，其中每一页的左侧保留大约2.5厘米的页边距。异议请求书最好同时满足细则第49（3）条的规定。

3.2 通过电子方式提交的异议请求书

在不影响其他提交方式的情况下，可使用EPO在线申请软件（OLF）或在线申请2.0提交异议请求书。但是，不能使用EPO Web表格申请服务进行提交（参见《OJ EPO 2021，A42》）。

3.3 通过传真提交的异议请求书

细则 2

异议请求书也可以通过传真方式提交（参见2019年2月20日的EPO局长决定《OJ EPO 2019，A18》）。接到EPO通知后，异议人应当提交复制传真内容和符合细则规定的特别是有正确签名的书面确认。如果异议人在规定时间内没有按该通知的要求做，则该传真视为未收到（参见 A 部分第Ⅷ章 2.5）。任何情况下，异议费都必须在异议期内缴纳。

3.4 异议请求书的签名

细则 50(3)
细则 2

异议请求书必须由责任人签名，即由异议人签名，适当时由异议人的代理人签名（另见 D 部分第Ⅳ章 1.2.1（ii）和 A 部分第Ⅷ章 1）。

签名不能采用首字母或其他缩写形式。

以电子方式提交异议请求书时，可以采用传真签名或文本字符串签名的形式。如果使用 EPO 在线申请软件，也可以采用增强型电子签名的形式（参见《OJ EPO 2021，A42》）。

以传真方式提交异议请求书时，在传真复制件上复制异议请求书提交人的签名即满足要求。

如果没有签名，形式审查员必须要求当事人或其代理人在规定的期限内补签。如果在规定的时间内进行补签，则文件保留其原有的收到日，否则文件视为未收到（参见 D 部分第Ⅳ章 1.2.1（ii）和 1.4.1）。

4. 语言要求的克减

关于语言要求的克减，书面异议程序中由 A 部分第Ⅶ章 3 规定（关于作为证据提交的文献，参见 A 部分第Ⅶ章 3.4），口头审理程序由 E 部分第Ⅴ章规定。

5. 异议的理由

公约 99(1) 在异议期内，必须提交异议理由的书面陈述。

细则 76(1) 异议请求仅可以基于以下理由提出：

公约 100 （i）根据公约第 52 至 57 条的规定，该欧洲专利的主题不可授予专利权，因其：

公约 100(a)
- 不具备新颖性（公约第 52（1）、54、55 条）；
- 不具备创造性（公约第 52（1）、56 条）；
- 不具备工业实用性（公约第 52（1）、57 条）；
- 不属于公约第 52（1）至（3）条所规定的发明；或
- 根据公约第 53 条不可授予专利权。

公约 100(b) （ii）该欧洲专利未以足够清楚、完整、使本领域技术人员能够实现其发明的方式公开该发明（参见公约第 83 条）。

公约 100(c) （iii）欧洲专利的主题超出了其提交申请时的内容（参见

公约第 123（2）条），如果专利在分案申请或根据公约第 61 条提交的新申请的基础上授权（最终决定中被裁定有权被授予欧洲专利的人就所述发明提出的新申请），超出了在先申请提交时的内容（参见公约第 76（1）条）。

（另见 D 部分第Ⅴ章 3、4 和 6 以及 C 部分第Ⅳ章）

注意，上述每个条件均构成反对维持专利的单独法律基础。因此，每个此类条件均视为单独的异议理由（参见 G 1/95 和 G 7/95）。

例如，下述主张不能作为异议的理由：存在更早的国家权利使发明的可专利性受到质疑（但见 H 部分第Ⅲ章 4.4）；专利权人没有资格获得欧洲专利；专利的主题缺乏单一性；权利要求得不到说明书的支持（除非同时质疑了该专利的权利要求范围太宽，造成公约第 100（b）条意义上的说明书没有充分公开该发明主题的缺陷）；专利的说明书或者附图的形式和内容不符合细则第 42 和第 46 条规定的形式要求；或者指定的发明人是不正确的。此外，仅仅质疑优先权不成立，也不能构成异议的理由。然而，如果援引现有技术作为依据公约第 100（a）条规定的异议理由，而优先权日具有决定性意义的情况下，则在异议程序中必须对优先权的问题进行实质审查（参见 G 部分第Ⅳ章 3 以及 F 部分第Ⅵ章 2）。

6. 异议请求书的内容

以书面理由陈述形式提交的异议请求书必须包括：

细则 76(2)(a)
细则 41(2)(c)

（i）异议人的名称、地址和国籍，以及异议人的居所或主要营业所所在的国家。自然人的姓名必须写完整的姓和名，姓放在名前。法人实体以及根据其遵守的法律视为法人实体的公司的名称必须是官方名称。地址的填写必须满足能够按照写明的地址发送邮件快递的常规要求。地址必须包括所有相关的行政单位，包括门牌号（如果有的话）。居所或主要营业所位于 EPC 缔约国且在没有专业代理人的情况下行事的异议人（无论是自然人还是法人）可以使用居所以外的通信地址。通信地址必须是异议人自己的地址。邮件不能发送给其他人（自然人或法人），因为这需要公约第 133 条和第 134 条规定的有效的代理形式。建议写明电话和传真号码（参见 D 部分第Ⅳ章 1.2.2.2（i）和 1.4.2）。

细则 76(2)(b)

（ii）异议所针对的欧洲专利的专利号、专利权人名称和发明名称（参见D部分第Ⅳ章1.2.2.2（ii）和1.4.2）。

细则76(1)
细则76(2)(c)

（iii）写明针对欧洲专利的异议的范围和异议理由，同时说明支持异议理由的事实和证据（参见D部分第Ⅳ章1.2.2.1（iii）至（v）和1.4.2）。细则第76（1）条规定的异议请求书必须以书面理由陈述方式提交的要求也适用于陈述异议理由。然而，为了简化异议程序，建议尽快提交一份所有书面证据的复印件，最好与异议请求书同时提交（参见D部分第Ⅳ章1.2.2.1（v）最后两段）。

细则76(2)(d)

（iv）如果异议人委托了代理人，则代理人姓名及营业所地址必须符合上述第（i）项的规定（参见D部分第Ⅳ章1.2.2.2（iii）和1.4.2）。

D部分第Ⅳ章1规定了进一步的细节，并解释了不满足这些要求之一时如何处理异议。

第Ⅳ章　实质审查前的程序

1. 对异议请求书中缺陷的审查以及形式审查员根据审查需要与当事人进行的沟通

1.1 将异议请求书送至形式审查员

异议请求书必须直接送交形式审查员，形式审查员根据相关行政规定将其放入所涉及的欧洲专利的电子文档中，并立即将该信息通知专利权人。如果在欧洲专利授权公告之前收到异议请求书，形式审查员通知异议人其所提交的文件不能作为异议请求处理。该文件成为档案的一部分，同样也可根据公约第128（4）条进行查阅，并且将其作为按照公约第115条（详见E部分第Ⅵ章3）的第三方意见提醒专利申请人或专利权人注意。如果异议费已经缴纳，在这种情况下将会返还。

受异议小组的委托，形式审查员承担审查、监控、沟通，以及在适当的时候向各方发出通知的职责（参见D部分第Ⅱ章7）。

1.2 审查异议请求书中的缺陷

收到异议请求书后，形式审查员审查其中是否存在缺陷。

1.2.1 如未补正会导致异议请求被视为未提出的缺陷

以下缺陷属于这种类型：

RFees 7
RFees 8
（i）在异议期限内，未缴纳异议费或缴纳不足（公约第99（1）条；另见G 1/18）。然而，如果在异议期内除少许金额（例如，作为银行收费而被扣除）外其他异议费均已缴纳，则形式审查员会审查在合理的情况下是否可以忽略该金额。如果形式审查员确定缺少的数额能够被忽略不计，则异议费视为已缴纳，对于该条款并不存在缺陷。

（ii）提出异议请求的文件未签名，且未在形式审查员指定期限内进行补正，该期限规定为两个月（参见E部分第Ⅷ章1.2）（细则第50（3）条）。

需要指出的是，对于公约第133（2）条（另见本章1.2.2.2（iv））所涵盖的情况，首先必须在规定的期限内委托职业代理人。如果该代理人随后未能通过在异议请求书上签名或者通过书面认可来弥补所述缺陷，则适用上述规定。

（iii）通过传真提交异议请求书，但未在规定期限内按照形式审查员的要求提供复制传真内容的书面确认（细则第2（1）条和2019年2月20日的EPO局长决定《OJ EPO 2019，A18》）。

（iv）异议请求书由异议人的代理人或雇员提交，在需要授权书的情况下（参见A部分第Ⅷ章1.5和2007年7月12日的EPO局长决定《OJ EPO 2007，L.1》特刊第3号），未在规定期限内提供（细则第152（1）至（3）和（6）条）。

（v）在异议期内提交了异议请求，但未按照细则第3（1）条的规定使用EPO官方语言之一，或者当公约第14（4）条适用于异议人时，未在异议期内提交细则第76（2）（c）条所涉及的组成部分的译文（另见A部分第Ⅶ章2，G 6/91和T 193/87）。该期限最迟延长到细则第6（2）条所要求的1个月期限届满。如果异议请求未以英语、法语或德语提交，或者，例如来自比利时的异议人及时以荷兰语提交了异议请求，但未在上述期限内将文件重要组成部分翻译成英语、法语或德语，则存在所述缺陷。

对于在提交时由于上述缺陷而被视为未提出的异议请求，其进一步的程序参见本章1.3.1、1.3.3和1.4.1中的记载。

1.2.2 如未补正会导致异议请求因无法受理而被驳回的缺陷

只有视为已提出的异议请求才会对其进行关于是否存在细则第77（1）和（2）条所述的缺陷的审查。

如果形式审查员不能够确定异议请求是否包含细则第76（2）（c）条所述的缺陷，则需将该文件提交异议小组审核。特别是在如下情况下：对于异议请求声称根据公约第52、第54和第56条不具备可专利性，相关现有技术已经借助书面记载之外的其他方式为公众所知，或者根据细则第117条要求取证的情况。

关于这一点，异议小组还将审查形式审查员要求异议人提交证据的必要性（参见本章1.2.2.1（v））。

1.2.2.1 细则第77（1）条所述的缺陷

以下缺陷属于这种类型：

（i）异议请求书未在9个月的异议期内以书面形式在慕尼黑递交给EPO或其位于海牙的分局或位于柏林的办事处，所述

9个月的异议期从《欧洲专利公报》中记载的欧洲专利授权公告日开始计算（公约第99（1）条）。

因此，如果例如异议请求书提交给EPO的时间超期，即在9个月期限届满之后提交，或者异议请求书虽在异议期内提交，但在文档中仅有电话口头请求的官方记录，则所述异议请求存在缺陷。这种类型的缺陷还包括：虽然根据公约第99（1）条向缔约国的中央工业产权局或者其下属机构提出异议请求，但这些机构完全未转交或未及时转交，导致EPO未在异议期届满之前收到所述请求。这些局或机构并没有将异议请求转交给EPO的法定义务。

（ii）异议请求书未提供足以识别异议请求所针对的欧洲专利的信息。

如果EPO根据异议请求书中的细节不能确定相关专利，则存在此种缺陷。例如，在异议请求书中仅记载了争议专利的专利权人，或仅记载了授权专利的发明名称。仅这些细节本身不足以充分描述争议的欧洲专利，除非专利权人的名称独一无二，仅拥有一项专利，或者拥有几项专利，其中仅有一项的主题与异议请求书中给出的发明名称一致，能够清晰地将其与该专利权人所拥有的其他专利的主题相区分。只要在异议请求书中注明争议欧洲专利的编号，就足以识别相关专利，前提是提供的信息不相互矛盾，例如，专利权人名称不一致，并且所述矛盾无法根据所提供的信息解决。

细则76(2)(c)

（iii）异议请求书未包含关于欧洲专利异议范围的陈述。

如果根据必要的陈述仍不清楚异议请求是针对专利的全部主题还是仅针对其中一部分主题，则存在此种缺陷。例如，其针对所有权利要求还是仅针对一项权利要求或者一项权利要求的一部分，例如一个可选方案或实施方案。

细则76(2)(c)

（iv）异议请求书未包含关于异议所依据的理由的陈述。

如果异议请求书未记载至少一个公约第100条所涉及的异议理由（参见D部分第Ⅲ章5），则所述异议请求书包含这种缺陷。如果异议理由为不具备可专利性，则关于所述理由的陈述必须至少隐含指明其认为哪个可专利性条件未满足（公约第52至57条）。

公约99(1)

（v）异议请求书证据不足。

细则76(2)(c)

根据细则第76（2）（c）条，异议请求书必须包含欧洲专利的异议范围、异议基于的理由，以及支持异议理由的事实和证据。

细则第76（2）（c）条的措辞清楚地表明异议理由之间存在的差异，即撤销专利的法律基础（例如公约第100（a）条），以及支持这些理由的事实和证据。当事实和证据完全不存在或模糊到无法正确理解该案，则认为该异议仅仅是一项指控，不足以使该异议获得受理。

因此，异议人必须通过援引事实、证据和理由来证实其至少一个异议理由。异议人必须建立异议所依据的法律和事实框架，为实质性评估做好准备。因此，异议小组和专利权人需要能够理解需要决定的问题，而无须自己进一步调查。换言之，问题不在于可否受理，而是实质审查的问题，即异议人在全面解释异议理由时依赖的事实是否被证明或者能够被证明。当理由包括申请日或优先权日之前的在先使用或口头公开时，必须向异议小组提供所需的事实、证据和论点的说明以确定以下内容：

（a）所声称的使用发生的日期（何时）；

（b）使用了什么（何事）；

（c）与上述使用相关的情况（何地，如何，谁用）（参见本章7.2和7.3）。

假如存在多个异议理由，如果其中一个理由的事实、证据和论点已被充分说明，那么即使支持其他异议理由的事实、证据和论点迟交，该异议请求仍能够被受理。在这种情况下，所述迟交的事实、证据和论点的情况根据E部分第Ⅵ章2所述进行处理。由于异议期较长（9个月），为了加快异议程序，建议尽快提交异议请求书中所提及的任何书面证据的完整复制件，且最好是与异议请求书一起提交。

细则76(2)(c)
细则83

另外，如果异议请求可受理，则通知异议人尽快提交证据，按规定通常是在两个月内提交。如果要求提交的文件既未作为异议请求书附件提交，又未在规定时限内提交，则异议小组可决定不考虑基于所述证据的任何论述（关于未在规定时间内提交事实或证据，以及在较晚阶段提交论点的情况，参见E部分第Ⅵ章2）。

就异议请求的可受理性而言，对于适时提交的事实、证据和论点，其是否以及在多大程度上能够实际确保争议的欧洲专利撤销或以修改后的形式维持该专利并不重要。一方面，不令人信服的异议理由可能已经被确证（使该异议请求能够被受理），另一方面，有缺陷的异议请求可能因不满足受理条件而被驳回，即使如果撰写得当其可能会被受理（另见T 222/85）。

因此，必须将异议理由的证实与对证据的实际评估明确区分开来，后者是确定所述异议在实质上是否有充分根据（即得到证明）的过程的一部分。根据异议的可受理情况，这必须由异议小组根据适用的举证标准确定（参见G部分第Ⅳ章7.5.2）。

公约99(1) 细则76(2)(a) （vi）异议请求未毫无疑问地表明异议请求人的身份（公约第99（1）条，细则第76（2）（a）条）。

1.2.2.2 细则第77（2）条所述的缺陷

以下缺陷属于这种类型：

细则76(2)(a) （i）异议请求书未按规定方式记载异议人的名称、地址和国籍，以及其居所或主要营业所所在的国家（参见D部分第Ⅲ章6（i））。

细则76(2)(b) （ii）未指明提出异议请求所针对的欧洲专利号，或该专利的专利权人名称或发明名称。

上述（ii）中所列的每一条目必须在形式审查员指定的期限内提供（参见本章1.3.2），即使在异议期内可借助这些条目之一或其他条目确认该争议的欧洲专利（参见本章1.2.2.1（ii））。如果异议人指明的专利权人的名称与著录项目中记录的不同，则形式审查员将告知异议人专利权人的正确名称。

细则76(2)(d) （iii）在异议人已委托代理人的情况下，未按规定形式在异议请求书中指明该代理人的名称或营业所（参见D部分第Ⅲ章6（iv））。

（iv）异议人在所有缔约国中均无居所和主要营业所（公约第133（2）条），并且未告知其委托了职业代理人（公约第134条）。在要求其对该缺陷进行补正的通知书中，还必须要求异议人安排指定的代理人在异议请求书上签名或表示同意。

细则86 （v）异议请求书未满足除细则第77（1）条所提及的形式要求之外的其他形式要求。例如，异议请求书无适当理由不符合细则第50（2）条的规定。

1.3 形式审查员审查缺陷后发出通知书

公约14(4) 细则2(1) 细则3(1) 如果在本章1.2所述的审查过程中，形式审查员注意到缺陷仍可通过补正而克服，且如果不存在不再能被克服的缺陷（不再能被克服的缺陷的情形参见本章1.4），将向异议人发出

细则 6(2)
细则 50(3)
细则 77(1)和(2)
细则 152(1)至(3)

本章 1.3.1 和/或 1.3.2 所述的通知书，如有可能，仅发一份单独的通知书。

1.3.1 当存在 D 部分第Ⅳ章 1.2.1 中所述缺陷，该缺陷如不克服将导致异议请求被视为未提出时发出的通知书

本通知书需指明本章 1.2.1 中所涉及的缺陷，且需说明除非所提及的一个或多个缺陷在本章 1.2.1 中指定的时限内被补正，否则该异议请求将视为未提出。

1.3.2 当存在 D 部分第Ⅳ章 1.2.2 中所述缺陷，该缺陷如不克服将导致异议请求因无法受理而被驳回时发出的通知书

所述通知书中将指明本章 1.2.2.1 或 1.2.2.2 中所涉及的缺陷，并告知除非在异议期内克服本章 1.2.2.1 中所述的缺陷，以及在形式审查员指定的期限内补正本章 1.2.2.2 中所述的缺陷，该异议请求将由于无法受理而被驳回。

1.3.3 形式审查员发出上述通知书的职权范围

尽管形式审查员无义务发出下述通知书，但其可以在能够克服所述缺陷的期限届满之前的适当时间告知异议人本章 1.2.1（i）和 1.2.2.1 中记载的缺陷。然而，异议人不能就未发出所述通知书而寻求法律救济，所述通知书应当仅被视为由 EPO 提供给异议人的一项服务，以尽量避免不利的法律后果。在任何情况下，本章 1.2.1（ii）和 1.2.2.2 中记载的缺陷都应当以官方形式通知异议人，因为这是法定要求。即使所述通知书由于疏忽而被遗漏，对于异议请求书中这种类型的缺陷，异议人可以在任何时间主动提交缺少的条目，即使是在异议期届满之后也不会为此承担不利的法律后果。

1.4 当缺陷不能被克服时的后续程序

1.4.1 不能被克服而导致异议请求被视为未提出的缺陷

细则 112(1)

如果形式审查员确定本章 1.2.1 中所涉及的缺陷在 EPC 规定的或由 EPO 指定的期限内未被克服，则将根据公约第 119 条

通知异议人其异议请求书视为未提出，并且可适用细则第112（2）条的规定作出裁决（参见E部分第Ⅷ章1.9.3）。如果在所述通知书发出之后两个月的规定期限内异议人未提出所述申请，且如果没有其他在审的有效异议请求，则所述程序结束，并通知各方当事人，退还已经缴纳的异议费。

与视为未提出的异议请求书一起提交的文件构成档案的一部分，因此，根据公约第128（4）条可供查阅。所述文件将作为根据公约第115条规定的第三方意见（关于这一点参见D部分第Ⅴ章2.2和E部分第Ⅵ章3）。如果有进一步的可受理的异议尚待处理，则所涉程序继续进行。

1.4.2 根据细则第77（1）和（2）条可能无法被克服而导致异议请求因无法受理而被驳回的缺陷

如果没有在本章1.4.1中所提及的缺陷，但被视为未提出的异议请求书存在细则第77（1）条规定的缺陷（参见本章1.2.2.1），该缺陷可能无法再进行补正且未根据本章1.3.2通知过异议人（因为异议期已经届满），形式审查员必须依照公约第113（1）条，将这些缺陷告知异议人，准许其在一定时间（通常为两个月）内提交意见，并告知其异议请求书可能会由于无法受理而被驳回。

如果异议人未对形式审查员已根据本章1.3.2通知过的关于存在不再能被补正的缺陷，或者未在适当时间内补正本可更正的缺陷（细则第77（2）条）发表的观点提出反对性意见，则形式审查员将以不能受理为由驳回所述异议请求书，除非存在本章1.2.2.1（v）中所提及的情况（对于这种情况异议小组有资格作出决定，参见2013年12月12日和2015年11月23日的EPO关于委托非审查人员承担通常属于审查或异议小组的特定职责的局长决定《OJ EPO 2014，A6》和《OJ EPO 2015，A104》）。关于决定的形式，参见E部分第Ⅹ章2.3和2.6。

对于所有其他情况，形式审查员将把异议文件提交给负责诉讼中的欧洲专利的理事会（异议小组的指定，参见本章2）。

根据细则第77（3）条的规定，依照细则第77（1）或77（2）条宣告异议请求不能被受理的决定可以在没有专利权人参与的情况下作出。然而，由于程序节约的原因，如果有至少一个其他可受理的异议请求在审，则事实上已启动实质审查。专利权人也可以在该审查过程中发表关于之前所述异议请求可受理性的意见。

当宣告异议请求不能被受理的决定已经为终局决定时，相关异议人不再是有关程序的当事人。

1.5 发给专利权人的通知书及专利权人的意见陈述

在关于异议请求是否视为已提出以及是否可受理的审查过程中的通知书和决定也发给专利权人。如果专利权人主动提交关于所述通知书的意见陈述，则也可以在决定中予以考虑。

1.6 后续程序

关于一个或多个不存在缺陷的异议请求的后续程序，参见本章 5.2。

2. 异议小组的工作

公约 19(2)

当存在本章 5.2 提及的情形时，形式审查员在向专利权人发出提交意见的通知书后，将文件提交给相关的异议小组；在其余所有情形下（参见本章 1.4.2），形式审查员可立即提交文件。

然后，负责的处长将指定主管异议小组的 3 名技术审查员。异议小组将决定是否委托其成员之一（如果是，哪位）对异议请求进行审查直到作出决定为止（参见 D 部分第Ⅱ章 5）。如果异议请求由于不能受理而被形式审查员驳回，并且没有进一步可受理的异议请求，则不指定异议小组技术审查员（参见本章 1.4.2）。

3. 异议小组以不可受理为由驳回异议请求，专利权人不作为当事人

（后期以不可受理为由驳回异议请求，专利权人为一方当事人，参见本章 5.1 和 5.5）

在证据不足的情况下，形式审查员不能确定是否可受理时（参见本章 1.2.2.1（v）），异议小组将选择以下处理方式：

（i）以不受理为由发出驳回异议请求的决定（在形式审查员已告知异议人按照本章 1.3.2 规定的缺陷时）；或者

（ii）认为所述异议请求可受理，并继续对该异议请求进行审查（参见 D 部分第Ⅴ章）；或者

(iii) 就该问题向异议人质询，同时要求其提交意见陈述。

如果异议人对异议小组关于存在不能被补正的缺陷的观点未提出反对意见，则异议小组将以不受理为由驳回异议请求。关于驳回决定的形式，参见 E 部分第Ⅹ章 2.3 和 2.6。

所述决定将发送给其他当事人。不受理的异议请求以及为支持不受理的异议请求而产生的文件将被放入档案中，因此能够根据公约第 128（4）条进行查阅。关于将其作为第三方的意见陈述予以考虑的可能性，参见 D 部分第Ⅴ章 2.2 和 E 部分第Ⅵ章 3。如果有进一步可受理的异议请求，由于程序节约的原因，通常在程序结束时，将所述以不受理为由驳回异议请求的决定与关于可受理的异议请求的决定一并作出。

关于异议人申诉的可能性以及其他可能的救济方式，参见 E 部分第Ⅻ章 1 和 7。

4. 异议请求不受理时异议程序的终止

根据公约第 101（1）条和细则第 79（1）条的规定，关于欧洲专利是否能够维持的审查只在至少有一个可受理的异议请求已经提出的情况下才能进行。这意味着，假如没有其他可受理的异议请求，异议小组须避免在就其不可受理性表达观点时对该异议请求的实质性方面进行评论（参见 T 925/91）。一旦针对一项欧洲专利提出的所有异议请求均已因不受理而被驳回，且有关的最后决定已成为终局决定，则异议程序终止。该情况将通知到当事人。

5. 实质审查的准备工作

5.1 后期存在的不受理的情况

由于异议请求的可受理性始终接受专利权人的质疑，因此不会单独给异议人或专利权人发送异议请求可受理的通知书。当异议小组在收到的异议请求文件中注意到存在导致异议请求书可能被认为不能受理的缺陷，且形式审查员未将该缺陷通知异议人时，或者由于专利权人在程序中提出上述问题时，异议小组将在通知书中通知当事人该存疑情况，同时要求该异议人提交意见陈述。如果涉及属于细则第 77（2）条意义上的缺陷，则为异议人指定一个克服该缺陷的期限即可。

如果异议人对异议小组提出的关于存在不能被改正的缺陷

的观点未提出反对意见，或者未在合适的期限内改正本可以改正的缺陷，则异议小组可能在举行口头审理之后，以不受理为由驳回该异议请求。关于决定的形式，参见 E 部分第Ⅹ章 2.3 和 2.6。关于后续程序，参见本章 3 的最后两段。

5.2 形式审查员要求专利权人提交意见陈述书并向其他相关当事人发出异议通知书

细则 79(1)和(2)

如果形式审查员认为对每个或唯一的异议请求的可受理性不再有其他的依职权的反对意见，他们将在异议期或形式审查员指定的期限届满后立即要求专利权人根据细则第 77（2）条补正所述缺陷（参见本章 1.2.2.2），或提交证据（参见本章 1.2.2.1（v）），就之前通知的异议请求提交意见陈述，并在 4 个月内酌情对说明书、权利要求书和附图提出修改。只有在基于充分证实的请求的特殊情况下才允许延长期限（参见 E 部分第Ⅷ章 1.6，以及 2016 年 5 月 31 日的 EPO 公告《OJ EPO 2016，A42》）。以上程序也适用于异议被视为未提出、不受理决定尚未作出或尚未成为最终决定的情况。

如果多名异议人已提交了几份异议请求书，则形式审查员应在发出上段所述通知书的同时将该情况通知其他异议人。此时，形式审查员不必要求提交意见陈述或指定期限。

但是，在登记簿中可查询的支持当事人提交的文档副本不再被转送（参见 A 部分第Ⅺ章 2 和 2020 年 8 月 28 的 EPO 公告《OJ EPO 2020，A106》）。

5.3 答复异议通知书时提交修改的文件

只要在程序中所处的阶段并非无关紧要，经修改的文件必须尽可能完整，并且撰写方式应允许欧洲专利在适当的情况下在修改版本的基础上能够被维持且没有进一步延迟。

上文中的规定也适用于附加请求，即专利权人只有在异议小组无法批准其主要请求（例如驳回所述异议）时才提出修改供异议小组考虑。然而，在这两种情况下，在某些情况下更加方便的是，首先确定权利要求的形式，而将说明书中的纯粹的适应性修改留待以后处理。

必须注意确保任何修改都不违反公约第 123（2）和（3）条的规定（参见 D 部分第Ⅴ章 6，H 部分第Ⅳ章 4.3 和第Ⅴ章 2 和 3）。另外还必须检查专利修改本身未违反 EPC 的要求

（公约第82条除外，参见D部分第Ⅴ章2.2）。关于修改文件的形式，参见H部分第Ⅴ章2.2至2.4。

形式审查员会将专利权人的意见陈述和其做出的修改无延迟地转送给异议人作为信息参考，且不设定答复期限。

5.4 将一方当事人的意见陈述转送其他当事人

细则79(3)
细则81(2)

在程序中的任意阶段，形式审查员需及时将任何一方当事人的意见陈述转送其他当事人以供参考。

如果异议小组考虑在进一步的程序期间要求提交意见陈述，则发出单独的通知并指定期限（通常为4个月），附有或不附有陈述理由的通知书皆可。

5.5 当专利权人是当事人时，关于异议请求可受理性的决定

如果专利权人在回复异议通知时声称，由于专利权人自己指明的缺陷，根据细则第77（1）和（2）条的规定，异议不可受理，则必须给相关异议人在形式审查员指定的期限内（通常为两个月）提交意见的机会。

如果异议小组的结论是不能受理该异议请求，作为一项原则，可能在举行口头审理之后，其必须首先作出理由充分的决定。异议人对该决定可提出申诉。另一方面，如果根据另一可受理的异议请求，能够直接作出驳回该异议请求或多个异议请求的决定或者撤销专利的决定，则关于可受理性的决定与该最终决定一并作出。

不论专利权人陈述的意见如何，如果异议小组决定受理异议请求，则关于可受理性的决定通常与最终决定一并作出，特别是在存在至少一个其他可受理的异议请求的情况下（参见D部分第Ⅰ章6）。如果异议小组认为所有的异议请求都不能受理，将作出一个合理的决定，该决定可上诉。

如果异议人的异议请求已经因不能被受理而被最终驳回，一旦该决定成为终局决定，则该异议人不再是后续程序的当事人。

5.6 介入异议可受理性的审查和介入异议情况下的准备工作

细则79(4)

在审查介入异议是否可被受理时，形式审查员和异议小组应当按照审查异议请求的可受理性的标准来进行审查（参见本章1、3和5.5），但其依据是公约第105条和细则第89条规定

的对介入异议的要求。

细则 86 然而，在异议程序中介入的情况下，可以不考虑本章 5.2 和 5.4 的内容。

因此，特别是在程序处于后期的情况下，形式审查员将通知介入异议程序的第三方，并要求他们在 1 个月内说明其是否还需要前一阶段中根据细则第 79（1）、（2）和（3）条接收的来自当事人的文件，以及异议小组发出的通知书和各方当事人根据细则第 81（2）条的意见陈述。如果是这种情况，形式审查员应当将它们与异议小组或形式审查员发出的有关通知书一起发送给介入异议的第三方。

第Ⅴ章　对异议的实质审查

1. 异议审查的开始

公约 101(1)

一旦根据细则第 79 条的规定完成了异议审查的准备工作，异议小组就会审查公约第 100 条规定的异议理由（参见 D 部分第Ⅲ章 5）是否能破坏欧洲专利的可维持性。如果在此期间唯一可受理的异议请求已经被撤回，所述审查也可以开始（参见 D 部分第Ⅶ章 5.3）。如果异议人已经死亡或丧失法律资格，即使没有继承人或法定代理人的参加，也可以开始审查（参见 D 部分第Ⅶ章 5.2）。

2. 审查的范围

2.1 异议所针对的专利保护范围

在特殊情况下，异议请求仅限于专利的特定部分时，异议小组必须将审查限定在异议所针对的部分。然而，如果异议请求仅针对独立权利要求，而从属权利要求的有效性基于已获得的信息明显存疑，则可以认为所述从属权利要求隐含在异议范围内，异议小组可以针对所述从属权利要求进行审查（参见 G 9/91）。类似地，如果异议请求仅针对方法权利要求，则可以认为引用该方法的方法限定的产品权利要求隐含在异议范围内，且在与上述相同的条件下可对该产品权利要求进行审查（参见 T 525/96）。

2.2 对异议理由的审查

异议程序并非审查程序的延续。因此作为一般性原则，异议小组将其审查范围限于异议人提出的异议理由。例如，如果提出异议请求的理由仅为欧洲专利的主题未充分公开，或者，欧洲专利的主题超出了原始专利申请的内容，则只有在异议小组注意到明显能全部或部分破坏该专利的可维持性的事实时，异议小组才根据公约第 52 至 57 条审查欧洲专利主题的可专利性（参见 G 10/91）。

专利说明书中指出的旨在说明技术问题的最接近或重要的现有技术文件构成异议程序的一部分，即使其在异议阶段未明确引用。根据细则第 42（1）（c）条的规定，这同样适用于专利说明书中任何相关的引用文件，其不构成最接近的现有技术，但其内容对于理解本发明存在的问题很重要（参见T 536/88，特别是第2.1点）。

细则81(1)
公约114

一旦由于有可受理的异议请求提出（虽然该异议请求可能在中期被撤回）而使异议请求审查程序启动，那么可能存在其他明显能全部或部分破坏欧洲专利的可维持性的理由。如果是这种情况，异议小组通常应当根据细则第81（1）条的规定主动对这些理由进行审查。所述其他理由可能来自检索报告或审查程序中出现的事实、审查员个人的知识或第三方根据公约第115条的规定提出的意见陈述（另见E部分第Ⅵ章3）。所述理由也可能是在以不能受理为由被驳回的另一异议请求或者是被视为未提出的另一异议请求中所提出的。所述理由也可能是逾期提交的任何理由（参见E部分第Ⅵ章1.1和2）。根据公约第114（1）条的规定，通常异议小组应当主动审查在已被撤回的异议请求中提出的这种损害性理由。然而，在进行这种审查时，异议小组应当考虑程序得当的重要性（参见E部分第Ⅵ章1.2）。如果决定是基于根据公约第114（1）条或细则第81（1）条的规定需考虑的理由作出的，则必须给予相关当事人发表意见的机会（参见E部分第Ⅹ章1）。

假如在异议审查期间，对相关事实的指控看似可信，如果未受到另一方的质疑，则可以在没有进一步证据的情况下予以考虑。

如果一项事实有争议或看似不可信，则提出主张的一方应予以证明。如果异议程序的当事人提出其无法证实的相反的主张，并且异议小组不能自行确定该事实，那么专利权人将因证据存疑受益（参见T 219/83，标题Ⅰ）。

例如，如果异议人根据公约第100（b）条提出异议，且提供的实验证据表明，如所要求保护的方法不能被实施，专利权人答复该方法可以由本领域普通技术人员考虑了公知常识的情况下在不付出过度劳动的情况下实施（参见T 281/86，《OJ EPO 1989，202》；理由6），专利权人必须提供在申请日（或最早优先权日，如果要求了优先权）的公知常识证据。

根据公约第100条的规定，发明缺乏单一性不是异议理由（参见D部分第Ⅲ章5）。

公约82

由于公约第82条规定的发明的单一性仅是对欧洲专利申请的要求，因此异议小组即便是主动审查，也不能对欧洲专利主题的单一性进行审查。特别是在异议程序中，当显露的事实、证据和论点使欧洲专利以修改后的形式得以维持时，对于专利维持的主题是否包含单一发明还是一项以上的发明不再进行进一步审查。任何单一性的缺陷必须被接受（参见G 1/91）。

下文将详细说明对公约第100条中所列异议理由的审查。

3. 根据公约第52至57条的不可专利性

公约100(a) 关于公约第52至57条规定的可专利性的异议程序适用的实质性要求与审查程序中的相同。因此G部分第Ⅰ至Ⅶ章也适用于异议程序。然而，异议程序相较于审查程序更为常见的是，关于可专利性的审查更多采用“通过口头描述、使用或者任何其他方式”为公众所知的现有技术，而非以书面公开的现有技术（参见公约第54（2）条和G部分第Ⅳ章7）。

4. 发明公开不充分

F部分第Ⅲ章1至3给出了欧洲专利申请中的发明是否充分公开的判断原则。

公约100(b) 上述章节中规定的原则也比照适用于异议程序。在这种情况下首要考虑的事项是欧洲专利说明书所公开的内容，也即本领域技术人员能够从所述专利权利要求书、说明书和附图（如果有的话）明确或隐含地公开的内容中直接和毫无疑义地推出的内容，所述推断无需创造性。根据公约第100（b）条，专利必须以足够清楚和完整的方式公开发明，以使本领域技术人员能够实施。如果专利说明书未足够清楚地公开发明，使本领域技术人员能够根据公约第100（b）条的规定在权利要求的全部范围内实施，如果原始文件包含足够的公开内容，则该缺陷可以被克服，但应当满足公约第123（2）条的要求，即欧洲专利的主题不得超出原始申请的内容，还应当满足公约第123（3）条的要求，即未扩大授权的保护范围。

希望实现所要求保护的发明的本领域技术人员应以技术上合理的方式解读权利要求。对于本发明公开不充分的异议，不应基于毫无意义并且与作为整体的申请的教导不一致的实施例（参见T 521/12）。

如果一个特征对实现发明而言是至关重要的，但权利要求书未记载，而在说明书和/或附图中公开，通常不违反公约第

100（b）条。但是，根据公约第56条，可能对过于宽泛的权利要求提出异议（参见T 939/92）。

5. 权利要求清楚

公约100　清楚不属于异议理由。异议程序并非作为对存在任何缺陷的专利进行一般性修改（或撤销）的程序而设计的，因此异议程序不应被视为审查程序的延续。作为一般性原则，这意味着即使有新的事实（例如新的现有技术）证明该权利要求不清楚，该授权的权利要求也维持有效（参见G 3/14）。

公约101(3)　为了公约第101（3）条的目的，在考虑经修改的专利是否满足EPC的要求时，仅在修改导致权利要求不符合公约第84条的情况下，才可以审查专利的权利要求是否符合公约第84条的要求（参见G 3/14，确认了T 301/87中的判例）。如果在权利要求获授权时已经存在的清楚问题由于修改而引起注意、突出显示或变得明显，那么不能认为权利要求不符合公约第84条是由修改而引起。

根据G 3/14，对一项权利要求或专利的一部分的修改不能导致对该专利的其他未经修改的部分进行重新审查。因此，删除独立权利要求及其从属权利要求，或删除从属权利要求而保持独立权利要求和其他从属权利要求完整，不允许审查剩余的权利要求是否符合公约第84条的规定。

异议程序中对权利要求的修改，如果是由以下原因引起的，则不必审查是否符合公约第84条的规定：

（i）将一个授权的完整的从属权利要求插入一个独立权利要求中；

（ii）将授权的从属权利要求的多个可选实施方案中的一个与授权的独立权利要求合并；

（iii）从授权的权利要求（无论独立或从属权利要求）中删除词语，从而缩小其范围，但完整保留原先存在的不符合公约第84条的缺陷（如T 301/87所示）；或

（iv）从授权的权利要求（无论独立或从属权利要求）中删除可选特征。

但是，如果是由以下原因引起的，将审查修改后的权利要求是否符合公约第84条的规定：

（v）经修改将说明书中的特征加入授权的权利要求；或

（vi）如果将授权的从属权利要求中的特征加入授权的独

立权利要求，该特征之前与该从属权利要求的其他特征关联，那么该修改导致权利要求不符合条约第84条的规定。

6. 欧洲专利的主题超出了原始公开的范围

6.1 异议理由的依据

公约100(c)

公约第100（c）条规定的异议理由涉及公约第123（2）条，并且规定欧洲专利的主题不能超出原始申请的内容。对于以欧洲分案申请为基础授权的专利而言（公约第76（1）条），适用两个标准：主题必须不超出原始在先申请的内容（公约第76（1）条），且其必须不超出原始分案申请的内容（公约第123（2）条）（参见T 873/94）。类似的需要考虑的事项也适用于根据公约第61条提交的申请。对于根据公约第14（2）条或者根据细则第40条（参见细则第40（3）条）以非EPO官方语言提出的申请而授权的专利，根据公约第70（2）条的规定，原始文本构成确定欧洲专利的主题是否超出原始申请内容的依据。然而，除非例如异议人举出反证，异议小组将根据细则第7条的规定推定根据公约第14（2）条或细则第40（3）条，所述的译文与申请文件的原始文本一致。

6.2 允许的修改和不允许的修改之间的区别

H部分第Ⅳ章2和C部分第Ⅸ章1.4规定了欧洲专利申请内容的可允许的修改与不符合公约第123（2）条或公约第76（1）条的修改之间的区别。上述指南的规定也比照适用于在异议程序中判断授权欧洲专利的主题或异议程序期间修改的主题是否超出原始申请内容。

第Ⅵ章　异议审查的程序

（口头审理：参见 E 部分第Ⅲ章；证据的收集和保存：参见 E 部分第Ⅳ章）

1. 一般性说明

异议小组首先应尽量通过书面审理的方式作出决定。异议小组会考虑通常由主审员预先进行的调查（参见 D 部分第Ⅱ章 5 和 6），根据当事人提交的书面陈述并酌情以获得的其他书面证据（特别是通过出示文件、要求提供资料和宣誓的书面证言）为基础作出决定。

公约 114(2)
细则 76(2)(c)
细则 80

程序案件的双方当事人负有为适当和迅速地执行程序提供便利的特别义务，特别是尽早和完整地提交所有相关事实、证据、论点和请求（参见 D 部分第Ⅳ章 1.2.2.1 和 E 部分第Ⅳ章 1.2）。此外，异议期届满后异议人提交的任何理由、事实和证据被视为逾期提交，除非是由于异议程序的主题发生了变化；更多细节参见 E 部分第Ⅵ章 2 及小节。H 部分第Ⅱ章 3 至 3.5、E 部分第Ⅵ章 2.2.2 和 2.2.3 详细论述了专利权人的修改的可接受性。

公约 116

如果异议小组认为有必要或者任何当事人要求进行口头审理，可在经过适当准备后根据公约第 116（1）条的规定由异议小组进行口头审理（参见本章 3.2）。在口头审理中，各方当事人可以陈述案情并提出意见，以澄清悬而未决的问题。异议小组成员可以向当事人提问。

细则 117 至 120

在一些特殊的、不太常见的案件中，异议小组在异议程序中接受口头证据作为口头审理的一部分，或进行证据保全，或由主审员在口头审理程序外接受证据，有时被证明是必要的。如果异议小组认为没有必要，即使一方当事人提出要求，也没有义务接受所述的口头证据。在适当情况下，经宣誓后，可以在被听证人居住国的主管法院对被听证人口头证据取证，异议小组的一名成员应异议小组的要求可以参加该法庭听证会（参见 E 部分第Ⅳ章 1.3）。

口头证据取证的主要方式是听取证人和当事人的陈述（参见 E 部分第Ⅳ章 1.6）。

只有在特殊情况下，异议小组才会主动要求提供专家的口头和/或书面报告（参见 E 部分第Ⅳ章 1.8.1）或通过勘验

（参见E部分第Ⅳ章1.2的最后一段）获得证据。鉴于异议小组成员的专业知识以及取证的费用，上述方式将仅作为最后的手段使用。

2. 以专利权人提交或认可的欧洲专利文本为准

2.1 审查的基础

公约113(2)　如果专利权人在异议请求书送达后提交了对说明书、权利要求书或附图的修改（参见H部分第Ⅱ章3），异议小组必须以专利权人提交的欧洲专利文本作为其审查的基础。异议小组必须以“专利权人最新提交或者同意”的文本为准的原则同样适用于异议程序的其余阶段（关于修改文本的可能性参见H部分第Ⅳ章3.1第2段）。

2.2 专利的撤销

如果专利权人声称不再认可专利授权时的文本但又不提交修改文本，则应撤销该专利。专利权人请求撤销专利时，同样适用这一规定。

3. 通知当事人提交意见陈述

3.1 异议小组的通知书

公约101(1)
细则81(2)　异议审查中，异议小组会在必要时通知当事人对案件的实质内容作出澄清，对来自另一方当事人或者由异议小组发出的通知书陈述意见（参见E部分第Ⅱ章1），并在适当时就争议事项举证。细则第81（2）条并不要求异议小组对于答复上述通知书设定期限。但是异议小组可在其认为有益时设定这样的期限。关于该期限的长短参见E部分第Ⅷ章1.2的规定，关于该期限的延长参见E部分第Ⅷ章1.6的规定，关于延期提交意见陈述参见E部分第Ⅷ章1.7和1.8以及公约第114（2）条的规定。

细则81(2)　异议小组的通知书和相应回复需转送所有当事人。

3.2 口头审理传唤书

公约116(1)
细则115(1)　如需安排口头审理，异议小组应尽快以合理的方式通知双方当事人（参见E部分第Ⅲ章6）。如果异议小组的第一次通知书是传唤当事人，则异议小组根据公约第101（1）条发出的第一份实质性通知应附于该口头审理通知书之后。关于口头审理的形式，参见E部分第Ⅲ章5和11。

细则116(1)

发送传唤书的同时，异议小组会提醒当事人注意并在所附的通知书中解释其认为为作出决定而需讨论的要点；如果在之前的通知书中已充分做到这一点，那么适合引用该通知书。通常，所附通知书中也会包含异议小组对于各方当事人所持立场，特别是对于专利权人所做修改的临时性和不具有约束力的观点。同时，还会确定提交书面意见或者修改文本的截止日期。通常该日期为口头审理日前两个月。由于该日期并非期限，因此不适用细则第132条，即当事人不能请求延长。

口头审理传唤书和所附通知书不构成公约第106（1）条意义上的决定，因此只能与最终决定一起提出上诉（参见T 1954/14），除非其中任何一项允许单独提出上诉（参见E部分第Ⅹ章3）。

4. 异议小组向专利权人发出的通知书

4.1 异议小组发出的通知书；理由陈述

细则81(3)

必要时，发给专利权人的任何通知书都应包含理由陈述。该要求同样适用于那些发给其他当事人的通知书，所述通知书会转送给专利权人，目的仅为告知。如果通知书仅涉及形式问题或者其中的提议是不言自明的，则通常无须包含理由陈述。适当时，通知书中需列出所有反对维持欧洲专利的理由。

4.2 通知提交修改文本

细则81(2)和(3)

如果异议小组认为欧洲专利不能以未修改的形式维持有效，其应当相应告知专利权人，说明理由，并在适当的情况下给予其修改说明书、权利要求书和附图的机会。至于提交的期限，参见E部分第Ⅷ章1.2。必要时，根据新权利要求调整的说明书还将涉及异议程序中提出的现有技术、技术目的和当时发明的优点。但是，如果专利权人既没有要求口头审理，也没有提交修改（包括任何附加请求），则可以根据档案中的理由、证据和论点直接撤销专利（另见E部第Ⅹ章1.1）。

在程序后期阶段提出的修改建议可以不予考虑（参见T 406/86）

关于修改文件，参见H部分第Ⅲ章2。

5. 附加检索

在特殊情况下，异议小组才会像审查小组那样主动引入涉及现有技术的新资料，并在后续的决定中予以考虑（参见C部分第Ⅳ章7.3）。然而，在正常情况下，由于专利授权前检索小组、审查小组，往往还有异议人已就申请的主题进行了检索，因此不会进行附加检索。只有在特殊的情形下，异议小组才会进行附加检索。例如，如果在异议程序中，专利所涵盖的主要主题转变成之前为次要的在从属权利要求中限定的要素，或是之前仅在说明书中记载而不曾为权利要求所包含的要素，或者组合中的单个技术特征，或者部分特征的组合，并且有理由相信最初的检索并不曾扩展到这些要素或特征，并且在C部分第Ⅳ章7.3述及的情形中也不能很快获得相关的文件时，就可能会进行附加检索。

6. 口头审理程序中对异议的审查

关于口头审理开始之前和口头审理过程中审查的细节以及相关的操作参见E部分第Ⅲ章8。

7. 决定的准备

7.1 一般性说明

公约116(1)
细则117

如果异议小组认为不适宜主动安排口头审理（参见E部分第Ⅲ章4及以下）或进行取证（尽管有取证请求）（参见E部分第Ⅳ章），并且未收到当事人提出的可受理的口头审理请求（参见E部分第Ⅲ章2），则应在书面审理的基础上作出决定。在这种情况下无须在作出决定前安排口头审理。

通过书面审理的方式作出决定的，对于已转入EPO内部邮政服务部门以便寄交当事人的决定之后提交的意见陈述不再予以考虑，因为从那时开始异议小组不能再修改其决定（参见G 12/91），除非如细则第140条所规定的有限的修改（参见H部分第Ⅵ章3.1）。

不论之前是否进行过口头审理或是取证，决定可以是：撤销专利（参见D部分第Ⅷ章1.2）、驳回异议请求（参见D部分第Ⅷ章1.3），或者在修改的基础上维持专利（参见D部分第Ⅷ章1.4）。

7.2 在修改的基础上维持欧洲专利的决定的准备

7.2.1 程序要求

公约113 只有当专利权人认可了异议小组拟以其为基础维持专利的新文本，并且异议人已有充分的机会对该建议的新文本发表意见后，才可发出基于修改文本维持专利的审查决定。

上述两个前提条件都可以在口头审理过程中得到满足，在口头审理中，异议小组将确定文本，包含修改后的说明书，必要时确定修改后的附图。在书面程序中，当向当事人发出通知书时，即给予了异议人对异议小组拟以其为基础维持专利的新文本发表意见的必要机会。一旦已经满足了这些要求，则无须也不适合根据细则第82（1）条再单独发出通知书（参见G 1/88）。

如果专利可以修改的形式维持，异议小组应着手获得专利权人对可基于其维持专利的文本的认可，并给予异议人对其发表意见的机会。此时可发出一个中间决定。

如果尚未满足上述要求并且未进行口头审理，此时应根据公约第101（1）条发出通知书。当已经能够基本确定专利可以某种具体形式被维持，但是尚未得到专利权人明确认可的完整文本时，也应采用上述做法。

专利权人无须通过单独的明确声明对专利修改文本予以认可；可以通过相关情况，尤其是专利权人已提交或请求了修改文本的事实来明确专利权人的认可。这同样适用于专利权人提交了作为附属请求的文本的情况（关于口头审理中文件的措辞参见E部分第Ⅲ章8.11和8.11.1）。

细则82(1) 专利权人的认可也可通过根据细则第82（1）条的通知书获得，其中异议小组需告知当事人其“打算在修改的基础上维持专利”，并要求他们“如不同意异议小组打算维持专利所采用的修改文本，应在两个月内提交意见陈述”。如果未对告知的文本提出反对意见，则视为专利权人已经认可了上述文本。

如果异议小组认为专利权人明确认可的完整文件（异议人已经能够对此发表意见）仍需修改，也可以根据细则第82（1）条发送通知书。但是这种修改仅限于与专利权人最新提交的或认可的文本相比看起来绝对必要的措辞上的修改。异议小组对这类修改必须谨慎，如果修改并非不言自明，还要说明为何需要进行修改。

如果在通知书或者根据细则第 82（1）条的通知书指定的期限内，专利权人对维持专利所基于的文本提出异议，程序则继续进行。如果专利权人对所述文本提出异议，而且在被要求提交新的、经适当修改的文件后仍然未能提交，则异议小组可在接下来的程序中撤销该欧洲专利。

如果有异议人对其被告知的欲维持专利所基于的文本提出异议，异议小组如果认为根据 EPC 的规定不能以起初设想的文本维持专利，则会继续异议程序的审查。

7.2.2 针对维持专利所依据的文件的决定

如果异议小组认为可基于专利权人提交或认可的文本维持专利，而异议人也在书面或口头审理程序得到了对该文本以及维持专利的关键理由充分发表意见的机会，异议小组会发出一个中间决定，大意是专利权人在异议程序中进行的修改使得相关专利及其涉及的发明符合 EPC 的要求。

如果只能在附加请求的基础上维持专利，决定中应包含为何主要请求（以及任何排序在前的附加请求）不符合 EPC 要求的原因（参见 T 234/86）。

根据公约第 106（2）条可对上述决定单独提出上诉，在该决定中必须对异议人主张的异议理由或异议小组采纳的异议理由进行论述。在所有的以修改形式维持欧洲专利的情况下，均需将决定递送当事人，即使异议人已经认可异议小组告知的文本或者未对该文本发表意见。在前一种情况下，决定相当简短，仅指出异议方基于修改后的文本不再坚持原异议理由。如果当事人对该决定无异议，则其中的决定成为最终决定，因此相应的文件不能再修改。

这一中间决定旨在节省专利权人在上诉程序中对文本进行修改而产生的不必要的翻译费用。然而，它能够作为 G 1/10 意义下的授权决定，并且只能在细则第 140 条规定的较窄范围内请求更正（参见 H 部分第Ⅵ章 3.1）

7.2.3 要求缴纳公布费、提交译文和正式合规的修改文本

细则 82(2)

一旦中间决定成为最终决定，或者已在异议上诉程序中草拟维持专利的修改文本，形式审查员会要求专利权人：

－在 3 个月内缴纳公布欧洲专利新说明书的公布费；

–提交翻译为程序语言外的另外两种 EPO 官方语言的修改的权利要求的译文；

–如果在口头审理程序中异议小组根据公约第 101（3）（a）条和公约第 106（2）条作出中间决定，或上诉委员会根据公约第 111（2）条作出的裁决依据的文件不符合细则第 49（8）条（参见 E 部分第Ⅲ章 8.7）的规定，提交正式合规的修改文本段落的逐字记录版本。

如果经过修改的欧洲专利包含针对不同缔约国的不同权利要求，则必须提交翻译为程序语言外的所有官方语言的全部权利要求集（在告知专利权人的文本中）的译文。

细则 82(2)和(3)

RFees 2(1)，第 9 项

如果在上述第 1 段中所述的要求未能“在规定的时间内”履行，只要当事人在收到未按规定期限履行的通知书后两个月内履行相应的行为，且在该期限内缴纳了规定的附加费，则该履行仍是有效的。如果当事人在宽限期内仍没有履行相应行为，形式审查员将依据细则第 82（3）条发出撤销专利的决定。

8. 请求暂停异议程序

如果一方仅以同族专利（例如母案）的未决上诉或异议程序这一理由而请求暂停异议程序，则该请求将不予批准。该当事方将收到异议小组的通知书，告知其不打算批准该请求的原因。根据公约第 106（1）条或第 106（2）条，本通知书不可诉。

如果进行口头审理且当事人坚持所述请求，异议小组将在口头审理程序中处理，使当事人有机会发表意见。在口头审理结束后，异议小组将就所述请求作出决定。

第Ⅶ章　异议程序的具体规定与特点

1. 程序的顺序

1.1 基本原则

形式审查员或者异议小组收到异议请求书之后，应立即启动对该异议请求的可受理性的审查并着手准备对异议的审查（参见D部分第Ⅳ章1和3以及D部分第Ⅴ章1和2）。

在异议程序的其余阶段，如果异议小组由于其工作量的原因无法立即处理所有提交的异议请求，则各任务顺序的起算时间原则上应为任何一方当事人根据指定的期限提交最后一份意见陈述的日期，并且不能晚于该期限届满日。当事人主动提交的或者超出之前明确规定的官方期限的文件，连同指定期限的通知书，都不会影响任务处理的顺序，除非它们需要更早的指定期限的通知书。

1.2 例外情形

尽管有本章1.1的规定，以下异议请求仍应优先处理：

（i）如果先前的审查程序持续的时间比一般的要长得多；

（ii）如果相对于一般的情况，异议程序已经持续了相当长时间；

（iii）如果异议程序的一方当事人在相关欧洲专利的侵权诉讼在缔约国的国家法院处于未决的情况下提出了要求加快异议程序的合理请求，或者缔约国的国家法院或主管部门已通知EPO存在未决的侵权诉讼（参见2008年3月17日的EPO公告《OJ EPO 2008，221》）；

（iv）如果存在其他依赖于有关异议最终决定的待处理事项，例如分案申请；

（v）如果下一个程序步骤可以相对快速地完成。

2. 对文件的要求

细则83

当事人在异议程序中提及的文件应随异议请求书或书面意见一并提交。上述文件只需提交一份复印件即可。如果该文件未一同提交，也未在规定时间内应形式审查员的要求提交，异议小组可以决定不考虑基于该文件的任何意见。

细则53(3)

执行该规定时，在将明显相关文件纳入考虑范围时应同样关注期望加快程序的目标和公共利益。

如果在异议程序中，被异议专利要求优先权的在先申请显然不是EPO的官方语言，并且优先权要求的有效性与确定相关专利主题的可专利性相关，异议小组将要求专利权人在指定的期限内提交所述申请任意一种官方语言的译文。或者，专利权人可以提交一份声明，指出给被异议专利授权所基于的欧洲专利申请是在先申请的完整译文。关于要求专利权人提交所述译文或声明的程序参见A部分第Ⅲ章6.8和F部分第Ⅵ章3.4。如果EPO可以得到在先申请的译文或声明，并且根据细则第53（2）条的规定已包含在欧洲专利申请的档案中，则无须作出上述要求。

专利权人未能在规定的期限内提交所需译文或声明将导致优先权丧失。这会导致中间文件根据适用的公约第54（2）条或公约第54（3）条成为现有技术，因此与可专利性评估相关（参见A部分第Ⅲ章6.8.3）。EPO将告知专利权人这种权利丧失（参见A部分第Ⅲ章6.11），作为一种补救手段，专利权人可以根据公约第122条和细则第136条请求重新确立权利（参见E部分第Ⅷ章3），或请求根据细则第112（2）条作出决定（参见E部分第Ⅷ章1.9.3）。

3. 欧洲专利的统一性

3.1 基本原则

公约118

如果在不同的指定缔约国专利权人不同，在异议程序中，欧洲专利的统一性不受影响，因为这些专利权人应被视为共同权利人（参见D部分第Ⅰ章6的第2和第3段）。

特别地，除非EPC另有规定，欧洲专利的文本在所有指定的缔约国都应是一致的（参见本章3.2和H部分第Ⅲ章4）。

3.2 影响欧洲专利统一性的因素

在异议程序中，如果原先的专利权人和根据公约第99（4）条在某个缔约国取代其的权利人不被视为共同权利人（参见D部分第Ⅰ章6），则欧洲专利的统一性会受到影响。在这种情况下，涉及不同专利权人的异议程序必须分别进行。由于两个专利权人可能提交不同的请求（例如关于权利要求的修改)，两个异议程序可能会导致不同的结论，例如欧洲专利的文本或者保护范围不同。

4. 专利权人无权利资格时的程序

4.1 中止程序

细则 78(1)

如果第三方在异议程序期间或在异议期内向 EPO 提供证据，例如有关法院的证明，证明他们已对专利权人提起诉讼，以获得公约第 61（1）条意义上的决定，则法律部门将根据细则第 14（1）条的规定中止异议程序，除非第三方同意继续。此类同意必须以书面形式告知 EPO 且不可撤销。但是，只有在异议小组认为异议可以受理的情况下，才能中止诉讼。

如果在异议期内提起了公约第 61（1）条意义上的程序，则只有在已提交异议请求的情况下，才有可能中止程序。因此，第三方必须自己提出异议才能从细则第 78 条规定的中止程序中受益。

中止和恢复程序的日期将载入《欧洲专利登记簿》。异议程序的中止需告知双方当事人。

4.1.1 程序中止的日期

异议程序在 EPO 收到证据证明已对专利权人提起诉讼之日中止。有效提起相关诉讼的要求由国家法律确定（参见 J 7/00）。

4.1.2 中止程序的法律性质和效力

中止程序是一项临时程序性的特殊措施，作为维护第三方可能权利的预防措施立即生效（参见 J 28/94；J 15/06）。

中止程序不会听取专利权人的意见，但专利权人可以提出请求，要求就中止程序作出可上诉的决定。

中止程序意味着维持其提出时的法律现状，即 EPO 和当事人均不得有效地实施任何法律行为（参见 J 38/92）。

自动扣款令在中止程序生效之日失效（参见《OJ EPO 2019》增刊第 4 号第 30 页—存款账户协议（ADA）附录 A. 1—自动扣款程序协议（AAD）第 11. 1（c）点）。如果要在恢复程序后再次应用自动扣款程序，则应提交新的自动扣款令。

4.2 程序的继续

异议程序继续进行的日期及其继续进行的法律依据应通知异议程序的各方当事人。

4.2.1 最终决定后程序的继续

细则14(2)
细则78(1)

当有证据表明已作出公约第61（1）条所述的最终决定时，程序即恢复。如果决定有利于第三方，不得在决定成为最终决定后3个月内恢复程序，除非第三方要求恢复。

4.2.2 无论国家程序达到何种阶段的程序的继续

细则14(3)
细则78(1)

在作出中止异议程序决定时或其后，法律部门可设定其预计继续该异议程序的日期，而不考虑国家诉讼程序进行到的阶段。

与中止异议程序的决定不同，法律部门可酌定是否恢复所述程序。在行使这一自由裁量权时，法律部门必须考虑进一步中止或继续异议程序对各个当事方的影响（参见J 33/03）。在行使所述自由裁量权时要考虑的一些因素包括中止的期限和国家法院一审程序的结果。同样，还要考虑第三方是否正在采用延迟策略。

4.3 期限的中断

细则14(4)
细则78(1)

在中止日时处于有效状态的期限由于异议程序的中止而中断。异议程序恢复后，上述期限中未过去的时间自异议程序恢复之日起开始算，但是在异议程序恢复后上述余下的时间期限不得少于两个月。

示例：

EPO于2018年1月24日发出根据细则第82（2）条的在修改基础上维持专利的通知书。根据细则第126（2）条和细则第131（2）条，该通知书视为于2018年2月3日送达。支付公布费以及提交任何修改后权利要求译文的3个月期限从通知书送达的第二天开始，即2018年2月4日，到2018年5月3日结束。

如果法律部门于2018年2月23日根据细则第14（1）条中止异议程序，则从2018年2月4日至2018年2月22日止，所述3个月期限中已过去19天，剩余期限为2个月零9天。

由于剩余期限超过两个月，根据细则第14（4）条该期限将在程序恢复后继续。

因此，如果法律部门于2018年6月7日恢复诉讼程序，则支付公布费和提交权利要求译文的期限将持续到2018年8月16日，原因如下：

（i）法律部门恢复异议程序之日（2018年6月7日）是剩余期限再次开始运行的第一天（细则第131（2）条不适用）。

（ii）首先增加剩余天数，然后增加剩余月份：在示例中，从2018年6月7日（含）开始加9天为2018年6月15日，再加两个月，则剩余期限至2018年8月15日届满。

（iii）由于细则第134（1）条也适用于剩余期限，且由于2018年8月15日慕尼黑（公共假日）不递送邮件，因此期限延长至2018年8月16日。

4.4 负责部门

公约20

法律部门负责专利权人无权利资格的程序（参见2013年11月21日的EPO局长决定《OJ EPO 2013，600》）。

5. 在细则第84条规定的情形下异议程序的继续

5.1 专利被放弃或已失效的情况下异议程序的继续

细则84(1)

如果欧洲专利在所有指定国都已被放弃或已失效，根据异议人在异议小组通知其该专利已被放弃或已失效之后的两个月内提出的请求，必须继续进行异议程序。通常应提供源自指定缔约国专利登记簿的摘录作为专利失效的证据。

专利权的放弃或失效立即生效且无追溯力（即专利保护在放弃或失效之日终止），而被撤销的专利视为自始无效（公约第68条）。因此，异议人仍然可能对撤销失效或放弃的专利有兴趣。

如果在提交了继续异议程序请求的情况下，专利权人在指定国的主管部门声明自始、全面放弃专利赋予的所有权利，或者在指定的期限内未收到继续异议程序的请求，则异议程序终止。终止异议程序的决定需告知各方当事人。

如果专利权人明确声明其不再希望专利权被维持，无论其使用何种措辞，都将被视为请求撤销专利。关于其后续程序的具体规定，参见D部分第Ⅷ章1.2.5。

5.2 异议人死亡或无法律行为能力后异议程序的继续

细则84(2)

在异议人死亡或无法律行为能力的情况下，即使没有异议人的继承人或者法定代理人参加，例如，如果涉及遗嘱或者委托新的法定代理人的法律程序会不合理地延长异议程序，异议小组也可自行决定继续异议程序。本规定不仅适用于仅提出一个异议请求的情形，也适用于并非所有提出异议请求的异议人都死亡或无法律行为能力的情形。

如果专利权人答复异议请求书时提交了专利的修改文本，异议小组应当继续异议程序（参见T 560/90）。如果异议小组认为在异议程序中，既无需相关异议人的进一步协助，异议小组本身也不必进行过多的调查，就可能得出限制或撤销欧洲专利的结论，则异议小组也将继续进行异议程序（参见T 197/88）。

继续异议程序的决定需告知专利权人和其他当事人。否则，异议程序终止并将终止程序的决定告知各方当事人。

5.3 异议请求撤回后异议程序的继续

细则84(2)

即使每个异议请求均被撤回，异议程序仍可继续进行。本章5.2中确定的原则比照适用于决定继续还是终止异议程序。

6. 推定侵权人介入异议

公约105
细则89

在以其为被告的侵权诉讼启动或在其向法院提起专利不侵权之诉之日后的3个月内，专利的推定侵权人（参见D部分第Ⅰ章5）可在异议程序中提交介入请求书。介入请求书必须以书面陈述的形式提出。在缴纳了根据EPC的RFees细则所规定的金额后，才视为提交了所述请求。

只要异议程序或上诉程序尚未结案，介入都是允许的。只有在作出决定的异议程序中的一方当事人根据公约第107条提出上诉时，第三方才能在上诉期内成为异议程序的一方当事人；否则异议小组的决定在上诉期满后就成为最终决定（参见G 4/91和G 1/94）。

将以适当方式提出和可受理的介入视作异议处理，其依据可以是公约第100条规定的任何异议理由（参见G 1/94）。这意味着，在一审程序的任何阶段介入时，介入者基本上享有与异议程序任何其他当事人相同的权利。如果介入者提出看起来至关重要的新事实和证据，则可能需要延长异议程序，以便能够充分考虑这些事实和证据。在其他所有情况下，异议小组必须确保介入不会拖延程序。

细则 79(4)　如果介入请求是在异议程序的较晚阶段提交的，例如在口头审理已经排定的情况下，异议小组可免于发出根据细则第 79 (1) 至 (3) 条的通知书。在这么晚的阶段提出新的异议理由可能导致口头审理延期。

关于应请求异议的加快审理和上诉委员会的加快程序，参见 E 部分第Ⅷ章 5 和 6。

细则 89(2)　以书面陈述形式提交的介入请求须包含：

公约 105(1)　(i) 关于介入理由的陈述和相应证据。提供介入理由的程序必须旨在确定侵权（或不存在侵权）作为最终法律结果。在这方面，旨在保全证据以使一方当事人能够单独提起侵权诉讼是不够的（参见 T 439/17）。

公约 76(2)(a)
细则 41(2)(c)　(ii) 推定侵权人的姓名、地址和国籍及其居所或主要营业所所在国。自然人的姓名应包括其姓氏和名字，姓氏在名字之前。法人实体的名称，以及根据其遵守的法律被视为法人实体的公司的名称，必须以其官方名称标明。地址的填写必须满足能够按照写明的地址进行邮寄的习惯要求。地址须包括所有相关的行政单位，包括门牌号（如果有的话）。推定侵权人（无论是自然人还是法人）居所或主要营业所位于 EPC 缔约国，且没有专利代理人的情况下，可以使用其居所以外的地址进行通信，其通信地址必须是推定侵权人本人的地址。邮件不能邮寄给其他人（自然人或法人），因为那需要有公约第 133 条和第 134 条规定的有效代理。建议写明电话号码和传真号码（参见 D 部分第Ⅳ章 1. 2. 2. 2 (i) 和 1. 4. 2）。

细则 76(2)(b)　(iii) 所介入的异议程序中争议欧洲专利的专利号、专利权人名称和发明名称（参见 D 部分第Ⅳ章 1. 2. 2. 2 (ii) 和 1. 4. 2）。

细则 76(1)
细则 76(2)(c)　(iv) 陈述以介入方式对争议欧洲专利提出异议的范围和所依据的理由，并说明为支持这些理由而提出的事实和证据，同时陈述理由，即论点（参见 D 部分第Ⅳ章 1. 2. 2. 1 (iii) 至 1. 2. 2. 1 (v) 和 1. 4. 2）。

细则 76(2)(d)　(v) 如果推定侵权人委托了代理人，该代理人的名称和营业所地址须符合上文第 (ii) 项的规定（参见 D 部分第Ⅳ章 1. 2. 2. 2 (iii) 和 1. 4. 2）。

细则77(1) D部分第Ⅳ章作出了更细化的规定，并解释了上述要求之一没有得到满足时如何处理介入请求。

7. 新专利说明书的公布

公约103 如果欧洲专利以修改的形式维持，EPO应在公布异议决定的信息后，尽快公布该欧洲专利修改后的包括说明书、权利要求书和附图在内的新授权文本。

细则87 对于欧洲专利的新说明书，比照适用细则第74条。

8. EPC 1973公约第54（4）条和公约第54（5）条的过渡性规定

EPC 1973公约第54（4）条和EPC 1973公约细则第23a条继续适用于2007年12月13日之前提交申请的授权专利。因此，在这种情况下，根据公约第54（3）条评价新颖性时需考虑指定国（参见H部分第Ⅲ章4.2）。

公约第54（5）条仅适用于在2007年12月13日或之后决定授权的专利（参见《OJ EPO 2007，197》特刊第1号）。如果授权决定是在该日期（EPC 2000公约生效日）之前作出的，则只允许将“瑞士型”权利要求用于第二或进一步的医疗用途（前提是所述权利要求符合该公约的其他要求）。

如果权利要求的主题仅因药物的新治疗用途而具有新颖性，则对于申请日或最早优先权日期为2011年1月29日或更晚的欧洲或国际专利申请，该权利要求不得再采取“瑞士型”权利要求的形式（参见G 2/08，《OJ EPO 2010，514》和G部分第Ⅵ章7.1）。

示例：

EPC 2000公约生效日期：2007年12月13日。

专利EP1的授权决定在顶部框中提到了2007年12月13日的日期，在底线中提到了2007年12月7日的日期。

EP1有3项权利要求。

权利要求1：产品X。

权利要求2：用于药物的产品X。

权利要求3：用于治疗哮喘的产品X。

2008年正式提交异议请求，引用了根据公约第54（2）条的现有技术文件D1，其中公开了产品X及其在治疗疼痛特别是头痛方面的治疗用途。

情况如下：

根据发布于《OJ EPO 1999，443》的G 12/91和J 7/96，授予专利权的决定移交给EPO邮政服务的日期为2007年12月7日。

这意味着就医疗用途相关的权利要求而言，EP1适用EPC 2000公约于2007年12月13日生效前的规定。因此，公约第54（5）条不适用于EP1。

因此，在EP1的异议程序中，权利要求1～3不再可接受。权利要求1和2不具备新颖性，权利要求3不是第二医疗用途所要求的“瑞士型”格式（参见G 5/83）。EP1的专利权人需放弃权利要求1和2，并将权利要求3重新表述为：“产品X在制备治疗哮喘的药物中的应用。”

需要注意的是，如果将授予专利权的决定传递给EPO邮政服务的日期是2007年12月13日或更晚，则可以适用公约第54（5）条，并且在当前的例子中，EP1的权利要求3可以按照授权时的保留。

抵触现有技术示例：

2007年12月10日申请的授权专利EP1，指定FR（法国）、DE（德国）、GB（英国）、IT（意大利）和ES（西班牙），未要求优先权，其授权公告在2012年5月的公告中公布，并在9个月后被提出异议请求。其中一项关于新颖性的异议是根据公约第54（3）条，引用了2007年12月18日公布的欧洲专利申请EP2，其有效优先权日为2006年6月16日，并有效指定了FR（法国）、DE（德国）和GB（英国）。本案的口头审理程序于2013年举行。

情况如下：

EP1授权所基于的申请是在EPC 2000公约生效日（例如2007年12月10日）之前提交的。因此，关于公约第54（3）条，适用该日期之前有效的规定。因此，对于本案，EPC 1973公约第54（4）条和细则第23a条仍然适用（2013年）。因此，EP2是否影响EP1的新颖性仅与指定国FR（法国）、DE（德国）和GB（英国）相关，而与IT（意大利）和ES（西班牙）无关。

注意，如果EP1在本案中于2007年12月13日提交，则在根据公约第54（3）条评估其新颖性时，EPC 1973公约第54（4）条和细则第23a条不再适用。因此，EP2就成为现有技术，在整体上影响EP1的新颖性，不再考虑任何常规指定。

第Ⅷ章　异议小组的决定

关于决定的一般性说明参见 E 部分第Ⅹ章。

1. 对可受理的异议请求的最终决定

1.1 一般性说明

异议小组必须对异议请求作出最终决定，包括撤销欧洲专利、驳回异议请求或在修改的基础上维持欧洲专利。如果一项或者所有可受理的异议请求被撤回，异议小组也认为鉴于案情的状况，EPO 没有理由主动继续异议程序，则以正式决定的方式终止异议程序（细则第 84（2）条第 2 句）。

1.2 欧洲专利的撤销

1.2.1 基于实质理由的撤销

公约 101(2)
公约 101(3)(b)

如果异议小组认为公约第 100 条列出的异议理由中至少有一条使欧洲专利不能被维持，其将依据公约第 101（2）条第 1 句撤销该专利。类似的，如果异议小组认为异议程序中经修改后的专利不符合公约的规定，其将依据公约第 101（3）（b）条撤销该专利。

由于专利权人不认可文本而导致撤销专利的情形参见 D 部分第Ⅵ章 2.2 和本章 1.2.5。

1.2.2 未缴纳规定的公布费、未提交译文、未提交修改文本段落符合形式要求的版本而被撤销

细则 82(3)

根据细则第 82（2）和（3）条的规定，如果专利权人没有在适当的时间完成以下工作，该欧洲专利将被撤销：

（i）缴纳规定的欧洲专利新说明书的公布费用；

（ii）提交修改的权利要求以除程序语言外的两种 EPO 官方语言翻译的译文（参见 D 部分第Ⅵ章 7.2.3）；

（iii）提交修改文本段落符合形式要求的逐字记录版本（参见 E 部分第Ⅲ章 8.7.3）。

1.2.3 未告知委托了新代理人而导致的撤销

细则 142(3)(a)

如果根据细则第 142（1）（c）条异议程序被中断，而专

利权人并非某个缔约国的居民，其又未在细则第142（3）（a）条规定的两个月的期限内告知异议小组其委托了新的代理人（参见E部分第Ⅶ章1.4（i）），则该欧洲专利将被撤销。

1.2.4 在期限届满之后仍未满足要求而导致的撤销

如果出现了本章1.2.2和1.2.3所述的情形，即使在规定期限届满和异议小组作出最终决定之间已完成之前被遗漏的行为，该欧洲专利仍会被撤销，除非当事人提出了重新确立权利的请求，而此时异议小组首先应当就该请求作出决定。

1.2.5 专利权人不希望专利在原授权文本基础上维持时专利的撤销

如果专利权人表示不再同意专利的原授权文本，又不提交修改文本，则必须根据公约第101条撤销该专利（参见T 203/14和T 2405/12）。这同样适用于专利权人请求撤销其专利的情况。

如果专利权人明白无误地向EPO声明放弃（surrender/abandonment/renunciation）其专利，则视为其请求撤销该专利（参见T 237/86）。如果专利权人的请求存在不清楚之处，需给予其请求撤销专利或者声明其不再同意在原授权文本基础上维持专利的机会。这将导致专利被撤销。

1.3 异议请求的驳回

公约101(2)

如果异议小组认为欧洲专利不经修改而维持不会受到公约第100条规定的异议理由的影响，则其将驳回异议请求。

1.4 在修改的基础上维持欧洲专利

1.4.1 作出最终决定

公约101(3)(a)
细则82(1)和(2)

如果异议小组认为经过专利权人在异议程序中对专利的修改，该专利及其相关的发明符合EPC的规定，异议小组将作出在修改的基础上维持该欧洲专利的中间决定。

关于最终决定之前的程序参见D部分第Ⅵ章7.2.1至7.2.3。

1.4.2 决定中对欧洲专利修改形式的说明

细则82(4) 决定中必须说明维持该欧洲专利所依据的文本。

2. 其他决定

2.1 异议或介入请求不予受理的决定

关于异议请求不予受理的相关规定参见D部分第Ⅳ章3和5.5，关于对推定侵权人的介入异议请求不予受理的相关规定参见D部分第Ⅳ章5.6和D部分第Ⅶ章6。

2.2 不终止异议程序的决定

此类决定的相关规定参见E部分第Ⅹ章3。

关于以修改的文件维持专利的决定，参见D部分第Ⅵ章7.2.2。

2.3 应相关人请求对已告知的权利丧失作出的决定

细则112(2) 关于此决定的规定参见E部分第Ⅷ章1.9.3。

2.4 重新确立权利的决定

关于此决定的规定参见E部分第Ⅷ章3.3。

2.5 终止异议程序的决定

关于此决定的规定参见D部分第Ⅶ章5和本章1.1。

第Ⅸ章 费 用

1. 费用收取

1.1 一般性原则

公约104(1)
细则88

异议程序的各方当事人都必须承担其自身原因产生的费用。但是异议小组出于公平的原因，可判定对那些在取证、口头审理或其他情况下产生的费用进行不同的分摊。

“取证”通常指异议小组获取证据的过程，不论该证据的形式如何。其主要包括出示文件、书面的宣誓证言以及听取证人证言（参见T 117/86）。

1.2 关于费用分摊的决定

细则88(1)

对费用的分摊应在异议决定中确定。费用分摊是主要决定的一部分，并且需纳入该决定的执行部分中。

决定将仅就一方或各方当事人承担费用的义务作出判定。一方当事人需向另一方当事人实际支付的费用应在裁定费用的决定中确定（参见本章2）。

有关各方当事人应承担其自身费用的说明可以被纳入异议决定的理由中，如果当事人在异议程序中提交了关于裁定分摊费用的请求，但是异议小组认为该请求没有合理的理由，则必须在决定中作出上述说明。

即使当事人没有提出分摊费用的请求，异议小组也可以主动作出分摊费用的决定。

如果没有明示的分摊费用的决定，各方当事人应负担其自身的费用。

1.3 需予以考虑的费用

细则88(1)

需分摊的费用只涉及那些为确保对所涉及权利予以适当保护所必需的费用。

公约104(1)

所述费用举例如下：

(i) 因证人和专家而产生的费用，以及在取证过程中产生的其他费用；

(ii) 当事人的代理人参加口头审理或参与取证获得的报酬；

(iii) 因某个当事人不适当地延迟程序或者超期提交文件导致当事人的代理人获得的报酬;

(iv) 直接由当事人产生的费用，如他们参加口头审理或者参与取证的差旅费用。

多余或者无关的证据等所产生的费用不能分摊。

在作为该决定一部分的费用分摊付款指令中，异议小组将尽可能清楚和准确地说明以不同方式分摊和偿付给接收方的费用类型。

1.4 公平原则

如果费用完全或部分由于一方当事人的行为未妥善确保正确地保护相关权利要求而产生，换句话说，当费用是由于不负责任甚至是恶意的行为而产生时，那么出于公平的原因，将要求异议小组就发出分摊费用的指令作出决定。各方当事人当然可以通过异议程序框架内允许的任何法律方式维护其权利或利益（例如专利权人维护其专利）。例如，当事人可以请求进行口头审理或取证。

因此，由于过错或者任一方当事人采用了不适当的法律方式而产生的费用应由责任方支付，即使其在异议程序中取得了胜利。由“不可抗力”引起的情况（例如因突发严重疾病而缺席口头审理）通常不会导致费用分摊。

以下是适用公平原则的例子：

如果专利权人刚好在指定的口头审理日前放弃其专利，那么异议人因准备口头审理所产生的费用可能由专利权人负担，尽管在安排口头审理时从异议人提交的文件已经可以清楚地看出专利权人无话可辩，专利权人自己仍应为其不负责任的行为承担责任。

如果一方当事人在较晚的阶段将现有技术的一个方面作为论据提出，而且可以看出或者非常明显，该当事人早就了解这一点，比如之前其曾使用过该论据，则由于该当事人在如此晚的阶段提出上述论据导致了不必要的进一步的口头审理，其需负担其他当事人为此支付的额外费用。

如果一方当事人没有任何合理理由而在异议程序的较晚阶段提交相关的事实或证据，并且导致另外一方当事人为此支付了不必要的费用，异议小组可以决定对费用进行分摊。

2. 确定费用的程序

2.1 由异议小组确定费用

公约 104(2)
细则 88(2)
应至少一方当事人的请求，由形式审查员确定应支付给受益方的费用金额。一方当事人关于确定费用的请求只有在分摊费用指令的决定已成为最终决定的情况下才可受理。

细则 88(2)
分摊费用请求书应附上费用的清单以及支持涉及的各项费用金额的证据。在确认其可信度后即可确定费用。

公约 119
代表异议小组的形式审查员会通知各方当事人其确定的费用。

关于委托给形式审查员的职责的解释参见 D 部分第Ⅱ章 7。

2.2 对异议小组确定的费用提出上诉

如果程序一方当事人提出请求，可以对形式审查员确定费用的通知书进行复核。然后异议小组将发出一份可上诉的决定。

细则 88(3)
如果请求作出上述决定，应在收到关于确定费用的通知书之日起 1 个月内以书面方式向 EPO 提出请求，并说明其所依据的理由。只有在按照 EPC 的 RFees 细则中规定的费率缴纳了请求异议小组就确定的费用作出决定的请求费之后，该请求才被视为提交。

细则 88(4)
异议小组将不进行口头审理而对该请求作出决定。

细则 97(2)
受到不利影响的各方均可对异议小组的这一最终决定提出上诉。只有当确定的金额超过上诉费时，上诉才可受理。

3. 对所确定费用的执行

公约 104(3)
为了在缔约国内执行，EPO 确定费用金额的任何最终决定应当与执行该国民事法院在其领土内作出的终审判决相同的方式执行。对于任何此类决定的核查必须仅限于其真实性。

上述的“决定”也包括由异议小组最终确定费用。

第X章 限制和撤销程序

1. 引 言

限制和撤销程序是EPO层面的集中式单方程序，其允许专利权人对已授予专利的权利要求进行限制，或者对所有指定国撤销整个专利。更具体地说，限制程序提供了在简短而直接的程序中获得对欧洲专利进行限制的机会。

与异议程序不同，在专利授权和上述请求提出之间没有时间限制。因此，该请求可以在授权之后或异议程序之后，甚至在专利届满之后的任何时候提出。

细则91

审查小组有权就限制和撤销请求作出决定。但是，该程序某些方面的审查交由形式审查员负责（参见2007年7月12日的EPO局长决定《OJ EPO 2014，A6》，以及2015年11月23日的EPO局长决定《OJ EPO 2015，A104》）。

2. 对请求中缺陷的审查

2.1 导致请求被视为未提出的缺陷

公约105a

收到撤销或者限制专利的请求后，形式审查员将审查以下内容：

（i）请求是否提交给EPO（公约第105a（1）条）；

（ii）在提出请求时，关于该专利的异议程序是否不是未决状态（公约第105a（2）条和细则第93（1）条）；

（iii）相关费用是否已缴纳（公约第105a（1）条和RFees细则第2（1）条第10a项）；

（iv）对于以公约第14（4）条规定的语言提出请求的，其译文是否在规定的时间内提交（细则第6（2）条）；

（v）根据公约第133（2）条的规定要求请求人委托代理人的，委托是否在规定的时间内完成（细则第152（3）和（6）条）。

如果未满足上述任一项要求，所述请求将被视为未提出。此结果将告知请求人（公约第119条），并且退回相关费用。

否则，该请求将被视为已提交，撤销/限制程序开始。

2.2 如不加克服会导致请求因不受理而被驳回的缺陷

细则92

形式审查员将进一步审查以下内容：

（i）请求是否以书面形式提交（细则第92（1）条）。

（ii）请求中是否包含细则第92（2）（a）条规定的有关请求人的详细信息，参照细则第41（2）（c）条。

（iii）请求中是否明确了请求人在哪些缔约国是专利权人（细则第92（2）（a）条）。

（iv）请求中是否写明了拟限制或撤销的专利号（细则第92（2）（b）条）。

（v）请求中是否写明该专利在哪些缔约国已生效，即使在此期间该专利在一个或多个缔约国已经失效（细则第92（2）（b）条）。

（vi）在情形（iii）和（v）中，如果请求人不是所有缔约国的专利权人，则其必须提供其他专利权人的名称、地址，有权代表他们行事的证据（细则第92（2）（c）条）；由于限制/撤销具有追溯力（公约第68条），即使在此期间该专利在一个或多个缔约国已失效，即出现（v）所述的情形，也需要这样的证据。须注意：在有共同专利权人的情况下，无论是在相同的还是不同的缔约国，细则第151条规定的委托共同代表的要求也适用于限制或撤销程序（参见A部分第Ⅷ章1.3）。

（vii）对于请求限制的情况，请求中是否包括一份完整的权利要求书的修改文本（必要时还包括说明书和附图）（细则第92（2）（d）条）。

（viii）如果请求人委托了代理人，是否提交了细则第41（2）（d）条（细则第92（2）（e）条）规定的详细信息。

细则94　如果未满足上述任何一项要求，会要求请求人在指定的期限内对所述缺陷进行补正。

如果在指定的期限内未克服缺陷，该请求会因不可受理而被驳回。驳回决定将告知请求人（公约第119条）。但是，请求人可以根据公约第122条的规定请求重新确立权利。对驳回该请求的决定不服也可以提出上诉（公约第106条（1））。

否则，该请求将被视为可受理。

3. 针对撤销请求的决定

公约105b(2)
细则95　如果是撤销专利的请求，并且可受理，审查小组将撤销该专利并通知请求人（公约第105b（2）条及细则第95（1）条）。该决定自其在专利公报上公布之日起生效（公约第105b（3）条）。根据公约第68条的规定，该决定的效力是专利自始被撤销，不具有公约第64条或第67条规定的权利。根据公约第105b（3）条的规定，该决定适用于所有专利获得授权的缔约国。专利不可能仅在一部分缔约国撤销而在其他缔约国不撤销。

4. 实质审查（限制）

4.1 负责部门

细则91

如果限制专利的请求可受理，相关的文档将被转至审查小组，审查小组作为对该请求进行审查的负责部门。

4.2 审查的基础

细则90

审查的基础是授权的专利文件或在异议或限制程序中修改的文本（细则第90条）。对于已经同时有异议和限制程序或存在多个限制程序的情况，审查的基础是这些程序中最近一次的专利修改文本。

请求人可以选择提供信息（在请求时提交或随后在程序中提供），说明为什么该请求可受理，和/或说明请求背后的目的，但请求人没有义务这样做。但是，请求的目的与该请求是否可受理没有关系。

4.3 审查的范围

细则95(2)

细则第95（2）条限定了审查的范围。审查小组仅需判断该请求中修改的权利要求相对于授权或之前修改的权利要求（例如本章4.2中所提到的）是否作出了限制，以及修改的权利要求是否符合公约第84条和公约第123（2）和（3）条的规定。

术语“限制”应解释为缩小了权利要求限定的保护范围。仅进行澄清或为保护不同的（别的）主题而作出的修改不属于限制。

更具体地说，没有任何独立权利要求受到限制，仅对从属权利要求进行限制是可以接受的。但是，不允许在说明书或权利要求中引入非限制性修改，这些修改不是权利要求限制的结果（例如，梳理不清楚的权利要求，进行修改以改进专利或改变外观）。同样，如果不是出于限制权利要求的目的，在限制程序中添加从属权利要求也是不允许的。

对权利要求的保护范围的修改较之前提交的权利要求限定的保护范围小但部分内容超出原有保护范围，这种情况下应当谨慎处理。即使该修改构成了限制，这样的权利要求通常也不符合公约第123（3）条的规定（另见H部分第Ⅴ章7，公约第123（3）条关于权利要求类型的改变）。

公约69(1)　关于对公约第84条及公约第123（2）条的解释，参见F部分第Ⅳ章和H部分第Ⅳ章4.4。根据公约第69（1）条及其解释议定书，说明书和附图可以用于解释权利要求。因此，对这些部分的修改可能会引入不符合公约第123（3）条的内容（参见H部分第Ⅳ章3.1和3.3）。

细则139　关于根据细则第139条对专利文件进行更正的请求的可受理性，参见H部分第Ⅵ章2.2.1。

附加请求可以与主要请求一起提交（参见H部分第Ⅲ章3)。

4.4 进一步审查阶段

如果根据本章4.3审查的结果是该请求可受理，则可以开始下一步程序，即开始审查按照本章5所述的限制的形式要求。否则，根据细则第95（2）条的规定，必须发出通知书告知请求人存在的缺陷，并给予其在指定的期限内进行补正的机会。正常期限为两个月（细则第132（2）条）。原则上，该期限仅在特殊情况下可以延长。

审查小组不能主动对说明书进行适应性修改（参见本章5)，如果权利要求与说明书不一致，一定要提出反对意见。

如果请求人在适当的时候作出答复，因而审查小组不再有反对意见，则程序如本章5所示继续进行。

在限制程序中细则第95（2）条仅提供了一次修改机会。然而，如果请求人在答复根据细则第95（2）条的通知书时克服了其中提出的反对意见，但产生了新的反对意见，根据公约第113（1）条关于听证的基本原则，在作出驳回限制请求的决定之前，一般需要进一步发出通知书以告知请求人所述新的反对意见（参见本章6)。通常，答复该通知书时不得再作出进一步的修改。

细则第95（2）条规定审查小组必须给请求人一次补正缺陷的机会。然而，如果审查小组认为限制专利的请求是不允许的，则必须允许请求人根据公约第116条提出的任何口头审理请求。如果请求人已经有修改机会，则在口头审理期间不得再提交修改。

4.5 审查过程中来自第三方的意见陈述

公约115
细则114

公约第115条明确适用于EPO的所有程序，而不仅仅是授权前的程序。相应地，原则上其也适用于撤销和限制程序。公约第115条规定的可专利性应从广义上进行解释，以便也可以考虑与公约第84条和公约第123（2）条有关的问题。请求人在答复根据细则第95（2）条的通知书时，可以针对该第三方的意见陈述作进一步限制。如果请求人希望这样做，但审查小组没有发出根据细则第95（2）条的通知书，他们唯一的选择是提交进一步的限制请求。

5. 允许请求后限制的正式程序

细则95(3)
RFees 2(1)，第8项和第9项

如果限制请求可允许，根据细则第95（3）条，审查小组应当告知请求人，要求其在3个月内缴纳规定的费用，并提交修改的权利要求以另外两种官方语言翻译的译文。

根据细则第95（3）条要求请求人缴纳规定费用和提交权利要求译文的通知书与在审查程序中根据细则第71（3）条的拟授权通知书性质不同。在限制程序中，请求人提交的文本视为已获得认可，而在审查的这个阶段，文本是向申请人建议的版本，须经申请人同意。

收到根据细则第95（3）条的通知书后，请求人只能缴纳费用并提交译文，未按要求做，请求将被驳回。因此，审查小组不得在根据细则第95（3）条发出通知时自行对限制请求所针对的权利要求做出修改使其符合要求，也不得根据限制的权利要求主动对说明书进行适应性修改。因为请求人没有机会对所做的修改提出异议或评论，不符合公约第113条的规定。

与异议程序一样，请求人可享有两个月的答辩宽限期，并支付附加费（RFees细则第2（1）条第9项）。可以重新确立权利。

公约105b(2)和(3)

如果请求人在规定的期限内缴纳费用并提交了要求的译文，审查小组将作出限制专利的决定（公约第105b（2）条和细则第95（3）条最后一句）。该决定自其在专利公报上公布之日起生效。

公约105c

此后，EPO将尽可能早地公布经修改的专利说明书。经修改的专利说明书的公布形式遵照细则第96条、细则第73

(2)、(3) 条和细则第74条的规定。此程序与异议程序中的相同。

公约68 同撤销专利（参见本章3）一样，限制专利的决定的效力是该专利自始就被限制。

6. 请求的驳回

如果请求人有如下情形，审查小组将驳回所述请求（公约第105b（2）条最后一句，细则第95（4）条），前提是满足公约第113（1）条的要求（参见本章4.4）：

(i) 请求人没有在规定的时间内答复根据细则第95（2）条的通知书（参见本章4.4）；或者

(ii) 请求人在规定的期限内提交了答复，但是请求仍然是不允许的；或者

(iii) 请求人没有根据细则第95（3）条的规定缴纳费用和提交译文（参见本章5）。

根据公约第119条的规定，驳回请求的决定会通知请求人。

细则111(2)
公约106(1) 对于情形（ii），审查小组在驳回决定中要说明理由，该决定可以上诉。

7. 与异议程序的关系

7.1 异议程序优先

细则93(1) 对于提出撤销或限制请求时异议程序正在进行的情形，在D部分第X章2.1中已有规定。在相反的情况下，即提出异议请求时撤销或者限制程序处于未决状态，这时的程序取决于未决程序是与撤销请求相关还是与限制请求相关。

细则93(2) 根据细则第93（2）条，如果正在进行的程序涉及限制请求，审查小组会终止所述程序并发出退还限制费的指令。限制程序在将限制程序的决定移交给EPO内部邮政服务部门之日终止。如果请求人已经缴纳了细则第95（3）条规定的费用（参见本章5），则这部分费用也要退回。然后异议程序正常进行。

终止限制程序的决定将通知请求人（公约第119条）。

细则第93（2）条仅适用于限制程序。因此，如果正在进行的是撤销程序，异议程序就不再优先。撤销程序在异议请求提出后继续进行，只有在撤销请求视为未提出、因不可受理而

被驳回或被撤回的情况下，案件才进入异议程序。否则，如果专利被撤销，要将这一情况通知异议人并终止异议程序。

7.2 在限制决定作出之后提出异议

在极少数情况下，限制程序可能会在9个月内提交异议之前完成，并且限制决定已经在《欧洲专利公报》上公布。在这种情况下，异议方不会从一个新的9个月期限中受益，因为异议期自公布授予专利之日起只有一次。因此，异议方将没有整9个月的时间针对限制的专利提出异议。

8. 决定的法律地位

公约106(1)

由于不受理或不允许而驳回限制请求或撤销请求的决定（参见本章2和6）可以上诉，因为它们是审查小组作出的终止程序的决定。相应地，它们属于公约第21（3）（a）条中列出的决定。

9. 请求的撤回

在没有相反规定的情况下，根据一般的法律原则，只要请求仍在处理过程中，请求人可以在任何时候撤回其限制请求或者撤销请求。但是，在这种情况下，不予退还限制或撤销费。

10. 不同的权利要求组

公约105b(3)

公约第105b（3）条规定，针对限制或者撤销请求的决定适用于授予专利的所有缔约国的专利。这时仅有一个决定，涵盖所有缔约国，但该决定中可能包含对不同缔约国的不同权利要求组，或者可以裁定限制的方式对于不同的缔约国是不同的，这种情况可能在两种不同的情况下出现。

10.1 限制导致不同缔约国有不同的权利要求

如果请求人希望针对一个或多个缔约国（但不是所有缔约国）限制权利要求，以避免与国家在先权利相冲突，则限制可能导致在不同的缔约国有不同组的权利要求。如果请求人寻求修改的所有权利要求均符合实质性要求，则可以允许权利要求不同。

细则138

根据细则第138条的规定，限制程序中在不同的缔约国引入不同权利要求的先决条件是：请求人在提交不同组的权利要求时告知EPO有国家在先权利的存在。如果请求人提交了不同的权利要求文本而没有告知EPO国家在先权利的存在，则根据公约第105b（3）条和细则第138条的规定，该请求将被驳回。

公约54(3)

对于在2007年12月13日或之后提交的申请，不能再基于公约第54（3）条的现有技术而提出不同的权利要求（然而，关于过渡性规定参见D部分第Ⅶ章8）。

10.2 由于不同缔约国授权的权利要求不同而导致在不同缔约国的限制不同

由于构成限制程序基础的权利要求在不同的缔约国是不同的，因此限制在不同缔约国也会有所不同。这种情况在专利在不同的缔约国有不同的权利要求时会出现，例如，由于存在国家在先权利，或根据公约第54（3）条的现有技术（针对2007年12月13日前被授权的专利或针对在当时尚在审查的欧洲专利申请授权的专利），或者根据公约第61条专利权被部分转让（细则第18（2）条）。

请求人可能希望将在一个或多个缔约国已经引入的限制应用于其他缔约国，或者因为别的原因希望各个缔约国的权利要求相一致。如果这会导致所有缔约国均是同一组权利要求，并且每个不同的原始权利要求均满足实质性要求，则该请求应当被允许。

注意，本小节规定的情形以及本章10.1的情形有可能同时出现在一个请求中。

11. 多项请求

细则90

细则第90条规定，提出请求的基础可以是限制程序中修改过的权利要求，这样就会出现多个连续的请求，即一个限制或撤销请求跟随在一个或多个在先的限制请求之后。

E 部分

一般程序事项指南

目　录

第Ⅰ章　引　言 …… 423

第Ⅱ章　通知书和通知 …… 424
1.　通知书 …… 424
1.1　一般性说明 …… 424
1.2　通知书的次数 …… 424
1.3　决定、通知书和通知的形式 …… 424
2.　通　知 …… 425
2.1　一般性说明 …… 425
2.2　通知方式 …… 425
2.3　邮寄通知 …… 425
2.4　电子通知 …… 426
2.5　通知代理人 …… 426
2.6　通知中的异常情况 …… 426

第Ⅲ章　口头审理程序 …… 427
1.　通　则 …… 427
2.　应一方当事人请求的口头审理程序 …… 427
2.1　异议人提出口头审理程序请求，其异议将因不可受理而被驳回或被视为未提交 …… 428
2.2　在审查中请求在欧洲专利局的场所进行口头审理 …… 428
3.　再次口头审理的请求 …… 429
4.　EPO 提出的口头审理程序 …… 430
5.　口头审理程序的准备 …… 430
5.1　实质审查中何时可以发出口头审理传唤书 …… 430
6.　口头审理传唤书 …… 431
7.　变更日期、取消或维持口头审理程序 …… 432
7.1　变更口头审理日期 …… 432
7.1.1　请求变更口头审理的日期 …… 432
7.1.2　由审查小组发起的变更口头审理日期 …… 433

7.1.3 变更口头审理日期——规定的通知期限 …… 434
7.2 口头审理程序的取消或维持 …… 434
7.2.1 通 则 …… 434
7.2.2 撤回口头审理请求 …… 434
8. 进行口头审理 …… 434
8.1 允许公众参与口头审理 …… 434
8.2 进行口头审理 …… 435
8.2.1 在EPO场所的口头审理程序——在单方或双方口头审理程序期间使用笔记本电脑或其他电子设备 …… 435
8.2.2 审查小组通过视频会议进行口头审理 …… 436
8.2.2.1 申请人及其代理人的远程连接 …… 436
8.2.2.2 审查小组成员的远程连接 …… 436
8.3 口头审理开始：一方当事人缺席 …… 436
8.3.1 检查口头审理程序参与者的身份和授权 …… 436
8.3.2 开始口头审理程序 …… 437
8.3.3 迟到、缺席、无法连接 …… 438
8.3.3.1 通 则 …… 438
8.3.3.2 异议程序中的程序 …… 438
8.3.3.3 审查程序中的程序 …… 439
8.4 口头审理实质阶段的开始 …… 440
8.5 各方当事人提交的材料 …… 440
8.5.1 在口头审理中使用计算机生成的幻灯片 …… 441
8.5.1.1 异议程序（当事人之间） …… 441
8.5.1.2 审查程序（单方面） …… 442
8.5.2 在口头审理期间通过视频会议提交的书面陈述 …… 442
8.6 在后期引入的事实、证据或修改 …… 443
8.7 口头审理程序中的手写修正 …… 443
8.7.1 一般性原则 …… 443
8.7.2 审查程序中的程序 …… 444
8.7.3 异议程序中的程序 …… 445
8.8 在审查中的口头审理程序期间利用细则第137（4）条提交修改 …… 445
8.9 对事实和法律立场的讨论 …… 446
8.10 审查小组的其他成员提出问题的权利 …… 446
8.11 口头审理程序的结束 …… 446
8.11.1 在口头审理程序期间请求延期 …… 447

9. 决定的送达 …… 448
10. 口审笔录 …… 448
10.1 形式要求 …… 449
10.2 语　言 …… 449
10.3 笔录主题 …… 450
10.4 请求更正笔录 …… 451
11. 通过视频会议举行的口头审理——技术方面 …… 451
11.1 设备和技术 …… 451
11.1.1 EPO的视频会议室 …… 452
11.1.2 文件投影仪 …… 452
11.2 视频会议的准备工作 …… 452
11.3 技术问题 …… 452
11.4 录　音 …… 453

第Ⅳ章 取证和证据保全 …… 454
1. EPO各部门的取证 …… 454
1.1 一般性说明 …… 454
1.2 证据的形式 …… 454
1.3 取　证 …… 456
1.4 取证令 …… 456
1.5 传唤当事人、证人和专家 …… 457
1.6 听取当事人、证人和专家的证词 …… 457
1.6.1 一般性说明 …… 457
1.6.2 未被传唤的证人和专家 …… 458
1.6.3 对被听证人员的指导 …… 458
1.6.4 分别听证 …… 458
1.6.5 关于个人资料的审查 …… 458
1.6.6 关于确切事实的审查 …… 458
1.6.7 听证时当事人提问的权利 …… 459
1.6.8 不再需要听取证人的证词 …… 459
1.7 取证笔录 …… 459
1.8 专家的委任 …… 460
1.8.1 关于意见形式的决定 …… 460
1.8.2 对专家提出反对意见 …… 460
1.8.3 专家的委托规定说明 …… 460
1.9 口头审理或取证产生的费用 …… 460

1.10 证人和专家的权利 …… 461
1.10.1 差旅和日常费用 …… 461
1.10.2 收入损失、酬金 …… 461
1.10.3 证人和专家权利的详细情况 …… 462
1.11 模　型 …… 462
1.11.1 何时可以提交模型 …… 462
1.11.2 程　序 …… 462
1.11.3 保留模型 …… 463
1.12 录　像 …… 463
2. 证据的保全 …… 463
2.1 要　求 …… 463
2.2 证据保全请求 …… 463
2.3 职　责 …… 464
2.4 关于请求和取证的决定 …… 464
3. 缔约国的法院或职能机构取证 …… 464
3.1 法律合作 …… 464
3.2 作证或取证的方式 …… 464
3.2.1 宣誓取证 …… 464
3.2.2 主管法院取得的证据 …… 464
3.3 调查委托书 …… 465
3.4 主管机构的程序 …… 465
3.5 取证的费用 …… 465
3.6 由指定人员取证 …… 465
4. 证据的评估 …… 466
4.1 一般性说明 …… 466
4.2 证据的类型 …… 466
4.3 证据的审查 …… 466
4.4 要求提供证据 …… 467
4.5 证人证言的评估 …… 467
4.6 当事人证词的评估 …… 468
4.7 专家意见的评估 …… 468
4.8 勘验的评估 …… 469

第Ⅴ章 口头审理中程序语言的例外 …… 470
1. 官方语言的使用 …… 470
2. 缔约国的语言或其他语言 …… 470

3. E部分第Ⅴ章1和2的例外情况 …… 470
4. 取证中使用的语言 …… 471
5. EPO工作人员使用的语言 …… 471
6. 笔录使用的语言 …… 471

第Ⅵ章 EPO自行启动的审查；未在规定的期限内提交的事实、证据或理由；第三方意见 …… 473
1. EPO自行启动的审查 …… 473
1.1 一般性说明 …… 473
1.2 进行审查的职权限制 …… 473
2. 迟交材料 …… 473
2.1 异议程序中的一般性原则 …… 474
2.2 准备口头审理或在口头审理期间提交的材料 …… 475
2.2.1 新的事实和证据 …… 475
2.2.2 准备口头审理或口头审理期间提交的修改 …… 476
2.2.3 关于行使自由裁量权的原则 …… 476
2.2.4 听证的权利 …… 478
2.2.5 费 用 …… 478
3. 第三方意见 …… 479
4. 外部投诉 …… 480

第Ⅶ章 程序的中断、中止和合并 …… 481
1. 中 断 …… 481
1.1 程序可以中断的情形 …… 481
1.2 负责部门 …… 481
1.3 中断日期 …… 481
1.4 恢复程序 …… 481
1.5 恢复期限 …… 482
2. 由于国家确权程序未决而根据细则第14条中止程序 …… 483
3. 待将案件转交扩大上诉委员会审理期间中止程序 …… 483
4. 合并程序 …… 483

第Ⅷ章 期限、权利丧失、进一步审理、加快审理以及重新确立权利 …… 485
1. 期限与由于未能在期限内作出答复而导致的权利丧失 …… 485
1.1 确定期限 …… 485

1.2 EPO依据EPC的规定指定的期限 …… 485
1.3 可自由确定的期限 …… 486
1.4 期限的计算 …… 486
1.5 优先权日变更的影响 …… 486
1.6 期限的延长 …… 487
1.6.1 EPO根据细则第132条的规定延长期限 …… 487
1.6.2 细则第134条规定的期限延长 …… 488
1.6.2.1 细则第134（1）条规定的期限延长 …… 488
1.6.2.2 细则第134（2）条和细则第134（5）条规定的期限延长 …… 489
1.6.2.3 细则第134条的适用范围 …… 489
1.7 逾期收到文件 …… 490
1.8 未能在期限内答复 …… 491
1.9 权利的丧失 …… 491
1.9.1 权利丧失的情形 …… 491
1.9.2 权利丧失的记录和通知 …… 492
1.9.3 权利丧失的决定 …… 492
2. 进一步审理 …… 492
3. 重新确立权利 …… 494
3.1 请求的可接受性 …… 495
3.1.1 涵盖的期限 …… 495
3.1.2 提出请求的资格 …… 495
3.1.3 请求的格式和适用的期限 …… 496
3.1.4 请求的证实 …… 498
3.2 请求的价值 …… 498
3.3 重新确立权利的决定 …… 499
4. 欧洲专利申请的加快审查 …… 500
4.1 加快检索 …… 501
4.2 加快审查 …… 502
4.3 专利审查高速路（PPH） …… 502
5. 异议的加快审理 …… 503
6. 上诉委员会的加快程序 …… 503
7. 查　询 …… 503
8. 放弃权利 …… 504
8.1 撤回申请或指定 …… 504
8.2 撤回优先权要求 …… 505
8.3 撤回声明 …… 505

8.4 放弃专利 …… 505

第Ⅸ章 根据《专利合作条约》（PCT）提出的申请 …… 506

1. 一般性说明 …… 506

2. EPO 作为指定局或选定局 …… 507

2.1 进入欧洲阶段 …… 507

2.1.1 进入欧洲阶段的要求 …… 507

2.1.2 初步审理和形式审查，国际申请的副本 …… 509

2.1.3 国际申请的翻译 …… 509

2.1.4 申请费、指定费、实质审查费和检索费 …… 512

2.2 A 部分第Ⅱ章（申请的提交和对提交申请的审查）中的说明 …… 512

2.3 A 部分第Ⅲ章（对形式要求的审查）中的说明 …… 513

2.3.1 代理，通信地址 …… 513

2.3.2 实体要求 …… 514

2.3.3 授权请求 …… 515

2.3.4 指定发明人 …… 515

2.3.5 要求优先权 …… 515

2.3.5.1 优先权文件 …… 515

2.3.5.2 关于现有技术的信息 …… 516

2.3.5.3 恢复优先权 …… 516

2.3.6 发明名称 …… 518

2.3.7 禁止事项 …… 518

2.3.8 权利要求费 …… 518

2.3.9 附　图 …… 519

2.3.10 摘　要 …… 519

2.3.11 指定费 …… 520

2.3.12 维持费 …… 520

2.4 A 部分第Ⅳ章（特别规定）中的说明 …… 520

2.4.1 分案申请 …… 520

2.4.2 序列表 …… 521

2.4.3 参展证书 …… 521

2.4.4 生物材料 …… 521

2.5 A 部分第Ⅵ章（申请的公布；请求审查和传送案卷至审查小组）中的说明 …… 522

2.5.1 国际申请的公布 …… 522

2.5.2 审查请求 …… 523

2.5.3 补充欧洲检索 …… 523
2.6 国际（PCT）申请费用的减免和退还 …… 524
2.7 向作为指定局的EPO发送的通知 …… 524
2.8 提前审理 …… 524
2.9 EPO作为指定局/选定局进行复查并更正受理局或国际局的错误 …… 526
2.9.1 由EPO根据PCT条约第25条进行复查 …… 526
2.9.2 由EPO根据PCT条约第24条进行复查以及根据PCT条约第48（2）条的延误免责 …… 527
2.9.3 更正受理局或国际局的错误 …… 527
2.9.4 在错误提交国际申请的项目或者部分的情况下申请日的确定 …… 528
2.10 档案查阅 …… 528
3. 根据细则第161条的通知书 …… 529
3.1 已作出补充欧洲检索报告的申请 …… 529
3.2 没有作出补充欧洲检索报告的申请 …… 530
3.3 不需要答复细则第161（1）条通知的例外情况 …… 531
3.3.1 较早提交的修改或意见 …… 531
3.3.2 肯定性国际检索单位书面意见（WO－ISA）、补充国际检索报告（SISR）或国际初审报告（IPER） …… 532
3.3.3 2010年4月1日前发出的细则第161条的通知书 …… 532
3.3.4 对细则第161（1）条通知书的主动答复 …… 532
3.4 细则第137（4）条的适用 …… 533
4. 审查程序 …… 533
4.1 在审查中发出至少一次通知书 …… 533
4.2 EP阶段不审查多项发明 …… 533
4.3 对附有IPER的欧洲－PCT申请的实质审查 …… 534
4.3.1 对比实验结果 …… 534
4.3.2 实质审查的基础 …… 535
4.3.3 对IPER内容的考虑 …… 535

第Ⅹ章 决　定 …… 536
1. 决定的基本原则 …… 536
1.1 一般性说明 …… 536
1.2 对期限的考虑 …… 536
1.3 形式和内容 …… 536
1.3.1 决　议 …… 537
1.3.2 事实及意见 …… 537

1.3.3 理　由 …… 537

2. 审查或异议小组作出的决定 …… 538

2.1 示　例 …… 538

2.2 文件的官方文本 …… 539

2.3 形式要求 …… 540

2.4 事实及意见 …… 540

2.5 基于现有文件的决定 …… 541

2.6 决定的理由 …… 541

2.7 内　容 …… 542

2.8 分析当事人的论点 …… 542

2.9 主要请求和附加请求 …… 543

2.10 迟交材料 …… 543

2.11 根据细则第137（3）条拒绝接受修改 …… 544

3. 不终止程序的决定——中间决定 …… 544

4. 上诉决定的约束力 …… 544

5. 关于救济方式的信息 …… 545

6. 通　知 …… 545

第Ⅺ章 审查或异议小组的公正性 …… 546

第Ⅻ章 上　诉 …… 547

1. 中止效力 …… 547

2. 专利权放弃或失效后的上诉 …… 547

3. 对费用分摊提出上诉 …… 547

4. 针对异议小组作出的确定费用的决定提出上诉 …… 547

5. 有权提起上诉及成为上诉程序当事人的人 …… 547

6. 上诉的时限和形式 …… 547

7. 中间修改 …… 548

7.1 一般性说明 …… 548

7.2 移交至上诉委员会 …… 549

7.3 上诉费用的退还 …… 549

7.4 示　例 …… 549

7.4.1 上诉时未提交修改的权利要求 …… 549

7.4.2 上诉时提交的经修改的主要/单一请求 …… 550

7.4.3 与上诉一起提交的主要请求和附加请求 …… 551

7.4.4 上诉时提交的对依据细则第 58 条通知书的答复 …… 552
8. **上诉委员会的程序规则** …… 552
9. **上诉后移交给审查小组** …… 552
9.1 移交决议 …… 552
9.2 对小组的影响 …… 552

第XIII章 国家法院请求就欧洲专利提供技术意见 …… 554
1. **通 则** …… 554
2. **技术意见的范围** …… 554
3. **审查小组的组成和职责** …… 555
3.1 组 成 …… 555
3.2 职 责 …… 555
4. **使用的语言** …… 555
5. **程 序** …… 555
5.1 形式审查 …… 556
5.2 初步审查 …… 556
5.3 请求的撤回 …… 556
5.4 技术意见的制定和发布 …… 556
5.5 案卷核查 …… 556
5.6 在国家法院出庭 …… 557

第XIV章 名称、转让、许可和其他权利变更的登记 …… 558
1. **通 则** …… 558
2. **负责部门** …… 558
3. **欧洲专利申请的转让** …… 558
4. **欧洲专利的转让** …… 559
5. **名称变更** …… 560
6. **许可和其他权利** …… 560
6.1 登 记 …… 560
6.2 取消登记 …… 560

第Ⅰ章　引　言

E部分包含关于欧洲专利申请和专利审查的程序性步骤的指南。在《欧洲专利公约》（EPC）允许的范围内，这些程序性步骤可以在程序的多个阶段发生，但没有重大变化。还需注意公约第125条，该条规定“在本公约没有程序规定的情况下，EPO（欧洲专利局）应当考虑各缔约国普遍认可的程序法原则”。

第Ⅱ章　通知书和通知

1. 通知书

1.1 一般性说明

需发出通知书的情形包括：

（i）如果必须将缺陷告知一方当事人，以及在适当情况下要求其克服所述缺陷，如根据细则第55条、第58条、第59条、第62a条、第63条、第64（1）条、第71（1）条、第77（2）条、第95（2）条或第108（2）条；

（ii）如要求一方当事人就特定问题提交意见陈述或提交文件、证据等以澄清所涉及的问题；

（iii）如审查小组或异议小组认为申请人或专利权人所要求的文本不能授权或维持其专利，但通过修改文本缩小范围可能使专利授权或使专利权得以维持；

（iv）如果必须将执行程序所需的信息传达给当事人，例如根据细则第14（2）和（3）条、第35（4）条或第142（2）和（3）条；

（v）准备口头审理程序时（参见E部分第Ⅲ章5）；

（vi）如果在作出决定前，当事人尚未得到机会就决定所依据的理由陈述意见（参见E部分第X章1）。

1.2 通知书的次数

因为每发一次通知书都可能使程序延长，因此在程序中应尽可能少发通知书。如必须发出通知书，则通知书中应涵盖对于程序的特定阶段例如口审或决定的准备阶段而言必要或可能重要的所有要点。

1.3 决定、通知书和通知的形式

细则113（1）和（2）

EPO发出的任何决定、通知书或通知都要由负责的职员签字并注明其姓名。如这些文件是由应负责的职员使用计算机制作的，可以用签章代替签名。如文件是由计算机自动生成的，也可省略职员的姓名。这同样适用于预打印的通知与通知书。

2. 通　知

2.1 一般性说明

公约 119
细则 125
细则 126
细则 127

EPO 例行将决定和口审传唤书，以及有时限要求的或按照 EPC 的其他规定必须告知当事人的，或由 EPO 局长已经下令发出的所有通知或其他通知书传送给相关当事人。其他通知书无须正式通知。

特殊情况需要时，也可以通过缔约国中央工业产权局居间发出通知。

在 EPO 进行的程序中，任何发出的通知书都应采用原始文件，或是经 EPO 认证或签章的副本，或加盖所述签章的计算机打印件，或包含所述签章或以其他方式认证的电子文件。由当事人自己提交的文件副本无须上述认证。

2.2 通知方式

细则 125(2)和(3)

通知应通过邮寄、EPO 现场交付、公告发出，或者在收件人同意的情况下，通过 EPO 局长确认的电子通信方式并在其规定的使用条件下发出。细则第 126 至 129 条规定了关于通知的更多细节。通过有权处理收件人事宜的缔约国中央工业产权局发出的通知，必须按照该局在国内程序中适用的规定执行。

2.3 邮寄通知

细则 126

所有邮寄的通知必须以挂号信的形式发出（另见《OJ EPO 2019，A57》）。截至目前，EPO 局长尚未指定任何其他文件须用带有回执或同等方式的挂号信通知。

除非信件未能送达收件人或延迟送达收件人，信件在其移交给邮政服务商后的第 10 天视为已送达收件人；若有任何争议，EPO 有义务根据具体情况确定信件已送达目的地，或确定信件送达收件人的日期。

即使信件被拒收，通知也被视为已经生效。

通知书发往地的国家法律适用于与通知有关的其他事项，例如，送至收件人以外的其他人是否构成对收件人的有效通知的问题。

2.4 电子通知

细则127 如果用户已经同意以电子方式接收通知书，则电子文件在其传输后第10天被视为已送达收件人，除非它尚未到达目的地或延迟送达。

目前，可能以电子形式向已激活的邮箱发送通知。电子通知包括EPO网站上公布的列表中包含的决定、口审传唤书、通知和通知书。对于邮箱服务，传输日期是文件上标明的日期，前提是收件人在该日期之前能够在邮箱中获得该文件。更多详细信息，参见2015年3月11日EPO局长关于在EPO程序中引入新的电子通信手段试点项目的决定《OJ EPO 2015，A28》和2015年3月30日的EPO公告《OJ EPO 2015，A36》。

如果为电子通知引入了其他手段，则条件和细节将遵循指导这些手段使用的决定。

2.5 通知代理人

细则130 指定代理人的，通知书必须发送给代理人。如果一方当事人指定了多名代理人，则通知其中任何一名代理人即可。如果多人作为共同申请人或者专利权人，或者联合提出异议或介入，且未指定共同代表的，则通知其中一人（即细则第151条所指的人）即可。如果多方当事人有共同代表，则发送一份通知书给该共同代表即可。

2.6 通知中的异常情况

细则125(4) 文件已送达收件人的，如果EPO不能证明文件已按期通知，或者未遵守关于该通知的相关规定，则该文件被视为在EPO确定的收到日期之日被通知。在EPO无法证明实际通知日期的情况下，可以接受例如由收件人自己发送并表明收到日期的信函作为证据。如果从收件人的答复中可以看出他们已经收到了文件，尽管他们没有提到文件的通知日期，则撰写该答复的日期被视为通知日期。

第Ⅲ章　口头审理程序

1. 通　则

“口头审理”（以下简称“口审”）指的是公约第116条中的正式审理程序。该术语不包括例如审查程序和限定/撤销程序中的会晤（参见C部分第Ⅶ章2）。根据细则第81（2）条的规定，异议程序涉及多于一方当事人的不得进行此类会晤，除非会晤涉及的问题不影响其他当事人的利益。例如，审查异议请求可否受理的程序，倘若仅涉及EPO和相关异议人，则可允许进行会晤。

公约18(2)
公约19(2)
公约113

应由相应职责部门进行口头审理，例如在受理部门由指定审查员进行口头审理，以及在审查和异议程序期间由整个审查小组进行口头审理。属于法律部门的权限范围内的问题，也可以在法律部门进行口头审理。参加口头审理的权利是公约第113条规定的听证权的重要组成部分。

口头审理程序可以在EPO的场所进行，在允许的情况下也可以通过视频会议进行。通过视频会议进行的口头审理的效力等同于在欧洲专利局的场所进行的口头审理（参见《OJ EPO 2020，A134》第1（3）条；《OJ EPO 2020，A121》第2（3）条）。

审查小组、受理部门和法律部门的口头审理一般应申请人的请求或由职责部门发起并以视频会议的方式进行，除非有重大理由不宜通过视频会议进行口头审理（参见《OJ EPO 2020，A134》第1（2）条；《OJ EPO 2021，A49》第1（2）条；《OJ EPO 2021，A50》第1（2）条）。重大理由例如，特别是与作为个人参加口头审理的参加者相关的原因（例如，经证实参加者有视力障碍，使代理人无法通过屏幕进行口头审理）以及与口头审理的性质和主题相关的原因（例如，如果其涉及演示或勘验物体，而触觉特征是必不可少的，只要根据适用的规定其具有可能性，则满足要求）。对视频会议技术的可靠性或视频会议设备不可用的宽泛性的反对意见通常不会成为这方面的重大理由。

2. 应一方当事人请求的口头审理程序

公约116(1)

如果在审查程序中，一方当事人请求进行口头审理，职责部门必须按照本节的进一步解释批准该请求。EPO将不通知相关当事人此项权利，而是希望其在对职责部门不服时，依其意愿在主管机构作出决定之前提出口头审理请求。

根据公约第116（1）条，当事人可以随时请求进行口头审理，前提是尚未发出决定。特别是，应当允许在授权或限制决定已移交给内部邮政部门之前提出的口头审理请求（参见T 556/95和G 12/91）。

公约116(2) 只有在受理部门认为合适或者预期将驳回该欧洲专利申请时，才会应申请人的请求在受理部门进行口头审理。如果受理部门认为没有必要举行口头审理，则必须通知相应的申请人(参见J 16/02)。

职责部门在待确定的问题足够清楚后，将选择最适合的日期进行口头审理（参见本章5)。

对于附条件的口头审理请求，即如果任何有关当事人已经表示口头审理请求只是为了防范其已经提出的案件不被受理的可能情况，则仅当预期会对有关当事人作出否定决定的情况下，才进行口头审理。

对于无条件的口头审理请求，如果职责部门认为可以根据提交的书面证据作出决定，并且拟作出的审理决定（如根据公约第97条、第101条或第105b条的规定）与请求口头审理的一个或多个当事人所提出的意见完全一致，当受拟作出的决定不利影响的一方没有提出有效的口头审理请求时，则可以在不进行口头审理的情况下以书面形式发布决定（参见T 1050/09)。

在特定的EPO场所进行口头审理的请求不予接受；职责部门拒绝接受此类请求的，不得上诉（参见T 1142/12)。

2.1 异议人提出口头审理程序请求，其异议将因不可受理而被驳回或被视为未提交

根据公约第116（1）条，口头审理只能由未决程序的当事人提出。如果异议小组发现异议请求书中存在细则第77（1）条指出的缺陷，任何异议人仍然是审理程序的当事人，直至其异议因不可受理而被驳回。这也适用于因缺陷导致异议被视为未提交的情况（参见D部分第Ⅳ章1.4.1)。

2.2 在审查中请求在欧洲专利局的场所进行口头审理

作为例外，希望在EPO的场所（参见本章1）由审查小组

进行口头审理的请求需要尽早提出，优选地与口头审理请求一起提交。主管机构将酌情决定是否批准在 EPO 的场所进行口头审理的请求。

如果在 EPO 的场所进行口头审理的请求未被批准，并且该请求是在口头审理传唤后收到的，则审查小组将通知各方当事人，口头审理将按照传唤中的规定通过视频会议进行，并附带简短的理由说明为什么不能批准该请求。如果在传唤发出之前收到口头审理的请求，则将在传唤的附件中给出拒绝的理由。在任何一种情况下，均不可单独针对此类拒绝提起上诉（参见《OJ EPO 2020，A134》第 1（2）条）。

如果在 EPO 的场所进行口头审理的请求是可以允许的，并且该请求是在通过视频会议进行口头审理的传唤发出后收到的，则将告知当事人将按请求在 EPO 的场所进行口头审理；在可能的情况下，举行口头审理程序的日期将保持不变。

3. 再次口头审理的请求

公约 116(1)

EPO 可以驳回相同当事人针对相同主题向同一部门再次提出的口头审理请求，无论口头审理的形式如何。

口头审理，尤其在异议程序中，其目的在于为讨论提出的所有问题提供最后的机会且通常以口头宣布决定的形式结束审查。一旦宣布决定，审查小组即受此决定的约束，不能重启程序以允许进一步提交材料或考虑新的事实（参见 E 部分第Ⅵ章 2 的最后两段）。在口头审理期间，审查小组只有在尚未宣布决定但决定以书面方式继续审查时，才会审查进一步提交的材料。例如，当审查小组表明将基于口头审理中提交的文件授予专利（或者在限制程序中对已授权专利进行限制）时，会出现这种情况。

因此，通常在审查、限制或异议程序中不存在再次请求口头审理的理由，例如，不论在原口头审理之前或期间，一方当事人希望从不同角度重新审查在之前审查中已经讨论过的主题。但是，如果口头审理没有因作出决定而结束，并且在口头审理之后，待审的主题发生了改变，例如在原口头审理之后允许在程序中引入新证据，此时如果当事人提出请求，通常会再次举行口头审理（参见 T 194/96）。

4. EPO 提出的口头审理程序

公约 116(1)

如 EPO 职责部门认为适宜，其可以安排进行口头审理，而无须当事人请求。

口头审理通常仅在下述情形下是适宜的：如果在书面澄清后，依然存在对作出决定有重要影响的问题或疑惑，且通过与当事人一方或各方的口头讨论可以更有效或更确定地解决上述问题，或有必要举行口头审理以进行取证（参见 E 部分第Ⅳ章 1.3 和 1.6.1）。职责部门还必须时刻考虑程序节约要求，因为口头审理会给 EPO 和当事人都增加成本。

5. 口头审理程序的准备

口头审理的目的在于尽可能地解决涉及决定的所有突出问题。为此目的，在审查完提交的所有书面材料之后，将谨慎准备并且选择最合适的日期进行口头审理。

在准备口头审理时，特别是在异议中，审查小组会谨慎考虑是否可能出现复杂的法律问题，并因此可能决定通过增加一名具有法律背景的成员来扩大该小组（公约第 18（2）条和公约第 19（2）条）。

EPO 认为涉及案件结论的某些问题需要讨论时，很多情况下最好在通知中告知一方或多方当事人，并且在适当时可以要求一方或多方当事人提交书面意见或举证。当事人可以主动提交证据来支持其观点。然而，如果证据本应在先前的阶段提交，例如根据 D 部分第Ⅵ章 1.2.2.1（v）和 5.4 的规定在异议程序中提交，此时由职责部门决定是否接受未按时提交的证据（参见 E 部分第Ⅵ章 2）。任何意见陈述都应及时接受，以便最迟在口头审理之前 1 个月送达其他当事人。相应地确定提交意见陈述的时间期限，尤其是在发出口头审理传唤书的同时要求提交意见陈述的情形。

5.1 实质审查中何时可以发出口头审理传唤书

在实质审查开始时，如果审查小组认为不能直接对申请进行授权，则在该小组发出口头审理传唤书之前，通常将根据公约第 94（3）条发出至少一次实质审查通知书（参见 C 部分第Ⅲ章 4）。

特别地，扩展欧洲检索报告（EESR）或补充检索（ESOP）

的检索意见或者 PCT 程序的意见或报告（WO - ISA、SISR、IPRP 或 IPER）都不是根据公约第 94（3）条发出的通知书，因此即使申请人已对此作出答复，通常也不适合在欧洲专利申请的实质审查中将发送的传唤书作为第一次通知书。

为此目的，下列通知书/要求也不视为审查小组发出的实审通知书：根据细则第 62a 条或第 63 条的要求、根据细则第 137（4）条的通知书、根据细则第 53（3）条的要求、根据公约第 124 条和细则第 141 条的要求、根据细则第 164（2）（a）条的要求。

例外情况下，如果符合 C 部分第Ⅲ章 5 中规定的标准，口头审理传唤书可作为审查程序中的第一次通知书发出。

在审查程序中，如果已根据细则第 53（3）条要求申请人提供优先权的译文（参见 A 部分第Ⅲ章 6.8.2 和 F 部分第Ⅵ章 3.4），则在提供译文之前或就细则第 53（3）条的期限请求进一步审理的期限届满之前，不会发出口头审理通知书。

6. 口头审理传唤书

细则 115(1)
公约 119

必须以通知的形式正式传唤所有当事人进行口头审理。传唤书须指明口头审理的主题、日期和时间以及形式。

审查小组为口头审理设定了单一的日期，即一天，或者在特定情况下，连续几天。口头审理日期不会提前公布。可以在 EPO 相关场所开放的任何工作日进行口头审理。

细则 116(1)

传唤书将附有说明，提请注意需要讨论的要点，通常包含小组暂时性的、不具约束力的意见。传唤书附件（参见 T 120/12）中可引用新文件，并附上对其重要性的解释。但是，审查员必须根据具体情况仔细考虑引用新文件是否会引入新的意见。在程序的前期，如果需要引用新文件，应当考虑在发出任何传唤书之前发出进一步的通知书。如果传唤书是作为审查中第一次通知书发出的，则对所附说明的附加要求参见 C 部第Ⅲ章 5。除非允许单独上诉，否则只能对传唤书和所附通知书与最终决定一起上诉（参见 E 部分第Ⅹ章 3）。

传唤还将设定一个日期，在该日期前可以提交书面意见或者提交符合 EPC 要求的修改（另见 D 部分第Ⅵ章 3.2）。

细则 115(1)

细则第 115（1）条规定，除非双方当事人同意更短的期限，否则必须至少提前两个月发出传唤书。所述同意必须呈现在文档的公共部分。

与书面程序（参见E部分第Ⅷ章1.2）中适用的标准一致，在确定口头审理日期时遵循以下惯例，以使当事人有足够的时间准备和提交意见陈述：

（i）只要事先与当事人达成协议，可以设定任何期限（甚至短于两个月）。

（ii）通常，传唤书在审查程序的口头审理之日前至少4个月发出，在异议程序的口头审理之日前至少6个月发出。

（iii）仅在特定情况下才可以在没有在先协议的情况下在口头审理之日前2~4个月发出传唤书，因为当事人在传唤指定的日期之前提交意见陈述的时间非常有限。例如，在审查过程中，在主审员和申请人之间充分交换意见之后发出传唤书，或者口头审理的日期更改为更晚的日期（另见本章7.2）。

（iv）如果传唤书是作为审查中的第一次通知书发出的，则从发出传唤书到口头审理日期之间预计为6个月（参见C部分第Ⅲ章5）。

传唤书必须声明，如果被正式传唤的当事人没有按传唤书要求出席或未能通过视频会议连通口头审理，则根据具体情况而定，口头审理可以缺席进行。

在异议程序中，如果提出了多项异议，通常会在口头审理中安排一次听证会，即使异议是基于不同的理由提出的（参见D部分第Ⅰ章6）。这意味着必须传唤所有当事人出席，当事人可以就提出的所有理由发表意见。

7. 变更日期、取消或维持口头审理程序

7.1 变更口头审理日期

7.1.1 请求变更口头审理的日期

仅当相关当事人能够提出正当合理的新日期的重大理由时，才允许其请求变更口头审理日期（参见T 1080/99、T 300/04、J 4/03和T 178/03）。应在出现妨碍相关当事人参加口头审理的理由后尽早提出另一日期的请求。该请求应附有说明这些理由经充分证实的书面陈述（参见《OJ EPO 2009，68》；另见T 178/03）。

请求变更口头审理日期的重大理由可能是：

－在EPO或国家法院的其他程序中，先前通知同一当事人

参加口头审理的传唤是在：

– 同一日期；

– 或前一天或后一天；

– 或其他口头审理的前两天或后两天（该另一口头审理将在地理位置遥远的 EPO 的场所进行）；

– 严重疾病；

– 家庭成员死亡；

– 口头审理相关参加者结婚；

– 服兵役或必须履行其他公民义务；

– 在口头审理的传唤通知发出之前已确定出差；

– 在口头审理的通知发出之前已经确定休假（对于已安排但尚未预订的假期，代理人必须说明该假期无法重新安排的详细情况，例如学校假期）。

如果当事人提交的变更口头审理日期的理由不符合上述标准，小组将通知当事人按照传唤指定的日期进行口头审理，并附上小组认为不符合标准的简要说明。

可以援引的变更日期的理由仅适用于那些对口头审理至关重要的参与者，例如代理人或证人。

如果在程序期间，一家公司的多名代理人提交了实质性意见，则必须说明为什么先前提交这些意见的代理人都不能参加口头审理陈述案情，即为什么不能出席的代理人是必须出席的，或者为什么其他代理人无法出席。

在异议程序中，特别是在涉及多个异议人的情况下，可以采用更严格的方法来防止一系列日期变更（参见 T 1102/03）。

通常，不可接受的理由举例如下：

– 在相关程序中传唤发出后，收到 EPO 或国家法院的口头审理传唤；

– 工作压力过大。

由于周一和周五是正常工作日，因此也将安排口头审理。可能需要周末出行并不能作为更改口头审理日期的充分理由。但是，初审部门将根据情况安排时间，以使当事人能够在该日出行。

7.1.2 由审查小组发起的变更口头审理日期

在特殊情况下，审查小组可能会出于与上述类似的原因促成变更口头审理日期。但是，仅在找不到合适的替代方案时，才会变更口头审理的日期。

7.1.3 变更口头审理日期——规定的通知期限

细则第115（1）条中规定的通知期限，即至少两个月，在日期变更的情况下仍有效，除非双方当事人同意更短的期限（另见本章6（iii）和8.11.1）。

7.2 口头审理程序的取消或维持

7.2.1 通　则

作为对一方当事人就口头审理传唤所作意见陈述的回应，审查小组也可以决定取消口头审理并以书面形式继续审理程序。如果作出这样的决定，相应地会通知所有当事人。在没有所述通知的情况下，当事人应知道将进行口头审理。但是，作为审查程序中的一项附加服务，如果在当事人提交意见陈述后没有取消口头审理，审查小组将通知申请人维持口头审理原定的日期和时间。

7.2.2 撤回口头审理请求

如果口头审理请求被明确撤回，或书面声明被解释为等同于撤回口头审理请求（因为该方当事人已表示不会出席，参见T 3/90、T 696/02和T 1027/03；或已请求根据案卷状态作出决定，参见《OJ EPO 2020，A124》），则审查小组有权决定维持还是取消事先安排的口头审理。

如果审查小组决定还是要进行口头审理，这意味着仍有尚未解决的异议理由需要在口头审理中讨论。因此，申请人和/或专利权人可以预期，在口头审理中将讨论与答复口头审理传唤时提出的请求相关的问题。

如果任何申请人或专利权人决定不参加口头审理，即其选择不利用此机会在口头审理中对任何异议发表意见，而是依赖书面意见中列出的意见，则可以在申请人或专利权人缺席的情况下作出口头决定。程序原则要求审理程序的当事人不会对该决定感到意外（另见本章8.3.3）。

8. 进行口头审理

8.1 允许公众参与口头审理

公约116(3)

受理部门、审查小组和法律部门的口头审理不公开进行。

公约116(4) 异议小组的口头审理，包括审理决定的宣告（参见本章9）都是公开的，除非异议小组认为允许公众参与会导致严重且不公正的后果，尤其是对参加口头审理的一方当事人而言。例如，如果任何一方当事人希望提供有关销售数据或其他商业秘密的信息来支持其请求，就可能出现这种情况。通常只有在提供此类信息时，公众才会被排除在外。

在讨论将一份文件排除在案卷查阅之外的请求（参见D部分第Ⅱ章4.3）和就此事项宣布决定时，公众也会被排除在外。

除请求人以外的其他各方当事人及其代理人也可能被视为公众的一部分而被排除在外（例如，请求将医疗证明排除在案卷查阅之外的情况）。

8.2 进行口头审理

受理部门的口头审理将由指定的审查员主持，审查小组或异议小组的口头审理由相关小组的组长主持。法律部门的口头审理由一名具有法律背景的法律部门成员主持。

口头审理主持人的职责包括维持秩序并按照形式和实体要求进行口头审理。

口头审理主持人须特别保证如下内容：在必要时准备一个与达成案件结论相关的所有争议或者不清楚问题的列表，并对其进行讨论且保证当事人有机会对此陈述意见。对于通过视频会议进行的口头审理，主持人应确保没有技术问题妨碍听证和口头审理的进行。

另外，口头审理必须严格、高效地进行，以便当事人的意见陈述与进行的讨论不偏离主题，也不涉及与达成决定无关的问题。应尽可能避免重复。特别是，在适当的时候提交给职责部门和当事人的书面材料已成为审理程序主题的，无须在口头审理中全文宣读。简要提及该书面材料即可。

8.2.1 在EPO场所的口头审理程序——在单方或双方口头审理程序期间使用笔记本电脑或其他电子设备

作为一般规则，允许在EPO的场所的口头审理期间使用笔记本电脑或其他电子设备，前提是这些设备不会对参加方造成干扰，并且不用于录音（参见1986年2月25日EPO主管第二、第三总司副司长的通知，《OJ EPO 1986，63》）。

只有在特殊情况下，如果口头审理是在EPO的场所进行的，并且例如，使用电子设备干扰了口头审理，并且尽管审查小组进行了警告，但干扰没有得到纠正，该小组可以决定不准许使用该受指控的设备。鉴于代理人通常会依靠电子存储的文件来陈述他们的案件，如果小组不允许他们使用其笔记本电脑，代理人可能会陷入困境。

8.2.2 审查小组通过视频会议进行口头审理

除非有重大的反对理由，否则审查小组的口头审理将通过视频会议进行。

8.2.2.1 申请人及其代理人的远程连接

根据请求，申请人及其代理人可以在不同地点通过视频会议参加口头审理。

8.2.2.2 审查小组成员的远程连接

审查小组成员同样可以通过视频会议在不同地点参加口头审理。在这种情况下，小组成员将通过单独的通信信道进行相互讨论和投票。口头审理的地点将被视为设立审查小组的地点。

在口头审理开始时、已经建立连接之后和正式开始之前，将告知申请人或代理人远程参加口头审理的审查小组成员。

8.3 口头审理开始：一方当事人缺席

8.3.1 检查口头审理程序参与者的身份和授权

如果审查小组的成员都不认识当事人或其代理人，则有必要在口头审理开始前检查其身份。在视频会议期间，可要求代理人向摄像机出示其EPO证件或身份证件。除非只有一名代理人或当事人参与视频会议，否则只能在非公开的会议上单独出示身份证；必要时，可为此目的设立单独的会议。

在通过视频会议进行口头审理的情况下，身份证件的副本也可以在不迟于口头审理两天前通过EPO在线提交方式提交，或在口头审理开始时通过电子邮件发送至提供给各方当事人的邮箱。出于保护数据的原因，通过电子邮件发送的身份证明文件副本将被删除且不包含在案卷中。通过EPO在线提交方式提交的副本将被放入案卷的非公开部分。

为了使审查小组能够确认有关人员的身份，应能看到全名

(名字和姓氏)和身份证件上的照片。如果愿意的话，可以隐藏身份证件上的所有其他信息，只要能够识别它是正式身份证件即可。

对于陪同人员，包括将进行口头意见陈述的人员（参见本章8.5)，其身份由相关代理人确认即可。

职业代理人仅在特殊情况下才需要提交授权（参见2007年7月12日作出的EPO局长决定《OJ EPO 2007，L.1》特刊第3号)。

只有当一方当事人由案卷中没有明确授权的人员代表时，才需要检查授权。如果确定该人员是以下任意一种情况则无须进一步检查授权：(i）根据二次授权行事的职业代理人；(ii）与案件代理人来自同一机构的职业代理人；(iii）该当事人业务所在国的法律授权代表该当事人行事的自然人（例如执行董事)。

但是，如果此人：(a）既不是来自同一机构也不是根据二次授权行事的职业代理人，并且他/她出席口头审理是其在程序中的首次出现，或（b）是执业律师或当事人的雇员，但其并非授权的职业代理人，那么程序如下：

在（a）情况下，审查小组将检查文件，以查看前任代理人的授权是否已失效。变更代理人或前任代理人的终止授权可能已通过“My Files”服务的电子通知生效（参见《OJ EPO 2012，352》)。如果前任代理人的授权已失效，则无须采取进一步行动。否则，将要求相关代理人提供已登记的一般授权的证明材料或提交单独授权书。

在（b）情况下，审查小组将要求有关人员提供登记的一般授权的证明材料，或提交单独授权书（在通过视频会议进行口头审理的情况下通过电子邮件提交（参见《OJ EPO 2020，A71》))。

任何未经授权的人都必须立刻提交一份授权书。如果他们无法立即提交，将设置两个月的提交期限。缺少授权的事实以及提交授权书的期限必须记录在笔录中。然后以通常的方式继续执行程序，只是最后不能宣布任何决定。相反，一旦提交了缺失的授权书，便以书面形式发出该决定。在口审程序结束时，必须提醒相关当事人提交授权书。

8.3.2 开始口头审理程序

口头审理开始后，主持人要介绍出席的当事人。主持人将记录参加口头审理人员的详细情况，并确定他们以何种身份出席。这些步骤的详细情况及其结果都将记录在笔录中（参见本章10）。

8.3.3 迟到、缺席、无法连接

8.3.3.1 通　则

如果未正式传唤缺席的当事人，则将此情况记录在笔录中并结束口头审理。必须重新确定再次进行口头审理的日期。

细则115(2)　如果已经正式传唤进行口头审理的当事人未按照传唤书要求出席或未通过视频会议参加口头审理，则将视情况而定，可以进行缺席审理，不能因为一方当事人的缺席或未连接视频会议而延迟作出审查决定。

需要注意的是，如果任何一方当事人在口头审理结束前出现或连入视频会议，则其有权发表意见。

如果当事人直到口头审理程序结束后才出现或连入视频会议，审查小组可自行决定重新启动口头审理程序，但须符合两个条件：

（a）审查小组尚未宣布根据公约第97（1）或（2）条或公约第101（2）条作出决定，或根据公约第106（2）条作出根据公约第101（3）条以修改后的形式维持专利的中间决定（另见D部分第Ⅵ章7.2.2），或根据细则第95（4）条驳回限制请求的决定。

（b）各方当事人均同意重新进行口头审理。

公约104(1)　然而，如果当事人已经提交了可允许的变更口头审理日期的请求（参见本章7），则口头审理推迟并确定新的审理日期。如果由于相关当事人的疏忽，延迟提交了该请求，根据情况，仍然可以推迟口头审理；如果这种情况发生在异议程序中，则可能必须就费用的分摊作出决定（参见D部分第Ⅸ章1.4）。

8.3.3.2 异议程序中的程序

如果在当事人之间的口头审理程序中提交了新的事实或证据，而一方当事人虽然被正式传唤但未能出席，则必须首先审查新提交的内容是否可以不予考虑（公约第114（2）条；另见E部分第Ⅵ章2）。

根据G 4/92，如果考虑了新的事实，那么在口头审理结束

时不能根据这些事实作出对缺席当事人不利的决定。另外，只有在此前告知过缺席的当事人并且仅用来支持提交证据的当事人的先前主张时，新证据才能用来反对缺席的当事人。然而，只要不改变决定所依据的理由，就可以随时采用新的意见。

换句话说，扩大上诉委员会在G 4/92中排除了口头审理时基于出乎意料的事情经过作出不利于缺席当事人的决定的可能性，这样可避免以不可预见的方式改变案件法律和事实框架（参见T 414/94）。

在口头审理程序中，如果一方当事人试图克服在口头审理之前指出的缺陷，不能认为这样的行为对缺席的另一方当事人来说是出乎意料的。尤其在口头审理期间，为克服异议请求人的反对理由而提交的一组进一步限定和/或在形式上进行修改的权利要求，不视为“新的事实”（参见T 133/92和T 202/92）。对修改的权利要求进行形式审查和是否满足公约第123（2）和（3）条规定的审查，也并非意料不到（参见T 341/92）。

在异议请求人缺席的特殊情况下，如果在口头审理期间异议请求人首次提出新的现有技术，且该现有技术可能会不利于维持被异议的专利，尽管异议请求人缺席，也可以考虑该新的现有技术，因为这样符合异议请求人的利益（参见T 1049/93）。

8.3.3.3 审查程序中的程序

口头审理程序给予申请人机会以行使其根据公约第113（1）条的规定享有的权利。在审查程序中，申请人在口头审理之前提交了修改的权利要求，但随后未出席口头审理的，申请人可以预期，审查小组可能会在其缺席的情况下基于所述修改的权利要求的反对理由作出决定。审查小组可以根据口头审理之前提出的事实和论点和/或根据可以预期提出的新论点作出决定（参见《OJ EPO 2008，471》）。

在审查程序中，口头审理传唤书的附件必须包括口头审理过程中可能讨论的所有反对理由，并指明在口头审理中必须审查在答复通知书时修改的权利要求是否符合EPC的规定。这确保尊重了申请人的听证权（公约第113（1）条），并且即使申请人不参加口头审理，审理程序也不会被不必要地拖延。

如果在发出口头审理传唤书之前提出附加请求，则必须从可接受性和可允许性两方面对这些附加请求发表意见。然而，初步意见中给出的理由重点关注主要请求；对主题的不可允许性或对附加请求的不可接受性，仅需简要说明主要原因。需要注意的是，对不允许或不接受附加请求的主要原因的简要说明必须充分，以确保将审查小组提出的反对意见告知了申请人，并因此使其有机会对此陈述意见（参见C部分第Ⅴ章1.1和C部分第Ⅴ章4.9）。

8.4 口头审理实质阶段的开始

只要有必要，口头审理的主持人将概述审理所达到的阶段并且将根据案卷指出争议中最重要的问题。在审查或异议程序中，也可由主审员来完成这项工作。

8.5 各方当事人提交的材料

在上述介绍之后，将允许一方或多方当事人发言，以陈述他们的案情、就程序事宜提出申请并阐述其理由。在通常情况下，每一方当事人只有一次机会进行全面阐述。

在异议程序中，通常首先由异议请求人陈述，然后由专利权人陈述。如有多位异议请求人，最好在每位异议请求人陈述之后给予专利权人直接作出答复的机会。异议请求人和专利权人都有机会进行最后陈述。

尽管希望当事人尽可能当场提交材料，当事人也可以以书面方式来准备。已经在口头审理中引入并被再次提及的材料的段落，只有在其确切措辞相关时才应宣读。

在有代表当事人的职业代理人陪同时，根据公约第133条和第134条不具备代表当事人出席EPO口头审理资格的人员所提交的材料，可以在口头审理中被接受。但是，按照此种方式提交不应作为一种当然的权利，需要审查小组、异议小组或法律部门同意和自由裁量。在异议程序中，异议小组在行使自由裁量权时应考虑是否存在下述情形（参见G 4/95）：

（i）该人员所代表的当事人提交了允许其行使代表权利的请求；

（ii）提出请求的当事人指明了该人员的姓名、所提交材料的主题和此人就该主题发表意见的资格；

（iii）在口头审理前足够长的时间提出了该请求；

（iv）对于延迟提交请求的，存在特殊情况足以证明允许该提交具有正当性，或者所有其他当事人都同意该提交；

（v）这种提交是在职业代理人的持续责任和掌控之下作出的。

如果不满足（iv）中两个可选条件的任意一个，异议小组将拒绝延迟提交的请求。在决定请求是否是延迟提交时，适用的期限是根据细则第116条在传唤书中确定的期限。

如果一方当事人的代表是经授权的雇员而非职业代理人，则上述要求同样适用于陪同该被授权雇员参加的人员。由于未影响其他当事人，审查小组可以采取比异议小组更自由的方法。

根据G 4/95（参见T 621/98），当事人不能被认为是陪同人员。当事人有权依据程序当事人的身份在口头审理中提交材料。

如果在口头审理期间提交书面意见，小组要确保提交的材料符合诸如打印形式、签名和日期等要求（参见T 733/99）。另见本章8.7和《OJ EPO 2020，A71》。

8.5.1 在口头审理中使用计算机生成的幻灯片

在口头审理中，使用计算机生成的幻灯片不能作为当然权利，仅在审查小组、异议小组或法律部门允许下酌情使用（参见T 1556/06），并且前提是，如果在EPO的场所进行口头审理，进行口头审理的房间内有必要的设备。一般来说，大多数会议室都有屏幕；然而，要求提供更多设备（如投影仪）的请求会被拒绝。

应当注意的是，演示计算机生成的幻灯片不应消极地影响口头审理的有效进行（例如，为演示做技术准备而中断口头审理）。类似的考虑也适用于其他视觉辅助工具（例如挂图、图片、屏幕共享）的使用。

8.5.1.1 异议程序（当事人之间）

作为先决条件，必须在口头审理之前及时提供所提交材料的副本，即适用细则第116条。这些副本与任何其他以书面方式提交的材料同等对待。

异议小组将在听取各方意见并考虑允许或拒绝使用演示是否会对任何参加方不利后，决定演示计算机生成的幻灯片是否有助于审理程序。

必须在陈述人以最适当的方式为案件辩护的利益，与另一方充分理解所提交材料并真正并有机会作出回应的需要之间找到平衡。

如果没有这种视觉辅助很难理解当事人的意见，那么将允许在口头审理中演示计算机生成的幻灯片。例如，异议小组可能会认为展示以下内容的幻灯片会有助于讨论：

（a）复杂产品的结构或功能；

（b）复杂的反应式；

（c）复杂的公式；

（d）复杂仪器的操作。

如果要展示的材料副本未及时提交，或者幻灯片中包含新内容，则可以根据公约第114（2）条和细则第116条对所述演示不予考虑。在这种情况下，异议小组将使用与其他延迟提交的事实或证据相同的可受理标准（参见E部分第Ⅵ章2）。

同样的考虑也适用于在法律部门进行的双方口头审理程序。

8.5.1.2 审查程序（单方面）

由于没有影响其他当事人，审查小组可采取比异议小组更自由的做法。因此，即使在口头审理之前没有传送该幻灯片，基于以下前提，审查小组也会考虑允许演示计算机生成的幻灯片：

（a）审查小组认为能够在不过度延长口审程序的情况下处理这些延迟提交的材料。同样的考虑也适用于其他延迟提交的事实和证据（参见E部分第Ⅵ章2）。

（b）提交的材料有助于解决有争议的问题。

同样的考虑也适用于在法律部门进行的单方口头审理程序。

8.5.2 在口头审理期间通过视频会议提交的书面陈述

如果以视频会议形式进行口头审理，则按照细则第50条随后提交的文件必须通过电子邮件提交（参见《OJ EPO 2020，A71》第1（1）条）。这也适用于授权委托书。

OJ 2020，A71，2 如果提交的文件需要签名，该签名可适用于随附文件或随附电子邮件的文本中。签名必须采用字符串形式（例如带有发件人姓名和职位的电子邮件签名）或传真签名。

OJ 2020，A71，3 文件应发送至职责部门在视频会议期间指定的电子邮件地址。

OJ 2020, A71, 4

修改后的申请文件将作为附件提交。包含这些经修改的申请文件的附件应为 PDF 格式，并且必须符合 WIPO 关于电子形式文件的提交和处理标准（附件 F）。如果包含这些经修改的申请文件的附件不是 PDF 格式或不符合 WIPO 标准或难以辨认或不完整，则必须在视频会议期间立刻通知当事人。如果当事人无法在视频会议期间或规定的时限内弥补缺陷，则该文件（或者文件中难以辨认或不完整的部分）被视为未收到。

可以以小组或（在会晤的情况下）审查员能够打开并且能够清晰地复制的任何格式，发送其他附件。否则这些附件将被视为未提交。

OJ 2020, A71, 5

如果附件感染了计算机病毒或包含其他恶意软件，将被视为难以辨认。EPO 没有义务接收、打开或处理任何此类附件。

无须提交纸质文件来确认通过电子邮件提交的文件。

OJ 2020, A71, 6

在视频会议期间通过电子邮件提交的所有文件都必须附在笔录中，除非细则第 144 条和 2007 年 7 月 12 日发布的关于排除在案卷查阅之外的文件的 EPO 局长决定中规定的例外情况（参见 A 部分第 XI 章 2.3 和《OJ EPO 2007, J.3》特刊第 3 号）。例行包含在电子邮件中的保密说明不应被视为将这些提交内容从公共文件中排除的请求。

8.6 在后期引入的事实、证据或修改

关于未按时提交的事实、证据或修改，或在程序后期（包括在口头审理期间）提出的意见，参见 E 部分第 VI 章 2。

8.7 口头审理程序中的手写修正

8.7.1 一般性原则

细则 50（1）和

细则第 49（8）条关于说明书、权利要求书和摘要以及授权请求必须打印或印刷的要求原则上包括申请文件的替换文件和修改后的专利说明书（另见 A 部分第 III 章 3.2）。

申请人/专利权人有责任提交形式正确的文件，特别应遵守细则第 49（8）条的规定。

需要注意的是，删除、更正附图编号以及在附图中插入附图标记和相关箭头被视为打字修改。

如果待修改文件有段落编号，可以提交修改后的替换段

落。在这种情况下，无须提供完整的修改页。

为了协助当事人，包括在 EPO 场所进行口头审理时使用其自有笔记本电脑或其他电子设备的当事人，EPO 提供符合形式要求的技术设施，特别是配备文字处理软件和打印机的计算机，允许从 U 盘打印文档的网络打印机和复印机，以及通过公共无线网络在公共区域访问互联网（参见《OJ EPO 2013，603》）。

建议当事人准备可能要修改的文件的电子副本。公开的专利申请和说明书可通过欧洲专利文献出版服务器获得。

在审查程序中，细则第 49（8）条的形式要求也适用于在口头审理程序中提交的文件。包含手写修改的文件通常会被小组接受，作为口头审理程序中讨论的基础，直到就专利的最终文本达成一致。但是，只能基于形式合规的文件作出授予专利的最终决定。要遵循的程序参见本章 8.7.2。

对于异议口头审理程序，细则第 82（2）条第 3 句对只能基于符合形式要求的文件作出确定专利最终文本的决定这一原则规定了例外。根据该规定，在口头异议程序中，作为例外情况，在基于维持专利所依据的文件作出中间决定之前，专利权人无须提交符合细则第 49（8）条规定的文件。专利权人可以选择仅在细则第 82（2）条（参见《OJ EPO 2016，A22》）规定的时限内提交符合形式要求的修订文本版本。尽管如此，仍鼓励当事人在口头异议程序中提交符合细则第 49（8）条规定的文件。要遵循的程序参见本章 8.7.3。

相反，在书面异议程序中，因为细则第 82（2）条的规定仅适用于在口头审理程序中提交的文件（参见 H 部分第 IV 章 4.3），因此，只能依据符合形式要求的文件发布维持经修订的专利的中间决定。

8.7.2 审查程序中的程序

在审查程序中，细则第 46 条和第 49（2）至（9）和（12）条的形式要求同样适用于在口头审理程序中当面或通过电子邮件提交的申请文件（参见《OJ EPO 2020，A71》）。

如果申请人在口头审理过程中无法提供形式正确的经修改的申请文件，则适用以下规定：

（a）如果即将作出驳回专利申请的决定，并且构成该申请的不符合形式要求的文件已存档，为避免延长程序，审查小组将继续程序并根据实质性意见发布该决定。然而，可能会在决定中提到这种形式上的缺陷。

（b）如果就可授予专利的主题达成一致意见，审查小组宣布以下内容：

－除了某些形式要求外，例如细则第49（8）条中关于手写修改的要求，修改后的申请符合 EPC 的规定；

－将以书面形式继续进行该程序。

在口头审理结束后，代表审查小组的形式审查员（参见 A 部分第Ⅲ章3.2）将通知申请人在两个月内提交形式正确的文件。如果为答复此要求而提交的修改文本与口头审理中确定的可专利主题不同，则应适用 C 部分第 V 章4.7中所述的程序。

8.7.3 异议程序中的程序

如果在口头审理程序中，异议小组的中间决定基于不符合细则第49（8）条规定的文件作出，即包含手写修改的文件，则异议小组将根据细则第82（2）条发出通知书，要求专利权人提交符合形式要求的修改文本。通知书将具体列出存在形式缺陷的修改段落和/或权利要求，并需要提交所述段落和/或权利要求的替换文本。这同样适用于上诉委员会决定将案件发回原审查部门，并要求基于手写修正的修改文件维持专利的情况。

在答复异议小组根据细则第82（2）条提出的要求时，专利权人必须提交替换段落和/或权利要求，其应包含符合形式要求的、与中间决定（或上诉委员会的决定）确定的文本完全一致的复制件。在根据细则第82（2）条提出的要求指出的存在形式缺陷的段落（和/或权利要求）的文本内容与替换段落（和/或权利要求）的文本之间的任何差异，将导致异议小组根据细则第82（3）条发出通知书。如果专利权人未答复或未及时答复，或者替换段落和/或权利要求不完整，或者替换段落和/或权利要求再次出现形式缺陷，异议小组也会根据细则第82（3）条发出通知书。

如果在根据细则第82（3）条发出通知书后两个月内专利权人未提交与指定修改段落（和/或权利要求）完全一致的符合形式要求的文本，则专利将被撤销。

8.8 在审查中的口头审理程序期间利用细则第137（4）条提交修改

由于发送通知书会过度延迟程序，审查小组不会根据细则第

137（4）条就口头审理期间提交的修改发送通知书（参见H部分第Ⅲ章2.1.3）。在口头审理期间根据细则第137（4）条提出要求的后果是，程序将延缓1个月以等待申请人的答复。

因此，在任何新修改可被允许审理之前，审查小组将要求申请人为在口头审理过程中提交的任何修改提供依据。

在特殊情况下，例如，存在难以检查其是否符合公约第123（2）条要求的许多附加请求，并且这些请求不符合细则第137（4）条的规定，审查小组可以酌情决定根据细则第137（3）条不受理这些请求，而不是根据细则第137（4）条提出反对意见（参见H部分第Ⅱ章2.3和H部分第Ⅲ章3.3.2.1）。

8.9 对事实和法律立场的讨论

审查小组将与一方或多方当事人就与决定相关且在当事人进行意见陈述后仍未得到充分澄清、讨论或看似矛盾的技术或法律问题进行讨论。必要时，应确保当事人可以提出切中要点的请求，以及确保申请人或专利权人适当地拟定权利要求。

如果审查小组发现因对权利要求进行修改而形成一些可专利的主题，其将通知申请人该事实，并允许其有机会提交基于此的修改的权利要求。

如果职责部门打算就当事人知悉的情况改变先前的法律评估意见或改变现有的法律意见，或者以不同的角度考虑已经引入程序的事实或证据——例如在审查或异议小组的评议期间（参见本章8.11），从而导致案情发生重大转折，则必须通知当事人。

8.10 审查小组的其他成员提出问题的权利

组长应允许审查或异议小组的任何成员提出问题。他们可以决定在审理的哪个阶段提出这些问题。

在口头审理中，其他成员可以向当事人就其陈述或者对事实或法律立场的讨论提出问题。在口头审理的取证阶段，也可以向证人、当事人和召集的专家提出问题。关于当事人提出问题的权利，参见E部分第Ⅳ章1.6.7。

8.11 口头审理程序的结束

如果职责部门认为问题已经进行了充分的讨论，则应决定后续将进行的程序。当职责部门由多名成员组成时，如审查小组和异议小组的情形，必要时小组成员应在当事人不在场的情况下进行评议。当口头审理通过视频会议举行，且小组成员在不同地点连接到口头审理（参见本章8.2.2.2），小组成员将通过单独的通信信道评议和投票。如果在讨论中出现新问题需向当事人提问，可以重新启动口头审理。在这之后口头审理的主持人可以给出部门的决定。否则，其应当告知当事人后续将进行的程序，然后结束口头审理。

职责部门虽然受其对实质问题所作决定的约束（参见本章9），但作为进一步考虑的结果，职责部门仍可通知当事人其将改变之前宣布的程序。

后续程序可以是，由职责部门再次发出通知书、向一方当事人提出某些要求或通知当事人其将对经修改的专利进行授权或维持。关于最后一种情形中决定的送达，参见本章9。

如果以修改后的文本授权或维持专利，口头审理的目标就是要对最终的文本达成一致意见。但是，作为例外，如果审查小组或异议小组在口头审理中指出，进行某些修改后将授权或维持欧洲专利，但是该修改在前期程序中无法合理预见，则通常应给予申请人或专利权人2~4个月的时限以提交该修改。如果申请人或专利权人未提交该修改，申请将被驳回或者专利将被撤销。

8.11.1 在口头审理程序期间请求延期

审查、限制或异议程序中的口头审理旨在结束审查程序，各方当事人应做好充分的准备。

因此，小组通常会拒绝当事人提出的推迟或以书面方式继续审理程序的请求。

即使需要修改说明书以使其与修改后的权利要求保持一致，申请人或专利权人应在口头审理过程中或休息期间进行必要的替换。

在口头审理传唤书中设定的日期以外的日期继续进行口头审理，需要根据细则第115（1）条发出新的口头审理传唤书，除非各方当事人都同意更短的通知期限。

9. 决定的送达

细则 111（1）和（2）

在口头审理主持人发表声明宣布决定的生效部分之后，将传送决定（另见本章 8. 11 和 E 部分第Ⅹ章 2. 3）。

例如，生效部分的内容可能如下：

“专利申请……被拒绝。”

“对专利的异议……被驳回。”

“专利……被撤销。”

“考虑到专利权人在异议程序中所做出的修改，该专利及相关发明符合欧洲专利公约的要求。”

“限制专利保护范围的请求……获得允许。”

“限制专利保护范围的请求……被驳回。”

“与欧洲专利申请号……有关的专利授权程序自……起中止/恢复。”

决定一经宣告，将不再考虑当事人提出的意见，除根据细则第 140 条更正错误外，决定维持不变。只能通过上诉程序来进行改正（参见 E 部分第Ⅻ章 1、7 和 8）。

在这个阶段，无须说明作出决定的理由或上诉的可能性。但是，审查或异议小组可以对决定的理由给予简短的解释。

随后，必须将包含决定理由和有关上诉权信息的书面决定（参见 E 部分第Ⅹ章）通知各方当事人，不得无故拖延。上诉期限自书面决定通知之日起开始计算。

一般而言，由于专利授权必须满足细则第 71（3）至（7）条的规定，而以修改或限制的形式维持专利必须满足细则第 82（1）和（2）条或细则第 95（3）条的规定，因此不可能在口头审理中作出以修改或限制的形式授予欧洲专利权或维持专利权的决定。

小组还要确保在听证后立即在网上向公众公布异议的口头审理结果。如果专利是基于口头审理中提交的修改而维持的，也应公开这些修改。

10. 口审笔录

关于取证笔录，参见 E 部分Ⅳ章 1. 7。

10.1 形式要求

细则 124(1)

口头审理必须做笔录。

口头审理主持人必须确保在整个审理期间有一名工作人员做笔录。必要时，在口头审理期间，可以由不同的工作人员依次做书面笔录。这种情况下，必须在笔录中清楚地指明每位工作人员记录的对应部分。所述工作人员通常是例如审查小组或异议小组的职责部门成员。在口头审理之后，按照规定格式整理笔录。

细则 124（3）和（4）

笔录必须由负责记录的工作人员和口头审理主持人以签名或其他适当的方式进行认证。如果在特殊情况下，负责的人员不能签署笔录，那么在符合 E 部分第Ⅹ章 2.3 规定的条件下，小组的其他成员可以代表该成员签署笔录。笔录不能由各方当事人签署。必须向各方当事人提供一份笔录副本。口头审理之后应尽快将副本通报给当事人。

只要已经告知当事人，EPO 可以对口头审理进行录音。但是，除 EPO 的工作人员外，任何人不得对口头审理的任何部分进行记录或转播，无论是以图像、声音或两者兼具的方式（参见《OJ EPO 1986，63》《OJ EPO 2020，A122》）。

只有在特定的特殊情况下才会进行录音，例如，如果小组预期将有：

（a）证人证词；

（b）复杂程序（例如，由于主题或当事人的数量）；

（c）由于案件的重要性，要求对笔录进行修改。

录音将保存至所有程序结束。录音的副本不提供给各方当事人。

笔录应首先包括口头审理的日期、出席部门（如异议小组）的成员姓名以及笔录记录人的姓名。会议记录还必须包括本章 10.3 中提到的细节。

10.2 语　言

笔录通常以公约第 14（3）条规定的审理所用语言书写，即申请提交时使用或翻译成的 EPO 官方语言。例外情况参见细则第 4（6）条。

对申请或专利的说明书或权利要求书文本的修改必须以根据公约第 14（3）条的审理所用语言记录在笔录中。

如果准确的措辞很重要，或者如果当事人坚持，笔录必须按照细则第4（6）条的规定，用实际使用的或陈述内容翻译成的EPO官方语言逐字记录以下内容：

（a）当事人的请求；

（b）当事人、证人、专家和小组成员的相关法律陈述；

（c）决定的决议。

关于程序语言的例外，参见E部分第Ⅴ章6。

10.3 笔录主题

公约113(1)
细则124(1)

笔录的重要功能，是作为遵守听证权的证据（公约第113（1）条）。笔录必须包含口头审理程序的要点和当事人的相关陈述，以及与决定有关但未包含在当事人书面陈述中的意见。然而，各方当事人提出的具体意见在决定中进行阐述，因此在笔录中只作简要报告。

相关陈述是指，例如新的或修改的程序性文件或其撤回，新提交、修改或撤回的申请文件，如权利要求书、说明书和附图，以及放弃的声明。

口头审理的要点包括当事人和职责部门成员对口头审理主题的新陈述。在审查和异议程序中，要点主要是论证存在或缺乏新颖性、创造性和其他可专利性标准的新陈述。

然而，并不要求在笔录中详尽无遗地记述口头审理程序中所说的一切内容。相反，笔录只限于记录要点，而且要尽可能地简明扼要。

应避免含混或笼统的表述。此外，必须注意确保正确记录对决定至关重要的意见陈述。

尽管通常没有必要这样做，但在有疑问的情况下，在作出和宣布决定之前，有必要向有关各方当事人宣读所述意见陈述的记录。如果在口头审理期间提交了新的事实或证据，在笔录中必须明确记录小组已根据公约第114（1）条对其进行了审查。笔录还必须指出，小组在听取各方当事人意见后，是否根据公约第114（2）条对其不予考虑。

如果有以下内容，笔录可进行简要总结：

（a）当事人提交的与决定有关的意见，如果这些意见在书面程序中已知，可以简要提及；

（b）当事人提出的任何新请求的主要内容，优选以简要说明的形式提及包含这些请求的文件，这些文件必须附在笔录之后；

(c) 小组成员向各方当事人提出的反对理由、意见和/或要求，特别关注与决定有关的、在决定理由中进行阐述的要点。

笔录最后指出小组作出的决定，如果小组未作出最终决定，则指明口头审理的结果。在这一部分之前，记录上文 (b) 点所述的当事人的最后请求。

笔录还必须包含程序信息，如口头审理结束后程序将如何继续，或口头审理程序的全部或部分是否不允许公众参与。

笔录的结构反映了口头审理程序的过程（参见本章8及其各分点）。

如果小组作出了决定（参见本章9），则必须在笔录中记录该决定。

包含口头审理过程中所达成结果的笔录应尽快传达给各方当事人。

10.4 请求更正笔录

如果口头审理的一方当事人认为笔录不符合细则第124条的要求，可在收到待决笔录后尽快提出有关请求，并附上更正建议。

审查/异议小组负责对该请求作出决定（参见 T 1198/97、T 68/02 和 T 231/99）。为回应更正请求，小组将发布更正后的口头审理笔录，或发送通知书说明笔录已包含口头审理的要点和当事人的相关陈述，并给出理由（参见 T 819/96）。当事人不能就该小组发出的上述通知书单独提起上诉。

由笔录撰写人（以及鉴定笔录的主持人）酌情决定细则第124 (1) 条意义上的要点和相关内容（参见 T 212/97）。如果笔录在所提及的方面存在缺陷，例如，缺少重要的意见陈述或类似的重要程序声明，或者上述内容在笔录中的记录是错误的，则将更正笔录（参见 T 231/99，T 642/97 和 T 819/96）。

11. 通过视频会议举行的口头审理——技术方面

11.1 设备和技术

视频会议将使用 IP 技术进行：关于 EPO 使用的技术和工具以及最低技术要求的详细信息可在 EPO 网站上查阅，并将传达给当事人；这些信息可能随时更新。

11.1.1 EPO的视频会议室

所有地点都配备有用于视频会议的房间。必要时，形式审查员将负责预订房间。

EPO的视频会议工作室仅供内部使用，因此不能供申请人或代理人自己使用。特别是，参照《OJ EPO 2020，A122》第23点，当事人请求使用EPO的视频会议设施参加在EPO其他场所进行的口头审理的所有请求（例如，申请人在慕尼黑而口头审理将在海牙举行时）都会被拒绝。

对于口头审理，视频会议室将预留至少半天时间。

11.1.2 文件投影仪

每个视频会议室都配备有文件投影仪。使用该设备，可以将纸质文件的实时图像传输给各方当事人。然而，优选通过电子邮件分享文件。

11.2 视频会议的准备工作

除了传唤书，参加者还将收到电子邮件，涉及确定日期、时间和用于建立连接的视频会议联系详细信息（以链接的形式或其他适当的方式），邮件还包含其他适当信息，如视频会议的组织情况。

参加者负责并承担自己的互联网连接和其终端的所有技术设施的费用。参加者必须确保其视频会议设备符合包含有技术说明的通知书中指出的技术要求。鼓励参加者在进行口头审理程序前提前较长时间进行通话测试。

利用视频会议进行口头审理的技术、程序和规范的更多相关信息，可在EPO网站上查阅。

11.3 技术问题

OJ 2020,A134,4 如果出现技术问题导致无法通过视频会议公开公平地进行口头审理，例如由于通信的全部或部分中断，可能会侵犯当事人的听证权（公约第113（1）条）。因为技术问题，当事人可能会对其尚无机会发表意见的不利决定中提到的理由感到意外。在这种情况下，将终止视频会议，并发出新的口头审理传唤书。如果出现技术问题，EPO不会尝试重新建立线路，但可能会电话联系申请人并要求申请人重新建立线路。

通常，新的口头审理程序也将通过视频会议举行，除非存在不能通过视频会议进行的重大理由（参见《OJ 2020，A122》第22点）。

11.4 录　音

不允许当事人对口头审理进行录音（参见本章10.1）。因此，在视频会议开始时，主持人会提醒所有与会者禁止对视频会议进行录音。

第Ⅳ章 取证和证据保全

1. EPO 各部门的取证

1.1 一般性说明

公约 117
细则 117

根据细则第 117 条，正式取证主要发生在异议程序中，其很少在审查小组的程序中发生。因此本章的以下部分主要基于异议程序。然而，其也可以比照适用于其他程序，特别是实质审查程序。

1.2 证据的形式

公约 117(1)

当事人可以在程序期间任何时间提交证明其主张事实的证据（参见 E 部分第Ⅲ章 5，E 部分第Ⅹ章 1.2，D 部分第Ⅳ章 5.3、5.4 和 D 部分第Ⅵ章 3）。证据的提交应尽早完成。如果此类证据本应该在前期提交，则由职责部门负责判断是否允许引入该新证据（参见本章 2）。

一般来说，当事人最好能就支持其案件的所有主张事实提供证据，比如用于表明某项技术是否已在产业中公知，或对某项技术是否存在偏见。

然而，如果当事人引证的事实明确无疑义、不相互矛盾也无反对意见提出，即使未提供证据，该事实通常也会被视为真实的。在这种情况下，该事实不需要证据支持。

但也有例外，特别是在异议程序中，当事人的意见必须有证据支持。例如，当引用以口头描述、使用或可能是公司出版物的形式存在的现有技术，并且对该现有技术是否为公众所知以及何时为公众所知存在疑问，即属于此种情况。

公约第 117（1）条（非穷举地）列出了 EPO 审理程序中允许的证据形式：

- 提供文献；
- 听取当事人证词；
- 听取证人证言；
- 书面誓词；
- 要求提供的信息，例如来自出版商关于书籍出版日期的信息；
- 专家意见（参见本章 1.8.1）；

–勘验。

在个案中获得证据的最佳方式取决于需证明的事实以及证据的可用性。在异议程序中，为了证明在先使用，异议请求人通常以提供的文献、听取证人或当事人的证词作为证据，或者提交书面誓词。对于如何评判各类证据没有固定的规则，因此由异议小组酌情评估该证据（关于证据的评估，参见本章4）。

如果对异议人所提供的文献（如专利文献）内容及公开日期没有疑问，且与提供的其他证据相比该文献与被诉专利更为相关，则出于程序节约的考虑，异议小组可以在开始时不去获取其他证据。

如果提供了证人证言，异议小组可以决定听取该证人证言，从而对其提供的事实进行核实，如要求保护的产品是否已被企业在先使用或者是否存在保密义务等。为能够充分证明，异议请求书应清楚地表明这些事实，因为证人旨在证实提出的事实，而非代替异议请求人提供这些事实。上述规定同样适用于对当事人的听证（另见本章1.6）。

公约第117（1）（g）条提到的“书面誓词”在一些国家的法律体系中并不存在，而是有其特有的文书（参见T 558/95）。

书面陈述（宣誓书）是否经过宣誓仅仅是异议小组在评价所引证证据时采用的标准之一。除了与案件的相关性，其他的标准还有陈述人与程序当事人之间的关系、陈述人的个人利益、作出陈述的环境等。这种陈述不能超出其字面内容，且不允许异议小组对相关因素或背景因素作出评价。如果另一方当事人对所主张的事实提出疑问，则异议小组通常不以该陈述为依据作出决定，而是在当事人提出将陈述人列为证人的情况下对其进行传唤。随后对证人证词的听证允许异议小组和当事人向证人提问，从而使异议小组能够在证人证词的基础上确定事实。如果当事人没有将该陈述人作为证人，异议小组将不再对此证据做进一步审查。

通过勘验能够对相关实物或方法进行直接观察和产生直观印象。例如，可以演示专利申请人或所有权人所请求的产品或方法，以在审查小组或异议小组有争议时，证实专利主题的操作方法。

文件形式的证据通常保留在档案中。只有在特殊情况下，且请求合理，作为证据提交的文件才可以不予考虑而退回，例如，这些文件是在违反保密协议的情况下提交的第三方陈述，并且其他当事人同意该请求（参见T 760/89）。

1.3 取 证

公约117(2)
细则118至120

在实质审查和异议程序中，负责以听取证人、当事人以及专家证词的形式进行取证的部门，通常情况下是作为口头审理的一部分进行取证的小组。如果要进行取证，通常会扩大审查小组或异议小组，以包括一名具有法律背景的成员。该小组可以委任其中一名成员对所引证证据进行审查。通常，该成员为公约第18（2）条或公约第19（2）条规定的主审员。例如，对于以方法演示或实物研究等形式进行的勘验，可以根据细则第119（1）条的规定委派一名成员进行，尤其是在相关企业距离较远的情况下。

根据细则第120（3）条还可以委派一名成员出席法庭听证并向证人、当事人和专家提问。

取证和撰写笔录的语言应符合公约第14（3）条（程序语言）和细则第4条（口头审理中对程序语言规定的例外）的规定；另见E部分第Ⅲ章10.2和E部分第Ⅴ章。

可以在EPO的场所或通过视频会议进行取证。

关于通过视频会议取证的详细说明，参见《OJ EPO 2020，A135》。

1.4 取证令

细则117

当EPO的职责部门认为有必要听取当事人、证人或专家的口头证词或进行勘验时，为此目的必须作出决定（取证令），列明将要进行的勘验，待证的相关事实，勘验的日期、时间和地点，以及是否将通过视频会议进行。如果一方当事人请求提供证人和专家的口头证言，但未同时指明证人和专家的姓名，则在发出取证令之前或在取证令中，要求该当事人在规定的时限内提供其希望听证的证人和专家的姓名和地址。由于相关当事人通常事先已经知晓其希望听证的证人或专家，因此根据细则第132（2）条计算的时间期限将不少于两个月且不多于四个月。

公约119

取证令必须通知到当事人。除非允许单独提起上诉，否则针对该取证令，只能与最终决定一起提出上诉（参见E部分第Ⅹ章3）。

1.5 传唤当事人、证人和专家

公约119
细则118（1）和（2）

必须通知待听证的当事人、证人和专家在规定的日期出庭作证。传唤须发出通知。必须给予当事人、证人和专家自收到传唤书之日起至少两个月的时间，除非其同意更短的期限。该传唤书必须包括：

细则118(2)(a)

（i）取证令的摘要，其中指明所规定的勘验日期、时间和地点，是否通过视频会议进行，以及声明将对哪些当事人、证人和专家进行听证的有关事实；

细则118(2)(b)

（ii）程序中各方当事人的姓名和证人或专家可以行使的权利的详细说明（参见本章1.10）；

细则118(2)(c)

（iii）被传唤到欧洲专利局出庭的当事人、证人或专家可应其要求通过视频会议进行听证的说明；

细则118(2)(d)

（iv）当事人、证人或专家可以请求在其居住国主管法庭作证的说明以及在EPO规定的时限内通知EPO其是否准备到EPO出庭的要求（参见本章3.2.2（iii）和（iv））。

细则119(3)

即使在口审程序中未取证，口审程序的所有当事人都可参加勘验。应当在细则第118（2）条规定的期限内向未被传唤的当事人发出通知，同时附以其可以参加勘验的声明。

1.6 听取当事人、证人和专家的证词

1.6.1 一般性说明

当审查小组或异议小组为取证（参见本章1.3）而举行听证会，或者预计待审案件可能引起特定法律问题，如果小组尚未增加具备法律背景的审查员，则建议其扩大小组以增加具有法律背景的审查员（参见D部分第Ⅱ章2.2）。

通常在EPO的场所或通过视频会议进行口头审理时获取证人的证词。即使口头审理程序是在EPO的场所进行的，也可以通过视频会议听取当事人、证人或专家的证词。有关详细信息，参见《OJ EPO 2020，A135》。

听证会公开与否，取决于口头审理程序本身（公约第116（3）和（4）条）。

当听证会与口头审理一起进行时，可直接适用E部分第Ⅲ章8.2、8.3、8.9和8.10中列出的规定，对于其他情况也可比照适用相关规定。

细则第117条所指的听取“专家”的证词需要以取证决定作为前提条件（参见本章1.4）。这与经小组酌情允许在口头审理程序期间听取陪同代理人出席的人员作出的口头意见陈述不同（参见G 4/95和E部分第Ⅲ章8.5）。

1.6.2 未被传唤的证人和专家

在取证程序开始后，负责取证的审查员，即实质审查程序和异议程序中的相关小组的组长或被委派取证的成员，将确定是否有当事人请求听取任何其他在场但未被传唤人员的意见。如果当事人提出这种请求，需要简要陈述相关人员应当提供证词的理由及目的。之后，所述部门将决定是否同意该请求（关于未按时提交的事实或证据的采纳，参见E部分第Ⅵ章2）。

1.6.3 对被听证人员的指导

细则119(2)

当事人、证人或专家被听证前，应告知他们EPO可以要求相关人员居住国的主管法院复查他们在宣誓或等同约束形式中所提供的证据。

1.6.4 分别听证

通常，每一个证人必须分别听证，即任何其他随后要被听证的证人不得同时在场。这一原则不适用于专家和当事人。陈述内容相互冲突的证人可彼此对质，即在另一人在场的情况下依次听证。此规则同样适用于专家。

1.6.5 关于个人资料的审查

听证会开始时需要询问证据提供者的姓名、年龄、职业以及地址。还需要询问证人和专家是否与任何一方当事人存在血缘或婚姻关系，以及是否与程序中获胜的当事人有物质利益关系。

1.6.6 关于确切事实的审查

审查个人资料之后将进行确切事实的审查。应指示作证者就其对听证主题的了解作出详尽且合理的说明。可能还需要向作证者提出进一步的问题以澄清及补充其声明，并确认作证者的作证基础。这些问题可以由被委任取证的成员提出，在适当情况下也可以由所涉部门的组长或其他成员提出。关于小组其他成员提问的权利参见E部分第Ⅲ章8.10。当事人陈述问题时，上述规定同样适用（参见本章1.6.7）。

1.6.7 听证时当事人提问的权利

细则119(3) 当事人可以对作证的当事人、证人和专家提出相关问题，这里，例如在异议程序中，包括代表另一方当事人作证的证人和专家。负责取证的审查员将决定在程序中何时可以提出问题。

职责部门（如异议小组）成员或当事人对所提问题是否被允许的疑问应当由职责部门解决。应避免“引导性问题”，即已经包含了一方当事人希望从证人处听取的陈述内容的问题，特别是仅需证人回答“是”或“不是”的问题，因为这会妨碍证人正确地自行回忆事实。问题不能针对无须进一步讨论或与已下令取证的主题毫不相关的事实，或者旨在证实没有提出过证据的事实。不能对拒绝提出问题的决定表示反对。关于小组其他成员提问的权利参见E部分第Ⅲ章8.10。

1.6.8 不再需要听取证人的证词

如果被传唤参加口头审理的证人的证词所要证实的事实与决定有关，则应听取该证人的证词（参见本章1.2）。因此，在听取证人的证词之前，如果由于在口头审理之前或期间案情的发展，待证的事实与决定不再相关，则不再听取证人的证词。例如，相关的现有技术的公众可获知性已经被另一种证据方式所证明，或者专利将因另一项异议理由而被撤销，并且专利权人没有提交可被允许的附加请求来评估该证词的相关性，就可能是这种情况。

1.7 取证笔录

细则124(1) 取证笔录须按E部分第Ⅲ章10中规定的方式拟定，并遵守如下要求：

除了取证的要点，取证笔录还必须尽可能全面地记录（只要涉及要点，则几乎必须逐字记录）当事人、证人或专家的证词。

细则124(2) 笔录将通常由职责部门中进行取证的成员完成。记录证词最有效的方式是利用录音设备记录口述内容，在此过程中，证据听取人在考虑被听证人提出的所有反对意见的同时将证词归纳成短小段落，并口述录制在录音设备上。如果口述的内容与证词不完全一致，被听证人应该立即提出反对意见。这一点应当在其开始作证时告知。作证结束时，将讯问其是否同意其听到的口述内容。其同意或反对意见应该包含在口述内容中。口述笔录将打印出来，并尽快将其副本提供给当事人。如果使用技术手段逐字直接记录证词，则无须回放笔录或征得作证人的同意。

当取证手段包括勘验时，除了口审程序的要点外，笔录还必须记录勘验结果。

此外，取证以及口头审理程序（参见E部分第Ⅲ章10.1）可以记录在录音设备上。

1.8 专家的委任

1.8.1 关于意见形式的决定

细则121(1)

如果职责部门主动决定获取专家意见（D部分第Ⅵ章1第6段)，则须决定被任命的专家以何种形式提交意见。仅在职责部门认为该意见的内容适宜以书面形式提交且当事人同意这种安排的情况下，才以书面形式撰写意见。通常，除提交书面意见和提出口头意见以外，也可以听取专家的证词（参见本章1.6)。

细则121(3)

专家所提意见的副本必须提交给当事人。意见副本由EPO制作。

1.8.2 对专家提出反对意见

细则121(4)

当事人可以对专家提出反对意见。因此，在委托专家提出意见之前，职责部门应该将其意欲委托的专家及其撰写的意见主题通知当事人。发送给当事人通知书中应写明可以对专家提出反对意见的时间期限。如果当事人确实对专家提出反对意见，职责部门将对反对意见作出决定。

1.8.3 专家的委托规定说明

细则121(2)(a)至(d)

任何专家的委托规定说明应包括：对其任务的准确描述、其提交意见的期限、审理程序中当事人的姓名以及根据细则第122（2）至（4）条的规定其可行使的权利的详细说明（关于差旅费和日常费用及酬金，参见本章1.10)。

1.9 口头审理或取证产生的费用

公约104(1)和(2)

通常，EPO审理程序中当事人各方自行支付其费用。尽管存在这一原则，但在异议程序中，主管机构可以出于公平原则

细则 122（1）和（2）

（参见 D 部分第Ⅸ章 1.4），就当事人在口头审理或取证中产生的费用（参见 D 部分Ⅸ章 1）以及证人和专家因 EPO 产生的费用（参见本章 1.10）按照其他方式作出分摊决定。请求取证的当事人向 EPO 缴纳押金，该押金数量是在参考预估费用后确定的总数，主管机构可将此押金作为取证的前提条件。在应授权或异议程序的当事人请求将听取证人证词或寻求专家意见时适用此程序，除非证人或专家放弃其获得补偿的权利而不产生费用。如果请求取证的当事人未能遵守缴纳押金的要求，则无须取证。在异议程序中，除个案中出于公平原因按照公约第 104（1）条和细则第 88 条的规定对费用分摊作出其他安排的情况外，请求取证的当事人负担补偿证人或专家的费用。请求取证的当事人缴纳的押金与根据细则第 122（4）条第 2 句规定可由 EPO 承担的数额之间的差额由 EPO 自行调整。未使用的押金须悉数退还。在口头审理或取证期间产生的 EPO 的内部费用，如相关员工的差旅及日常费用由 EPO 自行承担。

1.10 证人和专家的权利

1.10.1 差旅和日常费用

细则 122(2)

由 EPO 传唤且出庭的证人和专家有权要求 EPO 合理地报销差旅和日常费用（参见本章 1.10.3）。这同样适用于被 EPO 传唤并在以视频会议方式进行的口头审理过程中出庭的证人和专家，因为其将前往可以通过视频会议出庭的地方（例如，由一方当事人提供的视频会议设施或具有足够稳定的互联网连接的场所）。

即使未听取该证人或专家的证词，例如要提出的证据涉及所主张的在先使用且在取证不久之前证实该在先使用已被公开文献证实，上述规定同样适用。可准予向证人和专家预付其差旅和日常费用。未经 EPO 传唤但在 EPO 出庭并受听证的证人和专家也有权合理地报销差旅和日常费用。

1.10.2 收入损失、酬金

细则 122(3)

有权报销差旅和日常费用的证人还有权要求 EPO 对其收入损失做合理补偿，有权要求报销差旅和日常费用的专家有权要求 EPO 对其工作支付酬金（参见本章 1.10.3）。这些款项应在证人和专家履行其职责或完成任务之后支付。

1.10.3 证人和专家权利的详细情况

细则 122(4) 对于本章1.10.1和1.10.2中所列的证人和专家的权利的管理细节，参见《OJ EPO 1983，100》。应付款项必须由EPO支付。

1.11 模 型

1.11.1 何时可以提交模型

EPC没有对提交模型作出明确规定，但并不阻止当事人自行提交模型。模型不是申请或专利的一部分，因此不能用于公开发明（公约第83条）。

如果模型有助于证实一项发明的可专利性，例如，通过显示特定装置实际有效或者尤为有利，则其在EPO审理程序中可能是有用的。例如在异议程序中，也可以提交模型来说明现有技术状况，特别是根据公约第54（2）条的在先使用。因此，作为勘验项目的模型构成了公约第117（1）（f）条规定的证据。

1.11.2 程 序

由职责部门决定是否以勘验模型的方式取证。如果其认为有必要，职责部门必须以取证令的形式作出决定（参见本章1.4），列出需要证明的相关事实以及勘验的日期、时间和地点。

在可能的情况下，将在EPO的场所进行勘验。然而，如果考虑到模型的特点（例如形式、尺寸、材料）或由于安全限制，不能在EPO的场所进行勘验（另见2016年12月20日的EPO公告《OJ EPO 2017，A6》），模型也可以在不同的地点进行勘验。特别是如果这些企业所处地点较远，小组可以委托一名成员作为代表进行勘验（参见本章1.3）。

一般来说，任何可以在EPO场所进行勘验的物品也可以在口头审理期间通过视频会议进行勘验，除非这种勘验会导致一方当事人处于不利地位，例如物品的触觉、质地或操作体验具有相关性。

根据细则第124（1）条，必须制作笔录，包括勘验的主要方面和结果。

1.11.3 保留模型

即使小组确实勘验了模型，EPO也没有义务保存它。由小组决定模型是否由EPO保存。然而，如果在EPO保存模型需要特别的预防措施或安全措施的，模型通常将被退回给当事人。

形式审查员负责执行保存或退回模型的决定。如果要保存该模型，形式审查员会在文件的标签上注明。如果要退回该模型，形式审查员会通知提交人，鉴于可能的异议或上诉程序，应保留该模型，并在标签上注明退回日期。

1.12 录　像

审理程序的当事人可以请求在口头审理时播放录像。该请求必须包含该录像，并指明所需的设备类型。

如果当事人提交了录像，小组将决定播放视频是否有助于口头审理程序。如果小组已经查看该视频，则应保存该视频数据载体。

2. 证据的保全

2.1 要　求

细则123(1)　当有理由担心以后取证会变得更难甚至不可能时，为了保全有可能影响决定的事实证据，EPO可以应请求立即听取口头证据或执行勘验。例如，重要的证人将要移居到一个遥远的国家，或当涉及使用公开时引证如食物原料等容易腐烂的物质，即属于此类情况。

2.2 证据保全请求

细则123(2)　证据保全请求应包括：

细则123(2)(a)　(i) 根据细则第41(2)(c)条的规定，请求人的姓名、地址和国籍及其居住国或主要营业场所的所在地；

细则123(2)(b)　(ii) 所涉及的欧洲专利申请或欧洲专利的有效证明；

细则123(2)(c)　(iii) 对取证所依据事实的指定；

细则123(2)(d)　(iv) 取证方式的细节；

细则123(2)(e)　(v) 担心以后可能会变得更难以或者无法取证的情况的声明。

细则 123(3) 在缴纳证据保全费以前，该请求视为未提出。

2.3 职　责

细则 123(4) 被请求作出易受待确定事实影响的决定的 EPO 相关部门，有责任对请求作出决定，并据此进行取证。

因此，作出决定和取证的职责将通常由以下部门承担：

(i) 审查小组，从申请日到专利授权的决定之日；

(ii) 异议小组，从专利授权的决定之日到允许提出异议请求的专利期限届满日以及在异议程序期间；

(iii) 上诉委员会，从异议小组作出最后决定之日到其具有法律约束力时或上诉程序进行过程中。

2.4 关于请求和取证的决定

细则 123(1)
细则 117
职责部门应当立即对请求作出决定。如果允许请求，还应当立即就取证作出决定。

细则 123(4) 在此适用在 EPO 审理程序中取证的规定。

细则 123(1)
细则 118(2)
细则 119(3)
因此，应当提前足够长时间将采取措施的日期告知专利申请人、专利权人以及其他当事人，以便他们能够参加。他们可以询问相关的问题。

3. 缔约国的法院或职能机构取证

3.1 法律合作

公约 131(2) 在收到来自 EPO 的调查委托书后，缔约国的法院或其他职能机构将代表 EPO 并在其司法权限内进行任何必要的问询。

3.2 作证或取证的方式

3.2.1 宣誓取证

细则 120(3) 由主管法院取证的主要方式是听取当事人、证人或专家的证词。在这种情况下，职责部门可以请求主管法院以宣誓或同等约束力方式取证。

3.2.2 主管法院取得的证据

细则 120(3) 如果需要，职责部门将请求主管法院在适用宣誓的情形下取证，这些情况是：

(i) 由职责部门取证将承担不相称的高额差旅费用，或基于其他原因由主管法院取证更适宜；

细则120(2) (ii) 职责部门认为在宣誓或同等约束力方式下复查其已听取的当事人、证人或专家的证词更合理（参见本章3.2.1）；

细则120(1) (iii) 在职责部门的传唤书中指定的日期届满时未对传唤进行答复（参见本章1.5（iii））；

细则120(1)
细则150(2) (iv) 已经被职责部门传唤的当事人、证人或专家要求职责部门根据本章1.5（iii）的规定允许由其居住国家的主管法院听取其证词。如果当事人、证人或专家拒绝由职责部门进行听证的，则应该通知他们其主管国家法院根据国家法律有可能要求其出庭作证。

3.3 调查委托书

细则150(2) EPO应当以主管机构的语言撰写调查委托书或应当附上翻译成主管机构语言的译文。

细则150(1) 调查委托书应寄至该缔约国指定的中央主管机构。

3.4 主管机构的程序

细则150(5) 应当告知EPO问询的时间和地点，并且应当通知相关的当事人、证人和专家。

细则120(3)
细则150(6) 如果EPO提出要求，主管机构应该准许相关部门的成员参加且允许他们直接或通过主管机构向任何作证者提问。当事人是否可以提出问题取决于相关缔约国的法律规定。

3.5 取证的费用

细则150(7) 调查委托书的执行不会导致任何类型酬金或费用的报销。然而，执行调查委托书的国家有权要求EPO报销付给专家和翻译人员的所有酬金以及在取证时由于职责部门的成员出席而产生的费用。

3.6 由指定人员取证

细则150(8) 如果主管机构所适用的法律要求当事人妥善保管证据，且该主管机构自己没有能力执行调查委托书的，在征得职责部门同意后，该主管机构可以委派合适的人去执行。当征求相关部门同意时，主管机构应当说明这一程序将产生的大致费用。如果职责部门同意，则EPO应当报销产生的全部费用；如果不同意，则EPO没有义务负责这笔费用。

4. 证据的评估

4.1 一般性说明

职责部门应当审查当事人从证据和事实中得出的结论是否正确，并且在整体考虑的基础上给出其自行得出的结论的理由。

根据公约第54条，在个案中需考虑的现有技术参见G部分第Ⅳ章1~5和7以及G部分第V章中的规定。

除本章2中列出的范围外，职责部门无须考虑当事人未在规定期限内提出的事实或证据。

4.2 证据的类型

在评估提交的材料时，应当注意事实、证据和意见之间的区别。

示例：

异议人声称，文件A描述了权利要求1的前序部分，文件B描述了特征部分（事实）。为了证明这一点，异议人提交了文件（证据）。然后，异议人主张要求保护的方法不具备创造性，因为本领域技术人员基于公知常识会将所提交的文件结合起来，从而获得权利要求1的主题（意见）。

在EPO审理程序中可接受的证据不限于公约第117（1）条中所列的证据。公约第117条意义上的“取证”包括提交或收集任何种类的证据，特别是提交的文件。

单纯的意见不是证据（参见T 642/92）。

4.3 证据的审查

提交证据时，首先要确定所主张的事实是什么，然后确定该事实是否与决定相关。如果与决定无关，则不再考虑该主张，也不再进一步审查该证据。如果主张的事实与决定相关，那么下一个问题就是该事实是否被提交的证据所证明。

在审查证据时，由于EPC没有规定应如何评估取证的结果，因此适用自由考虑原则。这意味着证据的内容和对口审程序的重要性要根据每个案件的特定情况（例如时间、地点、证据类型、证人在公司的职务等）来评估。自由考虑原则还意味着EPO部门有权以任何适当的方式评估各方当事人提交的证据，或者甚至以该证据不重要或不相关为由不予考虑。特别是，应当基于个案决定某项证据是否充分。

在决定是否接受所主张的事实时，小组可以使用“概率平衡”的标准，这意味着一组事实比另一组事实更有可能是真的。此外，问题越是重要，支持它的证据必须越有说服力（参见T 750/94）。例如，在一件涉及主张在先使用的案件中，如果决定可能会导致专利的撤销，那么必须非常严格地审查现有证据。特别是在主张在先使用的情况下，如果专利权人几乎没有任何证据可以证明异议人所主张的在先使用没有发生，那么小组就必须采用更严格的接近绝对定罪的标准，即排除任何合理怀疑（参见T 97/94）。

当事人提出相互矛盾的主张时，小组必须决定哪一个证据最有说服力。如果小组不能根据提交的证据确定哪项主张是正确的，则必须根据举证责任作出决定，即由负有举证责任但不能令人信服地证明其观点的一方当事人承担不利后果。

4.4 要求提供证据

当小组指出由于某些事实没有得到证明而不能接受一系列意见时，小组必须尽可能中立和客观。特别是，既不能（a）要求特定种类的证据（参见T 474/04），也不能（b）规定证据的内容［例如书面宣誓声明的措辞（参见T 804/92）］。

EPO有关部门自行决定以公约第117条所列的各种形式进行取证，即只有在该部门认为有必要的情况下才进行取证。例如，如果需要证明的事实与决定有关，就会进行取证。

4.5 证人证言的评估

在听取证人证言后，必须给当事人陈述意见的机会。该意见可以在取证之后的口头审理中提出，或特殊情况下在取证的记录送达后以书面形式提出。对此的决定由职责部门作出。当事人也可相应地提出请求。

只有在上述程序完成之后，职责部门才可以对证据进行评估。当对决定至关重要的证人的证词受到一方当事人质疑而职责部门却认为其可信时，或当证人的口头或书面证言被认为不可信而在决定中不予考虑时，相关职责部门必须在其决定中陈述理由。

在评估证人口头或书面证词时，应特别注意以下几点：

（i）重要的是，证人依其知识或视角能就所讨论的问题发表何种观点，以及其是否具有相关领域的实践经验。基于从第三方听取的内容形成的间接推断，其本身在很大程度上是无用的。从评估的观点来看，证人是否亲自参与案件或仅作为旁观者或听众而获知案情也很重要。

（ii）在案发与作证之间时间间隔较长（数年）的情况下，需要注意的是，如果没有文献证据支持，大部分人的记忆力是有限的。

（iii）当证人证言互相矛盾时，应对相关事实陈述的文字进行仔细的对比。

证人证言中明显的矛盾有时可以用这种方式解决。例如，对于证人作出的物质X是否通常被用于特定用途的明显矛盾的陈述进行仔细审查，可能会发现事实上根本不存在矛盾。因为其中一个证人明确指出物质X不用于该特定用途，而另一证人仅仅指出类似于X的物质或X所属的某类物质通常用于该特定用途，但其并未对物质X本身作出任何陈述。

（iv）程序当事人的雇员可以作为证人被听证（参见T 482/89）。证人可能具有的偏袒性决定了如何评估证据，但不决定证据是否可以被接受（参见T 443/93）。

4.6 当事人证词的评估

在评估当事人给出的口头或书面证词或当事人拒绝提供证词时，应当考虑当事人在该问题上的特殊利益。由于其特殊利益，对当事人的证词与中立证人的证词有可能不应在相同的水平上作出评估。这首先适用于当事人在场听取了证人证言并知晓职责部门的态度的情况。在此比照适用本章4.5（证人证言的评估）中的相关规定。

4.7 专家意见的评估

职责部门必须审查专家意见所依据的理由是否具有说服力。尽管职责部门在评估证据的过程中具有自由裁量权，但不能在缺乏基于自身或其他专家的充分专业知识的理由时，无视某一专家的意见，无论该专家是按照细则第121条规定委任的独立专家还是应一方当事人请求作证的专家。

4.8 勘验的评估

在演示的情况下，应事先商定特定条件下的具体测试程序。在演示期间，必须注意确保遵守发明所需的特性或操作条件。当测试中就某项发明与构成现有技术一部分的方案相比较时，应尽可能采用相同的或可比较的测试条件。

第V章 口头审理中程序语言的例外

1. 官方语言的使用

细则4(1)和(5)

EPO 口头审理程序中的任何一方当事人都可以使用 EPO 的另一种官方语言来代替口头审理的程序语言，条件是该方当事人在规定举行口头审理程序之日前至少1个月通知 EPO，或为口头审理程序提供程序语言的翻译。在前一种情况下，EPO 有责任提供翻译并承担费用。

当事人必须明确表明希望使用哪种官方语言。只要满足细则第4条规定的条件，当事人就有权在口头审理程序中说和听该种语言。然而，该当事人没有权利选择说一种语言但是听另外一种语言（参见 T 774/05）。

公约第14（3）条规定的程序语言不得更改。这意味着对申请或专利所做的任何修改都必须以程序语言提交（细则第3（2）条）。

如果所有当事人都表示要使用另一种官方语言，则该小组可以不使用程序语言，以便在无需翻译人员或者需要更少翻译人员的情况下进行口头审理程序（这个问题通常只在异议程序中出现）。因此，各方当事人的传唤书附有鼓励其协商如何达成一致意见的信息。

小组可以同意只进行"单向"翻译，即将一种语言翻译为另一种语言，但不反向翻译。如果用一种语言发表的意见显然被误解了，则该小组可以用另一种语言澄清。但是，在任何情况下小组的成员都不能正式担任翻译人员。

2. 缔约国的语言或其他语言

细则4(1)和(4)

当事人同样可以使用除英语、法语或德语以外的缔约国的一种官方语言，条件是当事人必须提供程序语言的翻译。但是，如果各方当事人和 EPO 同意，可在口头审理程序中使用任何种类的语言，而无须翻译或事先通知。

3. E 部分第V章1和2的例外情况

细则4(1)

细则第4（1）条的规定允许有例外，其由 EPO 自行决定。显然，该例外必须根据个案情况决定。例如，可以设想，当事人并非因为自己的过错而无法提前1个月通知，以及尽管当事人已经安排了翻译人员，但该翻译人员无法（例如因病）参加口头审理程序。在这种情况下，如果 EPO 无法提供翻译，且这一情况发生在审查阶段，那么 EPO 应当推迟口头审理程序。然而，在异议程序中，如果各方当事人同意且参加口头审理程序的 EPO 工作人员也能够应对语言问题，则口头审理程序继续进行。在其他情况下，EPO 推迟口头审理程序，无过错当事人因推迟而产生的任何费用均应根据公约第 104 条的规定分摊。

4. 取证中使用的语言

细则 4(3)

在取证时，如果一方当事人、证人或专家不能用英语、法语或德语或者缔约国的任何其他官方语言充分表达自己的意思，则应允许其使用其他语言。如果是应 EPO 要求进行取证，必要时 EPO 应负责将其翻译成程序语言。但是，如果是应审理程序一方当事人的要求进行取证，那么仅在该方当事人提供程序语言或由 EPO 酌情决定的英语、法语或德语中的任何一种语言的翻译时，才允许使用除英语、法语或德语之外的语言。仅在其他各方当事人同意的情况下，EPO 才能在异议程序中行使该自由裁量权。

5. EPO 工作人员使用的语言

细则 4(2)

EPO 的工作人员可以在口头审理程序中使用程序语言之外的 EPO 官方语言。除非可以合理地假定当事人不会反对，如当事人同样要求使用该不同的官方语言，否则应当相应地在口头审理程序之前通知各方当事人。

但是，如果没有充分的理由，EPO 的工作人员不得放弃使用程序语言。除非各方当事人有能力运用在口头审理程序中使用的语言，否则 EPO 应当自费将其翻译成程序语言。

6. 笔录使用的语言

当口头审理程序中实际使用的官方语言不是公约第 14（3）条规定的程序语言时，如果审查小组、异议小组或法律部门认为合适，并经所有相关当事人明确同意，可以使用口头审理程序中实际使用的语言进行记录。

在各方当事人同意之前，应当提请他们注意，EPO 不会将笔录翻译为公约第 14（3）条规定的程序语言。这一情况以及当事人的同意声明都需记录在笔录中。

用英语、法语或德语所作的陈述将以所使用的语言记入审理程序的笔录中。

以任何其他语言作出的陈述必须翻译成官方语言。在口头审理程序中对欧洲专利申请或欧洲专利的说明书或权利要求书所做的修改必须用程序语言记入笔录。如果以英语、法语或德语以外的语言进行口头审理，并且没有进行翻译，则所作的陈述应当以所使用的语言记入笔录，EPO 随后在笔录中提供程序语言的翻译。

第Ⅵ章　EPO 自行启动的审查；未在规定的期限内提交的事实、证据或理由；第三方意见

1. EPO 自行启动的审查

1.1 一般性说明

公约 114(1)

在 EPO 的程序中，EPO 自行启动对事实的审查；该审查不局限于各方当事人提供的事实、证据、争辩意见以及寻求的救济。职责部门在其所有未决程序期间都必须遵守 EPO 自行启动审查的原则。因此，一旦启动程序，例如提交了有效的审查请求或提交了可受理的异议请求（尽管随后可能会被撤回），如果有理由相信，例如根据个人知识或第三方提供的意见，存在完全或部分不利于欧洲专利的授权或维持的事实和证据，但其在程序中尚未被考虑，则根据公约第 114（1）条的规定，EPO 应自行启动对这些事实和证据的审查。关于异议程序中对事实和证据的实质审查范围，参见 D 部分第Ⅴ章 2。

1.2 进行审查的职权限制

然而，进行这种审查的职权必须受获得程序便利性的限制。例如，在异议程序中，如果主张在先使用公开的异议人已经停止参加该异议程序，且不能以合理的费用轻易地获得必要的证据，则不应接受关于证实声称的在先使用公开的提议。

在异议程序中不审查欧洲专利主题的单一性（G1/91，参见 D 部分第Ⅴ章 2.2）。

2. 迟交材料

公约 114(2)

EPO 可以不考虑相关当事人未在规定期限内提交的事实和证据（如出版物）。

这也适用于在异议程序中未在规定期限内与佐证事实和证据一起提交的异议理由（参见 D 部分第Ⅴ章 2.2）。在此方面需注意，根据 G 1/95 和 G 7/95、公约第 100（a）条，其不只包括单一的异议理由，而应视为各个异议理由的集合，即对专利的维持提出异议的各个法律依据的集合。其不仅适用于截然不同的异议意见，如不可专利的主题（公约第 52（2）条）相

比于不具备工业实用性的主题，也适用于缺乏新颖性的异议意见与缺乏创造性的异议意见。

基于构成异议的法律和事实框架的事实、证据和理由提出的新的争辩意见，应当予以考虑。

决定是否接受未在规定期限内提交的事实、证据或异议理由时，应当考虑其与决定的关联性、程序的状态以及迟交的原因。如果对迟交的异议理由、迟交的事实或迟交的证据的审查，无须进一步调查（即初步的）便显示它们与决定是相关的，即预期的决定所依据的基础将发生改变，那么无论程序已进行到哪个阶段以及迟交的原因是什么，职责部门都应当考虑此类理由、事实或证据。在这种情况下，EPO 根据公约第 114（1）条自行启动审查的原则要优先于根据公约第 114（2）条不考虑事实或理由的可能性（参见 T 156/84）。但是要注意在本章 1.2 中所列出的对进一步审查的职权限制。否则，在适当考虑公约第 113（1）条的规定（参见 T 281/00）的基础上，该部门应在决定中通知相关当事人，异议的事实、证据和/或理由没有在规定期限内提交，由于其与决定没有关联性，依据公约第 114（2）条的规定将不予考虑。关于因迟交事实和证据所产生的任何费用的分摊，参见 D 部分第Ⅸ章 1.4。

提交材料的最迟日期是将决定交付给 EPO 内部邮寄部门以传递给当事人的日期（参见 G 12/91）。

上述规定适用于书面程序；在口头审理程序中只能考虑在宣布决定之前提交的材料（参见 E 部分第Ⅲ章 9）。

2.1 异议程序中的一般性原则

对异议程序中延迟提交的判断，适用扩大上诉委员会在 G 9/91 和 G 10/91 中的判决。根据上述决定，原则上应根据在异议期内主张的范围和提交的理由对异议进行审查。根据公约第 114（1）条的规定，如果初步认定不利于专利的维持，异议小组可以突破这一框架。扩大上诉委员会针对新理由形成的原则也适用于迟交的事实和证据（参见 T 1002/92）。

因此，只有初步认定迟交的事实和证据是相关的，即该事实和证据会改变预期的决定时，才会被接受进入程序中，参见本章 2。

如果专利权人以修改专利的方式答复异议请求书，该修改请求不能被视为迟交，而应被接受进入程序中（细则第 79

（1）条）。

因此，如果专利权人将专利权限制为授权的一项从属权利要求的主题，由于异议人应当对此类型的修改有所准备，且应在9个月的异议期内提交材料，因此异议人针对该修改提交的新事实和证据一般来说属于迟交材料，根据公约第114（1）的规定只有初步认定该新事实和证据是相关的才会被接受。

根据公约第114（2）条的规定，如果初步认定新事实和新提交的材料是不相关的，则不会被考虑。该规则的例外情况是授权的专利文本中包括大量的从属权利要求，因而要求异议人在异议请求书中论及所有从属权利要求是不合理的。

但是，如果专利权人在程序的初期以异议人无法预期的方式修改专利，如补入说明书中公开的特征，异议人将有机会提交新的事实和证据，甚至可以提交新的异议理由和新的文件。因为审理程序的主题已经改变，此时应接受提交的材料进入程序中。在程序的后期，此类不可预期的修改应适用“明确可允许”的标准（参见H部分第Ⅱ章2.7.1）。

2.2 准备口头审理或在口头审理期间提交的材料

如果安排了口头审理程序，该小组会发出传唤书及附件，提请当事人注意待讨论的要点（细则第116（1）条），并且通常还包括该小组临时的且不具约束力的审查意见（参见E部分第Ⅲ章6和D部分第Ⅵ章3.2）。

2.2.1 新的事实和证据

细则116（1） 细则第116（1）条是公约第114（2）条的实施方式，是对涉及未在规定期限内提交的事实或证据的已有法律的进一步延展，其明确规定，对于根据细则第116条在传唤书中指出的日期之后提交的新的事实和证据，除非因程序的主题发生改变而应予以考虑，否则审查或者异议小组可以自行决定对其不予考虑。

例如，如果异议小组在传唤书的附件中指明专利可能会被撤销，并且接受了专利权人及时提交的修改请求，但该修改涉及授权的权利要求未涵盖的主题，则程序的主题发生了改变。

因此，在此情况下即使异议人针对修改请求提交的新事实和新证据在细则第116条规定的最终日期之后到达，其仍将被接受进入程序中。

但是，如果专利权人的修改请求仅涉及基于授权的权利要求进行的修改，即使在最终日期之前提交，异议人提交的新的事实和证据仍将被视为迟交，即，除非存在有利于接受该新的事实和证据的其他方面，比如授权的专利中包括大量的从属权利要求，否则只有初步表明该新的事实和证据是相关的，才能被接受（参见本章2.1）。

同样，如果在临时且不具约束力的审查意见中，异议小组基于异议人目前提交的事实和证据得出有利于维持专利的结论，此事实本身不会使异议人提交的新的事实和证据被接受进入程序，即使是在细则第116（1）条规定的最终日期之前提交的。

2.2.2 准备口头审理或口头审理期间提交的修改

细则116(2)

细则第116（2）条对申请人或专利权人在提交符合EPC要求的新文件（即对说明书、权利要求书和附图的新修改）时规定的义务与细则第116（1）条对当事人提交新的事实和证据时规定的义务相同。在这一点上，除非因为程序的主题发生了改变而必须接受该修改，否则由于在口头审理程序中提交修改过晚，小组也可以自行决定不考虑该修改。

例如，根据公约第114（1）条的规定，如果新提交的事实、证据或异议理由因为初步认定是相关的而被接受，那么由于程序的主题已经改变，即使是在上述最终日期之后提交的，专利权人的相应修改请求也应被接受。上述规定同样适用于审查小组首次引用另一相关文件的情形（参见H部分第Ⅱ章2.7）。

同样，申请人或专利权人针对该小组提出的与先前通知书中的意见相背离的反对意见而在适当时候提交的修改，不应因迟交而被拒绝。

例如，如果异议小组偏离了其在传唤书的附件中提出的临时审查意见，且与该审查意见相反，在口头审理期间得出了不利于专利权维持的反对意见，则专利权人的（进一步）修改请求通常会被接受进入程序中。

2.2.3 关于行使自由裁量权的原则

公约114(2)，细则116(1)和(2)

小组依据公约第114（2）条以及细则第116（1）和（2）条行使自由裁量权时，必须首先基于初步证据考虑迟交事实或证据的相关性（参见本章 2）或者迟交修改的可接受性。如果该事实或证据初步表明并不相关，即其不影响程序的结果（参见 T 320/15）或这些修改显然不被允许（参见 H 部分第Ⅱ章 2.7.1），则将不予接受。

例如，如果异议小组在传唤书的附件中指出该专利有可能会被撤销，而作为答复，专利权人在细则第 116（1）条规定的最终日期之后提交了修改，可能直到口头审理时才提交，该小组原则上应将该修改请求视为迟交，并采用“明确可允许”的标准（参见 H 部第Ⅱ章 2.7.1）判断是否能接受其进入程序中。但是，如果修改涉及授权的从属权利要求的主题，则该小组将考虑允许该修改请求进入程序中。

就可接受性而言，迟交文件的相关性通常由所引用的经修改的权利要求决定。与原始一组权利要求相关性有限的文件可能会因为之后对该权利要求的修改而获得新的相关性（参见 T 366/11）。

该小组在接受这些提交的材料之前，还将逐一考虑程序便利性、程序滥用的可能性（如一方当事人明显拖延程序）以及是否可以合理预期当事人在现有的时间内熟悉新的事实、证据或修改建议的问题。

关于程序便利性，当迟交的事实或证据是相关的，但其引入可能导致程序长时间的延期，则异议小组可以决定在程序中不接受该事实或证据。例如，仍需寻找证人或仍然需要进行长时间的实验。但是，该小组也可以推迟该程序，如推迟该程序，可能要考虑异议程序中费用的分摊（公约第 104 条）。同样，如果迟交请求是基于先前未包括在权利要求中的主题提出的，则基于程序便利性的考虑该请求通常不会被接受进入程序中。如接受该请求，可能会引起口头审理程序的延期和作出费用分摊的决定。

可能的程序滥用的例子包括：

– 专利权人在短时间内提交了大量的辅助性请求，而该请求并不是对程序过程的回应。

– 异议人故意直到程序的最后阶段才提出基于其自身活动的在先使用公开的主张，尽管支持该主张的证据前期就已经能够获得（参见 T 534/89）。

– 申请人或者专利权人提交大量的请求或不完整的不同请求并请小组选择，从而将确定申请或专利内容的责任转移给该小组。程序中各方当事人都有责任提出自己的理由并阐述自己的请求（参见T 446/00）。

-关于是否可以合理预期当事人在现有时间内熟悉新的事实、证据或建议的修改的问题，可能只有在口头审理程序中才能明确，为了克服异议理由而提交的未决请求依据EPC的规定是不允许的。在授权的从属权利要求的数量是合理的情况下，异议人一定总是期望就该授权的从属权利要求的主题进行讨论。

2.2.4 听证的权利

公约113(1)

通常，小组在决定是否接受迟交材料之前，必须听取当事人的意见。

例如，如果异议人在口头审理程序期间引入了新的异议理由，就必须始终给予当事人发表意见的权利，即使该意见涉及迟交的异议理由以及与其相关的新意见和证据。同样，在异议人提交相关新材料的情况下，必须给予专利权人提出意见和提交修改的机会。如果异议小组同意引入新的事实或证据，而其他当事人没有充足的时间来研究该新的事实或证据，当涉及易于理解的主题时，该小组可能会短时中断口头审理程序，为该当事人提供熟悉上述事实或证据的机会。如果上述方式不可行，根据其他当事人的请求应在口头审理程序之后为其提供陈述意见的机会，适当时可以在另一口头审理程序中提交意见。但是，在可能的情况下口头审理程序尽量不延期。

在可能的情况下，应当在程序之前及时将口头审理程序中引用的法律评论、决定（比如上诉委员会的决定）和有关法律判决的报告告知异议小组和其他当事人。但是，如果在咨询当事人后异议小组同意，也可以在口头程序中首次引用或提交上述材料。

2.2.5 费　用

在异议程序的后期提交的相关事实和证据，例如可能是直到口头审理程序才提交的，如果当事人请求，可能会导致作出费用分摊的决定，参见D部分第Ⅸ章1.2。

有关因延迟提交材料而可能产生的费用另见D部分第Ⅸ章1.4。

3. 第三方意见

公约 115
细则 114(1)

欧洲专利申请依据公约第 93 条的规定公布之后，任何人都可以提交有关发明可专利性的意见。虽然缺乏新颖性和/或创造性是最常见的意见，第三方意见也可涉及清楚（公约第 84 条）、充分公开（公约第 83 条）、可专利性（公约第 52（2）和（3）、53 或 57 条）以及不允许的修改（公约第 76（1）条、第 123（2）条和第 123（3）条）。

第三方意见应当以英语、法语或德语撰写并以书面形式提交，且应当说明其依据的理由。提交意见的人可以不是 EPO 程序中的当事人。提交该意见的优选方式是使用 EPO 提供的网页界面（参见《OJ EPO 2017，A86》）。

细则 3(3)

为佐证意见而提交的文献证据，尤其是出版物可以任何语言提交。但是，EPO 可以要求在指定的期限内向其提交一种官方语言的译文；否则将不考虑这些证据。

尽管会向第三方发出收到其意见的通知书（如果第三方意见不是匿名提交的），EPO 不会专门通知第三方为回应其意见而采取的任何进一步行动。但是，在 EPO 发出的相应通知书（如在通知书或在拟授权通知书中）中将会简要地指明职责小组作出的评价结果，因此公众可以获知。

只要第三方意见有根据并且不是匿名提出的，EPO 将尽可能在审查小组收到公约第 115 条规定的第三方意见之后 3 个月内发出下一次审查意见通知书。当第三方意见是在申请人尚未答复审查意见时提出的，该期限自 EPO 收到答复之日起计算。

细则 114(2)

第三方意见将及时传达给申请人或者专利权人，而其可以对意见进行陈述。如果第三方意见质疑发明的全部或者部分可专利性，EPO 部门的任何未决程序都必须考虑该意见，直到该程序结束。如果第三方意见涉及的所主张的现有技术并非来自文献，而是来自例如使用公开，则只有申请人或者专利权人对第三方所主张的事实没有异议或事实确凿无疑时，小组才会予以考虑。

在口头审理程序中已经宣布或者在书面审理程序中已经发出对申请作出的授权/驳回决定之后收到的第三方意见（参见 G 12/91），将被归入档案中但不会关注其内容。当程序已经不再处于未决状态时（如授权通知公告之后）收到的第三方意见将既不会被考虑，也不提供档案查阅。但是，异议程序开始后该第三方意见将供档案查阅。

在欧洲 - PCT 申请进入欧洲阶段时，EPO 通常会将有关在欧洲直接程序（Euro - direct procedure）中提交的第三方意见的审查实践比照适用于在国际阶段提交的第三方意见。

若第三方意见是在国际阶段提交的，一旦能够获得该意见，EPO 作为指定/选定局将在申请进入欧洲阶段时考虑其内容。审查小组将尽可能在细则第 161 条规定的期限届满后 3 个月内发出下一次审查意见通知书，条件是第三方已经明确表示希望在欧洲阶段获得加快处理，且该意见是非匿名提交且被证实的。因此，希望在欧洲阶段获得该结果的第三方，必须在意见中明确说明这一点或者向作为指定/选定局的 EPO 提交该第三方意见。

4. 外部投诉

外部投诉可以涉及由 EPO 提供的任何服务或者产品，且可以由任何人提出，包括 EPO 程序中的当事人（有关文件处理的查询，参见 E 部分第Ⅶ章 7）。可以在 EPO 网站（epo. org/complaint）上使用在线方式提交投诉。

投诉发送给 EPO 专职部门，该部门负责：

（i）确保公平和有效地处理投诉并保证采取合适的解决措施；

（ii）提供针对投诉的全面回应。

投诉处理程序不会取代 EPC 规定的程序，负责处理投诉的部门也不对程序请求作出决定。因此，由相应程序的相关职责部门作出如下决定：

（a）由程序的一方当事人提出的与特定未决程序的程序性和/或实体性方面有关的投诉。并相应地告知程序的各方当事人。

（b）在 EPO 的程序未决时由第三方提出的与实质问题相关的投诉。该投诉将被作为第三方意见来处理（参见本章 3）。

负责处理投诉的部门随即将有关上诉程序的投诉提交给 EPO 上诉委员会。

公约 128(4)
细则 144(d)

对 EPO 程序具有实质性和/或程序性影响的投诉，以及由负责处理投诉的部门对此作出的答复，仅例外地排除档案查阅（参见 D 部分第Ⅱ章 4.3；以及关于被排除档案查阅的文件的 EPO 局长决定《OJ EPO 2007，J. 3》特刊第 3 号）。

第Ⅶ章　程序的中断、中止和合并

1. 中　断

1.1 程序可以中断的情形

细则 142(1)　根据细则第 142（1）条的规定，EPO 的程序在以下情形下中断：

细则 142(1)(a)　（i）欧洲专利的申请人、专利权人或者依据国家法律授权的代理人死亡或者丧失行为能力。如果上述情形并不影响依据公约第 134 条指定的代理人的授权，则只有该代理人请求时才中断程序。

细则 142(1)(b)　（ii）因为某些反对其所有权的行为，欧洲专利的申请人或专利权人因法律原因而无法继续 EPO 的程序。

细则 142(1)(c)　（iii）欧洲专利的申请人或专利权人的代理人死亡或丧失行为能力，或者因为某些反对其所有权的行为，该代理人因法律原因而无法继续 EPO 的程序。

原则上，EPO 根据细则第 142 条依职权中断程序。但是，在细则第 142（1）（a）条最后一句规定的情况下，只能依请求中断程序。

1.2 负责部门

公约 20　EPO 的法律部门依据细则第 142 条的规定单独负责程序的中断和恢复（参见 2013 年 11 月 21 日的 EPO 局长决定《OJ EPO 2013，600》）。

1.3 中断日期

中断自登记发生之日起（通常可追溯）具有法律效力。在依请求中断程序的情况下，中断自 EPO 收到请求之日起生效。

细则 143(1)(t)　应向各方当事人通知程序中断及其理由。并在《欧洲专利登记簿》中记录程序的中断日期以及恢复日期。

1.4 恢复程序

细则 142(2)　在细则第 142（1）（a）或（b）条所述的情形下，如果 EPO 已被告知继续参加 EPO 程序的被授权人的身份时，其应当通知该被授权人，如适用也要通知任何第三方，程序将自指定日期恢复。

该日期的设定应使该被授权人能够熟悉相关问题。

如果在《欧洲专利公报》上公布该中断日期之后的 3 年内，EPO 未被告知继续参加该程序的被授权人的身份，其可以自行设定希望恢复该程序的日期。

在就涉及的欧洲专利申请/欧洲专利提出所有权继承要求的情况下，该日期可以应合理请求和提交的相关文献证据而推迟。

作为依职权恢复的结果，将由在《欧洲专利登记簿》上登记的申请人/专利权人继续该程序，并且有必要发出程序性通知书和/或缴纳应缴费用（另见 2020 年 5 月 29 日的 EPO 公告《OJ EPO 2020，A76》）。

在中断期间发出的 EPO 通知书和决定将视为无效，并将由职责部门在程序恢复后重新发出。

细则 142(3)

在细则第 142（1）（c）条所述的情况下，当 EPO 已经被告知申请人指定了新代理人，或者当 EPO 已经向其他当事人发出专利权人指定了新代理人的通知时，程序将被恢复。如果在程序中断开始后 3 个月内，EPO 没有被告知专利权人指定了新代理人，其将向专利申请人或专利权人发出如下通知：

细则 142(3)(a)

（i）在公约第 133（2）条（代理人的强制指定）适用的情况下，如果在该通知书发出后两个月内专利申请人或专利权人没有提交信息，该欧洲专利申请将被视为撤回或欧洲专利将被撤销；

细则 142(3)(b)

（ii）在公约第 133（2）条不适用的情况下，程序将自该通知书发出之日起对专利申请人或专利权人恢复。

该通知书的副本将发送给其他当事人。

1.5 恢复期限

细则 142(4)

在程序中断之日尚未届满的期限，自该程序恢复之日按照原定长度重新开始计算，但请求审查和缴纳维持费的期限除外。

如果提出审查请求的期限在程序中断之日尚未届满，该期限将被暂停（参见 J 7/83；另见 E 部分第Ⅷ章 1.4）。因此，程序恢复后该期限为其剩余期间，或者为依据细则第 142（4）条第 2 句规定的至少两个月。

关于在中断期间到期的续费问题，细则第 142（4）条应被解释为将缴费日期推迟至程序恢复的日期（参见 J 902/87）。因此，可以在程序恢复之日按照该日期适用的金额缴纳该维持费，无须缴纳附加费用。也可以在程序恢复之日起6个月内缴纳维持费，但是需要缴纳所属期间内的6个月附加费用（细则第51（2）条）。

如果细则第51（2）条所述的缴纳维持费和附加费的期限在程序中断之日尚未届满，该期限将被暂停，并在恢复之日重新开始计算剩余期限。

2. 由于国家确权程序未决而根据细则第14条中止程序

细则14(1)

如果第三方提交证据表明其已经启动针对申请人的程序，以寻求公约第61条意义上的决定，除非第三方以书面形式向EPO表示其同意继续进行该程序，否则授权程序将被中止。该书面同意是不可撤销的。进一步的规定参见A部分第Ⅳ章2.2及其各小节，以及本章4.1。

3. 待将案件转交扩大上诉委员会审理期间中止程序

如果移交给扩大上诉委员会的案件正在审查中，而审查或异议程序的审查结果又完全取决于移交给扩大上诉委员会的案件的审查结果，则审查或异议小组可以主动或应当事人的请求中止程序。

将通知一方当事人/各方当事人中止程序的意向。如果一方当事人/各方当事人未对中止意向作出答复，或者一方当事人/各方当事人明确表示同意，程序将中止并通知该一方当事人/各方当事人。如果一方当事人/各方当事人书面表示不同意中止意向，而审查或异议小组维持其意见，则将发出中止程序的决定。不得对中止程序的决定或者拒绝中止请求的决定单独提出上诉；只能针对上述决定和关于申请/专利的最终决定一并提出上诉（参见E部分第Ⅹ章3）。

在程序中止期间，欧洲专利申请加快审查计划（PACE）请求将失效。当程序恢复后，程序将再度加快审查。如果程序没有中止，则按照已有惯例作出决定。

因等待扩大上诉委员会对移交案件的审查结果而中止程序，不同于细则第14条规定的中止程序（参见本章2）。

4. 合并程序

如果根据案件的具体情况，审查或异议小组或法律部门认为有利于加快程序，则可以合并程序（参见J 17/92）。

特别是在程序的当事人和基本事实相同的情况下，会考虑合并程序。由职责小组决定是否为了提高程序效率和加快程序而合并程序，如果合并程序，目的是什么。合并可以涉及全部程序步骤也可以只涉及个别程序步骤，如取证或进行口头审理程序。

向当事人通知合并程序。该通知应说明合并程序的目的。当为了取证而合并程序时，应在取证令以及口头审理传唤书的附件中予以通知。通知必须送交合并程序的所有当事人。同样的，当事人仅就其中一项程序提交的材料如果与程序的合并部分有关，则该材料应当包括在所有相关文件中。

在实现其目的之后，应当取消合并，而程序将继续分别进行。同样的，应当相应地通知各方当事人。

除非允许就合并程序的决定单独提起上诉（参见 E 部分第Ⅹ章 3），否则，不可以针对该决定单独提起上诉，但允许就该决定和最终决定一并提起上诉。

第Ⅷ章　期限、权利丧失、进一步审理、加快审理以及重新确立权利

1. 期限与由于未能在期限内作出答复而导致的权利丧失

1.1 确定期限

公约120
细则131

EPC规定了程序中各方当事人的期限。在EPC中，“期限”是指根据相关事件以整年、整月、整周或整天计算的具有确定持续时间的期间（参见J 18/04），在该期间内必须完成对EPO的某项行为。

其中一些期限由EPC的条款规定，例如公约第87（1）条（优先权期限）和公约第99（1）条（异议）。其他期限在细则中规定，例如细则第30（3）条（缴纳滞纳金）、细则第38条（缴纳申请费和检索费）、细则第39（1）条（缴纳指定费）、细则第58条（更正申请文件中的缺陷）、细则第70（1）条（审查请求）、细则第71（3）条（提交权利要求书译文与缴纳授权费和公布费）和细则第112（2）条（权利丧失通知书发出后申请作出决定）。

其他期限采取规定范围的形式，由EPO在该范围之内自行决定确切的期限。

在其他情况下，如细则第3（3）条（提交文献证据的译文）或细则第70（2）条（要求申请人表明其是否希望进一步审查欧洲专利申请）涉及的情况，EPC只规定了一个期间，但未规定其持续时间。该持续时间应当由EPO根据细则第132条指定（参见本章1.2）。

1.2 EPO依据EPC的规定指定的期限

原则上，期限的长度根据处理有关事务可能需要的工作量来确定（最短2个月，最长4个月，例外情况6个月）。但是，为了方便当事人和EPO的工作，通常在期限方面采用统一的做法。当前的做法如下：

(i) 如果需要更正的缺陷仅是形式上或仅是次要缺陷；如果仅需要发出简单通知书，例如根据细则第83条随后提交当事人所引用的文件；或者，如果需要针对次要缺陷的修改给出意见——2个月。

（ii）答复审查或异议小组指出实质问题的通知书——4个月。

（iii）法律部门发出的通知书——2 个月。

在审查程序中，根据公约第 94（3）条发出的通知书附有提交优先权文件译文的要求（细则 53（3）），不论根据公约第 94（3）条发出的通知书指出的异议的严重性如何，答复该通知书以及提交该译文的期限相同且为至少 4 个月。

细则 70(2)　只有在明显不能遵守 4 个月期限的特殊情况下，才可以设定最长为 6 个月的期限。每种情况都必须根据其各自的情况来判断，很难提供一般性指导，但是，如果例如申请或专利的主题或提出的异议异常复杂，则 6 个月的期限可能是合理的。应当注意，在此情况下，只有特殊情况（本章 1.6）才允许延长期限（即超过 6 个月）。当要求申请人提交细则第 70（2）条规定的是否继续审查的指示时，从检索报告公开起 6 个月的期限是合适的。

1.3 可自由确定的期限

对于 EPC 中没有明确规定期限的操作，其期限不受细则第 132 条关于期限的限制。EPO 可以自行设定上述期限。

1.4 期限的计算

细则 131
细则 134　尽管细则第 131 条允许其他可能的形式，但 EPO 通常以整月的方式来指定任何其确定的期限，该期限从发出通知之日起计算（参见 E 部分第Ⅱ章 2）。细则第 131 条详细规定了如何确定期限届满日，而细则第 134 条包括对某些意外情况的规定（参见本章 1.6）。

细则 142　如果程序因申请人或专利权人死亡或因细则第 142 条所列的任何其他原因（参见 E 部分第Ⅶ章 1.1）而中断，期限应遵守细则第 142（4）条的规定。缴纳审查费和维持费的期限暂停（参见 E 部分第Ⅶ章 1.5）。对于细则第 14 条规定的因国家确权程序而中止的程序，除缴纳维持费的期限外，在中止之日尚未届满的期限将中断。细则第 14（4）条的规定适用于程序恢复后期限的计算（参见 A 部分第Ⅳ章 2.2.4）。

1.5 优先权日变更的影响

公约 88(2)　某些期限从优先权日开始计算，或者在具有多项优先权时从最早的优先权日开始计算。如果该日期不再适用（如根据公约第90（5）条的规定丧失优先权），此类期限可自修改后的优先权日起计算。这并不会恢复因期限在丧失优先权日之前已届满所造成的任何权利损失。指南的A部分阐述了应遵循的相关程序（参见A部分第Ⅲ章6.9至6.11）。

1.6 期限的延长

1.6.1 EPO根据细则第132条的规定延长期限

细则132　除EPC规定的不能延长的固定期限外，其他期限的长度均可应请求而延长。该请求必须在规定的期限届满之前以书面形式提交。延长的期限从原始期限的起始日开始计算。

在异议程序中，异议小组提出实质性问题的通知书和由形式审查员发出的通知书的正常答复期限为4个月，要求作出仅是形式上或微小缺陷的通知书的答复期限为2个月（本章1.2），只有在特殊的、有充分证据的情况下，才会批准延长该期限的请求。对于根据细则第101（1）条、细则第79条或细则第81（2）条和细则第81（3）条发出的通知书，程序的所有当事人都可以请求延期，无论在通知书中是否要求其作出答复；如果在特殊情况下允许其中一方当事人延期，则该延期自动适用于所有其他当事人。

在其他程序中，即使是在没有理由的情况下提出延期请求，如果不超过2个月，并且设定的总期限不会因此超过6个月，通常也是允许的。对于更长的延期请求，尤其是当设定的总期限超过6个月时，只有在特殊情况下，提出的理由足以令人信服地表明无法在先前规定的期限内作出答复时，才允许该延期请求。该特殊情况可能是诸如代理人或客户病情严重，以致无法及时处理；或需要进行大量的生物学实验或测试。另外，可预见或可避免的情况（例如休假、其他工作的压力）不足以被认为是特殊情况（参见EPO主管第二总司的副局长决定《OJ EPO 1989，180》）。

如果批准延期请求，应告知当事人新期限。否则，应告知当事人已经生效或将要生效的相关制裁。

如果申请人已经请求延长期限，其申请将从欧洲专利申请加快审查计划（PACE）（参见本章4）中移除（参见《OJ EPO 2015，A93》A.4点）。

在审查程序中，如果申请人未答复根据公约第 94（3）条发出的通知书，则申请将被视为撤回（参见本章 1.8 和 1.9.2）。

公约 106(2)

如果及时提出的延长期限的请求被驳回，且申请人认为不公平，申请人只能通过请求根据细则第 112（2）条的规定作出决定和/或根据公约第 121（1）条和细则第 135（1）的规定请求进一步审理（参见本章 2），以克服由此导致的权利丧失的问题。当请求返还进一步审理费但被驳回时，视具体情况而定，可以与最终决定一并或单独就该决定提起上诉（参见 J 37/89）。

当事人未能在设定期限内答复异议小组发出的通知书，并不会直接导致任何法律后果。相反，异议程序将进入下一个阶段，且这可能是根据公约第 101（2）或（3）条的规定作出的决定。

1.6.2 细则第 134 条规定的期限延长

1.6.2.1 细则第 134（1）条规定的期限延长

细则 134(1)

在期限届满之日，如果 EPO 的至少一个受理处（即慕尼黑、海牙或柏林受理处）不开放接收文件（如因 EPO 的受理处所在地当天为公休日），或由于其他原因邮件未送达（邮件的传输或投递过程中的常规混乱除外，该情况由细则第 134（2）条规定——参见本章 1.6.2.3），该期限延长至全部受理处此后再次开放接收文件后和邮件送达后的第一天。

根据细则第 134（1）条的期限延长也适用于 EPO 根据细则第 2（1）条提供的任何一种电子提交方式无法使用的情况，无论对可能通过发生故障的电子提交方式提交的文件有何限制。

- 如果电子提交方式因定期维护而不可用达到 4 个小时以上，则适用细则第 134（1）条第 2 句的规定。如果电子提交方式的不可用状态持续时间小于 4 小时，且已至少提前两个工作日通知，则不适用细则第 134（1）条第 2 句的规定。

- 在计划外中断的情况下，不能提交文件的用户应当联系 EPO 的客户服务。如果确定是 EPO 的原因导致服务不可用，则该用户不会承担任何不利后果；其还可以要求 EPO 依据细则第 134（1）条第 2 句声明，将错过的期限延长至提交文件之日。

－如果在缴费期限届满之日，EPO 所接受的为欧洲直接申请或欧洲－PCT 申请缴纳费用的缴费方式中的一种不可用，则缴费期限延长至所有缴费方式可用之后的第一天，除非中断持续时间小于 4 小时且至少提前 2 个工作日通知。

更多详细信息，参见《OJ EPO 2020，A120》。

1.6.2.2 细则第 134（2）条和细则第 134（5）条规定的期限延长

细则 134（2）和（4）

如果在缔约国内寄送邮件时出现延误，对于居住在该国的当事人或在该国从事经营且指定了代理人的当事人，在该投递期间到期的任何期限都延长。如果该国是 EPO 的所在国，则延期适用于所有当事人和代理人，不论其居住地在哪里。

将在官方公报上公布该投递延误的开始日期和结束日期。

细则 134(5)

同样，如果一方当事人能够提供证据，证明是由于在 EPC 缔约国的国内或国外发生特殊情况（例如，特别是自然灾害、战争、内乱或 EPO 接受的用于提交文件的任何电子通信手段的一般性故障）而导致了邮件寄送的延误，迟交材料或延迟缴纳的费用将被视为按时收到，前提是：

－该混乱影响到该当事人或其代理人居所或主要营业所的所在地；

－该混乱在所讨论的期限的最后 10 天中仍然存在；

－在混乱结束后 5 天内完成传送或付款；

－有关当事人根据细则第 134（5）条提出正式请求，并附有适当的证据。

1.6.2.3 细则第 134 条的适用范围

细则第 134 条规定的期限延长适用于 EPC 规定的所有期限（参见本章 1.1），特别包括如下期限：

－提交材料的期限，如对 EPO 通知书的答复；

－细则第 37（2）条规定的将提交给缔约国中央工业产权局的申请转交 EPO 的期限（参见 A 部分第Ⅱ章 1.6）；

－公约第 87（1）条规定的优先权期限（参见 A 部分第Ⅲ章 6.6）；

－公约第 99（1）条规定的异议期限；

－根据细则第 159（1）条进入欧洲阶段的期限；

－缴纳费用的期限（参见 A 部分第Ⅹ章 6.1），包括比照适用根据细则第51（2）条缴纳维持费和附加费的届满期限和根据细则第51（3）和（4）条的届满期限（参见A部分第Ⅹ章5.2.4）。

相比之下，细则第134条规定的期限延长不影响：

-提交分案申请时在先申请的未决状态（参见A部分第Ⅳ章1.1.1）；

-根据细则第51（2）条缴纳维持费和附加费的6个月期限的起始日，除非附加费的到期日被推迟至期限届满，例如细则第159（1）（g）条规定的情况（参见A部分第Ⅹ章5.2.4）；

-缴纳分案申请维持费的到期日和细则第51（3）条规定的4个月期限的起始日（参见A部分第Ⅳ章1.4.3）；

-检索的开始日期，其与退还检索费的权利相关（参见A部分第Ⅹ章10.2.1）；

-实质审查的开始日期，其与提交PPH请求（参见本章4.3）或退还审查费的权利（参见A部分第Ⅵ章2.5）相关；

-根据细则第22条（转让登记）或细则第54条（经证明的优先权文件）提出的请求被视为提交的日期，其中缴费日期是决定性的，因为仅在已缴纳了相应的管理费后这些请求才被视为已经提交。

严格来说，延长期限同样不影响细则第116条规定的为准备口头审理程序而提交书面材料的最终日期。但是，审查或异议小组在自行决定是否接受细则第116条规定的日期之后提交的材料时（参见E部分第Ⅲ章8.5（iv）），将考虑细则第134（5）条所述的邮件送达中存在的一般性混乱或其他特殊情况。鉴于细则第116条确定的日期是为了确保为口头审理程序做好充分准备，在该日期之后提交材料的一方当事人必须表明其已经为尽早提交材料做出了合理努力。

1.7 逾期收到文件

细则133(1)

如果逾期收到的文件是在期限届满之前至少5日送交至认可的邮政服务提供商，且在期限届满后3个月内收到，则根据细则第133条的规定，该文件视为已经按期收到。该5日是指自然日而非工作日。该法律拟制适用于对EPO和/或国家主管机构的所有期限，包括公约第87（1）条规定的优先权期限。即使根据法律拟制认为已经遵守期限，但是该文件的提交日仍为其实际收到日。

认可的邮政服务提供商为《万国邮政公约》第1条所指的指定运营商，以及Chronopost、DHL、Federal Express、flexpress、TNT、SkyNet、UPS和Transworld（参见2015年3月11日的EPO局长决定《OJ EPO 2015，A29》）。该文件必须以挂号信或等同形式寄出，而且，如果是在欧洲境外邮寄的则应通过航空邮件邮寄。应EPO的要求，必须提供邮政服务提供商的收件确认书，作为文件已按期送达的证据。

1.8 未能在期限内答复

如果当事人未能在期限内答复，基于不同情况可能会产生不同的法律后果。例如，根据公约第90（2）条和细则第55条，申请将不再继续；根据公约第90（5）条，申请将被驳回或者丧失优先权。根据细则第5条，文件可能会被视为未收到。如果未按时提交审查请求，申请将被视为撤回（公约第94（2）条），并且当申请人不遵守EPO设定的期限（如根据公约第94（3）条答复修改要求的期限）时，也可能会导致上述法律后果。

如果未能遵守特定期限，并且相对于规定了强制性法律后果的情况（如根据细则第82（3）条的规定，未按期缴纳公布费将导致欧洲专利的撤销），EPC中未规定具体的法律后果，则当事人在期限届满后、将决定交由EPO内部邮寄服务部门以传送给当事人之前提交的材料和请求，在后续的程序中视为已经及时收到（参见G 12/91）；然而，所有事实或证据都将被认为未按期提交（公约第114（2）条），另见E部分第Ⅵ章1.2）。

1.9 权利的丧失

1.9.1 权利丧失的情形

细则112

如果程序所涉及的当事人或第三方未能遵守EPC规定的或EPO指定的期限，在EPC规定的某些情况下将导致权利的丧失，而不会作出有关驳回欧洲专利申请，或者授权、撤销或维持欧洲专利，或者取证的决定。

1.9.2 权利丧失的记录和通知

公约 119
细则 112(1)

如果出现本章 1.9.1 中所述的权利丧失的情形时，形式审查员应记录该权利丧失的事实并通知有关当事人。理所当然，将发出通知书以通知该相关当事人（另见 D 部分第Ⅳ章 1.4.1）。

1.9.3 权利丧失的决定

细则 112(2)

如果有关当事人认为 EPO 的裁决不正确，其可以在收到通知书之后两个月内，请求 EPO 就此问题作出决定。

EPO 的职责部门仅在不同意请求作出决定的当事人的意见时才会作出决定；否则将通知请求作出决定的当事人并继续进行程序。由于可以针对此类决定提起上诉，因此必须说明作出该决定所依据的理由。只有受到权利丧失影响的人才会成为上述程序的当事人。

根据细则第 112（2）条请求对根据细则第 112（1）条的通知书的准确性进行复核，与权利丧失的法律救济措施并行共存。为了遵守上述请求的相关期限，建议将适用适当的法律救济措施作为依据细则第 112（2）条请求复审的附加请求（参见本章 2 和 3.1.3）。职责部门将首先审查依据细则第 112（2）提出的请求。如果批准该请求，则不必再审查其他请求，并将退还任何已缴纳的相关费用。如果不批准该请求，则将按照提交的顺序审查各项请求。即使申请人未能在规定的期限内依据细则第 112（2）条请求作出决定，其仍然可以依据公约第 122（1）条和细则第 136（1）条的规定，就该期限请求重新确立权利。

2. 进一步审理

公约 121(1)和(2)
细则 135(1)和(3)
RFees 2(1),12 项

当欧洲专利申请将被驳回或已被驳回，或因未能在规定期限内向 EPO 作出答复而被视为撤回，如果申请人在关于未遵守期限或者权利丧失的通知书发出后的两个月内，提出进一步审理其申请的请求，则允许进一步审查该申请。只有缴纳规定的费用才可以请求进一步审理。必须在提出请求的期限内完成未履行的行为。只有在缴纳进一步审理的相关费用之后，该请求才会被视为已经提交。如果已经按时缴纳进一步审理的费用，但未在提出请求的期限内完成未履行的行为，则该请求不可接受。

如果若干行为具有相同的法律依据，则构成单一的程序行为，并具有单一的期限（参见J 26/95）。就此类期限的进一步审理需缴纳进一步审理所需的单项费用。单项费用的数额取决于构成该单一程序行为的未履行行为的数量和性质。

以下示例用于说明上述规定：

–根据公约第94（1）条以及细则第70（1）条的规定提出审查请求，需要提交书面审查请求并缴纳审查费。由于这两项行为具有相同的法律依据，因此构成了单一程序行为，具有单一期限。如果同时未履行这两项行为，则进一步审理的单项费用为定额费用和审查费的50%的总和（RFees细则第2（1）条第12项第1点和第3点）。如果只是未按时缴纳审查费，则进一步审理的费用为审查费的50%（RFees细则第2（1）条第12项第1点）。如果只是未提交书面审查请求，则进一步审理的费用即为定额费用（RFees细则第2（1）条第12项第3点）。

–如果申请书超过35页，则必须在细则第38（1）和（2）条规定的期限内缴纳申请费和附加费。由于附加费是申请费的一部分，这两项费用的缴纳行为构成了单一程序行为，具有单一的期限。因此，进一步审理应当缴纳一次费用。如果两项费用均未按时缴纳，则进一步审理的单项费用包括申请费的50%和附加费的50%（参见RFees细则第2（1）条第12项第1点）。如果仅一项费用未按时缴纳，则进一步审理的单项费用为该未缴纳费用的50%（参见RFees细则第2（1）条第12项第1点）。

上述原则的例外涉及细则第71（3）条：

–根据细则第71（3）条发出的批准文本的通知书，要求缴纳授权费和公布费，在适用的情况下还需缴纳权利要求费（细则第71（4）条），并在4个月内提交权利要求的译文（细则第71（5）条）。由于这些行为具有相同的法律依据，因此构成了单一程序行为，具有单一的期限。作为进一步审理的单项费用根据未履行行为的数量计算这一原则的例外，RFees细则第2（1）条第12项第2点规定，如果未按时履行细则第71（3）条规定的任何一项或所有行为，为了进一步审理只需缴纳一笔定额费用，即缴纳授权费和公布费以及提交权利要求译文。另外，如果也未按时缴纳权利要求费，则进一步审理的单项费用为定额费用和权利要求费的50%的总和（RFees细则第2（1）条第12项第1点和第2点）。如果仅未按时缴纳权利要求费，则进一步审理的单项费用为权利要求费的 50%（RFees 细则第 2（1）条第 12 项第 1 点）。对于 2009 年 4 月 1 日之前提交的欧洲专利申请和在该日期之前进入欧洲阶段的国际申请，RFees 细则第 2（2）条第 7.2 项规定的任何页面费都是授权费和公布费的一部分。因此，如果没有按时缴纳页面费，则进一步审理的费用为定额费用（RFees 细则第（1）条第 12 项第 2 点）。

不构成单一程序行为的行为具有各自独立的期限，每项逾期都会导致申请被视为撤回。如果上述行为的期限在同日到期，则每项独立期限的逾期都会导致该申请被视为撤回（参见 J 26/95）。无论是在一份通知书或几份通知书中通知申请人未履行程序行为，上述规定都适用。在该情况下，应就每个逾期的期限缴纳进一步审理的费用。具体例子参见本章 3.1.3。

也可以在逾期期限到期之后与发出有关未遵守期限或权利丧失的通知书之间，提出进一步审理的请求。

就未履行行为作出决定的职责部门也负责对进一步审理的请求作出决定。

当未履行的行为是进行实质性答复（如答复扩展欧洲检索报告或答复根据公约第 94（3）条发出的通知书），仅提出程序性请求（如提出口头审理请求）并不符合完成未履行行为的条件，因此不能据此批准进一步审理（参见 B 部分第Ⅺ章 8 和 C 部分第Ⅳ章 3）。

细则 135(2)　通常，进一步审理是在授权前的程序期间对未遵守期限的法律救济，即使后果是部分权利丧失（例如优先权丧失）。然而，对于公约第 121（4）条以及细则第 6（1）条、第 16（1）（a）条、第 31（2）条、第 36（2）条、第 40（3）条、第 51（2）至（5）条、第 52（2）和（3）条、第 55 条、第 56 条、第 58 条、第 59 条、第 62a 条、第 63 条、第 64 条、第 112（2）条以及第 164（1）和（2）条中所述的期限，排除请求进一步审理的可能性。

3. 重新确立权利

公约 122(1)　欧洲专利的申请人或专利权人，尽管根据情况尽到了所有应有的注意，但仍无法遵守 EPO 的期限时，可以申请重新确立其权利。

3.1 请求的可接受性

3.1.1 涵盖的期限

公约122(1)　不遵守期限的直接后果必然是导致欧洲专利申请或请求被驳回，或欧洲专利申请被视为撤回，或欧洲专利被撤销，或丧失任何其他权利或补救方式。这意味着，例如在异议程序中，专利权人就程序中其他当事人的书面陈述或异议小组的通知书提交意见的期限不能重新确立权利。同样，如果未遵守细则第51（1）条规定的缴纳维持费的期限，不能重新确立权利，因为仍然可以根据细则第51（2）条进行有效缴费。

公约122(4)
细则136(3)　对于可请求进一步审理的所有期间以及请求重新确立权利的期间，都不允许重新确立权利。这意味着，在特定期间内排除进一步审理或请求进一步审理的期限已届满的情况下，才可以重新确立权利。在后一种情况下，将针对请求进一步审理的期限（参见本章2），而非最初逾期的期限，请求重新确立权利。

细则131(1)　“期限”是指在其期间必须完成对EPO的行为的特定阶段(参见本章1.1)。因此，例如未能在指定进行口头审理的日期出席，不允许重新确立权利。

以下列举了可以请求重新确立权利的情形。涉及以下期限：

细则51(2)　－缴纳维持费和附加费；

细则135(1)　－针对审查小组依据细则第94（3）条发出的通知书的答复期限，请求进一步审理；

细则82(2)　－在异议程序中提交修改后的权利要求的译文；

细则88(3)　－请求异议小组作出有关费用判定的决定；

公约108　－提交上诉请求书；

公约112a(4)　－向扩大上诉委员会提交复审请求书。

3.1.2 提出请求的资格

公约第122（1）条的措辞意味着重新确立权利只适用于申请人和专利权人。因此，例如就提出上诉的期限（参见T 210/89)，异议人原则上无权要求重新确立权利。然而，已经提出上诉的异议人可以要求就提交上诉理由的期限重新确立权利（参见G 1/86)。如果专利权人就与异议程序有关的期限要求重新确立权利，则异议人是重新确立权利程序的当事人（参见T 552/02和T 1561/05)。

细则22(3)　在转让申请或专利的情况下，重新确立权利的请求只能由已登记的申请人提出（参见E部分第ⅩⅣ章3)。

3.1.3 请求的格式和适用的期限

细则136(1),(2)　通常，重新确立权利的请求应当在未遵守期限的原因消除后两个月内以书面形式提出，但最迟应在未遵守期限届满后一年内提出。未履行的行为应在该期间内完成。

当“未遵守期限的原因”涉及当事人试图履行遵守期限意图中的某些错误时，在负责申请之人意识到未遵守期限的事实之日或者如果尽到了所有应有的注意而应当注意到该错误之日，未遵守期限的原因消除。未遵守期限的原因的消除是必须根据每个单独情形的具体情况来确定的事实。在没有相反情形的情况下，如果已经按时发出细则第112（1）条的通知书，则可以推定收到该通知书即消除了未遵守期限的原因（参见J 27/90)。

与上面描述的其他情况的期限不同，就优先权期限（公约第87（1）条）或向扩大上诉委员会提出复审请求的期限（公约第112a（4）条）重新确立权利的请求，应当在相关期限届满后两个月内提出。

重新确立权利的请求在缴纳重新确立权利的费用之后才被视为提交。

在本章2中所述的有关单一独立程序行为的原则，比照适用于确定重新确立权利的请求数量，特别是用于确定应缴纳的相关费用。当因为未履行一项或多项行为，而导致未履行由上述一项或多项行为构成的单一程序行为时，只需要缴纳一项重新确立权利的费用。当未履行几项独立的程序行为时，每一项行为都导致申请被视为撤回，则应就每一项未履行行为缴纳重新确立权利的费用。

上述原则也适用于就要求进一步审理的期限请求重新确立权利的情况（参见细则第136（3）条)。在该情况下，每一项未遵守期限导致申请被视为撤回并需要请求进一步审理，其数量决定了重新确立权利的请求数量以及重新确立权利所需缴纳的费用。

示例：

一项国际申请包括35页以上的文本，且以EPO官方语言以外的语言公布。未履行细则第159（1）条规定的31个月期限届满后进入欧洲阶段所需的行为。由于具有不同的法律性质，细则第159（1）条所要求的各项行为并不构成单一程序行为，在法律上是独立的，并具有独立的期限。下表提供了有关进一步审理和重新确立权利的示意性说明（有关未遵守细则第159（1）条规定期限的补救措施的信息，参见E部分第Ⅸ章2中的独立段落）。

<table>
<tr><td rowspan="2">未履行的行为</td><td>错过的期限</td><td>进一步审理的费用数量</td><td>重新确立权利的费用数量</td></tr>
<tr><td>（第Ⅰ列）</td><td>（第Ⅱ列）</td><td>（第Ⅲ列）</td></tr>
<tr><td>提交译文</td><td>1</td><td>1</td><td>1</td></tr>
<tr><td>缴纳申请费</td><td rowspan="2">1（单一）</td><td rowspan="2">1
（包括50%的申请费和50%的附加费）</td><td rowspan="2">1</td></tr>
<tr><td>为超过35页文本的申请缴纳附加费</td></tr>
<tr><td>缴纳指定费</td><td>1</td><td>1</td><td>1</td></tr>
<tr><td>缴纳检索费</td><td>1</td><td>1</td><td>1</td></tr>
<tr><td>提交审查请求</td><td rowspan="2">1（单一）</td><td rowspan="2">1
（包括定额费用和50%的审查费）</td><td rowspan="2">1</td></tr>
<tr><td>缴纳审查费</td></tr>
<tr><td>最终需要缴纳的费用数量</td><td>5项未遵守的期限</td><td>进一步审理所需的5笔费用，其中2笔费用由2项费用组成</td><td>重新确立权利所需的5笔费用</td></tr>
</table>

表格第Ⅰ列中列出了独立的未遵守期限的数量。第Ⅱ列指出了对应于每项未遵守期限的进一步审理所需的费用。第Ⅲ列规定了对应于每项未遵守期限的重新确立权利所需的费用。

在该示例中，为使进一步审理的请求得以接受，需要在细则第135（1）条规定的两个月期限内完成未履行的行为（即所有应在31个月的期限内完成的行为）并缴纳进一步审理所需的5笔费用（其中两笔费用都由两项费用组成）。如果错过了该期限，申请人可以就该期限请求重新确立权利。该请求需要在细则第136（1）条规定的期限内完成未履行的行为并缴纳相应数量的重新确立权利的费用。

未履行的行为是指应在31个月内完成的行为，以及为进一步审理缴纳相应的5笔费用的行为。为重新确立权利而缴纳的5笔费用对应于进一步审理的5笔独立费用的数量。

3.1.4 请求的证实

必须说明请求所依据的理由，并应给出所依据的事实。因此，需要说明未能遵守有关期限的确切原因（即妨碍在期限内采取所需行动的事实或障碍），具体说明该原因在什么时间和什么情况下发生和消除，并提出核心事实以使EPO能够考量是否已经尽到了各种情况所需的所有应有的注意以遵守有关期限（参见J 15/10）。未说明导致错过期限的具体事实或事件的一般性陈述，不满足细则第136（2）条关于请求应经适当证实的要求。

一旦请求重新确立权利的期限届满，请求人可以澄清或补充所声称的事实，并可酌情进一步提交证据。但是，请求人不能改变最初请求重新确立权利时所依据的事实基础（参见J 5/94）。在这个阶段提交的任何新的事实都不会被接受，因此不会被裁决机构考虑。

3.2 请求的价值

公约122(1)

只有在证明尽管已经采取了各种情况所需的所有应有的注意措施，但仍无法遵守EPO规定的期限时，申请人才能重新确立权利。应当根据未遵守的期限届满前的情况考虑履行应有注意的义务。“所有应有的注意”是指所有合理的注意，即名义上具有合理能力的专利权人、申请人或代理人在所有相关情况下所采取的注意标准（参见T 30/90）。

对于未遵守期限的原因涉及当事人执行遵守期限的意图时的某些错误的情况，如果未遵守期限是由特殊情况或由正常情况下令人满意的监测系统中的个别错误造成的，则应认为尽到了所有应有的注意。

确定是否存在有理由重新确立权利的特殊情况，取决于该情况的具体个案事实。例如，包括组织动荡和突发重病等。在这种情况下，申请人不仅要证明存在这些情况，而且还要证明尽到了所有应有的注意，例如，通过认真准备重组或存在有效的员工替代制度。

如果主张在通常令人满意的监测系统中存在个别的错误，相关当事人应当说明监测系统通常运作良好。这种系统应当包括一个独立、有效的交叉检查机制。然而，这一要求并不适用于相对较小的实体/专利部门（参见T 166/87和J 11/03）。

履行采取所有应有注意措施的义务首先适用于申请人，然后通过委托，适用于受申请人正式委托代表其提出申请的代理人（参见J 3/93）。申请人和其代理人的义务显然不同，这是由他们之间的关系决定的（参见T 112/89和J 19/04）。在这方面，要考虑授权范围和代理人收到的所有明确指示。

申请人有权依赖其代理人。但是，只要申请人注意到需要给出指示以遵守期限，在这种情况下，其就有责任采取所有应有的注意措施以遵守该期限（参见T 381/93）。专业代理人正确作为，并不能使申请人免于承担因自己的错误或疏忽所导致的后果。

欧洲代理人在EPO的程序中负责，并且应当被推定为持续监督自己的工作（参见T 1095/06）。当专业代理人已经接到客户指示以执行特定程序行为，但未在期限内收到必要的附加指示或所需的手段时，其原则上应当采取一切必要措施，努力从客户处获得这些指示，并确定客户的真实意愿（参见T 112/89和J 19/04）。

专业代理人可以将日常工作，如打字、邮寄信件、注意期限或检查届满日期委托给助理人员。在这种情况下，对助理人员的要求并不像对代理人本人的要求那样严格。但是，代理人必须表明助理人员是经过精心挑选、适当指导和定期监督的（参见J 5/80和T 439/06）。

如果申请人委托另一方来处理有关其申请的事宜，如非欧洲代理人或缴费机构，则应当确定该方已采取了欧洲专利申请人或专利权人所需的应有注意措施（参见J 3/88）。特别的，非欧洲代理人还应当说明，在错过期限时具有可靠的监测期限的系统工作（参见J 4/07）

3.3 重新确立权利的决定

细则136(4)

针对未履行的行为作出决定的职责部门也负责对重新确立权利的请求作出决定。只有在请求未被批准的情况下，才需要说明该决定的理由，异议程序除外，因为异议人是重新确立权利程序的当事人（参见本章3.1.2）。

作出有争议决定的部门，在满足批准中间修改的情况时，应当考虑就未遵守的上诉期限重新确立权利（参见E部分第Ⅻ章7）。然而，该部门只能在公约第109（2）条规定的3个月期限内且满足重新确立权利的条件时（参见本章3.1.1至3.1.4），才能决定允许重新确立权利。在所有其他情况下，应当向主管的上诉委员会提起上诉和重新确立权利的申请。

公约122(3)
细则51(4)

如果该请求被批准，未遵守期限的法律后果将被视为未发生。在错过的期限届满日与同意重新确立权利请求决定的通知日之间可能已经到期的任何维持费，将在后一个日期到期。在该日期之后4个月内仍可有效地缴纳费用。如果在权利丧失发生时缴纳维持费的期限已经到期，但仍可依据细则第51（2）条缴纳，则只要在该期限内缴纳附加费，仍然可以在重新确立权利请求的决定通知日起6个月内缴纳上述维持费。

如果权利丧失发生时，其他期限尚未届满，而不遵守这些期限也会导致权利丧失，那么在同意重新确立权利的请求时，EPO将向申请人发送通知书重新触发这些期限。

4. 欧洲专利申请的加快审查

需要更快的检索或审查的申请人可以要求根据欧洲专利申请加快审查计划（PACE）审查其申请（参见2015年11月30日的EPO公告《OJ EPO 2015，A93》；关于2016年1月1日前提交的PACE请求，另见《OJ EPO 2010，352》）。关于加快欧洲授权程序的其他方式的信息，参见《OJ EPO 2015，A94》）。

应当使用专用的请求表格（EPO 1005表）在线提交参与加快审查程序的请求（PACE请求）。EPO将及时发出收到确认书。非正式提交的申请，即未使用专用表格和/或以纸件形式提交的，EPO将不予处理。

在程序的每个阶段期间，即检索和审查阶段，只能提交一次PACE请求，并且一次只能针对一件申请。在检索期间提交的PACE请求将不会触发加快审查。如果申请人希望加快审查其申请，则一旦申请进入审查阶段，就可以提出PACE请求。

EPO不公布加快检索和/或审查的请求，并且根据2007年7月12日的局长决定（参见《OJ EPO 2007，J.3》特刊第3号），加快检索和/或审查的请求不提供档案查阅。

在下列情况下，申请将被从PACE程序中移除：

- PACE请求已被撤回；
- 申请人已请求延长期限；
- 申请已被驳回；

– 申请已被撤回；

– 申请被视为撤回。

无论EPC规定的法律补救措施如何，均适用上述规定。在这些情况下，申请将不能再恢复至PACE程序中，即在程序的同一阶段期间对该申请的第二次PACE请求将不予处理。

此外，如果未能在细则第51（1）条规定的届满日前缴纳维持费，将暂停加快审查。

仅在实际可行以及检索小组和审查小组工作量允许的情况下，才可以提供根据PACE程序的加快审查。在某些技术领域，根据收到的PACE请求数量可能有所限制。通常，如果申请人请求对其所有或大部分申请进行加快审查，EPO将要求其进行选择以限制其PACE请求的数量。

4.1 加快检索

对于2014年7月1日或之后提交的欧洲专利申请（包括进入欧洲阶段的PCT申请，EPO没有作为（补充）国际检索单位），EPO尽可能在申请日或细则第161（2）条规定的期限届满后6个月内发出扩展/部分欧洲检索报告。因此，不需要PACE请求。

对于在2014年7月1日之前提交并要求优先权（第二次申请）的欧洲专利申请（包括进入欧洲阶段的PCT申请，EPO没有作为（S）ISA），EPO在收到PACE请求后，将尽可能在收到请求后的6个月内发出扩展/部分欧洲检索报告。

不违背上述规定，只能在以下情况下开始加快检索：

（i）在收到申请人对细则第62a条或第63条的通知书的答复后，或在各自的期限届满后。

（ii）在所有情况下：当提交的申请文件足够完整以作出扩展检索报告时。这尤其意味着，只有在已经提交了权利要求书、说明书、所需的译文以及适用时的附图和符合核苷酸或氨基酸序列标准化表示规则的序列表后，才能开始加快检索。

（iii）对于进入欧洲阶段的PCT申请，如果EPO没有作为（S）ISA：即使已根据PACE程序请求加快审查，也要在细则第161（2）条规定的6个月期限届满之后。为了立即开始进行补充欧洲检索，在进入欧洲阶段时申请人应当明确放弃细则第161（2）条和第162（2）条规定的被通知权利，并缴纳任何应缴纳的权利要求费（参见2015年11月30日的EPO公告

《OJ EPO 2015，A93》）。

如果EPO根据细则第64（1）条第2句或第164（1）（b）条已经要求申请人缴纳进一步检索费，在已经收到申请人对缴纳进一步检索费的通知的答复之前，或在相应的期限届满之前，不能起草根据细则第64（1）条最后一句或第164（1）（c）条规定的最终检索报告。

4.2 加快审查

原则上，在审查小组开始对申请负责之后，可以随时请求加快审查（细则第10（2）和（3）条）。

对于进入欧洲阶段的PCT申请，如果EPO也作为（S）ISA，原则上可以在任何时候请求加快审查，例如：

- 在进入欧洲阶段时向EPO提出；
- 与针对第161（1）条的规定要求的WO-ISA、IPER或SISR的任何答复一起提出。

当请求加快审查时，EPO尽可能在审查小组收到申请或申请人根据细则第70a条作出的答复，或者在细则第161（1）条规定的期限届满日，或者在加快审查请求之后（以较晚者为准）的3个月内发出下一次审查意见。

特别是对于进入欧洲阶段的PCT申请，如果EPO作为（S）ISA，即使依据PACE程序已经请求了加快审查，也只能在细则第161（1）条规定的6个月期限届满后开始加快审查。为了立即开始审查，在进入欧洲阶段时，申请人应当明确放弃细则第161（1）条和细则第162（2）条规定的被通知权利，并满足所有相应的要求（参见2015年11月30日的EPO公告《OJ EPO 2015，A94》）。

只要该申请仍在依据PACE程序加快审查，EPO就应尽可能在收到申请人答复后3个月内作出后续审查通知书（参见本章4）。

4.3 专利审查高速路（PPH）

专利审查高速路（PPH）允许对权利要求已经被确定可授权的申请人已提交至PPH伙伴局的相应申请以加快方式审查，同时该PPH伙伴局可以利用现有的工作成果。申请人必须在实质审查开始前向EPO提出请求。

一项PPH请求可以基于：

（i）一个 PPH 伙伴局作为 ISA 或 IPEA 作出的最新 PCT 审查结果（WO－ISA 或 IPRP/IPER）（基于 PCT 审查结果的 PPH）；

（ii）一个 PPH 伙伴局在审查国家申请或已进入国家阶段的 PCT 申请期间，作出的任何国家审查结果（表明权利要求可授权的通知书）（基于国家审查结果的 PPH）。

目前，EPO 的 PPH 伙伴局为：JPO（日本）、KIPO（韩国）、CNIPA（中国）、USPTO（美国）、ILPO（以色列）、CIPO（加拿大）、IMPI（墨西哥）、IPOS（新加坡）、IPA（澳大利亚）、SIC（哥伦比亚）、ROSPATENT（俄罗斯联邦）、MyIPO（马来西亚）、IPOPHL（菲律宾）、EAPO（欧亚大陆）、INPI（巴西）和 INDECOPI（秘鲁）。

5. 异议的加快审理

当针对一项欧洲专利的侵权诉讼在缔约国的国家法院处于未决状态时，异议程序的当事人可以请求加快审理。可以在任何时间提出该请求。请求必须采用书面陈述理由的形式提交。此外，若该缔约国的国家法院或主管机构告知 EPO 该侵权诉讼处于未决状态，则 EPO 也将加快对该异议案件的审理（参见 2008 年 3 月 17 日的 EPO 局长公告《OJ EPO 2008，221》）。

6. 上诉委员会的加快程序

享有合法利益的当事人可以请求上诉委员会加快审理其上诉请求。缔约国的法院和主管机构也可以请求加快审理（参见《OJ EPO 2019，A63》第 10 条“上诉委员会的程序规则”，经《OJ EPO 2021，A19》修正）。

7. 查　询

在特定情况下，EPO 程序的当事人可能需要查询案件的进展情况，从而获知关于下一次审查意见通知书预计何时发出的信息。EPO 初审部门程序中的所有当事人都可以使用特别的查询程序，其适用于 2016 年 11 月 1 日或之后提交的查询请求（参见 2016 年 8 月 2 日的 EPO 公告《OJ EPO 2016，A66》）。

根据该程序，只有使用 EPO 1012 表在线提交的查询才会得到处理和答复。每次只能为一件申请或专利提交查询请求。EPO 将及时发出回执。查询和 EPO 的答复都构成案卷的组成部分，因此可供档案查阅。

具体限制因素可能会对查询的处理时间产生影响。例如，在细则第51（1）条规定的到期日前未缴纳维持费可能会导致EPO延期处理查询。

一般来说，EPO在答复查询时，会考虑有关技术领域的工作量和完成待处理通知书的内部期限，指出预计发出下一次审查意见通知书的期限。

然而，在下列情况下，查询将自动导致EPO在收到该查询后1个月内发出下一次审查意见通知书：

- 2014年6月1日或之后提交的欧洲专利申请（包括进入欧洲阶段的国际申请，而EPO没有作为（S）ISA）的扩展/部分欧洲检索报告未在申请日或细则第161（2）条规定的期限届满后的6个月内发出；

- 根据PACE程序审理的申请或先前已进行过查询的申请的审查意见通知书未在承诺的期限内发出；

以及在收到查询后6个月内：

- 2014年6月1日之前提交且要求了优先权（第二次申请）的欧洲专利申请（包括进入欧洲阶段的PCT申请，EPO没有作为（S）ISA）的扩展/部分欧洲检索报告尚未发出。

与PACE程序不同，提出查询并不意味着对欧洲专利申请的审查进行通常的加快。可以通过单独申请PACE程序来加快对申请的审查（参见本章4）。

8. 放弃权利

8.1 撤回申请或指定

细则15

如果没有第三方向EPO提交证明，表示其已根据细则第14条的规定启动了关于申请权益的程序，则只要申请仍然未决，申请人可以随时撤回申请。关于申请的未决状态，参见A部分第Ⅳ章1.1.1。

公约79(3)
细则39(2)和(3)

这同样也适用于对指定的撤回（另见A部分第Ⅲ章11.3.8）。如果所有指定都被撤回，申请即被视为撤回。

公约87(4)

在18个月公告前及时撤回申请，其优点在于申请的内容将不会被公众所知（参见A部分第Ⅵ章1.2）。此外，如果没有留下任何未决的权利，且该申请没有作为要求优先权的基础，为确定优先权，相同发明的后一申请可以被视为首次申请

（参见F部分第Ⅵ章1.4.1）。如果已经缴纳了审查费，将全部或部分退还（参见A部分第Ⅵ章2.5）。

当专利申请被驳回，直至提出上诉的期限届满之前，程序仍为未决状态。如果申请人未提出上诉，则程序在该期限届满的第二天不再未决。因此，仍然可以在上述期间撤回在书面或口头审理程序中被驳回的申请。

8.2 撤回优先权要求

优先权要求也可以被撤回（参见F部分第Ⅵ章3.5）。如果在为公布申请而进行的技术准备工作完成之前撤回优先权要求，公布将被推迟到提交欧洲申请之日后的18个月，或者在要求多个优先权的情况下，推迟到剩下的最早优先权日之后的18个月（参见A部分第Ⅵ章1.1和A部分第Ⅲ章6.3）。

8.3 撤回声明

任何撤回声明都必须是无保留且明确的。但是，其可能被附带条件，例如，不予公布或退还审查费。无保留且明确的撤回自EPO收到之日起生效。

如果该撤回声明是在口头审理程序中以口头的方式作出的，那么，或者在口头审理程序期间提交一份（手写的）签字确认书，或者小组应当在笔录中确认撤回声明并在口头审理程序中宣读相应的段落以确认。撤回自口头审理程序之日起生效。

8.4 放弃专利

细则84(1)　在异议程序中，专利权人不得通过向EPO提交放弃声明来放弃专利。该放弃声明必须向指定国的有关主管机构提交（参见D部分第Ⅶ章5.1）。但是，如果专利权人明确向EPO表示放弃（surrender，abandonment，renunciation）该专利，则被视为等同于请求撤销该专利（另见D部分第Ⅷ章1.2.5）。

第Ⅸ章　根据《专利合作条约》(PCT) 提出的申请

1. 一般性说明

公约 153(1)(a)和(b)
公约 153(2)
公约 150(2)

根据《专利合作条约》(PCT) 提交并指定"EP"的国际申请 (欧洲 - PCT 申请), EPO 可以作为"指定局"或者"选定局"。如果申请人没有根据 PCT 第Ⅱ章请求进行国际初步审查而进入欧洲阶段, EPO 将作为"指定局"。如果进入欧洲阶段之前, 申请根据 PCT 第Ⅱ章进行了审理, EPO 将作为"选定局"。根据公约第 153 (2) 条的规定, EPO 作为指定局或选定局的国际申请被视为欧洲专利申请。

公约 151
公约 152
细则 157
细则 158

根据公约第 151 条的规定, 依据 PCT, EPO 除了作为指定局和适用时作为选定局外, 还可作为受理局。EPO 还可以作为国际检索单位 (ISA), 根据公约第 152 条的规定作为国际初步审查单位 (IPEA) 和/或根据 PCT 的规定作为进行补充国际检索 (SISA) 的国际检索单位 (另见 EPO - WIPO 协议,《OJ EPO 2017, A115》、《OJ EPO 2018, A24》和《OJ EPO 2018, A35》)。因此, 根据 PCT 规定提交的欧洲申请存在以下几种可能性:

(i) 申请的提交和国际检索在除 EPO 之外的其他专利局 (例如日本特许厅) 进行。EPO 作为指定局。

(ii) 申请是向其他专利局 (例如英国专利局) 提交的, 而国际检索是由 EPO 完成的。EPO 既是国际检索单位又是指定局。

(iii) 申请是向 EPO 提交的, 同时 EPO 又完成了国际检索。此时 EPO 为受理局、国际检索单位及指定局。

(iv) 在上述 (i) ~ (iii) 三种情形中, 申请人另外向 EPO 之外的其他国际初步审查单位提交了国际初步审查的请求。EPO 作为"选定局"。

(v) 在上述 (i) ~ (iii) 三种情形中, 申请人另外向作为国际初审单位的 EPO 提交了国际初步审查请求。EPO 可以履行这一职能, 无论其是否为受理局。然而, 如果在国际检索是由 EPO、奥地利专利局、西班牙专利局、瑞典专利局、芬兰专利局、土耳其专利局、北欧专利局或维谢格拉德专利局作出时, EPO 仅可作为国际初审单位。因此 EPO 既作为国际初审单位，也作为选定局。

(vi) 如果国际检索是由 EPO 之外的其他局完成的，申请人仍然可以请求 EPO 作为补充国际检索单位完成补充国际检索 (SIS)。

在第 (i) 种情况下，将由其他局作出国际检索报告。在第 (ii) 和 (iii) 种情况下，国际检索报告和"国际检索单位的书面意见"(WO - ISA)(PCT 细则第 43 之二条) 由 EPO 的检索小组作出。关于 EPO 作为受理局 (RO)、国际检索单位 (ISA)、国际初审单位 (IPEA) 或补充国际检索单位 (SISA) 的程序的进一步细节，参见《EPO 作为 PCT 机构的检索和审查指南》(GL/PCT - EPO) 和为申请人提供的指南《欧洲 - PCT 申请指南》(EPO 的 PCT 程序)。

2. EPO 作为指定局或选定局

EPO 与国际申请相关的审理程序，除适用 PCT 的规定之外，还需满足 EPC 的要求。如果出现抵触，则优先适用 PCT 的规定。EPO 不能要求遵守与 PCT 规定不同或其之外的与国际申请的形式或内容有关的要求。

由于 PCT 规定和根据 PCT 进入欧洲阶段的国际申请相关的公约第 150 条和第 153 条的要求的优先性，本指南前述章节的说明并不始终适用 EPO 作为指定局或选定局的程序。

本节涉及 EPO 作为指定局或选定局的程序的特定方面。参考 A 部分相应章节中的说明，在本章 2.2 至 2.5 和 2.10 中介绍国际申请进入欧洲阶段时的形式审查与欧洲直接申请的不同之处。

2.1 进入欧洲阶段

2.1.1 进入欧洲阶段的要求

"进入欧洲阶段"本身并不是一个行为，而是需要实施的一系列行为。为了启动欧洲阶段，申请人必须在自申请日起 31 个月内，或在已要求优先权的情况下，自最早的优先权日起 31 个月内，实施下列行为：

- 如果欧洲 - PCT 申请没有以 EPO 的官方语言之一公布，则需提供译文 (参见本章 2.1.3)；
- 指定欧洲授权程序中所依据的申请文件；

-缴纳公约第78（2）条中规定的申请费，包括超过35页的申请的附加页面费（参见本章2.1.4）；

-如果根据细则第39条规定的期限较早届满，则缴纳指定费（以及任何延期费或验证费）（参见本章2.3.11）；

-如果需要作出补充欧洲检索报告，则缴纳检索费（参见本章2.1.4和2.5.3）；

-如果根据细则第70（1）条规定的期限较早届满，则提交审查请求并缴纳审查费（参见本章2.1.4）；

-如果根据细则第51（1）条规定的期限较早届满，则缴纳第三年的维持费（参见本章2.3.12）；

-在适用的情况下，提交公约第55（2）条中提及的参展证书（参见本章2.4.3）。

根据具体申请的情况，申请人可能还需要在31个月的期限内完成以下一项或多项行为：

-缴纳任何需要缴纳的权利要求费（参见本章2.3.8）；

-提交对发明人的指定（参见本章2.3.4）；

-提供要求了优先权的申请的文件号或核证副本（参见本章2.3.5）；

-提供符合标准的序列表（参见本章2.4.2）；

-提供根据细则第163（4）条中关于所有申请人规定的申请人的说明（参见本章2.3.1）；

-指定专业代理人（参见本章2.3.1）；

-提供由受理优先权申请的单位或其代表作出的任何检索结果的副本（参见A部分第Ⅲ章6.12）。

强烈建议申请人使用可从EPO网站（epo.org）上获得的最新版本的1200表的可编辑电子文件，其为在线申请软件（Online Filing software）的一部分或作为新的在线提交（CMS）的一部分。关于可用的提交方法的进一步详情，参见A部分第Ⅷ章2.5。该表格和任何其他文件应当提交给EPO，而不能发送给国际局（IB）或EPC缔约国的主管机构。

细则159(1)(b)

在欧洲阶段的程序所依据的文件最好能够在1200表第六部分中有较好的说明；进一步的细节可以在附加页上提供。申请人应当确保第六部分和/或附加页上的说明对应于为计算超过35页的申请应缴纳的附加（页面）费而提供的第六部分的表中的任何说明（参见A部分第Ⅲ章13.2）。如果申请人已经向作为国际初审单位的EPO提交了实验报告（例如支持创造性的对比例)，则假定 EPO 也可以在欧洲授权程序中加以使用。

如果申请人未指定欧洲授权程序所依据的申请文件，已公布的国际申请以及在国际阶段所做的任何修改都被认为是审理程序的一部分。超过35页的申请所需缴纳的附加费将以已公布的国际申请为基础计算；未指定替换国际公开文本相应页的任何修改页将被视为附加页（参见A部分第Ⅲ章13.2）。

2.1.2 初步审理和形式审查，国际申请的副本

PCT 条约 23
PCT 条约 40
PCT 细则 49.1(a之二)
PCT 条约 24(1)(iii)
细则 159(1)
细则 160
公约 121
RFees 2(1),12 项

在国际阶段，由 PCT 主管机构根据 PCT 的规定对国际申请进行初步审理和形式审查。

在自申请日起31个月内，或在已要求优先权的情况下，自最早的优先权日起31个月内，EPO 作为指定局或选定局不可审理或审查国际申请（31个月的期限）。然而，在31个月的时限到期之前，EPO 将处理所有纯行政事务，例如将与欧洲阶段有关的文件入档以及录入被指定在欧洲阶段代表申请人行事的欧洲专业代理，以确保审理禁止一旦解除能将信函准确送达。由于 EPO 没有实行 PCT 条约第20（1）（a）条相关的放弃制度，国际申请的副本将由国际局提供。在申请进入欧洲阶段时，即使国际局尚未根据 PCT 条约第20条提供副本，EPO 也不要求申请人根据 PCT 条约第22条或第39条的规定提供国际申请副本（参见 PCT 公报 14/1986，2367）。

2.1.3 国际申请的翻译

公约 14(2)和(3),153(4)
细则 159(1)(a)

如果国际申请未以 EPO 的官方语言公布，根据 PCT 条约第22条、第39条和 EPC 细则第159（1）（a）条的规定，申请人应在自申请日起31个月内，或者如果要求了优先权，则从最早的优先权日起31个月内，提供已公布申请的译文（31个月的期限）。翻译的语言决定了 EPO 审理程序的语言。

译文应包括：

PCT 细则 49.5(a)和(k)

（i）说明书（原始提交的；如果适用，发明名称为国际检索单位根据 PCT 细则第37.2条确定的）。

PCT 细则 49.5(a)

（ii）权利要求书（原始提交的）。

PCT 细则 49.5(a)、(d)和(f)

（iii）附图中除“图”（原始提交的）以外的任何文字内容。

注意：关于上述（i）至（iii）项，如果受理局根据PCT细则第20.5之二（d）条更正错误提交的项目或者部分（参见C部分第Ⅲ章1.3），翻译必须包括错误提交的申请文件和正确的申请文件，并标明涉及正确的申请文件以及涉及错误提交的申请文件的具体页面。

PCT细则49.5(a)

（iv）摘要（公布的）。

（v）根据PCT细则第91.3（d）条任何已公布的更正请求。

PCT细则12.1(d)和49.5(a之二)

（vi）包含在序列表中的任何文本内容，除非英文版的该序列表中的文本对于EPO是可获取的；译文应以符合可使用WIPO标准的完整序列表副本的形式提供，包括文本内容的译文。

PCT细则49.3和49.5(h)

（vii）任何单独提供的关于保存生物材料的参考资料。

PCT条约19

PCT细则49.3，49.5(a)(ii)和(c之二)

细则3和137(4)

（viii）如果EPO作为指定局，且申请人希望将根据PCT条约第19条修改的权利要求书作为下一步审理程序的基础。

- 如果提交给国际局，根据PCT条约第19条规定进行的修改，该修改以根据该规定的全部权利要求的译文形式提供，以及根据PCT条约第19（1）条提交的意见陈述；

- 随附信函，说明在提交的申请中进行修改的依据（PCT细则第46.5（b）条），以使审查员了解并考虑该修改（另见本章3.4）。

PCT条约39(1)、36(2)(b)和(3)(b)

PCT细则70.16和74.1(a)

（ix）如果EPO作为选定局，则提交：

- 国际初审报告（IPER）的所有附件，即PCT细则第70.16条中提及的任何替换页和随附信函，使审查员了解修改内容，而不考虑请求保护的申请文件是否和国际初审报告的主题内容相同；

PCT细则76.5(iv)

- 根据PCT条约第19条对权利要求书进行的任何修改（参见上文第（viii）项），如果申请人希望这些修改成为进一步审理的基础而这些修改未附在国际初审报告的附件中（例如，由于申请人认为这些修改由PCT条约第34条所做的修改所代替而未附上）。

PCT条约24(1)(iii)或39(2)

细则160(1)

如果申请人在31个月期限内未提供上述第（i）或（ii）项中任何一项的翻译文件，则根据细则第160（1）条的规定，申请将被视为撤回。

PCT细则49.5(c之二)、(g)和(h)

如果申请人在31个月期限内未提供上述第（iii）至（ix）项中任何一项的翻译文件，EPO将要求申请人在根据细则第

159（1）（a）条的单独通知书发出后两个月内提供译文。这同样适用于以下情形，即如果受理局根据PCT细则第20.5之二（d）条对错误提交的项目或者部分（参见C部分第Ⅲ章1.3）进行了更正，但未提交错误提交的申请文件的译文（与上述第（i）至（iii）项相关）。如果申请人未满足上述要求，则：

PCT条约24(1)(iii)或39(2)
细则160(1)

–对于上述第（iii）至（vii）条的情形，该申请将被视为撤回；

–对于错误提交的申请文件的译文（与上述第（i）至（iii）项相关），在受理局根据PCT细则第20.5之二（d）条对错误提交的项目或者部分进行了更正的情况下，该申请将被视为撤回；

PCT条约39(2)；细则160(1)

–对于上述第（ix）项提及的替换页，该申请将被视为撤回；

PCT细则49.5(c之二)；细则3(2)

–对于上述第（viii）项提及的替换页，EPO将无视根据PCT条约第19条进行的修改；

PCT细则49.5(c)
细则3(1)

–对于上述第（viii）项中提及的随附信函和意见陈述，EPO将无视该信函和该陈述，并且在可适用的情形下根据细则第137（4）条的规定进行审理（参见本章3.4）；

PCT细则49.5(c)
细则3(1)

–对于上述第（ix）项中提及的随附信函，EPO将无视该信函，并且在可适用的情形下根据细则第137（4）条的规定进行审理（参见本章3.4）。

如果根据细则第160（1）条的规定申请被视为撤回，细则第112（2）条比照适用。如果在发出通知书起两个月内申请人提交了译文和进行进一步审理的有效请求（包括缴纳了必要的费用），则权利的丧失被视为未发生过（公约第121条和细则第135（1）条，参见E部分第Ⅷ章2）。

如果国际申请在国际阶段以EPO的官方语言提交并公布，不可能通过将该申请翻译成EPO其他两种官方语言中的任何一种来改变进入欧洲阶段的审理程序语言（参见G 4/08）。在这种情况下，公约第14（3）条意义上的审理程序语言仍然是申请由WIPO国际局公布时所使用的语言。

公约153(4)
公约14(2)

无论是在进入欧洲阶段时根据公约第153（4）条的规定或是根据PCT细则第12.3条或第12.4条的规定提交的译文，可以始终与已提交的申请保持一致。A部分第Ⅶ章7中规定的条件在此适用。

2.1.4 申请费、指定费、实质审查费和检索费

细则159(1)
细则160
RFees 2(1)，12项

根据细则第159（1）（c）条，申请人应当在自申请日起31个月的期限内，或者如果要求了优先权，则从最早的优先权日起31个月的期限内缴纳申请费，包括超过35页的任何附加费用（参见A部分第Ⅲ章13.2）。此外，根据细则第159（1）（d）条，如果细则第39（1）条规定的期限较早届满，则申请人应当在此期限内缴纳指定费。根据细则第159（1）（f）条，如果细则第70（1）条规定的期限较早届满（另见本章2.5.2），也必须在此期限内提交审查请求。如果需要作出补充欧洲检索报告，也应当在此期限内向EPO缴纳检索费（另见本章2.5.3）。如果未能按时缴纳申请费、附加费、检索费、指定费或实质审查费，或未提交审查请求，则该申请将被视为撤回。

如果EPO发现申请由于未缴费或未提交审查请求被视为撤回，将通知申请人该情况（细则第160（2）条）。

根据细则第160（2）条发出的通知书和根据细则第112（1）条发出的通知书是在同一份通知书中一起发出的。为答复该权利丧失通知书，申请人能够请求进一步审理（参见E部分第Ⅷ章2）。

2.2 A部分第Ⅱ章（申请的提交和对提交申请的审查）中的说明

除非明确提及了国际申请，否则A部分第Ⅱ章1中的说明（何地及如何提交申请）不适用于国际申请，包括欧洲-PCT申请。

对应于A部分第Ⅱ章2（有权提交申请的人）的PCT要求更具有限制性，因为一般来说，申请人必须是PCT缔约国的居民或国民，因此不需要进一步审查申请人的主体资格。

A部分第Ⅱ章3（提交的程序）中的内容不适用。

细则56
PCT细则20

如果EPO是指定局或选定局，则适用完全包含在优先权文件（细则第56条）中的延迟提交遗漏部分的规定。根据PCT的规定，受理局也有类似的选择（PCT细则第20.5条至第20.8条）。这两套规定并行适用。为了使依据细则第56条的请求被作为指定局/选定局的EPO所允许，应当在自申请日起两个月内或在受理局根据PCT细则第20.5（a）条发出通知书

后两个月内（参见细则第 56（2）条），连同细则第 56（3）条规定的文件一起提交，而且申请人应当在细则第 56（2）条规定的两个月期限届满之前，根据 PCT 条约第 23（2）条（参见本章 2.8）有效请求了“提前审理”。

PCT 条约 24、25、26、27 和 48
PCT 细则 82 之二和 82 之三
细则 139

此外，适用 PCT 条约第 24、25、26、27 和 48 条，PCT 细则第 82 之二条和第 82 之三条以及 EPC 细则第 139 条。

欧洲 - PCT 申请的申请日（参见 A 部分第Ⅱ章 4（对提交申请的审查））是作为受理局的 PCT 机构根据 PCT 的规定给予的日期，除非作为指定局/选定局的 EPO 根据 PCT 条约第 24 条或第 25 条或 PCT 细则第 82 之三条的规定进行审查后的更正适用（参见本章 2.9）。在错误地提交项目或部分的情况下，根据 PCT 细则第 20.5 之二（d）条确定申请日的程序，参见 C 部分第Ⅲ章 1.3。进入欧洲阶段时的形式审查包括所有必要的检查以判定是否满足细则第 159 条和第 163 条的规定。

如果申请未被视为撤回，则申请的副本将被移交给检索小组，以便在必要时作出任何的补充欧洲检索报告（参见本章 3.1）。

2.3 A 部分第Ⅲ章（对形式要求的审查）中的说明

2.3.1 代理，通信地址

A 部分第Ⅲ章 2（代理）中的说明适用于以官方语言或译文提供的国际申请。有权在 PCT 国际单位执业的代理人不一定被授权在 EPO 执业（参见 PCT 条约第 27（7）条）。

即使在国际阶段代理的代理人是有权在 EPO 执业的专业代理人，这些代理人也并不自动被视为在欧洲阶段被委托。如果任何申请人已经授权他们在欧洲阶段也代表其行事，这些代理人需要相应地向作为指定局/选定局的 EPO 表明自己的身份。在国际阶段代理的专业代理人自动被视为在欧洲阶段被委托的唯一情况是，他们在 EPO 作为受理局、ISA 或 IPEA 的审理程序中被合法地委托为代理人，并且相关文件清楚地表明该委托延伸到了欧洲阶段。同样的原则适用于居所或主要营业所在 EPC 缔约国的申请人由被授权的雇员代理的情况（参见 A 部分第Ⅷ章 1.3）。

建议申请人，特别是未居住在 EPC 缔约国的申请人，及时委托可在 EPO 进行代理的专业代理人，即在 EPO 作为指定局/

选定局启动审理程序之前委托（另见本章2.1.2）。

然而，在细则第159条规定的31个月期限届满之前，在任一缔约国境内无居所或主要营业所的申请人可以自行遵从任何要求，或委托有权在EPO执业的专业代理人代理。这意味着，在任一缔约国境内无居所或主要营业所的申请人可以自行在31个月的期限内签署和提交EPO 1200表、提交修改、提交申请的译文、提出提前审理的请求等。

如果在任一缔约国境内无居所或主要营业所的申请人，在31个月的期限内未自行实施进入欧洲阶段所需的步骤，在该期限届满后，只能通过有权在EPO执业的专业代理人实施这些步骤和其他程序性步骤（例如提出重新确立权利的请求）。

细则163(5)－(6)

如果在需要委托专业代理人的情况下未能委托，EPO将要求申请人在两个月的期限内完成委托。在EPO被告知有（有效）委托之前，申请人实施的任何程序步骤都将被视为没有实施。如果该缺陷没有按时得到补正，该申请将被驳回；申请人可以请求进一步审理（参见E部分第Ⅷ章2）。

细则163(4)－(6)

如果申请人多于一人，且在国际阶段没有提供一个或多个申请人的以下信息，并且在细则第159（1）条规定的31个月期限届满时仍未提供，EPO将要求申请人在两个月内提供这些内容：

(i) 地址；

(ii) 国籍；

(iii) 居住国或主要营业所。

如申请人未能提供以上信息将导致申请被驳回。同样的情况也适用于在31个月的期限届满时没有达到关于代理的要求的情况，其后果与未及时补正缺陷相同。如果申请人未能及时答复上述要求，他们可以请求进一步审理。

居所或主要营业所在EPC缔约国且没有委托专业代理人的申请人（自然人或法人），可以使用与其居住地址不同的通信地址。参见A部分第Ⅲ章4.2.1。

2.3.2 实体要求

尽管国际申请在形式和内容上是否符合PCT的规定通常是在国际阶段确定的，但EPO可以审查进入欧洲阶段的欧洲－PCT申请是否符合PCT细则第11条的规定。如果申请文件不符合该规定，EPO将发出通知书，指出所有不足之处，并通知申请人根据细则第 58 条的规定在两个月的期限内改正这些缺陷。

由于根据细则第 159（1）（a）条提交的译文是为 EPO 作为指定局或选定局的审理程序提交的，因此译文应当符合 A 部分第Ⅲ章 3 中规定的“实体要求”。这些要求总体上与 PCT 的相应要求相同。

2.3.3 授权请求

PCT 的请求授权表格总体上与 EPO 的请求授权表格（EPO 1001 表）相对应，并提供入口以输入细则第 41（2）条中所列的信息，但其中（e）和（f）项所述的项目除外。

2.3.4 指定发明人

细则 163(1)

A 部分第Ⅲ章 5（指定发明人）中规定的要求是，如果申请人不是发明人或不是唯一的发明人，则应在一份单独的文件中指定发明人，无论国际申请的语言如何，都必须遵守这一规定，除非已经在 PCT 请求中指定了发明人。如果已在 PCT 请求中被指定为发明人，后者不能放弃其在已公布的申请中被提及的权利。如果在自申请日起 31 个月内，或者在享有优先权的情况下，从要求的最早优先权日起 31 个月内（31 个月的期限），还没有在国际申请中指定发明人，则 EPO 要求申请人在两个月的期限内提交对发明人的指定。如果不能按时更正这一缺陷，将根据细则第 163（6）条驳回该申请。根据细则第 111 条，将告知申请人这一决定。申请人可以请求进一步审理（参见 E 部分第Ⅷ章 2）。

2.3.5 要求优先权

PCT 细则 17.1 和 17.2

对于国际申请的要求优先权（参见 A 部分第Ⅲ章 6（要求优先权））涉及根据 PCT 要求的日期。

2.3.5.1 优先权文件

通常，A 部分第Ⅲ章 6.7 中提到的在先申请的副本，即优先权文件，由国际局而不是申请人向作为指定局的 EPO 提供。根据 PCT 细则第 17.2 条，EPO 将要求国际局按照标准做法立刻向其提供一份副本，但不得早于国际公布日，或者如果申请人已经请求提前审理（根据 PCT 条约第 23（2）条），则不得早于提出请求的日期。如果申请人已经满足了PCT细则第17.1（a）、（b）或（b之二）条的规定，EPO不得要求申请人本人提供副本。

细则163(2)

如果申请人在31个月的期限届满时，尚未提交在先申请的申请号或副本，则EPO要求申请人在两个月内提交该申请号或副本。然而，细则第53（2）条和2018年10月18日EPO局长决定《OJ EPO 2018，A78》中规定的提供在先申请的副本的要求的例外情况（参见A部分第Ⅲ章6.7），也适用于进入欧洲阶段的国际申请。此外，如果申请人已经遵守了PCT细则第17.1（a）、（b）或（b之二）条的规定，EPO作为指定局不能要求申请人本人向其提供优先权文件的副本（PCT细则第17.2（a）条第2句）。

如果优先权文件没有归档，只要既不存在中间文件（在优先权期间公布的文件），也不存在公约第54（3）条规定的使要求保护主题的可专利性取决于优先权的有效性的文件，仍可开始进行实质审查。在这种情况下，将告知申请人只要优先权文件未提交，就不会被授予专利权。

另外，申请可以在优先权文件未归档的情况下被驳回，条件是相关的现有技术既不是中间文件，也不是符合公约第54（3）条规定的文件，这些文件的相关性取决于优先权的有效性。关于在审查中如何处理这种情况的更多细节，参见F部分第Ⅵ章3.4。

公约88(1)
细则53(3)

如果需要将在先申请翻译成EPO的一种官方语言，则应当根据细则第53（3）条应EPO的要求提交（参见A部分第Ⅲ章6.8及小节和6.10）。

2.3.5.2 关于现有技术的信息

在进入欧洲阶段时，申请人必须提交由首次申请局或代表首次申请局对每件作为优先权的申请所作出的任何检索结果（参见A部分第Ⅲ章6.12）。

2.3.5.3 恢复优先权

PCT（PCT细则第26之二.3条和PCT细则第49之三条）也有恢复优先权的规定（参见A部分第Ⅲ章6.6）。根据PCT的规定，优先权的恢复既可以在国际阶段由受理局进行（PCT细则第26之二.3条），也可以在进入欧洲阶段时由作为指定局或选定局的EPO进行（PCT细则第49之三.2（b）（i）条）。

EPO仅根据其在公约第122条下的惯例适用“应有的注意标准”（PCT细则第26之二.3（a）（i）条和第49条之三2.（a）（i）条；另见E部分第Ⅷ章3.2和2007年11月7日的EPO公告《OJ EPO 2007，692》）。因此，受理局根据“非故意标准”批准的任何恢复优先权的请求，在作为指定局/选定局的EPO不具有任何效力（PCT细则第49条之三.1（b）条）。

PCT细则49之三
公约122
PCT简讯9/2015，10

如下所述，如果申请人已经向受理局提出了恢复优先权的请求，在进入欧洲阶段时，未必需要提出（新的）请求。

如果优先权是由受理局根据“应有的注意标准”恢复的，则不需要向作为指定局/选定局的EPO提出新的请求，因为EPO原则上将承认受理局的决定。但是，如果EPO对是否符合授权标准有合理的疑问，则其将相应地通知申请人。在该通知书中将指出这种质疑的原因，并将规定申请人可以提交意见陈述的时限。

因此，如果申请人希望优先权要求在作为指定局/选定局的EPO的审理程序中有效，在受理局的审理程序中如果存在以下情况就始终应当提出恢复请求：

- 未提出恢复优先权的请求；
- 恢复优先权请求被拒绝；
- 恢复优先权的请求根据“非故意标准”被批准。

仅在满足下列要求的情况下，作为指定局/选定局的EPO将批准恢复优先权的请求：

（i）申请日是在优先权期限届满之日的两个月内。

（ii）尽管已经采取根据情况所需的应有注意措施，但仍未能在优先权期限内提出优先权请求。

（iii）在进入欧洲阶段的31个月期限届满之日或提前进入欧洲阶段的有效日起的1个月内提出恢复优先权的请求（参见本章2.8）；如果申请因未遵守细则第159（1）条的要求而根据细则第160（1）条被视为撤回，则恢复优先权的请求仍可与根据细则第159（1）条在31个月期限内及时提出的进一步审理请求一起提出，或者如果做不到，则与在请求进一步审理的期限内及时提出重新确立权利的请求一起提出。

（iv）恢复优先权的费用（RFees细则第2（1）条第12项）已在第（iii）项提到的期限内按时缴纳；另外，第（iii）

项下的进一步考虑也适用于该费用。

(v) 请求附有未能在优先权期限内提交国际申请的理由说明，并且优选附上支持理由说明的声明或其他证据。

2.3.6 发明名称

关于A部分第Ⅲ章7（发明名称），发明名称只需满足PCT细则第4.3条的较低要求，而无须满足A部分第Ⅲ章7.1和7.2中规定的要求。

2.3.7 禁止事项

由于PCT条约第21（6）条规定的被禁止的陈述或事项可能并非必须删除，因此必须审查申请以确保符合A部分第Ⅲ章8（禁止事项）中的说明。如果EPO被国际局告知已公布的PCT申请中删除了该陈述或事项，受理部门应当确保申请人提供的译文中不包含相应的材料（参见本章2.1.3）。

2.3.8 权利要求费

A部分第Ⅲ章9中提到的缴纳权利要求费的期限是从申请日起31个月，或者如果已经要求了优先权，则从最早的优先权日起31个月（细则第162（1）条）。

细则162(2)　如果届时尚未缴纳，根据细则第162（2）条的规定，仍可在根据细则第161（1）和（2）条规定的6个月期限内缴纳。细则第162（2）条将申请人必须确保在6个月期限届满前缴纳权利要求费的情形分为两种：

细则第162（2）条第1句包括了其中申请人在31个月期限届满后和细则第161条规定的6个月期限届满之前未提交修改的情形。在这种情况下，申请人应当确保在31个月期限内对提交的权利要求书中尚未缴纳的所有权利要求费在细则第161条规定的6个月期限届满之前缴纳。

示例：

一件欧洲－PCT申请X在31个月期限届满时包含27项权利要求。申请人在31个月的期限内缴纳了5项权利要求费。根据细则第161条，他们必须确保在6个月期限届满之前缴纳7项权利要求费。

细则第162（2）条第2句包括其中申请人在31个月期限届满后和第161条规定的6个月期限届满前提交了修改后的权

利要求的情形。在这种情况下，他们应当以细则第 161 条规定的 6 个月期限届满时提交的权利要求为基础，计算应缴纳的权利要求项数费。在该期限届满之前，申请人应当确保缴纳在该期限届满时申请文件中的权利要求项数超过在 31 个月期限内已缴纳权利要求费的权利要求项数而产生的权利要求费。

示例：

一件欧洲 - PCT 申请 Y 在 31 个月期限届满时包含 27 项权利要求。申请人在 31 个月的期限内缴纳了 5 项权利要求费。在 31 个月的期限届满后，在细则第 161 条规定的 6 个月期限届满前，申请人提交了一份包括 32 项权利要求的修改替换页。申请人必须根据 6 个月期限届满时提交的权利要求项数计算权利要求项数费，即 32 - 15 = 17。由于申请人已经缴纳了 5 项权利要求费用，根据细则第 161 条的规定，他们应当在 6 个月期限届满之前缴纳 12 项权利要求费 (17 - 5 = 12)。

如果在细则第 161 条规定的 6 个月期限届满时权利要求项数超过 15 项，则根据细则第 162 (4) 条的规定，对于第 16 项和其后的每项权利要求，如果没有缴纳权利要求费，则视为放弃 (另见 2016 年 12 月 16 日的 EPO 公告《OJ EPO 2016, A103》)。

如果没有按时缴纳权利要求费，相关权利要求应被视为放弃。丧失的权利可以通过请求进一步审理来补救 (参见 E 部分第Ⅷ章 2)。根据细则第 162 (4) 条被视为放弃的权利要求的特征，如果在说明书或附图中也未记载，之后不能重新补入申请中，特别是权利要求中。

2.3.9 附　图

EPC 中关于提交附图的规定 (参见 A 部分第Ⅱ章 5 和 A 部分第Ⅲ章 3.2) 与 PCT 中相应的规定是相同的，因此只要已经遵守了 PCT 细则第 11 条的规定，就无须进行补充审查 (另见本章 2.3.2)。

2.3.10 摘　要

摘要 (参见 A 部分第Ⅲ章 10 (摘要)) 包含在提供给 EPO 的国际申请副本中。

2.3.11 指定费

如果细则第39(1)条规定的期限较早届满(细则第159(1)(d)条)(更多详情参见A部分第Ⅲ章11.2.5),则缴纳指定费的期限为自申请日起31个月,或者如果要求了优先权,则从最早的优先权日起31个月(31个月的期限)。如果在EPO收到国际申请后,在可以开始审理或审查的日期之前,EPC所有缔约国的区域指定被撤回,则对于欧洲－PCT申请,只要根据公约第153(2)条和PCT条约第11(3)条其被视为欧洲申请,则该申请被视为撤回。

关于欧洲－PCT申请向与EPO签订延伸协议或生效协议且已生效的国家延伸或生效的要求,参见A部分第Ⅲ章12。

2.3.12 维持费

细则159(1)(g)

欧洲－PCT申请的维持费应在从受理局给予的欧洲－PCT申请的申请日起第三年和随后的每一年缴纳。如果根据细则第51(1)条的规定,第三年的维持费在进入欧洲阶段的31个月期限内到期,则到期日推迟,并且在31个月期限届满之前,缴纳维持费无须征收附加费(参见A部分第Ⅹ章5.2.4)。

2.4 A部分第Ⅳ章(特别规定)中的说明

2.4.1 分案申请

关于A部分第Ⅳ章1(欧洲分案申请),PCT中没有关于提出分案申请的规定。可就待审的欧洲－PCT申请中包含的主题提交一件或多件欧洲分案申请,但不得在欧洲－PCT申请进入欧洲阶段之前提交(参见A部分第Ⅳ章1.1),即不得在细则第159(1)条(结合PCT条约第22(1)条和第22(3)条)规定的期限届满之前提交(参见G 1/09理由3.2.5),并且其条件是该期限内有关申请应当满足的PCT条约第22(1)条的所有要求都已符合(参见J 18/09)。此外,从申请人提出有效的提前审理请求之日起,可以提交分案申请(参见J 18/09理由9和本章2.8)。

应当遵守细则第36条关于提交分案的要求(参见A部分第Ⅳ章1)。分案申请应当以细则第36(2)条规定的语言提交(参见A部分第Ⅳ章1.3.3)。为了避免在提交分案申请时欧洲－PCT申请被视为撤回，应当在相关期限内满足细则第159（1）条的各项要求（另见本章2.1.2、2.1.3和2.1.4）。

2.4.2 序列表

细则163(3)

关于A部分第Ⅳ章5（涉及核苷酸和氨基酸序列的申请），如果欧洲－PCT申请公开了核苷酸或氨基酸序列，在31个月期限届满时，应当向作为指定局/选定局的EPO提供符合可适用的WIPO标准的电子形式（即TXT格式）的序列表。通常，如果其根据PCT细则第5.2条包含在国际申请中，或根据PCT细则第13条之三向作为ISA/SISA或IPEA的EPO提交，则EPO可以获得该序列表。如果WIPO在PATENTSCOPE上提供该文件，并且可以以可用的形式下载，则EPO也可以获得该文件。

如果序列表对于EPO来说不可获得，而且申请人也没有提交，在31个月期限届满时，将要求申请人按照可适用的WIPO标准以电子形式，即以文本格式（TXT）提供序列表，并在两个月的期限内缴纳滞纳金（参见细则第163（3）和30（3）条）。序列表不需要另外以纸质或PDF格式提交（参见2011年4月28日的EPO局长决定《OJ EPO 2011，372》第1条和第5条，以及2013年10月18日的EPO公告《OJ EPO 2013，542》）。

如果没有在规定的期限内提交所需的序列表，申请将被驳回。该驳回可以通过请求进一步审理来补救（参见E部分第Ⅷ章2）。

2.4.3 参展证书

细则159(1)(h)

关于A部分第Ⅳ章3（在展览会上展出）中描述的要求，对于欧洲－PCT申请，如果相关，则参展证书应在进入欧洲阶段的31个月期限内提交。如果证书未按时提交，将在根据细则第112（1）条的通知书中告知申请人。该疏忽可通过请求进一步审理来弥补，如果在通知书发出后的两个月内申请人提供了证书并缴纳了进一步审理的费用，则批准该请求（参见E部分第Ⅷ章2）。

2.4.4 生物材料

细则31

关于A部分第Ⅳ章4（涉及生物材料的申请），如果在国际阶段尚未满足充分公开发明的具体要求，进入欧洲阶段时，在作为指定局/选定局的 EPO 没有补救办法。但是，如果在提交国际申请时提到了符合细则第 31 条的生物材料的保藏，但没有提交由保藏机构出具的保藏证明的副本，则强烈建议申请人在进入欧洲阶段时提交。另见 F 部分第Ⅲ章 6.5。

如果国际局未以 EPO 的官方语言公布欧洲 - PCT 申请，那么（仅）从 EPO 公布译文之日起，申请中提到的生物材料可以应任何人的要求提供（参见本章 2.5.1）。在这种情况下，如果申请人在 EPO 公布译文的技术准备工作完成之前根据细则第 32（1）条提交声明，有关的生物材料将只能通过向请求者提名的独立专家发放样本来提供（参见 A 部分第Ⅳ章 4.3）。

2.5 A 部分第Ⅵ章（申请的公布；请求审查和传送案卷至审查小组）中的说明

2.5.1 国际申请的公布

公约 153（3）和（4）
细则 159
公约 67

欧洲 - PCT 申请以 EPO 的一种官方语言进行的国际公布取代了欧洲专利申请的公布，并将在《欧洲专利公报》中提及。如果欧洲 - PCT 申请的国际公布是以另一种语言进行的，则应当在自优先权日的 31 个月内向 EPO 提交翻译成官方语言之一的译文（PCT 条约第 22（1）条和细则第 159（1）（a）条），参见本章 2.1.3。EPO 将在进入欧洲阶段时公布申请人提交的申请的译文。在这种情况下，根据公约第 67（2）和（3）条的规定，临时保护仅从 EPO 公布译文之日起生效。

国际申请的译文与著录项目一起作为 A 类文件公开，并包括原始公开的国际公布中的所有文件：

- 原始提交的说明书；
- 原始提交的权利要求书；
- 根据 PCT 条约第 19 条修改后的全部权利要求，包括已提交译文的所有相关声明（参见本章 2.1.3 第（viii）项和第（ix）项）；
- 原始提交的全部附图；
- 作为说明书的一部分的序列表；
- 说明书摘要；
- 申请的所有附件；
- 生物材料保藏的所有证明；

–国际检索报告译文（PCT 细则第 44 之二 . 3 条）。

IPER 的附件的强制性翻译和对进入欧洲阶段时或之后提交的申请文件的所有修改不会公布。

如果 PCT 细则第 20. 5 之二（d）条适用（参见 C 部分第Ⅲ章 1. 3），该公开文本将包括错误提交的申请文件和正确的申请文件的译文。该公开文本的首页将提及 PCT 细则第 20. 5 之二（d）条规定的保留通知适用于该申请的事实。

根据公约第 153（6）条的规定，国际检索报告代替欧洲检索报告。一旦补充欧洲检索报告撰写完成，将在《欧洲专利公报》中提及。补充检索报告本身并不公布，但可以通过查阅档案获得（参见 A 部分第Ⅺ章 2. 2）。

细则 160(1)
细则 165

如果未提供译文，申请将被视为撤回（参见本章 2. 1. 3）。而且，在这种情况下，根据 PCT 已经公布的申请，根据细则第 165 条的规定，不视为包含在公约第 54（3）条规定的现有技术中（参见 G 部分第Ⅳ章 5. 2）。

2. 5. 2 审查请求

公约 153(6)
公约 150(2)
细则 159(1)(f)

细则第 70（1）条规定的用于提交 A 部分第Ⅵ章 2 所述的审查请求的时限，从根据 PCT 条约第 21 条规定的国际检索报告公布之日起算。但是，该时限将不会在细则第 159（1）（f）条规定的期限之前到期（31 个月的期限）。另见本章 2. 1. 4。

欧洲实质审查通常不得在自最早优先权日起第 31 个月届满之前开始（PCT 条约第 23（1）、40（1）条）。唯一可以较早开始审查的情况是，申请人明确提出请求（参见本章 2. 8），并且可获得任何必要的补充欧洲检索报告。

2. 5. 3 补充欧洲检索

细则 70(2)

如果应当就被视为欧洲专利申请的国际申请作出补充欧洲检索报告，申请人有权收到细则第 70（2）条规定的通知书（参见 A 部分第Ⅵ章 2. 2 第 3 段，以及 J 8/83）。提交根据细则第 70（2）条要求的确认书和对补充欧洲检索报告所附的检索意见作出答复的时限，为自通知书发出之日起 6 个月（细则第 70a（2）条和 2009 年 10 月 15 日的 EPO 公告《OJ EPO 2009，533》）。使用 EPO 1200 表进入欧洲阶段的申请人可以通过在第 12. 2 部分中勾选复选框以放弃被询问是否希望进一步审理的权利（参见 2017 年 7 月 7 日的 EPO 公告《OJ EPO 2017，A74》）。

2.6 国际（PCT）申请费用的减免和退还

参见A部分第Ⅹ章9.3和10.2。

2.7 向作为指定局的EPO发送的通知

PCT条约20(1)(a)
PCT细则44之二.2

由国际局将申请文件的副本连同国际检索报告或根据PCT条约第17（2）（a）条作出的声明，送交给根据PCT条约第20（1）（a）条作为指定局的EPO；EPO不要求申请人提供国际申请的副本（PCT细则第49.1（a之二）条）。然后，作为指定局的EPO将审查该申请是否符合EPC的各项规定（特别参见本章2.2和2.3）。

国际局应在自优先权日起30个月内将关于可专利性的国际初审报告（PCT条约第一章）和从申请人那里收到的所有非正式意见传送给作为指定局的EPO。

2.8 提前审理

PCT条约23
PCT细则44之二.2

当EPO作为指定局时，其不得在PCT条约第22条规定的适用期限届满之前处理或审查国际申请（PCT条约第23（1）条）。但是，EPO可以根据申请人的明确请求，随时审理或审查国际申请（PCT条约第23（2）条）。如果国际局（IB）尚未向EPO传送国际申请、ISR和WO－ISA的副本，申请人可以但并非必须向国际局提出这样的请求。如有必要，EPO将自行处理。

PCT条约23(2)和40(2)

PCT条约第23（2）条或第40（2）条规定的提前审理请求可以在31个月期限届满前随时向EPO提出（PCT条约第22（3）条和细则第159（1）条）。该请求不需要特定措辞，但申请人必须明确表示他们希望作为指定局/选定局的EPO提前开始审理其申请。使用EPO 1200表的申请人可以通过勾选第12.1部分中的复选框来提出请求（参见2017年7月7日的EPO公告《OJ EPO 2017，A74》）。

细则159(1)

为了使请求生效，申请人必须遵守细则第159（1）条规定的要求，就像在请求提前处理之日31个月的期限已经届满，即：缴纳申请费（如果申请超过35页，包括根据RFees细则第2（1）条第1a项规定的所有附加费用）、提交译文（如果根据公约第153（4）条需要译文）、提交申请文件的说明书以及缴纳检索费（如果根据公约第153（7）条需要作出补充欧洲检索报告）。必须遵守的细则第159（1）条的规定的进一步要求，取决于请求提前审理的日期，因为缴纳指定费（细则第39（1）条）和维持费（细则第51（1）条）以及提交审查请求和缴纳审查费（细则第70（1）条）的（常规）期限在提交提前审理的请求之日可能尚未届满。因此，如果这些期限中的任何一个在该请求日仍有效（或者，就维持费而言，如果根据细则第51（1）条规定的到期日晚于该请求日），则提前审理的请求将在有关规定未得到满足的情况下生效（PCT条约第153（2）条、第11（3）条）。

如果申请人不仅希望EPO作为指定局/选定局审理其申请，而且希望开始审查申请，则必须提交有效的审查请求（包括缴纳审查费），即使在有效进入欧洲阶段之日时细则第70（1）条规定的时限尚未届满，因为只有在有效提交了审查请求的情况下才会开始审查（参见本章2.5.2）。此外，如果审查请求是在适用时由EPO向申请人发送补充欧洲检索报告之前提出的，则只有在收到申请人希望进一步进行申请的说明和收到对补充欧洲检索报告的答复时（参见本章2.5.3），才会开始审查。

在受理局根据PCT细则第20.5之二（d）条对错误提交的项目或部分进行更正的情况下，根据EPO的保留声明（PCT细则第20.8条），该更正在作为指定局/选定局的EPO的审理程序中无效，想要利用简化程序的申请人（请求忽略正确的申请文件，或者表示希望以收到这些申请文件的日期作为申请日而继续进行包含正确申请文件的申请——参见C部分第Ⅲ章1.3），应当在有效提交提前审理请求时，或最迟在根据PCT细则第20.8（c）条和第82之三.1（c）和（d）条的规定发出通知书之前，相应地通知EPO。

从2017年11月1日起，自动扣款程序可用于缴纳提交申请时应缴的费用（参见《OJ EPO 2017》增刊第5号—存款账户配置（ADA）附录A.1和附录A.2。然而，只有当EPO能够确定是否需要将页面费作为申请费的一部分包括在内时，才能进行自动扣款（参见A部分第Ⅲ章13.2）。这仅当EPO能够获得PCT条约第20条中提到的文件时，即如果存在下列情况，才有可能：

- 在收到提前审理的请求时，国际申请已经公布；

- EPO是受理局；

- EPO作为（补充）国际检索单位或国际初审单位。

如果在提交提前审理请求之日，EPO无法获得任一上述文件，则建议申请人选择其他缴纳方式。否则，应缴的费用将在收到国际局提供的根据PCT条约第20条所述的文件（PCT细则第47.4条）之日被扣除，并且请求提前审理的生效日将被推迟到该日期。

如果根据细则第159（1）（h）条，应当提交参展证书，而未符合该要求时，不会影响提前审理的请求生效，但其将会影响EPO在欧洲阶段考虑的现有技术。

如果在提出提前审理的请求之日，任何必要的要求没有得到满足，该请求将只在所有必要要求得到满足之日生效。

如果在提交提前审理请求之日，进入欧洲阶段的所有必要要求均得到满足，则该请求有效，并且自该日起，该欧洲-PCT申请的审理方式将与在31个月期限内满足细则第159（1）条的必要要求而进入欧洲阶段且未提交提前审理请求的欧洲-PCT申请相同。因此，在该日，国际阶段对作为指定局/选定局的EPO而言终止（参见J 18/09，理由13）。此外，由于通过提交有效的提前审理请求，审理禁令解除，因为从该日起，不可能再要求细则第159（1）条规定的31个月的期限。详见2013年2月21日的EPO公告《OJ EPO 2013，156》。

2.9 EPO作为指定局/选定局进行复查并更正受理局或国际局的错误

2.9.1 由EPO根据PCT条约第25条进行复查

PCT条约25，PCT细则51和细则82之三
细则159（2）

EPO可以根据PCT条约第25条决定允许被视为撤回或不给予申请日的国际申请继续作为欧洲申请。

为了获得作为指定局的EPO的这种复查，申请人必须在PCT细则第51.1条规定的两个月期限内采取以下步骤：

- 要求国际局将档案中的文件副本迅速发送给作为指定局的EPO；

- 在需要时根据细则第159（1）（c）条的规定缴纳申请费；

- 提供欧洲-PCT申请的译文。

建议申请人同时进行细则第159（1）条规定的进入欧洲

阶段的其余步骤，可能的话，同时申请提前审理（参见本章2.8）。

代表审查小组的形式审查员有权就这些申请作出决定（参见2013年12月12日的EPO局长决定《OJ EPO 2014，A6》），而受理部门将根据PCT条约第25（1）（a）条的规定将从国际局收到的所有文件的副本转交给审查小组。如果决定该申请可以继续作为欧洲申请，则按照与其他申请相同的方式进行检索和审查，在适用的情况下，考虑将最初向PCT受理局提交申请的日期作为申请日，并要求享有国际申请的优先权日。

2.9.2 由EPO根据PCT条约第24条进行复查以及根据PCT条约第48（2）条的延误免责

公约24(2)、48(2)
PCT细则82之二
公约122、121

根据PCT条约第24（2）条，即使PCT条约第25（2）条没有要求（另见《OJ EPO 1984，565》，理由4），EPO作为指定局/选定局也可以将申请维持为欧洲申请。根据PCT条约第24（2）条提出的请求与根据PCT条约第25（2）条提出的复查请求受相同的要求制约（参见本章2.9.1），但PCT细则第51条规定的两个月的时限不适用（参见J 19/16，理由6）。这类请求可能需要与公约第122条规定的重新确立权利的请求或与公约第121条规定的进一步审理请求一同提出（参见E部分第Ⅷ章2和3），作为未遵守EPC规定的时限的适当补救手段。

2.9.3 更正受理局或国际局的错误

PCT细则82之三.1(a)

如果申请人向EPO证明，由于受理局的错误导致国际申请日不正确或者优先权要求被错误地认为未提出，并且如果该错误是由EPO自己造成的，EPO将根据EPC进行更正，EPO应当根据申请人的请求更正该错误，并将国际申请视为已获得经更正的国际申请日，或视为优先权要求未被视为未提出（另见本章2.9.1）。

PCT条约11(1)(iii)(d)、(e)，PCT细则4.18，PCT细则20.5之二、20.6，PCT细则82之三.1(b)

此外，如果受理局根据PCT细则第20.5条以援引方式加入遗漏部分而给予国际申请日，作为指定局/选定局的EPO将复查自身是否遵守了PCT细则第82之三.(b)条（i)至(iii)项的要求。特别是，EPO将考虑通过援引方式加入的项目或部分是否确实遗漏。例如，如果国际申请在国际申请日包含一份说明书和一项或多项权利要求，就不可能用优先权申请的项目来替换这些项目。如果增加优先权申请的内容将导致国际申请有两份（或更多份）说明书或两套（或更多套）权利要求书，则也不可能在优先权申请中增加项目。但自2020年7月1日起，这种情况可由受理局根据PCT细则第20.5之二条来处理（关于这种情况下申请日的确定，参见本章2.9.4）。

PCT细则82之三.1(c)、(d)

如果EPO不同意受理局的审查结论，将通知申请人，EPO意于在欧洲专利授权程序中把提供遗漏项目或部分的（较后）日期视为国际申请日期，并根据公约第113（1）条给予申请人意见陈述的机会。在遗漏部分的情况下，申请人也可以请求在欧洲专利授权程序中不考虑有关遗漏部分。在这种情况下，遗漏的部分将被视为未提交，且EPO将在其国际申请日未修改的条件下处理该国际申请。

2.9.4 在错误提交国际申请的项目或者部分的情况下申请日的确定

PCT细则20.5之二、20.8(b之二)

2020年7月1日生效的PCT细则第20.5之二条，允许申请人更正国际申请中包含的错误提交的项目（说明书或权利要求书）或说明书、权利要求书或附图（包括所有附图）中的部分。由于EPO根据PCT细则第20.8（b之二）条作出了保留的通告，如果受理局根据PCT细则第20.5之二（d）条考虑以援引的方式加入正确的申请文件，即不改变申请日，这种援引加入在EPO作为指定局/选定局的审理程序中将不生效。关于确定申请日和作为审理基础的申请文件所适用的程序，参见C部分第Ⅲ章1.3。

2.10 档案查阅

PCT条约30(2)
PCT细则94.2之二

作为指定局，EPO还允许查阅与国际阶段申请有关的档案，条件是申请已经进行了国际公布。上述规定比照适用于档案信息的传递。

PCT细则94.3

作为选定局，EPO允许访问与1998年7月1日或之后提交的申请的国际阶段有关的档案（包括整个PCT条约第二章的文档），条件是申请已经进行了国际公布，并且就PCT条约第二章的文档而言，国际初审报告（IPER）已经完成。

上述规定比照适用于档案信息的传递（参见A部分第Ⅺ章2和3）。

3. 根据细则第161条的通知书

3.1 已作出补充欧洲检索报告的申请

如果EPO还未作出国际检索报告(作为ISA)或补充国际检索报告(作为负责补充国际检索的机构(SISA)),根据公约第153(7)条,应当对申请进行补充欧洲检索(参见B部分第Ⅱ章4.3.2);并相应地发布补充欧洲检索报告和检索意见(参见B部分第Ⅺ章1和2)。然后按照C部分第Ⅲ章4的规定发出第一次审查意见通知书。

细则161(2)　在这种情况下,进入欧洲阶段后,将立即要求申请人在6个月的期限内修改申请文件(参见2010年6月29日的EPO公告《OJ EPO 2010, 406》,以及2009年10月15日的EPO公告《OJ EPO 2009, 533》)。在作出补充欧洲检索报告和检索意见时,将考虑在该期限内提交的所有修改和意见。补充欧洲检索将以截至该期限届满前最后一次提交并缴纳了所有应缴的权利要求费的权利要求为基础进行。

申请人可以但并非必须对除EPO以外的单位作出的WO-ISA(国际检索单位书面意见)、IPER(国际初审报告)或SISR(补充国际检索报告)作出答复,通常是以与1200表一起提交的修改和/或意见陈述的形式,或对根据细则第161(2)条的通知书作出答复。如果申请人确实对WO-ISA、IPER或SISR作出了答复,补充检索报告和检索意见的撰写将考虑该答复(参见B部分第Ⅱ章4.3和B部分第Ⅺ章2)。

为了不必等到细则第161(2)条规定的6个月期限届满而直接进行补充欧洲检索,申请人可以明确放弃根据细则第161(2)条和第162条中沟通的权利。如果除放弃权利之外,申请人已经缴纳了所有应缴的权利要求费,则不会根据细则第161(2)条或第162条发出通知书(参见2011年4月5日的EPO公告《OJ EPO 2011, 354》)。如果未完全缴纳,将发出通知书,并且即使已经根据PACE程序提出了请求,也只有在6个月期限届满后才会审理申请(参见E部分第Ⅷ章4)。

在这类案件的审查中准备作出第一次审查通知书时,审查员可能应当考虑国际检索报告(以及相应的国际可专利性初步报告（IPRP）或国际初审报告（IPER））、任何补充国际检索报告（SISR）、欧洲专利局作出的任何补充欧洲检索报告（以及相应的检索意见）（参见 B 部分第Ⅱ章 4.3），以及针对这些报告提交的任何答复（参见 C 部分第Ⅱ章 3.1）。

3.2 没有作出补充欧洲检索报告的申请

细则 161(1)

如果 EPO 已经撰写了国际检索报告（ISR）或补充国际检索报告（SISR），则将不作出补充欧洲检索报告（参见 2009 年 10 月 28 日行政委员会的决定《OJ EPO 2009，594》，以及 B 部分第Ⅱ章 4.3.1、4.3.2）。在这种情况下，国际检索单位书面意见（WO－ISA）或含有根据 PCT 细则第 45 之二.7（e）条的解释的补充国际检索报告（SISR）和——如果 EPO 也是 IPEA（国际初审单位）——国际初审报告（IPER）已经在国际阶段发送给申请人。

申请人需要对 EPO 作出的 WO－ISA 或 SISR 给出答复，或者在适用情况下，对 EPO 作为 IPEA 作出的 IPER 给出答复。这不适用于已经提交的修改或意见，这些修改或意见可以被认为是答复（符合某些要求，参见本章 3.3.1）。答复的期限为自根据细则第 161（1）条的要求之日起 6 个月，且不得延长。

根据细则第 161（1）条的通知书在进入欧洲阶段的期限届满后被立即发出，并且与根据细则第 162（2）条要求申请人缴纳所有应缴的权利要求费的通知书合并发出（参见本章 2.3.8）。

如果未在该期限内对 WO－ISA、SISR 或 IPER 作出答复（提交修改和/或意见陈述），将导致根据细则第 161（1）条申请被视为撤回，除非适用本章 3.3 中所述的例外情况之一。对于这种权利的丧失，可以进一步审理（参见 E 部分第Ⅷ章 2）。在所有情况下，只要申请未被视为撤回，在撰写第一次审查通知书时（参见本章 4.3.2）或根据细则第 164（2）条发出通知时（参见 C 部分第Ⅲ章 2.3），都将考虑根据细则第 161（1）条规定的期限届满后案卷中最新提交的申请文件。

为了继续对申请进行审理，而不必等到 6 个月的答复期限届满，申请人可以明确放弃根据细则第 161（1）条和细则第 162 条中沟通的权利。只要在进入欧洲阶段时，申请人也已经按要求对 WO－ISA、IPER 或 SISR 进行了答复，并缴纳了权利要求费，则不会根据细则第 161 条和细则第 162 条发出通知书（参见 2011 年 4 月 5 日的 EPO 公告《OJ EPO 2011，354》）。如果不是这种情况，即使存在根据 PACE 程序的请求，也将发出通知书，并且只有在 6 个月期限届满后才会审理申请（参见 E 部分第Ⅷ章 4）。

如果 EPO 是选定局，国际初审报告及其所附文件必须根据本章 4.3 进行审理。

如果要求提供优先权文件的译文（参见 A 部分第Ⅲ章 6.8 和 F 部分第Ⅵ章 3.4），只有在细则第 161（1）条规定的期限届满后，审查小组才可以根据细则第 53（3）条发出提交通知（参见 A 部分第Ⅲ章 6.8.2）。

3.3 不需要答复细则第 161（1）条通知的例外情况

在某些情况下，即使 EPO 是 ISA 或 SISA，申请人也无须对根据细则第 161（1）条的通知书作出答复。

3.3.1 较早提交的修改或意见

如果已经提交了可被视为有效答复的修改或意见，则可能没有必要对根据细则第 161（1）条的通知书作出答复。下列情况属于此种情形：

（i）如果申请人在进入 EPO 审理的地区阶段时提交了新的修改和/或意见，如果：

－申请人在进入欧洲阶段时已经表示，这些修改和/或意见将构成申请进一步审理的基础（参见本章 2.1.1），并且：

－它们构成有效的答复（参见 B 部分第Ⅺ章 8）。

（ii）如果申请人在国际阶段根据 PCT 条约第 19 条和/或 PCT 条约第 34 条提交了修改，并且 EPO 作出了 WO－ISA 或 SISR，但没有作出 IPER（或者由于申请人没有要求 PCT 条约第二章的初审，或者由于 IPEA 是除 EPO 以外的其他局），那么这些修改被认为是针对 WO－ISA 或 SISR 的答复，只要申请人：

－在进入欧洲阶段时已经表示坚持这些修改；

－已经提供了根据 PCT 条约第 34 条修改文本的副本，该修改向除 EPO 以外的 IPEA 提交，并提交了翻译成审理程序语言的所有必需的译文。

如果已经根据 PCT 条约第 19 条或第 34 条提交修改，并在作为 IPEA 的 EPO 作出 IPER 时考虑在内，则这些修改不被视为按照细则第 161 (1) 条的要求对 IPER 的答复；在这种情况下，申请人需要在细则第 161 (1) 条规定的 6 个月期限内对 IPER 作出答复。

如果已经提交的修改不符合细则第 137 (4) 条的规定，则应在答复细则第 161 (1) 条的通知书时作出必要的说明 (参见本章 3.4)。

在上述 (i) 和 (ii) 的情况下，如果申请人明确放弃了这些权利，并且已经缴纳了所有应缴的权利要求费，则不会发出依据细则第 161 (1) 条和细则第 162 条的通知书 (参见本章 3.2)。

3.3.2 肯定性国际检索单位书面意见 (WO－ISA)、补充国际检索报告 (SISR) 或国际初审报告 (IPER)

如果国际检索单位书面意见 (WO－ISA)、任何补充国际检索报告 (SISR)，或在适用的情况下，由 EPO 作出的后续 IPER 是肯定性的 (根据 B 部分第Ⅺ章 3.9 中对欧洲检索意见说明的相同原则)，仍然会根据细则第 161 (1) 条的规定向申请人发送通知书，但无须作出答复。

如果申请人已经明确放弃了他们的这些权利，并且已经缴纳了所有应缴的权利要求费，则不发出根据细则第 161 (1) 条和第 162 条的通知书 (参见本章 3.2)。

3.3.3 2010 年 4 月 1 日前发出的细则第 161 条的通知书

在 2010 年 4 月 1 日之前已经发出细则第 161 条的通知书的情况下，不要求对 EPO 作出的 WO－ISA 或 EPO 作为 IPEA 作出的 IPER 进行答复；如果申请人在进入 EPO 的地区阶段时没有提交任何修改或意见陈述，则第一次通知书基本上将基于 EPO 作出的所述 WO－ISA 或 IPER 的内容。

3.3.4 对细则第 161 (1) 条通知书的主动答复

在本章 3.3.1 中提到的第 (i) 和 (ii) 种情况以及本章 3.3.2 中提到的情况中，申请人不需要对 EPO 作出的 WO－ISA、SISR 或 IPER 进行答复 (对根据细则第 161 (1) 条的通知书的答复)，但是如果他们愿意，仍然可以通过提交进一步的修改和/或意见进行答复。同样，建议在提交任何此类修改时使其满足细则第 137 (4) 条的规定，从而避免根据细则第 137 (4) 条的进一步通知书。

3.4 细则第 137 (4) 条的适用

细则 137(4)

对于自 2010 年 4 月 1 日以来由 EPO 作出了国际检索报告或补充欧洲检索报告的欧洲 - PCT 申请，如果构成进一步审查基础的修改是在细则第 161 (1) 条规定的期限期间或更早提交的，则必须遵守细则第 137 (4) 条的要求 (必须在提交的申请中指明这些修改并说明其依据)。如果申请人在细则第 161 (1) 条规定的期限届满时仍未满足这些要求，审查小组可以根据细则第 137 (4) 条发出通知书，要求申请人在 1 个月的期限内提供这些信息。如果不及时答复，将导致申请被视为撤回 (参见 H 部分第Ⅲ章 2.1 和 2.1.1)。审查小组可以在根据公约第 94 (3) 条和细则第 71 (1)、(2) 或 (3) 条发出通知书之前，根据细则第 137 (4) 条发出通知书。对国际阶段的修改也有相应的要求 (PCT 细则第 46.5、66.8 和 70.2 条)。

4. 审查程序

4.1 在审查中发出至少一次通知书

如果在申请人已经提交了其对 WO - ISA (国际检索单位书面意见)、SISR (补充国际检索报告) 或 IPER (国际初审报告) 的答复后 (按照细则第 161 (1) 条的要求)，申请中仍然存在缺陷，审查小组在随后的审查程序中一般会根据公约第 94 (3) 条和细则第 71 (1) 和 (2) 条的规定至少发出一次通知书，并且将在作出决定或口头审理传唤之前考虑申请人的答复。无论是否已经根据细则第 164 (2) (a) 条发出了通知书，这都适用。在特殊情况下，口头审理传唤书可以作为审查程序中的第一次通知书发出 (参见 C 部分第Ⅲ章 5)。

4.2 EP 阶段不审查多项发明

虽然根据 PCT 条约第二章，在 EPO 是国际初审单位 (IPEA) 的情况下，如果已经缴纳了进一步的审查费 (或如果审查员已经选择不要求申请人缴纳进一步的费用)，可以在一份 IPER 中审查申请人的多项发明，但在欧洲程序中，将仅审查一项发明。

细则 164(2) 在为一项因为没有缴纳应缴的检索费而未被（补充）国际检索报告、补充欧洲检索报告或根据细则第 164（2）条进行的检索所涵盖的发明寻求保护的情况下，审查小组应当要求申请人将申请限定到这些检索之一所涵盖的一项发明。细则第 164（2）条规定的程序在 C 部分第Ⅲ章 2.3 中详细说明。

细则 137(5) 如果在收到（补充）欧洲检索报告之后，或者在适用的情况下，在根据细则第 164（2）（b）条发出通知书后，申请人提交了与任何原始要求保护的发明不同且未同这些发明组合形成一个发明构思的发明相关的修改后的权利要求书，则会根据细则第 137（5）条提出反对意见（另见 F 部分第Ⅴ章 7 和 H 部分第Ⅱ章 6）。

4.3 对附有 IPER 的欧洲 – PCT 申请的实质审查

实质审查与其他欧洲申请的实质审查以相同的方式进行。如果 EPO 是国际初审单位，国际初步审查通常由负责审查相关欧洲 – PCT 申请的审查员进行。

公约 14(1) 待审申请将附带一份以 EPO 的一种官方语言作出的国际初审报告。使用原始语言的新文件可作为报告的附件（PCT 条约第 36（3）（a）条和 PCT 细则第 70.16 条）。该申请还将附有由申请人递交的附件的译文，译文的语言与国际初审报告的译文语言相同（PCT 条约第 36（3）（b）条）。

PCT 条约 41 和 42 审查必须按照 PCT 条约第 41 条和第 42 条进行。PCT 条约第 41 条和第 42 条规定：

细则 159(1)(b)
细则 161 （i）应当根据 PCT 细则第 78.1（b）条或第 78.2 条规定给予申请人在指定期限内修改权利要求、说明书和附图的机会（另见细则第 159（1）（b）条和第 161 条）；

（ii）EPO 不能要求申请人提供与任何其他选定局的与涉及同一申请的审查相关的任何文件的副本或内容信息。

4.3.1 对比实验结果

如果 EPO 已经完成了 IPER 并在其中要求提交实验报告，当申请人使用进入 EPO 作为选定局的欧洲阶段的标准表格，即 1200 表时，EPO 认为申请人同意使用这些实验报告作为在 EPO 中审理程序的基础。如果未使用该表格或者涉及实验报告的 IPER 由另一个国际初审单位作出，则要求申请人为欧洲申请提供这些报告。

4.3.2 实质审查的基础

通常，在国际初审报告中指出的构成该报告基础的文件也将构成 EPO 作为欧洲阶段选定局进行实质审查的基础。在国际初步审查期间提交并替代先前提交的文件的新文件（权利要求书、说明书、附图）将附在国际初审报告中。如果附在国际初审报告中的附件使用的语言不同于欧洲阶段审理欧洲申请的语言，则应当要求申请人在规定期限内以审理的语言提交文件。

申请人也可以请求以国际申请公布的文本或进入欧洲阶段时提交的修改作为基础进行审查。如果申请人对此的声明不清楚，审查员将需要核实这一情况。

4.3.3 对 IPER 内容的考虑

细则 161(1)
细则 159

如果国际初审报告已由 EPO 作出，则认为该报告是出于审查目的的审查意见，并且一般来说，第一次通知书将基于 IPER 中表述的意见和申请人根据细则第 161（1）条提交的对其的答复来发出（如果适用，参见本章 3)。如果明显存在与评价可专利性相关的新事实（例如，如果还将引用进一步的现有技术文件，或存在预料不到的效果的证据)，或 PCT 和 EPC 对实质可专利性的要求存在区别时，或申请人在根据细则第 161（1）条对 IPER 的答复中提供了具有说服力的理由、适当的修改或相关的反证，或者相反，申请人在对 IPER 的答复中提交了修改，引入了进一步的缺陷，则可能不按照该意见进行审查。

对由其他国际初审单位作出的审查报告应当仔细审查。如果国际初审报告中提出的理由合理，则不应忽视。

第X章 决 定

1. 决定的基本原则

1.1 一般性说明

公约106(1)
公约113(1)

可上诉的决定由受理部门、审查小组、异议小组和法律部门作出。除非另有规定，本章中所述的原则适用于所有这些决定。它们也适用于受委托从事这项工作的形式审查员作出的决定（参见2013年12月12日的EPO局长决定《OJ EPO 2014，A6》，以及2015年11月23日的EPO局长决定《OJ EPO 2015，A104》）。

根据公约第113（1）条，EPO只能基于相关当事人已有机会提出意见的理由或证据作出决定。

这项规定的目的是确保任何一方都不会因为没有机会提出意见而对针对其申请的决定的理由感到意外。

1.2 对期限的考虑

除非受到时限影响的所有当事人明确同意不再发表意见，或在期限届满之前已提交了他们的最终意见，否则在所有期限届满之前不能作出决定。然而，按照细则第71（5）条的规定，一旦申请人被视为已认可送交给他的文本，并且满足了所有其余形式要求，即便此时细则第71（3）条通知书中规定的期限尚未届满，也可以作出授予专利权的决定。

此外，通常在正式期限（但自该期限后当事人不可获得权利）之后紧跟的EPO内部期限（如20天）届满之前将不作出决定，以确保在正式期限结束时收到的文件在作出决定时实际上已纳入案卷，并且可以在决定中加以考虑。

有关在期限届满之后收到的意见陈述和申请文件，参见E部分第Ⅷ章1.8。

1.3 形式和内容

决定应以书面形式作出。这同样适用于口头审理程序结束时所作的决定（参见E部分第Ⅲ章9）。

由于决定的形式和内容取决于每个具体案例的要求，因此对其无法做全面的规定。

书面决定应包含：

–审理程序所涉及当事人（申请人、专利权人、异议人）的姓名，以及代理人的姓名（如果适用）；

–决议（执行部分）；

以及，如有必要：

–事实与所提交的材料；

–理由；

–告知上诉的可能性（细则第111（2）条）；

以及：

–负责的工作人员的签名和姓名。

细则113(1) 即便在决定中没有包含有关补救方式的信息的情况下，如果决定不正确，例如授权未以申请人已经认可的文本作为基础，则申请人仍可提出上诉。

如果决定是由负责的工作人员用电脑作出，则可以用EPO印章代替签名。如果决定是电脑自动生成，则工作人员的姓名也可省略（细则第113（2）条）。

1.3.1 决 议

决议（或“执行部分”）必须明确说明当事人的请求以及这一请求得到满足的程度（参见T 756/14）。例如，可以按如下形式撰写：

“根据公约第97（2）条，对欧洲专利申请……在此予以驳回”；

“对欧洲专利……的异议请求在此予以驳回”；

“关于重新确立权利的请求在此予以驳回”。

1.3.2 事实及意见

作出决定的部门或小组应当给出对决定具有重要意义的事实和意见。

决定应当基于事实，给出对案情的简要描述、对决定所依据的主要理由的概述，以及对当事人最重要答复的概述。但是，这些要点应在后面的理由部分予以详细论述。

1.3.3 理 由

陈述理由必须首先列出并论证作出决定的理由，并引用所涉及的各个EPC条款和细则。

关于审查小组或异议小组作出的决定，参见本章2.6。

作出决定的机构将根据需要基于构成决定基础的一个或多个理由撰写决定。至关重要的是，已经给予各方当事人机会对决定所依据的所有理由进行意见陈述。

当决定中使用了几个理由时，必须将它们有逻辑地联系起来，特别是避免在后的理由与在先的理由相矛盾。此外，理由链应以主要理由为起点。

在决定中须仔细审查和全面论述审理程序的当事人提出的所有重要观点。

在个别情况下，也可以考虑仅满足当事人请求的决定理由。例如，如果为请求重新确立权利援引了一些理由，而仅其中一个理由可以证明其重新确立权利是合理的，则就恢复权利作出合理的决定可能是适当的，以便于阐明官方决定。

2. 审查或异议小组作出的决定

在实质审查中，申请人应当有机会针对所引用的不利于其申请的所有理由陈述其意见。

在申请被审查小组驳回之前，应完成根据公约第54（3）条进行的检索（另见C部分第Ⅳ章7.1）。

在异议程序中，如果专利权将被撤销，则应当确保特别给予专利权人足够的机会为自己辩护，并且同样，如果异议将被驳回或者尽管有异议人提出了请求，但专利仍以修改的方式得以维持，则应当确保特别给予异议人同样的机会。决定可以基于一方当事人在文件中提出的理由，只要该文件已经发送给其他各方当事人，以使他们已有机会发表意见。

如果从发送“仅供参考”的文件到发出决定的时间已经超过两个月，这通常意味着当事人已有足够机会发表意见，并且因此其听证权未受侵犯（参见T 263/93）。

如果专利权以修改的方式得以维持，专利文本应当包含经专利权人认可的权利要求书和说明书的文本（参见D部分第Ⅵ章2），并且异议人应当已有机会发表意见。

2.1 示 例

听证权不仅是陈述意见的权利，也是使这些意见得到适当考虑的权利。当事人提交的修改和意见陈述需要得到考虑，并且应当给予当事人机会对审查小组提出的理由和证据发表意见

（参见 T 1123/04 和 T 852/07）。除非是在口头审理中已经引用的文献，否则不得在决定中首次引用（参见 T 635/04）。可以在决定中使用仍以事先告知的理由和证据为基础的新论点（参见 T 268/00 和 T 1557/07）。

如果案件被上诉委员会移交进行进一步审理，审查小组应当核查上诉前的审查程序的要求是否仍未得到满足，并且应当给予当事人一次发表意见的机会（参见 T 1494/05）。如果对决定起到关键作用的事实和理由已由一方当事人提交，且如果已经给予了案件将被驳回的一方当事人充足的时间以进行意见陈述，则公约第 113（1）条中规定的有关听证权的原则已得到遵守。如果异议程序中的决定是基于在审查程序中提出的理由，而非在异议请求书、当事人的意见陈述或异议小组的通知书中提出的理由，则这些理由应当由异议小组在作出决定之前在异议程序中提出（即提出以供讨论），从而给予当事人陈述意见的机会。如果异议是因缺乏创造性而提出的，那么专利权人应当预见到，在异议程序中重新指定的现有技术将会结合独立权利要求前序部分中记载的现有技术一并考虑。然而，如果新的事实和理由是在异议程序中提出的，或者预期的决定将基于的事实和理由未能清晰明确地记载在当事人提交的材料中以便给一方当事人提供陈述意见的机会，那么应当在作出决定之前给予相关当事人陈述意见和提供证据的机会。

但是，如果专利权人在答复异议小组发出的不利于维持现有专利权的意见的通知书时，仅对权利要求进行了细微的修改，导致撤销专利权的理由基本上没有变化，只要专利权人的意见已经得到了适当的考虑，那么专利权人的听证权未被侵害。

在这种情况下，如果已经向专利权人告知维持专利权的障碍并且继续适用，则专利权可以立即被撤销，而无须再次发出通知书告知决定所依据的全部论点。

2.2 文件的官方文本

公约 113(2)

EPO 必须仅在申请人或专利权人向其提交或认可的且最终作为审查基础的文本的基础上，对欧洲专利申请或欧洲专利作出决定。因此，例如，由审查小组或异议小组建议的修改文本（参见 C 部分第Ⅴ章 1.1、D 部分第Ⅵ章 4.2 和 7.2.1）仅在其已获得申请人或专利权人的认可后才能作为决定的基础。

在有一项或多项附加请求涉及为获得授权或维持专利的替代文本的情况下，每项此类请求均符合公约第 113（2）条所述的申请人或专利权人提交或认可的文本（参见 T 234/86），因此必须按照申请人或专利权人指明或认可的顺序来处理这些请求，直至并包括排序最靠前的可允许请求（如果有的话）。

当考虑这些请求时，按照正确顺序处理至关重要。因此，例如，如果唯一可接受的请求是附加请求，但同时有一个排序更靠前的口头审理附加请求（例如，若主请求未获批准则进行口头审理），则不能按照细则第 71（3）条基于可接受的请求发出通知书，而是应当根据排序更靠前的请求指定口头审理，或根据细则第 71（1）条发出进一步通知书（参见本章 2.9）。如果从申请人提交的文件来看请求的顺序不明确，则有必要在启动审理程序之前联系申请人澄清相关情况。

2.3 形式要求

细则 111(1)

审查小组或异议小组作出的决定应当遵守本章 1 中规定的原则。如果决定是通过计算机作出，则文件副本包含负责的工作人员的姓名和真实签名。

在特殊情况下，如果一名或多名小组成员不能在决定上签名，例如由于长期生病，出席口头审理的一名小组成员（优选是组长）可以代表他们在决定上签名（参见 T 243/87）。但是，在这种情况下，应当提供一个简要的书面解释，说明为什么一名成员要代表另一名成员签字（参见 T 2348/19）。由未参加宣布决定的口头审理程序的人签署的书面决定不具备法律效力（参见 T 390/86）。

当决定只满足所有相关当事人的请求时，通常省略事实和所提交的材料介绍、理由及有关补救方式等内容；在申请人认可的文件基础上作出授权决定时，尤为适用（细则第 71（5）条）。这同样适用于以修改形式维持专利的情况，因为在先已经对维持专利所基于的文本依据公约第 106（2）条作出了中间决定（参见 D 部分第Ⅵ章 7.2.2）。

2.4 事实及意见

关于与事实和意见有关的一般情形，参见本章 1.3.2。与决定无关的事实和意见，例如未被维持的修改请求，将被省略。应当确保事实和意见与口头审理笔录中的内容一致（另见

E部分第Ⅲ章10.3）。

事实及意见必须清楚指明申请的主题，并指明决定基于的文本。在审查中，这一要求是通过详细提及决定所针对的申请文件来实现的，尤其应包括对权利要求或说明书的任何修改以及维持的附加请求。此外，审查小组可以在决定中引用任何重要的权利要求的文本或说明书段落。在异议中，对于作为决定基础的独立权利要求和其他尤为重要的权利要求的文本或说明书的段落，应当以EPO程序中使用的语言逐字援引（细则第3（2）条），或者通过将文本复制到决定中，或者附上权利要求书的副本。至于从属权利要求，在案卷内容中提及即可。

2.5 基于现有文件的决定

申请人可以请求“依据现有案卷”或“依据案卷状态”作出决定，例如，在审理程序中已充分提出所有争辩意见，并且申请人对可迅速上诉的决定感兴趣时。C部分第Ⅴ章15和包括的小节中描述了在这种请求下应遵循的程序。

2.6 决定的理由

如果小组认为不能授予专利权，将在决定中引用所涉及的各EPC条款和细则以具体说明。对于与决定理由有关的重要的一般内容，见下文示例和本章1.3.3。

示例：

通常情况下，不具备创造性的申请也不清楚。决定应当明确指出，申请被驳回是因为权利要求的主题不清楚，并且如果修改清楚也缺乏创造性，还是因为权利要求的主题缺乏创造性，且一旦创造性缺陷被克服，就应当对不清楚进行澄清。

公约113(1)
细则111(2)

决定所依据的每一个理由的说理应当按照逻辑顺序包含证明决议正当性的论述。它必须是完整的、可独立理解的，即一般不参考文献。然而，如果在案卷所包含的特定通知书中已对某个问题详细论述，那么决定的理由可以相应地进行总结归纳，并可对具体信息援引相关的通知书。

根据事实和证据（例如出版物）所得出的结论应当清楚。尤其是在决定和笔录中所列的理由和事实应当一致（另见本章2.4）。应当以对结论的查阅不存在困难的方式引用出版物中对决定来说重要的部分。因此，应参考出版物的每个具体段落。以下做法是不充分的，例如仅断言引用的出版物表明一项权利要求的主题是已知的或显而易见的，或相反，不对其可专利性产生怀疑。

审查员在审理程序期间提出的论点构成了决定的“骨架”，并且已经限定了导向驳回的完整连续的推理链。该决定可以仅基于已经告知申请人的理由作出（公约第113（1）条）。申请人的争辩应当在推理链的适当部分逐点回应，或者在最后整体回应。后一种方法通常更优选，因为它清楚地表明，最后的结果完全基于已经按照公约第113（1）条的规定告知申请人的理由。在回应申请人争辩意见的部分，决定应当明确说明为什么这些争辩意见都没有说服审查小组改变最终结果。

尤为重要的是，对于可能与所作决定相矛盾的重要事实和论点应予特别关注。否则，可能会给人留下这些问题被忽略的印象。涉及相同事实或论点的文件可以以概括的方式处理，从而避免没有必要的冗长说理。

当处理对决定至关重要的争议点时，尤其需要给出全面而具体的说理；另外，没有必要提供非必要的细节或额外的理由来进一步证明已证实的内容。

决定是一份独立的文件，并且应当包括申请被驳回的陈述。这用于表明在有多个理由的情况下，所有这些理由都构成了驳回的基础。

决定中将不包含当事人还没有机会发表意见的任何事项。

2.7 内 容

决定通常涉及审理程序期间讨论过的有效请求中的所有独立权利要求。一个理由就足以驳回一项申请，所以并不总是需要涉及所有从属权利要求。但是，如果某个特定从属权利要求已经被讨论过，决定中会包括相关的论点。

任何仍未解决的附加请求均应当在驳回决定中涉及。例如，如果在适用公约第116（1）条第2句的情况下请求进行新的口头审理，那么决定应当给出拒绝该请求的理由。

决定中应当避免使用暗示有疑问或不确定的措辞，如“似乎”或“显然”。

2.8 分析当事人的论点

审理程序中的败诉方提出的所有重要论点都要在决定中进行仔细审查和全面反驳。该决定应当论证小组的观点，即当事人提出的所有论点都没能克服小组已经指出的缺陷。

然而，不存在争议的事实只需简要提及即可。无须讨论与所涉及的问题明确无关的当事人的论点。

2.9 主要请求和附加请求

如果申请人在审查过程中已提出了主要请求和附加请求（参见本章 2.2），且这些请求都未予获准，则根据公约第 97（2）条的规定驳回该申请的决定理由不应仅局限于主要请求，还应包含不接受每个附加请求的理由。如果其中一项请求是可以接受的，则应当以该（第一项）可接受的请求为基础发出细则第 71（3）条的通知书，并应当附带说明排序较靠前的请求不能被允许或接受的基本理由的简要说明（参见 C 部分第Ⅴ章 1.1）。如果申请人在答复细则第 71（3）条的通知书时继续主张该排序较靠前但不能被允许或接受的请求，通常将发出根据公约第 97（2）条驳回申请的决定（参见 C 部分第Ⅴ章 4.7 和 4.6.2）；理由应当说明所有相较于可接受的请求排序更靠前的每个请求不被允许或不可接受的理由。对于可接受的请求，驳回决定应当说明该申请人未能对此予以认可。

类似地，如果在异议程序中专利权人除提交主要请求外已经提交了一项或多项附加请求，且都不被允许，则专利应当被撤销，并且决定中应当针对专利权人提交和主张的每项请求说明不被允许的理由。如果专利权人涉及以修改形式维持专利的一项请求可以允许，则将以该（第一个）可以允许的请求为基础作出中间决定；应当说明该请求符合 EPC 要求的理由，以及较高级别请求为何不满足要求的理由。

对于决定包括对多项请求的任何一项的驳回，就这些请求的每一项而言，在告知申请人或专利权人不能允许这些请求的理由之前，不能作出所述决定，以免申请人或专利权人丧失陈述意见的机会（公约第 113（1）条——听证权）。类似地，就附加请求而言，在中间决定认为允许之前，也应当给予异议人陈述意见的机会（参见 D 部分第Ⅵ章 7.2）。

实际操作将确定在决定的哪个部分来处理附加请求。

2.10 迟交材料

公约 114(2)
细则 116

如果审查小组或异议小组依据公约第 114（2）条或细则第 116 条行使自由裁量权拒绝了当事人迟交的事实、证据或请求，则在其决定中应当说明拒绝的理由。仅提及公约第114（2）条或细则第116条所给予的自由裁量权是不充分的（参见T 755/96）。关于如何行使该自由裁量权的细节，参见E部分第Ⅵ章2和H部分第Ⅱ章2.7。

2.11 根据细则第137（3）条拒绝接受修改

细则137(3)

当根据细则第137（3）条行使自由裁量权，审查小组拒绝接受经修改的权利要求时，应当对此说明理由。关于如何行使这一自由裁量权的细节，参见H部分第Ⅱ章2.3和2.7。

3. 不终止程序的决定——中间决定

公约106(2)

不终止对一方当事人的审理程序的决定被称为中间决定。中间决定只能与最终决定一起上诉，除非允许单独上诉。

职责部门将行使其自由裁量权决定是否需要作出中间决定（然而，对于在异议程序中通过修改维持专利的中间决定，参见D部分第Ⅵ章7.2.2）。为了避免破坏程序的完整性，这种决定将是例外情形而非惯例，并仅在整个审理程序的持续时间和费用因此而减少的情况下才作出。同时还应适当考虑当事人的利益。

通常情况下，仅出于规定可以进行单独上诉的目的时才考虑作出中间决定，因为在作出终止程序的最终决定之前只能通过这种方法才能作出初步决定（在决定成为终局决定前，审理程序应当中止）。当审理是否继续取决于基于法律基本原则的初步裁定时，允许单独上诉尤为重要，例如当不同的上诉委员会已经作出不同的裁决，或者不同的审查小组或异议小组已经给出了相互矛盾的决定，且尚未就此作出关于上诉的决定。

中间决定应当给出其依据的理由（参见本章1.3.3）。

如果决定不允许进行单独上诉，这一裁决的理由只能在最终决定中给出。

允许单独上诉的裁决必须是决定决议的一部分（参见本章1.3.1）（参见T 756/14）。

4. 上诉决定的约束力

公约111(2)

如果一个部门应当对上诉委员会移交至该部门进一步审理的案件作出决定，只要事实相同，例如专利的主题和相关现有技术相同，则该决定应受上诉委员会的判决理由约束。

上诉委员会对针对审查小组的决定提起的上诉所作的决定对异议小组不具约束力（参见T 167/93）。公约第111（2）条最后一句的排除性措辞仅提及针对受理部门所作决定提起的上诉作出的决定对审查小组具有约束力，该条最后一句对此进行了清楚的说明。异议程序完全独立于审查程序，并且异议小组有权对事实、证据和论点重新进行审查，尤其是因为现在涉及其他当事人（异议人）。然而，异议小组也应当重视上诉委员会所作决定的理由中所包括的对这些事实、证据和论点的评价。

5. 关于救济方式的信息

细则111(2)　可以提起上诉的EPO决定应当附有关于上诉可能性的书面通知书。通知书还应当提请当事人注意公约第106条至第108条及细则第97条和第98条的规定，并且应当附有规定的具体文本。当事人不可提出省略该通知书的要求。

6. 通　知

公约119　作为惯例，应当对决定发出通知（参见E部分第Ⅱ章2）。

第XI章 审查或异议小组的公正性

职责部门的成员在以下情况下不得参与案件的裁决：

（i）他们可能有任何个人利益（主观原因的不公正性）；

（ii）当事人可能有充分的理由怀疑不公正性（客观原因的不公正性）。

为了使异议能够被接受，必须在当事人已经了解到理由后立即指出。该请求还应当附有合理的理由说明，列出支持该异议的事实和理由，并在适当情况下提供任何证据。未经证实且仅为一般性的陈述，例如基于有关审查员国籍的陈述，是不可接受的。

任何对公正性的质疑应当提交给职责部门，职责部门将把质疑连同有关成员对当事人提出的事实和情况的陈述一并转交给该部门成员的上级主管。负责的上级主管将对质疑作出决定。如果对公正性的质疑已经在书面程序中提出，并且被认为是可以允许的，那么将替换该小组的有关成员。如果认为质疑是不可接受或不允许的，则以书面形式说明理由。这些理由是最终决定的一部分，可与最终决定一起上诉。

如果对公正性的质疑是在口头审理程序中提出的，将中断口头审理程序，以便负责的上级主管对质疑进行评估。恢复口头审理程序和将评估结果告知各方当事人应在同一天。如果认为质疑可允许，则口头审理程序将延期举行。所述审理程序将由替换了相关成员的小组继续进行。

如果认为对公正性的质疑不可接受或不允许，则口头审理程序将继续进行。在口头审理程序期间，将告知各方当事人相关理由。这些理由将成为最终决定的一部分，并可与最终决定一起上诉。

第Ⅻ章　上　诉

1. 中止效力

公约23(3)
公约109
公约106(1)

本章仅详细讨论与中间修改相关的问题。在审理程序的这个阶段，负责第一个审级的部门仍然是职责部门。

上诉应针对受理部门、审查小组、异议小组和法律部门的决定。

上诉具有中止效力。这意味着决定可能尚不是最终的，而其效力待定。因为随后决定不一定生效，以下行为不会发生：录入《欧洲专利登记簿》，在《欧洲专利公报》中公布，以及在适当情况下公开欧洲专利的新文本。

2. 专利权放弃或失效后的上诉

细则98

即使欧洲专利在所有指定国已被放弃或已失效，也可以对异议小组的决定提出上诉。

3. 对费用分摊提出上诉

细则97(1)

异议程序中的费用分摊不能单独构成上诉的主题。因此，如果程序的当事人认为费用的分摊对其产生了不利影响，则只能在当事人也基于其他可接受的理由针对异议决定提出上诉时，一并提出对费用裁决的上诉。

4. 针对异议小组作出的确定费用的决定提出上诉

细则97(2)
RFees 13

根据细则第97（2）条，如果异议小组确定的异议程序费用超出上诉费用，则针对该确定费用的决定可以提起上诉。

5. 有权提起上诉及成为上诉程序当事人的人

公约107

受到决定不利影响的审理程序，任何当事人均可提起上诉。审理程序的任何其他当事人都有权成为上诉程序的当事人。

6. 上诉的时限和形式

公约108
细则6(4)、(5)

上诉应当在上诉所针对的决定通知之日起两个月内向EPO提出。只有已经按照EPC下《与费用相关的细则》中规定的数额缴纳上诉费用后，才视为提出上诉。对于细则第6（4）条和第6（5）条中提到的自然人和实体，即中小型企业、非营利组织、大学和公共研究机构在 2018 年 4 月 1 日或之后提出的上诉，应缴纳减免的上诉费（参见 2017 年 12 月 18 日的 EPO 公告《OJ EPO 2018，A5》）。在决定通知之日起 4 个月内，应当提交书面陈述说明上诉的理由。

7. 中间修改

7.1 一般性说明

公约 109(1)　如果作出引起争议的决定的部门认为上诉可以接受且理由充分，则应当纠正其决定。这不适用于处理上诉人遭到审理程序另一方当事人反对的情况。

因而受理部门、法律部门、审查小组或特殊情况下异议小组作出的决定都存在纠正的义务或可能性，所述特殊情况是如果所有异议均被撤回并且专利权人已经提出上诉。

公约 109(2)　收到上诉理由的陈述后，一审部门仅有 3 个月时间对其作出的决定进行纠正。因此，该部门应当高度重视上诉，并立即开始审查其是否可接受，而且如果认为其上诉提交的形式可以接受，职责部门应立即开始审查其是否可允许。

如果上诉的理由使相关部门确信上诉是可以接受的且理由充分，则将纠正其所作出的决定。例如，这种情形可由以下原因导致：

(i) 相关部门在作出决定之时未对某些材料给予应有的考虑；

(ii) 由于事务性失误，相关部门未能在公布决定之前及时收到向 EPO 提交的材料；

(iii) 相关部门所作的决定本身并无不妥，但申请人提交了新的信息、新证据或提交了对申请的修改，克服了上诉所针对的决定中指出的缺陷（参见 T 139/87）。

对于涉及一个以上反对意见的决定的优点，参见 E 部分第Ⅹ章 2.6。

在任一情况下，无论被上诉的决定被纠正，还是上诉被移交到上诉委员会，由审查小组或异议小组发出的决定只能由签署时属于该组的审查员签名。如果一名审查员长期缺席或已经离开该部门，应当为该小组任命一名新成员。

7.2 移交至上诉委员会

公约109(2)

如果一审部门在收到上诉理由的陈述后3个月内未允许上诉，则应当立即将其转交至主管的上诉委员会，且不得对其进行评价。这意味着一审部门不会向上诉委员会提出任何实质性的意见。小组成员对上诉案情所做的内部备注被保存在档案的非公开部分，不发送给上诉委员会。

收到上诉理由的陈述是审查小组决定上诉是否有充分根据的前提条件。这种陈述可以在决定通知起4个月内随时提出(公约第108条)。因此，审查小组将等收到所有理由后再决定是否允许中间修改或移交至上诉委员会，以确保收到理由陈述的全部内容。

7.3 上诉费用的退还

细则103(1)(a)
公约109

如果进行中间修改，前审部门的审查意见被推翻，只要因严重程序缺陷的原因而使上诉费用退还是公平合理的，则前审部门应下令退还上诉费用。这在作出决定时未考虑关键事实或证据的情况下尤为如此，例如在决定作出之前相关当事人按时向EPO提交的文件未能归入文档中，或决定基于相关当事人没有机会陈述其意见的事实或证据。即使上诉人没有明确请求，上诉费用也应予以退还（参见G 3/03）。

如果中间修改对决定的纠正不是因为程序上的严重缺陷，而是例如因为相关当事人在提出上诉请求时提交了修改，那么将不会退还上诉费用。

如果作出引起争议的决定的部门认为公约第109条关于中间修改的规定得到了满足，而细则第103（1）（a）条关于退还上诉费的规定没有得到满足，则其应当纠正其决定，并将上诉费退费请求移交，由上诉委员会作出决定（参见J 32/95）。

仅在上诉费退费请求与上诉共同提出时，该请求才会被转交至上诉委员会（参见G 3/03 及T 21/02）。

7.4 示　例

7.4.1 上诉时未提交修改的权利要求

如果申请人已经提出了上诉，但没有修改权利要求，则小组审查决定在实质上是否正确。只有决定在实质上不正确的情况下，才允许进行中间修改。如果已经发生了严重程序缺陷，将下令退还上诉费（参见本章7.3）。如果进行了中间修改，并提出了新的反对意见，只要有必要，该小组就应将这些反对意见传送给申请人，以对申请作出最终决定；这可能包括举行口头审理程序（再次）和/或第二次驳回。

示例：

申请人在上诉请求书中指出，审查小组忽略了口头审理的请求。

审查小组查看档案，并注意到情况确实如此：即使会导致申请在口头审理程序举行后再次被驳回，也应当进行中间修改。上诉费应当退还。

7.4.2 上诉时提交的经修改的主要/单一请求

如果修改明显克服了驳回的理由，即使引发进一步的新反对意见，也会批准中间修改。这是因为申请人有权在两个审级进行审查（参见T 219/93）。

重要的标准是（参见T 47/90）：

1. 文本不再相同；

2. 已经作出了实质性的修改。

该“实质性”的修改克服了对于决定中已引用的文件而驳回的理由（例如下文中的例子（d））。

在每个具体案件中，审查员有自由裁量权来决定对权利要求的修改是否应当基于新的基础继续审查，例如，在有必要进行全新的创造性评述的情况下。

在作出这一决定时，审查员要考虑原始决定中提到的所有理由，包括以前针对专利性提出的、申请人有机会作出回应的反对意见中，已经提出的主要或支持性论点，并且在驳回理由中加以引用（例如在之前的通知书、个人咨询期间或口头审理程序中提到的反对意见）。这是为了节约程序和考虑申请人的利益（无须缴纳二次上诉费，参见T 2445/11）。

如果对独立权利要求的修改明显不符合公约第123（2）条的规定，则不允许进行中间修改，但小组应将文件移交给上诉委员会。如果对于修改是否符合公约第123（2）条的规定，或修改是否明显符合公约第123（2）条的规定有疑问，审查小组将审查修改后的权利要求是否克服了上述驳回理由。

示例：

(a) 申请人已经根据审查员的建议修改了权利要求，新的权利要求书已经可以授权，但说明书需要做出适应性修改：因为驳回的理由已被克服，应当批准中间修改。

(b) 仅因缺乏新颖性而被驳回。新的权利要求显然具备新颖性，但不具备创造性。创造性的缺陷在决定中或在以前的审理程序中都没有提出过：应当做出中间修改。

(c) 因缺乏新颖性而被驳回。提交的新权利要求1，包括原从属权利要求3的一个技术特征。该权利要求已经在决定中评述过，并被认为不具备创造性：不做出中间修改。

(d) 因相对于对比文件1不具备新颖性而被驳回。提交的新权利要求1中包括说明书中的一个特征。该特征从未评述过；但是，该特征在对比文件1中被明确公开了：因为相对于对比文件1不具备新颖性的驳回理由未被克服，因此不做出中间修改。

(e) 因相对于对比文件1和对比文件2缺乏创造性而被驳回。新提交的权利要求包括说明书中的一个特征。该特征以前没有被评述过，但被对比文件1明确公开了，因此给出的驳回理由没有变化：因为相对于对比文件1和对比文件2缺乏创造性的驳回理由未被克服，因此不做出中间修改。

(f) 因相对于对比文件1和对比文件2缺乏创造性而被驳回。提交的新权利要求包括说明书中的5个新特征。这些特征以前没有被评述过。审查员指出了虽然这些特征在对比文件2中已公开，但必须修改缺乏创造性的理由：允许中间修改，理由是，(i) 申请人已经做了大量的修改以克服在决定中提出的反对意见，以及 (ii) 驳回中评述的思路应当加以修正。

(g) 因相对于对比文件1不具备新颖性而被驳回。提交的新权利要求明显与未检索的主题有关，并且与检索过的原始权利要求不具有一个总的发明构思：不做出中间修改，因为上述权利要求在审理程序中不能被允许。

7.4.3 与上诉一起提交的主要请求和附加请求

在附加请求的基础上不可能进行中间修改，即使附加请求可以克服决定中的异议理由（参见 T 919/95）。

示例：

主要请求与被拒绝的请求相同（即没有修改）。然而，附加请求与审查小组的建议相对应，因此可以允许。由于申请人有权要求上诉委员会审查主要请求，因此不能进行中间修改。

7.4.4 上诉时提交的对依据细则第58条通知书的答复

如果在答复受理部门根据公约第90（5）条对申请的驳回通知书时，相关的缺陷完全被纠正，从而克服了驳回的理由，受理部门将批准中间修改。

示例：

在申请日时，申请文件不符合细则第46条的规定。由于申请人在答复根据细则第58条的通知书时提交了同样品质低劣的附图，随后申请被驳回（公约第90（5）条）。在提出符合公约第108条规定的上诉时，申请人也提交了品质合格的附图，从而更正了驳回所依据的文本的缺陷。由于驳回的基本理由已被克服，被上诉的决定中的说理不再适用，则受理部门批准中间修改，且不会将此案提交至上诉委员会。

8. 上诉委员会的程序规则

上诉委员会程序中的细节，包括关于加快上诉程序的细节，可以在上诉委员会的程序细则中找到（参见《OJ EPO 2019，A63》，经《OJ EPO 2021，A19》修订）。扩大上诉委员会也采纳了程序细则（参见《OJ EPO 2015，A35》）。

9. 上诉后移交给审查小组

9.1 移交决议

如果审查小组或异议小组作出的决定被诉，上诉委员会可以根据公约第111（1）条将案件移交给该小组。在这种情况下，必须遵守决议的准确表述。可能会出现以下情况：

（a）根据上诉委员会最终决定的完整文本，将案件移交，用于以修改或限制的形式授权或维持专利。

（b）将案件移交，以使说明书与上诉委员会最终决定的权利要求的措辞相一致。

（c）将案件移交，以便进一步起诉。

9.2 对小组的影响

在本章9.1情况（a）下，授权或维持由形式审查员处理，而案卷返回小组只是为了审查分类和发明名称，并增加任何对补充技术信息（STIN）或新引用的文件（CDOC）的参考。

如果案件连同授予或维持专利权的决议一起被移交，该专利以带有手写修改的文件为基础，代表职责部门的形式审查员会视情况要求申请人或专利权人根据公约第 94（3）条或细则第 82（2）条的规定提交符合形式要求的修改文本（分别参见 E 部分第Ⅲ章 8.7.2 和 8.7.3）。

在上述情况（b）下，上诉委员会已对权利要求的措辞作出了最终决定，从而终止了该事项。即使发现了新的事实（如新的相关引用文件），该小组也不能再修改权利要求书或允许申请人或专利权人进行修改（参见 T 113/92 第 2 项决定要点和 T 1063/92 决定要点第 2 段）。但是，根据细则第 139 条进行的修改仍可能被允许。

申请人和专利权人在使说明书与上诉委员会决定的权利要求的措辞相一致时，应尽可能地节约程序。因此，通常情况下，不接受完全重新打字的文本（参见 T 113/92 第 1 项决定要点）。

在上述情况（c）下，只要事实相同，其决定被上诉的部门将受到上诉委员会裁决理由的约束（公约第 111（2）条）。但是，应当考虑到新出现的相关文件或事实。特别是：

（a）应当给当事人机会以提交进一步的请求；

（b）该小组应当审查上诉前的审查或异议程序的请求（例如口头审理程序）是否仍未完成——参见 T 892/92 决定要点。

第XIII章　国家法院请求就欧洲专利提供技术意见

1. 通　则

公约 25

应审理侵权或撤销诉讼的主管国家法院的要求，在缴纳了适当费用的情况下，EPO 有义务就该诉讼所涉及的欧洲专利出具技术意见。审查小组负责出具此类技术意见。

EPO 只接受来自缔约国国家法院的请求。但是，EPO 不负责审查提出请求的法院是否具备审理该诉讼的“资格”。但审查小组会审查欧洲专利是否是“诉讼的对象”。

如果法院允许，负责提供技术意见的审查小组可以给当事人机会提交书面陈述意见。但是，当事人无权要求 EPO 听证。然而，如果审查小组认为有必要，在法院允许的情况下可以通过法院要求当事人参加审查小组的听证，或就审查小组确定的具体问题提交补充意见。如果当事人被听证，这种听证不被视为构成公约第 116 条的口头审理程序。

技术意见不是 EPO 的决定。因此，国家程序的当事人无权就对其不利的意见向 EPO 提出上诉。

2. 技术意见的范围

审查小组有义务应请求给出“技术意见”。这意味着审查小组只限于对所提出的具有技术性的问题给出意见。但是，审查小组也可以不过于拘泥于此，而是尽可能地努力协助国家法院，但应当谨记对侵权或撤销作出判定是国家法院专有的职责。

一般来说，即使相关问题既涉及法律方面又涉及技术方面，审查小组也应努力对与在欧洲实质审查中通常处理的问题类似的所有问题给出技术性意见。另外，审查小组将拒绝就一项专利是否有效或是否被侵权作出任何具体声明。审查小组也不会对保护范围给出任何意见（公约第 69 条及其附属议定书）。

国家法院的请求应表述清楚、明确，以便审查小组毫无疑义地确定国家法院希望针对什么问题获取意见。由于法院负责决定该问题中涉及的法律问题，且由于大多数问题既涉及法律方面也涉及技术方面，因此如果可能，国家法院应明确区分法律方面与其寻求 EPO 意见的技术方面。

3. 审查小组的组成和职责

3.1 组　成

受理请求的审查小组的组成应当符合公约第18（2）条的规定。这意味着该小组应当包括三名技术审查员；通常还将包括一名具有法律背景的审查员。委托一名技术审查员主要负责审理请求直至形成意见，以下称其为“主审员”。

为了保证给出的意见不受EPO内部有关所涉申请/专利的先前审理程序的影响，作为审查小组或异议小组的成员参加过所述在先程序的审查员，不能作为根据公约第25条设立的审查小组的成员。如果无法避免这种情况，应告知国家法院和当事人根据公约第25条设立的审查小组的提名成员，以及其中参加过对该案的欧洲审查或异议程序的成员。法院需要说明，在这种情况下是否仍坚持要求给出技术意见。

3.2 职　责

主审员将代表审查小组行事，且通常将负责向法院发出通知书。主审员还负责起草书面意见，并将其传给审查小组的其他成员以供考虑。如果审查小组的其他成员对起草的书面意见提出了修改意见，且对此修改意见存在分歧，则组长应安排合议以解决这个问题。最终意见由该小组的所有成员签署。

4. 使用的语言

原则上，使用的语言应当为欧洲专利的审理程序语言；但是，如果法院提出请求，也可以使用EPO的其他官方语言。至少请求书、当事人提交的所有材料以及对该专利所做的所有修改，都应当使用该语言或翻译成该种语言。审查小组出具的意见也应当使用该种语言。然而，在适当的情况下，审查小组将考虑公约第70（2）至（4）条的规定。

关于作为证据的文件，适用细则第3（3）条的规定（参见A部分第Ⅶ章3）。

法院或当事人有责任提供为满足上述条件所需的译文。

5. 程　序

可以预期，该程序通常将包括下列阶段。

5.1 形式审查

RFees 2(1),12 项

形式审查员将审查费用是否已经缴纳，以及是否存在语言要求方面的明显缺陷。如果在这些方面存在缺陷，形式审查员应函告国家法院，在克服这些缺陷之前无法启动任何有关技术意见的实质性工作。但不得对法院施加期限要求。

如果案卷表明法院允许当事人向 EPO 提交书面陈述意见，而这样的陈述意见尚未包含在案卷中，形式审查员将通过法院函告当事人，为其设定时限（例如两个月）以提交这种陈述意见。

5.2 初步审查

当已经满足形式要求，且在适当的情况下，当事人的陈述意见也已经归档，则案件将被移交给负责该专利技术领域的司局，以便于设立审查小组。假设可以设立全部由新成员组成的审查小组，或在无法如此组成小组时法院仍然坚持要求提供技术意见（参见 E 部分第XIII章 3），主审员将进行初步审查以确定是否存在以下情况：(i) 国家法院提出的问题，或至少部分问题，是审查小组有能力回答的；以及 (ii) 提交的文件足够完整，必要的译文也已提交。

如果存在这些方面的缺陷，主审员将相应地函告国家法院。

5.3 请求的撤回

RFees10

如果在审查小组启动针对技术意见的实质性工作之前法院撤回关于出具技术意见的请求，将退还 75% 的费用。

5.4 技术意见的制定和发布

任何本章 5.1 或 5.2 中所述的缺陷得以克服之后，审查小组应尽快制定技术意见。

该技术意见将被传送至国家法院。从法院收到的属于国家程序的所有文件都将与该技术意见一并送还给国家法院。

5.5 案卷核查

请求出具技术意见的案卷不属于公约第 128 条意义上的案卷，因此不提供案卷核查。

5.6 在国家法院出庭

如果在技术意见发出后，国家法院要求审查小组出庭，则EPO应告知法院，若国家法院可以承担费用，EPO将派该小组的一名成员出庭，而且双方同意，该成员仅需要针对出具的技术意见回答问题，除非在出庭前至少1个月以书面形式告知审查小组需要回答的其他事宜，否则不得要求该成员对其他事宜给出意见。

第XIV章　名称、转让、许可和其他权利变更的登记

1. 通　则

根据细则第22至24条和第85条以及细则第143（1）（w）条的规定，与申请或欧洲专利有关的权利及该权利的转让都应登记在《欧洲专利登记簿》上。

根据细则第143（1）（f）条的规定，转让和名称变更将作为申请人的具体情况予以登记。

2. 负责部门

公约20

EPO的法律部门单独承担此类登记的职责（参见2013年11月21日的EPO局长决定《OJ EPO 2013，600》）。

法律部门可以将不需要法律专业知识的特定职责委托给形式审查员（参见2013年11月21日的EPO局长决定《OJ EPO 2013，601》）。

3. 欧洲专利申请的转让

公约71

欧洲专利申请可在一个或多个指定的缔约国进行转让。

公约72

细则22（1）和（2）

公约第72条是独立条款，专门规定了此类转让的形式要求。在满足细则第22条规定的先决条件时，基于请求，EPO将有关未决欧洲专利申请的权利转让登记在《欧洲专利登记簿》上（参见A部分第IV章1.1.1和J 10/93）。该请求只有在已经缴纳行政费之后才会被视为已提交。费用数额由EPO最新的费用支出表确定（参见epo.org）。

如果该请求涉及多项申请，则需为每项申请缴纳单独的费用。

细则第22条还要求出具文件，为此类转让提供证据。任何可以证明转让的书面证据都是可以允许的。其包括正式的文件证明，如转让文书本身（原件或其复印件）或其他官方文件或其摘录，只要这些文件能直接证明转让行为即可（参见J 12/00）。公约第72条规定，为了转让，在作为转让证据提交的文件上应有当事人的签名。以电子方式提交的转让文件（参见A部分第II章1.2.2）可以用合格的电子签名代替手写签名（参见2021年10月22日的EPO公告《OJ EPO 2021，A86》）。

如果是代表法人签署的文件，只有根据法律、法人的章程或等同文件或经特别委任而有资格签署的人才可以签署。在此方面适用国家法律。在任何情况下，应说明签署人的签署资格，例如，如果签署资格是由法人实体内部的职位直接产生的，则应说明他/她的职位。如果在特定情况下有需要，EPO会保留要求提供证明签署人签署资格的文件的权利。如果签署资格来自特别授权，在所有情况下都应当提交该特别授权的授权书（其副本，无须认证）。EPO将特别审查签署人是否被授权以代表法人实体签订具有法律约束力的合同。通常，EPC细则第152条意义上的在EPO的审理程序中代表一方当事人的授权，无论是个人授权还是一般授权，其本身并不被视为授权代表当事人签订此类合同。

如果认为所提交的证据不能满足要求，EPO将相应地通知请求转让的当事人，并要求其在给定的期限内补正所述的缺陷。

如果请求符合细则第22（1）条的规定，则转让登记的日期为EPO收到请求、所需证据或费用的日期，以最晚的日期为准。当存在微小缺陷时，即如果提交了所有要求的材料但又未完全满足条件（如已经签署了请求书，但缺少签署人的姓名和/或职务），则一旦得到纠正，收到原始登记请求的日期即为生效日。

细则22(3) 转让在上述日期对EPO生效，即从该日起新登记的申请人有权在EPO的程序中行使其对欧洲专利申请的权利（公约第60（3）条）。如果转让只限于某些指定国，则适用公约第118条。

公约20 一旦转让已正式登记在《欧洲专利登记簿》中，该登记便不能被撤销，即使EPO在登记转让时因不明显的原因存在一个或多个要求实际上未被满足的情况，例如，后续对代表其中一方当事人签字的人是否具备签订此类转让协议的资格产生了疑义（参见J 16/14至J 22/14号决定）。在确定有效的法律状况之前，不再恢复至原始状态。同时，根据细则第14条或第78条，可能应当中止程序直至确定合法的申请人/专利权人。

4. 欧洲专利的转让

细则85 细则第22条比照适用于在异议阶段期间或异议审理程序期间的欧洲专利的转让登记。

5. 名称变更

只要申请（参见 A 部分第Ⅳ章 1.1.1）或 EPO 的审理程序仍未决，单纯的姓名变更，即不涉及申请人法律身份的变更，在提出请求并出示相关证明文件后，即可以在《欧洲专利登记簿》上予以登记。此类登记是免费的。

6. 许可和其他权利

6.1 登　记

公约 71
公约 73
细则 23(1)
细则 24(a)和(b)

欧洲专利申请可以产生物权，可以被许可，也可以成为法律执行手段的对象。这仅包括合同许可（公约第 73 条）。许可和其他权利在地域上可能仅限于指定缔约国的部分领土。

在具有共同申请人的情况下，许可的登记需要得到每位共同申请人的同意。

细则第 22（1）和（2）条比照适用于此类权利的授予、设立或转让的登记（参见本章 3）。

如果申请人和被许可人请求，许可可以作为独占许可登记在《欧洲专利登记簿》中。如果是由登记在《欧洲专利登记簿》中的被许可人授权的许可，该许可将作为分许可进行登记。

6.2 取消登记

细则 22(2)
细则 23(2)

在提供证明权利已经失效的文件或专利权人同意取消该权利的书面意见的支持下，可以基于请求而取消许可或其他权利的登记。细则第 22（2）条比照适用，即取消登记需要缴纳行政费。只有在授权的意向书公布之前，才有可能取消。

F 部分

欧洲专利申请

目　录

第Ⅰ章　引　言 …… 571

第Ⅱ章　欧洲专利申请的内容（不含权利要求） …… 572
1.　通　则 …… 572
2.　摘　要 …… 572
2.1　摘要的目的 …… 572
2.2　确定内容 …… 572
2.3　摘要的内容 …… 572
2.4　摘要附图 …… 573
2.5　清　单 …… 573
2.6　将摘要传送给申请人 …… 573
2.7　摘要的审查 …… 574
3.　授权请求——发明名称 …… 574
4.　说明书（形式要求） …… 574
4.1　一般性说明 …… 574
4.2　技术领域 …… 575
4.3　背景技术 …… 575
4.3.1　背景技术引文格式 …… 577
4.3.1.1　非专利文献引用示例 …… 577
4.3.1.2　专利文献引用示例 …… 578
4.4　无关事项 …… 578
4.5　技术问题及其解决方案 …… 578
4.6　细则第42（1）（c）条与公约第52（1）条 …… 579
4.7　说明书中的附图参考 …… 579
4.8　附图标记 …… 579
4.9　工业实用性 …… 579
4.10　撰写方式和顺序 …… 580
4.11　术　语 …… 580
4.12　计算机程序 …… 581
4.13　物理值，单位 …… 581

4.14 注册商标 …… 581
5. 附 图 …… 582
5.1 形式和内容 …… 582
5.2 印刷质量 …… 582
5.3 照 片 …… 582
6. 序列表 …… 582
6.1 引用数据库中公开的序列 …… 582
7. 禁止事项 …… 583
7.1 类 型 …… 583
7.2 违反“公共秩序”或道德 …… 583
7.3 贬低性陈述 …… 584
7.4 无关或不必要的事项 …… 584
7.5 不予公开的内容 …… 584
附录1 审核摘要的清单（参见F部分第Ⅱ章2.5） …… 585
附录2 国际惯例认可且符合细则第49（10）条规定的单位（参见F部分第Ⅱ章4.13） …… 586
1. SI单位及其十进制倍数和因数 …… 586
1.1 SI基本单位 …… 586
1.1.1 用于表示摄氏温度的SI导出温度单位的特殊名称和符号 …… 587
1.2 SI导出单位 …… 587
1.2.1 SI导出单位的一般规则 …… 587
1.2.2 具有特殊名称和符号的SI导出单位 …… 588
1.3 用于指定某些十进制倍数和因数的前缀及其符号 …… 589
1.4 SI单位的十进制倍数和因数的特殊授权名称和符号 …… 589
2. 以SI单位定义但并非十进制倍数或因数的单位 …… 590
3. 与SI一起使用的单位，其SI值是通过实验获得的 …… 590
4. 仅在特殊领域允许的单位和单位名称 …… 590
5. 复合单位 …… 591

第Ⅲ章 公 开 …… 592
1. 充分公开 …… 592
2. 公约第83条与公约第123（2）条 …… 593
3. 公开不充分 …… 593
4. 关于实施和再现本发明的可能性的举证责任 …… 594
5. 部分公开不充分的情况 …… 594

F部分

5.1 仅本发明的部分实施例不能实施 …… 594
5.2 缺少众所周知的细节 …… 595
5.3 实施发明的困难 …… 595
6. 涉及生物材料的发明 …… 595
6.1 生物材料 …… 595
6.2 生物材料的公众可获得性 …… 596
6.3 生物材料的保藏 …… 596
6.4 优先权要求 …… 598
6.5 欧洲－PCT 案件 …… 599
7. 专有名称、商标和商品名称 …… 599
8. 引证文件 …… 599
9. "延展式"权利要求 …… 600
10. 充分公开和细则第 56 条 …… 601
11. 充分公开和清楚 …… 601
12. 充分公开和创造性 …… 602

第Ⅳ章 权利要求书（公约第 84 条和形式要求） …… 603
1. 通　则 …… 603
2. 权利要求的形式和内容 …… 603
2.1 技术特征 …… 603
2.2 两段式 …… 603
2.3 不适用两段式的情形 …… 604
2.3.1 非两段式 …… 605
2.3.2 "适当情况下"的两段式 …… 605
2.4 公式和表格 …… 605
3. 权利要求的种类 …… 605
3.1 类　型 …… 605
3.2 独立权利要求的数量 …… 606
3.3 根据细则第 43（2）条或细则第 137（5）条提出反对意见 …… 608
3.4 独立和从属权利要求 …… 609
3.5 权利要求的设置 …… 610
3.6 从属权利要求的主题 …… 610
3.7 一项权利要求中的替代方案 …… 611
3.8 包含对另一项权利要求或另一类型权利要求的特征的引用的独立权利要求 …… 611

3.9	针对计算机实施发明的权利要求	612
3.9.1	所有方法步骤完全可以由通用数据处理装置实施的情况	613
3.9.2	方法步骤限定附加设备和/或特定数据处理装置的情况	615
3.9.3	发明在分布式计算环境中实施的情况	617
4.	**权利要求的清楚和解释**	619
4.1	清　楚	619
4.2	解　释	619
4.3	不一致	619
4.4	一般性描述，"发明精神"，类似权利要求的语句	622
4.5	必要特征	623
4.5.1	因缺少必要特征提出的反对意见	623
4.5.2	必要特征的定义	623
4.5.3	必要特征的概括	624
4.5.4	隐含特征	624
4.5.5	示　例	624
4.6	相对术语	624
4.6.1	清楚性反对意见	624
4.6.2	相对术语的解释	625
4.7	诸如"约"、"大致"或"基本上"等术语	625
4.7.1	诸如"约"、"大致"或"基本上"等术语的解释	625
4.7.2	清楚性反对意见	626
4.8	商　标	627
4.9	可选特征	627
4.10	要达到的效果	627
4.11	参　数	628
4.11.1	不常见参数	629
4.12	方法限定的产品权利要求	630
4.12.1	含有方法特征的产品权利要求	631
4.13	对用途类表达的解释	631
4.13.1	对诸如"用于……的装置""用于……的产品"等表达的解释	631
4.13.2	功能性限定特征的解释（用于……的装置）	632
4.13.3	对诸如"用于……的方法"等表达的解释	633
4.14	通过引用（一起使用）另一实体进行定义	634
4.14.1	清楚性反对意见	634
4.14.2	通过引用另一个实体的尺寸和/或形状定义	635
4.15	"在……中"的表达	635

4.16 用途权利要求 …… 636
4.17 引用说明书或附图 …… 637
4.18 附图标记 …… 637
4.19 否定式限定（例如排除式限定） …… 638
4.20 “包含”和“由……组成” …… 638
4.21 病理状况的功能性限定 …… 639
4.22 宽泛的权利要求 …… 639
4.23 权利要求的顺序 …… 640
4.24 解释与氨基酸或核酸序列相关的同一性和相似性等术语 …… 640
5. 简要，权利要求的数量 …… 641
6. 说明书的支持 …… 641
6.1 一般性说明 …… 641
6.2 概括程度 …… 641
6.3 缺乏支持的反对意见 …… 642
6.4 缺乏支持与公开不充分 …… 643
6.5 功能性限定 …… 644
6.6 从属权利要求的支持 …… 644
附　录 关于必要特征的示例 …… 645

第Ⅴ章 发明的单一性 …… 647
1. 引　言 …… 647
2. 发明单一性的要求 …… 647
2.1 缺乏单一性的理由不足 …… 648
2.2 小组的处理方法 …… 649
3. 评估单一性 …… 649
3.1 公约第54（3）条规定的不具备单一性和现有技术 …… 652
3.2 发明分组 …… 653
3.2.1 同一类型的多项独立权利要求 …… 653
3.2.2 不同类别的多项独立权利要求 …… 654
3.2.3 从属权利要求 …… 654
3.2.4 共同的从属权利要求 …… 654
3.2.5 马库什要素（单项权利要求中的替代方案） …… 656
3.2.6 用于多种不同医疗用途的已知物质的权利要求 …… 657
3.2.7 中间体和最终产物 …… 657
3.3 缺乏单一性的反对理由 …… 658
3.3.1 缺乏单一性的最低说理要求 …… 658

3.4　权利要求中首先提及的发明的确定 …… 659
4.　检索阶段在缺乏单一性情况下的程序 …… 660
4.1　部分检索结果附带的临时意见 …… 661
4.2　对申请人的影响 …… 661
5.　实质审查阶段在缺乏单一性情况下的程序 …… 661
5.1　一般性原则 …… 661
5.2　对未检索的发明的反对意见 …… 662
5.3　复查不具备单一性的结论 …… 662
6.　修改后的权利要求 …… 662
7.　欧洲－PCT 申请 …… 662
7.1　没有补充检索的国际申请 …… 662
7.2　有补充检索的国际申请 …… 663
7.3　国际初审报告（IPER） …… 664
7.4　受限的 IPER …… 664

第Ⅵ章　优先权 …… 665
1.　优先权 …… 665
1.1　申请日为有效日 …… 665
1.2　优先权日为有效日 …… 665
1.3　有效的优先权要求 …… 665
1.4　首次申请 …… 666
1.4.1　在后申请被认为是首次申请 …… 666
1.5　多项优先权和部分优先权 …… 667
2.　确定优先权日 …… 669
2.1　核实优先权的有效性 …… 669
2.2　相同发明 …… 670
2.3　无效的优先权要求 …… 671
2.4　确定优先权日的实例 …… 671
2.4.1　含有优先权申请内容的中间公开文件 …… 671
2.4.2　另一件欧洲申请的中间公开文件 …… 671
2.4.3　申请中的不同发明要求多项优先权，其中一项发明有中间公开文件 …… 672
2.4.4　必须检查实际要求优先权的申请是否为公约第 87（1）条意义上的“首次申请”的情况 …… 672
3.　要求优先权 …… 673
3.1　一般性说明 …… 673

第Ⅰ章 引 言

除可专利性（新颖性、创造性、工业实用性和可专利性的排除）的要求外，欧洲专利申请还必须满足许多其他要求。这些要求包括实质性要求，如充分公开（公约第83条）、权利要求清楚（公约第84条）和发明具备单一性（公约第82条），还包括许多其他形式要求，如权利要求编号（细则第43（5）条）和附图形式（细则第46条）。这些要求将在当前的F部分中进行阐述。

F部分还涉及与优先权有关的要求。这是因为，尽管这一问题通常只在对可专利性问题有潜在影响时才进行评估（参见G部分第Ⅳ章3），但对其进行评估时却独立于任何可专利性问题。

第Ⅱ章　欧洲专利申请的内容（不含权利要求）

1. 通　则

公约 78　公约第 78 条规定了对欧洲专利申请的要求。申请必须包含：

公约 78(1)(a)　(i) 要求授予欧洲专利的请求书；

公约 78(1)(b)　(ii) 发明的说明书；

公约 78(1)(c)　(iii) 一项或多项权利要求；

公约 78(1)(d)　(iv) 说明书或权利要求书中提及的附图；和

公约 78(1)(e)　(v) 摘要。

除第（iii）项是F部分第Ⅳ章的主题以外，本章涉及所有这些要求，它们都是检索小组或审查小组所关注的内容。首先涉及的是第（v）项。

2. 摘　要

2.1 摘要的目的

细则 57(d)
细则 47(5)　申请必须包含摘要。摘要的目的是提供说明书、权利要求书和任何附图中所包含的关于公开内容的简要技术信息。摘要仅作为技术信息使用，尤其不能用于解释要求保护的范围。需要撰写摘要，以便它成为在特定技术领域进行检索时以及评估是否值得考虑整个申请内容时的有效工具。

2.2 确定内容

细则 66
细则 68　摘要最初由申请人提供。检索小组的任务是确定摘要的最终内容，这些内容通常与申请一起公布。确定最终内容时，要考虑与原始提交的申请有关的摘要（参见B部分第Ⅹ章7(i)）。如果检索报告晚于申请公布，则与申请一起公布的摘要将是B部分第Ⅹ章7（i）第3句中提到的审查后产生的摘要。

公约 85
细则 47(5)　在确定最终内容时，检索小组会考虑摘要的目的（参见本章2.1）。

2.3 摘要的内容

摘要必须：

细则47(1) （i）指明发明名称；

细则47(2) （ii）指明发明所属的技术领域；

细则47(2) （iii）包含说明书、权利要求书和任何附图中所包含的公开内容的概要，其撰写必须使人能够清楚地理解技术问题、发明解决该问题的技术方案的要点以及发明的主要用途，并且在适用的情况下，摘要应包含申请所包含的最能说明发明特征的化学式；

细则47(2) （iv）不包含关于发明或其推测性应用的所谓优点或价值的陈述；

细则47(3) （v）最好不超过150个词；以及

细则47(4) （vi）如果申请包含附图，则应附上摘要附图的说明，在特殊情况下摘要附图不止一幅，摘要中提到的并由附图说明的每个主要特征都需要带有放在括号中的附图标记。

2.4 摘要附图

细则47(4) 检索小组不仅要考虑摘要的文本，还要考虑与摘要一起公布的附图的选择。检索小组对文本进行必要的修改，以满足本章2.3中规定的要求。如果检索小组认为附图能更好地体现发明特征，则将选择一幅或多幅附图。

如果申请中出现的任何附图对理解摘要都没有用处，则检索小组可以不将任何附图随摘要一起公布。即使申请人已根据细则第47（4）条请求将一幅或多幅特定附图与摘要一起公布，检索小组也可以不公布附图。

在确定摘要的内容时，检索小组侧重于简要和清楚，避免仅仅为了修饰语言而引入修改（参见B部分第Ⅹ章7）。

2.5 清　单

在考虑摘要时，检索小组使用WIPO标准ST.12中包含的清单，对照《专利文献摘要撰写通用指南》（*General Guidelines for the Preparation of Abstracts of Patent Documents*）进行核对，该清单的相关部分参见本章附录（参见本章附录1）。

2.6 将摘要传送给申请人

细则66 摘要的内容与检索报告一起传送给申请人（参见B部分第Ⅹ章7（i））。

2.7 摘要的审查

公约98　本章2.1至2.6规定了与摘要有关的一般考量。摘要与原始提交和公布的申请有关，其公布的最终形式由检索小组确定。因为专利说明书不包含摘要，所以即使摘要与申请的内容在实质上有所不同，也不必使其与已公布专利的内容相一致。因此，审查小组不要求对摘要进行任何修改。

公约85　摘要对包含摘要的申请不具有法律效力。例如，它不能用于解释保护范围，也不能证明在说明书中增加新主题的正当性。

3. 授权请求——发明名称

A部分第Ⅲ章4涉及授权请求的构成事项。除发明名称之外，这些事项通常与检索小组或审查小组无关。

细则41(2)(b)　发明名称应清楚、简要地描述发明的技术名称，并应避免所有奇异的名称（参见A部分第Ⅲ章7.1）。虽然在形式审查期间（可能在检索期间，参见B部分第Ⅹ章7（ii））可能会注意到不符合这些要求的任何明显错误，但检索小组或审查小组应当在阅读说明书、权利要求书及任何其修改内容后复查发明名称，以确保发明名称简要、清楚并全面反映发明的主题。因此，如果所做的修改改变了权利要求的类型，审查小组应检查发明名称是否需要进行相应的修改。

4. 说明书（形式要求）

4.1 一般性说明

公约83
细则42　申请必须以足够清楚、完整的方式公开发明，以使本领域技术人员能够实现。

为此目的的“本领域技术人员”被认为是相关领域的熟练从业人员，不仅了解申请本身及其引用文献的教导，而且了解在本申请的申请日或优先权日之前本领域的普通技术知识。假定本领域技术人员拥有对于本领域来说是正常的进行日常工作和实验的手段和能力。“公知常识”一般被认为是在相关主题的基础手册、专著和教科书中包含的信息（参见T 171/84）。例外情况是，如果发明属于新兴研究领域，从教科书中无法获得相关技术知识，则公知常识还可以是专利说明书或科学出版物中包含的信息（参见T 51/87）。公开充分性的评估必须基于包括说明书、权利要求书和附图（如果有的话）在内的整个申请。细则第42条给出了与说明书内容有关的规定。公约第83条和细则第42条规定的目的是：

（i）确保申请包含足够多的技术信息，使技术人员能够将要求保护的发明付诸实践；

（ii）使本领域技术人员能够理解要求保护的发明对现有技术所做的贡献。

4.2 技术领域

细则42(1)(a)

应通过指定发明所涉及的技术领域将发明置于其背景中，例如通过全文或实质上复制独立权利要求的第一部分（“现有技术”）或简单地引用它。

如果权利要求书被修改，“发明领域”和“发明概要”可能也需要修改以便与权利要求书相适应。如果合适，可以使用诸如“发明在所附的权利要求书中描述”之类的陈述，而不用逐字重复权利要求书。

4.3 背景技术

细则42(1)(b)
公约123(2)

说明书还应写明申请人知道的、对理解发明及其与现有技术的关系有用的任何背景技术；最好应当包括背景技术文件的标识，特别是专利说明书。这尤其适用于与独立权利要求的第一部分（“现有技术”）相对应的背景技术（参见F部分第Ⅳ章2.2）。

原则上，在提交申请时，申请人应在说明书中引用其已知的最接近的现有技术。但实际上，申请人引用的现有技术对于要求保护的发明可能并不是最接近的现有技术。因此，原始提交的申请中的引证文件不一定描述了与要求保护的发明最为接近的已知创新，实际上可能构成更远的相关现有技术。

为了将发明置于适当的角度，可能有必要在对现有技术的陈述中插入对审查期间确定的文件的引用（参见T 11/82）。例如，虽然原始提交的现有技术描述给人的印象可能是发明人从一特定点开始开发了本发明，但引证文件可能表明，这种声称的发展的某些阶段或方面已经为人所知。在这种情况下，审查小组需要引用这些文件并简要概括相关内容。随后在说明书中加入上述概括内容并不违反公约第123（2）条。该法条只是规定，如果对申请进行修改，例如根据与背景技术有关的补充信息对其进行限定时，其主题不得超出原始提交申请的内容。但是，公约第123（2）条意义上的欧洲专利申请的主题应理解为，从现有技术出发，包括在公约第83条所要求的公开框架内与本发明有关的那些特征（另参见H部分第Ⅳ章2.1）。此外，原始申请中未引用的相关现有技术文件可以随后在说明书中予以承认，即使申请人在提交申请时已经知道这些现有技术文件（参见T 2321/08和H部分第Ⅳ章2.2.6）。

申请后引入的现有技术必须纯粹是事实性的。如有必要，必须根据现有技术调整本发明的任何声称的优点。

允许对优点进行新的描述，前提是它们不会在说明书中引入超出原始提交申请内容范围的事项（参见H部分第Ⅴ章2.2）。

申请人可以在申请中引用与标准技术知识有关的文件（背景技术既不解决相同的技术问题，也不是充分公开要求保护的发明所必需的）。此类引用通常涉及用于测量说明书中提到的某些参数的众所周知的测试，或涉及申请中使用的已确定含义的术语的定义。此类引用通常与评估要求保护的发明的可专利性无关，除非它们包含申请人在说明书中未提及的相关信息。

通常不需要告知仅与从属权利要求相关的现有技术。如果申请人表明，最初被引用为现有技术的主题只是“内部现有技术”，则此类现有技术不得用于评价新颖性和创造性（参见T 654/92理由4和T 1001/98理由3）。但是，在明确了仅属于“内部现有技术”的事实的前提下，可以允许将其保留在说明书中。

公约54(3)

如果相关现有技术包括属于公约第54（3）条的另一项欧洲专利申请，则该相关在先文件属于所有缔约国的现有技术。即使这两份申请没有共享任何共同指定国，或者对共同指定国的指定已经撤销（参见G部分第Ⅳ章6），情况也是如此。必须明确告知该文件属于公约第54（3）条规定的这一事实。因此，应告知公众该文件与创造性问题无关（参见G部分第Ⅶ章2）。根据细则第165条的规定，上述规定也适用于已有效缴纳了根据细则第159（1）（c）条规定的申请费，并已适时提交了一种官方语言译文的、指定了EP的国际申请（公约第153（3）和（4）条）（参见G部分第Ⅳ章5.2）。

EPC 1973 公约 54 (4)

对于涉及适用 EPC 1973 公约第 54（4）条的过渡性规定，参见 H 部分第Ⅲ章 4. 2。

4. 3. 1 背景技术引文格式

在引用文件或插入参考文献时，申请人和审查小组都必须使用能够轻松检索参考文献的代码。可以通过统一使用 WIPO 标准格式来完美实现这一目标：

(i) 对于非专利文献，适用 WIPO 标准 ST. 14《关于在专利文献中引用参考文献的建议》。

(ii) 对于专利文献（申请、授权专利和实用新型）：关于双字母国家代码，适用 WIPO 标准 ST. 3《关于代表国家、其他实体和政府间组织的双字母代码的建议标准》；关于指示文件类型的符号，适用 WIPO 标准 ST. 16《关于识别不同类型专利文献的推荐标准代码》。

WIPO 标准：

ST. 14 (http://www.wipo.int/export/sites/www/standards/en/pdf/03-14-01.pdf)

ST. 3 (http://www.wipo.int/export/sites/www/standards/en/pdf/03-03-01.pdf)

ST. 16 (http://www.wipo.int/export/sites/www/standards/en/pdf/03-16-01.pdf)

可在 WIPO 网站上找到这些标准。

但是，如果偏离这些标准，只要可以直接检索到引用文件，就无须更正所使用的代码。

4. 3. 1. 1 非专利文献引用示例

(i) 对于专著：

WALTON Herrmann, Microwave Quantum Theory. London: Sweet and Maxwell, 1973, Vol. 2, pages 138 to 192.

(ii) 对于期刊文章：

DROP, J. G. Integrated Circuit Personalization at the Module Level. IBM tech. dis. bull. October 1974, Vol. 17, No. 5, pages 1344 and 1345.

(iii) 对于单独发表的摘要：

Chem. abstr., Vol. 75, No. 20, 15 November 1971 (Columbus, Ohio, USA), page 16, column 1, abstract No. 120718k, SHETU-

LOV, D. I. "Surface Effects During Metal Fatigue," Fiz. – Him. Meh. Mater. 1971, 7 (29), 7–11 (Russ.).

Patent Abstracts of Japan, Vol. 15, No. 105 (M – 1092), 13 March 1991, JP 30 02404 A (FUDO).

4.3.1.2 专利文献引用示例

(i) JP 50 – 14535 B (NCR CORP.) 1975 年 5 月 28 日 (28.05.75), column 4, line 3 to 27.

(ii) DE 3744403 A1 (A. JOSEK) 29.08.1991, page 1, abstract.

4.4 无关事项

细则 48(1)(c)

由于假定本领域技术人员具有与本领域相适应的一般技术背景知识，审查小组不要求申请人加入任何可从教科书中获得或众所周知的论文或研究报告或解释性内容。同样，审查小组也不要求对引用的在先文件的内容进行详细描述。指明列入参考文件的理由就足够了，除非在特殊情况下，为了充分理解申请的发明需要更详细的描述（另参见 F 部分第Ⅲ章 8 和 F 部分第Ⅳ章 2.3.1）。

不需要列举出与现有技术的统一特征有关的多篇引证文件，只需要引用最合适的即可。另外，审查小组并不坚持要求删除任何此类不必要的内容，除非该不必要的内容非常多（参见本章 7.4）。

4.5 技术问题及其解决方案

细则 42(1)(c)
细则 48(1)(b)

要求保护的发明应以使人能够理解其解决的一个或多个技术问题，并且可以理解解决方案的方式公开。为了满足这一要求，说明书中只需要阐明本发明所必需的细节即可。

例如，为了阐明根据独立权利要求的解决方案的性质，既可以重复或引用独立权利要求的特征部分，也可以复制根据相关权利要求的解决方案的实质特征（参见本章 4.2）。

在从属权利要求的主题可以通过权利要求本身的措辞，或通过对实施本发明方式的描述来理解的情况下，则无须对该主题进行额外解释。在说明书中提到本发明的一个特定实施方式已在从属权利要求中列出就足够了。

然而，当对某些细节的必要性存在疑问时，审查小组并不坚持将其删除。此外，不必以“问题解决法”的形式明确地撰写发明。申请人认为的本发明与现有技术相比具有的任何有益效果都应当被描述，但这不应以贬低任何特定的在先产品或方法的方式进行。此外，不应以可能误导的方式引用现有技术或申请人的发明。例如，使用模棱两可的表述，给人的印象是现有技术解决的问题比实际情况少，从而误导他人。但是，本章7.3中提到的公正评论是允许的。关于修改或补充问题陈述，参见H部分第Ⅴ章2.4。

4.6 细则第42（1）（c）条与公约第52（1）条

细则42(1)(c)

如果确定独立权利要求定义了公约第52（1）条意义上的可授予专利权的发明，则必须能够从申请中得出技术问题。在这种情况下，细则第42（1）（c）条的要求就能够满足（参见T 26/81）。

4.7 说明书中的附图参考

细则42(1)(d)

说明书如果包括附图，则应首先对其进行简要描述，描述方式如下：“图1是变压器箱体的平面图；图2是箱体的侧视图；图3是沿图2的X箭头方向看的端视图（end elevation looking)；图4是沿图1的A—A线的剖面图。”当需要在说明书中提及附图中的部件时，应当引用部件的名称及其编号，即，不应采用“3通过4连接到5”的形式引用，而应当采用“电阻器3通过开关4连接到电容器5”的形式引用。

4.8 附图标记

细则46(2)(i)

说明书和附图需要彼此一致，特别是在附图标记和其他符号的问题上，必须对每个数字或符号加以说明。但是，如果由于修改说明书而删除了整个段落，则从附图中删除所有多余的引用是很麻烦的，在这种情况下，审查小组不会过于严格地根据细则第46（2）（i）条就一致性提出反对意见。相反的情况则永远不应该发生，即说明书或权利要求中使用的所有参考数字或标记也必须出现在附图上。

4.9 工业实用性

细则42(1)(f)
公约52(1)

本发明能够在工业中应用的方法如果不能从说明书或发明的性质中明显看出，则应该在说明书中明确指出。术语“能够公约57　在工业中应用”的含义与“具有工业实用性”相同，而且EPC的法语和德语文本中确实使用了相同的表述。鉴于公约第57条为后一种表述赋予了广泛的含义（参见G部分第Ⅲ章1），可以预期，在大多数情况下，发明在工业中的应用方式是不言而喻的，因此不需要对这一点进行更明确的描述；但可能有一些情况，例如涉及测试方法，其中工业应用方式并不明显，则必须明确指出。

细则29(3)　此外，对于某些生物技术发明，即基因序列和部分序列，工业实用性并非不言而喻。必须在专利申请中公开这些序列的工业实用性（参见G部分第Ⅲ章4）。

4.10 撰写方式和顺序

细则42(2)　说明书的撰写方式和顺序应当按照细则第42（1）条中的规定，即如上文所述，除非由于发明的性质，采用不同的方式或不同的顺序将提供更好的理解。由于清楚完整地描述发明是申请人的责任，所以，审查小组并不对撰写方式提出反对意见，除非确信提出这种反对意见是适当行使其自由裁量权。

适当偏离细则第42（1）条的要求是可以接受的，只要说明书清楚、有序，并且提供了所有必要的信息即可。例如，如果发明基于偶然发现，其实际应用被认为是有用的，或者如果发明开辟了全新的领域，则可以免除细则第42（1）（c）条的要求。此外，某些技术上简单的发明，只需通过很短的说明书和对少量现有技术的引用就能完全理解。

4.11 术　语

细则49(11)　尽管说明书需要清楚明了，避免不必要的技术术语，但使用公认的现有技术术语是可以接受的，而且通常是可取的。可以允许使用鲜为人知或专门制定的技术术语，前提是这些术语被充分定义且没有普遍认可的等同用语。当诉讼程序的语言中没有对应的等同用语时，这种自由裁量权可扩展到外语术语。如果可能会导致混淆，则不允许使用已具有既定含义的术语表示不同的含义。然而，在某些情况下，可以合理地从相近领域中借用术语。术语和符号必须在整个申请中保持一致。

4.12 计算机程序

在计算机领域发明的特定情况下，用编程语言写成的程序列表不能作为发明的唯一公开。与其他技术领域一样，说明书应当基本上用普通语言来撰写，可以附有流程图或其他帮助理解的内容，以便本领域技术人员可以理解本发明，该本领域技术人员被认为不是特定编程语言专家但确实具有一般编程技能。常用编程语言编写的程序的简短摘录如果用于说明本发明的实施例，也是可以接受的。

4.13 物理值，单位

当提到材料的特性时，如果涉及定量评价，则需要指明相关的单位。如果通过参考已发布的标准（例如筛子尺寸的标准）来进行定量评价，并且该标准引用了一组首字母或类似缩写，则需要在说明书中充分标注。

细则 49(10)

物理值必须以国际惯例认可的单位表示，通常采用公制，使用1979年12月20日EEC指令80/181/EEC附录第Ⅰ章中提到的SI单位和其他单位，其经1984年12月18日EEC指令85/1/EEC、1989年11月27日89/617/EEC、2000年1月24日1999/103/EC、2009年3月11日2009/3/EC和2019年7月23日委员会指令（EU）2019/1258已对1979年12月20日的EEC指令80/181/EEC修订（参见本章附录2）。任何不符合该要求的值也必须以国际惯例认可的单位来表示。一般来说，以英制单位（例如英寸/磅）或具有当地特征的单位（例如品脱）表示的值不符合“国际惯例认可”的标准。

正如细则第49（10）条所指出的，对于数学式必须使用常用的符号。对于化学式必须使用常用的符号、原子量和分子式。

一般而言，应使用有关领域普遍接受的技术术语、标记和符号。

4.14 注册商标

申请人有责任确保说明书中给出的注册商标是公认的。关于对引用商标的权利要求是否清楚的评估（公约第84条），参见F部分第Ⅳ章4.8。关于引用商标对充分公开（公约第83条）的影响，参见F部分第Ⅲ章7。

5. 附　图

5.1 形式和内容

细则46
细则46(2)(j)

细则第46条规定了与附图的形式和内容有关的要求。其中大多数是形式上的要求（参见A部分第Ⅸ章），但审查小组有时可能需要考虑细则第46（2）（f）、（h）、（i）和（j）条的要求。其中，可能造成困难的唯一问题是附图中包含的文字内容是否绝对不可或缺。对于电路图、框图和流程图，如果需要使图能够被快速、清楚地解释，则从实用角度来看，识别复杂系统的功能体的标记用语（例如"磁芯存储器""速度积分器"）可能被认为是必不可少的。

5.2 印刷质量

审查小组还必须检查印刷本（"Druckexemplar"）中的附图是否适合印刷。如有必要，必须准备原始附图的副本作为打印副本。但是，如果原始附图的质量也不够高，则审查小组必须要求申请人提供质量良好、适合印刷的附图。但是，审查小组需要谨防任何主题的扩展（公约第123（2）条）。

5.3 照　片

关于照片的提交，请参见A部分第Ⅸ章1.2。对于原始质量不足以印刷的照片，审查小组不要求申请人提交更好的照片，因为很明显存在违反公约第123（2）条的风险。在这种情况下，质量不高的照片也可用于复制。

6. 序列表

关于序列表的一般提交方式，参见A部分第Ⅳ章5。

6.1 引用数据库中公开的序列

申请可以引用属于现有技术的生物序列，只需提供该序列在公开数据库中的登记号及其版本或发布号，而无须在遵循适用的WIPO标准的序列表中提供序列本身，或采用任何其他格式。

由于在这种情况下序列已经是公开可用的，因此申请人不需要提供序列表。即使一项或多项权利要求中引用了这些序列，或者这些序列是本发明的必要特征或对现有技术检索而言是必需的，这也适用（参见J 8/11）。如果欧洲专利申请公开的核苷酸或氨基酸序列是现有技术序列的片段或变体，则必须为这些序列片段或变体提交符合所适用的WIPO标准的序列表（参见2013年10月18日的EPO公告《OJ EPO 2013，542，I. 1. 5》）。如果所讨论的数据库和/或序列没有被完全且明确地识别，则根据公约第83条这些序列未充分公开，并且不能在不违反公约第123（2）条的情况下添加到申请中以完成公开（参见F部分第Ⅲ章2）。

如果这种未充分公开的序列不是要求保护的发明的必要特征，通常不会提出反对意见。另外，如果这些序列是要求保护主题的至少一部分的必要特征，则因为不能从对数据库的不完整或不明确的引用中明确获得序列的性质，所以会导致与公约第83条所述原始公开的充分性有关的问题。

生物序列被认为是发明必要特征的示例是，使用特定核酸序列的诊断方法或使用具有特定氨基酸序列的酶通过生化过程制成的产物。模糊标识的一个示例是，在欧洲分子生物学实验室（EMBL）数据库中引用某种蛋白质的登记号，当有几个这样的数字指代不同序列时，没有指明是哪个版本号或数据库发布号的蛋白质。

7. 禁止事项

7.1 类　型

细则48

有3类特别禁止的事项，这些事项定义在细则第48（1）条的（a）至（c）分段中（另参见G部分第Ⅱ章4）。

7.2 违反“公共秩序”或道德

细则48(1)(a)

必须强制性地从申请的公开文本中删除第一类禁止事项（细则第48（1）（a）条）。属于这一类事项的例子有：煽动暴乱或骚乱行为；煽动犯罪行为；种族、宗教或类似的歧视性宣传；粗俗的淫秽主题。

关于此类事项的可专利性问题，参见G部分第Ⅱ章4.1及其小节。

7.3 贬低性陈述

细则48(1)(b)

在第二类禁止事项中，有必要将不允许的诽谤或类似的贬低性用语和客观评论相区分，例如与明显或公认的缺点，或与申请人声称已发现并证实的缺点有关，则是允许的。

7.4 无关或不必要的事项

细则48(1)(c)

第三类禁止事项是无关或不必要事项：只有当该事项“明显无关或不必要”时，细则第48（1）（c）条才明确禁止此类事项，例如，该事项与发明的主题或相关现有技术的背景都没有关联（另参见F部分第Ⅱ章4.4）。要删除的事项在原始说明书中可能已经明显无关或不必要。然而，要删除的事项可能只是在审查过程中才变得明显无关或不必要的事项，例如，由于专利的权利要求限定为原始申请的多个替代技术方案之一。当从说明书中删除事项时，不得通过引用已公布申请或任何其他文件中的相应事项将其加入专利说明书中（另参见F部分第Ⅲ章8）。

7.5 不予公开的内容

细则48(2)和(3)

一般而言，受理部门会处理属于第一类的事项，也可能会处理明显属于第二类的事项，但如果这些事项没有被识别出来，致使其没有从公布的申请中删除，则必须在审查该申请时将其与任何其他禁止事项一起删除。应当告知申请人需要删除事项的类型。

附录1　审核摘要的清单（参见F部分第Ⅱ章2.5）

在下面的清单中，摘要作者在研究了要撰写摘要的公开内容后，应该在第一列中列出的适用术语之后的第二列中打勾。摘要作者在撰写摘要时应牢记第三列中列出的与第一列的勾选项相对应的要求。最后，摘要作者可以将完成的摘要与检查要求进行比较，如果满足要求，则在第四列中相应勾选。

如果发明是a（n）	勾选此处	摘要需要涉及	如果满足，勾选此处
物体		其特性、用途； 构造、组织、制造方法	
化合物		其特性（如果合适，注明结构）； 制备方法、属性、用途	
混合物		其性质、属性、用途； 基本成分（特性、功能）； 如果重要的话，注明成分比例； 制备	
机器、装置、系统		其特性、用途；构造； 组织； 操作	
方法或操作		其特性和特征； 材料和实施条件； 如果重要的话，注明产品； 若存在多个步骤，注明步骤的特性和步骤之间的关系	
如果公开涉及替代方案		摘要应当涉及优选替代方案，并且如果能够保证简要则注明其他替代方案； 如果不能，则应当提及存在替代方案以及是否与优选替代方案存在本质区别	

摘要总字数为50～150个，不能超过250个。

参考标准：1994年4月的ST. 12/A。

出处：*Handbook on Industrial Property Information and Documentation*, Publication N° 208（E），1998，WIPO，Geneva（CH）。

附录2　国际惯例认可且符合细则第49（10）条规定的单位（参见F部分第Ⅱ章4.13）[1]

1. SI单位及其十进制倍数和因数

1.1 SI基本单位

量	单位	
	名　称	符　号
长　度	米	m
质　量	千　克	kg
时　间	秒	s
电　流	安　培	A
热力学温度	开尔文	K
物质的量	摩　尔	mol
发光强度	坎德拉	cd

SI基本单位的定义：

—时间单位

秒是时间的SI单位，符号为s。当铯－133原子的非扰动基态超精细跃迁频率$\Delta\nu_{Cs}$以单位Hz（等于s^{-1}）表示时取固定值9192631770来定义秒（秒是铯－133原子基态的两个超精细能级之间跃迁所对应的辐射9192631770个周期的持续时间）。

—长度单位

米是长度的SI单位，符号为m。当真空中的光速以单位m/s表示时取固定数值c为299792458来定义米（米是光在真空中于1/299792458秒时间间隔内所经路径的长度），其中依据$\Delta\nu_{Cs}$来定义秒。

—质量单位

千克是质量的SI单位，符号为kg。当普朗克常数h以单位J·s（等于$kg \cdot m^2 \cdot s^{-1}$）表示时取固定数值6.62607015 ×

[1] 主要基于1979年12月20日的EEC指令80/181/EEC附录第1章，经1984年12月18日的EEC指令、1989年11月27日的89/617/EEC、2000年1月24日的1999/103/EC、2009年3月11日的2009/3/EC和2019年7月23日委员会指令（EU）2019/1258修订。

10^{-34}来定义千克，其中依据 c 和 $\Delta\nu_{Cs}$来定义米和秒。

—电流单位

安培是电流的 SI 单位，符号为 A。当基本电荷 e 以单位 C（等于 A·s）表示时取固定数值 $1.602176634\times10^{-19}$来定义安培，其中依据 $\Delta\nu_{Cs}$来定义秒。

—热力学温度单位

开尔文是热力学温度的 SI 单位，符号为 K。当玻尔兹曼常数 k 以单位 $J\cdot K^{-1}$（等于 $kg\cdot m^2\cdot s^{-2}\cdot K^{-1}$）表示时取固定数值 1.380649×10^{-23}来定义开尔文，其中分别依据 h、c 和 $\Delta\nu_{Cs}$来定义千克、米和秒。

—物质的量单位

摩尔是物质的量的 SI 单位，符号为 mol。一个摩尔精确地包含 6.02214076×10^{23}个基本单元。当以 mol^{-1}为单位表示时，该数是阿伏伽德罗常数 N_A的固定数值，被称为阿伏伽德罗数。

系统的物质的量是特定基本单元的数量的度量，符号为 n。基本单元可以是原子、分子、离子、电子、其他粒子或这些粒子的特定组合。

—发光强度单位

坎德拉是给定方向上发光强度的 SI 单位，符号为 cd。当频率为 540×10^{12}Hz 的单色辐射的发光效能 K_{cd}以单位 $lm\cdot W^{-1}$（等于 $cd\cdot sr\cdot W^{-1}$或 $cd\cdot sr\cdot kg^{-1}\cdot m^{-2}\cdot s^3$）表示时取固定数值为 683 来定义坎德拉，其中分别依据 h、c 和 $\Delta\nu_{Cs}$来定义千克、米和秒。

1.1.1 用于表示摄氏温度的 SI 导出温度单位的特殊名称和符号

量	单位	
	名称	符号
摄氏温度	摄氏度	℃

摄氏温度 t 定义为两个热力学温度 T 和 T_0 之间的差值 $t=T-T_0$，其中 $T_0=273.15$K。温度的间隔或差值可以用开尔文或摄氏度表示。“摄氏度”单位等于“开尔文”单位。

1.2 SI 导出单位

1.2.1 SI 导出单位的一般规则

从 SI 基本单位关联派生得到的单位用代数表达式来表示，

其形式是SI基本单位的幂乘积，数值因子等于1。

1.2.2 具有特殊名称和符号的SI导出单位

量	单位		表达	
	名称	符号	以其他SI单位表示	依据SI基本单位进行表示
平面角	弧度	rad		$m \cdot m^{-1}$
立体角	球面度	sr		$m^2 \cdot m^{-2}$
频率	赫兹	Hz		s^{-1}
力	牛顿	N		$m \cdot kg \cdot s^{-2}$
压强，应力	帕斯卡	Pa	$N \cdot m^{-2}$	$m^{-1} \cdot kg \cdot s^{-2}$
能量、功；热量	焦耳	J	$N \cdot m$	$m^2 \cdot kg \cdot s^{-2}$
功率(1)，辐射通量	瓦特	W	$J \cdot s^{-1}$	$m^2 \cdot kg \cdot s^{-3}$
电量，电荷	库仑	C		$s \cdot A$
电势，电势差，电动势	伏特	V	$W \cdot A^{-1}$	$m^2 \cdot kg \cdot s^{-3} \cdot A^{-1}$
电阻	欧姆	Ω	$V \cdot A^{-1}$	$m^2 \cdot kg \cdot s^{-3} \cdot A^{-2}$
电导系数	西门子	S	$A \cdot V^{-1}$	$m^{-2} \cdot kg^{-1} \cdot s^3 \cdot A^2$
电容	法拉	F	$C \cdot V^{-1}$	$m^{-2} \cdot kg^{-1} \cdot s^4 \cdot A^2$
磁通量	韦伯	Wb	$V \cdot s$	$m^2 \cdot kg \cdot s^{-2} \cdot A^{-1}$
磁通强度	特斯拉	T	$Wb \cdot m^{-2}$	$kg \cdot s^{-2} \cdot A^{-1}$
感应系数	亨利	H	$Wb \cdot A^{-1}$	$m^2 \cdot kg \cdot s^{-2} \cdot A^{-2}$
光通量	流明	lm	$cd \cdot sr$	cd
亮度	勒克斯	lx	$lm \cdot m^{-2}$	$m^{-2} \cdot cd$
（放射性）活度	贝可	Bq		s^{-1}
吸收剂量，输入比能，比释动能，吸收剂量指数	戈瑞	Gy	$J \cdot kg^{-1}$	$m^2 \cdot s^{-2}$
剂量当量	希沃特	Sv	$J \cdot kg^{-1}$	$m^2 \cdot s^{-2}$
催化活性	开特	kat		$mol \cdot s^{-1}$

（1）功率单位的特殊名称：当用于表示交流电的表观功率时，其名称为伏特－安培（符号为“VA”），当用于表示无功功率时，其名称为乏（符号为“var”）。

可以用本附录所列的单位来表示从SI基本单位导出的单位。

特别地，可以用上表中给出的特殊名称和符号来表示SI导出单位。例如，运动黏度的SI单位可以表示为$m^{-1} \cdot kg^{-1} \cdot s^{-1}$或$N \cdot s \cdot m^{-2}$或$Pa \cdot s$。

1.3 用于指定某些十进制倍数和因数的前缀及其符号

因数	前缀	符号	因数	前缀	符号
10^{24}	yotta	Y	10^{-1}	deci	d
10^{21}	zetta	Z	10^{-2}	centi	c
10^{18}	exa	E	10^{-3}	milli	m
10^{15}	peta	P	10^{-6}	micro	μ
10^{12}	tera	T	10^{-9}	nano	n
10^{9}	giga	G	10^{-12}	pico	p
10^{6}	mega	M	10^{-15}	femto	f
10^{3}	kilo	k	10^{-18}	atto	a
10^{2}	hecto	h	10^{-21}	zepto	z
10^{1}	deca	da	10^{-24}	yocto	y

质量单位的十进制倍数和因数的名称是通过在单词“gram”上附加前缀而形成的，其符号附加到符号“g”前。

如果导出单位表示为分数，可以通过在分子或分母中，或两者中的单位上都附加前缀来指定其十进制倍数和因数。

不可以使用复合前缀，即上述几个前缀并列形成的前缀。

1.4 SI 单位的十进制倍数和因数的特殊授权名称和符号

量	单位		
	名称	符号	值
体积	升	l 或 L(1)	$1l = 1dm^3 = 10^{-3}m^3$
质量	吨	t	$1t = 1Mg = 10^3kg$
压强，应力	巴	bar	$1bar = 10^5Pa$
长度	埃	Å	$1 Å = 10^{-10} m$

（1）“l”和“L”这两个符号可以用于升的单位。

本章附录2中1.3列出的前缀及其符号可与本表所包含的单位和符号结合使用。

2. 以 SI 单位定义但并非十进制倍数或因数的单位

量	单位		
	名　称	符　号	值
平面角	转（revolution）(a)		1 revolution = 2πrad
	坡度（grade 或 gon）	gon	1 gon = π/200rad
	度	°	1° = π/180 rad
	角　分	′	1′ = π/10800rad
	角　秒	″	1″ = π/648000rad
时间	分	min	1 min = 60s
	小　时	h	1 h = 3600s
	天	d	1 d = 86400s

（a）不存在国际符号。

本章附录 2 中 1.3 列出的前缀只能与名称坡度（grade 或 gon）结合使用，符号只能与符号 gon 结合使用。

3. 与 SI 一起使用的单位，其 SI 值是通过实验获得的

统一的原子质量单位是核素^{12}C原子质量的 1/12。

电子伏特是一个电子在真空中通过 1 伏特电位差所获得的动能。

量	单位		
	名　称	符　号	值
质量	统一原子质量单位	u	$1u \approx 1.6605655 \times 10^{-27}kg$
能量	电子伏特	eV	$1eV \approx 1.6021892 \times 10^{-19}J$

这些单位用 SI 单位表示时不是精确值。

在本章附录 2 中 1.3 列出的前缀及其符号可以和这两个单位及其符号结合使用。

4. 仅在特殊领域允许的单位和单位名称

量	单位		
	名　称	符　号	值
光学系统收敛性	屈光度（diopre）		$1 diopre = 1m^{-1}$

续表

量	单位		
	名称	符号	值
宝石质量	公制克拉 (metric carat)		$1\text{metric carat} = 2\times10^{-4}\text{g}$
耕地和建筑用地面积	公亩	a	$1\text{a} = 10^2\text{m}^2$
纺织纱线单位长度的质量	特克斯	tex	$1\text{tex} = 10^{-6}\text{kg. m}^{-1}$
血压及其他体液压强	毫米汞柱	mmHg	1mmHg = 133.322Pa
等离子体物理和半导体领域的压力	毫米汞柱	mmHg	1mmHg = 133.322387Pa
	托	Torr	1 Torr = 133.322368 Pa
有效截面积	巴恩	b	$1\text{b} = 10^{-28}\text{m}^2$

本章附录2中1.3列出的前缀及其符号可与上述单位和符号结合使用，但毫米汞柱及其符号除外。10^2a被称为“公顷”。

5. 复合单位

本附录中列出的单位进行组合构成复合单位。

第Ⅲ章 公 开

1. 充分公开

细则 42(1)(e)
公约 83

必须详细描述实施本发明的至少一种方式。因为申请是针对本领域技术人员的，所以既没有必要也不希望给出众所周知的辅助特征的详细信息，但说明书必须充分详细地公开实施本发明所必需的所有特征，使技术人员清楚如何实现本发明。可能一个实施例就够了，但是，如果权利要求覆盖的范围很宽，则申请通常不被视为满足公约第 83 条的要求，除非说明书给出了多个实施例或描述了在权利要求的保护范围上延伸的替代实施方案或变形。然而，还必须考虑到具体案件的事实和证据。在某些情况下，即使是很宽的范围，也可以通过有限数量的实施例甚至一个实施例来充分地说明（另参见 F 部分第Ⅳ章 6.3）。在后一种情况下，除实施例外，申请还必须包含足够的信息，以允许本领域技术人员能够在不会造成过度负担也不需要创造性技能的情况下，利用公知常识在要求保护的整个范围内实施本发明（参见 T 727/95）。在这种情况下，“要求保护的整个范围”应理解为实质上落入权利要求范围的任何实施例，即使可能允许有限数量的试验和误差，例如在未开发的领域或存在许多技术困难时（参见 T 226/85 和 T 409/91）。

然而，在评估公开的充分性时，必须考虑合理解读对独立权利要求的主题所施加的固有限制；换言之，希望实施要求保护的发明的本领域技术人员将排除任何无意义的且与本申请的教导不一致的实施例（参见 T 521/12）。

关于公约第 83 条，提出公开不充分的反对意见的前提条件是，存在严重怀疑，并有可核实的事实加以证实（参见 T 409/91 和 T 694/92）。如果审查小组在特定情况下能够提出申请缺乏充分公开的合理情况，则确定本发明可以在要求保护的整个范围内实施和重现的责任在于申请人（参见本章 4）。

公约 83
细则 42(1)(c)和(e)

为了完全满足公约第 83 条、细则第 42（1）（c）条和细则第 42（1）（e）条的要求，不仅需要根据其结构还需要根据其功能来描述本发明，除非各个部分的功能显而易见。事实上，在一些技术领域（例如计算机领域），清晰地描述功能可能比非常详细地描述结构更为合适。

细则 63

如果发现根据公约第 83 条本申请仅就要求保护的主题的

一部分充分公开了，可能导致根据细则第63条发出部分欧洲检索报告或补充欧洲检索报告（参见B部分第Ⅷ章3.1和B部分第Ⅷ章3.2）。在这种情况下，如果没有适当地修改，还将根据细则第63（3）条提出反对意见（参见H部分第Ⅱ章5和H部分第Ⅱ章6.1）。

2. 公约第83条与公约第123（2）条

公约83
公约123(2)

申请人有责任确保在提交申请时提供充分的公开，即所有权利要求中要求保护的发明都要符合公约第83条的要求。如果权利要求根据参数定义了本发明或其特征，则原始提交的申请必须清楚地描述用于确定参数值的方法，除非本领域技术人员知道使用什么方法，或者除非所有方法都会产生相同的结果（参见F部分第Ⅳ章4.11）。如果公开非常不充分，则无法在不违反公约第123（2）条的情况下通过补充进一步的实施例或特征来克服这一缺陷，公约第123（2）条要求修改不得导致引入超出原始提交申请内容的主题（参见H部分第Ⅳ章2.1；另参见H部分第Ⅴ章2.2）。因此，在这种情况下，申请通常会被驳回。然而，如果缺陷仅出现在本发明的一些实施例中而没有出现在其他实施例中，则可以通过将权利要求限制为仅对应于充分描述的实施例来补救，其余实施例的描述将被删除。

3. 公开不充分

公约83

偶然会有一些提交的申请，其中的发明存在根本性的不充分，即本领域技术人员无法实施，因此，存在无法满足公约第83条要求、实质上无法弥补的缺陷。有两个例子值得特别注意。第一个例子是发明的成功实施取决于偶然因素。也就是说，本领域技术人员在根据说明书实施本发明时，发现本发明声称的结果是不可再现的，或者只能以完全不可靠的方式取得这些结果的成功。如果本领域技术人员必须执行基于试错的研究计划以重现发明的结果，而成功的机会有限，则不能承认公开的充分性（参见T 38/11，理由2.6）。可能出现这种情况的一个例子是涉及突变的微生物过程。这种情形与即使伴有一定比例的失败但能确保重复成功的情况不同，例如在小型磁芯或电子元件的制造过程中可能出现的失败。在后一种情形下，如果通过无损检测程序能够容易分拣到令人满意的部件，则不会提出根据公约第83条的反对意见。第二个例子是，因为违背公认的物理定律，导致本质上不可能成功实施本发明，这适用于例如永动机。如果这种机器的权利要求不仅涉及其结构还涉及其功能，则不仅会根据公约第83条提出反对意见，还会根据公约第52（1）条提出反对意见，因为该发明不“具有工业实用性”（参见G部分第Ⅲ章1）。

4. 关于实施和再现本发明的可能性的举证责任

虽然原则上在公开充分性框架内的举证责任通常由提出反对意见的一方承担，但这一原则不适用于原始提交的申请没有提供单个实施例或可以合理地实施要求保护发明的其他技术信息的情况（例如参见T 1329/11）。

此外，如果对实施发明并按照描述的那样重现发明的可能性存在严重怀疑，则由申请人或专利所有人承担有关这种可能性的举证责任，或者至少证明成功是可信的。在异议程序中，例如，当异议人所做的实验表明专利的主题没有达到预期的技术效果时，可能出现上面的情况。关于实施和再现本发明的可能性，另参见本章3。

5. 部分公开不充分的情况

5.1 仅本发明的部分实施例不能实施

事实上，如果只是不能实施本发明的变型方式，例如其多个实施例中的一个，则并不能立即得出本发明的主题作为一个整体无法实施，即无法解决所涉及的问题并且因此无法实现所期望的技术效果的结论。

但是，如果缺陷未得到补救，则与本发明无法实施的变型方式相关的那些说明书部分和相关权利要求，必须根据审查小组的要求进行删除，或将其标记为不属于本发明一部分的背景信息（参见F部分第Ⅳ章4.3（iii））。然后，申请的措辞必须使其余权利要求得到说明书的支持并且不涉及已被证明无法实施的实施例。

在一些特定情况下（例如与范围的组合或与马库什权利要求相关的权利要求），权利要求的范围可能包括大量的替代方案，其中一些对应于不可实现的实施例。在这种情况下，只要说明书包含与相关标准有关的足够多的信息以识别要求保护的替代方案中的可实现实施例，则权利要求书中存在不可实现的实施例就是无关紧要的（参见 G 1/03）。另参见 G 部分第Ⅶ章 5.2。

5.2 缺少众所周知的细节

为了充分公开的目的，说明书不需要描述本领域技术人员根据所给出的说明实施操作的所有细节，如果这些细节是众所周知的并且从权利要求类别的定义中或者基于公知常识是清楚的（另参见本章 1 和 F 部分第Ⅳ章 4.5）。

5.3 实施发明的困难

一项发明不会因其在实施中遇到合理程度的困难（例如“初期问题”）而立即被视为无法实施。

第一个例子：人工髋关节只能由经验丰富且能力高于平均水平的外科医生安装到人体上这一事实可能产生的困难，并不会阻止骨科装置制造商从说明书中获取完整的信息，从而能够再现本发明以制造人工髋关节。

第二个例子：根据本发明制造的可开关半导体用于在不使用触点的情况下接通和断开电路，从而使操作更平稳，但是存在初期问题，即当其断开时残余电流继续在电路中流动。然而，这一残余电流仅对电气开关在某些领域的使用产生不利影响，并且随着常规半导体的进一步开发可以将其降低到可忽略不计的程度。

6. 涉及生物材料的发明

6.1 生物材料

细则 26(3)　与生物材料有关的申请须遵守细则第 31 条记载的特殊规
细则 31(1)　定。根据细则第 26（3）条，术语“生物材料”是指含有遗传信息并能够自我繁殖或在生物系统中被复制的任何材料。如果一项发明涉及公众无法获得的生物材料或其使用，并且无法在欧洲专利申请中以使本领域技术人员能够实施该发明的方式进行描述，则公开不被视为满足公约第 83 条的要求，除非满足细则第 31（1）、（2）条的第 1 句和第 2 句，以及细则第 33（1）条的第 1 句的要求。

细则 26(1)　对于基于植物或动物来源的生物材料或使用此类材料的发

明，建议在适当的情况下，在申请中包含有关此类材料地理来源的信息（如果已知）。但是，这并不影响对欧洲专利申请和欧洲专利的审查（参见 EU Dir 98/44/EC，引文 27）。

6.2 生物材料的公众可获得性

审查小组必须就公众是否可获得生物材料形成意见。这里存在几种可能性。已知的生物材料对于本领域技术人员来说容易获得，例如面包酵母或纳豆芽孢杆菌可以在市场上买到，它可能是标准保藏菌株，或者是该审查小组知道已保藏在认可的保藏单位内且公众可不受限制地获得的其他生物材料（参见 2010 年 7 月 7 日的 EPO 公告《OJ EPO 2010，498》）。或者，申请人可能在说明书中给出识别生物材料特征的充分信息，并且在满足细则第 33（6）条规定的认可的保藏单位中不受限制地向公众事先提供以满足相关审查小组的要求（参见 2010 年 7 月 7 日的欧洲专利局公告《OJ EPO 2010，498》）。在上述任何一种情况下，都不需要采取进一步行动。但是，如果申请人没有提供关于公众可用性的信息，或者提供的信息不充分，并且生物材料不属于已经提到的那些已知种类的特定菌株，则审查小组必须假定公众无法获得该生物材料。审查小组还必须审查生物材料是否能以使得本领域技术人员能够实施发明的方式在欧洲专利申请中进行描述（具体参见本章 3 和 G 部分第 II 章 5.5）。

6.3 生物材料的保藏

如果公众无法获得生物材料，并且申请中的描述不能使本领域技术人员实施本发明，则审查小组必须检查以下内容：

细则 31（1）和（2）

（i）原始提交的申请是否提供了申请人可以获得的关于生物材料特性的相关信息。本条规定的相关信息涉及生物材料的分类和与已知生物材料的显著差异。为此，申请人必须在可获得的范围内指出形态和生化特征以及建议的分类描述。

本领域技术人员在申请日一般已知的有关生物材料的信息，通常假定为申请人可以获得，因此申请人必须提供该信息。如有必要，必须按照相关标准文献通过实验提供。

例如，表征细菌相关的标准资料是 R. E. Buchanan，N. E. Gibbons：Bergey's Manual of Determinative Bacteriology。

在这种背景下，还需要提供与生物材料的识别和繁殖相关

的每一个进一步的形态或生理特征的信息，例如合适的培养基（各成分的组成），特别是当其被修饰时。

生物材料或培养基的缩写不如申请人假设的那么广为人知，因此应避免使用缩写或至少完整书写一次。

如果保藏的生物材料不能自我复制，而是必须在生物系统中复制（例如病毒、噬菌体、质粒、载体或游离 DNA 或 RNA），则对于此类生物系统也要求提供上述信息。例如，如果需要无法充分描述或公众无法获得的其他生物材料，如宿主细胞或辅助病毒，则该材料也必须相应地保藏和表征。此外，还必须说明在该生物系统中生产该生物材料的方法。

在多数情况下，上述要求的信息已经提供给了保藏单位（参见《布达佩斯条约实施细则》第 6.1（a）（iii）条和第 6.1（b）条），只需要将其写入申请即可。

（ii）是否在申请日提供了保藏单位名称和保藏号。如果保藏单位名称和保藏号是申请日后提交的，则检查它们是否在细则第 31（2）条规定的相关期限内提交。如果是在相关期限内提交的，则进一步检查在申请日是否提供了使保藏物与后来提交的保藏号相关联的任何参考信息。通常，在申请文件中使用保藏者为保藏物提供的识别参考信息。根据细则第 31（1）（c）条用于后来提交数据的相关文件可以是包含保藏单位名称、保藏号和上述识别参考信息的信件，也可以是包含所有这些数据的保藏证明（另参见 G 2/93 和 A 部分第Ⅳ章 4.2）。

（iii）是否由申请人以外的人进行保藏，如果是，是否在申请中注明了保藏人的姓名和地址，以及是否在细则第 31（2）条规定的相关期限内提供。在这种情况下，审查小组还必须检查满足细则第 31（1）（d）条要求的文件是否在相同期限内提交给了 EPO（关于何时需要细则第 31（1）（d）条所述文件的详细信息，请参见 A 部分第Ⅳ章 4.1）。

除上文（i）至（iii）项所述的检查外，如果之前没有提交过这些证明，审查小组还要求提供由保藏单位出具的保藏证明（参见《布达佩斯条约实施细则》第 7.1 条），或生物材料保藏的等同证据（见上文（ii）项和 A 部分第Ⅳ章 4.2）。这是为申请人根据细则第 31（1）（c）条作出的说明提供证据。

如果该保藏证明已在细则第 31（2）条规定的相关期限内提交，则该文件本身被视为根据细则第 31（1）（c）条提交的信息。

细则 33(6)

此外，指定的保藏单位必须是 EPO 官方公报中列出的认可的机构之一。官方公报定期公布最新名单列表。

如果最初不是根据《布达佩斯条约》进行的保藏，则必须在不晚于欧洲专利申请的申请日将其转换为在《布达佩斯条约》规定范围内进行的保藏，以满足细则第 31（1）（a）条的要求。

如果这些要求中的任何一项没有得到满足，则不能认为所讨论的生物材料已经根据公约第 83 条的要求通过提及的保藏方式得到了公开。

细则 31
细则 40(1)(c)
细则 56（2）和（3）

此外存在两种情况，申请人可以根据细则第 31（1）（c）条，以及在适用的情况下也可以根据细则 31（1）（d）条的要求提交含有所需的保藏信息的文件，提交含有保藏信息的文件应在规定的申请日之后，并在提交该文件的相关期限内，但在细则第 31（2）（a）条至第 31（2）（c）条规定的期限之一届满后。如前段所述，在细则第 31（2）条规定的相关期限之后提交信息的后果是，该生物材料被视为未根据公约第 83 条提及该保藏而被公开。这些情况下，有关保藏的信息包含在：

（a）根据细则第 40（1）（c）条引用的在先申请，在细则第 40（3）条规定的两个月期限内或在细则第 55 条规定的期限内提交申请的副本；或

（b）在根据细则第 56（2）条规定的两个月期限内后来提交的说明书遗漏部分，当满足细则第 56（3）条的要求时，该申请不会重新确定申请日。

6.4 优先权要求

对于本章 6.1 中提到的无法获得的生物材料，申请可以要求在先申请的优先权。在这种情况下，只有当生物材料的保藏不迟于在先申请的申请日并且符合提交申请所在国家的要求时，本发明才视为为满足公约第 87（1）条规定的优先权要求而在在先申请中公开了。此外，在先申请中对保藏的引用必须以能够识别的方式进行。如果欧洲专利申请中提到的生物材料保藏与优先权中提到的保藏不同，则在 EPO 认为有必要时由申请人提供证据证明生物材料是相同的（另参见 2010 年 7 月 7 日的 EPO 公告《OJ EPO 2010，498》）。

6.5 欧洲-PCT案件

与上述无法获得的生物材料有关且指定或选择EPO的国际申请，必须同时符合PCT细则第13之二条以及公约细则第31条。这意味着，为了充分公开所述材料，必须在国际申请日之前在认可的保藏单位进行保藏，必须在申请中提供相关信息，并且必须在国际阶段按照要求提供必要的说明（另参见2010年7月7日的EPO公告《OJ EPO 2010，498》）。

7. 专有名称、商标和商品名称

如果专有名称、商标或商品名称或类似词语仅表示原产地或可能涉及一系列不同的产品，则使用这些词语来指代材料或物品是不可取的。如果使用这类词语，则为了满足公约第83条的要求，产品必须能够在不依赖该词的情况下被充分地识别，以使本领域技术人员能够在申请日实施本发明。但是，如果这些词语已被国际公认为标准说明性术语，并已获得确切的含义［例如Bowden（cable，电缆）、Belleville（washer，洗衣机）、Panhard（rod，杆）、caterpillar（belt，带）］，则可允许使用这些词语而无须进一步说明其相关产品。关于评估涉及商标的权利要求是否清楚（公约第84条），参见F部分第Ⅳ章4.8。

8. 引证文件

欧洲专利申请中对其他文件的引用可能涉及背景技术，也可能涉及发明公开的一部分。

如果引证文件涉及背景技术，则其可在申请日引入，或者在申请日后引入申请中（参见F部分第Ⅱ章4.3、4.4和H部分第Ⅳ章2.2.6）。

如果引证文件直接涉及本发明的公开（例如，要求保护的装置的一个组件的详细信息），则审查小组首先考虑了解引证文件中的内容对于公约第83条意义上的实施发明实际上是否是必需的。

如果不是必需的，则常用的表述“此处通过引用并入本文”或任何相同类型的表述需要从说明书中删除。

公约65　如果所引证文件中的内容对于满足公约第83条的要求来说是必不可少的，则审查小组要求删除上述表述，而将该内容明确地补入说明书，因为专利说明书必须就发明的必要特征而言是自成一体的，即能够无须引用任何其他文件即可理解。此外，这种引证文件不是公约第65条规定的翻译的文本的一部分（参见T 276/99）。

然而，补入这种必要事项或必要特征须遵守H部分第Ⅳ章2.2.1中规定的限制。为了能够进行有意义的检索，检索小组可能已要求申请人提供所引用的文件（参见B部分第Ⅳ章1.3）。

如果为了公开发明而在原始提交的申请中引用了文件，该引证文件的相关内容应被视为构成申请内容的一部分，以便根据公约第54（3）条引用该申请来反对在后申请。对于在申请日之前公众无法获得的引证文件，只有在满足H部分第Ⅳ章2.2.1中规定的条件时才能够适用。

由于公约第54（3）条规定的这种效力，所以非常重要的是，如果引用仅针对所引证文件的特定部分，则需要在引用时清楚地标明该部分。

9. “延展式”权利要求

在某些技术领域（例如生物技术、制药），会发生以下情况：

（i）下述其中一项及其在筛选方法中的使用已被定义为对本领域的唯一贡献：

- 多肽，
- 蛋白质，
- 受体，
- 酶等，或

（ii）已经定义了这种分子的新作用机制。

这类申请可能包含所谓的“延展式”权利要求，即针对一种化合物（或该化合物的用途）的权利要求，这些权利要求根据其对上述分子之一所施加的技术效果在功能方面加以限定。

这种权利要求的典型例子是：“多肽X的激动剂/拮抗剂[可选地通过权利要求A的筛选方法鉴定]”“多肽X的激动剂/拮抗剂［可选地如权利要求A的筛选方法鉴定］，用于治疗”“多肽X的激动剂/拮抗剂［可选地通过权利要求A的筛选方法鉴定］用于治疗Y疾病”，其中说明书表明多肽X与疾病Y有关。

根据公约第83条和细则第42（1）（c）条，权利要求必须包含对问题解决方案的充分技术公开。化合物的功能性限定（“延展式”权利要求书）涵盖具有权利要求中指定的活性或效果的所有化合物。在没有任何指向其特性的有效指引的情况下（参见本章1），分离和表征所有潜在的化合物（例如激动剂/拮抗剂），或者测试每个已知化合物和每个可想象的未来化合物的这种活性以查看它是否落入权利要求的范围，这将是一种不适当的负担。实际上，申请人试图为尚未发明的东西申请专利，而申请人可以测试用于定义化合物的效果这一事实并不一定赋予权利要求充分性；事实上，它构成了对本领域技术人员执行研究计划的要求（参见T 435/91（理由2.2.1），以及T 1063/06（决定要点Ⅱ））。

一般而言，针对通过新型研究工具（例如，使用基于新发现的分子或新作用机制的新筛选方法）发现的仅进行功能性限定的化合物的权利要求所针对的是未来的发明，而EPC下的专利保护不是为这些发明而设计的。在这种“延展式”权利要求的情况下，将权利要求的主题限于对本领域的实际贡献是既合理又有必要的（参见T 1063/06（决定要点I））。

10. 充分公开和细则第56条

根据细则第56条，为了维持原始申请日，可以撤回遗漏的部分，然后这些部分不再被视为申请的一部分（另参见A部分第Ⅱ章5.4.2和5.5，C部分第Ⅲ章1和H部分第Ⅳ章2.2.2）。

在这种情况下，审查小组必须在不依赖于撤回的遗漏部分中包含的技术信息的情况下，仔细评估本发明是否仍然被充分公开。如果审查小组得出不满足公约第83条要求的结论，则提出相应的反对意见。最终，申请可能因公开不充分而被驳回（参见本章3至5）。

11. 充分公开和清楚

权利要求中的含糊不清可能导致“公开不充分”的反对意见。然而，含糊不清也涉及权利要求的范围，即公约第84条（参见F部分第Ⅳ章4）。因此，通常情况下，权利要求中的含糊不清只有在权利要求的整个范围受到影响，从某种意义上来说不可能执行其中限定的所有发明的情况下，才会导致根据公约第83条提出反对意见。否则，根据公约第84条提出反对意见是适当的（参见T 608/07和T 1811/13）。

特别是（参见T 593/09），如果权利要求包含定义不清（“不清楚”“含糊不清”）的参数（另参见F部分第Ⅳ章4.11），本领域技术人员因此不知道它们是在权利要求范围之内还是在权利要求范围之外起作用，则这本身并不是否认公约第83条规定的充分公开的理由。这种缺乏清楚定义的情况也不一定是根据公约第84条提出反对意见的事项。在公约第83条的意义范围内确定公开不充分的决定性因素是，在特定情况下，参数是否定义不清，以至于本领域技术人员无法基于整个公开并使用公知常识来确定（没有不当负担地）解决相关申请潜在问题所需的技术手段，例如参见T 61/14。

公约第83条和公约第84条之间有一个微妙的平衡，必须根据每个个案的案情进行评估。因此，在异议程序中必须注意，公开不充分的反对意见不仅仅是根据公约第84条作出的隐含反对意见，特别是在权利要求存在含糊不清的情况下（参见T 608/07）。另一方面，即使不支持/不清楚不是提出反对意见的理由（另参见F部分第Ⅳ章6.4），但与之相关的问题实际上可能涉及公约第83条的规定。

12. 充分公开和创造性

如果要求保护的发明缺乏可再现性，根据充分公开或创造性的要求，这可能会变得相关。本发明所达到的技术效果解决了本申请背后的问题。如果一项发明由于未能达到权利要求中表达的预期技术效果而缺乏可再现性，则会导致公开不充分，必须根据公约第83条提出反对意见。否则，即如果没有在权利要求中表达效果，而是作为要解决问题的一部分，则存在创造性问题（参见G 1/03理由2.5.2，T 1079/08，T 1319/10，T 5/06和T 380/05）。

对于因为违反公认的物理定律而本质上不可能成功实施的发明示例，参见本章3。

第Ⅳ章　权利要求书（公约第84条和形式要求）

1. 通　则

公约78(1)(c)　申请必须包含“一项或多项权利要求”。

公约84　这些权利要求必须：

(i)“限定要求保护的主题”；

(ii)“是清楚和简要的”；

(iii)“得到说明书的支持”。

公约69(1)　由于欧洲专利或申请所赋予的保护范围由权利要求确定（说明书和附图的帮助解释），因此权利要求的清楚程度至关重要（另见本章4）。

2. 权利要求的形式和内容

2.1 技术特征

细则43(1)　权利要求必须根据“发明的技术特征”来撰写。这意味着权利要求不得包含任何与例如商业利益或与“实施”发明无关的其他事项相关的陈述，但如果对于目的的陈述有助于定义发明，则允许使用。

不必用结构限制来表达每个特征。可以包括功能性特征，前提是技术人员在不运用创造性技能的情况下提供执行这一功能的某些方式是没有困难的（参见本章6.5）。对于病理条件的功能性定义的具体案例，参见本章4.22。

从技术应用角度而言，本发明的用途权利要求是允许的。

2.2 两段式

细则43(1)　细则第43（1）（a）和（b）条定义了权利要求必须“在适当的情况下”具有的两段式结构。

第一部分或“前序部分”需要包含一个陈述，该陈述表明“发明的主题名称”，即与发明相关的设备、方法等的一般技术类别，然后是对“定义所要求保护的主题所必需的那些技术特征，但这些技术特征结合起来是现有技术的一部分”的陈述。在权利要求的第一部分中陈述现有技术特征的要求仅适用于独立权利要求，不适用于从属权利要求（参见本章3.4）。从细则第43条的措辞可以清楚地看出，仅需要提及与发明相关的那些现有技术特征。例如，如果本发明涉及照相机，但创造性完全涉及快门，将权利要求的第一部分写为“一种照相机，包括焦平面快门”就足够了，不需要提及相机的其他已知特征，例如镜头和取景器。

第二部分或“特征部分”需要说明本发明添加到现有技术中的特征，即与第一部分所述的特征相结合而要求保护的技术特征。

如果根据公约第54（2）条，现有技术中的单个文件，例如检索报告中引用的文件，表明权利要求第二部分中的一个或多个特征与权利要求第一部分中的所有特征的组合是已知的，并且该组合具有与根据本发明的完整组合相同的效果，审查小组将要求将这样的一个或多个特征移到第一部分。

但是，如果权利要求涉及一种新的组合，并且如果权利要求的特征在前序部分和特征部分之间的划分可以以一种以上的方式进行而不会不准确，如果申请人的划分并非不正确，则除非有非常充分的理由，否则不得强迫申请人采用与他们已选定的不同的特征划分方式。如果申请人坚持在前序部分中包含比从最接近的可用现有技术中所能得出的特征更多的特征，这是可以接受的。

如果没有其他现有技术可用，则权利要求的第一部分可以用于以缺乏创造性为由提出反对意见（参见G部分第Ⅶ章5.1最后一段）。

2.3 不适用两段式的情形

根据本章2.3.2最后一句的规定，要求申请人在其一项或多项独立权利要求中遵循上述两段式的表述，例如，其发明很明显在于对旧的部件或步骤组合的独特改进。然而，正如细则第43条所指出的，这种形式只有在适当的情况下才需要使用。本发明的性质可能使得这种形式的权利要求是不合适的，因为它会扭曲或误导发明或现有技术。可能需要不同表现形式的发明类型的示例有：

（i）具有同等地位的已知整体的组合，创造性仅在于该组合；

（ii）对已知化学方法的改进，与加入特征不同，例如：通过省略一种物质或用一种物质代替另一种物质；

（iii）功能上相互关联的部分组成的复杂系统，创造性涉及这些部分中的几个或其相互关系的变化。

在示例（i）和（ii）中，满足细则第43条形式的权利要求可能显得生硬且不适当，而在示例（iii）中，可能导致权利要求过分冗长和复杂。满足细则第43条形式的权利要求可能不适当的另一个例子是，发明是一种或一组新的化合物。很可能还会出现其他情况，在这些情况下，申请人可以提出令人信服的理由来以不同的形式撰写权利要求。

2.3.1 非两段式

公约54(3)

有一个特殊情况应当避免使用细则第43条规定的权利要求形式。这种情况是，唯一相关的现有技术属于公约第54（3）条范围内的另一件欧洲专利申请。然而，这种现有技术必须在说明书中清楚确认（参见F部分第Ⅱ章4.3倒数第2段和F部分第Ⅱ章4.4）。

2.3.2 “适当情况下”的两段式

在审查是否应按照细则第43（1）条第2句规定的形式提出权利要求时，重要的是要评估这种形式是否“合适”。在这方面，两段式的目的是允许本领域技术人员清楚地看到为定义要求保护的主题所必需的哪些特征结合起来是现有技术的一部分。如果从说明书中对现有技术的说明可以充分看出这一点，为满足细则第42（1）（b）条的要求，则不强求采用两段式。

2.4 公式和表格

细则49(9)

权利要求和说明书中可以包含化学式或数学式，但不能包含插图。“只有其主题需要使用表格时”，权利要求才可以包含表格。鉴于该细则中使用了“需要”一词，在使用表格这种形式更方便的情况下，审查小组不反对在权利要求中使用表格。

3. 权利要求的种类

3.1 类　型

细则43(2)

EPC涉及权利要求的不同“类型”（产品、方法、设备或用途）。对于许多发明，需要不止一个类型的权利要求才能获得全面保护。事实上，只有两种基本类型的权利要求，即针对物理实体（产品、设备）的权利要求和针对活动（方法、用途）的权利要求。第一种基本类型的权利要求（产品权利要求）包括一种物质或组合物（例如化合物或化合物的混合物）以及由人的技术生产的任何物理实体（例如物质、物品、设备、机器或协作设备的系统）。例如："一个包含自动反馈电路的转向机构……"；"一种包括……的机织衣物"；"一种由 X、Y、Z 组成的杀虫剂"；或"一种通信系统，包括多个发射站和接收站"。第二种基本类型的权利要求（方法权利要求）适用于使用某种物质产品影响其过程的所有类型的活动；活动可以在材料产品、能量、其他过程（如控制过程中）或生物上进行（例外情况参见 G 部分第Ⅱ章 4.2 和 G 部分第Ⅱ章 5.4）。

细则第 43（2）条与细则第 44（1）条的结合应被解释为允许在同一申请中包含以下任何一种不同类型权利要求的组合：

（i）除给定产品的独立权利要求外，还包括专门适用于制造所述产品的方法的独立权利要求和所述产品的用途的独立权利要求；或者

（ii）除给定方法的独立权利要求外，还包括专门设计用于执行所述方法的设备或装置的独立权利要求；或者

（iii）除给定产品的独立权利要求外，还包括专门适用于制造所述产品的方法的独立权利要求和专门设计用于执行所述方法的设备或装置的独立权利要求。

公约 82　然而，虽然根据上述任何一种组合（i）、（ii）或（iii）中的一组独立权利要求始终是允许的，但只有适用细则第 43（2）（a）至（c）条中定义的特定情况，并且满足公约第 82 条和公约第 84 条的要求的情况下，才允许在一件欧洲专利申请中使用多组此类独立权利要求。因此，这种组合效果引起的独立权利要求数量的激增只能通过例外的方式被允许。

公约 64(2)　如果欧洲专利申请的主题为一种方法，则该专利赋予的保护延伸至通过这种方法直接获得的产品。

3.2 独立权利要求的数量

细则 43(2)　根据细则第 43（2）条，适用于在 2002 年 1 月 2 日之前未根据 EPC 1973 公约细则第 51（4）条（对应于 EPC 2000 公约细则第 71（3）条）发出通知书的所有欧洲专利申请，独立权

利要求的数量仅限于每个类型中包含一项独立权利要求。

该细则的例外情况只能在该细则（a）、（b）或（c）中定义的特定情况下被允许，前提是满足公约第82条关于单一性的要求（参见F部分第Ⅴ章）。

以下是属于每个类型有一项独立权利要求原则的例外范围内的典型情况示例：

（i）多个相互关联产品的示例（细则第43（2）（a）条）

-插头和插座；

-发射器-接收器；

-中间体和最终化学产品；

-基因-基因构建体-宿主-蛋白质-药物。

对于细则第43（2）（a）条而言，术语“相互关联”被解释为“相互补充或协同工作的不同对象”。此外，因为认为术语“产品”包括设备，细则第43（2）（a）条可以解释为涵盖设备权利要求。同样，只要这些实体是相互关联的，术语“产品”可以包括系统、子系统和此类系统的子单元。相互关联的方法权利要求也可能属于细则第43（2）（a）条的例外情况。

（ii）产品或设备的多种不同创造性用途的示例（细则第43（2）（b）条）

-当第一项医疗用途已知时，针对进一步医疗用途的权利要求（参见G部分第Ⅱ章4.2）；

-涉及将化合物X用于多种用途的权利要求，例如用于美容强化头发和促进头发生长。

（iii）特定问题的替代解决方案的示例（细则第43（2）（c）条）

-一组化合物；

-两种或多种此类化合物的制造方法。

（iv）允许的权利要求类型的示例

-针对涉及具备新颖性和创造性的多肽P的多种方法的权利要求，例如，一种控制化合物合成中特定步骤的酶：一种制备多肽P的方法，一种通过使用分离的多肽或表达所述多肽的宿主细胞制备化合物的方法，一种基于宿主细胞是否表达本发明的多肽来选择宿主细胞的方法。

-一种数据发送方法，用于在连接到总线的多个设备之间发送数据包；一种数据接收方法，用于接收连接到总线的多个设备之间的数据包。

-操作数据处理系统的方法，包括步骤A、B、……——一种数据处理设备/系统，包括用于执行所述方法的装置——适用于执行所述方法的计算机程序［产品］——包括所述程序的计算机可读存储介质/数据载体。

然而要注意，当多项独立权利要求指向并非足够不同的等同实施例时（例如适用于执行所述方法的计算机程序，可选地承载在电载波信号上——包括适用于执行方法步骤A、B……的软件代码的计算机程序），通常不适用细则第43（2）条的例外情况。

对于细则第43（2）（c）条而言，术语“替代解决方案”可解释为“不同或相互排斥的可能性”。此外，如果可以通过单一权利要求涵盖所有替代解决方案，申请人应该这样做。例如，同一类型的独立权利要求的特征的重叠和相似之处表明，将此类权利要求替换为单一独立权利要求是合适的，例如通过为必要特征选择通用措辞（参见本章4.5）。

3.3 根据细则第43（2）条或细则第137（5）条提出反对意见

如果对审查中的申请进行检索后，存在同一类型的不合理的多项独立权利要求（参见B部分第Ⅷ章4.1和4.2），则根据细则第43（2）条提出反对意见。如果在检索阶段没有发送根据细则第62a（1）条的通知书，审查小组仍然可以根据细则第43（2）条提出反对意见。如果申请是无须准备补充欧洲检索报告的欧洲-PCT申请（参见B部分第Ⅱ章4.3.1），则审查中也可能出现根据细则第43（2）条提出的反对意见。

细则43(2) 当根据细则第43（2）条提出反对意见时，要求申请人适当修改权利要求。如果检索根据细则第62a条受到限制，并且审查小组坚持根据细则第43（2）条的反对意见，即便申请人可能为答复根据细则第62a（1）条的通知书（参见B部分第Ⅷ章4.2.2）或根据细则第70a条的检索意见（参见B部分第Ⅹ章8）提供了反驳意见陈述，也必须修改权利要求，删除所有排除在检索之外的主题（细则第62a（2）条），并且相应地修改说明书（参见H部分第Ⅱ章5）。

如果在针对合理的（在审查小组的通知书中提出或确认

的）反对意见的答复中仍然有额外的独立权利要求，并且没有令人信服的意见陈述证明适用于细则第43（2）（a）至（c）条中提到的情况之一，则可以根据公约第97（2）条驳回申请。

如果申请被修改为提供一组符合细则第43（2）条的权利要求，但是包含一个或多个根据细则第62a（1）条排除在检索之外的主题的权利要求，则根据细则第137（5）条提出反对意见，且不得接受此类修改（另参见H部分第Ⅱ章6和H部分第Ⅱ章6.1）。但是，在作出这样的决定之前，有必要允许申请人根据公约第113（1）条，就根据细则第62a（1）条发出的通知书的权利要求是否确实符合细则第43（2）条这一根本问题发表意见。

根据细则第43（2）条提出的反对意见的举证责任最初由申请人承担，需要由申请人就为什么可以保留额外的独立权利要求提出具有说服力的论证。例如，仅仅声明权利要求的数量是提供申请人所要求的整体保护范围所必需的最低数目并不是一个令人信服的答复意见（参见T 56/01理由5）。

如果申请也缺乏发明的单一性，审查小组可以根据细则第43（2）条和/或公约第82条提出反对意见。申请人不能质疑这些反对意见中哪一个更优先。

3.4 独立和从属权利要求

细则43（3）和（4）

所有申请都将包含针对发明必要特征的一项或多项“独立”权利要求。任何这样的权利要求之后可以是关于发明“特定实施例”的一项或多项权利要求。显然，与特定实施例相关的任何权利要求还必须有效地包括发明的必要特征，因此必须包括至少一个独立权利要求的所有特征。术语“特定实施例”被广义地解释为比一项或多项独立权利要求中记载的发明更具体的公开。

细则43（4）

包含任何其他权利要求的所有特征的任何权利要求称为“从属权利要求”。如果可能，这种权利要求必须在开头包含对另一项权利要求的引用，并包含其所引用的权利要求的所有特征（例外情况，关于不同类别的权利要求参见本章3.8）。由于从属权利要求本身并未定义其要求保护的主题的所有特征，因此在这种权利要求中，诸如“特征在于”或“特征为”的表述不是必需的，但还是允许的。定义发明的进一步限定的权利要求可以通过引用另一从属权利要求而包括该权利要求的所有特征。并且，在某些情况下，一项从属权利要求可以定义一个或多个特定特征，这些特征可以被适当地加入多个在先的权利要求（独立或从属权利要求）中。由此可见，存在多种可能性：一项从属权利要求可以引用一项或多项独立权利要求、一项或多项从属权利要求，或同时引用独立权利要求和从属权利要求。

有时会出现独立权利要求明确提及替代解决方案并且这些替代方案也在从属权利要求中单独要求保护的情况。这样的权利要求可能看起来是多余的，但其可能在某些国家程序中在申请人希望限制权利要求时起重要作用。

公约84

只有当这类权利要求不利于权利要求作为整体的清楚性时，审查小组才会对此类权利要求提出反对意见。

从属权利要求明确引用两种类型的独立权利要求作为可选方案时，不能仅以此为由提出反对意见。例如，如果本发明既涉及组合物又涉及该组合物的用途，则既可以根据组合物的独立权利要求又可以根据其用途的独立权利要求来提出进一步说明组合物特征的从属权利要求。

公约84

但是，如果这种类型的权利要求的从属关系导致缺乏清楚性，则会提出反对意见。

3.5 权利要求的设置

细则43(4)

引用一个或多个在先权利要求的所有从属权利要求必须尽可能以最适当的方式设置在一起。因此，这种设置必须能够使相关权利要求的关联易于确定，并且它们的关联含义易于解释。如果权利要求的设置在要保护主题的定义中造成模糊不清，则审查小组会提出反对意见。但是，一般而言，当相应的独立权利要求被允许时，只要认为从属权利要求是真正的从属，因此绝不会扩大相应独立权利要求中定义的本发明的保护范围，那么审查小组就不会过度关注从属权利要求的主题（另见本章3.8）。

3.6 从属权利要求的主题

如果独立权利要求使用两段式撰写，则从属权利要求不仅可能涉及特征部分的特征的进一步细节，还可能涉及前序部分的特征的进一步细节。

3.7 一项权利要求中的替代方案

公约84
公约82

一项权利要求，无论是独立权利要求还是从属权利要求，都可以涉及替代方案，前提是单个权利要求中替代方案的数量和表述不得使权利要求晦涩难懂或难以解释，并且权利要求符合单一性要求（另见F部分第Ⅴ章3.2.1和3.2）。在权利要求定义（化学或非化学）替代方案的情况下，即所谓的“马库什要素”，如果替代方案具有相似的性质并且可以公平地相互替代，则认为存在发明的单一性（参见F部分第Ⅴ章3.2.5）。

3.8 包含对另一项权利要求或另一类型权利要求的特征的引用的独立权利要求

包含对另一项权利要求的引用的权利要求不一定是细则第43（4）条中定义的从属权利要求。这方面的一个示例是一项权利要求引用了不同类型的一项权利要求（例如，“用于执行权利要求1方法的设备……”或“用于制备权利要求1产品的方法……”）。同样，在类似于本章3.2（i）中的插头和插座示例的情况下，对一个部件引用另一配合部件的权利要求（例如，“用于与权利要求1的插座配合的插头……”）不是从属权利要求。在所有这些示例中，审查小组仔细考虑了包含引用的权利要求在多大程度上必然包含所引用的权利要求的特征，以及在多大程度上不包含所引用的权利要求的特征。实际上，以缺乏清楚性和未说明技术特征（细则第43（1）条）为由提出的反对意见适用于简单地记载“执行权利要求1方法的设备”的权利要求。由于类型的变更已经使得权利要求成为独立权利要求，因此需要申请人在权利要求中清楚列出该设备的必要特征。

对于记载“根据权利要求1所述的设备的使用方法”的权利要求也是如此。被表述为用途权利要求的方法权利要求因为缺少为使用该设备而执行的步骤（参见本章4.16）所以不清楚。

对于针对计算机实施发明的权利要求，其中独立权利要求通常包含对其他独立权利要求的引用，参见本章3.9。

某一类型的权利要求的主题在某种程度上也可以根据另一类型的特征来定义。因此，只要结构足够清楚，就可以根据其能够执行的功能来定义设备；或者方法可以根据执行该方法的设备的基本结构特征来定义；或者设备的一个元件可以根据其制造方式来定义。然而，在这些权利要求的措辞和对要求保护的主题的评估中，必须明确区分产品权利要求（针对装置、设备或系统）和方法权利要求（针对方法、活动或用途）。例如，对设备的权利要求通常不能仅受设备使用方式的限制。出于这个原因，对简单地写为“设备 Z，用于执行方法 Y”的权利要求将以缺乏清楚性和未说明技术特征为由提出反对意见（细则第 43（1）条）。

如果满足以下条件，则无须对用于生产产品的方法权利要求的新颖性和创造性进行单独审查：

- 产品权利要求中定义的产品的所有特征都不可避免地（另见 G 部分第Ⅶ章 14）源自要求保护的方法（参见本章 4.5 和 T 169/88）；
- 产品权利要求是可专利的。

当权利要求请求保护产品的用途，而产品是可专利的并且以权利要求要求保护的特征使用时，也适用上述情况（参见 T 642/94）。在所有其他情况下，引用的权利要求的可专利性并不一定意味着包含该引用的独立权利要求的可专利性。如果方法、产品和/或用途权利要求有不同的有效日（参见 F 部分第Ⅵ章 1 和 2），考虑到中间文件，可能仍需单独审查（另参见 G 部分第Ⅶ章 14）。

3.9 针对计算机实施发明的权利要求

“计算机实施发明”（CII）的表述涵盖了涉及计算机、计算机网络或其他可编程设备的权利要求，其中至少一个特征是通过程序实现的。

针对 CII 的权利要求应定义对计算机程序在运行时打算执行的过程的技术效果至关重要的所有特征（参见本章 4.5.2 最后一句）。如果权利要求包含程序列表，可能会根据公约第 84 条提出反对意见。说明书中可以接受程序的简短片段（参见 F 部分第Ⅱ章 4.12）。

在以下 3 个小节中，对 3 种情况进行了区分。本章 3.9.1 中定义的做法限于所有方法步骤都可以由通用数据处理装置实施的发明。另一方面，本章 3.9.2 涉及至少用一个方法步骤限定专用数据处理装置或其他技术设备用途的发明。本章 3.9.3

讨论了在分布式计算环境中实施的发明。

3.9.1 所有方法步骤完全可以由通用数据处理装置实施的情况

一种常见类型的CII涉及这样的主题，其中所有的方法步骤，都可以完全由在发明的上下文中的计算机程序指令来实施，该程序指令在提供通用数据处理功能的装置上运行。例如，此类装置可以嵌入个人计算机、智能手机、打印机等。在此类发明中，尽管可能有不同的权利要求结构，但这组权利要求通常从方法权利要求开始。发明可以包括主题对应于该方法主题的其他类型的进一步的权利要求，以获得对发明的全面保护。如果本发明涉及可以加载到存储器中、通过网络传输或分布在数据载体上的软件，则除计算机实施的方法之外，还可以允许关于计算机程序［产品］的权利要求。计算机程序［产品］权利要求的类型与相应的计算机实施方法的权利要求类型不同（T 424/03 和 G 3/08）。以下非穷举的列表包括此类权利要求中可接受的权利要求表述（参见 T 410/96、T 1173/97 和 T2140/08）的示例：

（i）方法权利要求（权利要求1）

-一种计算机实施方法，包括步骤A、B、……

-一种由计算机执行的方法，包括步骤A、B、……

（ii）设备/装置/系统权利要求（权利要求2）

-一种数据处理设备/装置/系统，包括用于执行权利要求1所述的方法［步骤］的装置。

-一种数据处理设备/装置/系统，包括用于执行步骤A的装置、用于执行步骤B的装置、……

-一种数据处理设备/装置/系统，包括适用于/配置为执行权利要求1所述的方法［步骤］的处理器。

（iii）计算机程序［产品］权利要求（权利要求3）

-一种计算机程序［产品］，包括指令，当该程序由计算机执行时，使计算机执行权利要求1所述的方法［步骤］。

-一种包含指令的计算机程序［产品］，当程序由计算机执行时，使计算机执行步骤A、B、……

（iv）计算机可读［存储］介质/数据载体权利要求（权利要求4）

-一种计算机可读［存储］介质，包括指令，当由计算机执行时，使计算机执行权利要求1所述的方法［步骤］。

-一种计算机可读［存储］介质，包含指令，当由计算机执行时，使计算机执行步骤A、B、……

-一种计算机可读数据载体，其上存储有权利要求3所述的计算机程序［产品］。

-一种载有权利要求3所述的计算机程序［产品］的数据载体信号。

在上述表述（ii）中，装置加功能类型的设备特征（用于……的装置）被解释为适用于执行相应步骤/功能的装置，而不仅是适合执行这些步骤/功能的装置（T 410/96）。在“包括用于”、“适用于”、“配置于”或等同物之间，措辞没有特别偏好。以这种方式，新颖性被赋予未编程的数据处理装置，或被赋予编程为执行不同功能的数据处理装置。

如果权利要求书包含来自上述每一种表达方式（i）~（iv）中的一项权利要求，则不会根据细则第43（2）条提出反对意见。在这些情况下，因为满足细则第43（2）条的要求，因此不会在检索阶段发出根据细则第62a（1）条的通知书。

但是，如果上述表达方式（i）~（iv）中存在多个权利要求，例如，如果有两个或多个计算机程序［产品］权利要求不能被视为属于细则第43（2）条的例外情况之一（本章3.2），则可以根据细则第43（2）条提出反对意见。

在评估如上定义的一组权利要求（表达方式（i）~（iv））的新颖性和创造性时，审查小组通常从方法权利要求开始。如果方法权利要求的主题被认为具有新颖性和创造性，则根据上述表达方式的组内其他权利要求的主题通常也具有新颖性和创造性，前提是其包含与确保该方法可专利性的所有特征相应的特征。

考虑到清楚性、新颖性和创造性的要求，与CII相关的权利要求的表述与上述定义的表达方式（i）~（iv）中的权利要求不同时，将根据具体情况进行评估（另见本章3.9.2）。

例如，当发明在分布式计算环境中实现或涉及相互关联的产品时，可能需要参考不同实体的特定特征并定义它们如何交互以确保所有必要特征的存在，而不是仅引用上述表达方式（ii）~（iv）中的另一项权利要求。在这种情况下，根据细则第43（2）（a）条也可以允许对相关产品及其相应方法的进一步独立权利要求（本章3.2和3.9.3）。

同样，如果需要用户交互，而无法从权利要求中确定用户执行了哪些步骤，则可能会根据公约第84条提出反对意见。

此外，细则第43（2）条还允许除表达方式（i）~（iv）以外的计算机实施的数据结构的权利要求，如果该权利要求由其自身的技术特征定义，例如通过如T 858/02中明确定义的结构，并可能引用使用该结构的相应方法或系统。然而，计算机实施的数据结构不一定包括生成该数据结构的过程的特征。该数据结构也不一定受到使用它的方法的限制。因此，一项关于计算机实施的数据结构的权利要求通常不能仅通过引用方法或作为过程的结果来定义。有关数据结构的进一步信息参见G部分第Ⅱ章3.6.3。

关于对包含与根据公约第52（2）条的排除相关特征的权利要求创造性的评估，通常与CII的情况一样，参见G部分第Ⅶ章5.4。

3.9.2 方法步骤限定附加设备和/或特定数据处理装置的情况

如果方法权利要求包括定义为由通用数据处理装置以外的装置执行的步骤，则为了满足公约第84条的要求，相应的装置和/或计算机程序权利要求可能需要的不仅是对方法权利要求的引用，如本章3.9.1中的表达方式（i）~（iv）（另见本章3.8）。此外，如果方法权利要求的所有特征并非均反映在引用该方法的其他类型的权利要求中，则必须就新颖性和创造性分别对所述其他类型的权利要求进行解释和审查。

特别是在医疗设备、测量、光学、机电或工业生产过程等应用领域，方法权利要求经常涉及通过使用计算机控制来操作或与技术实体交互的步骤。这些方法步骤可能并不总是完全由计算机执行，并且方法权利要求可能会列举用于执行某些步骤的特定技术手段。在这种情况下，如果特定技术手段执行的步骤不能由通用数据处理装置执行，则按照本章3.9.1（iii）定义计算机程序权利要求通常会导致根据公约第84条的反对意见（参见下面的示例1）。如果权利要求未定义通过数据处理器或涉及的其他设备执行哪些步骤以及它们的交互，则也可能根据公约第84条提出反对意见。如果需要特定数据处理装置（例如特定的并行计算机体系结构）而不是本章3.9.1中描述的通用数据处理装置，则同样适用。

另一方面，如果方法权利要求定义了通过通用计算装置对从特定技术装置（例如传感器）接收的数据进行进一步审理，则引用该方法的计算机或计算机程序权利要求不必包括那些特定技术装置。在这种情况下，方法中所述的特定技术装置不是执行方法步骤所必需的，本章3.9.1中的表述可能是合适的（参见下面的示例2）。

最后，与任何必要特征的情况相同，如果特定技术装置对于定义发明是必不可少的，则它们必须出现在所有独立权利要求中。根据本章4.5及其小节中定义的原则确定一个特征是不是必不可少的，同时适当考虑隐含特征（参见本章4.5.4）。

示例1：

1. 一种用脉搏血氧仪测定血液中氧饱和度的方法，包括：

– 在电磁检测器中接收来自血液灌注组织部分的对应于两种不同波长的光的第一和第二电磁辐射信号；

– 根据步骤A、B和C对所述电磁信号进行归一化，以提供归一化的电磁信号；

– 根据步骤D和E，基于所述归一化电磁信号确定氧饱和度。

2. 一种脉搏血氧仪，具有电磁检测器和适于执行权利要求1的方法步骤的装置。

3. 一种计算机程序［产品］，包括使权利要求2的装置执行权利要求1的方法的步骤的指令。

4. 一种其上存储有权利要求3的计算机程序的计算机可读介质。

备注：在本示例中，方法权利要求包括定义为通过特定技术装置（脉搏血氧仪中的电磁检测器）执行的步骤。仅提及该方法的计算机程序权利要求将缺乏清楚性，因为这样的程序无法执行，例如，在不带电磁检测器的脉搏血氧仪的通用计算机上无法执行。因此，计算机程序权利要求应定义为在具有电磁检测器的脉搏血氧仪上执行（通过引用权利要求2的装置），而不是仅引用权利要求1的方法。

示例2：

1. 一种测定血液中氧饱和度的计算机实施方法，包括：

– 接收表示第一和第二电磁辐射信号的数据，信号通过电磁检测器从对应于两种不同波长的光的血液灌注组织部分获取；

– 根据步骤A、B和C对表示所述电磁信号的数据进行归一化，以提供归一化数据；

– 根据步骤 D 和 E 基于所述归一化数据确定氧饱和度。

2. 一种数据处理装置，包括用于执行权利要求 1 的方法的装置。

3. 一种计算机程序［产品］，包括指令，当该程序由计算机执行时，使计算机执行权利要求 1 所述的方法。

4. 一种其上存储有权利要求 3 的计算机程序［产品］的计算机可读介质。

备注：在这个示例中，发明在于进一步审理获取的数据以确定血液中的氧饱和度。例如，可以从存储有先前由电磁检测器获取的数据的数据文件得到数据。因此，这种方法可以通过通用数据处理装置来执行，例如，以台式计算机的形式。这种方法没有将电磁检测器指定作为接收输入数据的必需特征。因此，通过引用方法权利要求定义的装置权利要求也不需要包括脉搏血氧仪或电磁检测器。此外，与示例 1 中的情况相反，计算机程序权利要求可以在通用计算机上而不是在特定设备上执行。因此，如本章 3.9.1 中的表述适用于示例 2 的权利要求 2～4。

3.9.3 发明在分布式计算环境中实施的情况

另一种常见类型的 CII 是在分布式计算环境中实施的。例如网络客户端（例如智能手机）和服务器系统、计算机云的访问存储或处理资源、对等网络中执行文件共享的设备、带有头戴式显示器的增强现实环境、通过点对点网络进行交互的或使用区块链维护分布式账本的自动驾驶汽车。

对于这种分布式 CII，权利要求书可以包括针对分布式系统的每个实体和/或整个系统和相应方法的权利要求。根据细则第 43（2）（a）条，可以允许此类权利要求书（参见本章 3.2）。然而，每项独立权利要求都必须满足可专利性的要求，特别是公约第 54 条、公约第 56 条和公约第 84 条的要求。例如，如果发明在于使用虚拟机实现通过以自动方式分配资源来适应工作负载变化的计算机云，则访问云资源的客户端设备在本领域中可能是已知的。权利要求还必须满足单一性要求。

权利要求中可能有必要提到不同实体的特定特征，并定义这些实体如何相互作用以确保所有必要特征的存在。当提到不同实体之间的相互作用时，必须特别注意权利要求是清楚的。在某些情况下，可能有必要将权利要求限制为实体的组合（参见本章 4.14）。如果方法的步骤在所涉及实体之间的分布对于发明是必不可少的，则为了满足公约第 84 条的要求有必要定义哪个方法步骤由哪个实体执行。否则，在通用 CII 权利要求中可能未对此定义（参见本章 3.9.1）。

以下示例帮助说明了与这些要求相关的一些注意事项。除示例中给出的表述外，其他表述（参见本章 3.9.1）也可以是权利要求书的一部分，但为简要起见已被省略。

示例：

1. 一种发射器设备，包括通过执行步骤 A 和 B 对数据进行编码的装置，以及将编码的数据传输到接收器设备的装置。

2. 一种接收器设备，包括用于接收来自发射器设备的编码数据的装置和通过执行步骤 C 和 D 来解码数据的装置。

3. 一种系统，包括根据权利要求 1 所述的发射器设备和根据权利要求 2 所述的接收器设备。

4. 一种计算机程序［产品］，包括指令，当该程序由第一计算机执行时，该指令使第一计算机通过执行步骤 A 和 B 对数据进行编码，并将编码的数据传输到第二计算机。

5. 一种计算机程序［产品］，包括指令，当该程序由第二计算机执行时，该指令使第二计算机从第一计算机接收编码数据，并通过执行步骤 C 和 D 对接收到的数据进行解码。

备注：本发明要解决的问题是通过网络传输数据。发射器设备使用包括步骤 A 和 B 的算法对数据进行编码，接收器设备使用包括步骤 C 和 D 的算法执行解码数据的互补功能。因为权利要求 1 和 2 的设备相互关联，使它们相互作用执行发明并解决所述问题，细则第 43（2）条的要求得到了满足。必须单独评估每项独立权利要求的新颖性和创造性。例如，如果根据步骤 A 和 B 的编码能够以更有效的方式编码成已知的编码格式，而根据步骤 C 和 D 的解码是常规的，那么可能只有权利要求 1 和 3 具备新颖性和创造性。

4. 权利要求的清楚和解释

4.1 清　楚

公约84　权利要求必须清楚的要求既适用于单个权利要求，即独立权利要求和从属权利要求，也适用于权利要求整体。鉴于权利要求在界定要求保护的主题方面的作用，权利要求的清楚性至关重要。因此，对于本领域技术人员而言，权利要求术语的含义必须尽可能地在权利要求自身的措辞中就是清楚的（另见本章4.2）。鉴于各类权利要求可能存在保护范围的差异，审查小组必须确保权利要求的措辞不会使其类别存在疑问。

如果发现权利要求根据公约第84条缺乏清楚性时，可能导致根据细则第63条发布部分欧洲检索报告或补充欧洲检索报告（参见B部分第Ⅷ章3.1和3.2）。在这种情况下，如果申请人没有适当的修改和/或提出有说服力的意见陈述来说明为什么根据细则第63（1）条的通知书不合理，则根据细则第63（3）条提出反对意见（参见H部分第Ⅱ章5）。

4.2 解　释

必须阅读每项权利要求，赋予词语在相关领域中通常具有的含义和范围，除非在特定情况下，说明书通过明确定义或其他方式赋予词语特殊含义。此外，如果这种特殊含义适用，则审查小组将尽可能要求申请人对权利要求进行修改，以便仅从权利要求的措辞中就清楚其含义。因为只有欧洲专利的权利要求而不是说明书以EPO的所有官方语言公布，所以这一点很重要。阅读权利要求时还必须尝试从中找出技术意义。这种解读可能涉及偏离权利要求措辞的严格字面含义。公约第69条及其协定没有为排除权利要求术语涵盖的字面含义提供依据（参见 T 223/05）。

4.3 不一致

如果说明书和权利要求之间的任何不一致可能导致要求保护的主题存疑，从而使权利要求不清楚或根据公约第84条第2句得不到支持，或使权利要求可根据公约第84条第1句被提出反对意见，则必须避免任何这种不一致。这种不一致可能有以下几类：

（i）简单的用词不一致

例如，说明书中有一段陈述表明发明限于特定特征，但权利要求并未因此受到限制；并且，说明书没有特别强调该特征，也没有理由使他人相信该特征对于发明的实施是必不可少的。在这种情况下，可以通过扩大说明书的内容或限定权利要求来消除不一致。类似地，如果权利要求限定得比说明书更窄，则可以扩大权利要求的保护范围或限定说明书。另见下文第（iii）段。

（ii）关于必要特征明显不一致

例如，从一般技术知识或从说明书中记载或隐含的内容来看，独立权利要求中未提及的某个特定描述的技术特征对于发明的实施是必不可少的，或者换句话说，是解决发明所涉及的问题所必需的。在这种情况下，权利要求不符合公约第 84 条的要求，因为公约第 84 条第 1 句当与细则第 43（1）和（3）条一起解读时，必须解释为不仅意味着独立权利要求必须从技术角度易于理解，而且必须清楚定义发明的主题，即清楚表明其所有的必要特征（参见 T 32/82）。如果作为对这一反对意见的答复，申请人令人信服地证明该特征实际上不是必需的，例如通过附加文件或其他证据，则可以允许申请人保留未修改的权利要求，并在必要时替代地修改说明书。相反的情况是独立权利要求包括对发明的实施而言似乎不是必不可少的特征，则无须提出反对意见。这是申请人的选择问题。因此，审查小组并不建议通过省略明显无关紧要的特征来扩大权利要求保护范围。

（iii）部分说明书和/或附图与要求保护的主题不一致

根据公约第 84 条第 2 句，权利要求必须得到说明书的支持。这意味着权利要求和说明书之间不得有不一致的地方。说明书的部分内容给本领域技术人员的印象是该部分内容公开了执行发明的方式，但是未被权利要求的措辞涵盖，该部分内容与权利要求不一致（或相矛盾）。此类不一致可能存在于最初提交的申请中，或者可能由于权利要求被修改到了不再与说明书或附图一致的程度。

例如，由于存在比独立权利要求的特征具有更广泛或不同含义的替代特征，不一致可能出现。此外，如果实施例包括与独立权利要求明显不相容的特征，则不一致会出现。

然而，当实施例包括未作为从属权利要求要求保护的进一步特征时，只要实施例中的特征的组合被独立权利要求的主题所涵盖，就不是不一致。类似地，如果一个实施例没有明确提及独立权利要求的一个或多个特征，只要这些特征通过引用另一个实施例或隐含的方式存在，也不是不一致。

对于实施例与权利要求是否一致存在疑问的临界情况，将适用无罪推定。

申请人必须通过删除不一致的实施例或将其标记为不属于要求保护的主题来修改说明书，以消除任何不一致之处。关于可以通过扩大权利要求保护范围来消除不一致的情况参见上文第（i）段。

示例：

独立权利要求定义了具有“发动机”的广泛特征以及其他特征的车辆。说明书和附图包括具有电动机的车辆的实施例1和具有内燃机的车辆的实施例2。在诉讼过程中，为了满足创造性的要求，独立权利要求被修改为指定使用电动机的车辆，因为现有技术已经预期到了使用内燃机的要求保护的特征的组合。除非从实施例2中可以推断出内燃机与电动机结合使用，否则实施例2不再与独立权利要求相一致。这种不一致可以通过从说明书和附图中删除实施例2或通过将实施例2标记为未被要求保护的主题涵盖来纠正（例如“实施例2未被权利要求的主题涵盖”或类似措辞）。

说明书和权利要求之间的不一致不能通过在说明书的开头引入诸如“不落入所附的权利要求范围内的实施例仅被认为是适于理解本发明的示例”这样的**一般性**陈述，而不指明说明书的哪些部分不再被涵盖来消除。为了消除不一致，这样的陈述必须参考**特定的**实施例（例如，“实施例X和Y未包含在权利要求的措辞中，但被认为有助于理解本发明”）。

术语“公开”“示例”“方面”或类似术语并不一定暗示以下内容未包含在独立权利要求中。必须采用明确的表达方式来标记不一致的实施例（例如，通过增加“未包含在权利要求的措辞中”、“并非根据要求保护的发明”或“在权利要求的主题之外”），而不是用上述术语之一替换术语“实施例”或“发明”。

说明书中的主题被视为根据公约第53（c）条可专利性的例外的，需要删减、重新措辞使其不属于可专利性的例外，或突出标记为不是要求保护的发明。对于后一种情况，本说明书可通过增加如下说明来修改：“在本说明书的实施例X、Y和Z中对通过治疗或外科手术的治疗方法或**体内**诊断方法的处理方法的引用被解释为对在这些方法中使用的本发明的化合物、药物组合物和药物的引用。”

此外，独立权利要求所要求的特征不能在说明书中使用诸如“优选地”、“可以”或“可选地”等措辞被描述为可选的。如果这些术语使独立权利要求的必要特征看起来是可选的，则必须修改说明书以删除这些术语。

在要求申请人修改说明书时，审查小组提供了与独立权利要求不一致的实施例的例子，并简要说明了原因。如果不一致涉及将独立权利要求的必要特征描述为可选的，则审查小组提供示例性段落。

另见H部分第Ⅴ章2了解对于说明书的修改是否允许。

当根据细则第62a（1）条或细则第63（1）条的要求对权利要求进行限制后，从检索中排除的主题仍然存在于说明书中，说明书/附图与权利要求之间的不一致可能经常发生。除非最初的反对意见没有正当理由，否则应根据公约第84条（权利要求和说明书之间的不一致）对该主题提出反对意见。

此外，当提出不具备单一性的反对意见（细则第64条或细则第164条）之后，权利要求仅限于最初要求保护的发明之一时，说明书/附图和权利要求之间将出现不一致：未要求保护的发明的实施例和/或示例必须被删除或明确指出未被权利要求涵盖。

4.4 一般性描述，“发明精神”，类似权利要求的语句

说明书中的一般性描述暗示保护范围可能会以某种模糊和未精确定义的方式扩大，这样的陈述是不允许的。特别地，任何涉及扩大保护范围以涵盖权利要求的“发明精神”（spirit of the invention）或“所有等同物”（all equivalents）的陈述都必须删除。

涵盖“权利要求范围”或“在权利要求中定义”的发明保护范围的陈述是允许的。这并不排除消除不一致之处（参见本章4.3）。

类似地，在权利要求针对特征组合的情况下，任何看起来暗示不仅针对整个组合而且还为单个特征或其子组合要求保护的声明都必须删除。

最后，还必须删除或修改类似权利要求的语句，以避免在授权之前使用类似权利要求的语言，否则这些语句可能导致要

求保护的主题不清楚。

“类似权利要求”的语句是指存在于说明书中，尽管没有被确定为权利要求，但仍显示为权利要求的语句，并且通常包括一个独立的语句，后面跟着许多引用先前语句的语句。这些类似权利要求的语句通常在说明书的末尾发现和/或以编号段落的形式存在，特别是在分案或欧洲－PCT申请中，来自母案或PCT申请的原始权利要求组被附加到说明书中。

4.5 必要特征

4.5.1 因缺少必要特征提出的反对意见

公约84
细则43（1）和（3）

定义要求保护的主题的权利要求必须清楚，这不仅意味着权利要求必须从技术角度易于理解，而且它还必须清楚地定义本发明的所有必要特征（参见T 32/82）。此外，公约第84条要求权利要求应得到说明书的支持，适用于说明书中明确提出的对实施本发明必不可少的特征（参见T 1055/92）。因此，一项或多项独立权利要求中缺少必要特征的问题应根据清楚性和支持的要求进行处理。

4.5.2 必要特征的定义

权利要求的必要特征是为了实现技术效果所必需的特征，该技术效果是解决与申请有关的技术问题（技术问题通常来自说明书）的基础。因此，独立权利要求必须包含在说明书中明确描述为实施发明所必需的所有特征。任何特征，即使在整个申请的发明内容中连续提及，但实际上没有对问题的解决方案做出贡献的特征都不是必要特征。

作为一般性规则，特征产生的技术效果或结果是回答该特征是否有助于解决问题的关键（另见G部分第Ⅶ章5.2）。

如果权利要求涉及生产本发明产品的方法，则所要求保护的方法必须当以本领域技术人员认为合理的方式进行时，其最终结果必然是特定产品；否则存在内部不一致，并因此权利要求缺乏清楚性。

特别是，在可专利性取决于技术效果的情况下，权利要求的撰写必须包括对技术效果至关重要的发明的所有技术特征（参见T 32/82）。

对植物或动物的权利要求，如果这些权利要求并非完全由包括功能定义的表型性状的基本生物过程产生，并且被表述为方法限定的产品权利要求（即通过将植物与从保藏的具有访问号为×××的种子生长的植物杂交，并选择包含表型性状的后代植物而获得），则必须满足公约第84条的要求，正如任何其他类型的权利要求一样。特别是，必须对要求保护的主题进行定义，以便公众对实际要求保护的主题是什么毫无疑问。如果定义要求保护的植物或动物的过程中没有赋予植物或动物可识别和明确的技术特征，例如基因组中存在的遗传信息，则针对植物或动物的权利要求不清楚。

4.5.3 必要特征的概括

在决定必要特征必须有多具体时，必须牢记公约第83条的规定：如果申请作为一个整体详细描述了发明的必要特征，其详细程度使本领域技术人员能够实施该发明就足够了（参见F部分第Ⅲ章3）。不必在独立权利要求中包括发明的所有细节。因此，如果要求保护的概括特征作为一个整体允许问题得到解决，则允许对要求保护的特征进行某种程度的概括。在这种情况下，不需要对特征进行更具体的定义。这一原则同样适用于结构特征和功能特征。

4.5.4 隐含特征

如上所述，独立权利要求必须明确规定定义发明所需的所有必要特征。这一原则只在以下情况下不适用，即这些特征由所使用的通用术语暗示，例如一项关于“自行车”的权利要求不需要提及车轮的存在。

在产品权利要求的情况下，如果产品是众所周知的种类并且发明在于对其进行某些方面的改进，则权利要求清楚地确定产品并说明改进的内容和方式就足够了。类似的考虑适用于设备权利要求。

4.5.5 示　例

说明必要特征的示例可在本章的附录中找到。

4.6 相对术语

4.6.1 清楚性反对意见

诸如“薄”、“宽”或“强”等相对术语或相似的术语

(relative or similar terms) 因为其含义可能会根据上下文而改变，所以构成了潜在的不清楚因素。为了使这些术语被允许，它们的含义必须在整个申请或专利公开的上下文中是清楚的。

但是，如果申请人使用相对术语或相似的术语作为区分权利要求的主题与现有技术的唯一特征，除非该术语在特定领域具有公认的含义，例如“高频”对放大器具有特定含义，否则会根据公约第84条对这些术语的使用提出反对意见。

如果相对术语没有公认的含义，则审查小组要求申请人尽可能用原始提交的公开内容中其他地方的更精确的词语来替换该术语。如果公开内容中没有明确定义的基础，并且该术语不是唯一的区别特征，则可以在权利要求中保留该术语，因为删除该术语通常会导致主题的扩展而超出原始提交的申请的内容——违反公约第123（2）条的规定。

4.6.2 相对术语的解释

当权利要求中允许使用相对术语，在确定权利要求主题的扩展时，审查小组以尽可能少的限制性的方式解释该术语。因此，在许多情况下，相对术语并不限制权利要求主题的扩展。

例如，“薄金属板”的表述并不限制“金属板”相对于现有技术的特征：一块金属板只有与另一金属板相比时才“薄”，但它并没有定义客观的和可测量的厚度。因此，与5毫米厚的金属板相比，3毫米厚的金属板是薄的，但与1毫米厚的金属板相比却是厚的。

另一示例为，当考虑“安装在卡车末端附近的部件”时，该部件是安装在距离卡车末端1毫米、10厘米还是2米处呢？这种表述的唯一限制是部件必须更靠近卡车的末端而不是中间，即该部件可以安装在临近卡车末端四分之一的任何位置。

此外，除非上下文另有明确说明，否则术语“弹性”并不限制材料的类型。这是因为弹性是通过杨氏模量测量的任何固体材料的固有特性。换句话说，不考虑语境，那么弹性材料可以是从橡胶到钻石的任何东西。

4.7 诸如“约”、“大致”或“基本上”等术语

4.7.1 诸如“约”、“大致”或“基本上”等术语的解释

当诸如“约”或“大致”等术语应用于特定值（例如

“约200℃”或“大致200℃”）或范围（例如“约x至大致y”）时，该值或范围被解释为与用于测量它的方法一样准确。如果申请中没有指定误差范围，则适用G部分第Ⅵ章8.1中描述的相同原则，即表述“约200℃”被解释为具有与“200℃”相同的四舍五入。如果在申请中指定了误差范围，则必须在权利要求中使用该误差范围来代替包括“约”或相似术语的表述。

当诸如“基本上”或“大致”这样的术语限定设备的结构单元时（例如“具有基本上圆形圆周的托盘板”或“具有大致弯曲底部的托盘板”），除非申请另有建议，否则包含术语“基本上”或“大致”的表述将被解释为在制造它的方法的技术公差范围内产生的技术特征（例如，切割金属比切割塑料精确得多；或者用数控机床切割比手工切割更精确）。换言之，在申请中没有任何相反说明的情况下，“具有基本上圆形圆周的托盘板”的表述被解释为要求保护与“具有圆形圆周的托盘板”相同的技术特征；反过来，两种表述都被要求保护的制造领域的技术人员认为是其底部为圆形的任何托盘。

当包含“基本上”或“大致”的表述暗示可以在特定公差内获得特定效果或结果，并且本领域技术人员知道如何获得该公差时，也同样适用。例如，“基本上垂直的座椅靠背”被解释为允许在90°左右进行一定的加减变化，其中本领域技术人员可以识别出存在用于支撑就座者背部的功能。

4.7.2 清楚性反对意见

如果申请表明使用诸如“约”、“大致”或“基本上”等术语，扩展了测量系统的误差范围之外的值和/或范围所要求保护的区间，或者将结构单元扩展到超出制造公差或本领域技术人员在相关技术领域会考虑的任何其他公差之外，则权利要求的措辞变得模糊和不确定。因为该措辞的存在阻止了权利要求的主题在新颖性和创造性方面与现有技术明确区分，这导致了根据公约第84条的反对意见。

例如，如果申请表明，对于由数控（CNC）水射流切割机实现的金属托盘，二十边形（20边的多边形）也是“基本上圆形圆周”，这会使权利要求的范围不清楚，因为：

（i）申请中标明的公差超出制造方法的公差（数控水射流切割机通过使用具有数百条边的多边形来近似圆形圆周）；

（ii）如果二十边形也是“基本上圆形圆周”，那么十九边形（19边的多边形）或十八边形（18边的多边形）呢？多边形何时不再是“基本上圆形圆周”？本领域技术人员如何客观地评估这一点？

4.8 商　标

不允许在权利要求中使用商标和类似的表述，因为不能保证提及的产品或特征在专利有效期内保持其名称不变的同时不发生变化。如果商标的使用是不可避免的，并且它们通常被认为具有确切的含义，则可以例外地允许。

关于在说明书中承认商标的必要性，参见F部分第Ⅱ章4.14。关于引用商标对公开充分性的影响（公约第83条），参见F部分第Ⅲ章7。

4.9 可选特征

可选特征（optional features），即前面带有诸如“优选”、“例如”、“如”或“更优选”等表述的特征，如果它们不引入歧义，则允许使用。在这种情况下，它们将被视为完全可选。

如果这些表述没有导致对权利要求的主题的限制，那么这些表述会因引入了歧义并使得权利要求的范围不清楚。

例如，“一种人造石制备方法，如黏土砖”的措辞不符合公约第84条的要求，因为黏土砖永远不会是人造石。因此不清楚用权利要求的方法制备的是人造石还是黏土砖。

类似地，“将溶液加热至65℃至85℃，优选90℃”的措辞不符合公约第84条的要求，因为“优选”一词之后的温度与其之前的范围相矛盾。

4.10 要达到的效果

权利要求限定的范围必须与发明允许的范围同样精确。作为一般性规则，不允许试图通过要达到的效果来定义发明的权利要求，特别是如果权利要求仅意味着要求保护潜在的技术问题。然而，如果发明只能以这样的术语来定义，或者在不过度限制权利要求的范围的情况下不能以其他方式更准确地定义，并且如果效果可以通过说明书中充分说明的或本领域技术人员已知的测试或过程直接地和肯定地验证并且不需要过度实验，则是可以允许的（参见T 68/85）。例如，发明可以涉及一种烟灰缸，其中冒烟的烟头将由于烟灰缸的形状和相对尺寸而自动熄灭。相对尺寸可能有很大差异，难以定义，但仍可提供所期望的效果。只要权利要求尽可能清楚地限定了烟灰缸的结构和形状，就可以通过引用要达到的效果来定义相对尺寸，前提是说明书包括足够的指示，使本领域技术人员能够通过常规测试过程确定所需的尺寸（参见 F 部分第Ⅲ章 1 至 3）。

然而，这些情况必须与那些产品由要达到的效果来定义并且效果实质上等于申请所依据的问题的情况区分开来。已确立的判例法规定，独立权利要求必须指明发明目的的所有必要特征，以符合公约第 84 条的要求（参见 G2/88，理由 2.5 和 G1/04，理由 6.2）。公约第 84 条还反映了一般性法律原则，即权利要求中定义的专利赋予的垄断的程度必须与其对本领域的技术贡献相对应。不得扩展到在阅读说明书后仍不能由本领域技术人员使用的主题（参见 T 409/91，理由 3.3）。专利的技术贡献在于解决申请背后的问题的特征组合。因此，如果独立权利要求通过要达到的效果来定义产品，并且该效果实质上相当于申请背后的问题，则该权利要求必须说明实现所要求保护的效果所需的必要特征（参见 T 809/12，理由 2.6 ~ 2.9.2），另见本章 4.5。

上述允许根据要达到的效果定义主题的要求，不同于允许根据功能特征定义主题的要求（参见本章 4.21 和 6.5）。

4.11 参　数

参数为特征值，可以是直接可测量的特性值（例如物质的熔点、钢的抗弯强度、电导体的电阻），或者可以定义为公式形式的几个变量的或多或少复杂的数学组合。

产品的特性可以通过与产品的物理结构相关的参数来指定，前提是这些参数可以通过本领域常用的客观程序清楚可靠地确定。在产品特性由参数之间的数学关系定义的情况下，每个参数都需要清楚可靠地确定。

这同样适用于由参数定义的方法相关的特征。

公约第 84 条关于通过参数表征产品的要求可以总结如下（参见 T 849/11）：

（i）当技术人员阅读时，权利要求本身必须是清楚的（不包括从说明书中得出的知识）；

（ii）测量参数（或至少对其的参考）的方法必须完全出

现在权利要求本身中；

（iii）选择通过参数定义权利要求范围的申请人需要确保本领域技术人员能够容易且明确地验证其是否在权利要求范围之内或之外工作。

如果测量参数的方法描述过长，以至于其内容因为缺乏简要性或难以理解而导致权利要求不清楚，则可以根据细则第43（6）条，通过在权利要求中包含对说明书的引用来满足第（ii）点的要求。

此外，如果可以令人信服地证明以下情况，则仍然可以满足第（ii）点的要求（参见T 849/11）：

（a）所采用的测量方法属于技术人员的公知常识，例如：因为只有一种方法，或者因为一种特定的方法是常用的；

（b）相关技术领域已知的用于确定该参数的所有测量方法在适当的测量精度范围内产生相同的结果。

关于与参数有关的缺乏支持和充分公开的进一步问题，参见F部分第Ⅲ章11和本章6.4。

4.11.1 不常见参数

不常见参数是本发明领域中不常用的参数。会出现两种主要情况：

（i）不常见参数测量产品/方法的某个属性，而在本发明的领域中使用的是另一个普遍认可的参数。

（ii）不常见参数测量产品/方法的某个属性，而以前在本发明的领域中不对该属性进行测量。

除了本章4.11中包含的要求：

－由于无法与现有技术进行有意义的比较，对于使用类型（i）的不常见参数并且不可能从该不常见参数直接转换为本领域普遍认可的参数的情况，或使用了不可访问的设备来测量该不常见参数的情况，可以初步判定使用不清楚作为反对理由。这种情况也可能掩盖缺乏新颖性（参见G部分第Ⅵ章6）。

－如果从申请中可以明显看出本领域技术人员在执行所提供的测试时不会遇到困难，并且因此能够确定参数的确切含义并作出与现有技术有意义的比较，则允许使用类型（ii）的不常见参数。此外，证明一个不常见参数与现有技术相比是真正的区别特征的责任在于申请人。在这方面不适用无罪推定（benefit of doubt）（参见G部分第Ⅵ章6）。

允许类型（ii）的不常见参数示例：

申请解释说，如果将带有磨粒的条带与不带磨粒的条带交替使用，那么极细等级的砂纸的研磨作用会得到改善。权利要求1包含类型（ii）的不常见参数，该参数测量砂纸的一定长度内带有磨粒的条带与不带磨粒的条带的宽度之间的关系。

本领域技术人员在确定参数的确切含义、对参数进行测量并确定其相对于现有技术的真正区别特征方面没有问题。

4.12 方法限定的产品权利要求

公约53(b)
细则28(2)
公约64(2)

根据方法定义产品的权利要求应解释为产品本身的权利要求。发明的技术内容不在于方法本身，而在于方法赋予产品的技术性能。就细则第28（2）条所解释的公约第53（b）条的要求而言，通过赋予产品技术特征的技术步骤的方法生产的植物或动物，对其进行定义的权利要求构成例外。根据细则第28（2）条中关于仅通过本质上的生物学过程获得的植物和动物的排除不适用于2017年7月1日之前授予的专利，也不适用于申请日和/或优先权日在2017年7月1日之前的未决专利申请（参见G 3/19，《OJ EPO 2020，A119》）。

如果要求保护的植物或动物的技术特征，例如基因组中的单核苷酸交换，可以是技术干预（例如定向诱变）和本质上的生物学过程（天然等位基因）的结果，则需要排除式限定将要求保护的主题限定为技术生产的产品（参见G部分第Ⅱ章5.4.2.1的示例和G部分第Ⅱ章5.4）。另一方面，如果仅通过技术干预就可以明确地获得所讨论的特征，例如转基因，则无须排除式限定。有关放弃的一般性管理原则参见H部分第Ⅴ章4.1和4.2。

如果定义要求保护的植物或动物的方法没有赋予植物或动物可识别的和明确的技术特征，例如基因组中存在的遗传信息，则针对植物或动物的权利要求缺乏清楚性。

仅当产品本身满足可专利性要求，即特别是产品具备新颖性和创造性，并且除制备方法外，不可能对要求保护的产品进行定义时，才允许根据制备方法定义产品的权利要求。一种产品并不能仅因为它是通过新的方法生产的而具备新颖性。例如，权利要求可能采用“可通过方法Y获得的产品X”的形式。无论方法限定的产品权利要求中是否使用“可得”、“获得”、“直接获得”或同等措辞的术语，该权利要求仍然是针对产品本身并赋予产品绝对的保护。

关于新颖性，当产品由其制备方法定义时，需回答的问题是所考虑的产品是否与已知产品相同。对所谓的区分“方法限定的产品”特征的举证责任在于申请人，申请人必须提供证据证明方法参数的改进产生了另一种产品，例如证明产品的性能存在明显差异。然而，审查小组需要提供合理的意见陈述来支持所谓的按方法生产的产品的权利要求缺乏新颖性，特别是如果申请人对这一反对意见提出异议（参见G 1/98 和T 828/08）。

公约69 同样地，根据EPC对产品或方法限定的产品权利要求的可专利性的审查不受专利或专利申请所赋予的保护范围的影响（参见G 2/12 和G 2/13，理由Ⅷ（2）（6）（b））。

4.12.1 含有方法特征的产品权利要求

在允许的情况下，产品权利要求中的方法特征包括产品特征和方法特征，只有当这些方法特征导致要求保护的产品具有与现有技术中已知产品不同的性能时，才能确定要求保护的产品具备新颖性。与方法限定的产品权利要求的情况一样（参见本章4.12），对所谓的区分“方法限定的产品”特征的举证责任在于申请人。

4.13 对用途类表达的解释

4.13.1 对诸如“用于……的装置”“用于……的产品”等表达的解释

如果权利要求以“用于执行该方法的装置……”等词开头，则必须将其解释为表示仅适用于执行该方法的装置。相反，一种装置如果以其他方式具有权利要求中指定的所有特征但不适用于所述目的，或需要修改以使其能够用于所述目的，通常不被视为破坏权利要求的新颖性。

类似的考虑适用于针对特定用途的产品的权利要求。例如，如果权利要求涉及“用于钢水的模具”，这意味着对该模具有特定限制。因此，熔点远低于钢的塑料制冰模具不在权利要求保护范围内。类似地，针对特定用途的物质或组合物的权利要求被解释为实际上只适用于所述用途的物质或组合物；表面上与权利要求中定义的物质或组合物相同的已知产品，但其形式使其不适合所述用途，不使权利要求丧失新颖性。但是，如果已知产品的形式实际上适用于所述用途，尽管它从未被描述用于该用途，它也会使权利要求丧失新颖性。

该一般性解释原则的一个例外是，权利要求涉及用于外科手术、治疗或诊断方法的已知物质或组合物（参见G部分第Ⅱ章4.2和G部分第Ⅵ章7.1）。

4.13.2 功能性限定特征的解释（用于……的装置）

装置加功能特征（用于……的装置）是一种功能性特征，因此不违反公约第84条的要求。

任何适合执行装置加功能特征的现有技术特征都将预期到后者。例如，门钥匙和撬棍都可预期“开门装置”这一特征。

该一般性解释原则的一个例外是，装置加功能特征的功能由计算机或类似设备执行。在这种情况下，装置加功能特征被解释为适用于执行相关步骤/功能的装置，而不仅是适合执行这些步骤/功能的装置。

示例1：

1. 一种眼镜镜片研磨机器，用于加工镜片以使镜片装配在眼镜架中，所述机器包括：

至少一个用于对镜片进行斜切的砂轮；

用于接收关于眼镜架的镜架配置数据和用于提供镜片相对于眼镜架的布局的布局数据的装置；

基于接收到的镜架数据和布局数据检测镜片边缘位置的装置；

基于所述边缘位置检测装置的检测结果通过计算确定第一斜切路径的装置；

用于确定通过倾斜所述第一斜切路径获得的第二斜切路径的装置，使得所述第二斜切路径通过镜片边缘的期望位置；和

用于在镜片斜切过程中根据所述第二斜切路径控制砂轮的装置。

示例2：

1. 一种眼镜镜片研磨机器，用于加工镜片以使镜片装配在眼镜架中，所述机器包括：

至少一个用于对镜片进行斜切的砂轮；

计算机，其适用于：

－接收眼镜架上的镜架配置数据和用于提供镜片相对于眼镜架的布局的布局数据；

– 根据接收到的镜架数据和布局数据检测镜片的边缘位置；

– 根据所述边缘位置检测装置的检测结果，通过计算确定第一斜切路径；

– 确定通过倾斜所述第一斜切路径获得的第二斜切路径，使得所述第二斜切路径通过镜片边缘上的期望位置；

– 根据所述第二斜切路径控制镜片斜切过程中的砂轮。

现有技术公开了一种眼镜镜片研磨机器，该机器包括砂轮和用于控制该砂轮的计算机，如果在现有技术中没有公开具体的加工步骤，则这两项权利要求的每一项相对现有技术均是新的。当“用于……的装置”指计算机装置时，被定义为“装置＋功能”（第一项权利要求）和“计算机适用于＋功能”（第二项权利要求）的加工步骤将被解释为限制性的。因此，只要现有技术文件还公开了计算机被编程以执行所要求保护的步骤，则公开了至少包括用于斜切镜片的砂轮和计算机的眼镜镜片研磨机器的现有技术文件就预期这些权利要求。

有关计算机实施发明中常用的权利要求表述的进一步信息，请参见本章3.9。

4.13.3 对诸如“用于……的方法”等表达的解释

在方法的上下文中，可能有两种不同类型的陈述目的，即定义方法应用或使用的目的，以及定义方法步骤产生的效果及隐含在其中的目的（参见T 1931/14）。

如果陈述的目的定义了方法的特定应用，则该目的需要额外的步骤，这些步骤不是由权利要求中定义的其他剩余步骤所暗示或固有的，并且没有这些步骤，所要求保护的方法将无法实现所陈述的目的。因此，方法权利要求定义了一种工作方法，例如，以“用于重熔电镀层的方法”等词开头，“用于重熔……”部分不应理解为意味着该方法仅适用于重熔电镀层，而是作为涉及重熔电镀层的功能特征，因此定义了要求保护的工作方法的方法步骤之一（参见T 1931/14和T 848/93）。

类似地，在“制备方法”的情况下，即针对制备产品的方法的权利要求，该方法生产产品的事实将被视为一个完整的方法步骤（参见T 268/13）。

另一方面，如果目的仅陈述技术效果，该技术效果在执行要求保护的方法的其他剩余步骤时不可避免地出现并因此是这些步骤所固有的，则该技术效果对权利要求的主题没有限制作用。例如，一项关于将特定表面活性剂应用于特定吸收性产品并将其目的定义为“用于减少恶臭”的方法权利要求，在预期的技术效果方面，被记载了具有“减少恶臭”的这种适用性的方法的现有技术文件破坏新颖性，尽管该文件未提及具体用途（参见T 1931/14和T 304/08）。

4.14 通过引用（一起使用）另一实体进行定义

关于物理实体（产品、设备）的权利要求可以通过引用与另一实体相关的特征来定义发明，该另一实体不是所要求保护的第一实体的一部分，但通过用途与第一实体相关。这种权利要求的一个例子是“用于发动机的气缸盖”，其中前者由其在后者中的位置特征来定义。

由于第一实体（气缸盖）通常可以独立于另一实体（发动机）进行生产和销售，因此申请人通常有权获得对第一实体本身的独立保护。因此，在第一种情况下，这样的权利要求总是被解释为不包括另一实体或其特征：这仅在第一实体的特征适合与第二实体的特征一起使用的情况下限制权利要求的主题。在上述示例中，气缸盖必须适合安装在权利要求中描述的发动机上，但发动机的特征并不限制该权利要求本身的主题。

只有当权利要求毫无疑问是针对第一和第二实体的组合时，另一实体的特征才会限制权利要求的主题。在上述示例中，因为发动机的特征被认为限制了权利要求的主题，所以权利要求应写为“具有气缸盖的发动机”或“包括气缸盖的发动机”。

对于针对计算机实施发明的权利要求的评估，其中针对计算机程序的权利要求涉及计算机（单独的实体），参见本章3.9。

4.14.1 清楚性反对意见

一旦确定了权利要求是针对一个实体还是针对实体的组合，就必须适当调整权利要求的措辞以反映这一点，否则将根据公约第84条对权利要求提出反对意见。例如，在权利要求针对单个实体的情况下，第一实体“可连接”至第二实体；在权利要求针对实体组合的情况下，第一实体与第二实体“连接”。

4.14.2 通过引用另一个实体的尺寸和/或形状定义

可以允许在独立权利要求中通过一般性引用第二实体的尺寸和/或相应形状来定义第一实体的尺寸和/或形状，该第二实体不是要求保护的第一实体的一部分，但通过用途与第一实体相关。这尤其适用于第二实体的尺寸是以某种方式标准化的情况（例如，在用于车辆牌照的安装支架的情况下，其中支架框架和固定元件是根据牌照的外部形状定义的）。

此外，当技术人员不难推断由此产生的对第一实体的保护范围的限制的情况下，对不能被视为受标准化约束的第二实体的引用也可能是足够清楚的（例如，在用于农业圆捆的覆盖层的情况下，其中覆盖层的长度和宽度以及它的折叠方式是通过参考捆的周长、宽度和直径来定义的，参见T 455/92）。此类权利要求既不必包含第二实体的确切尺寸，也不必提及第一实体和第二实体的组合。指定第一实体的长度、宽度和/或高度而不参考第二实体将导致对保护范围的不适当的限制。

4.15 “在……中”的表达

为避免歧义，在评估使用“在……中”（in）一词来定义不同物理实体（产品、设备）之间或实体与活动（方法、用途）之间或不同活动之间的关系的权利要求时，应特别小心。以这种方式措辞的权利要求包括以下示例：

（i）在四冲程发动机中的气缸盖；

（ii）在一种具有自动拨号器、拨号音检测器和特征控制器的电话设备中，拨号音检测器包括……；

（iii）在使用弧焊设备的电极供给装置的方法中，控制弧焊电流和电压的方法包括以下步骤：……；

（iv）在一种方法/系统/设备等中……改进包括……。

在示例（i）至（iii）中，重点是功能齐全的子单元（气缸盖、拨号音检测器、控制弧焊电流和电压的方法），而不是包含子单元的完整单元（四冲程发动机、电话、方法）。这可能会导致不清楚所寻求的保护是否仅限于子单元本身，还是要保护整个单元。为清楚起见，此类权利要求必须针对“具有（或包括）子单元的单元”（例如“带有气缸盖的四冲程发动机”），或子单元本身，指定其用途（例如“具有气缸盖的四冲程发动机”）。根据公约第123（2）条，只有在申请人明确希望的情况下，并且只有在原始提交的申请中有依据的情况下才能遵循后一种做法。

对于示例（iv）所示类型的权利要求，“在……中”一词的使用有时会导致不清楚是仅针对改进还是针对权利要求中定义的所有特征要求保护。在这方面，也必须确保措辞是清楚的。

但是，基于第二非医疗用途（参见G部分第Ⅵ章7.2第2段），诸如“使用某种物质……作为油漆或漆组合物中的防腐成分”之类的权利要求是可以接受的。

4.16 用途权利要求

出于审查的目的，以例如“使用物质X作为杀虫剂的用途”形式的“用途”权利要求被视为等同于“使用物质X杀死昆虫的方法”形式的“方法”权利要求。因此，所示形式的权利要求不应解释为针对旨在用作杀虫剂的物质X（例如通过其他添加剂）。类似地，“在放大电路中使用晶体管”的权利要求等同于使用包含该晶体管的电路进行放大的过程的方法权利要求，并且不应解释为针对“使用该晶体管的放大电路”，也不应解释为“在构建这样的电路中使用晶体管的方法”。但是，针对特定目的使用方法的权利要求等同于针对同一方法的权利要求（参见T 684/02）。

当权利要求涉及将使用步骤与产品生产步骤相结合的两步法时应当小心。例如当多肽及其在筛选方法中的使用已被定义为对本领域的唯一贡献时，情况可能就是如此。此类权利要求的一个示例是：

一种方法，包括：

（a）使多肽X与待筛选的化合物接触，并且

（b）确定该化合物是否影响所述多肽的活性，并随后将任何活性化合物转化为药物组合物。

这种权利要求的许多变化是可以想到的，但实质上它们结合了（a）筛选步骤（即使用指定的测试材料来选择具有给定特性的化合物），和（b）进一步的生产步骤（即进一步将选定的化合物转化为所期望的组合物）。

根据G 2/88的决定，有两种不同类型的方法权利要求，（i）使用实体实现技术效果和（ii）生产产品的方法。G 2/88清楚地表明公约第64（2）条仅适用于类型（ii）的方法。因

此，上述权利要求及其类似物代表了两种不同且不可调和类型的方法权利要求的组合。权利要求的步骤（a）涉及类型（i）的方法，步骤（b）涉及类型（ii）的方法。步骤（b）建立在步骤（a）实现的“效果”之上，而不是步骤（a）将特定的起始材料送入步骤（b）并产生特定的产品。因此，该权利要求部分由用途权利要求组成，部分由生产产品的方法组成。根据公约第 84 条，这会使得权利要求不清楚。

4.17 引用说明书或附图

细则 43(6)

正如细则第 43（6）条所指出的，权利要求就发明的技术特征而言，“除非绝对必要”，否则不得依赖于对说明书或附图的引用。特别是，这些权利要求通常不得依赖于例如“如说明书中……部分所述”或“如附图中的图 2 所示”这样的引用。

应注意例外条款的强调措辞。申请人有责任证明在适当的情况下“绝对有必要”依赖于对说明书或附图的引用（参见 T 150/82）。

允许例外的示例是涉及某种特殊形状的发明，如附图所示，但不能用文字或简单的数学公式轻易地定义。另一个特殊情况是发明涉及化学产品，其中一些特征只能通过图或表来定义。

4.18 附图标记

细则 43(7)

如果申请包含附图，并且通过建立在权利要求中提及的特征与附图中相应的附图标记之间的联系来增进对权利要求的理解，则需要在权利要求中提及的特征之后的括号中置入合适的附图标记。如果存在大量不同的实施例，则只有最重要的实施例的附图标记需要加入独立权利要求中。如果权利要求以细则第 43（1）条中规定的两段式撰写，则不仅需要在权利要求的特征部分中插入附图标记，还需要在权利要求的前序部分中插入附图标记。

然而，附图标记不得解释为对权利要求保护的主题范围的限制；其唯一功能是使得权利要求更容易理解。说明书中对此效果的解释是可以接受的（参见 T 237/84）。

如果将文字添加到权利要求的括号内的附图标记中，可能会导致不清楚（公约第 84 条）。诸如“固定装置（螺钉 13、钉子 14）”或“阀组件（阀座 23、阀元件 27、阀座 28）”等表述不是细则第43（7）条意义上的附图标记，而是特殊特征，此时细则第43（7）条的最后一句是不适用的。因此，不清楚加入附图标记中的特征是否是限制性的。所以这种带括号的特征通常是不允许的。然而，对可以找到特定附图标记的那些附图的其他引用，例如"（13－图3；14－图4）"是无可非议的。

不包括附图标记的括号表述也可能导致缺乏清楚性，例如，"（混凝土）模制砖"的表述不清楚，因为无法确定特征模制砖是否受到"混凝土"这个词的限制。相反，具有普遍接受含义的括号表述是允许的，例如，"（甲基）丙烯酸酯"是"丙烯酸酯和甲基丙烯酸酯"的缩写。正如在更正不符合细则第49（10）条要求的物理值时使用括号一样，在化学或数学公式中使用括号也是无可非议的。

4.19 否定式限定（例如排除式限定）

权利要求的主题通常根据表明存在某些技术要素的肯定性特征来定义。但是，在例外情况下，可以使用明确说明不存在特定特征的否定式限定来限制主题。例如，如果可以从原始提交的申请中推断出缺少特征，则可以这样做（参见T 278/88）。

仅当在权利要求中添加肯定性特征不会更清楚、更简要地定义仍可保护的主题（参见G 1/03和T 4/80）或会过度限制权利要求的范围（参见T 1050/93）时，才可以使用诸如排除式限定之类的否定式限定。必须明确用排除式限定排除的内容（参见T 286/06）。包含一个或多个排除式限定的权利要求还必须完全符合公约第84条的清楚性和简要性的要求（参见G 1/03，理由3）。此外，为了专利的透明性，需要根据细则第42（1）（b）条在说明书中注明被排除的现有技术，并表明现有技术与排除式限定之间的关系。

对于排除在原始申请中作为发明一部分公开的实施例的排除式限定的可允许性，参见H部分第Ⅴ章4.2.2。关于原始提交的申请中未公开的排除式限定（所谓未公开的排除式限定）的可允许性，参见H部分第Ⅴ章4.2.1。

4.20 "包含"和"由……组成"

本节概述了在解释权利要求时如何解释术语"包含"和"由……组成"。

针对“包含”某些特征的设备/方法/产品的权利要求被解释为该权利要求包括那些特征，但只要其他特征不会使权利要求不可行，就不排除其他特征的存在。

另一方面，如果使用词语“由……组成”，则除所述词语之后的特征之外，设备/方法/产品中不存在其他特征。特别是，如果化合物的权利要求将其称为“由组分A、B和C组成”，其比例以百分比表示，则排除任何其他组分的存在，因此百分比之和必须达到100%（参见T 711/90）。

在化合物或组合物的情况下，使用“基本上由……组成”或“基本上包含”是指可以存在特定的其他组分，即那些对化合物或组合物的基本特性没有实质性影响的物质。对于任何其他设备/方法/产品，这些术语与“包含”具有相同的含义。

关于公约第123（2）条，“包含”本身并不为“由……组成”或“基本上由……组成”提供隐含的依据（参见T 759/10）。

4.21 病理状况的功能性限定

当权利要求涉及药物的进一步治疗应用，并且要治疗的病症以功能性术语限定时，例如“任何易于通过选择性占据特定受体而得到改善或预防的病症”，只有以实验测试或可测试标准的形式的说明可从专利文件或公知常识中获得，允许本领域技术人员识别哪些病症落入功能性限定并因此落入权利要求的范围内时，该权利要求才能被视为是清楚的（参见T 241/95；另见G部分第Ⅱ章4.2）。

4.22 宽泛的权利要求

公约没有明确提及过于宽泛的权利要求。但是，可能会出于各种原因对此类权利要求提出反对意见。

公约84和公约83

如果权利要求和说明书之间存在不一致，则权利要求没有得到说明书的充分支持（公约第84条），而且在大多数情况下，发明也没有充分公开（公约第83条）（参见T 409/91，本章6.1和6.4）。

公约54和公约56

有时审查小组会提出缺乏新颖性的反对意见，例如，如果权利要求的表述过于宽泛，以至于它也涵盖了已知来自其他技术领域的主题。宽泛的权利要求还可能涵盖尚未实现所声称效果的实施例。关于在这种情况下提出缺乏创造性的反对意见参见G部分第Ⅶ章5.2。

有关异议程序中宽泛的权利要求，另见D部分第Ⅴ章4和5。

4.23 权利要求的顺序

没有法律要求第一项权利要求必须是最宽泛的。然而，公约第84条要求权利要求不仅必须每一项是清楚的，而且必须作为整体是清楚的。因此，在有多个权利要求的情况下，需要首先设置最宽泛的权利要求。如果在大量的权利要求中，最宽泛的权利要求在其中非常靠后的位置，以至于很容易被忽略，则要求申请人以更合乎逻辑的方式重新设置权利要求，或者将注意力集中在前序部分或说明书摘要中最宽泛的权利要求上。

此外，如果第一项权利要求不是最宽泛的权利要求，则后面的更宽泛的权利要求也必须是独立权利要求。因此，如果这些独立权利要求属于同一类别，也可能根据细则第43（2）条提出反对意见（参见本章3.2和3.3）。

4.24 解释与氨基酸或核酸序列相关的同一性和相似性等术语

氨基酸或核酸序列可以通过同一性百分比来定义。同一性百分比决定了给定比对中定义长度内相同残基的数量。如果没有定义确定同一性百分比的算法或计算方法，将使用相关申请日已知的任何合理算法或计算方法进行最广泛的解释。

氨基酸序列可以通过相似性（表示为相似性百分比）来定义。术语相似性比术语同一性更广泛，这是因为它允许在给定比对的定义长度内对具有相似物理化学性质的氨基酸残基进行保守性置换。只有定义了相似性评分矩阵，才能确定相似性的百分比。如果没有定义相似性评分矩阵，则涉及与所引用序列显示一定百分比相似性的序列的权利要求被认为涵盖满足相似性要求的任何序列，该序列通过相关申请日已知的任何合理的相似性评分矩阵确定。

对于氨基酸序列，如果申请人使用同源性百分比作为区分权利要求的主题与现有技术的唯一特征，除非在原始提交的申请中明确定义了同源性百分比的确定或计算方法，否则根据公约第84条对其使用提出反对意见（参见本章4.6.1）。对于核酸序列，同源性百分比和同一性百分比通常认为具有相同的含义。

5. 简要，权利要求的数量

公约84
细则43(5)

权利要求必须简要的要求指的是权利要求的整体以及每一项权利要求。权利要求的数量必须与申请人要求保护的发明的性质联系起来考虑。使用从属权利要求的形式可以避免在一项权利要求和另一项权利要求之间措辞过度重复的情况。关于同一类别的多项独立权利要求，参见本章3.2和3.3。简要的要求也适用于从属权利要求的数量和内容。例如，重复已经要求保护的主题是不必要的，并且会对权利要求的简要性产生负面影响。同样地，从属权利要求的数量也应该是合理的。权利要求数量是否合理取决于每个特定案件的事实和情况，还必须考虑相关公众的利益。权利要求的陈述不得使确定要求保护的主题变得过于烦琐（参见T 79/91和T 246/91）。单个权利要求中有多种替代方案的情况下，如果这样使得确定要求保护的主题变得过于烦琐，也可能会提出反对意见。

当发现权利要求根据公约第84条缺乏简要性时，可能会导致根据细则第63条发布部分欧洲检索报告或部分补充欧洲检索报告（参见B部分第Ⅷ章3.1和3.2）。在这种情况下，如果申请人没有提出适当的修改或有说服力的意见陈述，说明为什么根据细则第63（1）条的通知书不合理，将会根据细则第63（3）条提出反对意见（参见H部分第Ⅱ章5）。

6. 说明书的支持

6.1 一般性说明

公约84

权利要求必须得到说明书的支持。这意味着每项权利要求的主题必须在说明书中有基础，并且权利要求的范围不得超出说明书和附图确定的范围以及对本领域的贡献（参见T 409/91）。关于说明书对从属权利要求的支持，参见本章6.6。

6.2 概括程度

大多数权利要求都是从一个或多个特定实施例中概括得出。允许的概括程度是审查小组必须根据相关现有技术对每个具体案件进行判断的问题。因此，一项开拓性发明在权利要求中比涉及已知技术改进的发明更具概括性。公平的权利要求陈述既不会过于宽泛以至于超出发明的范围，也不会过于狭窄以至于剥夺申请人因公开其发明而获得的公正回报。允许申请人涵盖其所描述内容的所有明显变型、等同物和用途。特别是，如果可以合理预测权利要求所涵盖的所有变型都具有申请人在说明书中赋予它们的特性或用途，则允许申请人相应地提出权利要求。然而，在申请日之后，只有在不违反公约第123（2）条的情况下，才允许申请人这样做。

6.3 缺乏支持的反对意见

作为一般性规则，除非有充分的理由相信本领域技术人员无法根据提交的申请中给出的信息，通过使用常规实验或分析方法将说明书的特定教导扩展到要求保护的整个领域，否则认为权利要求得到了说明书的支持。但是，支持必须具有技术性；没有技术内容的模糊陈述或断言不能提供依据。

审查小组只有在有充分理由时才会提出缺乏支持的反对意见。一旦审查小组提出了一项充分的理由，例如，一个宽泛的权利要求没有在整个范围内得到支持，那么证明该权利要求得到充分支持的责任就在于申请人（参见本章4）。在可能的情况下，审查小组提出反对意见时，其理由应得到已公布文件的具体支持。

通用形式的权利要求（即与整个类别有关，例如材料或设备），如果在说明书中有合理的支持并且没有理由假设发明不能在要求保护的整个领域中实施，则即使范围宽泛也是可以接受的。如果所提供的信息看起来不足以使本领域技术人员通过使用常规实验或分析方法，将说明书的教导扩展到要求保护但说明书未明确描述的领域部分，则审查小组会提出合理的反对意见，并要求申请人通过适当的答复来证明，发明实际上可以基于给出的信息在要求保护的整个领域中容易应用，或者，如果做不到这一点，则相应地限制权利要求。

以下示例说明了支持问题：

（i）一项权利要求涉及一种处理各种“植物幼苗”的方法，通过使它们经受受控的冷冲击以产生特定的结果，而说明书公开了该方法仅适用于一种植物。众所周知，由于植物的特性差异很大，因此有充分的理由相信该方法不适用于所有植物幼苗。除非申请人能够提供令人信服的证据证明该方法仍然普遍适用，否则申请人必须将其权利要求限定于说明书中提到的特定种类的植物。仅仅断言该方法适用于所有植物幼苗是不够的。

（ii）一项权利要求涉及处理“合成树脂模制品”以获得物理特性的某些变化的特定方法。所描述的所有实施例均与热塑性树脂有关，而且该方法似乎不适用于热固性树脂。除非申请人能够提供证据证明该方法仍然适用于热固性树脂，否则申请人必须将其权利要求限定于热塑性树脂。

（iii）一项权利要求涉及具有给定期望性能的改进的燃料油组合物。说明书为获得具有这种性能的燃料油的一种方式提供了支持，即通过使燃料油中存在确定量的某种添加剂获得这种性能。说明书没有公开获得具有所需性能的燃料油的其他方式。权利要求没有提及添加剂。该权利要求在其整个范围内都没有得到支持，因此对其提出反对意见。

如果根据公约第84条发现权利要求缺乏说明书的支持，可能导致根据细则第63条发布部分欧洲检索报告或补充欧洲检索报告（参见B部分第Ⅷ章3.1和3.2）。在这种情况下，如果申请人在答复根据细则第63（1）条的通知书（参见B部分第Ⅷ章3.2）或根据细则第70a条的检索意见（参见B部分第Ⅺ章8）时没有进行适当的修改和/或提出令人信服的意见陈述，则会根据细则第63（3）条提出反对意见（参见H部分第Ⅱ章5）。

6.4 缺乏支持与公开不充分

公约83
公约84
尽管认为缺乏支持的反对意见是根据公约第84条的反对意见，如在上述例子中，通常也可以被认为是根据公约第83条的发明公开不充分的反对意见（参见F部分第Ⅲ章1至3），反对意见是公开内容不足以使技术人员能够在要求保护的整个宽泛的领域内实施“发明”（尽管对于狭义的“发明”而言是充分的）。两者的要求都旨在反映权利要求必须与发明对现有技术的技术贡献相称或合理的原则。因此，一项发明被充分公开的程度也与支持问题高度相关。不满足公约第83条要求的原因实际上可能与导致违反公约第84条的那些原因相同，即本发明在要求保护的整个范围内延伸到本领域技术人员无法通过原始提交的申请可以获得的技术主题（参见T 409/91，理由2和3.3至3.5）。

例如，如果技术特征在说明书中被描述并强调为发明的必要特征，则为了符合公约第84条，该特征也必须是定义本发明的独立权利要求的一部分（参见本章 4.5.1）。同理，如果所讨论的（必要）技术特征不在权利要求中，并且说明书没有提供关于如何在不使用所述特征的情况下成功实施所要求保护的发明的信息，则说明书未以公约第 83 条规定的方式公开权利要求中定义的发明。

根据公约第 83 条和公约第 84 条提出反对意见也可能是合理的。一个示例是一项权利要求与由可测量的参数定义的已知类别的化合物相关，说明书没有公开允许本领域技术人员制备符合参数定义的那些化合物的技术教导，而且通过应用公知常识或常规实验是不可行的。则无论参数定义是否符合公约第 84 条的清楚性要求，这样的权利要求将既无法在技术上得到支持，也没有充分公开。

在审查程序中，反对意见是因为缺乏支持还是因为不充分而提出并不重要；但在异议程序中很重要，因为只有公开不充分是异议的理由（参见 D 部分第Ⅲ章 5）。

6.5 功能性限定

如果本领域技术人员能够理解其他方式可以用于相同的功能，权利要求可以根据其功能广义地定义特征（即作为功能性特征，即使说明书中仅给出了该特征的一个实施例）（另见本章 2.1 和 4.10）。例如，权利要求中的“终端位置检测装置”可以由包括限位开关的单个实施例来支持，可以使用例如光电管或应变仪代替，这对于本领域技术人员来说是显而易见的。然而，一般而言，如果申请的全部内容传达了一种印象，即功能将以特定方式执行，没有暗示设想了替代方式，权利要求的表述方式包含执行该功能的其他方式或所有方式，则会提出反对意见。此外，如果说明书只是模糊地说明可以采用其他方式，而它们可能是什么或如何使用并不相当清楚，这可能是不够的。

6.6 从属权利要求的支持

如果在原始提交的申请的权利要求中清楚地公开了某个主题，但在说明书的任何地方都没有提及，则允许修改说明书以使其包括该主题。在该权利要求是从属权利要求的情况下，说明书中提到该权利要求记载了本发明的特定实施例就足够了（参见 F 部分第Ⅱ章 4.5）。

附录　关于必要特征的示例

示例1：

权利要求1涉及一种用于储存具有凝胶涂层的凝胶涂覆种子的方法，该凝胶涂层包含已被金属离子变成水不溶性的水凝胶。该方法的特征在于将凝胶涂覆种子储存在含有所述金属离子的水溶液中。在说明书中，发明的目的被定义为提供一种容易储存凝胶涂覆种子而不导致产量和处理性能降低的方法。说明书中强调，为了实现发明的目的，需要将金属离子浓度限制在特定范围内。超出特定范围的金属离子浓度对产量和处理性能有负面影响。权利要求1的主题没有指明该特定范围，因此没有解决说明书中所述的问题。

示例2：

发明涉及一种用于金属带的凹形成型设备。在最接近的现有技术中，金属带横向于其长度通过一组成型辊，并在该辊上将凹形施加到带上。根据说明书，问题在于辊子不能使带材的横向端部受到产生弯曲的力，因此横向端部通常以平面结束。独立权利要求的显著特征在于，提供柔性带或网状构件以在带通过成型辊组时支撑带。此特征足以解决该问题。进一步的特征，例如用于将带推进到成型辊组中或提供至少3个辊的机构细节对于解决问题不是必需的：这些附加特征会过度限制权利要求（参见T 1069/01）。

示例3：

权利要求1涉及一种用于对电视信号进行编码的设备，除其他特征外，该设备还包括参数生成装置，该参数生成装置确保预测和实际电场的像素数据之间的误差最小化。说明书仅描述了用于最小化误差的一个实施例，即最小二乘法。重要的是技术人员能够认识到如何实现误差最小化功能：在这种情况下，最小二乘法是否是唯一适用的方法无关紧要。因此，没有必要进一步限定要求保护的参数生成装置为使用最小二乘法（参见T 41/91）。

示例4：

说明书指出化合物C是通过使A和B的混合物在100℃下反应至少10分钟而获得的。需要强调的是，A和B必须持续反应该最短的时间，否则反应将不完全，并且不会生成C。权利要求1涉及用于生产化合物C的方法，其特征在于，使A和

B的混合物在100℃下反应5至15分钟。该权利要求不包含发明的所有必要特征，因为说明书清楚地指出，为了使反应完全，必须使A和B反应至少10分钟。

示例5：

说明书将待解决的问题确定为提供气溶胶组合物，其中作为推进剂所需的不希望的挥发性有机化合物（VOC）的百分比显著降低，从而减少释放到大气中的VOC。权利要求1规定了气溶胶中含有至少15（重量）%的推进剂（其为一种VOC）的最小量，但完全没有提及其任何最大量。只有当推进剂不超过气溶胶组合物中的特定最大量时，才能解决本申请的向环境释放较少VOC的问题：因此，该最大值是发明的必要特征。权利要求1涵盖了包含大于或等于15（重量）%的任何量的推进剂的气溶胶，从而涵盖了常规气溶胶中存在的高百分比的推进剂的缺陷。因此，要求保护的气溶胶组合物中不期望的VOC的百分比没有“显著降低”，因此没有实现本发明的所述目标(参见T 586/97)。

示例6：

关于诊断方法，在G 1/04中指出，如果演绎医学或兽医学决策阶段可以明确地从整个申请或专利中推导出来，则应将其作为必要特征包含在独立权利要求中。换句话说，如果这种方法的前3个阶段（参见G部分第Ⅱ章4.2.1.3）的必然结果是出于治疗目的的特定诊断，允许将偏差归因于特定的临床情况，则决策阶段必须包含在独立权利要求中以满足公约第84条的要求。但是，这可能会导致权利要求被排除在公约第53(c)条规定的可专利性之外（另见G部分第Ⅱ章4.2.1.3）。仅当从整个申请/专利中清楚地看出，结论的必然结果明确导致某一特定诊断时，才适用将最终决策阶段作为必要特征包含在独立权利要求中的要求：这必须由审查小组根据具体情况决定。

第Ⅴ章　发明的单一性

1. 引　言

单一性要求背后的基本原则是，为每项发明单独授予专利，即为了继续授权，欧洲专利申请需要仅包含与一项发明相关的权利要求（参见G 2/92，理由2）。

平等对待申请人的原则进一步证明了这一单一性要求：任何申请人都有权根据所缴纳的费用获得相同的服务，即一次检索/审查对应一次检索/审查费用。

细则64　因此，在检索阶段，如果检索小组认为原始提交的申请涉及一项以上的发明，则申请人可能要为每项此类发明缴纳检索费，并且仅针对已缴纳检索费的发明撰写检索报告。在审查阶段，申请人只能在每件申请中选择一项已检索的发明，审查其是否符合EPC的可专利性和其他要求（参见G 2/92，理由2）。

公约第82条和细则第44条规定了欧洲专利申请中单一性要求的适用。这一要求不适用于异议程序（参见G 1/91）。

本章涉及发明单一性评估的实质性方面（参见本章2和3），以及与检索期间缺乏单一性（参见本章4）和实质审查期间缺乏单一性有关的一些程序方面（参见本章5）。当权利要求和欧洲-PCT申请有修改时，发明的单一性方面分别在本章6和7中处理。与在检索和审查中发明的单一性的程序实施有关的其他方面分别参见B部分第Ⅶ章和C部分第Ⅲ章。

公约150(2)　鉴于PCT细则第13（1）条和PCT细则第13（2）条分别与公约第82条和细则第44（1）条中关于发明单一性的定义是统一的，两个体系中的单一性标准是相同的。因此，在欧洲和PCT程序的检索和实质审查中，发明的单一性都根据相同的原则进行审查。这不适用于存在显著差异的相应程序本身。

因此，上诉委员会根据原PCT上诉程序作出的决定对于欧洲申请中单一性的考虑仍有意义。

2. 发明单一性的要求

公约82　欧洲专利申请必须仅涉及一项发明，或涉及一组发明，这些发明必须相互关联以形成一个总的发明构思（另见B部分第Ⅶ章1）。

只有当要求保护一组发明时，才需要评估发明单一性的要求。例如，一组发明可以由相同或不同类别的多个独立权利要求、在单个独立权利要求中定义的多个替代发明（另见F部分第Ⅳ章3.7）或多个从属权利要求（其中独立权利要求不具有新颖性或创造性）形成。

细则44(1)　如果要求保护一组发明，则只有当要求保护的发明之间存在涉及一个或多个相同或相应的特定技术特征的技术关系时，该组中的发明相互关联以形成一个总的构思（公约第82条）的要求才得到满足。

术语“特定”是指所讨论的特征定义了本发明作为整体在新颖性和创造性方面对“现有技术”做出的贡献。“现有技术”，即非单一性评估所依赖的现有技术，可能因程序阶段而异（参见本章3）。

术语“相同”是特定技术特征相同或定义相同的化学结构。

“相应”一词是指特定技术特征达到相同的技术效果或解决相同的技术问题。例如，可在替代解决方案或相互关联的特征中找到相应关系，例如插头和插座之间的相互作用导致可释放的电气连接，或者找到因果关系，例如制造过程中导致产品具有某种结构特征的步骤。例如，申请可以包括两组权利要求，一组包含金属弹簧，另一组包含橡胶块。金属弹簧和橡胶块可以被认为是相应的技术特征，因为它们都达到了相同的弹性技术效果。

相反，未共享的特征，即仅出现在某些权利要求中而未出现在其他权利要求中的特征，不能成为一个总的发明构思的一部分。

2.1 缺乏单一性的理由不足

公约84　在确定发明的单一性时，权利要求不清楚的结论本身并不足以作为认定缺乏单一性的充分理由。

通常，权利要求的先后顺序也不影响发明单一性的确定。但是，这将影响哪项发明被视为权利要求中首次提到的发明（参见本章3.4）。

此外，要求保护的各发明属于分类表的不同组这一事实本身并不是认定缺乏单一性的理由。

细则43(2)　如果申请包含不同类别的权利要求或同一类别的几项独立

权利要求，这本身并不是发明缺乏单一性的反对理由（细则第43（2）条与公约第82条之间的关系在本章3.2.1中作了更详细的解释）。

一项权利要求包含许多单独的特征不会导致缺乏单一性，虽然这些特征并不呈现技术上的相互关系（即组合），而仅是并列关系（参见G部分第Ⅶ章7）。

根据定义，独立权利要求与其从属权利要求之间不会缺乏单一性，即使从属权利要求的特征与独立权利要求的特征并列（参见本章3.2.3）。

2.2 小组的处理方法

在后续程序中，缺乏单一性并不是撤销申请的理由。因此，虽然在明确的情况下肯定会提出反对意见并坚持修改，但它不是在狭隘的、字面上的或学术的方法基础上提出或坚持的。在检索过程中尤其如此，因为可能缺乏单一性并不需要进一步检索。

当确定缺乏单一性时，要求保护的主题根据其技术关系（即根据包含相同或相应潜在特定技术特征的任何共同内容）被划分为单独的发明和/或组合在一起的发明（参见本章3.2）。在这种情况下，发明必须具有技术性，并涉及公约第52（1）条意义上的技术问题（参见G部分第Ⅰ章1和2），但它不一定需要满足其他可专利性要求，例如新颖性和创造性（参见G部分第Ⅵ章和G部分第Ⅶ章）。

缺乏单一性可能先验是明显的，即在进行现有技术检索之前，或者可能在后验中变得明显，即在考虑新颖性和创造性时通过检索发现现有技术之后。

3. 评估单一性

对发明单一性的评估有助于确定权利要求的主题是否具有代表一个总的发明构思的共同点（公约第82条）。如果任何一项权利要求包含一个或多个替代方案，则为了评估是否缺乏单一性，每一项替代方案都被视为一项单独的权利要求。

对发明单一性的实质性评估需要：

（i）根据整个申请，确定审查员临时确定的不同要求保护的发明的权利要求之间的共同内容（如果有的话）（参见本章2.2、3.2和3.4）；

（ii）将共同内容与“现有技术”进行比较，以审查共同内容是否对该现有技术做出了贡献，即它是否包括细则第44（1）条意义上的“特定”技术特征。

（iii）如果共同内容不包括特定技术特征，则分析不属于所确定的共同内容的所有剩余技术特征，以确定某些权利要求之间是否存在单一性的技术关联。

例如，如果从属权利要求所引用的独立权利要求不包括对现有技术做出技术贡献的任何特征，则从属权利要求之间可能缺乏单一性。在这种情况下，独立权利要求不能按照细则第44（1）条的要求在从属权利要求之间提供单一性的技术关联，因为它不包含任何“特定技术特征”。

（i）确定共同内容

共同内容代表了权利要求中潜在的一个总的发明构思。它可能存在于相同或相应的特征中（参见本章2），即彼此相同或单独或组合提供共同技术效果或共同技术问题解决方案的特征。

不具备单一性评估中的技术问题可能与可专利性评估中的技术问题不同，因为评估的总体目标是找出权利要求的共同点。

在分析不具备单一性评估中的技术问题时，起点通常是申请人在说明书中认为已经实现的部分。在这方面，申请人必须以能够理解技术问题及其解决方案的方式公开发明，并参照背景技术陈述本发明的任何有益效果（细则第42（1）（c）条）。这一技术问题首先界定了权利要求的共同内容。

但是，为了考虑发明的单一性，审查小组并不局限于申请人主观上声称是其发明的总体概念（参见G 1/89和G 2/89）。

申请人在说明书中提出的技术问题，经过仔细审查，可能发现其本身不适合作为将权利要求的主题以形成一个总的发明构思的方式联系起来的手段。还可能出现以下情况：根据说明书中包含的信息和本领域技术人员的公知常识，显然不同的权利要求解决了不同的问题（对缺乏单一性的先验评估），或者检索揭示了现有技术，该现有技术公开了申请人在说明书中陈述的单一技术问题的解决方案或使其显而易见（对缺乏单一性的后验评估）。在后一种情况下，申请人陈述的技术问题可能不再构成公约第82条所要求的一个总的发明构思，因为它不能被视为是有创造性的。

例如，根据公约第54（2）条公开独立权利要求所有特征的现有技术文件也至少隐含地公开了申请人所陈述的技术问题，因为根据定义，这个问题必须通过所述独立权利要求的特征来解决。

然后，审查小组将继续分析权利要求中是否存在任何其他共同内容，即根据整个申请识别权利要求中相同或相应的任何技术特征。在确定技术特征是否相应时，重要的是解决的与技术效果相关的技术问题不要被表述得过于狭窄或过于宽泛。如果技术问题本来可以更宽泛时却过于狭窄，它们可能没有任何共同点，从而导致可能错误的结论，即技术特征不相应。如果它们本来可以更狭窄时却过于宽泛，那么问题的共同方面可能是已知的，也会导致可能错误的结论，即缺乏单一性。

例如，膜和隔膜可以达到“提供弹性”的技术效果，因此可能是相应的特征。

共同内容不仅可能在同一类别权利要求的特征中找到，而且可能体现在不同类别权利要求的特征中。例如，在产品、专门适用于制造所述产品和使用所述产品的方法的情况下，该产品可以表示在使用和方法中存在的共同内容作为该方法的效果或结果。

共同内容也可以体现在相互关联的产品特征（例如插头和插座）中。虽然相互关联的产品中的相应特征可能表述得大相径庭，但如果在它们的相互作用中贡献了相同的技术效果或解决相同的技术问题，则它们可能是共同内容的一部分。

在某些情况下，可能根本无法确定任何共同内容。因此，申请缺乏单一性，因为独立权利要求之间既不存在细则第44（1）条意义上的技术关联，申请也不涉及公约第82条意义上的一个总的发明构思。

（ii）将共同内容与现有技术进行比较

如果权利要求中确定了共同内容，即涉及相同或相应技术特征的主题，则必须将其与现有技术进行比较。如果共同内容定义了对该现有技术的不明显贡献，它将涉及“特定技术特征”，并且有关发明将相互联系以形成一个总的发明构思。否则，如果共同内容在现有技术中已知或显而易见，则申请缺乏单一性。这种评估将基于对手头现有技术的新颖性和创造性的评估。在适当的时候，应使用问题解决法评估显而易见性。

共同内容可能涉及定义技术替代方案的特征。如果这些技术替代方案要实现的共同技术效果是已知的，或者可能被认为是普遍可获得的（仅仅是一个理由），或者是显而易见的，则这些替代技术特征不能被视为细则第44（1）条意义上的技术关联，因为表述问题没有创造性价值。

“现有技术”，即不具备单一性评估中所依赖的现有技术，可能因程序阶段而异。例如，如果评估是在检索之前进行的（先验评估），则唯一的“现有技术”可能是申请人在说明书中提供的背景技术和任何公知常识。在检索过程中，可能会发现其他现有技术，并可能构成“后验评估”的基础。因此，“现有技术”在程序过程中可能会发生变化。出于这个理由，对单一性的评估是反复的。

（iii）分析其余技术特征

如果对第（ii）项下的共同内容进行比较导致发现缺乏单一性，下一步，需要确认或完善权利要求中存在的潜在不同发明组（参见本章3.2）。

为了确定这些潜在发明组，需要分析未构成已确定的共同内容的其余技术特征。在大多数情况下，每个组将包括多个权利要求。这种分组是根据与每个权利要求的其余技术特征相关的技术问题来进行的。将那些包含与同一技术问题相关的其余技术特征的权利要求合并为一组。但是，如果技术问题在现有技术中已经成功地被解决，则与同一技术问题相关的权利要求可能被分入不同的组（参见本章3.3.1（iii）（c））。

与权利要求有关的技术问题必须谨慎表述。单独分析每项权利要求的其余技术特征可能还不够，而应将单个权利要求作为一个整体并根据说明书来分析其效果。在单一性评估中表述各种潜在发明的技术问题时，应避免使用非常狭窄的方法，因为评估的目的是看是否可以在发明之间建立任何共性。因此，通常有必要重新界定与每项权利要求相关的非常具体的问题，以达成一个更普遍的问题，同时牢记公开相关特征的上下文。

对于分组，权利要求的主题或权利要求的其余技术特征是否相对于手头的现有技术具有新颖性或创造性是无关紧要的。但是，它与评估是否要求申请人为一个组缴纳额外的检索费有关（参见本章4）。

如果与不同组相关的问题是从现有技术中已知的或彼此不同，则确认步骤（ii）中缺乏单一性的结论。

3.1 公约第54（3）条规定的不具备单一性和现有技术

在评估发明的单一性时，应忽略根据公约第54（3）条引用的文件，因为它们无法预测在审申请的创造性概念。

3.2 发明分组

作为一般性规则，在初步确定缺乏单一性的主题之后，权利要求和权利要求中包含的替代方案被分配给已确定的发明组。这一步骤包括评估哪些剩余权利要求或权利要求中的替代方案可能与同一技术问题潜在相关。通过这样做可以识别发明组，其中每组发明都与基于现有技术的单一性主题相关。如果在分组过程中，在两组发明中确定了相同的特定技术特征，其提供了对现有技术的贡献，则需要将两组发明合并为一组。反之，如果在一组初始的单一发明组中，权利要求或权利要求中的替代方案被识别出来与提供了对现有技术贡献的潜在的特定技术特征无关，则它们通常将被分成不同的发明组。另见本章3（iii），应在其上下文中而不是孤立地分析特征。在评估发明单一性的过程中，将权利要求和权利要求中的替代方案分到不同的发明中的初步分组可能需要重新进行评估。

通常，不同的发明组基于同一类别的不同独立权利要求、一个独立权利要求中定义的替代方案（参见本章3.2.1）或定义替代实施例的从属权利要求，前提是独立权利要求不具备新颖性或不具备创造性。然而，如果这些权利要求之间缺乏单一性，则不同的发明组也可能基于不同类型的独立权利要求。

3.2.1 同一类型的多项独立权利要求

细则43(2)

细则第43（2）条在（a）、（b）和（c）项中定义了在不违反公约第82条要求的情况下，允许申请包括同一类型的多项独立权利要求（参见F部分第Ⅳ章3.2和3.3）。在细则第43（2）条中明确提及公约第82条，清楚地表明仍需满足发明单一性的要求。如果申请既缺乏发明的单一性又不符合细则第43（2）条的要求，则由审查小组酌情根据细则第43（2）条或公约第82条提出反对意见，或根据两者同时提出反对意见。

同一类型的多项发明可以构成一组发明，这些发明相互关联从而形成一个总的发明构思。同一类型的发明的例子是发明的替代方案或相互关联的发明。

细则44(2)

发明的替代方案可以在多个独立权利要求中或在单个独立权利要求中要求保护（另见F部分第Ⅳ章3.7）。在后一种情况下，作为独立形式的两种替代方案的存在可能不会立即显现出来。任何一种情况下，在决定是否存在发明单一性时都适用相同的标准，因此在单个权利要求中也可能存在缺乏发明单一性的情况。

同一类型中针对相互关联的主题的几项独立权利要求即使要求保护的主题看上去完全不同也可以满足单一性要求，前提是对现有技术做出贡献的技术特征是相同或相应的。这种情况的例子包括发射器和相应的接收器，或插头和相应的插座（另见F部分第Ⅳ章3.2）。

因此，与一个总的发明构思有关的特定技术特征必须隐含或明确地存在于每个独立的权利要求中。

3.2.2 不同类别的多项独立权利要求

不同类别的多项独立权利要求（参见F部分第Ⅳ章3.1）可构成一组发明，这些发明相互关联从而形成细则第44（2）条所定义的一个总的发明构思。

然而，必须有一个总的发明构思将不同类型的权利要求联系起来。在每项权利要求中都存在诸如“专门适应”或“专门设计”之类的表达方式，但并不一定意味着存在一个总的发明构思。

3.2.3 从属权利要求

从属权利要求及其所引用的更高级别的权利要求不能归入两组不同的发明（参见本章2.1）。

但是，如果更高级别的权利要求似乎不具有可专利性，那么就需要仔细考虑引用该更高级别权利要求的所有权利要求之间是否仍然存在创造性联系的问题。

在这种情况下，必须核实作为从属权利要求撰写的权利要求是否实际上包括相应独立权利要求的所有特征的真正的从属权利要求，参见F部分第Ⅳ章3.7。从属权利要求的定义参见F部分第Ⅳ章3.4和3.8。

3.2.4 共同的从属权利要求

虽然独立权利要求始终是其从属权利要求中共同内容的一部分，但反之则不然：从属于多个独立权利要求的权利要求从来都不是这些独立权利要求之间共同内容的一部分。

示例1：

一个申请包含3个独立的权利要求，即A、B和C，以及几个结合了独立权利要求内容的权利要求，即权利要求A+B、A+C、B+C和A+B+C。

无论提出权利要求的顺序和方式如何，有关申请都包含3组权利要求：

（1）独立权利要求A，从属权利要求A+B、A+C和A+B+C；

（2）独立权利要求B，从属权利要求A+B、B+C和A+B+C；

（3）独立权利要求C，从属权利要求A+C、B+C和A+B+C。

首先评估独立权利要求A、B和C之间的单一性或缺乏单一性：如果这些权利要求没有通过单一的整体发明构思关联起来，并且它们不包含任何相同或相应的特定技术特征，则缺乏单一性。任何从属权利要求的内容，例如权利要求A+B+C的内容，都与此分析无关。包含两个或多个发明组特征的从属权利要求，即上述实施例中的从属权利要求A+B+C，属于所有两个或多个发明组。

示例2：

申请包括以下权利要求：

1. 一种装置，包括特征A。

2. 根据权利要求1所述的装置，包括特征B。

3. 根据前述权利要求中任一项所述的装置，包括特征C。

在这种情况下，权利要求3定义了两个不同的实施例。首先，权利要求3仅引用权利要求1，因此仅包括特征A+C（=权利要求3a）的实施例；其次，权利要求3引用权利要求2的实施例，在这种情况下，它包括特征A+B+C（=权利要求3b）。

如果权利要求1（特征A）是现有技术所预期的，并且由于B和C不具有相同或相应的特定技术特征，而导致特征组合A+B（权利要求2）和A+C（权利要求3a）之间缺乏单一性，则权利要求1由两组发明共享并属于这两组发明。

权利要求3b同样由两组发明共享。因此，限于第一项发明的检索（或审查）必须包括权利要求3，只要它从属于权利要求2（=权利要求3b）。因此，未经检索或未经审查的第二发明仅包括权利要求3，此时它直接从属于权利要求1，即权利要求 3a。

此外，如本章 2.1 所述，独立权利要求与其从属权利要求之间不会缺乏单一性。仅出于这个理由，权利要求 3 必须属于这两组发明。类似的考虑也适用于权利要求 1，权利要求 1 由两组发明共享，但仅限于与各自发明组的主题相关的程度。

因此，第Ⅰ组包括权利要求 1，因为它与第Ⅰ组的主题和权利要求 2 和 3b 完全相关，第Ⅱ组也包括权利要求 1，因为它与第Ⅱ组的主题和权利要求 3a 和 3b 完全相关。

与第Ⅰ组有关的检索将完全涵盖权利要求 2，并且仅在其从属于权利要求 2（=权利要求 3b）时才涵盖权利要求 3，但当直接从属于权利要求 1（=权利要求 3a）时将不涵盖权利要求 3。相反，与第Ⅱ组有关的检索在其直接从属于权利要求 1（=权利要求 3a）时也将涵盖权利要求 3，但不会单独涵盖权利要求 2。

审查员还评估是否需要为第Ⅱ组缴纳进一步的检索费（参见本章 2.2、3.4，B 部分第Ⅶ章，B 部分第Ⅲ章 3.8）。

3.2.5 马库什要素（单项权利要求中的替代方案）

如果一项权利要求定义了若干（化学或非化学）替代方案，例如，它包含所谓的“马库什要素”，如果这些替代方案具有相似的性质，则认为符合细则第 44（1）条对相同或相应特定技术特征的要求（参见 F 部分第Ⅳ章 3.7）。

当马库什要素用于化合物的替代方案时，应将它们视为具有相似的性质，其中：

（i）所有替代方案都有共同的性质或活性；

（ii）存在共同的结构，即所有替代方案都共享一个重要的结构元素，或者所有替代方案都属于本发明所属领域中公认的同一化合物类别。

因此，通过替代方案的共同性质或活性（见上文（i））和上文（ii）所定义的共同结构，为马库什要素提供了共同内容。

如果化合物共有占据其大部分结构的共同化学结构，或者如果化合物只有一小部分结构有共同点，则“所有替代方案都共有重要的结构元素”，共同共有的结构元素构成结构上独特的部分，并且鉴于现有技术该结构或部分做出了技术贡献。结构元素可以是单一组分或连接在一起的单一组分的组合。

一个重要的结构元素没有必要在绝对意义上是新颖的（即

新颖性本身)。相反，术语“显著”是指就共同性质或活性而言，化学结构中必须有一个共同的部分将所要求保护的化合物与具有相同性质或活性的任何已知化合物区分开来。

换言之，重要的结构元素定义了要求保护的发明作为一个整体对现有技术所做的技术贡献。

如果根据本领域公知常识能够预期该类别的成员在要求保护的发明的上下文中以相同的方式表现，即每个成员都可以互相替代，并预期能实现相同的结果，则替代方案属于“公认的同一化合物类别”。

但是，如果可以证明至少有一个马库什替代方案不新颖，则必须重新考虑发明的单一性。特别是，如果马库什权利要求所涵盖的至少一种化合物的结构以及所考虑的性质或技术效果是已知的，则表明其余化合物（替代方案）缺乏单一性。

这是因为马库什替代方案不包含相同（对照通用结构）或相应的（对照相同的属性或技术效果）的“特定”技术特征。

涵盖由不同序列定义的不同替代核酸或蛋白质的权利要求同样被认为代表马库什要素，并且也根据上述原理进行分析。

3.2.6 用于多种不同医疗用途的已知物质的权利要求

关于某一已知物质用于若干不同医疗用途的具体情况，参见G部分第Ⅵ章7.1。

3.2.7 中间体和最终产物

在中间体和最终产物的当前上下文中，术语“中间体”意在表示中间产品或起始产品。提供这类产品的目的是通过中间体失去其特性的物理或化学变化获得最终产物。

在以下情况下，对相同或相应的特定技术特征（细则第44(1)条）的要求在中间体和最终产物中被视为得到满足：

(i) 中间体和最终产物具有相同的基本结构元素，即它们的基本化学结构相同或它们的化学结构在技术上密切相关，中间体在最终产物中加入基本结构元素；

(ii) 中间体和最终产物在技术上是相互关联的，即最终产物直接由中间体制造出来，或者从少量中间体中分离出来，这些中间体都含有相同的基本结构元素。

基本结构元素是一种化学结构，它定义了要求保护的发明作为一个整体对现有技术所做的技术贡献。通常，当前体化合物在反应时直接产生最终产物的情况下满足上述条件。

发明的单一性也可以存在于结构未知的中间体和最终产物之间——例如，在具有已知结构的中间体和具有未知结构的最终产物之间，或者在未知结构的中间体和未知结构的最终产物之间。在这种情况下，应有足够的证据使人们得出结论，即中间体和最终产物在技术上密切相关，例如，当中间体含有与最终产物相同的基本元素或将在最终产物中加入某种基本元素时。

可以要求保护用于制备最终产品的不同方法中使用的不同中间体，前提是它们具有相同的基本结构元素。在从一种产品到另一种产品的过程中，中间体和最终产物不应被一种不新的中间体分开。在要求保护最终产物不同结构部分的不同中间体的情况下，不应认为中间体之间存在单一性。如果中间体和最终产物属于化合物族，则每个中间体化合物应对应于最终产物族中要求保护的一个化合物。但是，一些最终产物在中间体族中可能没有相应的化合物，因此这两个族不需要绝对一致。

除用于生产最终产物的能力外，中间体还表现出其他可能的效果或活性，这一事实本身不应损害发明的单一性。

3.3 缺乏单一性的反对理由

对缺乏单一性的反对意见必须包括逻辑上提出的技术推理，其中包含缺乏单一性的结论背后的基本考虑因素。如有必要，它必须包括与要求保护的单独发明的数量和分组有关的考虑因素。

3.3.1 缺乏单一性的最低说理要求

在提出不具有单一性的反对意见时，审查小组必须以最低限度的说理来支持它，至少概述以下要素：

(i) 发明组之间的共同内容（如果有的话）。共同内容基于相同或相应的技术特征。它不仅限于单个特征，还包括作为特征组合结果的协同效应，参见G部分第Ⅶ章7。

(ii) 为什么这个共同内容不能提供基于相同或相应的特定技术特征的一个总的发明构思的理由。该理由包括现有技术或一般知识或申请本身的教导，其预期或使常见问题（以及一般问题，如果适用）显而易见。如果引用现有技术，则必须对其进行识别，指出任何相关段落以及它们被视为相关的理由。

(iii) 不同权利要求组的剩余技术特征之间没有技术关联的理由。包括：

(a) 识别不同组的任何剩余技术特征和每组各自的权利要求，并明确声明这些技术特征是不同的；

(b) 对于每个组，根据说明书确定由这些剩余技术特征解决的客观技术问题；

(c) 为什么所解决的问题要么是从现有技术中已知的，要么是不同的，以至于不同的技术特征不能被认为是"相应的特定技术特征"。

(iv) 在所有情况下，最低限度说理都包括一个结论性陈述，由于权利要求中没有相同或相应的特定技术特征，不存在一个总的发明构思，并且不满足发明单一性的要求。

(v) 在特定情况下，证明不存在涉及相同或相应特定技术特征的技术关联的第 (iii) 项 (a) 至 (c) 部分，如果解释清楚，将自动涵盖以下内容：

(1) 为什么化合物的分组替代方案不具有相似的性质；

(2) 在中间体和最终产物之间缺乏单一性的情况下，为什么中间体和最终产物不具有相同的基本结构元素并且在技术上没有紧密关联；

(3) 为什么一个方法不是专门适应产品的生产方法；

(4) 为什么产品本身没有提供将权利要求中定义的不同用途关联起来的一个总的发明构思；

(5) 为什么用途本身没有提供将权利要求的主题关联起来的一个总的发明构思。

3.4 权利要求中首先提及的发明的确定

细则 64(1)
细则 164(1)

当确定缺乏单一性时，要求保护的发明（组）的顺序通常从权利要求中首先提及的发明（"第一项发明"）开始；另见 B 部分第 VII 章 1.1 和 2.3。换言之，作为一般性规则，主题的划分遵循权利要求中不同发明的出现顺序。在确定第一项发明时将考虑从属权利要求的内容。琐碎权利要求将被忽略，琐碎权利要求是指仅与在本发明看来不重要的特征或在本发明的技术领域中通常已知的特征有关的权利要求（参见 B 部分第 III 章 3.8 的检索阶段）。

但是，如果提交的权利要求不符合细则第 43（4）条的要求，即如果权利要求的从属关系不正确，则在评估是否满足单一性要求之前，将对权利要求进行相应的重新排序。

4. 检索阶段在缺乏单一性情况下的程序

细则64(1)
细则64(2)

检索小组既不能以缺乏单一性为由驳回申请，也不能要求限制权利要求，但必须告知申请人，如果要撰写检索报告以涵盖除第一项发明之外的那些发明，则申请人必须在两个月内缴纳进一步的检索费。即使检索发现了使第一项发明的整个主题不具备新颖性的现有技术，这也适用。

当缺乏单一性是后验时，检索小组的评估是临时的（参见G 2/89），并且基于评估完成时手头的现有技术。鉴于这种新颖性和创造性考虑是在申请人没有机会发表意见的情况下进行的，检索小组将在此评估中保持克制，在临界情况下，将优选地避免将申请视为不符合发明单一性的要求。

在基于后验评估（参见B部分第Ⅶ章1.2）发出缴纳额外费用的通知之前，检索小组将根据整个申请的公开情况和检索所发现的相关现有技术来评估要求保护的一组发明背后的技术问题（参见W 6/97，W 6/91）。

对发明单一性的考虑始终是为了给申请人公平待遇，只有在明确的情况下才发出缴纳附加费的通知。

申请人从不被要求为不具备新颖性或不具备比现有技术更具创造性的要求保护的发明缴纳附加检索费。尽管如此，鉴于根据说明书和任何附图可以合理预期的潜在修改，检索小组仍可能对此类所谓的“子发明”提出缺乏单一性的反对意见。

但是，如果发明涉及现有技术公开的非显而易见的替代方案，或不同装置/方法/产品的技术细节，需要对授权公开进行全新检索，则检索小组可以通知申请人为所有发明缴纳附加费。

示例：

独立权利要求涉及一种对分子进行掺杂的新方法，以增强其与细胞膜受体结合的能力。从属权利要求声称可以掺杂该分子以结合膜的几种不同的受体。检索显示，独立权利要求的方法应用于从属权利要求中列出的一个受体已经在现有技术中公开。如果检索小组认为，鉴于现有技术，将目前已知的方法应用于替代受体是一项发明，则会通知申请人为所有剩余的替代方案缴纳附加费，因为需要进行完整检索尝试找出每个替代方案的公开。

4.1 部分检索结果附带的临时意见

自2017年4月1日起，EPO向申请人提供关于权利要求中首次提及的发明（或单一发明组）的可专利性的临时意见（参见《OJ EPO 2017，A20》）。该临时意见与缴纳进一步/附加检索费和部分检索结果的通知书一起发送。临时意见还包括非单一性审查结果的理由。

临时意见仅供参考。申请人不需要对临时意见中提出的问题进行答复，并且在发布扩展欧洲检索报告（EESR）时答复将不予考虑。只有EESR要求根据细则第70（a）条作出回应。

部分检索结果附带的临时意见可通过在线案卷查阅向公众提供。

4.2 对申请人的影响

申请人没有义务缴纳任何附加费。

但是，未被检索的主题审查小组也将不予审查（参见G2/92）。因此，其不能以独立权利要求的方式被审理。

如果在权利要求修改后审查中仍然存在缺乏单一性，则可能需要从申请中删除未检索的主题（参见C部分第III章3.2和F部分第IV章4.3）。

未经检索的主题总是可以在分案申请中被提出。

5. 实质审查阶段在缺乏单一性情况下的程序

5.1 一般性原则

最终由审查小组承担确定申请是否符合发明单一性要求的最终责任（参见T 631/97；另见C部分第III章3.1）。关于已进入欧洲阶段的欧洲-PCT申请，参见本章7。

无论检索小组是否提出了发明的单一性问题，审查小组必须始终考虑这一问题。所得出的结论可能会发生变化，例如，当在程序的稍后阶段获得更多的现有技术时。如果仅在实质审查期间出现发明缺乏单一性，审查小组应仅在明确的情况下提出反对意见，特别是当实质审查处于后期阶段时（另见H部分第II章7.3）。

细则36(1) 当发现缺乏单一性时，应要求申请人以克服反对意见的方式限制其权利要求（参见C部分第III章3.1和3.2），这意味着将它们限制成单一检索发明（参见H部分第Ⅱ章7.1）。删除或修改部分说明书也可能是必要的（参见C部分第Ⅲ章3.2）。申请人可以提交一份或多份分案申请，涵盖为满足该反对意见而被删除的事项（参见C部分第Ⅸ章1），条件是母案正在审理中（参见A部分第Ⅳ章1.1.1）。

5.2 对未检索的发明的反对意见

参见H部分第Ⅱ章7.2和7.3.

5.3 复查不具备单一性的结论

对不具备单一性结论的复查和附加检索费的退还在C部分第Ⅲ章3.3中处理。

在审查小组认为发明具备单一性的情况下，如果申请人已缴纳了额外的检索费并要求退还其全部或部分，审查小组将命令退还相关额外的检索费。

6. 修改后的权利要求

细则137(5)

对于申请人提交了新的权利要求，其针对的主题尚未被检索过，例如，因为该权利要求仅包含在说明书中，而且在检索阶段发现不适合将检索范围扩大到该主题，参见H部分第Ⅱ章6.2和B部分第Ⅲ章3.5。

7. 欧洲－PCT申请

7.1 没有补充检索的国际申请

公约153(7)

如B部分第Ⅱ章4.3.1所示，对于某些进入欧洲阶段时带有国际检索报告的国际申请，不进行补充欧洲检索。在实质审查时，可以区分下列情形：

（i）如果在国际检索期间提出过缺乏单一性的反对意见，而申请人没有借此机会通过为其他发明缴纳附加检索费来对其进行检索，而是在收到国际检索报告后借机修改权利要求（参见E部分第Ⅸ章3.3.1），使其限制到所检索的发明，并表明将对这些修改后的权利要求进行审查，则审查小组根据这些权利要求进行审查。

细则164(2)

（ii）如果在国际检索期间提出过缺乏单一性的反对意见，而申请人既没有借此机会通过为其他发明缴纳附加检索费来对其进行检索，也没有修改权利要求使其仅限于所检索的发明，并且审查小组同意ISA（国际检索单位）的反对意见［考虑到申请人在对WO-ISA（国际检索单位书面意见）或IPER（国际初审报告）的答复中对单一性问题提出的任何意见，参见E部分第Ⅸ章3.3.1］，审查小组随后将根据细则第164（2）条发出通知书，要求为申请文件中任何没有向作为ISA的EPO缴纳附加检索费的要求保护的发明缴纳检索费。

（iii）如果在国际阶段缴纳了附加检索费，并且审查小组同意ISA的反对意见，申请人可以决定申请将基于任何已检索的发明进行，其他的将被删除。申请人尚未作出决定的，审查小组将在实质审查开始时要求他们作出决定。

（iv）如果要审查的权利要求涉及与任何最初要求保护的发明不同的发明，审查小组将根据细则第164（2）条发出通知书，要求为国际检索报告或补充国际检索报告（如果有的话）未涵盖的申请文件中任何要求保护的发明缴纳检索费（参见C部分第Ⅲ章2.3）。

（v）如果申请人在国际阶段没有缴纳附加检索费，并且审查小组不同意ISA的反对意见（例如，申请人在回应WO-ISA或IPER时提出了令人信服的意见陈述，参见E部分第Ⅸ章3.3.1，即满足发明单一性的要求），则将进行附加检索（参见B部分第Ⅱ章4.2（iii）），并对所有权利要求进行审查。

细则36(1)

在（i）至（iv）情况下，就为满足不具备单一性的反对意见而被删除的发明，申请人可以提出分案申请（参见C部分第Ⅸ章1和A部分第Ⅳ章1），前提是在提交分案申请时，母案仍在审理中（参见A部分第Ⅳ章1.1.1）。

7.2 有补充检索的国际申请

公约153(7)
细则164(1)

对于进入欧洲阶段的国际申请，其国际检索报告是由EPO以外的ISA作出的，在B部分第Ⅱ章4.3.2所列的情况下，由检索小组进行补充欧洲检索。如果检索小组在补充欧洲检索期间发现缺乏单一性，则适用B部分第Ⅶ章2.3。

在这种情况下，审查小组的程序在E部分第Ⅸ章4.2中作了说明。简言之，审查小组将继续审查申请人在答复欧洲检索意见（ESOP）时选择的补充欧洲检索报告所涵盖的发明（或发明组）。

7.3 国际初审报告（IPER）

对于附有国际初审报告进入欧洲阶段的国际申请，审查小组在偏离 IPER 之前，应仔细考虑该 IPER 中采取的立场。如果权利要求已经改变，申请人成功地反驳了反对意见（其中任何一种都可能在回应 IPER 时发生，参见 E 部分第Ⅸ章 3.3.1），或者对发明单一性相关规则的解释有误时，这可能是必要的；另参见上文 7.1 和 7.2。

7.4 受限的 IPER

公约 76
细则 164(2)

如果 EPO 已对申请作出了 IPER，并且申请人希望获得与权利要求有关的保护，对于因缺乏单一性而在国际阶段没有进行检索，因此不属于本 IPER 主题的权利要求，申请人若想获得保护，则可以决定答复根据细则第 164（2）条规定缴纳附加检索费的通知书对此类权利要求进行检索，并选择他们进行进一步审理。或者，申请人可以决定为未检索的发明提交一项或多项分案申请，前提是在提交分案申请时，母案仍在审理中（参见 A 部分第Ⅳ章 1.1.1）。

第Ⅵ章　优先权

1. 优先权

在这方面，另见A部分第Ⅲ章6。

1.1 申请日为有效日

细则40

根据公约第80条，欧洲申请的申请日为满足细则第40条规定的日期，或者，如果根据PCT提交，则申请日为满足PCT条约第11条规定的日期。除非出现EPC细则第56条和PCT条约第14（2）条规定的延迟提交附图或部分说明书的特殊情况，该日期保持不变。

申请日可能是申请的唯一有效日。这对于确定以下信息非常重要：确定某些期限届满（例如，必须根据细则第60条提交发明人指定的日期），确定与申请主题的新颖性或显而易见性相关的现有技术，以及根据公约第60（2）条确定来自不同人的两件或多件对同一发明的欧洲申请中，哪一件申请将继续进行授权。

1.2 优先权日为有效日

公约89

但是，在许多情况下，欧洲申请将要求在先申请申请日的优先权。在这种情况下，优先权日（即在先申请的申请日）成为前款所述目的的有效日。

1.3 有效的优先权要求

对于优先权的有效要求，必须满足以下条件：

公约87（1）、（2）、（5）

（i）在先申请是在根据EPC的规定被承认为产生优先权的国家或WTO成员中提交的，或向该国或WTO成员提出的（另见A部分第Ⅲ章6.2）；

（ii）欧洲专利申请人是提出在先申请的申请人，或者是申请人的权利继承人（另见A部分第Ⅲ章6.1，本章1.5中关于部分优先权的转让）；

（iii）欧洲申请是自在先申请提交之日起12个月内提出的（除某些例外情况外，参见A部分第Ⅲ章6.6）；

（iv）欧洲申请与在先申请中公开的发明涉及相同的发明，该在先申请必须是“首次申请”（参见本章1.4和1.4.1）。

公约 87（2）和（3）

A部分第Ⅲ章6.2中提到的“在或向”任何《巴黎公约》成员国或WTO成员的词语意味着，可以就在先国家申请、在先欧洲申请、根据另一地区专利公约提交的先前申请或在先的PCT申请要求优先权。如果在先申请是在或向EPC缔约国提交的，则欧洲申请中也可以指定该国。在先申请可以是专利或实用新型登记或实用新型证书。但是，基于工业品外观设计提交的优先权不被承认（参见J 15/80）。只要申请的内容足以确定申请日，就可以用来确定优先权日，无论申请的结果如何；例如，申请随后可能被放弃或驳回（参见A部分第Ⅲ章6.2）。

公约 87(1)

公约第87（1）条中的术语“相同发明”是指，只有当本领域技术人员能够利用公知常识从作为整体的在先申请中直接和毫无疑义地推导出权利要求的主题时，欧洲申请中权利要求的主题才可享有在先申请的优先权。这意味着权利要求中存在的特征的特定组合必须至少在先前的申请中隐含公开（参见本章2.2和G 2/98）。

1.4 首次申请

公约 87(1)

必须要求“首次申请”的申请日为优先权日，即第一次公开欧洲申请的任何或全部主题的申请的申请日为优先权。如果发现优先权要求所针对的申请实际上不是这一意义上的首次申请，但部分或全部主题是被同一申请人或其有权利的前任提交的更早申请公开的，则只要该主题已经在更早的申请中公开，该优先权要求无效（参见本章1.4.1）。

如果优先权要求无效，欧洲申请的有效日就是其申请日。如果上述更早的申请是在欧洲申请有效日之前公布的（公约第54（2）条），或者如果更早的申请也是欧洲申请，其在有关欧洲申请有效日当天或之后公布（公约第54（3）条），则欧洲申请在先公开的主题不具有新颖性。

1.4.1 在后申请被认为是首次申请

公约 87(4)

如果在提交在后申请之日，更早的申请被撤回、放弃或驳回，未向公众开放查阅，也未留下任何未决权利，并且没有作为要求优先权的基础，则对于同一主题在或向WTO同一国家或成员提交的在后申请被视为优先权目的的“首次申请”。除非有证据表明存在更早的申请，例如美国部分延续申请的情况，EPO将不考虑这个问题。如果明显存在相同主题的更早申请，并且优先权由于存在中间现有技术而变得很重要（参见本章2.1），则应当要求申请人通过适当机构（通常是国家专利局）的证据来证明，在更早的申请中没有关于在审申请主题的未决权利。

不能被认定为公约第87（4）条意义上的“首次申请”的申请示例有：

（i）作为在先申请“延续”（con）的美国申请；

（ii）作为在先申请“部分延续”（cip）的美国申请，只要相关主题已在原始美国申请中公开过；

（iii）要求在先国家申请或国家实用新型优先权的国家申请。

在美国延续申请或部分延续申请的情况下，说明书的第1句话如下：“本申请是于……提交的序列号为……的部分（延续）”。以下信息可以在标题页上的“持续数据××”标题下找到：“已验证此申请是……的部分延续（或延续）”。标题为“专利申请声明”的表格也必须附在申请的末尾（在这种情况下为优先权文件），在“美国法典第35篇第119条下的外国优先利益”或“根据美国法典第35篇第120条规定的使任何美国申请受益”标题下列出在先的外国或美国申请。

细则40(1)(c)

可以通过参考在先提交的申请来提交申请（参见A部分第Ⅱ章4.1.3.1）。如果该在先提交的申请没有要求优先权，则通过引用在先提交的申请本身不会产生根据公约第87（4）条的未决权利。

例如，国家申请GB1（2002年2月1日提交，未要求优先权）和GB2（2008年1月2日提交，未要求优先权）属于同一主题的情况下，欧洲申请EP1（2009年1月2日提交）要求GB2的优先权，但根据细则第40（1）（c）条的规定引用GB1的内容。如果GB1被撤回、放弃或驳回，未向公众公开查阅，也没有作为要求优先权的依据，仅根据细则第40（1）（c）条引用它并不构成公约第87（4）条意义上的未决权利。因此，在这种情况下，对GB2的优先权要求必须被视为对EP1有效。

1.5 多项优先权和部分优先权

公约88(2)和(3)

“可以要求多项优先权”，即一件欧洲申请可以基于多个在先申请要求优先权（参见G 2/98）。

“部分优先权”是指只有属于通用“或”权利要求所包含

的一部分主题有权享有在先申请的优先权日的情况（G 1/15）。

在先申请可能是在或向 WTO 的相同或不同的国家或成员提交的，但在所有情况下，最早的申请必须在欧洲申请的申请日之前的 12 个月内提交。欧洲申请的主题将被授予公开该主题的最早优先权申请的优先权日。

例如，如果欧洲申请描述并要求保护一项发明的两个实施例（A 和 B），A 在一件法国申请中公开，B 在一件德国申请中公开，两件申请均在上述的 12 个月内提交，则可以为欧洲申请的相应部分要求法国和德国申请的优先权日；实施例 A 将以法国优先权日、实施例 B 将以德国优先权日作为有效日。如果在一项权利要求中要求保护实施例 A 和 B 作为替代方案，则这些替代方案同样将不同的优先权日作为有效日。

另一方面，如果欧洲申请基于公开特征 C 的一个在先申请和公开特征 D 的第二个在先申请，两者均未公开 C 和 D 的组合，则对该组合的权利要求仅有权获得欧洲申请本身的申请日。换言之，不允许“拼凑”优先权文件。如果一个优先权文件包含对另一个的引用，并明确指出两个文件中的特征可以以特定方式组合，则可能会产生例外情况。

根据 G 1/15，对于包含替代主题的权利要求，不得因一个或多个通用表述或其他理由（通用“或”权利要求）拒绝其享有部分优先权的权利，前提是所述的替代主题已在优先权文件中首次以直接或至少隐含的、明确和以使能的方式公开。在这方面不适用其他实质性条件或限制。

在评估通用“或”权利要求中的主题是否可享有部分优先权时，第一步是确定优先权文件中公开的相关主题，即与优先权期间内公开的现有技术相关。这将根据 G 2/98 结论中规定的公开测试，并根据申请人或专利所有人为支持优先权要求而提出的解释来完成，以便表明本领域技术人员能够从优先权文件中获得什么。下一步是审查该主题是否包含在要求所述优先权的申请或专利的权利要求中。如果答案是肯定的，则权利要求实际上在概念上分为两部分，第一部分对应于在优先权文件中直接且明确公开的发明，第二部分是随后的通用“或”权利要求的剩余部分，不享有这一优先权，但本身产生了公约第 88（3）条中规定的优先权。

例如，如果优先权文件公开了特定组合物的使用，而申请要求使用以更通用术语定义的组合物，则即使权利要求没有明确说明，也会确定两组备选主题包含在权利要求中：

- 备选方案（a），涉及使用特定组合物（例如活性成分的钙盐和其中阳离子为多价的磷酸三盐）；

- 备选方案（b），涉及使用以更通用术语定义的组合物（例如，酸形式或其可接受的盐作为其中阳离子为多价的活性无机盐，其中活性成分和无机盐不是酸的钙盐和磷酸三盐的组合）。

备选方案（a）是优先权文件中公开的主题，该主题未在权利要求中定义，但包含在权利要求中。备选方案（b）是未在优先权文件中公开的权利要求的剩余主题。在这种情况下，备选方案（a）的主题享有优先权，而备选方案（b）的主题不享有优先权。

第G 1/15号决定的基本原理也适用于确定要求优先权的申请是否为公约第87（1）条意义上的首次申请。正如优先权申请和要求其优先权的专利可能部分涉及同一发明一样，同一申请人提交的优先权申请和在先申请也可能部分涉及同一发明。在这种情况下，优先权申请将是仅就发明中与在先申请不同的部分提出的首次申请（参见T 282/12）。

部分优先权也可以单独转让。然而，这对剩余的优先权权利有影响，因为转让人的权利有限，可能不再继续要求部分优先权（申请人只能要求他们拥有的权利）。部分优先权的转让协议赋予转让人和受让人相应的部分优先权，对应于两种明显不同且定义明确的备选方案。

2. 确定优先权日

2.1 核实优先权的有效性

作为一般性规则，审查小组不对优先权的有效性进行任何调查。但是，如果必须考虑在优先权日当天或之后和申请日之前向公众提供的在公约第54（2）条意义上的现有技术（即中间文件，参见G部分第Ⅳ章3），或者如果欧洲专利申请的内容与公约第54（3）条意义上另一欧洲申请的内容完全或部分相同（即在该期限内要求优先权日期的其他申请），则优先权具有重要意义。在这种情况下（例如有关技术如果日期较早则为相关文件），审查小组必须调查是否可以将所要求的优先权日赋予其在审申请的适当部分，并将结果通知申请人，以及是否因此正在考虑特定的现有技术（例如中间文件）或其他欧洲申请构成公约第 54 条意义上的现有技术的一部分。此外，如果根据公约第 54（3）条该申请可能与另一件欧洲申请发生抵触，则可能有必要将有效日分配给该另一件申请的适当部分并以类似方式将其传达给申请人（另见 G 部分第Ⅳ章 3）。当审查小组需要考虑优先权日期的问题时，必须牢记本章 1.3 至 1.5 中提到的所有事项。

如果在欧洲 – PCT 申请中，欧洲专利局作为指定局或选定局，但优先权文件未存档，则仍可开始实质审查。在这种情况下，如果优先权文件没有存档，申请甚至可能在适当情况下被驳回，因为要求保护的主题缺乏新颖性或创造性，前提是相关技术既不是中间文件也不是公约第 54（3）条中规定的申请。但是，在优先权文件存档之前不得授予欧洲专利。在这种情况下，应告知申请人只要优先权文件缺失就不会作出授权决定。

如果存在中间文件或公约第 54（3）条中规定的申请，并且要求保护的主题的可专利性取决于优先权的有效性，则只要缺少优先权文件，就不能结束实质审查。如果申请人已遵守 PCT 细则第 17.1（a）、（b）或（b 之二）条，则不得要求他们提交优先权文件。程序必须中止并告知申请人，由于要求保护的主题的可专利性取决于优先权的有效性，只要优先权文件未存档，实质审查就无法完成。

2.2 相同发明

就“相同发明”的要求而言（参见本章 1.3（iv）），确定一项权利要求是否享有优先权文件日期的基本标准与确定对申请的修改是否符合公约第 123（2）条要求的标准相同（参见 H 部分第Ⅳ章 2）。也就是说，为了使优先权日在这方面有效，权利要求的主题必须直接和毫无疑义地能够从优先权文件中的发明公开中推导出来，并考虑文件中明确提及的内容中对本领域技术人员隐含的任何特征（参见 G 2/98）。作为隐含公开的一个例子，包括“可释放紧固装置”的设备权利要求将有权获得该设备公开的优先权日期，其中示出了可释放紧固元件的不同实施例，例如螺母和螺栓、弹簧锁扣和拨动操作的闩锁。

公约 88(4) 要求优先权的主题不必在在先申请中的任何权利要求中找到。将在先申请的文件作为一个整体“具体公开”此类主题就足够了。因此，在决定这一问题时，在先申请的说明书和任何权利要求或附图应作为一个整体加以考虑，但不考虑仅在说明书中提及现有技术的部分中或在明确的免责声明中出现的主题。

“公开必须具体”的要求是指，如果仅以宽泛和笼统的术语提及所涉及的主题是不够的。对某个特征的详细实施例提出的权利要求，不能仅因为在优先权文件笼统地提及该特征而享有优先权。但是，不需要精确的文字对应。根据合理的评估，实质上公开权利要求的相同主题就够了。

根据公约第123（2）条允许的放弃（参见H部分第Ⅴ章4.2.1和4.2.2）不改变公约第87（1）条意义上的发明身份。因此，在撰写和提交在后欧洲专利申请时，可以引入这种放弃，而不影响不包含该放弃的第一个申请的优先权（参见G 1/03、G 2/03和G 2/10）。

2.3 无效的优先权要求

如果特定的先前申请不满足本章2.2中规定的测试，则有关权利要求的主题的有效日将是提供所需公开并有效要求优先权的最早申请的申请日（参见G 3/93)），或者，如果没有这种情况，将是欧洲申请本身的申请日（或者如果申请已根据细则第56条重新确定日期，则有效日为新的申请日）。

2.4 确定优先权日的实例

注：所用日期仅供参考；未考虑EPO受理处在周末和某些公众假期关闭的情况。

2.4.1 含有优先权申请内容的中间公开文件

P是EP要求优先权的申请，D是P主题的公开。

1990.1.1	1990.5.1	1990.6.1
申请	公开	申请
P	D	EP

如果P的优先权要求无效，根据公约第54（2）条，则D是现有技术。

2.4.2 另一件欧洲申请的中间公开文件

P1是EP1要求优先权的申请，P2是EP2要求优先权的申请。EP1和EP2由不同的申请人提交。

1989.2.1	1990.1.1	1990.2.1	1990.8.1	1991.1.1
申请	申请	申请	公开	申请
P1	P2	EP1	EP1	EP2
A+B	A+B	A+B	A+B	A+B

如果P1和P2各自的优先权要求有效，则EP1是根据公约第54（3）条的现有技术。如果EP1的公开发生在EP2的申请日之后，这一点不会改变。如果P2的优先权要求无效，EP1的公开是根据公约第54（2）条的现有技术。

2.4.3 申请中的不同发明要求多项优先权，其中一项发明有中间公开文件

EP要求P1和P2的优先权，D是A+B的公开。

1990.1.1	1990.2.1	1990.3.1	1990.6.1
申请	公开	申请	申请
P1	D	P2	EP
A+B	A+B	A+B+C	权利要求1：A+B
			权利要求2：A+B+C

权利要求1的主题具有P1的有效优先权，因此根据公约第54（2）条，D公开对这项权利要求而言不是现有技术。权利要求2由于不是相同主题所以不能享有P1的优先权。因此，根据公约第54（2）条，D公开是本权利要求的现有技术（参见G 3/93）。权利要求2在形式上是从属权利要求还是独立权利要求并不重要。

2.4.4 必须检查实际要求优先权的申请是否为公约第87（1）条意义上的“首次申请”的情况

P1是相同申请人的包含该发明的最早申请。EP要求后来的美国申请P2的优先权，这是P1的“部分延续”（cip）。D是A + B的公开。

1989.7.1	1990.1.1	1990.6.1	1990.12.1
申请	申请	公开	申请
P1	P2（cip）	D	EP
A+B	A+B	A+B	权利要求1：A+B
	A+B+C		权利要求2：A+B+C

P2对权利要求1的优先权要求无效，因为P2不是公约第87（1）条意义上的这一主题的“首次申请”，但P1是，因为

P2是其“部分延续”，所以它具有“未决权利”。因此，公约第87（4）条不适用，并且不会因放弃、撤回、驳回或不公布P1而改变。D是根据公约第54（2）条针对权利要求1的现有技术，但不是针对权利要求2的现有技术，因为后一项权利要求具有P2的在先优先权。

3. 要求优先权

3.1 一般性说明

公约88(1)
细则52(1)
细则53(1)和细则53(3)

按照细则第52（1）条的规定，要求优先权的申请人必须提交一份优先权声明，说明在先申请的细节，连同在先申请的经核证的副本，以及必要时为评估可专利性还需提交翻译成EPO官方语言之一的译文（参见A部分第Ⅲ章6.7和6.8）。

3.2 优先权声明

细则52(1)和细则52(2)

要求在先申请优先权的声明最好在提交欧洲申请时作出，尽管可以在自要求的最早优先权日起16个月内的任何时间提交（参见A部分第Ⅲ章6.5.1）。优先权声明必须注明优先权申请的日期、《巴黎公约》相关缔约国或WTO成员以及申请号。

细则52(3)

优先权声明可在最早的优先权日起16个月内修改。这一期限届满日不能早于申请日后4个月（参见A部分第Ⅲ章6.5.2）。

3.3 在先申请（优先权文件）的核证副本

细则53(1)

在先申请的核证副本，即优先权文件，必须在优先权日起16个月内提交（参见A部分第Ⅲ章6.7；对于欧洲-PCT案件的例外情况，参见E部分第Ⅸ章2.3.5），除非该副本已经存档，因为它是在细则第40（3）条的范围内提供的，参见A部分第Ⅱ章4.1.3.1，或根据细则第56条提出的请求，参见A部分第Ⅱ章5.4.3。

细则53(2)

此外，根据细则第53（2）条和2012年8月9日的EPO局长决定《OJ EPO 2012，492》，EPO将在欧洲专利申请的文件中加入在先申请的副本，在A部分第Ⅲ章6.7所示的情况下不收取费用。

一旦EPO在欧洲专利申请的文件中加入了在先申请的副

本，将相应地通知申请人。

3.4 在先申请的译文

公约88(1)
细则53(3)

只有在需要确定优先权要求的有效性时，才需要将在先申请翻译成EPO官方语言之一，这与将其作为依据的发明的可专利性有关。译文必须在EPO指定的期限内提交。有关该程序的更多详细信息，请参阅A部分第Ⅲ章6.8及其小节。

或者，根据细则第53（3）条，可以在相同期限内提交欧洲专利申请是在先申请的完整译文的声明。该声明必须是明确的，说明翻译是“完整的”，或者例如“相同”或“字面上”。不能接受以弱化或修改形式作出的声明（例如，声明译文“几乎完整”或内容“基本相同”）。这同样适用于声明明显不正确的情况（例如，如果为一项欧洲申请要求了多项优先权，或者如果欧洲申请包含的文本比提交的在先申请中包含的文本更多或更少）。在所有这些情况下，必须提交完整的译文。如果欧洲申请在其申请日包含一些权利要求，而优先权申请在其申请日未包含这些权利要求，或在其申请日所包含的权利要求少于在后的欧洲申请，则该声明不能被接受。仅对申请的各个部分进行不同的排列（例如在说明书之前提出权利要求，反之亦然）并不影响这种声明的有效性。另见A部分第Ⅲ章6.8.6。

在EPO将在先申请的副本添加到文件中的情况下，也必须根据细则第53（3）条提交译文或声明（参见EPO公告《OJ EPO 2002，192》）。

细则56

如果申请人已经将优先权文件的译文作为根据细则第56条规定要求的请求书的一部分提供给了EPO（参见A部分第Ⅱ章5.4（vi）），以其作为优先权申请本身的说明书或附图的遗漏部分的基础，那么申请人就无须再次提交译文。

对译文的要求不能通过电话提出（无论会议记录中是否提及）。由于时间限制及其可能的法律后果，要求必须始终以书面形式提出。在审查程序中，该要求可以单独发布或与根据公约第94（3）条规定的通知书一起发布。只有在审查程序的后期阶段，即通过根据公约第54（3）条对有冲突的申请进行“补充”检索来检索文件时，才有必要翻译优先权文件（参见C部分第Ⅳ章7.1和A部分第Ⅲ章6.8.2）。在异议程序中也可能出现这种情况，即申请人未被要求在授权前提交译文，并且异议人提出了需要审查优先权有效性的可专利性问题。

如果未在期限内提交所需的译文或声明，则会丧失优先权，并相应地通知申请人或所有人（参见A部分第Ⅲ章6.11）。这意味着，中间文件将成为根据公约第54（2）条或第54（3）条规定的现有技术（如适用），因此其与可专利性的评估相关（参见A部分第Ⅲ章6.8.3）。但是，出于法律确定性的理由，优先权对于根据公约第54（3）条的目的确定任何其他欧洲专利申请相关的现有技术仍然有效（参见本章2.1和3.5）。在这方面，译文或声明是否已提交并不重要，因为在公布日期之后生效的修改不会影响公约第54（3）条的适用。

如果在期限内提交了所需的译文或声明，最好附有意见，则将核实优先权的有效性程度和相互依存的实质性问题。

3.5 撤回优先权要求

申请人可以随时自愿撤回所要求的优先权。如果申请人在公布的技术准备完成之前撤回，则优先权日无效，公布将推迟到申请日之后的18个月。如果在公布的技术准备完成之后撤回，则申请仍应在最初要求的优先权日后18个月公布（参见A部分第Ⅵ章1.1和G部分第Ⅳ章5.1.1）。

3.6 重新确立优先权期间的权利

公约122
细则136(1)

申请人可以根据公约第122条提出就重新确立优先权期间的权利的请求（参见A部分第Ⅲ章6.6）。根据细则第136（1）条第2句，任何在公约第87（1）条的规定期限内重新确立的权利的请求必须在该期限届满后两个月内提出。如果允许就优先权期限重新确立权利的请求，审查小组将仔细复查在先检索报告或通知书中引用的现有技术文件的相关性。

G 部分

可专利性

目 录

第Ⅰ章 可专利性概述 ······ 685
1. 可专利性要求 ······ 685
2. 发明的进一步要求 ······ 685
3. 技术进步、有益效果 ······ 685

第Ⅱ章 发 明 ······ 686
1. 一般性说明 ······ 686
2. 审查实践 ······ 686
3. 排除的主题清单 ······ 687
3.1 发 现 ······ 687
3.2 科学理论 ······ 687
3.3 数学方法 ······ 687
3.3.1 人工智能和机器学习 ······ 690
3.3.2 模拟、设计或建模 ······ 691
3.4 美学创作 ······ 693
3.5 进行智力活动、游戏或商业的方案、规则和方法 ······ 694
3.5.1 进行智力活动的方案、规则和方法 ······ 694
3.5.2 游戏的方案、规则和方法 ······ 695
3.5.3 商业的方案、规则和方法 ······ 697
3.6 计算机程序 ······ 700
3.6.1 产生进一步技术效果的示例 ······ 701
3.6.2 信息建模、编程活动和编程语言 ······ 702
3.6.3 数据检索、格式和结构 ······ 703
3.6.4 数据库管理系统和信息检索 ······ 705
3.7 信息呈现 ······ 706
3.7.1 用户界面 ······ 710
4. 可专利性的例外 ······ 711
4.1 违反“公共秩序”或道德 ······ 711
4.1.1 禁止事项 ······ 712
4.1.2 攻击性和非攻击性用途 ······ 712

4.1.3 经济效益 …… 713
4.2 外科手术、治疗和诊断方法 …… 713
4.2.1 对公约第53（c）条规定的例外情形的限制 …… 714
4.2.1.1 外科手术 …… 715
4.2.1.2 治 疗 …… 716
4.2.1.3 诊断方法 …… 717
4.2.2 筛选潜在药物和临床试验的方法 …… 719
5. 生物技术发明的排除和例外 …… 719
5.1 一般性说明及定义 …… 719
5.2 可专利的生物技术发明 …… 719
5.3 例外清单（细则第28条） …… 721
5.4 动植物品种或生产动植物的主要是生物学的方法 …… 723
5.4.1 植物品种 …… 726
5.4.2 生产动植物的主要是生物学的方法 …… 727
5.4.2.1 示 例 …… 728
5.5 微生物方法 …… 729
5.5.1 一般性说明 …… 729
5.5.2 微生物方法结果的可重复性 …… 730
5.6 抗 体 …… 730
5.6.1 一般性说明 …… 730
5.6.1.1 通过抗体的结构限定 …… 731
5.6.1.2 通过引入目标抗原限定 …… 731
5.6.1.3 通过目标抗原和其他功能特征限定 …… 732
5.6.1.4 通过功能和结构特征限定 …… 732
5.6.1.5 通过制备方法限定 …… 732
5.6.1.6 通过表位限定 …… 733
5.6.1.7 通过杂交瘤限定 …… 733
5.6.2 抗体的创造性 …… 733

第Ⅲ章 工业实用性 …… 735
1. 一般性说明 …… 735
2. 检测方法 …… 735
3. 工业实用性与公约第52（2）条所排除的主题 …… 735
4. 完整基因序列和部分基因序列 …… 736

第Ⅳ章 现有技术 …… 737
1. 一般性说明及定义 …… 737
2. 充分公开 …… 738
3. 申请日或优先权日作为有效日 …… 738
4. 非官方语言文件 …… 739
4.1 机器翻译 …… 740
5. 与其他欧洲申请抵触 …… 740
5.1 根据公约第 54（3）条的现有技术 …… 740
5.1.1 要 求 …… 741
5.1.2 仍需审查的规定的申请日 …… 741
5.2 欧洲 - PCT 申请 …… 742
5.3 共同指定国 …… 742
5.4 重复授权专利 …… 742
6. 与在先国家权利抵触 …… 743
7. “通过书面或口头描述、使用或任何其他方式”向公众公开的现有技术 …… 743
7.1 使用公开的类型和以任何其他方式公开的现有技术实例 …… 743
7.2 由审查小组确定的关于在先使用的事项 …… 744
7.2.1 一般性原则 …… 744
7.2.2 保密协议 …… 745
7.2.3 用于非公共财产 …… 746
7.2.4 所使用物品的可获知性示例 …… 746
7.2.5 方法的不可获知性示例 …… 747
7.3 通过口头描述提供的现有技术 …… 747
7.3.1 口头描述的情形 …… 747
7.3.2 不丧失新颖性的口头描述 …… 747
7.3.3 在口头描述的情形下由审查小组确定的事项 …… 747
7.3.4 证明标准 …… 747
7.4 以书面和/或任何其他方式向公众公开的现有技术 …… 748
7.5 互联网公开 …… 748
7.5.1 确定公开日 …… 748
7.5.2 证明标准 …… 749
7.5.3 举证责任 …… 749
7.5.3.1 技术期刊 …… 750
7.5.3.2 其他“等同于出版”的出版物 …… 750
7.5.3.3 非传统出版物 …… 751

7.5.4 没有日期或日期不可靠的公开 …… 751
7.5.5 有问题的情况 …… 752
7.5.6 技术细节和一般性说明 …… 753
7.6 标准和标准准备性文件 …… 754
8. 现有技术文件之间的交叉引用 …… 755
9. 现有技术文件中的错误 …… 755

第Ⅴ章 不丧失新颖性的公开 …… 756
1. 一般情形 …… 756
2. 期　限 …… 756
3. 明显滥用 …… 756
4. 国际展览 …… 756

第Ⅵ章 新颖性 …… 757
1. 根据公约第54（2）条的现有技术 …… 757
2. 隐含特征或众所周知的等同替代 …… 757
3. 现有技术文件的相关日期 …… 757
4. 现有技术文件的充分公开 …… 758
5. 一般性公开和具体实例 …… 758
6. 隐含公开和参数 …… 758
7. 新颖性审查 …… 759
7.1 已知产品的第一或进一步医疗用途 …… 759
7.1.1 可被要求保护进一步医疗用途的产品 …… 761
7.1.2 根据公约第54（5）条的治疗用途 …… 762
7.1.3 根据公约第54（5）条的诊断用途 …… 765
7.1.4 根据公约第54（5）条的外科手术用途 …… 766
7.1.5 根据公约第54（5）条的从属权利要求 …… 767
7.2 第二非医疗用途 …… 767
8. 选择发明 …… 768
8.1 数值的误差范围 …… 769
9. “延展式”权利要求的新颖性 …… 770

第Ⅶ章 创造性 …… 771
1. 通　则 …… 771
2. 现有技术；申请日 …… 771

3. **本领域技术人员** …… 771
3.1 技术人员的公知常识 …… 772
4. **显而易见性** …… 772
5. **问题解决法** …… 773
5.1 确定最接近的现有技术 …… 773
5.2 确定客观技术问题 …… 774
5.3 可能-应当法 …… 776
5.4 包含技术和非技术特征的权利要求 …… 776
5.4.1 确定包含技术和非技术特征的权利要求的客观技术问题 …… 778
5.4.2 应用COMVIK方法的示例 …… 779
5.4.2.1 示例1 …… 780
5.4.2.2 示例2 …… 781
5.4.2.3 示例3 …… 783
5.4.2.4 示例4 …… 785
5.4.2.5 示例5 …… 787
6. **现有技术的结合** …… 789
7. **组合与并列或集合** …… 790
8. **“事后诸葛亮”式的分析** …… 791
9. **发明的起源** …… 791
10. **辅助指标** …… 792
10.1 可预见的缺陷；非功能性改变；任意选择 …… 792
10.2 预料不到的技术效果；奖励效果 …… 792
10.3 长期需求；商业成功 …… 792
11. **申请人提交的意见陈述和证据** …… 793
12. **选择发明** …… 793
13. **生物技术领域的创造性评价** …… 794
14. **从属权利要求；不同类别的权利要求** …… 794
15. **示　例** …… 795
附　录 **与创造性要求有关的示例——指标** …… 796
1. **是否为已知手段的应用** …… 796
1.1 涉及以显而易见的方式应用已知手段的发明，应因此排除其创造性 …… 796
1.2 以非显而易见的方式应用已知手段的发明具备创造性 …… 796
2. **是否为显而易见的特征组合** …… 797
2.1 显而易见且因此无创造性的特征组合 …… 797
2.2 非显而易见且因此有创造性的特征组合 …… 797

第Ⅰ章 可专利性概述

1. 可专利性要求

公约52(1)

可专利性有4个基本要求：

(i) 必须有一项“发明”，属于任何技术领域（参见G部分第Ⅱ章）；

(ii) 发明必须具备“工业实用性”（参见G部分第Ⅲ章）；

(iii) 发明必须具备“新颖性”（参见G部分第Ⅳ至Ⅵ章）；

(iv) 发明必须具备“创造性”（参见G部分第Ⅶ章）。

2. 发明的进一步要求

除上述4个要求之外，发明还必须满足以下条件：

公约83

(i) 发明必须是本领域技术人员（在申请文件的适当指引之下）能够实现的，此条件遵循公约第83条。发明未能满足这一要求的情况在F部分第Ⅲ章3中给出。

细则43(1)

(ii) 发明必须具有“技术性”，其在某种程度上必定与某个技术领域相关（细则第42（1）（a）条——参见F部分第Ⅱ章4.2），必须涉及技术问题（细则第42（1）（c）条——参见F部分第Ⅱ章4.5），并且必须具有技术特征，寻求保护的主题可在权利要求书中以技术特征的形式进行限定（细则第43（1）条——参见F部分第Ⅳ章2.1）。

3. 技术进步、有益效果

EPC没有明确地或隐含地要求一项可授予专利权的发明必须取得某种技术进步或者具有任何有用的效果。然而，如果相比现有技术而言存在任何有益效果的话，应当在说明书中进行说明（细则第42（1）（c）条），因为任何此类效果在确定“创造性”时往往很重要（参见G部分第Ⅶ章5）。

第Ⅱ章 发 明

1. 一般性说明

公约 52(2)和(3)

EPC 没有定义“发明”的含义，但公约第 52（2）条包含一份“不属于发明”的非穷举性清单，即不属于公约第 52（1）条规定的发明主题。该清单中的项目均是抽象的（例如发现或科学理论）和/或非技术性的（例如美学创作或信息呈现）。与此相反，公约第 52（1）条规定的“发明”必须具有技术性（参见 G 部分第Ⅰ章 2（ii））。“发明”可以属于任何技术领域。

2. 审查实践

发明是否符合公约第 52（1）条的规定这一问题，与该发明是否具备工业实用性、新颖性和创造性的问题是独立且不同的。

公约第 52（2）条规定的排除可专利性的主题在评判专利适格性和创造性方面起重要作用，这是因为专利保护为提供“技术教导”的发明所留，所谓“技术教导”是针对本领域技术人员提供如何使用特定技术手段解决特定技术问题的指引。分两步评判的方法被称为“双重门槛法”（参见 G 1/19）。

第一重门槛，也称为专利适格性门槛，要求请求保护的主题整体上不落入公约第 52（2）和（3）条规定的“不属于发明”的范围。公约第 52（3）条规定，根据公约第 52（2）条排除可专利性的主题和活动仅限于请求保护的主题或活动“本身”。这种限制避免了对不属于发明的扩大性解释。这意味着有一个技术特征存在就足以具备适格性：如果申请保护的主题涉及或使用技术手段，则属于公约第 52（1）条规定的发明。该评估不参考现有技术作出。

第二重门槛是创造性评判。除技术特征外，权利要求还可以包括非技术特征。文中的术语“非技术特征”是指根据公约第 52（2）条被视为“不属于发明”的特征本身。包括这种技术和非技术特征组合的权利要求的创造性使用 COMVIK 法（参见 G 部分第Ⅶ章 5.4）进行评判。这种方法是问题解决法的特殊应用，包括确定发明的哪些特征对其技术性做出了贡献（即通过提供技术效果为技术问题的技术解决方案做出贡献）。如果一个特征对发明的技术性有贡献，则该特征可以支持创造性的存在。任何特征是否对发明的技术性做出贡献，必须在将发明内容作为整体的背景上进行评估。

3. 排除的主题清单

现在依次介绍公约第52（2）条清单上的项目，并提供更多的示例以便更好地澄清不属于公约第52（2）和（3）条规定被排除可专利性的那些可授权专利和不可授权专利之间的差异。

3.1 发　现

公约52(2)(a)

如果一种已知材料或物品的新属性被找到，那么这只是一种发现，不可授予专利权，因为发现本身不具有技术效果，不属于公约第52（1）条规定的发明。但是如果将该属性应用到实践中，则构成可授予专利权的发明。例如，特定已知材料能够承受机械冲击的发现不可授予专利权，但由该材料制成的铁路枕木很可能是可授权的。找到自然界中以前未被认知的物质也只是简单发现，因此不可授予专利权。但是，如果在自然界中发现的物质被证明可以产生技术效果，则其可能是可授予专利权的。这种情况的一个示例是，自然界中的一种物质被发现具有抗生素功效。此外，如果发现自然界中存在一种微生物并能产生抗生素，则该微生物本身作为发明的一个方面也可能是可授予专利权的。同样，如果发现自然界中存在的一种基因具有技术效果，例如在制造某种多肽或基因治疗中的用途，则可能是可授予专利权的。

关于生物技术发明的其他具体问题参见本章5、5.3至5.5和G部分第Ⅲ章4。

3.2 科学理论

公约52(2)(a)

科学理论是更广义形式的发现，因此适用与本章3.1中规定相同的原则。例如，半导体物理理论是不可授予专利权的。但是，新型半导体装置和制造这些装置的方法可能是可授予专利权的。

3.3 数学方法

公约52(2)(a)

数学方法在解决所有技术领域的技术问题中都起着重要作

用。但是，根据公约第52（2）（a）条的规定，要求保护数学方法本身（公约第52（3）条）将被排除可专利性。

如果权利要求涉及纯抽象的数学方法，并且该权利要求不需要任何技术手段，则属于排除的主题。例如，对抽象数据执行快速傅里叶变换而未指定使用任何技术手段的方法本身属于一种数学方法。纯抽象的数学对象或概念，例如特定类型的几何对象或带有节点和边缘的图形，虽然不属于方法，但由于缺乏技术性而不属于公约第52（1）条规定的发明。

如果权利要求涉及使用技术手段（例如计算机）的方法或设备，则该主题整体上具有技术性，因此不属于公约第52（2）和（3）条规定的可专利性的排除范围。

仅对数学方法的数据或参数的技术性质进行说明可能不足以限定出公约第52（1）条规定的发明。即使该方法本身不属于公约第52（2）（a）和（3）条规定的纯抽象的数学方法，但如果未隐含使用技术手段，则该方法仍可能由于属于进行智力活动的方法而被排除（公约第52（2）（c）和（3）条；参见本章3.5.1）。

一旦确定要求保护的主题整体上不属于公约第52（2）和（3）条规定的可专利性的排除范围，进而属于公约第52（1）条规定的发明，则根据授予专利权的其他要求，特别是新颖性和创造性（参见G部分第Ⅰ章1）对其进行审查。

评判创造性必须考虑对发明技术性有贡献的所有特征（参见G部分第Ⅶ章5.4）。当要求保护的发明基于数学方法时，则要评判数学方法是否对发明的技术性有贡献。

数学方法可能对发明的技术性有贡献，即通过应用于某个技术领域和/或应用于特定技术执行（参见T 2330/13），产生某种技术效果从而达到某种技术目的。这两种情况的评判标准解释如下。

技术应用

在评判数学方法对发明技术性做出的贡献时，必须考虑该方法在发明的上下文中是否产生服务于技术目的的某种技术效果。

数学方法对发明技术性做出技术贡献的示例：

－控制特定的技术系统或过程，例如X射线设备或钢冷却过程；

－通过测量结果确定要达到所需的材料密度，轧路机需通过的次数；

– 数字音频、图像或视频增强或分析，例如去噪、检测数字图像中的人、估计传输数字音频信号的质量；

– 语音信号源的分离，语音识别，例如将语音输入映射到文本输出；

– 对数据进行编码，以实现可靠和/或高效的传输或存储（以及相应的解码），例如对数据进行纠错编码，以便在噪声信道上传输压缩的音频、图像、视频或传感器数据；

– 加密/解密或签署电子通信，在 RSA 加密系统中生成密钥；

– 优化计算机网络中的负载分布；

– 通过处理生理传感器数据确定受试者的能量消耗，从耳温检测器获得的数据得出受试者的体温；

– 根据 DNA 样本分析提供基因型估计，并为该估计提供置信区间以量化其可靠性；

– 通过自动化系统处理生理测量值，提供医学诊断。

诸如“控制技术系统”的通用目的不足以使数学方法具备技术性。技术目的必须是具体目的。

此外，数学方法仅简单地用于达到某种技术目的还不够。权利要求应当明确或隐含地在功能上被限制为用于该技术目的。这可以通过在技术目的和数学方法步骤之间建立充分的联系来实现，例如，通过具体指明一系列数学步骤的输入和输出如何与技术目的相关，从而使数学方法与技术效果之间存在因果关系。

定义数学方法输入数据的性质并不一定意味着数学方法对发明的技术性有贡献（参见 T 2035/11、T 1029/06、T 1161/04）。

如果使用数学方法步骤从物理属性的测量中推导或预测现有真实物体的物理状态，例如间接测量，则无论测量结果有何种用途，这些方法步骤都有技术贡献。

技术执行

当权利要求书涉及数学方法的特定技术执行并且数学方法尤其适用于该实施方案时，该数学方法也可以对发明的技术性有贡献而独立于任何技术应用，因为其设计动机是对计算机系统或网络内部功能的技术考虑（参见 T 1358/09、G 1/19）。很可能发生的情况是，数学方法旨在利用实施该方法的技术系统的特定技术性能来产生技术效果，例如有效利用计算机存储容量或网络带宽。例如，改编多项式约简算法用于开发与计算机硬件的字长匹配的字长移位就是出于这种技术考虑，并且可以有助于产生高效硬件实施该算法的技术效果。另一个示例是将执行机器学习算法数据密集型训练的步骤分配给图形处理单元（GPU），并将准备步骤分配给标准中央处理单元（CPU），以充分利用计算平台的并行架构。为使该数学方法对技术性有贡献，权利要求书应涉及在GPU和CPU上实施的步骤。

计算效率

如果数学方法未用于技术目的，并且要求保护的技术执行也无异于通用技术执行，则该数学方法对发明的技术性没有贡献。在这种情况下，即便该数学方法在算法上比现有技术的数学方法更有效，也不足以形成技术效果（另见本章3.6）。

但是，如果确定数学方法由于被应用于某个技术领域和/或适用于特定技术执行而产生了技术效果，则在创造性评判时应考虑对该技术效果产生影响的那些步骤的计算效率。参见本章3.6.4中关于提高计算效率可作为技术效果的示例。

3.3.1 人工智能和机器学习

人工智能和机器学习基于计算模型和算法进行分类、聚类、回归和降维，例如基于神经网络、遗传算法、支持向量机、k均值、核回归（kernel regression）和判别分析。这种计算模型和算法无论是否可以基于训练数据进行“训练”，它们本身都具有抽象数学性质。因此，本章3.3中提供的指导通常也适用于此类计算模型和算法。

诸如“支持向量机”、“推理引擎”或“神经网络”等术语根据文意可能仅指抽象模型或算法，因此本身并不一定意味着使用技术手段。在审查要求保护的主题是否整体上具有技术性时，必须考虑到这一点（公约第52（1）、（2）和（3）条）。

人工智能和机器学习可应用于各个技术领域。例如，在心脏监测设备中使用神经网络以识别不规则的心跳做出了技术贡献。基于低级特征（例如图像的边缘或像素属性）对数字图像、视频、音频或语音信号进行分类是分类算法的进一步典型技术应用。更多人工智能和机器学习技术目的的示例可以在本章3.3的列表中找到。

然而，仅根据文本内容对文本文件进行分类本身不是技术目的，而是语言目的（参见T 1358/09）。对抽象数据记录甚至“电信网络数据记录”进行分类，而未说明对该分类有任何技术用途，即便分类算法可能具有有价值的数学特性，如鲁棒性，这种分类本身也不是技术目的（参见T 1784/06）。

如果分类方法用于技术目的，则生成训练集和训练分类器的步骤如果支持实现该技术目的，也可能对发明的技术性有贡献。

3.3.2 模拟、设计或建模

涉及模拟、设计或建模方法的权利要求通常包括属于数学方法或进行智力活动方法类别的特征。因此，要求保护的主题整体上可能属于公约第52（2）（a）（c）和（3）条所规定的可专利性的排除（参见本章3.3和3.5.1）。

然而，本节中考虑的方法至少部分由计算机实施，因此，要求保护的主题整体上不被排除可专利性。

计算机实施的模拟、设计或建模方法应按照与任何其他计算机实施的发明相同的标准进行审查（参见G部分第Ⅶ章5.4，G 1/19）。

为了确定技术效果的存在，模拟系统或方法是否具有技术性，或者模拟是否反映了模拟系统所依据的技术原理及其准确性并不重要。

与外部物理现实交互的模拟

计算机实施的模拟包括在其输入或输出水平上表示与外部物理现实交互的特征，能够产生与该交互有关的技术效果。使用测量值作为输入的计算机实施的模拟可作为计算或预测现有真实物体的物理状态的间接测量方法的组成部分，不管测量结果作何用途都认为其具有技术贡献。

纯数值模拟

没有与物理现实直接联系的输入或输出的计算机实施模拟也可能解决技术问题。在这种“纯数值”模拟中，基础模型和算法可以通过适用于特定技术执行或通过对模拟得到的数据的预期技术用途来对发明的技术性做出贡献。

对发明的技术性没有贡献的模型和算法构成约束条件，当遵循G部分第Ⅶ章5.4给出的COMVIK方法时，这些约束条件可能被纳入客观技术问题的确定中。

数值模拟的具体技术执行

模型或算法由于适用于实施它们的计算机系统或网络的内部运行而可能做出技术贡献，其评判方式与数学方法适用于特定技术执行的评判方式相同，参见本章3.3。

数值模拟的计算数值输出数据的预期技术用途

反映仅作为计算机模型中存在的系统或过程的物理状态或行为的计算数值数据通常不能对发明的技术性做出贡献，即使它充分反映了真实的系统或过程的行为。

计算数值数据可能具有“潜在的技术效果”，即根据预期技术用途使用数据时产生的技术效果。只有在权利要求书中明确或隐含地具体指明预期技术用途时，才能根据这种潜在的技术效果来确定客观技术问题。

如果数值模拟产生的数据专用于预期技术用途，例如技术设备的控制数据，则该数据的潜在技术效果可被视为“隐含”在权利要求书中。这种专用隐含了权利要求书不包括其他非技术用途的意思，因为预期技术用途是要求保护的主题所固有的，基本上覆盖了权利要求书的整个范围（另见本章3.6.3）。另一方面，如果权利要求书还包括模拟结果的非技术用途（例如获得关于技术或自然系统的科学知识），则潜在的技术效果基本上没有在权利要求书的整个范围内实现，因此不能作为创造性评判的依据。

精　度

模拟是否对要求保护的主题的技术性有贡献并不取决于潜在模型的质量或模拟呈现现实的程度。

然而，模拟精度是一个因素，它可能影响已确定的技术效果是否超出模拟在计算机上的简单实施。如果模拟精度不够，无法实现预期技术用途，则可能无法实现所声称的改进。在确定客观技术问题（公约第56条）或评判充分公开（公约第83条）时，可能会考虑到这一点，参见F部分第Ⅲ章12。相反，当某些模拟参数虽精度不够但足以满足其预期技术用途时，则仍可通过该方法达到技术效果。

设计流程

如果要求保护计算机实施的模拟作为设计方法的一部分，上述原则同样适用。

如果计算机实施的方法仅产生产品、系统或方法的抽象模型，例如一组方程式，则即使建模的产品、系统或方法是技术性的，它本身不被认为是技术效果（参见T 49/99、T 42/09）。例如，一系列产品配置的逻辑数据模型不具有固有的技术性，仅具体指明如何继续实现该逻辑数据模型的方法没有做出超出计算机实施以外的技术贡献。同样，仅具体指明如何在图形建模环境中描述多处理器系统的方法没有做出超出计算机实施以外的技术贡献。参考本章3.6.2，其中涉及作为一种智力活动的信息建模。

3.4 美学创作

公约52(2)(b)

与美学创作相关的主题通常既有技术的方面（例如画布或布料等“基底”），也有美学的方面，审美本质上是主观的（例如画布上的图形或布料上的图案）。如果在这种美学创作中存在技术的方面，那么它就不属于美学创作“本身”，因此也不被排除可专利性。

一个特征本身可能未显露出技术的方面，如果它能带来技术效果，则可能具有技术性。例如，轮胎胎面图案如果改进了排水效果，则其实际上可作为轮胎的进一步技术特征。反之，当轮胎侧壁的特定颜色仅用于美学目的时则不然。

无论在产品权利要求还是方法权利要求中，美学效果本身不可授予专利权。

例如，仅与书籍信息内容或其编排或字体的美学或艺术效果相关的特征不被视为技术特征。诸如绘画主题的美学效果或其色彩的布置或其艺术风格（例如印象派）相关的特征也不会被当成技术特征。然而，如果通过技术结构或其他技术手段获得美学效果，尽管美学效果本身不具有技术性，但获得它的手段可能是有技术性的。例如，织物可以通过此前未用于此目的的分层结构来提供具有吸引力的外观，在这种情况下，包含这种结构的织物可能是可授予专利权的。

同样，由背面装订或粘贴的技术特征限定的书籍即使具有美学效果也不属于公约第52（2）和（3）条规定的可专利性的排除。同样地，由布料种类或所用染料或黏合剂限定的绘画也不属于排除的主题。

技术方法即使用于生产美学创作（例如切割钻石），仍属于技术过程，而不排除可专利性。同样地，得到具有美学效果的特定版式的书籍的印刷技术，以及作为该方法产物的书籍也不被排除可专利性。再如，由用于产生关于气味或风味的特殊效果（例如长时间保持或突出气味或风味）的技术特征限定的物质或组合物不排除可专利性。

3.5 进行智力活动、游戏或商业的方案、规则和方法

3.5.1 进行智力活动的方案、规则和方法

公约52(2)(c)

公约第52（2）（c）条规定，进行智力活动的方案、规则和方法排除其可专利性，这是因为其指导人类思维如何进行认知、概念或智力过程，例如如何学习一门语言。只有当请求保护这些方案、规则和方法本身时，才被排除可专利性（公约第52（3）条）。

如果方法权利要求包括对所有方法步骤的纯智力实现，则属于进行智力活动的方法（公约第52（2）（c）和（3）条）。无论权利要求书是否还包括技术实施例，方法是否基于技术考虑（参见T 914/02、T 471/05、G 3/08），都适用此原则。

举个例子，一项权利要求限定了一种将核反应堆燃料束装入反应堆堆芯的布置设计方法，用于在反应堆燃料需要更新之前使产能最大化。该方法涉及从初始值开始，根据这些值进行模拟，并根据模拟结果迭代更改值直到满足停止标准，从而确定该布置的特定技术参数的最优值。该方法是基于核反应堆技术领域相关的技术考虑。但是，只要权利要求书不排除所有方法步骤均可通过智力方式进行，则要求保护的主题被排除可专利性。即使模拟涉及通过技术测量获得的真实世界取值，只要权利要求不包括执行技术测量的步骤或使用技术手段接收所测量的真实世界取值的步骤，该反对意见也适用。

一般来说，方法的复杂性不能使其异于进行智力活动的方法。如果执行该方法需要技术手段（例如计算机），则将其作为必要特征写入权利要求书（公约第84条，F部分第Ⅳ章4.5）。算法效率相关内容另见本章3.3。

如果要求保护的方法需要使用技术手段（例如计算机、测量装置等）来执行其中至少一个步骤，或其所得产品为物理实体（例如制造产品的方法包括设计产品的步骤和所设计产品的制造步骤），则该方法本身不是进行智力活动的方法。

一旦确定要求保护的方法整体上不属于公约第52（2）和（3）条规定的可专利性的排除，则根据授予专利权的其他要求，特别是新颖性和创造性（参见G部分第Ⅰ章1）对其进行审查。

如果一项权利要求限定了一种进行这种智力活动的方法，

进一步具体指明该方法由计算机执行，如果随后有助于取得技术效果，那么使用的计算机和计算机执行的步骤都有技术贡献。技术考虑本身存在与否不足以确认是否存在技术效果，例如前例中与核反应堆技术领域相关的技术考虑（参见G 1/19）。

包括使用技术手段的步骤的方法也可具体指明由该方法的用户通过智力方式执行的步骤。这些智力步骤只有在发明的上下文中产生达到某种技术目的的技术效果时才对该方法的技术性有贡献。

例如，方法可具体指明基于各种标准在产品系列中遴选产品的步骤，以及制造所选产品的步骤。如果所述遴选步骤是通过智力方式进行的，则仅当所选子系列产品区别于通用系列的其他合适产品的特征而产生技术效果时，该步骤才会对方法的技术性有贡献（参见T 619/02）。如果遴选步骤依赖于纯美学标准，则属于非技术性选择也不会对方法的技术性有贡献。另举一例，在将驱动器固定在科里奥利质量流量计的方法中，具体指明如何选取驱动器位置以使流量计性能最大化的步骤由于限定出该特定位置而做出技术贡献（参见T 1063/05）。

有关模拟、设计和建模方法的更多信息，参见本章3.3.2。关于信息建模方法和计算机编程活动，参见本章3.6.2。

3.5.2 游戏的方案、规则和方法

公约52(2)(c)

公约第52（2）（c）和（3）条规定，如果游戏的方案、规则和方法要求保护其本身，则被排除可专利性。如纸牌或棋盘游戏这类传统游戏的规则，以及支持如赌博机或视频游戏的现代游戏形式的游戏规则均属于排除的主题。

游戏规则限定了约定和条件的概念框架，这些约定和条件控制着玩家的行为，以及游戏如何根据玩家的决策和行动而发展。它们包括游戏的设置、随着游戏情节展开而产生的选项，以及定义游戏进度的目标。它们通常被玩家视为（甚至认同）为达成游戏的明确目标的规则。因此，游戏规则具有抽象的、纯粹的智力活动性质，只有在游戏环境中才有意义（参见T 336/07）。例如，需要两个随机抽取的数字相匹配才能获胜的条件属于游戏规则。

现代游戏，特别是视频游戏，通常以虚拟游戏世界的复杂互动和叙事元素为特征。这些游戏元素控制着游戏如何自行发展（例如，角色和故事情节的演变）以及游戏如何与玩家互动

(例如，随着游戏配乐点击，假如节奏合拍，则会让您的角色跳起舞来)。鉴于这些要素本质上是概念性的，因此更广义地说，它们属于公约第52（2）（c）条规定的游戏规则（参见T 12/08)。无论它们是未被告知还是只在玩游戏时出现都属于游戏规则。

如果要求保护的主题具体指明实施游戏规则的技术手段，则具有技术性。例如，在达成上述匹配随机数的条件时，使用计算机计算伪随机序列或使用如立方骰子或均匀扇形卷的机械手段，足以克服根据公约第52（2）（c）和（3）条提出的反对意见。

对包含游戏规则和技术特征的混合权利要求的创造性审查依据是G部分第Ⅶ章5.4中规定的混合型发明的问题解决法。原则上无论它们多么有原创性，游戏规则本身或将其简单自动化也不具有创造性。反之，它必须基于游戏技术执行的其他技术效果，即不同于规则固有的技术效果。例如，像宾果游戏这样的概率游戏的网络化实施方式，其中由操作者物理抽取的数字在传输到远程玩家之前经过随机映射，做出了技术贡献，因为对结果的加扰具有保护数据传输的技术效果，类似于加密，而与游戏的实际玩法无关。相比之下，通过限制游戏的复杂性来降低内存、网络或计算资源的使用，并不能通过技术方案克服技术局限。这种限制不会解决实施方案效率提高的技术问题，充其量只能规避这一问题（参见G部分第Ⅶ章5.4.1)。同样地，简化规则所产生的游戏产品取得商业成功是偶然结果，没有直接的技术原因。

实施方案的创造性是从本领域技术人员，通常是工程师或游戏程序员的角度进行评判，他们的任务是实施游戏设计师设定的游戏规则。使用仅表面带有技术性的术语来改写非技术性的游戏元素（用于监控游戏代币数量的“获胜计算手段”）或将其抽象化（把“游戏代币”替换为“对象”）等撰写权利要求的方式不具有创造性。

游戏规则通常旨在通过娱乐、悬念或惊喜等心理效应来取悦玩家和保持玩家的兴趣。该效应不属于技术效果。同样地，使游戏玩法产生平衡、公平或其他满足感的是心理效应而非技术效果。因此，确定玩家的游戏分数或技能等级的规则和相应计算指令，即使计算复杂，通常也被认为是非技术性的。

高度互动的游戏玩法（例如视频游戏）包括用于感知用

户输入、更新游戏状态和输出视觉、听觉或触觉信息的技术手段。根据本章3.7和3.7.1对限定此类信息呈现和用户界面的特征进行评判。在非技术层面上告知玩家当前游戏状态的认知内容，例如有关游戏分数、扑克牌的排列和花色、游戏角色状态和属性，被视为非技术信息。这同样适用于游戏桌面或卡牌上出现的指令，例如“回到原点”。技术环境的一个示例是游戏世界中对实时操作的交互控制，其中信息呈现的形式可以做出技术贡献，其显示受制于相互冲突的技术要求（参见T 928/03）。

除规则之外，游戏世界的状态也可能依照模拟物理原理或伪物理行为模型的数值数据和方程式进化，特别是在视频游戏中。系统地计算对这种游戏状态的更新相当于计算机基于该模型实施的模拟（参见G 1/19）。在这一背景下评判其创造性时，应将该模型理解为对在计算机上的相应实施方式限定给定约束条件（参见G部分第Ⅶ章5.4）。与存在于虚拟游戏世界中的或模型固有的效果相反，如果模拟的特定实施方式适用于计算机系统的内部功能运行，则会产生技术效果。例如，仅预测玩家射出的台球的虚拟轨迹，即使非常准确，也无法解决超出其实施方式的技术问题。相比之下，根据当前网络延迟调整多玩家在线游戏中发射的子弹分布式模拟中使用的步长大小则会产生技术效果。

具体指明如何提供用户输入的特征通常具有技术贡献（参见本章3.7.1）。但是，从已知输入机构获得的参数到计算机游戏参数的映射如果反映了游戏设计师的选择，设置用于游戏设定或使其更有趣或更具挑战性的目标（例如，具体指明条件是用触摸屏上的滑动手势确定虚拟高尔夫击球的力度和旋转），则这种映射更广义上被当成游戏规则。

3.5.3 商业的方案、规则和方法

公约52(2)(c)

具有财务、商业、行政或组织性质的主题或活动落入商业方案、规则和方法的范围，因此根据公约第52（2）（c）和（3）条，这些主题或活动被排除可专利性。在本节余下部分，任何此类的主题或活动都将归入“商业方法”一词。

财务活动通常包括银行业务、账单或会计业务。营销、广告、许可、权利管理和合同协议以及涉及合法报酬的活动都具有商业或行政性质。组织规则的示例包括人事管理、为

商业流程设计工作流，或根据位置信息将公告传达给目标用户社区。其他典型的商业活动涉及商业环境中的运营研究、规划、预测和优化，包括物流和任务调度。这些活动涉及收集信息、设定目标，以及使用数学和统计方法来评判信息以促进管理决策。

如果要求保护的主题具体指明用于执行商业方法的至少某些步骤的技术手段，例如计算机、计算机网络或其他可编程设备，则该主题本身不限于被排除的主题，因此不属于公约第 52（2）（c）和（3）条规定的可专利性的排除。

然而，即使说明书公开了技术实施例（参见 T 388/04、T 306/04、T 619/02），仅简单存在使用技术手段的可能性也不足以避免成为排除的主题。应仔细研究“系统”或“手段”等术语，因为如果无法根据文意推断出这些术语专指技术实体，“系统”可能指金融机构，而“手段”可能指组织单位（参见 T 154/04）。

一旦确定要求保护的主题整体上不属于公约第 52（2）和（3）条规定的可专利性的排除，则审查其新颖性和创造性（参见 G 部分第Ⅰ章 1）。创造性审查需要评判哪些特征对发明的技术性有贡献（参见 G 部分第Ⅶ章 5.4）。

如果权利要求具体指明了商业方法的技术执行，则对权利要求的技术性有贡献的特征大多数情况下仅限于具体指明特定技术执行的特征。

为技术执行而选择的且并非商业方法的一部分的特征对技术性有贡献，进而必须适当加以考虑。接下来的示例说明了这一点：权利要求限定了一种计算机化的联网系统，该系统允许客户使用安装在公司每个销售网点的计算机获取有关所选产品的视听内容，所有计算机都连接到一个中央服务器，其具有中央数据库，以将视听内容存储为电子文档。将电子文档从中央服务器分发到销售网点有两种技术实施方案，或者允许根据客户要求将单个文档直接从中央数据库下载到计算机，或者将多个选定的电子文档传输到每个销售网点，将这些文件存储在销售网点的本地数据库中，并当客户在销售网点要求获取视听内容时从本地数据库中检索相应的文件。在这两个选项中选择一种实现方式属于技术人员（如软件工程师）的能力范围，反之，具体指明在每个销售网点提供的视听内容不属于技术人员的能力范围，这通常属于商业专家的能力范围。权利要求的特征具体指明两种可能的技术执行中的任何一种都对发明的技术性有贡献，但具体指明商业方法的特征则不然。

在针对商业方法技术执行的权利要求中，修改潜在的商业方法旨在规避技术问题，而非以固有的技术方式解决该问题，不被视为对现有技术做出技术贡献。在商业方法自动化的背景下，商业方法固有的效果不属于技术效果（参见G部分第Ⅶ章5.4.1）。

例如，避免冗余簿记的自动会计记账方法可能被认为在计算机工作负载和存储要求方面需要更少的计算机资源。这些优势是因会计记账方法的商业规范而减少了要执行的操作数量和要考虑的数据量所致，而这是会计记账方法本身的固有属性，因此不属于技术效果。

再如基于电子拍卖，电子拍卖的执行是通过连续降低价格，直到首先发送消息的远程参与者确定价格为止。由于可能的传输延迟，消息可能被无序地接收，因此每条消息都包含时间戳信息。改变拍卖规则以消除对时间戳信息的需求，相当于规避传输延迟的技术问题，而不是用技术手段解决该问题（参见T 258/03）。又如，在销售网点用信用卡进行电子金融交易的方法中，无须获取买方姓名或地址即可授权交易的行政决定可能会节省时间并减少数据流量。然而，该举措本身并不解决通信线路带宽瓶颈和服务器计算机容量有限的技术问题，是一种行政举措而非技术方案，对所要求保护的主题的技术性没有贡献。

商业方法的输入是现实世界数据这一简单事实，即使该数据与物理参数相关（例如销售网点之间的地理距离），仍不足以使商业方法对要求保护的主题的技术性有贡献（参见T 154/04、T 1147/05、T 1029/06）。另参见本章3.3。

在计算机实施的促进管理决策的方法中，从一套商业计划中自动选择最具成本效益的计划，同时也能够满足某些技术约束条件（例如，达到有针对性地减少环境影响的目的），不被视为做出超出计算机实施的技术贡献。

仅简单存在用于实现技术目的的可能性不足以使方法对发明的技术性有贡献。例如，一项“工业过程中的资源分配方法”的权利要求包括财务、行政或管理中的纯商业流程和服务，由于术语“工业”的含义广泛，因此不能将该方法限制为用于任何特定技术过程。

商业方法的结果可能是有益的、实用的或可销售的，但这不能当作技术效果。

商业方法特征，例如管理特征，会出现在不同语境中。例如，医疗支持系统可以被配置为根据从患者传感器获得的数据向临床医生提供信息，并且只有在该数据不可用的情况下，才利用患者提供的数据。传感器数据的优先级高于患者提供的数据是一项管理规则。建立规则属于管理员（例如诊所负责人）的能力范围，而不是工程师的能力范围。一项没有技术效果的管理规则对要求保护的主题的技术性没有贡献，但可以用于制定客观技术问题，当作评判创造性时必须满足的约束条件（参见G部分第Ⅶ章5.4）。关于应用问题解决法评判包含商业方法特征的主题的创造性的其他示例，参见G部分第Ⅶ章5.4.2.1至5.4.2.3。

3.6 计算机程序

公约52(2)(c)

公约第52（2）（c）和（3）条规定，要求保护的计算机程序本身被排除可专利性。但是遵循公约第52（2）（c）和（3）条规定的普遍适用标准（参见本章2），具有技术性的计算机程序不属于排除的主题。

为了具有技术性以免被排除可专利性，计算机程序在计算机上运行时必须产生“进一步的技术效果”。“进一步的技术效果”是一种超越了程序（软件）和运行该程序的计算机（硬件）之间的“正常”自然交互的技术效果。程序运行的正常物理效果，例如计算机中电流的循环，其本身不足以赋予计算机程序以技术性（参见T 1173/97和G 3/08）。

赋予计算机程序以技术性的进一步技术效果的示例是控制技术过程或计算机本身或其接口的内部功能（参见本章3.6.1）。

评判进一步技术效果是否存在不参考现有技术。因此，仅用于达到非技术目的的计算机程序比用于相同非技术目的的现有技术程序需要更少的计算时间这一事实本身，并不能确定进一步的技术效果是否存在（参见T 1370/11）。同样，将计算机程序与人类执行相同任务的方式进行比较，并不是评判计算机程序是否具有技术性的适当基础（参见T 1358/09）。

如果已经确定计算机程序的进一步技术效果，则影响该技术效果的算法的计算效率对发明的技术性有贡献，从而也对创造性有贡献（例如，算法的设计动机是出于计算机内部功能运行的技术考虑；另见本章3.3）。

计算机程序不能因被设计成可由计算机自动执行的简单事实而取得技术性。需要存在“进一步的技术考虑”，其通常与计算机内部功能运行的技术考虑有关，而不仅是找到一种计算机算法来执行任务。它们必须反映在产生进一步技术效果的限定特征中（参见G 3/08）。

如果权利要求涉及的是没有技术性的计算机程序，则根据公约第52（2）（c）和（3）条提出反对意见。如果该权利要求通过了具有技术性的考验，审查员将继续审查新颖性和创造性的问题（参见G部分第Ⅵ章和G部分第Ⅶ章，特别是G部分第Ⅶ章5.4）。

计算机实施的发明

“计算机实施的发明”是一种表达方式，旨在涵盖涉及计算机、计算机网络或其他可编程装置的权利要求，其中至少有一个特征是通过计算机程序实现的。涉及计算机实施的发明的权利要求可以采用F部分第Ⅳ章3.9及其小节中描述的形式。

计算机程序和相应的计算机实施的方法彼此不同。前者涉及的是具体指明方法的一系列计算机可执行指令，而后者则涉及在计算机上实际执行的方法。

因为涉及使用技术手段（例如计算机）的任何方法和任何技术手段本身（例如计算机或计算机可读存储介质）都具有技术性，属于公约第52（1）条规定的发明（参见T 258/03、T 424/03、G 3/08），因此不能根据公约第52（2）（c）和（3）条，对涉及计算机实施的方法、计算机可读存储介质或设备的权利要求提出反对意见。

3.6.1 产生进一步技术效果的示例

如果一种方法具有超越其为计算机实施的简单事实以外的技术性，则在计算机上运行时，具体指明该方法的相应计算机程序会带来进一步的技术效果。例如，计算机程序具体指明了一种控制汽车防抱死制动系统、确定X射线装置发射、压缩视频、恢复失真的数字图像或加密电子通信的方法，当其在计算机上运行时会产生进一步的技术效果（参见本章3.3）。

此外，如果计算机程序是基于执行该程序的计算机内部功能运行的特定技术考虑而设计的，例如通过适用于计算机的特定体系结构，则可认为产生了进一步的技术效果。例如，实施安全措施以保护启动完整性或针对功率分析攻击对策的计算机程序具有技术性，因为其依赖于对计算机内部功能的技术理解。

同样地，控制计算机内部功能或操作的计算机程序，例如用于处理器负载平衡或内存分配的计算机程序，通常会产生进一步的技术效果（然而，关于基于非技术性方案的控制示例，参见G部分第Ⅶ章5.4.2.3）。

用于处理低级别代码的程序，如生成器或编译器，很可能具有技术性。例如，从开发对象生成运行时对象时，仅重新生成由修改后的开发对象生成的运行时对象对产生限制特定生成所需资源的进一步技术效果有贡献。

3.6.2 信息建模、编程活动和编程语言

信息建模是一种没有技术性的智力活动，通常由系统分析师在软件开发的第一阶段进行，以提供对现实世界系统或过程的正式描述。因此，建模语言规范、信息建模过程的结构（例如，模板的使用）或模型的维护同样没有技术性（参见T 354/07）。同样地，信息模型的固有属性，如可复用性、平台独立性或文档便利性，也不视为技术效果（T 1171/06）。

如果根据发明上下文的记载，有目的地将信息模型通过提供技术效果用于解决特定的技术问题，则其可能对发明的技术性有贡献（另见本章3.3.2和3.5.1）。

具体指明模型实际存储方式的特征（例如，使用关系数据库技术）也可以做出技术贡献。

描述软件开发过程的概念方法（元方法）通常没有技术性。例如，在为控制任务生成程序代码的计算机实施的方法中，具体指明将独立于平台的模型转换为依赖于平台的模型的特征，从中派生出适应目标平台的程序代码，只要控制任务本身的性能不受影响，该特征就没有技术贡献。

如果编程活动没有用于具体应用程序或环境并以因果方式促成技术效果的产生，那么从编写代码的本意上看，编程活动是一种非技术性的智力活动（参见G 3/08、T 1539/09）。

例如，从文件中读取数据类型参数作为计算机程序的输入，而不是在程序本身中定义数据类型，只是编写代码时的编程选项，而代码本身没有技术性。为帮助程序代码的理解和管

理给对象名称的命名约定也是如此。

定义和提供编程语言或编程范式（如面向对象编程）本身不能解决技术问题，即使其特定的语法和语义使程序员能够更轻松地开发程序。减轻程序员的智力劳动本身并不是一种技术效果。

在评判与编程环境相关的发明时，与编程语言相关的特征通常对其技术性没有贡献。例如，在可视化编程环境中，提供特定的图形构建块是编程语言的一部分，如果唯一的效果是减轻程序员的智力劳动，则不会做出任何技术贡献。提供特定的编程结构可能使程序员能够编写更短的程序，但这并不能算作技术效果，因为由此产生的程序长度缩短最终取决于人类程序员如何使用编程结构。反之，通过将机器代码划分为指令链和操作数链，并用宏指令替换重复指令集来自动处理机器代码，以生成减小内存大小的优化代码，则做出了技术贡献。这种情况下，效果不取决于人类程序员如何使用宏指令。

涉及图形用户界面的编程环境特征，例如可视化和数据输入机制，应按照本章 3.7 和 3.7.1 的规定进行评判。

3.6.3 数据检索、格式和结构

内嵌于介质上或作为电磁载波的计算机实施的数据结构或数据格式整体上具有技术性，因此属于公约第 52（1）条规定的发明。

数据结构或格式如果具有预期技术用途，并且根据此预期技术用途使用时会产生技术效果，则其对发明的技术性有贡献。在评判创造性（参见 G 1/19）时，应考虑到与隐含技术用途有关的潜在技术效果。如果数据结构或格式是功能数据，即在技术系统中具有技术功能，例如控制数据处理设备的操作，就属于这种情况。功能数据固有地包含或映射到设备的相应技术特征（参见 T 1194/97）。另一方面，认知数据是那些其内容和含义仅与人类用户相关并且无法产生技术效果的数据（但是，用于在持续和/或受引导的人机交互过程中向用户呈现信息参见本章 3.7）。

例如，用于图片检索系统的记录载体将编码图片与根据行号和地址定义的数据结构一起存储，这些数据结构指示系统如何解码和访问来自记录载体的图片。限定该数据结构的术语本质上包含了图片检索系统的技术特征，即记录载体和运行记录

载体用于从中检索图片的读取装置。因此，其对记录载体的技术性有贡献，而存储图片（例如人物或风景的照片）的认知内容则不然。

同样地，用于在数据库中搜索记录的索引结构也会产生技术效果，因为它控制计算机执行搜索操作的方式（参见 T 1351/04）。

另一个示例是带标题和内容部分的电子消息。标题信息包括由消息接收系统自动识别和处理的指令。这种处理反过来又决定了如何组合内容元素并将其呈现给最终接收者。在标题中提供这种指令对电子消息的技术性有贡献，而代表认知数据的内容部分的信息则不然（参见 T 858/02）。

数据结构或数据格式可能具有一些特征，这些特征虽不被当作认知数据（即不用于向用户传达信息），但仍不具有技术贡献。例如，计算机程序的结构可能只是为了帮助程序员完成任务，而不是为达到某种技术目的的技术效果。此外，抽象逻辑层面的数据模型和其他信息模型本身没有技术性（参见本章 3.6.2）。

数字数据用于控制增材制造（additive manufacturing，AM）设备，增材制造（AM）是通过基于物体几何形状的数字化呈现连续添加材料来制造物体的技术的总称。如果数据限定了 AM 设备的操作指令，则产生技术贡献，如以下示例所示：

示例：

一种用于存储数据的计算机可读介质，其中该数据既限定了权利要求 1 产品的数字化呈现，又限定了适于控制 AM 设备的操作指令，以便在所述数据被传送到 AM 设备时使用产品的数字化呈现来制造产品。

说明：

计算机可读介质是一种技术对象，因此不根据公约第 52（2）和（3）条提出反对意见。

由于该数据既包括对权利要求 1 的（实物）产品的数字化描述，也包括适于控制 AM 设备的相关操作指令，因此该数据旨在用于控制 AM 设备以制造该产品。数据的这种技术用途基本隐含在权利要求书的整个范围内。将本权利要求解释为仅包括将数据可视化的非技术性用途是武断的。当数据根据其预期用途被使用时达到了制造权利要求 1 中定义的物质产品的技术效果，因此，该技术效果是创造性评判时要考虑的潜在技术效果。产品的数字化呈现因为限定了所制造的实物产品的技术特征而做出了技术贡献。

但是，如果权利要求书中没有隐含数据存在此类技术用途，则创造性评判时不考虑制造实物产品的数据的潜在技术影响，因为在整个权利要求书的实质范围内都没有隐含这一点。例如，如果数据仅定义了产品的数字描述或3D模型，而该描述或3D模型不适用于产品的增材制造，并且可能仅用于在CAD软件工具中的可视化产品，就属于这种情况。即使所描述的实体是技术性的，抽象的描述或模型也不被认为是技术性的（参见本章3.3.2）。由此可见，存储的非技术性数据无法做出技术贡献。

3.6.4 数据库管理系统和信息检索

数据库管理系统是在计算机上实施的技术系统，用于执行使用各种数据结构存储和检索数据的技术任务，以有效管理数据。因此，在数据库管理系统中执行的方法是一种使用技术手段的方法，因此不属于公约第52（2）和（3）条规定的可专利性的排除。

具体指明数据库管理系统内部功能的特征通常基于技术考虑。因此，它们对发明的技术性有贡献，并在创造性评判时纳入考虑范围。例如，技术考虑包括通过使用具有不同技术属性（如不同等级的一致性或性能）的各种数据存储器自动管理数据，以提高系统吞吐量和查询响应时间（参见T 1924/17、T 697/17）。

数据库管理系统执行结构化查询，这些查询正式而精确地描述了待检索的数据。从所需的计算机资源（例如CPU、主存储器或硬盘）方面优化此类结构化查询的执行对发明的技术性有贡献，因为其涉及与有效利用计算机系统有关的技术考虑。

但是，并非在数据库管理系统中实施的所有特征仅凭此事实就必然会做出技术贡献。例如，数据库管理系统的特征是用于计算不同用户使用该系统的花费，被视为没有做出技术贡献。

用于在数据库管理系统中帮助访问数据或用于执行结构化查询的数据结构，例如索引、哈希表或检索树，对发明的技术性有贡献。此类数据结构是功能性的，因为它们有目的地控制数据库管理系统的操作以执行所述技术任务。反之，仅由所存储的认知信息限定的数据结构不被认定对发明的技术性有除数据存储以外的更多贡献（另见本章3.6.3）。

数据库管理系统执行结构化查询和信息检索之间是有区别的。后者包括搜索文档中的信息、搜索文档本身以及搜索描述文本、图像或声音等数据的元数据。而查询可以由需要信息的用户制定，通常非正式地使用没有精确格式的自然语言：用户可以在网络搜索引擎中输入搜索词作为检索式以查找相关文档或提交示例性文档以查找类似文档。如果相关性或相似性估计的方法仅依赖于非技术性考虑，例如待检索项的认知内容、纯语言规则或其他主观标准（例如，社交网络中的好友发现的相关项），则其没有做出技术贡献。

将语言学的考虑因素转化为数学模型，目的是使计算机能够自动完成语言分析，这可被视为至少隐含地包括技术考虑。但是，这还不足以保证数学模型具有技术性。仍需进一步的技术考虑，例如与计算机系统内部功能有关的考虑。

例如，通过分析两个术语在文件集合中同时出现的频率来计算给定术语与另一个术语的含义相似概率的数学模型本身没有做出技术贡献，因为这是基于纯语言学本质的考虑（即基于相关术语比不相关的术语更有可能出现在同一文档中的假设）。使用这种相似性计算方法产生的搜索结果将与采用另一种数学模型的现有技术不同，但区别仅在于所检索的是具有不同认知内容的信息。该区别是非技术性的，不能作为技术效果。在这种基于术语含义相似性的检索背景下，"更优搜索"的概念是主观的（参见T 598/14）。反之，如上所述，优化执行数据库管理系统中结构化查询的耗时属于技术效果。

人工智能和机器学习算法另见本章3.3.1。

3.7 信息呈现

公约52(2)(d)　公约第52（2）（d）条规定的信息呈现应理解为向用户传达信息。其涉及所呈现信息的认知内容及其呈现方式（参见T 1143/06、T 1741/08）。所呈现信息不仅包括视觉信息，还涵盖了其他呈现方式的信息，例如听觉或触觉信息，但不延伸至用于生成此类信息呈现的技术手段。

此外，向用户传达信息应与针对处理、存储或传输该信息的技术系统的信息的技术呈现区分开。数据编码方案、数据结构和电子通信协议的特征呈现的是功能数据，而不是认知数据，其呈现不被视为公约第52（2）（d）条规定的信息呈现（参见T 1194/97）。

根据公约第52（2）和（3）条评判可专利性的排除时，必须将要求保护的主题作为整体进行考虑（本章2）。特别地，涉及或具体指明使用任何技术手段来呈现信息（例如计算机显示器）的权利要求在整体上具有技术性，因此不排除其可专利性。另一示例是，权利要求涉及的试剂盒包含产品（例如漂白组合物）及进一步的特征，诸如评判所获得结果的产品的使用说明或参考信息，其中所述的进一步特征对产品不存在技术效果，但是由于权利要求具有技术特征——包含物质组合物的产品，因此不属于排除的主题。

一旦确定要求保护的主题整体上不属于公约第52（2）和（3）条规定的可专利性的排除，则根据授予专利权的其他要求，特别是新颖性和创造性对其进行审查（参见G部分第Ⅰ章1）。

在评判创造性的过程中，需分析与信息呈现相关的特征，以确定这些特征在发明上下文中是否对产生服务于技术目的的技术效果做出贡献。如果否，这些特征没有做出技术贡献，也不能支持创造性的存在（参见G部分第Ⅶ章5.4）。为了确定是否产生技术效果，审查员应评判发明背景、用户执行的任务以及特定信息呈现所服务的实际目的。

如果限定了信息呈现的特征通过持续和/或受引导的人机交互过程（参见T 336/14和T 1802/13）可靠地帮助用户执行技术任务，则产生技术效果。如果对用户执行技术任务的帮助与该特征存在客观、可靠的因果关系，则认为该技术效果是可信的。如果所声称的效果取决于用户的主观兴趣或偏好则不然。例如，对于某些用户来说，当数据显示为数值时，用户更容易理解数据，而其他用户可能更喜欢颜色编码的显示。因此，对显示数据方式的选择不被认为具有技术效果（参见T 1567/05）。同样地，是否更容易理解音阶而非口语传达的音频信息，这只与用户的认知能力有关。另一示例是，如果只是为了适应用户的主观偏好而允许用户设置参数以确定要呈现的信息或选择其呈现方式没有做出技术贡献。

很难确定特定信息呈现在何种程度上即可认定其可信地支持用户执行技术任务。在评判创造性的过程中，可以将本发明与现有技术进行比较而加以简化，从而允许仅对区别特征进行分析（参见G部分第Ⅶ章5.4第5段）。该比较可揭示出执行技术任务的潜在支持在现有技术中已经实现，因此区别特征没有做出任何技术贡献（例如，仅涉及非技术性的主观用户偏好）。

与信息呈现相关的特征通常被认为会具体指明：

（i）所呈现信息的认知内容，即定义所呈现的是“什么”；或

（ii）信息呈现的方式，即定义信息是“如何”呈现的。

采用此种分类方法是为了在本节其余部分能够更详细地讨论技术效果。需要指出的是，这些类别并非穷举。另外，有时还存在特征同时属于这两个类别的情况。例如，要求保护的方法中“以大写字母显示客户姓氏”的步骤定义了所呈现信息的认知内容（客户的姓氏）及其呈现方式（大写字母）。这样的特征实际上可被认为由两个特征组成：显示的文本是客户的姓氏（属于第一类），显示的文本以大写字母显示（属于第二类）。呈现方式本身可能还传达了认知信息。例如，按照惯例，姓名的大写部分可以指示哪部分是姓氏。

（1）所呈现的是“什么内容”（哪些信息）？

如果呈现给用户的信息的认知内容与技术系统中普遍存在的内部状态有关，并且使用户能够正确操作该技术系统，则其具有技术效果。技术系统中普遍存在的内部状态是操作模式、技术条件或与系统内部功能相关的事件，可以动态变化并自动检测。其呈现通常提示用户与系统交互，例如避免技术故障（参见 T 528/07）。

关于机器的技术性能或潜在状态、设备规格或操作说明的静态或预设信息不属于设备中普遍存在的内部状态。如果静态或预设信息的呈现仅具有帮助用户完成技术任务之前的非技术任务的效果，则其没有做出技术贡献。例如，在配置设备之前，用户无须知道或记住操作按钮的顺序这种效果就不属于技术效果。

非技术信息，如赌场游戏的状态、商业流程或抽象模拟模型，专门用于用户进行主观评判或非技术性决策。其与技术任务没有直接关系。因此，此类信息不属于技术系统中普遍存在的内部状态。

（2）信息是如何呈现的？

此类别中的特征通常具体指明将信息传达给用户（例如，在屏幕上）的形式，或排列方式，或时间。例如专门为传达信息而设计的图表。而特定技术特征，例如与音频信号或图像的

生成方式相关的特定技术特征，不被视为信息呈现的方式。

通常不认为在特定图表或布局中限定信息可视化的特征有技术贡献，即使图表或布局可以说以一种观看者可能直观地认为特别吸引人、清晰或合乎逻辑的方式传达信息。

例如，处理有限的可用屏幕空间属于设计供人观看的信息呈现的一部分，因此本身没有显示出技术性。通过显示单幅图像并按顺序将其替换为其他图像以在有限显示区域中提供多幅图像的概览的总体构思，不是基于技术考虑，而是布局设计的问题。同样地，通过消除窗口之间的“留白”在可用屏幕空间内排列对象，遵循与适用于杂志封面布局相同的布局原则，不涉及技术考虑。

另一方面，如果呈现的方式通过持续和/或受引导的人机交互过程可靠地帮助用户执行技术任务，则其产生技术效果（参见 T 1143/06、T 1741/08、T 1802/13）。例如，以低分辨率并排显示多幅图像并允许以更高分辨率选择和显示一幅图像以技术工具的形式向用户传达信息，使用户能够更有效地执行交互式搜索和检索已存储图像的技术任务。以不同分辨率存储数字图像产生允许同时概览显示多幅图像的技术效果（参见 T 643/00）。另一示例是，在足球视频游戏中，当队友在屏幕外时，通过在屏幕边缘动态显示引导标记来向用户传达最近队友位置的特定方式，通过解决相互冲突的技术要求来产生促进持续的人机交互的技术效果：显示图像的放大部分，并保持对大于显示区域的感兴趣区域的概览（参见 T 928/03）。进一步举例，在外科医生的视觉辅助的技术背景下，如果在手术过程中，医疗球关节植入物的当前方向以可信地帮助外科医生以更精确的方式校正植入物位置的方式显示，则认为其提供了技术效果。

依赖于人体生理学的效果

当一种呈现信息的方式在用户头脑中产生一种效果，这种效果不依赖于心理或其他主观因素，而是依赖于基于人体生理学且可精确定义的物理参数，则该效果可作为技术效果。呈现信息的方式如果对该技术效果有贡献则认为其做出了技术贡献。例如，在靠近用户当前视觉关注焦点的多个计算机屏幕之一上显示通知具有在一定程度上确保能够被立刻（例如与任意设置在其中一个屏幕上相比）看到的技术效果。反之，仅显示紧急通知（例如与所有通知进行比较）的决定只是出于心理因素，因此没有做出技术贡献。尽量减少信息过载和分心本身并不被当成是技术效果（参见T 862/10）。另一示例是显示图像流，为了实现平滑过渡，其中连续图像之间的延迟和内容变化的参数是根据人类视觉感知的物理特性来计算的，这视为做出了技术贡献（参见T 509/07）。

如果向一个人提供信息（例如视觉或音频刺激）的目的是在该人身上产生生理反应（例如无意识的眼神凝视），该反应可在评判医疗状况（例如视力、听力障碍或脑损伤）中测量，则该信息呈现可认为产生了技术效果。

依赖于用户智力活动的效果

如果要求保护的主题包括向用户呈现信息的特征，无论是（i）类还是（ii）类，都涉及用户评判。虽然该评判本身属于智力活动（公约第52（2）（c）条），但涉及智力活动这一简单事实并不一定使该主题成为非技术性的。例如，在上面讨论的T 643/00中，用户根据低分辨率图像的概览作出评估，以便定位并客观地识别所需的图像。这种智力评判可以被认为是指导图像搜索和检索过程的中间步骤，因此构成了技术问题解决方案的一部分。该解决方案既不依赖于促进理解、学习、阅读或记忆的人工任务，也不依赖于影响用户对要搜索哪幅图像的决定。它提供了一种用于输入选择的机制，如果图像未以该特定排列方式显示，则无法输入选择。

另一方面，如果所呈现信息的选择或布局完全针对人的思想，特别是为了帮助用户作出非技术性决定（例如，根据显示产品特性的图表选择购买哪种产品），则没有做出技术贡献。

3.7.1 用户界面

用户界面，特别是图形用户界面（GUI），包括作为人机交互的一部分呈现信息和接收响应输入的特征。限定用户输入的特征比仅涉及数据输出和显示的特征更有可能具有技术性，因为输入需要与机器的预设协议兼容，而输出则很可能是由用户的主观偏好决定。由美学考虑、用户主观偏好或管理规则决定的有关菜单图形设计的特征（例如其外观和感觉）对基于菜单的用户界面的技术性没有贡献。本章3.6.3中论述了对数据输出有关特征的评判。本节重点介绍评估与用户如何提供输入有关的特征。

具体指明允许用户输入的机制的特征，例如输入文本、进行选择或提交命令，通常被视为做出了技术贡献。例如，在GUI 中提供另一种图形快捷方式，允许用户直接设置不同的处理条件，例如通过将文档图标拖动和往复移动到打印机图标以启动打印过程和设置要打印的份数，做出了技术贡献。另一方面，通过提供仅有助于用户在此任务过程中作出智力决策的信息来支持用户输入（例如，帮助用户决定输入的内容）不被视为做出技术贡献（参见 T 1741/08）。

通过提供预测输入机制辅助用户在计算机系统中输入文本是技术功能。但是，生成要为预测输入机制显示的单词变型本身属于非技术性的问题。用于解决此非技术性问题的语言模型本身无法做出技术贡献。但如果在计算机上实施语言模型涉及技术考虑，例如与计算机内部功能相关的考虑，则有可能产生技术效果。

如果简化用户操作或提供更方便用户的输入功能等效果的实际实现完全取决于用户的主观能力或偏好，则这些效果可能不构成要解决的客观技术问题的基础。例如，如果执行相同输入所需的交互数量的减少仅对于那些依靠用户的专业知识水平或主观偏好的某些使用模式才可以实现，则不能认定该技术效果能够可信地实现。

提供输入的方式，如手势或击键，仅反映用户主观偏好、惯例或游戏规则，无法客观地建立物理人体工程学优势，因此没有做出技术贡献。但是，以改善性能为目标的输入检测（例如，允许更快或更准确的手势识别，或在执行识别时减少设备的处理负载）一定做出了技术贡献。

4. 可专利性的例外

4.1 违反“公共秩序”或道德

公约 53(a)　任何违反“公共秩序”或道德的商业开发发明都被明确地排除可专利性。这样做的目的是避免保护可能引起骚乱或公共秩序混乱，或导致犯罪或其他一般性攻击行为的发明（另见 F 部分第Ⅱ章 7.2）。杀伤性地雷就是一个明显的例子。细则第 28 条规定的生物技术发明领域的示例列于本章 5.3 中。G 1/03 解释了公约第 53（a）条下的实例产生于这样一个事实，即并非所有可以对其他生物体做的事都可以对人类做。例如，由于某些属性（性别、肤色、健康）和经济原因而避免繁衍不想要的后代对家畜来说可能是完全合法的，但是当应用于人类时，则会违反“公共秩序”或道德。

可能只在少数极端情况下才会援引这项规定。公平的判断方法是思考公众是否会普遍认为该发明如此令人憎恶，以至于授予专利权是难以置信的。如果明确确定是这种情况，则根据公约第53（a）条提出反对意见；否则不用提出。如果发明也可以以不违反“公共秩序”和道德的方式加以利用，则仅简单存在发明被滥用的可能性不足以按照公约第53（a）条的规定拒绝对其进行专利保护（参见T 866/01）。如果在这方面出现疑难的法律问题，请参考C部分第Ⅷ章7。

如果发现权利要求部分地涉及这种排除的主题，则根据细则第63条可能导致发出部分欧洲检索报告或补充欧洲检索报告（参见B部分第Ⅷ章1、3.1和3.2）。在这种情况下，如果申请人没有答复根据细则第63（1）条（参见B部分第Ⅷ章3.2）发出的通知书或根据细则第70a条（参见B部分第Ⅺ章8）发出的检索意见，并做出适当修正和/或提出令人信服的意见陈述，则根据细则第63（3）条提出反对意见（参见H部分第Ⅱ章5）。

4.1.1 禁止事项

公约53(a)

不应仅因为某些或所有缔约国的法律或法规禁止利用，就认为其违反了“公共秩序”或道德。其中一个原因是，产品仍可按欧洲专利生产并出口到不禁止其使用的国家。

4.1.2 攻击性和非攻击性用途

对于既具有攻击性用途又有非攻击性用途的发明申请必须特别注意，例如，撬开上锁的保险箱的方法，窃贼使用是攻击性的，而锁匠在紧急情况下使用是非攻击性的。在这种情况下，不根据公约第53（a）条提出反对意见。同样地，如果要求保护的发明限定了具有提高复制精度的特征的复印机，并且该设备的实施例可以包含进一步的特征（未要求保护但对本领域技术人员来说是显而易见的），其唯一目的是还允许在纸币中复制与真钞非常相似的防伪条，则该要求保护的设备包括了制造假币的实施例，因此可被视为属于公约第53（a）条规定的范围。然而，没有理由认为要求保护的复印机被排除可专利性，因为其改进的性能可用于许多可接受的目的（参见G 1/98，理由3.3.3)。但是，如果申请中明确提及违反“公共秩序”或道德的用途，则根据细则第48（1）（a）条的规定，必须删除这一表述。

4.1.3 经济效益

EPO没有义务去考虑在特定技术领域授予专利和相应地限制可授予专利的主题领域的经济效益（参见G 1/98，理由3.9和T 1213/05)。适用公约第53（a）条规定的例外情形的评判标准是，对发明的商业开发是否违反“公共秩序”或道德。

4.2 外科手术、治疗和诊断方法

公约53(c)

欧洲专利不会授予涉及“通过外科手术或治疗对人体或动物体进行处置的方法和在人体或动物体上实施的诊断方法；本规定不适用于产品，特别是用于上述方法的物质或组合物”。因此，用于此类方法的手术、治疗或诊断器械或装置可以获得专利。假体或假肢的制造可授予专利权。例如，为了纠正姿势而制造鞋垫的方法或制造假肢的方法都是可专利的。在这两种情况中，足底印迹的取样或安装假肢的残肢模制显然都不具有手术性质。此外，鞋垫和假肢都是在体外制造的。然而在体外制造内置假体的方法，如果需要进行外科手术才能测量取值，则该方法根据公约第53（c）条被排除可专利性（参见T 1005/98)。

公约第53（c）条规定的例外情形不扩展到用于这些治疗或诊断方法的新产品，特别是物质或组合物。

如果物质或组合物是已知的，则根据公约第54（4）和（5）条的规定，其新的医疗用途可获得（名义上的）新颖性。

公约54(4)

公约第54（4）条规定，如果已知物质或组合物先前未被公开用于任何此类方法（第一医疗用途），则用于公约第53（c）条所述方法的该已知物质或组合物仍可获得专利。对于首次用于外科、治疗和/或诊断方法的已知物质或组合物的权利要求必须采用如下形式撰写：“物质或组合物X”，然后指出用途，例如“……用作药物的……”或“用于治疗/体内诊断/手术的……”（参见G部分第Ⅵ章7.1)。

公约54(5)

此外，如果已知物质或组合物此前已被公开用于在人体或动物体上实施的手术、治疗或诊断方法，则在这些方法中该物质的任何二次的或进一步的用途仍然可以根据公约第54（5）

条获得专利，前提是所述用途具备新颖性和创造性（进一步的医疗用途）。已知物质的进一步医疗用途的权利要求必须采用以下形式撰写："物质或组合物X"，然后具体指明特定的治疗/体内诊断/手术的用途，例如，"用于治疗Y的……"（参见G部分第Ⅵ章7.1）。

4.2.1 对公约第53（c）条规定的例外情形的限制

公约53(c)

公约第53（c）条规定的例外情形仅限于通过手术或治疗对人体或动物体进行处置的方法以及在人体或动物体上实施的诊断方法。因此，对活的人体或动物体的其他处置方法（例如，为了促进生长、提高羊肉质量或增加羊毛产量而对绵羊进行的处置）或其他测量或记录人体或动物体身体特征的方法都可授予专利权，只要这些方法具有技术性，而非主要是生物学的特性（参见本章）。例如，包含通过施用化学产品对人体进行纯美容处置的权利要求的申请可授予专利权（参见T 144/83）。然而，涉及手术或治疗的美容处置不可授予专利权（参见下文）。

只有实际在活的人体或动物体上实施的处置或诊断方法才会被排除可专利性。因此，对已经死亡的人体或动物体采取的处置或诊断方法不属于公约第53（c）条规定的可专利性的排除。对已经脱离人体或动物体的身体组织或体液进行处置，或对其实施的诊断方法，只要这些组织或体液不返回同一身体，上述方法就不会被排除可专利性。因此，对存储在血库中的血液进行的处置或对血液样本的诊断检测不属于排除的主题，而由于透析后血液将返回同一身体，因而血液透析的方法属于排除的主题。

对于在活的人体或动物体上实施的或与之存在关联的方法，必须牢记公约第53（c）条的意图只是使非商业和非产业的医疗和兽医活动不受限制。对该条款的解释必须避免例外的情形超出其适当限度（参见G 5/83、G 1/04和G 1/07）。

判断一种方法是否属于公约第53（c）条规定的排除主题不能取决于实施该方法的人（参见G 1/04和G 1/07的理由3.4.1）。

但是，与公约第52（2）和（3）条规定的主题仅在要求保护时才被排除可专利性不同，只要方法权利要求包括至少一个限定了物理活动或行为的特征，其构成通过手术或治疗对人体或动物体进行处置的方法步骤，根据公约第53（c）条的规定就不允许排除其可专利性。在这种情况下，权利要求是否包括或包含涉及在技术对象上实施的技术操作的特征，在法律上与公约第53（c）条是否适用无关（参见G 1/07，理由3.2.5）。

医疗设备、计算机程序和存储介质的权利要求，即使包含了与通过手术或治疗对人体或动物体进行处置的方法或在人体或动物体上实施的诊断方法相对应的主题，也不得根据公约第53（c）条提出反对意见，因为只有方法权利要求属于公约第53（c）条规定的例外情形。

4.2.1.1 外科手术

“外科手术处置”（treatment by surgery）一词的含义不应被解释为仅限用于治疗目的的外科手术方法（参见G 1/07，理由3.3.10）。因此，术语“外科手术”限定的是处置的性质而非目的。因此，例如，用于美容目的或胚胎移植的外科手术处置方法和用于治疗目的的外科手术处置都会被排除可专利性。术语“外科手术处置”进一步还包括通过例如复位术的保守（封闭、非侵入性）治疗或使用器械的手术（侵入性）治疗对生物体结构进行的干预。

判断要求保护的方法是否应被视为属于公约第53（c）条规定的例外情形的外科手术处置，应具体问题具体分析，同时考虑每个案件各自的特点。例外情形旨在允许医疗和兽医从业者使用可用范围内最优的处置技能和知识为患者争取最大利益，而不必担心某些处置由于可能被专利所涵盖而无法使用（参见G 1/07，理由3.3.6）。

因此，对“外科手术处置”一词的任何定义都必须涵盖构成医疗职业活动核心的干预措施，即其成员接受过专门培训并承担特定责任的干预措施（参见G 1/07，理由3.4.2.3）。

对身体进行的重大物理干预属于排除的主题，此类干预需要专门的医学专业知识才能进行，并且即使以所需的专业护理和专业知识进行，也会带来巨大的健康风险。健康风险必定与给药方式相关，而不仅与药物本身相关（参见G 1/07，理由3.4.2.3）。例如将造影剂注射入心脏、导管插入和内窥镜检查都是被排除的通过外科手术处置的示例。

在不重要的身体部位上实施的，并且通常在非医疗的商业环境中进行的常规侵入性技术，不排除其可专利性。包括文身、穿孔、光辐射脱毛和微磨皮。

类似的考虑也适用于医疗领域的常规干预。因此，如果以所需的护理和知识进行仅涉及轻微干预且没有重大健康风险的不致命方法，不属于公约第53（c）条的范围。这种对排除主题更狭义的解释仍可保护医学界免受前文提到过的困扰。例如，使用糊剂和盖来制备牙齿印模以制造牙冠用于回缩牙槽的方法：可能的损伤仅限于浅表上皮，唯一的风险是会快速消除的浅表出血和炎症，并且执行该方法所需的专门培训是极少的。

然而，所需的医疗专业知识和所涉及的健康风险可能不是用于确定所要求保护的方法是否实际构成公约第53（c）条规定的"外科手术处置"的唯一标准。其他标准，例如所进行手术的侵入程度或复杂性，也能确定对人体或动物体的物理干预是否属于所述的处置（参见G 1/07，理由3.4.2.4）。

包括或包含至少一个如前一段落所定义的外科手术步骤的多步骤方法，属于公约第53（c）条规定的排除主题。不可授予专利权的主题必须从权利要求范围中删除。这可以通过放弃或从权利要求文字表述中删除外科手术步骤的方式完成（参见G 1/07，理由4.2.2）。有关放弃的一般性管理原则参见H部分第Ⅴ章4。然而，修改后的权利要求的总体可专利性将取决于其是否符合EPC的其他要求，这些要求根据具体情况逐案进行评判。

如果根据公约第53（c）条针对外科手术方法的权利要求提出反对意见，那么也适用于涉及计算机辅助外科手术方法的相应权利要求。换言之，根据公约第53（c）条不能授予欧洲专利的外科手术方法，不能仅由于有计算机辅助而避免被排除。

最后，在解释公约第53（c）条规定的排除范围时，不应区分人体和动物体。

4.2.1.2 治 疗

治疗意味着治愈疾病或身体功能障碍，并涵盖预防性的处置，例如针对某种疾病的免疫接种（参见T 19/86）或去除斑块（参见T 290/86）。其关注的是使身体从病理状态恢复到正常、健康的状态或防止病理状态产生。如果一种方法旨在对处于正常、健康状态的人体或动物体进行处置，即便其感到一些不适，也不太可能因不适发展为病理状态，则缓解不适的这种处置不一定是治疗。例如，在炎热天气给动物降温并不能治愈或减轻动物体任何功能失调或功能障碍的症状，也不会降低其患上任何功能失调或功能障碍的可能性，因为即使不给动物降温，这种功能失调或功能障碍也通常不会发生（参见 T 385/09）。

一种用于治疗用途的方法，涉及与活的人体或动物体相关联的装置的运行，如果在装置相关的步骤和装置对身体的治疗效果之间不存在功能上的联系，则该方法不被排除可专利性（参见 T 245/87）。

由于临床试验对接受临床试验的人类受试者有治疗因素，因此如果权利要求包括涉及通过治疗处置人体的方法的步骤，则根据公约第 53（c）条提出反对意见（参见本章 4.2.2）。

包括或包含至少一个治疗步骤的多步骤方法，属于公约第 53（c）条规定的排除主题。不可授予专利权的主题必须从权利要求范围中删除。这可以通过放弃或从权利要求文字表述中删除治疗步骤的方式完成（参见 G 1/07）。有关放弃的一般性管理原则参见 H 部分第Ⅴ章 4。然而，修改后的权利要求的总体可专利性将取决于其是否符合 EPC 的其他要求，这些要求根据具体情况逐案进行评判。

既然根据公约第 53（c）条针对治疗方法的权利要求提出反对意见，那么这也适用于涉及计算机实施的治疗方法的相应权利要求（参见 T 1680/08）。在这方面，与本章 4.2.1.1 中对计算机实施的手术方法的意见一致。

4.2.1.3 诊断方法

诊断方法同样不涵盖与诊断相关的所有方法。

为了确定权利要求是否属于公约第 53（c）条规定的诊断方法而被排除可专利性，必须首先确定权利要求中是否包括了所有的必要阶段（参见 G 1/04）。

权利要求必须包括涉及以下所有阶段的方法步骤：

（i）检查阶段，包括收集数据；

（ii）将这些数据与标准值比较；

（iii）在比较中找到任何显著偏差，即发现症状；

（iv）将此偏差归结于特定的临床表现，即演绎医学或兽医学的确诊阶段（严格意义上以治疗为目的的诊断）。

如果缺少的、与上述任一阶段相关的特征是限定发明所必需的，则这些特征必须包含在独立权利要求中（参见 F 部分第Ⅳ章附录中的实施例 6）。必须对可能隐含的步骤加以适当考虑：例如，涉及将数据与标准值进行比较的步骤（阶段（ii））可能隐含了找到显著偏差（阶段（iii）——参见 T 1197/02）。演绎医学或兽医学的确诊阶段（iv），即“严格意义上以治疗为目的的诊断”，是确定旨在识别或发现病理的医学或兽医学疾病的特性；而无须指出是何种潜在疾病（参见 T 125/02）。

此外，如果所有技术性的方法步骤属于构成诊断的前序步骤，即阶段（i）~（iii），满足“在人体或动物体上实施”这一标准，则该方法只能被当作公约第 53（c）条所规定的诊断方法而被排除可专利性。然而，阶段（ii）和（iii）的步骤包括将在检查阶段收集的数据与标准值进行比较，并找到比较结果的显著偏差，则这些步骤不受该标准的约束，因为这些活动主要是非技术性的，并且通常不在人体或动物体上进行。因此，在大多数情况下，只有与检查阶段相关并涉及数据收集的阶段（i）才实际具有 G 1/04 意义上的技术性，因此涉及“在人体或动物体上实施”的标准（参见 T 1197/02、T 143/04、T 1016/10）。

需要注意的是，在确定要求保护的方法的诊断特性时，只需考虑完全符合阶段（i）~（iv）描述的步骤。被引入要求保护的方法中的附加步骤、准备步骤或中间步骤均与本问题无关（参见 T 1197/02、T 143/04、T 1016/10）。例如，方法权利要求中可包括涉及调整或准备用于收集数据的装置的准备步骤。但是这些附加特征不属于构成诊断的阶段（i）~（iii）的任何一部分。同样，使用自动化设备进行数据处理实际上不属于收集数据的检查阶段的一部分，而是介于数据收集和将收集的数据与标准值进行比较之间的后续步骤。因此，这些附加步骤是否具有技术性并在人体或动物体上实施的问题，与判断要求保护的方法是否属于公约第 53（c）条规定的例外情形的条款所述的诊断方法无关。

要确定具有技术性的方法步骤是否满足“在人体或动物体上实施”的标准，必须确定是否与人体或动物体发生了相互作用。相互作用的类型或强度不是关键因素：如果所讨论的方法步骤的实施需要身体的存在，就满足此标准。并不要求与身体发生直接的物理接触。

需要指出的是，医学或兽医学从业者不必参与其中，既不必身处现场也不必承担全部责任。

如果满足上述所有标准，则该权利要求限定了一种在人体或动物体上实施的诊断方法，应根据公约第53（c）条提出反对意见。

相应地，仅仅从活的人体或动物体上获取信息（数据、物理量）的方法（例如X射线检查、MRI（磁共振成像）研究和血压测量）不属于公约第53（c）条规定的可专利性的排除。

4.2.2 筛选潜在药物和临床试验的方法

公约53(a)

虽然通常涉及在“动物体”上进行试验的医疗权利要求必须将人类作为“试验动物”的使用从其范围内排除（例如，通过放弃），但在某些不常见的情况下，权利要求可能根据说明书记载被解释为仅涉及在人体上进行的实验药物临床试验。除非有相反的证据，否则假定此类试验是在严格控制的条件下进行的，并已得到相关患者的知情同意。这种情况不能根据第53（a）条提出反对意见（但参见本章4.2.1.2）。

5. 生物技术发明的排除和例外

5.1 一般性说明及定义

细则26(2)和(3)

“生物技术发明”是指涉及由生物材料组成或含有生物材料的产品发明，或者生产、加工或使用生物材料的方法发明。“生物材料”是指任何带有遗传信息并能够自我复制或者能够在生物系统中被复制的材料。

5.2 可专利的生物技术发明

细则27
细则26(1)

原则上，EPC规定生物技术发明可授予专利权。对于有关生物技术发明的欧洲专利申请和专利，应根据细则第26至29条的规定适用和解释EPC的相关规定。1998年7月6日的欧盟第98/44/EC号令，对关于生物技术发明法律保护作出了补充解释（参见《OJ EPO 1999，101》）。还要特别注意该指令相关规定之前的引文（缩写为rec.）。欧盟法院关于欧盟第98/44/EC号令作出解释的判决对EPO虽然没有约束力，但仍可视为具有说服力（参见T 2221/10和T 1441/13）。

如果生物技术发明涉及以下非穷举的清单项目，则也可被授予专利权：

细则 27(a) （i）从自然环境中分离或通过技术方法生产的生物材料，即使其以前就在自然界中存在。

因此，即使生物材料已经在自然界中存在，也可被视作可授予专利权（另见本章 3.1）。

细则 29(1)和(2) 虽然处于形成和发育各阶段的人体，以及对人体的其中一种元素的简单发现，包括基因序列或部分序列，均不能构成可授予专利的发明（参见本章 5.3），但是从人体中分离的或以其他方式通过具有工业实用性的技术方法产生的元素，包括基因序列或部分序列，可以构成可授予专利的发明，即使该元素的结构与自然元素的结构相同。该元素没有被先验地排除可专利性，因为它是通过例如用于识别、纯化和分类以及在人体外生产的技术方法得到的结果，该方法是只有人类自身能够付诸实践而自然界自身却无法实现的技术（参见欧盟第 98/44/EC 号令，引文 21）。

细则 29(3) 对基因序列或部分序列的专利申请或专利的审查须遵守与所有其他技术领域相同的可专利性标准（欧盟第 98/44/EC 号令，引文 22）。对序列或部分序列的工业应用必须在原始提交的专利申请中公开（参见 G 部分第Ⅲ章 4）。

细则 27(b)
细则 28(2) （ii）动物或植物，如果发明技术可行性不限于特定的动植物品种，并且如果所述动植物不是只能通过主要是生物学的方法获得。

涉及动植物的发明可授予专利权，前提是应用该发明在技术上不限于单一的动植物品种（欧盟第 98/44/EC 号令，引文 29）。但是，所述动植物不得只能通过主要是生物学的方法获得（参见本章 5.4）。

对仅通过主要是生物学的方法获得的动植物的排除适用于申请日和/或优先权日晚于 2017 年 7 月 1 日的专利申请。不适用于该日期之前授权的专利，也不适用于申请日和/或优先权日早于 2017 年 7 月 1 日的未决专利申请（参见 G 3/19，《OJ EPO 2020，A119》）。

如果要求保护的动植物的技术特征，例如基因组中的单个核苷酸交换，可能是技术干预（例如定向诱变）和主要是生物学的方法（天然等位基因）的结果，则需要通过放弃来将要求保护的主题限定成通过技术生产的产品（参见本章 4.2.1 和 5.4 中的示例）。此类放弃仅适用于申请日和/或优先权日晚于

2017年7月1日的专利申请。对于在该日期之前授权的专利或申请日和/或优先权日早于2017年7月1日的未决专利申请，不需要作出放弃（参见G 3/19，《OJ EPO 2020，A119》）。另一方面，如果所讨论的特征只能通过技术干预获得，例如转基因，则无须作出放弃。有关放弃的一般性管理原则参见H部分第Ⅴ章4。

权利要求的主题包含但未确定何种植物品种的，该权利要求不属于植物品种权利要求（参见G 1/98，理由3.8）。在产品权利要求中没有确定特定植物品种的情况下，要求保护的发明主题既不限于也不涉及公约第53（b）条规定的品种（参见G 1/98，理由3.1和3.10），因此不排除其可专利性。关于对排除的植物品种的更多详细说明参见本章5.4.1。

细则27(c)　（iii）微生物或其他技术方法，或通过该方法获得的除动植物品种以外的产品。

细则26(6)　“微生物方法”是指涉及微生物材料或在其上实施或制备微生物材料的任何方法。

5.3 例外清单（细则第28条）

在生物技术发明领域，细则第28条列出了公约第53（a）条和公约第53（b）条规定的可专利性的例外情形的清单。根据公约第53（a）条，该清单是说明性的，并非穷举，应当将其视为在这一技术领域满足“公共秩序”和“道德”概念的具体形式。只有在申请中特别提及或至少建议可能的不道德使用时，才考虑可能的不道德使用，并且因而可以认为其构成公然宣称该不道德使用（参见本章4.1和T 866/01）。

根据细则第28（2）条，仅通过主要是生物学的方法获得的动植物被排除可专利性。涉及仅通过主要是生物学的方法获得的动植物的排除情形适用于申请日和/或优先权日晚于2017年7月1日的专利申请。不适用于在该日期之前授权的专利，也不适用于申请日和/或优先权日早于2017年7月1日的未决专利申请（参见G 3/19，《OJ EPO 2020，A119》）。

细则28(1)　根据公约第53（a）条，结合细则第28（1）条的规定，对于涉及以下方面的生物技术发明，不得授予欧洲专利：

细则28(1)(a)　（i）克隆人的方法。

克隆人方法可被限定为包括胚胎分裂技术的任何方法，旨在创造与另一个存活或死亡的人类具有相同核遗传信息的人类，属于该例外的情形（参见欧盟第98/44/EC号令，引文41）。

细则28(1)(b)　(ii) 人类种系遗传特性的修饰方法。

细则28(1)(c)　(iii) 用于工业或商业目的的人类胚胎。

针对在申请的提交日仅能通过必然涉及破坏人类胚胎的方法获得的产品的权利要求，即使该方法不是权利要求的一部分，也应根据细则第28（1）（c）条的规定排除其可专利性（参见G 2/06）。破坏发生的时间点无关紧要（参见T 2221/10）。

在审查公约第53（a）条和细则第28（1）（c）条规定的涉及人类胚胎干细胞的主题时，必须考虑以下因素：

(a) 申请的完整教导，而不仅是权利要求的类别和文字表述。

(b) 说明书中相关的公开内容，以确定诸如干细胞培养物的产品是否仅能通过使用（涉及破坏）人类胚胎获得。为此，必须根据提交日的现有技术状况来考虑说明书中的公开内容。

与包括人类胚胎干细胞在内的人多能干细胞、其用途或衍生产品有关的申请如果满足：(i) 申请的有效日期（即有效的优先权日，或如果没有要求优先权或优先权无效则为申请日）为2003年6月5日或之后，并且 (ii) 其技术教导可以使用来自单性生殖激活的人类卵母细胞的人类胚胎干细胞付诸实践，则不能根据公约第53（a）条和细则第28（1）（c）条的规定排除其可专利性。

胎儿细胞和出生后的人类细胞原则上不排除其可专利性。

“适合”用于人类胚胎细胞，甚至为此目的“专门设计”的培养基、载体和设备本身并不排除其可专利性。其生产制造通常不需要使用人类胚胎作为基础材料。

排除将人类胚胎用于工业或商业目的并不影响施加到人类胚胎并对其有用的用于治疗或诊断目的的发明（参见欧盟第98/44/EC号令，引文42）。

细则28(1)(d)　(iv) 动物遗传特性的修饰方法，可能导致其遭受痛苦而对人类或动物没有任何实质性医疗利益，以及用这些方法产生的动物。

涉及基因修饰动物或动物基因修饰方法的权利要求应符合细则第28（1）（d）条和公约第53（a）条的规定（参见T 315/03和T 19/90）。

为满足细则第28（1）（d）条的规定，需要制定下列规则：

（a）所讨论的主题涉及改变动物遗传特性的方法或用该方法得到的动物；

（b）动物遭受痛苦的可能性；

（c）获得实质性医疗利益的可能性；

（d）就要求保护的动物而言，遭受的痛苦与实质性医疗利益之间的必要对应关系。

确定动物痛苦和实质性医疗利益证据的等级或标准是可能性。必须根据平衡概率法建立对应关系（E部分第Ⅳ章4.3）。

对于公约第53（a）条要仔细权衡以使得两个方面得到证据支持，一方面是动物痛苦和可能的环境风险，而另一方面是发明对人类的有用性（参见T 19/90和T 315/03）。

上述实质性医疗利益包括研究、预防、诊断或治疗方面的任何利益（参见欧盟第98/44/EC号令，引文45）。

上述规则必须适用于权利要求整个范围。

对于涉及非基因修饰动物的申请，所有存在动物遭受痛苦或可能的环境风险的案件，必须通过考虑发明对人类的有用性来评判公约第53（a）条的规定（T 1553/15）。

细则29(1)　此外，处于形成和发育各阶段的人体，以及对人体的其中一种元素的简单发现，包括基因序列或部分序列，均不能构成可授予专利的发明（参见本章5.2）。人体形成或发育的这些阶段包括生殖细胞（欧盟第98/44/EC号令，引文16）。

单性粒细胞既不是处于形成和发育阶段的人体，也不是其中一种元素（即人类生殖细胞）。因此，单性粒细胞或自其衍生的细胞原则上不属于细则第29（1）条规定的被排除可专利性的情况。

从人类和动物的生殖细胞或全能细胞制备嵌合体的方法也属于公约第53（a）条规定的被排除可专利性的情况（参见欧盟第98/44/EC号令，引文38）。

5.4 动植物品种或生产动植物的主要是生物学的方法

公约53(b)　公约第53（b）条规定的可专利性的例外清单还包括“动植物品种或生产动植物的主要是生物学的方法”。

细则28(2)　细则第28（2）条排除了仅通过非技术性（即主要是生物学）的方法获得的产品（植物/动物和植物/动物的部分）。涉及仅通过主要是生物学的方法获得的动植物的排除情形适用于申请日和/或优先权日晚于2017年7月1日的专利申请。此排除情形不适用于在该日期之前授权的专利，也不适用于申请日和/或优先权日早于2017年7月1日的未决专利申请（参见G 3/19，《OJ EPO 2020，A119》）。

这种排除延伸到仅通过主要是生物学的方法获得的动植物，其中没有对动植物的基因组进行直接的技术性干预，因为只是对相关的亲本动植物进行了杂交并选择了所需的后代。即使提供了技术手段来启用或协助执行这种主要是生物学的步骤也会被排除。反之，通过修饰动植物遗传特征的技术性过程所生产的动植物可授予专利权。

术语“仅通过”在这里用于表示源自技术性过程或其特征在于基因组技术干预的动植物不被排除可专利性，即使在其生产中还应用了非技术性的方法（杂交和选择）。

确定动植物是否仅通过生物学手段获得，需要审查要求保护的生物体的可遗传特征是否因使用技术方法而有变化，其是否超越了简单杂交和选择，即不仅是为了启用或协助执行这种主要是生物学的方法步骤。

因此，转基因植物和技术诱导的突变体可授予专利权，而常规育种的产品则不然。

靶向突变（如CRISPR/Cas）和随机诱变（如紫外线诱导突变）都属于这种技术方法。当观察转基因生物或突变体的后代时，如果突变或转基因存在于其后代中，则它不是仅通过主要是生物学的方法产生的，因此可授予专利权。

此外，可授予专利权的生命体必须能够以具有完全相同的技术特征的方式将其复制。确保具备可复制性的示例：

（1）通过生物体（种子、微生物菌株）的保藏。所保藏的材料必须是可公开获取的，并且使得发明实际上可以从它开始复制。例如，如果一个满足新颖性和创造性的性状是由于单个转基因引起的，那么技术人员可以从活体样本中复制发明。相反，如果要求保护的性状依赖于基因组中大量结构未定义的位点，这些位点将在后代中分离，那么从保藏的样品中复制发明属于过度负担（参见T 1957/14）。

（2）通过在原始提交的申请中披露具有要求保护的性状的基因序列，以及有关如何通过技术手段（例如通过CRISPR－Cas）在目标生物体中可重复地引入这种改变序列的说明。

如果要求保护的动植物的技术特征，例如基因组中的单个核苷酸交换，既可能是技术干预（例如定向诱变）的结果，也可能主要是生物学的方法（天然等位基因）的结果，则需要通过放弃将要求保护的主题限定成通过技术生产的产品以符合公约第 53（b）条和细则第 28（2）条的规定。否则该主题属于排除的主题，应根据公约第 53（b）条和细则第 28（2）条被驳回。在任何情况下都需要予以放弃，特别是即使在说明书中仅提及了技术性的生产方法而未提及使用主要是生物学的方法的情况。另一方面，如果所讨论的特征只能通过技术干预获得，例如转基因，则无须予以放弃。

如果该放弃涉及在原始提交的申请中未公开的主题，也应适用本条。该情况中，放弃符合 G 1/03、G 2/03 和 G 1/16 中规定的要求，因为它的引入是为了排除不符合专利保护条件的主题（有关放弃的一般性管理原则参见 H 部分第Ⅴ章 4）。

此类放弃仅适用于申请日和/或优先权日晚于 2017 年 7 月 1 日的专利申请。对于在该日期之前授权的专利或申请日和/或优先权日早于 2017 年 7 月 1 日的未决专利申请，不需要放弃（参见 G 3/19，《OJ EPO 2020，A119》）。

要求保护的动植物产品的技术性可能在于直接赋予所要求保护的生物体的非遗传的物理特征，例如涂覆有益化学物质的种子。

生产动植物的技术方法可以以制备方法限定的产品权利要求的形式写入权利要求书（参见 F 部分第Ⅳ章 4. 12）。

非繁殖材料的植物产品，如面粉、糖或脂肪酸，只能根据其化学性质加以考虑。因此，如果满足一般的可专利性要求，那么该主题（例如糖分子）是从主要是生物学的方法的产物（例如活植物）中分离出来还是实验室生产的都无关紧要。

有关示例在下文本章 5. 4. 2. 1 中给出。

对仅通过主要是生物学的方法获得的动植物的排除情况不适用于 2017 年 7 月 1 日之前授权的专利或申请日和/或优先权日早于 2017 年 7 月 1 日的未决专利申请（参见 G 3/19，《OJ EPO 2020，A119》）。

对于这些申请和这些已授权的专利，将用于生产植物主要是生物学的方法排除可专利性，不会对涉及植物或植物材料（如种子或其他植物繁殖材料）的产品权利要求的可允许性产生负面影响。即使在申请日可用于生成要求保护的植物或植物材料的唯一方法是生产植物主要是生物学的方法，并且如果要求保护的产品是由该制备方法限定的（以制备方法限定的产品权利要求参见 F 部分第Ⅳ章 4.12），也适用本条。文中产品权利要求所赋予的保护是否包括通过生产植物主要是生物学的方法生成要求保护的产品都无关紧要（参见 G 2/12 和 G 2/13）。同样的原则比照适用于通过主要是生物学的方法生产的动物（另见 F 部分第Ⅳ章 4.12）。

5.4.1 植物品种

细则 26(4)
细则 27(b)
细则 28(2)

细则第 26（4）条给出了“植物品种”一词的定义。如果要求保护的主题涉及特定的植物品种，则不授予专利权。植物的生产方法，无论是通过基因重组技术还是通过传统植物育种方法，都与这项问题的考虑无关（参见 T 1854/07）。因此，含有通过基因重组技术被引入植物祖先的基因的植物品种被排除可专利性（参见 G 1/98）。但是，如果发明涉及的动植物并非仅能通过主要是生物学的方法获得（参见本章 5.4 和 G 3/19），并且如果发明的技术可行性不限于特定的动植物品种，则该发明可授予专利权（参见本章 5.2）。

如果要求保护的植物组别不满足细则第 26（4）条规定的植物品种的定义，则不属于公约第 53（b）条规定的排除可专利性的情况。

在审查植物品种生产方法的权利要求时，不考虑公约第 64（2）条（参见 G 1/98）。因此，生产植物品种（或多个植物品种）的方法权利要求，只要不是仅通过主要是生物学的方法，则不能仅因为所得产品构成或可能构成植物品种而先验地被排除可专利性。

近亲繁殖的受控杂交种根据公约第 53（b）条被排除可专利性，因为它们限定了种子或植物，而种子或植物必然属于细则第 26（4）条规定的植物品种意义上的特定植物组别。

通过由大量品种组成一项权利要求的方式不能规避属于公约第 53（b）条规定的植物品种而被排除的情形，即使有数百个品种也一样。只有当权利要求的主题包括至少一个不构成品种的实施例时，该权利要求才是符合公约第 53（b）条规定的（参见 T 1208/12）。例如，涉及特定保藏的芸薹属品种与任何高产芸薹品种杂交的权利要求得到芸薹的杂交品种，其不可授予专利权。

5.4.2 生产动植物的主要是生物学的方法

细则 26(5)

基于全基因组的生殖杂交以及随后选择动植物的动植物生产方法被排除其可专利性，因为该方法主要是生物学的。即使该方法包括人为干预，包括提供技术手段，用于启用或协助方法的步骤，或者如果在杂交和选择步骤之前或之后存在与动植物的制备或其进一步处理有关的其他技术步骤，也适用本条（参见 G 1/08 和 G 2/07）。

举例来说，马杂交、混种或选择性育种的方法，如果只涉及选择种马并将具有某些特征的动物（或其配偶）一起圈养的步骤，则该方法主要是生物学的，因此被排除可专利性。转基因植物自交也被排除可专利性，因为自交与杂交一样，是整个基因组的混合。这些方法仍然主要是生物学的，因此即使它们包含有技术性质的附加特征，例如使用遗传分子标记来选择亲本或后代，也会被排除可专利性。对在杂交和选择过程之前或之后执行的任何此类附加技术步骤本身可以获得专利保护。但是，在确定该方法整体上是否根据公约第 53（b）条被排除可专利性时，则忽略这些步骤（参见 G 1/08、G 2/07）。

然而，如果生殖杂交和选择的方法中包括有技术性质的附加步骤，该步骤本身将一个性状引入基因组或修饰所产生的植物基因组中的性状，使得该性状的引入或修饰不是混合所选用于生殖杂交的植物基因的结果，那么，该方法不是根据公约第 53（b）条被排除可专利性的情形，而是潜在可授予专利权的技术教导（参见 G 1/08、G 2/07）。

应用于植物的基因工程技术与传统育种技术完全不同，因为其主要通过在植物中有目的地插入和/或修饰一个或多个基因的方式实现，这些技术是可授予专利权的（参见 T 356/93）。但是，在这些情况下，权利要求不得明确或隐含地包括生殖杂交和选择过程。

使用遗传分子标记选择动植物而不杂交动植物的方法不排除其可专利性。在这些过程中使用的技术手段，例如遗传分子标记，也不排除其可专利性。

生产三倍体无籽瓜果的过程包括用二倍体授粉剂植物的花粉对三倍体植物的不育雌花授粉，由于无法成功进行减数分裂，因此不涉及植物的两个全基因组的生殖杂交（隐含减数分裂和受精），且随后对植物的选择并非主要是生物学的方法，因此不排除其可专利性（参见 T 1729/06）。

处置动植物以改善其特性或产量，或者促进或抑制其生长的方法，例如修剪树木的方法，并非生产动植物主要是生物学的方法，因为该方法不是基于全基因组的生殖杂交和随后选择动植物；特征在于施用刺激生长的物质或辐射的植物处置方法也是如此。通过技术手段对土壤进行处理以抑制或促进植物的生长也不排除其可专利性（另见本章 4.2.1）。

育种方法的权利要求如果没有明确提及杂交或选择的步骤，但这类步骤属于必要特征的话，则权利要求存在不清楚和不支持（公约第 84 条）。

缩写 NBT 代表“新的育种技术”。这不是技术术语，而是用于各种方法的一般术语，其中某些方法显然是技术性的，但其他则包含或由主要是生物学的方法组成。因此，其不适于区分要求保护的主题是否符合公约第 53（b）条的规定，并且其也与可专利性无关。

5.4.2.1 示 例

以下主题涉及被排除可专利性的主要是生物学的方法：

－具有性状 X 的植物的生产方法，包括杂交植物 A 和 B，和选择具有标记 X 的后代。

－（转基因）植物通过杂交和选择产生更多植物的用途。

－（转基因）动物进行繁殖的用途。

－将（转基因）基因 X 渐渗杂交到植物中，即通过杂交和选择将其引入基因组。

－通过全基因组杂交和选择植物进行植物育种的方法，包括胚胎抢救的步骤。

以下主题涉及仅通过主要是生物学的方法获得的产品而被排除可专利性，且申请日或优先权日晚于 2017 年 7 月 1 日（参见 G 3/19）：

－通过基因 A 的渐渗杂交产生的植物，即通过杂交和选择将其引入基因组。

－一种仅通过杂交和选择生产的植物，其中分子标记用于协助选择过程。

－仅通过主要是生物学的方法的方式获得的植物部分，其是繁殖材料，例如种子或植物胚胎。

－一种表达突变 AHAS 酶的青椒栽培植物。

以下主题不根据第53（b）条排除可专利性：

–生产具有X性状的（转基因）植物的方法，包括通过转化引入包含序列标识号为1的序列的载体。

–选择具有表型Y的动物的方法，通过筛选具有序列标识号为1所示序列的标记物的存在。

–序列标识号为1的核酸用于选择具有X性状的植物的用途。

–植物突变体，通过例如紫外线诱变或CRISPR/Cas的技术手段干预在核苷酸序列中携带可遗传交换，条件是植物不是仅通过主要是生物学的方法（EBP）获得。

–携带转基因X的转基因植物。

–突变体（其中突变体不是仅通过EBP产生）或携带突变/转基因的转基因植物的后代。

–野生型植物的种子，其上覆盖抑制真菌生长的化学物质。

–用植物X生产的面粉或油（即使从说明书中可以明显看出，该植物仅能通过主要是生物学的方法获得）。

5.5 微生物方法

5.5.1 一般性说明

公约53(b)
细则26(6)

公约第53（b）条后半句明确指出，前半句中提到的例外情形不适用于微生物方法或其产物。

“微生物方法”是指涉及或在其上实施或制备微生物材料的任何方法。因此，术语“微生物方法”应解释为不仅包括在微生物材料上实施或制备微生物材料的方法（例如通过基因工程），而且还包括要求保护的包括微生物和非微生物步骤的方法。

细则27(c)

微生物方法的产物本身也可授予专利权（产品权利要求）。微生物本身的繁殖应被解释为公约第53（b）条所指的微生物方法。因此，微生物本身可以得到保护，因为它是通过微生物方法获得的产品（参见本章3.1）。术语“微生物”包括尺寸小于视觉极限的、可以在实验室中繁殖和操控（参见T 356/93）的细菌和其他普通单细胞生物，包括质粒和病毒以及单细胞真菌（包括酵母）、藻类、原生动物甚至人类和动植物细胞。游离的动植物细胞或体外动植物细胞培养物被视为微生物，因为细胞与单细胞生物类似（参见G 1/98，5.2）。

另一方面，即使动植物品种是通过微生物方法生产的，其品种的产品权利要求也不能被允许（细则第27（c）条）。植物品种，无论其生产方式如何，都属于公约第53（b）条前半句规定的可专利性的例外情形。

然而，植物细胞或组织通常是全能的，并且能够再生出整个植物。因此，即使植物细胞或细胞培养物可当成微生物方法的产物，如果能够繁殖整株植物的植物材料仅通过主要是生物学的方法生产，则该材料也被排除可专利性（参见G 3/19）（对于术语“仅通过”的含义，例如，涉及转基因生物或突变体的后代，参见本章5.4）。上述排除不适用于2017年7月1日之前授权的专利，也不适用于申请日和/或优先权日早于2017年7月1日的未决专利申请（参见G 3/19，XXIX）。

5.5.2 微生物方法结果的可重复性

细则33(1)

就微生物方法而言，必须特别注意F部分第Ⅲ章3中提到的可重复性要求。至于根据细则第31条保藏的生物材料，通过取样的可能性（细则第33（1）条）确保了可重复性，因此无须指明生产生物材料的另一方法。

5.6 抗 体

5.6.1 一般性说明

抗体以多种不同的形式存在。最常用的形式是免疫球蛋白G（IgG），它是一种大型的Y形蛋白质，由两个相同的轻链和两个相同的重链组成，两者都含有可变和不变的结构域。抗体通过含有互补性决定区（CDR）的抗原结合区特异性地结合到抗原靶标上。对于IgG，抗原结合区由重链和轻链的可变结构域组成，每个可变结构域具有3个CDR。

其他免疫球蛋白结构也是已知的，例如仅含重链的抗体仅由两个相同的重链（具有可变和不变的结构域）组成，抗原结合区由仅具有3个CDR的单个可变结构域组成。

此外，对抗体各部分的结构-功能关系的了解能够创建用于多种用途的抗体衍生物。其中包括抗体片段、双特异性或多特异性抗体和抗体融合产品。

一般来说，抗体可以由以下内容定义（但不限于这些内容)：

(a) 其自身结构（氨基酸序列)；
(b) 编码抗体的核酸序列；
(c) 引入目标抗原；
(d) 目标抗原和其他功能特征；
(e) 功能和结构特征；
(f) 制备方法；
(g) 表位；
(h) 产生抗体的杂交瘤。

5.6.1.1 通过抗体的结构限定

由于IgG的轻链和重链的每个可变结构域的3个CDR通常负责与抗原结合，因此为了能仅由其结构独特地限定并具有其特异性结合的特征性，IgG需要由与其结合所需的CDR的数量限定，以满足公约第84条的要求。

CDR在未按其特定序列限定时，必须根据编号方案进行限定，例如，从Kabat、Chothia或IMGT中选择的编号方案。

如果IgG由少于6个序列的CDR限定，将根据公约第84条因缺少必要技术特征对该权利要求提出反对意见，除非实验表明，6个CDR中的一种或多种不与目标表位相互作用，或者假如其涉及特定的抗体格式，则允许通过较少的CDR表位识别。

5.6.1.2 通过引入目标抗原限定

抗体可以在功能上由与其结合的抗原限定，只要抗原在权利要求书中被明确限定即可。如果抗原由蛋白质序列限定，则抗原的限定不能采用序列变异性和开放性语言（例如抗原包括……)。否则，权利要求的主题将相对于任何已知抗体缺乏新颖性，因为现有抗体将与目标抗原的未定义区域结合。

可接受的由抗原限定的抗体权利要求文字表述的示例包括：

- 与X结合的抗体；
- 抗X抗体；
- 与X反应的抗体；
- 抗原X的特异性抗体；
- 仅由序列标识号为Y限定的序列组成的抗原X结合的

抗体。

抗体也可以通过其与清楚限定的抗原的结合能力加上否定性特征的方式限定，例如："与抗原 X 结合而不与抗原 Y 结合的抗体。"

5.6.1.3 通过目标抗原和其他功能特征限定

除通过与其结合的抗原的功能性限定外，涉及抗体的权利要求还可以通过限定抗体其他性质的功能特征来进一步表征。例如，结合亲和力、中和性质、诱导细胞凋亡、受体的内化、受体的抑制或激活（对照参考 T 299/86 的理由 3 ~ 6 和 T 1300/05的理由 4 ~ 7）。

如果抗体仅通过功能特征撰写权利要求，并且现有技术以能够实现的方式公开了使用免疫和筛选方案针对同一抗原的抗体，该方案得到具有要求保护性质的抗体，则必须假定现有技术的抗体本质上表现出与要求保护的抗体相同的功能性质，因此其不具备新颖性（对照参考 G 部分第Ⅵ章 6）。另一方面，如果抗体由不常用的参数限定，则必须注意这些参数不会掩盖不具备新颖性的问题（参见 F 部分第Ⅳ章 4.11.1）。在上述两种情况下，证明新颖性的举证责任在于申请人。

如果抗体仅由功能特性定义，则必须仔细评判申请是否在所要求保护的整个范围内提供了充分公开，以及功能定义是否允许本领域技术人员清楚地确定权利要求的限度。

5.6.1.4 通过功能和结构特征限定

抗体也可以由功能特性和结构特征限定。当结合明确的功能特征时，可以要求保护一种抗体，其特征在于双可变结构域或 CDR 序列具有小于 100% 序列同一性。

5.6.1.5 通过制备方法限定

抗体可通过制备方法限定，即通过具有清楚表征的抗原的非人类动物的免疫方案或用于产生它们的特定细胞系限定；更多详细信息参见 F 部分第Ⅳ章 4.12。

然而，这种由制备方法限定产品的限定方式，其基于包含与限定序列同一性小于 100% 的序列的抗原免疫不满足公约第 84 条的要求，因为变体的使用使得通过免疫过程获得的抗体的范围不清楚。

5.6.1.6 通过表位限定

抗体也可以通过其表位限定，即抗原特异氨基酸的集合，这些氨基酸被抗体特异性识别和结合。

然而，由于以这种方式限定的抗体不容易与结合相同抗原的已知抗体比较，因此其适用判断原则与功能特征相同（参见本章 5.6.1.3）。

如果表位是“线性表位”（即抗体与抗原上的连续氨基酸相互作用），则需要使用封闭性文字表述将其限定为明显有限的片段（例如表位由……组成）。

如果表位是“非线性”或“不连续的”（即抗体与抗原的初级氨基酸序列中的多个不同的片段相互作用），则需要清楚地表明表位的特定氨基酸残基。

用于确定这种不连续表位的方法也必须在权利要求书中指出，并且申请必须提供允许本领域技术人员确定其他抗体是否结合该表位的可以实现的公开。该申请还必须能够在没有过度负担的情况下产生与相同表位结合的另外的抗体。

5.6.1.7 通过杂交瘤限定

抗体也可以通过产生抗体的保藏的杂交瘤细胞限定。对保藏生物材料的一般要求参见 F 部分第Ⅲ章 6.3。

5.6.2 抗体的创造性

除非申请显示出意料不到的技术效果，或者无法合理预期能够成功获得具有所需性质的抗体（另见 G 部分第Ⅶ章 13），否则限定一种与已知抗原结合的其他新型抗体的权利要求的主题不具有创造性。与已知和已启用的抗体相比，意料不到的技术效果包括：亲和力的改善、治疗活性的改善、毒性或免疫原性的降低、意想不到的物种交叉反应性或具有已证明结合活性的新型抗体形式。

如果功能限定的抗体的创造性依赖于与现有技术中已启用的抗体相比具有改进的性能，则用于确定该性能的方法的主要特征也必须在权利要求书中或通过参考说明书指明（参见 F 部分第Ⅳ章 4.11.1）。

如果意料不到的技术效果涉及结合的亲和力，则对固有反映这种亲和力的常规抗体的结构要求必须包括所需的 CDR 和框架区域，因为框架区域也会对亲和力产生影响（参见T 1628/16）。

如果一种新型抗体与已知抗体都能够与同一种抗原结合，则新型抗体不能仅因与已知抗体结构不同而认定其具有创造性。仅通过采用本领域的已知技术获得替代抗体对本领域技术人员而言是显而易见的。如此获得的替代抗体即便其氨基酸序列是不可预知的，也不足以成为该抗体具有非显而易见性的理由（参见T 605/14第24节；T 187/04第11节）。

尽管如此，如果申请在生成或制造要求保护的抗体时克服了技术困难，则要求保护的抗体可能具有创造性。

第Ⅲ章　工业实用性

1. 一般性说明

公约57

“一项发明，如果能够在包括农业在内的任何产业中制造或使用，则该发明应被视为具有工业实用性。”

“产业”在广义上被理解为包括具有“技术性”的任何物理活动（参见G部分第Ⅰ章2），即属于不同于美学艺术的有用或实用技术的活动；并不一定意味着使用机器或制造物品，也可以涵盖例如一种驱雾方法或将能量从一种形式转换为另一种形式的方法。因此，未被公约第52（2）条的清单排除在外的“发明”中，只有极少数被公约第57条排除在可专利性之外（参见F部分第Ⅱ章1）。然而，另一类将被排除在外的“发明”是指以明显违背公认的物理定律的方式运行的产品或方法，例如永动机。只有在权利要求具体说明本发明所要达到的功能或目的时，才可以根据公约第57条提出反对意见，但是，如果永动机仅要求保护具有特定具体结构的产品，则应根据公约第83条提出反对意见（参见F部分第Ⅲ章3）。

2. 检测方法

检测方法通常被视为具有工业实用性的发明，因此，如果检测适用于改进或控制本身具有工业实用性的产品、装置或方法，则是可被授予专利权的。特别是，在产业中以检测为目的的对试验动物的利用，例如用于工业产品（例如确定不存在热原或过敏反应）或现象（例如确定水或空气污染）的检测将是可被授予专利权的。

3. 工业实用性与公约第52（2）条所排除的主题

“具有工业实用性”不是推翻公约第52（2）条限制的要求，例如，根据公约第52（2）（c）条，库存控制的管理方法是不可专利的，即使其可以用于工厂仓库的备件。另一方面，尽管一项发明必须“具有工业实用性”，并且如果工业实用性不明显时，说明书必须注明发明因此具有工业实用性的方式（参见F部分第Ⅱ章4.9），但权利要求不必局限于其工业应用。

4. 完整基因序列和部分基因序列

细则42(1)(f)
细则29(3)

一般而言，除非发明本身明显具有工业实用性，欧洲专利申请的说明书应说明该发明能够在产业中开发利用的方式。要求保护的发明必须具有合理和具体的技术基础，使本领域技术人员能够认识到其对现有技术的贡献可以带来产业中的实际开发利用（参见T 898/05）。关于与完整基因序列和部分基因序列相关的发明，该一般要求被赋予了特定的形式，即完整基因序列或部分基因序列的工业应用必须在专利申请中公开。未注明功能的核酸序列不是可被授予专利权的发明（参见欧盟第98/44/EC号令，引文23）。在使用完整基因序列或部分基因序列来制备蛋白质或蛋白质的一部分的情况下，有必要指明制备哪种蛋白质或蛋白质的一部分以及该蛋白质或蛋白质的一部分实现什么功能。或者，当核苷酸序列不用于制备蛋白质或蛋白质的一部分时，应注明该序列的功能，例如该序列表现出一定的转录启动子活性。

第Ⅳ章　现有技术

1. 一般性说明及定义

公约54(1)和(2)

一项发明“如果不构成现有技术的一部分，则被认为是新的”。“现有技术”被定义为“在欧洲专利申请的申请日前，公众通过书面或口头描述、使用或以任何其他方式能够得知的任何内容”。应当注意此定义的广度。向公众公开相关信息的地理位置、语言或方式不受任何限制；此外，对文件或其他信息来源也没有年限限制。但存在某些特定的排除（参见G部分第Ⅴ章）。由于审查员可获得的“现有技术”主要包括检索报告中列出的文件，所以本章3至6仅涉及与书面描述（单独或与在先的口头描述或使用相结合）有关的公众获知性问题。

本章7.1至7.4中规定了确定其他类型的现有技术（例如可以由第三方根据公约第115条引入程序）是否能为公众获知的适用原则。

公约52(1)

关于对要求保护主题的新颖性审查参见G部分第Ⅵ章。

如果在相关日前公众有可能了解文件的内容，并且没有保密协议限制其使用或传播，则认为书面记载（即文件）是向公众公开的。例如，德国实用新型进入实用新型登记簿之日起就已经向公众公开，该登记日早于专利公报的公告日。检索报告也会引用对公众获知性（关于“内部现有技术”，参见F部分第Ⅱ章4.3）和确切公开日（参见B部分第Ⅵ章5.6和G部分本章7.5）尚未消除或未完全消除疑问的文件（参见B部分第Ⅵ章5.6和G部分本章7.5）。

如果申请人对引用文件的公众获知性或假定的公开日提出疑问，审查员需要考虑是否进一步调查。如果申请人以合理的理由质疑与申请有关的文件是否构成“现有技术”的一部分，并且所有进一步调查都没有提供充分的证据消除疑问，则审查员不必再进一步调查该事项。在下述情况下，审查员可能遇到其他问题：

(i) 复制了口头描述（如公开演讲）或记录了在先使用情况（如在公开展览上展出）的文件；

(ii) 在欧洲申请的“申请日”之前，仅口头描述或演讲是向公众公开的，而文件本身在该日期当天或之后公开。

在这些情况下，审查员首先应假设该文件真实记录了在先的演讲、展览或其他事件，而因此认为该在先事件构成“现有技术”的一部分。但是，如果申请人有合理的理由质疑文件中记录内容的真实性，那么审查员同样不必再进一步调查该事项。

2. 充分公开

只有给出的信息足以使本领域技术人员在相关日（参见G部分第Ⅵ章3），并考虑当时本领域的公知常识，能够实施公开主题的技术教导（参见T 26/85、T 206/83和T 491/99），该主题才能被认为已向公众公开，因此根据公约第54（1）条构成现有技术。

如果现有技术文件公开了与要求保护的发明的新颖性和/或创造性相关的主题，则该文件的公开必须使本领域技术人员能够使用公知常识再现该主题（参见G部分第Ⅶ章3.1）。不能仅因为已在现有技术中公开，该主题就一定属于公知常识；特别是，如果信息只能在全面检索后获得，则不能将其视为属于公知常识，也不能用于对公开内容的补充（参见T 206/83）。

例如，一份文件公开了一种化合物（按名称或结构式标识），并表示该化合物可由该文件中定义的方法制备。然而，该文件没有说明如何获得该反应中使用的原材料和/或试剂。而且，如果本领域技术人员不能根据公知常识（例如从教科书中）获得这些原材料或试剂，则该文件未充分公开该化合物。因此，根据公约第54（2）条，其不属于现有技术（至少在涉及该化合物的范围内），从而其不损害要求保护的发明的可专利性。

另一方面，如果本领域技术人员知晓如何获得原材料和试剂（例如，它们是市售的，或者是公知的并出现在参考教科书中），则根据公约第54（2）条，该文件充分公开了该化合物，因此属于现有技术。审查员可以有效地依据该文件对请求保护的发明提出反对意见。

3. 申请日或优先权日作为有效日

公约89

公约第54（2）和（3）条中的“申请日”在适当情况下应解释为优先权日（参见F部分第Ⅵ章1.2）。不同的权利要求或同一权利要求中要求保护的替代方案，可能具有不同的有效日，即申请日或要求的优先权日（其中之一）。新颖性问题必须针对每项权利要求（或权利要求的一部分）进行判断。与一项权利要求或权利要求的一部分有关的现有技术可包括例如中间文件（参见B部分第Ⅹ章9.2.4），其不能用于反对另一项权利要求或同一权利要求所包含的另一替代方案，因为后者具有较早的有效日。

在审申请或被异议专利的优先权，也可能因为按照细则第53（3）条（参见A部分第Ⅲ章6.8及其小节）提出要求时，未能提供优先权文件的译文而丧失。

当然，如果所有现有技术的内容在最早的优先权日之前都已向公众公开，审查员不必（也不应）关注有效日的分布情况。

细则56

如果申请人根据细则第56条补交了说明书或附图的遗漏部分（参见A部分第Ⅱ章5.1），则根据细则第56（2）条（参见A部分第Ⅱ章5.3）的规定，给定的申请日是提交这些遗漏文件的日期，除非补交的部分完全包含在优先权文件中，并且满足细则第56（3）条规定的要求（参见A部分第Ⅱ章5.4），在这种情况下，将保留原始申请日。因此，整个申请的申请日或者是遗漏部分的提交日，或者是原始申请日。

细则58

为答复根据细则第58条的通知书而提交的权利要求不会导致申请日的变更（参见A部分第Ⅲ章15），因为其被视为对原始提交申请的修正（参见H部分第Ⅳ章2.2.3）。

4. 非官方语言文件

如果申请人：（i）对检索报告中引用的非官方语言文件的相关性进行争辩（关于检索阶段的程序，参见B部分第Ⅹ章9.1.2和9.1.3），和（ii）给出具体理由，则审查员需要考虑，根据这些理由和可获得的其他现有技术，继续坚持原审查意见是否合理。如认为合理，则审查员必须获取该文件的译文（或者如果可以很容易确认相关部分，也可以只获得其相关部分的译文）。如果获取译文后，文件仍然具有相关性，则审查员应当在下一次官方通知书中给申请人提供一份译文副本。

即使申请人精通相关语言，提供非官方语言文件的译文的要求同样适用。该译文使上诉委员会能够对审查小组的决定是否合理予以审查（参见T 655/13）。

4.1 机器翻译

为了克服以不熟悉的非官方语言撰写的文件所带来的语言障碍，审查员可以适当依据该文件的机器翻译（参见 T 991/01），并发送给申请人（参见 B 部分第Ⅹ章 9.1.3）。如果只有部分翻译文件是相关的，则必须指出所依据的具体段落（参见 B 部分第Ⅺ章 3.2）。译文必须达到以熟悉的语言呈现文本含义的目的（参见 B 部分第Ⅹ章 9.1.3）。因此，仅存在对理解内容可能没有影响的语法或句法错误，并不妨碍其作为译文的资格（参见 T 287/98）。

机器翻译本身不可信的一般声明不足以使翻译的证明价值无效。如果一方反对使用特定的机器翻译，则由该方承担举证责任（例如，以文件全部或特定部分的改进翻译的形式），以说明机器翻译的质量存在缺陷而不应被采信的程度。

当该方提供确凿的理由对基于翻译文本作出的反对意见提出疑问时，审查员应当考虑这些理由，类似于申请人对公开日提出疑问时（参见本章 7.5.3）。

5. 与其他欧洲申请抵触

5.1 根据公约第 54（3）条的现有技术

公约 54(3)
公约 56
公约 85
公约 89

现有技术还包括申请日或有效要求的优先权日早于在审申请的申请日或有效优先权日，但根据公约第 93 条于在审申请的申请日或有效优先权日当天或之后公布的其他欧洲申请的内容。只有在评价新颖性而非创造性时，这种在先申请才是现有技术的一部分。在适当情况下，公约第 54（2）和（3）条所指的“申请日”应解释为其优先权日（参见 F 部分第Ⅵ章 1.2）。欧洲申请的“内容”指整个公开内容，即说明书、附图和权利要求书，包括：

（i）任何明确放弃的内容（对于无法实施的实施例的放弃除外）；

（ii）任何对其他文件进行可允许的引用的内容（参见 F 部分第Ⅲ章 8 倒数第 2 段）；

（iii）明确描述的现有技术。

但是，该“内容”不包括任何优先权文件（优先权文件的目的仅是确定优先权日对欧洲申请的公开有效的程度（参见 F

部分第Ⅵ章1.2)),根据公约第85条,该“内容”也不包括摘要(参见F部分第Ⅱ章2)。

需要重点注意的是,在适用公约第54(3)条时,要考虑在先申请的原始内容。如果申请根据公约第14(2)条以允许的非官方语言提交(参见A部分第Ⅶ章1.1),则可能会在以程序所用语言翻译的过程中被错误地遗漏,并且未根据公约第93条以该语言公开。即使在这种情况下,与公约第54(3)条相关的还是原始文本的内容。

5.1.1 要　求

根据公约第54(3)条,已公开的欧洲申请是否可以构成抵触申请,首先由其申请日和公开日决定;申请日必须早于在审申请的申请日或有效优先权日,而公开日必须是在审申请的申请日或有效优先权日当天或之后。如果已公开的欧洲申请有效地要求了优先权,则对于与优先权申请相对应的申请中的主题来说,应以优先权日取代申请日(公约第89条)。如果优先权请求自申请公开前的某一天起被放弃或已失去效力,则无论优先权请求是否可能已产生了有效的优先权,申请日才是相关日,而非优先权日。

此外,还要求抵触申请在公开日仍处于未决状态(参见J 5/81)。如果申请在公开日之前被撤回或以其他方式丧失,但由于公布准备工作已经完成而仍进行了公开,则该公开根据公约第54(3)条是没有效力的,而仅根据公约第54(2)条有效。公约第54(3)条应当解释为“有效”申请,即在其公开日存在的欧洲专利申请的公开。

在公开日之后生效的变更(例如,撤回指定或撤回优先权请求或因其他原因丧失优先权)不影响公约第54(3)条的适用(关于涉及EPC 1973公约第54(4)条的过渡规定,参见H部分第Ⅲ章4.2,而关于2009年4月1日以前提交的申请不缴纳指定费的过渡安排,参见A部分第Ⅲ章11.1和11.3)。

5.1.2 仍需审查的规定的申请日

审查员考虑的现有技术可能包括规定的申请日可能仍在EPO进行审查的文件(欧洲或国际专利申请)。此类情况如下:

(i) 欧洲专利申请包含根据细则第56条提交的部分说明

书和/或附图；

（ii）国际专利申请包含根据 PCT 细则第 20.5 条或第 20.6 条提交的说明书、附图或权利要求项目或其部分。

审查员在将文件认定为公约第 54（3）条规定的现有技术之前，应核查是否已就规定的申请日作出最终决定。如果申请日尚未确定，审查员将暂时以文件（如果与评价所要求保护主题的可专利性相关）的规定申请日是正确的对其进行处理，并在以后的时间点再讨论该问题。

5.2 欧洲－PCT 申请

公约 153
细则 165

上述原则也适用于指定欧洲的 PCT 申请，但有一个重要的区别。公约第 153（5）条与细则第 165 条明确规定：就公约第 54（3）条而言，如果 PCT 申请人已缴纳了细则第 159（1）（c）条规定的申请费并以英语、法语或德语向 EPO 提交 PCT 申请（这意味着以日语、中文、西班牙语、俄语、韩语、葡萄牙语或阿拉伯语公开的 PCT 申请需要翻译），则 PCT 申请属于现有技术。

因此，欧洲－PCT 申请不需要满足进入欧洲阶段的所有条件，就可以被视为公约第 54（3）条规定的欧洲抵触申请。

5.3 共同指定国

关于 EPC 1973 公约第 54（4）条对于 2007 年 12 月 13 日未决的申请和在该日已授权专利的过渡性适用参见 H 部分第Ⅲ章 4.2。

5.4 重复授权专利

正如扩大委员会所认可的，根据公约第 125 条（参见 G 4/19）禁止重复授权专利。缔约国普遍认知的程序法原则是，不能就同一主题向同一申请人授予两项专利。

禁止重复授权适用于同一申请人提交的欧洲申请的 3 类组合：在同日提交的两项申请，母案和分案申请，或一项申请和其优先权申请。

允许申请人提出两份具有相同说明书但并不要求保护相同主题的申请（另见 T 2461/10）。如果同一申请人指定了同一个或多个国家的两件或两件以上的欧洲申请，并且这些申请的权利要求具有相同的申请日或优先权日，并且涉及同一发明，则应当要求申请人执行下列行为之一：修改一项或多项申请，使申请的权利要求的主题不同，或撤销重复的指定，或选择其中一项申请继续以获得授权。如果申请人不这样做，一旦其中一项申请获得授权，根据公约第97（2）条和公约第125条（参见G 4/19），其他申请将被驳回。如果这些申请的权利要求只是部分重叠，则不应提出反对意见（参见T 877/06）。如果从两个不同的申请人收到两份具有相同有效日的申请，则每一份申请都必须允许继续审查，将另一份视为不存在。

6. 与在先国家权利抵触

细则138

如果在申请中指定的缔约国存在在先国家权利，申请人有几种修改的可能性：一是可对具有在先国家权利的缔约国撤回该指定的申请；二是对于该指定国，申请人可以提交与其他指定国不同的权利要求书（参见H部分第Ⅱ章3.3和H部分第Ⅲ章4.4）；三是申请人可以对现有的权利要求组进行限制，使其与在先国家权利不再相关。

在异议或限制程序中，专利所有人可以提交与其他缔约国的权利要求不同的权利要求，或限制现有的权利要求组，使其与在先国家权利不再相关（参见H部分第Ⅲ章4.4和D部分第Ⅹ章10.1）。

在异议程序中，专利所有人还可以请求撤销在具有在先国家权利的缔约国的专利（参见D部分第Ⅰ章3、D部分第Ⅷ章1.2.5、E部分第Ⅷ章8.4）。但是，这在限制或撤销程序中不允许（参见D部分第Ⅹ章3）。

考虑到在先国家权利而对申请进行修改，既非必须也不建议（参见H部分第Ⅲ章4.4）。但是，如果权利要求已经过修改，则应该在必要时对说明书和附图进行修改，以避免混淆。

7. “通过书面或口头描述、使用或任何其他方式”向公众公开的现有技术

7.1 使用公开的类型和以任何其他方式公开的现有技术实例

“使用”可以包括生产、提供、销售或以其他方式利用一种产品，或者提供或销售一种方法或其应用，或应用该方法。例如，销售可以通过出售或交换来实现。

“现有技术”还可以通过其他方式向公众公开，例如通过在专业培训课程或在线媒体平台上演示物品或方法。

“以任何其他方式向公众公开”还包括技术进步之后可能提供的使相关现有技术各方面公开的所有可能性。

公众在先使用或以任何其他方式公开的情况通常会在异议程序中提出。在审查程序中很少出现这些情况。

7.2 由审查小组确定的关于在先使用的事项

在处理某一物品或方法以使其包含在现有技术中的方式被使用的主张时，审查小组必须确定以下细节：

(i) 所主张的使用发生的日期，即在相关日（在先使用）之前是否存在任何使用的实例。

(ii) 已使用的内容，以确定所使用的物品与欧洲专利的主题之间的相似程度。

(iii) 与使用有关的所有情况，以确定是否以及在何种程度上向公众公开，例如使用地点和使用方式。这些因素很重要，例如，工厂制造方法或产品的交付和产品销售的细节，很可能提供与该主题已向公众公开的可能性有关的信息。

根据提交的材料和现有证据，例如确认销售的文件或与在先使用有关的书面陈述，审查小组将首先确定与所宣称的在先使用的相关性。如果根据这一评估，认为在先使用得到充分证实并具有相关性，并且如果在先使用没有争议，则审查小组可以利用提交的材料和现有证据作出决定。如果对在先使用或与之相关的某些情况有争议，检索小组需要对与案件有关但根据已提交的证据尚不能被视为已证明的事实采取进一步取证（例如听取证人证言或进行调查）。根据特定案件的情况，此类进一步的证据可能必须由当事人提交。取证总是在当事人的参与下进行，通常是在口头审理程序中。关于证明方式的详情，参见 E 部分第Ⅳ章 1.2。

7.2.1 一般性原则

如果在相关日，公众有可能获得主题的知识，并且没有限制使用或传播此类知识的保密限制，则视为通过使用或任何其他方式向公众公开了所述主题（参见本章 1，参照书面描述）。例如，如果一件物品被无条件地出售给公众，则可能会出现这种情况，因为买方因此获得了从该物品可能获得任何知识的无限所有权。即使在这种物品的具体特征可能无法通过外部检查确定，而只能通过进一步分析来确定的情况下，这些特征仍然被视为已向公众公开。这与是否可以明确分析物品的组成或内部结构的特定原因无关。这些具体特征仅与固有特征相关。只有当产品暴露于与专门选择的外部条件（例如反应物等）的相互作用中，以提供特定的效果或结果或发现潜在的结果或能力时才会显现出外在特征，因此这些特征超出了产品本身，因为它们取决于作出的特意选择。典型的例子是作为已知物质或组合物的药物产品的第一种或进一步的应用（参见公约第54（4）和（5）条），以及基于新的技术效果的已知化合物的特定目的（参见G 2/88）。因此，不能认为这些特性已经向公众公开（参见G 1/92）。T 1833/14涉及一个实例，其中扩大上诉委员会发现商业上可用的产品没有向公众公开，因为本领域技术人员无法在没有不当负担的情况下复制它，即所称的公众在先使用不等同于充分公开。

另一方面，如果一个物品可以在一个特定的地方（例如工厂），被不受保密约束的公众，包括具有足够技术知识以确定该物品具体特征的人看到，则专家能够从单纯的外部检查中获得的所有知识都应被视为已经向公众公开。但是，在这种情况下，只能通过拆卸或销毁物品才能确定的所有隐藏特征将不被视为已向公众公开。

7.2.2 保密协议

应当采用的基本原则是，如果存在未被破坏的明示或默示的保密协议，则视为主题未通过使用或任何其他方式向公众公开。

为了确定是否存在默示协议，审查小组必须考虑案件的具体情况，特别是参与在先使用的一方或多方当事人在保密方面是否具有客观可见的利益。如果只有部分当事人有这种利益，其他当事人默示同意采取相应行动，就应当确定这种利益。例如，当可以预期其他当事人按照相关行业的通常商业惯例保密时，就属于此类情况。为了达成默示协议，需要考虑的重要方面除其他外，是当事人之间的商业关系和在先使用的明确对象。以下可能是默示保密协议的指标：母公司－子公司关系，良好的诚信和信任关系，合资企业，测试样品的交付。以下可能是缺乏这种协议的迹象：普通商业交易，销售用于批量生产的零件。

通常，一般标准“概率平衡”（balance of probabilities）是适用的。但是，如果几乎全部证据都在负有举证责任的一方的权限范围内，则必须证明证据有效性超出了合理质疑的范畴。例如，声称在没有任何明示或默示保密协议的情况下公开了主题的异议方应当举证，并且如果有争议，则必须令人信服地证明可以向公众公开的情况（例如，向客户进行的普通销售，为批量生产而提供的零件）。而所有权人可以通过证明证据链中的不一致和不完整，或通过证实可以从中推导出的保密性事实（例如联合开发，用于测试目的的样品）来反驳。如果这些因素导致对公众获知性的合理怀疑，则尚无法确定公众在先使用。

公约55(1)(a) 关于因与申请人相关的明显滥用而引起的不丧失新颖性的公开的具体情况，参见本章7.3.2和G部分第Ⅴ章。

7.2.3 用于非公共财产

作为一般性规则，用于非公共财产的，例如在工厂和军营中使用，不被视为向公众公开，因为公司雇员和士兵通常受到保密的约束，除非所使用的物品或方法在这些地方向公众展览、说明或展示，或者不受保密约束的专家能够从外部识别其必要特征。显然，上述“非公共财产”不是指无条件出售所涉物品的第三方的场所，或公众可以看到所涉物品或确定其特征的地方（参见上文本章7.2.1中的示例）。

7.2.4 所使用物品的可获知性示例

在工厂厂房里安装了用于生产轻型建筑（硬纤维）板的压机。虽然门上张贴“未经授权者不准进入”的告示，但客户（特别是建筑材料经销商和有兴趣购买轻型建筑板的客户）有机会看到压机，尽管没有给出任何形式的演示或说明。且工厂没有规定保密义务，因为据目击者称，该公司不认为这类来访者是可能的竞争来源。这些参观者不是真正的专家，即他们不制造这种板或压机，但也不完全是外行。鉴于压机的简单构造，有关发明的必要特征对于任何观察它的人来说都是显而易见的。因此，这些客户，特别是建筑材料经销商，有可能辨识出压机的这些必要特征，并且由于他们不受保密的约束，他们可以自由地将这些信息传递给他人。

7.2.5 方法的不可获知性示例

专利的主题涉及一种制造产品的方法。作为该方法通过使用已经向公众公开的证据，一种类似的已知产品被宣称是由请求保护的方法生产的。但是，即使经过详尽的审查，也无法明确地确定它是通过何种方法产生的。

7.3 通过口头描述提供的现有技术

7.3.1 口头描述的情形

公约 54(2)

当例如在对话或讲座过程中，或通过电视、播客或声音复制设备将事实无条件地告知公众时，现有技术就是通过口头描述向公众公开。

7.3.2 不丧失新颖性的口头描述

公约 55(1)(a)

现有技术不受被保密约束的人进行的，或向被保密约束的人进行的口头描述的影响，也不受提交欧洲专利申请前 6 个月内的口头公开的影响，该公开直接或间接源于与申请人或其法定前任（legal predecessor）有关的明显滥用行为。在确定是否发生了明显滥用行为时，注意 G 部分第Ⅴ章 3。

7.3.3 在口头描述的情形下由审查小组确定的事项

同样，在这种情况下，必须确定下述细节：

(i) 口头描述发生的时间；

(ii) 口头描述的内容；

(iii) 口头描述是否向公众公开——这也取决于口头描述的类型（谈话、讲座）和描述发生的地点（公开会议、工厂大厅，参见本章 7.2（iii））。

7.3.4 证明标准

与内容固定、可以重复阅读的书面文件不同，口头描述是转瞬即逝的。因此，确定口头公开内容的证明标准很高。根据这一证明标准，提供的证据数量是否足以确定口头公开的内容，必须逐案评估，并取决于每个案件的证据质量。然而，仅从讲演者那里获得的证据通常不能为确定口头公开的内容提供充分的依据。

7.4 以书面和/或任何其他方式向公众公开的现有技术

对于这种现有技术，如果书面公开或其他公开本身不清楚，或者如果一方对其有争议，则必须确定与本章 7.3.3 中定义的内容等同的细节。

如果信息是通过书面描述和使用，或者通过书面和口头描述公开，但只是在相关日之前公开了使用或口头描述，那么根据本章 1，随后公布的书面描述可被视为对该口头描述或使用的真实说明，除非专利权人能够给出充分的理由证明为何情况并非如此。在这种情况下，异议人必须就专利权人给出的理由提出相反的证据。在考虑为证实口头描述的内容而提出的证据类型时必须谨慎。例如，由发表演讲的实际人员撰写的讲座报告可能无法被认为是实际上传达给公众内容的准确说明。同样，讲演者声称阅读了的讲稿实际上可能没有被完整和全面地阅读（参见 T 1212/97）。

在异议中，如果来自异议人的文件的公开日期有争议，则异议人必须证明该日期不会被合理怀疑。但是，如果文件是广告宣传册，则必须考虑到此类宣传册在印刷后通常不会长期保密（参见 T 2451/13、T 804/05 和 T 743/89）。

7.5 互联网公开

原则上，根据公约第 54（2）条，互联网上的公开构成现有技术的一部分。在互联网上或在线数据库中公开的信息被视为自信息公开发布之日起向公众公开。互联网网站通常包含高度相关的技术信息。某些信息甚至可能只能在互联网上从此类网站获得。例如，包括软件产品（如视频游戏）或其他生命周期较短的产品的在线手册和教程。因此，为了专利的有效性，引用只能从此类互联网网站获得的出版物通常至关重要。

7.5.1 确定公开日

确定公开日有两个方面：必须单独评估某一特定日期是否正确，以及截至该日期有关内容是否确实向公众公开。

互联网的性质可能使得难以确定向公众公开信息的实际日期：例如，并非所有网页都提及发布时间。此外，网站很容易更新，但大多数网站不提供以前显示的材料的任何存档，也不显示使公众（包括审查员）能够准确确定发布的内容和时间的记录。

无论是通过限制有限人群的访问（例如通过密码保护）还是要求付费访问（类似于购买书籍或订阅期刊），都不会阻止网页成为现有技术的一部分。如果网页原则上可用且没有任何保密限制就足够了。

最后，从理论上讲，操纵互联网公开的日期和内容是可能的（就像传统文档一样）。然而，鉴于互联网上可用内容的庞大规模和冗余，审查员发现的互联网公开属于被操纵的情形是不太可能的。因此，除非有相反的具体迹象，否则可以认为该日期是正确的。

7.5.2 证明标准

当针对申请或专利引用互联网文件时，应确定与任何其他证据相同的事实，包括标准纸质出版物（参见本章1）。这种评估是根据“自由心证”的原则进行的（参见T 482/89和T 750/94）。这意味着每一项证据都根据其证明价值被给予适当的权重，并根据每个案件的具体情况进行评估。评估这些情况的标准是概率平衡。根据这一标准，宣称事实（例如出版日期）仅仅可能，这是不够的；审查小组必须确信该事实是正确的。然而，这意味着不需要对所宣称的事实提供超出合理怀疑（达到最大限度）的证据。

异议程序一方提交的互联网公开的公开日是根据与审查程序中适用的相同原则进行评估的，即根据案件的具体情况进行评估。特别是，应当考虑提交时间和公开内容提交方的利益。

在许多情况下，互联网公开包含明确的发布日期，该日期通常被认为是可靠的。这些日期从表面上看是可以接受的，举证责任将由申请人承担以证明其他情况。可能需要间接证据来确定或确认公开日期（参见本章7.5.4）。如果审查员得出的结论是，在权衡可能性的基础上，已经确定某一特定文件在特定日期向公众公开，则该日期为了审查目的作为公开日。

7.5.3 举证责任

一般性原则是，在提出反对意见时，举证责任最初由审查员承担。这意味着反对意见必须有理由和证据，并且必须表明，在权衡可能性的基础上，反对意见是有充分根据的。在此前提下，则由申请人来证明其他情况——举证责任转移到申请人身上。

如果申请人提供理由质疑宣称的互联网公开的公开日，审查员必须考虑这些理由。如果审查员不再确信公开构成现有技术的一部分，除非审查员能够提供进一步的证据以支持该有争议的公开日，否则该公开将不再用作反对申请的现有技术。

审查员越晚着手，获取此类证据就越困难。审查员必须判断是否有必要在检索阶段花费较短时间以寻找支持公开日的进一步证据。

如果申请人在没有说理或仅对互联网公开的可靠性进行一般性陈述的情况下反驳互联网公开的公开日，则该意见陈述的可靠性较低，因此不太可能影响审查员的意见。

虽然互联网公开的日期和内容可以从表面上看到，但可靠性程度当然不同。公开越可靠，申请人就越难证明其不正确。以下各节将介绍各种常见类型的互联网公开的可靠性。

7.5.3.1 技术期刊

对审查员而言，特别重要的是来自科学出版商（如 IEEE、施普林格、德温特）的在线技术期刊。这些期刊的可靠性与传统纸质期刊相同，都非常高。

应当注意的是，期刊在互联网上出版的特定日期可能早于相应纸质版的出版日期。此外，一些期刊会在互联网上预先发表已经提交给他们但尚未发表的稿件，在某些情况下甚至在被批准发表论文之前（例如，《地球物理学》期刊）。如果期刊随后不批准该稿件发表，则本次稿件的预发表可能是对其内容的唯一公开。审查员还必须记住，预发表的稿件可能与最终发表的版本不同。

如果在线期刊出版物的给定出版日期过于模糊（例如，仅知道月份和年份），并且最悲观的可能性（该月的最后一天）可能太晚，审查员可以要求确切的出版日期。此类请求可以直接通过出版商在互联网上提供的联系方式或通过 EPO 图书馆提出。

7.5.3.2 其他“等同于出版”的出版物

除科学出版商以外的许多来源通常被认为提供了可靠的出版日期。这些包括例如报纸或期刊的出版商，或者电视或广播电台的出版商。学术机构（如学术团体或大学）、国际组织

（如欧洲航天局）、公共组织（如部委或公共研究机构）或标准化机构通常也属于这一类。

一些大学拥有所谓的电子文库，作者在向会议或期刊提交文章或接受发表之前，会以电子形式向电子文库提交研究成果报告。事实上，其中一些报告从未在其他任何地方发表过。最著名的此类文库是 arXiv. org（www. arxiv. org，由康奈尔大学图书馆管理），还有其他几个，例如 Cryptology 电子文库（eprint. iacr. org，由国际密码学研究协会管理）。一些这样的文库在互联网上自动检索研究人员网页上公开的出版物，例如 Citeseer 或 ChemXseer（citeseer. ist. psu. edu 和 chemxseer. ist. psu. edu，均由宾夕法尼亚州立大学管理）。

公司、组织或个人通过互联网发布以前纸质出版的文档。这些包括视频游戏等软件产品的手册，手机等产品的手册，产品目录或价目表以及产品或产品系列的白皮书。显然，这些文件中的大多数都面向公众（例如实际或潜在客户），因而意味着被公开。因此，给出的日期可以作为公开日。

7.5.3.3 非传统出版物

互联网还用于以之前不曾有的方式交换和发布信息，例如通过 Usenet 讨论组、博客、邮件列表的电子邮件存档或维基页面。从这些来源获得的文件也构成现有技术，尽管确定其公开日可能更为复杂，并且其可靠性可能有所不同。

传输的电子邮件的内容不能仅因为可能被截获而被视为公开（参见 T 2/09）。

计算机生成的时间戳（常见于博客、Usenet 或维基页面上提供的版本历史记录）可以被视为可靠的公开日。虽然这些日期可能是由不精确的计算机时钟生成的，但它应该与以下事实进行权衡：通常，许多互联网服务依赖于准确的时间，如果时间和日期不正确，通常会停止运行。在没有相反指示的情况下，经常使用的“最近一次修改”日期可以被视为公开日。

7.5.4 没有日期或日期不可靠的公开

如果互联网公开内容与审查相关，但在公开文本中没有明确说明公开日的，或者如果申请人证明某一特定日期是不可靠的，审查员可以尝试获取进一步的证据以确定或确认公开日。具体而言，审查员可以考虑使用以下信息：

(a) 与互联网档案服务提供的网页相关的信息。最典型的此类服务是通过所谓的“时光机”(www. archive. org) 访问互联网档案。互联网档案不完整的事实并不损害其存档数据的可信度。另外需要注意，与任何所提供信息的准确性相关的法律免责声明通常在网站（甚至是 Espacenet 或 IEEE 等有公信力的信息来源）上适用，这些免责声明不应被视为对网站实际准确性产生负面影响。

(b) 与应用于文件或网页的修改历史记录相关的时间戳信息（例如，可用于维基百科等维基页面以及用于分布式软件开发的版本控制系统）。

(c) 计算机生成的时间戳信息，可从文件目录或其他存储库获得，或自动附加到内容中（例如论坛消息和博客）。

(d) 搜索引擎为网页提供的索引日期（另见 T 1961/13）。该索引日期将晚于公开内容的实际公开日，因为搜索引擎需要一些时间来索引新网站。

(e) 与嵌入互联网公开内容本身中的发布日期相关的信息。日期信息有时隐藏在用于创建网站的程序中，但在浏览器显示的网页中不可见。例如，审查员可以考虑使用计算机取证工具来检索这些日期。为了让申请人和审查员都能公平地评估日期的准确性，只有当审查员知道这些日期是如何获得，并能够将其传达给申请人时，才能使用这些日期。

(f) 有关在多个站点（镜像站点）或多个版本中复制公开的信息。

在试图确定公开日以达到足够的确定性时，也可以询问网站的所有者或作者。由此获得的声明的证明价值必须单独评估。

如果无法获得日期（审查员检索日期除外，对相关申请来说为时已晚），则该公开不能在审查期间用作现有技术。如果出版物虽然没有注明日期，但与发明高度相关，因此可以被认为是申请人或第三方所关注的，则可以在检索报告中将其作为“L”类文件引用。检索报告和书面意见必须解释为何引用该文件。引用该公开还将使其能够被引用于评述日后的申请，检索日作为其公开日。

7.5.5 有问题的情况

网页有时被划分为若干框架，其内容来自不同的来源。这些框架中的每一个可能都有自己的公开日，可能都需要进行核查。例如，在存档系统中，可能会发生以下情况：一个框架包含具有旧发布日期的存档信息，而其他框架包含检索时生成的商业广告。审查员必须确保使用正确的公开日，即引用的公开日指向预期内容。

当从互联网存档检索到的文件包含链接时，不能保证这些链接指向在同一日期存档的文件。甚至可能发生链接根本不指向存档页面，而是指向当前版本的网页的情况。对于链接的图像来说可能尤其如此，这些图像通常不被存档。存档的链接也可能根本不起作用。

一些互联网地址（URLs）不是永久的，即它们被设计为仅在单一会话期间工作。带有看似随机数字和字母的长互联网地址属于这种情形。这种互联网地址的存在并不妨碍公开被用作现有技术，但它确实意味着该互联网地址对其他人不起作用（例如，对于收到检索报告时的申请人）。对于非永久性互联网地址，或者出于其他原因，如果审查员指出如何从相应网站的主页到达该特定互联网地址（即，追踪哪些链接，或者使用了哪些检索词），则被认为是谨慎的。

7.5.6 技术细节和一般性说明

打印网页时，必须注意完整的互联网地址清晰易读。这同样适用于网页上的相关公开日。

必须注意，公开日可能以不同的格式呈现，特别是以欧洲格式 dd/mm/yyyy、美国格式 mm/dd/yyyy 或 ISO 格式 yyyy/mm/dd。除非明确指明格式，否则对于每个月第 1 ~ 12 天，将无法区分属于欧洲格式或美国格式。

如果公开日与相关的优先权日接近，则公开所处的时区对于解释公开日可能至关重要。

审查员必须始终指明检索网页的日期。在引用互联网公开时，审查员必须解释文件的现有技术状态，例如：

（i）如何以及在何处获得公开日（例如，互联网地址中的 8 位数字表示格式为 yyyymmdd 的存档日期）；

（ii）任何其他相关信息（例如，引用两份或多份相关文件时，它们之间如何相关，例如表明第一个文件上的链接“xyz”指向第二个文件）。

7.6 标准和标准准备性文件

标准定义了产品、方法、服务或材料的一系列特征或质量（例如接口的属性），通常由标准制定组织（SDO）通过经济利益相关者之间的共识制定。

原则上最终标准本身构成根据公约第 54（2）条的现有技术的一部分，但是也有重要的例外情形。其中之一涉及私人标准联盟（例如在 CD－ROM、DVD 和蓝光光盘领域），这些联盟不公布最终标准，而是在接受保密协议（明确禁止文件的接收者披露其内容）的前提下向目标人群公开这些标准。

在 SDO 就标准的建立或进一步发展达成协议之前，会提交和讨论各种类型的准备性文件（preparatory documents）。这些准备性文件被视为与任何其他书面或口头公开一样，即为了符合现有技术的资格，它们必须在申请日或优先权日之前向公众公开，没有任何保密限制。因此，如果在检索或审查期间针对申请引用了标准准备性文件，则应确定与任何其他证据相同的事实（参见本章 1 和 T 738/04）。

是否存在明确的保密义务需根据主张规定该义务的文件具体案情具体分析（参见 T 273/02 和 T 738/04）。这些文件可能是有关 SDO 的一般准则、指令或原则，由 SDO 与其成员之间的互动产生的许可条款或谅解备忘录。对于一般保密条款，即在有关准备性文件本身或文件中没有指明的条款，则必须确定一般保密义务实际上延伸到有关文件，直到相关的时间点。但这并不要求将文件本身明确标示为机密（参见 T 273/02）。

如果准备性文件可以在 EPO 的内部数据库中或从可自由访问的来源（例如，在互联网上）获得，则允许审查员在检索报告中引用这些文件，并在审查程序中参考这些文件。如有必要，在审查和异议期间，可根据上述原则进一步调查文件的公众获知性。

虽然 EPO 内部数据库中的文件被视为向公众公开，但对于从其他来源获得的文件不能给出一般的指示。

规范和标准与商标有相似性，因为它们的内容可能随时间而变化。因此，必须通过其版本号和发布日期正确识别它们（参见 F 部分第Ⅲ章 7，F 部分第Ⅳ章 4.8 和 H 部分第Ⅳ章 2.2.8）。

8. 现有技术文件之间的交叉引用

如果一份文件（“主要”文件）明确提到另一份文件（“次要”文件），该文件提供了关于某些特征的更详细信息，次要文件在主要文件的公开日已向公众公开，则次要文件中的教导应被视为已纳入主要文件（参见 T 153/85）（对于公约第 54（3）条规定的现有技术参见 G 部分第Ⅳ章 5.1 和 F 部分第Ⅲ章 8 倒数第 2 段）。然而，就新颖性而言，相关日始终是主要文件的日期（参见 G 部分第Ⅳ章 3）。

9. 现有技术文件中的错误

现有技术文件中可能存在错误。

当发现潜在错误时，可能会出现 3 种情况，这取决于本领域技术人员是否使用一般知识：

（i）可以直接、毫无疑义地从现有技术文件中得出其包含的错误以及唯一可能的更正应当是什么；

（ii）可以直接、毫无疑义地从现有技术文件中得出其包含的错误，但能够指明一种以上的可能更正；

（iii）不能直接、毫无疑义地从现有技术文件中得出发生了错误。

在评估文件与可专利性的相关性时：

在（i）的情况下，该公开被视为包含更正；

在（ii）的情况下，包含错误段落的公开不予考虑；

在（iii）的情况下，按原文考虑字面公开。

关于涉及在线数据库中化合物记录的可能错误，参见 B 部分第Ⅵ章 6.5。关于未充分公开，参见本章 2。

第Ⅴ章　不丧失新颖性的公开

1. 一般情形

公约55(1)　在两种特定情形下（且仅有这两种情形），发明的在先公开不被视为现有技术的一部分，即公开是由于以下原因：

公约55(1)(a)　（i）与申请人或其法定前任相关的明显滥用——例如，发明源自申请人或其法定前任，并违背其意愿而被公开；

公约55(1)(b)　（ii）申请人或其法定前任在公约第55（1）（b）条所定义的官方认可的国际展览上对发明的展出。

2. 期　限

本章1（i）和（ii）两种情形下的必要条件都是：公开所发生的时间点必须不早于申请提交前的6个月。计算6个月期限时，相关日期是欧洲专利申请的实际申请日，而不是优先权日（参见G 3/98和G 2/99）。

3. 明显滥用

关于本章1（i）的情形，公开可以是出版物公开或任何其他方式的公开。一种特殊情况可以是在具有较早优先权日的欧洲申请中公开。因此，例如，某人B被秘密告知A的发明，其可能申请该发明的专利。该情形下，如果A已经提出申请，或者在B申请公布后的6个月内提出申请，则B申请公布所产生的公开不会损害A的权利。无论如何，根据公约第61条，B可能无权继续申请（参见G部分第Ⅵ章2）。要确定“明显滥用”，公开发明的当事人一方必须有造成损害的实际意图，或者实际或推定其知晓其公开将产生或可能产生的损害（参见T 585/92）。这必须从概率平衡上得到证实（参见T 436/92）。

4. 国际展览

公约55(2)
细则25　在本章1（ii）的情形下，为避免展出影响申请的新颖性，则必须在展览上公开发明后的6个月内提交申请。此外，申请人必须在提交申请时声明发明已经进行过展出，并且还必须在4个月内提交支持性的证明材料，并提交细则第25条要求的详细信息（参见A部分第Ⅳ章3）。得到认可的展览会在官方公报上公布。

第Ⅵ章 新颖性

1. 根据公约第54（2）条的现有技术

如果一项发明不构成现有技术的一部分，则该发明具备新颖性。关于“现有技术”的定义，参见G部分第Ⅳ章1。需要注意的是，在考虑新颖性（不同于创造性；参见G部分第Ⅶ章6）时，不允许将现有技术的单独特征组合起来。将属于同一文件中描述的不同实施例的单独特征组合在一起也是不允许的，除非这种组合已被明确建议（参见T 305/87）。关于选择发明的具体实例，参见本章8。

此外，在文件中声明放弃的任何事项（排除无法实现的实施方式的放弃式权利要求）和承认的现有技术，只要其中有明确的描述，都应被视为纳入该文件内容中。

进一步允许使用字典或类似的参考文件来解释文件中使用的特定术语。

不清楚的术语不能将发明与现有技术区分开，根据公约第84条不允许使用（参见F部分第Ⅳ章4.6.1）。

2. 隐含特征或众所周知的等同替代

任何要求保护的主题，如果能从一份文件（包括对本领域技术人员来说隐含在明确记载内容中的任何特征）中直接、毫无疑义地得出，则这些主题相对于该文件而言丧失了新颖性。例如，在明确使用橡胶的弹性特性的情况下公开了橡胶的用途的文献，即使没有明确说明，也使得弹性材料的用途丧失了新颖性。对可以从文件中“直接、毫无疑义地得出”的主题进行限制是很重要的。因此，在考虑新颖性时，不应将文件的教导解释为包括文件中没有公开的众所周知的等同替代，这属于显而易见性的问题。

3. 现有技术文件的相关日期

在确定新颖性时，现有技术文件应按照本领域技术人员在文件相关日阅读的方式来理解。所谓“相关日”是指在先公开文件的公开日和公约第54（3）条规定的文件的申请日（或适当时为优先权日）（参见G部分第Ⅳ章5.1）。

4. 现有技术文件的充分公开

如果文件中提供的信息足以使本领域技术人员在文件的相关日（参见本章 3）时，考虑到当时该领域的普通知识，能够实施作为文件主题的技术教导，则文件中描述的主题才能被视为已向公众公开，从而构成公约第 54（1）条规定的现有技术（参见 T 26/85、T 206/83 和 T 491/99）。

同样需要注意的是，在现有技术文件中提到名称或结构式的化合物并不因此而被视为已知，除非文件中的信息在适当的情况下加上在文件的相关日时通常可获得的知识，使其能够被制备和分离，或者例如仅在自然产品的情况下，能够被分离。

5. 一般性公开和具体实例

在考虑新颖性时，应牢记一般性公开通常不会影响落入该公开范围内的任何具体实例的新颖性，但具体公开确实会影响包含该具体公开的一般性权利要求的新颖性，例如，铜的公开影响作为一般性概念“金属”的新颖性，但没有影响铜以外的任何其他金属的新颖性；而铆钉的公开则影响作为一般性概念的“紧固装置”的新颖性，但没有影响铆钉以外的任何其他紧固装置的新颖性。

6. 隐含公开和参数

就现有技术文件而言，缺乏新颖性是从文件本身明确描述的内容中可以明显看出的，或者也可能是隐含的，即在执行现有技术文件的教导时，本领域技术人员将不可避免地得出落入权利要求范围内的结果。只有在对在先教导的实际效果没有合理怀疑的情况下，审查员才会提出这种缺乏新颖性的反对意见（但是对于第二非医疗用途除外，参见本章 7）。当权利要求通过参数来限定发明或其特征时，也可能出现这种情况（参见 F 部分第Ⅳ章 4.11）。有时，在相关的现有技术中提到了一个不同的参数，或者根本就没有提及参数，如果已知产品和要求保护的产品在所有其他方面都是相同的（例如，如果起始产品和制造方法是相同的，则可以预期），那么首先会提出缺乏新颖性的反对意见。申请人对所声称的区别特征负有举证责任。如果申请人没有提供证据来支持其主张，则不确定的利益不会被同意（参见 T 1764/06）。另一方面，如果申请人能够证明在参数方面确实存在差异，例如通过适当的对比试验证明，那么值得怀疑的是申请是否公开了制造具有权利要求中规定参数的产品所必需的所有特征（公约第 83 条）。

7. 新颖性审查

在确定权利要求主题的新颖性时，审查员必须考虑了 F 部分第Ⅳ章 4.5 至 4.21 中给出的指导意见。特别是对于涉及物理实体的权利要求，特定预期用途的非区别性特征应不予考虑（参见 F 部分第Ⅳ章 4.13.1）。例如，对于用作催化剂的一种物质 X 的权利要求，与已知用作染料的同一物质相比，不会被认为具有新颖性，除非所涉及的用途暗示着该物质的特定形式（例如存在某些添加剂），使其区别于该物质的已知形式。也就是说，应当考虑没有明确说明但由特定用途隐含的特征（参见 F 部分第Ⅳ章 4.13.1 中“用于钢水的模具”的实例）。对于第一医疗用途的权利要求参见 G 部分第Ⅱ章 4.2。

如果已知化合物的纯度可以通过常规手段达到，则不能仅仅因为它有不同的纯度而变得具备新颖性（参见 T 360/07）。

7.1 已知产品的第一或进一步医疗用途

当一种物质或组合物已经是已知的，如果该已知的物质或组合物没有被在先公开用于公约第 53（c）条中所述的方法中，则该物质或组合物仍可根据公约第 54（4）条获得专利。

如果已知一种物质或组合物已被用于“第一医疗用途”，那么对于根据公约第 53（c）条中所述的方法的任何第二或进一步的用途，该物质或组合物仍可根据公约第 54（5）条获得专利，前提是该用途具有新颖性和创造性。

因此，公约第 54（4）和（5）条从只有新的产品才能获得产品权利要求的一般性原则中提供了一个例外。然而，这并不意味着第一和进一步医疗用途的产品权利要求不需要满足所有其他的可专利性要求，特别是创造性的要求（参见 T 128/82）。

形式为“物质或组合物 X 用于治疗疾病 Y……的用途”的权利要求将被视为涉及根据公约第 53（c）条明确排除在可专利性之外的治疗方法，因此将不会被接受。以“作为药物使用的物质 X”的形式提出的权利要求是可以接受的，即使 X 是一种已知的物质，但其在医学上的用途并不为人所知。同样，以“用于治疗疾病 Y 的物质 X”形式提出的权利要求也是可以接受的，只要这种权利要求相对于任何公开X作为药物使用的现有技术具备创造性。

公约82

如果一项申请首次公开了一种已知物质或组合物的多种不同的手术、治疗或诊断用途，通常针对各种用途之一的物质或组合物的独立权利要求是允许的；也就是说，作为一般性原则，不会提出发明缺乏单一性的初始反对意见（参见F部分第Ⅴ章7）。

如果权利要求的主题仅因药物的新治疗用途才具有新颖性，则该权利要求可能不再具有如第G 5/83号决定所构建的所谓“瑞士型”权利要求的格式（一种物质或组合物X用于制备治疗性应用Z的药物的用途），条件是申请的提交日期或最早优先权日期为2011年1月29日或之后（参见2010年9月20日的EPO公告《OJ EPO 2010，514》）。

下表总结了不同权利要求的表述对可专利性的影响。

示例：

#	权利要求	可专利性？	公约
A	产品X用于治疗哮喘的用途	否	53（c）
B	1. 作为药物使用的产品X［X为已知的，例如除草剂］ 2. 根据权利要求1所述的用于治疗哮喘的产品	是 （即使X是一种已知的产品，但其在医学上的用途不是已知的） 是	54（4）
C	用于治疗癌症的产品X*	是 （即使情形B是现有技术，只要这种权利要求相对于B和任何其他现有技术具有创造性即可）	54（5）
D	用于治疗白血病的产品X*	是 （即使情形B和C是现有技术，只要D相对于B和C以及任何其他现有技术具有创造性即可，因为白血病是一种特定类型的癌症）	54（5）

*注：情形C和D相应的瑞士型权利要求（根据EPC 1973公约的要求）是“产品X用于制备治疗癌症/白血病的药物的用途”。

如果申请人同时公开了一个以上的“后续”治疗用途，则在一份申请中针对这些不同用途的上述类型的权利要求是允许的，但前提是它们必须构成一个单一的总的发明构思（公约第82条）。关于上述类型的用途权利要求，还需要注意的是，单纯的药用效果不一定隐含治疗应用。例如，给定物质对特定受体的选择性占有本身就不能被认为是一种治疗性应用；事实上，某种物质选择性地与受体结合的发现，即使是代表一种重要的科学知识，也需要找到一种明确的、真正治疗病理状况的应用形式，才能对本领域做出技术贡献，才能被认为是有资格获得专利保护的发明（参见T 241/95）。关于病理状况的功能性定义，另参见F部分第Ⅳ章4.22。

瑞士型权利要求格式的权利要求是与目的有关的方法权利要求，而根据公约第54（5）条撰写的权利要求是与目的有关的产品权利要求。因此，这些权利要求具有不同的类别。这会产生以下后果：

（i）如果一件母案申请已经获得了瑞士型权利要求的授权，在其分案申请中对基于目的相关的产品权利要求授予专利权不会导致重复授权（参见T 13/14；另见G部分第Ⅳ章5.4）。

（ii）因为对特定物理活动（如方法、过程、用途）的权利要求所提供的保护少于对物理实体本身的权利要求的保护（G 2/88，理由5.1），所以瑞士型权利要求所提供的保护少于根据公约第54（5）条撰写的权利要求的保护。因此，从瑞士型权利要求改为根据公约第54（5）条撰写的权利要求违反了公约第123（3）条的要求（参见T 1673/11；另见H部分第Ⅳ章3.4）。

7.1.1 可被要求保护进一步医疗用途的产品

根据公约第54（5）条，与用途有关的产品权利要求的保护范围仅限于在其医疗用途范围内的物质或组合物，该医疗用途赋予所要求保护产品的新颖性和非显而易见性（如果有的话）。

这一原则只适用于物质和组合物，不能扩展到其他产品。涉及用于预期医疗用途的装置的权利要求（例如，用于……的心脏起搏器或可植入化学传感器）应当被解释为请求保护适于该医疗用途的装置（F部分第Ⅳ章4.13）。

如果一个产品是特定医疗用途中的活性试剂或组分，并且治疗效果可以归因于其化学特性，则该产品有资格成为公约第54（5）条意义上的“物质或组合物”（参见G 5/83和T 1758/15）。

例如，考虑这样一种填充材料，它被注射在用于辐射治疗的第一目标组织和希望得到保护以避免辐射的第二敏感组织之间。如果填充材料的屏蔽效果仅是由于其在两个组织之间占据的体积而通过使敏感组织相对于目标组织的机械位移来实现的，那么该填充材料更符合装置而不是物质或组合物的要求。另一方面，如果该填充材料在敏感组织上产生了可归因于其化学特性的减少辐射的效果，则其将被视为公约第 54（5）条意义上的“物质或组合物”。

7.1.2 根据公约第 54（5）条的治疗用途

在与已知的治疗方法唯一区别是剂量方案的情况下，使用已知的用于治疗疾病的物质或组合物治疗所述疾病，属于公约第 54（5）条意义范围内的特定的进一步医疗用途（参见 G 2/08）。因此，一种物质/组合物的治疗用途不仅可以基于对不同疾病的治疗，还可以基于通过不同的治疗方法对同一疾病的治疗，例如在剂量、给药方案、受试者群体或给药途径方面有所不同（参见 G 2/08）。

涉及物质/组合物的进一步治疗用途的权利要求必须指出要治疗的疾病、用于该目的的治疗性化合物的性质，以及如果与确定新颖性和创造性有关时，必须指出要治疗的对象。如果进一步的治疗用途涉及使用同一物质/组合物对同一疾病的不同治疗，则权利要求还必须限定产生所希望的技术效果的治疗的所有技术特征（参见 G 2/08）。

涉及基于所述产品在治疗不同疾病中的用途的物质/组合物的进一步治疗用途的独立权利要求，必须表述如下：

物质 X 或 包含 X 的组合物	用于	Y 的治疗的方法中，或 Y 的治疗中，或 治疗 Y 的方法中，或 Y 的治疗方法中，或 作为一种由其功能定义的药物（例如，作为一种抗炎药物）

术语“用于”的出现是强制性的，以严格遵守公约第 54（5）条的措辞。

如果独立权利要求涉及一种组合物，那么对组合物的限定可以插在“用于”一词之前或之后。例如：“包含 X 的、用于治疗Y的组合物”或“用于治疗Y的、包含X的组合物”。

如果进一步的治疗用途是基于同一产品在同一疾病的不同治疗中的使用，则必须将独立权利要求表述如下：

物质X 或 含有X的组合物	用于Y的治疗的方法中，或 用在Y的治疗中，或 用在治疗Y的方法中，或 用在Y的治疗方法中，或 用作一种由其功能定义的药物（例如，作为一种抗炎药物）	其特征在于/其中	其他特征（例如，该物质/组合物是局部给药的，每天3次……）

未专门限定（参见下表的权利要求4）根据公约第53（c）条被排除在可专利性之外的医疗用途的与目的相关的产品权利要求，被解释为涉及适合所要求用途的产品本身的权利要求。

下表显示了一些权利要求的例子，这些权利要求未在公约第53（c）条意义范围内限定进一步医疗用途。

		……因为……
1. 一种在Y的治疗方法中的，或适于Y的治疗的，或在治疗Y的方法中的，或在Y的治疗方法中的，或适于Y的（局部）治疗的，或适于（局部）治疗Y的	物质X或包含X的组合物	如果没有“用于”一词，就不明确权利要求是否涉及适合特定用途的产品，或者权利要求是否受到医疗用途的限制
2. 适于局部治疗的	（抗炎）药物，或包含物质X的药物，或包含X的组合物	该权利要求既没有指出所要求保护产品的治疗作用，也没有指出其治疗应用。此外，如果没有“用于”一词，就不清楚权利要求是否涉及适合特定用途的产品，或者权利要求是否受到医疗用途的限制
3. 作为一种抗炎剂的	物质X或包含X的组合物	如果没有“用于”一词，就不能明确权利要求是否涉及适合特定用途的产品，或者权利要求是否受到医疗用途的限制

续表

		……因为……
4. 用作抗真菌/抗菌剂使用的	物质 X 或包含 X 的组合物	该权利要求没有限定所要求保护产品的具体医疗用途。它包括非医疗用途，因为抗真菌/抗菌剂也被用于例如农业中，用于处理植物

如果现有技术以可以被认为适合于所要求保护的用途的方式公开产品本身，或者公开其第一医疗应用，那么权利要求 1 至 4 将缺乏新颖性。可以通过如上所述重新表述权利要求来克服新颖性的反对意见（参见本章 7.1.2 的第 1 个表格）。

这些修改可以由审查小组在根据细则第 71（3）条的通知书中提出，不需要事先与申请人协商（参见 C 部分第Ⅴ章 1.1（f））。

以下是一些被认为不具备新颖性的权利要求的例子：

示例 1：

用于局部治疗/应用的包含 X 的组合物

假设包含 X 的组合物在现有技术中是已知的。

反对的理由：由于该权利要求未指明 X 的特定治疗适应症，“用于局部治疗/应用”这一特征事实上仍然是纯粹说明性的，并没有将权利要求的范围限制在该特定应用上。

此外，术语“局部治疗/应用”不一定与公约第 53（c）条所述的方法中的用途有关，因为其可以是指美容治疗。因此，如果包含 X 的所述组合物在现有技术中已经是已知的，那么所要求保护的组合物的主题将会是可预见的。

示例 2：

包含 X 的组合物，用于局部给药的治疗

假设包含 X 的组合物在现有技术中用于医疗用途已经是已知的。

反对的理由：给药方式可能是医疗中的一个关键因素，并已被认为是一个限制性特征，但只与进一步的（特定的）医疗适应症有关（参见 T 51/93）。“局部给药”只规定了给药的方式，但不涉及由此获得的任何治疗效果。因此，由于该权利要求未能指明特定的治疗适应症，“通过局部给药”这一特征只是说明性的，而不是能够确立新颖性的限制性技术特征。因此，如果包含X的所述组合物在现有技术中用于医疗用途已经是已知的，则所要求保护的组合物的主题将会是可预见的。

示例3：

用于避孕方法的产品X

反对的理由：这样的权利要求不会被认为相对于产品X本身的公开具备新颖性，因为怀孕不是一种疾病。该权利要求通常可以被重新表述为“使用产品X的避孕方法”。只要避孕方法涉及个人和隐私领域，即不符合工业实用性的要求，则可能无法重新表述（参见T 74/93）。

7.1.3 根据公约第54（5）条的诊断用途

根据公约第54（5）条的诊断权利要求的适当表述可以是：

物质X 或 包含X的组合物	用于疾病Y的一种	在“体内”的	诊断方法

“体内”一词将权利要求的范围限制在诊断方法上，而根据公约第53（c）条，诊断方法被排除在可专利性之外。

如果独立权利要求涉及一种组合物，那么组合物的定义可以插在“用于”一词之前或之后。

与目的相关的产品权利要求，如果未限定根据公约第53（c）条排除在可专利性之外的诊断用途，则被解释为涉及适合所要求保护的用途的产品本身的权利要求。

下表显示了一些权利要求的例子，这些权利要求未限定公约第53（c）条意义范围内的诊断用途：

1. 物质X或包含X的组合物	用于疾病Y的诊断，或用于疾病Y的“体外”/“离体”诊断
2. 物质X或包含X的组合物	用作血流成像的造影剂

相对于以可以被认为适合于要求保护的用途的方式公开的产品本身，或者公开其第一医疗应用的现有技术，权利要求1和2缺乏新颖性。

权利要求1可以重新表述为“[……] 用于疾病Y的‘体外’/‘离体’(in vitro/ex vivo) 诊断的用途”。如果原始提交的申请明确或隐含地公开了所要求保护的诊断方法将在“体内”(in vivo) 进行，那么权利要求1的措辞也可以如上所述被限定为只包括“体内”方法。

权利要求2可以重新表述为“[……] 用作血流成像造影剂的用途”。

权利要求1和权利要求2也可以重新表述为方法权利要求，例如“使用物质X [……] 在体外/离体诊断疾病Y的方法”，或“使用物质X [……] 在样本中诊断疾病Y的方法”，或“使用物质X [……] 对血流进行成像的方法”。

这些修改可以由审查小组在根据细则第71 (3) 条的通知中提出，不需要事先与申请人协商 (参见C部分第Ⅴ章1.1 (f))。

7.1.4 根据公约第54 (5) 条的外科手术用途

限定第二外科手术用途的权利要求可以是“物质X/包含X的组合物，在用于心内导管术的方法中作为血管壁的保护剂”。

如果独立权利要求涉及的是一种组合物，那么组合物的定义可以插在“用于”一词之前或之后。

未限定根据第53 (c) 条被排除在专利性之外的外科手术用途的与目的用途相关的产品权利要求，被解释为涉及适合要求保护用途的产品本身的权利要求。

下表显示了一个未限定在公约第53 (c) 条意义范围内的外科手术用途的权利要求的例子：

1. 物质X或包含X的组合物	用于一种通过激光辐射脱毛的方法

相对于以可以被认为适合于要求保护的用途的方式公开了产品本身，或者公开其第一医疗应用的现有技术，该权利要求缺乏新颖性。

该权利要求可以重新表述为“[……] 用于激光辐射脱毛的用途”或“通过使用物质X [……] 进行激光辐射脱毛的方法”。

这些修改可以由审查小组在根据细则第71 (3) 条的通知书中提出，不需要事先与申请人协商 (参见C部分第Ⅴ章1.1 (f))。

7.1.5 根据公约第54（5）条的从属权利要求

从属权利要求的措辞必须明确反映其对独立权利要求的从属性（T 2106/10）。合适的表述可以是：

（根据权利要求#的）物质（X）或（包括X的）组合物	用于根据权利要求#治疗疾病Y的用途 或 用于根据权利要求#的用途	其中	其他特征（例如，以水溶性颗粒的形式提供）

在下面的例子中，根据公约第54（5）条的规定，从属权利要求的表述不正确。

权利要求1：包含用于治疗Y的X的组合物。

权利要求2：根据权利要求1的组合物，包括5毫克X。

权利要求2的类型不明确，其从属性也值得怀疑。该权利要求似乎从属于涉及产品本身的权利要求。

与公开了一种包含5毫克X的组合物或其第一医疗应用的现有技术相比，该权利要求也缺乏新颖性。

权利要求必须如上文所述重新表述，在“组合物”和“根据”之间插入“用于”。这一修改可以由审查小组在根据细则第71（3）条的通知书中提出，不需要事先与申请人协商（参见C部分第Ⅴ章1.1（f））。

7.2 第二非医疗用途

将已知化合物用于基于技术效果的特定目的（第二非医疗用途）的用途权利要求，被解释为将该技术效果作为功能性技术特征包含在内。因此，根据公约第54（1）条，上述权利要求不会遭到反对，只要这种技术特征以前没有向公众公开过（参见G 2/88和G 6/88）。已知化合物在已知产品的已知制备中的用途的新颖性不能从所生产产品的新的性质中推断得出。在这种情况下，化合物在制备产品中的用途应当被解释为使用该化合物制备产品的方法。只有当制备方法本身具备新颖性，它才能被认为具备新颖性（参见T 1855/06）。关于第二或进一步医疗用途的权利要求，参见G部分第Ⅱ章4.2。

然而，一种化学方法中仅用来解释所获得的技术效果的步骤特征，相对于能够提供相同效果的具有相同步骤的相同方法的现有技术，并不是可以使一项权利要求具有新颖性的功能性技术特征，即使该现有技术未包括对技术效果的相应说明。相反，这被认为是一种发现（参见 T 151/13）。

8. 选择发明

选择发明涉及在较大的已知集合或范围内选择尚未被明确提及的个别元素、子集或子范围。

（i）在确定选择是否具有新颖性时，必须决定所选择的要素是否在现有技术中以个体（具体）的形式公开（参见 T 12/81）。从具体公开的要素的单一列表中的选择并不具有新颖性。然而，如果为了达到特定的特征组合，必须从两个或多个具有一定长度的列表中进行选择，那么由此产生的（在现有技术中没有明确公开的）特征组合具有新颖性（双列表原则）。从两个或更多的列表中选择的例子有：

（a）从已知通式中选出的单个化合物，其中所选的化合物是从已知通式中给出的两个或多个取代基“清单”中选择特定取代基产生的。这也适用于从构成现有技术混合物的多个组分清单中选择个别组分而产生的特定混合物；

（b）制造最终产品的起始材料；

（c）从相应的已知范围中选出多个参数的子范围。

（ii）如果同时满足以下两个标准，则从现有技术中更宽的数值范围中选出的子范围被认为是具备新颖性的（参见 T 261/15 和 T 279/89）：

（a）与已知范围相比，选定的子范围较窄；

（b）所选的子范围与现有技术中公开的任何具体例子以及与已知范围的端点都离得足够远。

“窄”和“离得足够远”的含义必须逐案判定。

（iii）如果要求保护的主题和现有技术的范围重叠（如数值范围、化学式），评估新颖性的原则与上述（i）和（ii）中讨论的情况相同。必须确定哪个主题已经通过现有技术的公开向公众提供并构成了现有技术的一部分。在这种情况下，不仅要考虑实施例，而且要考虑现有技术文件的全部内容。在现有技术文件中“隐藏”的内容，即被隐秘地掩盖而非故意隐瞒的内容，不被视为已向公众公开（参见 T 666/89）。

对于物理参数的重叠范围或数值范围，其新颖性被明确提及的已知范围的端点、明确提及的中间值或重叠部分的现有技术的具体例子所影响。仅排除现有技术范围中已知的特定的影响新颖性的数值是不够的，还必须考虑本领域技术人员根据技术事实并考虑到该领域的普通知识，是否会认真考虑在重叠范围内应用现有技术文件的技术教导。如果可以公平地假设本领域技术人员将这样做，则应当得出不具备新颖性的结论。在T 1571/15中，涉及一种由其成分限定的合金，尽管其位于现有技术文件中公开范围的中心区域，但由于所述现有技术文件包含了对另一区域的指示，本领域技术人员不会认真预期在重叠范围区域实施。

就重叠的化学式而言，如果所要求保护的主题通过新的技术教导在重叠范围内区别于现有技术，则认可其新颖性，参见T 12/90理由2.6。如果某些技术要素与现有技术公开的内容相比是新的，那么就存在新的技术教导。新技术要素的一个例子是具体选择的化学残留物，该化学残留物在重叠范围区域被现有技术笼统地涵盖，但在现有技术文件中没有被单独列出。如果不是这种情况，那么必须考虑本领域技术人员是否会认真考虑在重叠范围内实施和/或接受重叠范围区域在现有技术中以隐含方式直接和明确地公开（例如参见T 536/95）。如果答案是肯定的，那么就缺乏新颖性。

"认真考虑"的概念与用于评估创造性的概念有根本的不同，即本领域技术人员是否"会以合理的成功期望进行尝试"来弥补某一特定的现有技术与创造性受到质疑的权利要求之间的技术差距（参见G部分第Ⅶ章5.3），因为为了确立预期，不能存在这样的差距（参见T 666/89）。

8.1 数值的误差范围

本领域技术人员知道，与测量有关的数值会受到测量误差的影响，从而对其准确性造成限制。为此，适用科技文献中的一般惯例是：数值的最后一位小数表示其准确程度。在没有给出其他误差范围的情况下，通过对小数点后最后一位的四舍五入惯例来确定最大的误差范围（参见T 175/97），例如，对于3.5厘米的测量值，误差范围是3.45~3.54。当解释专利说明书中的数值范围时，本领域技术人员也在同样的基础上进行。

9. “延展式”权利要求的新颖性

“延展式”（reach - through）权利要求被定义为：试图通过对诸如酶或受体等生物靶点（例如激动剂、拮抗剂）作用的方式功能性地限定化学产品来获得对该产品（以及其用途、其组合物等）的保护的权利要求（参见F部分第Ⅲ章9）。在许多这样的情况下，申请人以这种方式引用新发现的生物靶点对化合物进行功能性限定。然而，仅因为其作用的生物靶点是新的，与该生物靶点结合并施加这种作用的化合物不一定是新化合物。事实上，在许多情况下，申请人自己在申请中提供了测试结果，显示已知的化合物对新的生物靶点施加该作用，从而证明了属于“延展式”权利要求的功能定义范围内的化合物在本领域中是已知的，因此可以确定涉及以这种方式定义的化合物的延展式权利要求缺乏新颖性。

第Ⅶ章　创造性

1. 通　则

公约56

如果考虑到现有技术状况，一项发明对于本领域技术人员来说是非显而易见的，则该发明具备创造性。新颖性（见G部分第Ⅵ章）和创造性的标准不同。只有在发明具备新颖性的情况下，才会出现“是否具备创造性”的问题。

2. 现有技术；申请日

公约第54（2）条定义了为考虑创造性目的的“现有技术”（参见G部分第Ⅳ章1）。应将其理解为与某些技术领域相关的信息。其不包括公约第54（3）条中提到的在后公开的欧洲申请。

如G部分第Ⅳ章3中所述，公约第54（2）条中的“申请日”在适当情况下指优先权日（参见F部分第Ⅵ章）。现有技术可能存在于相关的公知常识中，所述公知常识不一定需要书面记载，并且仅在受到质疑时才需要证实（参见T 939/92）。

3. 本领域技术人员

“本领域技术人员”被假想为在相关技术领域拥有一般知识和能力的熟练从业人员（一般技术人员）。本领域技术人员知晓相关日时本领域的公知常识（参见T 4/98、T 143/94和T 426/88）。本领域技术人员还被假想为能够获知“现有技术”中的一切内容，特别是检索报告中引用的文件，并且拥有所属技术领域中常规工作和实验的手段和能力。如果技术问题促使本领域技术人员在另一技术领域寻求解决方案，则另一领域的专业人员就是适合解决该问题的人。本领域技术人员密切关注相关技术领域的持续发展（参见T 774/89和T 817/95）。可以预期本领域技术人员在相近和一般技术领域寻找建议（参见T 176/84和T 195/84），或者甚至可能会在较远的技术领域中寻找建议，如果有提示这样做的话（参见T 560/89）。因此，评价解决方案是否具备创造性必须基于专业人员的知识和能力（参见T 32/81）。在有些情况下，将其认为是一组人如研究或生产团队要比认为是一个人更合适（参见T 164/92和T 986/96）。需要记住的是，本领域技术人员在评价创造性和充分公开时具有相同的技术水平（参见 T 60/89、T 694/92 和 T 373/94）。

3.1 技术人员的公知常识

公知常识可以有不同的来源，不必依赖于特定日期特定文件的出版物。如果对公知常识的认定有争议，则仅需要有书面证据（例如教科书）的支持（参见 G 部分第Ⅳ章 2）。

单一公开物（如专利文件，以及技术期刊的内容）通常不能被视为公知常识（参见 T 475/88）。在特殊情况下，技术期刊上的文章可以代表公知常识（参见 T 595/90）。这尤其适用于对某一主题进行广泛回顾或调查的文章（参见 T 309/88）。对于解决将特定起始材料集合在一起的问题的技术人员来说，仅由极少数制造商对这些材料进行的研究结论构成了相关普通技术知识的一部分，即使对该问题的研究只在技术期刊上发表过（参见 T 676/94）。另一个例外是，如果发明属于一个新的研究领域，以至于还不能从教科书中获得相关的技术知识，那么公知常识也可以是包含在专利说明书或科学出版物中的信息（参见 T 51/87）。

基础教科书和专著可视为代表公知常识（参见 T 171/84）；如果它们包含参考文献，将读者引导向解决特定技术问题的进一步的文章，那么这些文章也可以算作这种知识的一部分（参见 T 206/83）。信息不会因为在特定教科书、参考书等中公开而成为公知常识；相反，出现在这类书籍中是因为它已经是公知常识了（参见 T 766/91）。这意味着，这种出版物中的信息必须在出版日之前的某个时间已经成为公知常识的一部分。

4. 显而易见性

因此，关于限定发明的任何权利要求，需要考虑的问题是，对于本领域技术人员来说，在该权利要求的有效申请日或优先权日之前，考虑到当时的现有技术，获得落入权利要求术语范围内的内容是否是显而易见的。如果是，该权利要求就会因为缺乏创造性而不被允许。术语“显而易见”是指没有超越技术的正常发展进程，而只是简单地或合乎逻辑地从现有技术中得出，即不涉及应用超出本领域技术人员预期的任何技能或能力。与新颖性不同（参见 G 部分第Ⅵ章 3），在考虑创造性时，根据所要求保护的发明的有效申请日或优先权日当天或之前的知识来解释任何已公开的文件，并考虑该日当天或之前本领域技术人员通常可获得的所有知识是公平合理的。

5. 问题解决法

为了以客观和可预期的方式评价创造性，采用所称谓的“问题解决法”。

在问题解决法中，有三个主要阶段。

(i) 确定“最接近的现有技术”；

(ii) 确定要解决的“客观技术问题”；

(iii) 从最接近的现有技术和客观技术问题出发，考虑要求保护的发明对本领域技术人员来说是否显而易见。

5.1 确定最接近的现有技术

最接近的现有技术是指在单篇参考文献中公开的特征组合，这些特征组合构成了最有希望发展到本发明的起点。在选择最接近的现有技术时，首先要考虑的是它必须涉及与本发明相似的目的或效果，或者至少属于与要求保护的发明相同或密切相关的技术领域。在实践中，最接近的现有技术通常是对应于类似的用途，并且为达到要求保护的发明需要最少的结构和功能的改进（参见T 606/89）。

在某些情况下，存在多个同等有效的起点来评价创造性，例如，本领域技术人员有多个可行的解决方案可供选择，即从不同的文件出发，可能会得出本发明的多个解决方案。如果要授予一项专利权，则可能有必要依次对每一个起点应用问题解决法，即对所有这些可行的解决方案应用问题解决法。

然而，只有在令人信服地显示这些文件是同样有效的出发点时，才需要从不同的出发点，例如从不同的现有技术文件应用问题解决法。特别是在异议程序中，问题解决法的结构并不是一个研讨会，在这个研讨会中异议方可以自由地提出尽可能多的创造性挑战，以期望其中一个挑战有机会成功（参见T 320/15，理由1.1.2）。

在驳回或撤回中，基于一份相关的现有技术就足以证明要求保护的主题缺乏创造性：没有必要讨论哪份文件与发明“最接近”；唯一相关的问题是所使用的文件是否是评价创造性的可行起点（参见T 967/97、T 558/00、T 21/08、T 308/09和T 1289/09）。即使是在问题解决推理中确定的问题可能与申请人或专利权人确定的问题不同的情况下，这也是有效的。

因此，申请人或所有权人不能通过提出存在一个更有希望的出发点来反驳要求保护的主题内容缺乏创造性的审查意见：一份以其为基础认为要求保护的发明非显而易见的现有技术，不可能比一份以其为基础认为要求保护的发明看起来显而易见的文件“更接近”，因为在这种情况下，很明显前者并不代表能从中得出发明的最有希望的出发点（参见T 1742/12，理由6.5；T 824/05，理由6.2）。

最接近的现有技术必须在要求保护的发明有效的申请日或优先权日的前一日从本领域技术人员的角度进行评估。审查员不得根据申请的在先知识对最接近的现有技术进行人为的解释（另见本章8）。

在确定最接近的现有技术时，要考虑到申请人在说明书和权利要求书中承认的已知技术。审查员应该认为任何这种对已知技术的确认都是正确的，除非申请人声明存在错误（参见C部分第Ⅳ章7.2（vii））。

5.2 确定客观技术问题

在第二阶段，以客观的方式确定要解决的“技术问题”。为此，分析申请（或专利）、最接近的现有技术以及请求保护的发明与最接近的现有技术在特征（结构或功能）方面的区别（也称为请求保护发明的“区别特征”），确定由区别特征带来的技术效果，然后表述技术问题。

无论是独立的还是与其他特征相结合都不能被视为对发明的技术性有任何贡献的特征，不能支持创造性的存在（参见T 641/00）。例如，如果一个特征仅对解决非技术问题有贡献，例如被排除在可专利性之外的领域中的问题，就会出现这种情况。关于包含技术和非技术特征的权利要求的处理，参见本章5.4。确定一个特征，即使是单独的非技术性特征，对于在发明的背景下产生技术效果是否有贡献的标准，在G部分第Ⅱ章3及其小节中针对公约第52（2）条所列举的不同类型的主题作出了解释。

在问题解决法的上下文中，技术问题指的是修改或调整最接近的现有技术的目的和任务，以提供使得本发明超出最接近的现有技术的技术效果。由此定义的技术问题通常被称为“客观技术问题”。

以这种方式得出的客观技术问题可能不是申请人在申请中

提出的“问题”。客观技术问题可能需要重新确定，因为客观技术问题的基础是客观确定的事实，尤其是出现在后续程序中提及的现有技术中时，可能与申请人在提交申请时实际了解的现有技术不同。特别是，检索报告中引用的现有技术可能使发明处于与仅阅读申请文件完全不同的视角。重新确定可能会导致客观技术问题没有原始申请文件设想的那么宏大。这种情况的一个例子可能会是，原始表述的问题是提供表现出某种改进的产品、工艺或方法，但没有证据表明要求保护的主题因此比检索中发现的最接近的现有技术有所改进；相反地，只有关于更不相关的现有技术改进的证据（或者可能根本没有）。在这种情况下，问题必须被重新确定为提供一种替代产品、工艺或方法。因此要求保护的技术方案对于所述重新确定的问题的显而易见性，必须依据所引用的现有技术来评价（参见 T 87/08）。

这种技术问题能够在多大程度上重新确定，必须根据每个特定案件的案情进行评估。原则上，发明产生的任何效果都可以作为重新确定技术问题的基础，只要所述效果可以从原始提交的申请中得到（参见 T 386/89）。也可以根据申请人随后在审查程序期间提交的新效果确定技术问题，条件是本领域技术人员能够认识到这些效果是在最初提出的技术问题中所隐含的或与之相关的（参见本章 11 和 T 184/82）。

需要注意的是，确定客观技术问题必须不包含对技术方案的指引，因为如果在问题的表述中包括发明所提供的部分技术方案，则在根据该问题评估现有技术现状时，必然导致以“事后诸葛亮”（*ex post facto*）的方式看待创造性活动（参见 T 229/85）。然而，如果权利要求提到了在非技术领域要实现的目标，那么这个目标可以合法地出现在问题的表述中，作为要解决的技术问题框架的一部分，特别是作为必须要满足的限制条件（参见本章 5. 4 和 5. 4. 1）。

术语“技术问题”应作广义解释；其不一定暗含着技术方案是对现有技术的改进。因此，技术问题可能仅是寻求一种已知装置或方法的替代方案，提供相同或类似的效果，或更节约成本。只有当确信基本上所有要求保护的实施例都表现出发明所基于的技术效果时，才可以认为是解决了技术问题。在 F 部分第Ⅲ章 12 中解释了确定是否根据公约第 56 条或第 83 条处理要求保护的发明缺乏再现性的标准。

有时，客观技术问题必须被看作多个“局部问题”的集合。在这种情况下，所有的区别特征组合起来并没有取得技术效果，反而是通过不同的区别特征组合各自独立解决了多个局部问题（参见本章 6 和 T 389/86）。

5.3 可能 - 应当法

在第三阶段，要回答的问题是现有技术作为一个整体是否有任何教导，这些教导将“应当会”（不仅仅是能够，而是将会）促使本领域技术人员在面对客观技术问题时，考虑到该教导而去修改或调整最接近的现有技术，从而获得落入权利要求措辞范围内的技术方案，并由此达成所述发明实现的目标（参见本章 4）。

换句话说，关键不在于本领域技术人员是否能够通过调整或修改最接近的现有技术来得到本发明，而是本领域技术人员是否会因为现有技术提供了预期得到一些改进或优势的动机而“应当会这样做”（参见 T 2/83）。即使是隐含的提示或含蓄的可识别的动机也足以表明本领域技术人员会将现有技术的要素结合（参见 T 257/98 和 T 35/04）。本领域技术人员在所审查权利要求有效的申请日或优先权日之前一定是这么做的。

当一项发明需要通过多个步骤来达成技术问题的完整解决方案时，如果要解决的技术问题逐步地引导技术人员找到解决方案，并且每个单独的步骤根据已经完成的工作和尚待解决的剩余任务都被认为是显而易见的，则该发明就是显而易见的（参见 T 623/97 和 T 558/00）。

5.4 包含技术和非技术特征的权利要求

在权利要求中出现技术和非技术特征的混合是符合法律规定的，计算机执行的发明经常出现这种情况。非技术特征甚至可以构成要求保护的主题的主要部分。然而，根据公约第 52（1）、（2）和（3）条，具备公约第 56 条规定的创造性需要具有针对技术问题的非显而易见的技术方案（参见 T 641/00、T 1784/06）。

在评估这种混合型发明的创造性时，要考虑到对发明的技术性有贡献的所有特征。这也包括那些单独看是非技术的特征，但在发明的内容中，确实有助于产生为技术目的服务的技术效果，从而对发明的技术性做出贡献的特征。然而，对发明的技术性没有贡献的特征不能支持创造性的存在（“COMVIK方法”，参见T 641/00、G 1/19）。例如，如果特征只有助于解决非技术问题（例如被排除在可专利性之外的领域的问题），就可能出现这种情况（参见G部分第Ⅱ章3及小节）。

问题解决法应用于混合型发明时，其应用方式是要确保不能基于对发明的技术性没有贡献的特征而认可创造性，同时所有确实有贡献的特征在评价中都要被适当地识别并考虑到。为此，如果权利要求涉及在非技术领域要实现的目标，该目标可以合法地出现在客观技术问题的表述中，作为要解决的技术问题框架的一部分，特别是作为必须满足的限制条件（参见T 641/00；参见下文中的步骤（iii）（c）和本章5.4.1）。

以下步骤概述了遵循COMVIK方法将问题解决法应用于混合型发明：

（i）基于在发明上下文中实现的技术效果确定对发明的技术性有贡献的特征（参见G部分第Ⅱ章3.1至3.7）。

（ii）选择现有技术中的合适起点作为最接近的现有技术，重点关注步骤（i）中确定的对发明的技术性有贡献的特征（参见本章5.1）。

（iii）确定与最接近的现有技术的区别。以权利要求的内容作为一个整体，确定这些区别的技术效果，以便从这些区别中找出有技术贡献的特征和没有技术贡献的特征。

（a）如果没有区别（甚至连非技术性的区别也没有），则根据公约第54条提出反对意见。

（b）如果这些区别没有做出任何技术贡献，则根据公约第56条提出反对意见。反对的理由是，如果没有对现有技术做出技术贡献，则权利要求的主题就不可能有创造性。

（c）如果区别包括做出技术贡献的特征，则适用以下步骤：

– 基于这些特征所达到的技术效果确定客观技术问题。此外，如果区别包括没有技术贡献的特征，可以将这些特征或发明实现的任何非技术效果用于客观技术问题的确定中，作为“指定给予”技术人员的部分内容，特别是作为必须满足的限制条件使用（参见本章5.4.1）。

– 如果要求保护的针对客观技术问题的技术方案对本领域的技术人员来说是显而易见的，则根据公约第56条提出反对意见。

在步骤（i）中应该针对权利要求的所有特征确定对发明的技术性做出贡献的特征（参见 T 172/03、T 154/04）。然而，在实践中，由于这项任务的复杂性，审查员通常可能仅根据初步印象就在步骤（i）中进行确定，并在步骤（iii）开始时以更详细的方式进行分析。在步骤（iii）中，与选定的最接近的现有技术相比，确定这些区别所取得的技术效果。结合这些技术效果，分析这些区别对本发明的技术性的贡献程度。与在步骤（i）中进行的分析相比，这种限于区别的分析可以以更详细的方式和在更具体的基础上进行。因此，有可能发现，在步骤（i）中初步认为对发明的技术性没有贡献的一些特征，经过更仔细的审阅，确实做出了贡献。相反的情况也是可能的。在这种情况下，在步骤（ii）中对最接近的现有技术的选择可能需要修正。

在进行上述步骤（i）和（iii）的分析时，必须注意避免遗漏任何可能对请求保护的主题的技术性做出贡献的特征，特别是如果审查员在分析过程中用自己的语言再现他们对权利要求的主题的理解时更要注意（参见 T 756/06）。

本章 5.4.2.1 至 5.4.2.5 中的示例说明了 COMVIK 方法的应用。

5.4.1 确定包含技术和非技术特征的权利要求的客观技术问题

客观技术问题必须是特定技术领域的技术人员在相关日可能已经遇到过需要解决的技术问题。客观技术问题的表述方式不得涉及技术人员只有通过了解了请求保护的方案才会知晓的内容（参见本章 5.2）。换句话说，客观技术问题的确定必须不包含指向技术方案的内容。然而，这一原则只适用于请求保护的主题中对发明的技术性有贡献并因此作为技术方案的一部分的特征。不能仅因为某些特征出现在权利要求中而自动将其从问题的表述中排除。特别是，如果权利要求涉及在非技术领域要实现的目标，这个目标可以合法地出现在问题的表述中，作为要解决的技术问题框架的一部分，特别是作为必须满足的限制条件（参见 T 641/00）。

换句话说，作为给定的提出技术问题的特定框架，例如以提供给技术领域技术人员的要求规范的形式给出的框架，客观技术问题的确定可以涉及没有做出技术贡献的特征，或者涉及发明所达到的任何非技术效果。根据这些原则确定技术问题的目的是确保只有基于对发明的技术性有贡献的特征才能认可发明的创造性。在最接近的现有技术角度考虑时，用于确定客观技术问题的技术效果必须可以从原始提交的申请中得出。其必须在权利要求的整个范围内实现。因此，权利要求必须限制在特定范围内，使得权利要求所包含的所有实施例基本上都显示出这些效果（参见 G 1/19 和本章 5.2）。

对于未通过请求保护的发明直接实现而只是“潜在技术效果”的技术效果，参见 G 部分第Ⅱ章 3.3.2。

关于由其中算法的设计是通过对计算机内部功能的技术考量而推动特定技术执行所产生的技术效果，参见 G 部分第Ⅱ章 3.3。

在涉及非技术性方法或方案的技术执行的权利要求中，特别是商业方法或游戏规则中，旨在规避技术问题而对潜在的非技术性方法或方案的改进，而不是以固有的技术方式解决这一问题，不被认为对现有技术做出了技术贡献（参见 T 258/03、T 414/12）。相反，对于任务是执行所述非技术方法或方案的熟练技术人员，这样的解决方案构成了对其限制的修改。

在这种情况下，必须考虑到与技术执行的特定特征相关的任何进一步的技术优势或效果，而不是潜在的非技术方法或方案中固有的效果和优势。后者最多只能被视为该实施方案的附带品（参见 T 1543/06）。就确定客观技术问题的目的而言，它们不符合技术效果的要求。

示例：

在一个基于分布式计算机系统进行的在线游戏中，通过减少玩家的最大数量来获得的减少网络拥堵的效果不能构成确定客观技术问题的基础。相反，这是改变游戏规则的直接后果，是非技术性方案所固有的。减少网络拥堵的问题不是由技术方案解决的，而是由提供的非技术性游戏方案规避的。因此，定义玩家的最大数量的特征构成了一个给定的限制条件，其成为技术人员（如软件工程师）要负责执行的非技术方案的一部分。仍然需要评估要求保护的特定技术执行对技术人员来说是否是显而易见的。

5.4.2 应用 COMVIK 方法的示例

下面的示例旨在说明在各种场景下使用本章 5.4 所列的步骤应用 COMVIK 方法。这些场景是根据判例法改编的。出于示意性的目的，权利要求被大大简化。

5.4.2.1 示例1

权利要求1：

一种方便在移动设备上进行购物的方法，其中：

(a) 用户选择两个或多个要购买的产品；

(b) 移动设备将所选择的产品数据和设备位置传输到服务器；

(c) 服务器访问供应商数据库，以识别提供至少一种所选产品的供应商；

(d) 服务器基于设备位置和识别的供应商，通过访问存储了在先请求确定的最佳购物路线的缓存存储器，确定购买所选产品的最佳购物路线；和

(e) 服务器将最佳购物路线传送至移动装置以供显示。

根据本章5.4应用问题解决法的步骤：

步骤(i)：对技术性做出贡献的特征初步确定为一个分散式系统，包括连接到服务器计算机的移动设备，该服务器计算机有缓存存储器，并与数据库相连。

步骤(ii)：选择文件D1作为最接近的现有技术，其公开了一种方便在移动设备上购物的方法，其中用户选择单件产品，服务器从数据库中确定离用户最近的销售所选产品的供应商，并将该信息传送给移动设备。

步骤(iii)：权利要求1的主题与D1的区别在于：

(1) 用户可以选择两种或两种以上的产品进行购买（而不仅是单件产品）。

(2) 向用户提供购买两种或两种以上产品的“最佳购物路线”。

(3) 服务器通过访问缓存存储器以确定最佳购物路线，所述缓存存储器中存储了在先请求确定的最佳购物路线。

区别(1)和(2)代表了对潜在商业概念的改进，因为它们限定了生成要访问的销售这些产品的商店的有序列表。没有服务于任何技术目的，也无法从这些区别中确定技术效果。因此，这些特征相对于D1没有做出任何技术贡献。另一方面，区别(3)做出了技术贡献，因为其涉及区别(1)和(2)的技术执行，并且具有通过访问存储在缓存存储器中的在先请求而能够快速确定最佳购物路线的技术效果。

步骤（iii）（c）：客观技术问题应从本领域技术人员作为技术领域专家的角度来确定（参见本章3）。这样的人视为不具有与商业相关的任何专业知识。在该情况下，技术人员可以被定义为信息技术专家，他获得了作为确定要解决的技术问题的一部分的与商业有关的特征（1）和（2）的知识，就像在现实情形中呈现为需求规范形式的情况。因此，客观技术问题被确定为如何改进D1的方法，以技术上有效的方式执行由区别（1）和（2）限定的非技术性商业概念，这被作为需要满足的限制条件。

显而易见性：遵循需求（1），对于技术人员来说，调整D1中使用的移动设备以使得用户能够选择两个或更多的产品，而不是单一产品，这是一个常规事项。同样地，类似于D1中用服务器确定最接近的供应商，将确定最佳购物路线（由需求（2）产生）的任务分配给服务器也将是显而易见的。由于客观技术问题进一步需要技术上的有效执行，技术人员就会寻找确定路线的有效技术执行方式。第二份文件D2公开了一个用于确定旅游行程的旅游规划系统，列出了一组游览地，并解决了这个技术问题：为此目的，D2的系统访问了一个存储在先请求结果的缓存存储器。因此，技术人员会考虑到D2的教导，并调整D1中的服务器以如D2中所建议的那样访问和使用缓存存储器，从而为确定最佳购物路线（即区别（3））提供技术上有效的执行方式。因此，不具备公约第52（1）条和第56条意义上的创造性。

备注：这个例子示出了在T 641/00中提出的方法（COMVIK）的典型应用。在步骤（iii）中详细分析了技术效果，以看出与最接近的现有技术的区别是否包含做出技术贡献的特征。该分析通过将访问缓存存储器以在确定路线的步骤中获取在先请求的结果的特征确定为技术特征，完善了步骤（i）的初步发现。请注意，在这种情况下，步骤（i）不需要在推理中明确指出。在步骤（iii）（c）中，对商业概念的非技术性改进被作为技术人员需要满足的限制条件。新的商业概念是否有创新性，在此与创造性的评价无关，创造性必须以其技术执行的特征为基础。

5.4.2.2 示例2

权利要求1：

一种计算机执行的在货运领域调配供应和需求的方法，包括以下步骤：

（a）接收用户的运输供应/需求，包括位置和时间数据；

（b）从用户所配备的GPS终端接收用户的当前位置信息；

（c）在收到新的供应/需求请求后，核实是否存在尚未满足的、可以回应新的请求的在先供应/需求；

（d）如果是这样，选择相对于两个用户的当前位置均为最近的一个供应/需求；和

（e）否则，就储存新的请求。

根据本章5.4应用问题解决法的步骤：

步骤（i）：请求保护的方法的基础，是如下商业方法：

一种在货运领域调配供应和需求的方法，包括：

－接收来自用户的运输供应/需求，包括位置和时间数据；

－接收关于用户当前位置的信息；

－在收到新的供应/需求请求后，核实是否存在尚未满足的、可以回应新的请求的在先供应/需求；

－如果是，则选择相对于两个用户的当前位置均为最近的一个供应/需求；以及

－否则，就储存新的请求。

这种商业方法本身是非技术性的，根据公约第52（2）（c）和（3）条被排除可专利性。调配供应和需求是一种典型的商业活动。使用用户的地理位置是一种标准，运输调配者可以将其列为基于非技术的、仅仅是商业考虑的商业方法的一部分。这种商业方法在发明的上下文中不具有任何技术目的，因此对其技术性没有贡献。

因此，只有与该商业方法的技术执行有关的特征才可以被确定为对发明的技术性做出贡献的特征：

－该商业方法步骤由计算机执行。

－当前的位置信息从GPS终端接收得到。

步骤（ii）：作为一个合适的起点，选择文件D1作为最接近的现有技术，其公开了一种订单管理的方法，其中服务器计算机从GPS终端接收位置信息。

步骤（iii）：由此，权利要求1的主题与D1的区别在于如上述定义的商业方法步骤的计算机执行。

这一区别的技术效果仅是作为权利要求1基础的商业方法的自动化。在步骤（i）中得出的结论成立，因为做出技术贡献的唯一区别特征是该商业方法的技术执行。

步骤（iii）（c）：客观技术问题确定为如何修改D1的方法，从而根据用户当前的位置来执行调配供应和需求的商业方法。本领域技术人员被认为是一个软件项目团队，并以需求分析的形式获得了商业方法的知识。

显而易见性：修改D1的方法以执行商业方法步骤是简单明了的，只需要常规编程即可。因此，在公约第52（1）条和公约第56条的含义范围内不具备创造性。

备注：在这个例子中，从步骤（i）的初步分析中可以看出，请求保护的方法的基础是调配供应和需求的方法，这本身就是一种商业方法。定义商业方法的特征很容易与其计算机执行的技术特征区分开。因此，这个例子说明了一种意见陈述的方式，即在步骤（i）中可以确定对发明的技术性有贡献的所有特征和没有贡献的所有特征。这种意见陈述的方式更适于计算机执行的商业方法领域，在其他领域可能不太适合。

5.4.2.3 示例3

这个例子说明了在本章5.4中阐述的两级技术分析。

权利要求1：

一种通过数据连接向远程客户端传输广播媒体频道的系统，所述系统包括：

（a）用于存储远程客户端的标识符和与远程客户端数据连接的可用数据传输速率指标的装置，所述可用数据传输速率低于与远程客户端数据连接的最大数据传输速率；

（b）用于基于数据连接的可用数据传输速率的指标来确定数据传输速率的装置；和

（c）用于以确定的速率向所述远程客户端传输数据的装置。

根据本章5.4应用问题解决法的步骤：

步骤（i）：初步判断，所有的特征似乎都对发明的技术性有贡献。

步骤（ii）：选择文件D1作为最接近的现有技术，其公开了一种通过xDSL连接向订阅者的机顶盒播放视频的系统。该系统包括一个数据库，存储订阅者计算机的标识符，以及与之相关的与每个订阅者的计算机数据连接的最大数据传输速率的指标。该系统还包括以存储在所述计算机的最大数据传输速率向订阅者的计算机传输视频的装置。

步骤（iii）：权利要求 1 的主题与 D1 的区别在于：

（1）储存与远程客户端数据连接的可用数据传输速率的指标，所述可用数据传输速率低于与远程客户端数据连接的最大数据传输速率。

（2）使用所述可用数据传输速率来确定向远程客户端传输数据的速率（而不是像 D1 中使用为所述远程客户端存储的最大数据传输速率传输数据）。

使用低于与远程客户端数据连接的最大数据传输速率的“可用数据传输速率”所达到的目的，在权利要求中并不明显。因此，考虑说明书中的相关公开内容。在说明书中解释了：提供一个定价模型，允许客户从几个服务级别中选择，每个服务级别对应于具有不同价格的可用数据传输速率选项。用户可以选择低于该连接可能的最大数据传输速率的可用数据传输速率，以便支付较少的费用。因此，使用低于连接到远程客户端的最大数据传输速率的可用数据传输速率，目的是允许客户端根据该定价模型选择数据传输速率服务级别。这不是技术目标，而是财务、管理或商业性质的目标，因此属于公约第 52（2）（c）条中的商业计划、规则和方法的排除范围。因此，其可以被纳入客观技术问题的确定中，作为需要满足的限制条件。

储存可用的数据传输速率的特征和使用其来确定数据传输的速率的特征，具有实现这一非技术性目标的技术效果。

步骤（iii）（c）：因此，确定客观技术问题为如何在 D1 系统中执行允许客户端选择数据传输速率服务级别的定价模型。

显而易见性：针对根据定价模型实施这种选择数据传输速率服务级别的特定任务，必须为每个订阅者存储订阅者购买的数据传输速率（即权利要求 1 的“可用数据传输速率”），它只能低于或等于与订阅者计算机（即权利要求 1 的“远程客户端”）数据连接的最大数据传输速率，并由系统将其用于决定将数据传输给用户的速率，这对于技术人员来说将是显而易见的。因此，在公约第 52（1）条和公约第 56 条的含义范围内不具备创造性。

备注：该示例说明了一项涉及技术和非技术特征的复杂组合的权利要求。基于步骤（i）中的初步判断，所有特征似乎都对本发明的技术性有贡献。在与 D1 比较之后，可以在步骤（iii）详细分析本发明相对于 D1 具有贡献的技术性。该详细分析表明，区别特征解决了非技术目标。因此，这种非技术目标可以纳入客观技术问题的确定中（参见T 641/00）。

5.4.2.4 示例4

权利要求1：

一种计算机执行的确定建筑物表面冷凝风险增加的区域的方法，包括以下步骤：

（a）控制红外（IR）照相机来获取表面的温度分布图像；

（b）接收过去24小时在建筑物内测量的空气温度和相对空气湿度的平均值；

（c）根据所述平均空气温度和平均相对空气湿度，计算表面存在冷凝风险的冷凝温度；

（d）将图像上各点的温度与所述计算出的冷凝温度进行比较；

（e）将温度低于计算出的冷凝温度的图像点确定为表面冷凝风险增加的区域；和

（f）通过将步骤（e）中确定的图像点染成特定的颜色对图像进行修改，以向用户指示冷凝风险增加的区域。

根据本章5.4应用问题解决法的步骤：

步骤（i）：步骤（a）中对红外照相机的控制显然做出了技术贡献。问题是步骤（b）至（f）是否也对请求保护的主题的技术性有所贡献。

孤立地看，步骤（b）至（e）涉及算法/数学步骤，步骤（f）定义了信息的呈现。然而，该权利要求并不涉及上述的智力活动、数学方法或信息的呈现（根据公约第52（2）（a）、（c）、（d）条和第52（3）条，这些将会被排除在可专利性之外），因为请求保护的主题包含诸如计算机的技术手段。

因此，必须评估算法和数学步骤以及与信息显示有关的步骤在本发明上下文中是否的确有助于产生技术效果，从而对发明的技术性做出贡献。

由于上述算法和数学步骤（b）至（e）用于根据物理特性（红外图像、测得的随时间变化的空气温度和相对空气湿度）的测量结果预测现有的实际物体（表面）的物理状态（冷凝），它们对服务于技术目的的技术效果有贡献。无论输出的关于表面冷凝风险的信息有什么用途，这都适用（参见G部分第Ⅱ章3.3，特别是“技术应用”小节）。因此，步骤（b）至

(e) 也对本发明的技术性有贡献。

关于步骤 (f) 是否有技术贡献的判断，遵从下面的步骤 (iii)。

步骤 (ii)：对比文件 D1 公开了一种监测表面以确定其上形成冷凝风险的方法。冷凝的风险是根据通过红外测温仪获得的表面单点的温度读数与根据实际环境空气温度和相对空气湿度计算出的冷凝温度之差来确定的。然后，向用户显示差值，作为所述点发生冷凝的可能性的指标。该文件被认为是最接近的现有技术。

步骤 (iii)：权利要求 1 的主题与 D1 的区别在于：

(1) 使用红外照相机 (而不是 D1 的红外测温仪，其只能捕捉到表面单点的温度)；

(2) 接收过去 24 小时在建筑物内测量的空气温度和相对空气湿度的平均值；

(3) 根据平均空气温度和平均相对空气湿度计算冷凝温度，并与表面红外图像上各点的温度进行比较；

(4) 温度低于计算出的冷凝温度的图像点被确定为表面冷凝风险增加的区域；

(5) 用色彩来指示冷凝风险增加的区域。

如上所述，区别特征 (1) ~ (4) 对所要求保护的主题的技术性有贡献，在确定技术问题时必须加以考虑。这些特征产生的技术效果是，由于考虑了所有的表面区域 (而不是单点) 并考虑了一天中的温度变化，对冷凝的风险进行了更精确和可靠的预测。

区别特征 (5) 定义了向用户显示信息的特定方式 (公约第 52 (2) (d) 条)，这并不产生技术效果，因为选择用颜色而不是数值来显示数据的任何效果都取决于用户的主观偏好：一些用户可能喜欢前者，另一些则喜欢后者 (参见 G 部分第Ⅱ章 3.7)。因此，这个特征没有做出技术贡献。其不能支持创造性的存在，也不在分析中进一步讨论，因为它对其他区别特征没有影响。

步骤 (iii) (c)：因此，客观技术问题确定为如何以更精确和可靠的方式判定表面上的冷凝风险。

显而易见性：使用红外照相机获取表面的温度读数可以被认为是热成像领域的常规技术发展，而不需要进行任何创造性活动：在申请的有效日时，红外照相机是众所周知的。

对于技术人员来说，使用红外照相机是使用红外测温仪测量被监测表面上多个点的温度、得出该表面的温度分布的简单替换方案。

然而，D1并没有建议考虑表面的温度分布（与单点的温度相对照）、计算空气温度的平均值，以及考虑过去24小时在建筑物内测得的相对空气湿度。其也没有建议在预测冷凝风险时考虑建筑物内可能随时间变化而实际发生的不同条件。

假设没有其他现有技术给出启示获得由区别特征（1）~（4）定义的客观技术问题的技术方案，则权利要求1的主题具备创造性。

备注：该示例说明了在本章5.4第2段中提到的情况：那些单独看是非技术性的特征，但在所请求保护的发明的内容中，确实有助于产生为技术目的服务的技术效果（作为算法/数学步骤的特征（b）至（e））。由于所述特征对发明的技术性有贡献，它们可以支持创造性的存在。

5.4.2.5 示例5

权利要求1：

一种使用热喷涂工艺对工件进行喷涂的方法，该方法包括：

（a）使用喷射器，通过热喷涂将材料涂在工件上；

（b）通过检测喷射器中颗粒的性质，实时监测热喷涂过程，并将这些性质作为实际值提供；

（c）将实际值与目标值进行比较；

以及，在实际值偏离目标值的情况下，

（d）由基于神经网络的控制器自动调整热喷涂工艺的工艺参数，所述控制器是神经模糊控制器，它将神经网络和模糊逻辑规则结合，从而绘制神经模糊控制器的输入变量和输出变量之间的统计关系图。

背景技术：本发明涉及工业方法，即工件热喷涂的控制。用于涂覆的材料借助于运载气体被注入高温喷射器中，在其中被加速和/或熔化。即使采用看似恒定的涂覆操作参数，所得涂层的性能也会有很大的波动。使用CCD摄像机直观地监测喷射器。相机拍摄的图像被发送到图像处理系统，从中可以得出喷射器中颗粒的性质（例如速度、温度、尺寸等）。神经模糊控制器是将神经网络与模糊逻辑规则相结合的数学算法。

根据COMVIK应用问题解决法的步骤：

步骤（i）：该方法涉及热喷涂，即一种具体的技术工艺，包括各种具体的技术特征，如颗粒、工件、喷涂装置（隐含）。

步骤（ii）：文件D1公开了一种控制热喷涂工艺的方法，该方法通过使用喷射器将材料施涂到工件上，检测所述喷射器中颗粒的特性偏差并根据神经网络分析的结果自动调整工艺参数。该文件代表最接近的现有技术。

步骤（iii）：权利要求1的方法与D1的区别涉及使用神经模糊控制器，如步骤（d）第二部分所述，该控制器结合了神经网络和模糊逻辑规则。

与人工智能相关的计算模型和算法本身就具有抽象的数学特性（参见G部分第Ⅱ章3.3.1）。将神经网络分析结果和模糊逻辑结合起来的特征，在单独考虑时定义的是一种数学方法。然而，与调整工艺参数的特征一起，它对控制涂覆方法做出了贡献。因此，数学方法的输出结果被直接用于特定的技术方法的控制中。

对特定技术方法的控制是一种技术应用，参见G部分第Ⅱ章3.3（“技术应用”小节）。总之，区别特征有助于产生为技术目的服务的技术效果，从而对发明的技术性有贡献。因此，在评价创造性时要加以考虑。

步骤（iii）（c）：客观技术问题必须来源于以客观确定的事实为基础，且与权利要求的技术特征有直接和因果关系的技术效果。

在本案中，仅使用神经网络分析结果和模糊逻辑的组合来计算参数——没有任何关于热喷涂方法的具体适应性调节的细节——不能令人信服地确保超出对工艺参数的不同调整之外的任何技术效果。特别是，找不到任何证据来确认权利要求1的特征组合会导致涂层性能或热喷涂方法的质量的提高。在没有这种证据的情况下，客观技术问题就是提供一种针对调整控制热喷涂方法的工艺参数这一问题的替代方案，其已经在D1中得到解决。

显而易见性：从D1的教导出发并以上述客观技术问题为任务，控制工程领域的技术人员（参见本章3）会寻找替代方案来确定方法的控制参数。

第二份现有技术文件D2公开了神经网络和模糊逻辑规则的组合，在控制工程技术领域中提供了一种神经模糊控制器。

从该现有技术可以看出，显然在申请日时，神经模糊控制器在控制工程领域已经是众所周知的并且得以应用。因此，该解决方案被认为是一个明显的替代方案，致使权利要求1的主题不具有创造性。

备注：该示例说明了这样的情况，即一个数学特征单独地看是非技术性的，但在权利要求的内容中却有助于产生为技术目的服务的技术效果。使用神经网络结果和模糊逻辑的组合来调整控制热喷涂的工艺参数的特征对本发明的技术性有贡献，因此可以支持创造性的存在。

然而，在本案中，权利要求1没有包含任何关于要实现的涂层性能的信息。神经模糊控制器的输入和输出变量、如何训练控制器或如何使用输出调节工艺参数都没有定义。神经模糊控制器的任何特征都没有与喷涂涂层的任何技术特征相关联。因此，神经模糊控制器并不适合于热喷涂的特定应用。除提供不同的工艺参数作为控制器的输入外，没有证据表明在整个请求保护的范围内可信地实现了任何特定的技术效果。

6. 现有技术的结合

在问题解决法中，允许将一份或多份文件、文件的多个部分或其他现有技术（如在先使用公开或非书面的一般技术知识）公开的内容与最接近的现有技术结合。然而，为了得到特征的组合，必须将一个以上的公开内容与最接近的现有技术相结合，这一事实可能本身就表明存在创造性，例如，请求保护的发明不仅是特征的简单集合（参见本章7）。

如果发明是对多个独立的“局部问题”的解决方案，则会出现不同的情况（参见本章7和5.2）。事实上，在这种情况下，有必要针对每个局部问题单独评估解决该局部问题的特征组合是否可以从现有技术中显而易见地得到。因此，对于每个局部问题，可以将不同的文件与最接近的现有技术结合（参见T 389/86）。然而，对于权利要求主题的创造性而言，只要这些特征组合中有一个具备创造性就足够了。

在确定将两个或多个不同的公开内容结合是否显而易见时，审查员还要特别考虑以下几点：

（i）公开（例如对比文件）的内容是否使本领域技术人员在面对本发明要解决的问题时有无可能将它们结合——例如，如果因为公开的对本发明必要的特征存在固有的不相容性，而使得两份公开内容作为整体考虑在实践中不容易结合，则通常不认为这些公开内容的组合是显而易见的。

（ii）公开的内容，例如对比文件，是否来自相似、相近或较远的技术领域（参见本章 3）。

（iii）如果本领域技术人员有合理的依据将同一公开内容的两个或多个部分关联起来，那么这些部分的结合是显而易见的。通常，将众所周知的教科书或标准词典与现有技术文件相结合是显而易见的；这只是一般主张的具体例子，即将一份或多份文件的教导与本领域的“公知常识”相结合是显而易见的。一般来说，当一份文件包含对另一份文件的明确无误的引用时，将这两份文件结合起来也是显而易见的（将此类引证认为是公开内容的组成部分，参见 G 部分第Ⅳ章 5.1 和 G 部分第Ⅵ章 1）。在确定是否允许将一份对比文件与以其他方式（例如通过使用公开）公开的现有技术内容相结合时，也适用类似的考虑。

7. 组合与并列或集合

请求保护的发明通常必须作为整体来考虑。当一项权利要求由“特征的组合”组成时，认为组合中的单独特征本身是已知的或显而易见的，并“因此”认为请求保护的整个主题显而易见是不正确的。然而，如果权利要求仅仅是“特征的集合或并列”而不是真正的组合，那么证明各个特征是显而易见的就足以说明特征的集合不具备创造性（参见本章 5.2 最后一段）。如果一组技术特征之间功能上的相互作用实现了不同于（例如大于）单个特征的技术效果总和的组合技术效果，则一组技术特征被视为特征组合。换言之，各个特征的相互作用必须产生协同效应。如果不存在这样的协同效应，就只能是单纯的特征集合（参见 T 389/86 和 T 204/06）。

例如，单个晶体管的技术效果基本上是电子开关的效果。然而，相互连接的晶体管形成了微处理器，协同相互作用实现了例如数据处理的技术效果，这超出了它们各自单独技术效果的总和（另见本章附录中“2. 是否为显而易见的特征组合”）。

根据 T 9/81，以“成套组件”（kit - of - parts）形式的制剂的可专利性已被接受，其中代表已知治疗试剂的单个活性化合物被物理分离，可专利性被接受的条件是这些化合物无论同时、分开还是顺序使用，都会产生这些化合物彼此独立无法实现的新的和预料不到的联合治疗效果。

8. “事后诸葛亮”式的分析

一项初看似乎显而易见的发明实际上可能具备创造性。一旦形成新的想法，往往可以从理论上证明这种想法如何从已知事物出发、通过一系列看似简单的步骤得到。审查员必须对这种“事后诸葛亮”式的分析保持警惕。在结合检索报告中引用的文件时必须始终牢记，在检索中产生的文件，必然是在已经预知构成所主张发明的内容的情况下获得的。在所有的情况下，审查员必须试图想象在申请人的贡献之前，本领域技术人员所面对的全部现有技术，并且必须尽量“设身处地”地评价这一因素和其他相关因素。审查员应当考虑与发明背景技术相关的所有已知技术，并对申请人提交的相关意见陈述或证据给予公平的对待。例如，如果一项发明显示出相当大的技术价值，特别是如果产生了新的和意料之外的技术优势，而不仅是在“单行道”（one - way street）的情况下获得的奖励效果（参见本章10.2），并且这种技术优势可以令人信服地表明与该发明限定的权利要求中包括的一个或多个特征有关，则审查员不应当轻易提出这种权利要求缺乏创造性的反对意见。

9. 发明的起源

虽然在每一个案件中权利要求都必须涉及技术特征（而不是，例如仅涉及一个想法），但为了评价是否具备创造性，对审查员来说非常重要的是必须牢记，例如，一项发明可能基于以下几点：

（i）为一个已知的问题设计解决方案；

示例：在不给动物带来痛苦或损害兽皮的情况下，对奶牛等农场动物进行永久标记的问题自开始畜牧以来一直存在。解决方案（冷冻标记）包括应用冷冻可以使兽皮永久脱色这一发现。

（ii）洞察到所观察到的现象的原因（该现象的实际应用因而是显而易见的）；

示例：人们发现，黄油的宜人香味是由一种微量的特殊化合物产生的。一旦获得这种认识，在人造黄油中加入这种化合物的技术应用就立即是显而易见的。

当然，许多发明都是基于上述可能性的组合——例如，获得一种认识和对该认识的技术应用都可能包含创造力的应用。

10. 辅助指标

10.1 可预见的缺陷；非功能性改变；任意选择

如果发明是对最接近的现有技术进行可预见的不利改变的结果，该结果对于本领域技术人员来说是可以清楚地预测和正确判断的，同时如果这种可预见的缺陷没有伴随着预料不到的技术优势，那么要求保护的发明就不具备创造性（参见 T 119/82 和 T 155/85）。换句话说，对现有技术仅作出可预见的变劣不具备创造性。然而，如果这种变劣伴随有预料不到的技术优势，则可能具备创造性。类似的考虑也适用于下述情况：发明仅是对现有技术装置进行的任意非功能性改变，或者仅是从众多可能方案中任意选择的结果（参见 T 72/95 和 T 939/92）。

10.2 预料不到的技术效果；奖励效果

预料不到的技术效果可视为具备创造性的标志。然而，它必须来自请求保护的主题，而不仅来自只在说明书中提及的一些附加特征。预料不到的效果必须基于发明的个性化特征与权利要求的已知特征的结合。其不能仅基于在现有技术中已经包含的特征组合。

然而，如果考虑到现有技术状况，本领域技术人员已经显而易见地得出了落入权利要求术语范围内的内容，例如，由于缺乏可选项而造成了“单行道”的情况，那么预料不到的效果就只是奖励效果，并没有赋予请求保护的主题以创造性（参见 T 231/97 和 T 192/82）。如果技术人员必须从一定范围的可能性中进行选择，就不存在“单行道”的情况，预料不到的效果很可能就会导致对创造性的认可。

必须用精确的措辞来描述预料不到的特性或效果。诸如“新的化合物已经显示了预料不到的良好药性”这样的模糊表述不能支持创造性的存在。

然而，该产品或方法不一定要比已知的产品或方法“更好”。只要该特性或效果是预料不到的就足够了。

10.3 长期需求；商业成功

如果发明解决了本领域工作人员长期试图解决的技术问题，或者满足了长期需求，则这可以视为具备创造性的标志。

单纯的商业成功并不被认为是具备创造性的标志，但是当审查员确信这种成功来自发明的技术特征而不是来自其他影响因素时（例如销售技巧或广告），迅速的商业成功的证据与长期需求的证据结合就有了关联性。

11. 申请人提交的意见陈述和证据

审查员为评价创造性而考虑的相关意见陈述和证据既可以来自原始提交的专利申请，也可以由申请人在后续程序中提交（参见本章5.2和H部分第Ⅴ章2.2和2.4）。

然而，只要涉及支持创造性的新效果就必须谨慎。只有当这些新效果由原始提交的申请中最初提出的技术问题所暗示或至少与最初提出的技术问题相关时才能被考虑（另见本章5.2，T 386/89和T 184/82）。

这种新效果的示例如下：

原始提交的发明涉及一种具有特定活性的药物组合物。考虑到相关的现有技术，初步认定缺乏创造性。随后，申请人提交了新的证据，表明请求保护的组合物在低毒性方面表现出预料不到的优势。在该情况下，允许通过涵盖毒性方面而重新确定技术问题，因为本领域技术人员始终把药物活性和毒性结合在一起考虑，从这个意义上说，这两方面是相关的。

重新确定技术问题可能会也可能不会引起对说明书中描述的技术问题的修改或增加。任何此类修改只有在满足H部分第Ⅴ章2.4中所列的条件时才是允许的。在上述药物组合物的示例中，无论是重新确定的技术问题还是关于毒性的信息都不能被引入说明书中，否则将违反公约第123（2）条的规定。

12. 选择发明

选择发明的主题与最接近的现有技术的区别在于其代表了选定的子集或子范围。如果这种选择与特定的技术效果相关联，并且不存在引导本领域技术人员进行所述选择的启示，那么就可以认可其创造性（在选定的范围内产生的技术效果也可能与在已知的更宽范围内达到的效果相同，但达到了预料不到的程度）。在检验重叠范围的新颖性时提到的“认真考虑”标准不能与创造性的评价相混淆。就创造性而言，必须考虑本领域技术人员是否会作出选择，或者是否会在预期某种改进或优势的情况下选择重叠的范围。如果答案是否定的，那么请求保护的主题就具备创造性。

预料不到的技术效果必须适用于请求保护的整个范围。如果只发生在请求保护的范围的一部分，那么请求保护的主题就没有解决效果相关的具体问题，而只是解决了更普遍的问题，例如，获得“进一步的产品X”或“进一步的方法Y”（参见T 939/92）。

第T 261/15号决定证实，要求子范围代表有目的的选择是创造性的问题，而不是确定新颖性的必要条件（另见G部分第Ⅵ章8）。

13. 生物技术领域的创造性评价

在生物技术领域，不仅在结果可明确预测的情况下，而且在对成功有合理预期的情况下都要考虑显而易见性。为了使解决方案显而易见，只要确定本领域技术人员将会遵循现有技术的教导并具有成功的合理预期就足够了。同样地，仅仅根据最接近的现有技术“尝试看看”的态度并不一定会使解决方案具有创造性。

另一方面，“对成功的合理预期”不应与“希望获得成功”相混淆。如果研究人员在开始其研究时意识到，为了达成技术方案，他们不仅需要技术技能，还需要在此过程中作出正确的并不平凡的决定的能力，则不能被视为“成功的合理预期”。

关于抗体创造性的评价，参见G部分第Ⅱ章5.6.2。

14. 从属权利要求；不同类别的权利要求

如果独立权利要求的主题具备新颖性和非显而易见性，就无须调查任何从属权利要求的主题的新颖性和非显而易见性，除非从属权利要求的主题比独立权利要求的有效日晚并且需要考虑中间文件的情况（参见F部分第Ⅵ章2.4.3）。

同样，如果产品权利要求的主题具备新颖性和非显而易见性，就无须调查必然获得该产品的任何方法权利要求或使用该产品的任何用途权利要求的主题的新颖性和非显而易见性。特别是，相似方法，也就是说方法本身不具备创造性，只要其提供了具备新颖性和创造性的产品，就是可获得专利的（参见T 119/82）。然而，如果产品、方法和用途权利要求具有不同的有效日，可能仍然需要根据中间文件分别审查其新颖性和创造性。

15. 示　例

本章附录提供了发明可能被视为显而易见或可能具备创造性的情况示例。需要强调的是，这些示例只是出于说明性目的，且每种情况下适用的原则是“其对于本领域技术人员来说是否显而易见”（参见G部分第Ⅶ章5）。如果特定案例不明显适用，审查员必须避免试图将特定案例套入这些示例中。另外，该清单并非穷举。

附 录 与创造性要求有关的示例——指标

1. 是否为已知手段的应用

1.1 涉及以显而易见的方式应用已知手段的发明，应因此排除其创造性

(i) 现有技术文件的教导不完整，并且至少有一种可能“填补空白”的方式对本领域技术人员来说是自然的或容易发生的，由此产生了本发明。

示例：本发明涉及一种铝制的建筑构件。现有技术文件公开了相同的构件，并记载其由轻质材料制成，但未提及使用铝。

(ii) 发明与已知技术的区别仅在于使用众所周知的等同替代（机械、电子或化学）。

示例：发明涉及一种泵，其与已知泵的区别仅在于其动力由液压马达而不是电动马达提供。

(iii) 发明仅在于已知材料的新用途，该用途应用了材料的已知特性。

示例：洗涤组合物，含有作为洗涤剂的已知化合物，该化合物具有降低水的表面张力的已知特性，该特性已知是洗涤剂的必要特性。

(iv) 发明在于在已知的装置中使用最近开发的材料进行替代，这种新材料的特性使其明显适合于该用途（类似的替代）。

示例：一种电缆，包括通过黏合剂粘合在金属屏蔽层上的聚乙烯套。该发明在于使用一种已知适用于聚合物－金属粘接的新开发的特定黏合剂。

(v) 发明仅在于在非常类似的情况下使用已知的技术（类似的用途）。

示例：发明在于将脉冲控制技术应用于驱动工业卡车（如叉车）的辅助机构的电动机，使用这种技术来控制卡车的电力推进电动机已经是已知的。

1.2 以非显而易见的方式应用已知手段的发明具备创造性

(i) 已知的工作方法或手段在用于不同目的时会产生新的、出人意料的效果。

示例：众所周知，高频电源可用于感应对焊。因此，高频电

源可用于传导对焊且具有类似效果也应该是显而易见的。然而，如果使用高频电源进行成卷带材的连续传导对焊，但是不除垢（这种除垢通常在传导对焊期间是必要的，以避免在焊接触点和带材之间产生电弧），就会出现预料不到的附加效果，即发现除垢是不必要的，因为在高频状态下，电流主要通过构成电介质的水垢以电容方式提供。在这种情况下，具备创造性。

（ii）已知装置或材料的新用途克服了使用常规技术无法解决的技术难题。

示例：发明涉及一种用于支撑和控制储气罐升降的装置，能够省去先前使用的外部引导框架。已知一种用于支撑浮船坞或浮桥的类似装置，但在将装置应用于储气罐时需要克服在已知应用中未遇到的实际困难。

2. 是否为显而易见的特征组合

2.1 显而易见且因此无创造性的特征组合

发明仅在于将以正常方式运作的已知装置或方法并列或关联起来，没有产生任何非显而易见的工作互联关系。

示例：一种生产香肠的机器，由并排设置的已知绞肉机和已知灌装机组成。

2.2 非显而易见且因此有创造性的特征组合

这些组合的特征在效果上相互支持，以至于达到了新的技术效果。每个单独的特征本身是否完全或部分已知并不重要。然而，如果特征组合是一种奖励效果，例如是作为“单行道”情况的结果，则该组合可能缺乏创造性。

示例：一种药物混合物，由止痛药（镇痛剂）和安定药（镇静剂）组成。已经发现，通过添加本质上没有止痛作用的安定药，止痛剂的镇痛效果在某种程度上得到了加强，而这是根据两种活性物质的已知特性无法预测的。

3. 是否为显而易见的选择

3.1 显而易见并因此在许多已知可能性中进行的无创造性的选择

（i）发明仅在于从若干同样可能的备选方案中进行选择。

示例：发明涉及一种已知的化学方法，其中对反应混合物进行电供热是已知的。有许多众所周知的替代性供热方式，而发明仅在于选择了其中一种替代方式。

（ii）发明在于从有限的可能性范围内选择特定的尺寸、温度范围或其他参数，显然，这些参数可以通过常规的反复试验或通过应用惯常的设计程序来获得。

示例：发明涉及一种进行已知反应的方法，其特征在于惰性气体的特定流速。所述的流速只是熟练的从业人员必然会得出的流速。

（iii）发明可以仅通过以直接的方式从已知技术中简单推导而得出。

示例：发明的特征在于在 Y 的制备中使用特定的最低含量的物质 X，以提高其热稳定性，这一个性化特征可以仅通过从已知技术中获得的热稳定性与物质 X 的含量之间的直线图中推导得出。

（iv）发明仅在于从较宽的范围中选择特定的化合物或组合物（包括合金）。

示例：现有技术公开了一种化合物，其特征在于具有包括标示为"R"的取代基的特定结构。该取代基"R"被定义为包括整个范围的广义基团，如所有未被取代或被卤素和/或羟基取代的烷基或芳基，但由于实际原因，只给出了很少的具体实施例。本发明包括从被称为取代基"R"的基团中选择特定的基团或特定的基团组（所选择的基团或基团组在现有技术文件中没有具体公开，因为如果公开的话就是缺乏新颖性而不是显而易见性的问题了）。所得的化合物：

（a）既没有被描述也没有被证明具有任何现有技术示例所不具有的有利特性；或者

（b）被描述为与现有技术中具体指出的化合物相比具有有利特性，但这些特性是本领域技术人员可能会预期此类化合物具有的特性，因此有可能被引导作出这种选择。

（v）发明不可避免地遵循现有技术的发展，使得不存在几种可能性之间的选择（"单行道"情况）。

示例：从现有技术中可知，当达到以碳原子数量表示的已知化合物系列中的某一特定化合物时，随着在该系列中碳原子数的上升，杀虫效果持续增加。就杀虫效果而言，在先前已知的化合物之后，该系列的下一个化合物就处于"单行道"上。

如果该系列的化合物除表现出预期的增强的杀虫效果外，还被证明具有预料不到的选择性效果，例如杀死一些昆虫而不杀死其他昆虫，它仍然是显而易见的。

3.2 非显而易见并因此在若干已知的可能性中进行了创造性的选择

(i) 发明涉及在一种方法中对已知范围内的特定操作条件(例如温度和压力) 进行特定选择，这种选择对方法的操作或对所得产品的特性产生了预料不到的效果。

示例：在将物质A和物质B高温转化为物质C的方法中，一般来说，已知在50℃至130℃的范围内，物质C的产量随着温度升高不断增加。现在发现，在63℃至65℃的温度范围内，物质C的产量明显高于预期，而这一温度范围以前没有被发现。

(ii) 发明在于从较宽范围中选择特定的化合物或组合物(包括合金)，这种化合物或组合物具有预料不到的优点。

示例：在上文本章附录3.1 (iv) 中给出的取代化合物的示例中，发明仍然在于从现有公开的全部可能性中选择取代基“R”。然而，在这种情况下，选择不仅包含了可能范围的特定区域，并产生了可以被证明具有有利特性的化合物（参见本章10和H部分第Ⅴ章2.2)，而且没有任何迹象表明会引导本领域技术人员进行这种特定的选择而不是任何其他选择，以实现该有利的特性。

4. 是否克服了技术偏见

作为一般性原则，如果现有技术引导本领域的技术人员偏离本发明所提出的技术方案，那么就具备创造性。当本领域技术人员甚至不会考虑进行实验以判断是否存在克服实际或想象中的技术障碍的已知方法的替代方案时，这尤其适用。

示例：含有二氧化碳的饮料经过消毒后，趁热装入已消毒的瓶子中。通常的观点认为，在瓶子从灌装装置中取出后，必须立即自动与外界空气隔离，以防止瓶装饮料喷出。因此，包含相同步骤但没有采取任何预防措施使饮料与外界空气隔绝(因为事实上没有必要) 的方法将是具备创造性的。

H 部分

修改和更正

目　录

第Ⅰ章　修改的权利 …… 809

第Ⅱ章　修改的可接受性——通用规则 …… 810
1.　引　言 …… 810
2.　审查程序中的可接受性 …… 810
2.1　在收到检索报告之前——细则第137（1）条 …… 810
2.2　收到检索报告后——细则第137（2）条 …… 810
2.3　收到第一次通知书之后——细则第137（3）条 …… 811
2.3.1　根据细则第137（3）条行使自由裁量权的实例 …… 812
2.3.1.1　细则第137（3）条与公约第83条联用 …… 812
2.3.1.2　细则第137（3）条与公约第123（2）条联用 …… 813
2.3.1.3　细则第137（3）条与公约第84条联用——缺少必要技术特征 …… 813
2.3.1.4　细则第137（3）条与附加请求联用 …… 813
2.4　在程序的中后期 …… 813
2.5　为答复细则第71（3）条通知书提交的修改 …… 814
2.5.1　此类修改的接受标准 …… 814
2.5.2　进一步的程序 …… 814
2.5.3　修改应当被接受的例外情形 …… 815
2.5.4　细则第137（4）条适用于在此阶段提交的修改 …… 815
2.6　批准后的进一步修改请求 …… 815
2.7　在审查阶段收到口头审理通知后迟交的请求 …… 816
2.7.1　“明确可允许”的概念 …… 817
3.　异议程序中的可接受性 …… 818
3.1　答复异议通知时的修改 …… 818
3.2　与异议理由无关的修改 …… 818
3.3　由国家权利引起的修改 …… 819
3.4　坚持不允许的修改 …… 819
3.5　在异议程序中迟交的请求 …… 819
4.　限制程序中的修改 …… 820
5.　根据细则第62a条和/或细则第63条因检索限制需做的修改 …… 820

H部分

6.	**涉及未检索主题的修改——细则第137（5）条**	820
6.1	细则第62a条和/或细则第63条的情形	821
6.2	由说明书引入的主题	821
7.	**不具备单一性时的修改**	822
7.1	限制到单一一项已检索的发明	822
7.2	限制到未检索的发明	823
7.3	未限制到已检索的单一一项发明	824
7.4	有关欧洲-PCT申请的进一步程序问题	824
7.4.1	EPO不进行补充检索的情形	824
7.4.2	EPO进行补充检索的情形	825
第Ⅲ章	**修改的可接受性——其他程序事项**	826
1.	**引　言**	826
2.	**修改文件的程序**	826
2.1	根据细则第137（4）条指明修改及其依据	826
2.1.1	细则第137（4）条通知书及其答复	827
2.1.2	在细则第137（4）条的期限内撤回或替换的修改	828
2.1.3	细则第137（4）条和口头审理程序	829
2.1.4	与细则第137（4）条有关的过渡性规定	829
2.2	通过提交缺失文件或提交替换页进行修改	829
2.3	使用副本的修改	830
2.4	EPO应当事人的请求做出的修改	830
2.5	撤回修改/放弃主题	831
3.	**附加请求**	831
3.1	一般性原则	832
3.1.1	请求顺序	832
3.1.2	给出理由的义务	832
3.1.3	主要请求和附加请求均不允许	832
3.2	在检索阶段	833
3.3	在审查程序中	833
3.3.1	在请求中指明所做的修改及其依据	833
3.3.2	附加请求的可接受性	833
3.3.2.1	附加请求的可接受性标准	833
3.3.2.2	附加请求的及时性和结构	833
3.3.3	准备决定	834
3.3.4	附加请求的完整文本尚不可得	835

3.3.5 附加请求的完整文本可获得 …… 835
3.3.6 申请人不同意建议授权的文本 …… 835
3.4 在异议程序中 …… 836
3.4.1 书面程序 …… 836
3.4.2 口头审理程序 …… 836
3.5 在限制程序中 …… 837
3.5.1 一般性原则 …… 837
3.5.2 书面程序 …… 837
3.5.3 口头审理程序 …… 838
4. 针对不同缔约国的不同文本 …… 838
4.1 审查中不同文本的处理 …… 839
4.2 根据公约第54（3）条和EPC 1973公约第54（4）条有关现有技术的不同文本 …… 839
4.3 根据公约第61条或细则第78条在某些指定国发生权利转让的不同文本 …… 840
4.3.1 在审查过程中根据公约第61条发生权利转让的不同文本 …… 840
4.3.2 在异议程序中对某些指定国家进行专利转让的不同文本 …… 840
4.3.3 在审查过程中由于依据公约第61条所作的最终决定发生了权利转让的情况下具有不同文本的异议案例 …… 840
4.4 存在在先国家权利的不同文本 …… 840
4.5 不同缔约国授权权利要求不同时的异议程序 …… 841
5. 权利要求费的计算 …… 842

第Ⅳ章 可允许的修改——公约第123（2）和（3）条 …… 843
1. 引　言 …… 843
2. 基于公约第123（2）条允许修改 …… 843
2.1 基本原则 …… 843
2.2 “原始”提交的申请内容——一般性原则 …… 843
2.2.1 说明书中交叉引用的文件中描述的特征 …… 844
2.2.2 申请日后提交的说明书遗漏部分或遗漏附图 …… 845
2.2.3 申请日后提交的权利要求书 …… 845
2.2.4 申请日后提交的序列表 …… 845
2.2.5 优先权文件 …… 846
2.2.6 申请日后在说明书中引用现有技术 …… 846
2.2.7 澄　清 …… 846
2.2.8 商　标 …… 846

2.3 “原始”提交的申请内容——特殊申请 …… 847
2.3.1 引用在先申请提交的申请 …… 847
2.3.2 分案申请 …… 847
2.3.3 依据公约第61条的决定产生的申请 …… 847
2.3.4 国际申请 …… 847
2.4 对“增加的主题”的评估——示例 …… 848
3. 基于公约第123（3）条允许修改 …… 848
3.1 基本原则 …… 848
3.2 授权专利的保护范围 …… 849
3.3 需考虑的授权专利的版本 …… 849
3.4 对授权保护范围的不允许扩展的评估 …… 849
3.5 公约第123（2）条和公约第123（3）条之间的冲突 …… 850
3.6 公约第123（3）条和EPC其他要求之间的冲突 …… 850
4. 修改符合其他EPC要求 …… 851
4.1 一般性原则 …… 851
4.2 在审查程序中 …… 851
4.3 在异议程序中 …… 852
4.4 在限制程序中 …… 852
4.4.1 公约第84条 …… 852
4.4.2 审查说明书和/或附图 …… 852
4.4.3 不考虑的内容 …… 853

第Ⅴ章 可允许的修改——示例 …… 854
1. 引 言 …… 854
2. 说明书的修改 …… 854
2.1 技术效果的澄清 …… 854
2.2 更多示例和新效果的引入 …… 854
2.3 补充技术信息 …… 854
2.4 声称技术问题的修改 …… 855
2.5 引证文件 …… 855
2.6 说明书中文本的更改、删除或增加 …… 855
2.7 使说明书与修改后的权利要求一致 …… 855
3. 权利要求的修改 …… 856
3.1 权利要求中特征的替换或删除 …… 856
3.2 引入另外的特征 …… 857
3.2.1 中间概括 …… 857

3.3 删除要求保护主题的一部分 …… 859
3.4 扩大权利要求的更多情况 …… 860
4. 具体放弃 …… 860
4.1 在原始提交的申请中公开的具体放弃 …… 860
4.2 未在原始提交的申请中公开的具体放弃 …… 861
4.2.1 被排除的主题在原始提交的申请中未公开（所谓未公开的具体放弃） …… 861
4.2.2 要排除的主题在原始提交的申请中公开 …… 862
5. 附图的修改 …… 863
6. 源自附图的修改 …… 863
7. 异议中权利要求类型的改变 …… 864
7.1 产品权利要求变为用途权利要求 …… 864
7.2 产品权利要求变为方法权利要求 …… 864
7.3 方法权利要求变为产品权利要求 …… 865
7.4 方法权利要求变为用途权利要求 …… 865
8. 发明名称的改变 …… 865

第Ⅵ章 错误的更正 …… 866
1. 引　言 …… 866
2. 更正向EPO提交的文件中的错误 …… 866
2.1 可接受性 …… 866
2.1.1 异议和限制程序中的可接受性 …… 867
2.1.1.1 说明书、权利要求书和附图中的错误 …… 867
2.2 可允许性 …… 868
2.2.1 说明书、权利要求书和附图的更正 …… 868
2.2.2 根据细则第139条作为更正提交的说明书遗漏部分和遗漏附图 …… 869
3. 决定中错误的更正 …… 869
3.1 可接受性 …… 870
3.2 著录项目更正的可允许性 …… 871
3.3 在异议程序未决时根据细则第140条更正错误——程序方面 …… 871
4. 格式/编辑错误的更正 …… 872
5. 权利要求译文的更正 …… 872
6. 公布中的错误 …… 873

第Ⅰ章　修改的权利

在审查、异议和限制程序中，可以修改欧洲专利申请或欧洲专利。对于在这些程序中提交的修改，有几个重要方面需要考虑。首先，修改应当是可接受的，即它们应当符合被程序接受的要求（参见H部分第Ⅱ章、H部分第Ⅲ章）。

其次，修改应当是可允许的，这尤其意味着它们不能：

(i) 在申请或专利中增加原始提交的申请中未披露的主题(公约第123（2）条)。

(ii) 引入其他缺陷(如权利要求书不清楚——公约第84条)。

(iii) 扩大已授权专利的保护范围（公约第123（2）条)。

H部分第Ⅱ章和H部分第Ⅲ章涉及修改的可接受性，而H部分第Ⅳ章和H部分第Ⅴ章涉及修改的可允许性。H部分第Ⅵ章专门讨论错误的更正。

第Ⅱ章 修改的可接受性——通用规则

1. 引 言

如何评估修改的可接受性，取决于程序的类型（审查、异议或限制）和所处程序的阶段，详见以下章节。

2. 审查程序中的可接受性

2.1 在收到检索报告之前——细则第137（1）条

细则137(1)

如果是直接向EPO（未通过PCT）提交的欧洲专利申请，申请人在收到欧洲检索报告之前不能修改申请文件（细则第137（1）条）。

在欧洲-PCT申请根据公约第153（7）条要求补充欧洲检索的情况下，在申请进行补充检索之前，申请人可以修改原始提交的权利要求书、说明书和/或附图，既可以保留在国际阶段根据PCT条约第19条和/或PCT条约第34（2）（b）条提交的修改，也可以在进入欧洲阶段时和/或之后分别根据细则第159（1）（b）条和/或细则第161（2）条提交修改（另见E部分第Ⅸ章3和B部分第Ⅲ章3.3.2）。

对于根据细则第62a条或第63条对通知的答复，参见本章5。

2.2 收到检索报告后——细则第137（2）条

细则137(2)

在收到欧洲检索报告和检索意见后，申请人应当对检索意见作出答复（参见B部分第Ⅺ章8），并可以主动修改说明书、权利要求书和附图，条件是修改和其答复在答复检索意见的期限内提交（参见C部分第Ⅱ章1和3.1，C部分第Ⅲ章2.1）。同样，对于通过PCT进入欧洲阶段时未作出补充欧洲检索报告的申请（参见B部分第Ⅱ章4.3），如果EPO是ISA（国际检索单位）以及适用时是IPEA（国际初审单位）或SISA（补充国际检索单位）时，申请人需要对WO-ISA（国际检索单位书面意见）、IPER（国际初审报告）或SISR（补充国际检索报告）作出答复（参见E部分第Ⅸ章3.1和3.2）。对WO-ISA、IPER或SISR的答复可以包括申请人主动对说明书、权利要求书和附图的修改。在答复的相关期限届满后（或者，如果申请人放弃剩余的答复期限，则在答复后），申请人只有在得到审查小组的同意后才可以修改申请。

细则71(1)

对于申请：(i) 未作出检索意见的（参见B部分第Ⅺ章1.1和7），(ii) 作出了检索意见，但检索报告是在2010年4月1日之前作出的（在该情况下，细则第70a条不适用，并且不要求申请人对检索意见作出答复），或者 (iii) 通过PCT进入欧洲阶段，EPO是ISA、IPEA或SISA并作出了书面意见，但在2010年4月1日之前已经根据细则第161条发出了通知书，在收到审查程序中审查小组的第一次通知书后，申请人可以“主动修改一次说明书、权利要求书和附图”，条件是修改和答复必须在答复该通知书的期限内提交。

2.3 收到第一次通知书之后——细则第137（3）条

在本章2.2中提到的可修改的时机后，对申请人提出的进一步修改，由审查小组自由裁量。赋予审查小组这种自由裁量权，是为了确保审查程序在尽可能少的行为后结束（参见C部分第Ⅳ章3）。在行使自由裁量权时，审查小组应当考虑所有相关因素；特别是，它应当平衡申请人获得合法有效专利的利益和EPO以有效方式结束审查程序的利益（根据G 7/93中确立的原则）。

此外，根据细则第137（3）条行使自由裁量权以拒绝修改，应当要有理由（参见T 755/96）。审查小组也不能事先拒绝接受修改（参见T 1105/96和T 246/08）。

作为细则第137（3）条的例外，细则第164（2）条的（b）段规定了针对依据细则第164（2）条的任何检索结果而修改申请的权利。这意味着，申请人在答复根据公约第94（3）条的通知书时，可以主动进行一次修改，该通知书附有根据细则第164（2）条的检索结果（另见本章7.4.1）。

如果审查小组接受修改，后续程序将以修改后的说明书、权利要求书和附图为基础。接受修改并不一定意味着经修改的申请是可允许的，即不会违反EPC的任何规定。

在根据细则第137（3）条行使自由裁量权时，审查小组要考虑每个案件的情况以及该申请目前所处的审查阶段。另一个要考虑的重要因素是申请人是否已经有足够的机会进行修改。特别是，对于再次引入审查小组先前指出的、申请人已消除的缺陷的修改，是不能被接受的（参见T 1326/11和T 1064/04）。

申请人必须了解，相对于较晚的阶段，在较早的阶段实现修改更加容易：越晚提出修改，在平衡申请人获得专利的利益和EPO结束审查程序的利益方面，程序节约性就越重要（参见T 951/97和G 7/93）。

另一方面，对已被认为是可允许的权利要求进行限制的修改通常是接受的。这也适用于以明显可取的方式使说明书或权利要求书更加清楚地修改（参见T 1929/13）。

公约94(3)　如果修改明显地弥补了前次通知书指出的缺陷，只要不引起新的缺陷，通常会被接受。

另一个考虑因素是对申请文件的修改量。若申请人新发现与申请高度相关的现有技术（例如由于审查小组的进一步引证或通过其他途径获得的知识），对说明书或权利要求书进行大范围的改写可能是适当的。对于较小范围的修改，审查小组应采取合理的手段，努力平衡对申请人的公平性与避免不必要的延迟以及EPO的过度和不合理的额外工作。

出于程序节约性的原因（应考虑申请人根据公约第113（1）条享有的提出意见的权利），根据细则第137（3）条不接受修改的其他原因包括：

- 在某些情况下的附加请求（参见H部分第Ⅲ章3.3.2.1）；
- 在口头审理程序中或为口头审理程序做准备时提出的请求，而该请求不符合细则137（4）条的规定（参见H部分第Ⅲ章2.1.3）。

细则62a
细则63
细则137(5)

如果欧洲检索报告或补充欧洲检索报告根据细则第63条的规定是部分报告，或根据细则第62a条的规定受到限制，可能会对申请的可能修改采取额外的限制（参见本章6和子段落）。

在上诉委员会根据公约第111（2）条移交之后，对申请进行修改可能适用进一步的限制。

2.3.1 根据细则第137（3）条行使自由裁量权的实例

2.3.1.1 细则第137（3）条与公约第83条联用

审查小组已经根据公约第83条提出反对意见，认为整个申请，即权利要求书、说明书和附图，没有向本领域技术人员公开如何在不付出创造性劳动的情况下实施该发明。

除非申请人能够给出令审查小组满意的证明，表明该申请包含足够的信息使本领域技术人员能够实施该发明，否则，根据细则第137（3）条，审查小组不会接受任何（进一步的）修改。例如，申请人可以证明，说明书中的一个实施例已经充分公开，使得本领域的技术人员能够实施。

如果申请人不能证明上述情况，那么只能通过在原始提交的申请中增加信息来克服根据公约第83条提出的反对意见，这通常会违反公约第123（2）条的规定。

2.3.1.2 细则第137（3）条与公约第123（2）条联用

审查小组已经根据公约第123（2）条提出反对意见，指出在权利要求中引入的某个特征超出了原始提交的申请的主题。

除非申请人能够给出令审查小组满意的证明，表明原始提交的申请直接且毫无疑义地公开了该特征，否则，根据细则第137（3）条，审查小组通常不会接受包含所述特征的任何其他权利要求。

2.3.1.3 细则第137（3）条与公约第84条联用——缺少必要技术特征

审查小组已经根据公约第84条提出反对意见，认为权利要求缺少必要技术特征（参见F部分第Ⅳ章4.5）。

除非申请人能够给出令审查小组满意的证明，表明所指出的特征并不是实施发明必不可少的，否则，根据细则第137（3）条，审查小组通常不会接受不包含所述特征的任何其他权利要求。

2.3.1.4 细则第137（3）条与附加请求联用

参见H部分第Ⅲ章3.3.2.1。

2.4 在程序的中后期

细则137(3)

除非申请人给出只能在这个程序阶段提出修改的充分理由，否则应拒绝申请人用大范围修改的文本替换本可授权的申请文本的任何请求。这特别适用于审查小组已经指出申请人提出的权利要求书是可授权的，而申请人只需使说明书与之相适应的情况。

2.5 为答复细则第 71（3）条通知书提交的修改

细则 71(6) 如果在答复根据细则第 71（3）条发出的通知书时，并在细则第 71（6）条规定的期限内，申请人提出修改和/或更正错误的请求，所述程序如 C 部分第Ⅴ章 4 的规定。无论该请求是明确的修改请求，或者是以对提交修改和/或更正的附条件同意的方式提出，这都适用。

2.5.1 此类修改的接受标准

决定 G 7/93 涉及审查中迟交修改的可接受性应适用的审查标准。当对细则进行不同的阐述，并且在申请人已经同意审查小组建议的文本的情况下，会出现该决定涉及的特定案例。然而，可以认为扩大委员会对该案评述的内容普遍适用于在程序后期提交的新请求，即申请人已经有至少一次修改申请的机会，并且审查小组已经完成了对该申请的实质审查（参见 T 1064/04）。

细则 71(3)
细则 137(3)
特别是，将 G 7/93 的原则适用于答复根据细则第 71（3）条的通知书提交的修改（参见 C 部分第Ⅴ章 1 至 3），意味着该通知书并没有给申请人提供质疑先前程序结果的机会。在审查小组决定是否接受此类修改时，应当在申请人获得在所有指定国有效专利的利益与 EPO 发出授予专利权的决定而结束审查程序的利益之间取得平衡。在程序的这个阶段，实质审查已经完成，而申请人已经有过机会修改申请文件，因此通常只有不会明显延迟专利授权准备工作的修改，才会根据细则第 137（3）条被接受。但是，对于存在在先国家权利的一个或多个指定国而言，也可以接受单独的几组权利要求（参见 H 部分第Ⅲ章 4.4）。

不同意审查小组根据细则第 71（3）条发出的通知书中建议的修改，所述修改的引入没有事先协商并获得申请人的同意（参见 C 部分第Ⅴ章 1.1），不等同于细则第 137（3）条规定的自由裁量权所适用的修改请求。

2.5.2 进一步的程序

细则 71(6) 如果审查小组根据细则第 137（3）条同意了这些修改和/或更正，并认为它们是可允许的，而无须根据细则第 94（3）条发出进一步的通知书，就会根据细则第 71（3）条基于修改/更正后的文本发出第二次通知书（参见C部分第Ⅴ章4.6），之后就会进入根据公约第97（1）条的专利授权程序。

细则71a(2)　如果修改或更正未被接受，或者虽然接受了但认为其是不允许的，则将继续进行审查（参见C部分第Ⅴ章4.7）。

2.5.3 修改应当被接受的例外情形

细则137(3)　如果申请属于本章2.2中提到的例外情形（i）、（ii）或（iii）之一，并且在根据细则第71（3）条的通知书发出之前没有发出依据公约第94（3）条的通知书，申请人可以在答复依据细则第71（3）条的通知书的期限内主动修改说明书、权利要求书和附图（参见C部分第Ⅲ章2；另见C部分第Ⅱ章3.1）。如果审查小组认为这些修改是可允许的，则在修改文本的基础上根据细则第71（3）条发出第二次通知书（参见C部分第Ⅴ章4.6）。

然而，如果审查小组认为这些修改不被允许（对这些修改不能作出不予接受的意见），通常按照C部分第Ⅴ章4.7继续审查程序。

2.5.4 细则第137（4）条适用于在此阶段提交的修改

答复根据细则第71（3）条的通知书而提交的修改应当满足细则第137（4）条的要求，指明修改内容并说明其在原始提交申请中的修改基础（参见H部分第Ⅲ章2.1，特别是2.1.4的过渡性规定）。如果不满足这些要求：

（i）如果申请属于H部分第Ⅲ章2.1.4中提到的一种类型，审查小组可以按照H部分第Ⅲ章2.1.1的规定，在进一步审理之前发出根据细则第137（4）条的通知书。

（ii）此外，如果任何修改的依据不明确，审查小组根据公约第123（2）条拒绝这些修改。

在（i）的情况下，如果申请人及时答复根据细则第137（4）条的通知书，那么审查小组将决定是否同意这些修改，并将按照C部分第Ⅴ章4的规定进行相应的审理。

2.6 批准后的进一步修改请求

细则71(5)
细则137(3)　一旦申请人通过缴纳费用和提交权利要求的译文，已经认可了根据细则第71（3）条通知其的文本，只有在例外情况下，才会根据细则第137（3）条赋予审查小组自由裁量权，接受进一步的修改请求。可接受请求的明确例子是，申请人为存在在先国家权利的指定国提交了单独的几套权利要求（参见H部分第Ⅲ章4.4）。同样地，对于不需要重启实质审查，也不会明显延迟作出授权决定的小修改，也是可适当接受的（参见G 7/93）。

如果申请人提交了修改，并且不符合细则第137（4）条的要求，审查小组可以根据细则第137（4）条发出通知书（参见H部分第Ⅲ章2.1.1）。

在根据细则第137（3）条行使自由裁量权时，审查小组应当考虑和平衡申请人获得在所有指定国具有法律效力的专利的利益和EPO通过发出专利授权决定来结束审查程序的利益。在该后期阶段，审查小组根据细则第137（3）条行使自由裁量权的标准是对于所述请求是否可以在合理的时间内作出决定，以及修改是否可以被允许。如果不符合这些标准中的任一项，在根据细则第137（3）条行使其自由裁量权时，审查小组会拒绝所述修改请求。

拒绝修改应当说明理由，并且应当遵守公约第113（1）条和公约第116（1）条（参见C部分第Ⅴ章4.7.1）。应当表明不符合G 7/93中限定的条件。这意味着应该给出意见，说明为什么这些修改在本质上并非微小的修改，而实际上必须继续进行实质审查，同时大大延迟专利授权决定的发出。

细则140

然而，一旦授权决定提交给为申请人提供传送服务的EPO内部邮政部门，审查小组就会受其约束（参见G 12/91），并且只能在细则第140条规定的有限范围内修改（参见H部分第Ⅵ章3.1）。在审查程序中，这对应于集中生成的2006表——“根据公约第97（1）条授予欧洲专利的决定”提交给邮政服务的日期。该日期显示在2006表的右下角。如果提交请求和完成审理程序发生在同一天，则审查小组不再有权对根据细则第139条提交的修改或更正请求作出决定（参见T 798/95）。

2.7 在审查阶段收到口头审理通知后迟交的请求

如果请求是在根据细则第116（2）条规定的最后日期之后提出的，通常被视为迟交，除非口头审理传唤书是作为审查小组第一次通知书发出的。另一个例外是针对所述审理程序主题的改变而提出的请求，例如在口头审理程序中首次引用了另一份相关文件。在这种情况下，根据细则第116（2）条规定应当接受该请求（参见T 951/97）。

审查小组在决定其是否可接受之前会首先考虑这些请求。仅仅是迟交的事实本身并不能成为不接受的理由。这个问题在口头审理程序中常常遇到。

审查小组在行使根据细则第137（3）条的自由裁量权时（参见G 7/93），需要考虑申请人是否有延迟提交请求的充分理由。如果缺乏这样的理由，而且申请人已经有足够的机会来处理合理的反对意见，在平衡相关利益时，审查小组可能会更倾向于结束审查程序。

在这种情况下，除了本章2.3中指出的标准外，迟交的请求将受到“明确可允许”标准的约束（参见本章2.7.1）。

2.7.1 “明确可允许”的概念

审查小组在行使细则第137（3）条规定的自由裁量权时，将采用“明确可允许”的标准来处理在细则第116（2）条规定的最后日期之后提出的、无正当理由的请求（参见T 153/85）。

只有在明确可允许的情况下，这些迟交的权利要求才能被接受进入审理程序。这意味着，审查小组应当立即看出，这些修改成功地克服了反对意见，而没有引起新的反对意见（初步评估）。

例如，如果迟交的请求没有明确满足公约第123（2）条或公约第84条的要求，则不会被接受。同样，如果新定义的主题与已审查主题不是趋于一致，迟交的请求可能会被驳回（关于趋于一致的定义，参见H部分第Ⅲ章3.3.2.2）。

为了确定权利要求是否明确可允许，审查小组应当考虑申请人提出的理由，所述理由解释了为什么进行修改及其试图如何克服提出的反对意见。

如果经过讨论，审查小组得出的结论是迟交的请求并不是明确可允许的，则其会根据细则第116（2）条和细则第137（3）条驳回这些请求，理由是它们不包含明确可允许的主题，即因为主题没有明确满足EPC的要求（对于申请人不参加口头审理程序的情况，参见H部分第Ⅲ章3.3.3和E部分第Ⅲ章8.3.3）。在所述决定中，也要说明为什么迟交的请求不满足可允许性的具体要求。

该“明确可允许”标准通常也适用于专利权人在异议程序中迟交的请求（参见E部分第Ⅵ章2.1和2.2；关于异议上诉程序，另见T 98/96）。

3. 异议程序中的可接受性

3.1 答复异议通知时的修改

细则80

在异议程序中所做的任何修改应当是由公约第100条规定的异议理由引起的。也就是说，只有当需要进行修改以满足异议理由时，修改才可以被接受。然而，异议理由实际上不一定必须由异议人提出。例如，在以不具备可专利性为由可受理的异议程序中，专利权人也可以提交修改以删除新增的主题。异议程序不能仅用来整理和完善专利说明书中的公开内容（参见T 127/85）。不允许仅在授权的权利要求书中增加新的权利要求，因为这种修改不能被认为是为了满足异议理由。但是，如果修改是由公约第100条规定的异议理由引起的，用每项对应于已授权独立权利要求涵盖的各个具体实施方案的多项（如两项）独立权利要求替代一项已授权的独立权利要求，是可以接受的（参见T 223/97）。

3.2 与异议理由无关的修改

如果专利权人在答复异议理由时对专利提出了修改，并且异议小组有意根据这些理由在修改的基础上维持该专利，与异议理由无关的其他修改（如澄清）或更正（H部分第Ⅵ章3.1）可以允许的条件是这样修改的专利仍然符合EPC的要求，并且这些修改被认为是必要和适当的。特别是，如果对权利要求的一部分进行了修改，那么对权利要求的其他部分也进行修改可能是必要或适当的。

此外，如果可以认为“澄清”是对权利要求的限制，且修改后的文本也符合EPC的其他要求（发明的单一性除外——G 1/91），则根据细则第80条所述澄清可以被接受，并且可以以修改的形式维持专利。如果异议小组认为这样的限制性澄清没有必要，则需要考虑到缔约国解释权利要求的做法可能与EPO的解释完全不同，因此专利权人可能认为有必要进行这样的限制性澄清。

然而，这种修改并非由异议小组建议，且它们只能在决定宣布之前（在口头审理程序中）被考虑，或者在所述决定提交到负责传送给当事人的EPO内部邮政部门之日（在书面程序中）被考虑（参见G 12/91）。

如果已经提交了原本允许的以授权状态或以修改形式维持被异议专利的请求，则不允许进行以下修改：

（a）提交其他权利要求（参见T 829/93）；

（b）全面改写从属权利要求；

（c）全面改写说明书。

如果专利权人不是为了解决异议理由而提交修改，则不能进行任何其他修改（例如参见T 223/97）。但是，可以更正出版错误和异常的格式/编辑错误（参见H部分第Ⅵ章4）。

3.3 由国家权利引起的修改

除上述情况外（本章3.1和3.2），根据细则第138条，因在先的国家权利而引起的修改是可以接受的（另见G部分第Ⅳ章6、H部分第Ⅲ章4.4和4.5）。

3.4 坚持不允许的修改

如果专利权人请求超出细则第80条允许范围的修改（参见本章3.1和3.2），应建议其撤回修改请求。如果他们坚持其请求，则修改不予接受（理由参见T 127/85的决定要点和T 406/86的决定要点1）。

如果除包含不必要修改的请求外，还存在符合公约要求，特别是不含违反细则第80条规定的修改的附加请求，则决定中应当包含不接受排序在前的请求的理由。

可能会出现这样的情况，即只有一项请求是可允许的，但修改明显不符合细则第80条的规定。如果不能接受这些修改，异议小组要向专利权人解释，预期将撤销专利，其原因仅在于所述请求不符合细则第80条的规定。

3.5 在异议程序中迟交的请求

关于在异议程序中如何处理迟交的请求，参考E部分第Ⅵ章2.1（通用示例）和2.2（关于口头审理程序的示例）。

4. 限制程序中的修改

关于限制程序中修改的可接受性，参考D部分第Ⅹ章4和10。

5. 根据细则第62a条和/或细则第63条因检索限制需做的修改

细则63(3)

当适用细则第63条将检索限制在特定主题（参见B部分第Ⅷ章3.1和3.2）时，应当对权利要求进行修改以删除未检索的主题，并适应性修改说明书。

细则62a(2)

当适用细则第62a条将检索限制在特定权利要求（参见B部分第Ⅷ章4.1和4.2）时，必须对权利要求进行修改，以删除未检索的独立权利要求，并适应性修改说明书。为此，可以修改权利要求书，例如，删除未检索的独立权利要求，或者在符合公约第123（2）条和公约第84条的情况下，将未检索的独立权利要求改为另一项相同类型的、已检索的独立权利要求的从属权利要求。

在这两种情况下，除非审查小组认为根据细则第62a条和/或细则第63条限制检索或根据细则第63条宣布不进行检索是不合理的，例如由于申请人的争辩，否则需要进行具体修改。

但是，这种修改只能在审查程序中做出，或者优选在答复检索意见时做出（参见F部分第Ⅳ章3.3）。由于申请人在收到检索报告之前不得修改权利要求（细则第137（1）条），答复根据细则第62a条或细则第63条的通知时提交的任何权利要求仅被视为对申请人希望EPO检索并且进行相应处理的内容的指示（参见B部分第Ⅷ章3.2和4.2）。然后申请人必须在进入审查阶段时正式确认保留这些修改（参见A部分第Ⅴ章2.2）。

6. 涉及未检索主题的修改——细则第137（5）条

细则第137（5）条规定了对权利要求进行修改的另外两个条件，即修改后的权利要求不得涉及：（i）与原始请求保护的发明或一组发明不属于一个总的发明构思的未检索的主题，以及（ii）根据细则第62a条和细则第63条规定未检索的主题（但参见本章5）。

6.1 细则第62a条和/或细则第63条的情形

细则137(5),第2句

修改后的权利要求不得涉及根据细则第62a条或细则第63条规定未检索的主题（但是，参见本章5）。因此，在说明书中存在这样的主题不能作为将其重新引入权利要求的基础（另见B部分第Ⅷ章3.2.2和4.2.2）。

但是，如果申请人只是通过引入说明书中的主题来进一步限定已检索的权利要求，审查小组不会根据细则第137（5）条第2句提出反对意见，除非该主题被明确认定为根据细则第62a条和/或细则第63条未进行检索。

在根据细则第137（5）条第2句评估修改的可允许性时，审查小组也应评估根据细则第62a条和/或细则第63条的限制检索或声明不检索是否合理（参见B部分第Ⅷ章3.2.2、4.2.2、本章5）。如果所述通知不适当或限制不合理，可能有必要进行额外的检索（参见C部分第Ⅳ章7.2）。

6.2 由说明书引入的主题

细则137(5),第1句

在公约第123（2）条和公约第82条的框架内，细则第137（5）条第1句应当被解释为，允许对与原始要求保护的主题具备单一性的已检索的主题进行任何限制，无论用于限制的技术特征是否已经被检索。

因此，在权利要求中增加技术特征，该技术特征进一步限定原始主要权利要求中已有的特征，或者对原始要求保护发明的特征的效果做出贡献，该技术特征明显没有被检索过，但是在原始提交申请的文本中（通常在说明书中）已公开，不会导致修改后的权利要求相对于原始要求保护的发明缺乏一个总的发明构思。因此，即使可能需要进行额外的检索，在这种情况下也不能根据细则第137（5）条第1句提出反对意见（参见C部分第Ⅳ章7.2）。

如果修改后的权利要求所涉及的主题因为只出现在说明书中而未被检索（并且检索小组认为将检索范围扩大到该主题是不合适的；参见B部分第Ⅲ章3.5），并且其与原始要求保护和检索的发明或一组发明未构成一个总的发明构思，这种修改是不允许的。

换句话说，为了评估修改后的权利要求是否符合细则第137（5）条第1句的要求，审查小组需要确定：首先，它们所涉及的主题是否已经或应该已经被检索过（参见B部分第Ⅲ章3.5）；其次，如果修改后的权利要求出现在检索时提交的权利要求中，是否就会提出缺乏单一性的意见。

因此，如果申请人试图用说明书中的不同技术特征替换权利要求中的技术特征，通常会导致根据细则第137（5）条第1句规定的反对意见。

类似地，如果将来自说明书中的特征添加到权利要求中，其效果与原始要求保护的发明中的特征的效果无关，也会导致根据细则第137（5）条第1句规定的反对意见。

如果根据细则第137（5）条第1句提出反对意见，申请人将被告知其只能根据公约第76条以分案申请的形式继续要求保护该主题。

上述情况与原始要求保护但根据细则第64条或细则第164（1）或（2）条未被检索的发明的修改不同，后者的处理参见本章7.2。

细则137(3)

申请人应谨记，审查程序应在尽可能少的行为（actions）中结束。因此，在这种情况下，审查小组可以根据细则第137（3）条行使自由裁量权而不接受进一步修改（参见本章2.3）。

对于EPO作为ISA或SISA的欧洲－PCT申请，审查小组必须根据细则第164（2）条对原始提交的申请文件（说明书、权利要求书和附图，如果有的话）中包含的任何现在要求保护但未被检索的发明发出通知，其将在根据细则第161条或第162条发出的通知书指定的6个月期限到期时作为审查的基础（参见C部分第Ⅲ章2.3）。

7. 不具备单一性时的修改

7.1 限制到单一一项已检索的发明

在答复缺乏单一性的反对意见时，除非申请人能够说服审查小组该反对意见是不合理的，否则申请人必须将权利要求限制到已检索过的单一一项发明上。

如果权利要求已被限制到单一一项已检索过的发明上，则可以像具备单一性的申请一样继续进行审查，但仅限于该项发明（参见C部分第Ⅲ章3）。如果反对意见因申请人的争辩而被撤回，可能需要进行补充检索（参见C部分第Ⅳ章7.2），以便继续审查要求保护的发明。

但是，如果针对有关发明的否定意见，申请人随后修改了权利要求书，改成了另一项已检索的发明，审查小组将根据细则第137（3）条行使自由裁量权，并拒绝接受这些修改，因为每个申请中只有一项发明能够被审查是否符合EPC的要求（参见G 2/92和T 158/12）。

7.2 限制到未检索的发明

如果不是所有要求保护的发明都被检索过，根据G 2/92，申请人必须将权利要求限制到已检索的发明中的一项。因此，如果答复检索意见时，申请人将权利要求限制为原始要求保护的发明中未被检索的一项，审查小组将撰写第一次审查意见通知书，再次提出检索意见中指出的缺乏单一性的反对意见。申请人的任何争辩意见都应当在通知书中得到适当考虑和处理。

如果将申请限制到未经检索但原始要求保护的发明，可以根据细则第64条拒绝该申请，与G 2/92一致（需满足根据公约第113（1）条和公约第116（1）条的申请人的权利）。

不能援引细则第137（5）条。当申请人未缴纳与原始提交的权利要求不具备单一性的发明有关的检索费时，不适用该条款。

如果申请是欧洲－PCT申请（另见本章7.4），审查小组将视如下两种情况作出决定：

－根据细则第164（2）（c）条，反对将权利要求限制到由于缺乏单一性而未由EPO作为（补充）国际检索单位进行检索，也未作为细则第164（2）（a）条检索一部分完成检索的一项发明；或者

－与G 2/92一致，根据细则第164（1）条在欧洲阶段的补充检索中提出反对意见（参见B部分第Ⅱ章4.3.2、B部分第Ⅶ章2.3和E部分第Ⅸ章4.2）。

在这两种情况下，如果申请人拒绝将权利要求限制到已检索的发明，依照G 2/92，将根据细则第164条驳回该申请（需满足根据公约第113（1）条和公约第116（1）条的申请人的权利）。

关于G 2/92的适用，应当记住，禁止对未缴纳检索费的主题进行申请的规定适用于发明；它不适用于原始与不同的发明一起请求保护且未被检索的特征，但适用于最初与已检索的发明或一组发明一起被公开的特征（参见T 998/14）。

7.3 未限制到已检索的单一一项发明

如果在答复检索意见时，申请人未将申请限制在已检索的单一一项发明上，则审查小组会重新审查检索阶段提出的缺乏单一性的反对意见，如果审查小组认为该意见仍然有效，则会发出第一次审查意见通知书，再次提出检索意见中指出的缺乏单一性的反对意见。

在细则第164（2）条的情况下，根据细则第164（2）（b）条在通知书中指出缺乏单一性的反对意见（另见本章7.4.1）。

如果申请人完全不限制申请，或虽限制了申请，但仍保留两项或更多项发明，可以根据公约第82条驳回该申请（需满足根据公约第113（1）条和第116（1）条的申请人的权利）。

如果权利要求仍然涵盖一项未被检索的发明，根据细则第64条的反对意见依然适用，与本章7.2中讨论的G 2/92决定一致。

如果不是简单地限制了权利要求，而是对权利要求进行了修改，或进行了额外的修改，这种修改往往会导致之前提出的缺乏单一性的反对意见不再有效，或者该反对意见所依据的论点不再完整。因此，这种修改会导致所述反对意见必须撤回或至少重新论证。

有时，发明缺乏单一性仅在实质审查中出现，例如为克服不具备创造性的反对意见而修改一项或多项权利要求之后。在这种情况下，审查小组可以提出反对意见，但仅限于非常明确的情况。

7.4 有关欧洲－PCT申请的进一步程序问题

7.4.1 EPO不进行补充检索的情形

在EPO不进行补充检索的情况下，申请应当限于在国际阶段经EPO检索或在欧洲阶段根据细则第164（2）（a）条进行过检索的一项发明。因而比照适用上述原则（参见本章7.1至7.3）（另见E部分第Ⅸ章4.2）。

在细则第164（2）条的情况下，由于根据公约第94（3）条、细则第71（1）条和细则第71（2）条（也）指出发明单一性的通知书已经根据细则第164（2）（b）条发出，所以无须根据公约第94（3）条以及细则第71（1）和（2）条发出进一步通知书，再次提出缺乏单一性的反对意见（另见本章2.3和7.2）。

7.4.2 EPO进行补充检索的情形

如果EPO对被认为缺乏单一性的申请进行补充检索，将要求申请人缴纳附加费用，并为已缴纳检索费的发明制定补充检索报告。然后，申请应当限制到补充检索中检索的一项发明。因此，比照适用上述原则（参见本章7.1至7.3）（另见E部分第Ⅸ章4.2）。

第Ⅲ章　修改的可接受性——其他程序事项

1. 引　言

本章涉及与修改的可接受性有关的程序事项和形式要求。所涉及的一个重要要求是，申请人有义务指明修改内容并说明其在原始提交的申请中的依据（细则第137（4）条；关于过渡性规定，参见本章2.1.4）。本章还涉及修改的格式和程序，以及与附加请求和如何处理为不同缔约国准备的不同文本有关的问题。

2. 修改文件的程序

2.1 根据细则第137（4）条指明修改及其依据

细则137(4)

在提交修改时，申请人应当指明修改内容并说明修改依据，以使审查小组能够评估修改是否符合公约第123（2）条的规定。为此，审查小组可以要求必须相对于前一次修改或者相对于原始提交申请而指明修改。要求指明修改应理解为给予申请人向审查小组提供具有说服力的理由的机会，以说明为什么修改可以直接地、毫无疑义地从原始提交的申请中确定。如果修改在原始提交的申请中没有文字支持，这些理由对于审查小组根据公约第123（2）条评估结果就尤为重要。

如果参考在申请中指明的部分后，不用为评估修改是否符合公约第123（2）条而进一步查阅申请的这些部分，则满足指明修改依据的要求。没有具体的说明通常认为是不充分的，如“参见原始提交的说明书”、“参见原始提交的权利要求”或“参见原始提交的实施例”。这一要求也适用于申请人请求审查小组修改其申请的情况（参见本章2.4）。

评估是否满足细则第137（4）条的要求与相关修改是否符合公约第123（2）条是相互独立的。例如，申请人可能指明某项修改是基于仅在示意图中公开的技术特征。如果据推测构成修改基础的特征确实在申请人指明的示意图中公开，则符合细则第137（4）的要求，而不考虑基于该技术特征的修改根据公约第123（2）条是否允许（参见H部分第Ⅳ章2.4）。

细则7

如果申请未以EPO的官方语言提交，在没有相反证据的情况下，为了评估修改是否符合公约第123（2）条的规定，

EPO假定原始提交申请的任何译文都是准确的。因此，为了符合细则第137（4）条的规定，只要在原始提交申请的译文中指出修改的依据即可。

2.1.1 细则第137（4）条通知书及其答复

细则137(4)

如果不能正确地指明修改和/或其依据，以至于无法评估修改是否符合公约第123（2）条的规定，审查小组应告知其不满足细则第137（4）条的任何一项要求。因此，审查小组会发出通知书，要求申请人在1个月的期限内纠正这一缺陷。所发出的此类通知书涉及的修改主要包括：

（i）在申请日之后根据细则第58条提交的权利要求（参见A部分第Ⅲ章15）；

（ii）根据PCT条约第19条和/或PCT条约第34条，PCT在进入欧洲阶段之前提交的修改，如果进入时仍保留的话（参见E部分第Ⅸ章3）；

（iii）PCT在进入欧洲阶段时根据PCT条约第28条或PCT条约第41条提出的修改（参见E部分第Ⅸ章3）；

（iv）PCT进入欧洲阶段后根据细则第161（1）条或细则第161（2）条提出的修改（参见E部分第Ⅸ章3）；

（v）答复检索意见时提交的修改（参见B部分第Ⅺ章8）；

（vi）在审查程序期间提出的修改（但参见本章2.1.3），包括根据细则第71（3）条的通知书之后提交的修改。

只有当修改是当前请求的一部分时才能发出这种通知书。它不能涉及已撤回或被替换的修改。根据细则第137（4）条的通知书只能由审查小组发出（参见B部分第Ⅺ章2）。

公约94(4)

如果申请人在上述1个月的期限内未能满足细则第137（4）条的任何一项要求，申请将被视为撤回，因为认为申请人没有答复审查小组的通知书。申请人可因未遵守这一时限而请求进一步审理（参见E部分第Ⅷ章2）。

如果答复根据细则第71（3）条发出的通知书时提交了修改，但其不满足细则第137（4）条的要求，审查小组可以发出根据细则第137（4）条的通知书。此后，如果申请人及时答复，则审查小组将决定是否接受该修改（参见H部分第Ⅱ章2.5.4）。

关于细则第137（4）条对附加请求的适用，参见本章3.3.1。

2.1.2 在细则第137（4）条的期限内撤回或替换的修改

如果申请人及时答复了细则第137（4）条的通知书，其中撤回了该通知书所针对的修改，但没有指明这些修改或指明其在原始提交申请中的依据，那么根据细则第137（4）条，不会发生权利损失。但是，如果撤回导致重新引入曾被指出过缺陷的主题，根据细则第137（3）条，引入所述主题的修改可能被视为不可接受（参见H部分第Ⅱ章2.3）。

对于及时答复细则第137（4）条的通知书而提交的进一步修改，将不再发送细则第137（4）条的通知书。在1个月期限届满前，申请人应当指明并说明以下依据：

（i）已发出的细则第137（4）条的通知书所涉及的修改，并且该修改在根据细则第137（4）条规定的1个月期限内并未被提交的进一步修改所替代；

（ii）在该1个月期间提交的修改。

对于被在1个月内提交的进一步修改所替代的修改，申请人不需要遵守细则第137（4）条的规定。例如：

2010年6月3日	提交的申请：10项权利要求
2011年3月25日	制定了扩展的欧洲检索报告
2013年8月21日	在审查程序中提交修改的权利要求1～10，未指明依据
2013年9月3日	审查小组就2013年8月21日提交的修改的权利要求1～10发出细则第137（4）条的通知书
2013年10月7日	提交修改的权利要求6～10
2013年10月14日（星期一）	细则第137（4）条规定的1个月期限届满

在上述例子中，申请人应当在2013年10月14日，即细则第137（4）条规定的1个月期限届满前，指明2013年8月21日提交的经修改的权利要求1～5和2013年10月7日提交的经修改的权利要求6～10的依据，而如果不这样做，将导致申请根据公约第94（4）条被视为撤回。申请人无须说明2013年8月21日提交的权利要求6～10替换修改的依据。需要特别注意的是，如果未在2013年10月14日之前指明2013年10月7日提交的权利要求6～10的修改依据，那么不会再就这些

修改发出细则第137（4）条的通知书，并且在2013年10月14日1个月期限届满时，该申请被视为撤回。

2.1.3 细则第137（4）条和口头审理程序

如果有关的修改是在口头审理程序中提交的，则不会发出细则第137（4）条的通知书。尽管如此，指明修改及其依据是细则第137（4）条的要求。如果申请人在口头审理程序期间提出的修改未能满足这一要求，出于程序节约原因并考虑到根据公约第113（1）条申请人享有的听证权，审查小组可以根据细则第137（3）条行使自由裁量权，拒绝接受所述修改。

答复根据细则第116（2）条的通知准备口头审理程序时提交的修改，将如上所述在这些口头审理程序中处理。但是，如果口头审理程序被取消或者申请人没有出席，并且口头审理在申请人缺席的情况下举行后程序继续以书面形式进行，审查小组可以就这些修改发出细则第137（4）条的通知书。

2.1.4 与细则第137（4）条有关的过渡性规定

本章2.1.1至2.1.3中描述的程序适用于以下申请（参见2009年3月25日行政委员会决定《OJ EPO 2009，299》第2（2）条）：

（i）在2010年4月1日或之后制定检索报告的欧洲申请；

（ii）在2010年4月1日或之后制定补充欧洲检索报告的欧洲－PCT申请；

（iii）在2010年4月1日或之后由EPO作为国际检索单位为其制定国际检索报告的欧洲－PCT申请（公约第153（6）条；另见E部分第Ⅸ章3.4）。

2.2 通过提交缺失文件或提交替换页进行修改

欧洲专利申请或专利的内容可以在公约第123（2）和（3）条规定的范围内进行修改（关于修改的条件，另见A部分第Ⅴ章2，H部分第Ⅱ章，H部分第Ⅳ章，H部分第Ⅴ章和D部分第Ⅴ章6）。修改通常是通过提交缺失文件或提交替换页的方式实现。在提交替换页时，为了程序节约，建议申请人或专利权人清楚地指明所有修改，并说明这些修改是基于原申请的哪些段落。如果增加或删除整个段落，不需要对整个申请或专利的段落重新编号。

如果在异议的口头审理程序中提交手写的修改，则在细则第82（2）条的通知书中要求专利权人只提交替换的段落和/或权利要求，而不是替换页（参见E部分第Ⅲ章8.7.3和《OJ EPO 2016，A22》第8至14点）。

最好使用文本编辑器中的功能来指明修改，以清楚指示修改文本中的删除和插入。有标记的页面应与清洁版的副本（clean copies）一起提交。另外，手写形式适于满足细则第137（4）条的要求，但清洁版的副本上不能有手写的修改。

优选在答复意见中说明修改的依据，列出所做的修改以及在原始提交申请中的确切依据（参见本章2.1）。如果所述依据不明确，例如使用了不同的措辞，或特征只是从附图中提取或从具体实施例中概括而来，则建议简要说明一下为什么符合公约第123（2）条。

2.3 使用副本的修改

可以按照以下程序使用副本进行修改，特别是对说明书或权利要求的修改：

如果认为合适，审查小组或形式审查员可以在要修改的文件的一页或多页的副本上提出针对反对意见应如何进行修改的建议。然后，在列出反对意见的通知书中将附带注释的副本（不是留在档案中的工作文件）转交给申请人，或者在异议程序中，转交给专利权人和其他当事人。在该通知书中，不仅将告知申请人或专利权人所指出的缺陷，还要求其在规定的时间内发表意见或提交修改，同时要求其重新提交上述副本，代替提交替换页，在该副本上需标明对有关页面进行的任何修改（打字，且复印后清晰可辨），并与审查小组的意见分开。也可以要求异议人以同样的方式提交意见。

当事人也可以主动提交一页或多页修改副本。出于程序节约的考虑，通常反对提交全部重新打字的文件，因为必须核对这些文件与原始文件的一致性（参见T 113/92）。因此，根据细则第137（3）条，通常不接受此类修改请求。只有当修改的内容太多，影响到副本的可读性时，才应当提交替换页。在这种情况下，审查小组也可以主动要求提交这些页面。

2.4 EPO应当事人的请求做出的修改

必要时，也可以由EPO的职责部门应一方当事人的请求对有缺陷的文件进行修改。这是小幅修改的程序，例如，有必要插入授权请求中遗漏的细节，并且所涉及的修改数量是合理的，或者要删除整页或整段。建议相关当事人提交一份清单，概述将由EPO进行的修改。然而，审查小组可自行裁量决定当事人所要求修改的数量是否实际上不合理，以及是否需要相当多的时间来处理。如果认为是，审查小组将要求当事人进行修改并提交修改页。对附图的小幅修改也可以采用这一程序，例如修改附图标记或删除一幅或多幅完整的图（关于修改说明书后删除附图标记，参见F部分第II章4.8）。对于附图进行复杂修改的情况，如果不能立即知道如何进行修改，相关当事人，通常是申请人或权利人，应当提交替换页。

2.5 撤回修改/放弃主题

任何后续撤回修改的请求本身就是进一步修改的请求。因此，如果这种后续请求发生在答复审查小组的第一次审查意见之后，只有在审查小组同意的情况下，相应的修改才会被接受。

从申请中删除主题时，申请人应避免任何可能被解释为放弃该主题的声明。否则，该主题不能被恢复（参见J 15/85，在G 1/05和G 1/06中确认）。

3. 附加请求

在审查、异议和限制程序中，当事人可以在提交一项主要请求后，提交一项或多项附加请求（另见D部分第IV章5.3）。

示例1：

"我们请求按照原始提交的文本或者按照现在所附的修改文本授予专利权。"

示例2：

"我们请求驳回异议，或者按照所附文本以修改后的形式维持专利有效。"

提出进一步的（附加）请求是以防审查小组或异议小组不允许主要（第一）请求。

如果在审查程序中，申请人提交了标记为附加请求的文本，但也表示他们还不愿意受限于该请求，则该文本不能被视为本章意义上的真正的附加请求，因而不能直接基于该文本发出依据细则第71（3）条的通知书（参见C部分第V章1.1）。在这种情况下，应当通过电话与申请人联系，以确定他们是否准备在该文本的基础上继续授权程序。申请人同意或不同意基于该附加请求发出细则第71（3）条的通知书，必须在电话沟通的记录中提及，如果同意，则在细则第71（3）条通知书中提及（参见C部分第VII章2.5）。

3.1 一般性原则

如果主要请求是允许的，审查小组将忽略所有附加请求。

如果主要请求不允许，审查小组将按照请求人选择的顺序考虑附加请求。

如果一个附加请求是允许的，审查小组将忽略所有后续请求。

3.1.1 请求顺序

当提交一组附加请求时，必须以明确的顺序提出这些请求，措辞不能写成需要让审查小组去辨明和猜测想要的权利要求的文本（参见R 14/10）。此外，所有附加请求应当与一项发明有关：审查小组将根据细则第137（3）条行使其自由裁量权，并拒绝接受其中把选定进行审查的已检索过的发明转换成另一项发明的附加请求（参见C部分第III章3.4和H部分第II章7）。

根据细则第113（2）条，EPO仅基于申请人或专利权人向其提交的或同意的文本对欧洲专利申请或专利作出决定。因此，这些当事人应当清楚地指明他们所建议的文本，或者，如果他们提交了一个以上的文本，应当清楚地指明他们希望EPO考虑的顺序。否则，审查小组不知道该以哪个版本作为决定的基础，而最终将因缺乏明确的请求而不得不拒绝所述申请、撤销专利或驳回限制请求。

3.1.2 给出理由的义务

在审查、异议和限制程序中，当任何一方的请求被拒绝时，都应当说明理由。

3.1.3 主要请求和附加请求均不允许

如果审查小组或异议小组不能允许主要请求或任何附加请求，应当在考虑公约第113（1）条和第116条的情况下，作出相应的决定。除非有关请求已被撤回，否则该决定应当包括驳回/拒绝主要请求和每项附加请求的理由。

3.2 在检索阶段

在检索阶段，根据细则第137（1）条，在申请人收到欧洲检索报告之前，检索小组不接受对权利要求的修改，因此申请人不能提交附加请求。如果附加请求在制定补充欧洲检索报告之前提交（参见H部分第Ⅱ章2.1），则在检索中只考虑主要请求（但参见B部分第Ⅷ章3.2.2和4.2.2）。

3.3 在审查程序中

3.3.1 在请求中指明所做的修改及其依据

如果申请人在审查程序中提交了请求（主要请求和/或附加请求），且未指明修改内容和/或未指明其在原始提交申请中的修改依据，审查小组也可以就新提交的一项或多项主要请求和/或附加请求发出根据细则第137（4）条的通知书。

对于在口头审理程序准备时提交的请求、迟交的请求或口头审理程序中提交的请求，参见本章2.1.3。

3.3.2 附加请求的可接受性

3.3.2.1 附加请求的可接受性标准

原则上，审查小组在根据细则第137（3）条行使其自由裁量权不接受一项或多项附加请求时，应当平衡申请人的利益和程序效率（另见H部分第Ⅱ章2.3、2.5.1、2.6和2.7）。

因此，包含细微缺陷但在其他方面符合EPC要求的附加请求通常会被纳入程序。

在决定附加请求的可接受性时，对于每个请求，应考虑H部分第Ⅱ章中规定的原则，因为每个请求实际上是一组修改的权利要求。

重新引入已被认为不允许并已被申请人删除的主题的附加请求将不被接受（另见H部分第Ⅱ章2.3）。这也可以适用于引入新缺陷的附加请求。

3.3.2.2 附加请求的及时性和结构

如果附加请求是在根据细则第116（2）条规定的最后日

期之后提出的，通常被视为迟交的请求，口头审理传唤作为首次通知的情况除外。

对于迟交的请求，除了本章3.3.2.1中规定的标准外，新权利要求的主题不应与已提交的权利要求有很大的差异。这些请求通常应趋于一致，即附加请求的主题构成了对预期发明方向的按序限制，而不是利用不同的特征向不同的方向扩展（参见T 1273/04）。特别是，申请人不能通过提交大量非结构化的请求或涉及不同变化形式的请求，将确定申请主题的责任转移给审查小组（参见R 14/10），这会导致请求不被接受。

3.3.3 准备决定

如果审查小组能够允许附加请求（但不是主要请求或任何排序在前的附加请求），将在根据细则第71（2）条的通知书或根据细则第71（3）条的通知书的附件中相应地告知申请人，简要说明拒绝主要请求和排序在前的附加请求的基本理由（参见C部分第Ⅴ章1.1）。

如果一项附加请求所包含的主题为可允许的请求提供了一个良好的起点，但审查小组认为适于根据公约第94（3）条发出通知书，则应简要说明不允许或不接受排序在前的请求主题的基本原因，并就最有希望的请求提供建议（参见C部分第Ⅲ章4.1.2）。

在审查小组不允许主要请求的情况下，如果专门要求进行口头审理程序，则需要注意：即使审查小组认为某个附加请求可授权，也应当传唤申请人参加口头审理程序。在这种情况下，可能适于通过电话询问申请人：鉴于审查小组打算根据细则第71（3）条针对可允许的附加请求发出通知书，他们是否准备撤回对主要请求的口头审理请求，或者用可允许的附加请求替代主要请求。

在口头审理程序中，审查小组审理主要请求，并在申请人答复口头审理传唤时提出附加请求的情况下，决定是否接受该附加请求（参见H部分第Ⅱ章2.3和本章2.1.3）。此外，可以询问申请人：鉴于可允许的请求，他们是否准备撤回不可允许的排序在前的请求。但是，申请人没有义务这样做。

口头审理的传唤应当说明导致审查小组不允许或不接受已提交的附加请求的根本原因，以便在申请人决定不参加口头审理程序时，不会因申请被驳回而感到意外（C部分第Ⅴ章1.1

和4.9）。无论口头审理程序是在申请人缺席的情况下进行还是取消，这都适用。

在决定附加请求的可接受性时，审查小组将适用下列标准：

（i）本章3.3.2.1，如果附加请求在根据细则第116（1）条规定的日期之前提交；

（ii）本章3.3.2.1和3.3.2.2，如果附加请求在根据细则第116（1）条规定的日期之后提交。

然后，审查小组可以根据细则第137（3）条行使自由裁量权，不接受一项或多项请求（参见H部分第Ⅱ章2.3、2.7、2.7.1和本章3.3.1），而且可以在申请人/代理人缺席的情况下这样做。在这类情况下驳回申请的决定不应让申请人感到意外（参见E部分第Ⅲ章8.3.3.1和8.3.3.3）。

3.3.4 附加请求的完整文本尚不可得

如果还没有与可允许的附加请求相对应的完整文本，则应当要求申请人进行必要的修改。

在口头审理程序中，审查小组应致力于使说明书与其认为可允许的权利要求的版本相一致。如有必要，可因此中断口头审理程序。

3.3.5 附加请求的完整文本可获得

如果已有与可允许的附加请求相应的申请完整文本，将根据细则第71（3）条发出通知书。在该通知书的附件中，审查小组应当简要说明拒绝排序在前的请求的主要理由（另见C部分第Ⅴ章1.1）。在适当的情况下，可以通过参考先前的通知书来完成。如果申请人同意该建议的文本，则根据细则第71（3）条，申请人应通过提交权利要求的译文、缴纳授权和公布费来表明这一点，而无须提交修改或更正建议文本的请求（如果提交这样的请求，则程序如C部分第Ⅴ章4所示）。如果他们这样做，申请将基于根据细则第71（3）条通知书中建议的附加请求的文本进行授权（参见C部分第Ⅴ章2）。

3.3.6 申请人不同意建议授权的文本

如果申请人不同意根据细则第71（3）条的通知书中建议

的依据附加请求的相应文本，则程序如C部分第Ⅴ章4所示（特别参见C部分第Ⅴ章4.7和4.6.2）。

3.4 在异议程序中

在异议程序中，如果专利权人提出的以修改形式维持专利的附加请求是可允许的，那么审查小组不能撤销该专利（参见T 234/86）。

3.4.1 书面程序

如果异议小组在审查了当事人的意见陈述后，认为只能按照专利权人的附加请求以修改后的形式维持专利，则其应当首先确保已允许当事人根据公约第113（1）条对不允许排序在前的请求的证据和理由以及允许排序在后的请求的证据和理由发表意见（如果已经请求进行口头审理程序，另见本章3.5.2）。

如果尽管存在可允许的请求，专利权人仍继续主张一个或多个不可允许的排序在前的请求，则发出中间决定。该决定应当包括对该专利及其相关的发明按照可允许的附加请求进行修改后符合EPC的要求的认定。还应当根据已经通知当事人的理由和证据，列出拒绝排序在前的请求和允许排序在后的请求的理由。

3.4.2 口头审理程序

如果异议小组能够允许一个附加请求，而不是主要请求或排序在前的附加请求，在事先确保当事人已经有机会对这一结论的所有理由和证据发表意见的情况下，组长将告知当事人（可能在中断程序后）哪个请求是可以允许的以及哪个排序在前的请求是不可允许的（以及不可允许的理由）。然后，组长通常会询问专利权人是否准备将可允许的附加请求转化为主要请求（通过放弃所有排序在前的不可允许的请求）。然而，异议小组不能强制要求专利权人作出这样的声明。

如果，尽管存在可允许的附加请求，专利权人仍继续主张排序在前的不可允许的请求，则异议小组将作出中间决定，内容是：

（a）主要请求和可能的一个或多个附加请求是不可允许的；

（b）就可允许的附加请求而言，修改后的专利和与之相关的发明符合EPC的规定。

另一方面，如果专利权人撤回了排序在前的请求，使可允许的附加请求成为主要请求，异议小组将发出中间决定，内容是该请求符合EPC的要求。

如果在口头审理程序中允许附加请求，异议小组将尽可能确保在程序结束时得到完整的最终文本。

3.5 在限制程序中

3.5.1 一般性原则

就像在审查程序中一样，在限制程序中可以随着主要请求一同提出附加请求（例如，权利要求的版本）。但是，在限制程序中提交修改的可能性受到限定（参见D部分第Ⅹ章4.3和4.5）。

口头审理程序的任何请求所适用的程序与根据细则第71（3）条的授权前审理可适用的程序略有不同，尤其是考虑到公约第113（1）条和第113（2）条的要求。特别是，在附加请求是可允许的而主要请求是不可允许的情况下，如果根据细则第95（3）条进行了沟通，则请求人就不再有机会对主要请求被驳回的决定提出上诉。因此，以下情况适用：

（a）如果主要请求是可允许的，将会在此基础上根据细则第95（3）条发出提交译文并缴纳费用的通知。

（b）如果附加请求可允许，但主要请求（以及可能其他排序在前的请求）不被允许，则将根据细则第95（2）条发出通知书，告知专利权人原因，并要求其放弃不被允许的请求；如果专利权人不这样做，请求将被驳回，如下（c）所述。

（c）如果没有一个请求是可允许的，则首先根据细则第95（2）条向请求人发出通知书，说明理由并指出可能的补救措施；如果请求人没有采取补救措施，则发出驳回请求的决定，审查小组在起草的附件中需要说明为何请求没有得到允许的理由。

在情况（b）和（c）中，请求人可以对该决定提出上诉。

3.5.2 书面程序

如果审查小组在审查了限制请求后，认为只能在附加请求的基础上对专利进行限制，则其在根据细则第95（2）条的通知书中将相应地通知请求人，说明为何主要请求和任何排序在前的附加请求不可允许的原因，并告知请求人哪个附加请求被认为是可允许的。在适当的情况下，审查小组也会告知请求人应当对专利说明书文件进行哪些修改，以使其符合要求（公约第105b（1）条和细则第95（2）条）。

如果请求人在答复细则第95（2）条通知书时撤回了不可允许的请求，并且（如适用）进行了任何仍然未决的修改，审查小组将根据细则第95（3）条发出通知书，要求其缴纳规定的费用并提交可允许请求的经限制权利要求的译文（参见D部分第Ⅹ章5）。

如果请求人坚持主张不可允许的请求，并且未遵守审查小组关于其提交与可允许附加请求相对应的文件的要求，则应当驳回限制请求（公约第105b（2）条和细则第95（4）条）。该决定应当给出不允许排序在前的请求的理由，并且应当指出，就可允许的附加请求而言，请求人未能按照审查小组的要求提交可使专利在可允许的请求基础上进行限制的文本。

3.5.3 口头审理程序

如果审查小组能够允许一个附加请求，但不是主要请求或排序在前的请求，组长将告知请求人（可能在中断程序后）哪个请求是可允许的，以及为何排序在前的请求是不可允许的。然后，通常会询问请求人是否准备将允许的附加请求转为主要请求。然而，审查小组不能强制要求请求人作出这样的声明。

尽管存在可允许的文本，如果请求人继续主张不可允许的排序在前的请求，则应驳回限制请求（细则第95（4）条）。审查小组将发出决定，说明不允许排序在前的请求的理由，并指出，就可允许的附加请求而言，请求人未能按照其要求，提交一份使专利在可允许的请求基础上进行限制的文本。

4. 针对不同缔约国的不同文本

在本章4.2至4.4所讨论的情况中，申请或专利可能针对不同缔约国包含不同组的权利要求（和说明书）（另见G部分第Ⅳ章6）。关于审查和异议程序，参见本章4.1至4.4；关于限制程序，参见D部分第Ⅹ章10。

因为允许欧洲专利申请/专利统一性原则的例外的相关规

定只涉及EPC缔约国，所以在延伸国或生效国不可能有不同的文本。然而，如果对于缔约国有不同的文本版本，申请人可以决定哪一个适用于相应的延伸国/生效国。

4.1 审查中不同文本的处理

如果审查小组或异议小组认为说明书和附图与任何一组权利要求不一致，以至于造成混淆，将要求申请人或专利权人修改说明书和附图以弥补缺陷。如果申请人或专利权人主动提出这种修改，审查小组或异议小组只有在认为必要时才会接受。特别是，只有无法在一份共同的说明书中清楚说明在不同的缔约国保护哪个主题的情况下，才需要不同的说明书和附图。对于存在在先国家权利情况下对说明书的适应性修改，参见本章4.4。

因此，这种类型的申请或专利在修改后，或者由两组或更多不同组的权利要求组成，每组权利要求由相同的说明书和附图支持，或者由两组或更多组的权利要求组成，每组权利要求由不同的说明书和附图支持。

关于细则第80条和第138条在异议程序中的适用，参见本章4.2、4.4和4.5。

4.2 根据公约第54（3）条和EPC 1973公约第54（4）条有关现有技术的不同文本

如果EPO注意到，对于一个或多个被指定的缔约国，在先欧洲专利申请的内容构成根据公约第54（3）条的现有技术的一部分，可能出现两种情况：

（i）审查中的申请在EPC 2000公约生效之日（2007年12月13日）尚未结案，或审查中的专利在该日已经授权。仍然过渡性适用EPC 1973公约第54（4）条（参见2001年6月28日的行政委员会决定《OJ EPO 2003，202》特刊第1号第1条），EPC 1973公约细则第23a条和EPC 1973公约细则第87条的第一部分作为其实施细则。在此，如果相互冲突的现有技术导致不同缔约国的权利要求有不同的文本，并且已经缴纳了在先欧洲专利申请的相关指定费用，如果需要相对于所述现有技术确立新颖性，可以为相关缔约国提交不同的权利要求。在异议程序中，细则第80条也适用于由EPC 1973公约第54（4）条规定的现有技术引起的修改。

（ii）审查中的申请或专利不属于（i）所涵盖的内容之一。由于 EPC 1973 公约第 54（4）条已被删除，不论生效的指定国是哪个国家，相互冲突的现有技术对于所有缔约国都属于现有技术（另见 F 部分第Ⅱ章 4.3）。同样，由于 EPC 2000 公约中没有与 EPC 1973 公约细则第 23a 条相对应的规定，因此其与在先欧洲专利申请的指定费是否已经缴纳无关。因此，根据公约第 54（3）条为不同缔约国制定不同文本的可能性已不复存在。

4.3 根据公约第 61 条或细则第 78 条在某些指定国发生权利转让的不同文本

4.3.1 在审查过程中根据公约第 61 条发生权利转让的不同文本

公约 61(1)(b)
细则 17
细则 18(1)和(2)

如果根据公约第 61 条的最终决定，裁定第三方有权获得欧洲专利权，则对于接受、认可或基于认可协议必须认可该决定的指定缔约国，原欧洲专利申请“在适当的情况下”应当包含与其他指定缔约国不同的权利要求、说明书和附图（另见本章 4.1 和 C 部分第Ⅸ章 2）。

4.3.2 在异议程序中对某些指定国家进行专利转让的不同文本

细则 78(2)

如果根据公约第 99（4）条，第三方在一个或多个被指定的缔约国取代了原专利权人（参见 D 部分第Ⅰ章 6 第 3 段），对那些国家来说在异议程序中维持的专利可能包含与其他指定缔约国不同的权利要求、说明书和附图（另见 D 部分第Ⅶ章 3.2）。但是，细则第 80 条适用于每个专利权人的修改。

4.3.3 在审查过程中由于依据公约第 61 条所作的最终决定发生了权利转让的情况下具有不同文本的异议案例

比照适用本章 4.3.2 的内容（另见 D 部分第Ⅰ章 6 第 3 段和 D 部分第Ⅶ章 3.2）。

4.4 存在在先国家权利的不同文本

公约 139(2)

为了 EPO 审查可专利性的目的，现有技术不包括在先国家权利（公约第 54 条）。然而，根据公约第 139（2）条，在欧洲专利授权后，可以在国家程序中援引在先国家权利作为撤销的理由。这些权利是欧洲实体专利法统一性的例外。因此，在存在国家权利的情况下，申请人或专利权人有合法权益提交不同的权利要求，以确保授予的专利不会在某些缔约国被部分撤销（参见细则第80条和细则第138条）。但是，既不要求也不建议提交不同的权利要求。

如果申请人或专利权人在审查/异议程序中提供证据，证明在某一特定（指定）缔约国存在相关的在先国家权利，则对相关缔约国接受不同的权利要求是合理的。证据应当采用规范的形式，或者在适用的情况下，以实用新型或实用新型证书的副本或其申请的副本的形式（参见公约第140条）提供；这对于防止不合理地偏离欧洲专利的统一性是必要的。

在异议程序中，在先国家权利既不是异议的理由，也不是撤销的理由。因此，不接受异议人在异议程序中引入在先国家权利用于挑战新颖性。

在先国家权利的效力由相关的国家规定决定。审查小组或异议小组并不决定申请人或专利权人是否已经将申请/专利的范围限制到克服国家权利的影响所需的程度（参见G部分第Ⅳ章6）。这是申请人或专利权人的责任。

审查小组或异议小组应当核查所述不同的权利要求是否违反了公约第123（2）条和公约第123（3）条，并且是否符合EPC的其他要求。这同样适用于不同的说明书（参见本章4.1）。

此外，在一般情况下，没有理由提交不同的说明书。但是，在说明书前言的适当位置，最好是在根据细则第42（1）（a）条的信息之后的单独段落中提及这种情况，例如，按以下方式：

“参考……（例如在……在先申请号……），申请人通过向该（这些）国家提交不同的权利要求，自愿在……（缔约国）限制申请/专利的范围。”

4.5 不同缔约国授权权利要求不同时的异议程序

如果专利由于本章4.2至4.4中列出的原因被授予了不同组的权利要求，专利权人可能希望通过将对于一个或多个缔约国已引入的限制适用于其他缔约国，或者向所有缔约国提出一组新的单一组的权利要求，而使权利要求保持一致。

在这种情况下，对授权的每组不同权利要求的修改应当分别满足细则第80条和公约第123（3）条（以及细则第138条，如果适用的话）的要求。

5. 权利要求费的计算

权利要求费按照A部分第Ⅹ章11.2、C部分第Ⅴ章1.4、4.2和4.8.1计算。

第Ⅳ章　可允许的修改——公约第123（2）和（3）条

1. 引　言

H部分第Ⅱ章和H部分第Ⅲ章涉及修改的可接受性，即EPO的职责部门是否会将修改的申请文件或修改的专利说明书纳入程序。在修改被纳入程序后，职责部门应当决定该修改是否可允许，即其是否满足EPC的要求。需要注意的是，可接受的修改并不必然是可允许的。

2. 基于公约第123（2）条允许修改

2.1 基本原则

允许修改的问题在法律上是指这样修改的申请是否可以被允许的问题。修改后的申请当然应当满足EPC的所有要求，特别是满足创造性和B部分第Ⅺ章3.6所列的其他事项（另见C部分第Ⅲ章2）。

但是，如果申请人试图修改说明书（除对现有技术的引用之外，参见本章2.2.6）、附图或权利要求，从而引入了超出原始提交的申请的主题，那么这样修改的申请就不能被允许。

公约第123（2）条的基本思想是，不允许申请人通过增加在原始提交的申请中没有公开的主题内容来改善其地位，这将给他带来不应有的优势，并可能损害依赖原始申请内容的第三方的法律安全（参见G 1/93）。

如果申请内容的总体变化（无论是通过增加、改变还是删减）导致本领域技术人员即使考虑了隐含公开的内容，也不能从先前提交的申请中直接地、毫无疑义地确定所述信息，则修改被视为引入了超出原始申请内容的主题，因此不可允许（参见G 2/10）。

2.2 “原始”提交的申请内容——一般性原则

根据公约第123（2）条的规定，不允许在欧洲申请中增加本领域技术人员使用公知常识，并考虑在文件中明确提及的任何对本领域技术人员是隐含的特征仍不能直接地、毫无疑义地从原始提交的申请中获得的主题。然而，公约第123（2）条的措辞并不要求字面上的支持（参见T 667/08）。

“隐含公开”一词的含义仅指原始提交的申请中明确提及内容的清楚且毫无疑义的推论。因此，在判断一份文件明确公开内容所清楚且毫无疑义地隐含的内容时，必须考虑到公知常识。然而，根据公知常识，所述公开可能导致什么成为显而易见的问题与评估所述文件隐含公开的内容无关（参见T 823/96、T 1125/07）。

在评估修改后的权利要求是否符合公约第123（2）条的要求时，重点在于关注原始提交的面向技术受众的申请向本领域技术人员真正公开了什么。特别是，审查小组需要避免过度关注所提交的权利要求的结构，而影响本领域技术人员可以直接地、毫无疑义地从整个申请得出的主题。

此外，对公约第123（2）条的要求的评估是在技术和合理的基础上从本领域技术人员的角度进行的，以避免人为和语义上的解释（参见T 99/13）。

2.2.1 说明书中交叉引用的文件中描述的特征

未在原始提交的发明的说明书中公开，而只是在该说明书显示的交叉引用的文件中描述的特征，就公约第123（2）条而言，这些特征初步看来不属于“申请提交的内容”。只有在特定条件下，这些特征才可以通过修改的方式引入申请的权利要求中。

如果原始提交的发明的说明书没有让技术熟练的读者对下列情况产生疑问，这种修改不会违反公约第123（2）条（参见T 689/90）：

（i）正在保护这些特征或可能寻求对这些特征的保护；

（ii）这些特征有助于解决本发明的技术问题；

（iii）这些特征至少隐含地明确属于原始提交申请中的发明的说明书（公约第78（1）（b）条），并因此属于原始提交的申请的内容（公约第123（2）条）；

（iv）这些特征在引用文件公开的内容中被准确限定和可识别。

此外，只有在以下情况下才考虑在提交申请之日公众无法获取的文件（参见T 737/90）：

（a）在提交申请之日或之前，EPO可以获得该文件的副本，或者如果申请是未提交至EPO作为受理局的欧洲－PCT申请，受理局可以获得该文件的副本；

（b）该文件最迟在本申请根据公约第93条公布之日公众可获取（例如，出现在申请档案中，因而根据公约第128（4）条形成公开）。

2.2.2 申请日后提交的说明书遗漏部分或遗漏附图

细则56　细则第56条规定的程序允许申请人随后提交遗漏的附图或部分说明书，并依据优先权文件，以避免将提交遗漏部分的日期重新确定为申请日。根据细则第56（3）条，只有在优先权文件中“完全包含”遗漏部分的情况下，才能避免重新确定申请日（参见C部分第Ⅲ章1和A部分第Ⅱ章5）。细则第56（3）条的规定只适用于申请的提交阶段，对后续没有进一步的影响：特别是在程序的后期阶段，不允许依据优先权文件来更正或修改提交的申请（与G 3/89和G 11/91一致）。对于欧洲-PCT申请，PCT细则第20.6条有类似规定，由此，根据PCT细则第82条之三，EPO作为选定局或指定局可以进行审查。

细则第56（3）条允许的说明书遗漏部分和/或遗漏的附图始终被视为“原始提交”的申请文件的一部分。

2.2.3 申请日后提交的权利要求书

细则58　根据细则第58条在申请日后提交的权利要求书，绝不能视为“原始提交”申请文件的一部分，因此应当符合公约第123（2）条的要求（参见A部分第Ⅲ章15）。为此，审查小组必须依据在程序其他阶段提交的修改的审查中确立的相同做法和标准，审查权利要求是否满足公约第123（2）条的要求（参见H部分第Ⅴ章）。

2.2.4 申请日后提交的序列表

在申请日之后提交的标准化序列表不构成说明书的一部分（细则第30（2）条）。这种标准化序列表既不作为申请的附件公布，也不与说明书一起公布（参见2013年10月18日的EPO公告《OJ EPO 2013，542，Ⅳ.2》）。

在申请日提交的、公开序列或构成非标准化序列表的页面和电子文件是原始提交申请的组成部分，并且与说明书的任何其他部分被同等对待。

随后提交的标准化序列表只能包含原始申请中已经包含的

序列信息——以标准化的形式，特别是序列的数量及其编号需要与原始说明书相同（参见2013年10月18日的EPO公告《OJ EPO 2013，542，I. 2. 4》）。为此，申请人应当提交一份声明，确认随后提交的标准化序列表不包含超出原始提交申请范围的内容（参见2011年4月28日的局长决定《OJ EPO 2011，372》第2（2）条）。相应地，随后提交的标准化序列表不能用于确定申请原始公开的内容，而只能用于检索目的（参见2013年10月18日的EPO公告《OJ EPO 2013，542，I. 2. 5》）。

随后提交的标准化序列表将不会被审查是否符合公约第123（2）条的要求，因为它不是说明书的一部分。

在不违背细则第30条的情况下，可以根据细则第139条和/或公约第123（2）条更正或修改构成说明一部分的序列表。在这种情况下，应提交包含更正或修改的TXT格式的完整的新序列表（参见2013年10月18日的EPO公告《OJ EPO 2013，542，I. 2. 6》）。

2. 2. 5 优先权文件

根据公约第123（2）条规定，不允许在欧洲申请中增加仅存在于该申请优先权文件中的内容（参见T 260/85），除非是根据细则第56（3）条规定进行的（参见本章2. 3. 2）。关于错误的更正，参见H部分第Ⅵ章4。

2. 2. 6 申请日后在说明书中引用现有技术

公约123(2)

通常不反对申请人通过修改引入与现有技术相关的进一步信息；事实上，审查小组可能会要求这样做（参见F部分第Ⅱ章4. 3和F部分第Ⅲ章8）。

2. 2. 7 澄　清

通常不会反对删除不清楚的内容，只要这种变更不超出原始提交申请的公开范围（公约第123（2）条）。

2. 2. 8 商　标

如果修改是为了澄清商标的含义或用相应的技术术语取代注册商标，审查小组需要特别小心，以确定该修改不会与公约第123（2）条冲突。商标标记产品的组成可能随着时间的推移而改变。

2.3 “原始”提交的申请内容——特殊申请

2.3.1 引用在先申请提交的申请

根据细则第40（1）（c）条，申请人可以通过引用在先申请提交欧洲申请（参见A部分第Ⅱ章4.1.3.1）。由于权利要求不再是给予申请日期的必要条件，申请人有3种选择：

（i）在提交欧洲申请时，表明对在先申请的引用包括权利要求；

（ii）在提交申请时，提交一套新的权利要求，同时指明说明书和所有附图通过引用在先申请提交；

（iii）在提交欧洲申请时，指明引用在先申请，并在申请日之后提交权利要求（细则第58条）。

在（i）和（ii）的情况下，权利要求将构成原始提交申请的一部分，而在（iii）的情况下，申请日后提交的权利要求不是原始提交申请的一部分，因此必须满足公约第123（2）条的要求（参见本章2.2.3）。

2.3.2 分案申请

根据公约第76（1）条，分案申请的主题不得超出原始提交的母案申请的内容。此外，提交分案申请后对分案申请的修改也不得超出原始提交的分案申请的内容（公约第123（2）条；更多细节参见C部分第Ⅸ章1.4）。

2.3.3 依据公约第61条的决定产生的申请

如果最终决定裁定申请人以外的人有权获得专利授权，该人可以依据公约第61（1）（b）条提交新的欧洲专利申请。在这种情况下，公约第76（1）条的规定比照适用于根据公约第61（1）（b）条提交的新申请。

这意味着新申请不得包含超出原始提交的在先（无权利的）申请内容的任何主题。此外，公约第123（2）条意味着，对新申请的修改不得超出其原始提交的内容，即使有关主题已包含在在先申请中（更多细节参见C部分第Ⅸ章2.1）。

2.3.4 国际申请

就公约第123（2）条的目的而言，原始提交的文件是指在PCT阶段原始提交的文件（通常作为国际公布文件公布），其副本始终可从国际局获得。因此，在PCT阶段所做的修改（包括修改、替换或更正的文件，即使是附在国际公布文件上的）或在进入EPO的地区阶段时所做的修改，如果在欧洲阶段保留，应当满足公约第123（2）条的要求，并且仔细考虑所有这些修改。

2.4 对“增加的主题”的评估——示例

如果申请涉及由几种成分组成的橡胶组合物，而申请人试图引入可添加其他成分的信息，那么这种修改通常会因违反公约第123（2）条被驳回。

在同时公开一般范围和优选范围的情况下，公开的优选较窄范围与公开的一般范围位于较窄范围任一侧的部分范围之一的组合，可以从申请的原始公开中得出。

在一份申请中，描述并请求保护“安装在弹性支撑物上”的装置，但没有公开任何特定种类的弹性支撑物，如果申请人试图添加支撑物是或可能是例如螺旋弹簧的具体信息，则应提出反对意见。

但是，如果申请人能够证明，根据本领域技术人员的理解，附图显示了螺旋弹簧，那么至少在其被公开的具体实施例的上下文中，可以允许具体提及螺旋弹簧（另见H部分第Ⅴ章3.2.1）。

3. 基于公约第123（3）条允许修改

3.1 基本原则

公约69(2)

授权的欧洲专利或在异议、限制或撤销程序中修改的欧洲专利追溯性地决定欧洲专利申请的保护范围。

因为根据公约第100条提出的异议理由，异议程序经常会引起对权利要求的修改。专利权人独立提出的修改权利要求的合理请求，例如，鉴于他们所了解的技术状况的某一方面而对专利进行限制，也可能导致在异议小组审查后对权利要求进行修改。

公约123(3)

在此情况下，欧洲专利的权利要求不得以扩大专利保护范围的方式进行修改。

公约第123（3）条的直接目的在于通过禁止对已授权专

利的权利要求保护范围进行任何扩展来保护第三方利益，即使在提交的申请中有这种扩展的基础（参见 G 1/93，理由 9）。

3.2 授权专利的保护范围

公约 69(1)

欧洲专利的保护范围由权利要求决定。然而，说明书和附图可用于解释权利要求。

根据公约第 164（1）条，《欧洲专利公约第 69 条的解释议定书》是 EPC 的组成部分，明确了如何解释公约第 69 条。

因为根据公约第 69（1）条，对说明书和附图的修改将影响对权利要求的解释，并可能因此扩大授权的保护范围，所以任何以这种方式扩大保护范围的修改都是不允许的（参见 G 1/93）。

3.3 需考虑的授权专利的版本

为了验证公约第 123（3）条的标准，审查小组或异议小组需要将修改后的权利要求的文本与授权专利的权利要求、在异议或在先限制程序中修改后的权利要求进行比较，以最新生效的权利要求为准。

3.4 对授权保护范围的不允许扩展的评估

鉴于上述考虑，在异议程序中应当审查对权利要求的所有修改以及对说明书和附图的任何相关修改，例如改变发明的技术特征，以确定这些修改是否会导致主题的范围超出原始提交申请的内容（公约第 123（2）条）或扩大保护的范围（第 123（3）条）。

如果根据公约第 84 条，为避免专利文本中的不一致，在授权前申请文件已基于修改的权利要求进行适应性修改，因而删除了原始公开的部分主题，通常，为此删除的主题不能重新插入专利说明书或授权的权利要求中而不违反公约第 123（3）条的规定（截止效力）。类似的判定适用于在这种适应性修改过程中由于理解的原因而保留在专利说明书中，但与所要求保护的发明不相关的主题（参见 T 1149/97）。

公约第 123（2）条和第 123（3）条的要求必须按如下方式分别处理：

（a）对是否符合公约第 123（2）条的审查与审查程序中的审查方式相同。

（b）对是否符合公约第 123（3）条的审查，基于已授权的权利要求，或基于在异议程序或在先限制程序中修改的权利要求，必要时利用说明书和附图来解释权利要求（公约第 69 条和《欧洲专利公约第 69 条的解释议定书》）。

在权利要求中明确指出含有用数值范围限定用量的组分的组合物，但受隐含的限制性条款的规定，即排除该组分的量在所述范围以外。限制该组分范围的修改，例如通过缩小定义该成分的通用类别或化合物清单，其结果是限制了该隐含的限制性条款的范围。然而，除非另有说明，限定为包含权利要求中所示组分的组合物可以存在任何其他组分。因此，涉及这种开放式限定的组合物的权利要求，限制其中存在的组分的范围可能会产生扩大该权利要求的保护范围的效果，其结果是在异议/上诉程序中，这样修改的权利要求可能会扩大授权专利的保护范围（公约第 123（3）条）（参见 T 2017/07 和 T 287/11）。限制组分的范围意味着某些材料不再受到权利要求的明确限制，因此可以以授权权利要求所排除的数量存在。

3.5 公约第 123（2）条和公约第 123（3）条之间的冲突

在授权前程序中，如果在申请里增加了一个在异议程序中会认为不符合公约第 123（2）条的特征，公约第 123（2）条和公约第 123（3）条的要求之间可能存在冲突。在这种情况下，根据公约第 123（2）条需要删除该特征，而公约第 123（3）条不允许删除，因为这将扩大授权专利的保护范围。在此情况下，将根据公约第 100（c）条撤销该专利。但是，如果该特征可以被一个在原提交的申请中有依据的特征所取代，并且不会扩大授权专利的保护范围，则可以允许维持这种修改的形式。如果增加的特征对要求保护的发明的主题没有技术贡献，而只是通过排除原提交申请涵盖的要求保护的发明主题的一部分来限制授权专利的保护范围，那么可以保留所述特征（参见 G 1/93）。权利要求中特征的技术重要性取决于它对所要求保护的主题的技术限定的贡献，而该贡献由本领域技术人员根据原始公开的内容来评估（参见 T 518/99）。

3.6 公约第 123（3）条和 EPC 其他要求之间的冲突

公约 123(3)

授权后，EPC 的其他要求也可能与公约第 123（3）条相互影响。例如，如果授予的专利只包含实质上限定了“通过在人体或动物体上进行治疗或手术来治疗人体或动物的方法”的权利要求或者包含这样的方法步骤，并且该专利根据公约第53（c）条被提出异议，那么公约第53（c）条和公约第123（3）条可以结合起来，从而该专利不可避免应当被撤销，因为：

- 该专利不能以授权的形式维持，因为其权利要求限定了根据公约第53（c）条被排除在可专利性之外的主题；
- 该专利不能以修改的形式维持，因为通过删除所述“方法特征”来修改授权权利要求将违反公约第123（3）条的规定（参见T 82/93）。

4. 修改符合其他EPC要求

4.1 一般性原则

修改必须遵守的其他EPC要求取决于修改是在审查、异议还是在限制程序中提交（见下文）。

4.2 在审查程序中

修改的允许问题是指在法律上这样修改的申请是否允许的问题。修改后的申请当然应该满足EPC的所有要求，特别是满足创造性和B部分第Ⅺ章3.6所列的其他要求（另见C部分第Ⅲ章2）。然而，特别是当权利要求被大幅限制时，审查小组需要牢记在修改阶段可能需要特别考虑以下问题。

（i）发明的单一性

修改后的权利要求是否仍然满足公约第82条的要求？如果检索报告似乎显示所有权利要求的共同构思缺乏新颖性或创造性，但修改后的权利要求不需要进一步检索，审查小组应仔细考虑在程序的这个阶段提出缺乏单一性的反对意见是否合理（参见F部分第Ⅴ章6）。但是，如果权利要求缺乏共同的发明构思，并且需要进一步的检索，则应提出反对意见。

（ii）说明书和权利要求的一致性

如果权利要求已修改，说明书是否需要进行相应的修改以消除它们之间的严重不一致？例如，该发明记载的每个实施例是否仍在一项或多项权利要求的范围内（参见F部分第Ⅳ章4.3和H部分第Ⅴ章2.7）？反之，是否所有修改后的权利要求都得到了说明书的支持（参见F部分第Ⅳ章6）？此外，如果权利要求的类别已改变，标题是否需要进行相应的修改（参见H部分第Ⅴ章8）？

4.3 在异议程序中

通常专利权人必须说明修改在原始申请文件中或在授权专利权利要求中的依据（公约第100（c）条和公约第123（2）条）。此外，他们应考虑到现有技术和异议通知中提出的反对意见，就修改后的专利主题的可专利性提出意见（参照公约第100（a）和（b）条），并酌情提出支持的证据。

异议不是重新审查整个专利的机会；应当审查的是引入专利的修改整体上是否符合EPC的要求（参见G 3/14、T 227/88和T 301/87）。因此，异议小组将核查该专利，通过修改本身，并不违反EPC的要求（公约第82条除外，参见G 1/91和D部分第Ⅴ章2）。关于公约第84条，参见D部分第Ⅴ章5。关于修改文件的形式，参见H部分第Ⅲ章2.2至2.4。修改还应当满足形式上的要求，特别是满足细则第30条至第34条以及细则第42、43、46、48和50条（参见细则第86条）的要求。

4.4 在限制程序中

限制程序不是重新审查整个专利的机会；只有修改后的权利要求才会依据公约第84条、公约第123（2）和（3）条进行审查，即需要考虑的是所要求的修改是否引入了这些条款意义上的缺陷。对已授权或维持的权利要求不作重新审查。

4.4.1 公约第84条

还需要核实修改后的权利要求是否符合公约第84条的规定。在限制程序中，依据公约第84条而对清楚的解释，适用常规的标准（参见F部分第Ⅳ章4、5和6）。在这方面需注意，仅对权利要求，特别是对从属权利要求进行澄清是不允许的，除非这些澄清是由于在权利要求的其他地方引入的限制所必需的。

4.4.2 审查说明书和/或附图

细则第95（2）条要求在限制程序中只审查修改后的权利要求。但是，如果申请人没有对说明书进行修改，审查小组要审查修改后的权利要求是否仍然得到说明书的支持。如果情况并非如此，根据细则第95（2）条，将要求专利权人修改说明书或权利要求，以符合公约第84条的规定。需要指出的是，在这种情况下审查小组不得自行修改说明书。

但是，如果出于限制的目的，与权利要求一起提交了修改的说明书和/或附图，则应对这些进行审查，但仅限于满足公约第123（2）和（3）条以及公约第84条的要求。需注意，在此方面，仅为了改进专利而对说明书进行的修改，或者不是限制权利要求所必需的表面的修改，都是不允许的。

4.4.3 不考虑的内容

在限制程序中，不审查为什么要提出限制请求或是否已经达到限制的目的，例如，修改和限制的权利要求是否相对于特定的现有技术文件真正具备新颖性。

一般而言，无须核实限制的权利要求是否违反了公约第52条至第57条中的任何规定。然而，限制可能会导致表面上不符合可专利性的标准，例如公约第53条，在此情况下，审查小组会将这种不符合规定的情况告知请求人。

示例：

涉及一类植物的授权权利要求限制在一个特定的植物品种上。由于修改后的权利要求涉及植物品种本身，根据公约第53（b）条，它被排除在可专利性之外（参见G 1/98）。

将一项包含受控爆炸系统的装置的授权权利要求限制为一项涉及包含受控爆炸系统的杀伤性地雷权利要求，这违反公约第53（a）条的规定。

第Ⅴ章　可允许的修改——示例

1. 引　言

本章提供了对是否符合公约第123（2）条和/或公约第123（3）条规定的一些典型情况的补充指导和示例。然而，应当牢记的是，具体修改是否可允许最终需要根据具体个案情况决定。

2. 说明书的修改

2.1 技术效果的澄清

在原始申请中明确公开了技术特征，但未提及或未充分提及其效果的情况下，如果本领域技术人员可以从原始提交的申请中毫无困难地推断出该效果，随后在说明书中澄清该效果不违反公约第123（2）条。

2.2 更多示例和新效果的引入

公约123(2)　对于引入更多实施例的修改，应始终根据H部第Ⅳ章2中概述的一般考虑因素仔细甄别。这同样适于在发明中引入新的（即先前未提及的）的表述，例如新的技术优势。举例来说，如果最初提出的发明涉及清洁羊毛服装的方法，该方法包括用特定的液体处理衣服，则不允许申请人之后在说明书中引入该方法还具有保护衣服防止虫蛀危害的优点的表述。

公约123(2)　然而，在某些情况下，后提交的实施例或新的效果，尽管不允许加入申请中，仍然可以作为支持所要求保护的发明的可专利性的证据被审查小组考虑。例如，可以接受另外的实施例作为证据，证明基于原始提交的申请中给出的信息，可以在整个要求保护的范围内容易地实施该发明（参见F部分第Ⅳ章6.3）。类似地，如果新的效果是原始提交的申请中公开的效果所隐含的或至少与其相关的，该新的效果可被认为是支持创造性的证据（参见G部分第Ⅶ章10）。

2.3 补充技术信息

在申请日之后提交的任何补充技术信息将被添加到文档中可供公众查阅的部分，除非根据细则第144（d）条被排除在公众查阅之外。从信息添加到文档公开部分之日起，其就构成了公约第54（2）条意义上的现有技术的一部分。为了通知公众存在此类申请日后提交且未包含在说明书中的信息，将在专利说明书的封面页上印刷适当的提示。

2.4 声称技术问题的修改

还应当注意，确保对本发明声称解决的技术问题的任何修改或随后的插入符合公约第123（2）条。例如，这种情况可能出现在为应对缺乏创造性的反对意见而对权利要求进行限制时，希望修改声称的问题来强调所述效果可从限制后的发明中得出，但不能从现有技术中获得。

应当记住，只有当所强调的效果是本领域技术人员可以毫无困难地从原始提交的申请中推断出时，才允许这样的修改（参见本章2.1和2.2）。

如果提出的修改违反公约第123（2）条，则有必要以其他方式修改说明书，例如通过更上位的术语界定技术问题或完全省略对技术问题的任何明确表述。

2.5 引证文件

在特定条件下，交叉引用文件中的特征可以通过修改的方式引入申请的权利要求中（参见H部分第Ⅳ章2.2.1）

2.6 说明书中文本的更改、删除或增加

对文本进行更改或删除，以及增加更多文本，可能会引入新的主题。例如，假设发明涉及多层层压板，并且该说明书包括不同层状布置的若干实施例，其中一个具有聚乙烯外层；将该实施例的外层修改为聚丙烯，或者完全省略该层，通常是不允许的。在上述情况下，修改的实施例所公开的层压板与原始公开的层压板完全不同，因而所述修改会引入新的主题，因此是不允许的。

2.7 使说明书与修改后的权利要求一致

必须根据需要对说明书进行修改，使其与修改后的权利要求保持一致，以满足F部分第Ⅱ章4.2、F部分第Ⅳ章4.3（iii）和4.4的要求。

如果申请人在被要求修改后仍不按照要求修改说明书，审

查小组下一步可以发出口头审理的通知（summons）。对于时间期限，适用E部分第Ⅲ章6（iii）。

3. 权利要求的修改

替换或删除权利要求中的特征，或者增加更多的特征，可能不仅会在权利要求本身中引入新的主题，而且在作为整体考虑的权利要求中也可能引入新的主题。实际上，当修改后的权利要求与它的从属权利要求和/或它所引用的权利要求一起考虑时，这种修改可能导致权利要求中出现原始提交的申请中没有公开的特征组合。

3.1 权利要求中特征的替换或删除

公约123(2)

只有当特征的替换或删除落在本领域技术人员相对于申请日（或根据公约第89条的优先权日）根据公知常识并客观地从整个申请文件直接和毫无疑义地确定的范围内时，才能满足公约第123（2）条的要求（参见G 3/89、G 11/91和G 2/10）。

如果通过替换或删除权利要求中的某一特征的修改未能通过以下至少一项标准的测试，则其必然违反公约第123（2）条的要求：

（i）所述替换或删除的特征未在原始提交的公开内容中解释为必需的；

（ii）本领域技术人员可以直接地、毫无疑义地确定，基于本发明要解决的技术问题，该特征对于本发明的功能并非是必不可少的（在此情况下，对于审查中重新确定技术问题时需要特别注意，参见本章2.4和G部分第Ⅶ章11）；

（iii）本领域技术人员可以确定所述替换或删除不需要修改一个或多个特征以弥补所述更改（它本身并不改变发明）。

但是，即使满足上述标准，审查小组依然应当确保通过替换或删除权利要求中某一特征的修改满足公约第123（2）条的要求，因为它们也在G 3/89和G 11/91中列出，在G 2/10中被称为“黄金标准”。

如果从一项独立权利要求中删除了若干特征，从而例如使其仅限制于原始要求保护主题的一部分，则所述修改后的权利要求的主题应当能够直接且毫无疑义地从原始提交的作为发明本身的申请中确定，即它应当解决技术问题，并且能够在缺少所删除的任何特定特征的情况下发挥作用。

公约123(3)　从授权的独立权利要求中删除限制特征有可能导致获得的保护范围扩大，从而可能违反公约第123（3）条的规定。同样，如果替换已授权权利要求中的某个特征，必须仔细核查是否符合公约第123（3）条。

3.2 引入另外的特征

公约123(2)　可以引入另外的特征来限制权利要求，条件是所得到的组合在原始提交的申请中以明确或隐含方式直接且毫无疑义地公开（参见H部分第Ⅳ章2.1），并且不涉及未检索的发明（参见H部分第Ⅱ章6和7.2）。如果得到的组合相对于原始提交的申请具有新颖性（参见G部分第Ⅵ章2给出的新颖性测试），则修改后的权利要求不符合公约第123（2）条的要求。

当所得到的组合可被视为如下情况时，不足以依据公约第123（2）条允许所述修改，因为需要直接地、毫无疑义地公开所述组合。

- 与说明书“并不矛盾”（参见T 495/06）；
- “似乎合理可信”（参见T 824/06）；
- 从申请来看“显而易见”（参见T 329/99）。

可以通过引入另外的特征对权利要求进行限制——例如：（a）来自从属权利要求，所述权利要求从属于被限制的权利要求；（b）来自说明书（另见本章3.2.1）；（c）来自附图（参见本章6）；（d）由于将独立权利要求转换为从属权利要求产生的——条件是满足上述要求。

3.2.1 中间概括

公约123(2)　只有当特征之间不存在结构和功能上的关联时，才允许从原始公开的特征组合中提取孤立的特定特征并使用它来限定所要求保护的主题。

在评估从特征组合中提取的特征对权利要求的限定是否满足公约第123（2）条的要求时，不能认为原始提交的申请的内容是一个储存库而能够从中将与不同实施例有关的单独特征进行组合，以便人为地创造一个特定的组合。

当从一个特定实施例提取一个特征并将其添加到权利要求时，必须确定的是：

- 所述特征与该实施例的其他特征无关或并非密不可分；
- 公开内容整体上证明了所述特征的概括性分离并将其引

入权利要求中是合理的。

在中间概括的特定情况下，这些条件应理解为评估修改是否符合公约第123（2）条要求的辅助手段。在任何情况下，都必须确保即使考虑那些利用公知常识对本领域技术人员来说是隐含的内容，本领域技术人员也不会获得不能从原始提交的申请中直接地、毫无疑义地得到的信息。

示例1：

修改后的权利要求涉及用于织布机线束的综片。原始权利要求通过引入仅与一个特定实施例相关而公开的特征来限定，其中综片的孔眼呈纺锤形。修改后的权利要求不包含这种形状。在说明书的概述部分，还提到了孔眼也可以具有其他形状，例如椭圆形。因此，上诉委员会得出结论，该修改根据公约第123（2）条是允许的（参见T 300/06）。

示例2：

权利要求1涉及一种水可分散和可冲洗的吸收性物品。修改后的权利要求1限定第一和第二纤维组件的每一个都是湿法成网织物。与第一纤维组件相关的，原始提交的申请涉及与其他特征（织物是开孔的；织物具有纤维体或足够的固有孔隙率）相结合的湿法成网织物。

由于原始申请中公开的第一纤维组件是仅与权利要求1中未出现的其他特征相结合的湿法成网织物，而所做的修改构成了对原始公开的技术信息的概括，从而引入了超出原申请范围的主题（参见T 1164/04）。

示例3：

原始权利要求1涉及一种涂料组合物，包含至少一种松香化合物、至少一种聚合物和一种防污剂。修改后，引入了一个涉及涂料组合物制备方法的新权利要求，包括混合至少一种松香化合物、至少一种聚合物和一种防污剂。该方法的唯一依据是实施例。上诉委员会观察到，对于某些溶液，加入的松香量非常低，而对于其他的则非常高。修改后的权利要求的主题被认为是对实施例的不允许的概括，因为说明书中没有任何内容提示本领域技术人员所述观察到的变化对于制备涂料组合物是非必需的（参见T 200/04）。

示例4：

原始权利要求1涉及一种多处理系统，包括一个共享存储器、一个目录和一个序列化点。所述序列化点以功能性术语进行限定。对权利要求1的修改在于增加了在说明书中作为部分高速缓存一致性策略的特征。上诉委员会认为，尽管所引入的特征是这样公开的，但却以一种任意的方式从整体公开的高速缓存一致性存储器访问架构中分离出来。至少一个特征被省略了，尽管其功能对实现缓存一致性至关重要。因此，修改后的权利要求1不能直接且毫无疑义地从原始申请中得出（参见T 166/04）。

3.3 删除要求保护主题的一部分

公约123(2) 如果相应的实施例在原申请中记载了，例如，作为权利要求中的可选项或作为说明书中明确记载的实施例，则允许删除要求保护主题的部分内容。

示例：

原始申请："一种聚合物混合物XY……含有石墨、滑石、石棉或二氧化硅作为填充剂。"

现有技术："一种聚合物混合物XY……含有石棉。"

限制权利要求："一种聚合物混合物XY……含有石墨、滑石或二氧化硅作为填充剂。"

只有在不会产生不能直接且毫无疑义地从原始提交的申请中导出的新的技术信息的情况下，才允许从一个以上的列表中删除可选项。特别是，不是把特定特征的特定组合挑选出来，而是将其余的主题作为一个普通的组，其与原始的组的区别仅在于其范围较小的限缩，通常符合公约第123（2）条的要求。

如果原始提交的申请提供了指向该特定组合的指示，例如通过参考特定的实施例，那么删除要求保护主题的部分导致特定特征的组合可能是被允许的。

这些原则也适用于由从属权利要求产生的特征的组合。

示例：

原始权利要求1："一种用于治疗用途的组合物，包含一种治疗剂和一种玻璃成型碳水化合物。"

原始权利要求22："根据权利要求1所述的组合物，其中所述治疗剂选自由酶、生物药品、生长激素、生长因子、胰岛素、单克隆抗体、干扰素、白介素和细胞因子组成的组。"

原始公开：说明书中，吸入是列出的几种给药方式中的一种。
说明书中，胰岛素是列出的几种治疗剂中的一种。

限制后的权利要求 1："一种适于吸入给药的用于治疗用途的组合物，包含一种治疗剂和一种玻璃成型碳水化合物。"

从属权利要求 10："根据权利要求 1 所述的组合物，其中治疗剂是胰岛素。"

权利要求 1 中对吸入的限制是从一个列表中选择的结果，在原始提交的申请中是有依据的。

从属权利要求 10 的主题与权利要求 1 的主题的组合是从多个列表中选择的结果，其并未在原始提交的申请中直接且毫无疑义地公开。

组合起来得出修改后的权利要求主题的修改的数量并非评估所述权利要求的主题是否超出原始提交的申请范围的决定性因素。所需要的是分析要求保护的主题是否明确或隐含地，但直接且毫无疑义地在原始提交的申请中公开。

在可能的情况下，应正面指示保留哪些主题以限制权利要求，而不是声明从主题中删除了什么（如具体放弃的做法）。

示例：

"……一种分子量从 600 到 10000 的聚合物" 限制为：

"……超过 1500 到 10 000"（参见 T 433/86）。

3.4 扩大权利要求的更多情况

公约 123(2)　只有当原始提交的申请提供了所述产品也能够以其他方式使用的假设基础（并且如果所述目的的表述不构成功能性限制），删除独立产品权利要求中关于用途或预期目的的表述才满足公约第 123（2）条的要求。

不能以对本领域技术人员显而易见为由将一个特定特征替换为一个更上位的特征来扩大权利要求（另见本章 3.2.1）。

公约 123(3)　此外，删除一个特定特征或使用一个更上位的特征进行替换通常导致权利要求的扩大，因此不满足公约第 123（3）条的要求。

4. 具体放弃

4.1 在原始提交的申请中公开的具体放弃

在这种情况下，原始申请已经表明特定主题不是所述发明的一部分。

公约 123(2)　否定式特征有助于限定要求保护的发明，与肯定式特征一样，并且应当基于相同的基础进行审查。换句话说，它们可以赋予新颖性，并且与肯定性特征一样，评估它们与创造性的相关性。它们也应当满足公约第84条（清楚、简明和支持）的要求，将它们包含在权利要求中不应违反公约第123（2）条的规定（T 170/87，T 365/88）。

示例：

–“……所述传送装置不包括电容器元件”；

–“……条件是不包含熔融指数低于0.05的混合物”。

否定式特征与肯定式特征一样，可能是结构性或功能性的，也可能涉及产品与方法。

4.2 未在原始提交的申请中公开的具体放弃

4.2.1 被排除的主题在原始提交的申请中未公开（所谓未公开的具体放弃）

在以下情形下，根据公约第123（2）条，可允许通过使用“具体放弃”排除在原始提交的申请中未公开的技术特征来限制权利要求的范围（参见G 1/03和G 1/16，以及F部分第Ⅳ章4.20）：

（i）克服公约第54（3）条的公开而重获新颖性；

（ii）克服公约第54（2）条的偶然占先而重获新颖性。

“如果与要求保护的发明无关并且远离所要求保护的发明，以至于本领域技术人员在作出所述发明时根本不会将其纳入考虑范围，则占先是偶然的。”要确定“偶然”的身份，不需要查看可获得的进一步的现有技术。一篇相关文件不会仅因为有其他更相关的公开而成为偶然占先。一篇文件未被认为是最接近现有技术的事实不足以获得“偶然”的身份。偶然公开与要求保护的发明的教导无关，因为其与创造性的审查不相关。例如，相同的化合物在完全不同的反应中作为起始材料产生不同的终产物就是这种情况（参见T 298/01）。然而，一项现有技术，其教导远离本发明，并不构成偶然占先；破坏新颖性的公开是一个对比例的事实也不足以获得“偶然”的身份（参见T 14/01和T 1146/01）。

（iii）删除根据公约第52条至第57条因非技术性原因而被排除可专利性的主题。例如，允许插入“非人类”以满足公约第53（a）条的要求。

这些标准尽管引入了未公开的具体放弃，但不得对原始提交的申请中公开的主题产生技术贡献。所述未公开的具体放弃（其不可避免地在数量上减少原始的技术教导）不得在质上改变原始技术教导，即申请人或专利权人在专利性的其他要求方面的地位得到改善。特别是，它不得与或不得变成与创造性的评估或公开充分的问题相关。因此，创造性的评估应当在不考虑未公开的具体放弃的情况下进行。

具体放弃不可移除超出为重获新颖性（上述情况（i）和（ii））或放弃因非技术原因而被排除在可专利性之外的主题（上述情况（iii））所必需的内容。

特别在以下情况下，不允许使用未公开的放弃：

（i）进行放弃是为了排除无效实施例或补救公开不充分；

（ii）它做出了技术贡献；

（iii）所述限制与评估创造性有关；

（iv）具体放弃使该发明相对于一份单独的现有技术文件具有公约第54（2）条规定的新颖性或创造性，其对于所要求保护的发明并非是一种偶然占先，否则仅基于抵触申请可以允许具体放弃（公约第54（3）条）；

（v）基于抵触申请的具体放弃也可以实现其他目的，例如消除公约第83条的缺陷。

公约第84条同样适用于权利要求和具体放弃本身（参见T 2130/11）。

为了专利的透明度，应根据细则第42（1）（b）条在说明书中指出被排除的现有技术，并且应当表明现有技术与具体放弃之间的关系。

4.2.2 要排除的主题在原始提交的申请中公开

判断要排除的主题是否在原始提交的申请中公开的标准，是采用具体放弃后保留于权利要求中的主题，对于结合申请日（或依据公约第89条的优先权日）的公知常识的本领域技术人员而言，是否明确或隐含、直接且毫无疑义地在原始提交的申请中公开，参见G 2/10批注1a。

该标准与判断用肯定式限定特征限制权利要求的可允许性时所适用的标准相同（参见本章3.2）。

在引入具体放弃后，当需要判断权利要求是否违反或是否符合公约第123（2）条时，不能仅通过确定原始提交的申请中公开了所述具体放弃的主题来判定。

本领域技术人员是否获得了新的信息取决于他或她如何理解修改后的权利要求，即修改后的权利要求中保留的主题，以及他或她是否会结合公知常识认为该主题至少在原始提交的申请中隐含地公开。

所需要的是对所审查的个案的总体技术情况进行评估，要考虑原始提交的申请中公开的性质和范围、具体放弃主题的性质和范围，以及其与修改后保留在权利要求中的主题的关系。

在此方面，必须确定所述主题的具体放弃是否导致例如挑选出在原始提交的申请中未具体提及或隐含地公开的化合物或化合物的亚类或其他所谓的中间概括（参见 G 2/10）。

所述发明是否服务于要求保护的主题以及该发明可信地解决了什么难题，这些问题与评估该主题是否超出原始提交申请的内容无关（参见 T 2130/11）。

5. 附图的修改

有时会发生用于申请公布的附图不是那些原始提交的附图，而是随后提交的附图的情况，因为后者更适合复制（根据细则第 56 条提交的附图，参见 A 部分第Ⅱ章 5 和其小节）。在这种情况下，受理部门的形式审查员将检查随后提交的附图是否与原件相同。

但是，确保随后提交的附图不包含与公约第 123（2）条相冲突的新技术信息的最终责任由审查小组承担。

如果审查小组认为这些附图与公约第 123（2）条相冲突，应要求申请人提交与原始附图实质上完全一致的其他附图。

依据公约第 123（2）条，通常不可能在申请中增加完全新的附图，因为在大多数情况下，新的附图不能从说明书的纯文本中毫无疑义地导出。出于同样的原因，应仔细检查附图的修改是否符合公约第 123（2）条。

6. 源自附图的修改

当修改基于可能仅来自原始申请的示意图中的细节时，需要谨慎对待（另见 H 部分第Ⅳ章 2.4）。

特别地，仅用于给出所述发明主题原理的示意性解释，而不是给出每个细节的附图，不能推断认为所公开的教导有意排除了未示出的特征（参见 T 170 / 87）。

在附图中描绘某一特定特征的方式可能是偶然的。本领域技术人员必须能够从附图中清楚无误地认识到，在整个说明书上下文中，增加的特征是为了解决所涉及的技术问题而进行技术考虑的深思熟虑的结果。

例如，附图可能描绘一种车辆，其中发动机的大约三分之二的高度位于与车轮顶部相切的平面以下。如果本领域技术人员能够认识到发动机相对于车轮的这种空间安排实际上是为解决技术问题而采取的一种有意的措施，那么限定发动机的主要部分位于给定水平以下的修改不会违反公约第123（2）条的规定（参见T398／00）。

7. 异议中权利要求类型的改变

细则80
公约123(2)和(3)

修改的形式可以是改变权利要求的类型，可能与改变发明的技术特征相结合。首先必须明确，这种修改必须以异议理由为依据（参见H部分第Ⅱ章3.1）。如果不是这种情况，不允许改变类型。

即使这一条件得到满足，异议小组在允许改变权利要求的类型时也要非常谨慎，因为权利要求所赋予的保护范围可能因此而扩大（公约第123（3）条）。以下各节中给出了一些示例。请注意，这些例子也可能引起公约第123（2）条规定的问题。

7.1 产品权利要求变为用途权利要求

如果对专利进行了修改，使得产品（物理实体）权利要求被该产品的用途权利要求所替代，则保护程度不会扩大，只要所述用途权利要求实际上限定了所述特定物理实体实现某一效果的用途，而不是限定这种用途以生产产品（参见G 2/88）。

7.2 产品权利要求变为方法权利要求

如果对专利进行了修改，使得产品权利要求被该产品的生产方法权利要求所替代，则该类型的改变是允许的，只要现在要求保护的方法仅得到之前要求保护的产品。由于产品权利要求所赋予的保护范围涵盖所有生产该产品的方法是欧洲专利法的一个基本原则，限定为这些方法之一不会扩大原始权利要求赋予的保护范围（参见T 5/90和T 54 /90）。

7.3 方法权利要求变为产品权利要求

通常，将权利要求的类型从使用装置的方法改变为装置本身是不允许的（参见 T 86/90）。

但是，如果原始权利要求详尽地包含所述设备要求保护的特征，无论是结构还是功能方面，则可能例外地允许用涉及所述设备本身的权利要求替换涉及该设备操作方法的权利要求（参见 T 378/86 和 T 426/89）。

但是，如果现在要求保护的设备的特征不再依赖于其操作环境，而在之前的方法权利要求的条件下依赖于所述操作环境，则不适用该例外（参见 T 82/93）。

此外，按照 G 5/83 将瑞士型（Swiss - type）的用途限定的方法权利要求变成根据公约第 54（5）条的用途限定的产品权利要求违反公约第 123（3）条，因为用途限定的方法权利要求提供的保护小于用途限定的产品权利要求（参见 T 1673/11）。

7.4 方法权利要求变为用途权利要求

从制备产品的方法改变为先前要求保护之外的产品用途，是不允许的（参见 T 98/85 和 T 194/85）。

相反地，从使用某种产品的方法权利要求改变为该产品执行该相同方法的用途权利要求，是允许的（参见 T 332/94）。

8. 发明名称的改变

发明名称的唯一目的是让公众了解申请中披露的技术信息。发明名称对提交的申请内容或一旦专利授予后的保护没有影响。此外，在授予专利权之前，发明名称不是需要申请人核准的文件的一部分。

因此，确定发明名称的最终责任在于审查小组，小组可自行决定是否接受申请人更改发明名称的请求（另见 A 部分第Ⅲ章 7）。

第Ⅵ章 错误的更正

1. 引言

向EPO提交的文件可能包含错误，例如在著录项目、说明书、权利要求书或附图中（参见本章2）。EPO的授权决定或其他决定（参见本章3）以及说明书印刷中（参见本章4）也可能出现错误。

这些错误可以按照以下方法更正。

2. 更正向EPO提交的文件中的错误

细则139 依据细则第139条的更正涉及向EPO提交的文件中，特别是在申请文件中的语言错误、打印错误和其他错误（参见本章2.2.1）。

然而，更正专利申请翻译中的错误另见A部分第Ⅶ章7，发明人指定的更正参见A部分第Ⅲ章3.5，更正/增加优先权参见A部分第Ⅲ章6.5.2。

根据细则第139条提出的更正请求由流程部门负责处理：

（i）在审查和异议程序中，根据细则第139条更正错误由形式审查员负责，但说明书、权利要求书和附图中的错误除外（参见2013年12月12日的EPO局长决定《OJ EPO 2014，A6》第1条22点和第2条21点）。

（ii）在受理部门负责的情况下（细则第10（1）条），由其对更正请求作出决定，除非该请求需要技术审查。在后一种情况下，一旦责任由审查小组承担，其将对该请求作出决定（参见J 4/85）。

2.1 可接受性

细则139 只要在EPO的程序是未决的，原则上就可以请求更正提交给EPO的任何文件中的语言错误、打印错误和其他错误（参见G 1/12）。但是，在审查程序期间，只有在决定程序尚未结束时，换言之，只有在授权决定移交给EPO内部邮政服务部门以向申请人传送之日前，这种更正请求才能被考虑（参见G 12/91；“交给EPO邮政服务部门”的日期印在2006A表的底部）。另见H部分第Ⅱ章2.6最后一段。

此外，适用于依据细则第139条提交请求的其他时间限制如下：

(i) 该请求必须在发现错误后立即提出，不得有不当的拖延（参见G1/12、J 16/08）。

(ii) 对于更正著录项目（例如优先权、指定）或程序性声明（例如撤回）的情况，时间限制可源于对公众利益的保护。例如，在没有任何特殊情况下，应尽早提出通过增加第一优先权来更正优先权要求的请求，以便在申请公布中包含相应警示（参见J 6/91）。否则，只有在已公布的申请表面上存在明显错误的情况下才能进行更正（参见A部分第Ⅴ章3）。只有在提出更正请求时，申请的撤回尚未正式告知公众的情况下，才能更正错误的撤回申请（参见J 25/03）。

(iii) 如果已经根据含有错误的文件作出了决定或终止了某一程序阶段，则对请求更正提交给EPO的文件中的错误也存在限制。依据细则第139条提出的请求不能使申请人恢复到较早的程序阶段或扭转已经作出的决定的影响（参见J 3/01，另见本章3.1）。因此，在这种情况下，此类请求是不可接受的。

2.1.1 异议和限制程序中的可接受性

只要相应的程序在EPO是未决的，就可以根据细则第139条（参见G 1/12）更正在异议和限制程序中提交的文件中的错误。

然而，在异议和限制程序中，根据细则第139条更正错误的请求不得用于更正授权决定的内容，从而规避细则第140条的限制。

2.1.1.1 说明书、权利要求书和附图中的错误

在下列情况下，专利权人提交的包含明显错误更正的修改过的说明书将被接受：

细则80

– 在异议程序中，如果更正是修改的一部分，而不仅是消除错误，即由异议理由引起的修改（参见H部分第Ⅱ章3）。

因此，如果专利权人提交了符合细则第80条要求的修改的说明书，他们还可以根据细则第139条的要求更正明显的错误（参见T 657/11）。这种更正请求将由异议小组处理（参见本章2.1），如本章2.2至2.2.2中所述。

细则95(2)

– 在限制程序中，如果更正是修改的一部分，而不仅是消

除错误，即构成对已授权或经修改的权利要求限制的修改，并且符合公约第 84 条和公约第 85 条的规定（参见 D 部分第Ⅹ章 4.3）。

换言之，如果在限制程序中提交了一套符合细则第 95（2）条要求的修改的权利要求，可以根据细则第 139 条更正明显的错误。

2.2 可允许性

细则 139
公约 123(2)

文书或语法错误的更正通常是允许的，只要能明显看出发生了错误以及应该如何更正。然而，更正说明书、权利要求书和附图中的错误是一种特殊形式的修改，并受公约第 123（2）条的约束（参见 G 2/95；另见本章 2.2.1）。这些错误可以按照下文所述方式进行更正。

2.2.1 说明书、权利要求书和附图的更正

如果错误出现在说明书、权利要求书或附图中，则错误和更正都必须是显而易见的：

（i）出现错误；

（ii）更正应当是什么。

关于（i），不正确的信息应当是本领域技术人员自己利用公知常识，从原始提交的申请文件（说明书、权利要求书和附图）中客观上可以识别的。

关于（ii），更正应当属于本领域技术人员利用公知常识、客观认识并相对于申请日，能够直接和毫无疑义地从原始提交的申请文件中得出的范围内。

换言之，比照适用公约第 123（2）条的要求。

可以以任何适当的形式提供何为申请日的公知常识的证据。

优先权文件不能用于上文（i）和（ii）项所述目的（参见 G 3/89 和 G 11/91）。

细则第 139 条第 2 句所作的更正具有严格的声明性质，它确定了本领域技术人员，利用公知常识，在申请日时从整体上看从欧洲专利申请的各部分中，会得出哪些与公开内容有关的结论（参见上述 G 3/89 和 G 11/91）。因此，用其他文件完全取代申请文件（即说明书、权利要求书和附图）是不可能的（参见 G 2/95）。

一些允许更正的示例如下：

（i）在一项权利要求中用“respectively”（分别地）取代“respectfully”（恭敬地）（参见T 34/03）。

（ii）在“particle”（粒子）一词上增加复数的“s”，因为相应的动词“have”是复数形式，并且所述原始提交的申请描述了颗粒大小分布。由于颗粒大小分布只能被限定用于多个颗粒，因此认为所述更正是可允许的（参见T 108/04）。

另一方面，申请人/专利权人不能依靠：

（a）仅统计原始提交的申请中相关词语的出现次数，以便将一个词语替换为另一个词语，例如，如果不清楚是否发生了错误，并且无法确定撰写人除“included”（包括）之外没有其他意图（参见T 337/88），将“excluded”（排除）替换为“included”（包括）。

（b）相关技术领域测量化合物浓度的通常做法或行业标准，如果原始提交的申请仅提及“%”，而没有澄清是按重量还是按体积，并且说明书中没有明确指示“%”是按重量百分比浓度、按体积百分比浓度或别的浓度（参见T 48/02）。

（c）在缺乏进一步证据（如百科全书或基础的教科书）的情况下，使用公知常识，主张例如本领域技术人员会立即认识到，在专利的优先权日之前，不存在具有6位数字的ASTM标准（参见T 881/02）。

2.2.2 根据细则第139条作为更正提交的说明书遗漏部分和遗漏附图

申请人也可能根据细则第139条的要求通过更正的方式，将说明书的遗漏部分和/或遗漏的附图纳入申请文件。几乎在所有情况下，这都是不可行的（参见J 1/82）。

在极其罕见的情况下，其他申请文件可能允许本领域技术人员重建说明书的遗漏部分和/或遗漏的附图，从而可以根据细则第139条的规定通过更正的方式提交。

与根据细则第56（3）条提交说明书的遗漏部分和/或遗漏的附图相比，根据细则第139条提交的更正绝不能参照优先权文件（参见本章2.2.1）。

3. 决定中错误的更正

根据细则第140条对决定中错误的更正应当与根据细则第

139条对申请人（或专利权人）提交的文件中错误的更正明确区分开。对于后者，参见A部分第Ⅴ章3和本章2和其小节。对申请人（或专利权人）在申请（或专利）文件中的错误的更正，不能通过更正授权决定（或以修改后的形式维持）来迂回实现。

只有当决定的文本明显与有关部门的意图不同时，才允许对决定进行更正。构成决定基础的专利文本中的错误，不能通过暗示小组无意作出实际上包含申请人（或专利权人）认可的所述文本的决定而归咎于该小组，以此作为将错误纳入细则第140条范围的一种手段。因此，只有决定中的语言错误、打印错误和明显错误才可以更正。根据细则第140条对决定中错误的更正具有追溯力（参见T 212/88）。因此，当需要更正的决定是驳回申请或撤销专利时，提出异议请求或上诉的时限不会因公布或通知更正后的决定而改变。

根据细则第140条更正错误的权限属于作出决定的机构（例如参见G 8/95、J 12/85、J 16/99）。

因此，即使在异议（或上诉）程序中，审查小组也有权纠正授权决定中著录项目的错误（参见本章3.2）。审查小组或异议小组也有权更正作为其各自决定对象的专利文本中的错误，包括编辑/格式错误（参见本章3.3）。

3.1 可接受性

细则第140条不适用于更正专利申请人或所有权人提交的文件中的错误（参见G 1/10）。只有根据细则第139条，并且只有程序是未决的情况下，才可以接受对此类文件的更正（参见本章2.1）。一旦授权决定被移交给EPO的内部邮政服务部门（参见G 12/91），可以更正的只有著录项目中的错误、专利说明书出版中的印刷错误以及格式/编辑错误（参见本章3.2和3.3）。

由于专利文本的最终责任在于申请人或专利权人，他们有责任根据细则第71（3）条适当检查构成通知书的所有文件（即2004表和Druckexemplar（电子生成拟授权文本））。这同样适用于建议以修改形式维持的文件（参见细则第71（5）条、第82（1）条和第95（2）条，公约第113（2）条和G 1/10）。

但是，在某些条件下，可以在异议和限制程序中根据细则第139条提出对于授予专利的文件的更正请求（见本章

2.1.1)。

对决定的更正将基于一方当事人的合理请求或由EPO自行决定进行。如果更正的请求被拒绝，则在决定中应当给出合理的理由（参见T 850/95）。这些理由应当事先告知过请求人（公约第113（1）条）。

3.2 著录项目更正的可允许性

允许更正语言错误、打印错误和明显错误的唯一原因，是确保所述决定表达的是该小组在签发时的真实意图。如果审查小组授权或限制专利的决定，或异议小组根据细则第82（2）条发出的以修改形式维持专利的决定已成为最终决定的通知书中提到的著录项目不是，也显然不可能是与该小组的真实意图相对应的著录项目，则可以根据细则第140条更正错误指示的著录项目。在这方面，所述错误原本是由申请人在其提交的材料中引入的，还是由该小组引入的，都无关紧要。

特别是，专利权人姓名中的拼写错误或类似错误，只要不会导致指定的人与申请时最初指定的人（或其所有权继承人）不同，并且审查小组打算向其授予专利，就可以根据细则第140条进行更正。

根据2015年11月23日的EPO局长决定《OJ EPO 2015，A104》，著录项目错误更正请求由形式审查员处理。

3.3 在异议程序未决时根据细则第140条更正错误——程序方面

即使在异议程序中，审查小组也有权更正其授权决定中的错误，特别是决定理由和著录项目中的错误，或B1公开文本中的格式/编辑错误（见本章3.2和4）。

因此，异议小组会将专利权人在异议程序未决时根据细则第140条提出的更正此类错误的任何请求均提交给审查小组。

但是，如果根据细则第140条提出的更正请求明显不可接受，即所请求的更正不涉及授权决定中包含的著录项目错误或B1公开文本中的格式/编辑错误，则异议小组继续进行异议程序，直至根据公约第101条作出决定，而无须等待审查小组结束有关更正的程序（与G 1/10的推理一致）。对继续审理的程序性决定可与异议决定一起上诉。

如果更正请求可以接受，审查小组将毫无拖延地进行处理，以尽量减少或避免对异议程序的延误。异议小组可以暂停异议程序，等待审查小组的程序结束。

4. 格式/编辑错误的更正

已经包含在申请人认可的文本中的格式/编辑错误，可由EPO主动或应专利权人的请求予以更正。格式/编辑错误是指在准备Druckexemplar（电子生成拟授权文本）的过程中发生的专利文件的改动，其既没有用标准标记指示，也没有在2004表中标明。

示例1：

在Druckexemplar（电子生成拟授权文本）中，第10页包括两处改变：

－第一处改变是用标准标记表示的；

－第二处改变是在第10页与第一处改变不同的段落中，只是缺少最上面的两行，但删除没有采用任何标准标记指示(即这两行只是消失了)。

授权公布后，申请人发现了错误并请求：

(a) 更正审查小组引入的第一处改变中的一个拼写错误；

(b) 重新插入已经消失的最上面两行。

请求（a）不能接受，因为错误是在已标记的修改中。然而，关于第二处改变的请求（b）是一个格式化/编辑错误。因此，可以批准恢复最上面两行的请求。

示例2：

EPO 2004表指出除第10页经审查小组修改过；说明书的其他页也已经修改。

在Druckexemplar（电子生成拟授权文本）中，存在原始提交的第10页；没有修改。

在这种情况下，由于该错误不属于格式/编辑错误，因此在授权决定公布后不能进行更正。

如果允许对已公布的说明书文本进行任何更正，将公布更正后的版本。但是，这种更正不影响异议期的开始。

在Druckexemplar（电子生成拟授权文本）和2004表之间存在差异的任何其他情况下，专利权人只能提出上诉以寻求救济。

5. 权利要求译文的更正

根据公约第70（1）条规定，以程序语言书写的专利文本是有效文本。因此，公约第14（6）条所要求的专利说明书的权利要求译文只是为了提供信息。因此，并不对译文进行审查（参见C部分第Ⅴ章1.3）；特别是，所述译文不构成授予专利权决定的一部分。因此，译文也不能根据细则第140条进行更正。但是，如果在收到权利要求书翻译的更正版本时，准备B公布的阶段还允许更换文件，则EPO将公布更正的版本，而不是翻译的原始版本。

如果权利要求的更正译文未及时提交给EPO，以便在B公布时得到考虑，那么专利权人修改它们的唯一可能性是在专利以修改形式维持时（细则第82（2）条），或者如公约第70（4）条所示，由国家主管部门进行修改。

6. 公布中的错误

印刷说明书的内容与根据细则第71（3）条的通知书（2004表）一起传送给申请人的文件［Druckexemplar（电子生成拟授权文本）］不同时，如果这些文件是授权决定的基础，就会出现公布错误。

公布中的错误必须与申请人认可后但在授权决定前引入授权文本中的变更区分开（参见G 1/10）。在这种情况下，专利权人只能提起上诉以寻求救济。

上述公布中的错误可以随时更正（另见C部分第Ⅴ章10）。这也同样比照适用于在决定维持经修改的专利之后，在公布申请和经修改的专利说明书中的错误。

更正公布中错误的权限属于程序正在或最后正在进行的机构。

因此，由异议小组处理在异议程序中提交的B1说明书公布中错误的更正请求。

形式审查员负责公布错误的更正（参见2015年11月23日的局长决定《OJ EPO 2015，A104》）。

计算机实施发明的索引

计算机实施发明（computer - implemented invention，CII）是涉及使用计算机、计算机网络或其他可编程设备的发明，其中一个或多个特征全部或部分通过计算机程序实现。

在此提供以下超链接集合，以便于查阅 EPO 审查指南中对 CII 检索和审查特别有帮助的说明部分。

应当注意的是，该集合并非关于 CII 的单独出版物。相反，按照超链接能够访问最新适用版本的指南中具有一定编号和标题的部分。

各章节的集合主要包括关于可专利性要求的审查指导，特别是当权利要求中包含技术特征和非技术特征时，这在 CII 中是常见的。包括给出了如何评价与公约第 52（2）条列表相关特征的指导的章节，以及说明检索实践和公约第 83 条和第 84 条要求的章节。

各章节的集合不应被视为穷尽列举的列表。整本指南适用于任何欧洲专利申请或欧洲专利。

与指南的其他部分一样，考虑到欧洲专利法和实践的发展，特别涉及 CII 的章节的更新是一个持续的过程。下面的列表还用于指出最近已经更新的部分，如各章节标题后版本年份所示。

可专利的发明

G 部分第Ⅰ章 1　基本要求

G 部分第Ⅰ章 2　进一步的要求

G 部分第Ⅱ章 1　一般性说明（2022 版审查指南中更新）

G 部分第Ⅱ章 2　审查实践（2022 版审查指南中更新）

与公约第 52（2）条列表相关的特征和技术贡献

G 部分第Ⅱ章 3.3　数学方法（2022 版审查指南中更新）

-G 部分第Ⅱ章 3.3.1　人工智能和机器学习（2018 版审查指南中引入）

-G 部分第Ⅱ章 3.3.2　模拟、设计或建模（2022 版审查指南中更新）

G 部分第Ⅱ章 3.4　美学创作

G 部分第Ⅱ章 3.5　进行智力活动、游戏或商业的方案、

规则和方法

–G 部分第Ⅱ章 3.5.1　智力活动的方案、规则和方法（2022 版审查指南中更新）

–G 部分第Ⅱ章 3.5.2　游戏的方案、规则和方法（2022 版审查指南中更新）

–G 部分第Ⅱ章 3.5.3　商业的方案、规则和方法（2018 版审查指南中引入）

G 部分第Ⅱ章 3.6　计算机程序（2018 版审查指南中更新）

–G 部分第Ⅱ章 3.6.1　产生进一步技术效果的示例（2018 版审查指南中引入）

–G 部分第Ⅱ章 3.6.2　信息建模、编程活动和编程语言（2018 版审查指南中引入）

–G 部分第Ⅱ章 3.6.3　数据检索、格式和结构（2022 版审查指南中更新）

–G 部分第Ⅱ章 3.6.4　数据库管理系统和信息检索（2021 版审查指南中引入）

G 部分第Ⅱ章 3.7　信息呈现（2018 版审查指南中更新）

–G 部分第Ⅱ章 3.7.1　用户界面（2021 版审查指南中更新）

新颖性和创造性

–G 部分第Ⅶ章 5.4　包含技术特征和非技术特征的权利要求（2022 版审查指南中更新）

–G 部分第Ⅶ章 5.4.1　客观技术问题的确定（2022 版审查指南中更新）

–G 部分第Ⅶ章 5.4.2　应用 COMVIK 途径的实例（2022 版审查指南中更新）

–G 部分第Ⅶ章 5.4.2.1　示例 1

–G 部分第Ⅶ章 5.4.2.2　示例 2

–G 部分第Ⅶ章 5.4.2.3　示例 3

–G 部分第Ⅶ章 5.4.2.4　示例 4（2022 版审查指南中更新）

–G 部分第Ⅶ章 5.4.2.5　示例 5（2022 版审查指南中引入）

检索实践

B 部分第Ⅷ章 2.2　依据公约第 52（2）和（3）条排除可专利性的主题（2015 版审查指南中引入）

–B 部分第Ⅷ章 2.2.1　计算机实施的商业方法（2015 版

审查指南中更新)

公约第 84 条的要求

F 部分第Ⅳ章 3.9　涉及计算机实施发明的权利要求(2016 版审查指南中引入，涉及其小节)

-F 部分第Ⅳ章 3.9.1　所有方法步骤完全可以由通用数据处理装置实施的情况

-F 部分第Ⅳ章 3.9.2　方法步骤限定附加设备和/或专用数据处理装置的情况（2021 版审查指南中更新)

-F 部分第Ⅳ章 3.9.3　发明在分布式计算环境中实施的情况（2018 版审查指南中引入)

公约第 83 条的要求

F 部分第Ⅲ章 1　充分公开（见第 4 段)

说明书部分的形式要求

F 部分第Ⅱ章 4.12　计算机程序

审查指南按字母顺序排列的关键词索引

为方便读者，增加了按字母顺序排列的关键词索引；它不构成指南的一部分。

A

该关键词字母索引表并非穷举。

Abandonment of claims B－Ⅲ，3.4　**放弃权利要求**

Abandonment of subject－matter C－Ⅸ，1.3　**主题的放弃**

Abbreviations General Part，2.2　**缩略语**

Absence of well－known details F－Ⅲ，5.2　**缺少众所周知的细节**

Abstract A－Ⅲ，10，A－Ⅲ，10.1，E－Ⅸ，2.3.10，F－Ⅱ，1，F－Ⅱ，2，F－Ⅱ，2.2，F－Ⅱ，2.7，G－Ⅳ，5.1　**摘要**

Abstract in examination F－Ⅱ，2.7　摘要的审查

Checklist F－Ⅱ，2.5　清单

Checklist for considering the abstract F－Ⅱ，An. 1　审核摘要的清单

Conflict between abstract and source document B－Ⅵ，6.3　摘要与原始文件之间的抵触

Conflict with other European applications G－Ⅳ，5.1　与其他欧洲申请抵触

Content of a European patent application（other than claims）F－Ⅱ，2　欧洲专利申请的内容（不含权利要求）

Content of the abstract A－Ⅲ，10.2，F－Ⅱ，2.3　摘要的内容

Definitive content A－Ⅲ，10.2，B－X，7，F－Ⅱ，2.2　确定内容

Examination of formal requirements A－Ⅲ，10　形式审查

Figure accompanying the abstract A－Ⅲ，10.3，F－Ⅱ，2.4　摘要附图

Instructions in Chapter A－Ⅲ（"Examination of formal requirements"）E－Ⅸ，2.3.10　A部分第Ⅲ章（对形式要求的审查）中的说明

Purpose of the abstract F－Ⅱ，2.1　摘要的目的

Summaries，extracts or abstracts B－X，11.5　概要、摘录或摘要

Title，abstract and figure（s）to be published with the abstract（as indicated on supplemental sheet A）B－X，7　标题、摘要以及与摘要一起公布的附图（如补充页A所示）

Transmittal of the abstract to the applicant F－Ⅱ，2.6　将摘要传送给申请人

Accelerated　**加快**

Accelerated processing before the boards of appeal E－Ⅷ，6　上诉委员会的加快程序

Accelerated processing of oppositions E－Ⅷ，5　异议的加快审理

Accelerated prosecution of European patent applications E－Ⅷ，4　欧洲专利申请的加快审查

　Accelerated examination E－Ⅷ，4.2　加快审查

Accelerated search E－Ⅷ，4.1	加快检索
Patent Prosecution Highway（PPH）E－Ⅷ，4.3	专利审查高速路（PPH）
Access to EPO documentation for the national patent offices B－Ⅸ，5	**国家专利局获取 EPO 文件**
Accorded date of filing still subject to review G－Ⅳ，5.1.2	**仍需审查的规定的申请日**
Account of the search B－X，3.3	**检索账户**
Accounts	**账户**
Debit orders for deposit accounts held with the EPO A－Ⅱ，1.5	在 EPO 持有的存款账户的借记单
Deposit accounts with the EPO A－X，4.2	EPO 的存款账户
Late replenishment of deposit accounts A－X，6.2.2	存款账户的逾期充值
Activity of the opposition division D－Ⅳ，2	**异议小组的工作**
Adaptation of the description C－Ⅴ，4.5	**说明书的适应性修改**
Additional	**附加的**
Additional European searches B－Ⅱ，4.2	附加欧洲检索
Additional fee	附加费
Additional fee（if application documents comprise more than thirty－five pages）A－Ⅲ，13.2	附加费（如果申请文件超过35页）
Additional fee for a European patent application A－Ⅲ，13.2	欧洲专利申请附加费
Additional fee for divisional applications of second or subsequent generations A－Ⅳ，1.4.1.1	二代或后续代分案申请的附加费
Additional fee for divisional applications A－Ⅲ，13.3	分案申请的附加费
Additional fee for divisional applications of second or subsequent generations A－Ⅳ，1.4.1.1	二代或后续代分案申请的附加费
Additional search D－Ⅵ，5	附加检索
Applicant has not paid all additional search fees B－Ⅶ，1.2.3	申请人未缴纳全部附加检索费
Invitation to pay additional search fees combined with invitation to restrict the scope of the search C－Ⅲ，3.1.3	通知缴纳附加检索费并限制检索范围
Limitation to searched invention no additional search fees paid C－Ⅲ，3.1.1	限制到已检索的发明 不缴纳附加检索费
Refund of additional search fees C－Ⅲ，3.3	附加检索费的退还
Additional search fees paid C－Ⅲ，3.1.2	已缴纳附加检索费
Limitation to searched invention no additional search fees paid C－Ⅲ，3.1.1	限制到已检索的发明 不缴纳附加检索费
Additional searches during examination C－Ⅳ，7.2	审查期间的附加检索

Adherence to the text of the European patent submitted or approved by the patent proprietor D－Ⅵ，2	**以专利权人提交或认可的欧洲专利文本为准**
Basis for the examination D－Ⅵ，2.1	审查的基础
Revocation of the patent D－Ⅵ，2.2	专利的撤销
Administrative fees A－Ⅺ，1，A－Ⅺ，2.2，E－ⅩⅣ，3	**行政费**
Administrative structure D－Ⅱ，1	**行政机构**
Admissibility H－Ⅵ，2.1，H－Ⅵ，3.1	**可接受性**
Admissibility during examination procedure H－Ⅱ，2	审查程序中的可接受性
Admissibility during examination procedure after receipt of the search report－Rule 137（2） H－Ⅱ，2.2	审查程序中在收到检索报告后的可接受性——细则第137（2）条
Admissibility during examination procedure at an advanced stage of the proceedings H－Ⅱ，2.4	审查程序中后期的可接受性
Admissibility during examination procedure before receipt of the search report－Rule 137（1） H－Ⅱ，2.1	审查程序中在收到检索报告前的可接受性——细则第137（1）条
Admissibility during examination procedure further requests for amendment after approval H－Ⅱ，2.6	审查程序中批准后的进一步修改请求的可接受性
Amendments filed in reply to a Rule 71（3） communication H－Ⅱ，2.5	为答复细则第71（3）条通知书提交的修改
Late－filed requests after summons to oral proceedings in examination H－Ⅱ，2.7	在审查阶段收到口头审理通知后迟交的请求
Admissibility during examination procedure after receipt of the first communication－Rule 137（3） H－Ⅱ，2.3	审查程序中收到第一次通知书之后的可接受性——细则第137（3）条
Examples of the exercise of discretion under Rule 137（3） H－Ⅱ，2.3.1	根据细则第137（3）条行使自由裁量权的实例
Admissibility in opposition and limitation proceedings H－Ⅵ，2.1.1	异议和限制程序中的可接受性
Errors in the description，claims and drawings H－Ⅵ，2.1.1.1	说明书、权利要求书和附图中的错误
Admissibility in opposition procedure H－Ⅱ，3	异议程序中的可接受性
Amendments in reply to the notice of opposition H－Ⅱ，3.1	答复异议通知时的修改
Amendments not related to the grounds for opposition H－Ⅱ，3.2	与异议理由无关的修改
Amendments occasioned by national rights H－Ⅱ，3.3	由国家权利引起的修改
Insistence on unallowable amendments H－Ⅱ，3.4	坚持不允许的修改
Late－filed requests in opposition proceedings H－Ⅱ，3.5	在异议程序中迟交的请求
Admissibility of amendments C－Ⅴ，4.4，H－Ⅱ，H－Ⅲ	修改的可接受性

Admissibility of amendments made by the applicant C – Ⅳ, 6	申请人所做修改的可接受性
Amendments and Corrections H – Ⅱ	修改和更正
Amendments in limitation procedure H – Ⅱ, 4	限制程序中的修改
Amendments in the case of non – unity H – Ⅱ, 7	不具备单一性时的修改
Amendments relating to unsearched matter – Rule 137 (5) H – Ⅱ, 6	涉及未检索主题的修改——细则第137（5）条
Amendments required by a limitation of the search under Rule 62a and/or Rule 63 H – Ⅱ, 5	根据细则第62a条和/或细则第63条因检索限制需做的修改
Auxiliary requests H – Ⅲ, 3	附加请求
Calculation of claims fees H – Ⅲ, 5	权利要求费的计算
Different texts in respect of different contracting states H – Ⅲ, 4	针对不同缔约国的不同文本
Procedure for amendments to documents H – Ⅲ, 2	修改文件的程序
Request for amendments or corrections in reply to the Rule 71 (3) communication C – Ⅴ, 4.4	答复细则第71（3）条的通知书时请求修改或更正
Admissibility of auxiliary requests H – Ⅲ, 3.3.2	附加请求的可接受性
Criteria for admissibility of auxiliary requests H – Ⅲ, 3.3.2.1	附加请求的可接受性标准
Timeliness and structure of auxiliary requests H – Ⅲ, 3.3.2.2	附加请求的及时性和结构
Admissibility of the request E – Ⅷ, 3.1	请求的可接受性
Entitlement to file the request E – Ⅷ, 3.1.2	提出请求的资格
Form of the request and applicable time limit E – Ⅷ, 3.1.3	请求的格式和适用的期限
Substantiation of the request E – Ⅷ, 3.1.4	请求的证实
Time limits covered E – Ⅷ, 3.1.1	涵盖的期限
Correction of errors in decisions H – Ⅵ, 3.1	决定中错误的更正
Corrections of errors in documents filed with the EPO H – Ⅵ, 2.1	更正向EPO提交的文件中的错误
Decision concerning the admissibility of an opposition, the patent proprietor being a party D – Ⅳ, 5.5	当专利权人是当事人时，关于异议请求的可受理性的决定
Examination of the admissibility of an intervention and preparations in the event of an intervention D – Ⅳ, 5.6	介入异议可受理性的审查和介入异议情况下的准备工作
Admissible languages on filing A – Ⅶ, 1	**申请时可接受的语言**
Art. 61 applications A – Ⅶ, 1.3	公约第61条申请
European divisional applications A – Ⅶ, 1.3	欧洲分案申请

Filing by reference A – Ⅶ, 1.2	通过引用提交
Invitation to file the translation A – Ⅶ, 1.4	通知提交译文
Admissible non – EPO languages A – Ⅶ, 3.2	**可接受的非 EPO 语言**
Admission of the public to proceedings E – Ⅲ, 8.1	**允许公众参与口头审理**
Aesthetic creations G – Ⅱ, 3.4	**美学创作**
Agreement	**协议**
Agreement on secrecy G – Ⅳ, 7.2.2	保密协议
Agreement reached on a text – second Rule 71 (3) communication C – Ⅴ, 4.7.2	就文本达成一致——根据细则第 71 (3) 条的第二次通知书
Amendments not admitted and/or not allowable, examination resumed no agreement reached on a text C – Ⅴ, 4.7.3	不认可和/或不允许的修改，恢复审查，未就文本达成一致
Agriculture, industrial application G – Ⅲ, 1	**农业、工业实用性**
Allocation	**分配**
Allocation of duties and appointment of members of the opposition division D – Ⅱ, 3	异议小组的职责分配和成员委任
Allocation of individual duties D – Ⅱ, 7	个人职责的分配
Allocation of tasks to members D – Ⅱ, 5	成员的任务分配
Allocation of the application C – Ⅱ, 2	申请的分配
Allowability H – Ⅵ, 2.2	**允许性**
Allowability of amendments H – Ⅴ	可允许的修改
Amendments derived from drawings H – Ⅴ, 6	源自附图的修改
Amendments in claims H – Ⅴ, 3	权利要求的修改
Amendments in the description H – Ⅴ, 2	说明书的修改
Amendments to drawings H – Ⅴ, 5	附图的修改
Changes in claim category in opposition H – Ⅴ, 7	异议中权利要求类型的改变
Changes in the title H – Ⅴ, 8	发明名称的改变
Disclaimers H – Ⅴ, 4	具体放弃
Allowability of amendments – Art. 123 (2) and (3) H – Ⅳ	可允许的修改——公约第 123 (2) 和 (3) 条
Compliance of amendments with other EPC requirements H – Ⅳ, 4	修改符合其他 EPC 要求
Allowability of amendments under Art. 123 (2) H – Ⅳ, 2	基于公约第 123 (2) 条允许修改
Assessment of "added subject – matter" H – Ⅳ, 2.4	对"增加的主题"的评估
Content of the application as "originally" filed H – Ⅳ, 2.2, H – Ⅳ, 2.3	"原始"提交的申请内容
Special applications H – Ⅳ, 2.3	特殊申请
Allowability of amendments under Art. 123 (3) H – Ⅳ, 3	基于公约第 123 (3) 条允许修改

Assessment of impermissible extension of the protection conferred H – Ⅳ, 3.4	对授权保护范围的不允许扩展的评估
Basic principles H – Ⅳ, 3.1	基本原则
Conflicts between Art. 123 (2) and Art. 123 (3) H – Ⅳ, 3.5	公约第 123 (2) 条和公约第 123 (3) 条之间的冲突
Conflicts between Art. 123 (3) and other requirements of the EPC H – Ⅳ, 3.6	公约第 123 (3) 条和 EPC 其他要求之间的冲突
Protection conferred by the patent as granted H – Ⅳ, 3.2	授权专利的保护范围
Version of the granted patent to be considered H – Ⅳ, 3.3	需考虑的授权专利的版本
Allowability of the correction of bibliographic data H – Ⅵ, 3.2	著录项目更正的可允许性
Concept of "clear allowability" H – Ⅱ, 2.7.1	"明确可允许"的概念
Correction of description, claims and drawings H – Ⅵ, 2.2.1	说明书、权利要求书和附图的更正
Missing parts of description and missing drawings filed as corrections under Rule 139 H – Ⅵ, 2.2.2	根据细则第 139 条作为更正提交的说明书遗漏部分和遗漏附图
Alteration, excision or addition of text in the description H – Ⅴ, 2.6	**说明书中文本的更改、删减或增加**
Alternatives in a claim F – Ⅳ, 3.7	**一项权利要求中的替代方案**
Amended	**修改**
Amended claims F – Ⅴ, 6	修改后的权利要求
Bringing the description into line with amended claims H – Ⅴ, 2.7	使说明书与修改后的权利要求一致
Examples no amended claims filed with the appeal E – Ⅻ, 7.4.1	示例：上诉时未提交修改的权利要求
Amended claims or missing parts (Rule 56) B – Ⅲ, 3.3	修改后的权利要求或遗漏部分（细则第 56 条）
General considerations B – Ⅲ, 3.3.1	一般性考虑因素
Specific rules applicable to Euro – PCT applications B – Ⅲ, 3.3.2	适用于欧洲 – PCT 申请的特定规则
Amended main/single request filed with the appeal E – Ⅻ, 7.4.2	上诉时提交的经修改的主要/单一请求
Amendments	**修改**
Admissibility of amendments made by the applicant C – Ⅳ, 6	申请人所做修改的可接受性
Allowability of amendments under Art. 123 (2) H – Ⅳ, 2	基于公约第 123 (2) 条允许修改
Allowability of amendments under Art. 123 (3) H – Ⅳ, 3	基于公约第 123 (3) 条允许修改
Amendment by submitting missing documents or by filing replacement pages H – Ⅲ, 2.2	通过提交缺失文件或提交替换页进行修改
Amendment of application A – Ⅴ, A – Ⅴ, 2	申请的修改

Communications concerning formal deficiencies A – Ⅴ, 1	涉及形式缺陷的通知书
Correction of errors in documents filed with the EPO A – Ⅴ, 3	更正向 EPO 提交的文件中的错误
Examination of amendments as to formalities A – Ⅴ, 2.2	对形式缺陷修改的审查
Filing of amendments A – Ⅴ, 2.1	修改的提交
Amendments and corrections H, H – Ⅱ, 2.6	修改和更正
Admissibility of amendments H – Ⅱ, H – Ⅲ	修改的可接受性
Allowability of amendments H – Ⅴ	可允许的修改
Allowability of amendments – Art. 123 (2) and (3) H – Ⅳ	可允许的修改——公约第 123（2）和（3）条
Correction of errors H – Ⅵ	错误的更正
Other procedural matters H – Ⅲ	其他程序事项
Right to amend H – I	修改的权利
Amendments derived from drawings H – Ⅴ, 6	源自附图的修改
Amendments filed in preparation for or during oral proceedings E – Ⅵ, 2.2.2	准备口头审理或口头审理期间提交的修改
Amendments filed in reply to a Rule 71 (3) communication H – Ⅱ, 2.5	为答复细则第 71（3）条通知书提交的修改
Amendments filed in reply to a Rule 71 (3) communication further course of proceedings H – Ⅱ, 2.5.2	为答复细则第 71（3）条通知书提交的修改（进一步的程序）
Criteria for admitting such amendments H – Ⅱ, 2.5.1	此类修改的接受标准
Exceptional case where amendments must be admitted H – Ⅱ, 2.5.3	修改应当被接受的例外情形
Rule 137 (4) applies to amendments filed at this stage H – Ⅱ, 2.5.4	细则第 137（4）条适用于在此阶段提交的修改
Amendments in claims H – Ⅴ, 3	权利要求的修改
Amendments in claims further cases of broadening of claims H – Ⅴ, 3.4	权利要求的修改扩大权利要求的更多情况
Deletion of part of the claimed subject – matter H – Ⅴ, 3.3	删除要求保护主题的一部分
Inclusion of additional features H – Ⅴ, 3.2	引入另外的特征
Replacement or removal of features from a claim H – Ⅴ, 3.1	权利要求特征的替换或删除
Amendments in limitation procedure H – Ⅱ, 4	限制程序中的修改
Amendments in reply to the notice of opposition H – Ⅱ, 3.1	答复异议通知时的修改
Amendments in the case of non – unity H – Ⅱ, 7	不具备单一性时的修改

Amendments in the case of non – unity no restriction to a single invention searched H – Ⅱ, 7.3	不具备单一性时的修改 未限制到已检索的单一一项发明
Restriction to a single, searched invention H – Ⅱ, 7.1	限制到单一一项已检索的发明
Restriction to an unsearched invention H – Ⅱ, 7.2	限制到未检索的发明
Amendments in the case of non – unity further procedural aspects concerning Euro – PCT applications H – Ⅱ, 7.4	不具备单一性时的修改 有关欧洲 – PCT 申请的进一步程序问题
Where the EPO does not perform a supplementary search H – Ⅱ, 7.4.1	EPO 不进行补充检索的情形
Where the EPO performs a supplementary search H – Ⅱ, 7.4.2	EPO 进行补充检索的情形
Amendments in the description H – Ⅴ, 2	说明书的修改
Alteration, excision or addition of text in the description H – Ⅴ, 2.6	说明书中文本的更改、删减或增加
Bringing the description into line with amended claims H – Ⅴ, 2.7	使说明书与修改后的权利要求一致
Clarification of a technical effect H – Ⅴ, 2.1	技术效果的澄清
Introduction of further examples and new effects H – Ⅴ, 2.2	更多示例和新效果的引入
Reference document H – Ⅴ, 2.5	引证文件
Revision of stated technical problem H – Ⅴ, 2.4	声称技术问题的修改
Supplementary technical information H – Ⅴ, 2.3	补充技术信息
Amendments made by applicants of their own volition C – Ⅲ, 2	申请人主动进行的修改
Amendments made in response to the search opinion C – Ⅲ, 2.1	针对检索意见所做的修改
Amendments made in response to the WO – ISA, IPER or supplementary international search report C – Ⅲ, 2.2	针对 WO – ISA、IPER 或补充国际检索报告所做的修改
Searches under Rule 164 (2) C – Ⅲ, 2.3	基于细则第 164（2）条的检索
Amendments made by the EPO at the request of a party H – Ⅲ, 2.4	EPO 应当事人的请求做出的修改
Amendments not admitted and/or not allowable, examination resumed C – Ⅴ, 4.7	不认可和/或不允许的修改，恢复审查
Agreement reached on a text – second Rule 71 (3) communication C – Ⅴ, 4.7.2	就文本达成一致——依据细则第 71（3）条的第二次通知书
Amendments not admitted and/or not allowable, examination resumed no agreement reached on a text C – Ⅴ, 4.7.3	不认可和/或不允许的修改，审查恢复，未就文本达成一致

Communications/oral proceedings after resumption C – Ⅴ, 4.7.1	恢复后的通知书/口头审理程序
Refusal C – Ⅴ, 4.7.3	驳回
Amendments not related to the grounds for opposition H – Ⅱ, 3.2	与异议理由无关的修改
Amendments occasioned by national rights H – Ⅱ, 3.3	由国家权利引起的修改
Amendments or corrections should be reasoned C – Ⅴ, 4.3	修改或更正应提出理由
Amendments relating to unsearched matter – Rule 137 (5) H – Ⅱ, 6	涉及未检索主题的修改——细则第 137 (5) 条
Rule 62a and/or Rule 63 cases H – Ⅱ, 6.1	细则第 62a 条和/或细则第 63 条的情形
Subject – matter taken from the description H – Ⅱ, 6.2	由说明书引入的主题
Amendments required by a limitation of the search under Rule 62a and/or Rule 63 H – Ⅱ, 5	根据细则第 62a 条和/或细则第 63 条因检索限制需做的修改
Amendments to drawings A – Ⅸ, 10, H – Ⅴ, 5	附图的修改
Allowability of amendments H – Ⅴ, 5	允许修改
Drawings A – Ⅸ, 10	附图
Amendments using copies H – Ⅲ, 2.3	使用副本的修改
Amendments withdrawn or superseded in the Rule 137 (4) period H – Ⅲ, 2.1.2	在细则第 137 (4) 条的期限内撤回或替换的修改
Amendments/corrections admitted and allowable – second Rule 71 (3) communication sent C – Ⅴ, 4.6	接受和允许的修改/更正——根据细则第 71 (3) 条的第二次通知书已发出
Examining division proposes amendments in second Rule 71 (3) communication C – Ⅴ, 4.6.3	审查小组在根据细则第 71 (3) 条的第二次通知书中建议进行修改
Second Rule 71 (3) communication based on higherranking request initially rejected in first Rule 71 (3) communication C – Ⅴ, 4.6.2	最初在依据细则第 71 (3) 条的第一次通知书中被驳回，基于更高级别的请求依据细则第 71 (3) 条发出第二次通知书
Second Rule 71 (3) communication reversing the amendments proposed by the examining division in first Rule 71 (3) communication C – Ⅴ, 4.6.1	根据细则第 71 (3) 条的第二次通知书，撤销审查小组在根据细则第 71 (3) 条的第一次通知书中提出的修改
Amendments/corrections filed in second Rule 71 (3) period C – Ⅴ, 4.10	在细则第 71 (3) 条规定的第二阶段提交的修改/更正
Anticipation of amendments to claims B – Ⅲ, 3.5	对权利要求的修改的预期
Comments and amendments in response to the search opinion B – Ⅺ, 3.3	针对检索意见的意见和修改

Compliance of amendments with other EPC requirements H – Ⅳ, 4	修改符合其他 EPC 要求
Compliance of amendments with other EPC requirements in examination proceedings H – Ⅳ, 4. 2	在审查程序中符合其他 EPC 要求的修改
Compliance of amendments with other EPC requirements in limitation proceedings H – Ⅳ, 4. 4	在限制程序中符合其他 EPC 要求的修改
Compliance of amendments with other EPC requirements in opposition proceedings H – Ⅳ, 4. 3	在异议程序中符合其他 EPC 要求的修改
Distinction between allowable and unallowable amendments D – Ⅴ, 6. 2	允许的修改和不允许的修改之间的区别
Earlier filed amendments or comments E – Ⅸ, 3. 3. 1	较早提交的修改或意见
Examination of amendments C – Ⅳ, 5	对修改的审查
Facts, evidence or amendments introduced at a late stage E – Ⅲ, 8. 6	在后期引入的事实、证据或修改
Handwritten amendments in oral proceedings E – Ⅲ, 8. 7	口头审理程序中的手写修正
Indication of amendments and their basis under Rule 137 (4) H – Ⅲ, 2. 1	根据细则第 137 (4) 条指明修改及其依据
Indication of the amendments made in the requests and of their basis H – Ⅲ, 3. 3. 1	在请求中指明所做的修改及其依据
Insistence on unallowable amendments H – Ⅱ, 3. 4	坚持不允许的修改
Invitation to file comments and amendments C – Ⅲ, 4. 2	通知提交意见和修改
Procedure for amendments to documents H – Ⅲ, 2	修改文件的程序
Refusal to admit amendments under Rule 137 (3) E – Ⅹ, 2. 11	根据细则第 137 (3) 条拒绝接受修改
Request for amendments or corrections in reply to the Rule 71 (3) communication C – Ⅴ, 4	答复根据细则第 71 (3) 条的通知书时请求修改或更正
Request for amendments or corrections in reply to the Rule 71 (3) communication no payment of fees or filing of translations necessary C – Ⅴ, 4. 1	答复根据细则第 71 (3) 条的通知书时请求修改或更正，无须缴纳费用或提交必要的译文
Standard marks for indicating amendments or corrections by the divisions C – Ⅴ, An.	指示各部门修改或更正的标准标记
Standard marks for indicating amendments or corrections by the divisions further communication with the applicant C – Ⅷ, 5	指示各部门修改或更正的与申请人进一步沟通的标准标记
Standard marks for indicating amendments or corrections by the divisions further ways to accelerate examination C – Ⅵ, 3	指示各部门修改或更正的加快审查的进一步方法的标准标记
Use of Rule 137 (4) for amendments filed during oral proceedings in examination E – Ⅲ, 8. 8	在审查中的口头审理程序期间利用细则第 137 (4) 条提交修改

Withdrawal of amendments/abandonment of subject matter H – Ⅲ, 2.5 撤回修改/放弃主题

Amino acid sequences (Applications relating to nucleotide and ~) A – Ⅳ, 5 **氨基酸序列（涉及核苷酸和~的申请）**

Amount **金额**

Amount of fee payable A – X, 6.2.5 应付费用金额

Amount of the fee A – X, 5.1.2 费用金额

Amount paid insufficient A – Ⅲ, 11.3.3 缴纳金额不足

Amount payable A – Ⅲ, 11.3.7 应付金额

Analysing the parties' arguments E – X, 2.8 **分析当事人的论点**

Analysis of the application B – Ⅳ, 1.1 **申请的分析**

Analysis of the application and content of the search opinion B – Ⅺ, 3 申请的分析和检索意见的内容

Comments and amendments in response to the search opinion B – Ⅺ, 3.3 针对检索意见的意见和修改

Contribution to the known art B – Ⅺ, 3.5 对现有技术的贡献

EPC requirements B – Ⅺ, 3.6 EPC 的要求

Extent of first analysis for generally deficient applications B – Ⅺ, 3.4 对通常具有缺陷的申请进行首次分析的程度

Making suggestions B – Ⅺ, 3.8 提出建议

Positive opinion B – Ⅺ, 3.9 肯定性意见

Reasoning B – Ⅺ, 3.2 理由

Search division's approach B – Ⅺ, 3.7 检索小组的处理方法

Search division's dossier B – Ⅺ, 3.1 检索小组的文档

Ancillary proceedings D – Ⅱ, 4.3 **辅助程序**

Animal varieties **动物品种**

Excluded from patentability G – Ⅱ, 5.4, G – Ⅱ, 5.5.1 排除在可专利性之外

Plant and animal varieties or essentially biological processes for the production of plants or animals G – Ⅱ, 5.4 动植物品种或生产动植物的主要是生物学的方法

Animals **动物**

Essentially biological processes for the production of plants or animals G – Ⅱ, 5.4.2 生产动植物的主要是生物学的方法

Plant and animal varieties or essentially biological processes for the production of plants or animals G – Ⅱ, 5.4 动植物品种或生产动植物的主要是生物学的方法

Processes for the production of animals G – Ⅱ, 5.4, G – Ⅱ, 5.4.2 动物生产过程

Antibodies G – Ⅱ, 5.6	**抗体**
Inventive step of antibodies G – Ⅱ, 5.6.2	抗体的创造性
Anticipation of amendments to claims B – Ⅲ, 3.5	**对权利要求的修改的预期**
Appeal E – Ⅻ	**上诉**
Accelerated processing before the boards of appeal E – Ⅷ, 6	上诉委员会的加快程序
Amended main/single request filed with the appeal E – Ⅻ, 7.4.2	上诉时提交的经修改的主要/单一请求
Appeal against the fixing of costs by the opposition division D – Ⅸ, 2.2	对异议小组确定的费用提出上诉
Appeal, interlocutory revision E – Ⅻ, 1, E – Ⅻ, 7.3	上诉，中间修改
Appeal, surrender or lapse of the patent E – Ⅻ, 2	上诉，放弃或专利失效
Appeal, time limit and form of appeal E – Ⅻ, 6	上诉，上诉时限和上诉形式
Appeals after surrender or lapse of the patent E – Ⅻ, 2	专利权放弃或失效后的上诉
Appeals against the apportionment of costs E – Ⅻ, 3	对费用分摊提出上诉
Appeals against the decision of the opposition division on the fixing of costs E – Ⅻ, 4	针对异议小组作出的确定费用的决定提出上诉
Binding nature of decisions on appeals E – X, 4	上诉决定的约束力
Examples no amended claims filed with the appeal E – Ⅻ, 7.4.1	示例：上诉时未提交修改的权利要求
Fees for limitation/revocation, opposition, appeal, petition for review A – X, 5.2.6	限制/撤销、异议、上诉、复审请求费
Interlocutory revision E – Ⅻ, 7	中间修改
Main and auxiliary requests filed with the appeal E – Ⅻ, 7.4.3	与上诉一起提交的主要请求和附加请求
Persons entitled to appeal E – Ⅻ, 5	有权提起上诉的人
Persons entitled to appeal and to be parties to appeal proceedings E – Ⅻ, 5	有权提起上诉及成为上诉程序当事人的人
Reimbursement of appeal fees E – Ⅻ, 7.3	上诉费用的退还
Remittal to the board of appeal E – Ⅻ, 7.2	移交至上诉委员会
Remittal to the division after appeal E – Ⅻ, 9	上诉后移交给审查小组
Response to communication pursuant to Rule 58 filed with the appeal E – Ⅻ, 7.4.4	上诉时提交的对依据细则第58条通知书的答复
Rules of Procedure of the Boards of Appeal E – Ⅻ, 8	上诉委员会的程序规则
Stay of proceedings when a referral to the Enlarged Board of Appeal is pending E – Ⅶ, 3	待将案件转交扩大上诉委员会审理期间中止程序
Suspensive effect E – Ⅻ, 1	中止效力
Time limit and form of appeal E – Ⅻ, 6	上诉的时限和格式
Appearance before the national court E – XIII, 5.6	**在国家法院出庭**

Applicant	**申请人**
Admissibility of amendments made by the applicant C – Ⅳ, 6	申请人所做修改的可接受性
Amendments made by applicants of their own volition C – Ⅲ, 2	申请人主动进行的修改
Applicant does not approve the text proposed for grant H – Ⅲ, 3. 3. 6	申请人不同意建议授权的文本
Applicant has not paid all additional search fees B – Ⅶ, 1. 2. 3	申请人未缴纳全部附加检索费
Arguments and evidence submitted by the applicant G – Ⅶ, 11	申请人提交的意见陈述和证据
Consequences for the applicant F – Ⅴ, 4. 2	对申请人的影响
Contact between the applicant and the search division B – Ⅱ, 1. 1	申请人与检索小组之间的沟通
Death or legal incapacity of the applicant E – Ⅶ, 1. 1	申请人死亡或丧失法律行为能力
Different applicants A – Ⅱ, 2	不同的申请人
Documents cited or supplied by the applicant B – Ⅳ, 1. 3	申请人引用或提供的文件
Information concerning the applicant A – Ⅱ, 4. 1. 2	有关申请人的信息
Information on the applicant A – Ⅲ, 4. 2. 1	申请人的信息
Joint applicants A – Ⅱ, 2	共同申请人
Re – establishment of rights A – Ⅲ, 6. 6, E – Ⅸ, 2. 3. 5. 3	重新确立权利
Remote connection of applicants and their representatives E – Ⅲ, 8. 2. 2. 1	申请人及其代理人的远程连接
Standard marks for indicating amendments or corrections by the divisions further communication with the applicant C – Ⅷ, 5	指示各部门修改或更正的与申请人进一步沟通的标准标记
Transmittal of the abstract to the applicant F – Ⅱ, 2. 6	将摘要传送给申请人
Application	**申请**
Accelerated prosecution of European patent applications E – Ⅷ, 4	欧洲专利申请的加快审查
Additional fee for divisional applications A – Ⅲ, 13. 3	分案申请的附加费
Additional fee for divisional applications of second or subsequent generations A – Ⅳ, 1. 4. 1. 1	二代或后续代分案申请的附加费
Allocation of the application C – Ⅱ, 2	申请的分配
Amendment of application A – Ⅴ, A – Ⅴ, 2	申请的修改
Amendments in the case of non – unity further procedural aspects concerning Euro – PCT applications H – Ⅱ, 7. 4	不具备单一性时的修改 有关欧洲 – PCT 申请的进一步程序问题
Analysis of the application B – Ⅳ, 1. 1	申请的分析
Analysis of the application and content of the search opinion B – Ⅺ, 3	申请的分析和检索意见的内容

Application deemed to be withdrawn A – Ⅲ, 11.3.4	申请被视为撤回
Application deemed withdrawn C – Ⅴ, 3	申请被视为撤回
Application documents	申请文件
Additional fee (if application documents comprise more than thirty – five pages) A – Ⅲ, 13.2	附加费（如果申请文件超过 35 页）
Application documents for the supplementary European search report B – Ⅱ, 4.3.3	补充欧洲检索报告的申请文件
Deficiencies A – Ⅴ, 2.2, B – Ⅳ, 1.2	缺陷
For international (Euro – PCT) applications B – Ⅲ, 3.3.2, E – Ⅸ, 2.1.1, E – Ⅸ, 4.3	对于国际（欧洲 – PCT）申请
Physical requirements of late – filed application documents A – Ⅲ, 3.2.2	对于在后提交的申请文件的实体要求
Application numbering systems A – Ⅱ, 1.7	申请编号系统
Applications filed before 1 January 2002 A – Ⅱ, 1.7.1	在 2002 年 1 月 1 日之前提交的申请
Applications filed on or after 1 January 2002 A – Ⅱ, 1.7.2	在 2002 年 1 月 1 日或之后提交的申请
Application of Art. 7 (3) RFees and Art. 7 (4) RFees A – X, 6.2	RFees 细则第 7（3）条和第 7（4）条的适用
Amount of fee payable A – X, 6.2.5	应付费用金额
Debit orders A – X, 6.2.3	借记单
Late replenishment of deposit accounts A – X, 6.2.2	存款账户的逾期充值
Noting of loss of rights A – X, 6.2.6	权利丧失的通知
Payment of fee at the normal fee rate A – X, 6.2.4	按正常费率缴费
Requirements A – X, 6.2.1	要求
Application of known measures? G – Ⅶ, An., 1	是否为已知手段的应用
Application was filed by reference to a previously filed application A – Ⅳ, 4.1.2	申请是通过引用在先申请的方式提交的
Applications containing claims filed after the accorded date of filing B – Ⅺ, 2.2	申请包含规定申请日之后提交的权利要求
Applications filed by reference to an earlier application H – Ⅳ, 2.3.1	引用在先申请提交的申请
Applications for which a supplementary European search report is prepared E – Ⅸ, 3.1, E – Ⅸ, 3.2	已作出补充欧洲检索报告的申请
Applications giving rise to a right of priority A – Ⅲ, 6.2	能够产生优先权的申请
Applications relating to biological material A – Ⅳ, 4	涉及生物材料的申请
Availability of deposited biological material to expert only A – Ⅳ, 4.3	仅向专家提供保藏的生物材料

Biological material A – Ⅳ, 4. 1	生物材料
Deposit thereof A – Ⅳ, 4. 1	保藏
Missing information A – Ⅳ, 4. 2	缺失的信息
Notification A – Ⅳ, 4. 2	通知书
Requests for samples of biological material A – Ⅳ, 4. 4	请求提供生物材料样品
Applications relating to nucleotide and amino acid sequences A – Ⅳ, 5	涉及核苷酸和氨基酸序列的申请
Sequence information filed under Rule 56 A – Ⅳ, 5. 1	根据细则第 56 条提交的序列信息
Sequence listings of a divisional application A – Ⅳ, 5. 3	分案申请的序列表
Sequence listings of an application filed by reference to a previously filed application A – Ⅳ, 5. 2	通过引用在先申请提交的申请的序列表
Applications resulting from a decision under Art. 61 C – Ⅸ, 2, H – Ⅳ, 2. 3. 3	依据公约第 61 条的决定产生的申请
Entitlement for certain designated states only C – Ⅸ, 2. 4	仅适于某些指定国的权利
Original application no longer pending C – Ⅸ, 2. 2	原始申请不再处于未决状态
Partial entitlement C – Ⅸ, 2. 3	部分权利
Applications to which Rule 62a applies which also lack unity B – Ⅷ, 4. 5	适用细则第 62a 条并且缺乏单一性的申请
Applications to which Rule 63 applies which also lack unity B – Ⅷ, 3. 4	适用细则第 63 条并且缺乏单一性的申请
Applications under the Patent Cooperation Treaty (PCT) E – Ⅸ	根据《专利合作条约》(PCT) 提出的申请
Communication according to Rule 161 E – Ⅸ, 3	根据细则第 161 条的通知书
EPO as designated or elected Office E – Ⅸ, 2	EPO 作为指定局或选定局
Examination procedure E – Ⅸ, 4	审查程序
Applications where a reservation has been entered in accordance with Art. 167 (2) (a) EPC 1973 C – Ⅸ, 3	依据 EPC 1973 公约第 167 (2) (a) 条已经予以保留的申请
Art. 61 applications A – Ⅶ, 1. 3	公约第 61 条申请
Art. 61 applications and stay of proceedings under Rule 14 A – Ⅳ, 2	公约第 61 条申请以及根据细则第 14 条的程序中止
Authentic text of the application or patent A – Ⅶ, 8	申请或专利的作准文本
Certified copy of the previous application (priority document) F – Ⅵ, 3. 3	在先申请 (优先权文件) 的核证副本
Claims fees payable on filing the European patent application A – Ⅹ, 7. 3. 1	提交欧洲专利申请时应缴纳的权利要求费
Classification of the patent application B – Ⅹ, 5	专利申请的分类

Confirmation of the intention to proceed further with the application C – Ⅱ, 1.1	确认进一步审理申请的意向
Conflict with other European applications G – Ⅳ, 5	与其他欧洲申请抵触
Conflicting applications B – Ⅵ, 4	抵触申请
Content of a European patent application (other than claims) F – Ⅱ	欧洲专利申请的内容（不含权利要求）
Content of the application as "originally" filed H – Ⅳ, 2.2, H – Ⅳ, 2.3	"原始"提交的申请内容
Conversion into a national application A – Ⅳ, 6	转换为国家申请
Copy of the international application E – Ⅸ, 2.1.2	国际申请的副本
Copy of the previous application (priority document) A – Ⅲ, 6.7	在先申请（优先权文件）的副本
Copy of the priority application A – Ⅱ, 5.4.3	优先权申请的副本
CPC classification of the application B – Ⅴ, 4	申请的 CPC 分类
Date of filing of a divisional application A – Ⅳ, 1.2	分案申请的申请日
Determination of filing date in the case of erroneously filed elements or parts of the international application E – Ⅸ, 2.9.4	在错误提交国际申请的项目或者部分的情况下申请日的确定
Disclaimer disclosed in the application as originally filed H – Ⅴ, 4.1	在原始提交的申请中公开的具体放弃
Disclaimers not disclosed in the application as originally filed H – Ⅴ, 4.2	未在原始提交的申请中未公开的具体放弃
Divisional application C – Ⅸ, 1, E – Ⅸ, 2.4.1, H – Ⅳ, 2.3.2	分案申请
Documents cited in the application B – X, 9.2.7	申请中引用的文件
Documents filed after filing the European patent application A – Ⅷ, 3.1	提交欧洲专利申请后提交的文件
Documents forming part of the European patent application A – Ⅷ, 3.2	构成欧洲专利申请一部分的文件
Documents making up the application, replacement documents, translations A – Ⅲ, 3.2	申请文件、替换文件、翻译文件
Documents making up the European patent application A – Ⅷ, 2.1	构成欧洲专利申请的文件
Entitled persons A – Ⅱ, 2	有权的人
Euro – PCT applications C – Ⅱ, 1.2, C – Ⅲ, 1.2, C – Ⅲ, 1.3, F – Ⅴ, 7, G – Ⅳ, 5.2	欧洲 – PCT 申请
Euro – PCT applications entering the European phase A – Ⅲ, 11.2.5	进入欧洲阶段的欧洲 – PCT 申请

Euro – PCT applications entering the European phase before 1 April 2009 A – Ⅲ, 11.3.9	2009 年 4 月 1 日之前进入欧洲阶段的欧洲 – PCT 申请
European applications C – Ⅲ, 1.1	欧洲申请
European divisional application A – Ⅳ, 1, A – Ⅶ, 1.3	欧洲分案申请
European divisional applications other formalities examination A – Ⅳ, 1.7	欧洲分案申请其他形式审查
European patent application F	欧洲专利申请
European patent applications filed before 1 April 2009 A – Ⅲ, 11.3	2009 年 4 月 1 日之前提交的欧洲专利申请
European patent applications filed on or after 1 April 2009 A – Ⅲ, 11.2	2009 年 4 月 1 日或之后提交的欧洲专利申请
Examination of a divisional application C – Ⅸ, 1.4	分案申请的审查
Extension and validation of European patent applications and patents to/in states not party to the EPC A – Ⅲ, 12	欧洲专利申请和专利到/在非 EPC 缔约国的延伸和生效
Extent of first analysis for generally deficient applications B – Ⅺ, 3.4	对通常具有缺陷的申请进行首次分析的程度
File inspection before publication of the application A – Ⅺ, 2.5	申请公布之前的档案的查阅
Filing a divisional application A – Ⅳ, 1.3, C – Ⅲ, 3.2	提交分案申请
Filing a new application A – Ⅳ, 2.5	提交新申请
Filing of applications and examination on filing A – Ⅱ	申请的提交和对提交申请的审查
Filing of applications by delivery by hand or by postal services A – Ⅱ, 1.1	通过直接提交或邮寄提交申请
Filing of applications by fax A – Ⅱ, 1.2.1	通过传真方式提交申请
Filing of applications by means of electronic communication A – Ⅱ, 1.2	通过电子通信方式提交申请
Filing of applications by other means A – Ⅱ, 1.3	通过其他方式提交申请
Filing of applications in electronic form A – Ⅱ, 1.2.2	通过电子形式提交申请
First application F – Ⅵ, 1.4	首次申请
Forwarding of applications A – Ⅱ, 1.6	申请的转交
Further action upon examination of replies further action where a request for a translation of the priority application was sent earlier in examination proceedings C – Ⅳ, 3.1	审查答复后的进一步通知 如果在审查程序中较早发送优先权申请的翻译请求，则继续发出通知书
Identification of the patent application and type of search report B – X, 4	专利申请的标识和检索报告的类型
Industrial application B – Ⅷ, 1, D – Ⅲ, 5, F – Ⅱ, 4.9, G – Ⅰ, 1, G – Ⅱ, 5.2, G – Ⅲ, G – Ⅲ, 1	工业实用性

Industrial application vs. exclusion under Art. 52（2） G – Ⅲ，3	工业实用性与公约第52（2）条所排除的主题
Instructions in Chapter A – Ⅱ （"Filing of applications and examination on filing"） E – Ⅸ，2.2	A部分第Ⅱ章（申请的提交和对提交申请的审查）中的说明
Instructions in Chapter A – Ⅵ （"Publication of application; request for examination and transmission of the dossier to examining division"） E – Ⅸ，2.5	A部分第Ⅵ章（申请的公布；请求审查和传送案卷至审查小组）中的说明
Intermediate publication of another European application F – Ⅵ，2.4.2	另一件欧洲申请的中间公开文件
Intermediate publication of the contents of the priority application F – Ⅵ，2.4.1	含有优先权申请内容的中间公开文件
International application H – Ⅳ，2.3.4	国际申请
International applications（Euro – PCT applications） C – Ⅸ，4	国际申请（欧洲 – PCT 申请）
International applications with supplementary search F – Ⅴ，7.2	有补充检索的国际申请
International applications without supplementary search F – Ⅴ，7.1	没有补充检索的国际申请
IPC classification of the application B – Ⅴ，3	申请的IPC分类
Limitation of the option to withdraw the European patent application A – Ⅳ，2.3	对选择撤回欧洲专利申请的限制
Missing parts are completely contained in the priority application A – Ⅱ，5.4.2	缺失部分完全包含在优先权申请中
Missing parts based on the priority application，no change in filing date A – Ⅱ，5.4	基于优先权申请的缺失部分，申请日不变
Multiple priorities claimed for different inventions in the application with an intermediate publication of one of the inventions F – Ⅵ，2.4.3	申请中的不同发明要求多项优先权，其中一项发明有中间公开文件
Pendency of the earlier application A – Ⅳ，1.1.1	在先申请的未决
Persons entitled to file a divisional application A – Ⅳ，1.1.3	有权提交分案申请的人
Persons entitled to file an application A – Ⅱ，2	有权提交申请的人
Physical requirements of applications filed by reference to a previously filed application A – Ⅲ，3.2.1	对于通过引用在先申请提交的申请的实体要求
Potentially conflicting European and international applications B – Ⅵ，4.1	潜在的欧洲抵触申请和国际抵触申请
Preclassification，IPC and CPC classification of European patent applications B – Ⅴ	欧洲专利申请的预分类、IPC和CPC分类
Priority claim of a divisional application A – Ⅳ，1.2.2	分案申请的优先权要求

Prosecution of the application by a third party A – Ⅳ, 2.4	第三方对申请的起诉
Publication of application A – Ⅵ, A – Ⅵ, 1	申请的公布
Publication of application no publication A – Ⅵ, 1.2	申请的公布 不公布
Publication of bibliographic data before publication of the application A – Ⅺ, 2.6	在申请公布之前著录项目的公开
Publication of the international application E – Ⅸ, 2.5.1	国际申请的公布
Published European applications as "E" documents B – Ⅵ, 4.1.1	以"E"类文件形式公布的欧洲申请
Published international applications (WO) as "E" documents B – Ⅵ, 4.1.2	以"E"类文件形式公布的国际申请（WO）
Reduction and refunds of fees in respect of international (PCT) applications E – Ⅸ, 2.6	国际（PCT）申请费用的减免和退还
Reference to a previously filed application A – Ⅱ, 4.1.3.1	引用在先申请
Refusal of the earlier application A – Ⅳ, 2.6	在先申请的驳回
Scope of application of Rule 134 E – Ⅷ, 1.6.2.3	细则第134条的适用范围
Search division consisting of more than one member further searches on a non – unitary application in a different technical field B – Ⅰ, 2.2.2	由多个成员组成的检索小组进一步在不同技术领域检索缺失单一性的申请
Search for conflicting European applications C – Ⅳ, 7.1	检索抵触欧洲申请
Search, publication and request for examination of divisional applications A – Ⅳ, 1.8	分案申请的检索、公布和审查请求
Searches on national applications B – Ⅱ, 4.6	检索国家申请
Sequences of divisional applications A – Ⅳ, 1.1.2	系列分案申请
Situation in which it has to be checked whether the application from which priority is actually claimed is the "first application" within the meaning of Art. 87 (1) F – Ⅵ, 2.4.4	必须检查实际要求优先权的申请是否为公约第87（1）条意义上的"首次申请"的情况
Special applications C – Ⅸ, H – Ⅳ, 2.3	特殊申请
Specific rules applicable to Euro – PCT applications B – Ⅲ, 3.3.2	适用于欧洲 – PCT申请的特定规则
Subject – matter to be excluded is disclosed in the application as originally filed H – Ⅴ, 4.2.2	要排除的主题在原始提交的申请中公开
Subject – matter to be excluded is not disclosed in the application as originally filed (so – called undisclosed disclaimers) H – Ⅴ, 4.2.1	被排除的主题在原始提交的申请中未公开（所谓未公开的排除式权利要求）
Subsequent application considered as first application F – Ⅵ, 1.4.1	在后申请被认为是首次申请

Substantive examination of a Euro – PCT application accompanied by an IPER E – Ⅸ, 4.3	对附有 IPER 的欧洲 – PCT 申请的实质审查
Summary of the processing of applications and patents at the EPO General Part, 5	EPO 处理申请和专利概要
Transfer of the European patent application E – ⅩⅣ, 3	欧洲专利申请的转让
Translation of previous application already filed A – Ⅲ, 6.8.4	已提交在先申请的译文
Translation of the application A – Ⅲ, 14	申请的译文
Translation of the international application E – Ⅸ, 2.1.3	国际申请的翻译
Translation of the previous application A – Ⅲ, 6.8, F – Ⅵ, 3.4	在先申请的译文
Translation of the priority application A – Ⅱ, 5.4.4	优先权申请的翻译
Unpublished patent applications B – Ⅸ, 2.2	未公布的专利申请
Voluntary filing of the translation of the previous application A – Ⅲ, 6.8.5	自愿提交在先申请的译文
Where and how applications may be filed A – Ⅱ, 1	何地及如何提交申请
Where and how to file a divisional application? A – Ⅳ, 1.3.1	何地及如何提交分案申请?
Withdrawal of application or designation E – Ⅷ, 8.1	撤回申请或指定
Approval of the proposed text C – Ⅴ, 2	**同意建议的文本**
Arbitrary choice G – Ⅶ, 10.1	**任意选择**
Areas of technology searched B – Ⅹ, 6	**检索的技术领域**
Arguments and evidence submitted by the applicant G – Ⅶ, 11	**申请人提交的意见陈述和证据**
Arrangement of claims F – Ⅳ, 3.5	**权利要求的设置**
Arrows A – Ⅸ, 7.5.2	**箭头**
Art. 124 and the utilisation scheme B – Ⅺ, 9	**公约第 124 条和使用方案**
Art. 61 applications A – Ⅶ, 1.3	**公约第 63 条申请**
Art. 61 applications and stay of proceedings under Rule 14 A – Ⅳ, 2	公约第 61 条申请以及细则第 14 条的程序中止
Filing a new application A – Ⅳ, 2.5	提交新申请
Limitation of the option to withdraw the European patent application A – Ⅳ, 2.3	对选择撤回欧洲专利申请的限制
Partial transfer of right by virtue of a final decision A – Ⅳ, 2.7	根据最终决定部分转让权利
Prosecution of the application by a third party A – Ⅳ, 2.4	第三方对申请的起诉
Refusal of the earlier application A – Ⅳ, 2.6	在先申请的驳回
Stay of proceedings for grant A – Ⅳ, 2.2	授权程序的中止

Art. 83 vs. Art. 123 (2) F－Ⅲ，2	**公约第 83 条与公约第 123 (2) 条**
Art. 84 H－Ⅳ，4.4.1	**细则第 84 条**
Claims (Art. 84 and formal requirements) F－Ⅳ	权利要求（公约第 84 条和形式要求）
Artificial intelligence and machine learning G－Ⅱ，3.3.1	**人工智能和机器学习**
Ascertaining the existence of a fallback position B－Ⅲ，3.2.5	**确定后退位置的存在**
Asking for evidence E－Ⅳ，4.4	**要求提供证据**
Assessment	**评估**
Assessment and possible review of the unity requirement B－Ⅶ，1.4	对单一性要求的评估和可能复查
Assessment of "added subject－matter" H－Ⅳ，2.4	对“增加的主题”的评估
Assessment of impermissible extension of the protection conferred H－Ⅳ，3.4	对授权保护的范围的不允许扩展的评估
Assessment of unity F－Ⅴ，3	评估单一性
Determination of the invention first mentioned in the claims F－Ⅴ，3.4	权利要求中首先提及的发明的确定
Grouping of inventions F－Ⅴ，3.2	发明分组
Non－unity and prior art under Art. 54 (3) F－Ⅴ，3.1	公约第 54（3）条的不具备单一性和现有技术
Reasoning for a lack of unity objection F－Ⅴ，3.3	缺乏单一性的反对理由
Authentic text of the application or patent A－Ⅶ，8	**申请或者专利的作准文本**
Authentication and dates B－Ⅹ，10	**认证和日期**
Authorisations A－Ⅳ，1.6，A－Ⅷ，1.1，A－Ⅷ，1.6	**委托书**
Checking the identity and authorisations of participants at oral proceedings E－Ⅲ，8.3.1	检查口头审理程序参与者的身份和授权
European divisional applications A－Ⅳ，1.6	欧洲分案申请
Representatives A－Ⅷ，1.1	代理
Authoritative text of documents E－Ⅹ，2.2	**文件的官方文本**
Authorities (Taking of evidence by courts or ~ of the contracting states) E－Ⅳ，3	**职能机构（缔约国的法院或职能机构取证）**
Authorities of the Contracting States (Taking of evidence by courts or ~) E－Ⅳ，3	**缔约国职能机构（缔约国的法院或职能机构取证）**
Automatic debiting procedure A－Ⅹ，4.3	**自动扣款程序**
Auxiliary requests H－Ⅲ，3	**附加请求**
Auxiliary requests in examination proceedings H－Ⅲ，3.3	审查程序中的附加请求
Admissibility of auxiliary requests H－Ⅲ，3.3.2	附加请求的可接受性
Applicant does not approve the text proposed for grant H－Ⅲ，3.3.6	申请人不同意建议授权的文本

Complete text for auxiliary request available H－Ⅲ，3.3.5 附加请求的完整文本可获得

Complete text for auxiliary request not yet available H－Ⅲ，3.3.4 附加请求的完整文本尚不可得

Indication of the amendments made in the requests and of their basis H－Ⅲ，3.3.1 在请求中指明所做的修改及其依据

Preparing the decision H－Ⅲ，3.3.3 准备决定

Auxiliary requests in limitation proceedings H－Ⅲ，3.5 限制程序中的附加请求

Oral proceedings H－Ⅲ，3.5.3 口头审理程序

Written procedure H－Ⅲ，3.5.2 书面程序

Auxiliary requests in opposition proceedings H－Ⅲ，3.4 异议程序中的附加请求

Oral proceedings H－Ⅲ，3.4.2 口头审理程序

Written procedure H－Ⅲ，3.4.1 书面程序

Auxiliary requests in the search phase H－Ⅲ，3.2 检索阶段的附加请求

Criteria for admissibility of auxiliary requests H－Ⅲ，3.3.2.1 附加请求的可接受性标准

Main and auxiliary requests E－X，2.9 主要请求和附加请求

Main and auxiliary requests filed with the appeal E－Ⅻ，7.4.3 与上诉一起提交的主要请求和附加请求

Neither main nor auxiliary requests allowable H－Ⅲ，3.1.3 主要请求和附加请求均不允许

Rule 137（3）in conjunction with auxiliary requests H－Ⅱ，2.3.1.4 细则第137（3）条与附加请求联用

Timeliness and structure of auxiliary requests H－Ⅲ，3.3.2.2 附加请求的及时性和结构

Availability of deposited biological material to expert only A－Ⅳ，4.3 **仅向专家提供保藏的生物材料**

Awarding of costs（Decision concerning the ~ by the opposition division） D－Ⅱ，4.2 **费用判定（异议小组关于~的决定）**

B

该关键词字母索引表并非穷举。

Background art F－Ⅱ，4.3 **背景技术**

Format of background art citations F－Ⅱ，4.3.1 背景技术引文格式

Basic principles H－Ⅳ，3.1 **基本原则**

Basic principles of decisions E－X，1 决定的基本原则

Consideration of time limits E－X，1.2 对期限的考虑

Form and content E－X，1.3 形式和内容

Basis **基础**

Basis for substantive examination E－Ⅸ，4.3.2 实质审查的基础

Basis for the examination D－Ⅵ，2.1，D－X，4.2 审查的基础

Adherence to the text of the European patent submitted or approved by the patent proprietor D – Ⅵ, 2.1	以专利权人提交或认可的欧洲专利文本为准
Substantive examination (limitation) D – Ⅹ, 4.2	实质审查（限制）
Basis for the search B – Ⅲ, 3.1	检索的基础
Basis of the search opinion B – Ⅺ, 2	检索意见的基础
Applications containing claims filed after the accorded date of filing B – Ⅺ, 2.2	申请包含规定申请日之后提交的权利要求
Applications containing missing parts of description and/or drawings filed under Rule 56 EPC or Rule 20 PCT B – Ⅺ, 2.1	根据 EPC 细则第 56 条或 PCT 细则第 20 条提交的包含说明书遗漏部分和/或遗漏附图的申请
Basis of this ground for opposition D – Ⅴ, 6.1	异议理由的依据
Bibliographic elements B – Ⅹ, 9.1.1	**著录项目要素**
Binding nature of decisions on appeals E – Ⅹ, 4	**上诉决定的约束力**
Biological material A – Ⅲ, 1.2, A – Ⅳ, 4.1, A – Ⅳ, 4.1.1, A – Ⅳ, 4.2, B – Ⅳ, 1.2, E – Ⅸ, 2.4.4, F – Ⅲ, 6.1, F – Ⅲ, 6.3, G – Ⅱ, 5.2	**生物材料**
Application was filed by reference to a previously filed application A – Ⅳ, 4.1.2	申请是通过引用在先申请的方式提交的
Applications relating to biological material A – Ⅳ, 4	涉及生物材料的申请
Availability of deposited biological material to expert only A – Ⅳ, 4.3	仅向专家提供保藏的生物材料
Deposit of biological material F – Ⅲ, 6.3	生物材料的保藏
Inventions relating to biological material F – Ⅲ, 6	涉及生物材料的发明
New deposit of biological material A – Ⅳ, 4.1.1	生物材料的新保藏
Public availability of biological material F – Ⅲ, 6.2	生物材料的公共可获得性
Requests for samples of biological material A – Ⅳ, 4.4	请求提供生物材料样品
Biological processes G – Ⅱ, 5.4, G – Ⅱ, 5.5.1	**生物过程**
Essentially biological processes for the production of plants or animals G – Ⅱ, 5.4.2	生产动植物的主要是生物学的方法
Plant and animal varieties or essentially biological processes for the production of plants or animals G – Ⅱ, 5.4	动植物品种或生产动植物的主要是生物的方法
Biotechnological inventions	**生物技术发明**
Exclusions and exceptions for biotechnological inventions G – Ⅱ, 5	生物技术发明的排除和例外
Patentable biotechnological inventions G – Ⅱ, 5.2	可专利的生物技术发明
Boards of Appeal	**上诉委员会**

Accelerated processing before the boards of appeal E – Ⅷ, 6　上诉委员会的加快程序
Members A – Ⅺ, 2.3　成员
Rules of Procedure of the Boards of Appeal E – Ⅻ, 8　上诉委员会的程序规则
Bonus effect G – Ⅶ, 10.2　**奖励效果**
Bringing the description into line with amended claims H – Ⅴ, 2.7　**使说明书与修改后的权利要求一致**
Broad claims B – Ⅲ, 3.6, F – Ⅳ, 4.22　**宽泛的权利要求**
Burden of proof G – Ⅳ, 7.5.3　**举证责任**
Burden of proof as regards the possibility of performing and repeating the invention F – Ⅲ, 4　关于实施和再现本发明的可能性的举证责任
Burden of proof other "print equivalent" publications G – Ⅳ, 7.5.3.2　其他"等同于出版"的出版物的举证责任
Non – traditional publications G – Ⅳ, 7.5.3.3　非传统出版物
Technical journals G – Ⅳ, 7.5.3.1　技术期刊

C

该关键词字母索引表并非穷举。

Calculation of claims fees H – Ⅲ, 5　**权利要求费的计算**
Calculation of time limits E – Ⅷ, 1.4　**期限的计算**
Cancellation of the registration E – ⅩⅣ, 6.2　**取消登记**
Cancellation or maintenance of oral proceedings E – Ⅲ, 7.2　**口头审理程序的取消或维持**
Change of date, cancellation or maintenance of oral proceedings E – Ⅲ, 7　变更日期、取消或维持口头审理程序
Withdrawal of the request for oral proceedings E – Ⅲ, 7.2.2　撤回口头审理请求
Carrying out the search B – Ⅳ, 2.3　**进行检索**
Cascading non – unity B – Ⅶ, 1.2.2　**无单一性的连锁反应**
Cases in which the proceedings may be interrupted E – Ⅶ, 1.1　**程序可以中断的情形**
Cases of loss of rights E – Ⅷ, 1.9.1　**权利丧失的情形**
Cases of oral description G – Ⅳ, 7.3.1　**口头描述的情形**
Matters to be determined by the division in cases of oral description G – Ⅳ, 7.3.3　在口头描述的情形下由审查小组确定的事项
Cases of partially insufficient disclosure F – Ⅲ, 5　**部分公开不充分的情况**
Absence of well – known details F – Ⅲ, 5.2　缺少众所周知的细节
Difficulties in performing the invention F – Ⅲ, 5.3　实施发明的困难

Only variants of the invention are incapable of being performed F－Ⅲ，5.1	仅本发明的部分实施例不能实施
Cases under Rule 62a where claims fees are not paid B－Ⅷ，4.4	**基于细则第62a条未缴纳权利要求费的情形**
Cases where all method steps can be fully implemented by generic data processing means F－Ⅳ，3.9.1	**所有方法步骤完全可以由通用数据处理装置实施的情况**
Cases where method steps define additional devices and/or specific data processing means F－Ⅳ，3.9.2	**方法步骤限定附加设备和/或特定数据处理装置的情况**
Cases where the invention is realised in a distributed computing environment F－Ⅳ，3.9.3	**发明在分布式计算环境中实施的情况**
Categories F－Ⅱ，7.1，F－Ⅳ，3.1	**类型**
Categories of documents（X，Y，P，A，D，etc.）B－X，9.2	文件类型（X、Y、P、A、D等）
Documents cited for other reasons B－X，9.2.8	出于其他原因引用的文件
Documents cited in the application B－X，9.2.7	申请中引用的文件
Documents defining the state of the art and not prejudicing novelty or inventive step B－X，9.2.2	定义现有技术水平且不影响新颖性或创造性的文件
Documents relating to the theory or principle underlying the invention B－X，9.2.5	与本发明所依据的理论或原理有关的文件
Documents which refer to a non－written disclosure B－X，9.2.3	涉及非书面公开的文件
Intermediate documents B－X，9.2.4	中间文件
Particularly relevant documents B－X，9.2.1	特别相关的文件
Potentially conflicting patent documents B－X，9.2.6	潜在抵触的专利文献
Claims in different categories G－Ⅶ，14	不同类别的权利要求
Different categories B－Ⅲ，3.10	不同类别
Kinds of claim F－Ⅳ，3.1	权利要求的种类
Plurality of independent claims in different categories F－Ⅴ，3.2.2	不同类别的多项独立权利要求
Prohibited matter F－Ⅱ，7.1	禁止事项
Certificate C－Ⅴ，12	**证书**
Certificate of exhibition A－Ⅳ，3.1，E－Ⅸ，2.4.3	参展证书
Defects in the certificate or the identification A－Ⅳ，3.2	证书或鉴定书的缺陷
Certified copies of documents from the files or of other documents A－Ⅺ，5.1	**档案中的文件或其他文件的核证副本**
Certified copy of the previous application（priority document） F－Ⅵ，3.3	**在先申请（优先权文件）的核证副本**
Chair D－Ⅱ，2.3	**组长**

Change of date of oral proceedings E – Ⅲ, 7. 1. 3	**变更口头审理日期**
Change of date of oral proceedings at the instigation of the division E – Ⅲ, 7. 1. 2	由审查小组发起的变更口头审理日期
Change of date, cancellation or maintenance of oral proceedings E – Ⅲ, 7	**变更日期、取消或维持口头审理程序**
Cancellation or maintenance of oral proceedings E – Ⅲ, 7. 2	口头审理程序的取消或维持
Changing the date of oral proceedings E – Ⅲ, 7. 1	变更口头审理日期
Changes in claim category in opposition H – Ⅴ, 7	**异议中权利要求类型的改变**
Method claim to product claim H – Ⅴ, 7. 3	方法权利要求变为产品权利要求
Method claim to use claim H – Ⅴ, 7. 4	方法权利要求变为用途权利要求
Product claim to method claim H – Ⅴ, 7. 2	产品权利要求变为方法权利要求
Product claim to use claim H – Ⅴ, 7. 1	产品权利要求变为用途权利要求
Changes in the title H – Ⅴ, 8	**发明名称的改变**
Changes of name E – ⅩⅣ, 5	**名称变更**
Registration of changes of name, transfers, licences and other rights E – ⅩⅣ	名称、转让、许可和其他权利变更的登记
Changing from one searched invention to another C – Ⅲ, 3. 4	**将一项已检索的发明更改为另一项**
Changing the date of oral proceedings E – Ⅲ, 7. 1	**变更口头审理日期**
Change of date of oral proceedings E – Ⅲ, 7. 1. 3	变更口头审理日期
Change of date of oral proceedings at the instigation of the division E – Ⅲ, 7. 1. 2	由审查小组发起的更改口头审理日期
Defined notice period E – Ⅲ, 7. 1. 3	规定的通知期限
Requests to change the date of oral proceedings E – Ⅲ, 7. 1. 1	请求变更口头审理的日期
Characteristics of the search B – Ⅲ	**检索的特点**
Opinions of the search division B – Ⅲ, 1	检索小组的意见
Scope of the search B – Ⅲ, 2	检索范围
Subject of the search B – Ⅲ, 3	检索主题
Charging of costs D – Ⅸ, 1	**费用收取**
Costs to be taken into consideration D – Ⅸ, 1. 3	需予以考虑的费用
Decisions on the apportionment of costs D – Ⅸ, 1. 2	关于费用分摊的决定
General principle D – Ⅸ, 1. 1	一般性原则
Principle of equity D – Ⅸ, 1. 4	公平原则
Checking the identity and authorisations of participants at oral proceedings E – Ⅲ, 8. 3. 1	**检查口头审理程序参与者的身份和授权**
Checklist F – Ⅱ, 2. 5	**清单**

Checklist for considering the abstract F – Ⅱ, An. 1	审核摘要的清单
Chemical and mathematical formulae A – Ⅸ, 11.1	**化学和数学公式**
Citation	**引用**
Citation of documents corresponding to documents not available or not published in one of the official EPO languages B – Ⅵ, 6.2	与未提供 EPO 官方语言之一的文件或以 EPO 官方语言之一公开的文件相对应的引用文件
Citation of prior art in the description after the filing date H – Ⅳ, 2.2.6	申请日后在说明书中引用现有技术
Citation of video and/or audio media fragments available on the internet B – X, 11.6	引用互联网上可获得的视频和/或音频媒体片段
Citing documents not mentioned in the search report C – Ⅳ, 7.4	**检索报告中未提及的引用文献**
Claims C – Ⅸ, 1.6	**权利要求书**
Abandonment of claims B – Ⅲ, 3.4	放弃权利要求
Amended claims F – Ⅴ, 6	修改后的权利要求
Amended claims or missing parts (Rule 56) B – Ⅲ, 3.3	修改后的权利要求或遗漏部分（细则第 56 条）
Amendments A – Ⅴ, 2.1, A – Ⅴ, 2.2, C – Ⅱ, 3.1, D – Ⅳ, 5.2, G – Ⅳ, 3, H – Ⅱ, 3.1, H – Ⅳ, 2.2.3	修改
Amendments in claims H – Ⅴ, 3	权利要求的修改
Amendments in claims further cases of broadening of claims H – Ⅴ, 3.4	权利要求的修改 扩大权利要求的更多情况
Anticipation of amendments to claims B – Ⅲ, 3.5	对权利要求的修改的预期
Applications containing claims filed after the accorded date of filing B – Ⅺ, 2.2	申请包含规定申请日之后提交的权利要求
Arrangement of claims F – Ⅳ, 3.5	权利要求的设置
Bringing the description into line with amended claims H – Ⅴ, 2.7	使说明书与修改后的权利要求一致
Broad claims B – Ⅲ, 3.6, F – Ⅳ, 4.22	宽泛的权利要求
Categories F – Ⅳ, 3.1, F – Ⅴ, 2.1	类型
Claim to priority A – Ⅲ, 6, A – Ⅳ, 1.2, E – Ⅸ, 2.3.5, F – Ⅵ, 3	要求优先权
Applications giving rise to a right of priority A – Ⅲ, 6.2	能够产生优先权的申请
Certified copy of the previous application (priority document) F – Ⅵ, 3.3	在先申请（优先权文件）的核证副本
Copy of the previous application (priority document) A – Ⅲ, 6.7	在先申请（优先权文件）的副本

Copy of the search results for the priority or priorities A – Ⅲ, 6.12	一项或多项优先权检索结果的副本
Date of filing A – Ⅳ, 1.2.1	申请日
Declaration of priority A – Ⅲ, 6.5, F – Ⅵ, 3.2	优先权声明
Examination of formal requirements A – Ⅲ, 6	形式审查
Examination of the priority document A – Ⅲ, 6.4	对优先权文件的审查
Information on prior art E – Ⅸ, 2.3.5.2	关于现有技术的信息
Instructions in Chapter A – Ⅲ ("Examination of formal requirements") E – Ⅸ, 2.3.5	A 部分第Ⅲ章（对形式要求的审查）中的说明
Loss of right to priority A – Ⅲ, 6.10	丧失优先权
Multiple priorities A – Ⅲ, 6.3	多项优先权
Non – entitlement to right to priority A – Ⅲ, 6.9	不能享有优先权
Notification A – Ⅲ, 6.11	通知
Priority F – Ⅵ, 3	优先权
Priority claim of a divisional application A – Ⅳ, 1.2.2	分案申请的优先权要求
Priority document E – Ⅸ, 2.3.5.1	优先权文件
Priority period A – Ⅲ, 6.6	优先权期限
Re – establishment of rights in respect of the priority period F – Ⅵ, 3.6	重新确立优先权期间的权利
Restoration of priority E – Ⅸ, 2.3.5.3	恢复优先权
Translation of the previous application A – Ⅲ, 6.8, F – Ⅵ, 3.4	在先申请的译文
Withdrawal of priority claim F – Ⅵ, 3.5	撤回优先权要求
Claims (Art. 84 and formal requirements) F – Ⅳ	权利要求书（公约第 84 条和形式要求）
Clarity and interpretation of claims F – Ⅳ, 4	权利要求的清楚和解释
Conciseness, number of claims F – Ⅳ, 5	简要，权利要求的数量
Examples concerning essential features F – Ⅳ, An.	关于基本特征的实例
Form and content of claims F – Ⅳ, 2	权利要求的形式和内容
Kinds of claim F – Ⅳ, 3	权利要求的种类
Support in description F – Ⅳ, 6	说明书的支持
Claims comprising technical and non – technical features G – Ⅶ, 5.4	包含技术和非技术特征的权利要求
Examples of applying the COMⅥK approach G – Ⅶ, 5.4.2	应用 COMVIK 方法的示例
Formulation of the objective technical problem for claims comprising technical and non – technical features G – Ⅶ, 5.4.1	确定包含技术和非技术特征的权利要求的客观技术问题

Claims contravening Art. 123 (2) or Art. 76 (1) B – Ⅷ, 6	违反公约第 123（2）条或公约第 76（1）条的权利要求
Claims directed to computer – implemented inventions F – Ⅳ, 3.9	针对计算机实施发明的权利要求
Cases where all method steps can be fully implemented by generic data processing means F – Ⅳ, 3.9.1	所有方法步骤完全可以由通用数据处理装置实施的情况
Cases where method steps define additional devices and/or specific data processing means F – Ⅳ, 3.9.2	方法步骤限定附加设备和/或特定数据处理装置的情况
Cases where the invention is realised in a distributed computing environment F – Ⅳ, 3.9.3	发明在分布式计算环境中实施的情况
Claims fee A – Ⅲ, 9, A – Ⅳ, 1.4.2, A – X, 5.2.5, C – Ⅴ, 4.8.1, E – Ⅸ, 2.3.8	权利要求费
Calculation of claims fees H – Ⅲ, 5	权利要求费的计算
Cases under Rule 62a where claims fees are not paid B – Ⅷ, 4.4	基于细则第 62a 条未缴纳权利要求费的情形
Claims fees due in response to Rule 71 (3) communication C – Ⅴ, 1.4	根据细则第 71 条（3）条的通知书应缴纳的权利要求费
Claims fees payable before the grant of the European patent A – X, 7.3.2	欧洲专利授权前应缴纳的权利要求费
Claims fees payable on filing the European patent application A – X, 7.3.1	提交欧洲专利申请时缴纳的权利要求费
Crediting of claims fees A – X, 11.2	权利要求费的计入
Due date for specific fees A – X, 5.2.5	特定费用的到期日
Examination of formal requirements A – Ⅲ, 9	形式审查
Fees A – Ⅳ, 1.4.2	费用
Fees to be paid within the second Rule 71 (3) period C – Ⅴ, 4.8.1	在细则第 71（3）条规定的第二阶段应缴纳的费用
Indication of the purpose of payment in the case of claims fees A – X, 7.3	表明所缴费项是权利要求费
Instructions in Chapter A – Ⅲ ("Examination of formal requirements") E – Ⅸ, 2.3.8	A 部分第Ⅲ章（对形式要求的审查）中的说明
Separate crediting of the fee for grant and publishing and claims fees A – X, 11.3	授权费和公布费、权利要求费的分别计入
Claims filed after accordance of a date of filing C – Ⅲ, 1.1.2	获得申请日之后提交的权利要求
Claims filed after the date of filing H – Ⅳ, 2.2.3	申请日后提交的权利要求书
Claims for a known substance for a number of distinct medical uses F – Ⅴ, 3.2.6	用于多种不同医疗用途的已知物质的权利要求

Claims in different categories G－Ⅶ, 14	不同类别的权利要求
Plurality of independent claims in different categories F－Ⅴ, 3.2.2	不同类别的多项独立权利要求
Claims with explicit references to the description or drawings B－Ⅲ, 3.2.1	明确引用说明书或附图的权利要求
Clarity F－Ⅳ, 1, F－Ⅳ, 3.4, F－Ⅳ, 4.1, F－Ⅳ, 4.5.1, F－Ⅳ, 6.4, F－Ⅴ, 2.1	清楚性
Clarity of claims D－Ⅴ, 5	权利要求清楚
Common dependent claims F－Ⅴ, 3.2.4	共同的从属权利要求
Consistent use of reference signs as between description, claims and drawings A－Ⅸ, 7.5.4	在说明书、权利要求书和附图之间使用一致的附图标记
Content A－Ⅲ, 3.2, F－Ⅳ, 5	内容
Content of a European patent application (other than claims) F－Ⅱ	欧洲专利申请的内容（不含权利要求）
Correction A－Ⅵ, 1.3, D－Ⅹ, 4.3, H－Ⅵ, 2, H－Ⅵ, 2.2	更正
Correction of description, claims and drawings H－Ⅵ, 2.2.1	说明书、权利要求书和附图的更正
Correction of the translations of the claims H－Ⅵ, 5	权利要求译文的更正
Dependent claims B－Ⅲ, 3.7, F－Ⅳ, 3.4, F－Ⅳ, 3.5	从属权利要求
Dependent claims pursuant to Art. 54 (5) G－Ⅵ, 7.1.5	根据公约第54（5）条的从属权利要求
Determination of the invention first mentioned in the claims F－Ⅴ, 3.4	权利要求中首先提及的发明的确定
Different sets of claims D－Ⅹ, 10	不同的权利要求组
Errors in the description, claims and drawings H－Ⅵ, 2.1.1.1	说明书、权利要书求和附图中的错误
Examples no amended claims filed with the appeal E－Ⅻ, 7.4.1	示例：上诉时未提交修改的权利要求
Extent of protection F－Ⅳ, 4.12	保护范围
Independent and dependent claims B－Ⅲ, 3.7, F－Ⅳ, 3.4	独立和从属权利要求
Independent claims F－Ⅳ, 3.1, F－Ⅳ, 3.2, F－Ⅳ, 3.3, F－Ⅴ, 2.1, F－Ⅴ, 3.2.1	独立权利要求
Independent claims containing a reference to another claim or to features from a claim of another category F－Ⅳ, 3.8	包含对另一项权利要求或另一类型权利要求的特征的引用的独立权利要求
Interpretation of claims B－Ⅲ, 3.2	权利要求的解释
Late filing of claims A－Ⅲ, 15	权利要求的在后提交
Limitation is different for different contracting states because the claims as granted were different for different contracting states D－Ⅹ, 10.2	由于不同缔约国授权的权利要求不同而导致在不同缔约国的限制不同

Limitation results in the claims becoming different in different contracting states D – X, 10. 1	限制导致在不同缔约国有不同的权利要求
Novelty of "reach – through" claims G – Ⅵ, 9	"延展式" 权利要求的新颖性
Number of independent claims F – Ⅳ, 3. 2	独立权利要求的数量
Opposition proceedings where the claims as granted are different for different contracting states H – Ⅲ, 4. 5	不同缔约国授权权利要求不同时的异议程序
Order of claims F – Ⅳ, 4. 23	权利要求的顺序
Plurality of independent claims in the same category F – Ⅴ, 3. 2. 1	同一类型的多项独立权利要求
"Reach – through" claims F – Ⅲ, 9	"延展式" 权利要求
Relationship between documents and claims B – X, 9. 3	文献和权利要求之间的关系
Search on dependent claims B – Ⅲ, 3. 8	从属权利要求的检索
Subsequently filed claims A – Ⅵ, 1. 3	随后提交的权利要求
Support for dependent claims F – Ⅳ, 6. 6	从属权利要求的支持
Tables in the claims A – Ⅸ, 11. 2. 2	权利要求中的表格
Translation C – Ⅴ, 1. 1, D – Ⅵ, 7. 2. 3, E – Ⅷ, 3. 1. 1	翻译
Translations of the claims C – Ⅴ, 1. 3	权利要求的翻译
Treatment of dependent claims under Rule 62a B – Ⅷ, 4. 6	根据细则第 62a 条处理从属权利要求
Use claims F – Ⅳ, 4. 16	用途权利要求
Use of the description and/or drawings to establish definitions of unclear terms not defined in the claims B – Ⅲ, 3. 2. 3	使用说明书和/或附图确定未在权利要求中清楚限定的术语的含义
Clarification of a technical effect H – Ⅴ, 2. 1	**技术效果的澄清**
Clarifications H – Ⅳ, 2. 2. 7	**澄清**
Clarity F – Ⅳ, 4. 1	**清楚**
Clarity and interpretation of claims F – Ⅳ, 4	权利要求的清楚和解释
Broad claims F – Ⅳ, 4. 22	宽泛的权利要求
Clarity F – Ⅳ, 4. 1	清楚
"Comprising" vs. "consisting of" F – Ⅳ, 4. 20	"包含" 与 "由……组成"
Definition by reference to (use with) another entity F – Ⅳ, 4. 14	通过引用（一起使用）另一实体进行定义
Essential features F – Ⅳ, 4. 5	必要特征
Expression "in" F – Ⅳ, 4. 15	"在……中" 的表达
Functional definition of a pathological condition F – Ⅳ, 4. 21	病理状况的功能性限定
General statements, "spirit of the invention", claim – like clauses F – Ⅳ, 4. 4	一般性描述，"发明精神"，类似权利要求的语句
Inconsistencies F – Ⅳ, 4. 3	不一致
Interpretation F – Ⅳ, 4. 2	解释

Interpretation of expressions stating a purpose F – Ⅳ, 4. 13	对用途类表达的解释
Interpretation of terms such as identity and similarity in relation to amino or nucleic acid sequences F – Ⅳ, 4. 24	解释与氨基酸或核酸序列相关的同一性和相似性等术语
Negative limitations (e. g. disclaimers) F – Ⅳ, 4. 19	否定式限定（例如排除式限定）
Optional features F – Ⅳ, 4. 9	可选特征
Order of claims F – Ⅳ, 4. 23	权利要求的顺序
Parameters F – Ⅳ, 4. 11	参数
Product – by – process claim F – Ⅳ, 4. 12	方法限定的产品权利要求
Reference signs F – Ⅳ, 4. 18	附图标记
References to the description or drawings F – Ⅳ, 4. 17	引用说明书或附图
Relative terms F – Ⅳ, 4. 6	相对术语
Result to be achieved F – Ⅳ, 4. 10	要达到的效果
Terms such as "about", "approximately" or "substantially" F – Ⅳ, 4. 7	诸如"约"、"大致"或"基本上"等术语
Trade marks F – Ⅳ, 4. 8	商标
Use claims F – Ⅳ, 4. 16	用途权利要求
Clarity objections F – Ⅳ, 4. 6. 1, F – Ⅳ, 4. 7. 2, F – Ⅳ, 4. 14. 1	清楚性反对意见
Definition by reference to (use with) another entity F – Ⅳ, 4. 14. 1	通过引用（一起使用）另一实体进行定义
Relative terms F – Ⅳ, 4. 6. 1	相对术语
Terms such as "about", "approximately" or "substantially" F – Ⅳ, 4. 7. 2	诸如"约"、"大致"或"基本上"等术语
Clarity of claims D – Ⅴ, 5	权利要求清楚
Sufficiency of disclosure and clarity F – Ⅲ, 11	充分公开和清楚
Classification	**分类**
Classification of the patent application B – X, 5	专利申请的分类
CPC classification of the application B – Ⅴ, 4	申请的 CPC 分类
IPC classification in cases of a lack of unity of invention B – Ⅴ, 3. 3	发明缺乏单一性时的 IPC 分类
IPC classification of late – published search reports B – Ⅴ, 3. 1	迟公布检索报告的 IPC 分类
IPC classification of the application B – Ⅴ, 3	申请的 IPC 分类
IPC classification when the scope of the invention is not clear (e. g. a partial search) B – Ⅴ, 3. 2	发明范围不清楚时（例如，部分检索）的 IPC 分类

Preclassification, IPC and CPC classification of European patent applications B – Ⅴ	欧洲专利申请的预分类、IPC 和 CPC 分类
Verification of the IPC classification B – Ⅴ, 3.4	IPC 分类的确认
Closest prior art and its effects on the search B – Ⅳ, 2.5	**最接近的现有技术及其对检索的影响**
Closure of oral proceedings E – Ⅲ, 8.11	**口头审理程序的结束**
Requesting postponement during oral proceedings E – Ⅲ, 8.11.1	在口头审理程序期间请求延期
Combination of elements in a claim B – Ⅲ, 3.9	**权利要求中的要素组合**
Combination vs. juxtaposition or aggregation G – Ⅶ, 7	**组合与并列或集合**
Combining pieces of prior art G – Ⅶ, 6	**现有技术的结合**
Comments and amendments in response to the search opinion B – Ⅺ, 3.3	**针对检索意见的意见和修改**
Commercial success G – Ⅶ, 10.3	**商业成功**
Commissioning of experts E – Ⅳ, 1.8	**专家的委任**
Decision on the form of the opinion E – Ⅳ, 1.8.1	关于意见形式的决定
Objection to an expert E – Ⅳ, 1.8.2	对专家提出反对意见
Terms of reference of the expert E – Ⅳ, 1.8.3	专家的委托规定说明
Common	**共同/公知**
Common dependent claims F – Ⅴ, 3.2.4	共同的从属权利要求
Common general knowledge of the skilled person G – Ⅶ, 3.1	技术人员的公知常识
Common provisions A – Ⅷ	共同规定
Form of documents A – Ⅷ, 2	文件的形式
Representation A – Ⅷ, 1	代理
Signature of documents A – Ⅷ, 3	文件的签名
Common representatives A – Ⅷ, 1.4	共同代表
Commonly designated states G – Ⅳ, 5.3	**共同指定国**
Communication A – Ⅵ, 2.1, E – Ⅱ, 1	**通知书**
Admissibility during examination procedure after receipt of the first communication – Rule 137 (3) H – Ⅱ, 2.3	审查程序中收到第一次通知书之后的可接受性——细则第 137（3）条
Agreement reached on a text – second Rule 71 (3) communication C – Ⅴ, 4.7.2	就文本达成一致——根据细则第 71（3）条的第二次通知书
Amendments filed in reply to a Rule 71 (3) communication H – Ⅱ, 2.5	为答复细则第 71（3）条通知书提交的修改
Amendments filed in reply to a Rule 71 (3) communication further course of proceedings H – Ⅱ, 2.5.2	为答复细则第 71（3）条通知书提交的修改（进一步的程序）
Amendments/corrections admitted and allowable – second Rule 71 (3) communication sent C – Ⅴ, 4.6	接受和允许的修改/更正——根据细则第 71（3）条的第二次通知书已发出

Communication according to Rule 161 E – Ⅸ, 3 根据细则第 161 条的通知书

Applications for which a supplementary European search report is prepared E – Ⅸ, 3.1, E – Ⅸ, 3.2 已作出补充欧洲检索报告的申请

Exceptions where a reply to the Rule 161 (1) invitation is not required E – Ⅸ, 3.3 不需要答复细则第 161 (1) 条通知的例外情况

Rule 137 (4) applies E – Ⅸ, 3.4 细则第 137 (4) 条的适用

Communication in the event of deficiencies as described in D – Ⅳ, 1.2.1 which, if not remedied, will lead to the opposition being deemed not to have been filed D – Ⅳ, 1.3.1 当存在 D 部分第Ⅳ章 1.2.1 中所述缺陷，该缺陷如不克服将导致异议请求被视为未提出时发出的通知书

Communication in the event of deficiencies as described in D – Ⅳ, 1.2.2 which, if not remedied, will lead to rejection of the opposition as inadmissible D – Ⅳ, 1.3.2 当存在 D 部分第Ⅳ章 1.2.2 中所述缺陷，该缺陷如不克服将导致异议请求因无法受理而被驳回时发出的通知书

Communication of information contained in files A – Ⅺ, A – Ⅺ, 3 档案中包含的通信信息

Consultation of the European Patent Register A – Ⅺ, 4 查阅《欧洲专利登记簿》

Inspection of files A – Ⅺ, 2 档案查阅

Issuance of certified copies A – Ⅺ, 5 核证副本的签发

Communication of observations from one of the parties to the other parties D – Ⅳ, 5.4 将一方当事人的意见陈述转送其他当事人

Communication to the EPO as a designated Office E – Ⅸ, 2.7 向作为指定局的 EPO 发送的通知

Communication under Rule 71 (3) C – Ⅴ, 1 根据细则第 71 (3) 条的通知书

Claims fees due in response to Rule 71 (3) communication C – Ⅴ, 1.4 根据细则第 71 条 (3) 条通知书应缴纳的权利要求费

Communication under Rule 71 (3) other information in the communication under Rule 71 (3) C – Ⅴ, 1.5 根据细则第 71 (3) 条的通知书 根据细则第 71 (3) 条的通知书中的其他信息

Examining division resumes examination after approval of the text further communication under Rule 71 (3) C – Ⅴ, 6.2 审查小组在文本被批准后恢复审查，根据细则第 71 (3) 条的进一步通知书

Grant and publishing fee C – Ⅴ, 1.2 授权费和公布费

Text for approval C – Ⅴ, 1.1 批准的文本

Translations of the claims C – Ⅴ, 1.3 权利要求的翻译

Communications and notifications E – Ⅱ 通知书和通知

Communications E – Ⅱ, 1 通知书

Notification E – Ⅱ, 2 通知

Communications concerning formal deficiencies A – Ⅴ, A – Ⅴ, 1 涉及形式缺陷的通知书

Amendment of application A – Ⅴ, 2	申请的修改
Correction of errors in documents filed with the EPO A – Ⅴ, 3	更正向 EPO 提交的文件中的错误
Communications from the opposition division to the patent proprietor D – Ⅵ, 4	异议小组向专利权人发出的通知书
Communications from the opposition division D – Ⅵ, 4.1	异议小组发出的通知书
Invitation to file amended documents D – Ⅵ, 4.2	通知提交修改文本
Reasoned statement D – Ⅵ, 4.1	理由陈述
Communications/oral proceedings after resumption C – Ⅴ, 4.7.1	恢复后的通知书/口头审理程序
Higher – ranking request not admissible and/or not allowable C – Ⅴ, 4.7.1.1	更高级别的请求不被认可和/或不被允许
Examination for deficiencies in the notice of opposition and communications from the formalities officer arising from this examination D – Ⅳ, 1	对异议请求书中缺陷的审查以及形式审查员根据审查需要与当事人进行的沟通
Examination procedure at least one communication in examination E – Ⅸ, 4.1	在审查中发出至少一次通知书
Examining division proposes amendments in second Rule 71 (3) communication C – Ⅴ, 4.6.3	审查小组在根据细则第 71（3）条的第二次通知书中建议进行修改
Extent of the formalities officer's obligation to issue the above communications D – Ⅳ, 1.3.3	形式审查员发出上述通知书的职权范围
Filing of applications by means of electronic communication A – Ⅱ, 1.2	通过电子通信方式提交申请
First communication C – Ⅲ, 4	第一次通知书
Form of decisions, communications and notices E – Ⅱ, 1.3	决定、通知书和通知的形式
Invitation to the patent proprietor to submit comments and communication of opposition to the other parties concerned by the formalities officer D – Ⅳ, 5.2	形式审查员要求专利权人提交意见陈述书并向其他相关当事人发出异议通知书
Issue of communications by the formalities officer as a result of examination for deficiencies D – Ⅳ, 1.3	形式审查员审查缺陷后发出通知书
Issuing a further communication (no refusal) C – Ⅴ, 15.4	发出进一步通知书（非驳回）
Minutes as the first communication in examination C – Ⅶ, 2.5	作为第一次审查意见通知书的笔录
Noting and communication of loss of rights E – Ⅷ, 1.9.2	权利丧失的记录和通知
Number of communications E – Ⅱ, 1.2	通知书的次数
Opposition division's communications D – Ⅵ, 3.1	异议小组的通知书
Request for amendments or corrections in reply to the Rule 71 (3) communication C – Ⅴ, 4	答复根据细则第 71（3）条的通知书时请求修改或更正

Request for amendments or corrections in reply to the Rule 71 (3) communication no payment of fees or filing of translations necessary C－Ⅴ, 4.1　答复根据细则第71（3）条的通知书时请求修改或更正，无须缴纳费用或提交必要的译文

Response filed before first communication in examination C－Ⅱ, 3　在第一次审查意见通知书之前提交的答复

Response to communication pursuant to Rule 58 filed with the appeal E－Ⅻ, 7.4.4　上诉时提交的对依据细则第58条通知书的答复

Rule 137 (4) communication and response thereto H－Ⅲ, 2.1.1　细则第137（4）条通知书及其答复

Rule 161 communication issued before 1 April 2010 E－Ⅸ, 3.3.3　2010年4月1日前发出的细则第161条的通知书

Second Rule 71 (3) communication based on higherranking request initially rejected in first Rule 71 (3) communication C－Ⅴ, 4.6.2　最初在依据细则第71（3）条的第一次通知书中被驳回，基于更高级别的请求依据细则第71（3）条发出第二次通知书

Second Rule 71 (3) communication reversing the amendments proposed by the examining division in first Rule 71 (3) communication C－Ⅴ, 4.6.1　根据细则第71（3）条的第二次通知书，撤销审查小组在根据细则第71（3）条的第一次通知书中提出的修改

Standard marks for indicating amendments or corrections by the divisions further communication with the applicant C－Ⅷ, 5　指示各部门修改或更正的与申请人进一步沟通的标准标记

Time limits for response to communications from the examiner C－Ⅵ, 1　答复审查员通知书的期限

Voluntary reply to Rule 161 (1) communication E－Ⅸ, 3.3.4　对细则第161（1）条通知书的主动答复

Comparative test results E－Ⅸ, 4.3.1　**对比实验结果**

Compensation E－Ⅳ, 1.10.2　**补偿**

Competence E－Ⅳ, 2.3　**职责**

Complete　**完全的**

Complete search despite of lack of unity B－Ⅶ, 2.2　尽管缺乏单一性仍全面检索

Complete text for auxiliary request available H－Ⅲ, 3.3.5　附加请求的完整文本可获得

Complete text for auxiliary request not yet available H－Ⅲ, 3.3.4　附加请求的完整文本尚不可得

Completeness of the search B－Ⅲ, 2.1　**检索的完整性**

Compliance of amendments with other EPC requirements H－Ⅳ, 4　**修改符合其他EPC要求**

Compliance of amendments with other EPC requirements in examination proceedings H－Ⅳ, 4.2　在审查程序中符合其他EPC要求的修正

Compliance of amendments with other EPC requirements in limitation proceedings H－Ⅳ, 4.4　在限制程序中符合其他EPC要求的修正

Art. 84 H – Ⅳ, 4.4.1	公约第84条
Examination of the description and/or drawings H – Ⅳ, 4.4.2	审查说明书和/或附图
Points to be disregarded H – Ⅳ, 4.4.3	不考虑的内容
Compliance of amendments with other EPC requirements in opposition proceedings H – Ⅳ, 4.3	在异议程序中符合其他EPC要求的修正
Composition and duties of the examining division E – ⅩⅢ, 3	**审查小组的组成和职责**
Composition E – ⅩⅢ, 3.1	组成
Duties E – ⅩⅢ, 3.2	职责
Compositions B – Ⅸ, 4.1, D – Ⅱ, 2, E – ⅩⅢ, 3.1, G – Ⅱ, 4.2	**组成**
Chair D – Ⅱ, 2.3	组长
Composition and duties of the examining division E – ⅩⅢ, 3.1	审查小组的组成和职责
Exceptions to patentability G – Ⅱ, 4.2	可专利性的例外
Legally qualified examiners D – Ⅱ, 2.2	具有法律背景的审查员
Non – patent literature arranged for library – type access B – Ⅸ, 4.1	为图书馆型访问而设置的非专利文献
Opposition division D – Ⅱ, 2	异议小组
Substances and compositions G – Ⅱ, 4.2	物质和成分
Technically qualified examiners D – Ⅱ, 2.1	具有技术背景的审查员
Compound units F – Ⅱ, An. 2, 5	**复合单位**
"Comprising" vs. "consisting of" F – Ⅳ, 4.20	**"包含"和"由……组成"**
Computer print – out E – Ⅱ, 2.1	**计算机打印输出**
Computer programs F – Ⅱ, 4.12, G – Ⅱ, 3.6	**计算机程序**
Description (formal requirements) F – Ⅱ, 4.12	说明书（形式要求）
List of exclusions G – Ⅱ, 3.6	排除的主题清单
Computer – implemented business methods B – Ⅷ, 2.2.1	**计算机实施的商业方法**
Computers (Programs for ~) G – Ⅱ, 3.6	**计算机（用于~的程序）**
Concept of "clear allowability" H – Ⅱ, 2.7.1	**"明确可允许"的概念**
Conciseness, number of claims F – Ⅳ, 5	**简要，权利要求的数量**
Conditions A – X, 9.2.1	**条件**
Conditions for valid payment A – X, 7.1.1	有效缴费的条件
Conditions regarding the paper used A – Ⅸ, 3	关于所用纸张的要求
Conduct of oral proceedings E – Ⅲ, 8, E – Ⅲ, 8.2	**进行口头审理**
Admission of the public to proceedings E – Ⅲ, 8.1	允许公众参与口头审理
Closure of oral proceedings E – Ⅲ, 8.11	口头审理程序的结束

Discussion of the facts and of the legal position E – Ⅲ, 8. 9	对事实和法律立场的讨论
Facts, evidence or amendments introduced at a late stage E – Ⅲ, 8. 6	在后期引入的事实、证据或修改
Handwritten amendments in oral proceedings E – Ⅲ, 8. 7	口头审理程序中的手写修正
Opening of oral proceedings: non – appearance of a party E – Ⅲ, 8. 3	口头审理开始：一方当事人缺席
Opening of the substantive part of the proceedings E – Ⅲ, 8. 4	口头审理实质阶段的开始
Oral proceedings by videoconference before examining divisions E – Ⅲ, 8. 2. 2	审查小组通过视频会议进行口头审理
Oral proceedings on the EPO premises E – Ⅲ, 8. 2. 1	在 EPO 场所的口头审理
Right of the other members of the division to put questions E – Ⅲ, 8. 10	审查小组的其他成员提出问题的权利
Submissions by the parties E – Ⅲ, 8. 5	各方当事人提交的材料
Use of laptops or other electronic devices during either ex parte or inter partes oral proceedings E – Ⅲ, 8. 2. 1	在单方或双方口头审理程序期间使用笔记本电脑或其他电子设备
Use of Rule 137 (4) for amendments filed during oral proceedings in examination E – Ⅲ, 8. 8	在审查中的口头审理程序期间利用细则第 137 (4) 条提交修改
Conducting file inspections A – Ⅺ, 2. 2	**进行档案查阅**
Confidentiality C – Ⅶ, 3. 2	**保密性**
Confidentiality of the request A – Ⅺ, 2. 4	请求的机密性
Confirmation A – Ⅱ, 3. 1	**确认**
Confirmation of the intention to proceed further with the application C – Ⅱ, 1. 1	确认进一步审查申请的意向
Conflict	**抵触**
Conflict between abstract and source document B – Ⅵ, 6. 3	摘要与原始文件之间的抵触
Conflict with national rights of earlier date G – Ⅳ, 6	与在先国家权利抵触
Conflict with other European applications G – Ⅳ, 5	与其他欧洲申请抵触
Commonly designated states G – Ⅳ, 5. 3	共同指定国
Double patenting G – Ⅳ, 5. 4	重复授权专利
Euro – PCT applications G – Ⅳ, 5. 2	欧洲 – PCT 申请
State of the art pursuant to Art. 54 (3) G – Ⅳ, 5. 1	根据公约第 54 (3) 条的现有技术
Conflicting applications B – Ⅵ, 4	抵触申请
National earlier rights B – Ⅵ, 4. 2	国家在先权利
Potentially conflicting European and international applications B – Ⅵ, 4. 1	潜在的欧洲抵触申请和国际抵触申请

Conflicts between Art. 123 (2) and Art. 123 (3) H – Ⅳ, 3.5	公约第123 (2) 条和公约第123 (3) 条之间的冲突
Conflicts between Art. 123 (3) and other requirements of the EPC H – Ⅳ, 3.6	公约第123 (3) 条和EPC其他要求之间的冲突
Consequences for the applicant F – Ⅴ, 4.2	**对申请人的影响**
Consequences for the division E – Ⅻ, 9.2	**对小组的影响**
Consequences of non – payment of the designation fee A – Ⅲ, 11.2.3, A – Ⅲ, 11.3.2	**未缴纳指定费的后果**
European patent applications filed before 1 April 2009 A – Ⅲ, 11.3.2	2009年4月1日之前提交的欧洲专利申请
European patent applications filed on or after 1 April 2009 A – Ⅲ, 11.2.3	2009年4月1日或之后提交的欧洲专利申请
Conservation of evidence E – Ⅳ, 2	**证据的保全**
Competence E – Ⅳ, 2.3	职责
Decision on the request and the taking of evidence E – Ⅳ, 2.4	关于请求和取证的决定
Request for the conservation of evidence E – Ⅳ, 2.2	证据保全请求
Requirements E – Ⅳ, 2.1	要求
Taking and conservation of evidence E – Ⅳ	取证和证据保全
Consideration of the contents of the IPER E – Ⅸ, 4.3.3	**对IPER内容的考虑**
Consideration of time limits E – Ⅹ, 1.2	**对期限的考虑**
Considerations relating to specific exclusions from and exceptions to patentability B – Ⅷ, 2	**与可专利性的具体排除和例外有关的考虑**
Methods for treatment of the human or animal body by surgery or therapy and diagnostic methods practised on the human or animal body B – Ⅷ, 2.1	通过外科手术或疗法治疗人体或动物体的方法以及对人体或动物体施行的诊断方法
Subject – matter excluded from patentability under Art. 52 (2) and (3) B – Ⅷ, 2.2	依据公约第52 (2) 和 (3) 条排除可专利性的主题
Consistent use of reference signs as between description, claims and drawings A – Ⅸ, 7.5.4	**在说明书、权利要求书和附图之间使用一致的附图标记**
Consistent use of reference signs as between drawings A – Ⅸ, 7.5.5	**附图之间使用一致的附图标记**
Consolidation of proceedings E – Ⅶ, 4	**合并程序**
Consultations C – Ⅶ, 2	**会晤**
Consultation of a legally qualified examiner C – Ⅷ, 7	咨询具有法律背景的审查员
Consultation of the European Patent Register A – Ⅺ, A – Ⅺ, 4	查阅《欧洲专利登记簿》

Communication of information contained in the files A – Ⅺ, 3	档案中包含的通信信息
Inspection of files A – Ⅺ, 2	档案查阅
Issuance of certified copies A – Ⅺ, 5	核证副本的签发
Consultation with other examiners B – Ⅰ, 2.1	与其他审查员协商
Informal nature of consultations C – Ⅶ, 2.3	会晤的非正式性
Minutes as the first communication in examination C – Ⅶ, 2.5	作为第一次审查意见通知书的笔录
Minutes of a consultation C – Ⅶ, 2.4	会晤笔录
Persons participating in the consultation C – Ⅶ, 2.2	参与会晤的人员
Contact between the applicant and the search division B – Ⅱ, 1.1	**申请人与检索小组之间的沟通**
Content E – Ⅹ, 2.7	**内容**
Analysis of the application and content of the search opinion B – Ⅺ, 3	申请的分析和检索意见的内容
Consideration of the contents of the IPER E – Ⅸ, 4.3.3	对 IPER 内容的考虑
Content of a European patent application (other than claims) F – Ⅱ	欧洲专利申请的内容（不含权利要求）
Abstract F – Ⅱ, 2	摘要
Checklist for considering the abstract F – Ⅱ, An. 1	审核摘要的清单
Description (formal requirements) F – Ⅱ, 4	说明书（形式要求）
Drawings F – Ⅱ, 5	附图
Prohibited matter F – Ⅱ, 7	禁止事项
Request for grant F – Ⅱ, 3	授权请求
Sequence listings F – Ⅱ, 6	序列表
Title F – Ⅱ, 3	发明名称
Units recognised in international practice and complying with Rule 49 (10) F – Ⅱ, An. 2	国际惯例认可且符合细则第 49（11）条规定的单位
Content of the abstract A – Ⅲ, 10.2, F – Ⅱ, 2.3	摘要的内容
Content of the application as "originally" filed H – Ⅳ, 2.2, H – Ⅳ, 2.3	"原始"提交的申请内容
Applications filed by reference to an earlier application H – Ⅳ, 2.3.1	引用在先申请提交的申请
Applications resulting from a decision under Art. 61 H – Ⅳ, 2.3.3	依据公约第 63 条的决定产生的申请
Citation of prior art in the description after the filing date H – Ⅳ, 2.2.6	申请日后在说明书中引用现有技术

Claims filed after the date of filing H－Ⅳ, 2.2.3 申请日后提交的权利要求
Clarifications H－Ⅳ, 2.2.7 澄清
Divisional applications H－Ⅳ, 2.3.2 分案申请
Features described in a document cross－referenced in the description H－Ⅳ, 2.2.1 说明书中交叉引用的文件中描述的特征
International applications H－Ⅳ, 2.3.4 国际申请
Missing parts of the description or missing drawings filed after the date of filing H－Ⅳ, 2.2.2 申请日后提交的说明书遗漏部分或遗漏附图
Priority documents H－Ⅳ, 2.2.5 优先权文件
Sequence listings filed after the date of filing H－Ⅳ, 2.2.4 申请日之后提交的序列表
Trade marks H－Ⅳ, 2.2.8 商标
Content of the extended European search report (EESR) B－Ⅷ, 3.3, B－Ⅷ, 4.3 扩展欧洲检索报告（EESR）的内容
More than one independent claim per category (Rule 62a) B－Ⅷ, 4.3 每一类型有一项以上的独立权利要求（细则第62a条）
No meaningful search possible B－Ⅷ, 3.3 无法进行有意义的检索
Content of the notice of opposition D－Ⅲ, 6 异议请求书的内容
Content of the publication A－Ⅵ, 1.3 公布的内容
Contents of prior－art disclosures B－Ⅵ, 6 现有技术公开的内容
Citation of documents corresponding to documents not available or not published in one of the official EPO languages B－Ⅵ, 6.2 与未提供EPO官方语言之一的文件或以EPO官方语言之一公开的文件相对应的引用文件
Conflict between abstract and source document B－Ⅵ, 6.3 摘要与原始文件之间的抵触
Incorrect compound records in online databases B－Ⅵ, 6.5 在线数据库中记录的化合物不正确
Insufficient prior－art disclosures B－Ⅵ, 6.4 现有技术公开不充分
Definitive content F－Ⅱ, 2.2 确定内容
Form and content E－X, 1.3, F－Ⅱ, 5.1 形式和内容
Form and content of claims F－Ⅳ, 2 权利要求的形式和内容
Intermediate publication of the contents of the priority application F－Ⅵ, 2.4.1 含有优先权申请内容的中间公开文件

Continuation **继续**

Continuation of proceedings D－Ⅶ, 4.2 程序的继续
Continuation after a final decision D－Ⅶ, 4.2.1 最终决定后程序的继续

Continuation regardless of the stage reached in national proceedings D – Ⅶ, 4.2.2	无论国家程序达到何种阶段的程序的继续
Continuation of the opposition proceedings in the cases covered by Rule 84 D – Ⅶ, 5	在细则第 84 条规定的情形下异议程序的继续
Continuation after the opposition has been withdrawn D – Ⅶ, 5.3	异议请求撤回后异议程序的继续
Continuation in the case of surrender or lapse of the patent D – Ⅶ, 5.1	专利被放弃或已失效的情况下异议程序的继续
Continuation on the death or legal incapacity of the opponent D – Ⅶ, 5.2	异议人死亡或无法律行为能力后异议程序的继续
Contracting States	**缔约国**
Contracting states to the EPC General Part, 6	EPC 缔约国
Designation of contracting states A – Ⅲ, 11, A – Ⅳ, 1.3.4	缔约国的指定
Different claims, description and drawings for different States G – Ⅳ, 6	针对不同缔约国的不同权利要求书、说明书和附图
Different texts in respect of different contracting states H – Ⅲ, 4	针对不同缔约国的不同文本
Indication of the contracting states A – Ⅲ, 11.3.6	缔约国的指明
Limitation is different for different contracting states because the claims as granted were different for different contracting states D – X, 10.2	由于不同缔约国授权的权利要求不同而导致在不同缔约国的限制不同
Limitation results in the claims becoming different in different contracting states D – X, 10.1	限制导致在不同的缔约国有不同的权利要求
Opposition proceedings where the claims as granted are different for different contracting states H – Ⅲ, 4.5	不同缔约国授权权利要求不同时的异议程序
Taking of evidence by courts or authorities of the contracting states E – Ⅳ, 3	缔约国的法院或职能机构取证
Contribution to the known art B – Ⅺ, 3.5	**对现有技术的贡献**
Convention, on international exhibitions A – Ⅳ, 3.1	**在国际展览会上展出**
Conventional symbols A – Ⅸ, 9	**常规符号**
Conversion into a national application A – Ⅳ, 6	**转换为国家申请**
Co – operation (Legal ~) E – Ⅳ, 3.1	**法律合作**
Copy	**副本**
Copies to be attached to the search report B – X, 11	附于检索报告的副本
"&" sign B – X, 11.3	"&" 符号
Citation of video and/or audio media fragments available on the internet B – X, 11.6	引用互联网上可获取的视频和/或音频媒体片段

Electronic version of document cited B – X, 11.2	引用文件的电子版本
Patent family members B – X, 11.3	专利同族
Reviews or books B – X, 11.4	综述或书籍
Summaries, extracts or abstracts B – X, 11.5	概要、摘录或摘要
Copy of the international application E – Ⅸ, 2.1.2	国际申请的副本
Copy of the previous application (priority document) A – Ⅲ, 6.7	在先申请（优先权文件）的副本
Certified copy of the previous application (priority document) F – Ⅵ, 3.3	在先申请（优先权文件）的核证副本
Copy of the priority application A – Ⅱ, 5.4.3	优先权申请的副本
Copy of the search results for the priority or priorities A – Ⅲ, 6.12, C – Ⅱ, 5	一项或多项优先权检索结果的副本
Claim to priority A – Ⅲ, 6.12	要求优先权
Formal requirements to be met before the division starts substantive examination C – Ⅱ, 5	审查小组开始实质审查前需满足的形式要求
Correcting an existing priority claim A – Ⅲ, 6.5.2	**补正现有的优先权要求**
Corrections H – Ⅱ, 2.6	**更正**
Amendments and corrections H, H – Ⅱ, 2.6	修改和更正
Amendments or corrections should be reasoned C – Ⅴ, 4.3	修改或更正应提出理由
Amendments/corrections admitted and allowable – second Rule 71 (3) communication sent C – Ⅴ, 4.6	接受和允许的修改/更正——根据细则第71（3）条的第二次通知书已发出
Amendments/corrections filed in second Rule 71 (3) period C – Ⅴ, 4.10	在细则第71（3）条规定的第二阶段提交的修改/更正
Correction and certification of the translation A – Ⅶ, 7	译文的更正和认证
Correction of deficiencies A – Ⅲ, 16	补正缺陷
Period allowed for remedying deficiencies A – Ⅲ, 16.2	克服缺陷的期限
Procedure formalities officer A – Ⅲ, 16.1	形式审查员的工作程序
Correction of description, claims and drawings H – Ⅵ, 2.2.1	说明书、权利要求书和附图的更正
Correction of errors A – Ⅴ, H – Ⅵ	错误的更正
Amendment of application A – Ⅴ, 2	申请的修改
Communications concerning formal deficiencies A – Ⅴ, 1	涉及形式缺陷的通知书
Correction of errors in the decision to grant C – Ⅴ, 7	授权决定中错误的更正
Correction of errors under Rule 140 while opposition proceedings are pending H – Ⅵ, 3.3	在异议程序未决时根据细则第140条更正错误
Correction of formatting/editing errors H – Ⅵ, 4	格式/编辑错误的更正
Correction of the translations of the claims H – Ⅵ, 5	权利要求译文的更正

Errors in publication H – Ⅵ, 6	公布中的错误
Correction of errors in decisions H – Ⅵ, 3	决定中错误的更正
Admissibility H – Ⅵ, 3. 1	可接受性
Allowability of the correction of bibliographic data H – Ⅵ, 3. 2	著录项目更正的可允许性
Correction of errors under Rule 140 while opposition proceedings are pending H – Ⅵ, 3. 3	在异议程序未决时根据细则第 140 条更正错误
Procedural aspects H – Ⅵ, 3. 3	程序方面
Correction of errors in documents filed with the EPO A – Ⅴ, 3, H – Ⅵ, 2	更正向 EPO 提交的文件中的错误
Admissibility H – Ⅵ, 2. 1	可接受性
Allowability H – Ⅵ, 2. 2	可允许性
Missing parts of description and missing drawings filed as corrections under Rule 139 H – Ⅵ, 2. 2. 2	根据细则第 139 条作为更正提交的说明书遗漏部分和遗漏附图
Request for amendments or corrections in reply to the Rule 71 (3) communication C – Ⅴ, 4	答复根据细则第 71（3）条的通知书时请求修改或更正
Request for amendments or corrections in reply to the Rule 71 (3) communication no payment of fees or filing of translations necessary C – Ⅴ, 4. 1	答复根据细则第 71（3）条的通知书时请求修正和更正，无须缴纳费用或提交必要的译文
Standard marks for indicating amendments or corrections by the divisions C – Ⅴ, An.	指示各部门修改或更正的标准标记
Standard marks for indicating amendments or corrections by the divisions further communication with the applicant C – Ⅷ, 5	指示各部门修改或更正的与申请人进一步沟通的标准标记
Standard marks for indicating amendments or corrections by the divisions further ways to accelerate examination C – Ⅵ, 3	指示各部门修改或更正的加快审查的进一步方法的标准标记
"Corresponding documents" B – Ⅹ, 9. 1. 2	**"相应文件"**
Costs D – Ⅸ, E – Ⅵ, 2. 2. 5	**费用**
Appeal against the fixing of costs by the opposition division D – Ⅸ, 2. 2	对异议小组确定的费用提出上诉
Appeals against the apportionment of costs E – Ⅻ, 3	对费用分摊提出上诉
Appeals against the decision of the opposition division on the fixing of costs E – Ⅻ, 4	针对异议小组作出的确定费用的决定提出上诉
Charging of costs D – Ⅸ, 1	费用收取
Costs arising from oral proceedings or taking of evidence E – Ⅳ, 1. 9	口头审理或取证产生的费用
Costs of taking evidence E – Ⅳ, 3. 5	取证的费用
Costs to be taken into consideration D – Ⅸ, 1. 3	需予以考虑的费用

Decision concerning the awarding of costs by the opposition division D－Ⅱ，4.2	异议小组关于裁定费用的决定
Decisions on the apportionment of costs D－Ⅸ，1.2	关于费用分摊的决定
Enforcement of the fixing of costs D－Ⅸ，3	对所确定费用的执行
Fixing of costs by the opposition division D－Ⅸ，2.1	由异议小组确定费用
Procedure for the fixing of costs D－Ⅸ，2	确定费用的程序
Could－would approach G－Ⅶ，5.3	**可能－应当法**
CPC classification of the application B－Ⅴ，4	**申请的 CPC 分类**
Creations G－Ⅱ，3.4	**创作**
Aesthetic creations G－Ⅱ，3.4	美学创作
Crediting	**计入账户**
Crediting of fees paid voluntarily C－Ⅴ，4.2	自愿缴纳费用的计入
Crediting of fees under Rule 71a（5） A－X，11，C－Ⅴ，6.3	根据细则第 71a（5）条费用的计入
Crediting of claims fees A－X，11.2	权利要求费的计入
Crediting of fees under Rule 71a（5） further processing fee and crediting of fees A－X，11.4	根据细则第 71a（5）条费用的计入 进一步审理费和费用的计入
Examining division resumes examination after approval of the text C－Ⅴ，6.3	审查小组在文本被批准后恢复审查
Fees A－X，11	费用
Separate crediting of the fee for grant and publishing and claims fees A－X，11.3	授权费和公布费、权利要求费的分别计入
Crediting of the fee for grant and publishing A－X，11.1	授权费和公布费的计入
Separate crediting of the fee for grant and publishing and claims fees A－X，11.3	授权费和公布费、权利要求费的分别计入
Criteria for admissibility of auxiliary requests H－Ⅲ，3.3.2.1	**附加请求的可接受性标准**
Criteria for admitting such amendments H－Ⅱ，2.5.1	**此类修改的接受标准**
Cross－references between prior－art documents G－Ⅳ，8	**现有技术文件之间的交叉引用**
Cross－sections A－Ⅸ，7.3	**截面图**
Hatching A－Ⅸ，7.3.2	剖面线
Sectional diagrams A－Ⅸ，7.3.1	剖面图
Currencies A－X，3	**货币**

D

该关键词字母索引表并非穷举。

Data retrieval，formats and structures G－Ⅱ，3.6.3	**数据检索、格式和结构**

Database management systems and information retrieval G – Ⅱ, 3.6.4 **数据库管理系统和信息检索**

Date **日期**

Date considered as date on which payment is made A – X, 4 视为付款日的日期

- Automatic debiting procedure A – X, 4.3 自动扣款程序
- Deposit accounts with the EPO A – X, 4.2 EPO 的存款账户
- Payment by credit card A – X, 4.4 信用卡缴费
- Payment or transfer to a bank account held by the European Patent Organisation A – X, 4.1 向欧洲专利组织持有的银行账户缴费或转账

Date of filing A – Ⅱ, 4.1.5, A – Ⅳ, 1.2.1, G – Ⅶ, 2 申请日

- Accorded date of filing still subject to review G – Ⅳ, 5.1.2 仍需审查的规定的申请日
- Applications containing claims filed after the accorded date of filing B – Ⅺ, 2.2 申请包含规定申请日之后提交的权利要求
- Claims filed after accordance of a date of filing C – Ⅲ, 1.1.2 获得申请日之后提交的权利要求
- Claims filed after the date of filing H – Ⅳ, 2.2.3 申请日后提交的权利要求书
- Date of filing or priority date as effective date G – Ⅳ, 3 申请日或优先权日作为有效日
- Minimum requirements for according a date of filing A – Ⅱ, 4.1 给予申请日的最低要求
- Missing parts of the description or missing drawings filed after the date of filing H – Ⅳ, 2.2.2 申请日后提交的说明书遗漏部分或遗漏附图
- Re – dating C – Ⅲ, 1.1.1, H – Ⅳ, 2.2.2 重新确定日期
- Sequence listings filed after the date of filing H – Ⅳ, 2.2.4 申请日后提交的序列表

Date of filing of a divisional application A – Ⅳ, 1.2, A – Ⅳ, 1.2.1, A – Ⅳ, 1.2.2, A – Ⅳ, 1.4.3, A – Ⅳ, 2.5, C – Ⅸ, 1.1, C – Ⅸ, 1.4 分案申请的申请日

- Priority claim of a divisional application A – Ⅳ, 1.2.2 分案申请的优先权要求

Date of interruption E – Ⅶ, 1.3 中断日期

Date of priority A – Ⅳ, 1.2.1, A – Ⅳ, 1.2.2, A – Ⅳ, 2.5, C – Ⅸ, 1.1, C – Ⅸ, 2.1, F – Ⅵ, 1.2, G – Ⅳ, 3, G – Ⅳ, 5.1 优先权日

Date of publication A – Ⅵ, 1.1 公布日

Date of receipt A – Ⅱ, 3.1, A – Ⅱ, 3.2 接收日

- Date of receipt of the debit order A – X, 4.2.4 收到借记单的日期

Date of reference for documents cited in the search report B – Ⅵ, 5	检索报告中引用文件的相关日
Documents published after the filing date B – Ⅵ, 5.4	申请日后公布的文件
Doubts as to the validity of the priority claim B – Ⅵ, 5.3	对优先权请求有效性的质疑
Extension of the search B – Ⅵ, 5.3	扩展检索
Intermediate documents B – Ⅵ, 5.2	中间文件
Matters of doubt in the state of the art B – Ⅵ, 5.6	现有技术存疑
Non – prejudicial disclosures B – Ⅵ, 5.5	不丧失新颖性的公开
Verification of claimed priority date (s) B – Ⅵ, 5.1	核实请求的优先权日
Date of the stay of proceedings A – Ⅳ, 2.2.2, D – Ⅶ, 4.1.1	程序中止的日期
Stay of proceedings D – Ⅶ, 4.1.1	中止程序
Stay of proceedings for grant A – Ⅳ, 2.2.2	授权程序的中止
Dealing with different texts in examination H – Ⅲ, 4.1	**审查中不同文本的处理**
Death or legal incapacity E – Ⅶ, 1.1	**死亡或丧失法律行为能力**
Continuation on the death or legal incapacity of the opponent D – Ⅶ, 5.2	异议人死亡或无法律行为能力后异议程序的继续
Debit orders A – X, 6.2.3	**借记单**
Debit orders for deposit accounts held with the EPO A – Ⅱ, 1.5	在 EPO 持有的存款账户的借记单
Debiting the deposit account A – X, 4.2.3	**借记存款账户**
Decisions C – Ⅷ, 6, D – Ⅷ, 2, E – X	**决定**
Basic principles of decisions E – X, 1	决定的基本原则
Binding nature of decisions on appeals E – X, 4	上诉决定的约束力
Correction of errors in decisions H – Ⅵ, 3	决定中错误的更正
Decision according to the state of the file C – Ⅴ, 15	根据案卷状态作出决定
Decision by means of a standard form C – Ⅴ, 15.2	通过标准表格作出决定
Issuing a further communication (no refusal) C – Ⅴ, 15.4	发出进一步通知书（非驳回）
Issuing a self – contained decision C – Ⅴ, 15.3	发出独立的决定
Request for a decision according to the state of the file C – Ⅴ, 15.1	根据案卷状态作出决定的请求
Decision concerning the admissibility of an opposition, the patent proprietor being a party D – Ⅳ, 5.5	当专利权人是当事人时，关于异议请求可受理性的决定
Decision concerning the awarding of costs by the opposition division D – Ⅱ, 4.2	异议小组关于裁定费用的决定
Decision on a notified loss of rights at the request of the person concerned D – Ⅷ, 2.3	应相关人请求对已告知的权利丧失作出的决定

Decision on closure of the opposition proceedings D – Ⅷ, 2. 5　终止异议程序的决定
Decision on loss of rights E – Ⅷ, 1. 9. 3　权利丧失的决定
Decision on re – establishment of rights D – Ⅷ, 2. 4, E – Ⅷ, 3. 3　重新确立权利的决定
Other decisions D – Ⅷ, 2. 4　其他决定
Re – establishment of rights E – Ⅷ, 3. 3　重新确立权利
Decision on request for revocation D – X, 3　针对撤销请求的决定
Decision on the documents on the basis of which the patent is to be maintained D – Ⅵ, 7. 2. 2　针对维持专利所依据的文件的决定
Decision on the form of the opinion E – Ⅳ, 1. 8. 1　关于意见形式的决定
Decision on the inadmissibility of an opposition or intervention D – Ⅷ, 2. 1　异议或介入异议请求不予受理的决定
Decision on the request and the taking of evidence E – Ⅳ, 2. 4　关于请求和取证的决定
Decisions of the opposition division D – Ⅷ, 2　异议小组的决定
Decisions of the opposition division D – Ⅷ　异议小组的决定
Final decisions on an admissible opposition D – Ⅷ, 1　对可受理的异议请求的最终决定
Other decisions D – Ⅷ, 2　其他决定
Decisions on the apportionment of costs D – Ⅸ, 1. 2　关于费用分摊的决定
Decisions taken by the examining or opposition divisions E – X, 2　审查或异议小组作出的决定
Analysing the parties' arguments E – X, 2. 8　分析当事人的论点
Authoritative text of documents E – X, 2. 2　文件的官方文本
Content E – X, 2. 7　内容
Decision on the file as it stands E – X, 2. 5　基于现有文件的决定
Facts and submissions E – X, 2. 4　事实及意见
Late – filed submissions E – X, 2. 10　迟交材料
Main and auxiliary requests E – X, 2. 9　主要请求和附加请求
Reasoning of decisions E – X, 2. 6　决定的理由
Refusal to admit amendments under Rule 137 (3) E – X, 2. 11　根据细则第 137 (3) 条拒绝接受修改
Requirements as to form E – X, 2. 3　形式要求
Decisions which do not terminate proceedings D – Ⅷ, 2. 2, E – X, 3　不终止程序的决定
Decisions, notification E – Ⅱ, 2. 1　决定，通知
Form of decisions, communications and notices E – Ⅱ, 1. 3　决定、通知书和通知的形式

Information as to means of redress E－X，5	关于救济方式的信息
Interlocutory decisions E－X，3	中间决定
Legal status of decisions D－X，8	决定的法律地位
Notification E－X，6	通知
Work within the examining division C－Ⅷ，6	审查小组的工作
Declaration of priority A－Ⅲ，6.5，F－Ⅵ，3.2	**优先权声明**
Correcting an existing priority claim A－Ⅲ，6.5.2	补正现有的优先权要求
Deficiencies in the priority claim and loss of the priority right A－Ⅲ，6.5.3	优先权要求的缺陷和优先权的丧失
Filing a new priority claim A－Ⅲ，6.5.1	要求新的优先权
Declaration replacing the translation A－Ⅲ，6.8.6	**替换译文的声明**
Defects in the certificate or the identification A－Ⅳ，3.2	**证书或鉴定书的缺陷**
Deficiencies A－Ⅱ，4.1.4，A－Ⅲ，5.4	**缺陷**
Communication in the event of deficiencies as described in D－Ⅳ，1.2.1 which，if not remedied，will lead to the opposition being deemed not to have been filed D－Ⅳ，1.3.1	当存在 D 部分第Ⅳ章 1.2.1 中所述缺陷，该缺陷如不克服将导致异议请求被视为未提出时发出的通知书
Communication in the event of deficiencies as described in D－Ⅳ，1.2.2 which，if not remedied，will lead to rejection of the opposition as inadmissible D－Ⅳ，1.3.2	当存在 D 部分第Ⅳ章 1.2.2 中所述缺陷，该缺陷如不克服将导致异议请求因无法受理而被驳回时发出的通知书
Communications concerning formal deficiencies A－Ⅴ，A－Ⅴ，1	涉及形式缺陷的通知书
Correction of deficiencies A－Ⅲ，16	补正缺陷
Deficiencies in the priority claim and loss of the priority right A－Ⅲ，6.5.3	优先权要求的缺陷和优先权的丧失
Deficiencies which lead to the request being deemed not to have been filed D－X，2.1	导致请求被视为未提出的缺陷
Deficiencies which may no longer be remedied in accordance with Rule 77（1）and（2），resulting in the opposition being rejected as inadmissible D－Ⅳ，1.4.2	根据细则第 77（1）和（2）条可能无法被克服而导致异议请求因无法受理而被驳回的缺陷
Deficiencies which may no longer be remedied，as a result of which the opposition is deemed not to have been filed D－Ⅳ，1.4.1	不能被克服而导致异议请求被视为未提出的缺陷
Deficiencies which，if not remedied，lead to the opposition being deemed not to have been filed D－Ⅳ，1.2.1	如未补正会导致异议请求被视为未提出的缺陷
Deficiencies which，if not remedied，lead to the opposition being rejected as inadmissible D－Ⅳ，1.2.2	如未补正会导致异议请求因无法受理而被驳回的缺陷

Deficiencies under Rule 77（1）D－Ⅳ，1.2.2.1 细则第77（1）条所述的缺陷

Deficiencies under Rule 77（2）D－Ⅳ，1.2.2.2 规则第77（2）条所述的缺陷

Deficiencies which，if not remedied，lead to the request being rejected as inadmissible D－X，2.2 如不加克服会导致异议请求因不受理而被驳回的缺陷

Examination for deficiencies in the notice of opposition D－Ⅳ，1.2 审查异议请求书中的缺陷

Examination for deficiencies in the notice of opposition and communications from the formalities officer arising from this examination D－Ⅳ，1 对异议请求书中缺陷的审查以及形式审查员根据审查需要与当事人进行的沟通

Examination for deficiencies in the request D－X，2 对请求书中缺陷的审查

Formal deficiencies B－Ⅳ，1.2 形式缺陷

Issue of communications by the formalities officer as a result of examination for deficiencies D－Ⅳ，1.3 形式审查员审查缺陷后发出通知书

Period allowed for remedying deficiencies A－Ⅲ，16.2 克服缺陷的期限

Subsequent procedure in the event of deficiencies which may no longer be remedied D－Ⅳ，1.4 当缺陷不能被克服时的后续程序

Defined notice period E－Ⅲ，7.1.3 **规定的通知期限**

Definitions B－Ⅴ，1 **定义**

Definition by functional and structural features G－Ⅱ，5.6.1.4 通过功能和结构特征限定

Definition by hybridoma G－Ⅱ，5.6.1.7 通过杂交瘤限定

Definition by production process G－Ⅱ，5.6.1.5 通过制备方法限定

Definition by reference to（use with）another entity F－Ⅳ，4.14 通过引用（一起使用）另一实体进行定义

Clarity objections F－Ⅳ，4.14.1 清楚性反对意见

Dimensions and/or shape defined by reference to another entity F－Ⅳ，4.14.2 通过引用另一个实体的尺寸和/或形状定义

Definition by reference to the target antigen G－Ⅱ，5.6.1.2 通过引入目标抗原限定

Definition by structure of the antibody G－Ⅱ，5.6.1.1 通过抗体的结构限定

Definition by target antigen and further functional features G－Ⅱ，5.6.1.3 通过目标抗原和其他功能特征限定

Definition by the epitope G－Ⅱ，5.6.1.6 通过表位限定

Definition in terms of function F－Ⅳ，6.5 功能性限定

Definition of essential features F－Ⅳ，4.5.2 必要特征的定义

General remarks and definitions G－Ⅱ，5.1，G－Ⅳ，1 一般性说明及定义

Use of the description and/or drawings to establish definitions of clear terms given a definition different from their usual meaning B－Ⅲ，3.2.4 当术语的含义与其通常含义不同的情况下，使用说明书和/或附图来确定清楚术语的含义

Use of the description and/or drawings to establish definitions of unclear terms not defined in the claims B – Ⅲ, 3.2.3	使用说明书和/或附图确定未在权利要求中清楚限定的术语的含义
Definitive content F – Ⅱ, 2.2	**确定内容**
Deletion of part of the claimed subjectmatter H – Ⅴ, 3.3	**删除要求保护的主题的一部分**
Delivery of the decision E – Ⅲ, 9	**决定的送达**
Department responsible D – Ⅶ, 4.4, D – Ⅹ, 4.1	**负责部门**
Procedure where the patent proprietor is not entitled D – Ⅶ, 4.4	专利权人无权利资格时的程序
Substantive examination (limitation) D – Ⅹ, 4.1	实质审查（限制）
Departments of the EPO (Taking of evidence by the ~) E – Ⅳ, 1	**EPO 各部门（的取证）**
Dependent claims F – Ⅴ, 3.2.3, G – Ⅶ, 14	**从属权利要求**
Common dependent claims F – Ⅴ, 3.2.4	共同的从属权利要求
Dependent claims pursuant to Art. 54 (5) G – Ⅵ, 7.1.5	依据公约第 54（5）条的从属权利要求
Independent and dependent claims B – Ⅲ, 3.7, F – Ⅳ, 3.4	独立和从属权利要求
Search on dependent claims B – Ⅲ, 3.8	从属权利要求的检索
Support for dependent claims F – Ⅳ, 6.6	从属权利要求的支持
Treatment of dependent claims under Rule 62a B – Ⅷ, 4.6	根据细则第 62a 条处理从属权利要求
Deposit	**存款**
Debit orders for deposit accounts held with the EPO A – Ⅱ, 1.5	在 EPO 持有的存款账户的借记单
Deposit accounts with the EPO A – Ⅹ, 4.2	EPO 的存款账户
Date of receipt of the debit order A – Ⅹ, 4.2.4	收到借记单的日期
Debiting the deposit account A – Ⅹ, 4.2.3	借记存款账户
Insufficient funds A – Ⅹ, 4.2.4	资金不足
Payments to replenish a deposit account A – Ⅹ, 4.2.2	补充存款账户的款项
Deposit of biological material F – Ⅲ, 6.3	生物材料的保藏
New deposit of biological material A – Ⅳ, 4.1.1	生物材料的新保藏
Deposit thereof A – Ⅳ, 4.1	保藏
Application was filed by reference to a previously filed application A – Ⅳ, 4.1.2	申请是通过引用在先申请的方式提交的
New deposit of biological material A – Ⅳ, 4.1.1	生物材料的新保藏
Late replenishment of deposit accounts A – Ⅹ, 6.2.2	存款账户的逾期充值
Refunds to a deposit account A – Ⅹ, 10.3.1	退款到存款账户
Derogations	**克减**
Derogations from language requirements D – Ⅲ, 4	语言要求的克减

Derogations from the language of the proceedings in oral proceedings A－Ⅶ，4，E－Ⅴ	口头审理程序中对程序语言的克减
Exceptions from sections 1 and 2 E－Ⅴ，3	第 1 节和第 2 节的例外情况
Language of a contracting state or other language E－Ⅴ，2	缔约国的语言或其他语言
Language used by employees of the EPO E－Ⅴ，5	EPO 工作人员使用的语言
Language used in the minutes E－Ⅴ，6	笔录使用的语言
Language used in the taking of evidence E－Ⅴ，4	取证中使用的语言
Use of an official language E－Ⅴ，1	官方语言的使用
Derogations from the language of the proceedings in written proceedings A－Ⅶ，3	书面程序中对程序语言的克减
Admissible non－EPO languages A－Ⅶ，3.2	可接受的非 EPO 语言
Documents filed as evidence A－Ⅶ，3.4	作为证据提交的文件
Parties' written submissions A－Ⅶ，3.1	当事人的书面意见
Priority document A－Ⅶ，3.3	优先权文件
Third－party observations A－Ⅶ，3.5	第三方意见
Description A－Ⅱ，4.1.3，F－Ⅱ，1	**说明书**
Adaptation of the description C－Ⅴ，4.5	说明书的适应性修改
Alteration，excision or addition of text in the description H－Ⅴ，2.6	说明书中文本的更改、删除或增加
Amendment C－Ⅱ，3.1，C－Ⅲ，2，E－Ⅸ，2.1.3，H－Ⅳ，2.2.6，H－Ⅴ，2.2，H－Ⅴ，3.2，H－Ⅴ，3.2.1，H－Ⅵ，2.1.1.1	修改
Amendments in the description H－Ⅴ，2	说明书的修改
Applications containing missing parts of description and/or drawings filed under Rule 56 EPC or Rule 20 PCT B－Ⅺ，2.1	根据 EPC 细则第 56 条或 PCT 细则第 20 条提交的包含说明书遗漏部分和/或遗漏附图的申请
Bringing the description into line with amended claims H－Ⅴ，2.7	使说明书与修改后的权利要求一致
Cases of oral description G－Ⅳ，7.3.1	口头描述的情形
Citation of prior art in the description after the filing date H－Ⅳ，2.2.6	申请日后在说明书中引用现有技术
Claims with explicit references to the description or drawings B－Ⅲ，3.2.1	明确引用说明书或附图的权利要求
Consistent use of reference signs as between description，claims and drawings A－Ⅸ，7.5.4	在说明书、权利要求书和附图之间使用一致的附图标记
Content F－Ⅱ，4.1	内容

Correction A – Ⅵ, A – Ⅵ, 1.3, D – X, 4.3, H – Ⅵ, 2, H – Ⅵ, 2.2	更正
Correction of description, claims and drawings H – Ⅵ, 2.2.1	说明书、权利要求书和附图的更正
Description (formal requirements) F – Ⅱ, 4	说明书（形式要求）
Background art F – Ⅱ, 4.3	背景技术
Computer programs F – Ⅱ, 4.12	计算机程序
Industrial application F – Ⅱ, 4.9	工业实用性
Irrelevant matter F – Ⅱ, 4.4	无关事项
Manner and order of presentation F – Ⅱ, 4.10	撰写方式和顺序
Physical values, units F – Ⅱ, 4.13	物理值，单位
Reference in the description to drawings F – Ⅱ, 4.7	说明书中的附图参考
Reference signs F – Ⅱ, 4.8	附图标记
Registered trade marks F – Ⅱ, 4.14	注册商标
Rule 42 (1) (c) vs. Art. 52 (1) F – Ⅱ, 4.6	细则第 42（1）（c）条与公约第 52（1）条
Technical field F – Ⅱ, 4.2	技术领域
Technical problem and its solution F – Ⅱ, 4.5	技术问题及其解决方案
Terminology F – Ⅱ, 4.11	术语
Description and drawings C – Ⅸ, 1.5	说明书和附图
Different description for different Contracting States G – Ⅳ, 6	针对各个缔约国的不同说明书
Errors in the description, claims and drawings H – Ⅵ, 2.1.1.1	说明书、权利要书求和附图中的错误
Examination of the description and/or drawings H – Ⅳ, 4.4.2	审查说明书和/或附图
Features described in a document cross – referenced in the description H – Ⅳ, 2.2.1	说明书中交叉引用的文件中描述的特征
Late filing of missing drawings or missing parts of the description A – Ⅱ, 5, A – Ⅱ, 5.1, A – Ⅱ, 5.2	在后提交缺失的说明书附图或说明书缺失部分
Matters to be determined by the division in cases of oral description G – Ⅳ, 7.3.3	在口头描述的情形下由审查小组确定的事项
Missing drawings or parts of the description filed under Rule 56 C – Ⅲ, 1.1.1	根据细则第 56 条提交遗漏附图或说明书遗漏部分
Missing parts of description and missing drawings filed as corrections under Rule 139 H – Ⅵ, 2.2.2	根据细则第 139 条作为更正提交的说明书遗漏部分和遗漏附图
Missing parts of the description or missing drawings filed after the date of filing H – Ⅳ, 2.2.2	申请日后提交的说明书遗漏部分或遗漏附图
Non – prejudicial oral description G – Ⅳ, 7.3.2	不丧失新颖性的口头描述
Reference to a previously filed application A – Ⅱ, 4.1.3.1	引用在先申请

State of the art made available by means of oral description G – Ⅳ, 7.3 通过口头描述提供的现有技术

State of the art made available to the public "by means of a written or oral description, by use, or in any other way" G – Ⅳ, 7 "通过书面或口头描述、使用或任何其他方式"向公众公开的现有技术

Subject – matter taken from the description H – Ⅱ, 6.2 由说明书引入的主题

Support in description F – Ⅳ, 6 说明书的支持

Tables in the description A – Ⅸ, 11.2.1 说明书中的表格

Use of the description and/or drawings to establish definitions of clear terms given a definition different from their usual meaning B – Ⅲ, 3.2.4 当术语的含义与其通常含义不同的情况下，使用说明书和/或附图来确定清楚术语的含义

Use of the description and/or drawings to establish definitions of unclear terms not defined in the claims B – Ⅲ, 3.2.3 使用说明书和/或附图确定未在权利要求中清楚限定的术语的含义

Use of the description and/or drawings to identify the technical problem B – Ⅲ, 3.2.2 使用说明书和/或附图确定技术问题

Withdrawal of late – filed missing drawings or missing parts of the description A – Ⅱ, 5.5 撤回在后提交的缺失的附图或说明书缺失部分

Designated Office (Communication to the EPO as a ~) E – Ⅸ, 2.7 **(向 EPO 发送通知书，作为)指定局**

Designation **指定**

Designation fee A – Ⅲ, 11.2.1, A – Ⅲ, 11.2.2, A – Ⅲ, 11.3.1, A – Ⅳ, 1.4.1, E – Ⅸ, 2.3.11 指定费

- Consequences of non – payment of the designation fee A – Ⅲ, 11.2.3, A – Ⅲ, 11.3.2 未缴纳指定费的后果
- Designation fee (s), extension and validation fees C – Ⅱ, 4 指定费、延伸费和生效费
- European divisional application A – Ⅲ, 11.2.1, A – Ⅳ, 1.3.4, A – Ⅳ, 1.4.1 欧洲分案申请
- European patent applications filed on or after 1 April 2009 A – Ⅲ, 11.2.2 2009 年 4 月 1 日或之后提交的欧洲专利申请
- Examination fee and designation fee A – X, 5.2.2 审查费和指定费
- Filing fee, designation fee, request for examination and search fee E – Ⅸ, 2.1.4 申请费、指定费、实质审查费和检索费
- Filing, search and designation fee (s) A – Ⅳ, 1.4.1 申请费、检索费和指定费
- Indication of the purpose of the payment in the case of designation fees A – X, 7.2 表明所缴费项是指定费

Instructions in Chapter A – Ⅲ（"Examination of formal requirements"）E – Ⅸ，2. 3. 11	A 部分第Ⅲ章（对形式要求的审查）中的说明
Payment of designation fee A – Ⅲ，11. 2. 2	指定费的缴纳
Designation of contracting states A – Ⅲ，11，A – Ⅳ，1. 3. 4	缔约国的指定
European patent applications filed before 1 April 2009 A – Ⅲ，11. 3	2009 年 4 月 1 日之前提交的欧洲专利申请
European patent applications filed on or after 1 April 2009 A – Ⅲ，11. 2	2009 年 4 月 1 日或之后提交的欧洲专利申请
Designation of inventor A – Ⅲ，5，A – Ⅳ，1. 5，E – Ⅸ，2. 3. 4	指定发明人
Deficiencies A – Ⅲ，5. 4	缺陷
Designation filed in a separate document A – Ⅲ，5. 3	在一份单独文件中指定
European divisional applications A – Ⅳ，1. 5	欧洲分案申请
Examination of formal requirements A – Ⅲ，5	形式审查
Incorrect designation A – Ⅲ，5. 5	错误的指定
Waiver of right to be mentioned as inventor A – Ⅲ，5. 2	放弃被称为发明人的权利
Of Contracting States A – Ⅳ，1. 3. 4，A – Ⅵ，1. 3，C – Ⅴ，10	有关缔约国的
Withdrawal of application or designation E – Ⅷ，8. 1	撤回申请或指定
Withdrawal of designation A – Ⅲ，11. 2. 4，A – Ⅲ，11. 3. 8	撤回指定
Details and special features of the proceedings D – Ⅶ	**程序的细节和特点**
Continuation of the opposition proceedings in the cases covered by Rule 84 D – Ⅶ，5	在细则第 84 条规定的情形下异议程序的继续
Intervention of the assumed infringer D – Ⅶ，6	推定侵权人介入异议
Procedure where the patent proprietor is not entitled D – Ⅶ，4	专利权人无权利资格时的程序
Publication of a new specification of the patent D – Ⅶ，7	新专利说明书的公布
Request for documents D – Ⅶ，2	对文件的要求
Sequence of proceedings D – Ⅶ，1	程序的顺序
Transitional provisions for Art. 54（4）EPC 1973 and Art. 54（5）D – Ⅶ，8	EPC 1973 公约第 54（4）条和第 54（5）条的过渡性规定
Unity of the European patent D – Ⅶ，3	欧洲专利的统一性
Details of the entitlements of witnesses and experts E – Ⅳ，1. 10. 3	**证人和专家权利的详细情况**
Determination of filing date in the case of erroneously filed elements or parts of the international application E – Ⅸ，2. 9. 4	**在错误提交国际申请的项目或者部分的情况下申请日的确定**
Determination of the closest prior art G – Ⅶ，5. 1	**确定最接近的现有技术**

Determination of the invention first mentioned in the claims F－Ⅴ，3.4	**权利要求中首先提及的发明的确定**
Determination of time limits E－Ⅷ，1.1	**确定期限**
Determining priority dates F－Ⅵ，2	**确定优先权日**
Examining the validity of a right to priority F－Ⅵ，2.1	核实优先权的有效性
Priority claim not valid F－Ⅵ，2.3	无效的优先权要求
Same invention F－Ⅵ，2.2	相同发明
Some examples of determining priority dates F－Ⅵ，2.4	确定优先权日的实例
Diagnostic methods G－Ⅱ，4.2，G－Ⅱ，4.2.1，G－Ⅱ，4.2.1.3	**诊断方法**
Exceptions to patentability G－Ⅱ，4.2	可专利性的例外
Limitations of exception under Art. 53（c）G－Ⅱ，4.2.1.3	对公约第53（c）条规定的例外情形的限制
Methods for treatment of the human or animal body by surgery or therapy and diagnostic methods practised on the human or animal body B－Ⅷ，2.1	通过外科手术或疗法治疗人体或动物体的方法以及对人体或动物体施行的诊断方法
Surgery，therapy and diagnostic methods G－Ⅱ，4.2	外科手术、治疗和诊断方法
Diagnostic uses pursuant to Art. 54（5） G－Ⅵ，7.1.3	**根据公约第54（5）条的诊断用途**
Diagrams A－Ⅸ，1.1	**图表**
Sectional diagrams A－Ⅸ，7.3.1	剖面图
Different categories B－Ⅲ，3.10	**不同类别**
Claims in different categories G－Ⅶ，14	不同类别的权利要求
Plurality of independent claims in different categories F－Ⅴ，3.2.2	不同类别的多项独立权利要求
Different sets of claims D－X，10	**不同的权利要求组**
Limitation is different for different contracting states because the claims as granted were different for different contracting states D－X，10.2	由于不同缔约国授权的权利要求不同而导致在不同缔约国的限制不同
Limitation results in the claims becoming different in different contracting states D－X，10.1	限制导致在不同缔约国有不同的权利要求
Different text in respect of the state of the art according to Art. 54（3）EPC and Art. 54（4）EPC 1973 H－Ⅲ，4.2	**根据公约第54（3）条和EPC 1973公约第54（4）条有关现有技术的不同文本**
Different text where a transfer of right takes place pursuant to Art. 61 in examination proceedings H－Ⅲ，4.3.1	**在审查过程中根据公约第61条发生权利转让的不同文本**
Different text where a transfer of right takes place pursuant to Art. 61 or Rule 78 in respect of certain designated states H－Ⅲ，4.3	**根据公约第61条或细则第78条在某些指定国发生权利转让的不同文本**

Different text where a transfer of right takes place pursuant to Art. 61 in examination proceedings H－Ⅲ, 4.3.1 / 在审查过程中根据公约第61条发生权利转让的不同文本

Different texts where a transfer of the patent in respect of certain designated states takes place in opposition proceedings H－Ⅲ, 4.3.2 / 在异议程序中对某些指定国家进行专利转让的不同文本

Opposition cases with different texts where a transfer of rights by virtue of a final decision pursuant to Art. 61 takes place in examination proceedings H－Ⅲ, 4.3.3 / 在审查过程中由于依据公约第61条所作的最终决定发生了权利转让的情况下具有不同文本的异议案例

Different texts in respect of different contracting states H－Ⅲ, 4 / **针对不同缔约国的不同文本**

Dealing with different texts in examination H－Ⅲ, 4.1 / 审查中不同文本的处理

Different text in respect of the state of the art according to Art. 54 (3) EPC and Art. 54 (4) EPC 1973 H－Ⅲ, 4.2 / 根据公约第54（3）条和EPC 1973公约第54（4）条有关现有技术的不同文本

Different text where a transfer of right takes place pursuant to Art. 61 or Rule 78 in respect of certain designated states H－Ⅲ, 4.3 / 根据公约第61条或细则第78条在某些指定国发生权利转让的不同文本

Different texts where national rights of earlier date exist H－Ⅲ, 4.4 / 存在在先国家权利的不同文本

Opposition proceedings where the claims as granted are different for different contracting states H－Ⅲ, 4.5 / 不同缔约国授权权利要求不同时的异议程序

Different texts where a transfer of the patent in respect of certain designated states takes place in opposition proceedings H－Ⅲ, 4.3.2 / **在异议程序中对某些指定国家进行专利转让的不同文本**

Different texts where national rights of earlier date exist H－Ⅲ, 4.4 / **存在在先国家权利的不同文本**

Different types of search reports drawn up by the EPO B－X, 2 / **EPO做出的不同类型的检索报告**

Difficulties in performing the invention F－Ⅲ, 5.3 / **实施发明的困难**

Dimensions and/or shape defined by reference to another entity F－Ⅳ, 4.14.2 / **通过引用另一个实体的尺寸和/或形状定义**

Disclaimers H－Ⅴ, 4 / **具体放弃**

Disclaimer disclosed in the application as originally filed H－Ⅴ, 4.1 / 在原始提交的申请中公开的具体放弃

Disclaimers not disclosed in the application as originally filed H－Ⅴ, 4.2 / 未在原始提交的申请中未公开的具体放弃

Subject－matter to be excluded is disclosed in the application as originally filed H－Ⅴ, 4.2.2 / 要排除的主题在原始提交的申请中公开

Subject – matter to be excluded is not disclosed in the application as originally filed (so – called undisclosed disclaimers) H – Ⅴ, 4. 2. 1	被排除的主题在原始提交的申请中未公开（所谓未公开的具体放弃）
Negative limitations (e. g. disclaimers) F – Ⅳ, 4. 19	否定式限定（例如排除式限定）
Disclosure	**公开**
Cases of partially insufficient disclosure F – Ⅲ, 5	部分公开不充分的情况
Contents of prior – art disclosures B – Ⅵ, 6	现有技术公开的内容
Disclosures which have no date or an unreliable date G – Ⅳ, 7. 5. 4	没有日期或日期不可靠的公开
Documents which refer to a non – written disclosure B – X, 9. 2. 3	涉及非书面公开的文件
Enabling disclosure G – Ⅳ, 2	充分公开
Enabling disclosure of a prior – art document G – Ⅵ, 4	现有技术文件的充分公开
Generic disclosure and specific examples G – Ⅵ, 5	一般性公开和具体实例
Implicit disclosure and parameters G – Ⅵ, 6	隐含公开和参数
Insufficient disclosure D – Ⅴ, 4	公开不充分
Insufficient disclosure of the invention D – Ⅴ, 4	发明公开不充分
Insufficient prior – art disclosures B – Ⅵ, 6. 4	现有技术公开不充分
Internet disclosures B – Ⅵ, 7, G – Ⅳ, 7. 5	互联网公开
Lack of support vs. insufficient disclosure F – Ⅳ, 6. 4	缺乏支持与公开不充分
Non – prejudicial disclosure B – Ⅵ, 5. 5	不丧失新颖性的公开
Of the invention A – Ⅳ, 4. 2, B – Ⅲ, 3. 6, F – Ⅱ, 4. 1, F – Ⅲ, 1, F – Ⅲ, 2, F – Ⅲ, 3, F – Ⅲ, 6. 1, F – Ⅳ, 6. 4	本发明的
Oral disclosure, use, exhibition, etc. as state of the art B – Ⅵ, 2	口头披露、使用、展览等公开作为现有技术
Subject – matter of the European patent extending beyond the original disclosure D – Ⅴ, 6	欧洲专利的主题超出了原始公开的范围
Sufficiency of disclosure F – Ⅲ, F – Ⅲ, 1	充分公开
Sufficiency of disclosure and clarity F – Ⅲ, 11	充分公开和清楚
Sufficiency of disclosure and inventive step F – Ⅲ, 12	充分公开和创造性
Sufficiency of disclosure and Rule 56 F – Ⅲ, 10	充分公开和细则第 56 条
Summary of the disclosure F – Ⅱ, 2. 3	公开内容的概要
Discoveries G – Ⅱ, 3. 1	**发现**
Dislocation in delivery of mail A – Ⅱ, 1. 6, E – Ⅷ, 1. 6. 2. 2	**邮件传送错误**
Disparaging statements A – Ⅲ, 8. 2, F – Ⅱ, 7. 3	**贬低性陈述**

Dispensing with the supplementary European search report B – Ⅱ, 4.3.1	**免除补充欧洲检索报告**
Display at an exhibition A – Ⅳ, 3	**在展览会上展出**
Certificate of exhibition A – Ⅳ, 3.1	参展证书
Defects in the certificate or the identification A – Ⅳ, 3.2	证书或鉴定书的缺陷
Identification of invention A – Ⅳ, 3.1	发明的鉴定书
Distinction between allowable and unallowable amendments D – Ⅴ, 6.2	**允许的修改和不允许的修改之间的区别**
Divisional application C – Ⅸ, 1, E – Ⅸ, 2.4.1, H – Ⅳ, 2.3.2	**分案申请**
Abandonment of subject – matter C – Ⅸ, 1.3	主题的放弃
Additional fee for divisional applications A – Ⅲ, 13.3	分案申请的附加费
Additional fee for divisional applications of second or subsequent generations A – Ⅳ, 1.4.1.1	二代或后续代分案申请的附加费
Claims C – Ⅸ, 1.6	权利要求书
Date of filing of a divisional application A – Ⅳ, 1.2	分案申请的申请日
Description and drawings C – Ⅸ, 1.5	说明书和附图
European divisional application A – Ⅳ, 1, A – Ⅶ, 1.3	欧洲分案申请
European divisional applications other formalities examination A – Ⅳ, 1.7	欧洲分案申请其他形式审查
Examination of a divisional application C – Ⅸ, 1.4	分案申请的审查
Filing a divisional application A – Ⅳ, 1.3, C – Ⅲ, 3.2	提交分案申请
Instructions in Chapter A – Ⅳ (“Special provisions”) E – Ⅸ, 2.4.1	A 部分第Ⅳ章（特别规定）中的说明
Persons entitled to file a divisional application A – Ⅳ, 1.1.3	有权提交分案申请的人
Priority claim of a divisional application A – Ⅳ, 1.2.2	分案申请的优先权要求
Search, publication and request for examination of divisional applications A – Ⅳ, 1.8	分案申请的检索、公开和审查请求
Sequence listings of a divisional application A – Ⅳ, 5.3	分案申请的序列表
Sequences of divisional applications A – Ⅳ, 1.1.2	系列分案申请
Special applications C – Ⅸ, 1	特殊申请
Voluntary and mandatory division C – Ⅸ, 1.2	主动和被动分案
Where and how to file a divisional application? A – Ⅳ, 1.3.1	在何地及如何提交分案申请
Division's approach F – Ⅴ, 2.2	**小组的处理方法**
Search division's approach B – Ⅺ, 3.7	检索小组的处理方法
Documents	**文件**

Additional fee (if application documents comprise more than thirty – five pages) A – Ⅲ, 13.2	附加费（如果申请文件超过 35 页）
Amendment by submitting missing documents or by filing replacement pages H – Ⅲ, 2.2	通过提交缺失文件或提交替换页进行修改
Application documents for the supplementary European search report B – Ⅱ, 4.3.3	补充欧洲检索报告的申请文件
Authoritative text of documents E – X, 2.2	文件的官方文本
Certified copies of documents from the files or of other documents A – XI, 5.1	档案中的文件或其他文件的核证副本
Citation of documents corresponding to documents not available or not published in one of the official EPO languages B – Ⅵ, 6.2	与未提供 EPO 官方语言之一的文件或以 EPO 官方语言之一公开的文件相对应的引用文件
Citing documents not mentioned in the search report C – Ⅳ, 7.4	检索报告中未提及的引用文献
Correction of errors in documents filed with the EPO A – Ⅴ, 3, H – Ⅵ, 2	更正向 EPO 提交的文件中的错误
"Corresponding documents" B – X, 9.1.2	"相应文件"
Cross – references between prior – art documents G – Ⅳ, 8	现有技术文件之间的交叉引用
Date of reference for documents cited in the search report B – Ⅵ, 5	检索报告中引用文件的相关日
Decision on the documents on the basis of which the patent is to be maintained D – Ⅵ, 7.2.2	针对维持专利所依据的文件的决定
Document camera E – Ⅲ, 11.1.2	文件投影仪
Documents cited for other reasons B – X, 9.2.8	出于其他原因引用的文件
Documents cited in the application B – X, 9.2.7	申请中引用的文件
Documents cited or supplied by the applicant B – Ⅳ, 1.3	申请人引用或提供的文件
Documents defining the state of the art and not prejudicing novelty or inventive step B – X, 9.2.2	定义现有技术水平且不影响新颖性或创造性的文件
Documents discovered after completion of the search B – Ⅳ, 3.2	完成检索后发现的文件
Documents filed after filing the European patent application A – Ⅷ, 3.1	提交欧洲专利申请后提交的文件
Documents filed as evidence A – Ⅶ, 3.4	作为证据提交的文件
Documents filed in the wrong language A – Ⅶ, 5	以错误语言提交的文件
Documents forming part of the European patent application A – Ⅷ, 3.2	构成欧洲专利申请一部分的文件

Documents in a non – official language G – Ⅳ, 4	非官方语言文件
Machine translations G – Ⅳ, 4.1	机器翻译
Documents making up the application, replacement documents, translations A – Ⅲ, 3.2	申请文件、替换文件、翻译文件
Physical requirements of applications filed by reference to a previously filed application A – Ⅲ, 3.2.1	对于通过引用在先申请提交的申请的实体要求
Physical requirements of late – filed application documents A – Ⅲ, 3.2.2	对于在后提交的申请文件的实体要求
Documents making up the European patent application A – Ⅷ, 2.1	构成欧洲专利申请的文件
Documents noted in the search B – X, 9	检索中注明的文件
Categories of documents (X, Y, P, A, D, etc.) B – X, 9.2	文件类型（X、Y、P、A、D 等）
Identification of documents in the search report B – X, 9.1	检索报告中的文件标识
Identification of relevant passages in prior – art documents B – X, 9.4	现有技术文件中相关段落的标识
Relationship between documents and claims B – X, 9.3	文件和权利要求之间的关系
Documents open to file inspection A – Ⅺ, 2.1	可供档案查阅的文件
Documents published after the filing date B – Ⅵ, 5.4	申请日后公布的文件
Documents relating to the theory or principle underlying the invention B – X, 9.2.5	与本发明所依据的理论或原理有关的文件
Documents relevant only to other inventions B – Ⅶ, 1.3	仅与其他发明相关的文件
Documents which refer to a non – written disclosure B – X, 9.2.3	涉及非书面公开的文件
Errors in documents A – Ⅵ, 1.3, H – Ⅵ, 2	文件中的错误
Errors in prior – art documents G – Ⅳ, 9	现有技术文件中的错误
Evaluation of prior art documents cited in search report and late priority claim C – Ⅲ, 7	评估检索报告中引用的现有技术文件和较晚优先权要求
Excluded from file inspection A – Ⅺ, 2.3, D – Ⅱ, 4.3	排除在文件检查之外
Filing of amended documents in reply to the notice of opposition D – Ⅳ, 5.3	答复异议通知书时提交修改的文件
Filing of subsequent documents A – Ⅷ, 2.5	后续文件的提交
Form of documents A – Ⅷ, 2	文件的形式
Form of documents other documents A – Ⅷ, 2.3	文件的形式 其他文件
Intermediate documents B – Ⅵ, 5.2, B – X, 9.2.4	中间文件
Invitation to file amended documents D – Ⅵ, 4.2	通知提交修改文本

Language A－Ⅶ，5，E－Ⅸ，2.1.3，E－Ⅸ，4.3	语言
Languages of the documents cited B－X，9.1.3	引用文件的语言
Late receipt of documents E－Ⅷ，1.7	逾期收到文件
Notification E－Ⅱ，2.1	通知
Particularly relevant documents B－X，9.2.1	特别相关的文件
Patent documents arranged for systematic access B－Ⅸ，2	为系统式访问而设置的专利文献
Physical requirements other documents A－Ⅲ，3.3	实体要求 其他文件
Potentially conflicting patent documents B－X，9.2.6	潜在抵触的专利文献
Priority documents A－Ⅶ，3.3，A－Ⅺ，5.2，E－Ⅸ，2.3.5.1，F－Ⅵ，3.4，H－Ⅳ，2.2.5	优先权文件
Priority documents issued by the EPO A－Ⅺ，5.2	EPO 签发的优先权文件
Procedure for amendments to documents H－Ⅲ，2	修改文件的程序
Published European applications as "E" documents B－Ⅵ，4.1.1	以"E"类文件形式公布的欧洲申请
Published international applications (WO) as "E" documents B－Ⅵ，4.1.2	以"E"类文件形式公布的国际申请(WO)
Reference documents F－Ⅲ，8，H－Ⅴ，2.5	引证文件
Replacement documents and translations A－Ⅷ，2.2	替换文件和译文
Request for documents D－Ⅶ，2	对文件的要求
Signature of documents A－Ⅷ，3	文件的签名
Standards and standard preparatory documents G－Ⅳ，7.6	标准和标准准备性文件
Subsequent filing of documents A－Ⅱ，1.4	后续提交文件
Types of documents B－Ⅳ，2.3	文件类型
Use of "P" and "E" documents in the search opinion B－Ⅺ，4.1	在检索意见中使用"P"和"E"类文件
Double patenting G－Ⅳ，5.4	**重复授权专利**
Doubts as to the validity of the priority claim B－Ⅵ，5.3	**对优先权请求的有效性的质疑**
Drawings A－Ⅸ，E－Ⅸ，2.3.9，F－Ⅱ，5	**附图**
Amendments A－Ⅴ，2.1，A－Ⅴ，2.2，A－Ⅶ，2，A－Ⅸ，10，C－Ⅱ，3.1，E－Ⅸ，2.1.3，G－Ⅳ，3	修改
Amendments derived from drawings H－Ⅴ，6	源自附图的修改
Amendments to drawings A－Ⅸ，10	附图的修改
Applications containing missing parts of description and/or drawings filed under Rule 56 EPC or Rule 20 PCT B－Ⅺ，2.1	根据 EPC 细则第 56 条或 PCT 细则第 20 条提交的包含说明书遗漏部分和/或遗漏附图的申请
Claims with explicit references to the description or drawings B－Ⅲ，3.2.1	明确引用说明书或附图的权利要求

Conditions regarding the paper used A – Ⅸ, 3	关于所用纸张的条件
Consistent use of reference signs as between description, claims and drawings A – Ⅸ, 7. 5. 4	在说明书、权利要求书和附图之间使用一致的附图标记
Consistent use of reference signs as between drawings A – Ⅸ, 7. 5. 5	附图之间使用一致的附图标记
Content of a European patent application (other than claims) F – Ⅱ, 5	欧洲专利申请的内容（不含权利要求）
Conventional symbols A – Ⅸ, 9	常规符号
Correction A – Ⅵ, 1. 3, D – X, 4. 3, H – Ⅵ, 2, H – Ⅵ, 2. 2	更正
Correction of description, claims and drawings H – Ⅵ, 2. 2. 1	说明书、权利要求书和附图的更正
Description and drawings C – Ⅸ, 1. 5	说明书和附图
Different drawings for different Contracting States G – Ⅳ, 6	针对不同缔约国的不同附图
Drawings of lines and strokes A – Ⅸ, 7. 1	线条和笔画的绘制
Errors in the description, claims and drawings H – Ⅵ, 2. 1. 1. 1	说明书、权利要求书和附图中的错误
European patent application A – Ⅸ	欧洲专利申请
Examination of the description and/or drawings H – Ⅳ, 4. 4. 2	审查说明书和/或附图
Executing of drawings A – Ⅸ, 7	附图的绘制
Form A – Ⅲ, 13. 2, F – Ⅱ, 5. 1	形式
Form and content F – Ⅱ, 5. 1	形式和内容
General layout of drawings A – Ⅸ, 5	附图的总体布局
Graphic forms of presentation considered as drawings A – Ⅸ, 1	视为附图的图形表现形式
Graphic forms of presentation not considered as drawings A – Ⅸ, 11	不视为附图的图形表现形式
Grouping of drawings A – Ⅸ, 2. 1	附图的分组
Height of the numbers and letters in the drawings A – Ⅸ, 7. 5. 3	附图中数字和字母的高度
Instructions in Chapter A – Ⅲ ("Examination of formal requirements") E – Ⅸ, 2. 3. 9	A 部分第Ⅲ章（对形式要求的审查）中的说明
Late filing of missing drawings or missing parts of the description A – Ⅱ, 5, A – Ⅱ, 5. 1, A – Ⅱ, 5. 2	在后提交缺失的说明书附图或说明书缺失部分
Missing drawings or parts of the description filed under Rule 56 C – Ⅲ, 1. 1. 1	根据细则第 56 条提交遗漏附图或说明书遗漏部分
Missing parts of description and missing drawings filed as corrections under Rule 139 H – Ⅵ, 2. 2. 2	根据细则第 139 条作为更正提交的说明书遗漏部分和遗漏附图
Missing parts of the description or missing drawings filed after the date of filing H – Ⅳ, 2. 2. 2	申请日后提交的说明书遗漏部分或遗漏附图

Numbering of sheets of drawings A－Ⅸ，4.2	附图页的编号
Photographs F－Ⅱ，5.3	照片
Presentation of the sheets of drawings A－Ⅸ，4	附图页的展示
Printing quality F－Ⅱ，5.2	印刷质量
Prohibited matter A－Ⅲ，8.1，A－Ⅸ，6，B－Ⅳ，1.2	禁止事项
Publication of drawings in the abstract B－X，7，F－Ⅱ，2.4	在摘要中公布附图
Reference in the description to drawings F－Ⅱ，4.7，F－Ⅳ，4.17	说明书中的附图参考
Representation of drawings A－Ⅸ，2	附图的展示
Reproducibility of drawings A－Ⅸ，2.2	附图的可复制性
Scale of drawings A－Ⅸ，7.4	附图的比例
Technical drawings A－Ⅸ，1.1	技术性附图
Text matter on drawings A－Ⅸ，8	附图上的文字内容
Use of the description and/or drawings to establish definitions of clear terms given a definition different from their usual meaning B－Ⅲ，3.2.4	当术语的含义与其通常含义不同的情况下，使用说明书和/或附图来确定清楚术语的含义
Use of the description and/or drawings to establish definitions of unclear terms not defined in the claims B－Ⅲ，3.2.3	使用说明书和/或附图确定未在权利要求中清楚限定的术语的含义
Use of the description and/or drawings to identify the technical problem B－Ⅲ，3.2.2	使用说明书和/或附图确定技术问题
Withdrawal of late－filed missing drawings or missing parts of the description A－Ⅱ，5.5	撤回在后提交的缺失的附图或说明书缺失部分
Due date A－X，5.1.1	**到期日**
Due date for fees A－X，5	费用到期日
Due date for specific fees A－X，5.2	特定费用的到期日
Claims fees A－X，5.2.5	权利要求费
Examination fee and designation fee A－X，5.2.2	审查费和指定费
Fee for grant and publishing A－X，5.2.3	授权费和公布费
Fees for limitation/revocation，opposition，appeal，petition for review A－X，5.2.6	限制/撤销、异议、上诉、复审请求费
Fees payable for procedural and other requests A－X，5.2.7	程序性请求和其他请求的应付费用
Filing fee and search fee A－X，5.2.1	申请费和检索费
Renewal fees A－X，5.2.4	维持费
Duration of the periods to be specified by the EPO on the basis of EPC provisions E－Ⅷ，1.2	**EPO 依据 EPC 的规定指定的期限**
Duties E－ⅩⅢ，3.2	**职责**

Allocation of duties and appointment of members of the opposition division D－Ⅱ，3	异议小组的职责分配和成员委任
Allocation of individual duties D－Ⅱ，7	个人职责的分配
Composition and duties of the examining division E－Ⅻ，3	审查小组的组成和职责
Duties and powers of members D－Ⅱ，6	成员的职责及权力

E

该关键词字母索引表并非穷举。

Earlier filed amendments or comments E－Ⅸ，3.3.1	**较早提交的修改或意见**
Early processing E－Ⅸ，2.8	**提前审理**
Economic effects G－Ⅱ，4.1.3	**经济效益**
Effect of change in priority date E－Ⅷ，1.5	**优先权日变更的影响**
Effectiveness and efficiency of the search B－Ⅲ，2.2	**检索的有效性和效率**
Elected Office	**选定局**
EPO as an elected Office pursuant to the PCT E－X	EPO 作为 PCT 的选定局
EPO as designated or elected Office E－Ⅸ，2	EPO 作为指定局或选定局
Review by the EPO as a designated/elected Office and rectification of errors made by the receiving Office or the International Bureau E－Ⅸ，2.9	EPO 作为指定局/选定局进行复审并更正受理局或国际局的错误
Electronic notification E－Ⅱ，2.4	**电子通知**
Electronic version of document cited B－X，11.2	**引用文件的电子版本**
Employees of the EPO（Language used by ~） E－Ⅴ，5	**EPO 工作人员（使用的语言）**
Enabling disclosure G－Ⅳ，2	**充分公开**
Enabling disclosure of a prior－art document G－Ⅵ，4	现有技术文件的充分公开
End of search B－Ⅳ，2.6	**终止检索**
Enforcement of the fixing of costs D－Ⅸ，3	**对所确定费用的执行**
Enlarged Board of Appeal（Stay of proceedings when a referral to the ~ is pending） E－Ⅶ，3	**在向扩大上诉委员会（移交未决时的程序中止）**
Enlargement of the examining division C－Ⅷ，7	**审查小组的扩大**
Enquiries E－Ⅷ，7	**查询**
Entitlement	**资格**
Entitlement for certain designated states only C－Ⅸ，2.4	仅适于某些指定国的权利
Entitlement of parties to put questions at hearings E－Ⅳ，1.6.7	听证时当事人提问的权利
Entitlement to file the request E－Ⅷ，3.1.2	提出请求的资格
Entitlement to oppose D－Ⅰ，4	提出异议的资格

Entitlements of witnesses and experts E – Ⅳ, 1. 10	证人和专家的权利
Details of the entitlements of witnesses and experts E – Ⅳ, 1. 10. 3	证人和专家权利的详细情况
Expenses for travel and subsistence E – Ⅳ, 1. 10. 1	差旅费和日常费用
Loss of earnings, fees E – Ⅳ, 1. 10. 2	收入损失、酬金
Entry into the European phase E – Ⅸ, 2. 1	**进入欧洲阶段**
Copy of the international application E – Ⅸ, 2. 1. 2	国际申请的副本
Filing fee, designation fee, request for examination and search fee E – Ⅸ, 2. 1. 4	申请费、指定费、实质审查费和检索费
Initial processing and formal examination E – Ⅸ, 2. 1. 2	初步审理和形式审查
Requirements for entry into the European phase E – Ⅸ, 2. 1. 1	进入欧洲阶段的要求
Translation of the international application E – Ⅸ, 2. 1. 3	国际申请的翻译
EPO as designated or elected Office E – Ⅸ, 2	**EPO 作为指定局或选定局**
Communication to the EPO as a designated Office E – Ⅸ, 2. 7	向作为指定局的 EPO 发送的通知
Early processing E – Ⅸ, 2. 8	提前审理
Entry into the European phase E – Ⅸ, 2. 1	进入欧洲阶段
Inspection of files E – Ⅸ, 2. 10	档案查阅
Instructions in Chapter A – Ⅱ (“Filing of applications and examination on filing”) E – Ⅸ, 2. 2	A 部分第Ⅱ章（申请的提交和对提交申请的审查）的说明
Instructions in Chapter A – Ⅲ (“Examination of formal requirements”) E – Ⅸ, 2. 3	A 部分第Ⅲ章（对形式要求的审查）中的说明
Instructions in Chapter A – Ⅳ (“Special provisions”) E – Ⅸ, 2. 4	A 部分第Ⅳ章（特别规定）中的说明
Instructions in Chapter A – Ⅵ (“Publication of application; request for examination and transmission of the dossier to examining division”) E – Ⅸ, 2. 5	A 部分第Ⅵ章（申请的公布；请求审查和传送案卷至审查小组）中的说明
Reduction and refunds of fees in respect of international (PCT) applications E – Ⅸ, 2. 6	国际（PCT）申请费用的减免和退还
Review by the EPO as a designated/elected Office and rectification of errors made by the receiving Office or the International Bureau E – Ⅸ, 2. 9	EPO 作为指定局/选定局进行复查并更正受理局或国际局的错误
Equipment and technology E – Ⅲ, 11. 1	**设备和技术**
Document camera E – Ⅲ, 11. 1. 2	文件投影仪
Videoconference rooms at the EPO E – Ⅲ, 11. 1. 1	EPO 的视频会议室
Erroneous elements filed under Rule 20. 5bis PCT C – Ⅲ, 1. 3	**根据 PCT 细则第 20. 5 之二条提交的错误项目**
Errors	**错误**

Error margins in numerical values G－Ⅵ，8.1 数值的误差范围

Errors in documents A－Ⅵ，1.3，H－Ⅵ，2 文件中的错误

Correction of errors in documents filed with the EPO A－Ⅴ，3，H－Ⅵ，2 更正向 EPO 提交的文件中的错误

Errors in prior－art documents G－Ⅳ，9 现有技术文件中的错误

Errors in publication H－Ⅵ，6 公布中的错误

Errors in the description，claims and drawings H－Ⅵ，2.1.1.1 说明书、权利要求书和附图中的错误

Errors in the search report B－Ⅳ，3.3 检索报告中的错误

Essential features F－Ⅳ，4.5 **必要特征**

Definition of essential features F－Ⅳ，4.5.2 必要特征的定义

Examples concerning essential features F－Ⅳ，An. 关于必要特征的示例

Generalisation of essential features F－Ⅳ，4.5.3 必要特征的概括

Implicit features F－Ⅳ，4.5.4 隐含特征

Objections arising from missing essential features F－Ⅳ，4.5.1 因缺少必要特征提出的反对意见

Essentially biological processes for the production of plants or animals G－Ⅱ，5.4.2 **生产动植物的主要是生物学的方法**

Plant and animal varieties or essentially biological processes for the production of plants or animals G－Ⅱ，5.4 动植物品种或生产动植物的主要是生物的方法

Establishing the publication date G－Ⅳ，7.5.1 **确定公开日**

Establishment and issue of the technical opinion E－ⅩⅢ，5.4 **技术意见的制定和发布**

Euro－PCT **欧洲－PCT**

Euro－PCT applications C－Ⅱ，1.2，C－Ⅲ，1.2，C－Ⅲ，1.3，F－Ⅴ，7，G－Ⅳ，5.2 欧洲－PCT 申请

Amendments in the case of non－unity further procedural aspects concerning Euro－PCT applications H－Ⅱ，7.4 不具备单一性时的修改 有关欧洲－PCT 申请的进一步程序问题

Conflict with other European applications G－Ⅳ，5.2 与其他欧洲申请抵触

Euro－PCT applications entering the European phase before 1 April 2009 A－Ⅲ，11.3.9 2009 年 4 月 1 日之前进入欧洲阶段的欧洲－PCT 申请

International applications（Euro－PCT applications）C－Ⅸ，4 国际申请（欧洲－PCT 申请）

International applications with supplementary search F－Ⅴ，7.2 有补充检索的国际申请

International applications without supplementary search F－Ⅴ，7.1 没有补充检索的国际申请

International preliminary examination report（IPER）F－Ⅴ，7.3 国际初审报告（IPER）

Request for examination C – Ⅱ, 1.2	审查请求
Restricted IPER F – Ⅴ, 7.4	受限的 IPER
Specific rules applicable to Euro – PCT applications B – Ⅲ, 3.3.2	适用于欧洲 – PCT 申请的特定规则
Unity of invention F – Ⅴ, 7	发明的单一性
Euro – PCT applications entering the European phase A – Ⅲ, 11.2.5	进入欧洲阶段的欧洲 – PCT 申请
Euro – PCT applications entering the European phase before 1 April 2009 A – Ⅲ, 11.3.9	2009 年 4 月 1 日之前进入欧洲阶段的欧洲 – PCT 申请
Euro – PCT cases F – Ⅲ, 6.5	欧洲 – PCT 案件
European applications C – Ⅲ, 1.1	**欧洲申请**
Claims filed after accordance of a date of filing C – Ⅲ, 1.1.2	获得申请日之后提交的权利要求
Conflict with other European applications G – Ⅳ, 5	与其他欧洲申请抵触
Missing drawings or parts of the description filed under Rule 56 C – Ⅲ, 1.1.1	根据细则第 56 条提交遗漏附图或说明书遗漏部分
Published European applications as "E" documents B – Ⅵ, 4.1.1	以"E"类文件形式公布的欧洲申请
Search for conflicting European applications C – Ⅳ, 7.1	检索抵触欧洲申请
European divisional application A – Ⅳ, 1, A – Ⅶ, 1.3	**欧洲分案申请**
Authorisations A – Ⅳ, 1.6	委托书
Claiming priority A – Ⅳ, 1.2	要求优先权
Date of filing of a divisional application A – Ⅳ, 1.2	分案申请的申请日
Designation of Contracting States A – Ⅳ, 1.3.4	缔约国的指定
Designation of the inventor A – Ⅳ, 1.5	发明人的指定
European divisional applications other formalities examination A – Ⅳ, 1.7	欧洲分案申请其他形式审查
Fees A – Ⅲ, 11.2.1, A – Ⅲ, 13.1, A – Ⅳ, 1.3.4, A – Ⅳ, 1.4, A – Ⅳ, 1.4.1, A – Ⅳ, 1.4.3	费用
Filing A – Ⅲ, 14, A – Ⅳ, 1.1	申请
Filing a divisional application A – Ⅳ, 1.3	提交分案申请
Inspection of files A – Ⅺ, 2.5	档案查阅
Language A – Ⅳ, 1.3.3, A – Ⅶ, 1.3	语言
Search, publication and request for examination of divisional applications A – Ⅳ, 1.8	分案申请的检索、公开和审查请求

European patent	**欧洲专利**
Accelerated prosecution of European patent applications E – Ⅷ, 4	欧洲专利申请的加快审查
Adherence to the text of the European patent submitted or approved by the patent proprietor D – Ⅵ, 2	以专利权人提交或认可的欧洲专利文本为准
Amendments D – Ⅷ, 1.4.1	修改
Certificate A – Ⅺ, 5.1, C – Ⅴ, 12	证书
Claims fees payable before the grant of the European patent A – X, 7.3.2	欧洲专利授权前应缴纳的权利要求费
Claims fees payable on filing the European patent application A – X, 7.3.1	提交欧洲专利申请时应缴纳的权利要求费
Consultation of the European Patent Register A – Ⅺ, A – Ⅺ, 4	查阅《欧洲专利登记簿》
Content of a European patent application (other than claims) F – Ⅱ	欧洲专利申请的内容（不含权利要求）
Designation of the inventor A – Ⅵ, 1.3	指定发明人
Documents filed after filing the European patent application A – Ⅷ, 3.1	提交欧洲专利申请后提交的文件
Documents forming part of the European patent application A – Ⅷ, 3.2	构成欧洲专利申请一部分的文件
Documents making up the European patent application A – Ⅷ, 2.1	构成欧洲专利申请的文件
European patent application F	欧洲专利申请
European patent applications filed before 1 April 2009 A – Ⅲ, 11.3	2009 年 4 月 1 日之前提交的欧洲专利申请
European patent applications filed on or after 1 April 2009 A – Ⅲ, 11.2	2009 年 4 月 1 日或之后提交的欧洲专利申请
European Patent Bulletin A – Ⅲ, 5.2, C – Ⅴ, 13	欧洲专利公报
Extension and validation of European patent applications and patents to/in states not party to the EPC A – Ⅲ, 12	欧洲专利申请和专利到/在非 EPC 缔约国的延伸和生效
Factors affecting the unity of the European patent D – Ⅶ, 3.2	影响欧洲专利统一性的因素
Grounds for opposition D – Ⅲ, 5	异议的理由
Indication that a European patent is sought A – Ⅱ, 4.1.1	申请欧洲专利的说明
Infringement E – XⅢ, 1	侵权
Inspection of files A – Ⅺ, 1, A – Ⅺ, 2.3	档案查阅
Limitation of the option to withdraw the European patent application A – Ⅳ, 2.3	对选择撤回欧洲专利申请的限制

Maintenance of the European patent as amended D – Ⅷ, 1. 4	在修改的基础上维持欧洲专利
Opposition D – I, 2, E – XⅣ, 4	异议
Payment or transfer to a bank account held by the European Patent Organisation A – X, 4. 1	向欧洲专利组织持有的银行账户缴费或转账
Preclassification, IPC and CPC classification of European patent applications B – Ⅴ	欧洲专利申请的预分类、IPC 和 CPC 分类
Preparation of a decision to maintain a European patent in amended form D – Ⅵ, 7. 2	在修改的基础上维持欧洲专利的决定的准备
Publication C – Ⅴ, 10, C – Ⅴ, 11	公布
Register of European Patents A – Ⅺ, 1	欧洲专利登记簿
Rejection of the opposition D – Ⅷ, 1. 3	异议请求的驳回
Request from a national court for a technical opinion concerning a European patent E – XⅢ	国家法院请求就欧洲专利提供技术意见
Revocation of the European patent D – Ⅷ, 1. 2	欧洲专利的撤销
Statement in the decision of the amended form of the European patent D – Ⅷ, 1. 4. 2	决定中对欧洲专利修改形式的说明
Subject – matter of the European patent extending beyond the original disclosure D – Ⅴ, 6	欧洲专利的主题超出原始公开的范围
Text D – Ⅵ, 2. 1, E – X, 2. 2	文本
Transfer during the opposition period or during opposition proceedings E – XⅣ, 4	在异议期间或在异议程序中的转让
Transfer of the European patent E – XⅣ, 4	欧洲专利的转让
Transfer of the European patent application E – XⅣ, 3	欧洲专利申请的转让
Unity D – Ⅶ, 3. 1	统一性
Unity of the European patent D – Ⅶ, 3	欧洲专利的统一性
European patent application F	**欧洲专利申请**
Abstract F – Ⅱ, 1	摘要
Accelerated prosecution of European patent applications E – Ⅷ, 4	欧洲专利申请的加快审查
Additional fee A – Ⅲ, 13. 2	附加费
Amino acid sequences A – Ⅲ, 1. 2	氨基酸序列
Application documents A – Ⅲ, 13. 2, A – Ⅸ	申请文件
Assignment E – XⅣ, 3	转让
Biological material A – Ⅲ, 1. 2, A – Ⅳ, 4. 1. 1, A – Ⅳ, 4. 2, F – Ⅲ, 6. 3	生物材料
Claims (Art. 84 and formal requirements) F – Ⅳ	权利要求（公约第 84 条和形式要求）

Claims fees payable on filing the European patent application A – X, 7.3.1	提交欧洲专利申请时应缴纳的权利要求费
Content of a European patent application (other than claims) F – Ⅱ	欧洲专利申请的内容（不含权利要求）
Date of filing A – Ⅳ, 1.2.1	申请日
Deficiencies A – Ⅱ, 4.1.4	缺陷
Designation of the inventor A – Ⅵ, 1.3	指定发明人
Disclosure of the invention A – Ⅳ, 4.2	发明的公开
Documents filed after filing the European patent application A – Ⅷ, 3.1	提交欧洲专利申请后提交的文件
Documents forming part of the European patent application A – Ⅷ, 3.2	构成欧洲专利申请一部分的文件
Documents making up the European patent application A – Ⅷ, 2.1	构成欧洲专利申请的文件
Drawings F – Ⅱ, 1, F – Ⅳ, 1, F – Ⅵ, 3.4	附图
European patent applications filed before 1 April 2009 A – Ⅲ, 11.3	2009 年 4 月 1 日之前提交的欧洲专利申请
European patent applications filed on or after 1 April 2009 A – Ⅲ, 11.2	2009 年 4 月 1 日或之后提交的欧洲专利申请
Examination C – Ⅱ, 1	审查
Extension and validation of European patent applications and patents to/in states not party to the EPC A – Ⅲ, 12	欧洲专利申请和专利到/在非 EPC 缔约国的延伸和生效
Filing A – Ⅳ, 1.1	申请
Filing fee A – Ⅲ, 13.1, A – Ⅲ, 13.2	申请费
Filing of the translation A – Ⅲ, 13.1, A – Ⅳ, 1.3.3, A – Ⅶ, 1.3, A – Ⅶ, 7, A – X, 9.2.1	翻译的提交
Further processing A – Ⅲ, 5.4, A – Ⅳ, 5, A – Ⅵ, 2.3, C – Ⅱ, 1, C – Ⅱ, 1.1, E – Ⅷ, 2	进一步审理
Inspection of files A – Ⅺ, 1, A – Ⅺ, 2.3	档案查阅
International application as European patent application E – Ⅸ, 2.5.1	欧洲专利申请的国际申请
Limitation of the option to withdraw the European patent application A – Ⅳ, 2.3	对选择撤回欧洲专利申请的限制
Nucleotide sequences A – Ⅲ, 1.2	核苷酸序列
Persons entitled to file European patent application A – Ⅱ, 2	有权提交欧洲专利申请的人
Preclassification, IPC and CPC classification of European patent applications B – Ⅴ	欧洲专利申请的预分类、IPC 和 CPC 分类

Priority F－Ⅵ	优先权
Provisional protection E－Ⅸ，2.5.1	临时保护
Publication E－Ⅸ，2.5.1	公布
Re－establishment of rights A－Ⅲ，6.6	重新确立权利
Request A－Ⅵ，2.2，F－Ⅱ，1	请求
Request for examination C－Ⅱ，1	审查请求
Requirements F－Ⅱ，1	要求
Search fee A－Ⅲ，13.1	检索费
State of the art E－Ⅸ，2.5.1	现有技术
Sufficiency of disclosure F－Ⅲ	充分公开
Text E－X，2.2	文本
Transfer E－ⅩⅣ，3，E－ⅩⅣ，6.1	转让
Transfer of the European patent application E－ⅩⅣ，3	欧洲专利申请的转让
Unity of invention B－Ⅱ，4.2，D－Ⅴ，2.2，F－Ⅴ，F－Ⅴ，1，F－Ⅴ，2	发明的单一性
European patent applications filed before 1 April 2009 A－Ⅲ，11.3	**2009年4月1日之前提交的欧洲专利申请**
Amount paid insufficient A－Ⅲ，11.3.3	缴纳金额不足
Amount payable A－Ⅲ，11.3.7	应付金额
Application deemed to be withdrawn A－Ⅲ，11.3.4	申请被视为撤回
Consequences of non－payment of designation fees A－Ⅲ，11.3.2	未缴纳指定费的后果
Designation fee A－Ⅲ，11.3.1	指定费
Euro－PCT applications entering the European phase before 1 April 2009 A－Ⅲ，11.3.9	2009年4月1日之前进入欧洲阶段的欧洲－PCT申请
Indication of the contracting states A－Ⅲ，11.3.6	缔约国的指明
Request for grant form A－Ⅲ，11.3.5	请求授权表格
Time limits A－Ⅲ，11.3.1	期限
Withdrawal of designation A－Ⅲ，11.3.8	撤回指定
European patent applications filed on or after 1 April 2009 A－Ⅲ，11.2	**2009年4月1日或之后提交的欧洲专利申请**
Consequences of non－payment of the designation fee A－Ⅲ，11.2.3	未缴纳指定费的后果
Designation fee A－Ⅲ，11.2.1	指定费
Euro－PCT applications entering the European phase A－Ⅲ，11.2.5	进入欧洲阶段的欧洲－PCT申请
Payment of designation fee A－Ⅲ，11.2.2	指定费的缴纳

Time limits A－Ⅲ，11.2.1	期限
Withdrawal of designation A－Ⅲ，11.2.4	撤回指定
European Patent Bulletin A－Ⅲ，5.2，C－Ⅴ，13	**欧洲专利公报**
Mention of the publication of the European search report A－Ⅵ，2.1	提及欧洲检索报告的公布
European Patent Office	**欧洲专利局**
As receiving Office E－Ⅸ，1	作为受理局
International preliminary examination E－Ⅸ，1	国际初步审查
International Searching Authority E－Ⅸ，1	国际检索单位
European Patent Organisation（Payment or transfer to a bank account held by the ~） A－X，4.1	**欧洲专利组织（向欧洲专利组织持有的银行账户缴费或转账）**
European patent specification	**欧洲专利说明书**
New D－Ⅶ，7	新的
Publication C－Ⅴ，10，C－Ⅴ，11，D－Ⅶ，7	公布
European search report A－Ⅵ，1.3，A－X，9.3.1，B－Ⅱ，4，B－Ⅱ，4.3，B－Ⅶ，2.3，B－X，4，B－X，7，C－Ⅱ，1.2，C－Ⅱ，3.1，C－Ⅳ，7.2，E－Ⅸ，2.5.2，F－Ⅴ，7.1，F－Ⅴ，7.2	**欧洲检索报告**
Application documents for the supplementary European search report B－Ⅱ，4.3.3	补充欧洲检索报告的申请文件
Applications for which a supplementary European search report is prepared E－Ⅸ，3.1，E－Ⅸ，3.2	已作出补充欧洲检索报告的申请
Content of the extended European search report（EESR）B－Ⅷ，3.3，B－Ⅷ，4.3	扩展欧洲检索报告（EESR）的内容
Dispensing with the supplementary European search report B－Ⅱ，4.3.1	免除补充欧洲检索报告
Mention of the publication of the European search report in the European Patent Bulletin A－Ⅵ，2.1	欧洲专利公报中提及欧洲检索报告的公布
Partial European search report B－Ⅶ，1.1，B－X，8，F－Ⅲ，1，H－Ⅱ，2.3	部分欧洲检索报告
Publication A－Ⅵ，2.4	公布
Reaction to the extended European search report（EESR）B－Ⅺ，8	对扩展欧洲检索报告（EESR）的答复
Separate publication of the European search report A－Ⅵ，1.5	单独公布欧洲检索报告
Subject－matter searched B－Ⅷ，1，B－Ⅷ，3，B－X，8	检索的主题

Supplementary European search report A – X, 9.3.1, B – II, 4.3, B – VII, 2.3, B – X, 4, B – XI, 2, B – XI, 8, C – II, 1.2, C – IV, 7.2, E – IX, 3.1, F – V, 7.1, F – V, 7.2	补充欧洲检索报告
Supplementary European search report is required B – II, 4.3.2	要求做出补充欧洲检索报告
Where the invention lacks unity B – VIII, 3.4, B – VIII, 4.5	发明缺乏单一性
European searches B – II, 4.1	**欧洲检索**
Additional European searches B – II, 4.2	附加欧洲检索
Supplementary European searches B – II, 4.3	补充欧洲检索
Evaluation of an expert opinion E – IV, 4.7	**专家意见的评估**
Evaluation of an inspection E – IV, 4.8	**勘验的评估**
Evaluation of evidence E – IV, 4	**证据的评估**
Asking for evidence E – IV, 4.4	要求提供证据
Evaluation of an expert opinion E – IV, 4.7	专家意见的评估
Evaluation of an inspection E – IV, 4.8	勘验的评估
Evaluation of the testimony of a witness E – IV, 4.5	证人证言的评估
Evaluation of the testimony of parties E – IV, 4.6	当事人证词的评估
Examination of evidence E – IV, 4.3	证据的审查
Types of evidence E – IV, 4.2	证据的类型
Evaluation of prior art documents cited in search report and late priority claim C – III, 7	**评估检索报告中引用的现有技术文件和较晚优先权要求**
Evaluation of the testimony of a witness E – IV, 4.5	**证人证言的评估**
Evaluation of the testimony of parties E – IV, 4.6	**当事人证词的评估**
Evidence	**证据**
Arguments and evidence submitted by the applicant G – VII, 11	申请人提交的意见陈述和证据
Asking for evidence E – IV, 4.4	要求提供证据
Conservation of evidence E – IV, 2	证据的保全
Costs arising from oral proceedings or taking of evidence E – IV, 1.9	口头审理或取证产生的费用
Costs of taking evidence E – IV, 3.5	取证的费用
Decision on the request and the taking of evidence E – IV, 2.4	关于请求和取证的决定
Documents filed as evidence A – VII, 3.4	作为证据提交的文件
Evaluation of evidence E – IV, 4	证据的评估
Evidence taken by a competent court E – IV, 3.2.2	主管法院取得的证据
Examination of evidence E – IV, 4.3	证据的审查

Facts, evidence or amendments introduced at a late stage E – Ⅲ, 8.6	在后期引入的事实、证据或修改
Facts, evidence or grounds not submitted in due time E – Ⅵ	未在规定的期限内提交的事实、证据或理由
Language A – Ⅶ, 3.4, A – Ⅶ, 5, E – Ⅵ, 3	语言
Language used in the taking of evidence E – Ⅴ, 4	取证中使用的语言
Means of evidence E – Ⅳ, 1.2	证据的形式
Means of giving or taking evidence E – Ⅳ, 3.2	作证或取证的方式
Minutes of taking of evidence E – Ⅳ, 1.7	取证笔录
New facts and evidence E – Ⅵ, 2.2.1	新的事实和证据
Not submitted in due time E – Ⅵ, 2.2	未在规定的期限内提交
Order to take evidence E – Ⅳ, 1.4	取证令
Producing evidence C – Ⅶ, 4.2	提供证据
Request for the conservation of evidence E – Ⅳ, 2.2	证据保全请求
Taking and conservation of evidence E – Ⅳ	取证和证据保全
Taking of evidence C – Ⅶ, 4, D – Ⅵ, 1, D – Ⅵ, 7.1, E – Ⅳ, 1.1, E – Ⅳ, 1.3, E – Ⅳ, 2.4	取证
Taking of evidence by an appointed person E – Ⅳ, 3.6	由指定人员取证
Taking of evidence by courts or authorities of the contracting states E – Ⅳ, 3	缔约国的法院或职能机构取证
Taking of evidence by the departments of the EPO E – Ⅳ, 1	EPO 各部门的取证
Taking of evidence on oath E – Ⅳ, 3.2.1	宣誓取证
Types of evidence E – Ⅳ, 4.2	证据的类型
Written evidence C – Ⅶ, 4.3	书面证据
Evident abuse G – Ⅴ, 3	**明显滥用**
"Ex post facto" analysis G – Ⅶ, 8	**"事后诸葛亮"式的分析**
Examination C – Ⅱ, 1	**审查**
Abstract in examination F – Ⅱ, 2.7	摘要的审查
Accelerated examination E – Ⅷ, 4.2	加快审查
Additional searches during examination C – Ⅳ, 7.2	审查期间的附加检索
Amendments not admitted and/or not allowable, examination resumed C – Ⅴ, 4.7	不认可和/或不允许的修改，恢复审查
Amendments not admitted and/or not allowable, examination resumed no agreement reached on a text C – Ⅴ, 4.7.3	不认可和/或不允许的修改，审查恢复，未就文本达成一致
Auxiliary requests in examination proceedings H – Ⅲ, 3.3	审查程序中的附加请求
Basis for substantive examination E – Ⅸ, 4.3.2	实质审查的基础

Basis for the examination D – Ⅵ, 2.1, D – X, 4.2	审查的基础
By the examining division A – I, 2, A – Ⅲ, 3.2, A – Ⅵ, 2.4, C – Ⅱ, 1	通过审查小组
Compliance of amendments with other EPC requirements in examination proceedings H – Ⅳ, 4.2	在审查程序中符合其他 EPC 要求的修正
Dealing with different texts in examination H – Ⅲ, 4.1	审查中不同文本的处理
Different text where a transfer of right takes place pursuant to Art. 61 in examination proceedings H – Ⅲ, 4.3.1	在审查过程中根据公约第 61 条发生权利转让的不同文本
European divisional applications other formalities examination A – Ⅳ, 1.7	欧洲分案申请其他形式审查
Examination as to formal requirements A – Ⅲ, A – Ⅲ, 3.2	对形式要求的审查
Abstract A – Ⅲ, 10	摘要
Claim to priority A – Ⅲ, 6	要求优先权
Claims fee A – Ⅲ, 9	权利要求费
Correction of deficiencies A – Ⅲ, 16	补正缺陷
Designation of contracting states A – Ⅲ, 11	缔约国的指定
Designation of inventor A – Ⅲ, 5	指定发明人
Extension and validation of European patent applications and patents to/in states not party to the EPC A – Ⅲ, 12	欧洲专利申请和专利到/在非 EPC 缔约国的延伸和生效
Filing and search fees A – Ⅲ, 13	申请费和检索费
Late filing of claims A – Ⅲ, 15	权利要求的在后提交
Physical requirements A – Ⅲ, 3	实体要求
Prohibited matter A – Ⅲ, 8	禁止事项
Representation A – Ⅲ, 2	代理
Request for grant A – Ⅲ, 4	授权请求
Title of the invention A – Ⅲ, 7	发明名称
Translation of the application A – Ⅲ, 14	申请的译文
Examination as to personal particulars E – Ⅳ, 1.6.5	关于个人资料的审查
Examination as to res gestae E – Ⅳ, 1.6.6	关于确切事实的审查
Examination by the EPO of its own motion D – Ⅴ, 2.2, E – Ⅵ, E – Ⅵ, 1	EPO 自行启动的审查
External complaints E – Ⅵ, 4	外部投诉
Late – filed submissions E – Ⅵ, 2	迟交材料
Limits on the obligation to undertake examination E – Ⅵ, 1.2	进行审查的职权限制
Observations by third parties E – Ⅵ, 3	第三方意见

Examination fee A – Ⅵ, 2.2, A – Ⅵ, 2.5, A – X, 10.2.3, C – Ⅱ, 1, C – Ⅱ, 1.1	审查费
Examination fee and designation fee A – X, 5.2.2	审查费和指定费
Reduction A – X, 9.2.1	减免
Reduction in examination fee A – Ⅵ, 2.6, A – X, 9.2.3	审查费的减免
Reduction of the examination fee where the international preliminary examination report is being drawn up by the EPO A – X, 9.3.2	由 EPO 做出国际初审报告情况下的审查费的减免
Refund A – Ⅵ, 2.5, A – X, 10.2.3, C – Ⅱ, 1.1	退款
Refund of examination fee A – Ⅵ, 2.5, A – X, 10.2.3	审查费的退还
Examination for deficiencies in the notice of opposition D – Ⅳ, 1.2	审查异议请求书中的缺陷
Deficiencies which, if not remedied, lead to the opposition being deemed not to have been filed D – Ⅳ, 1.2.1	如未补正会导致异议请求被视为未提出的缺陷
Deficiencies which, if not remedied, lead to the opposition being rejected as inadmissible D – Ⅳ, 1.2.2	如未补正会导致异议请求因无法受理而被驳回的缺陷
Examination for deficiencies in the notice of opposition and communications from the formalities officer arising from this examination D – Ⅳ, 1	对异议请求书中缺陷的审查以及形式审查员根据审查需要与当事人进行的沟通
Forwarding of the notice of opposition to the formalities officer D – Ⅳ, 1.1	将异议请求书送至形式审查员
Issue of communications by the formalities officer as a result of examination for deficiencies D – Ⅳ, 1.3	形式审查员审查缺陷后发出通知书
Notifications to and observations by the patent proprietor D – Ⅳ, 1.5	发给专利权人的通知书及专利权人的意见陈述
Subsequent procedure D – Ⅳ, 1.6	后续程序
Subsequent procedure in the event of deficiencies which may no longer be remedied D – Ⅳ, 1.4	当缺陷不能被克服时的后续程序
Examination for deficiencies in the request D – X, 2	对请求书中缺陷的审查
Deficiencies which lead to the request being deemed not to have been filed D – X, 2.1	导致请求被视为未提出的缺陷
Deficiencies which, if not remedied, lead to the request being rejected as inadmissible D – X, 2.2	如不加克服会导致请求因不受理而被驳回的缺陷
Examination of a divisional application C – Ⅸ, 1.4	分案申请的审查
Examination of amendments C – Ⅳ, 5	对修改的审查
Examination of amendments as to formalities A – Ⅴ, 2.2	对形式缺陷修改的审查

Examination of evidence E－Ⅳ, 4. 3	证据的审查
Examination of novelty G－Ⅵ, 7	新颖性审查
First or further medical use of known products G－Ⅵ, 7. 1	已知产品的第一或进一步医疗用途
Second non－medical use G－Ⅵ, 7. 2	第二非医疗用途
Examination of observations by third parties C－Ⅶ, 6	第三方意见的审查
Examination of oppositions D－Ⅱ, 4. 1	异议的审查
Examination of replies and further stages of examination C－Ⅳ	对答复意见的审查和进一步审查阶段
Admissibility of amendments made by the applicant C－Ⅳ, 6	申请人所做修改的可接受性
Extent of examination of replies C－Ⅳ, 2	对答复的审查范围
Further action upon examination of replies C－Ⅳ, 3	审查答复后的进一步通知
General procedure C－Ⅳ, 1	一般性程序
Later stages of examination C－Ⅳ, 4	审查的后期阶段
New submissions in reply to summons C－Ⅳ, 8	答复传唤书的新的陈述
Search－related issues in examination C－Ⅳ, 7	审查中的检索相关问题
Examination of the admissibility of an intervention and preparations in the event of an intervention D－Ⅳ, 5. 6	介入异议可受理性的审查和介入异议情况下的准备工作
Examination of the description and/or drawings H－Ⅳ, 4. 4. 2	审查说明书和/或附图
Examination of the grounds for opposition D－Ⅴ, 2. 2	对异议理由的审查
Examination of the opposition during oral proceedings D－Ⅵ, 6	口头审理程序中对异议的审查
Examination of the priority document A－Ⅲ, 6. 4	对优先权文件的审查
Examination of the request for grant form A－Ⅲ, 4. 2	对授权请求表格的审查
Examination of the request for grant form further requirements laid down by Rule 41 (2) A－Ⅲ, 4. 2. 3	对授权请求表格的审查 细则第 41 (2) 条规定的进一步要求
Information on the applicant A－Ⅲ, 4. 2. 1	申请人的信息
Signature A－Ⅲ, 4. 2. 2	签名
Examination on filing A－Ⅱ, 4, A－Ⅲ, 3. 2, C－Ⅱ, 1	对提交申请的审查
Filing of applications and examination on filing A－Ⅱ	申请的提交和对提交申请的审查
Instructions in Chapter A－Ⅱ ("Filing of applications and examination on filing") E－Ⅸ, 2. 2	A 部分第Ⅱ章（申请的提交和对提交申请的审查）的说明
Minimum requirements for according a date of filing A－Ⅱ, 4. 1	给予申请日的最低要求
Examination practice G－Ⅱ, 2	审查实践
Examination procedure E－Ⅸ, 4	审查程序
Admissibility during examination procedure H－Ⅱ, 2	审查程序中的可接受性

Admissibility during examination procedure after receipt of the first communication – Rule 137 (3) H – Ⅱ, 2.3	审查程序中收到第一次通知书之后的可接受性——细则第137（3）条
Admissibility during examination procedure after receipt of the search report – Rule 137 (2) H – Ⅱ, 2.2	审查程序中在收到检索报告后的可接受性——细则第137（2）条
Admissibility during examination procedure at an advanced stage of the proceedings H – Ⅱ, 2.4	审查程序中后期的可接受性
Admissibility during examination procedure before receipt of the search report – Rule 137 (1) H – Ⅱ, 2.1	审查程序中在收到检索报告前的可接受性——细则第137（2）条
Admissibility during examination procedure further requests for amendment after approval H – Ⅱ, 2.6	审查程序中批准后的进一步修改请求的可接受性
Examination procedure at least one communication in examination E – Ⅸ, 4.1	审查中发出至少一次通知书
Examination procedure no examination of multiple inventions in EP phase E – Ⅸ, 4.2	EP阶段不审查多项发明
Substantive examination of a Euro – PCT application accompanied by an IPER E – Ⅸ, 4.3	对附有IPER的欧洲－PCT申请的实质审查
Examination proceedings (ex parte) E – Ⅲ, 8.5.1.2	审查程序（单方面）
Examining division resumes examination after approval of the text C – Ⅴ, 6	审查小组在文本被批准后恢复审查
Examining division resumes examination after approval of the text further communication under Rule 71 (3) C – Ⅴ, 6.2	审查小组在文本被批准后恢复审查，根据细则第71（3）条的进一步通知书
Extent of the examination D – Ⅴ, 2	审查的范围
Filing fee, designation fee, request for examination and search fee E – Ⅸ, 2.1.4	申请费、指定费、实质审查费和检索费
Final stage of examination C – Ⅴ	审查的最后阶段
First stage of examination C – Ⅲ	审查的第一阶段
Formal requirements to be met before the division starts substantive examination C – Ⅱ	审查小组开始实质审查前需满足的形式要求
Further action upon examination of replies further action where a request for a translation of the priority application was sent earlier in examination proceedings C – Ⅳ, 3.1	审查答复后的进一步发出通知如果在审查程序中较早发送优先权申请的翻译请求，则继续发出通知书
Influencing the speed of examination proceedings C – Ⅵ, 2	影响审查程序的速度
Initial processing and formal examination E – Ⅸ, 2.1.2	初步审理和形式审查
Instructions in Chapter A – Ⅲ ("Examination of formal requirements") E – Ⅸ, 2.3	A部分第Ⅲ章（对形式要求的审查）中的说明

Instructions in Chapter A – Ⅵ ("Publication of application; request for examination and transmission of the dossier to examining division") E – Ⅸ, 2.5	A 部分第Ⅵ章（申请的公布；请求审查和传送案卷至审查小组）中的说明
International preliminary examination E – Ⅸ, 1, E – Ⅹ	国际初步审查
International preliminary examination report (IPER) F – Ⅴ, 7.3	国际初审报告（IPER）
Invitation to file the translation before examination A – Ⅲ, 6.8.1	通知在审查前提交译文
Invitation to file the translation in examination/opposition A – Ⅲ, 6.8.2	通知在审查或异议期间提交译文
Late – filed requests after summons to oral proceedings in examination H – Ⅱ, 2.7	在审查阶段收到口头审理通知后迟交的请求
Minutes as the first communication in examination C – Ⅶ, 2.5	作为第一次审查意见通知书的笔录
Opposition cases with different texts where a transfer of rights by virtue of a final decision pursuant to Art. 61 takes place in examination proceedings H – Ⅲ, 4.3.3	在审查过程中由于依据公约第 61 条所作的最终决定发生了权利转让的情况下具有不同文本的异议案例
Other procedures in examination C – Ⅶ	审查中的其他程序
Preliminary examination E – ⅩⅢ, 5.2	初步审查
Preparation of substantive examination D – Ⅳ, 5	实质审查的准备工作
Procedure for the examination of the opposition D – Ⅵ	异议审查的程序
Procedure in examination proceedings E – Ⅲ, 8.3.3.3, E – Ⅲ, 8.7.2	审查程序中的程序
Procedure in the case of lack of unity during substantive examination F – Ⅴ, 5	实质审查阶段在缺乏单一性情况下的程序
Procedure up to substantive examination D – Ⅳ	实质审查前的程序
Purpose of examination C – Ⅰ, 4	审查目的
Request for examination C – Ⅱ, 1, E – Ⅸ, 2.5.2	审查请求
Request for examination and transmission of the dossier to examining division A – Ⅵ, A – Ⅵ, 2	请求审查和传送案卷至审查小组
Request for oral proceedings in examination to be held on EPO premises E – Ⅲ, 2.2	在审查中请求在欧洲专利局的场所进行口头审理
Response filed before first communication in examination C – Ⅱ, 3	在第一次审查意见通知书之前提交的答复
Responsibility for formalities examination A – Ⅰ, 2	形式审查责任
Scope of the examination D – Ⅹ, 4.3	审查的范围
Search and substantive examination B – Ⅱ, 1	检索和实质审查

Search at the examination stage C－Ⅳ，7.3	审查阶段的检索
Search，publication and request for examination of divisional applications A－Ⅳ，1.8	分案申请的检索、公开和审查请求
Standard marks for indicating amendments or corrections by the divisions further ways to accelerate examination C－Ⅵ，3	指示各部门修改或更正的加快审查的进一步方法的标准标记
Substantive examination （limitation） D－X，4	实质审查（限制）
Substantive examination （limitation） further stages of the examination D－X，4.4	实质审查（限制）进一步审查阶段
Substantive examination of opposition D－Ⅴ	异议的实质审查
Summons to oral proceedings as the first action in examination C－Ⅲ，5	作为第一次审查意见通知书的口头审理程序通知
Third－party observations during the examination D－X，4.5	审查期间来自第三方的意见陈述
Time limit for filing the request for examination A－Ⅵ，2.2	提交审查请求书的期限
Time limits and acceleration of examination C－Ⅵ	审查的期限和加快
Use of Rule 137 （4） for amendments filed during oral proceedings in examination E－Ⅲ，8.8	在审查中的口头审理程序期间利用细则第137（4）条提交修改
When can summons to oral proceedings be issued in substantive examination? E－Ⅲ，5.1	实质审查中何时可以发出口头审理传唤书?
When does the examining division resume examination after approval? C－Ⅴ，6.1	审查小组批准后何时恢复审查?
Examining	**审查**
Examining division proposes amendments in second Rule 71 （3） communication C－Ⅴ，4.6.3	审查小组在根据细则第71（3）条的第二次通知书中建议进行修改
Examining division resumes examination after approval of the text C－Ⅴ，6	审查小组在文本被批准后恢复审查
Crediting of fees under Rule 71a （5） C－Ⅴ，6.3	根据细则第71a（5）条的费用的计入
Examining division resumes examination after approval of the text further communication under Rule 71 （3） C－Ⅴ，6.2	审查小组在文本被批准后恢复审查，根据细则第71（3）条的进一步通知书
When does the examining division resume examination after approval? C－Ⅴ，6.1	审查小组批准后何时恢复审查?
Examining divisions （Oral proceedings by videoconference before ~） E－Ⅲ，8.2.2	与审查小组进行（视频会议口审）
Examining the validity of a right to priority F－Ⅵ，2.1	核实优先权的有效性
Example 1 G－Ⅶ，5.4.2.1	**示例 1**
Example 2 G－Ⅶ，5.4.2.2	**示例 2**

Example 3 G – Ⅶ, 5.4.2.3	**示例 3**
Example 4 G – Ⅶ, 5.4.2.4	**示例 4**
Example 5 G – Ⅶ, 5.4.2.5	**示例 5**
Example of the accessibility of objects used G – Ⅳ, 7.2.4	**所使用物品的可获知性示例**
Example of the inaccessibility of a process G – Ⅳ, 7.2.5	**方法的不可获知性示例**
Examples concerning essential features F – Ⅳ, An.	**关于必要特征的示例**
Examples no amended claims filed with the appeal E – Ⅻ, 7.4.1	**示例：上诉时未提交修改的权利要求**
Examples of applying the COMVIK approach G – Ⅶ, 5.4.2	**应用 COMVIK 方法的示例**
Example 1 G – Ⅶ, 5.4.2.1	示例 1
Example 2 G – Ⅶ, 5.4.2.2	示例 2
Example 3 G – Ⅶ, 5.4.2.3	示例 3
Example 4 G – Ⅶ, 5.4.2.4	示例 4
Example 5 G – Ⅶ, 5.4.2.5	示例 5
Examples of further technical effects G – Ⅱ, 3.6.1	**产生进一步技术效果的示例**
Examples of quotation for non – patent literature F – Ⅱ, 4.3.1.1	**非专利文献引用示例**
Examples of quotation for patent literature F – Ⅱ, 4.3.1.2	**专利文献引用示例**
Examples of the exercise of discretion under Rule 137 (3) H – Ⅱ, 2.3.1	**根据细则第 137（3）条行使自由裁量权的实例**
Rule 137 (3) in conjunction with Article 123 (2) H – Ⅱ, 2.3.1.2	细则第 137（3）条与公约第 123（2）条联用
Rule 137 (3) in conjunction with Article 83 H – Ⅱ, 2.3.1.1	细则第 137（3）条与公约第 83 条联用
Rule 137 (3) in conjunction with Article 84 – missing essential feature H – Ⅱ, 2.3.1.3	细则第 137（3）条与公约第 84 条联用——缺少必要技术特征
Rule 137 (3) in conjunction with auxiliary requests H – Ⅱ, 2.3.1.4	细则第 137（3）条与附加请求的联用
Examples relating to the requirement of inventive step G – Ⅶ, An.	**与创造性要求有关的示例**
Application of known measures? G – Ⅶ, An., 1	是否为已知手段的应用
Obvious combination of features? G – Ⅶ, An., 2	特征是否为显而易见的组合
Obvious selection? G – Ⅶ, An., 3	是否为显而易见的选择
Overcoming a technical prejudice? G – Ⅶ, An., 4	是否克服了技术偏见
Exceptional case where amendments must be admitted H – Ⅱ, 2.5.3	**修改应当被接受的例外情形**

Exceptions D – Ⅶ, 1.2	**例外情形**
Exceptions from sections 1 and 2 E – Ⅴ, 3	第 1 节和第 2 节的例外情况
Exceptions to patentability G – Ⅱ, 4	可专利性的例外
Considerations relating to specific exclusions from and exceptions to patentability B – Ⅷ, 2	与可专利性的具体排除和例外有关的考虑
Matter contrary to "ordre public" or morality G – Ⅱ, 4.1	违反"公共秩序"或道德
Surgery, therapy and diagnostic methods G – Ⅱ, 4.2	外科手术、治疗和诊断方法
Exceptions where a reply to the Rule 161 (1) invitation is not required E – Ⅸ, 3.3	不需要答复细则第 161 (1) 条通知的例外情况
Earlier filed amendments or comments E – Ⅸ, 3.3.1	较早提交的修改或意见
Positive WO – ISA, SISR or IPER E – Ⅸ, 3.3.2	肯定性国际检索单位书面意见 (WO – ISA)、补充国际检索报告 (SISR) 或国际初审报告 (IPER)
Rule 161 communication issued before 1 April 2010 E – Ⅸ, 3.3.3	2010 年 4 月 1 日前发出的细则第 161 条的通知书
Voluntary reply to Rule 161 (1) communication E – Ⅸ, 3.3.4	对细则第 161 (2) 条通知书的主动答复
Exclusions and exceptions for biotechnological inventions G – Ⅱ, 5	生物技术发明的排除和例外
List of exceptions (Rule 28) G – Ⅱ, 5.3	例外清单 (细则第 28 条)
Excision of other inventions C – Ⅲ, 3.2	**删除其他发明**
Exclusions and exceptions for biotechnological inventions G – Ⅱ, 5	**生物技术发明的排除和例外**
Antibodies G – Ⅱ, 5.6	抗体
General remarks and definitions G – Ⅱ, 5.1	一般性说明及定义
List of exceptions (Rule 28) G – Ⅱ, 5.3	例外清单 (细则第 28 条)
Microbiological processes G – Ⅱ, 5.5	微生物方法
Patentable biotechnological inventions G – Ⅱ, 5.2	可专利的生物技术发明
Plant and animal varieties or essentially biological processes for the production of plants or animals G – Ⅱ, 5.4	动植物品种或生产动植物的主要是生物学的方法
Executing of drawings A – Ⅸ, 7	**附图的绘制**
Cross – sections A – Ⅸ, 7.3	截面图
Drawings of lines and strokes A – Ⅸ, 7.1	线条和笔画的绘制
Numbers, letters and reference signs A – Ⅸ, 7.5	数字、字母和附图标记
Scale of drawings A – Ⅸ, 7.4	附图的比例
Shading A – Ⅸ, 7.2	阴影

Variations in proportions A – Ⅸ, 7.6	比例的变化
Exhibitions	**展览**
Certificate of exhibitions A – Ⅳ, 3.1	参展证书
International exhibitions G – Ⅴ, 4	国际展览
Expenses for travel and subsistence E – Ⅳ, 1.10.1	**差旅和日常费用**
Experts	**专家**
Commissioning of experts E – Ⅳ, 1.8	专家的委任
Details of the entitlements of witnesses and experts E – Ⅳ, 1.10.3	证人和专家权利的详细情况
Entitlements of witnesses and experts E – Ⅳ, 1.10	证人和专家的权利
Hearing of parties, witnesses and experts E – Ⅳ, 1.6	听取当事人、证人和专家的证词
Reimbursement for witnesses and experts E – Ⅳ, 1.10.1, E – Ⅳ, 1.10.2	证人和专家费用的报销
Reimbursement of expenses E – Ⅳ, 1.10.1, E – Ⅳ, 1.10.2	费用的返还
Summoning of parties, witnesses and experts E – Ⅳ, 1.5	传唤当事人、证人和专家
Taking of evidence D – Ⅵ, 1, E – Ⅳ, 1.3	取证
Witnesses and experts not summoned E – Ⅳ, 1.6.2	未被传唤的证人和专家
Expression "in" F – Ⅳ, 4.15	**"在……中" 的表达**
Extension H – Ⅳ, 3.1, H – Ⅴ, 3.4, H – Ⅴ, 7	**延伸**
Assessment of impermissible extension of the protection conferred H – Ⅳ, 3.4	对授权保护范围的不允许扩展的评估
Designation fee (s), extension and validation fees C – Ⅱ, 4	指定费、延伸费和生效费
Extension and validation of European patent applications and patents to/in states not party to the EPC A – Ⅲ, 12	欧洲专利申请和专利到/在非 EPC 缔约国的延伸和生效
Extension and validation deemed requested A – Ⅲ, 12.4	视为请求延伸和生效
National register A – Ⅲ, 12.5	国家登记册
Time limit for payment of extension and validation fees A – Ⅲ, 12.2	缴纳延伸费和生效费的期限
Withdrawal of the extension or validation request A – Ⅲ, 12.3	延伸和生效请求的撤回
Extension and validation states A – Ⅳ, 1.3.5	延伸国和生效国
Extension of a time limit E – Ⅷ, 1.6	期限的延长
Extension of time limits set by the EPO under Rule 132 E – Ⅷ, 1.6.1	EPO 根据细则第 132 条的规定延长时限
Extension of periods under Rule 134 E – Ⅷ, 1.6.2	细则第 134 条规定的期限延长
Extension of periods under Rule 134 (1) E – Ⅷ, 1.6.2.1	细则第 134（1）条规定的期限延长
Extension of periods under Rule 134 (2) and Rule 134 (5) E – Ⅷ, 1.6.2.2	细则第 134（2）条和第 134（5）条规定的期限延长

Scope of application of Rule 134 E – Ⅷ, 1.6.2.3	细则第 134 条的适用范围
Extension of the search B – Ⅵ, 5.3	扩展检索
Extension to and validation in states not party to the EPC General Part, 7	在非 EPC 缔约国的延伸和生效
Extent	**范围**
Extent of examination of replies C – Ⅳ, 2	对答复的审查范围
Extent of first analysis for generally deficient applications B – Ⅺ, 3.4	对通常有缺陷的申请进行首次分析的程度
Extent of generalisation F – Ⅳ, 6.2	概括程度
Extent of the examination D – Ⅴ, 2	审查的范围
Examination of the grounds for opposition D – Ⅴ, 2.2	对异议理由的审查
Extent to which the patent is opposed D – Ⅴ, 2.1	异议所针对的专利保护范围
Extent of the formalities officer's obligation to issue the above communications D – Ⅳ, 1.3.3	形式审查员发出上述通知书的职权范围
External complaints E – Ⅵ, 4	**外部投诉**
Extracts (Summaries, ~ or abstracts) B – X, 11.5	**概要（摘录，或摘要）**

F

该关键词字母索引表并非穷举。

Factors affecting the unity of the European patent D – Ⅶ, 3.2	**影响欧洲专利统一性的因素**
Facts	**事实**
Facts and evidence (New ~) E – Ⅵ, 2.2.1	事实和证据（新的）
Facts and submissions E – X, 1.3.2, E – X, 2.4	事实及意见
Decisions taken by the examining or opposition divisions E – X, 2.4	审查或异议小组作出的决定
Form and content E – X, 1.3.2	形式和内容
Facts, evidence or amendments introduced at a late stage E – Ⅲ, 8.6	在后期引入的事实、证据或修改
Facts, evidence or grounds not submitted in due time E – Ⅵ	未在规定的期限内提交的事实、证据或理由
Examination by the EPO of its own motion E – Ⅵ, 1	EPO 自行启动的审查
External complaints E – Ⅵ, 4	外部投诉
Late – filed submissions E – Ⅵ, 2	迟交材料
Observations by third parties E – Ⅵ, 3	第三方意见
Failure to reply in time B – Ⅷ, 4.2.1	**未按期答复**

Failure to reply in time or no reply B – Ⅷ, 3. 2. 1	未按期答复或未答复
Failure to respond within a time limit E – Ⅷ, 1. 8	**未能在期限内答复**
Time limits and loss of rights resulting from failure to respond within a time limit E – Ⅷ, 1	期限与由于未能在期限内作出答复而导致的权利丧失
Features described in a document cross – referenced in the description H – Ⅳ, 2. 2. 1	**说明书中交叉引用的文件中描述的特征**
Features of the invention F – Ⅳ, 2. 1, F – Ⅳ, 2. 2, F – Ⅳ, 4. 5. 1, F – Ⅴ, 2, G – I, 2	**本发明的特征**
Fees A – Ⅳ, 1. 4, A – X	**费用**
Additional search fees paid C – Ⅲ, 3. 1. 2	已缴纳附加检索费
Administrative fees A – Ⅺ, 1, A – Ⅺ, 2. 2, E – ⅩⅣ, 3	行政费
Applicant has not paid all additional search fees B – Ⅶ, 1. 2. 3	申请人未缴纳所有附加检索费
Calculation of claims fees H – Ⅲ, 5	权利要求费的计算
Cases under Rule 62a where claims fees are not paid B – Ⅷ, 4. 4	基于细则第 62a 条未缴纳权利要求费的情形
Claims fees due in response to Rule 71 (3) communication C – Ⅴ, 1. 4	根据细则第 71 条（3）条的通知书应缴纳的权利要求费
Claims fees payable before the grant of the European patent A – X, 7. 3. 2	欧洲专利授权前应缴纳的权利要求费
Claims fees payable on filing the European patent application A – X, 7. 3. 1	提交欧洲专利申请时应缴纳的权利要求费
Crediting of claims fees A – X, 11. 2	权利要求费的计入
Crediting of fees paid voluntarily C – Ⅴ, 4. 2	自愿缴纳费用的计入
Crediting of fees under Rule 71a (5) A – X, 11	根据细则第 71a（5）条费用的计入
Crediting of fees under Rule 71a (5) further processing fee and crediting of fees A – X, 11. 4	根据细则第 71a（5）条费用的计入 进一步审理费和费用的计入
Currencies A – X, 3	货币
Date considered as date on which payment is made A – X, 4	视为付款日的日期
Designation fee (s), extension and validation fees C – Ⅱ, 4	指定费、延伸费和生效费
Due date for fees A – X, 5	费用的到期日
Fee for grant and publishing A – X, 5. 2. 3, C – Ⅴ, 4. 8. 2	授权费和公布费
Crediting of the fee for grant and publishing A – X, 11. 1	授权费和公布费的计入
Due date for specific fees A – X, 5. 2. 3	特定费用的到期日
Refund of the fee for grant and publishing A – X, 10. 2. 5, C – Ⅴ, 9	授权和公布费的退还

Separate crediting of the fee for grant and publishing and claims fees A - X, 11.3	授权费和公布费、权利要求费的分别计入
Fee payments lacking a legal basis A - X, 10.1.1	缺乏法律依据的缴费
Fees for limitation/revocation, opposition, appeal, petition for review A - X, 5.2.6	限制/撤销、异议、上诉、复审请求费
Fees payable for procedural and other requests A - X, 5.2.7	程序性请求和其他请求的应付费用
Fees to be paid within the second Rule 71 (3) period C - V, 4.8	在细则第71（3）条规定的第二阶段应缴纳的费用
Claims fees C - V, 4.8.1	权利要求费
Fees, non - payment B - Ⅲ, 3.4	费用，未付款
Fees, refund A - X, 10.2.1, C - Ⅲ, 3.3	费用，退还
Filing and search fees A - Ⅲ, 13	申请费和检索费
Filing, search and designation fee (s) A - Ⅳ, 1.4.1	申请费、检索费和指定费
Indication of the purpose of payment in the case of claims fees A - X, 7.3	表明所缴费项是权利要求费
Indication of the purpose of the payment in the case of designation fees A - X, 7.2	表明所缴费项是指定费
Invitation to pay additional search fees combined with invitation to restrict the scope of the search C - Ⅲ, 3.1.3	通知缴纳附加检索费并限制检索范围
Invitation to pay further search fees B - Ⅶ, 1.2	通知缴纳进一步检索费
Limitation to searched invention no additional search fees paid C - Ⅲ, 3.1.1	限制到已检索的发明 不缴纳附加检索费
Loss of earnings, fees E - Ⅳ, 1.10.2	收入损失，酬金
Methods of payment A - X, 2	缴费方式
No deferred payment of fees, no legal aid, no discretion A - X, 8	未延期缴纳费用、无法律援助、无自由裁量权
Payment in due time A - X, 6	按时缴费
Payment of fees A - X, 2	缴纳费用
Purpose of payment A - X, 7	缴费目的
Reduction and refunds of fees in respect of international (PCT) applications E - Ⅸ, 2.6	国际（PCT）申请费用的减免和退还
Reduction of fees A - Ⅲ, 13.1, A - X, 9	费用减免
Refund of additional search fees C - Ⅲ, 3.3	附加检索费的退还
Refund of fees A - X, 10	退款
Reimbursement of appeal fees E - Ⅻ, 7.3	上诉费用的退还
Renewal fees A - Ⅳ, 1.4.3	维持费

Request for amendments or corrections in reply to the Rule 71 (3) communication no payment of fees or filing of translations necessary C－Ⅴ, 4. 1	答复根据细则第 71（3）条的通知书时请求修改或更正，无须缴纳费用或提交必要的译文
Time limit for payment of extension and validation fees A－Ⅲ, 12. 2	缴纳延伸费和生效费的期限
Figure accompanying the abstract A－Ⅲ, 10. 3, A－Ⅸ, 2. 3, F－Ⅱ, 2. 4	**摘要附图**
Abstract A－Ⅲ, 10. 3	摘要
Representation of drawings A－Ⅸ, 2. 3	附图的展示
Figures A－Ⅸ, 5. 1, A－Ⅸ, 5. 2, A－Ⅸ, 5. 3	**附图**
Numbering of figures A－Ⅸ, 5. 2	附图编号
File inspection E－XIII, 5. 5	**案卷核查**
Conducting file inspections A－Ⅺ, 2. 2	进行档案查阅
Documents open to file inspection A－Ⅺ, 2. 1	可供档案查阅的文件
File inspection before publication of the application A－Ⅺ, 2. 5	申请公布之前档案的查阅
Restrictions to file inspection A－Ⅺ, 2. 3	档案查阅的限制
Files	**文件**
Certified copies of documents from the files or of other documents A－Ⅺ, 5. 1	档案中的文件或其他文件的核证副本
Communication of information contained in the files A－Ⅺ, 1, A－Ⅺ, 3	档案中包含的通信信息
Inspection of files A－Ⅺ, A－Ⅺ, 1, A－Ⅺ, 2, A－Ⅺ, 2. 1, E－Ⅸ, 2. 10	档案查阅
Filing	**申请**
Accorded date of filing still subject to review G－Ⅳ, 5. 1. 2	仍需审查的规定的申请日
Admissible languages on filing A－Ⅶ, 1	申请时可接受的语言
Amendment by submitting missing documents or by filing replacement pages H－Ⅲ, 2. 2	通过提交缺失文件或提交替换页进行修改
Applications containing claims filed after the accorded date of filing B－Ⅺ, 2. 2	申请包含规定申请日之后提交的权利要求
Citation of prior art in the description after the filing date H－Ⅳ, 2. 2. 6	申请日后在说明书中引用现有技术
Claims fees payable on filing the European patent application A－X, 7. 3. 1	提交欧洲专利申请时应缴纳的权利要求费
Claims filed after accordance of a date of filing C－Ⅲ, 1. 1. 2	获得申请日之后提交的权利要求
Claims filed after the date of filing H－Ⅳ, 2. 2. 3	申请日后提交的权利要求

Date of filing A－Ⅱ，4.1.5，A－Ⅳ，1.2.1，G－Ⅶ，2　申请日

Date of filing of a divisional application A－Ⅳ，1.2　分案申请的申请日

Date of filing or priority date as effective date G－Ⅳ，3　申请日或优先权日作为有效日

Determination of filing date in the case of erroneously filed elements or parts of the international application E－Ⅸ，2.9.4　在错误提交国际申请的项目或部分的情况下申请日的确定

Documents filed after filing the European patent application A－Ⅷ，3.1　提交欧洲专利申请后提交的文件

　Filing a divisional application A－Ⅳ，1.3，C－Ⅲ，3.2　提交分案申请

　Designation of contracting states A－Ⅳ，1.3.4　缔约国的指定

　Extension and validation states A－Ⅳ，1.3.5　延伸国和生效国

　Language requirements A－Ⅳ，1.3.3　语言要求

　Request for grant A－Ⅳ，1.3.2　授权请求书

　Where and how to file a divisional application? A－Ⅳ，1.3.1　在何地及如何提交分案申请?

Filing a new application A－Ⅳ，2.5　提交新申请

Filing a new priority claim A－Ⅲ，6.5.1　要求新的优先权

Filing and priority date B－Ⅵ，5　申请日和优先权日

　Documents published after the filing date B－Ⅵ，5.4　申请日后公布的文件

　Doubts as to the validity of the priority claim B－Ⅵ，5.3　对优先权请求的有效性的质疑

　Extension of the search B－Ⅵ，5.3　扩展检索

　Intermediate documents B－Ⅵ，5.2　中间文件

　Matters of doubt in the state of the art B－Ⅵ，5.6　现有技术存疑

　Non－prejudicial disclosures B－Ⅵ，5.5　不丧失新颖性的公开

　Verification of claimed priority date (s) B－Ⅵ，5.1　核实请求的优先权日

Filing and search fees A－Ⅲ，13　申请费和检索费

　Additional fee (if application documents comprise more than thirty－five pages) A－Ⅲ，13.2　附加费（如果申请文件超过35页）

　Additional fee for divisional applications A－Ⅲ，13.3　分案申请的附加费

　Payment of fees A－Ⅲ，13.1　缴纳费用

Filing by reference A－Ⅶ，1.2　通过引用提交

Filing date as effective date F－Ⅵ，1.1　申请日为有效日

Filing date changes A－Ⅱ，5.3　申请日变更

Filing fee A－Ⅲ，13.1，A－Ⅲ，13.2，A－Ⅶ，1.1，A－X，9.2.1　申请费

　Additional fee as part of filing fee A－Ⅲ，13.2，A－Ⅲ，13.3　作为申请费一部分的附加费

European divisional application A－Ⅲ，13.1，A－Ⅳ，1.4.1	欧洲分案申请
Filing fee and search fee A－X，5.2.1	申请费和检索费
Filing fee，designation fee，request for examination and search fee E－Ⅸ，2.1.4	申请费、指定费、实质审查费和检索费
Reduction of the filing fee A－X，9.2.2	申请费的减免
Filing of amended documents in reply to the notice of opposition D－Ⅳ，5.3	答复异议通知书时提交修改的文件
Filing of amendments A－Ⅴ，2.1	修改的提交
Filing of applications and examination on filing A－Ⅱ	申请的提交和对提交申请的审查
Examination on filing A－Ⅱ，4	对提交申请的审查
Instructions in Chapter A－Ⅱ（"Filing of applications and examination on filing"）E－Ⅸ，2.2	A部分第Ⅱ章（申请的提交和对提交申请的审查）的说明
Late filing of missing drawings or missing parts of the description A－Ⅱ，5	在后提交缺失的说明书附图或说明书缺失部分
Persons entitled to file an application A－Ⅱ，2	有权提交申请的人
Procedure on filing A－Ⅱ，3	提交的程序
Where and how applications may be filed A－Ⅱ，1	何地及如何提交申请
Filing of applications by delivery by hand or by postal services A－Ⅱ，1.1	通过直接提交或邮寄提交申请
Filing of applications by means of electronic communication A－Ⅱ，1.2	通过电子通信方式提交申请
Filing of applications by fax A－Ⅱ，1.2.1	通过传真方式提交申请
Filing of applications in electronic form A－Ⅱ，1.2.2	以电子形式提交申请
Filing of applications by other means A－Ⅱ，1.3	通过其他方式提交申请
Filing of opposition after decision on limitation D－X，7.2	在限制决定作出后提出异议
Filing of subsequent documents A－Ⅷ，2.5	后续文件的提交
Filing with a competent national authority A－Ⅱ，3.2	向国家主管机构提交
Filing，search and designation fee（s）A－Ⅳ，1.4.1	申请费、检索费和指定费
Additional fee for divisional applications of second or subsequent generations A－Ⅳ，1.4.1.1	二代或后续代分案申请的附加费
First filing A－Ⅲ，6.1，A－Ⅲ，6.2，E－Ⅷ，8.1，F－Ⅵ，1.3，F－Ⅵ，1.4.1	首次申请
Late filing of claims A－Ⅲ，15	权利要求的在后提交
Minimum requirements for according a date of filing A－Ⅱ，4.1	给予申请日的最低要求
Missing parts based on the priority application，no change in filing date A－Ⅱ，5.4	基于优先权申请的缺失部分，申请日不变

Missing parts of the description or missing drawings filed after the date of filing H－Ⅳ，2.2.2 申请日后提交的说明书遗漏部分或遗漏附图

Request for amendments or corrections in reply to the Rule 71 (3) communication no payment of fees or filing of translations necessary C－Ⅴ，4.1 答复根据细则第71（3）条的通知书时请求修改或更正，无须缴纳费用或提交必要的译文

Sequence listings filed after the date of filing H－Ⅳ，2.2.4 申请日之后提交的序列表

Subsequent filing of documents A－Ⅱ，1.4 后续提交文件

Time allowed for filing notice of opposition D－Ⅲ，1 提交异议请求书的期限

Time limit for filing the request for examination A－Ⅵ，2.2 提交审查请求书的期限

Voluntary filing of the translation of the previous application A－Ⅲ，6.8.5 自愿提交在先申请的译文

Final decisions on an admissible opposition D－Ⅷ，1 **对可受理的异议请求的最终决定**

Maintenance of the European patent as amended D－Ⅷ，1.4 在修改的基础上维持欧洲专利

Rejection of the opposition D－Ⅷ，1.3 异议请求的驳回

Revocation of the European patent D－Ⅷ，1.2 欧洲专利的撤销

Final stage of examination C－Ⅴ **审查的最后阶段**

Application deemed withdrawn C－Ⅴ，3 申请被视为撤回

Approval of the proposed text C－Ⅴ，2 同意建议的文本

Certificate C－Ⅴ，12 证书

Communication under Rule 71 (3) C－Ⅴ，1 根据细则第71（3）条的通知书

Correction of errors in the decision to grant C－Ⅴ，7 授权决定中错误的更正

Decision according to the state of the file C－Ⅴ，15 根据案卷状态作出决定

European Patent Bulletin C－Ⅴ，13 欧洲专利公报

Examining division resumes examination after approval of the text C－Ⅴ，6 审查小组在文本被批准后恢复审查

Further processing C－Ⅴ，8 进一步审理

Further requests for amendment after approval C－Ⅴ，5 批准后的进一步修改请求

Grant of a patent C－Ⅴ，2 授予专利权

No reply in time C－Ⅴ，3 未按期答复

Publication of the patent specification C－Ⅴ，10 专利说明书的公布

Refund of the fee for grant and publishing C－Ⅴ，9 授权费和公布费用的退还

Refusal C－Ⅴ，14 驳回

Request for amendments or corrections in reply to the Rule 71 (3) communication C－Ⅴ，4 答复根据细则第71（3）条的通知书时请求修改或更正

Standard marks for indicating amendments or corrections by the divisions C－Ⅴ，An. 指示各部门修改或更正的标准标记

Withdrawal before publication of the patent specification C – Ⅴ, 11	在专利说明书公布前撤回
First application F – Ⅵ, 1.4	**首次申请**
Situation in which it has to be checked whether the application from which priority is actually claimed is the "first application" within the meaning of Art. 87 (1) F – Ⅵ, 2.4.4	必须检查实际要求优先权的申请是否为公约第87（1）条意义上的“首次申请”的情况
Subsequent application considered as first application F – Ⅵ, 1.4.1	在后申请被认为是首次申请
First communication C – Ⅲ, 4	**第一次通知书**
Admissibility during examination procedure after receipt of the first communication – Rule 137 (3) H – Ⅱ, 2.3	审查程序中收到第一次通知书之后的可接受性——细则第137（3）条
Invitation to file comments and amendments C – Ⅲ, 4.2	通知提交意见和修改
Minutes as the first communication in examination C – Ⅶ, 2.5	作为第一次审查意见通知书的笔录
Reasoning C – Ⅲ, 4.1	理由
Response filed before first communication in examination C – Ⅱ, 3	在第一次审查意见通知书之前提交的答复
First or further medical use of known products G – Ⅵ, 7.1	**已知产品的第一或进一步医药用途**
Dependent claims pursuant to Art. 54 (5) G – Ⅵ, 7.1.5	根据公约第54（5）条的从属权利要求
Diagnostic uses pursuant to Art. 54 (5) G – Ⅵ, 7.1.3	根据公约第54（5）条的诊断用途
Products that may be claimed for a further medical use G – Ⅵ, 7.1.1	可被要求保护进一步医药用途的产品
Surgical uses pursuant to Art. 54 (5) G – Ⅵ, 7.1.4	根据公约第54（5）条的外科手术用途
Therapeutic uses pursuant to Art. 54 (5) G – Ⅵ, 7.1.2	依据公约第54（5）条的治疗用途
First stage of examination C – Ⅲ	**审查的第一阶段**
Amendments made by applicants of their own volition C – Ⅲ, 2	申请人主动进行的修改
Evaluation of prior art documents cited in search report and late priority claim C – Ⅲ, 7	评估检索报告中引用的现有技术文件和较晚优先权要求
First communication C – Ⅲ, 4	第一次通知书
Missing parts or elements C – Ⅲ, 1	遗漏的部分或项目
Requesting information on prior art (not confined to priority) C – Ⅲ, 6	要求提供现有技术信息（不限于优先权）
Summons to oral proceedings as the first action in examination C – Ⅲ, 5	作为第一次审查意见通知书的口头审理程序通知
Unity of invention C – Ⅲ, 3	发明的单一性

Fixing of costs	**固定费用**
Appeals against the decision of the opposition division on the fixing of costs E－Ⅻ，4	针对异议小组作出的确定费用的决定提出上诉
Enforcement of the fixing of costs D－Ⅸ，3	对所确定费用的执行
Fixing of costs by the opposition division D－Ⅸ，2.1	由异议小组确定费用
Appeal against the fixing of costs by the opposition division D－Ⅸ，2.2	对异议小组确定的费用提出上诉
Procedure for the fixing of costs D－Ⅸ，2	确定费用的程序
Flow sheets A－Ⅸ，1.1	**技术性附图**
Form B－Ⅹ，3.1	**形式**
Decision by means of a standard form C－Ⅴ，15.2	通过标准表格作出决定
Decision on the form of the opinion E－Ⅳ，1.8.1	关于意见形式的决定
Documents forming part of the European patent application A－Ⅷ，3.2	构成欧洲专利申请一部分的文件
Examination of the request for grant form A－Ⅲ，4.2	对授权请求表格的审查
Examination of the request for grant form further requirements laid down by Rule 41（2）A－Ⅲ，4.2.3	对授权请求表格的审查 细则第41（2）条规定的进一步要求
Filing of applications in electronic form A－Ⅱ，1.2.2	以电子形式提交申请
Form and content E－Ⅹ，1.3，F－Ⅱ，5.1	形式和内容
Basic principles of decisions E－Ⅹ，1.3	决定的基本原则
Drawings F－Ⅱ，5.1	附图
Facts and submissions E－Ⅹ，1.3.2	事实及意见
Order E－Ⅹ，1.3.1	决议
Reasoning E－Ⅹ，1.3.3	理由
Form and content of claims F－Ⅳ，2	权利要求的形式和内容
Formulae and tables F－Ⅳ，2.4	公式和表格
Technical features F－Ⅳ，2.1	技术特征
Two－part form F－Ⅳ，2.2	两段式
Two－part form unsuitable F－Ⅳ，2.3	不适合两段式的情形
Form and language of the search report B－Ⅹ，3	检索报告的形式和语言
Account of the search B－Ⅹ，3.3	检索账户
Form B－Ⅹ，3.1	形式
Language B－Ⅹ，3.2	语言
Record of search strategy B－Ⅹ，3.4	检索策略记录
Form of decisions，communications and notices E－Ⅱ，1.3	决定、通知书和通知的形式
Form of documents A－Ⅷ，2	文件的形式

Documents making up the European patent application A－Ⅷ，2. 1	构成欧洲专利申请的文件
Filing of subsequent documents A－Ⅷ，2. 5	后续文件的提交
Form of documents other documents A－Ⅷ，2. 3	文件的形式 其他文件
Number of copies A－Ⅷ，2. 4	副本的数量
Replacement documents and translations A－Ⅷ，2. 2	替换文件和译文
Form of signature A－Ⅷ，3. 3	签名形式
Form of the opposition D－Ⅲ，3. 1	异议的格式
Form of the request and applicable time limit E－Ⅷ，3. 1. 3	请求的格式和适用的期限
Graphic forms of presentation considered as drawings A－Ⅸ，1	视为附图的图形表现形式
Graphic forms of presentation not considered as drawings A－Ⅸ，11	不视为附图的图形表现形式
Preparation of a decision to maintain a European patent in amended form D－Ⅵ，7. 2	在修改的基础上维持欧洲专利的决定的准备
Publication in electronic form only A－Ⅵ，1. 4	仅以电子形式公布
Request for grant form A－Ⅲ，11. 3. 5	请求授权表格
Requirements as to form E－X，2. 3	形式要求
Statement in the decision of the amended form of the European patent D－Ⅷ，1. 4. 2	决定中对欧洲专利修改形式的说明
Time limit and form of appeal E－Ⅻ，6	上诉的时限和形式
Two－part form unsuitable no two－part form F－Ⅳ，2. 3. 1	不适用两段式撰写，未用两段式的撰写方式
Two－part form “wherever appropriate” F－Ⅳ，2. 3. 2	“适当情况下”的两段式
Formal	**形式**
Formal deficiencies B－Ⅳ，1. 2	形式缺陷
Communications concerning formal deficiencies A－Ⅴ，A－Ⅴ，1	涉及形式缺陷的通知书
Formal procedure for limitation when the request is allowable D－X，5	允许请求后限制的正式程序
Formal requirements A－Ⅲ，1. 1，E－Ⅲ，10. 1	形式要求
Claims（Art. 84 and formal requirements）F－Ⅳ	权利要求（公约第84条和形式要求）
Description（formal requirements）F－Ⅱ，4	说明书（形式要求）
Examination as to formal requirements A－Ⅲ，A－Ⅲ，3. 2	对形式要求的审查
Instructions in Chapter A－Ⅲ（“Examination of formal requirements”）E－Ⅸ，2. 3	A部分第Ⅲ章（对形式要求的审查）中的说明

Formal requirements to be met before the division starts substantive examination C－Ⅱ 审查小组开始实质审查前需满足的形式要求

Allocation of the application C－Ⅱ，2 申请的分配

Copy of the search results on the priority or priorities C－Ⅱ，5 一项或多项优先权检索结果的副本

Designation fee（s），extension and validation fees C－Ⅱ，4 指定费、延伸费和生效费

Request for examination C－Ⅱ，1 审查请求

Response filed before first communication in examination C－Ⅱ，3 在第一次审查意见通知书之前提交的答复

Formalities check E－XIII，5.1 **形式审查**

Formalities examination **形式审查**

European divisional applications other formalities examination A－Ⅳ，1.7 欧洲分案申请其他形式审查

Responsibility for formalities examination A－Ⅰ，2 形式审查责任

Format of background art citations F－Ⅱ，4.3.1 **背景技术引文格式**

Examples of quotation for non－patent literature F－Ⅱ，4.3.1.1 非专利文献引用示例

Examples of quotation for patent literature F－Ⅱ，4.3.1.2 专利文献引用示例

Formulae and tables F－Ⅳ，2.4 **公式和表格**

Formulating a search strategy B－Ⅳ，2.2 **制定检索策略**

Formulation of the objective technical problem G－Ⅶ，5.2 **确定客观技术问题**

Formulation of the objective technical problem for claims comprising technical and non－technical features G－Ⅶ，5.4.1 确定包含技术和非技术特征的权利要求的客观技术问题

Forwarding of applications A－Ⅱ，1.6 **申请的转交**

Forwarding of the notice of opposition to the formalities officer D－Ⅳ，1.1 **将异议请求书送至形式审查员**

Functional definition of a pathological condition F－Ⅳ，4.21 **病理状况的功能性限定**

Further action upon examination of replies C－Ⅳ，3 **审查答复后的进一步通知**

Further action upon examination of replies further action where a request for a translation of the priority application was sent earlier in examination proceedings C－Ⅳ，3.1 审查答复后的进一步通知书 如果在审查程序中较早发送优先权申请的翻译请求，则继续发出通知书

Further processing C－Ⅴ，8，E－Ⅷ，2 **进一步审理**

Crediting of fees under Rule 71a（5）further processing fee and crediting of fees A－X，11.4 根据细则第71a（5）条费用的计入 进一步审理费和费用的计入

Further requests for amendment after approval C－Ⅴ，5 **批准后的进一步修改请求**

Admissibility during examination procedure further requests for amendment after approval H－Ⅱ，2.6 审查程序中批准后的进一步修改请求的可接受性

Further requirements of an invention G – Ⅰ, 2	**发明的进一步要求**

G

该关键词字母索引表并非穷举。

Games G – Ⅱ, 3.5.2	**游戏**
Schemes, rules and methods for performing mental acts, playing games or doing business G – Ⅱ, 3.5	进行智力活动、游戏或商业的方案、规则和方法
Schemes, rules and methods for playing games G – Ⅱ, 3.5.2	游戏的方案、规则和方法
General authorisation A – Ⅷ, 1.7	**总授权书**
General considerations B – Ⅲ, 3.3.1, C – Ⅵ, 1.1	**一般性考虑因素**
Amended claims or missing parts (Rule 56) B – Ⅲ, 3.3.1	修改后的权利要求或遗漏部分（细则第56条）
Time limits for response to communications from the examiner C – Ⅵ, 1.1	答复审查员通知书的期限
General further checks A – Ⅲ, 1.2	**一般进一步审查**
General layout of drawings A – Ⅸ, 5	**附图的总体布局**
Numbering of figures A – Ⅸ, 5.2	附图编号
Pagesetting A – Ⅸ, 5.1	页面设置
Whole figure A – Ⅸ, 5.3	总体图
General Part General Part	**总则**
Contracting states to the EPC General Part, 6	EPC 缔约国
Explanatory notes General Part, 2	注释
Extension to and validation in states not party to the EPC General Part, 7	在非 EPC 缔约国的延伸和生效
Preliminary remarks General Part, 1	初步说明
Summary of the processing of applications and patents at the EPO General Part, 5	EPO 处理申请和专利概要
Work at the EPO General Part, 4	在 EPO 工作
General principle D – Ⅸ, 1.1	**一般性原则**
General principles in opposition proceedings E – Ⅵ, 2.1	异议程序中的一般性原则
General remarks and definitions G – Ⅱ, 5.1, G – Ⅳ, 1	**一般性说明及定义**
General rule for SI derived units F – Ⅱ, An. 2, 1.2.1	**SI 导出单位的一般规则**
General statements, "spirit of the invention", claimlike clauses F – Ⅳ, 4.4	**一般性描述，"发明精神"，类似权利要求的语句**
Generalisation of essential features F – Ⅳ, 4.5.3	**必要特征的概括**
Generic disclosure and specific examples G – Ⅵ, 5	**一般性公开和具体实例**
Grant	**授权**

Grant and publishing fee C－Ⅴ，1.2	授权费和公布费
Grant of a European patent	欧洲专利的授权
Mention in the European Patent Bulletin C－Ⅴ，2，C－Ⅴ，13	在欧洲专利公报中提及
Request for the grant A－Ⅲ，11.1，A－Ⅲ，11.3.5，A－Ⅲ，13.2，A－Ⅵ，2.2，F－Ⅱ，1	授权请求
Grant of a patent C－Ⅴ，2	授予专利权
Graphic forms of presentation considered as drawings A－Ⅸ，1	**视为附图的图形表现形式**
Photographs A－Ⅸ，1.2	照片
Technical drawings A－Ⅸ，1.1	技术性附图
Graphic forms of presentation not considered as drawings A－Ⅸ，11	**不视为附图的图形表现形式**
Chemical and mathematical formulae A－Ⅸ，11.1	化学和数学公式
Tables A－Ⅸ，11.2	表格
Grounds for opposition D－Ⅲ，5	**异议的理由**
Amendments not related to the grounds for opposition H－Ⅱ，3.2	与异议理由无关的修改
Examination of the grounds for opposition D－Ⅴ，2.2	对异议理由的审查
Grouping of drawings A－Ⅸ，2.1	**附图的分组**
Grouping of inventions F－Ⅴ，3.2	**发明分组**
Claims for a known substance for a number of distinct medical uses F－Ⅴ，3.2.6	用于多种不同医疗用途的已知物质的权利要求
Common dependent claims F－Ⅴ，3.2.4	共同的从属权利要求
Dependent claims F－Ⅴ，3.2.3	从属权利要求
Intermediate and final products F－Ⅴ，3.2.7	中间体和最终产物
Markush grouping（alternatives in a single claim）F－Ⅴ，3.2.5	马库什要素（单项权利要求中的替代方案）
Plurality of independent claims in different categories F－Ⅴ，3.2.2	不同类别的多项独立权利要求
Plurality of independent claims in the same category F－Ⅴ，3.2.1	同一类型的多项独立权利要求
Guidance to persons heard E－Ⅳ，1.6.3	**对被听证人员的指导**

H

该关键词字母索引表并非穷举。

Handwritten amendments in oral proceedings E－Ⅲ，8.7	**口头审理程序中的手写修正**

Procedure in examination proceedings E – Ⅲ, 8.7.2	审查程序中的程序
Procedure in opposition proceedings E – Ⅲ, 8.7.3	异议程序中的程序
Hatching A – Ⅸ, 7.3.2	**剖面线**
Hearing	**听证**
Hearing of parties D – Ⅵ, 1	听取当事人的证词
Hearing of parties, witnesses and experts E – Ⅳ, 1.6	听取当事人、证人和专家的证词
Entitlement of parties to put questions at hearings E – Ⅳ, 1.6.7	听证时当事人提问的权利
Examination as to personal particulars E – Ⅳ, 1.6.5	关于个人资料的审查
Examination as to res gestae E – Ⅳ, 1.6.6	关于确切事实的审查
Guidance to persons heard E – Ⅳ, 1.6.3	对被听证人员的指导
Hearing of a witness no longer necessary E – Ⅳ, 1.6.8	不再需要听取证人的证词
Separate hearings E – Ⅳ, 1.6.4	分别听证
Witnesses and experts not summoned E – Ⅳ, 1.6.2	未被传唤的证人和专家
Height of the numbers and letters in the drawings A – Ⅸ, 7.5.3	**附图中数字和字母的高度**
Higher – ranking request not admissible and/or not allowable C – Ⅴ, 4.7.1.1	**更高级别的请求不被认可和/或不被允许**

I

该关键词字母索引表并非穷举。

Identification of documents in the search report B – Ⅹ, 9.1	**检索报告中的文件标识**
Bibliographic elements B – Ⅹ, 9.1.1	著录项目要素
"Corresponding documents" B – Ⅹ, 9.1.2	"相应文件"
Languages of the documents cited B – Ⅹ, 9.1.3	引用文件的语言
Supplementary European search report B – Ⅹ, 9.1.4	补充欧洲检索报告
Identification of invention A – Ⅳ, 3.1	**发明的鉴定书**
Identification of relevant passages in prior – art documents B – Ⅹ, 9.4	**现有技术文件中相关段落的标识**
Identification of the patent application and type of search report B – Ⅹ, 4	**专利申请的标识和检索报告的类型**
Impartiality of the examining or opposition division E – Ⅺ	**审查或异议小组的公正性**
Implicit disclosure and parameters G – Ⅵ, 6	**隐含公开和参数**
Implicit features F – Ⅳ, 4.5.4	**隐含特征**
Implicit features or well – known equivalents G – Ⅵ, 2	隐含特征或众所周知的等同替代

Inadmissibility at a later stage D－Ⅳ，5.1　**后期存在的不受理的情况**

Inclusion in the file of any email exchange C－Ⅶ，3.3　**包含在任何电子邮件往来的文件中**

Inclusion of additional features H－Ⅴ，3.2　**引入另外的特征**

Intermediate generalisations H－Ⅴ，3.2.1　中间概括

Inconsistencies F－Ⅳ，4.3　**不一致**

Incorrect compound records in online databases B－Ⅵ，6.5　**在线数据库中记录的化合物不正确**

Incorrect designation A－Ⅲ，5.5　**错误的指定**

Incorrect preclassification B－Ⅴ，2.1　**不正确的预分类**

Independent and dependent claims B－Ⅲ，3.7，F－Ⅳ，3.4　**独立和从属权利要求**

Kinds of claim F－Ⅳ，3.4　权利要求的种类

Subject of the search B－Ⅲ，3.7　检索主题

Independent claims　**独立权利要求**

Independent claims containing a reference to another claim or to features from a claim of another category F－Ⅳ，3.8　包含对另一项权利要求或另一类型权利要求的特征的引用的独立权利要求

Number of independent claims F－Ⅳ，3.2　独立权利要求的数量

Plurality of independent claims in different categories F－Ⅴ，3.2.2　不同类别的多项独立权利要求

Plurality of independent claims in the same category F－Ⅴ，3.2.1　同一类型的多项独立权利要求

Indication　**指示**

Indication of amendments and their basis under Rule 137（4）H－Ⅲ，2.1　根据细则第137（4）条指明修改及其依据

Amendments withdrawn or superseded in the Rule 137（4）period H－Ⅲ，2.1.2　在细则第137（4）条的期限内撤回或替换的修改

Rule 137（4）and oral proceedings H－Ⅲ，2.1.3　细则第137（4）条和口头审理程序

Rule 137（4）communication and response thereto H－Ⅲ，2.1.1　细则第137（4）条通知书及其答复

Transitional provisions relating to Rule 137（4）H－Ⅲ，2.1.4　与细则第137（4）条有关的过渡性条款

Indication of the amendments made in the requests and of their basis H－Ⅲ，3.3.1　在请求书中指明所做的修改及其依据

Indication of the contracting states A－Ⅲ，11.3.6　缔约国的指明

Indication of the purpose of payment in the case of claims fees A－X，7.3　表明所缴费项是权利要求费

Claims fees payable before the grant of the European patent A－X，7.3.2	欧洲专利授权前应缴纳的权利要求费
Claims fees payable on filing the European patent application A－X，7.3.1	提交欧洲专利申请时应缴纳的权利要求费
Indication of the purpose of the payment in the case of designation fees A－X，7.2	表明所缴费项是指定费
Indication that a European patent is sought A－Ⅱ，4.1.1	申请欧洲专利的说明
Indicators G－Ⅶ，An.	**指标**
Application of known measures? G－Ⅶ，An.，1	是否为已知手段的应用
Obvious combination of features? G－Ⅶ，An.，2	特征是否为显而易见的组合
Obvious selection? G－Ⅶ，An.，3	是否为显而易见的选择
Overcoming a technical prejudice? G－Ⅶ，An.，4	是否克服了技术偏见
Secondary indicators G－Ⅶ，10	辅助指标
Industrial application B－Ⅷ，1，D－Ⅲ，5，F－Ⅱ，4.9，G－I，1，G－Ⅱ，5.2，G－Ⅲ，G－Ⅲ，1	**工业实用性**
Description（formal requirements）F－Ⅱ，4.9	说明书（形式要求）
Industrial application vs. exclusion under Art. 52（2）G－Ⅲ，3	工业实用性与公约第52（2）条所排除的主题
Method of testing G－Ⅲ，2	检测方法
Patentability G－Ⅰ，1，G－Ⅲ	可专利性
Sequences and partial sequences of genes G－Ⅲ，4	完整基因序列和部分基因序列
Influencing the speed of examination proceedings C－Ⅵ，2	**影响审查程序的速度**
Informal nature of consultations C－Ⅶ，2.3	**会晤的非正式性**
Information A－Ⅺ，1	**信息**
Communication of information contained in files A－Ⅺ，A－Ⅺ，3	档案中包含的通信信息
Communication under Rule 71（3）other information in the communication under Rule 71（3）C－Ⅴ，1.5	根据细则第71（3）条的通知书　根据细则第71（3）条的通知书中的其他信息
Database management systems and information retrieval G－Ⅱ，3.6.4	数据库管理系统和信息检索
Information as to means of redress E－X，5	关于救济方式的信息
Information concerning the applicant A－Ⅱ，4.1.2	有关申请人的信息
Information modelling，activity of programming and programming languages G－Ⅱ，3.6.2	信息建模、编程活动和编程语言

Information on prior art B – Ⅺ, 9, C – Ⅲ, 6, E – Ⅸ, 2.3.5.2	关于现有技术的信息
Requesting information on prior art (not confined to priority) C – Ⅲ, 6	要求提供现有技术信息（不限于优先权）
Information on the applicant A – Ⅲ, 4.2.1	申请人的信息
Information to the public D – Ⅰ, 8	向公众公开的信息
Missing information A – Ⅳ, 4.2	缺失的信息
Presentation of information G – Ⅱ, 3.7	信息呈现
Sequence information filed under Rule 56 A – Ⅳ, 5.1	根据细则第56条提交的序列信息
Supplementary technical information H – Ⅴ, 2.3	补充技术信息
Infringement, technical opinion for a national court trying an infringement action E – ⅩⅢ, 1	**侵权，国家法院审理侵权诉讼的技术意见**
Initial processing and formal examination E – Ⅸ, 2.1.2	**初步审理和形式审查**
Initiation of exchanges by email C – Ⅶ, 3.1	**通过电子邮件进行交流**
Insertion of letters and words C – Ⅴ, An., 1	**插入字母和单词**
Insignificant amounts A – Ⅹ, 10.1.3	**微小金额**
Refund A – Ⅹ, 10.1.3	退款
Insistence on unallowable amendments H – Ⅱ, 3.4	**坚持不允许的修改**
Inspection of files A – Ⅺ, A – Ⅺ, 1, A – Ⅺ, 2, A – Ⅺ, 2.1, E – Ⅸ, 2.10	**档案查阅**
Communication of information contained in the files A – Ⅺ, 3	档案中包含的通信信息
Conducting file inspections A – Ⅺ, 2.2	进行档案查阅
Confidentiality of the request A – Ⅺ, 2.4	请求的机密性
Consultation of the European Patent Register A – Ⅺ, 4	查阅《欧洲专利登记簿》
Documents open to file inspection A – Ⅺ, 2.1	可供档案查阅的文件
Exclusion from inspection of files A – Ⅺ, 2.3	排除在档案查阅之外的文件
File inspection before publication of the application A – Ⅺ, 2.5	申请公布之前档案的查阅
Issuance of certified copies A – Ⅺ, 5	核证副本的签发
Publication of bibliographic data before publication of the application A – Ⅺ, 2.6	在申请公布之前著录项目的公开
Restrictions to file inspection A – Ⅺ, 2.3	档案检阅的限制
Instructions in Chapter	**章节中的说明**
Instructions in Chapter A – Ⅱ ("Filing of applications and examination on filing") E – Ⅸ, 2.2	A部分第Ⅱ章（申请的提交和对提交申请的审查）的说明

Instructions in Chapter A – Ⅲ ("Examination of formal requirements") E – Ⅸ, 2.3	A 部分第Ⅲ章（对形式要求的审查）中的说明
Abstract E – Ⅸ, 2.3.10	摘要
Claim to priority E – Ⅸ, 2.3.5	要求优先权
Claims fee E – Ⅸ, 2.3.8	权利要求费
Designation fee E – Ⅸ, 2.3.11	指定费
Designation of inventor E – Ⅸ, 2.3.4	指定发明人
Drawings E – Ⅸ, 2.3.9	附图
Physical requirements E – Ⅸ, 2.3.2	实体要求
Prohibited matter E – Ⅸ, 2.3.7	禁止事项
Renewal fees E – Ⅸ, 2.3.12	维持费
Representation, address for correspondence E – Ⅸ, 2.3.1	代理，通信地址
Request for grant E – Ⅸ, 2.3.3	授权请求
Title of the invention E – Ⅸ, 2.3.6	发明名称
Instructions in Chapter A – Ⅳ ("Special provisions") E – Ⅸ, 2.4	A 部分第Ⅳ章（特别规定）中的说明
Biological material E – Ⅸ, 2.4.4	生物材料
Certificate of exhibition E – Ⅸ, 2.4.3	参展证书
Divisional applications E – Ⅸ, 2.4.1	分案申请
Sequence listings E – Ⅸ, 2.4.2	序列表
Instructions in Chapter A – Ⅵ ("Publication of application; request for examination and transmission of the dossier to examining division") E – Ⅸ, 2.5	A 部分第Ⅵ章（申请的公布；请求审查和传送案卷至审查小组）中的说明
Publication of the international application E – Ⅸ, 2.5.1	国际申请的公布
Request for examination E – Ⅸ, 2.5.2	审查请求
Supplementary European search E – Ⅸ, 2.5.3	补充欧洲搜索
Insufficient	**不充分**
Insufficient disclosure F – Ⅲ, 3	公开不充分
Cases of partially insufficient disclosure F – Ⅲ, 5	部分公开不充分的情况
Insufficient disclosure of the invention D – Ⅴ, 4	发明公开不充分
Lack of support vs. insufficient disclosure F – Ⅳ, 6.4	缺乏支持与公开不充分
Insufficient funds A – X, 4.2.4	资金不足
Insufficient grounds for lack of unity F – Ⅴ, 2.1	缺乏单一性的理由不足
Insufficient prior – art disclosures B – Ⅵ, 6.4	现有技术公开不充分
Interlocutory decisions E – X, 3	**中间决定**
Interlocutory revision E – Ⅻ, 7	**中间修改**

Reimbursement of appeal fees E – Ⅻ, 7.3	上诉费用的退还
Remittal to the board of appeal E – Ⅻ, 7.2	移交至上诉委员会
Intermediate	**中间**
Intermediate and final products F – Ⅴ, 3.2.7	中间体和最终产物
Intermediate documents B – Ⅵ, 5.2, B – Ⅹ, 9.2.4	中间文件
Intermediate generalisations H – Ⅴ, 3.2.1	中间概括
Intermediate publication of another European application F – Ⅵ, 2.4.2	另一件欧洲申请的中间公开文件
Intermediate publication of the contents of the priority application F – Ⅵ, 2.4.1	含有优先权申请内容的中间公开文件
International	**国际的**
International (PCT) searches B – Ⅱ, 4.4	国际（PCT）检索
International application H – Ⅳ, 2.3.4	国际申请
Copy of the international application E – Ⅸ, 2.1.2	国际申请的副本
Determination of filing date in the case of erroneously filed elements or parts of the international application E – Ⅸ, 2.9.4	在错误提交国际申请的项目或者部分的情况下申请日的确定
Filing E – Ⅸ, 1	提交
International applications (Euro – PCT applications) C – Ⅸ, 4	国际申请（欧洲 – PCT 申请）
International applications with supplementary search F – Ⅴ, 7.2	有补充检索的国际申请
International applications without supplementary search F – Ⅴ, 7.1	没有补充检索的国际申请
Potentially conflicting European and international applications B – Ⅵ, 4.1	潜在的欧洲抵触申请和国际抵触申请
Publication of the international application E – Ⅸ, 2.5.1	国际申请的公布
Published international applications (WO) as "E" documents B – Ⅵ, 4.1.2	以"E"类文件形式公布的国际申请（WO）
Translation E – Ⅸ, 2.1.1, E – Ⅸ, 2.5.1, E – Ⅹ	翻译
Translation of the international application E – Ⅸ, 2.1.3	国际申请的翻译
International exhibitions G – Ⅴ, 4	国际展览
International preliminary examination E – Ⅸ, 1, E – Ⅹ	国际初步审查
International preliminary examination report (IPER) F – Ⅴ, 7.3	国际初审报告（IPER）

Reduction of the examination fee where the international preliminary examination report is being drawn up by the EPO A – X, 9.3.2 由EPO做出国际初审报告的情况下的审查费的减免

International search report (Amendments made in response to the WO – ISA, IPER or supplementary ~) C – Ⅲ, 2.2 国际检索报告（针对WO – ISA、IPER或补充检索报告所做的修改）

International Searching Authority 国际检索单位

EPO as International Searching Authority E – Ⅸ, 1 EPO作为国际检索单位

International – type searches B – Ⅱ, 4.5 **国际式检索**

Internet disclosures B – Ⅵ, 7, G – Ⅳ, 7.5 **互联网公开**

Burden of proof G – Ⅳ, 7.5.3 举证责任

Disclosures which have no date or an unreliable date G – Ⅳ, 7.5.4 没有日期或日期不可靠的公开

Establishing the publication date G – Ⅳ, 7.5.1 确定公开日

Problematic cases G – Ⅳ, 7.5.5 有问题的情况

Standard of proof G – Ⅳ, 7.5.2 证明标准

Technical details and general remarks G – Ⅳ, 7.5.6 技术细节和一般性说明

Interpretation F – Ⅳ, 4.2 **解释**

Interpretation of claims B – Ⅲ, 3.2 权利要求的解释

Ascertaining the existence of a fallback position B – Ⅲ, 3.2.5 确定后退位置的存在

Claims with explicit references to the description or drawings B – Ⅲ, 3.2.1 明确引用说明书或附图的权利要求

Clarity and interpretation of claims F – Ⅳ, 4 权利要求的清楚和解释

Use of the description and/or drawings to establish definitions of clear terms given a definition different from their usual meaning B – Ⅲ, 3.2.4 当术语的含义与其通常含义不同的情况下，使用说明书和/或附图来确定清楚术语的含义

Use of the description and/or drawings to establish definitions of unclear terms not defined in the claims B – Ⅲ, 3.2.3 使用说明书和/或附图确定未在权利要求中清楚限定的术语的含义

Use of the description and/or drawings to identify the technical problem B – Ⅲ, 3.2.2 使用说明书和/或附图确定技术问题

Interpretation of expressions stating a purpose F – Ⅳ, 4.13 对用途类表达的解释

Interpretation of expressions such as "Apparatus for ...", "Product for ..." F – Ⅳ, 4.13.1 对诸如"用于……的装置""用于……的产品"等表达的解释

Interpretation of expressions such as "Method for ..." F – Ⅳ, 4.13.3 对诸如"用于……的方法"等表达的解释

Interpretation of means – plus – function features ("means for ... ") F – Ⅳ, 4.13.2	功能性限定特征的解释（用于……的装置）
Interpretation of relative terms F – Ⅳ, 4.6.2	相对术语的解释
Interpretation of terms such as "about", "approximately" or "substantially" F – Ⅳ, 4.7.1	诸如"大约"、"大致"或"基本上"等术语的解释
Interpretation of terms such as identity and similarity in relation to amino or nucleic acid sequences F – Ⅳ, 4.24	解释与氨基或核酸序列相关的同一性和相似性等术语
Interruption E – Ⅶ, 1	**中断**
Cases in which the proceedings may be interrupted E – Ⅶ, 1.1	程序可以中断的情形
Date of interruption E – Ⅶ, 1.3	中断日期
Interruption of proceedings E – Ⅶ, 1.3	中断程序
Interruption of time limits A – Ⅳ, 2.2.4, D – Ⅶ, 4.3	期限的中断
Procedure where the patent proprietor is not entitled D – Ⅶ, 4.3	专利权人无权利资格时的程序
Stay of proceedings for grant A – Ⅳ, 2.2.4	授权程序中止
Interruption, stay and consolidation of the proceedings E – Ⅶ	程序的中断、中止和合并
Consolidation of proceedings E – Ⅶ, 4	合并程序
Interruption E – Ⅶ, 1	中断
Stay of proceedings under Rule 14 due to pending national entitlement proceedings E – Ⅶ, 2	由于国家确权程序未决根据细则第 14 条中止程序
Stay of proceedings when a referral to the Enlarged Board of Appeal is pending E – Ⅶ, 3	待将案件转交扩大上诉委员会审理期间中止程序
Responsible department E – Ⅶ, 1.2	负责部门
Resumption of proceedings E – Ⅶ, 1.4	恢复程序
Resumption of time limits E – Ⅶ, 1.5	恢复期限
Intervention of the assumed infringer D – Ⅰ, 5, D – Ⅶ, 6	**推定侵权人介入异议**
Introduction of further examples and new effects H – Ⅴ, 2.2	**更多示例和新效果的引入**
Invention G – Ⅱ	**发明**
Amendments in the case of non – unity no restriction to a single invention searched H – Ⅱ, 7.3	不具备单一性时的修改 未限定到已检索的单一一项发明
Burden of proof as regards the possibility of performing and repeating the invention F – Ⅲ, 4	关于实施和再现本发明的可能性的举证责任
Cases where the invention is realised in a distributed computing environment F – Ⅳ, 3.9.3	发明在分布式计算环境中实施的情况
Changing from one searched invention to another C – Ⅲ, 3.4	将一项已检索的发明更改为另一项

Claims directed to computer – implemented inventions F – Ⅳ, 3.9	针对计算机实施发明的权利要求
Description F – Ⅱ, 1, F – Ⅱ, 4.1	说明书
Determination of the invention first mentioned in the claims F – Ⅴ, 3.4	权利要求中首先提及的发明的确定
Difficulties in performing the invention F – Ⅲ, 5.3	实施发明的困难
Disclosure A – Ⅳ, 4.2, B – Ⅲ, 3.6, E – Ⅸ, 2.4.4, F – Ⅱ, 4.1, F – Ⅲ, 1, F – Ⅲ, 2, F – Ⅲ, 3, F – Ⅳ, 6.4	公开
Documents relating to the theory or principle underlying the invention B – Ⅹ, 9.2.5	与本发明所依据的理论或原理有关的文件
Documents relevant only to other inventions B – Ⅶ, 1.3	仅与其他发明相关的文件
Examination practice G – Ⅱ, 2	审查实践
Examination procedure no examination of multiple inventions in EP phase E – Ⅸ, 4.2	EP 阶段不审查多项发明
Exceptions to patentability G – Ⅱ, 4	可专利性的例外
Excision of other inventions C – Ⅲ, 3.2	删除其他发明
Exclusions and exceptions for biotechnological inventions G – Ⅱ, 5	生物技术发明的排除和例外
Features of the invention F – Ⅳ, 2.1, F – Ⅳ, 2.2, F – Ⅳ, 4.5.1, F – Ⅴ, 2, G – I, 2	本发明的特征
Further requirements of an invention G – Ⅰ, 2	发明的进一步要求
General statements, "spirit of the invention", claim – like clauses F – Ⅳ, 4.4	一般性描述，"发明精神"，类似权利要求的语句
Grouping of inventions F – Ⅴ, 3.2	发明分组
Identification of invention A – Ⅳ, 3.1	发明的鉴定书
Industrial application F – Ⅱ, 4.9, G – Ⅲ, 1	工业实用性
Insufficient disclosure of the invention D – Ⅴ, 4	发明公开不充分
Invention to be examined C – Ⅱ, 1.3	待审查的发明
Inventions relating to biological material F – Ⅲ, 6	涉及生物材料的发明
Biological material F – Ⅲ, 6.1	生物材料
Deposit of biological material F – Ⅲ, 6.3	生物材料的保藏
Euro – PCT cases F – Ⅲ, 6.5	欧洲 – PCT 案件
Priority claim F – Ⅲ, 6.4	优先权要求
Public availability of biological material F – Ⅲ, 6.2	生物材料的公共可获得性
Inventive step B – Ⅹ, 9.2.1, F – Ⅳ, 4.22, G – Ⅶ, 1	创造性
IPC classification in cases of a lack of unity of invention B – Ⅴ, 3.3	发明缺乏单一性时的 IPC 分类

IPC classification when the scope of the invention is not clear (e. g. a partial search) B－Ⅴ, 3. 2	发明范围不清楚时（例如，部分检索）的 IPC 分类
Limitation to searched invention C－Ⅲ, 3. 1	限制到已检索的发明
Limitation to searched invention no additional search fees paid C－Ⅲ, 3. 1. 1	限制到已检索的发明 不缴纳附加检索费
List of exclusions G－Ⅱ, 3	排除的主题清单
Multiple priorities claimed for different inventions in the application with an intermediate publication of one of the inventions F－Ⅵ, 2. 4. 3	申请中的不同发明要求多项优先权，其中一项发明有中间公开文件
Novelty F－Ⅳ, 4. 22	新颖性
Novelty of an invention F－Ⅳ, 4. 22, G－Ⅳ, 1	发明的新颖性
Objections to unsearched inventions F－Ⅴ, 5. 2	对未检索的发明的反对意见
Only variants of the invention are incapable of being performed F－Ⅲ, 5. 1	仅本发明的部分实施例不能实施
Origin of an invention G－Ⅶ, 9	发明的起源
Patentable biotechnological inventions G－Ⅱ, 5. 2	可专利的生物技术发明
Requirement of unity of invention F－Ⅴ, 2	发明单一性的要求
Restriction to a single, searched invention H－Ⅱ, 7. 1	限制到单一一项已检索的发明
Restriction to an unsearched invention H－Ⅱ, 7. 2	限制到未检索的发明
Same invention F－Ⅵ, 2. 2	相同发明
Selection inventions G－Ⅵ, 8, G－Ⅶ, 12	选择发明
Technical features F－Ⅳ, 2. 1, F－Ⅳ, 2. 2, F－Ⅳ, 4. 5. 1, F－Ⅴ, 2, G－Ⅰ, 2	技术特征
Title A－Ⅲ, 1. 2, A－Ⅲ, 7. 1, A－Ⅲ, 7. 2, B－Ⅹ, 7, F－Ⅱ, 3	发明名称
Title of the invention A－Ⅲ, 7, E－Ⅸ, 2. 3. 6	发明名称
Unity B－Ⅱ, 4. 2, B－Ⅲ, 3. 12, B－Ⅶ, 1. 1, B－Ⅷ, 3. 4, B－Ⅷ, 4. 5, C－Ⅲ, 3. 1, C－Ⅲ, 3. 1. 1, C－Ⅸ, 1. 2, D－Ⅴ, 2. 2, F－Ⅳ, 3. 2, F－Ⅳ, 3. 3, F－Ⅳ, 3. 7, F－Ⅴ, 1, F－Ⅴ, 2, F－Ⅴ, 2. 1, F－Ⅴ, 3. 2. 1, G－Ⅵ, 7. 1	单一性
Unity of invention B－Ⅱ, 4. 2, B－Ⅲ, 3. 12, B－Ⅶ, B－Ⅶ, 1. 1, B－Ⅷ, 3. 4, B－Ⅷ, 4. 5, C－Ⅲ, 3, C－Ⅲ, 3. 1, C－Ⅲ, 3. 1. 1, C－Ⅸ, 1. 2, D－Ⅴ, 2. 2, F－Ⅳ, 3. 2, F－Ⅳ, 3. 3, F－Ⅳ, 3. 7, F－Ⅴ, F－Ⅴ, 1, F－Ⅴ, 2, F－Ⅴ, 2. 1, F－Ⅴ, 3. 2. 1, G－Ⅵ, 7. 1	发明的单一性

Inventive step B－X，9.2.1，F－Ⅳ，4.22，G－Ⅰ，1，G－Ⅳ，5.1，G－Ⅶ，G－Ⅶ，1	**创造性**
Arguments and evidence submitted by the applicant G－Ⅶ，11	申请人提交的意见陈述和证据
Categories of documents（X，Y，P，A，D，etc.）B－X，9.2.1	文件类型（X、Y、P、A、D 等）
Claims in different categories G－Ⅶ，14	不同类别的权利要求
Combination vs. juxtaposition or aggregation G－Ⅶ，7	组合与并列或集合
Combining pieces of prior art G－Ⅶ，6	现有技术的结合
Conflict with other European applications G－Ⅳ，5.1	与其他欧洲申请抵触
Date of filing G－Ⅶ，2	申请日
Dependent claims G－Ⅶ，14	从属权利要求
Documents defining the state of the art and not prejudicing novelty or inventive step B－X，9.2.2	定义现有技术水平且不影响新颖性或创造性的文件
"Ex post facto" analysis G－Ⅶ，8	"事后诸葛亮"式的分析
Examples relating to the requirement of inventive step G－Ⅶ，An.	与创造性要求有关的示例
Indicators G－Ⅶ，An.	指标
Invention G－Ⅶ，1	发明
Inventive step assessment in the field of biotechnology G－Ⅶ，13	生物技术领域的创造性评价
Inventive step of antibodies G－Ⅱ，5.6.2	抗体的创造性
Obviousness G－Ⅶ，4	显而易见性
Origin of an invention G－Ⅶ，9	发明的起源
Patentability G－Ⅰ，1，G－Ⅶ	可专利性
Person skilled in the art G－Ⅶ，3	本领域技术人员
Problem－solution approach G－Ⅶ，5	问题解决法
Secondary indicators G－Ⅶ，10	辅助指标
Selection inventions G－Ⅶ，12	选择发明
State of the art G－Ⅶ，2	现有技术
Sufficiency of disclosure and inventive step F－Ⅲ，12	充分公开和创造性
Inventor	**发明人**
Cancellation of the designation of the inventor A－Ⅲ，5.5	取消发明人的指定
Designation A－Ⅲ，5.1，A－Ⅲ，5.2，A－Ⅺ，2.3	指定
Designation of inventor A－Ⅲ，5，A－Ⅳ，1.5，E－Ⅸ，2.3.4	指定发明人

Form A－Ⅲ，5.1	形式
Parts of the file not for inspection A－Ⅺ，2.3	文件中不检查的部分
Period E－Ⅸ，2.3.4	期限
Waiver of right to be mentioned as inventor A－Ⅲ，5.2	放弃被称为发明人的权利
Invitation A－Ⅱ，5.1	**通知**
Exceptions where a reply to the Rule 161（1）invitation is not required E－Ⅸ，3.3	不需要答复细则第161（1）条通知的例外情况
Invitation to file amended documents D－Ⅵ，4.2	通知提交修改文本
Invitation to file authorisation and legal consequence in case of non－compliance A－Ⅷ，1.8	通知提交授权书以及不满足要求情况下的法律后果
Invitation to file comments and amendments C－Ⅲ，4.2	通知提交意见和修改
Invitation to file observations D－Ⅵ，3	通知当事人提交意见陈述
Opposition division's communications D－Ⅵ，3.1	异议小组的通知书
Summons to oral proceedings D－Ⅵ，3.2	口头审理传唤书
Invitation to file the translation A－Ⅶ，1.4	通知提交译文
Invitation to file the translation before examination A－Ⅲ，6.8.1	通知在审查前提交译文
Invitation to file the translation in examination/opposition A－Ⅲ，6.8.2	通知在审查或异议期间提交译文
Invitation to indicate subject－matter for search B－Ⅷ，3.1	通知注明要检索主题
Invitation to indicate which independent claim to search B－Ⅷ，4.1	通知注明要检索的独立权利要求
Invitation to pay additional search fees combined with invitation to restrict the scope of the search C－Ⅲ，3.1.3	通知缴纳附加检索费并限制检索范围
Invitation to pay further search fees B－Ⅶ，1.2	要求缴纳进一步检索费
Applicant has not paid all additional search fees B－Ⅶ，1.2.3	申请人未缴纳所有附加检索费
Cascading non－unity B－Ⅶ，1.2.2	无单一性的连锁反应
Invitation to the patent proprietor to submit comments and communication of opposition to the other parties concerned by the formalities officer D－Ⅳ，5.2	形式审查员要求专利权人提交意见陈述书并向其他相关当事人发出异议通知书
Invitation under both Rule 62a（1）and Rule 63（1）B－Ⅷ，5	根据细则第62a（1）条和细则第63（1）条发出的通知书
Invitation under Rule 70a（1）C－Ⅱ，3.3	根据细则第70a（1）条发出的通知书
Reply to the invitation under Rule 62a（1）B－Ⅷ，4.2	答复根据细则第62a（1）条的通知书
Reply to the invitation under Rule 63（1）B－Ⅷ，3.2	答复根据细则第63（1）条的通知书

Without invitation A－Ⅱ，5.2	未经要求
IPC classification	**IPC 分类**
IPC classification of the application B－Ⅴ，3	申请的 IPC 分类
IPC classification in cases of a lack of unity of invention B－Ⅴ，3.3	发明缺乏单一性时的 IPC 分类
IPC classification of late－published search reports B－Ⅴ，3.1	迟公布检索报告的 IPC 分类
IPC classification when the scope of the invention is not clear（e. g. a partial search）B－Ⅴ，3.2	发明范围不清楚时（例如，部分检索）的 IPC 分类
Verification of the IPC classification B－Ⅴ，3.4	IPC 分类的确认
Irregularities in the notification E－Ⅱ，2.6	**通知中的异常情况**
Irrelevant matter F－Ⅱ，4.4	**无关事项**
Irrelevant or unnecessary matter F－Ⅱ，7.4	**无关或不必要的事项**
Issuance of certified copies A－Ⅺ，A－Ⅺ，5	**核证副本的签发**
Certified copies of documents from the files or of other documents A－Ⅺ，5.1	档案中的文件或其他文件的核证副本
Communication of information contained in the files A－Ⅺ，3	档案中包含的通信信息
Consultation of the European Patent Register A－Ⅺ，4	查阅《欧洲专利登记簿》
Inspection of files A－Ⅺ，2	档案查阅
Priority documents issued by the EPO A－Ⅺ，5.2	EPO 签发的优先权文件
Issue of communications by the formalities officer as a result of examination for deficiencies D－Ⅳ，1.3	**形式审查员审查缺陷后发出通知书**
Communication in the event of deficiencies as described in D－Ⅳ，1.2.1 which，if not remedied，will lead to the opposition being deemed not to have been filed D－Ⅳ，1.3.1	当存在 D 部分第Ⅳ章 1.2.1 中所述缺陷，该缺陷如不克服将导致异议请求被视为未提出时发出的通知书
Communication in the event of deficiencies as described in D－Ⅳ，1.2.2 which，if not remedied，will lead to rejection of the opposition as inadmissible D－Ⅳ，1.3.2	当存在 D 部分第Ⅳ章 1.2.2 中所述缺陷，该缺陷如不克服将导致异议请求因无法受理而被驳回时发出的通知
Extent of the formalities officer's obligation to issue the above communications D－Ⅳ，1.3.3	形式审查员发出上述通知书的职权范围
Issuing a further communication（no refusal） C－Ⅴ，15.4	**发出进一步通知书（非驳回）**
Issuing a self－contained decision C－Ⅴ，15.3	**发出独立的决定**

J

该关键词字母索引表并非穷举。

Joint applicants A－Ⅷ，3.4	**共同申请人**

K

该关键词字母索引表并非穷举。

Keeping the model E－Ⅳ，1.11.3 **保留模型**

Kinds of claim F－Ⅳ，3 **权利要求的种类**

Alternatives in a claim F－Ⅳ，3.7 一项权利要求中的替代方案

Arrangement of claims F－Ⅳ，3.5 权利要求的设置

Categories F－Ⅳ，3.1 类型

Claims directed to computer－implemented inventions F－Ⅳ，3.9 针对计算机实施发明的权利要求

Independent and dependent claims F－Ⅳ，3.4 独立和从属权利要求

Independent claims containing a reference to another claim or to features from a claim of another category F－Ⅳ，3.8 包含对另一项权利要求或另一类型权利要求的特征的引用的独立权利要求

Number of independent claims F－Ⅳ，3.2 独立权利要求的数量

Objection under Rule 43（2）or Rule 137（5）F－Ⅳ，3.3 根据细则第43（2）条或细则第137（5）条提出反对意见

Subject－matter of a dependent claim F－Ⅳ，3.6 从属权利要求的主题

L

该关键词字母索引表并非穷举。

Lack of support vs. insufficient disclosure F－Ⅳ，6.4 **缺乏支持与公开不充分**

Lack of unity B－Ⅲ，3.12 **缺乏单一性**

Complete search despite of lack of unity B－Ⅶ，2.2 尽管缺乏单一性仍全面检索

Insufficient grounds for lack of unity F－Ⅴ，2.1 缺乏单一性的理由不足

IPC classification in cases of a lack of unity of invention B－Ⅴ，3.3 发明缺乏单一性时的IPC分类

Lack of unity and Rule 62a or Rule 63 B－Ⅶ，3 缺乏单一性与细则第62a条或细则第63条

Minimum requirements for reasoning of lack of unity F－Ⅴ，3.3.1 缺乏单一性的最低说理要求

Procedure in the case of lack of unity during search F－Ⅴ，4 检索阶段在缺乏单一性的情况下的程序

Procedure in the case of lack of unity during substantive examination F－Ⅴ，5 实质审查阶段在缺乏单一性情况下的程序

Procedures in cases of lack of unity B－Ⅶ，2 缺乏单一性时的程序

Reasoning for a lack of unity objection F－Ⅴ，3.3 缺乏单一性的反对理由

Language **语言**

Admissible languages on filing A－Ⅶ，1 申请时可接受的语言

Admissible non－EPO languages A－Ⅶ，3.2 可接受的非EPO语言

Authentic text of the application or patent A – Ⅶ, 8	申请或专利的作准文本
Citation of documents corresponding to documents not available or not published in one of the official EPO languages B – Ⅵ, 6.2	与未提供 EPO 官方语言之一的文件或以 EPO 官方语言之一公开的文件相对应的引用文件
Correction and certification of the translation A – Ⅶ, 7	译文的更正和认证
Derogations from the language of the proceedings in oral proceedings A – Ⅶ, 4	口头审理程序中对程序语言的克减
Derogations from the language of the proceedings in written proceedings A – Ⅶ, 3	书面程序中对程序语言的克减
Documents filed in the wrong language A – Ⅶ, 5	以错误语言提交的文件
Information modelling, activity of programming and programming languages G – Ⅱ, 3.6.2	信息建模、编程活动和编程语言
Language of a contracting state or other language E – Ⅴ, 2	缔约国的语言或其他语言
Language of proceedings A – Ⅳ, 1.3.3, A – Ⅶ, 1.3, A – Ⅶ, 2, A – Ⅶ, 3.2, A – Ⅶ, 4, B – Ⅹ, 3.2, E – Ⅸ, 2.1.3	程序语言
Filing a divisional application A – Ⅳ, 1.3.3	提交分案申请
Form and language of the search report B – Ⅹ, 3.2	检索报告的形式和语言
Languages A – Ⅶ, 2, A – Ⅶ, 4	语言
Language requirements A – Ⅳ, 1.3.3	语言要求
Derogations from language requirements D – Ⅲ, 4	语言要求的克减
Language to be used E – ⅩⅢ, 4	使用的语言
Language used by employees of the EPO E – Ⅴ, 5	EPO 工作人员使用的语言
Language used in the minutes E – Ⅴ, 6	笔录使用的语言
Language used in the taking of evidence E – Ⅴ, 4	取证中使用的语言
Language (s)	语言
Documents which have to be filed within a time limit A – Ⅶ, 3.2, A – Ⅹ, 9.2.1, E – Ⅸ, 2.1.3	必须在期限内提交的文件
Language (s), EPO H – Ⅲ, 2.1	语言，EPO
Languages of publication A – Ⅶ, 6	公布语言
Languages of the documents cited B – Ⅹ, 9.1.3	引用文件的语言
Minutes of oral proceedings E – Ⅲ, 10.2	口审笔录
Late	**延迟**
Late arrival, non – appearance and failure to connect E – Ⅲ, 8.3.3	迟到、缺席和无法连接
Procedure in examination proceedings E – Ⅲ, 8.3.3.3	审查程序中的程序
Procedure in opposition proceedings E – Ⅲ, 8.3.3.2	异议程序中的程序

Late filing of claims A－Ⅲ，15	权利要求的在后提交
Late filing of missing drawings or missing parts of the description A－Ⅱ，5，A－Ⅱ，5.1，A－Ⅱ，5.2	在后提交缺失的说明书附图或说明书缺失部分
Filing date changes A－Ⅱ，5.3	申请日变更
Missing parts based on the priority application，no change in filing date A－Ⅱ，5.4	基于优先权申请的缺失部分，申请日不变
On invitation A－Ⅱ，5.1	应要求
Withdrawal of late－filed missing drawings or missing parts of the description A－Ⅱ，5.5	撤回在后提交的缺失的附图或说明书缺失部分
Without invitation A－Ⅱ，5.2	未经要求
Late payments A－X，10.1.2	逾期缴费
Late receipt of documents E－Ⅷ，1.7	逾期收到文件
Late replenishment of deposit accounts A－X，6.2.2	存款账户的逾期充值
Late filed	**迟交**
Late－filed missing parts when priority is claimed A－Ⅱ，5.4.1	要求优先权时迟交的缺失部分的提交
Late－filed requests after summons to oral proceedings in examination H－Ⅱ，2.7	在审查阶段收到口头审理通知后迟交的请求
Concept of “clear allowability” H－Ⅱ，2.7.1	“明确可允许”的概念
Late－filed requests in opposition proceedings H－Ⅱ，3.5	在异议程序中迟交的请求
Late－filed submissions E－Ⅵ，2，E－X，2.10	迟交材料
General principles in opposition proceedings E－Ⅵ，2.1	异议程序中的一般性原则
Submissions filed in preparation for or during oral proceedings E－Ⅵ，2.2	准备口头审理或在口头审理期间提交的材料
Later stages of examination C－Ⅳ，4	**审查的后期阶段**
Leading lines A－Ⅸ，7.5.1	**标引线**
Legal	**合法的**
Legal character and effect of the stay of proceedings D－Ⅶ，4.1.2	中止的法律性质和效力
Legal co－operation E－Ⅳ，3.1	法律合作
Legal Division A－Ⅳ，2.2.1，D－Ⅶ，4.4，E－Ⅶ，1.2，E－ⅩⅣ，2	法律部门
Legal nature and effects of the stay A－Ⅳ，2.2.3	中止的法律性质和效力
Legal remedy A－Ⅵ，2.3	法律救济
Legal status of decisions D－X，8	决定的法律地位
Legally qualified examiners D－Ⅱ，2.2	**具有法律背景的审查员**
Letters rogatory E－Ⅳ，3.1，E－Ⅳ，3.3	**调查委托书**

Licence	**许可**
Exclusive licence E – XIV, 6.1	独占许可
Licences and other rights E – XIV, 6	许可和其他权利
Cancellation of the registration E – XIV, 6.2	取消登记
Registration E – XIV, 6.1	登记
Registration of changes of name, transfers, licences and other rights E – XIV	名称、转让、许可和其他权利变更的登记
Sub – licence E – XIV, 6.1	分许可
Limitation	**限制**
Limitation and revocation procedure D – X	限制和撤销程序
Decision on request for revocation D – X, 3	针对撤销请求的决定
Different sets of claims D – X, 10	不同的权利要求组
Examination for deficiencies in the request D – X, 2	对请求书中缺陷的审查
Formal procedure for limitation when the request is allowable D – X, 5	允许请求后限制的正式程序
Legal status of decisions D – X, 8	决定的法律地位
Multiple requests D – X, 11	多项请求
Rejection of the request D – X, 6	请求的驳回
Relation to opposition proceedings D – X, 7	与异议程序的关系
Substantive examination (limitation) D – X, 4	实质审查（限制）
Withdrawal of the request D – X, 9	请求的撤回
Limitation is different for different contracting states because the claims as granted were different for different contracting states D – X, 10.2	由于不同缔约国授权的权利要求不同而导致不同缔约国的限制不同
Limitation of the option to withdraw the European patent application A – IV, 2.3	对选择撤回欧洲专利申请的限制
Limitation procedure D – X, 2.1, D – X, 4.2, D – X, 5	限制程序
Amendments in limitation procedure H – II, 4	限制程序中的修改
Limitation results in the claims becoming different in different contracting states D – X, 10.1	限制导致不同缔约国有不同的权利要求
Limitation to searched invention C – III, 3.1	限制到已检索的发明
Additional search fees paid C – III, 3.1.2	已缴纳附加检索费
Invitation to pay additional search fees combined with invitation to restrict the scope of the search C – III, 3.1.3	通知缴纳附加检索费并限制检索范围
Limitation to searched invention no additional search fees paid C – III, 3.1.1	限制到已检索的发明 不缴纳附加检索费

Relation to unity in search C－Ⅲ，3.1.1	检索与单一性的关系
Limitations of exception under Art. 53（c） G－Ⅱ，4.2.1	对公约第53（c）条规定例外情形的限制
Diagnostic methods G－Ⅱ，4.2.1.3	诊断方法
Surgery G－Ⅱ，4.2.1.1	外科手术
Therapy G－Ⅱ，4.2.1.2	治疗
Limits on the obligation to undertake examination E－Ⅵ，1.2	**进行审查的职权限制**
List of exceptions（Rule 28） G－Ⅱ，5.3	**例外清单（细则第28条）**
List of exclusions G－Ⅱ，3	**排除的主题清单**
Aesthetic creations G－Ⅱ，3.4	美学创作
Discoveries G－Ⅱ，3.1	发现
Mathematical methods G－Ⅱ，3.3	数学方法
Presentations of information G－Ⅱ，3.7	信息呈现
Programs for computers G－Ⅱ，3.6	计算机程序
Schemes，rules and methods for performing mental acts，playing games or doing business G－Ⅱ，3.5	进行智力活动、游戏或商业的方案、规则和方法
Scientific theories G－Ⅱ，3.2	科学理论
List of professional representatives A－Ⅷ，1.2	**职业代理人名单**
Long-felt need G－Ⅶ，10.3	**长期需求**
Loss	**丧失/损失**
Loss of earnings，fees E－Ⅳ，1.10.2	收入损失、酬金
Loss of right to priority A－Ⅲ，6.10	丧失优先权
Loss of rights A－Ⅲ，11.2.5，A－X，6.2.6，E－Ⅷ，1.9，E－Ⅷ，1.9.1，E－Ⅸ，2.1.4	权利丧失
Application of Art. 7（3）RFees and Art. 7（4）RFees A－X，6.2.6	RFees细则第7（3）条和第7（4）条的适用
Cases of loss of rights E－Ⅷ，1.9.1	权利丧失的情形
Decision on a notified loss of rights at the request of the person concerned D－Ⅷ，2.3	应相关人请求对已告知的权利丧失作出的决定
Decision on loss of rights E－Ⅷ，1.9.3	权利丧失的决定
Entry into the European phase E－Ⅸ，2.1.4	进入欧洲阶段
European patent applications filed on or after 1 April 2009 A－Ⅲ，11.2.5	2009年4月1日或之后提交的欧洲专利申请
Loss of rights and legal remedies A－Ⅲ，6.8.3	权利丧失和法律救济
Noting and communication of loss of rights E－Ⅷ，1.9.2	权利丧失的记录和通知
Noting of loss of rights A－X，6.2.6	权利丧失的通知

Time limits and loss of rights resulting from failure to respond within a time limit E – Ⅷ, 1.9	期限与由于未能在期限内作出回应而导致的权利丧失
Time limits and loss of rights resulting from failure to respond within a time limit E – Ⅷ, 1	期限与由于未能在期限内作出回应而导致的权利丧失
Time limits, loss of rights, further and accelerated processing and re – establishment of rights E – Ⅷ	期限、权利丧失、进一步审理、加快审理以及重新确立权利

M

该关键词字母索引表并非穷举。

Machine translations G – Ⅳ, 4.1	**机器翻译**
Main and auxiliary requests E – X, 2.9	**主要请求和附加请求**
Main and auxiliary requests filed with the appeal E – Ⅻ, 7.4.3	与上诉一起提交的主要请求和附加请求
Maintenance of the European patent as amended D – Ⅷ, 1.4	**在修改的基础上维持欧洲专利**
Statement in the decision of the amended form of the European patent D – Ⅷ, 1.4.2	决定中对欧洲专利修改形式的说明
Taking of a final decision D – Ⅷ, 1.4.1	作出最终决定
Making suggestions B – Ⅺ, 3.8	**提出建议**
Manner and order of presentation F – Ⅱ, 4.10	**撰写方式和顺序**
Markush grouping (alternatives in a single claim) F – Ⅴ, 3.2.5	**马库什要素(单项权利要求中的替代方案)**
Mathematical methods G – Ⅱ, 3.3	**数学方法**
Artificial intelligence and machine learning G – Ⅱ, 3.3.1	人工智能和机器学习
List of exclusions G – Ⅱ, 3.3	排除的主题清单
Simulation, design or modelling G – Ⅱ, 3.3.2	模拟、设计或建模
Matter contrary to "ordre public" or morality F – Ⅱ, 7.2, G – Ⅱ, 4.1	违反"公共秩序"或道德
Economic effects G – Ⅱ, 4.1.3	经济效益
Offensive and non – offensive use G – Ⅱ, 4.1.2	攻击性和非攻击性用途
Prohibited matter G – Ⅱ, 4.1.1	禁止事项
Matters of doubt in the state of the art B – Ⅵ, 5.6	**现有技术存疑**
Matters to be determined by the division as regards prior use G – Ⅳ, 7.2	**由审查小组确定的关于在先使用的事项**
Agreement on secrecy G – Ⅳ, 7.2.2	保密协议
Example of the accessibility of objects used G – Ⅳ, 7.2.4	所使用物品的可获知性示例
Example of the inaccessibility of a process G – Ⅳ, 7.2.5	方法的不可获知性示例

Use on non – public property G – Ⅳ, 7. 2. 3	用于非公共财产
Matters to be determined by the division in cases of oral description G – Ⅳ, 7. 3. 3	**在口头描述的情形下由审查小组确定的事项**
Meaning of opposition D – Ⅰ, 1	**异议的含义**
Means of evidence E – Ⅳ, 1. 2	**证据的形式**
Means of giving or taking evidence E – Ⅳ, 3. 2	**作证或取证的方式**
Evidence taken by a competent court E – Ⅳ, 3. 2. 2	主管法院取得的证据
Taking of evidence on oath E – Ⅳ, 3. 2. 1	宣誓取证
Mental acts	**智力活动**
Schemes, rules and methods for mental acts G – Ⅱ, 3. 5. 1	进行智力活动的方案、规则和方法
Schemes, rules and methods for performing mental acts G – Ⅱ, 3. 5. 1	进行智力活动的方案、规则和方法
Schemes, rules and methods for performing mental acts, playing games or doing business G – Ⅱ, 3. 5	进行智力活动、游戏或商业的方案、规则和方法
Merit of the request E – Ⅷ, 3. 2	**请求的价值**
Method claim to product claim H – Ⅴ, 7. 3	**方法权利要求变为产品权利要求**
Method claim to use claim H – Ⅴ, 7. 4	**方法权利要求变为用途权利要求**
Method of notification E – Ⅱ, 2. 2	**通知方式**
Method of refund A – X, 10. 3	**退款方式**
Refunds to a bank account A – X, 10. 3. 2	退款到银行账户
Refunds to a deposit account A – X, 10. 3. 1	退款到存款账户
Method of testing G – Ⅲ, 2	**检测方法**
Methods for screening potential medicaments and clinical trials G – Ⅱ, 4. 2. 2	**筛选潜在药物和临床试验的方法**
Methods for treatment of the human or animal body by surgery or therapy and diagnostic methods practised on the human or animal body B – Ⅷ, 2. 1	**通过外科手术或疗法治疗人体或动物体的方法以及对人体或动物体施行的诊断方法**
Methods of payment A – X, 2	**缴费方式**
Microbiological processes G – Ⅱ, 5. 2, G – Ⅱ, 5. 5, G – Ⅱ, 5. 5. 1	**微生物方法**
Animal varieties G – Ⅱ, 5. 5. 1	动物品种
Exclusions and exceptions for biotechnological inventions G – Ⅱ, 5. 5	生物技术发明的排除和例外
Repeatability of results of microbiological processes G – Ⅱ, 5. 5. 2	微生物方法结果的可重复性

Minimum requirements for according a date of filing A－Ⅱ，4.1	**给予申请日的最低要求**
Date of filing A－Ⅱ，4.1.5	申请日
Deficiencies A－Ⅱ，4.1.4	缺陷
Description A－Ⅱ，4.1.3	说明书
Indication that a European patent is sought A－Ⅱ，4.1.1	申请欧洲专利的说明
Information concerning the applicant A－Ⅱ，4.1.2	有关申请人的信息
Minimum requirements for reasoning of lack of unity F－Ⅴ，3.3.1	**缺乏单一性的最低说理要求**
Minutes	**笔录**
Minutes as the first communication in examination C－Ⅶ，2.5	作为第一次审查意见通知书的笔录
Minutes of a consultation C－Ⅶ，2.4	会晤笔录
Minutes of oral proceedings E－Ⅲ，10	口审笔录
Formal requirements E－Ⅲ，10.1	形式要求
Language E－Ⅲ，10.2	语言
Request for correction of minutes E－Ⅲ，10.4	请求更正笔录
Subject－matter of minutes E－Ⅲ，10.3	笔录主题
Minutes of taking of evidence E－Ⅳ，1.7	取证笔录
Missing	**遗漏**
Missing drawings or parts of the description filed under Rule 56 C－Ⅲ，1.1.1	根据细则第56条提交遗漏附图或说明书遗漏部分
Missing information A－Ⅳ，4.2	缺失的信息
Missing parts based on the priority application，no change in filing date A－Ⅱ，5.4	基于优先权申请的缺失部分，申请日不变
Copy of the priority application A－Ⅱ，5.4.3	优先权申请的副本
Late－filed missing parts when priority is claimed A－Ⅱ，5.4.1	要求优先权时迟交的缺失部分的提交
Missing parts are completely contained in the priority application A－Ⅱ，5.4.2	缺失部分完全包含在优先权申请中
Translation of the priority application A－Ⅱ，5.4.4	优先权申请的翻译
Missing parts of description and missing drawings filed as corrections under Rule 139 H－Ⅵ，2.2.2	根据细则第139条作为更正提交的说明书遗漏部分和遗漏附图
Missing parts of the description or missing drawings filed after the date of filing H－Ⅳ，2.2.2	申请日后提交的说明书遗漏部分或遗漏附图
Missing parts or elements C－Ⅲ，1	遗漏的部分或项目

Erroneous elements filed under Rule 20.5bis PCT C－Ⅲ，1.3
根据PCT细则第20.5条之二提交的错误项目
Euro－PCT applications C－Ⅲ，1.2，C－Ⅲ，1.3
欧洲－PCT申请
European applications C－Ⅲ，1.1
欧洲申请
Missing elements and parts filed under Rule 20.5 and 20.6 PCT C－Ⅲ，1.2
根据PCT细则第20.5条和第20.6条提交的遗漏项目和部分

Models E－Ⅳ，1.11
模型
Keeping the model E－Ⅳ，1.11.3
保留模型
Procedure E－Ⅳ，1.11.2
程序
When may models be submitted? E－Ⅳ，1.11.1
何时可以提交模型？

Morality A－Ⅲ，8.1，G－Ⅱ，4.1，G－Ⅱ，4.1.1
道德
Matter contrary to "ordre public" or morality F－Ⅱ，7.2，G－Ⅱ，4.1
违反"公共秩序"或道德
Morality or "ordre public" A－Ⅲ，8.1
道德或"公共秩序"

More than one independent claim per category（Rule 62a） B－Ⅷ，4
每一类型有一项以上的独立权利要求（细则第62a条）
Applications to which Rule 62a applies which also lack unity B－Ⅷ，4.5
适用细则第62a条并且缺乏单一性的申请
Cases under Rule 62a where claims fees are not paid B－Ⅷ，4.4
基于细则第62a条未缴纳权利要求费的情形
Content of the extended European search report（EESR）B－Ⅷ，4.3
扩展欧洲检索报告（EESR）的内容
Invitation to indicate which independent claim to search B－Ⅷ，4.1
通知注明要检索的独立权利要求
Reply to the invitation under Rule 62a（1）B－Ⅷ，4.2
答复根据细则第62a（1）条的通知书
Treatment of dependent claims under Rule 62a B－Ⅷ，4.6
根据细则第64a条处理从属权利要求

Multiple priorities A－Ⅲ，6.3
多项优先权
Multiple priorities and partial priorities F－Ⅵ，1.5
多项优先权和部分优先权
Multiple priorities claimed for different inventions in the application with an intermediate publication of one of the inventions F－Ⅵ，2.4.3
申请中的不同发明要求多项优先权，其中一项发明有中间公开文件

Multiple requests D－X，11
多项请求

N

该关键词字母索引表并非穷举。

National
国家

National earlier rights B – Ⅵ, 4.2	国家在先权利
National patent (Access to EPO documentation for the ~ offices) B – Ⅸ, 5	国家专利（为~局获得 EPO 文件）
National patent application (Information concerning ~) C – Ⅲ, 6	国家专利申请（关于~的信息）
National register A – Ⅲ, 12.5	国家登记册
Negative limitations (e. g. disclaimers) F – Ⅳ, 4.19	**否定式限定（例如排除式限定）**
Neither main nor auxiliary requests allowable H – Ⅲ, 3.1.3	**主要请求和附加请求均不允许**
New	**新的**
New deposit of biological material A – Ⅳ, 4.1.1	生物材料的新保藏
New facts and evidence E – Ⅵ, 2.2.1	新的事实和证据
New submissions in reply to summons C – Ⅳ, 8	答复传唤书的新的陈述
No deferred payment of fees, no legal aid, no discretion A – X, 8	**未延期缴纳费用、无法律援助、无自由裁量权**
No meaningful search possible B – Ⅷ, 3	**无法进行有意义的检索**
Applications to which Rule 63 applies which also lack unity B – Ⅷ, 3.4	适用细则第 63 条并且缺乏单一性的申请
Content of the extended European search report (EESR) B – Ⅷ, 3.3	扩展欧洲检索报告（EESR）的内容
Invitation to indicate subject – matter for search B – Ⅷ, 3.1	通知注明要检索主题
Reply to the invitation under Rule 63 (1) B – Ⅷ, 3.2	答复根据细则第 63（1）条的通知书
Non – entitlement to right to priority A – Ⅲ, 6.9	**不能享有优先权**
Non – functional modification G – Ⅶ, 10.1	**非功能性改进**
Non – patent literature arranged for library – type access B – Ⅸ, 4	**为图书馆型访问而设置的非专利文献**
Composition B – Ⅸ, 4.1	组成
Non – patent literature arranged for systematic access B – Ⅸ, 3	**为系统式访问而设置的非专利文献**
Periodicals, records, reports, books, etc. B – Ⅸ, 3.1	期刊、记录、报告、书籍等
Non – patentability pursuant to Art. 52 to 57 D – Ⅴ, 3	**依据公约第 52 至 57 条的不可专利性**
Non – prejudicial disclosure B – Ⅵ, 5.5, G – Ⅴ	**不丧失新颖性的公开**
Evident abuse G – Ⅴ, 3	明显滥用
International exhibition G – Ⅴ, 4	国际展览
Time limit G – Ⅴ, 2	期限
Non – prejudicial oral description G – Ⅳ, 7.3.2	**不丧失新颖性的口头描述**

Non – traditional publications G – Ⅳ, 7.5.3.3 **非传统出版物**

Non – unity and prior art under Art. 54 (3) F – Ⅴ, 3.1 **公约第 54（3）条的不具备单一性和现有技术**

Notices of opposition filed by fax D – Ⅲ, 3.3 **通过传真提交的异议请求书**

Notices of opposition filed electronically D – Ⅲ, 3.2 **通过电子方式提交的异议请求书**

Notification A – Ⅲ, 6.11, A – Ⅳ, 4.2, E – Ⅱ, 2, E – Ⅱ, 2.1, E – Ⅱ, 2.5, E – Ⅲ, 6, E – Ⅷ, 1.9.2, E – Ⅹ, 6 **通知**

Claim to priority A – Ⅲ, 6.11 要求优先权

Communications and notifications E – Ⅱ, 2 通知书和通知

Communications and notifications E – Ⅱ 通知书和通知

Decisions E – Ⅹ, 6 决定

Electronic notification E – Ⅱ, 2.4 电子通知

Irregularities in the notification E – Ⅱ, 2.6 通知中的异常情况

Loss of rights E – Ⅷ, 1.9.2 权利丧失

Method of notification E – Ⅱ, 2.2 通知方式

Notification by postal services E – Ⅱ, 2.3 邮寄通知

Notification to representatives E – Ⅱ, 2.5 通知代理人

Notifications to and observations by the patent proprietor D – Ⅳ, 1.5 发给专利权人的通知书及专利权人的意见陈述

Oral proceedings E – Ⅲ, 6 口头审理传唤书

Noting and communication of loss of rights E – Ⅷ, 1.9.2 **权利丧失的记录和通知**

Noting of loss of rights A – Ⅹ, 6.2.6 **权利丧失的通知**

Novelty G – Ⅵ **新颖性**

Documents defining the state of the art and not prejudicing novelty or inventive step B – Ⅹ, 9.2.2 定义现有技术水平且不影响新颖性或创造性的文件

Enabling disclosure of a prior – art document G – Ⅵ, 4 现有技术的充分公开

Examination of novelty G – Ⅵ, 7 新颖性审查

Generic disclosure and specific examples G – Ⅵ, 5 一般性公开和具体实例

Implicit disclosure and parameters G – Ⅵ, 6 隐含公开和参数

Implicit features or well – known equivalents G – Ⅵ, 2 隐含特征或众所周知的等同替代

Novelty of an invention F – Ⅳ, 4.22, G – Ⅳ, 1 发明的新颖性

Novelty of "reach – through" claims G – Ⅵ, 9 "延展式"权利要求的新颖性

Relevant date of a prior – art document G – Ⅵ, 3 现有技术文件的相关日期

Selection inventions G – Ⅵ, 8 选择发明

State of the art pursuant to Art. 54 (2) G – Ⅵ, 1 根据公约第 54（2）条的现有技术

Number 数目

Number of communications E－Ⅱ，1.2 通知书的次数

Number of copies A－Ⅷ，2.4 副本的数量

Number of independent claims F－Ⅳ，3.2 独立权利要求的数量

Numbering of figures A－Ⅸ，5.2 附图编号

Numbering of sheets of drawings A－Ⅸ，4.2 附图页的编号

Numbers，letters and reference signs A－Ⅸ，7.5 数字、字母和附图标记

　Arrows A－Ⅸ，7.5.2 箭头

　Consistent use of reference signs as between description，claims and drawings A－Ⅸ，7.5.4 在说明书、权利要求书和附图之间使用一致的附图标记

　Consistent use of reference signs as between drawings A－Ⅸ，7.5.5 附图之间使用一致的附图标记

　Height of the numbers and letters in the drawings A－Ⅸ，7.5.3 附图中数字和字母的高度

　Leading lines A－Ⅸ，7.5.1 标引线

O

该关键词字母索引表并非穷举。

Oath E－Ⅳ，3.2.2 **宣誓**

Taking of evidence on oath E－Ⅳ，3.2.1 宣誓取证

Objection of lack of support F－Ⅳ，6.3 **缺乏支持的反对意见**

Objection to an expert E－Ⅳ，1.8.2 **对专家提出反对意见**

Objection under Rule 43（2）or Rule 137（5） F－Ⅳ，3.3 **根据细则第43（2）条或细则第137（5）条提出反对意见**

Objections arising from missing essential features F－Ⅳ，4.5.1 **因缺少必要特征提出的反对意见**

Objections to unsearched inventions F－Ⅴ，5.2 **对未检索的发明的反对意见**

Objective of the search B－Ⅱ，2 **检索的目标**

Obligation to give reasons H－Ⅲ，3.1.2 **给出理由的义务**

Observations by third parties D－Ⅰ，6，E－Ⅵ，E－Ⅵ，3 **第三方意见**

Examination by the EPO of its own motion E－Ⅵ，1 EPO自行启动的审查

Examination of observations by third parties C－Ⅶ，6 第三方意见的审查

External complaints E－Ⅵ，4 外部投诉

Late－filed submissions E－Ⅵ，2 迟交材料

Obvious combination of features? G－Ⅶ，An.，2 **特征是否为显而易见的组合**

Obvious selection? G－Ⅶ，An.，3 **是否为显而易见的选择**

Obviousness G－Ⅶ，4	**显而易见性**
Offensive and non－offensive use G－Ⅱ，4.1.2	**攻击性和非攻击性用途**
Official language	**官方语言**
Official languages，of the Contracting States A－X，9.2.1	缔约国的官方语言
Official languages，of the EPO A－Ⅶ，1.1，E－Ⅸ，4.3	EPO 的官方语言
Use of an official language E－Ⅴ，1	官方语言的使用
Omission of matter from publication F－Ⅱ，7.5	**不予公开的内容**
Only variants of the invention are incapable of being performed F－Ⅲ，5.1	**仅本发明的部分实施例不能实施**
Opening of oral proceedings：non－appearance of a party E－Ⅲ，8.3	**口头审理开始：一方当事人缺席**
Checking the identity and authorisations of participants at oral proceedings E－Ⅲ，8.3.1	检查口头审理程序参与者的身份和授权
Late arrival，non－appearance and failure to connect E－Ⅲ，8.3.3	迟到、缺席和无法连接
Opening the oral proceedings E－Ⅲ，8.3.2	开始口头审理程序
Opening of the substantive part of the proceedings E－Ⅲ，8.4	**口头审理实质阶段的开始**
Opening the oral proceedings E－Ⅲ，8.3.2	**开始口头审理程序**
Opinion	**意见**
Amendments made in response to the search opinion C－Ⅲ，2.1	针对检索意见所做的修改
Analysis of the application and content of the search opinion B－Ⅺ，3	申请的分析和检索意见的内容
Basis of the search opinion B－Ⅺ，2	检索意见的基础
Comments and amendments in response to the search opinion B－Ⅺ，3.3	针对检索意见的意见和修改
Decision on the form of the opinion E－Ⅳ，1.8.1	关于意见形式的决定
Establishment and issue of the technical opinion E－ⅩⅢ，5.4	技术意见的制定和发布
Evaluation of an expert opinion E－Ⅳ，4.7	专家意见的评估
No search opinion is issued B－Ⅺ，7	未出具检索意见
Opinions of the search division B－Ⅲ，1	检索小组的意见
Opinions in relation to the search report B－Ⅲ，1.1	与检索报告有关的意见
Opinions on matters relating to limitation of the search B－Ⅲ，1.2	关于限制检索内容的意见
Positive opinion B－Ⅺ，3.9	肯定性意见

Priority claim and the search opinion B – XI, 4	优先权要求和检索意见
Provisional opinion accompanying the partial search results F – V, 4.1	部分检索结果附带的临时意见
Request from a national court for a technical opinion concerning a European patent E – XIII	国家法院请求就欧洲专利提供技术意见
Response to the search opinion A – VI, 3, C – II, 3.1	检索意见的答复
Scope of the technical opinion E – XIII, 2	技术意见的范围
Search opinion B – XI, B – XI, 1.1	检索意见
Search opinion in cases of a limitation of the search B – XI, 6	检索限制情况下的检索意见
Search opinion is part of the EESR B – XI, 1	检索意见是扩展欧洲检索报告（EESR）的一部分
Technical opinion E – XIII, 1	技术意见
Transmittal of the search report and search opinion B – X, 12	检索报告和检索意见的传送
Unity in relation to the search opinion B – XI, 5	与检索意见相关的单一性
Use of "P" and "E" documents in the search opinion B – XI, 4.1	在检索意见中使用"P"和"E"类文件
Opponent D – I, 6, D – IV, 1.2.2.1, D – IV, 1.2.2.2	**异议人**
Continuation on the death or legal incapacity of the opponent D – VII, 5.2	异议人死亡或无法律行为能力后异议程序的继续
Death or legal incapacity of an opponent D – VII, 5.2	异议人死亡或无法律行为能力
Request for oral proceedings by an opponent whose opposition is to be rejected as inadmissible or is deemed not to have been filed E – III, 2.1	异议人提出口头审理程序请求，其异议将因不可受理而被驳回或被视为未提交
Opposition D – III	**异议**
Accelerated processing of oppositions E – VIII, 5	异议的加快审理
Activity of the opposition division D – IV, 2	异议小组的工作
Admissibility in opposition and limitation proceedings H – VI, 2.1.1	异议和限制程序中的可接受性
Admissibility in opposition procedure H – II, 3	异议程序中的可接受性
Amendments in reply to the notice of opposition H – II, 3.1	答复异议通知时的修改
Amendments not related to the grounds for opposition H – II, 3.2	与异议理由无关的修改
Appeal against the fixing of costs by the opposition division D – IX, 2.2	对异议小组确定的费用提出上诉
Appeals against the decision of the opposition division on the fixing of costs E – XII, 4	针对异议小组作出的确定费用的决定提出上诉
Basis of this ground for opposition D – V, 6.1	异议理由的依据

Changes in claim category in opposition H – Ⅴ, 7	异议中权利要求类型的改变
Communication in the event of deficiencies as described in D – Ⅳ, 1.2.1 which, if not remedied, will lead to the opposition being deemed not to have been filed D – Ⅳ, 1.3.1	当存在 D 部分第Ⅳ章 1.2.1 中所述缺陷，该缺陷如不克服将导致异议请求被视为未提出时发出的通知书
Communication in the event of deficiencies as described in D – Ⅳ, 1.2.2 which, if not remedied, will lead to rejection of the opposition as inadmissible D – Ⅳ, 1.3.2	当存在 D 部分第Ⅳ章 1.2.2 中所述缺陷，该缺陷如不克服将导致异议请求因无法受理而被驳回时发出的通知书
Communications from the opposition division D – Ⅵ, 4.1	异议小组发出的通知书
Communications from the opposition division to the patent proprietor D – Ⅵ, 4	异议小组向专利权人发出的通知书
Content of the notice of opposition D – Ⅲ, 6	异议请求书的内容
Continuation after the opposition has been withdrawn D – Ⅶ, 5.3	异议请求撤回后异议程序的继续
Decision concerning the admissibility of an opposition, the patent proprietor being a party D – Ⅳ, 5.5	当专利权人是当事人时，关于异议请求的可受理性的决定
Decision concerning the awarding of costs by the opposition division D – Ⅱ, 4.2	异议小组关于裁定费用的决定
Decision on the inadmissibility of an opposition or intervention D – Ⅷ, 2.1	异议或介入异议请求不予受理的决定
Decisions of the opposition division D – Ⅷ	异议小组的决定
Deficiencies which may no longer be remedied in accordance with Rule 77 (1) and (2), resulting in the opposition being rejected as inadmissible D – Ⅳ, 1.4.2	根据细则第 77（1）和（2）条可能无法被克服而导致异议请求因无法受理而被驳回的缺陷
Deficiencies which may no longer be remedied, as a result of which the opposition is deemed not to have been filed D – Ⅳ, 1.4.1	不能被克服而导致异议请求被视为未提出的缺陷
Deficiencies which, if not remedied, lead to the opposition being deemed not to have been filed D – Ⅳ, 1.2.1	如未补正会导致异议请求被视为未提出的缺陷
Deficiencies which, if not remedied, lead to the opposition being rejected as inadmissible D – Ⅳ, 1.2.2	如未补正会导致异议请求因无法受理而被驳回的缺陷
Derogations from language requirements D – Ⅲ, 4	语言要求的克减
Examination for deficiencies in the notice of opposition D – Ⅳ, 1.2	审查异议请求书中的缺陷
Examination for deficiencies in the notice of opposition and communications from the formalities officer arising from this examination D – Ⅳ, 1	对异议请求书中缺陷的审查以及形式审查员根据审查需要与当事人进行的沟通

Examination of oppositions D－Ⅱ，4.1	异议的审查
Examination of the grounds for opposition D－Ⅴ，2.2	对异议理由的审查
Examination of the opposition during oral proceedings D－Ⅵ，6	口头审理程序中对异议的审查
Fees for limitation/revocation，opposition，appeal，petition for review A－X，5.2.6	限制/撤销、异议、上诉、复审请求费
Filing of amended documents in reply to the notice of opposition D－Ⅳ，5.3	答复异议通知书时提交修改的文件
Filing of opposition after decision on limitation D－X，7.2	在限制决定作出后提出异议
Final decisions on an admissible opposition D－Ⅷ，1	对可受理的异议请求的最终决定
Fixing of costs by the opposition division D－Ⅸ，2.1	由异议小组确定费用
Form of the opposition D－Ⅲ，3.1	异议的格式
Forwarding of the notice of opposition to the formalities officer D－Ⅳ，1.1	将异议请求书送至形式审查员
Grounds for opposition D－Ⅲ，5	异议的理由
Impartiality of the examining or opposition division E－Ⅺ	审查或异议小组的公正性
Invitation to file the translation in examination/opposition A－Ⅲ，6.8.2	通知在审查或异议期交提交译文
Invitation to the patent proprietor to submit comments and communication of opposition to the other parties concerned by the formalities officer D－Ⅳ，5.2	形式审查员要求专利权人提交意见陈述书并向其他相关当事人发出异议通知书
Meaning of opposition D－Ⅰ，1	异议的含义
Notice of intervention of the assumed infringer D－Ⅰ，5，D－Ⅶ，6	推定侵权人介入异议的通知
Notices of opposition filed by fax D－Ⅲ，3.3	通过传真提交的异议请求书
Notices of opposition filed electronically D－Ⅲ，3.2	通过电子方式提交的异议请求书
Opposition after surrender or lapse D－Ⅰ，2	专利被放弃或失效后的异议
Opposition cases with different texts where a transfer of rights by virtue of a final decision pursuant to Art. 61 takes place in examination proceedings H－Ⅲ，4.3.3	在审查过程中由于依据公约第61条所作的最终决定发生了权利转让的情况下具有不同文本的异议案例
Opposition Divisions D－Ⅱ	异议小组
Administrative structure D－Ⅱ，1	行政机构
Allocation of duties and appointment of members of the opposition division D－Ⅱ，3	异议小组的职责分配和成员委任
Allocation of individual duties D－Ⅱ，7	个人职责的分配
Allocation of tasks to members D－Ⅱ，5	成员的任务分配
Composition D－Ⅱ，2	组成

Decisions taken by the examining or opposition divisions E－X，2	审查或异议小组作出的决定
Duties and powers of members D－Ⅱ，6	成员的职责及权力
Tasks of the opposition divisions D－Ⅱ，4	异议小组的任务
Opposition division's communications D－Ⅵ，3.1	异议小组的通知书
Opposition fee D－Ⅲ，2	异议费
Opposition D－Ⅲ，2	异议
Opposition procedure（Admissibility in～）H－Ⅱ，3	异议程序（受理）
Opposition proceedings	异议程序
Auxiliary requests in opposition proceedings H－Ⅲ，3.4	异议程序中的附加请求
Compliance of amendments with other EPC requirements in opposition proceedings H－Ⅳ，4.3	在异议程序中符合其他 EPC 要求的修正
Continuation of the opposition proceedings in the cases covered by Rule 84 D－Ⅶ，5	在细则第 84 条规定的情形下异议程序的继续
Correction of errors under Rule 140 while opposition proceedings are pending H－Ⅵ，3.3	在异议程序未决时根据细则第 140 条更正错误
Costs D－Ⅸ，1.1	费用
Decision on closure of the opposition proceedings D－Ⅷ，2.5	终止异议程序的决定
Different texts where a transfer of the patent in respect of certain designated states takes place in opposition proceedings H－Ⅲ，4.3.2	在异议程序中对某些指定国家进行专利转让的不同文本
Documents E－Ⅲ，8.7.1	文件
General principles in opposition proceedings E－Ⅵ，2.1	异议程序中的一般性原则
Intervention in opposition proceedings D－Ⅰ，5，D－Ⅶ，6	推定侵权人介入异议
Late－filed requests in opposition proceedings H－Ⅱ，3.5	在异议程序中迟交的请求
Opposition proceedings（inter partes）E－Ⅲ，8.5.1.1	异议程序（当事人之间）
Opposition proceedings where the claims as granted are different for different contracting states H－Ⅲ，4.5	不同缔约国授权权利要求不同时的异议程序
Oral proceedings D－Ⅵ，3.2，D－Ⅵ，7.1，D－Ⅵ，7.2.3，E－Ⅲ，3，E－Ⅲ，8.1，E－Ⅷ，3.1.1	口头审理程序
Parties D－Ⅰ，6	当事人
Parties to opposition proceedings D－Ⅰ，6	异议程序的当事人
Precedence of opposition proceedings D－X，7.1	异议程序优先
Procedure in opposition proceedings E－Ⅲ，8.3.3.2，E－Ⅲ，8.7.3	异议程序中的程序

Relation to opposition proceedings D－X，7	与异议程序的关系
Request to adjourn opposition proceedings D－Ⅵ，8	请求暂停异议程序
Revocation proceedings D－X，2.1	撤销程序
Termination of opposition proceedings in the event of inadmissible opposition D－Ⅳ，4	异议请求不受理时异议程序的中止
Procedure for the examination of the opposition D－Ⅵ	异议审查的程序
Rejection of the opposition D－Ⅷ，1.3	异议请求的驳回
Rejection of the opposition as inadmissible by the opposition division，the patent proprietor not being a party D－Ⅳ，3	异议小组以不可受理为由驳回异议请求，专利权人不作为当事人
Request for oral proceedings by an opponent whose opposition is to be rejected as inadmissible or is deemed not to have been filed E－Ⅲ，2.1	异议人提出口头审理程序请求，其异议将因不可受理而被驳回或被视为未提交
Several oppositions D－Ⅳ，5.2	多个异议
Signature of the notice of opposition D－Ⅲ，3.4	异议请求书的签名
Submission in writing D－Ⅲ，3	以书面形式提交
Substantive examination of opposition D－V	异议的实质审查
Territorial effect of the opposition D－I，3	异议的地域效力
Time allowed for filing notice of opposition D－Ⅲ，1	提交异议请求书的期限
Time limit for filing notice of opposition D－Ⅲ，1，D－Ⅳ，1.2.2.1	提交异议请求书的期限
Optional features F－Ⅳ，4.9	**可选特征**
Oral	**口头**
Oral disclosure，use，exhibition，etc. as state of the art B－Ⅵ，2	口头披露、使用、展览等公开作为现有技术
Oral proceedings C－Ⅶ，5，D－Ⅵ，1，E－Ⅲ，H－Ⅲ，3.4.2，H－Ⅲ，3.5.3	口头审理程序
Amendments filed in preparation for or during oral proceedings E－Ⅵ，2.2.2	准备口头审理或口头审理期间提交的修改
Auxiliary requests in limitation proceedings H－Ⅲ，3.5.3	限制程序中的附加请求
Auxiliary requests in opposition proceedings H－Ⅲ，3.4.2	异议程序中的附加请求
Cancellation or maintenance of oral proceedings E－Ⅲ，7.2	口头审理程序的取消或维持
Change of date of oral proceedings E－Ⅲ，7.1.3	变更口头审理日期
Change of date of oral proceedings at the instigation of the division E－Ⅲ，7.1.2	由审查小组发起的变更口头审理日期
Change of date，cancellation or maintenance of oral proceedings E－Ⅲ，7	变更日期、取消或维持口头审理程序

Changing the date of oral proceedings E－Ⅲ，7.1	变更口头审理日期
Checking the identity and authorisations of participants at oral proceedings E－Ⅲ，8.3.1	检查口头审理程序参与者的身份和授权
Closure of oral proceedings E－Ⅲ，8.11	口头审理程序的结束
Communications/oral proceedings after resumption C－Ⅴ，4.7.1	恢复后的通知书/口头审理程序
Conduct of oral proceedings E－Ⅲ，8	进行口头审理
Costs arising from oral proceedings or taking of evidence E－Ⅳ，1.9	口头审理程序或取证产生的费用
Delivery of the decision E－Ⅲ，9	决定的送达
Derogations from the language of the proceedings in oral proceedings A－Ⅶ，4，E－Ⅴ	口头审理程序中对程序语言的克减
Examination of the opposition during oral proceedings D－Ⅵ，6	口头审理程序中对异议的审查
Handwritten amendments in oral proceedings E－Ⅲ，8.7	口头审理程序中的手写修正
Late－filed requests after summons to oral proceedings in examination H－Ⅱ，2.7	在审查阶段收到口头审理通知后迟交的请求
Minutes of oral proceedings E－Ⅲ，10	口审笔录
Opening of oral proceedings：non－appearance of a party E－Ⅲ，8.3	口头审理开始：一方当事人缺席
Opening the oral proceedings E－Ⅲ，8.3.2	开始口头审理程序
Oral proceedings at the instance of the EPO E－Ⅲ，4	EPO 提出的口头审理程序
Oral proceedings on the EPO premises E－Ⅲ，8.2.1	在 EPO 场所的口头审理程序
Other procedures in examination C－Ⅶ，5	审查中的其他程序
Preparation of oral proceedings E－Ⅲ，5	口头审理程序的准备
Request for further oral proceedings E－Ⅲ，3	再次口头审理的请求
Request for oral proceedings by an opponent whose opposition is to be rejected as inadmissible or is deemed not to have been filed E－Ⅲ，2.1	异议人提出口头审理程序请求，其异议将因不可受理而被驳回或被视为未提交
Request for oral proceedings in examination to be held on EPO premises E－Ⅲ，2.2	在审查中请求在欧洲专利局的场所进行口头审理
Requesting postponement during oral proceedings E－Ⅲ，8.11.1	在口头审理程序期间请求延期
Requests to change the date of oral proceedings E－Ⅲ，7.1.1	请求变更口头审理的日期
Rule 137（4） and oral proceedings H－Ⅲ，2.1.3	细则第 137（4）条和口头审理程序

Submissions filed in preparation for or during oral proceedings E－Ⅵ，2.2	准备口头审理或在口头审理期间提交的材料
Summons to oral proceedings E－Ⅲ，6	口头审理传唤书
Summons to oral proceedings as the first action in examination C－Ⅲ，5	作为第一次审查意见通知书的口头审理程序通知
Use of computer－generated slideshows in oral proceedings E－Ⅲ，8.5.1	在口头审理中使用计算机生成的幻灯片
Use of laptops or other electronic devices during either ex parte or inter partes oral proceedings E－Ⅲ，8.2.1	在单方或双方口头审理程序期间使用笔记本电脑或其他电子设备
Use of Rule 137（4）for amendments filed during oral proceedings in examination E－Ⅲ，8.8	在审查中的口头审理程序期间利用细则第137（4）条提交修改
When can summons to oral proceedings be issued in substantive examination? E－Ⅲ，5.1	实质审查中何时可以发出口头审理传唤书
Withdrawal of the request for oral proceedings E－Ⅲ，7.2.2	撤回口头审理请求
Written submissions during oral proceedings by videoconference E－Ⅲ，8.5.2	在口头审理期间通过视频会议提交的书面陈述
Oral proceedings at the request of a party E－Ⅲ，2	应一方当事人请求的口头审理程序
Request for oral proceedings by an opponent whose opposition is to be rejected as inadmissible or is deemed not to have been filed E－Ⅲ，2.1	异议人提出口头审理程序请求，其异议将因不可受理被驳回或被视为未提交
Request for oral proceedings in examination to be held on EPO premises E－Ⅲ，2.2	在审查中请求在欧洲专利局的场所进行口头审理
Oral proceedings by videoconference before examining divisions E－Ⅲ，8.2.2	审查小组通过视频会议进行口头审理
Remote connection of applicants and their representatives E－Ⅲ，8.2.2.1	申请人及其代理人的远程连接
Remote connection of members of the examining division E－Ⅲ，8.2.2.2	审查小组成员的远程连接
Oral proceedings held by videoconference－technical aspects E－Ⅲ，11	通过视频会议举行的口头审理——技术方面
Equipment and technology E－Ⅲ，11.1	设备和技术
Preparations for the videoconference E－Ⅲ，11.2	视频会议的准备工作
Recording E－Ⅲ，11.4	录音
Technical problems E－Ⅲ，11.3	技术问题
Order E－X，1.3.1	**决议**

Date of receipt of the debit order A – X, 4. 2. 4 收到借记单的日期
Debit orders A – X, 6. 2. 3 借记单
Debit orders for deposit accounts held with the EPO A – Ⅱ, 1. 5 在 EPO 持有的存款账户的借记单
Manner and order of presentation F – Ⅱ, 4. 10 撰写方式和顺序
Order of claims F – Ⅳ, 4. 23 权利要求的顺序
Order to take evidence E – Ⅳ, 1. 4 取证令
Orders on remittal E – Ⅻ, 9. 1 移交决议
Ordre public **公共秩序**
Inventions contrary to ordre public G – Ⅱ, 4. 1 违反公共秩序的发明
Matter contrary to "ordre public" or morality F – Ⅱ, 7. 2, G – Ⅱ, 4. 1 违反"公共秩序"或道德
Morality or "ordre public" A – Ⅲ, 8. 1 道德或"公共秩序"
Organisation **组织**
Organisation and composition of the documentation available to the search divisions B – Ⅸ, 1. 1 检索小组可用文件的组织和组成
Payment or transfer to a bank account held by the European Patent Organisation A – X, 4. 1 向欧洲专利组织持有的银行账户缴费或转账
Origin of an invention G – Ⅶ, 9 **发明的起源**
Original application no longer pending C – Ⅸ, 2. 2 **原始申请不再处于未决状态**
Other procedures in examination C – Ⅶ **审查中的其他程序**
Consultations C – Ⅶ, 2 会晤
Examination of observations by third parties C – Ⅶ, 6 第三方意见的审查
Oral proceedings C – Ⅶ, 5 口头审理程序
Taking of evidence C – Ⅶ, 4 取证
Use of email C – Ⅶ, 3 电子邮件的使用
Overcoming a technical prejudice? G – Ⅶ, An., 4 **是否克服了技术偏见**

P

该关键词字母索引表并非穷举。

PACE C – Ⅵ, 2 **PACE**
Page – setting A – Ⅸ, 5. 1 **页面设置**
Parameters F – Ⅳ, 4. 11 **参数**
Implicit disclosure and parameters G – Ⅵ, 6 隐含公开和参数
Unusual parameters F – Ⅳ, 4. 11. 1 不常见参数

Partial	**部分的**
Partial entitlement C－Ⅸ，2.3	部分权利
Partial European search report B－Ⅶ，1.1	部分欧洲检索报告
Partial transfer of right by virtue of a final decision A－Ⅳ，2.7	根据最终决定部分转让权利
Particularly relevant documents B－X，9.2.1	**特别相关的文件**
Parties to opposition proceedings D－I，6	**异议程序的当事人**
Parties' written submissions A－Ⅶ，3.1	**当事人的书面意见**
Patent applications	**专利申请**
Accelerated prosecution of European patent applications E－Ⅷ，4	欧洲专利申请的加快审查
European patent applications filed before 1 April 2009 A－Ⅲ，11.3	2009年4月1日之前提交的欧洲专利申请
European patent applications filed on or after 1 April 2009 A－Ⅲ，11.2	2009年4月1日或之后提交的欧洲专利申请
Extension and validation of European patent applications and patents to/in states not party to the EPC A－Ⅲ，12	欧洲专利申请和专利到/在非EPC缔约国的延伸和生效
Preclassification，IPC and CPC classification of European patent applications B－Ⅴ	欧洲专利申请的预分类、IPC和CPC分类
Unpublished patent applications B－Ⅸ，2.2	未公布的专利申请
Patent Cooperation Treaty（Applications under the ~（PCT）） E－Ⅸ	**专利合作条约（根据~（PCT）申请）**
Patent documents arranged for systematic access B－Ⅸ，2	**为系统式访问而设置的专利文献**
Patent family system B－Ⅸ，2.4	专利同族系统
PCT minimum documentation B－Ⅸ，2.1	PCT最低限度文献
Search reports B－Ⅸ，2.3	检索报告
Unpublished patent applications B－Ⅸ，2.2	未公布的专利申请
Patent family members B－X，11.3	**专利同族**
Patent family system B－Ⅸ，2.4	**专利同族系统**
Patent proprietor	**专利权人**
Adherence to the text of the European patent submitted or approved by the patent proprietor D－Ⅵ，2	以专利权人提交或认可的欧洲专利文本为准
Communications from the opposition division to the patent proprietor D－Ⅵ，4	异议小组向专利权人发出的通知书
Decision concerning the admissibility of an opposition，the patent proprietor being a party D－Ⅳ，5.5	当专利权人是当事人时，关于异议请求可受理性的决定

Invitation to the patent proprietor to submit comments and communication of opposition to the other parties concerned by the formalities officer D－Ⅳ，5.2	形式审查员要求专利权人提交意见陈述书并向其他相关当事人发出异议通知书
Notifications to and observations by the patent proprietor D－Ⅳ，1.5	发给专利权人的通知书及专利权人的意见陈述
Procedure where the patent proprietor is not entitled D－Ⅶ，4	专利权人无权利资格时的程序
Rejection of the opposition as inadmissible by the opposition division，the patent proprietor not being a party D－Ⅳ，3	异议小组以不可受理为由驳回异议请求，专利权人不作为当事人
Revocation of the patent in the event that the patent proprietor no longer wishes the patent to be maintained as granted D－Ⅷ，1.2.5	专利权人不希望专利在原授权文本基础上维持时专利的撤销
Patent Prosecution Highway（PPH） E－Ⅷ，4.3	**专利审查高速路（PPH）**
Patent specification	**专利说明书**
Publication of the patent specification C－Ⅴ，10	专利说明书的公布
Withdrawal before publication of the patent specification C－Ⅴ，11	在专利说明书公布前撤回
Patentability B－Ⅷ，1，G，G－Ⅰ，G－Ⅲ，1	**可专利性**
Considerations relating to specific exclusions from and exceptions to patentability B－Ⅷ，2	与可专利性的具体排除和例外有关的考虑
Exceptions to patentability G－Ⅱ，4	可专利性的例外
Further requirements of an invention G－Ⅰ，2	发明的进一步要求
Industrial application G－Ⅲ	工业实用性
Inventions G－Ⅱ	发明
Inventive step G－Ⅶ	创造性
Non－prejudicial disclosures G－Ⅴ	不丧失新颖性的公开
Novelty G－Ⅵ	新颖性
Observations by third parties D－Ⅰ，6，E－Ⅵ，3	第三方意见
Patentability requirements G－Ⅰ，1	可专利性要求
State of the art G－Ⅳ	现有技术
Subject－matter excluded from patentability under Art. 52（2）and（3）B－Ⅷ，2.2	依据公约第52（2）和（3）条排除的可专利性的主题
Technical progress，advantageous effect G－Ⅰ，3	技术进步、有益效果
Patentable biotechnological inventions G－Ⅱ，5.2	**可专利的生物技术发明**
Payment	**支付**
Conditions for valid payment A－X，7.1.1	有效缴纳的条件
Date considered as date on which payment is made A－X，4	视为付款日的日期

Fee payments lacking a legal basis A – X, 10. 1. 1	缺乏法律依据的缴费
Indication of the purpose of payment in the case of claims fees A – X, 7. 3	表明所缴费项是权利要求费
Indication of the purpose of the payment in the case of designation fees A – X, 7. 2	表明所缴费项是指定费
Late payments A – X, 10. 1. 2	逾期缴费
Methods of payment A – X, 2	缴费方式
Payment by credit card A – X, 4. 4	信用卡缴费
Payment in due time A – X, 6	按时缴费
Application of Art. 7 (3) RFees and Art. 7 (4) RFees A – X, 6. 2	RFees 细则第 7 (3) 条和第 7 (4) 条的适用
Payment of designation fee A – Ⅲ, 11. 2. 2	指定费的缴纳
Payment of fee at the normal fee rate A – X, 6. 2. 4	按正常费率缴费
Payment of fees A – Ⅲ, 13. 1	缴纳费用
No deferred payment of fees, no legal aid, no discretion A – X, 8	未延期缴纳费用、无法律援助、无自由裁量权
Request for amendments or corrections in reply to the Rule 71 (3) communication no payment of fees or filing of translations necessary C – Ⅴ, 4. 1	答复根据细则第 71 (3) 条的通知书时请求修改或更正，无须缴纳费用或提交必要的译文
Payment or transfer to a bank account held by the European Patent Organisation A – X, 4. 1	向欧洲专利组织持有的银行账户缴费或转账
Payments to replenish a deposit account A – X, 4. 2. 2	补充存款账户的款项
Purpose of payment A – X, 7, A – X, 7. 1. 2	缴费目的
Time limit for payment of extension and validation fees A – Ⅲ, 12. 2	缴纳延伸费和生效费的期限
PCT	**PCT**
Applications containing missing parts of description and/or drawings filed under Rule 56 EPC or Rule 20 PCT B – Ⅺ, 2. 1	根据 EPC 细则第 56 条或 PCT 细则第 20 条提交的包含说明书遗漏部分和/或遗漏附图的申请
Applications under the Patent Cooperation Treaty (PCT) E – Ⅸ	根据《专利合作条约》(PCT) 的申请
Erroneous elements filed under Rule 20. 5bis PCT C – Ⅲ, 1. 3	根据 PCT 细则第 20. 5 条之二提交的错误项目
International (PCT) searches B – Ⅱ, 4. 4	国际 (PCT) 检索
Missing elements and parts filed under Rule 20. 5 and 20. 6 PCT C – Ⅲ, 1. 2	根据 PCT 细则第 20. 5 条和第 20. 6 条提交的遗漏项目和部分
PCT minimum documentation B – Ⅸ, 2. 1	PCT 最低限度文献

Reduction and refunds of fees in respect of international (PCT) applications E – Ⅸ, 2.6	国际(PCT)申请费用的减免和退还
Response to PCT actions prepared by the EPO C – Ⅱ, 3.2	对 EPO 作出的 PCT 通知书的答复
Review by the EPO under Art. 24 PCT and excuse of delays under Art. 48 (2) PCT E – Ⅸ, 2.9.2	由 EPO 根据 PCT 条约第 24 条进行复查以及根据 PCT 条约第 48(2)条的延误免责
Review by the EPO under Art. 25 PCT E – Ⅸ, 2.9.1	由 EPO 根据 PCT 条约第 25 条进行复查
Pendency of the earlier application A – Ⅳ, 1.1.1	**在先申请的未决**
Period allowed for remedying deficiencies A – Ⅲ, 16.2	**克服缺陷的期限**
Periodicals, records, reports, books, etc. B – Ⅸ, 3.1	**期刊、记录、报告、书籍等**
Persons	**人**
Person skilled in the art B – X, 9.2.1, D – Ⅲ, 5, D – Ⅴ, 4, F – Ⅱ, 4.1, F – Ⅲ, 1, F – Ⅲ, 2, F – Ⅲ, 3, F – Ⅲ, 6.3, F – Ⅳ, 6.4, G – I, 2, G – Ⅶ, 1, G – Ⅶ, 3	本领域技术人员
Categories of documents (X, Y, P, A, D, etc.) B – X, 9.2.1	文件类型(X、Y、P、A、D 等)
Common general knowledge of the skilled person G – Ⅶ, 3.1	技术人员的公知常识
Invention G – Ⅶ, 1	发明
Inventions relating to biological material F – Ⅲ, 6.3	涉及生物材料的发明
Inventive step G – Ⅶ, 3	创造性
Patentability G – I, 2	可专利性
Sufficiency of disclosure F – Ⅲ, 1, F – Ⅲ, 2, F – Ⅲ, 3	充分公开
Support in description F – Ⅳ, 6.4	说明书的支持
Persons entitled to appeal and to be parties to appeal proceedings E – Ⅻ, 5	有权提起上诉及成为上诉程序当事人的人
Persons entitled to file a divisional application A – Ⅳ, 1.1.3	有权提交分案申请的人
Persons entitled to file an application A – Ⅱ, 2	有权提交申请的人
Persons participating in the consultation C – Ⅶ, 2.2	参与会晤的人员
Photographs A – Ⅸ, 1.2, F – Ⅱ, 5.3	**照片**
Drawings F – Ⅱ, 5.3	附图
Graphic forms of presentation considered as drawings A – Ⅸ, 1.2	视为附图的图形表现形式
Physical	**实体的**
Physical requirements A – Ⅲ, 3, E – Ⅸ, 2.3.2	实体要求

Documents making up the application, replacement documents, translations A – Ⅲ, 3.2	申请文件、替换文件、翻译文件
Examination of formal requirements A – Ⅲ, 3	对形式要求的审查
Instructions in Chapter A – Ⅲ (“Examination of formal requirements”) E – Ⅸ, 2.3.2	A 部分第Ⅲ章（对形式要求的审查）中的说明
Physical requirements of applications filed by reference to a previously filed application A – Ⅲ, 3.2.1	对于通过引用在先申请提交的申请的实体要求
Physical requirements of late – filed application documents A – Ⅲ, 3.2.2	对于在后提交的申请文件的实体要求
Physical requirements other documents A – Ⅲ, 3.3	实体要求其他文件
Physical values, units F – Ⅱ, 4.13	物理值，单位
Plant	**植物**
Plant and animal varieties or essentially biological processes for the production of plants or animals G – Ⅱ, 5.4	动植物品种或生产动植物的主要是生物学方法
Essentially biological processes for the production of plants or animals G – Ⅱ, 5.4.2	生产动植物的主要是生物学的方法
Plant varieties G – Ⅱ, 5.4.1	植物品种
Exceptions to patentability G – Ⅱ, 5.4	可专利性的例外
Plants, patentability G – Ⅱ, 5.2	植物，可专利性
Processes for the production of plants G – Ⅱ, 5.4	植物生产过程
Plurality of independent claims in different categories F – Ⅴ, 3.2.2	**不同类别的多项独立权利要求**
Plurality of independent claims in the same category F – Ⅴ, 3.2.1	**同一类型的多项独立权利要求**
Points to be disregarded H – Ⅳ, 4.4.3	**不考虑的内容**
Position of the examining division B – Ⅺ, 1.2	**审查小组的立场**
Positive	**肯定的**
Positive opinion B – Ⅺ, 3.9	肯定性意见
Positive statements B – Ⅺ, 3.2.2	肯定性陈述
Positive statements/suggestions C – Ⅲ, 4.1.2	肯定性陈述/建议
Positive WO – ISA, SISR or IPER E – Ⅸ, 3.3.2	肯定性国际检索单位书面意见（WO – ISA）、补充国际检索报告（SISR）或国际初审报告（IPER）
Postal services	**邮寄**
Filing of applications by delivery by hand or by postal services A – Ⅱ, 1.1	通过直接提交或邮寄提交申请
Notification by postal services E – Ⅱ, 2.3	邮寄通知

Potentially conflicting European and international applications B－Ⅵ，4.1	**潜在的欧洲抵触申请和国际抵触申请**
Published European applications as "E" documents B－Ⅵ，4.1.1	以"E"类文件形式公布的欧洲申请
Published international applications（WO）as "E" documents B－Ⅵ，4.1.2	以"E"类文件形式公布的国际申请（WO）
Potentially conflicting patent documents B－X，9.2.6	**潜在抵触的专利文献**
Precedence of opposition proceedings D－X，7.1	**异议程序优先**
Preclassification（for file routing and distribution） B－Ⅴ，2	**预分类（用于文件转交和分发）**
Incorrect preclassification B－Ⅴ，2.1	不正确的预分类
Preclassification，IPC and CPC classification of European patent applications B－Ⅴ	**欧洲专利申请的预分类、IPC 和 CPC 分类**
CPC classification of the application B－Ⅴ，4	申请的 CPC 分类
Definitions B－Ⅴ，1	定义
IPC classification of the application B－Ⅴ，3	申请的 IPC 分类
Preclassification（for file routing and distribution）B－Ⅴ，2	预分类（用于文件转交和分发）
Predictable disadvantage G－Ⅶ，10.1	**可预见的缺陷**
Prefixes and their symbols used to designate certain decimal multiples and submultiples F－Ⅱ，An. 2，1.3	**用于指定某些十进制倍数和因数的前缀及其符号**
Preliminary examination E－ⅩⅢ，5.2	**初步审查**
International preliminary examination E－Ⅸ，1，E－X	国际初步审查
International preliminary examination report（IPER）F－Ⅴ，7.3	国际初审报告（IPER）
Reduction of the examination fee where the international preliminary examination report is being drawn up by the EPO A－X，9.3.2	由 EPO 做出国际初审报告情况下的审查费的减免
Preliminary remarks	**前言**
Preparation of a decision to maintain a European patent in amended form D－Ⅵ，7.2	**在修改的基础上维持欧洲专利的决定的准备**
Decision on the documents on the basis of which the patent is to be maintained D－Ⅵ，7.2.2	针对维持专利所依据的文件的决定
Procedural requirements D－Ⅵ，7.2.1	程序要求
Request for publishing fee，translations and a formally compliant version of amended text passages D－Ⅵ，7.2.3	要求缴纳公布费、提交译文和正式合规的修订文本
Preparation of oral proceedings E－Ⅲ，5	**口头审理程序的准备**

When can summons to oral proceedings be issued in substantive examination? E – Ⅲ, 5.1	实质审查中何时可以发出口头审理传唤书
Preparation of substantive examination D – Ⅳ, 5	**实质审查的准备工作**
Communication of observations from one of the parties to the other parties D – Ⅳ, 5.4	将一方当事人的意见陈述转送其他当事人
Decision concerning the admissibility of an opposition, the patent proprietor being a party D – Ⅳ, 5.5	当专利权人是当事人时，关于异议请求的可受理性的决定
Examination of the admissibility of an intervention and preparations in the event of an intervention D – Ⅳ, 5.6	介入异议可受理性的审查和介入异议情况下的准备工作
Filing of amended documents in reply to the notice of opposition D – Ⅳ, 5.3	答复异议通知书时提交修改的文件
Inadmissibility at a later stage D – Ⅳ, 5.1	后期存在的不受理的情况
Invitation to the patent proprietor to submit comments and communication of opposition to the other parties concerned by the formalities officer D – Ⅳ, 5.2	形式审查员要求专利权人提交意见陈述书并向其他相关当事人发出异议通知书
Preparation of the decision D – Ⅵ, 7	**决定的准备**
Preparation of a decision to maintain a European patent in amended form D – Ⅵ, 7.2	在修改的基础上维持欧洲专利的决定的准备
Preparation of the search report B – Ⅳ, 3.1	**检索报告的准备**
Preparations for the videoconference E – Ⅲ, 11.2	**视频会议的准备工作**
Presentation of the sheets of drawings A – Ⅸ, 4	**附图页的展示**
Numbering of sheets of drawings A – Ⅸ, 4.2	附图页的编号
Usable surface area of sheets A – Ⅸ, 4.1	纸张的可用表面积
Presentations of information G – Ⅱ, 3.7	**信息呈现**
User interfaces G – Ⅱ, 3.7.1	用户界面
Preventing publication A – Ⅵ, 1.2	**阻止公布**
Principle of equity D – Ⅸ, 1.4	**公平原则**
Principles	**原则**
Basic principles H – Ⅳ, 3.1	基本原则
Basic principles of decisions E – X, 1	决定的基本原则
General principles in opposition proceedings E – Ⅵ, 2.1	异议程序中的一般性原则
Principles relating to the exercise of discretion E – Ⅵ, 2.2.3	关于行使自由裁量权的原则
Printing quality F – Ⅱ, 5.2	**印刷质量**
Prior art	**现有技术**
Citation of prior art in the description after the filing date H – Ⅳ, 2.2.6	申请日后在说明书中引用现有技术

Closest prior art and its effects on the search B－Ⅳ，2.5	最接近的现有技术及其对检索的影响
Combining pieces of prior art G－Ⅶ，6	现有技术的结合
Determination of the closest prior art G－Ⅶ，5.1	确定最接近的现有技术
Evaluation of prior art documents cited in search report and late priority claim C－Ⅲ，7	评估检索报告中引用的现有技术文件和较晚优先权要求
Information on prior art E－Ⅸ，2.3.5.2	关于现有技术的信息
Non－unity and prior art under Art. 54（3）F－Ⅴ，3.1	公约第54（3）条的无单一性和现有技术
Requesting information on prior art（not confined to priority）C－Ⅲ，6	要求提供现有技术信息（不限于优先权）
Prior use	**在先使用**
Matters to be determined by the division as regards prior use G－Ⅳ，7.2	由审查小组确定的关于在先使用的事项
Public prior use G－Ⅳ，1	公共在先使用
Priority B－Ⅵ，3，F－Ⅵ，F－Ⅵ，1.2，G－Ⅳ，3，G－Ⅳ，5.1	**优先权**
Applications giving rise to a right of priority A－Ⅲ，6.2	能够产生优先权的申请
Certified copy of the previous application（priority document）F－Ⅵ，3.3	在先申请（优先权文件）的核证副本
Claiming priority F－Ⅵ，3	要求优先权
Conflict with other European applications G－Ⅳ，5.1	与其他欧洲申请抵触
Copy of the previous application（priority document）A－Ⅲ，6.7	在先申请（优先权文件）的副本
Copy of the priority application A－Ⅱ，5.4.3	优先权申请的副本
Copy of the search results for the priority or priorities A－Ⅲ，6.12，C－Ⅱ，5	一项或多项优先权检索结果的副本
Date of priority A－Ⅳ，1.2.1，A－Ⅳ，1.2.2，A－Ⅳ，2.5，C－Ⅸ，1.1，C－Ⅸ，2.1，F－Ⅵ，1.2，G－Ⅳ，3，G－Ⅳ，5.1	优先权日
Declaration of priority A－Ⅲ，6.5，F－Ⅵ，3.1，F－Ⅵ，3.4	要求优先权声明
European Patent Application F－Ⅵ	欧洲专利申请
Examination of the priority document A－Ⅲ，6.4	对优先权文件的审查
Examining the validity of a right to priority F－Ⅵ，2.1	核实优先权的有效性
Further action upon examination of replies further action where a request for a translation of the priority application was sent earlier in examination proceedings C－Ⅳ，3.1	审查答复后的进一步通知 如果在审查程序中较早发送优先权申请的翻译请求，则继续发出通知书

Intermediate publication of the contents of the priority application F－Ⅵ，2.4.1	含有优先权申请内容的中间公开文件
Late－filed missing parts when priority is claimed A－Ⅱ，5.4.1	要求优先权时迟交的缺失部分的提交
Loss of right to priority A－Ⅲ，6.10	丧失优先权
Missing parts are completely contained in the priority application A－Ⅱ，5.4.2	缺失部分完全包含在优先权申请中
Missing parts based on the priority application，no change in filing date A－Ⅱ，5.4	基于优先权申请的缺失部分，申请日不变
Multiple priorities A－Ⅲ，6.3，A－Ⅲ，6.7，E－Ⅷ，1.5，F－Ⅵ，1.5	多项优先权
Non－entitlement to right to priority A－Ⅲ，6.9	不能享有优先权
Period of priority A－Ⅲ，6.1，A－Ⅲ，6.6，A－Ⅲ，6.9，E－Ⅸ，2.3.5.3，F－Ⅵ，1.3，F－Ⅵ，3.6	优先权期限
Priority claim F－Ⅲ，6.4	优先权要求
Correcting an existing priority claim A－Ⅲ，6.5.2	补正现有的优先权要求
Deficiencies in the priority claim and loss of the priority right A－Ⅲ，6.5.3	优先权要求的缺陷和优先权的丧失
Doubts as to the validity of the priority claim B－Ⅵ，5.3	对优先权请求有效性的质疑
Evaluation of prior art documents cited in search report and late priority claim C－Ⅲ，7	评估检索报告中引用的现有技术文件和较晚优先权要求
Filing a new priority claim A－Ⅲ，6.5.1	要求新的优先权
Priority claim not valid F－Ⅵ，2.3	无效的优先权要求
Priority claim of a divisional application A－Ⅳ，1.2.2	分案申请的优先权要求
Withdrawal of priority claim E－Ⅷ，8.2，F－Ⅵ，3.5	撤回优先权要求
Priority claim and the search opinion B－Ⅺ，4	优先权要求和检索意见
Use of “P” and “E” documents in the search opinion B－Ⅺ，4.1	在检索意见中使用“P”和“E”类文件
Priority date	优先权日
Date of filing or priority date as effective date G－Ⅳ，3	申请日或优先权日作为有效日
Determining priority dates F－Ⅵ，2	确定优先权日
Effect of change in priority date E－Ⅷ，1.5	优先权日变更的影响
Filing and priority date B－Ⅵ，5	申请日和优先权日
Some examples of determining priority dates F－Ⅵ，2.4	确定优先权日的实例
Verification of claimed priority date（s）B－Ⅵ，5.1	核实请求的优先权日
Priority date as effective date F－Ⅵ，1.2	优先权日为有效日

Date of filing or priority date as effective date G－Ⅳ，3	申请日或优先权日作为有效日
Priority documents A－Ⅶ，3.3，A－Ⅺ，5.2，E－Ⅸ，2.3.5.1，F－Ⅵ，3.4，H－Ⅳ，2.2.5	优先权文件
Claim to priority E－Ⅸ，2.3.5.1	要求优先权
Content of the application as "originally" filed H－Ⅳ，2.2.5	"原始"提交的申请内容
Derogations from the language of the proceedings in written proceedings A－Ⅶ，3.3	书面程序中对程序语言的克减
Issuance of certified copies A－Ⅺ，5.2	核证副本的签发
Priority documents issued by the EPO A－Ⅺ，5.2	EPO签发的优先权文件
Priority period A－Ⅲ，6.6	优先权期限
Re－establishment of rights in respect of the priority period F－Ⅵ，3.6	重新确立优先权期间的权利
Priority right F－Ⅵ，1.2，F－Ⅵ，1.5，F－Ⅵ，2.2，G－Ⅳ，3	优先权
Deficiencies in the priority claim and loss of the priority right A－Ⅲ，6.5.3	优先权要求的缺陷和优先权的丧失
Requesting information on prior art（not confined to priority）C－Ⅲ，6	要求提供现有技术信息（不限于优先权）
Restoration of priority E－Ⅸ，2.3.5.3	恢复优先权
Right to priority F－Ⅵ，1	优先权
Right to priority F－Ⅵ，1.2	优先权
Situation in which it has to be checked whether the application from which priority is actually claimed is the "first application" within the meaning of Art. 87（1）F－Ⅵ，2.4.4	必须检查实际要求优先权的申请是否为公约第87（1）条意义上的"首次申请"的情况
State of the art G－Ⅳ，3	现有技术
State of the art at the search stage B－Ⅵ，3	检索阶段的现有技术
Translation of the priority application A－Ⅱ，5.4.4	优先权申请的翻译
Validly claiming priority F－Ⅵ，1.3	有效的优先权要求
Problem－solution approach G－Ⅶ，5	**问题解决法**
Claims comprising technical and non－technical features G－Ⅶ，5.4	包含技术和非技术特征的权利要求
Could－would approach G－Ⅶ，5.3	可能－应当法
Determination of the closest prior art G－Ⅶ，5.1	确定最接近的现有技术
Formulation of the objective technical problem G－Ⅶ，5.2	确定客观技术问题
Procedural aspects H－Ⅵ，3.3	**程序方面**

Amendments in the case of non - unity further procedural aspects concerning Euro - PCT applications H - Ⅱ, 7.4	不具备单一性时的修改 有关欧洲 - PCT 申请的进一步程序问题
Procedure after searching B - Ⅳ, 3	**检索后的程序**
Documents discovered after completion of the search B - Ⅳ, 3.2	完成检索后发现的文件
Errors in the search report B - Ⅳ, 3.3	检索报告中的错误
Preparation of the search report B - Ⅳ, 3.1	检索报告的准备
Procedure for amendments to documents H - Ⅲ, 2	**修改文件的程序**
Amendment by submitting missing documents or by filing replacement pages H - Ⅲ, 2.2	通过提交缺失文件或提交替换页进行修改
Amendments made by the EPO at the request of a party H - Ⅲ, 2.4	EPO 应当事人的请求做出的修改
Amendments using copies H - Ⅲ, 2.3	使用副本的修订
Indication of amendments and their basis under Rule 137 (4) H - Ⅲ, 2.1	根据细则 137 (4) 指明修改及其依据
Withdrawal of amendments/abandonment of subject matter H - Ⅲ, 2.5	撤回修改/放弃主题
Procedure for the examination of the opposition D - Ⅵ	**异议审查的程序**
Additional search D - Ⅵ, 5	附加检索
Adherence to the text of the European patent submitted or approved by the patent proprietor D - Ⅵ, 2	以专利权人提交或认可的欧洲专利文本为准
Communications from the opposition division to the patent proprietor D - Ⅵ, 4	异议小组向专利权人发出的通知书
Examination of the opposition during oral proceedings D - Ⅵ, 6	口头审理程序中对异议的审查
Invitation to file observations D - Ⅵ, 3	通知当事人提交意见陈述
Preparation of the decision D - Ⅵ, 7	决定的准备
Request to adjourn opposition proceedings D - Ⅵ, 8	请求暂停异议程序
Procedure for the fixing of costs D - Ⅸ, 2	**确定费用的程序**
Appeal against the fixing of costs by the opposition division D - Ⅸ, 2.2	对异议小组确定的费用提出上诉
Fixing of costs by the opposition division D - Ⅸ, 2.1	由异议小组确定费用
Procedure formalities officer A - Ⅲ, 16.1	**形式审查员的工作程序**
Procedure in examination proceedings E - Ⅲ, 8.3.3.3, E - Ⅲ, 8.7.2	**审查程序中的程序**
Handwritten amendments in oral proceedings E - Ⅲ, 8.7.2	口头审理程序中的手写修正

Late arrival, non - appearance and failure to connect E - Ⅲ, 8.3.3.3	迟到、缺席和无法连接
Procedure in opposition proceedings E - Ⅲ, 8.3.3.2, E - Ⅲ, 8.7.3	**异议程序中的程序**
Handwritten amendments in oral proceedings E - Ⅲ, 8.7.3	口头审理程序中的手写修正
Late arrival, non - appearance and failure to connect E - Ⅲ, 8.3.3.2	迟到、缺席和无法连接
Procedure in the case of lack of unity during search F - Ⅴ, 4	**检索阶段在缺乏单一性的情况下的程序**
Consequences for the applicant F - Ⅴ, 4.2	对申请人的影响
Provisional opinion accompanying the partial search results F - Ⅴ, 4.1	部分检索结果附带的临时意见
Procedure in the case of lack of unity during substantive examination F - Ⅴ, 5	**实质审查阶段在缺乏单一性情况下的程序**
Objections to unsearched inventions F - Ⅴ, 5.2	对未检索的发明的反对意见
Review of non - unity findings F - Ⅴ, 5.3	复查不具备单一性时的结论
Procedure on filing A - Ⅱ, 3	**提交的程序**
Confirmation A - Ⅱ, 3.1	确认
Filing with a competent national authority A - Ⅱ, 3.2	向国家主管机构提交
Receipt A - Ⅱ, 3.1	收据
Procedure prior to searching B - Ⅳ, 1	**检索前的程序**
Analysis of the application B - Ⅳ, 1.1	申请的分析
Documents cited or supplied by the applicant B - Ⅳ, 1.3	申请人引用或提供的文件
Formal deficiencies B - Ⅳ, 1.2	形式缺陷
Procedure up to substantive examination D - Ⅳ	**实质审查前的程序**
Activity of the opposition division D - Ⅳ, 2	异议小组的工作
Examination for deficiencies in the notice of opposition and communications from the formalities officer arising from this examination D - Ⅳ, 1	对异议请求书中缺陷的审查以及形式审查员根据审查需要与当事人进行的沟通
Preparation of substantive examination D - Ⅳ, 5	实质审查的准备工作
Rejection of the opposition as inadmissible by the opposition division, the patent proprietor not being a party D - Ⅳ, 3	异议小组以不可受理为由驳回异议请求，专利权人不作为当事人
Termination of opposition proceedings in the event of inadmissible opposition D - Ⅳ, 4	异议请求不受理时异议程序的中止
Procedure where the patent proprietor is not entitled D - Ⅶ, 4	**专利权人无权利资格时的程序**

Continuation of proceedings D – Ⅶ, 4.2	程序的继续
Department responsible D – Ⅶ, 4.4	负责部门
Interruption of time limits D – Ⅶ, 4.3	期限的中断
Stay of proceedings D – Ⅶ, 4.1	中止程序
Procedures before the competent authority E – Ⅳ, 3.4	**主管机构的程序**
Procedures in cases of lack of unity B – Ⅶ, 2	**缺乏单一性时的程序**
Complete search despite of lack of unity B – Ⅶ, 2.2	尽管缺乏单一性仍全面检索
Request for refund of further search fee (s) B – Ⅶ, 2.1	要求退还进一步检索费
Supplementary European search B – Ⅶ, 2.3	补充欧洲搜索
Proceedings	**程序**
Admissibility during examination procedure at an advanced stage of the proceedings H – Ⅱ, 2.4	审查程序中后期的可接受性
Admissibility in opposition and limitation proceedings H – Ⅵ, 2.1.1	异议和限制程序中的可接受性
Admission of the public to proceedings E – Ⅲ, 8.1	允许公众参与口头审理
Amendments filed in preparation for or during oral proceedings E – Ⅵ, 2.2.2	准备口头审理或口头审理期间提交的修改
Amendments filed in reply to a Rule 71 (3) communication further course of proceedings H – Ⅱ, 2.5.2	为答复细则第 71 (3) 条通知书提交的修改（进一步的程序）
Ancillary proceedings D – Ⅱ, 4.3	辅助程序
Art. 61 applications and stay of proceedings under Rule 14 A – Ⅳ, 2	公约第61条申请以及根据细则第 14 条的程序中止
Auxiliary requests in examination proceedings H – Ⅲ, 3.3	审查程序中的附加请求
Auxiliary requests in limitation proceedings H – Ⅲ, 3.5	限制程序中的附加请求
Auxiliary requests in opposition proceedings H – Ⅲ, 3.4	异议程序中的附加请求
Cancellation or maintenance of oral proceedings E – Ⅲ, 7.2	口头审理程序的取消或维持
Cases in which the proceedings may be interrupted E – Ⅶ, 1.1	程序可以中断的情形
Change of date of oral proceedings E – Ⅲ, 7.1.3	变更口头审理日期
Change of date of oral proceedings at the instigation of the division E – Ⅲ, 7.1.2	由审查小组发起的变更口头审理日期
Change of date, cancellation or maintenance of oral proceedings E – Ⅲ, 7	变更日期、取消或维持口头审理程序
Changing the date of oral proceedings E – Ⅲ, 7.1	变更口头审理日期
Checking the identity and authorisations of participants at oral proceedings E – Ⅲ, 8.3.1	检查口头审理程序参与者的身份和授权

Closure of oral proceedings E - Ⅲ, 8.11	口头审理程序的结束
Communications/oral proceedings after resumption C - V, 4.7.1	恢复后的通知书/口头审理程序
Compliance of amendments with other EPC requirements in examination proceedings H - Ⅳ, 4.2	在审查程序中符合其他 EPC 要求的修正
Compliance of amendments with other EPC requirements in limitation proceedings H - Ⅳ, 4.4	在限制程序中符合其他 EPC 要求的修正
Compliance of amendments with other EPC requirements in opposition proceedings H - Ⅳ, 4.3	在异议程序中符合其他 EPC 要求的修正
Conduct of oral proceedings E - Ⅲ, 8, E - Ⅲ, 8.2	进行口头审理
Consolidation of proceedings E - Ⅶ, 4	合并程序
Continuation of proceedings D - Ⅶ, 4.2	程序的继续
Continuation of the opposition proceedings in the cases covered by Rule 84 D - Ⅶ, 5	在细则第 84 条规定的情形下异议程序的继续
Continuation regardless of the stage reached in national proceedings D - Ⅶ, 4.2.2	无论国家程序达到何种阶段的程序的继续
Correction of errors under Rule 140 while opposition proceedings are pending H - Ⅵ, 3.3	在异议程序未决时根据细则第 140 条更正错误
Costs arising from oral proceedings or taking of evidence E - Ⅳ, 1.9	口头审理程序或取证产生的费用
Date of the stay of proceedings A - Ⅳ, 2.2.2, D - Ⅶ, 4.1.1	程序的中止日期
Decision on closure of the opposition proceedings D - Ⅷ, 2.5	终止异议程序的决定
Decisions which do not terminate proceedings D - Ⅷ, 2.2, E - X, 3	不终止异议程序的决定
Derogations from the language of the proceedings in oral proceedings A - Ⅶ, 4, E - V	口头审理程序中对程序语言的克减
Derogations from the language of the proceedings in written proceedings A - Ⅶ, 3	书面程序中对程序语言的克减
Details and special features of the proceedings D - Ⅶ	程序的细节和特点
Different text where a transfer of right takes place pursuant to Art. 61 in examination proceedings H - Ⅲ, 4.3.1	在审查过程中根据公约第 61 条发生权利转让的不同文本
Different texts where a transfer of the patent in respect of certain designated states takes place in opposition proceedings H - Ⅲ, 4.3.2	在异议程序中对某些指定国家进行专利转让的不同文本
Examination of the opposition during oral proceedings D - Ⅵ, 6	口头审理程序中对异议的审查

Examination proceedings (ex parte) E – Ⅲ, 8.5.1.2	审查程序（单方面）
Further action upon examination of replies further action where a request for a translation of the priority application was sent earlier in examination proceedings C – Ⅳ, 3.1	审查答复后的进一步通知 如果在审查程序中较早发送优先权申请的翻译请求，则继续发出通知书
General principles in opposition proceedings E – Ⅵ, 2.1	异议程序中的一般性原则
Handwritten amendments in oral proceedings E – Ⅲ, 8.7	口头审理程序中的手写修正
Influencing the speed of examination proceedings C – Ⅵ, 2	影响审查程序的速度
Interruption of proceedings E – Ⅶ, 1.3	中断程序
Interruption, stay and consolidation of the proceedings E – Ⅶ	程序的中断、中止和合并
Language of proceedings A – Ⅳ, 1.3.3, A – Ⅶ, 1.3, A – Ⅶ, 2, A – Ⅶ, 3.2, A – Ⅶ, 4, B – X, 3.2, E – Ⅸ, 2.1.3	程序语言
Late – filed requests after summons to oral proceedings in examination H – Ⅱ, 2.7	在审查阶段收到口头审理通知后迟交的请求
Late – filed requests in opposition proceedings H – Ⅱ, 3.5	在异议程序中迟交的请求
Legal character and effect of the stay of proceedings D – Ⅶ, 4.1.2	中止程序的法律性质和效力
Minutes of oral proceedings E – Ⅲ, 10	口审笔录
Opening of oral proceedings: non – appearance of a party E – Ⅲ, 8.3	口头审理开始：一方当事人缺席
Opening of the substantive part of the proceedings E – Ⅲ, 8.4	口头审理实质阶段的开始
Opening the oral proceedings E – Ⅲ, 8.3.2	开始口头审理程序
Opposition cases with different texts where a transfer of rights by virtue of a final decision pursuant to Art. 61 takes place in examination proceedings H – Ⅲ, 4.3.3	在审查过程中由于依据公约第 61 条所作的最终决定发生了权利转让的情况下具有不同文本的异议案例
Opposition proceedings (inter partes) E – Ⅲ, 8.5.1.1	异议程序（当事人之间）
Opposition proceedings where the claims as granted are different for different contracting states H – Ⅲ, 4.5	不同缔约国授权权利要求不同时的异议程序
Oral proceedings C – Ⅶ, 5, D – Ⅵ, 1, E – Ⅲ, H – Ⅲ, 3.4.2, H – Ⅲ, 3.5.3	口头审理程序
Oral proceedings at the instance of the EPO E – Ⅲ, 4	EPO 提出的口头审理程序
Oral proceedings at the request of a party E – Ⅲ, 2	应一方当事人请求的口头审理程序
Oral proceedings by videoconference before examining divisions E – Ⅲ, 8.2.2	审查小组通过视频会议进行口头审理
Oral proceedings held by videoconference – technical aspects E – Ⅲ, 11	通过视频会议举行的口头审理——技术方面

Oral proceedings on the EPO premises E－Ⅲ，8. 2. 1	在 EPO 场所的口头审理程序
Parties to opposition proceedings D－Ⅰ，6	异议程序的当事人
Persons entitled to appeal and to be parties to appeal proceedings E－Ⅻ，5	有权提出上诉及成为上诉程序当事人的人
Precedence of opposition proceedings D－X，7. 1	异议程序优先
Preparation of oral proceedings E－Ⅲ，5	口头审理程序的准备
Procedure in examination proceedings E－Ⅲ，8. 3. 3. 3，E－Ⅲ，8. 7. 2	审查程序中的程序
Procedure in opposition proceedings E－Ⅲ，8. 3. 3. 2，E－Ⅲ，8. 7. 3	异议程序中的程序
Public proceedings E－Ⅲ，8. 1	公共诉讼
Relation to opposition proceedings D－X，7	与异议程序的关系
Request for further oral proceedings E－Ⅲ，3	再次口头审理的请求
Request for oral proceedings by an opponent whose opposition is to be rejected as inadmissible or is deemed not to have been filed E－Ⅲ，2. 1	异议人提出口头审理程序请求，其异议将因不可受理而被驳回或被视为未提交
Request for oral proceedings in examination to be held on EPO premises E－Ⅲ，2. 2	在审查中请求在欧洲专利局的场所进行口头审理
Request to adjourn opposition proceedings D－Ⅵ，8	请求暂停异议程序
Requesting postponement during oral proceedings E－Ⅲ，8. 11. 1	在口头审理程序期间请求延期
Requests to change the date of oral proceedings E－Ⅲ，7. 1. 1	请求变更口头审理的日期
Resumption E－Ⅶ，1. 3，E－Ⅷ，1. 4	恢复
Resumption after final decision in entitlement proceedings A－Ⅳ，2. 2. 5. 1	在授权程序的最终决定后恢复
Resumption of proceedings E－Ⅶ，1. 4	恢复程序
Resumption of the proceedings for grant A－Ⅳ，2. 2. 5	授权程序的恢复
Resumption regardless of the stage of entitlement proceedings A－Ⅳ，2. 2. 5. 2	不考虑授权程序的阶段的恢复
Rule 137（4）and oral proceedings H－Ⅲ，2. 1. 3	细则第 137（4）条和口头审理程序
Sequence of proceedings D－Ⅶ，1	程序的顺序
Stay of proceedings D－Ⅶ，4. 1	中止程序
Stay of proceedings for grant A－Ⅳ，2. 2	授权程序的中止
Stay of proceedings under Rule 14 due to pending national entitlement proceedings E－Ⅶ，2	由于国家确权程序未决根据细则第 14 条中止程序

Stay of proceedings when a referral to the Enlarged Board of Appeal is pending E – Ⅶ, 3	待将案件转交扩大上诉委员会审理期间中止程序
Submissions filed in preparation for or during oral proceedings E – Ⅵ, 2.2	准备口头审理或在口头审理期间提交的材料
Summons to oral proceedings D – Ⅵ, 3.2, E – Ⅲ, 6	口头审理传唤书
Summons to oral proceedings as the first action in examination C – Ⅲ, 5	作为第一次审查意见通知书的口头审理程序通知
Termination of opposition proceedings in the event of inadmissible opposition D – Ⅳ, 4	异议请求不受理时异议程序的终止
Use of computer – generated slideshows in oral proceedings E – Ⅲ, 8.5.1	在口头审理中使用计算机生成的幻灯片
Use of laptops or other electronic devices during either ex parte or inter partes oral proceedings E – Ⅲ, 8.2.1	在单方或双方口头审理程序期间使用笔记本电脑或其他电子设备
Use of Rule 137 (4) for amendments filed during oral proceedings in examination E – Ⅲ, 8.8	在审查中的口头审理程序期间利用细则第137（4）条提交修改
When can summons to oral proceedings be issued in substantive examination? E – Ⅲ, 5.1	实质审查中何时可以发出口头审理传唤书?
Withdrawal of the request for oral proceedings E – Ⅲ, 7.2.2	撤回口头审理请求
Written submissions during oral proceedings by videoconference E – Ⅲ, 8.5.2	在口头审理期间通过视频会议提交的书面陈述
Producing evidence C – Ⅶ, 4.2	**提供证据**
Product claim	**产品声明**
Product claim to method claim H – Ⅴ, 7.2	产品权利要求变为方法权利要求
Product claim to use claim H – Ⅴ, 7.1	产品权利要求变为用途权利要求
Product claim with process features F – Ⅳ, 4.12.1	含有方法特征的产品权利要求
Product – by – process claim F – Ⅳ, 4.12	**方法限定的产品权利要求**
Product claim with process features F – Ⅳ, 4.12.1	含有方法特征的产品权利要求
Products F – Ⅳ, 3.1, F – Ⅳ, 4.12, G – Ⅱ, 4.2, G – Ⅱ, 5.4, G – Ⅱ, 5.5.1	**产品**
First or further medical use of known products G – Ⅵ, 7.1	已知产品的第一或进一步医疗用途
Intermediate and final products F – Ⅴ, 3.2.7	中间体和最终产物
Products that may be claimed for a further medical use G – Ⅵ, 7.1.1	可被要求进一步医疗用途的产品
Professional representatives (**List of ~**) A – Ⅷ, 1.2	**专利代理人（~名单）**
Programs for computers G – Ⅱ, 3.6	**计算机程序**
Data retrieval, formats and structures G – Ⅱ, 3.6.3	数据检索、格式和结构

Database management systems and information retrieval G - Ⅱ, 3.6.4 数据库管理系统和信息检索
Examples of further technical effects G - Ⅱ, 3.6.1 产生进一步技术效果的示例
Information modelling, activity of programming and programming languages G - Ⅱ, 3.6.2 信息建模、编程活动和编程语言
List of exclusions G - Ⅱ, 3.6 排除的主题清单
Prohibited matter A - Ⅲ, 8, A - Ⅸ, 6, E - Ⅸ, 2.3.7, F - Ⅱ, 7, G - Ⅱ, 4.1.1 **禁止事项**
Categories F - Ⅱ, 7.1 类型
Content of a European patent application (other than claims) F - Ⅱ, 7 欧洲专利申请的内容（不含权利要求）
Disparaging statements A - Ⅲ, 8.2, F - Ⅱ, 7.3 贬低性陈述
Examination of formal requirements A - Ⅲ, 8 对形式要求的审查
Instructions in Chapter A - Ⅲ ("Examination of formal requirements") E - Ⅸ, 2.3.7 A部分第Ⅲ章（对形式要求的审查）中的说明
Irrelevant or unnecessary matter F - Ⅱ, 7.4 无关或不必要的事项
Matter contrary to "ordre public" or morality F - Ⅱ, 7.2 违反“公共秩序”或道德
Matter contrary to "ordre public" or morality G - Ⅱ, 4.1.1 违反“公共秩序”或道德
Morality or "ordre public" A - Ⅲ, 8.1 道德或“公共秩序”
Omission of matter from publication F - Ⅱ, 7.5 不予公开的内容
Proper names, trade marks and trade names F - Ⅲ, 7 **专有名称、商标和商品名称**
Property (Use on non-public ~) G - Ⅳ, 7.2.3 **财产（非公共使用~）**
Proprietor of the patent **专利权人**
Death or legal incapacity E - Ⅶ, 1.1 死亡或丧失法律行为能力
Joint proprietors D - Ⅰ, 6 共同权利人
Proprietor of the patent is not entitled D - Ⅰ, 6 不适格的专利权人
Prosecution of the application by a third party A - Ⅳ, 2.4 **第三方对申请的起诉**
Protection **保护**
Assessment of impermissible extension of the protection conferred H - Ⅳ, 3.4 对授权保护范围的不允许扩展的评估
Extent of protection F - Ⅳ, 4.12 保护范围
Protection conferred by the patent as granted H - Ⅳ, 3.2 授权专利的保护范围
Provisional protection E - Ⅸ, 2.5.1 临时保护
Provisional opinion accompanying the partial search results F - Ⅴ, 4.1 **部分检索结果附带的临时意见**
Provisional protection E - Ⅸ, 2.5.1 **临时保护**

Public	**公开**
Admission of the public to proceedings E – Ⅲ, 8.1	公开审理
Information to the public D – I, 8	公开信息
Matter contrary to "ordre public" or morality F – Ⅱ, 7.2, G – Ⅱ, 4.1	违反"公共秩序"或道德
Morality or "ordre public" A – Ⅲ, 8.1	道德或"公共秩序"
Public availability of biological material F – Ⅲ, 6.2	生物材料的公共可获得性
State of the art made available to the public "by means of a written or oral description, by use, or in any other way" G – Ⅳ, 7	"通过书面或口头描述、使用或任何其他方式"向公众公开的现有技术
State of the art made available to the public in writing and/or by any other means G – Ⅳ, 7.4	以书面和/或任何其他方式向公众公开的现有技术
Publication	**出版物**
Burden of proof other "print equivalent" publications G – Ⅳ, 7.5.3.2	其他"等同于出版"的出版物的举证责任
Non – traditional publications G – Ⅳ, 7.5.3.3	非传统出版物
Publication of a new specification of the patent D – Ⅶ, 7	新专利说明书的公布
Publication of application A – Ⅵ, A – Ⅵ, 1	申请的公布
Content of the publication A – Ⅵ, 1.3	公布的内容
Date of publication A – Ⅵ, 1.1	公布日
Instructions in Chapter A – Ⅵ ("Publication of application; request for examination and transmission of the dossier to examining division") E – Ⅸ, 2.5	A部分第Ⅵ章（申请的公布；请求审查和传送案卷至审查小组）中的说明
Preventing publication A – Ⅵ, 1.2	阻止公布
Publication in electronic form only A – Ⅵ, 1.4	仅以电子形式公布
Publication of application no publication A – Ⅵ, 1.2	申请的公布 不公布
Request for examination and transmission of the dossier to the examining division A – Ⅵ, 2	请求审查传送案卷至审查小组
Response to the search opinion A – Ⅵ, 3	对检索意见的答复
Separate publication of the European search report A – Ⅵ, 1.5	单独公布欧洲检索报告
Publication of bibliographic data before publication of the application A – Ⅺ, 2.6	在申请公布之前著录项目的公开
Publication of the international application E – Ⅸ, 2.5.1	国际申请的公布
Publication of the patent specification C – Ⅴ, 10	专利说明书的公布

Withdrawal before publication of the patent specification C－Ⅴ，11 在专利说明书公布前撤回

Published European applications as “E” documents B－Ⅵ，4.1.1 **以“E”类文件形式公布的欧洲申请**

Published international applications（WO）as “E” documents B－Ⅵ，4.1.2 **以“E”类文件形式公布的国际申请（WO）**

Purpose of examination C－Ⅰ，4 **审查目的**

Purpose of Part A A－Ⅰ，3 **A 部分的目的**

Purpose of Part B B－Ⅰ，1 **B 部分的目的**

Purpose of payment A－Ⅹ，7，A－Ⅹ，7.1.2 **缴费目的**

Indication of the purpose of payment in the case of claims fees A－Ⅹ，7.3 表明所缴费项是权利要求费

Indication of the purpose of the payment in the case of designation fees A－Ⅹ，7.2 表明所缴费项是指定费

Purpose of the abstract F－Ⅱ，2.1 **摘要的目的**

Q

该关键词字母索引表并非穷举。

R

该关键词字母索引表并非穷举。

“Reach－through” claims F－Ⅲ，9 **“延展式”权利要求**

Novelty of “reach－through” claims G－Ⅵ，9 “延展式”权利要求的新颖性

Reaction to the extended European search report（EESR） B－Ⅺ，8 **对扩展欧洲检索报告（EESR）的答复**

Reallocation instead of refund A－Ⅹ，10.4 **重新分配代替退款**

Reasoned objections B－Ⅺ，3.2.1，C－Ⅲ，4.1.1 **合理质疑**

Reasoning B－Ⅺ，3.2.1，C－Ⅲ，4.1.1 理由

Reasoned statement D－Ⅵ，4.1 **理由陈述**

Reasoning B－Ⅺ，3.2，C－Ⅲ，4.1，E－Ⅹ，1.3.3 **理由**

Analysis of the application and content of the search opinion B－Ⅺ，3.2 申请的分析和检索意见的内容

First communication C－Ⅲ，4.1 第一次通知书

Form and content E－Ⅹ，1.3.3 形式和内容

Positive statements B－Ⅺ，3.2.2 肯定性陈述

Positive statements/suggestions C－Ⅲ，4.1.2 肯定性陈述/建议

Reasoned objections B - Ⅺ, 3.2.1, C - Ⅲ, 4.1.1	合理质疑
Reasoning for a lack of unity objection F - Ⅴ, 3.3	缺乏单一性的反对理由
Minimum requirements for reasoning of lack of unity F - Ⅴ, 3.3.1	缺乏单一性的最低说理要求
Reasoning of decisions E - X, 2.6	决定的理由
Receipts A - Ⅱ, 3.1	**收据**
Receiving Office	**受理局**
Rectification of errors made by the receiving Office or the International Bureau E - Ⅸ, 2.9.3	更正受理局或国际局的错误
Review by the EPO as a designated/elected Office and rectification of errors made by the receiving Office or the International Bureau E - Ⅸ, 2.9	EPO 作为指定局/选定局进行复查并更正受理局或国际局的错误
Receiving Section	**受理处**
Competence A - X, 10.2.1	职责
Examination as to formal requirements A - Ⅲ, 3.2	对形式要求的审查
Recommendation to grant C - Ⅷ, 2	**建议授权**
Recommendation to refuse C - Ⅷ, 3	**建议驳回**
Record of search strategy B - X, 3.4	**检索策略记录**
Recording E - Ⅲ, 11.4	**录音**
Video recordings E - Ⅳ, 1.12	录像
Rectification of errors made by the receiving Office or the International Bureau E - Ⅸ, 2.9.3	**更正受理局或国际局的错误**
Review by the EPO as a designated/elected Office and rectification of errors made by the receiving Office or the International Bureau E - Ⅸ, 2.9	EPO 作为指定局/选定局进行复查并更正受理局或国际局的错误
Reduction	**减免**
Reduction and refunds of fees in respect of international (PCT) applications E - Ⅸ, 2.6	国际（PCT）申请费用的减免和退还
Reduction in examination fee A - Ⅵ, 2.6, A - X, 9.2.3	审查费的减免
Request for examination and transmission of the dossier to the examining division A - Ⅵ, 2.6	请求审查和传送案卷至审查小组
Reduction of fees A - X, 9	费用减免
Special reductions A - X, 9.3	特殊减免
Reduction of the examination fee where the international preliminary examination report is being drawn up by the EPO A - X, 9.3.2	由 EPO 做出国际初审报告的情况下的审查费的减免

Reduction of the search fee for a supplementary European search A – X, 9. 3. 1　补充欧洲检索检索费的减免

Reduction under the language arrangements A – X, 9. 2　涉及语言的费用减免

　　Conditions A – X, 9. 2. 1　条件

　　Reduction of the examination fee A – X, 9. 2. 3　审查费的减免

　　Reduction of the filing fee A – X, 9. 2. 2　申请费的减免

Re – establishment of rights A – Ⅲ, 6. 6, E – Ⅷ, 3, E – Ⅸ, 2. 3. 5. 3, E – Ⅸ, 2. 9. 2, F – Ⅵ, 3. 6　**重新确立权利**

Admissibility of the request E – Ⅷ, 3. 1　请求的可接受性

Claiming priority E – Ⅸ, 2. 3. 5. 3, F – Ⅵ, 3. 6　要求优先权

Decision on re – establishment of rights E – Ⅷ, 3. 3　重新确立权利的决定

Merit of the request E – Ⅷ, 3. 2　请求的价值

Re – establishment of rights in respect of the priority period F – Ⅵ, 3. 6　重新确立优先权期间的权利

Review by the EPO as a designated/elected Office and rectification of errors made by the receiving Office or the International Bureau E – Ⅸ, 2. 9. 2　EPO 作为指定局/选定局进行复查并更正受理局或国际局的错误

Time limits, loss of rights, further and accelerated processing and re – establishment of rights E – Ⅷ, 3　期限、权利丧失、进一步审理、加快审理以及重新确立权利

Time limits, loss of rights, further and accelerated processing and re – establishment of rights E – Ⅷ　期限、权利丧失、进一步审理、加快审理以及重新确立权利

Reference　**引用文献**

Reference documents F – Ⅲ, 8, H – Ⅴ, 2. 5　引证文件

　　Amendments in the description H – Ⅴ, 2. 5　说明书的修改

　　Sufficiency of disclosure F – Ⅲ, 8　充分公开

Reference in the description to drawings F – Ⅱ, 4. 7, F – Ⅳ, 4. 17　说明书中的附图参考

　　Clarity and interpretation of claims F – Ⅳ, 4. 17　权利要求的清楚和解释

　　Description (formal requirements) F – Ⅱ, 4. 7　说明书（形式要求）

Reference signs F – Ⅱ, 4. 8, F – Ⅳ, 4. 18　附图标记

　　Clarity and interpretation of claims F – Ⅳ, 4. 18　权利要求的清楚和解释

　　Consistent use of reference signs as between description, claims and drawings A – Ⅸ, 7. 5. 4　在说明书、权利要求书和附图之间使用一致的附图标记

　　Consistent use of reference signs as between drawings A – Ⅸ, 7. 5. 5　附图之间使用一致的附图标记

　　Description (formal requirements) F – Ⅱ, 4. 8　说明书（形式要求）

Numbers, letters and reference signs A – Ⅸ, 7.5	数字、字母和附图标记
Reference to a previously filed application A – Ⅱ, 4.1.3.1	引用在先申请
Application was filed by reference to a previously filed application A – Ⅳ, 4.1.2	申请是通过引用在先申请的方式提交的
Physical requirements of applications filed by reference to a previously filed application A – Ⅲ, 3.2.1	对于通过引用在先申请提交的申请的实体要求
Sequence listings of an application filed by reference to a previously filed application A – Ⅳ, 5.2	通过引用在先申请提交的申请的序列表
Reference to sequences disclosed in a database F – Ⅱ, 6.1	引用数据库中公开的序列
Reformulation of the subject of the search B – Ⅳ, 2.4	**检索主题的重构**
Refund A – X, 10.1.3, A – X, 10.2.1, A – X, 10.2.2, B – Ⅶ, 2.1, C – Ⅲ, 3.3	**退款**
Reduction and refunds of fees in respect of international (PCT) applications E – Ⅸ, 2.6	国际（PCT）申请费用的减免和退还
Refund of additional search fees C – Ⅲ, 3.3	附加检索费的退还
Refund of examination fee A – Ⅵ, 2.5, A – X, 10.2.3	审查费的退还
Request for examination and transmission of the dossier to the examining division A – Ⅵ, 2.5	请求审查和传送案卷至审查小组
Special refunds A – X, 10.2.3	特殊退款
Refund of fees A – X, 10	退款
Method of refund A – X, 10.3	退款方式
Reallocation instead of refund A – X, 10.4	重新分配代替退款
Special refunds A – X, 10.2	特殊退款
Refund of the fee for grant and publishing A – X, 10.2.5, C – Ⅴ, 9	授权费和公布费的退还
Final stage of examination C – Ⅴ, 9	审查的最后阶段
Special refunds A – X, 10.2.5	特殊退款
Refund of the further search fee A – X, 10.2.2	进一步检索费用的退还
Refund of the search fee A – X, 10.2.1	检索费的退还
Refund pursuant to Rule 37 (2) A – X, 10.2.4	根据细则第 37（2）条退款
Refunds to a bank account A – X, 10.3.2	退款到银行账户
Refunds to a deposit account A – X, 10.3.1	退款到存款账户
Request for refund of further search fee (s) B – Ⅶ, 2.1	要求退还进一步检索费
Refusal C – Ⅴ, 4.7.3, C – Ⅴ, 14	**驳回**
Issuing a further communication (no refusal) C – Ⅴ, 15.4	发出进一步通知书（非驳回）
Refusal of the earlier application A – Ⅳ, 2.6	在先申请的驳回

Refusal to admit amendments under Rule 137 (3) E－X, 2.11	根据细则第137（3）条拒绝接受修改
Register of European Patents A－XI, 1	**欧洲专利登记簿**
Entries D－I, 6	条目
Registered letter E－II, 2.3	**挂号信**
Registered trade marks F－II, 4.14	**注册商标**
Registration E－XIV, 6.1	**登记**
Cancellation of the registration E－XIV, 6.2	取消登记
Registration of changes of name, transfers, licences and other rights E－XIV	名称、转让、许可和其他权利变更的登记
Changes of name E－XIV, 5	名称变更
Licences and other rights E－XIV, 6	许可和其他权利
Responsible department E－XIV, 2	负责部门
Transfer of the European patent E－XIV, 4	欧洲专利的转让
Transfer of the European patent application E－XIV, 3	欧洲专利申请的转让
Reimbursement for witnesses and experts E－IV, 1.10.1, E－IV, 1.10.2	**证人和专家费用的报销**
Reimbursement of appeal fees E－XII, 7.3	**上诉费用的退还**
Rejection of the opposition D－VIII, 1.3	**异议请求的驳回**
Communication in the event of deficiencies as described in D－IV, 1.2.2 which, if not remedied, will lead to rejection of the opposition as inadmissible D－IV, 1.3.2	当存在D部分第IV章1.2.2中所述缺陷，该缺陷如不克服将导致异议因无法受理而被驳回时发出的通知
Rejection of the opposition as inadmissible by the opposition division, the patent proprietor not being a party D－IV, 3	异议小组以不可受理为由驳回异议请求，专利权人不作为当事人
Rejection of the request D－X, 6	**请求的驳回**
Relation to opposition proceedings D－X, 7	**与异议程序的关系**
Filing of opposition after decision on limitation D－X, 7.2	在限制决定作出后提出异议
Precedence of opposition proceedings D－X, 7.1	异议程序优先
Relation to unity in search C－III, 3.1, C－III, 3.1.1	**检索与单一性的关系**
Additional search fees paid C－III, 3.1.2	已缴纳附加检索费
Invitation to pay additional search fees combined with invitation to restrict the scope of the search C－III, 3.1.3	通知缴纳附加检索费并限制检索范围
Limitation to searched invention no additional search fees paid C－III, 3.1.1	限制到已检索的发明 不缴纳附加检索费
Relationship between documents and claims B－X, 9.3	**文件和权利要求之间的关系**
Relative terms F－IV, 4.6	**相对术语**

Clarity objections F－Ⅳ，4.6.1	清楚性反对意见
Interpretation of relative terms F－Ⅳ，4.6.2	相对术语的解释
Relevant date of a prior－art document G－Ⅵ，3	**现有技术文件的相关日期**
Remittal to the board of appeal E－Ⅻ，7.2	**移交至上诉委员会**
Remittal to the division after appeal E－Ⅻ，9	**上诉后移交给审查小组**
Consequences for the division E－Ⅻ，9.2	对小组的影响
Orders on remittal E－Ⅻ，9.1	移交决议
Remote connection of applicants and their representatives E－Ⅲ，8.2.2.1	**申请人及其代理人的远程连接**
Remote connection of members of the examining division E－Ⅲ，8.2.2.2	**审查小组成员的远程连接**
Renewal fees A－Ⅳ，1.4.3，A－X，5.2.4，E－Ⅸ，2.3.12	**维持费**
Due date for specific fees A－X，5.2.4	特定费用的到期日
Instructions in Chapter A－Ⅲ（"Examination of formal requirements"）E－Ⅸ，2.3.12	A部分第Ⅲ章（对形式要求的审查）中的说明
Renunciation of rights E－Ⅷ，8	**放弃权利**
Statement of withdrawal E－Ⅷ，8.3	撤回声明
Surrender of patent E－Ⅷ，8.4	放弃专利
Withdrawal of application or designation E－Ⅷ，8.1	撤回申请或指定
Withdrawal of priority claim E－Ⅷ，8.2	撤回优先权要求
Repeatability of results of microbiological processes G－Ⅱ，5.5.2	**微生物方法结果的可重复性**
Replacement documents and translations A－Ⅷ，2.2	**替换文件和译文**
Replacement or removal of features from a claim H－Ⅴ，3.1	**权利要求中特征的替换或删除**
Reply	**答复**
Reply explicitly disapproving the proposed text without indicating an alternative text C－Ⅴ，4.9	答复时明确不同意建议的文本但未指明替代文本
Reply in time B－Ⅷ，3.2.2，C－Ⅴ，3	按期答复
Failure to reply in time B－Ⅷ，4.2.1	未按期答复
Failure to reply in time or no reply B－Ⅷ，3.2.1	未按期答复或未答复
Reply to the invitation under Rule 62a（1）B－Ⅷ，4.2	答复根据细则第62a（1）条的通知书
Failure to reply in time B－Ⅷ，4.2.1	未按期答复
Reply filed in time B－Ⅷ，4.2.2	按期答复
Reply to the invitation under Rule 63（1）B－Ⅷ，3.2	答复根据细则第63（1）条的通知书

Failure to reply in time or no reply B – Ⅷ, 3.2.1 未按期答复或未答复

Representation A – Ⅲ, 2, A – Ⅷ, 1, A – Ⅷ, 3.1, D – I, 7 **代理**

Common provisions A – Ⅷ, 1 共同规定

Common representative A – Ⅷ, 1.4 共同代表

Examination of formal requirements A – Ⅲ, 2 对形式要求的审查

General authorisation A – Ⅷ, 1.7 总授权书

Invitation to file authorisation and legal consequence in case of non – compliance A – Ⅷ, 1.8 通知提交授权书以及不满足要求情况下的法律后果

List of professional representatives A – Ⅷ, 1.2 职业代理人名单

Non – compliance A – Ⅲ, 2.2 不符合规定

Representation by a legal practitioner A – Ⅷ, 1.5 由法律从业者代理

Representation by a professional representative A – Ⅷ, 1.2 由职业代理人代理

Representation by an employee A – Ⅷ, 1.3 由雇员代理

Representation of drawings A – Ⅸ, 2 附图的展示

Figure accompanying the abstract A – Ⅸ, 2.3 摘要附图

Grouping of drawings A – Ⅸ, 2.1 附图的分组

Reproducibility of drawings A – Ⅸ, 2.2 附图的可复制性

Representation, address for correspondence E – Ⅸ, 2.3.1 代理，通信地址

Requirements A – Ⅲ, 2.1 要求

Signature of documents A – Ⅷ, 3.1 文件的签名

Signed authorisation A – Ⅷ, 1.6 签署的总授权书

Representatives **代理**

Appointment of representatives A – Ⅷ, 1.1 委托代理

Authorisations A – Ⅷ, 1.1, A – Ⅷ, 1.6 授权

Common representatives A – Ⅷ, 1.4 共同代表

List of professional representatives A – Ⅷ, 1.2, A – Ⅷ, 1.5 职业代理人名单

Notification to representatives E – Ⅱ, 2.5 通知代理人

Remote connection of applicants and their representatives E – Ⅲ, 8.2.2.1 申请人及其代理人的远程连接

Reproducibility of drawings A – Ⅸ, 2.2 **附图的可复制性**

Request **请求**

Admissibility during examination procedure further requests for amendment after approval H – Ⅱ, 2.6 审查程序中批准后的进一步修改请求的可接受性

Admissibility of auxiliary requests H – Ⅲ, 3.3.2 附加请求的可接受性

Admissibility of the request E – Ⅷ, 3.1	请求的可接受性
Amended main/single request filed with the appeal E – Ⅻ, 7.4.2	上诉时提交的经修改的主要/单一请求
Amendments made by the EPO at the request of a party H – Ⅲ, 2.4	EPO应当事人的请求做出的修改
Auxiliary requests H – Ⅲ, 3	附加请求
Auxiliary requests in examination proceedings H – Ⅲ, 3.3	审查程序中的附加请求
Auxiliary requests in limitation proceedings H – Ⅲ, 3.5	限制程序中的附加请求
Auxiliary requests in opposition proceedings H – Ⅲ, 3.4	异议程序中的附加请求
Auxiliary requests in the search phase H – Ⅲ, 3.2	检索阶段的附加请求
Complete text for auxiliary request available H – Ⅲ, 3.3.5	附加请求的完整文本可获得
Complete text for auxiliary request not yet available H – Ⅲ, 3.3.4	附加请求的完整文本尚不可得
Confidentiality of the request A – Ⅺ, 2.4	请求的机密性
Criteria for admissibility of auxiliary requests H – Ⅲ, 3.3.2.1	附加请求的可接受性标准
Decision on a notified loss of rights at the request of the person concerned D – Ⅷ, 2.3	应相关人请求对已告知的权利丧失作出的决定
Decision on request for revocation D – X, 3	针对撤销的请求的决定
Decision on the request and the taking of evidence E – Ⅳ, 2.4	关于请求和取证的决定
Deficiencies which lead to the request being deemed not to have been filed D – X, 2.1	导致请求被视为未提出的缺陷
Deficiencies which, if not remedied, lead to the request being rejected as inadmissible D – X, 2.2	如不加克服会导致异议请求因不受理而被驳回的缺陷
Entitlement to file the request E – Ⅷ, 3.1.2	提出请求的资格
Examination for deficiencies in the request D – X, 2	对请求中缺陷的审查
Fees payable for procedural and other requests A – X, 5.2.7	程序性请求和其他请求的应付费用
Form of the request and applicable time limit E – Ⅷ, 3.1.3	请求的格式和适用的期限
Formal procedure for limitation when the request is allowable D – X, 5	允许请求后限制的正式程序
Further action upon examination of replies further action where a request for a translation of the priority application was sent earlier in examination proceedings C – Ⅳ, 3.1	审查答复后的进一步通知 如果在审查程序中较早发送优先权申请的翻译请求，则继续发出通知书
Further requests for amendment after approval C – Ⅴ, 5	批准后的进一步修改请求
Higher – ranking request not admissible and/or not allowable C – Ⅴ, 4.7.1.1	更高级别的请求不被认可和/或不允许

Indication of the amendments made in the requests and of their basis H－Ⅲ，3.3.1 在请求中指明所做的修改及其依据

Late－filed requests after summons to oral proceedings in examination H－Ⅱ，2.7 在审查阶段收到口头审理通知后迟交的请求

Late－filed requests in opposition proceedings H－Ⅱ，3.5 在异议程序中迟交的请求

Main and auxiliary requests E－X，2.9 主要请求和附加请求

Main and auxiliary requests filed with the appeal E－Ⅻ，7.4.3 与上诉一起提交的主要请求和附加请求

Merit of the request E－Ⅷ，3.2 请求的价值

Multiple requests D－X，11 多项请求

Neither main nor auxiliary requests allowable H－Ⅲ，3.1.3 主要请求和附加请求均不允许

Oral proceedings at the request of a party E－Ⅲ，2 应一方当事人请求的口头审理程序

Rejection of the request D－X，6 请求的驳回

Request for a decision according to the state of the file C－Ⅴ，15.1 根据案卷状态作出决定的请求

Request for amendments or corrections in reply to the Rule 71（3）communication C－Ⅴ，4 答复根据细则第71（3）条的通知书时请求修改或更正

- Adaptation of the description C－Ⅴ，4.5 说明书的适应性修改
- Admissibility of amendments C－Ⅴ，4.4 修改的可接受性
- Amendments not admitted and/or not allowable，examination resumed C－Ⅴ，4.7 不认可和/或不允许的修改，恢复审查
- Amendments or corrections should be reasoned C－Ⅴ，4.3 修改或更正应提出理由
- Amendments/corrections admitted and allowable－second Rule 71（3）communication sent C－Ⅴ，4.6 接受和允许的修改/更正——根据细则第71（3）条的第二次通知书已发出
- Crediting of fees paid voluntarily C－Ⅴ，4.2 自愿缴纳费用的计入
- Fees to be paid within the second Rule 71（3）period C－Ⅴ，4.8 在细则第71（3）条规定的第二阶段应缴纳的费用
- Reply explicitly disapproving the proposed text without indicating an alternative text C－Ⅴ，4.9 答复明确不同意建议的文本但未指明替代文本
- Request for amendments or corrections in reply to the Rule 71（3）communication no payment of fees or filing of translations necessary C－Ⅴ，4.1 答复根据细则第71（3）条的通知书时请求修改或更正请求，无须缴纳费用或提交必要的译文

Request for correction of minutes E－Ⅲ，10.4 请求更正笔录

Request for documents D－Ⅶ，2 对文件的要求

Request for examination C－Ⅱ，1，E－Ⅸ，2.5.2 审查请求

Confirmation of the intention to proceed further with the application C – Ⅱ, 1.1	确认进一步审查申请的意向
Euro – PCT applications C – Ⅱ, 1.2	欧洲 – PCT 申请
Filing fee, designation fee, request for examination and search fee E – Ⅸ, 2.1.4	申请费、指定费、实质审查费和检索费
Instructions in Chapter A – Ⅵ ("Publication of application; request for examination and transmission of the dossier to examining division") E – Ⅸ, 2.5	A 部分第Ⅵ章（申请的公布；请求审查和传送案卷至审查小组）中的说明
Invention to be examined C – Ⅱ, 1.3	待审查的发明
Responsibility of the Receiving Section and the Examining Division A – Ⅲ, 3.2, C – Ⅱ, 1	受理部门和审查小组的职责
Search, publication and request for examination of divisional applications A – Ⅳ, 1.8	分案申请的检索、公布和审查请求
Time limit for filing the request for examination A – Ⅵ, 2.2	提交审查请求书的期限
Time limits E – Ⅶ, 1.5	期限
Request for examination and transmission of the dossier to examining division A – Ⅵ, A – Ⅵ, 2	请求审查和传送案卷至审查小组
Communication A – Ⅵ, 2.1	通知书
Instructions in Chapter A – Ⅵ ("Publication of application; request for examination and transmission of the dossier to examining division") E – Ⅸ, 2.5	A 部分第Ⅵ章（申请的公布；请求审查和传送案卷至审查小组"）中的说明
Legal remedy A – Ⅵ, 2.3	法律救济
Publication of application A – Ⅵ, 1	申请的公布
Reduction in examination fee A – Ⅵ, 2.6	审查费的减免
Refund of examination fee A – Ⅵ, 2.5	审查费的退还
Response to the search opinion A – Ⅵ, 3	对检索意见的答复
Time limit for filing the request for examination A – Ⅵ, 2.2	提交审查请求书的期限
Transmission of the dossier to the examining division A – Ⅵ, 2.4	传送案卷至审查小组
Request for further oral proceedings E – Ⅲ, 3	再次口头审理的请求
Request for grant A – Ⅲ, 4, A – Ⅳ, 1.3.2, E – Ⅸ, 2.3.3, F – Ⅱ, 3	授权请求
Examination of formal requirements A – Ⅲ, 4	对形式要求的审查
Examination of the request for grant form A – Ⅲ, 4.2	对授权请求表格的审查

Examination of the request for grant form further requirements laid down by Rule 41 (2) A－Ⅲ, 4.2.3　　对授权申请表格的审查 细则第41 (2) 条规定的进一步要求

Filing a divisional application A－Ⅳ, 1.3.2　　提交分案申请

Instructions in Chapter A－Ⅲ ("Examination of formal requirements") E－Ⅸ, 2.3.3　　A部分第Ⅲ章（对形式要求的审查）中的说明

Request for grant form A－Ⅲ, 11.3.5　　请求授权表格

Examination of the request for grant form A－Ⅲ, 4.2　　对授权请求表格的审查

Examination of the request for grant form further requirements laid down by Rule 41 (2) A－Ⅲ, 4.2.3　　对授权请求表格 细则第41 (2) 条规定的进一步要求

Request for grant of an EP, form A－Ⅲ, 13.2　　请求授予EP专利表

Request for oral proceedings by an opponent whose opposition is to be rejected as inadmissible or is deemed not to have been filed E－Ⅲ, 2.1　　异议人提出口头审理程序请求，其异议将因不可受理而被驳回或被视为未提交

Request for oral proceedings in examination to be held on EPO premises E－Ⅲ, 2.2　　在审查中请求在欧洲专利局的场所进行口头审理

Request for publishing fee, translations and a formally compliant version of amended text passages D－Ⅵ, 7.2.3　　要求缴纳公布费、提交译文和正式合规的修订文本

Request for refund of further search fee (s) B－Ⅶ, 2.1　　要求退还进一步检索费

Request for the conservation of evidence E－Ⅳ, 2.2　　证据保全请求

Request from a national court for a technical opinion concerning a European patent E－XIII　　国家法院请求就欧洲专利提供技术意见

Composition and duties of the examining division E－XIII, 3　　审查小组的组成和职责

Language to be used E－XIII, 4　　使用的语言

Procedure E－XIII, 5　　程序

Scope of the technical opinion E－XIII, 2　　技术意见的范围

Request to adjourn opposition proceedings D－Ⅵ, 8　　请求暂停异议程序

Requesting information on prior art (not confined to priority) C－Ⅲ, 6　　要求提供现有技术信息（不限于优先权）

Requesting postponement during oral proceedings E－Ⅲ, 8.11.1　　在口头审理程序期间请求延期

Requests for samples of biological material A－Ⅳ, 4.4　　请求提供生物材料样品

Requests to change the date of oral proceedings E－Ⅲ, 7.1.1　　请求变更口头审理的日期

Rule 137 (3) in conjunction with auxiliary requests H－Ⅱ, 2.3.1.4　　细则第137 (3) 条与附加请求联用

Second Rule 71 (3) communication based on higherranking request initially rejected in first Rule 71 (3) communication C – Ⅴ, 4.6.2 最初在依据细则第 71（3）条的第一次通知书中被驳回，基于更高级别的请求依据细则第 71（3）条发出第二次通知书

Sequence of requests H – Ⅲ, 3.1.1 请求顺序

Substantiation of the request E – Ⅷ, 3.1.4 请求的证实

Timeliness and structure of auxiliary requests H – Ⅲ, 3.3.2.2 附加请求的及时性和结构

Withdrawal of the extension or validation request A – Ⅲ, 12.3 延伸或生效请求的撤回

Withdrawal of the request D – X, 9, E – XⅢ, 5.3 请求的撤回

Withdrawal of the request for oral proceedings E – Ⅲ, 7.2.2 撤回口头审理请求

Requirement of unity of invention F – Ⅴ, 2 **发明单一性的要求**

Division's approach F – Ⅴ, 2.2 小组的处理方法

Insufficient grounds for lack of unity F – Ⅴ, 2.1 缺乏单一性的理由不足

Requirements as to form E – X, 2.3 **形式要求**

Requirements for entry into the European phase E – Ⅸ, 2.1.1 **进入欧洲阶段的要求**

Residence or principal place of business A – Ⅲ, 2.1, A – Ⅵ, 2.6, A – Ⅶ, 3.2, A – Ⅷ, 1.1, A – Ⅷ, 1.3, A – X, 9.2.1, D – Ⅳ, 1.2.2.2, D – Ⅶ, 6 **居所或主要营业所**

Response **答复**

Response filed before first communication in examination C – Ⅱ, 3 在第一次审查意见通知书之前提交的答复

Invitation under Rule 70a (1) C – Ⅱ, 3.3 根据细则第 70a（1）条发出的通知书

Response to PCT actions prepared by the EPO C – Ⅱ, 3.2 对 EPO 作出的 PCT 通知书的答复

Response to communication pursuant to Rule 58 filed with the appeal E – Ⅻ, 7.4.4 上诉时提交的对依据细则第 58 条通知书的答复

Response to the search opinion A – Ⅵ, 3, C – Ⅱ, 3.1 对检索意见的答复

Amendments made in response to the search opinion C – Ⅲ, 2.1 针对检索意见所做的修改

Comments and amendments in response to the search opinion B – Ⅺ, 3.3 针对检索意见的意见和修改

Responsibility A – Ⅲ, 7.2 **责任**

Responsibility for formalities examination A – I, 2 形式审查责任

Responsible department A – Ⅳ, 2.2.1, E – Ⅶ, 1.2, E – XⅣ, 2 **负责部门**

Interruption E－Ⅶ，1.2	中断
Registration of changes of name，transfers，licences and other rights E－ⅪⅤ，2	名称、转让、许可和其他权利变更的登记
Stay of proceedings for grant A－Ⅳ，2.2.1	授权程序的中止
Restoration of priority E－Ⅸ，2.3.5.3	**恢复优先权**
Restricted IPER F－Ⅴ，7.4	**受限的 IPER**
Restrictions B－Ⅳ，2.1	**限制**
Restriction of the subject of the search B－Ⅹ，8	对检索主题的限制
Restriction to a single，searched invention H－Ⅱ，7.1	限制到单一一项已检索的发明
Restriction to an unsearched invention H－Ⅱ，7.2	限制到未检索的发明
Restrictions to file inspection A－Ⅺ，2.3	档案查阅的限制
Result to be achieved F－Ⅳ，4.10	**要达到的效果**
Resumption	**恢复**
Resumption of proceedings E－Ⅶ，1.4	恢复程序
Resumption of the proceedings for grant A－Ⅳ，2.2.5	授权程序的恢复
Resumption after final decision in entitlement proceedings A－Ⅳ，2.2.5.1	在授权程序的最终决定后恢复
Resumption regardless of the stage of entitlement proceedings A－Ⅳ，2.2.5.2	不考虑授权程序的阶段的恢复
Resumption of time limits E－Ⅶ，1.5	恢复期限
Review	**复查**
Review by the EPO as a designated/elected Office and rectification of errors made by the receiving Office or the International Bureau E－Ⅸ，2.9	EPO 作为指定局/选定局进行复查并更正受理局或国际局的错误
Determination of filing date in the case of erroneously filed elements or parts of the international application E－Ⅸ，2.9.4	在错误提交国际申请的项目或者部分的情况下申请日的确定
Rectification of errors made by the receiving Office or the International Bureau E－Ⅸ，2.9.3	更正受理局或国际局的错误
Review by the EPO under Art. 24 PCT and excuse of delays under Art. 48（2）PCT E－Ⅸ，2.9.2	由 EPO 根据 PCT 条约第 24 条进行复查以及根据 PCT 条约第 48（2）条的延误免责
Review by the EPO under Art. 25 PCT E－Ⅸ，2.9.1	由 EPO 根据 PCT 条约第 25 条进行复核
Review of non－unity findings F－Ⅴ，5.3	复查不具备单一性的结论

Reviews or books B – X, 11.4	综述或书籍
Revision of stated technical problem H – V, 2.4	**声称技术问题的修改**
Revocation	**撤销**
Revocation of the European patent D – Ⅷ, 1.2	欧洲专利的撤销
Revocation for failure to notify the appointment of a new representative D – Ⅷ, 1.2.3	未告知委托了新代理人而导致的撤销
Revocation for failure to pay the prescribed fee for publishing, to file a translation or to file a formally compliant version of amended text passages D – Ⅷ, 1.2.2	未缴纳规定的公布费、未提交译文、未提交修改文本段落符合形式要求的版本而撤销
Revocation in the event of requirements not being met until after expiry of time limits D – Ⅷ, 1.2.4	在期限届满之后仍未满足要求而导致的撤销
Revocation of the patent in the event that the patent proprietor no longer wishes the patent to be maintained as granted D – Ⅷ, 1.2.5	专利权人不希望专利在原授权文本基础上维持时专利的撤销
Revocation on substantive grounds D – Ⅷ, 1.2.1	基于实质理由的撤销
Revocation of the patent D – Ⅵ, 2.2	专利的撤销
Revocation of the patent in the event that the patent proprietor no longer wishes the patent to be maintained as granted D – Ⅷ, 1.2.5	专利权人不希望专利在原授权文本基础上维持时专利的撤销
Right	**权利**
Amendments occasioned by national rights H – Ⅱ, 3.3	由国家权利引起的修改
Cases of loss of rights E – Ⅷ, 1.9.1	权利丧失的情形
Conflict with national rights of earlier date G – Ⅳ, 6	与在先国家权利抵触
Decision on a notified loss of rights at the request of the person concerned D – Ⅷ, 2.3	应相关人请求对已告知的权利丧失作出的决定
Decision on loss of rights E – Ⅷ, 1.9.3	权利丧失的决定
Decision on re – establishment of rights D – Ⅷ, 2.4, E – Ⅷ, 3.3	重新确立权利的决定
Different texts where national rights of earlier date exist H – Ⅲ, 4.4	存在在先国家权利的不同文本
Licences and other rights E – ⅩⅣ, 6	许可和其他权利
Loss of rights A – X, 6.2.6, E – Ⅷ, 1.9.1	权利丧失
Loss of rights and legal remedies A – Ⅲ, 6.8.3	权利丧失和法律救济
National earlier rights B – Ⅵ, 4.2	国家在先权利
Noting and communication of loss of rights E – Ⅷ, 1.9.2	权利丧失的记录和通知
Noting of loss of rights A – X, 6.2.6	权利丧失的通知

Opposition cases with different texts where a transfer of rights by virtue of a final decision pursuant to Art. 61 takes place in examination proceedings H – Ⅲ, 4.3.3	在审查过程中由于依据公约第61条所作的最终决定发生了权利转让的情况下具有不同文本的异议案例
Re – establishment of rights A – Ⅲ, 6.6, E – Ⅷ, 3, E – Ⅸ, 2.3.5.3, E – Ⅸ, 2.9.2, F – Ⅵ, 3.6	重新确立权利
Re – establishment of rights in respect of the priority period F – Ⅵ, 3.6	重新确立优先权期间的权利
Registration of changes of name, transfers, licences and other rights E – ⅩⅣ	名称、转让、许可和其他权利变更的登记
Renunciation of rights E – Ⅷ, 8	放弃权利
Right of priority F – Ⅵ, 1	优先权
Applications giving rise to a right of priority A – Ⅲ, 6.2	能够产生优先权的申请
Filing date as effective date F – Ⅵ, 1.1	申请日为有效日
First application F – Ⅵ, 1.4	首次申请
Multiple priorities and partial priorities F – Ⅵ, 1.5	多项优先权和部分优先权
Priority date as effective date F – Ⅵ, 1.2	优先权日为有效日
Validly claiming priority F – Ⅵ, 1.3	有效的优先权要求
Right of the other members of the division to put questions E – Ⅲ, 8.10	审查小组的其他成员提出问题的权利
Right to amend H – I	修改的权利
Right to be heard E – Ⅵ, 2.2.4	听证的权利
Rights of earlier date B – Ⅵ, 4.2, D – I, 3, H – Ⅲ, 4.4	在先权利
Time limits and loss of rights resulting from failure to respond within a time limit E – Ⅷ, 1	期限与由于未能在期限内作出答复而导致的权利丧失
Time limits, loss of rights, further and accelerated processing and re – establishment of rights E – Ⅷ	期限、权利丧失、进一步审理以及重新确立权利
Transfer of rights E – ⅩⅣ, 3, E – ⅩⅣ, 6.1	权利转让
Rule	**细则**
Rule 137 (3) in conjunction with Article 123 (2) H – Ⅱ, 2.3.1.2	细则第137（3）条与公约第123（2）条联用
Rule 137 (3) in conjunction with Article 83 H – Ⅱ, 2.3.1.1	细则第137（3）条与公约第83条联用
Rule 137 (3) in conjunction with Article 84 – missing essential feature H – Ⅱ, 2.3.1.3	细则第137（3）条与公约第84条联用——缺少必要技术特征
Rule 137 (3) in conjunction with auxiliary requests H – Ⅱ, 2.3.1.4	细则第137（3）条与附加请求联用

Rule 137 (4) and oral proceedings H－Ⅲ, 2.1.3 细则第137 (4) 条和口头审理程序
Rule 137 (4) applies E－Ⅸ, 3.4 细则第137 (4) 条的适用
    Rule 137 (4) applies to amendments filed at this stage H－Ⅱ, 2.5.4 细则第137 (4) 条适用于在此阶段提交的修改
Rule 137 (4) communication and response thereto H－Ⅲ, 2.1.1 细则第137 (4) 条通知书及其答复
Rule 161 communication issued before 1 April 2010 E－Ⅸ, 3.3.3 2010年4月1日前发出的细则第161条的通知书
Rule 42 (1) (c) vs. Art. 52 (1) F－Ⅱ, 4.6 细则第42 (1) (c) 条与公约第52 (1) 条
Rule 62a and/or Rule 63 cases H－Ⅱ, 6.1 细则第62a条和/或细则第63条的情形
Rules of Procedure of the Boards of Appeal E－Ⅻ, 8 上诉委员会的程序规则

S

该关键词字母索引表并非穷举。

Same invention F－Ⅵ, 2.2 **相同发明**
Scale of drawings A－Ⅸ, 7.4 **附图的比例**
Schemes rules and methods **方案、规则和方法**
Schemes, rules and methods for performing mental acts, playing games or doing business G－Ⅱ, 3.5 进行智力活动、游戏或商业的方案、规则和方法
    Schemes, rules and methods for doing business G－Ⅱ, 3.5.3 商业的方案、规则和方法
    Schemes, rules and methods for performing mental acts G－Ⅱ, 3.5.1 进行智力活动的方案、规则和方法
    Schemes, rules and methods for playing games G－Ⅱ, 3.5.2 游戏的方案、规则和方法
Scientific theories G－Ⅱ, 3.2 **科学理论**
List of exclusions G－Ⅱ, 3.2 排除的主题清单
Scope **范围**
Scope of application of Rule 134 E－Ⅷ, 1.6.2.3 细则第134条的适用范围
Scope of the examination D－Ⅹ, 4.3 审查的范围
Scope of the search B－Ⅲ, 2 检索范围
    Completeness of the search B－Ⅲ, 2.1 检索的完整性
    Effectiveness and efficiency of the search B－Ⅲ, 2.2 检索的有效性和效率
    Invitation to pay additional search fees combined with invitation to restrict the scope of the search C－Ⅲ, 3.1.3 通知缴纳附加检索费并限制检索范围
    Search in analogous fields B－Ⅲ, 2.3 在相近领域中检索

Search on the internet B – Ⅲ, 2.4	在互联网上检索
Scope of the technical opinion E – XⅢ, 2	技术意见的范围
Search A – Ⅲ, 10.2, A – Ⅵ, 1.3, B – Ⅱ, 4, B – Ⅲ, 3.1, B – Ⅳ, 1.2, B – Ⅳ, 1.3, B – Ⅷ, 3.4, B – Ⅷ, 4.5, B – X, 7, F – Ⅱ, 2.2, F – Ⅱ, 2.6	**检索**
Accelerated search E – Ⅷ, 4.1	加快检索
Account of the search B – X, 3.3	检索账户
Additional search D – Ⅵ, 5	附加检索
Amendments required by a limitation of the search under Rule 62a and/or Rule 63 H – Ⅱ, 5	根据细则第 62a 条和/或细则第 63 条因检索限制需做的修改
Auxiliary requests in the search phase H – Ⅲ, 3.2	检索阶段的附加请求
Basis for the search B – Ⅲ, 3.1	检索的基础
Characteristics of the search B – Ⅲ	检索的特点
Complete search despite of lack of unity B – Ⅶ, 2.2	尽管缺乏单一性仍全面检索
Completeness of the search B – Ⅲ, 2.1	检索的完整性
Copy of the search results for the priority or priorities A – Ⅲ, 6.12, C – Ⅱ, 5	一项或多项优先权检索结果的副本
Documents discovered after completion of the search B – Ⅳ, 3.2	完成检索后发现的文件
Effectiveness and efficiency of the search B – Ⅲ, 2.2	检索的有效性和效率
Extension of the search B – Ⅵ, 5.3	扩展检索
Filing, search and designation fee (s) A – Ⅳ, 1.4.1	申请费、检索费和指定费
International applications with supplementary search F – Ⅴ, 7.2	有补充检索的国际申请
International applications without supplementary search F – Ⅴ, 7.1	没有补充检索的国际申请
Invitation to indicate subject – matter for search B – Ⅷ, 3.1	通知注明要检索主题
Invitation to indicate which independent claim to search B – Ⅷ, 4.1	通知注明要检索的独立权利要求
IPC classification when the scope of the invention is not clear (e.g. a partial search) B – Ⅴ, 3.2	发明范围不清楚时（例如，部分检索）的 IPC 分类
No meaningful search possible B – Ⅷ, 3	无法进行有意义的检索
Objective of the search B – Ⅱ, 2	检索的目标
Opinions of the search division B – Ⅲ, 1	检索小组的意见
Opinions on matters relating to limitation of the search B – Ⅲ, 1.2	关于限制检索内容的意见

Procedure in the case of lack of unity during search F－Ⅴ，4	检索阶段在缺乏单一性情况下的程序
Provisional opinion accompanying the partial search results F－Ⅴ，4.1	部分检索结果附带的临时意见
Relation to unity in search C－Ⅲ，3.1，C－Ⅲ，3.1.1	检索与单一性的关系
Scope of the search B－Ⅲ，2	检索范围
Search and substantive examination B－Ⅱ，1	检索和实质审查
Contact between the applicant and the search division B－Ⅱ，1.1	申请人与检索小组之间的沟通
Search at the examination stage C－Ⅳ，7.3	审查阶段的检索
Search division consisting of more than one member B－Ⅰ，2.2	由多个成员组成的检索小组
Search division consisting of more than one member further searches on a non－unitary application in a different technical field B－Ⅰ，2.2.2	由多个成员组成的检索小组进一步在不同技术领域检索缺乏单一性的申请
Where claimed unitary subject－matter covers more than one technical field B－I，2.2.1	如果要求保护的单一主题涵盖多个技术领域
Search divisions B－I，2，B－Ⅱ，4.1	检索小组
Consultation with other examiners B－I，2.1	与其他审查员协商
Organisation and composition of the documentation available to the search divisions B－Ⅸ，1.1	检索小组可用文件的组织和组成
Search division's approach B－Ⅺ，3.7	检索小组的处理方法
Search division's dossier B－Ⅺ，3.1	检索小组的文档
Search documentation B－Ⅱ，3，B－Ⅸ	检索对比文件
Access to EPO documentation for the national patent offices B－Ⅸ，5	国家专利局获取 EPO 文件
Non－patent literature arranged for library－type access B－Ⅸ，4	为图书馆型访问而设置的非专利文献
Non－patent literature arranged for systematic access B－Ⅸ，3	为系统式访问而设置的非专利文献
Patent documents arranged for systematic access B－Ⅸ，2	为系统式访问而设置的专利文献
Search fee	检索费
Additional search fees paid C－Ⅲ，3.1.2	已缴纳附加检索费
Applicant has not paid all additional search fees B－Ⅶ，1.2.3	申请人未缴纳所有附加检索费
European search A－Ⅲ，13.1，A－Ⅳ，1.4.1，A－X，10.2.1，F－Ⅴ，1	欧洲检索

Filing and search fees A – Ⅲ, 13	申请费和检索费
Filing fee and search fee A – X, 5.2.1	申请费和检索费
Filing fee, designation fee, request for examination and search fee E – Ⅸ, 2.1.4	申请费、指定费、实质审查费和检索费
Invitation to pay additional search fees combined with invitation to restrict the scope of the search C – Ⅲ, 3.1.3	通知缴纳附加检索费并限制检索范围
Invitation to pay further search fees B – Ⅶ, 1.2	通知缴纳进一步检索费
Limitation to searched invention no additional search fees paid C – Ⅲ, 3.1.1	限制到已检索的发明 不缴纳附加检索费
Reduction of the search fee for a supplementary European search A – X, 9.3.1	补充欧洲检索检索费的减免
Refund of additional search fees C – Ⅲ, 3.3	附加检索费的退还
Refund of the further search fee A – X, 10.2.2	进一步检索费用的退还
Refund of the search fee A – X, 10.2.1	检索费的退还
Request for refund of further search fee (s) B – Ⅶ, 2.1	要求退还进一步检索费
Supplementary European search A – X, 9.3.1, A – X, 10.2.1, B – Ⅷ, 3.4, B – Ⅷ, 4.5, E – Ⅸ, 2.1.4, F – Ⅴ, 7.1	补充欧洲搜索
Search for conflicting European applications C – Ⅳ, 7.1	检索抵触欧洲申请
Search in analogous fields B – Ⅲ, 2.3	在相近领域中检索
Search on dependent claims B – Ⅲ, 3.8	从属权利要求的检索
Search on the internet B – Ⅲ, 2.4	在互联网上检索
Search opinion B – Ⅺ, B – Ⅺ, 1.1	检索意见
Amendments made in response to the search opinion C – Ⅲ, 2.1	针对检索意见所做的修改
Analysis of the application and content of the search opinion B – Ⅺ, 3	申请的分析和检索意见的内容
Art. 124 and the utilisation scheme B – Ⅺ, 9	公约第124条和使用方案
Basis of the search opinion B – Ⅺ, 2	检索意见的基础
Comments and amendments in response to the search opinion B – Ⅺ, 3.3	针对检索意见的意见和修改
No search opinion is issued B – Ⅺ, 7	未出具检索意见
Priority claim and the search opinion B – Ⅺ, 4	优先权要求和检索意见
Reaction to the extended European search report (EESR) B – Ⅺ, 8	对扩展欧洲检索报告（EESR）的答复
Response to the search opinion A – Ⅵ, 3, C – Ⅱ, 3.1	对检索意见的答复

Search opinion in cases of a limitation of the search B – Ⅺ, 6	检索限制情况下的检索意见
Transmittal of the search report and search opinion B – X, 12	检索报告和检索意见的传送
Unity in relation to the search opinion B – Ⅺ, 5	与检索意见相关的单一性
Use of "P" and "E" documents in the search opinion B – Ⅺ, 4.1	在检索意见中使用"P"和"E"类文件
Search opinion is part of the EESR B – Ⅺ, 1	检索意见是扩展欧洲检索报告（EESR）的一部分
Position of the examining division B – Ⅺ, 1.2	审查小组的立场
Search procedure and strategy B – Ⅳ	检索程序和策略
Procedure after searching B – Ⅳ, 3	检索后的程序
Procedure prior to searching B – Ⅳ, 1	检索前的程序
Search report B – Ⅱ, 4, B – Ⅸ, 2.3, B – X	检索报告
Additional European searches B – Ⅱ, 4.2	附加欧洲检索
Admissibility during examination procedure after receipt of the search report – Rule 137 (2) H – Ⅱ, 2.2	审查程序中在收到检索报告后的可接受性——细则第137（2）条
Admissibility during examination procedure before receipt of the search report – Rule 137 (1) H – Ⅱ, 2.1	审查程序中在收到检索报告前的可接受性——细则第137（1）条
Amendments made in response to the WO – ISA, IPER or supplementary international search report C – Ⅲ, 2.2	针对WO – ISA、IPER或补充国际检索报告所做的修改
Application documents for the supplementary European search report B – Ⅱ, 4.3.3	补充欧洲检索报告的申请文件
Applications for which a supplementary European search report is prepared E – Ⅸ, 3.1, E – Ⅸ, 3.2	已作出补充欧洲检索报告的申请
Areas of technology searched B – X, 6	检索的技术领域
Authentication and dates B – X, 10	认证和日期
Citing documents not mentioned in the search report C – Ⅳ, 7.4	检索报告中未提及的引用文献
Classification of the patent application B – X, 5	专利申请的分类
Content of the extended European search report (EESR) B – Ⅷ, 3.3, B – Ⅷ, 4.3	扩展欧洲检索报告（EESR）的内容
Copies to be attached to the search report B – X, 11	附于检索报告的副本
Date of reference for documents cited in the search report B – Ⅵ, 5	检索报告中引用文件的相关日
Different types of search reports drawn up by the EPO B – X, 2	EPO做出的不同类型的检索报告

Dispensing with the supplementary European search report B – Ⅱ, 4.3.1	免除补充欧洲检索报告
Documents noted in the search B – X, 9	检索中注明的文件
Errors in the search report B – Ⅳ, 3.3	检索报告中的错误
European search report A – Ⅵ, 1.3, A – X, 9.3.1, B – Ⅱ, 4, B – Ⅱ, 4.3, B – Ⅶ, 2.3, B – X, 4, B – X, 7, C – Ⅱ, 1.2, C – Ⅱ, 3.1, C – Ⅳ, 7.2, E – Ⅸ, 2.5.2, F – Ⅴ, 7.1, F – Ⅴ, 7.2	欧洲检索报告
European searches B – Ⅱ, 4.1	欧洲检索
Evaluation of prior art documents cited in search report and late priority claim C – Ⅲ, 7	评估检索报告中引用的现有技术文件和较晚优先权要求
Form and language of the search report B – X, 3	检索报告的形式和语言
Identification of documents in the search report B – X, 9.1	检索报告中的文件标识
Identification of the patent application and type of search report B – X, 4	专利申请的标识和检索报告的类型
International (PCT) searches B – Ⅱ, 4.4	国际（PCT）检索
International – type searches B – Ⅱ, 4.5	国际式检索
IPC classification of late – published search reports B – Ⅴ, 3.1	迟公布检索报告的 IPC 分类
Opinions in relation to the search report B – Ⅲ, 1.1	与检索报告有关的意见
Partial European search report B – Ⅶ, 1.1	部分欧洲检索报告
Preparation of the search report B – Ⅳ, 3.1	检索报告的准备
Reaction to the extended European search report (EESR) B – Ⅺ, 8	对扩展欧洲检索报告（EESR）的答复
Restriction of the subject of the search B – X, 8	对检索主题的限制
Searches on national applications B – Ⅱ, 4.6	检索国家申请
Separate publication of the European search report A – Ⅵ, 1.5	单独公布欧洲检索报告
Supplementary European search report B – X, 9.1.4	补充欧洲检索报告
Supplementary European search report is required B – Ⅱ, 4.3.2	要求做出补充欧洲检索报告
Supplementary European searches B – Ⅱ, 4.3	补充欧洲检索
Title, abstract and figure (s) to be published with the abstract (as indicated on supplemental sheet A) B – X, 7	标题、摘要以及与摘要一起公布的附图（如补充页 A 所示）

Transmittal of the search report and search opinion B – X, 12	检索报告和检索意见的传送
Search strategy B – Ⅳ, 2	检索策略
Carrying out the search B – Ⅳ, 2.3	进行检索
Closest prior art and its effects on the search B – Ⅳ, 2.5	最接近的现有技术及其对检索的影响
End of search B – Ⅳ, 2.6	终止检索
Formulating a search strategy B – Ⅳ, 2.2	制定检索策略
Record of search strategy B – X, 3.4	检索策略记录
Reformulation of the subject of the search B – Ⅳ, 2.4	检索主题的重构
Restrictions B – Ⅳ, 2.1	限制
Subject of the search B – Ⅳ, 2.1	检索主题
Types of documents B – Ⅳ, 2.3	文件类型
Search, publication and request for examination of divisional applications A – Ⅳ, 1.8	分案申请的检索、公布和审查请求
State of the art at the search stage B – Ⅵ	检索阶段的现有技术
Subject – matter excluded from search B – Ⅲ, 3.11	检索排除的主题
Subject – matter to be excluded from the search B – Ⅷ	检索中排除的主题
Supplementary international search B – Ⅲ, 3.3.2	补充国际检索
Where the EPO does not perform a supplementary search H – Ⅱ, 7.4.1	EPO 不进行补充检索的情形
Where the EPO performs a supplementary search H – Ⅱ, 7.4.2	EPO 进行补充检索的情形
Searches on national applications B – Ⅱ, 4.6	**检索国家申请**
Searches under Rule 164 (2) C – Ⅲ, 2.3	**根据细则第 164 (2) 条的检索**
Search – related issues in examination C – Ⅳ, 7	**审查中的检索相关问题**
Additional searches during examination C – Ⅳ, 7.2	审查期间的附加检索
Citing documents not mentioned in the search report C – Ⅳ, 7.4	检索报告中未提及的引用文献
Search at the examination stage C – Ⅳ, 7.3	审查阶段的检索
Search for conflicting European applications C – Ⅳ, 7.1	检索抵触欧洲申请
Second non – medical use G – Ⅵ, 7.2	**第二非医疗用途**
Second Rule 71 (3) communication based on higherranking request initially rejected in first Rule 71 (3) communication C – Ⅴ, 4.6.2	**最初在依据细则第 71 (3) 条的第一次通知书中被驳回，基于更高级别的请求依据细则第 71 (3) 条发出第二次通知书**

Second Rule 71 (3) communication reversing the amendments proposed by the examining division in first Rule 71 (3) communication C－Ⅴ，4.6.1 **根据细则第 71 (3) 条的第二次通知书，撤销审查小组在根据细则第 71 (3) 条的第二次通知书中提出的修改**

Secondary indicators G－Ⅶ，10 **辅助指标**

Arbitrary choice G－Ⅶ，10.1 任意选择

Bonus effect G－Ⅶ，10.2 奖励效果

Commercial success G－Ⅶ，10.3 商业成功

Long－felt need G－Ⅶ，10.3 长期需求

Non－functional modification G－Ⅶ，10.1 非功能性改进

Predictable disadvantage G－Ⅶ，10.1 可预期的缺陷

Unexpected technical effect G－Ⅶ，10.2 预料不到的技术效果

Sectional diagrams A－Ⅸ，7.3.1 **剖面图**

Selection inventions G－Ⅵ，8，G－Ⅶ，12 **选择发明**

Error margins in numerical values G－Ⅵ，8.1 数值的误差范围

Inventive step G－Ⅶ，12 创造性

Novelty G－Ⅵ，8 新颖性

Separate crediting of the fee for grant and publishing and claims fees A－X，11.3 **授权费和公布费、权利要求费的分别计入**

Separate hearings E－Ⅳ，1.6.4 **分别听证**

Separate publication of the European search report A－Ⅵ，1.5 **单独公布欧洲检索报告**

Sequence **序列**

Sequence information filed under Rule 56 A－Ⅳ，5.1 根据细则第 56 条提交的序列信息

Sequence listing A－Ⅲ，1.2，B－Ⅳ，1.2，E－Ⅸ，2.4.2，F－Ⅱ，6 序列表

- Content of a European patent application (other than claims) F－Ⅱ，6 欧洲专利申请的内容（不含权利要求）
- Instructions in Chapter A－Ⅳ（“Special provisions”）E－Ⅸ，2.4.2 A 部分第Ⅳ章（特别规定）中的说明
- Reference to sequences disclosed in a database F－Ⅱ，6.1 引用数据库中公开的序列
- Sequence listings filed after the date of filing H－Ⅳ，2.2.4 申请日之后提交的序列表

Sequence listings of a divisional application A－Ⅳ，5.3 分案申请的序列表

Sequence listings of an application filed by reference to a previously filed application A－Ⅳ，5.2 通过引用在先申请提交的申请的序列表

Sequence of proceedings D – Ⅶ, 1	程序的顺序
Exceptions D – Ⅶ, 1. 2	例外情形
Sequence of requests H – Ⅲ, 3. 1. 1	请求顺序
Sequences and partial sequences of genes G – Ⅲ, 4	完整基因序列和部分基因序列
Sequences of divisional applications A – Ⅳ, 1. 1. 2	系列分案申请
Service	**服务**
Filing of applications by delivery by hand or by postal services A – Ⅱ, 1. 1	通过直接提交或邮寄提交申请
Notification by postal services E – Ⅱ, 2. 3	邮寄通知
Shading A – Ⅸ, 7. 2	**阴影**
SI	**SI**
SI base units F – Ⅱ, An. 2, 1. 1	SI 基本单位
Special name and symbol of the SI derived unit of temperature for expressing Celsius temperature F – Ⅱ, An. 2, 1. 1. 1	用于表示摄氏温度的 SI 导出温度单位的特殊名称和符号
SI derived units F – Ⅱ, An. 2, 1. 2	SI 导出单位
General rule for SI derived units F – Ⅱ, An. 2, 1. 2. 1	SI 导出单位的一般规则
SI derived units with special names and symbols F – Ⅱ, An. 2, 1. 2. 2	具有特殊名称和符号的 SI 导出单位
SI units and their decimal multiples and submultiples F – Ⅱ, An. 2, 1	SI 单位及其十进制倍数和因数
Prefixes and their symbols used to designate certain decimal multiples and submultiples F – Ⅱ, An. 2, 1. 3	用于指定某些十进制倍数和因数的前缀及其符号
Special authorised names and symbols of decimal multiples and submultiples of SI units F – Ⅱ, An. 2, 1. 4	SI 单位的十进制倍数和因数的特殊授权名称和符号
Signature A – Ⅲ, 4. 2. 2, C – Ⅷ, 6, D – Ⅲ, 3. 4	**签名**
Examination of the request for grant form A – Ⅲ, 4. 2. 2	对授权请求表格的审查
Signature of documents A – Ⅷ, 3	文件的签名
Documents filed after filing the European patent application A – Ⅷ, 3. 1	提交欧洲专利申请后提交的文件
Documents forming part of the European patent application A – Ⅷ, 3. 2	构成欧洲专利申请一部分的文件
Form of signature A – Ⅷ, 3. 3	签名形式
Joint applicants A – Ⅷ, 3. 4	共同申请人
Signature of the notice of opposition D – Ⅲ, 3. 4	异议请求书的签名
Submission in writing D – Ⅲ, 3. 4	以书面形式提交

Work within the examining division C – Ⅷ, 6	审查小组的工作
Signed authorisation A – Ⅷ, 1.6	**签署的授权书**
Simulation, design or modelling G – Ⅱ, 3.3.2	**模拟、设计或建模**
Situation in which it has to be checked whether the application from which priority is actually claimed is the "first application" within the meaning of Art. 87 (1) F – Ⅵ, 2.4.4	**必须检查实际要求优先权的申请是否为公约第87（1）条意义上的"首次申请"的情况**
Skilled person (Common general knowledge of the ~) G – Ⅶ, 3.1	**本领域技术人员（的普通技术知识）**
Small and medium – sized enterprises A – Ⅹ, 9.2.1	**中小企业**
Some examples of determining priority dates F – Ⅵ, 2.4	**确定优先权日的实例**
Intermediate publication of another European application F – Ⅵ, 2.4.2	另一件欧洲申请的中间公开文件
Intermediate publication of the contents of the priority application F – Ⅵ, 2.4.1	含有优先权申请内容的中间公开文件
Multiple priorities claimed for different inventions in the application with an intermediate publication of one of the inventions F – Ⅵ, 2.4.3	申请中的不同发明要求多项优先权，其中一项发明有中间公开文件
Situation in which it has to be checked whether the application from which priority is actually claimed is the "first application" within the meaning of Art. 87 (1) F – Ⅵ, 2.4.4	必须检查实际要求优先权的申请是否为公约第87（1）条意义上的"首次申请"的情况
Special applications C – Ⅸ, H – Ⅳ, 2.3	**特殊申请**
Applications filed by reference to an earlier application H – Ⅳ, 2.3.1	引用在先申请提交的申请
Applications resulting from a decision under Art. 61 C – Ⅸ, 2, H – Ⅳ, 2.3.3	依据公约第61条的决定产生的申请
Applications where a reservation has been entered in accordance with Art. 167 (2) (a) EPC 1973 C – Ⅸ, 3	依据EPC 1973公约第167（2）（a）条已经予以保留的申请
Divisional applications C – Ⅸ, 1, H – Ⅳ, 2.3.2	分案申请
International applications H – Ⅳ, 2.3.4	国际申请
International applications (Euro – PCT applications) C – Ⅸ, 4	国际申请（欧洲 – PCT申请）
Special authorised names and symbols of decimal multiples and submultiples of SI units F – Ⅱ, An. 2, 1.4	**SI单位的十进制倍数和因数的特殊授权名称和符号**
Special circumstances C – Ⅵ, 1.2	**特殊情况**

Special name and symbol of the SI derived unit of temperature for expressing Celsius temperature F – Ⅱ, An. 2, 1.1.1　**用于表示摄氏温度的 SI 导出温度单位的特殊名称和符号**

Special provisions A – Ⅳ　**特别规定**

Applications relating to biological material A – Ⅳ, 4　涉及生物材料的申请

Applications relating to nucleotide and amino acid sequences A – Ⅳ, 5　涉及核苷酸和氨基酸序列的申请

Art. 61 applications and stay of proceedings under Rule 14 A – Ⅳ, 2　公约第 61 条申请以及根据细则第 14 条的程序中止

Conversion into a national application A – Ⅳ, 6　转换为国家申请

Display at an exhibition A – Ⅳ, 3　在展览会上展出

European divisional applications A – Ⅳ, 1　欧洲分案申请

Instructions in Chapter A – Ⅳ（"Special provisions"）E – Ⅸ, 2.4　A 部分第Ⅳ章（特别规定）中的说明

Special reductions A – X, 9.3　**特殊减免**

Reduction of the examination fee where the international preliminary examination report is being drawn up by the EPO A – X, 9.3.2　由 EPO 做出国际初审报告情况下的审查费的减免

Reduction of the search fee for a supplementary European search A – X, 9.3.1　补充欧洲检索检索费的减免

Special refunds A – X, 10.2　**特殊退款**

Refund of the examination fee A – X, 10.2.3　审查费的退还

Refund of the fee for grant and publishing A – X, 10.2.5　授权费和公布费的退还

Refund of the further search fee A – X, 10.2.2　进一步检索费用的退还

Refund of the search fee A – X, 10.2.1　检索费的退还

Refund pursuant to Rule 37（2）A – X, 10.2.4　根据细则第 37（2）条退款

Special technical features F – Ⅴ, 2　**特定技术特征**

Specific rules applicable to Euro – PCT applications B – Ⅲ, 3.3.2　**适用于欧洲 – PCT 申请的特定规则**

Standard　**标准**

Standard marks for indicating amendments or corrections by the divisions C – Ⅴ, An.　指示各部门修改或更正的标准标记

　Insertion of letters and words C – Ⅴ, An., 1　插入字母和单词

　Standard marks for indicating amendments or corrections by the divisions further communication with the applicant C – Ⅷ, 5　指示各部门修改或更正的与申请人进一步沟通的标准标记

Standard marks for indicating amendments or corrections by the divisions further ways to accelerate examination C – Ⅵ, 3	指示各部门修改或更正的加快审查的进一步方法的标准标记
Standard of proof G – Ⅳ, 7.3.4, G – Ⅳ, 7.5.2	证明标准
Internet disclosures G – Ⅳ, 7.5.2	互联网公开
State of the art made available by means of oral description G – Ⅳ, 7.3.4	通过口头描述提供的现有技术
Standards and standard preparatory documents G – Ⅳ, 7.6	标准和标准准备性文件
State of the art E – Ⅸ, 2.5.1, F – Ⅱ, 4.3, G – Ⅳ, G – Ⅳ, 5.1, G – Ⅳ, 5.2, G – Ⅶ, 1, G – Ⅶ, 2	**现有技术**
Conflict with national rights of earlier date G – Ⅳ, 6	与在先国家权利抵触
Conflict with other European applications G – Ⅳ, 5	与其他欧洲申请抵触
Conflict with other European applications G – Ⅳ, 5.1, G – Ⅳ, 5.2	与其他欧洲申请抵触
Cross – references between prior – art documents G – Ⅳ, 8	现有技术文件之间的交叉引用
Date of filing or priority date as effective date G – Ⅳ, 3	申请日或优先权日作为有效日
Description (formal requirements) F – Ⅱ, 4.3	说明书（形式要求）
Different text in respect of the state of the art according to Art. 54 (3) EPC and Art. 54 (4) EPC 1973 H – Ⅲ, 4.2	根据公约第54（3）条和EPC 1973公约第54（4）条有关现有技术的不同文本
Documents defining the state of the art and not prejudicing novelty or inventive step B – X, 9.2.2	定义现有技术水平且不影响新颖性或创造性的文件
Documents in a non – official language G – Ⅳ, 4	非官方语言文件
Enabling disclosure G – Ⅳ, 2	充分公开
Errors in prior – art documents G – Ⅳ, 9	现有技术文件中的错误
General remarks and definition G – Ⅳ, 1	一般性说明及定义
Invention G – Ⅶ, 1	发明
Matters of doubt in the state of the art B – Ⅵ, 5.6	现有技术存疑
Patentability G – Ⅳ	可专利性
State of the art at the search stage B – Ⅵ	检索阶段的现有技术
Conflicting applications B – Ⅵ, 4	抵触申请
Contents of prior – art disclosures B – Ⅵ, 6	现有技术公开的内容
Date of reference for documents cited in the search report B – Ⅵ, 5	检索报告中引用文件的相关日
Filing and priority date B – Ⅵ, 5	申请日和优先权日
Internet disclosures B – Ⅵ, 7	互联网公开

Oral disclosure, use, exhibition, etc. as state of the art B – Ⅵ, 2	口头披露、使用、展览等公开作为现有技术
Priority B – Ⅵ, 3	优先权
Technical journals B – Ⅵ, 7	技术期刊
State of the art made available by means of oral description G – Ⅳ, 7.3	通过口头描述提供的现有技术
Cases of oral description G – Ⅳ, 7.3.1	口头描述的情形
Matters to be determined by the division in cases of oral description G – Ⅳ, 7.3.3	在口头描述的情形下由审查小组确定的事项
Non – prejudicial oral description G – Ⅳ, 7.3.2	不丧失新颖性的口头描述
Standard of proof G – Ⅳ, 7.3.4	证明标准
State of the art made available to the public "by means of a written or oral description, by use, or in any other way" G – Ⅳ, 7	"通过书面或口头描述、使用或任何其他方式"向公众公开的现有技术
Internet disclosures G – Ⅳ, 7.5	互联网公开
Matters to be determined by the division as regards prior use G – Ⅳ, 7.2	由审查小组确定的关于在先使用的事项
Standards and standard preparatory documents G – Ⅳ, 7.6	标准和标准准备性文件
State of the art made available to the public in writing and/or by any other means G – Ⅳ, 7.4	以书面和/或任何其他方式向公众提供的现有技术
Types of use and instances of state of the art made available in any other way G – Ⅳ, 7.1	使用公开的类型和以任何其他方式公开的现有技术实例
State of the art pursuant to Art. 54 (2) G – Ⅵ, 1	根据公约第 54（2）条的现有技术
State of the art pursuant to Art. 54 (3) G – Ⅳ, 5.1	根据公约第 54（3）条的现有技术
Accorded date of filing still subject to review G – Ⅳ, 5.1.2	仍需审查的规定的申请日
Requirements G – Ⅳ, 5.1.1	要求
Statement	**陈述**
Disparaging statements A – Ⅲ, 8.2, B – Ⅳ, 1.2, F – Ⅱ, 7.3	贬低性陈述
General statements, "spirit of the invention", claim – like clauses F – Ⅳ, 4.4	一般性描述，"发明精神"，类似权利要求的语句
Positive statements B – Ⅺ, 3.2.2	肯定性陈述
Positive statements/suggestions C – Ⅲ, 4.1.2	肯定性陈述/建议
Statement in the decision of the amended form of the European patent D – Ⅷ, 1.4.2	决定中对欧洲专利修改形式的说明

Statement of withdrawal E – Ⅷ, 8.3	撤回声明
Stay of proceedings D – Ⅶ, 4.1	**中止程序**
Art. 61 applications and stay of proceedings under Rule 14 A – Ⅳ, 2	公约第61条申请以及根据细则第14条的程序中止
Legal character and effect of the stay of proceedings D – Ⅶ, 4.1.2	中止程序的法律性质和效力
Stay of proceedings for grant A – Ⅳ, 2.2	授权程序的中止
Date of the stay of proceedings A – Ⅳ, 2.2.2	程序中止的日期
Interruption of time limits A – Ⅳ, 2.2.4	期限的中断
Legal nature and effects of the stay A – Ⅳ, 2.2.3	中止的法律性质和效力
Responsible department A – Ⅳ, 2.2.1	负责部门
Resumption of the proceedings for grant A – Ⅳ, 2.2.5	授权程序的恢复
Stay of proceedings under Rule 14 due to pending national entitlement proceedings E – Ⅶ, 2	由于国家确权程序未决根据细则第14条中止程序
Stay of proceedings when a referral to the Enlarged Board of Appeal is pending E – Ⅶ, 3	待将案件转交扩大上诉委员会审理期间中止程序
Subject matter	**主题**
Subject – matter excluded from patentability under Art. 52 (2) and (3) B – Ⅷ, 2.2	依据公约第52（2）和（3）条排除的可专利性的主题
Computer – implemented business methods B – Ⅷ, 2.2.1	计算机实施的商业方法
Subject – matter excluded from search B – Ⅲ, 3.11	检索排除的主题
Subject – matter of a dependent claim F – Ⅳ, 3.6	从属权利要求的主题
Subject – matter of minutes E – Ⅲ, 10.3	笔录主题
Subject – matter of the European patent extending beyond the original disclosure D – Ⅴ, 6	欧洲专利的主题超出原始公开的范围
Basis of this ground for opposition D – Ⅴ, 6.1	异议理由的依据
Distinction between allowable and unallowable amendments D – Ⅴ, 6.2	允许的修改和不允许的修改之间的区别
Subject – matter taken from the description H – Ⅱ, 6.2	由说明书引入的主题
Subject – matter to be excluded from the search B – Ⅷ	检索中排除的主题
Claims contravening Art. 123 (2) or Art. 76 (1) B – Ⅷ, 6	违反公约第123（2）条或公约第76（1）条的权利要求
Considerations relating to specific exclusions from and exceptions to patentability B – Ⅷ, 2	与可专利性的具体排除和例外有关的考虑

Invitation under both Rule 62a（1）and Rule 63（1）B－Ⅷ，5	根据细则第 62a（1）条和细则第 63（1）条发出的通知书
More than one independent claim per category（Rule 62a）B－Ⅷ，4	每一类型有一项以上的独立权利要求（细则第 62a 条）
No meaningful search possible B－Ⅷ，3	无法进行有意义的检索
Subject－matter to be excluded is disclosed in the application as originally filed H－Ⅴ，4. 2. 2	要排除的主题在原始提交的申请中公开
Subject－matter to be excluded is not disclosed in the application as originally filed（so－called undisclosed disclaimers）H－Ⅴ，4. 2. 1	被排除的主题在原始提交的申请中未公开（所谓未公开的具体放弃）
Subject of the search B－Ⅲ，3，B－Ⅳ，2. 1	**检索主题**
Abandonment of claims B－Ⅲ，3. 4	放弃权利要求
Amended claims or missing parts（Rule 56）B－Ⅲ，3. 3	修改后的权利要求或遗漏部分（细则第 56 条）
Anticipation of amendments to claims B－Ⅲ，3. 5	对权利要求修改的预期
Basis for the search B－Ⅲ，3. 1	检索的基础
Broad claims B－Ⅲ，3. 6	宽泛的权利要求
Combination of elements in a claim B－Ⅲ，3. 9	权利要求中的要素组合
Different categories B－Ⅲ，3. 10	不同类别
Independent and dependent claims B－Ⅲ，3. 7	独立和从属权利要求
Interpretation of claims B－Ⅲ，3. 2	权利要求的解释
Lack of unity B－Ⅲ，3. 12	缺乏单一性
Reformulation of the subject of the search B－Ⅳ，2. 4	检索主题的重构
Restriction of the subject of the search B－Ⅹ，8	对检索主题限制
Search on dependent claims B－Ⅲ，3. 8	从属权利要求的检索
Subject－matter excluded from search B－Ⅲ，3. 11	检索排除的主题
Technological background B－Ⅲ，3. 13	技术背景
Submissions	**提交材料**
Submission in writing D－Ⅲ，3	以书面形式提交
Form of the opposition D－Ⅲ，3. 1	异议的格式
Notices of opposition filed by fax D－Ⅲ，3. 3	通过传真提交的异议请求书
Notices of opposition filed electronically D－Ⅲ，3. 2	通过电子方式提交的异议请求书
Signature of the notice of opposition D－Ⅲ，3. 4	异议请求书的签名
Submissions by the parties E－Ⅲ，8. 5	各方当事人提交的材料
Use of computer－generated slideshows in oral proceedings E－Ⅲ，8. 5. 1	在口头审理中使用计算机生成的幻灯片

Written submissions during oral proceedings by videoconference E－Ⅲ, 8.5.2	在口头审理期间通过视频会议提交的书面陈述
Submissions filed in preparation for or during oral proceedings E－Ⅵ, 2.2	准备口头审理或在口头审理期间提交的材料
Amendments filed in preparation for or during oral proceedings E－Ⅵ, 2.2.2	准备口头审理或口头审理期间提交的修改
Costs E－Ⅵ, 2.2.5	费用
New facts and evidence E－Ⅵ, 2.2.1	新的事实和证据
Principles relating to the exercise of discretion E－Ⅵ, 2.2.3	关于行使自由裁量权的原则
Right to be heard E－Ⅵ, 2.2.4	听证的权利
Subsequent	**后续的**
Subsequent application considered as first application F－Ⅵ, 1.4.1	在后申请被认为是首次申请
Subsequent filing of documents A－Ⅱ, 1.4	后续提交文件
Subsequent procedure D－Ⅳ, 1.6	后续程序
Subsequent procedure in the event of deficiencies which may no longer be remedied D－Ⅳ, 1.4	当缺陷不能被克服时的后续程序
Deficiencies which may no longer be remedied in accordance with Rule 77 (1) and (2), resulting in the opposition being rejected as inadmissible D－Ⅳ, 1.4.2	根据细则第77（1）和（2）条可能无法被克服而导致异议请求因无法受理而被驳回的缺陷
Deficiencies which may no longer be remedied, as a result of which the opposition is deemed not to have been filed D－Ⅳ, 1.4.1	不能被克服而导致异议请求被视为未提出的缺陷
Substances and compositions G－Ⅱ, 4.2	**物质和组分**
Substantiation of the request E－Ⅷ, 3.1.4	**请求的证实**
Substantive examination	**实质审查**
Substantive examination (limitation) D－X, 4	实质审查（限制）
Basis for the examination D－X, 4.2	审查的基础
Department responsible D－X, 4.1	负责部门
Scope of the examination D－X, 4.3	审查的范围
Substantive examination (limitation) further stages of the examination D－X, 4.4	实质审查（限制）进一步审查阶段
Third－party observations during the examination D－X, 4.5	审查过程中来自第三方的意见陈述

Substantive examination of a Euro - PCT application accompanied by an IPER E - Ⅸ, 4.3	对附有 IPER 的欧洲 - PCT 申请的实质审查
Basis for substantive examination E - Ⅸ, 4.3.2	实质审查的基础
Comparative test results E - Ⅸ, 4.3.1	对比实验结果
Consideration of the contents of the IPER E - Ⅸ, 4.3.3	对 IPER 内容的考虑
Substantive examination of opposition D - Ⅴ	对异议的实质审查
Beginning of the examination of the opposition D - Ⅴ, 1	异议审查的开始
Clarity of claims D - Ⅴ, 5	权利要求清楚
Extent of the examination D - Ⅴ, 2	审查的范围
Insufficient disclosure of the invention D - Ⅴ, 4	发明公开不充分
Non - patentability pursuant to Art. 52 to 57 D - Ⅴ, 3	依据公约第 52 至 57 条的不可专利性
Subject - matter of the European patent extending beyond the original disclosure D - Ⅴ, 6	欧洲专利的主题超出原始公开的范围
Sufficiency of disclosure F - Ⅲ, F - Ⅲ, 1	**充分公开**
Art. 83 vs. Art. 123 (2) F - Ⅲ, 2	公约第 83 条与公约第 123（2）条
Burden of proof as regards the possibility of performing and repeating the invention F - Ⅲ, 4	关于实施和再现本发明的可能性的举证责任
Cases of partially insufficient disclosure F - Ⅲ, 5	部分公开不充分的情况
Insufficient disclosure F - Ⅲ, 3	公开不充分
Inventions relating to biological material F - Ⅲ, 6	涉及生物材料的发明
Proper names, trade marks and trade names F - Ⅲ, 7	专有名称、商标和商品名称
"Reach - through" claims F - Ⅲ, 9	"延展式" 权利要求
Reference documents F - Ⅲ, 8	引证文件
Sufficiency of disclosure and clarity F - Ⅲ, 11	充分公开和清楚
Sufficiency of disclosure and inventive step F - Ⅲ, 12	充分公开和创造性
Sufficiency of disclosure and Rule 56 F - Ⅲ, 10	充分公开和细则第 56 条
Summaries, extracts or abstracts B - X, 11.5	**概要、摘录或摘要**
Summary of the processing of applications and patents at the EPO General Part, 5	**EPO 的申请和专利的程序概要**
Summoning of parties, witnesses and experts E - Ⅳ, 1.5	**传唤当事人、证人和专家**
Summons to oral proceedings D - Ⅵ, 3.2, E - Ⅲ, 6	**口头审理传唤书**
Invitation to file observations D - Ⅵ, 3.2	通知当事人提交意见陈述
Late - filed requests after summons to oral proceedings in examination H - Ⅱ, 2.7	在审查阶段收到口头审理通知后迟交的请求
Oral proceedings E - Ⅲ, 6	口头审理传唤书

Summons to oral proceedings as the first action in examination C－Ⅲ，5	作为第一次审查意见通知书的口头审理程序通知
When can summons to oral proceedings be issued in substantive examination? E－Ⅲ，5.1	实质审查中何时可以发出口头审理传唤书
Supplementary	**补充**
Supplementary European search B－Ⅶ，2.3，E－Ⅸ，2.5.3	补充欧洲检索
Application documents for the supplementary European search report B－Ⅱ，4.3.3	补充欧洲检索报告的申请文件
Applications for which a supplementary European search report is prepared E－Ⅸ，3.1，E－Ⅸ，3.2	已作出补充欧洲检索报告的申请
Dispensing with the supplementary European search report B－Ⅱ，4.3.1	免除补充欧洲检索报告
Instructions in Chapter A－Ⅵ（"Publication of application; request for examination and transmission of the dossier to examining division"）E－Ⅸ，2.5.3	A部分第Ⅵ章（申请的公布；请求审查和传送案卷至审查小组）中的说明
Procedures in cases of lack of unity B－Ⅶ，2.3	缺乏单一性时的程序
Reduction of the search fee for a supplementary European search A－X，9.3.1	补充欧洲检索检索费的减免
Supplementary European search report is required B－Ⅱ，4.3.2	要求做出补充欧洲检索报告
Supplementary European search report B－X，9.1.4	补充欧洲检索报告
Application documents for the supplementary European search report B－Ⅱ，4.3.3	补充欧洲检索报告的申请文件
Applications for which a supplementary European search report is prepared E－Ⅸ，3.1，E－Ⅸ，3.2	已作出补充欧洲检索报告的申请
Dispensing with the supplementary European search report B－Ⅱ，4.3.1	免除补充欧洲检索报告
Supplementary European search report is required B－Ⅱ，4.3.2	要求做出补充欧洲检索报告
Supplementary European searches B－Ⅱ，4.3	补充欧洲检索
Application documents for the supplementary European search report B－Ⅱ，4.3.3	补充欧洲检索报告的申请文件
Dispensing with the supplementary European search report B－Ⅱ，4.3.1	免除补充欧洲检索报告
Supplementary European search report is required B－Ⅱ，4.3.2	要求做出补充欧洲检索报告

Supplementary international search B－Ⅲ，3.3.2　补充国际检索

Amendments made in response to the WO－ISA，IPER or supplementary international search report C－Ⅲ，2.2　针对 WO－ISA、IPER 或补充国际检索报告所做的修改

Supplementary technical information H－Ⅴ，2.3　补充技术信息

Support for dependent claims F－Ⅳ，6.6　**从属权利要求的支持**

Support in description F－Ⅳ，6　**说明书的支持**

Definition in terms of function F－Ⅳ，6.5　功能性限定

Extent of generalisation F－Ⅳ，6.2　概括程度

Lack of support vs. insufficient disclosure F－Ⅳ，6.4　缺乏支持与公开不充分

Objection of lack of support F－Ⅳ，6.3　缺乏支持的反对意见

Support for dependent claims F－Ⅳ，6.6　从属权利要求的支持

Surgery G－Ⅱ，4.2.1.1　**外科手术**

Methods for treatment by surgery G－Ⅱ，4.2，G－Ⅱ，4.2.1　外科手术治疗方法

Methods for treatment of the human or animal body by surgery or therapy and diagnostic methods practised on the human or animal body B－Ⅷ，2.1　通过外科手术或者疗法治疗人体或动物体的方法以及对人体或动物体上施行的诊断方法

Surgery，therapy and diagnostic methods G－Ⅱ，4.2　外科手术、治疗和诊断方法

Limitations of exception under Art. 53（c）G－Ⅱ，4.2.1　对公约第 53（c）条规定的例外情形的限制

Methods for screening potential medicaments and clinical trials G－Ⅱ，4.2.2　筛选潜在药物和临床试验的方法

Surgical uses pursuant to Art. 54（5） G－Ⅵ，7.1.4　**根据公约第 54（5）条的外科手术用途**

Surrender of patent E－Ⅷ，8.4　**放弃专利**

Suspensive effect E－Ⅻ，1　**中止效力**

T

该关键词字母索引表并非穷举。

Tables A－Ⅸ，11.2　**表格**

Formulae and tables F－Ⅳ，2.4　公式和表格

Tables in the claims A－Ⅸ，11.2.2　权利要求中的表格

Tables in the description A－Ⅸ，11.2.1　说明书中的表格

Taking and conservation of evidence E－Ⅳ　**取证和证据保全**

Conservation of evidence E－Ⅳ，2　证据的保全

Evaluation of evidence E－Ⅳ，4　证据的评估

Taking of evidence by courts or authorities of the contracting states E－Ⅳ，3 缔约国的法院或职能机构取证
Taking of evidence by the departments of the EPO E－Ⅳ，1 EPO 各部门的取证
Taking of a final decision D－Ⅷ，1.4.1 **作出最终决定**
Taking of evidence C－Ⅶ，4，D－Ⅵ，1，D－Ⅵ，7.1，E－Ⅳ，1.1，E－Ⅳ，1.3，E－Ⅳ，2.4 **取证**
Conservation of evidence E－Ⅳ，2.4 证据的保全
Costs D－Ⅸ，1.1，D－Ⅸ，1.3，E－Ⅳ，1.9 费用
Costs arising from oral proceedings or taking of evidence E－Ⅳ，1.9 口头审理或取证产生的费用
Decision on the request and the taking of evidence E－Ⅳ，2.4 关于请求和取证的决定
Language used in the taking of evidence E－Ⅴ，4 取证中使用的语言
Minutes of taking of evidence E－Ⅳ，1.7 取证笔录
Other procedures in examination C－Ⅶ，4 审查中的其他程序
Producing evidence C－Ⅶ，4.2 提供证据
Taking of evidence by courts or authorities of the contracting states E－Ⅳ，3 缔约国的法院或职能机构取证
  Costs of taking evidence E－Ⅳ，3.5 取证的费用
  Legal co－operation E－Ⅳ，3.1 法律合作
  Letters rogatory E－Ⅳ，3.3 调查委托书
  Means of giving or taking evidence E－Ⅳ，3.2 作证或取证的方式
  Procedures before the competent authority E－Ⅳ，3.4 主管机构的程序
  Taking of evidence by an appointed person E－Ⅳ，3.6 由指定人员取证
Taking of evidence by the departments of the EPO E－Ⅳ，1 EPO 各部门的取证
Taking of evidence on oath E－Ⅳ，3.2.1 宣誓取证
Written evidence C－Ⅶ，4.3 书面证据
Taking of evidence by the departments of the EPO E－Ⅳ，1 **EPO 各部门的取证**
Commissioning of experts E－Ⅳ，1.8 专家的委任
Costs arising from oral proceedings or taking of evidence E－Ⅳ，1.9 口头审理或取证产生的费用
Entitlements of witnesses and experts E－Ⅳ，1.10 证人和专家的权利
Hearing of parties，witnesses and experts E－Ⅳ，1.6 听取当事人、证人和专家的证词
Means of evidence E－Ⅳ，1.2 证据的形式
Minutes of taking of evidence E－Ⅳ，1.7 取证笔录

Models E – Ⅳ, 1.11	模型
Order to take evidence E – Ⅳ, 1.4	取证令
Summoning of parties, witnesses and experts E – Ⅳ, 1.5	传唤当事人、证人和专家
Taking of evidence E – Ⅳ, 1.3	取证
Video recordings E – Ⅳ, 1.12	录像
Tasks of the opposition divisions D – Ⅱ, 4	**异议小组的任务**
Ancillary proceedings D – Ⅱ, 4.3	辅助程序
Decision concerning the awarding of costs by the opposition division D – Ⅱ, 4.2	异议小组关于裁定费用的决定
Examination of oppositions D – Ⅱ, 4.1	异议的审查
Tasks of the other members of the examining division C – Ⅷ, 4	**审查小组其他成员的职责**
Technical	**技术的**
Technical details and general remarks G – Ⅳ, 7.5.6	技术细节和一般性说明
Technical drawings A – Ⅸ, 1.1	技术性附图
Technical features F – Ⅳ, 2.1	技术特征
Special technical features F – Ⅴ, 2	特定技术特征
Technical field F – Ⅱ, 4.2	技术领域
Search division consisting of more than one member further searches on a non – unitary application in a different technical field B – I, 2.2.2	由多个成员组成的检索小组进一步在不同技术领域检索缺乏单一性的申请
Where claimed unitary subject – matter covers more than one technical field B – I, 2.2.1	如果要求保护的单一主题涵盖多个技术领域
Technical journals B – Ⅵ, 7, G – Ⅳ, 7.5.3.1	技术期刊
Technical opinion E – XⅢ, 1	技术意见
Establishment and issue of the technical opinion E – XⅢ, 5.4	技术意见的制定和发布
Fee for a technical opinion E – XⅢ, 5.3	技术意见的费用
Request from a national court for a technical opinion concerning a European patent E – XⅢ	国家法院请求就欧洲专利提供技术意见
Scope of the technical opinion E – XⅢ, 2	技术意见的范围
Technical problem E – Ⅲ, 11.3	技术问题
Formulation of the objective technical problem G – Ⅶ, 5.2	确定客观技术问题

Formulation of the objective technical problem for claims comprising technical and non - technical features G - Ⅶ, 5.4.1	确定包含技术和非技术特征的权利要求的客观技术问题
Revision of stated technical problem H - Ⅴ, 2.4	声称技术问题的修改
Technical problem and its solution F - Ⅱ, 4.5	技术问题及其解决方案
Use of the description and/or drawings to identify the technical problem B - Ⅲ, 3.2.2	使用说明书和/或附图确定技术问题
Technical progress, advantageous effect G - Ⅰ, 3	技术进步、有益效果
Technically qualified examiners D - Ⅱ, 2.1	**具有技术背景的审查员**
Technological background B - Ⅲ, 3.13	**技术背景**
Termination of opposition proceedings in the event of inadmissible opposition D - Ⅳ, 4	**异议请求不受理时异议程序的终止**
Terminology F - Ⅱ, 4.11	**术语**
Terms of reference of the expert E - Ⅳ, 1.8.3	**专家的委托规定说明**
Terms such as "about", "approximately" or "substantially" F - Ⅳ, 4.7	**诸如"约"、"大致"或"基本上"等术语**
Clarity objections F - Ⅳ, 4.7.2	清楚性反对意见
Interpretation of terms such as "about", "approximately" or "substantially" F - Ⅳ, 4.7.1	诸如"大约"、"大致"或"基本上"等术语的解释
Territorial effect of the opposition D - Ⅰ, 3	**异议的地域效力**
Text for approval C - Ⅴ, 1.1	**批准的文本**
Text matter on drawings A - Ⅸ, 8	**附图上的文字内容**
Therapeutic uses pursuant to Art. 54 (5) G - Ⅵ, 7.1.2	**依据公约第 54（5）条的治疗用途**
Therapy G - Ⅱ, 4.2.1.2	**治疗**
Methods for treatment by therapy G - Ⅱ, 4.2, G - Ⅱ, 4.2.1	治疗方法
Methods for treatment of the human or animal body by surgery or therapy and diagnostic methods practised on the human or animal body B - Ⅷ, 2.1	通过外科手术或疗法治疗人体或动物体的方法以及对人体或动物体施行的诊断方法
Surgery, therapy and diagnostic methods G - Ⅱ, 4.2	外科手术、治疗和诊断方法
Third parties D - Ⅰ, 6, E - Ⅵ, 3	**第三方**
Examination of observations by third parties C - Ⅶ, 6	第三方意见的审查
Observations by third parties D - Ⅰ, 6, E - Ⅵ, E - Ⅵ, 3	第三方意见
Third - party observations A - Ⅶ, 3.5	**第三方意见**
Third - party observations during the examination D - Ⅹ, 4.5	审查期间来自第三方的意见陈述
Time	**时间**

Time allowed for filing notice of opposition D－Ⅲ，1	提交异议请求书的期限
Time limit and form of appeal E－Ⅻ，6	上诉的时限和形式
Time limit for filing the request for examination A－Ⅵ，2. 2	提交审查请求书的期限
Time limit for payment of extension and validation fees A－Ⅲ，12. 2	缴纳延伸费和生效费的期限
Time limits A－Ⅲ，11. 2. 1，A－Ⅲ，11. 3. 1，G－Ⅴ，2	期限
Calculation of time limits E－Ⅷ，1. 4	期限的计算
Consideration of time limits E－Ⅹ，1. 2	对期限的考虑
Determination of time limits E－Ⅷ，1. 1	确定期限
Extension of time limits set by the EPO under Rule 132 E－Ⅷ，1. 6. 1	EPO 根据细则第 132 条的规定延长期限
Interruption of time limits A－Ⅳ，2. 2. 4，D－Ⅶ，4. 3	期限的中断
Resumption of time limits E－Ⅶ，1. 5	恢复期限
Revocation in the event of requirements not being met until after expiry of time limits D－Ⅷ，1. 2. 4	在期限届满之后仍未满足要求而导致的撤销
Time limits covered E－Ⅷ，3. 1. 1	期限的涵盖
Time limits which may be freely determined E－Ⅷ，1. 3	可自由确定的期限
Time limits and acceleration of examination C－Ⅵ	审查的期限和加快
Influencing the speed of examination proceedings C－Ⅵ，2	影响审查程序的速度
PACE C－Ⅵ，2	PACE
Standard marks for indicating amendments or corrections by the divisions further ways to accelerate examination C－Ⅵ，3	指示各部门修改或更正的加快审查的进一步方法的标准标记
Time limits and loss of rights resulting from failure to respond within a time limit E－Ⅷ，1	期限与由于未能在期限内作出答复而导致的权利丧失
Calculation of time limits E－Ⅷ，1. 4	期限的计算
Determination of time limits E－Ⅷ，1. 1	确定期限
Duration of the periods to be specified by the EPO on the basis of EPC provisions E－Ⅷ，1. 2	EPO 依据 EPC 的规定指定的期限
Effect of change in priority date E－Ⅷ，1. 5	优先权日变更的影响
Extension of a time limit E－Ⅷ，1. 6	期限的延长
Failure to respond within a time limit E－Ⅷ，1. 8	未能在期限内答复
Late receipt of documents E－Ⅷ，1. 7	逾期收到文件
Loss of rights E－Ⅷ，1. 9	权利的丧失
Time limits which may be freely determined E－Ⅷ，1. 3	可自由确定的期限

Time limits for response to communications from the examiner C – Ⅵ, 1	答复审查员通知书的期限
General considerations C – Ⅵ, 1.1	一般性考虑因素
Special circumstances C – Ⅵ, 1.2	特殊情况
Time limits, loss of rights, further and accelerated processing and re – establishment of rights E – Ⅷ	期限、权利丧失、进一步审理、加快审理以及重新确立权利
Accelerated processing before the boards of appeal E – Ⅷ, 6	上诉委员会的加快程序
Accelerated processing of oppositions E – Ⅷ, 5	异议的加快审理
Accelerated prosecution of European patent applications E – Ⅷ, 4	欧洲专利申请的加快审查
Enquiries E – Ⅷ, 7	查询
Further processing E – Ⅷ, 2	进一步审理
Re – establishment of rights E – Ⅷ, 3	重新确立权利
Renunciation of rights E – Ⅷ, 8	放弃权利
Timeliness and structure of auxiliary requests H – Ⅲ, 3.3.2.2	**附加请求的及时性和结构**
Title F – Ⅱ, 3	**发明名称**
Changes in the title H – Ⅴ, 8	发明名称的改变
Title of the invention A – Ⅲ, 7, E – Ⅸ, 2.3.6	发明名称
Examination of formal requirements A – Ⅲ, 7	对形式要求的审查
Instructions in Chapter A – Ⅲ ("Examination of formal requirements") E – Ⅸ, 2.3.6	A 部分第Ⅲ章（对形式要求的审查）中的说明
Requirements A – Ⅲ, 7.1	要求
Responsibility A – Ⅲ, 7.2	责任
Title, abstract and figure (s) to be published with the abstract (as indicated on supplemental sheet A) B – Ⅹ, 7	标题、摘要以及与摘要一起公布的附图（如补充页 A 所示）
Trade marks F – Ⅳ, 4.8, H – Ⅳ, 2.2.8	**商标**
Clarity and interpretation of claims F – Ⅳ, 4.8	权利要求的清楚和解释
Content of the application as "originally" filed H – Ⅳ, 2.2.8	"原始"提交的申请内容
Proper names, trade marks and trade names F – Ⅲ, 7	专有名称、商标和商品名称
Registered trade marks F – Ⅱ, 4.14	注册商标
Transfer of rights E – ⅩⅣ, 3, E – ⅩⅣ, 6.1	**权利转让**
Opposition cases with different texts where a transfer of rights by virtue of a final decision pursuant to Art. 61 takes place in examination proceedings H – Ⅲ, 4.3.3	在审查过程中由于依据公约第 61 条所作的最终决定发生了权利转让的情况下具有不同文本的异议案例

Transfer of the European patent E – XIV, 4	**欧洲专利的转让**
Transfer of the European patent application E – XIV, 3	欧洲专利申请的转让
Transitional provisions for Art. 54 (4) EPC 1973 and Art. 54 (5) D – VII, 8	**EPC 1973 公约第 54 (4) 条和第 54 (5) 条的过渡性规定**
Transitional provisions relating to Rule 137 (4) H – III, 2.1.4	**与细则第 137 (4) 条相关的过渡性规定**
Translation	**翻译**
Certification A – VII, 7	认证
Correction and certification of the translation A – VII, 7	译文的更正和认证
Divisional application A – IV, 1.3.3, A – VII, 1.3	分案申请
Documents making up the application, replacement documents, translations A – III, 3.2	申请文件、替换文件、翻译文件
In language of proceedings of documents which have to be filed within a time limit A – VII, 3.2, A – X, 9.2.1, E – IX, 2.1.3	在必须在期限内提交的文件的程序语言中
Invitation to file the translation A – VII, 1.4	通知提交译文
Language of proceedings A – VII, 3.2, A – VII, 7, A – X, 9.2.1, E – IX, 2.1.3	程序语言
Letters rogatory E – IV, 3.3	调查委托书
Machine translations G – IV, 4.1	机器翻译
Reduction of fees A – III, 13.1	费用减免
Replacement documents and translations A – VIII, 2.2	替换文件和译文
Request for amendments or corrections in reply to the Rule 71 (3) communication no payment of fees or filing of translations necessary C – V, 4.1	答复根据细则第 71 (3) 条的通知书时请求修改或更正，无须缴纳费用或提交必要的译文
Request for publishing fee, translations and a formally compliant version of amended text passages D – VI, 7.2.3	要求缴纳公布费、提交译文和正式合规的修订文本
Revocation for failure to pay the prescribed fee for publishing, to file a translation or to file a formally compliant version of amended text passages D – VIII, 1.2.2	未缴纳规定的公布费、未提交译文、未提交修改文本段落符合形式要求的版本而被撤销
Translation of claims C – V, 1.3	权利要求的翻译
Correction of the translations of the claims H – VI, 5	权利要求译文的更正
Translation of international application E – IX, 2.1.3, E – IX, 2.5.1	国际申请的翻译
Translation of the application A – III, 14	申请的译文

Translation of the previous application A – Ⅲ, 6.8, F – Ⅵ, 3.4 在先申请的译文

Declaration replacing the translation A – Ⅲ, 6.8.6 替换译文的声明

Invitation to file the translation before examination A – Ⅲ, 6.8.1 通知在审查前提交译文

Invitation to file the translation in examination/opposition A – Ⅲ, 6.8.2 通知在审查或异议期间提交译文

Loss of rights and legal remedies A – Ⅲ, 6.8.3 权利丧失和法律救济

Translation of previous application already filed A – Ⅲ, 6.8.4 已经提交在先申请的译文

Voluntary filing of the translation of the previous application A – Ⅲ, 6.8.5 自愿提交在先申请的译文

Translation of the priority application A – Ⅱ, 5.4.4 优先权申请的翻译

Further action upon examination of replies further action where a request for a translation of the priority application was sent earlier in examination proceedings C – Ⅳ, 3.1 审查答复后的进一步通知 如果在审查程序中较早发送优先权申请的翻译请求，则继续发出通知书

Transmission of the dossier to the examining division A – Ⅵ, 2.4 **传送案卷至审查小组**

Transmittal **传送**

Transmittal of the abstract to the applicant F – Ⅱ, 2.6 将摘要传送给申请人

Transmittal of the search report and search opinion B – X, 12 检索报告和检索意见的传送

Travel expenses E – Ⅳ, 1.10.1 **差旅费**

Treatment of dependent claims under Rule 62a B – Ⅷ, 4.6 **根据细则第62a条处理从属权利要求**

Treaty **条约**

Applications under the Patent Cooperation Treaty (PCT) E – Ⅸ 根据《专利合作条约》(PCT) 的申请

International application pursuant to the Patent Cooperation Treaty (PCT) E – Ⅸ, 1 根据《专利合作条约》(PCT) 的国际申请

Two – part form F – Ⅳ, 2.2 **两段式**

Two – part form unsuitable F – Ⅳ, 2.3 不适用两段式的情形

Two – part form unsuitable no two – part form F – Ⅳ, 2.3.1 不适用两段式撰写，未用两段式的撰写方式

Two – part form "wherever appropriate" F – Ⅳ, 2.3.2 "适当情况下" 的两段式

Types **类型**

Types of documents B – Ⅳ, 2.3 文件类型

Types of evidence E – Ⅳ, 4.2 证据的类型

Types of use and instances of state of the art made available in any other way G－Ⅳ，7.1　使用公开的类型和以任何其他方式公开的现有技术实例

U

该关键词字母索引表并非穷举。

Unexpected technical effect G－Ⅶ，10.2　**预料不到的技术效果**

Units　**单位**

Units recognised in international practice and complying with Rule 49（10） F－Ⅱ，An. 2　国际惯例认可且符合细则第49（10）条规定的单位

Compound units F－Ⅱ，An. 2，5　复合单位

SI units and their decimal multiples and submultiples F－Ⅱ，An. 2，1　SI单位及其十进制倍数和因数

Units and names of units permitted in specialised fields only F－Ⅱ，An. 2，4　仅在特殊领域中允许的单位和单位名称

Units used with the SI，and whose values in SI are obtained experimentally F－Ⅱ，An. 2，3　与SI一起使用的单位，其SI值是通过实验获得的

Units which are defined on the basis of SI units but are not decimal multiples or submultiples thereof F－Ⅱ，An. 2，2　以SI单位定义但并非十进制倍数或因数的单位

Unity　**单一性**

Unity in relation to the search opinion B－Ⅺ，5　与检索意见相关的单一性

Unity of invention B－Ⅱ，4.2，B－Ⅲ，3.12，B－Ⅶ，B－Ⅶ，1.1，B－Ⅷ，3.4，B－Ⅷ，4.5，C－Ⅲ，3，C－Ⅲ，3.1，C－Ⅲ，3.1.1，C－Ⅸ，1.2，D－Ⅴ，2.2，F－Ⅳ，3.2，F－Ⅳ，3.3，F－Ⅳ，3.7，F－Ⅴ，F－Ⅴ，1，F－Ⅴ，2，F－Ⅴ，2.1，F－Ⅴ，3.2.1，G－Ⅵ，7.1　发明的单一性

Amended claims F－Ⅴ，6　修改后的权利要求

Assessment of unity F－Ⅴ，3　评估单一性

Changing from one searched invention to another C－Ⅲ，3.4　将一项已检索的发明更改为另一项

Divisional applications C－Ⅸ，1.2　分案申请

Euro－PCT applications F－Ⅴ，7　欧洲－PCT申请

European patent application F－Ⅴ，F－Ⅴ，1　欧洲专利申请

European search report B－Ⅶ，1.1　欧洲检索报告

Examination of novelty G－Ⅵ，7.1　新颖性审查

Excision of other inventions C－Ⅲ，3.2　删除其他发明

Extent of the examination D－Ⅴ，2.2　审查的范围

Filing divisional applications C – Ⅲ, 3.2	提交分案申请
First stage of examination C – Ⅲ, 3	第一阶段审查
IPC classification in cases of a lack of unity of invention B – Ⅴ, 3.3	发明缺乏单一性时的 IPC 分类
Kinds of claim F – Ⅳ, 3.2, F – Ⅳ, 3.3, F – Ⅳ, 3.7	权利要求的种类
Lack of unity and Rule 62a or Rule 63 B – Ⅶ, 3	缺乏单一性与细则第 62a 条或细则第 63 条
Limitation to searched invention C – Ⅲ, 3.1	限制到已检索的发明
No meaningful search possible B – Ⅷ, 3.4	无法进行有意义的检索
Procedure in the case of lack of unity during search F – Ⅴ, 4	检索阶段在缺乏单一情况下的程序
Procedure in the case of lack of unity during substantive examination F – Ⅴ, 5	实质审查阶段在缺乏单一性情况下的程序
Procedures in cases of lack of unity B – Ⅶ, 2	缺乏单一性时的程序
Refund of additional search fees C – Ⅲ, 3.3	附加检索费的退还
Relation to unity in search C – Ⅲ, 3.1	检索与单一性的关系
Requirement of unity of invention F – Ⅴ, 2	发明单一性的要求
Search report B – Ⅱ, 4.2	检索报告
Subject of the search B – Ⅲ, 3.12	检索主题
Unity of the European patent D – Ⅶ, 3	欧洲专利的统一性
Factors affecting the unity of the European patent D – Ⅶ, 3.2	影响欧洲专利单一性的因素
Unpublished patent applications B – Ⅸ, 2.2	**未公布的专利申请**
Unusual parameters F – Ⅳ, 4.11.1	**不常见参数**
Usable surface area of sheets A – Ⅸ, 4.1	**纸张的可用表面积**
Use	**用途**
Use claims F – Ⅳ, 4.16	用途权利要求
Use of an official language E – Ⅴ, 1	官方语言的使用
Use of computer – generated slideshows in oral proceedings E – Ⅲ, 8.5.1	在口头审理中使用计算机生成的幻灯片
Examination proceedings (ex parte) E – Ⅲ, 8.5.1.2	审查程序（单方面）
Opposition proceedings (inter partes) E – Ⅲ, 8.5.1.1	异议程序（当事人之间）
Use of email C – Ⅶ, 3	电子邮件的使用
Confidentiality C – Ⅶ, 3.2	保密性
Inclusion in the file of any email exchange C – Ⅶ, 3.3	包含在任何电子邮件往来的文件中
Initiation of exchanges by email C – Ⅶ, 3.1	通过电子邮件进行交流

Use of laptops or other electronic devices during either ex parte or inter partes oral proceedings E – Ⅲ, 8.2.1 在单方或双方口头审理程序期间使用笔记本电脑或其他电子设备

Use of "P" and "E" documents in the search opinion B – Ⅺ, 4.1 在检索意见中使用"P"和"E"类文件

Use of Rule 137 (4) for amendments filed during oral proceedings in examination E – Ⅲ, 8.8 在审查中的口头审理程序期间利用细则第137（4）条提交修改

Use of the description and/or drawings to establish definitions of clear terms given a definition different from their usual meaning B – Ⅲ, 3.2.4 当术语的含义与其通常含义不同的情况下，使用说明书和/或附图来确定清楚的术语的含义

Use of the description and/or drawings to establish definitions of unclear terms not defined in the claims B – Ⅲ, 3.2.3 使用说明书和/或附图确定未在权利要求中清楚限定的术语的含义

Use of the description and/or drawings to identify the technical problem B – Ⅲ, 3.2.2 使用说明书和/或附图来确定技术问题

Use on non – public property G – Ⅳ, 7.2.3 用于非公共财产

User interfaces G – Ⅱ, 3.7.1 **用户界面**

V

该关键词字母索引表并非穷举。

Validly claiming priority F – Ⅵ, 1.3 **有效的优先权要求**

Variations in proportions A – Ⅸ, 7.6 **比例的变化**

Verification of claimed priority date (s) B – Ⅵ, 5.1 **核实请求的优先权日**

Verification of the IPC classification B – Ⅴ, 3.4 **IPC 分类的确认**

Version of the granted patent to be considered H – Ⅳ, 3.3 **需考虑的授权专利的版本**

Video recordings E – Ⅳ, 1.12 **录像**

Videoconference rooms at the EPO E – Ⅲ, 11.1.1 **EPO 的视频会议室**

Voluntary **自愿**

Voluntary and mandatory division C – Ⅸ, 1.2 主动和被动分案

Voluntary filing of the translation of the previous application A – Ⅲ, 6.8.5 自愿提交在先申请的译文

Voluntary reply to Rule 161 (1) communication E – Ⅸ, 3.3.4 对细则第161（3）条通知书的主动答复

W

该关键词字母索引表并非穷举。

Waiver of right to be mentioned as inventor A – Ⅲ, 5.2 **放弃被称为发明人的权利**

When can summons to oral proceedings be issued in substantive examination? E－Ⅲ，5.1	**实质审查中何时可以发出口头审理传唤书**
When does the examining division resume examination after approval? C－Ⅴ，6.1	**审查小组批准后何时恢复审查**
When may models be submitted? E－Ⅳ，1.11.1	**何时可以提交模型**
Where and how applications may be filed A－Ⅱ，1	**何地及如何提交申请**
Application numbering systems A－Ⅱ，1.7	申请编号系统
Debit orders for deposit accounts held with the EPO A－Ⅱ，1.5	在 EPO 持有的存款账户的借记单
Filing of applications by delivery by hand or by postal services A－Ⅱ，1.1	通过直接送交或邮寄方式提交申请服务
Filing of applications by means of electronic communication A－Ⅱ，1.2	通过电子通信方式提交申请
Filing of applications by other means A－Ⅱ，1.3	通过其他方式提交申请
Forwarding of applications A－Ⅱ，1.6	申请的转发
Subsequent filing of documents A－Ⅱ，1.4	后续提交文件
Where and how to file a divisional application? A－Ⅳ，1.3.1	**在何地及如何提交分案申请**
Where claimed unitary subject－matter covers more than one technical field B－Ⅰ，2.2.1	**如果要求保护的单一主题涵盖多个技术领域**
Where the EPO does not perform a supplementary search H－Ⅱ，7.4.1	**EPO 不进行补充检索的情形**
Where the EPO performs a supplementary search H－Ⅱ，7.4.2	**EPO 进行补充检索的情形**
Whole figure A－Ⅸ，5.3	**总体图**
Withdrawal	**撤回**
Statement of withdrawal E－Ⅷ，8.3	撤回声明
Withdrawal before publication of the patent specification C－Ⅴ，11	在专利说明书公布前撤回
Withdrawal of amendments/abandonment of subject matter H－Ⅲ，2.5	撤回修改/放弃主题
Withdrawal of application or designation E－Ⅷ，8.1	撤回申请或指定
Withdrawal of designation A－Ⅲ，11.2.4，A－Ⅲ，11.3.8	撤回指定
European patent applications filed before 1 April 2009 A－Ⅲ，11.3.8	2009年4月1日之前提交的欧洲专利申请

European patent applications filed on or after 1 April 2009 A－Ⅲ，11. 2. 4	2009 年 4 月 1 日或之后提交的欧洲专利申请
Withdrawal of late－filed missing drawings or missing parts of the description A－Ⅱ，5. 5	撤回在后提交的缺失的附图或说明书缺失部分
Withdrawal of priority claim E－Ⅷ，8. 2，F－Ⅵ，3. 5	撤回优先权要求
Claiming priority F－Ⅵ，3. 5	要求优先权
Renunciation of rights E－Ⅷ，8. 2	放弃权利
Withdrawal of the extension or validation request A－Ⅲ，12. 3	延伸和生效请求的撤回
Withdrawal of the request D－X，9，E－ⅩⅢ，5. 3	请求的撤回
Limitation and revocation procedure D－X，9	限制和撤销程序
Technical opinion E－ⅩⅢ，5. 3	技术意见
Withdrawal of the request for oral proceedings E－Ⅲ，7. 2. 2	撤回口头审理请求
Without invitation A－Ⅱ，5. 2	**未经要求**
Witnesses	**证人**
Details of the entitlements of witnesses and experts E－Ⅳ，1. 10. 3	证人和专家权利的详细情况
Entitlements of witnesses and experts E－Ⅳ，1. 10	证人和专家的权利
Hearing of parties，witnesses and experts E－Ⅳ，1. 6	听取当事人、证人和专家的证词
Reimbursement for witnesses and experts E－Ⅳ，1. 10. 1，E－Ⅳ，1. 10. 2	证人和专家费用的报销
Summoning of parties，witnesses and experts E－Ⅳ，1. 5	传唤当事人、证人和专家
Witnesses and experts not summoned E－Ⅳ，1. 6. 2	未被传唤的证人和专家
Work	**工作**
Work at the EPO General Part，4	在 EPO 工作
Work of examiners C－Ⅰ，2	审查员的工作
Work within the examining division C－Ⅷ	审查小组的工作
Consultation of a legally qualified examiner C－Ⅷ，7	咨询具有法律背景的审查员
Decision C－Ⅷ，6	决定
Enlargement of the examining division C－Ⅷ，7	审查小组的扩大
Recommendation to grant C－Ⅷ，2	建议授权
Recommendation to refuse C－Ⅷ，3	建议驳回
Standard marks for indicating amendments or corrections by the divisions further communication with the applicant C－Ⅷ，5	指示各部门修改或更正的与申请人进一步沟通的标准标记

Tasks of the other members of the examining division C – Ⅷ, 4 审查小组其他成员的职责

Written **书面**

Written evidence C – Ⅶ, 4.3 书面证据

Written procedure H – Ⅲ, 3.4.1, H – Ⅲ, 3.5.2 书面程序

Auxiliary requests in limitation proceedings H – Ⅲ, 3.5.2 限制程序中的附加请求

Auxiliary requests in opposition proceedings H – Ⅲ, 3.4.1 异议程序中的附加请求

Written submissions during oral proceedings by videoconference E – Ⅲ, 8.5.2 在口头审理期间通过视频会议提交的书面陈述

Z

该关键词字母索引表并非穷举。

&

该关键词字母索引表并非穷举。

"&" sign B – X, 11.3 **"&" 标记**

Applications containing missing parts of description and/or drawings filed under Rule 56 EPC or Rule 20 PCT B – Ⅺ, 2.1 根据 EPC 细则第 56 条或 PCT 细则第 20 条提交的包含说明书遗漏部分和/或遗漏附图的申请